2.3 Die Weihnachtszeit in der Familie Bonhoeffer **157**
2.4 Nächtliche Störungen und Ängste **192**
2.5 Krankheiten und Unfälle **197**
2.6 Die Hausangestellten der Familie Bonhoeffer **205**
2.7 Schule und Ausbildung von Susanne Bonhoeffer **211**

BAND 3: DAS KULTURELLE LEBEN DER
FAMILIE BONHOEFFER **249**
    3.1 Malerei und bildende Kunst **249**
    3.2 Theater und Schauspiel **261**
    3.3 Feierabend und Freizeit **277**
    3.4 Literatur und Schriftstellerei **291**
    3.5 Feste und Feiern **305**
    3.6 Freundschaften von Susanne Bonhoeffer **334**

BAND 4: DAS RELIGIÖSE LEBEN DER
FAMILIE BONHOEFFER **355**
    4.1 Urlaube und Reisen **355**
    4.2 Religion und Glaube in der Familie Bonhoeffer **382**
    4.3 Verlobung und Hochzeit von
        Susanne Bonhoeffer mit Walter Dreß **421**

TEIL II: FAMILIE UND BERUF

BAND 5: DIE ZEIT DES NATIONALSOZIALISMUS **449**
    5.1 Die erste eigene Wohnung in Berlin: Dernburgstraße 50 .... **449**
    5.2 Dozentur von Walter Dreß in Dorpat (Estland) **455**
    5.3 Der Beginn des Nationalsozialismus **474**
    5.4 Gemeinsame Reisen **489**
    5.5 Der Beginn des Kirchenkampfes in Berlin-Lichterfelde **499**
    5.6 Die Geburt des Sohnes Michael **502**
    5.7 Pfarrstelle von Walter Dreß in Berlin-Dahlem **519**
    5.8 Die Geburt des Sohnes Andreas **523**
    5.9 Der Beginn des Zweiten Weltkriegs **535**
    5.10 Der Kirchenkampf im Berlin-Dahlem **551**

BAND 6: DER ZWEITE WELTKRIEG **555**
    6.1 Die ersten Kriegsjahre **555**
    6.2 Die Verhaftung von Angehörigen der Familie Bonhoeffer .. **567**
    6.3 Luftangriffe auf Berlin **573**
    6.4 Übersiedlung nach Friedrichsbrunn **578**

6.5 Bombenangriff auf die Wohnung in Berlin **583**
6.6 Das Attentat auf Hitler vom 20. Juli 1944 .... **591**
6.7 Die Fürsorge für die Gefangenen der Familie Bonhoeffer ... **595**
6.8 Die Todesurteile für Mitglieder der Familie Bonhoeffer **605**
6.9 Die letzten Tage im Kampf um Berlin und
     der Einmarsch der Russen **608**
6.10 Die Nachricht vom Tod der Familienmitglieder **622**
6.11 Hunger in der Nachkriegszeit **625**
6.12 Der Wiederaufbau des Gemeindelebens **627**
6.13 Das Dahlemer Hilfswerk **642**

BAND 7: DIE NACHKRIEGSZEIT **654**
7.1 Weihnachten 1945 in der Familie Bonhoeffer **654**
7.2 Hungerwinter und Kohlenmangel **657**
7.3 Susanne Dreß als Pfarrfrau: Gruppen und Kreise **661**
7.4 Rückkehr nach Friedrichsbrunn **698**
7.5 Feierlichkeiten in der Nachkriegszeit **703**

BAND 8: DIE ZEIT DES WIEDERAUFBAUS **737**
8.1 Die Blockade in Berlin **737**
8.2 Der Tod des Vaters Karl Bonhoeffer **769**
8.3 Die Gottesdienste in der Gemeinde **779**
8.4 Die Währungsreform **788**
8.5 Der Tod der Mutter Paula Bonhoeffer **802**

Danksagung **827**

ANHANG
›Widerstand aus Verantwortung‹
Ein Vortrag von Susanne Dreß im Gedenken an
ihre Brüder Klaus und Dietrich aus dem Jahr 1966 .... **833**

Faksimiles aus dem Typoskript von Susanne Dreß **839**

Zeittafel zum Leben von Susanne Dreß **845**

Stammbaum der Familie Bonhoeffer **850**

Abkürzungsverzeichnis **853**

Personenregister **855**

GELEITWORT
von Andreas Dreß

»In Dahlem beißt man nicht auf Granit, sondern auf Watte!« So beschrieb meine Mutter wohl nicht zu Unrecht ihre Tätigkeit als Pfarrfrau in der dortigen Gemeinde – eine Arbeit, der sie sich mit ganzer Seele widmete und die sie voll ausfüllte. In jungen Ehejahren war sie mit ihrem Mann WALTER nach Dorpat (heute Tartu) in Estland gezogen, wohin er von der dortigen Luther-Akademie berufen worden ist. Einige der Bräuche, die sie dort kennenlernten (wie den österlichen, rein liturgischen Frühgottesdienst und den danach für alle Teilnehmer überreich gedeckten ›Ostertisch‹) brachten sie nach Berlin mit.

Während des Krieges galt ihre Hauptsorge natürlich den inhaftierten Familienmitgliedern und Freunden, die sie in den Untersuchungsgefängnissen Tegel und Moabit aufsuchte, so oft es irgend möglich war. Dorthin fuhr sie mit dem Fahrrad und ließ, wenn sie am Gefängnis war, Luft aus einem Reifen. Die Wächter pumpten das Fahrrad wieder auf und so gab es für meine Mutter die Gelegenheit, in aller Eile ein paar wichtige Neuigkeiten auszutauschen, ohne dass jemand mithörte.

Aus der Evakuierung im Harz wurden mein älterer Bruder Michael (1935–1975) und ich im Herbst 1944 von unseren Eltern zurückgeholt nach Berlin. Lieber sollten wir gemeinsam untergehen als dass wir Kinder allein zurückblieben (wir haben dann aber alle vier zusammen überlebt). Während der letzten Kriegsmonate liebten wir Kinder vor allem die Zeiten der Stromsperre. Dann hatten wir unsere Eltern einmal ganz für uns allein: Geschichten wurden ausgedacht und Ratespiele gespielt. Und auch nächtlicher Fliegeralarm störte uns wenig – fanden wir doch in den im Luftschutzkeller schon bereitstehenden Bett immer eine Kleinigkeit für uns versteckt. Tagsüber verfolgten wir in den ›Geographiestunden‹ im Atlas das Vorrücken der russischen Truppen. Hofften wir doch, dass diese unsere Verwandten bald aus dem Gefängnis befreien würden. Informationen dazu kamen vom ›Feindsender‹ BBC, den meine Eltern bei Herrn KÖRTING, einem gleichgesinnten Nachbarn, hörten.

Als dessen Haus zerbombt wurde, krabbelte er kalkübersprüht aus den Trümmern hervor und sagte als Erstes: »Wir haben aber angefangen.« Später wurde er bei der Eroberung Berlins von russischen Soldaten erschossen, weil er ihnen seinen geliebten Dackel nicht ausliefern wollte. Für die Rettung unserer Angehörigen kam die Rote Armee leider wenige Tage zu spät.

Trotzdem musste und konnte das Leben jetzt weitergehen. Mit tatkräftiger Unterstützung aus der Gemeinde gründete meine Mutter das ›Dahlemer Hilfswerk‹, wo jedem, der darum bat, mit (z.B. aus den UNRRA-Lagern geholter) frisch gewaschener und ausgebesserter Kleidung weitergeholfen wurde. Außerdem organisierte sie gemeinsam mit der bald zur Familie gehörenden Pfarrgehilfin ANNELIESE SCHWARZ viele Gemeindefreizeiten, Kinder- und Jugendkreise, eine Kindertanzstunde, einen Lesekreis (zum Lesen von Dramen in verteilten Rollen), einen Mütterkreis und natürlich auch die obligatorische ›Frauenhilfe‹. Vor allem aber fanden, dem Kirchenjahr folgend, größere und kleinere Gemeindefeste statt – meist mit allen möglichen Vorführungen verbunden: In der Adventszeit gab es den Weihnachtsbasar mit Märchenaufführungen (z.B. ›Das Kalte Herz‹ nach HAUFF oder ›Die Schneekönigin‹ von ANDERSEN) und im Weihnachtsgottesdienst Krippenspiele und ›Quempas-Singen‹. An Silvester wurde ein Spaziergang zu einem kleinen, vorab mit Kerzen bestückten Tannenbaum im nahen Grunewald unternommen; anschließend gab es ein gemeinsames Abendessen aus dem Suppentopf (alles natürlich auf der Grundlage von Sachspenden selbst gekocht), danach Darbietungen bis zur Mitternachtsmette in der nur durch Kerzen erhellten Dahlemer Dorfkirche – und schließlich Tanz und Spiele bis in den frühen Morgen hinein. Am Sonntag Kantate gestalteten die Kantorin ADELHEID FISCHER und ihr Kirchenchor das allseits beliebte ›Offene Singen‹ auf dem Dahlemer Kirchhof. Im Juni kam das Johannisfest, das mit einem Gottesdienst in der Kirche begann, die wiederum nur von Kerzen erleuchtet war, jetzt aber auch mit Rosen (aus den Dahlemer Gärten gestiftet) prächtig geschmückt; anschließend gab es Theateraufführungen, gemeinsames Singen, eine mitternächtliche Aufführung von Mozarts ›Kleiner Nachtmusik‹ durch ein in Dahlem wohnendes Quartett von Philharmonikern und ein großes, von der Feuerwehr gut bewachtes Johannisfeuer – gefolgt von Musik und Tanz bis zum Morgengrauen und für die Unermüdlichen Schwimmen im Grunewald-See. Im Herbst wurde das Erntedankfest gefeiert, zu welchem die mit einem Garten gesegneten Gemeindemitglieder Körbe mit Früchten und Gemüse (andere vielleicht nur Kartoffeln oder Nudeln) in die Kirche brachten, welche unmittelbar danach aufgeteilt und von bereitwilligen jugendlichen Helfern zu den Bedürftigen gebracht wurden – eine Aufgabe, die wir damals gern übernahmen, weil die Beschenkten ja nur den Überbringern und nicht den Spendern danken konnten.

Bei all diesen Aktivitäten kamen wir Kinder vielleicht nicht immer voll »auf unsere Kosten«. Einmal soll ich mich sogar bitterlich beschwert haben, als es klingelte und die in der Gemeinde gut bekannte und stets hilfreiche Frau T. vor der Tür stand: »Immer kommt Frau T.!« – obwohl sie fast nie bei uns war und damals ganz sicherlich Hilfe brauchte. Ich habe von meiner Mutter aber auch viel für mein späteres Leben gelernt. In meiner Kindheit etwa das genaue Betrachten von Kleinstlebewesen im Mikroskop (aus dem Fenn zwischen Grunewald-See und Krummer Lanke im Marmeladenglas geholt). Und als ich bereits erwachsen war und es 1972 mit dem Kampf gegen die Berufsverbote losging, erklärte sie mir aufgrund ihrer Erfahrungen aus der Zeit des Kirchenkampfes, dass man beim Verteilen von Flugblättern in einem mehrstöckigen Gebäude immer mit dem obersten Stockwerk beginnen solle, um nicht unversehens beim Verlassen des Hauses einem empörten Bewohner gegenüberzustehen.

Aber von all diesen Tätigkeiten brauchte meine Mutter auch immer wieder etwas Abstand, den sie vor allem in Wanderferien zu gewinnen suchte – so zum Beispiel im Sauerland, im Spessart oder im Hohenloher Land. Dabei hatte sie immer einen Tuschkasten und einem Malblock mit dabei (»weil man dann besser hinschaut«, wie sie sagte), aber auch Pflanzen- und Pilzbestimmungsbücher.

In ihren Lebenserinnerungen hat sie vieles aus ihrer Kindheit und Jugend festgehalten – auch manches, von dem ich erst durch diesen Text erfahren habe. Ihre Erfüllung hat sie jedoch wohl vor allem als ›Pfarrfrau‹ gefunden und in den Herausforderungen, die ihr daraus erwuchsen. Später nahm sie gerne Einladungen zu Vorträgen über Dietrich Bonhoeffer und ihre Familie in der Zeit des Kirchenkampfes an. Dabei versuchte sie vor allem, sich gegen jede frömmelnde Vereinnahmung ihres Bruders zur Wehr zu setzen. Damals begann sie auch, die hier vorliegenden Aufzeichnungen niederzuschreiben – die allerdings ursprünglich nicht für die Öffentlichkeit bestimmt waren, sondern später gewonnenen guten Freunden von ihrem früheren Leben berichten sollten. Daraus ist dann ein hoffentlich auch für heutige Leser lesenswertes Zeitdokument geworden.

In den letzten Lebensjahren verbrachte sie ihre Freizeit gern im nahe gelegenen Botanischen Garten, den sie fast täglich besuchte – nicht nur zur Erholung, sondern vor allem, um ihr Wissen über das Leben (hier der Pflanzen) zu festigen und zu erweitern. Neben allem Engagement für ihre Mitmenschen war die Freude am Lernen und Erkennen sicherlich ein Grundzug ihres Wesens.

Bielefeld, Juni 2018
Andreas Dreß

EINLEITUNG
von Jutta Koslowski

1. Die Lebenserinnerungen von Susanne Dreß

SUSANNE DREß[1] war die um drei Jahre jüngere Schwester von DIETRICH BONHOEFFER – die jüngste der insgesamt acht Kinder von KARL und PAULA BONHOEFFER. Sie wurde am 22. August 1908 in Breslau geboren und verstarb am 15. Januar 1991 in Berlin. Sie hat nahezu ihr gesamtes Leben in Berlin verbracht – mit Ausnahme von gut einem Jahr, das sie nach ihrer Eheschließung mit dem Theologen WALTER DREß in der Stadt Dorpat in Estland verlebte.

Ihr Leben umspannt fast das gesamte zwanzigste Jahrhundert und spiegelt die enormen Wandlungen wider, welche sich in diesem Zeitraum vollzogen haben. Geboren wurde sie noch im Kaiserreich; sie erlebte den Ersten Weltkrieg und den Sturz von WILHELM II., die Revolution und die Zeit der Räterepublik unmittelbar mit. In den ausführlichen Lebenserinnerungen, die sie hinterlassen hat, berichtet sie von den Wirren der Inflation, vom Berlin der ›goldenen zwanziger Jahre‹, vom Ferienparadies der Familie in dem kleinen Ort Friedrichsbrunn im Harz, von ihrer Ausbildung als höhere Tochter der großbürgerlichen Familie BONHOEFFER, von den Reisen, die sie unternahm, und von den zahlreichen Freundschaften, die sie pflegte. Sie beschreibt die Anfänge der Nazi-Herrschaft und die zunehmenden Aktivitäten ihrer Familie im Widerstand gegen ADOLF HITLER. Wir erfahren, wie ihr Schwager HANS VON DOHNANYI gemeinsam mit den Geschwistern CHRISTINE und DIETRICH BONHOEFFER verhaftet wurde, später auch ihr Bruder KLAUS und der Schwager RÜDIGER SCHLEICHER. Sie berichtet von der Fürsorge der Familie für die Gefangenen, von den Nöten und Bombenangriffen des Zweiten Weltkriegs und schließlich vom Todesurteil für die vier Männer.

Anschaulich erzählt sie, wie sie den Einmarsch der Russen und die ersten Wochen nach dem Krieg in der ehemaligen Reichshauptstadt

---

1 Dies ist die korrekte Schreibweise des Namens, der oft auch als DRESS wiedergegeben wird.

erlebt hat – und wie sie sich tatkräftig am Wiederaufbau beteiligte. Da ihr Mann Pfarrer war, nahm die Arbeit in seiner evangelischen Kirchengemeinde in Berlin-Dahlem großen Raum in ihrem Leben ein, wo sie gemeinsam mit anderen Ehrenamtlichen das ›Dahlemer Hilfswerk‹ zur Versorgung von Kriegsgeschädigten und Flüchtlingen gründete. Sie beschreibt den Hungerwinter 1945/46 mit Kohlennot und Nahrungsmangel, später die Zeit der Blockade, Inflation und Währungsreform. Sie berichtet über die Trennung zwischen Ost- und Westberlin und die langsame Rückkehr in den Alltag. Mit der Erzählung über den Tod des Vaters 1948 und das Sterben der Mutter 1951 schließt sich für SUSANNE DREß der Lebenskreis ihres Berichtes.[2]

SUSANNE DREß entstammte einer großbürgerlichen Familie, die einen weitverzweigten Verwandten- und Bekanntenkreis hatte und Kontakte bis hinein in die höchsten Kreise des gesellschaftlichen und politischen Lebens pflegte. Deshalb stößt man in ihren Lebenserinnerungen auf viele berühmte Namen, und man kann Persönlichkeiten und Ereignissen, die aus der Geschichte allgemein geläufig sind, in ihrer Schilderung sozusagen ganz privat und ›von der Rückseite‹ begegnen. So berichtet sie etwa davon, wie sich ihre Großeltern beim Deutschen Kaiser WILHELM II. und dessen Gemahlin unbeliebt gemacht haben,[3] wie sie als Kind im Atelier von MARIE VON OLFERS in den unveröffentlichten Manuskripten der weltberühmten Kinderbücher blättert,[4] wie sie mit dem Initiator des Kapp-Putsches gegen die Weimarer Republik am Tag zuvor noch zu Mittag gegessen und geplaudert hat,[5] wie arrogant sich die Kinder von THOMAS MANN bei der Sommerfrische auf Sylt benommen haben,[6] wie der bekannte Maler EMIL ORLIK sie erfolglos in seinem Berliner Atelier zu verführen versucht[7] oder wie sie die Schüsse des Röhm-Putsches während ihres Besuchs in einem nahegelegenen Vergnügungspark miterlebt und die Mutter eines der SA-Opfer

---

2 Einige der von ihr beschriebenen Personen und Orte sind dieser Ausgabe als zeitgenössische Fotographien beigefügt.
3 Vgl. S. 11f.
4 Vgl. S. 13.
5 Vgl. S. 81.
6 Vgl. S. 370.
7 Vgl. S. 476f.

ohne Rücksicht auf *political correctness* zu trösten versucht.[8] In den Anmerkungen wird jeweils in aller Kürze auf historische Zusammenhänge hingewiesen (wobei aus Platzgründen auf weiterführende Literaturhinweise verzichtet worden ist).

Beim Lesen kann man eindrücklich miterleben, wie die Welt von SUSANNEs Kindheit (die sie im ersten Teil ihrer Biographie beschreibt) zwar für immer untergeht – aber doch auf andere Weise fortlebt (wie aus dem zweiten Teil ersichtlich ist). SUSANNEs Vater hatte bei ihrer Konfirmation gesagt, dass sie der Mutter von allen Kindern am ähnlichsten sei[9] – jedenfalls hat sie das familiäre Erbe zugleich gebrochen und fortgesetzt. Die Verbindung der beiden Teile ihrer Biographie macht die Überlieferung der familiären Werte und Gebräuche über die Generationen hinweg deutlich. Das kann man zum Beispiel erkennen, wenn man die rauschenden Feste, die in ihrem Elternhaus gefeiert wurden und von ihrer Mutter PAULA maßgeblich ausgerichtet worden sind (vgl. das Kapitel 3.5 Feste und Feiern) mit jenen vergleicht, die SUSANNE als Pfarrfrau in der Gemeinde ihres Mannes in Berlin-Dahlem ausgerichtet hat: Trotz aller Dürftigkeit der Nachkriegszeit scheute sie keine Zeit und Mühen, um mit Masken, Tanz und kulturellen Darbietungen Leben in das Pfarrhaus zu bringen (vgl. Kapitel 7.3 Susanne Dreß als Pfarrfrau). Allerdings ist diese Welt der Nachkriegszeit, welche dem vorher Gewesenen in manchem noch erstaunlich ähnlich sieht, seitdem ebenfalls in weite Ferne gerückt.

Die eigenen Lebenserinnerungen schriftlich festzuhalten – dieser Gedanke war nicht ungewöhnlich in der Familie BONHOEFFER. Man blickte auf eine traditionsreiche Herkunft zurück, die Erinnerung an die Vorfahren spielte eine große Rolle, ebenso wie die Übernahme von Verantwortung in der Gegenwart und die Weitergabe eines Erbes für die Zukunft. Auch war man sich dessen bewusst, dass die BONHOEFFERs eine gewisse Berühmtheit erlangt hatten und dass ihr Geschick von öffentlichem Interesse war. So hat etwa SUSANNEs Vater KARL BONHOEFFER wichtige Ereignisse aus dem Familienleben in seinem ›Silvesterbuch‹ festgehalten, worin er an

---

8 Vgl. S. 483–485.
9 Vgl. S. 397.

jedem Altjahresabend feierlich seine Eintragungen vornahm.[10] SUSANNE übernahm diese Praxis (wie so viele andere Gepflogenheiten aus ihrer Familie) und führte selbst ein solches Silvesterbuch, auf das sie für ihre Lebenserinnerungen zurückgriff.[11] Gegen Ende seines Lebens hat KARL BONHOEFFER seine Biographie niedergeschrieben – auf 123 mit der Schreibmaschine beschriebenen DIN-A4-Blättern, die vervielfältigt und gebunden wurden und vermutlich in mehreren Exemplaren existierten.[12] Im Jahr 1968 wurde dieses Manuskript aus Anlass von KARL BONHOEFFERs 100. Geburtstag von drei Professoren-Kollegen für Psychiatrie herausgegeben, unter der Überschrift ›Lebenserinnerungen von Karl Bonhoeffer – Geschrieben für die Familie‹.[13] Und in der Tat beginnen diese Lebenserinnerungen mit der *Familie*, und zwar mit dem Kapitel ›Die Vorfahren‹ – genau so, wie auch SUSANNE DREß ihre Aufzeichnungen beginnen lässt.[14] Im Vorwort zum Buch des Vaters schreiben die Herausgeber:

> »KARL BONHOEFFER, *geboren wenige Jahre vor der Gründung des Deutschen Reiches, gestorben im ersten Jahr des* ›*Kalten Krieges*‹, *hat seiner Familie eine Autobiographie hinterlassen.* [...] *Schon bald nach* BONHOEFFERs *Tode begann unter denen, die die Biographie kannten, das Gespräch darüber, ob das allgemeine Interesse die Publikation einer für die Familie gedachten Biographie rechtfertigte. Man kam damals zu dem Schluss, der familiär-private Charakter sei zu wahren, der Wille des Verstorbenen sei maßgebend. Von einer Veröffentlichung wurde abgesehen. Schon damals tauchte aber in den Gesprächen gelegentlich der Gedanke auf, in einer späteren Zeit sei diese Frage neu zu bedenken und vielleicht anders zu entscheiden. Heute sind 20 Jahre seit dem Tode* BONHOEFFERs *vergangen. Die Zeiten haben sich in diesen 20 Jahren in*

---

10 Vgl. S. 537, wo SUSANNE von dieser Tradition berichtet (die nach dem Tod des Sohnes Walter für zehn Jahre unterbrochen worden ist).

11 Vgl. S. 523, 537, 564f., 772, 812f., 822, 824 u.ö. Daneben hat sie zahlreiche andere Dokumente und Quellen als Gedächtnisstütze verwendet und im zweiten Teil daraus auch wörtlich zitiert – beispielsweise Kalender, Briefe, Notizen, Tätigkeitsberichte, ein Merkblatt des ›Dahlemer Hilfswerks‹ u.a.m.; vgl. z.B. S. 655, 680f., 684-686, 688f. und 703.

12 Ein gebundenes Exemplar dieser Aufzeichnungen wurde der Herausgeberin von HARTMUT BICK am 3. Februar 2017 in Friedrichsbrunn übergeben, der es dort gefunden und an sich genommen hatte (mehr zu den Aufräumarbeiten in Friedrichsbrunn s.u.).

13 ZUTT, JÜRG/STRAUS, ERWIN/SCHELLER, HEINRICH (Hg.): Karl Bonhoeffer. Zum Hundersten Geburtstag am 31. März 1968, Berlin 1969.

14 Vgl. S. 3.

Aus dem Leben der Familie Bonhoeffer

Die Aufzeichnungen von
Dietrich Bonhoeffers jüngster Schwester
Susanne Dreß

Herausgegeben, eingeleitet
und kommentiert von Jutta Koslowski

Mit einem Geleitwort von Andreas Dreß

INHALT

Geleitwort von Andreas Dreß .... **IX**
Einleitung von Jutta Koslowski .... **XI**
   1. Die Lebenserinnerungen von Susanne Dreß .... **XI**
   2. Die Entstehung der Aufzeichnungen .... **XVIII**
   3. Die Gestalt des Manuskripts .... **XX**
   4. Die Pläne zur Veröffentlichung .... **XXIII**
   5. Die Besonderheit des Textes .... **XXX**
   6. Die Zerstreuung des Materials .... **XXXV**
   7. Die Wiederherstellung des Dokuments .... **XXXVIII**
   8. Die gekürzten Passagen .... **XLIII**
   9. Die Bearbeitung dieser Ausgabe .... **XLV**
  10. Die Bedeutung des Werkes .... **XLIX**

Aus dem Leben der Familie Bonhoeffer Die Aufzeichnungen von Dietrich Bonhoeffers jüngster Schwester Susanne Dreß
TEIL I: KINDHEIT UND JUGEND

BAND 1: GRUNDLEGENDES AUS DEM LEBEN DER FAMILIE BONHOEFFER **3**
  1.1 Die Vorfahren der Familie Bonhoeffer **3**
  1.2 Die Eltern: Karl und Paula Bonhoeffer **14**
  1.3 Die Erzieherin: Maria Horn **17**
  1.4 Die Geschwister: Karl-Friedrich, Walter, Klaus,
      Ursel, Christel, Dietrich und Sabine Bonhoeffer **22**
  1.5 Die Wohnung in Berlin: Brückenallee 5 .... **44**
  1.6 Das Haus in Berlin: Wangenheimstraße 14 .... **45**
  1.7 Verwandte und Gäste der Familie **49**
  1.8 Der Erste Weltkrieg **70**
  1.9 Inflation und Nachkriegszeit **80**
 1.10 Das Ferienhaus der Familie in Friedrichsbrunn:
      Schützenstraße 5 .... **91**
 1.11 Die Welt aus der Perspektive eines Kindes
      betrachtet: Spiel und Fantasie **122**
 1.12 Die Haustiere der Familie **133**

BAND 2: DAS GESELLSCHAFTLICHE LEBEN DER FAMILIE BONHOEFFER **138**
  2.1 Sommerliche Vergnügungen **138**
  2.2 Winterliche Vergnügungen **148**

unvorstellbarer Weise geändert, und sie sind im weiteren raschen Wandel begriffen. [...] Uns scheint aber, es habe sich in diesem Zeitenwandel die Bedeutung der vor 20 Jahren hinterlassenen Biographie geändert. War sie damals eine Erzählung für die Familie, deren intimer Charakter zu wahren war, so ist sie heute ein Bericht und ein Zeugnis aus einer vergangenen, einer vielleicht heileren, jedenfalls friedlicheren Zeit.[15] *[...] Was für die Familie einstmals gedacht war, ist heute Dokument einer Epoche geworden, das in seiner Vorbildlichkeit weiteren Kreisen zugänglich zu machen, gerechtfertigt, vielleicht sogar Pflicht ist. Auch das Schicksal anderer Mitglieder der Familie, in erster Linie des Sohnes* DIETRICH, *des bekannten Theologen, der ein Opfer der Tyrannei wurde, weckt ein natürliches Interesse auch an der Familie und an ihrem damaligen Haupt und Vorbild.«*[16]

Auch SABINE LEIBHOLZ, die ältere Schwester von SUSANNE (DIETRICHs Zwillingsschwester) hat ihre Lebenserinnerungen zu Papier gebracht und in Buchform veröffentlicht. Unter dem Titel ›Vergangen, erlebt, überwunden. Schicksale der Familie Bonhoeffer‹ erschienen sie 1968 und wurden bis 2005 immer wieder aufgelegt.[17] In einem weiteren Buch mit dem Titel ›Weihnachten im Hause Bonhoeffer‹ beschreibt sie die reichhaltigen Traditionen, mit denen in ihrer Familie die Advents- und Weihnachtszeit begangen wurde.[18] EMMI BONHOEFFER, die Ehefrau von KLAUS BONHOEFFER, der – ebenso wie der berühmt gewordene Bruder DIETRICH – in den letzten Tagen des Hitler-Regimes für seinen politischen Widerstand mit dem Leben bezahlen musste, hat ›Autobiographische Äußerungen‹ verfasst, die zusammen mit zahlreichen weiteren Dokumenten publiziert worden sind.[19] Und nicht zuletzt natürlich DIETRICH BONHOEFFER, dessen literarische Hinterlassenschaft in

---

15 Die Herausgeber kommen zu dieser Einschätzung wohl angesichts der Unruhen, mit denen sie als Universitätsprofessoren im Jahr 1968 konfrontiert waren – und übersehen dabei, dass die Lebenszeit von KARL BONHOEFFER durch zwei Weltkriege überschattet wurde und dass er drei seiner vier Söhne dabei verloren hat!
16 Ebd., S. V f.
17 LEIBHOLZ-BONHOEFFER, SABINE: Vergangen, erlebt, überwunden. Schicksale der Familie Bonhoeffer, Gütersloh [10]2005.
18 LEIBHOLZ-BONOHOEFFER, SABINE: Weihnachten im Hause Bonhoeffer, Gütersloh [14]2013.
19 GRABNER, SIGRID/RÖDER, HENDRIK (Hg.): Emmi Bonhoeffer. Bewegende Zeugnisse eines mutigen Lebens, Reinbek 2006. Von diesem Buch existiert auch eine Schallplatte und eine Hörfassung aus dem Jahr 2005 mit dem Titel »Briefe an Recha«, bei der Martina Gedeck einige der Texte auf Audio-CD aufgesprochen hat. Vgl. auch GRABNER, SIGRID/RÖDER, HENDRIK (Hg.): Emmi Bonhoeffer. Essay, Gespräch, Erinnerung, Berlin 2005.

siebzehn Bänden gesammelt vorliegt.[20] Darüber hinaus gibt es etliche Veröffentlichungen über die BONHOEFFERs, welche ohne die Mitwirkung der Familie nicht hätten zustande kommen können.[21]

SUSANNE DREß folgte also einer familiären Tradition, als sie ihre Lebenserinnerungen niederschrieb. Zugleich verwirklichte sie damit einen ureigenen Impuls, denn sie wollte schon immer *Schriftstellerin* werden. Dies geht aus mehreren Stellen in ihren Aufzeichnungen hervor. So erzählt sie im Rückblick davon, dass sie sich im Alter von vier Jahren mit ihrem Sandkasten-Freund ERNST einig darüber war, dass sie beide »Dichter werden wollten«.[22] Bereits ein Jahr bevor der häusliche Schulunterricht für sie begann, wollte sie sich von ihrer Mutter die Buchstaben beibringen lassen, »denn ich wollte Geschichten-Schreiberin werden«.[23] Als sie sechs Jahre alt war, durchstreifte sie die Wiesen und Wälder ihres Ferienparadieses in Friedrichsbrunn: »Das Korn blüht und riecht nach Brot, und ich liege stundenlang verborgen auf schmalen Grasstreifen darin mit Schreibzeug oder Buch.«[24] Im sechsten Schuljahr verbrachte sie ihre Zeit damit, Dramen und Gedichte zu schreiben, die sie anderen zu lesen gab – und sie war stolz darauf, dass ihr literarisches Talent Anerkennung fand. Das Fach Deutsch war (neben Biologie) das einzige, in dem sie stets eine »sichere Eins« hatte[25] – obwohl die eigenwillige SUSANNE unter dem eintönigen Schulbetrieb zunehmend litt und mit Rechtschreibung und Schönschrift beständig zu kämpfen hatte. Sie verfasste auch Stücke für die selbst gestalteten häuslichen Theater-Aufführungen, die in ihrer Familie als Kulturerlebnis und Zeitvertreib beliebt waren – zunächst für ihre Puppenbühne, später als Stegreif-Theater und schließlich mit festen Rollen, die im Geschwisterkreis verteilt wurden. Bei diesen Produktionen arbeitete

---

20 BONHOEFFER, DIETRICH: Werke, hg. v. BETHGE, EBERHARD u.a., 17 Bde., Gütersloh 2015.
21 Vgl. BETHGE, EBERHARD/BETHGE, RENATE/GREMMELS, CHRISTIAN (Hg.): Dietrich Bonhoeffer. Sein Leben in Bildern und Texten, München 1986; BETHGE, EBERHARD/BETHGE, RENATE (Hg.): Letzte Briefe im Widerstand. Aus dem Kreis der Familie Bonhoeffer, München 1984; BONHOEFFER, DIETRICH/WEDEMEYER, MARIA VON: Brautbriefe Zelle 92, hg. v. BISMARCK, RUTH-ALICE/KABITZ, ULRICH, München 2006; VISSTER'T HOOFT, WILLEM A. (Hg.): Das Zeugnis eines Boten. Zum Gedächtnis von Dietrich Bonhoeffer, Genf [1945]; ZIMMERMANN, WOLF-DIETER (Hg.): Begegnungen mit Dietrich Bonhoeffer. Ein Almanach, München ²1965.
22 S. 67.
23 S. 211.
24 S. 98f.
25 S. 214f.

sie oft mit ihrem Bruder Dietrich zusammen.[26] Als Jugendliche las und schrieb sie hemmungslos; vieles davon blieb unvollendet und wurde von ihr wieder vernichtet, da es nur für die selbst bestimmt gewesen war.[27] Sie vermutet, dass sie sich durch dieses exzessive Schreiben ihre Handschrift endgültig verdorben hat.[28] Das Führen eines Tagebuches war ein Ritual, das ihr jahrelang heilig war – bis das Geheimnis von der Familie verletzt und sie dafür zur Rechenschaft gezogen wurde, sodass dieser Schreibfluss für immer versiegte und sie sich von den Angehörigen merklich zurückzog.[29]

Als junge Frau hörte sie bei den hausmusikalischen Abenden im ›großen Salon‹ des Elternhauses zu:

> »*Ich schrieb, während sie spielten, in Gedanken Bücher über sie – die Geschichte meiner Familie. Irgendwie gehörte ich nicht ganz dazu. Ich sah sie an wie Fremde ... und doch jeden psychologisch interessant genug, um einen Roman über ihn zu verfassen. Zukunftsromane – ich sah die Brüder verheiratet, dichtete sie in Komplikationen hinein und ließ mich je nach Art der Musik zu harmonischen oder tragischen Fantasien anregen.*«[30]

Die Lebenserinnerungen von SUSANNE DREß machen deutlich, dass sie nicht nur literarische Ambitionen, sondern auch das entsprechende Talent hatte. Wenn auch der Wunsch, Schriftstellerin zu werden,[31] sich während ihres Lebens nicht erfüllte, so bedeutet ihre Hinterlassenschaft doch ein Vermächtnis. Indem diese Aufzeichnungen nun nachträglich veröffentlicht werden, wird die Verpflichtung zu schwesterlicher Solidarität mit einer Frau erfüllt, welche die reichhaltigen Möglichkeiten, die ihr mitgegeben wurden, aufgrund der Zeitumstände ebenso wie wegen des konservativen Geschlechterrollenverständnisses in ihrem Umfeld nur teilweise verwirklichen konnte.

---

26 Vgl. S. 265f.
27 Vgl. S. 295f.
28 Vgl. S. 303.
29 Vgl. S. 303–305.
30 S. 279. – Auch DIETRICH BONHOEFFER versuchte, sein Erleben in der Familie romanhaft zu verarbeiten, als er im Gefängnis in Tegel die Muße dazu fand; vgl. BONHOEFFER, DIETRICH: Fragmente aus Tegel (Dietrich Bonhoeffer Werke, Bd. 7), Gütersloh 2015.
31 Vgl. auch S. 223, S. 227 u.ö.

2. Die Entstehung der Aufzeichnungen

SUSANNE DREß begann mit der Niederschrift ihrer Erinnerungen im Jahr 1958. Dies geht aus einer Bemerkung gegen Ende ihrer Aufzeichnungen hervor, wo sie rückblickend schreibt:

> »Vielleicht sind mir die Ereignisse, die diese Blätter füllen, so gegenwärtig gewesen, weil ich sie ihr in den Jahren von 1945 an bis zu ihrem Tod im Februar 1951 [gemeint ist die Mutter PAULA BONHOEFFER] oft habe erzählen müssen; denn die Freude an der Erinnerung kam ihr als Trost schon bald nach der ersten fassungslosen Zeit, in der ich ja auch schwer krank war. 1958 begann ich dann mit dem Aufschreiben vieler dieser Geschichten.«[32]

Ein anderer Anlass für die Niederschrift der Lebenserinnerungen wird in einem Brief benannt, den SUSANNE DREß am 2. Oktober 1984 an ULRICH KABITZ gesendet hat, der damals für den Christian-Kaiser-Verlag arbeitete und an einer Veröffentlichung der Lebenserinnerungen interessiert war. Sie schreibt ihm:

> »Dass ich damals beim Aufschreiben für Frau KIRSCH vieles nicht erwähnt habe, z. B. meine vielen Krankheiten in all den Jahren, liegt daran, dass ich keinen chronologischen Aufriss meines Lebens geben, sondern nur Streiflichter aus dieser Zeit aufzeigen wollte. Das ›heitere Darüberstehen‹ wirkt so, weil ich ja als ›Gute-Nacht-Lektüre‹ für Frau KIRSCH nicht Probleme wälzen wollte. Da sie ja mit meiner Tätigkeit mehr verbunden war als mit der meines Mannes (sie leitete den Kindergarten unserer Gemeinde), habe ich ihr natürlich im Besonderen von meiner Gemeindearbeit erzählt.«[33]

Nach einer Mitteilung von ANDREAS DREß, dem einzigen noch lebenden Sohn von SUSANNE DREß, war die Freundschaft zu LISA KIRSCH tatsächlich ein wichtiger Anlass zur Abfassung des Manuskripts. Seine Mutter habe Zeit ihres Lebens intensive Freundschaf-

---

[32] S. 806.
[33] Brief von SUSANNE DREß an ULRICH KABITZ vom 2. Oktober 1984; Original im Besitz der Herausgeberin. – Alle hier zitierten unveröffentlichten Dokumente befinden sich im Original oder in Fotokopie im Bonhoeffer-Archiv in der Staatsbibliothek in Berlin, wo sie der Öffentlichkeit für Forschungszwecke zur Verfügung stehen.

ten zu anderen Frauen gepflegt und LISA KIRSCH sei damals ihre wichtigste Freundin gewesen. Da sich die beiden erst nach dem Krieg kennen gelernt hatten, sei ein großer Teil von SUSANNES bisherigem Lebenslauf LISA unbekannt gewesen, und SUSANNE habe es für sie aufgeschrieben, um ihr daran Anteil zu geben.[34] Schließlich gibt es noch einen weiteren, für biographische Aufzeichnungen sehr naheliegenden Adressatenkreis – nämlich die eigenen Kinder und Enkel, die sie auf der letzten Seite ihrer Aufzeichnungen in den Blick nimmt.[35]

Die Arbeit an dem Manuskript erstreckte sich über mehrere Jahrzehnte, bis zum Beginn der achtziger Jahre. Als sie von ihrer Reise nach Dorpat berichtet, die im Jahr 1931 stattfand, bemerkt sie: »Dies ist nun 38 Jahre her und erscheint mir doch alles wie gestern.«[36] Sie schrieb dies also im Jahr 1969. Im 8. Band erwähnt sie eine Situation aus dem Sommer 1948 und vermerkt dazu, dass sie dies aus der »Erinnerung nach 22 Jahren« notiert, also 1970.[37] An anderer Stelle berichtet sie über »Frauen in unserem jetzigen Alter (teilweise jünger), zwischen fünfzig und sechzig Jahren«.[38] Wenn man davon ausgeht, dass SUSANNE DREß damals etwa 55 Jahre alt war, dann hat sie den betreffenden Abschnitt Mitte der sechziger Jahre geschrieben. Als *terminus ante quem* ist das Jahr 1984 anzusehen, denn in dem bereits erwähnten Brief vom 2. Oktober dieses Jahres korrespondierte sie über die Veröffentlichung des Textes, der ihrem Briefpartner vorlag. Die Niederschrift erfolgte in mehreren Phasen, wie SUSANNE DREß am Ende rückblickend schreibt: »Ob es gelungen ist, werde ich wohl erst merken, wenn ich die in Etappen fertiggestellten Teile einmal im Zusammenhang durchlese.«[39]

Bei der Niederschrift ihrer Lebenserinnerungen musste sich SUSANNE DREß nicht nur auf ihr (offensichtlich hervorragendes)

---

34 Interview der Herausgeberin mit ANDREAS DREß am 4. Februar 2017 in Bielefeld. – An einer Stelle im Manuskript wird die Adressatin auch direkt angesprochen: »Aber weil du doch gerne möchtest, dass man erkennt, was wann gewesen ist, werde ich versuchsweise die Jahre einzelner Geschehnisse angeben.« S. 706.
35 Vgl. S. 824.
36 S. 457.
37 S. 765.
38 S. 632.
39 S. 824.

Gedächtnis verlassen, sondern konnte auch auf schriftliche Unterlagen zurückgreifen, die sie über die Wirren des Zweiten Weltkriegs hinweggerettet hat – so etwa das bereits erwähnte ›Silvesterbuch‹ oder Briefe an die Familie, alte Kalender u.a.m. Während sie sich im ersten Teil nur indirekt auf dieses Material bezieht, zitiert sie im zweiten Teil daraus wörtlich ganze Passagen. Dies wird in der vorliegenden Ausgabe durch eine besondere Hervorhebung kenntlich gemacht.

3. Die Gestalt des Manuskripts

Insgesamt sind im Lauf der Zeit acht Bände entstanden. Sie liegen als maschinenschriftliche Aufzeichnungen vor und sind in acht Mappen gesammelt, die jeweils mit einem vorangestellten Inhaltsverzeichnis beginnen (mit Ausnahme von Band 1, wo dieses Inhaltsverzeichnis nicht – mehr? – vorhanden ist). Dabei gliedert sich das Material deutlich in zwei Teile, die sich sowohl äußerlich als auch inhaltlich und stilistisch voneinander unterscheiden: Teil 1 umfasst die ersten vier Bände und berichtet von den frühesten Kindheitserinnerungen bis zur Eheschließung im Jahr 1929; er ist überschrieben mit dem Titel »*Mein Elfenbein-Turm*«. Der zweite Teil umfasst die Bände 5 bis 8 und berichtet von der Zeit als Ehefrau bis zum Tod der Mutter im Jahr 1951; er trägt die Überschrift »*Mein Eigenbau*«. Ursprünglich hatte sie ihre Aufzeichnungen mit dem ersten Teil beenden wollen, denn dort schreibt sie am Schluss: »Da ich nur meine Mädchenzeit schildern wollte, müsste ich eigentlich hier abbrechen, denn ich war nun verheiratet.«[40] Aber dann setzte sie doch fort (vermutlich mit einigem zeitlichen Abstand) und fügte den zweiten Teil hinzu. An dessen Beginn reflektiert sie auf den von ihr selbst empfundenen deutlichen Unterschied gegenüber dem bisher Berichteten:

> »*Liegt es am Zeitgeschehen oder an der Lebensführung, dass so rein Erfreuliches zum Erinnern gar nicht recht auftauchen will? [...] Mit dem Goldgrund, der alle Kindheitskümmernisse untermalte, war es jedenfalls vorbei, als ich das Elternhaus verließ. Bunt blieb*

---

40 S. 446.

es trotzdem in meinem Leben – und diese Farben fleckig, kantig, ungeordnet, aber deutlich und fröhlich aufleuchten zu lassen, wie auf manchem Bild unserer Zeitgenossen, das will ich jetzt versuchen.«[41]

Der erste Teil besteht aus insgesamt 284 maschinenschriftlich beschriebenen Blättern im Format DIN A4.[42] Nach Angaben von ANDREAS DREß hat seine Mutter ihre Aufzeichnungen direkt in die Maschine getippt; es existiert also keine handschriftliche Vorlage. Jedoch macht das Material den Eindruck, dass es von der Verfasserin mehrfach überarbeitet worden ist und es sich demnach um eine Reinschrift handelt. Denn auch wenn die Blätter etliche Tippfehler und handschriftliche Korrekturen aufweisen, so ist dies wohl dem Arbeitsprozess an der Schreibmaschine geschuldet, wo Fehler ja nicht wie bei den heutigen digitalen Verfahren unsichtbar verbessert werden können. Angesichts der Tatsache, dass SUSANNE DREß zeitlebens mit der Rechtschreibung zu kämpfen hatte (und nach heutigen Begriffen wahrscheinlich eine Legasthenie bescheinigt bekommen hätte), ist das vorliegende Material in einem bemerkenswert guten Zustand, was auf eine gründliche Bearbeitung schließen lässt.

Der zweite Teil umfasst insgesamt 316 Seiten, die auf DIN-A5-Blätter geschrieben wurden, wobei anschließend immer zwei Blätter auf eine A4-Seite fotokopiert worden sind.[43] Das Erscheinungsbild ist uneinheitlich; so variiert etwa der Zeilenabstand, und die Teile 1 und 2 wurden mit unterschiedlichen Schreibmaschinen getippt (dabei sind innerhalb von Teil 2 wiederum verschiedene Maschinen benutzt worden). Auch die *Paginierung* ist unsystema-

---

41 S. 449. Auch später reflektiert sie auf ihren eigenen Schreibprozess und die dabei erkennbaren Brüche: »Woher kommt es, frage ich mich manchmal, dass ich beim Schreiben dieser zwanzig Jahre meines Lebens von 1929 bis 1949 so viel chronologischer vorgehe als in den ersten beiden Jahrzehnten? Ließ sich das schlichte und dem Jahresdatum nach geordnete Erinnern der Kinder- und Jugendzeit in diesen bewegten, zeitgeschichtlich so bedeutenden Jahren nicht durchführen, ohne verwirrend zu wirken? Oder bin ich bloß langweiliger geworden? Denn die Ereignisse so hintereinander zu beschreiben wie in Biographien üblich, ist sicher nicht so interessant zu lesen. Ich schreibe ja auch (durch meine Krankheit unterbrochen) viel länger an dieser Zeit – während ich zum ersten Teil größeren Abstand hatte.« S. 706.

42 Die erste Mappe zählt 87 Blätter, die zweite Mappe 74 Blätter. Die dritte und vierte Mappe sind durch die jeweils vorangestellten Inhaltsverzeichnisse voneinander abgetrennt, jedoch durchgehend paginiert, sodass sich in beiden Mappen zusammen 123 Blätter befinden.

43 Auf diese Weise sind 316 A4-Blätter entstanden, aus denen der zweite Teil besteht (Mappe 5: 88 Blatt, Mappe 6: 83 Blatt, Mappe 7: 69 Blatt und Mappe 8: 76 Blatt). Insgesamt umfassen die Aufzeichnungen der beiden Teile 600 Blatt.

tisch: In den ersten beiden Mappen beginnt sie jeweils von vorn; die Mappen 3 und 4 sind fortlaufend paginiert; in den Mappen 5 bis 7 sind die Seitenzahlen mit der Hand eingetragen; in Mappe 8 wird jede Seite doppelt (mit dem Vermerk a und b) gezählt – wobei es etliche Auslassungen, Doppelungen usw. gibt. Die *Überschriften* sind nur in den vorangestellten Inhaltsverzeichnissen zu finden und stehen nicht im Text – außer in den Mappen 5 bis 7, wo sie handschriftlich eingefügt wurden, und zwar von unterschiedlicher Hand. Wer (außer der Verfasserin SUSANNE DREß) an diesen Aufzeichnungen gearbeitet hat, kann heute nicht mehr ermittelt werden. Für die vorliegende Ausgabe, welche ihre Lebenserinnerungen in ungekürzter Fassung wiedergibt, wurden die Überschriften neu formuliert und in ihrer Anzahl deutlich reduziert. Einen Eindruck von der Gestalt des Typoskripts vermitteln die vier Faksimiles mit unterschiedlichen Beispielen aus beiden Teilen, die im Anhang wiedergegeben sind.

Insgesamt bestätigt die äußerliche Gestalt, dass diese Aufzeichnungen über einen langen Zeitraum hinweg entstanden sind. Nach Mitteilung des Sohnes ANDREAS begann SUSANNE DREß die Niederschrift des ersten Teils zu der Zeit, als ihr Mann seine Tätigkeit im Pfarramt zugunsten der Universität aufgab und sie ihre zahlreichen Aktivitäten als Pfarrfrau beendete, d. h. gegen Ende der fünfziger Jahre, als sie selbst etwa fünfzig Jahre alt war. Zu dieser Zeit suchte die stets energiegeladene SUSANNE neue Aufgaben und fand sie unter anderem durch die Abfassung ihrer Lebenserinnerungen. Auch begann sie damals eine rege Vortragstätigkeit, wobei sie über das Engagement der Familie BONHOEFFER im Widerstand gegen das NS-Regime berichtete. Da das Interesse an DIETRICH BONHOEFFER seit den sechziger Jahren stetig zunahm, war sie eine gefragte Referentin und Zeitzeugin. Der früheste dieser Vorträge, der noch schriftlich erhalten ist, datiert aus dem Jahr 1966 und ist dieser Ausgabe im Anhang beigefügt. Das bereits erwähnte Anliegen, ihre Freundin LISA KIRSCH mit ihrem Lebenslauf bekannt zu machen, weist ebenfalls auf einen Beginn der Niederschrift in den fünfziger Jahren hin. Viel später, als SUSANNE DREß nach dem Tod ihres Mannes in das Altenheim Lutherstift in Berlin-Steglitz übergesiedelt war und dort ausreichend Zeit und Muße fand, setzte sie nach Auskunft ihres Sohnes die Arbeit an dem

Manuskript (bzw. Typoskript) fort – wobei es sich dabei wohl vor allem um Überarbeitungen und Ergänzungen handelte, aus denen die nun vorliegende Reinschrift entstanden ist.

Susanne Dreß beschließt ihre Lebenserinnerungen mit dem Jahr 1951, also zu einer erzählten Zeit, in der sie selbst erst Anfang vierzig ist. Sie hat danach noch weitere vierzig Jahre gelebt. Es ist also keineswegs ihr ganzes Leben, sondern nur der erste – allerdings sehr bewegte – Teil, von dem sie erzählt. Vielleicht war ihr Alltag so angefüllt mit Aktivitäten, dass er ihr beim Schreiben gleichsam ›davonlief‹; jedenfalls hat sie mehr Wert darauf gelegt, etwas zu *tun*, als davon zu *berichten*. Dennoch hatte sie über eine Fortsetzung ihrer Lebenserinnerungen nachgedacht. Sie schreibt am Ende ihrer Aufzeichnungen (vermutlich zu Beginn der siebziger Jahre):

> *»Lohnend waren die nächsten zwei Jahrzehnte, über die ich hier schweige, doch sehr. Ob ich es noch schaffen werde (was ich mir eigentlich vorgenommen habe), von jetzt an doch wieder – solange Kopf und Hand mitmachen – weitere Notizen zu machen? Die ersten Aufzeichnungen aus meinem Elternhaus hatte ich ja für meine Kinder begonnen. Jetzt vielleicht für die Enkel?«*[44]

Doch dazu ist es nicht mehr gekommen.

4. Die Pläne zur Veröffentlichung

Zu Beginn der achtziger Jahre ist Ulrich Kabitz vom damals noch existierenden Christian-Kaiser-Verlag auf das Manuskript von Susanne Dreß aufmerksam geworden. Der Kaiser-Verlag hatte ursprünglich die Schriften von Dietrich Bonhoeffer verlegt (z. B. im Jahr 1937 das Werk ›Nachfolge‹ und 1939 die Schrift ›Gemeinsames Leben‹). Später wurde der Kaiser-Verlag vom Gütersloher Verlagshaus übernommen, wo heute die meisten Werke Bonhoeffers veröffentlicht werden. Möglicherweise ist Kabitz durch die Vortragstätigkeit von Susanne Dreß auf sie aufmerksam geworden. Er gelangte in den Besitz der Aufzeichnungen und beriet sich mit

---

[44] S. 824.

der Verfasserin über die Möglichkeit einer Publikation. Dabei war an eine Auswahl gedacht, weil das Material für eine Monographie zu umfangreich sei und außerdem (vor allem im zweiten Teil) manche Wiederholungen enthalte. Bei der Erarbeitung von Kürzungsvorschlägen ließ sich KABITZ von CHRISTIAN GREMMELS beraten, dem damaligen Vorsitzenden der Deutschen Sektion der Internationalen Bonhoeffer-Gesellschaft und Professor für Theologie an der Gesamthochschule Kassel. Es existieren noch Spuren von handschriftlichen Streichungen im Manuskript sowie eine Liste mit Kürzungsvorschlägen.[45]

GREMMELS war von dem Text von SUSANNE DREß sehr angetan. In einem Brief vom Anfang der achtziger Jahre, dessen genaues Datum unkenntlich gemacht worden ist, schrieb er an KABITZ:

> »Lieber ULRICH, um es gleich vorweg zu sagen: Unter zwei Bedingungen (von denen gleich zu reden sein wird) kann dieses Buch ein großer Erfolg werden. Frau DREß kann beobachten (das naturwissenschaftliche Erbe der Familie!) – und schreiben kann sie auch. Mir war das zunächst nicht aufgefallen angesichts der Überlänge des Manuskripts, dem ich beim ersten Mal durch ein Überfliegen des Textes Rechnung trug. Und so kam es, dass ich manches überlesen haben muss, wie mir bei der sorgfältigen und genauen Zweitlektüre plötzlich bewusst wurde. [...] Sehr schnell stellte sich heraus, dass den einzelnen Abschnitten Kernberichte zugrunde liegen, die man nur aus der Vielzahl von Erzählvarianten herauslösen muss, um zu klassisch knappen und eindrücklichen Prosapassagen zu kommen, im Blick auf die ich die Prognose wage, dass einige dieser Stücke in die Schulbücher eingehen werden. [...] Sieht man sich die nach den Kürzungen verbleibenden Textpassagen an, so verbleibt als zweiter Bearbeitungsaspekt der Schritt in Richtung kleiner stilistischer Verbesserungen. In einigen Fällen habe ich solche Verbesserungen versuchsweise selbst einmal vorgenommen; in diesem Sinn müssten alle nach den Kürzungen übrigbleibenden Texte noch einmal durchgesehen werden [...]. Wenn der Verlag das Einverständnis von Frau DREß erhält, dass in dieser Weise mit ihrem Manuskript umgegangen

---

45 Im Besitz der Herausgeberin.

werden darf (ihre abschließende Zustimmung ist ja ohnehin vorausgesetzt), dann wird dieses Buch – auch literarisch – eine Entdeckung.«[46]

Doch SUSANNE DREß hatte andere Vorstellungen. Am 4. November 1984 schrieb sie an ULRICH KABITZ:

»Lieber Herr KABITZ! Vielen Dank für Ihren ausführlichen Brief.[47] Dass Sie versuchen, meine Erinnerungen so schnell wie möglich in Druck zu bringen und sie deshalb einem Fachmann überlassen haben, ist sehr dankenswert, aber ich habe kein Interesse daran, dass das Manuskript so schnell verlegt wird. Im Grunde wollte ich es ja erst nach meinem Tode dafür freigeben, weil es mich sehr anstrengt, eventuell anderer Meinung zu sein als der Verlag. [...] Die Kürzungen in meinem Manuskript, das Sie in der Hand haben, möchte ich selber machen, auch die ›stilistischen Verbesserungen‹. Ich habe nicht im Sinn gehabt, meine Erinnerungen für Schulbücher zu schreiben, und habe es auch jetzt noch nicht. Für die Kürzungen müsste ich wissen, wieviel Tippseiten möglich sind. Ich kenne diese Arbeit von der gemeinsamen Herausgabe von Aufsätzen und Schriften meines Mannes. Wahrscheinlich werde ich ganze Kapitel weglassen wollen, um auf die mögliche Seitenzahl zu kommen, aber nicht bruchstückweise die Kapitel kürzen. Das Inhaltsverzeichnis würde ich natürlich dem anpassen. Dass mir der Titel ›Elfenbeinturm‹ wichtig ist, habe ich Ihnen wohl schon geschrieben. Auch ich habe mich von zwei Gesichtspunkten beim Schreiben leiten lassen: einmal die absolute Ehrlichkeit ohne jede Beschönigung der Familie BONHOEFFER, und zum anderen kein Heldenepos daraus zu machen. Ich hänge nicht daran, dass das Ganze gedruckt wird, und möchte es nur dann zum Druck freigeben, wenn mein Stil und meine Konzeption erhalten bleiben.«[48]

---

46 Brief von ULRICH KABITZ an CHRISTIAN GREMMELS, Datierung unkenntlich gemacht; Fotokopie im Besitz der Herausgeberin.
47 Dieser Brief ist leider nicht mehr erhalten.
48 Brief von SUSANNE DREß an Ulrich Kabitz vom 4. November 1984; Original im Besitz der Herausgeberin.

Zu diesem Zeitpunkt hatte man sich offenbar bereits darauf verständigt, dass eine mögliche Veröffentlichung nur den ersten Teil, also die Bände 1 bis 4, umfassen sollte. Denn SUSANNE DREß schreibt im gleichen Brief:

> »Das ›zweite Paket‹, das Sie mir zurückschickten, weil Sie es für den Verlag nicht für entsprechend halten, ist jetzt ›unter Verschluss‹ bei der Gedenk- und Bildungsstätte Stauffenbergstr. 14 bis auf Abruf von mir. Ich bin von Herrn RAINER SANDVOß, dem Herausgeber der Schriftenreihe ›Widerstand 1933–1945‹, gebeten worden, meine Erinnerungen an die Kirchenkampfzeit in Lichterfelde und Dahlem, die ich ja lebhaft mitgemacht habe, auf Band zu sprechen. Herr SANDVOß hat mich zu dem Zweck hier aufgesucht. Er formuliert meine Aussagen dann selbst für die oben erwähnte Schriftenreihe. Damit überschneidet sich dann nichts mit den bei Ihnen verbliebenen Papieren.«[49]

In der Stauffenbergstraße in Berlin befindet sich die ›Gedenkstätte Deutscher Widerstand‹, wo RAINER SANDVOß bis heute tätig ist.[50] Nach seiner Auskunft befindet sich das Manuskript von SUSANNE DREß noch immer bei ihm in Verwahrung – wobei in all den Jahrzehnten niemand danach gefragt hat.[51] Bei diesem Material handelt es sich um eine vollständige Fotokopie der Bände 5 bis 8 (ohne die zusätzlichen Texte, von denen weiter unten die Rede sein wird).

Am 16. Januar 1985 kam es zu einem Treffen zwischen SUSANNE DREß und ULRICH KABITZ, bei dem für die Bände 1 bis 4 Kürzungsvorschläge besprochen worden sind.[52] Diese Arbeit wurde jedoch nicht fortgesetzt. Im darauffolgenden Jahr, am 15. Mai 1986, nahm CHRISTIAN GREMMELS brieflich mit ANDREAS DREß, dem Sohn von SUSANNE, Kontakt auf und kommt auf das Vorhaben zurück. Er schreibt:

---

49 Ebd.
50 Seine Aufzeichnungen der Interviews mit SUSANNE DREß sind in zwei Bänden veröffentlicht: SANDVOß, RAINER (Hg.): »Es wird gebeten, die Gottesdienste zu überwachen ...«. Religionsgemeinschaften in Berlin zwischen Anpassung, Selbstbehauptung und Widerstand von 1933 bis 1945, Berlin 2014; SANDVOß, HANS-RAINER/ GÖBEL, WOLFGANG (Hg.): Widerstand in Steglitz und Zehlendorf. Widerstand 1933–1945, Berlin 1986.
51 Telefonat von RAINER SANDVOß mit der Herausgeberin am 24. März 2017.
52 Ein Fotokopie dieser Liste befindet sich im Besitz der Herausgeberin.

»Lieber Herr DREß, Monate sind ins Land gegangen, seitdem wir miteinander telefonierten. Es war damals Ihr Vorschlag, die möglichen Kontakte zu Ihrer Frau Mutter in der Angelegenheit ihrer biographischen Aufzeichnungen über Sie laufen zu lassen – und ich halte dies auch für richtig. [...] Soviel ich weiß, ist der Briefwechsel zwischen Frau DREß und ULRICH KABITZ Ende 1984 abgebrochen – jedenfalls ist dies der Stand, soweit ich unterrichtet bin. [...] Ich denke, es ist jetzt nicht an der Zeit, meinerseits schon Vorschläge zu machen, wie wir vielleicht vorankommen könnten – zunächst müsste geklärt werden, ob Ihre Frau Mutter bereit ist, diese Sache noch einmal aufzunehmen. Sagen Sie mir aber auch ganz offen, wenn die bisher involvierten Personen (ULRICH KABITZ, CHRISTIAN GREMMELS) und Institutionen (der Kaiser-Verlag) eher zu einer Belastung geworden sind; wir kommen ohnehin nur voran, wenn wir von dieser Offenheit ganz energisch Gebrauch machen. Selbstverständlich könnte ich auch zu einem Gespräch zu Ihnen nach Bielefeld kommen, wenn Sie dies für sinnvoll halten.
Vorerst aber sollte das Grundsätzliche abgeklärt werden.
Mit freundlichen Grüßen bin ich sehr herzlich, Ihr CHRISTIAN GREMMELS«.[53]

Herr DREß schrieb darauf am 13. Juni 1986:

»Lieber Herr GREMMELS! Vielen Dank für Ihren freundlichen Brief vom 15. 5. 1986. Ich habe zwischenzeitlich mehrfach versucht, Sie telefonisch zu erreichen, leider jedoch erfolglos. Die darin angesprochenen Dinge muss ich jedoch erst einmal zurückstellen. Da meine Mutter Ende Februar dieses Jahres einen Schlaganfall erlitten hat und davon noch nicht genesen ist, wird es auf absehbare Zeit nicht möglich sein, über diese Fragen zu reden, sodass ich eine Entscheidung auf die ferne Zukunft verschieben muss, so ungern ich dies auch tue.
Mit freundlichen Grüßen, ANDREAS DREß.«[54]

---

53 Brief von CHRISTIAN GREMMELS an ANDREAS DREß vom 15. Mai 1986; Fotokopie im Besitz der Herausgeberin.
54 Brief von ANDREAS DREß an CHRISTIAN GREMMELS vom 13. Juni 1986; Fotokopie im Besitz der Herausgeberin.

Am 20. Juni 1986 antwortete Herr GREMMELS:

> »Lieber Herr DREß, als ich Ihnen schrieb, hatte ich noch nichts von
> der Erkrankung Ihrer Frau Mutter gewusst; so ist es denn jetzt in
> der Tat nicht die Zeit, diesen Plan weiter zu verfolgen; hoffen wir
> auf bessere Zeiten, in denen wir dann ja wieder Kontakt aufnehmen
> können. Indem ich Ihrer Frau Mutter, die ich von einem Besuch
> in der Lutherstraße persönlich kenne, eine baldige Genesung
> wünsche, bin ich mit freundlichen Grüßen für Sie,
> Ihr CHRISTIAN GREMMELS.«[55]

Damit endeten die damaligen Pläne einer Veröffentlichung der Lebenserinnerungen von SUSANNE DREß.

Nach mündlicher Auskunft von ANDREAS DREß lag der entscheidende Grund für das Scheitern des Vorhabens darin, dass man sich nicht darüber einig werden konnte, wie mit gewissen kritischen Äußerungen von SUSANNE DREß über die Bekennende Kirche, insbesondere über die Gemeinde in Berlin-Dahlem und über die Person MARTIN NIEMÖLLERs, umzugehen sei.[56] Diese Einschätzung wird bestätigt durch CHRISTAIN GREMMELS, der rückblickend schreibt:

> »Eine Veröffentlichung zerschlug sich durch den Widerstand des
> Sohnes von SUSANNE DREß [...]. Ein Problem war wohl, dass KABITZ
> und ich nicht den gesamten Text drucken wollten, da es abgesehen
> von den in der Tat glänzenden Jugenderinnerungen auch sehr
> schwache Passagen gab (im Blick auf den Kirchenkampf und die
> Rolle ihres Ehemanns).«[57]

Auch ULRICH KABITZ äußert sich im Nachhinein ähnlich:

> »Es war auf jeden Fall zwischen uns ausgemacht, dass an eine
> Veröffentlichung zu denken ist. Die Frage war nur, wie mit den
> Manuskripten umzugehen wäre. Den zweiten Band, der die spätere
> Zeit als Pfarrfrau betraf, wollte ich ausklammern. Da gab es

---

55 Brief von CHRISTIAN GREMMELS an ANDREAS DREß vom 20. Juni 1986; Fotokopie im Besitz der Herausgeberin.
56 Telefonat von ANDREAS DREß mit JUTTA KOSLOWSKI am 23. Januar 2017.
57 Brief von CHRISTIAN GREMMELS an GÜNTER EBBRECHT vom 10. Dezember 2015; Fotokopie im Besitz der Herausgeberin.

geradezu peinliche Partien, unreflektiert dahingeplaudert, etwa abfällig über den in Haft befindlichen NIEMÖLLER.«[58]

Zwar zeigte sich die Verfasserin in Bezug auf die betreffenden Stellen nachgiebig; sie schrieb damals an KABITZ:

»Im Übrigen bin ich sehr bereit, falls Sie aus dem Eigenbau überhaupt etwas bringen wollen, Schärfen gegen die B[ekennende] K[irche] abzubauen. Ich war wirklich sehr zornig, als damals die BK, zu der mein Mann und ich ja auch gehörten, DIETRICH von ihren Fürbittlisten, die in Dahlem verlesen wurden, aus Angst gestrichen hat.«[59]

Auch in anderen Fällen, wo sie sich kritisch über andere Menschen äußerte, versuchte sie, deren Persönlichkeitsrechte zu schützen, indem sie ihre Namen abgekürzt verwendete (insbesondere im zweiten Teil). Dies geschah jedoch nicht systematisch: Manchmal wurden solche Namen von Anfang an mit Abkürzung geschrieben, teilweise erst nachträglich im Manuskript unkenntlich gemacht; mit manchen Personen wird uneinheitlich verfahren, bei wieder anderen wird der Klarname verwendet.[60] Außerdem wird in einzelnen Fällen ein Name auch dann abgekürzt, wenn SUSANNE DREß sich über die betreffende Person positiv äußert.[61] Offensichtlich ist, dass die Verfasserin ihr Manuskript mit Rücksicht auf andere selbst bearbeitet hat. Sie schreibt an ULRICH KABITZ: »Die ›Sprunghaftigkeit‹, die Ihnen aufgefallen ist, liegt auch daran, dass ich ganze Passagen seitenweise herausgenommen habe, um nicht Menschen zu verletzen, mit denen oder deren Kindern ich heute noch freundschaftlich verbunden bin.«[62] Dennoch wollte sie sich nicht auf eine ›Zensur‹ einlassen, weil ihr Grundsatz ja (wie be-

---

58 Brief von ULRICH KABITZ an GÜNTER EBBRECHT vom 17. Dezember 2015; Fotokopie im Besitz der Herausgeberin.
59 Brief von SUSANNE DREß an ULRICH KABITZ vom 2. Oktober 1984.
60 In dieser Ausgabe wurden die von SUSANNE DREß verwendeten Abkürzungen stehen gelassen und nur an den Stellen ergänzt, wo bei der gleichen Person abwechselnd gekürzt und ausgeschrieben wird. In besonders wichtigen Fällen enthalten die Fußnoten Hinweise zu der betreffenden Person. Es hätten sich wohl noch einige der anonymisierten Personen ermitteln lassen, jedoch wäre dies kaum bei allen möglich gewesen – insbesondere bei rein privaten und eher beiläufigen Bekannten. Deshalb konnte Einheitlichkeit hier nicht erzielt werden.
61 So z.B. bei Frau J., vgl. S. 798.
62 Brief von SUSANNE DREß an ULRICH KABITZ vom 2. Oktober 1984.

reits zitiert) die »absolute Ehrlichkeit« war. SUSANNE DREß war schnell und scharf mit ihrem Urteil über andere Personen und Ereignisse und ebenso über sich selbst; sie nahm kein Blatt vor den Mund – dies macht meines Erachtens den einmaligen Wert ihrer Aufzeichnungen aus.

5. Die Besonderheit des Textes

Durch die langjährige Forschungsarbeit und die großen Biographien von EBERHARD BETHGE,[63] FERDINAND SCHLINGENSIEPEN[64] und anderen hat sich im Lauf der Jahrzehnte in der Bonhoeffer-Forschung eine bestimmte Überlieferung etabliert – die freilich in letzter Zeit durch einige neuere Veröffentlichungen ergänzt worden ist.[65] Die Publikation der Lebenserinnerungen von SUSANNE DREß würde sich kaum lohnen, wenn das bereits vorhandene Bild nur ein weiteres Mal vervielfältigt würde. Tatsächlich bestätigt einiges in diesen Aufzeichnungen die Vorstellung von Familie BONHOEFFER, wie sie bereits an anderen Stellen vermittelt worden ist.[66] Doch auch dort, wo Bekanntes wiederholt wird, bietet die Schilderung von SUSANNE anstelle eines Schwarz-Weiß-Fotos gewissermaßen ein Farbbild (oder sogar ein 3-D-Hologramm). Das liegt an der außerordentlichen Plastizität ihrer Darstellung und an ihrem besonderen Schreibstil, der eigenwillig, expressiv und höchst anschaulich ist. Deutlich wird dies, wenn man etwa die Beschreibung der Weihnachts-Traditionen der Familie BONHOEFFER, wie sie von der Tochter SABINE gegeben wurde,[67] mit derjenigen ihrer Schwester SUSANNE vergleicht:[68] Die Fakten gleichen sich bis ins Detail (etwa das grüne Seidenpapier mit Tannenzweig, worin alle Geschenke eingewickelt worden sind) – was für die Glaubwürdigkeit beider Auto-

---

63 BETHGE, EBERHARD: Dietrich Bonhoeffer. Eine Biographie, Gütersloh ⁹2005.
64 SCHLINGENSIEPEN, FERDINAND: Dietrich Bonhoeffer 1906–1945. Eine Biographie, München ³2013.
65 Vgl. z. B. MARSH, CHARLES: Dietrich Bonhoeffer. Der verklärte Fremde. Eine Biographie, Gütersloh 2015; METAXAS, ERIC: Bonhoeffer. Pastor, Agent, Märtyrer und Prophet, Holzgerlingen ⁶2014.
66 Vgl. z. B. BETHGE, EBERHARD/BETHGE, RENATE (Hg.): Letzte Briefe im Widerstand. Aus dem Kreis der Familie Bonhoeffer, München 1984; LEIBHOLZ-BONHOEFFER, SABINE: Vergangen, erlebt, überwunden. Schicksale der Familie Bonhoeffer, Gütersloh ²¹1977; ZIMMERMANN, WOLF-DIETER (Hg.): Begegnungen mit Dietrich Bonhoeffer. Ein Almanach, München ²1965.
67 LEIBHOLZ-BONHOEFFER, SABINE: Weihnachten im Hause Bonhoeffer, Gütersloh ¹³2005.
68 S. Kapitel 2.3 Die Weihnachtszeit in der Familie Bonhoeffer (S. 157-192 in dieser Ausgabe).

rinnen spricht. Doch stellt die literarische und inhaltliche Qualität von SUSANNE das Werk von SABINE in den Schatten: SABINE fasst summarisch zusammen; außerdem scheint sich im Rückblick ihre Aufmerksamkeit auf den berühmt gewordenen Bruder DIETRICH zu fokussieren – dem sie als Zwillingsschwester freilich in besonderer Weise verbunden war (»DIETRICH knetet und rollt die Marzipanmasse mit eifrigen Händen.«[69]). Ihre Darstellung wirkt teilweise formelhaft und fromm, etwa wenn sie zahllose Gesangbuchverse zitiert. Am Ende gibt sie ihre eigene Darstellung auf und reiht fast nur noch Zitate aneinander – vor allem aus den Gefängnisbriefen von DIETRICH, die in der Adventszeit geschrieben worden sind. Ganz anders dagegen SUSANNE! Nach der Lektüre ihres Textes hat man das Gefühl, selbst in der Weihnachtsstube der Familie BONHOEFFER gewesen zu sein und ein paar Stunden in ihrer längst versunkenen Welt miterlebt zu haben. Wenn man bedenkt, dass die Schilderung von SABINE seit 1971 als *Longseller* auf dem Markt ist und in 14 Auflagen erschien, dann ist es wohl an der Zeit, dass das Werk von SUSANNE der Öffentlichkeit bekannt gemacht wird. Der Vergleich dieser beiden Darstellungen zeigt nichts weniger als den Unterschied zwischen *Hagiographie* und *Biographie* – und die große Bedeutung von SUSANNEs Lebenserinnerungen.

Doch die Aufzeichnungen von SUSANNE DREß haben noch einen weiteren Vorzug: Neben der Darstellung von Vertrautem werden hier auch etliche neue, bisher unbekannte oder sogar unerhörte Informationen über die Familie BONHOEFFER geboten. Damit leistet dieses Werk einen wichtigen Beitrag für die Bonhoeffer-Forschung. Der Grund hierfür ist ihre Bereitschaft zu Kritik und Selbstkritik. Dabei fällt sie keineswegs nur negative Urteile, sondern kann ebenso des Lobes voll sein. In jedem Fall aber bezieht sie deutlich Stellung und macht sich dadurch angreifbar (und sie war meines Erachtens bereit, dies hinzunehmen). Sie schreibt mit ebenso spitzer Feder, wie ein Karikaturist seine Skizzen macht – so sind ihre Beschreibungen treffend, wenn auch nicht immer schmeichelhaft. Ihr Votum ist meist eindeutig: entweder positiv oder negativ; Nuancen und Zwischentöne kommen selten vor. Allerdings kann man sich des Eindrucks kaum erwehren, dass SUSANNE DREß (vor

---

69 LEIBHOLZ-BONHOEFFER: Weihnachten im Hause Bonhoeffer, S. 16.

allem im zweiten Teil ihrer Aufzeichnungen) manchmal mit einer gewissen Selbstgerechtigkeit oder sogar Verächtlichkeit auf andere herabschaut und dabei bisweilen vorschnell oder oberflächlich wird. Auch spart sie nicht mit Ironie und Sarkasmus. Im Übrigen ist auch dies Ausdruck ihrer familiären Prägung, charakteristisch für die BONHOEFFERs: Wie oft ist in den Lebenserinnerungen die Rede vom beißenden »Spott der Geschwister«,[70] den jeder von ihnen fürchtete, sodass man manches lieber verschwieg, als sich dieser Gefahr auszusetzen. Die Unbestechlichkeit des Urteils ging wohl vor allem vom Vater aus – positiv formuliert klingt dies in SABINES Beschreibung so:

> »*Er sprach wenig, und wir entnahmen sein Urteil einem erstaunten Blick, einem Spaß, gelegentlich auch einem leicht mokanten Lächeln. Außergewöhnlich war sein klares Auge für das Echte, Spontane, Schöpferische. [...] Seine Ablehnung der Phrase hat manchen von uns zu Zeiten einsilbig und unsicher gemacht, aber erreicht, dass wir als Heranwachsende an Schlagwörtern, Geschwätz, Gemeinplätzen und Wortschwall keinen Geschmack mehr fanden.*«[71]

Familie BONHOEFFER hat zwar viel Geselligkeit gepflegt, war dabei jedoch durchaus kritisch eingestellt. Bei Bedarf hat sie sich konsequent von anderen abgegrenzt, denn sie verfügte über inneren Zusammenhalt und Selbstbewusstsein. Dadurch wurde es möglich, sich von Anfang an in Opposition zum Nazi-Regime zu begeben.

SUSANNEs Text ist weit davon entfernt, eine Schmähschrift gegen einzelne Personen zu sein – im Gegenteil: Ihr unerbittliches Urteil trifft jeden ohne Unterschied, einschließlich ihrer Familienmitglieder und ihrer eigenen Person. So berichtet sie etwa davon, wie sie sich während des schlimmen Hungers in der Nachkriegszeit über ein Lebensmittelpaket hergemacht hatte, das ihr von ihrer Schwester CHRISTEL zur Aufbewahrung anvertraut worden war; hart richtet sie über sich selbst: »Mit Teelöffel und schlechtem Ge-

---

70 Vgl. z. B. S. 224.
71 LEIBHOLZ-BONHOEFFER: Vergangen, erlebt, überwunden, S. 23 f.

wissen habe ich es heimlich radikal-triebhaft aufgefressen!«[72] Über den Mathematiklehrer ihres Sohnes ANDREAS (der später Mathematikprofessor geworden ist und unter seinem verständnislosen Lehrer viel zu leiden hatte), bemerkt sie lapidar, dass er »im Unterricht hauptsächlich darauf Wert legte, dass die Sieben ohne Strich geschrieben würde«.[73] Auf der gleichen Ebene liegt es, wenn sie etwa von MARTIN NIEMÖLLER behauptet, dass er »immer noch nicht den U-Boot-Kommandanten ablegen konnte«[74]. Auch über MARTIN DIBELIUS,[75] EBERHARD BETHGE,[76] DIETRICH BONHOEFFER[77] oder KLAUS und ERIKA MANN[78] finden sich vereinzelte kritische Bemerkungen. Für sie machte es keinen Unterschied, ob derjenige, über den sie schrieb, bekannt oder unbekannt war – die meisten Menschen, die ihr Manuskript in die Hand bekommen hatten, empfanden das allerdings anders. Deshalb liegt über ihren Lebenserinnerungen gewissermaßen ein Nimbus des Anstößigen: *Insider* wissen davon – aber sie meinen, dass dieser Text wegen gewisser ›unmöglicher Äußerungen‹ besser nicht an die Öffentlichkeit gelangen sollte (wobei über Art und Ausmaß dieser Formulierungen zumeist Unklarheit herrscht). So kommt es, dass die Aufzeichnungen von SUSANNE DREß gewissermaßen im ›Giftschrank‹ der Geschichte verschlossen wurden und dann in Vergessenheit geraten sind.

Nach Sichtung des Materials bin ich zu der Überzeugung gelangt, dass es an der Zeit ist, die Lebenserinnerungen von SUSANNE DREß der Allgemeinheit bekannt zu machen – und zwar, wie von ihr selbst ursprünglich gewünscht, in einer unzensierten Form. Dies ist heute leichter möglich als damals, da ein gewisser Abstand die Dinge in anderem Licht erscheinen lässt, und fast alle Personen, über die sie geschrieben hat, nicht mehr am Leben sind. Es ist eine Selbstver-

---

[72] S. 658. Sie behauptet sogar, dass sie ›im Januar 1946 vor Hunger ihr Selbst verlor‹. Ebd.
[73] S. 818.
[74] S. 823. – Auch andere Mitglieder der Familie BONHOEFFER sahen die Person MARTIN NIEMÖLLER übrigens kritisch. So berichtet ANDREAS DREß von einem *Bonmot* DIETRICH BONHOEFFERS, der mit Bezug auf NIEMÖLLERS Buch ›Vom U-Boot zur Kanzel‹ gesagt habe, es solle besser heißen ›Mit dem U-Boot auf die Kanzel‹. Telefonat von ANDREAS DREß mit der Herausgeberin am 21. Januar 2017.
[75] Vgl. S. 696f.
[76] Vgl. S. 672.
[77] So beschreibt sie etwa sein Verhalten gegenüber Mitschülern als von »Arroganz und Lieblosigkeit« geprägt; vgl. S. 31. – Insgesamt jedoch berichtet sie mit viel Wertschätzung von diesem Bruder, der sich wohl mehr als die anderen Geschwister mit ihr beschäftigte und sich oft hilfsbereit zeigte.
[78] Vgl. S. 370.

ständlichkeit, soll hier aber dennoch eigens betont werden, dass damit keine Stellung zugunsten der von Susanne Dreß vertretenen Meinungen bezogen wird. Diese decken sich nicht notwendig mit den Ansichten der Herausgeberin oder gar mit den Tatsachen. Vielmehr soll dem mündigen Leser die Möglichkeit gegeben werden, sich sein eigenes Bild davon zu machen, wie Susanne Dreß die Dinge sah und beschrieb. Allerdings bin ich davon überzeugt, dass eine unvoreingenommene Lektüre dieses Materials gewisse Befürchtungen ausräumen und zu der Einsicht führen wird, dass die Kritik an der Bekennenden Kirche nur einen kleinen Teil dieses Werkes ausmacht.

Neben all den bereits genannten Qualitäten der Lebenserinnerungen von Susanne Dreß gibt es übrigens noch einen weiteren Vorzug an diesem Text – etwas, das weder mit Bonhoeffer-Forschung noch mit Zeitgeschichte zu tun hat und dennoch nach meinem Dafürhalten eine ganz besondere Eigenschaft dieser Biographie darstellt, die ihre Veröffentlichung schon für sich allein rechtfertigen würde: Die Verfasserin hat die seltene Gabe, sich noch nach Jahrzehnten in die Vergangenheit zurückzuversetzen und von sich selbst als Kind zu erzählen. So erhält man einen authentischen Einblick in die kindliche Seelenlage auf dem Reflexionsniveau und mit der sprachlichen Gewandtheit eines Erwachsenen. Dies geschieht insbesondere in Kapitel 1.11, wo sie ihre gesamte damalige Welt aus der Perspektive eines Kindes betrachtet. Aber auch an vielen anderen Stellen erweist sich diese Fähigkeit – etwa, wo sie davon berichtet, wie sie im Alter von vier Jahren in ihrem Ferienparadies in Friedrichsbrunn die ›Blaue Blume‹ gefunden und geliebt hat (S. 97f.) oder in der eindrücklichen Schilderung ihres kindlichen Gottesbildes (S. 382-392.). Mit ähnlicher Sensitivität wird die Bewusstseinslage einer heranwachsenden Jugendlichen von ihr in authentischem Rückblick geschildert: zum Beispiel ihre Verletzlichkeit (S. 115-119) oder ihre Zukunftsängste (S. 420f.). Susanne Dreß muss bis ins Alter über ein hervorragendes Gedächtnis verfügt haben, sodass ihr die Vergangenheit in der Erinnerung gleichsam zur Gegenwart wurde. Das kommt auch dadurch zum Ausdruck, dass sie an diesen Stellen beim Schreiben oftmals von der Vergangenheitsform ins Präsens wechselt.

Ein besonderer Reiz dieser Lebenserinnerungen besteht darin, dass die Verfasserin das Material nicht streng linear angeordnet hat, sondern in thematischen Kreisen gegliedert. Zwar entspricht die Gesamtanlage des Werkes durchaus einer klassischen Biographie (beginnend mit Erinnerungen an die Vorfahren bis hin zu einem selbstgewählten Schlusspunkt – in diesem Fall dem Tod ihrer eigenen Mutter), und die geschilderten Ereignisse orientieren sich im Wesentlichen am Fortschritt des Lebensalters. Aber innerhalb dieser Struktur werden einzelne Themen im Zusammenhang dargestellt, wie sich an den Kapitelüberschriften erkennen lässt (z.B. ›Feierabend und Freizeit‹ oder ›Religion und Glaube in der Familie Bonhoeffer‹). Jedes dieser Kapitel ist in sich chronologisch aufgebaut, weshalb es immer wieder zeitliche Sprünge in der Darstellung gibt. Ein Beispiel: Kapitel 3.6 Freundschaften von Susanne Bonhoeffer endet mit der Schilderung der achtzehnjährigen frisch Verlobten; das folgende Kapitel 4.1 Urlaube und Reisen setzt wieder mit einer frühen Kindheitserinnerung des sechsjährigen Mädchens ein. Da die Autorin ihre Sprache und Ausdrucksweise versuchsweise dem Bewusstseinsstand im jeweils dargestellten Alter anpasst, wirkt die Darstellung (trotz ihrer beträchtlichen Länge) abwechslungsreich und spannend.

6. Die Zerstreuung des Materials

Als Grundlage dieser Veröffentlichung dient eine Fotokopie, die alle 8 Bände des Manuskripts vollständig umfasst – mit Ausnahme von einem einzigen fehlenden Blatt in Band 4. Allerdings handelt es sich hierbei um eine sehr wichtige Stelle, denn sie entstammt dem Kapitel, das SUSANNE DREß mit der Überschrift ›Hauskapelle‹ versehen hat, worin sie das religiöse Leben der Familie BONHOEFFER eingehend beschreibt. Wegen der Bedeutung dieses Materials für das Verständnis von DIETRICH BONHOEFFER als Theologe verdient dieses Kapitel zweifellos besondere Beachtung. Die fehlende Seite bildet eine bedauerliche Lücke, weil darin über einen in religiöser Hinsicht sehr wichtigen Tag im Leben von SUSANNE berichtet wird: den Tag ihrer Konfirmation. Jetzt sollte sie zum ersten Mal am Abendmahl teilnehmen, doch der Pfarrer hatte sie auf die Bedeutung dieses Geschehens nur ungenügend vorbereitet. In der Familie BONHOEFFER wurde über religiöse Fragen kaum gesprochen; auch die Mutter, die selbst aus einer Pfarrerfamilie stammte, vermochte ihr dabei nicht weiterzuhelfen.

»Nur DIETRICH konnte ich fragen, ob das Abendmahl wirklich so etwas Besonderes sei, und er antwortete sehr beruhigend und heilsam: ›Für mich schon. Ich bin gerne eingeladen, wo man mich gern hat.‹ Diese kurze Auskunft war die beste Vorbereitung, die ich haben konnte, um hier wirklich anzunehmen – wie ein geladener Gast.«[79]

Trotz aller Bemühungen ist es bisher nicht gelungen, die fehlende Seite und die *Originale* des maschinenschriftlichen Manuskripts ausfindig zu machen. Möglicherweise hat SUSANNE DREß diese nicht aus der Hand gegeben, und sie befinden sich immer noch im Besitz des Sohnes ANDREAS, der den Nachlass beim Tod seiner Mutter übernommen hat.

Es existieren einige mehr oder weniger vollständige Fotokopien, die verschiedenen Personen in die Hände gelangt sind – wobei die Wanderungsbewegungen dieses Materials nur noch bedingt rekonstruiert werden können. ULRICH KABITZ hatte, wie bereits erwähnt, in den achtziger Jahren die vollständigen acht Mappen in Fotokopie von SUSANNE DREß erhalten. Nach mündlicher Auskunft von Herrn KABITZ hat er dieses Material an Herrn GREMMELS zur Begutachtung weitergegeben.[80] Es ist erwiesen, dass zumindest Teile des Manuskripts auch EBERHARD BETHGE bekannt waren, weil er damit gearbeitet und daraus Informationen bezogen hat.[81] Nach Auskunft von ANDREAS DREß hatte außerdem RENATE WIND die Aufzeichnungen seiner Mutter von ihm geborgt und für ihr Buch ›Dem Rad in die Speichen fallen‹ verwendet.[82] RENATE WIND ist übrigens die einzige Nutzerin des Materials, von der feststeht, dass sie es nach Gebrauch wieder vollständig an ANDREAS DREß zurückgegeben hat; dies geht aus einem handschriftlichen Brief vom 5. Oktober 1990 hervor, den sie der Rücksendung als Begleitschreiben beifügte.[83]

---

79 S. 398.
80 Telefonat von ULRICH KABITZ mit der Herausgeberin am 8. März 2017.
81 In dem bereits mehrfach zitierten Brief von SUSANNE DREß an ULRICH KABITZ vom 2. Oktober 1984 wird RENATE BETHGE ausdrücklich als eine derjenigen erwähnt, die mit dem Manuskript vertraut sind.
82 WIND, RENATE: Dem Rad in die Speichen fallen. Die Lebensgeschichte des Dietrich Bonhoeffer, Gütersloh ⁹2015.
83 Brief von RENATE WIND an HEIDI UND ANDREAS DREß vom 5. Oktober 1990; Fotokopie im Besitz der Herausgeberin.

FERDINAND SCHLINGENSIEPEN hat ebenfalls in seiner Bonhoeffer-Biographie mehrfach aus SUSANNEs Lebenserinnerungen zitiert.[84] SCHLINGENSPIEPEN schreibt:

> »Die Lebenserinnerungen von SUSANNE DREß, die dem Verfasser zur Verfügung standen, sind bisher noch unveröffentlicht. Sie geben ein anschauliches Bild auch von der Jugendzeit ihres drei Jahre älteren Bruders DIETRICH.«[85]

In seiner Danksagung erwähnt er an erster Stelle:

> »Professor Dr. ANDREAS DREß hat mir freundlich gestattet, aus den unveröffentlichten Erinnerungen seiner Mutter, der jüngsten Schwester DIETRICH BONHOEFFERS, zu zitieren. Diese Erinnerungen schildern die Kindheit und Jugend im Hause BONHOEFFER so lebendig, dass man sie unbedingt veröffentlichen sollte.«[86]

Dieser Hinweis war es übrigens, welcher der Herausgeberin den Anstoß gegeben hat, dieses Vorhaben zu verwirklichen.

ULRICH KABITZ hatte das gesamte Material an CHRISTIAN GREMMELS übergeben. Vor dort aus sei es in das Bonhoeffer-Archiv in Münster gelangt, wo Professor HANS-RICHARD REUTER am Institut für Christliche Gesellschaftslehre tätig war. Dies bestätigt CHRISTIAN GREMMELS in einem Brief, mit dem er GÜNTER EBBRECHT auf seine diesbezüglichen Anfragen antwortet:

> »Ich besaß – von ULRICH KABITZ übermittelt – ein vollständiges Exemplar der biographischen Aufzeichnungen von Susanne Dreß, das ich freilich schon vor Jahren an das Bonhoeffer-Archiv nach Münster weitergegeben habe.«[87]

---

84 Vgl. z. B. SCHLINGENSIEPEN: Dietrich Bonhoeffer, S. 24 und 25.
85 Ebd., S. 399. – In einem Telefonat mit der Herausgeberin am 31. Januar 2017 gab FERDINAND SCHLINGENSIEPEN an, dass er das Manuskript von ULRICH KABITZ erhalten habe.
86 Ebd., S. 394.
87 Briefe von CHRISTIAN GREMMELS an GÜNTER EBBRECHT vom 10. Dezember 2015 und vom 13. Juni 2016; Fotokopien im Besitz der Herausgeberin.

Hans-Richard Reuter befasste sich u. a. mit der Sicherung und Veröffentlichung des Bonhoeffer-Nachlasses und vermittelte den Kontakt nach Münster. Als das dortige Archiv nach der Emeritierung von Professor Reuter aufgelöst wurde, gelangte das Material von dort nach Berlin,[88] wo es nun – gemeinsam mit den umfangreichen Beständen aus der Sammlung von Eberhard Bethge und anderen Quellen – in der dortigen Staatsbibliothek im Bonhoeffer-Archiv gelagert wird.

Leider muss jedoch bei diesen verschiedenen Vorgängen manches von den Aufzeichnungen verloren gegangen sein. Mit Christian Gremmels, der darüber vielleicht Auskunft geben könnte, hat sich leider keine direkte Verbindung herstellen lassen.[89] Obwohl er früher als Vorstandsvorsitzender der Deutschen Sektion der Internationalen Bonhoeffer-Gesellschaft tätig war, hat er sich inzwischen von dieser Thematik weitgehend zurückgezogen. Zahlreiche Versuche der Herausgeberin, mit ihm Kontakt aufzunehmen, blieben erfolglos.

7. Die Wiederherstellung des Dokuments

Bei einer Recherche in der Staatsbibliothek in Berlin, die auf die Bitte der Herausgeberin von Professor Günter Ebbrecht, Vorstandsmitglied des Träger- und Fördervereins des Bonhoeffer-Hauses in Friedrichsbrunn, am 17. April 2016 durchgeführt wurde, fand sich dort nur noch ein kleiner Teil des Manuskripts.[90] Ebbrecht schreibt dazu:

> »Ich war ganz gespannt, ob und welche Partien der ›Erinnerungen‹ über das Bonhoefferarchiv an der Universität Münster in der Staatsbibliothek angekommen sind. Das Ergebnis war mager. Gerade mal eine Mappe mit unterschiedlichen mehr oder weniger losen Blättern. Da ich die bei mir vorhandenen Unterlagen

---

[88] Vgl. Brief von Günter Ebbrecht an Christian Gremmels vom 29. Mai 2016; Fotokopie im Besitz der Herausgeberin.

[89] Mit Ausnahme von einem Briefwechsel zwischen Günter Ebbrecht und Christian Gremmels. Aus den beiden Briefen von Christain Gremmels vom 10. Dezember 2015 und vom 13. Juni 2016 wurden die relevanten Passagen hier zitiert.

[90] Vgl. Brief von Günter Ebbrecht an Christian Gremmels vom 29. Mai 2016; Fotokopie im Besitz der Herausgeberin.

> mitgenommen hatte, haben wir uns an die Arbeit gemacht und verglichen, was dort und was bei mir vorhanden ist. Und welch ein Wunder und Freude: Was mir fehlte, war dort; was dort fehlte, war bei mir. So ist eine erfreuliche Win-Win-Situation entstanden. Wir konnten so aus dem ersten Konvolut bis 1929 – Band 1 – gemeinsam drei Teilbände rekonstruieren,[91] sodass jetzt drei Teilbände (bzw. Aktenordner mit den kopierten Manuskriptseiten) sowohl in der Staatsbibliothek liegen und bei mir sind. Jedoch mussten wir mit großem Bedauern feststellen, dass der 1. Teilband der Kindheits- und Jugenderinnerungen immer noch fehlt.«[92]

Dieser fehlende Band, der besonders wichtige Passagen enthält, konnte dann am 12./13. November 2016 von GÜNTER EBBRECHT bei einem Besuch bei FERDINAND SCHLINGENSIEPEN in Düsseldorf ergänzt werden, in dessen Arbeitszimmer sich noch eine Fotokopie der Aufzeichnungen befand. EBBRECHT schreibt dazu:

> »Ich habe die Kopie der Erinnerungen von SUSANNE DREß bei ihm eingesehen und mit Freude festgestellt: Er hat die mir noch fehlenden Seiten; zudem habe ich noch mehr als er. Damit ist das Manuskript der Erinnerungen SUSANNES von Kindheit und Jugend vollständig – jedenfalls wie ich es im Moment überblicke. Ich hoffe nicht, dass innerhalb der Manuskripte einzelne Seiten fehlen.«[93]

Wie bereits erwähnt, gibt es tatsächlich nur eine einzige fehlende Seite im 4. Teilband; ansonsten liegt das Material nun wieder vollständig vor.

Woher hatte GÜNTER EBBRECHT das Material, mit dem er die großen Lücken im Archivbestand in Berlin ergänzen konnte? Hier eröffnet sich eine zweite Linie der Wanderungsbewegung des Manuskripts,

---

91 GÜNTER EBBRECHT gemeinsam mit JUTTA WEBER, Archivarin an der Staatsbibliothek in Berlin. Leider wurden keine Aufzeichnungen darüber angefertigt, welche Teile von wem in dieses rekonstruierte Manuskript eingebracht worden sind. Es lässt sich jedoch nachvollziehen, weil beide Teile separat aufbewahrt werden (im Nachlass 537 in der Handschriften-Abteilung der Staatsbibliothek Berlin). Der größte Teil stammt aus den Beständen von Herrn EBBRECHT (die vollständigen Bände 4 bis 8 und Teile von Band 2 und 3); nur ein kleiner Teil von Band 3 war in Berlin vorhanden gewesen (Telefonat von GÜNTER EBBRECHT mit der Herausgeberin am 4. Februar 2017).
92 E-Mail von GÜNTER EBBRECHT an JUTTA KOSLOWSKI vom 24. April 2016.
93 E-Mail von GÜNTER EBBRECHT an JUTTA KOSLOWSKI vom 20. November 2016.

die von Berlin nach Friedrichsbrunn führt. An dieser Stelle muss etwas zur Entstehung der dortigen Bonhoeffer-Gedenkstätte gesagt werden.[94] Das dortige Ferienhaus der Familie BONHOEFFER wurde nach dem Krieg vom DDR-Staat auf verschiedene Weise genutzt, zumeist als einfaches Wohnhaus für sozial schwache Mieter. Was zu dieser Zeit noch an Möbeln und persönlichen Besitztümern der BONHOEFFERs vor Ort war – insbesondere von Familie DREß, die während der letzten Kriegsjahre (gemeinsam mit KARL-FRIEDRICH und GRETE BONHOEFFER und ihren Kindern) hier Zuflucht gesucht hatte und in den darauffolgenden Jahren dort manches aufbewahrte – lässt sich nicht mehr ausfindig machen: Es wurde durch die verschiedenen Bewohner benutzt und hat sich im Lauf der Jahrzehnte zerstreut. Das Haus wurde jedoch, anders als die meisten anderen Immobilien von Besitzern aus dem Westen, nicht enteignet – wegen der Rolle der Familie BONHOEFFER im politischen Widerstand gegen das Nazi-Regime. Im Jahr 1986 kam es anlässlich des 80. Geburtstags von DIETRICH BONHOEFFER zur Enthüllung einer Gedenktafel und zu einer kurzfristig durchgeführten Sanierung, bei der beispielsweise die Sanitäranlagen erneuert wurden und das bis dahin immer noch in Betrieb befindliche Plumpsklo im Garten verschwand.

Nach der Wende wurde das Haus an die Nachkommen zurückgegeben; jedoch wollte die Erbengemeinschaft das Haus nicht mehr selbst nutzen und bot es zum Verkauf an. So gelangte es zu Beginn dieses Jahrhunderts in den Besitz von Herrn RÜDIGER ARNDT. Er war mit der Familie BONHOEFFER persönlich bekannt, denn er war der Sohn einer ehemaligen Kunstlehrerin und späteren Freundin von SUSANNE DREß. Auch war er mit ILSE DREß, der Schwester von SUSANNEs Mann WALTER DREß, befreundet. Herr ARNDT hatte den Wunsch, in dem Haus in Friedrichsbrunn eine Gedenkstätte einzurichten, und er zog selbst dorthin um. Er gestaltete ein ›Bonhoeffer-Zimmer‹ und erbat für dessen Ausstattung von der Familie BONHOEFFER Erinnerungsstücke, die ihm auch zur Verfügung gestellt worden sind. So erinnert sich ANDREAS DREß etwa an eine Büste seiner Großmutter PAULA BONHOEFFER, die dort aufgestellt

---

94 Die folgenden Informationen stammen u.a. aus einem Interview, das die Herausgeberin am 3. Februar 2017 in Friedrichsbrunn mit HARTMUT BICK geführt hat, dem Sprecher des Fördervereins Bonhoefferhaus Friedrichsbrunn.

worden sei.⁹⁵ Allerdings befand sich dieses Gedenkzimmer in Privatbesitz; Herr ARNDT öffnete es gelegentlich auf persönliche Anfrage für Besucher, doch der Raum war nicht öffentlich zugänglich.

Im Jahr 2006 fand aus Anlass des 100. Geburtstags von DIETRICH BONHOEFFER erstmals ein großer ›Bonhoeffer-Tag‹ in Friedrichsbrunn statt. Seitdem werden dort jährlich im August Bonhoeffer-Tage durchgeführt – das Datum orientiert sich am Geburtstag von SUSANNE DREß, die am 22. August geboren wurde und die von allen acht Bonhoeffer-Kindern die engste Beziehung zu Friedrichsbrunn hatte. Dieser Bonhoeffer-Tag war eine Initiative von WANDA KRÜGER, die damals evangelische Pfarrerin am Ort war und 1996 auch dafür sorgte, dass die dortige Kirche, die über Jahrhunderte hinweg namenlos geblieben war, die Bezeichnung ›Dietrich-Bonhoeffer-Kirche‹ erhielt. Im August 2006 wurde im Gemeinschaftshaus des Dorfes eine temporäre Ausstellung gezeigt, die von DIETER ZEHNPFUND, einem pensionierten Lehrer und passionierten Ortschronist, gestaltet worden ist.⁹⁶ Herr ZEHNPFUND ist bald darauf gestorben, und auch Rüdiger ARNDT starb wenig später, sodass das Haus in den Besitz seines Halbbruders HORST ARNDT-HENNING gelangte. Er wohnte dort allerdings nicht selbst, weshalb das Haus für einige Jahre leer stand. In dieser Zeit sind wahrscheinlich zahlreiche der in neuerer Zeit nach Friedrichsbrunn verbrachten Erinnerungsstücke unwiederbringlich verloren gegangen, denn die Einrichtung des Bonhoeffer-Zimmers wurde in einem Schuppen im Garten gelagert, der in Flammen aufging (möglicherweise infolge von Brandstiftung, denn es gab etliche Konflikte zwischen den Anwohnern der umliegenden Grundstücke und dem ehemaligen Besitzer RÜDIGER ARNDT).⁹⁷

Im Jahr 2009 wurde eine zweite Ausstellung in Friedrichsbrunn eröffnet – bewusst nicht als Museum konzipiert, sondern weitgehend ohne Exponate. Inzwischen war ein Förderverein zum Erhalt des Bonhoeffer-Hauses in Friedrichsbrunn gegründet worden, der

---

95 Diese Mitteilung stammt aus einem Gespräch zwischen ANDREAS DREß und der Herausgeberin am 4. Februar 2017.
96 ZEHNPFUND, DIETER: Die Familie Bonhoeffer und Friedrichsbrunn. Katalog zur Ausstellung – August 2006, Selbstverlag 2006.
97 Gespräch zwischen ANDREAS DREß und JUTTA KOSLOWSKI am 4. Februar 2017.

sich darum bemühte, das Gebäude in öffentliche Hand zu bringen. Leider zeigte sich die Evangelische Kirche in Mitteldeutschland jedoch nicht zum Kauf bereit und finanzierte lediglich für ein paar Jahre eine kleine Projektstelle. So blieb das Haus in Privatbesitz und wurde schließlich von Familie ZEHNPFUND erworben, deren Wohnhaus direkt nebenan steht. GABRIELE ZEHNPFUND, die Tochter des verstorbenen DIETER ZEHNPFUND, betreibt dort gemeinsam mit ihrem Mann THOMAS das ›Café Bonhoeffer‹; außerdem befinden sich im Erdgeschoss zwei Räume mit Infotafeln, die während der Öffnungszeiten des Cafés besichtigt werden können. Diese Dauerausstellung, die 2014 eröffnet wurde und bis heute zu sehen ist, entstand in Kooperation zwischen dem Förderverein des Bonhoeffer-Hauses in Friedrichsbrunn und der Hochschule Harz, Abteilung für Kommunikation und Design. Im ersten Stockwerk des Hauses wurden zwei Ferienwohnungen eingerichtet, die an Urlauber vermietet werden, sodass das Bonhoeffer-Haus nun kommerziell genutzt wird und einen zumindest teilweise öffentlichen Charakter hat. Auf dem Dachboden dieses Hauses befinden sich möglicherweise immer noch Hinterlassenschaften von Familie BONHOEFFER, die bisher nicht gesichtet werden konnten. Aufgrund der derzeitigen Besitzverhältnisse scheint dies bis auf Weiteres nicht möglich zu sein.

Im Zuge der Aufräum- und Umbauarbeiten in Friedrichsbrunn sind Teile der Lebenserinnerungen von SUSANNE DREß in Fotokopie aufgetaucht. Im Jahr 2010 kam es im Zusammenhang mit den Vorbereitungen für die derzeitige Ausstellung in Friedrichsbrunn zu einem Treffen zwischen ANDREAS DREß, HORST ARNDT-HENNING und HARTMUT BICK vom Förderverein Bonhoeffer-Haus, bei dem Herr DREß die Bände 5 bis 8 der Lebenserinnerungen seiner Mutter zur Verfügung stellte. 2015 tauchten im Zuge von Aufräumarbeiten in Friedrichsbrunn weitere Kisten mit Material auf, das Frau ZEHNPFUND an Herrn EBBRECHT übergeben hat – darin befanden sich unter anderem die Bände 3 und 4 der Lebenserinnerungen. Sie waren wohl schon früher durch ANDREAS DREß über RÜDIGER ARNDT dorthin gekommen. Auch auf dem Speicher des ehemaligen Pfarrhauses in Friedrichsbrunn (das inzwischen ebenfalls in Privatbesitz ist), fand sich ein ›Nachlass Dreß‹, der Material aus den Lebenserinnerungen enthielt.[98] Den noch fehlenden Band 1 konnte Herr EBBRECHT schließlich (wie oben beschrieben) von Herrn SCHLINGENSIEPEN erhalten. Auf diese Weise gelangte er in den Besitz von großen Teilen des Manuskripts und war in der Lage, die fehlenden Bestände des Archivmaterials, das in die Staatsbibliothek in Berlin gekommen war, zu ergänzen, sodass nun wieder ein vollständiges Exemplar rekonstruiert werden konnte.

8. Die gekürzten Passagen

Genauer gesagt: ein *fast* vollständiges Exemplar. Denn es gibt außer den acht Mappen mit den Lebenserinnerungen von SUSANNE DREß noch weiteres Material, das im April 2016 bei den Recherche-Arbeiten von GÜNTER EBBRECHT in der Staatsbibliothek in Berlin wieder aufgetaucht ist. Es handelt sich hierbei ebenfalls um Lebenserinnerungen von SUSANNE DREß – maschinenschriftlich beschriebene Blätter im DIN-A5-Format, die auf insgesamt 52 DIN-A4-Seiten und 8 DIN-A5-Seiten fotokopiert sind. Dieses Material befindet sich in einem ganz ungeordneten Zustand: Zum Teil sind zwei Blätter auf einer Seite vervielfältigt, zum Teil nur eines, während andere der A5-Blätter in diesem Format zugeschnitten sind. Die Paginierung ist uneinheitlich, die Reihenfolge durcheinander. Teilweise sind zwei Blätter gemeinsam auf einer Seite fotokopiert, die nicht zusammengehören, sodass man das Material zerschneiden und neu sortieren muss, um es wieder in das Gesamtmanuskript einfügen zu können. Die Rekonstruktionsarbeit führt zu dem Ergebnis, dass diese Texte sämtlich in den *zweiten Teil* gehören (also in die Mappen 5 bis 8). Manche der dort in der Paginierung vorhandenen Lücken lassen sich auf diese Weise schließen – es bleiben jedoch Sprünge in der Seitenzählung übrig, sodass es möglicherweise noch weiteres ausgesondertes Material gab, welches in dem Konvolut aus dem Berliner Archiv nicht enthalten ist. In anderen Fällen legt der Inhalt nahe, dass eine Passage an eine bestimmte Stelle im Manuskript gehört, die jedoch durchgehend nummeriert ist. Das lässt sich vielleicht dadurch erklären, dass die Paginierung im Hauptteil (die im

---

98 Brief von GÜNTER EBBRECHT an CHRISTIAN GREMMELS vom 29. Mai 2016; Fotokopie im Besitz der Herausgeberin.

Übrigen an zahlreichen Stellen Unregelmäßigkeiten aufweist) erst durchgeführt wurde, nachdem das Material entnommen worden ist. Einzelne der ausgesonderten Blätter lassen sich überhaupt nicht mehr zuordnen. Fest steht, dass der Hauptteil des Manuskripts von SUSANNE DREß in eine solche Form gebracht worden ist, dass er auch ohne die ausgesonderten Passagen ein geschlossenes Ganzes bildet. Das Zusatz-Material wirft manche Fragen auf, die sich nicht beantworten lassen.

Es handelt es sich dabei wohl um jene Teile, von denen SUSANNE DREß in dem bereits zitierten Brief an ULRICH KABITZ schrieb, dass sie »ganze Passagen seitenweise herausgenommen« hat, »um nicht Menschen zu verletzen, mit denen oder deren Kindern ich heute noch freundschaftlich verbunden bin«[99]. Der Grund, warum sie diese Texte aussortiert hat, ist offensichtlich: Es handelt sich dabei fast durchweg um höchst brisante Inhalte. Man kann verstehen, dass SUSANNE die betreffenden Ereignisse zu Papier gebracht hat, um sie sich von der Seele zu schreiben – und ebenso, dass sie dieses Material nicht veröffentlichen wollte. Sie berichtet in diesen Kapiteln etwa über ihre Schwangerschaft, die sie im September 1945 unerwartet feststellte (nachdem sie bereits zwei komplizierte Schwangerschaften und mehrere Fehlgeburten hinter sich hatte), und über die Abtreibung, zu der sie von ihrem Vater KARL BONHOEFFER, dem ehemaligen Klinik-Direktor an der Berliner Charité, genötigt worden ist und an deren Folgen sie lebensgefährlich erkrankte und fast gestorben wäre. Oder über eine Presse-Kampagne gegen ihren Mann und sein Entnazifizierungsverfahren, das auf Betreiben von MARTIN NIEMÖLLER durchgeführt wurde, einschließlich des Vorwurfs von Dokumentenfälschung und drohender Gefängnisstrafe. An etlichen Stellen ist die Rede von Konflikten innerhalb der Dahlemer Gemeinde – Vorgänge, auf die sie in dem eben erwähnten Schreiben an KABITZ mit folgenden Worten Bezug nimmt:

> »Hat RENATE BETHGE Ihnen eigentlich die schrecklichen Geschichten z. B. über die Affäre TRIEBSCH mitgeschickt? Wenn ja, werden Sie verstehen, dass ich dieses und anderes nicht veröffentlicht sehen wollte.«[100]

---

99 Brief von SUSANNE DREß an ULRICH KABITZ vom 2. Oktober 1984.
100 Ebd.

Hier findet sich ein Hinweis darauf, wie das Material in das Berliner Archiv gelangt sein könnte: Wenn SUSANNE DREß es ihrer Nichte RENATE BETHGE gegeben und diese es tatsächlich an Herrn KABITZ weitergeleitet hat, dann ist es wohl anschließend über Herrn GREMMELS zunächst in das Bonhoeffer-Archiv in Münster und dann in die Staatsbibliothek gekommen.[101] Außerdem wird aus dieser kurzen Bemerkung dreierlei deutlich: Erstens verfügten auch andere Personen außer SUSANNE DREß über diese Teile ihres Manuskripts. Zweitens hat ULRICH KABITZ das Material nicht (allein) von SUSANNE DREß erhalten, sondern zumindest teilweise vermittelt durch andere. Und drittens hat die Verfasserin bestimmte Kapitel aus ihrem Manuskript nachträglich herausgenommen mit dem ausdrücklichen Wunsch, dass diese nicht an die Öffentlichkeit gelangen sollen.

Dieser Wunsch wird in der vorliegenden Ausgabe respektiert. Deshalb gibt sie den Haupttext in vollständiger und ungekürzter Fassung wieder; jedoch sind alle Materialien, die aus jenem zusätzlichen Konvolut stammen, hier nicht berücksichtigt worden.

Das gilt auch für jene Passagen, die scheinbar nichts Anstößiges enthalten. An jenen Stellen im Haupttext, wo etwas von diesem Zusatzmaterial ausgelassen worden ist, wird dies jeweils durch den in eckigen Klammern gegebenen Hinweis »[Von der Autorin gekürzte Passage.]« kenntlich gemacht. Im Übrigen können die betreffenden Blätter im Archiv in der Staatsbibliothek in Berlin für Forschungszwecke eingesehen werden (in ihrem ursprünglichen, ungeordneten Zustand, ohne den Versuch einer Einfügung in das Gesamtmanuskript).[102]

9. Die Bearbeitung dieser Ausgabe

Die vorliegende Ausgabe enthält die Lebenserinnerungen von SUSANNE DREß in einer sprachlich überarbeiteten Fassung. Dabei bestand das Ziel darin, den Text von SUSANNE DREß in einer ansprechenden und gut lesbaren Form zu veröffentlichen, ohne ihn

---

101 Diese Blätter befinden sich dort im Nachlass 537, der die Materialien aus dem Bonhoeffer-Archiv in Münster enthält.
102 Eine so weit wie möglich rekonstruierte Version befindet sich im Besitz der Herausgeberin.

in irgendeiner Weise inhaltlich zu verändern. Dafür wurde der Text an die neue deutsche Rechtschreibung angepasst, und Fehler in Orthografie und Interpunktion wurden stillschweigend verbessert. Diese kommen in fast jedem einzelnen Satz des Manuskripts vor; sie sind bei weitem zu zahlreich, als dass sie jeweils durch Anmerkungen nachgewiesen werden könnten. Insofern handelt es sich bei der vorliegenden Ausgabe nicht um eine textkritische Quellen-Edition, sondern um die Herausgabe einer Biographie.

Wie für jeden anderen Text auch, gilt für das Manuskript von SUSANNE DREẞ, dass es an sprachlicher Qualität gewinnt, wenn es lektoriert wird. Wie aus dem Briefverkehr aus den achtziger Jahren hervorgeht, wurde dieses Thema bereits damals diskutiert, als eine Publikation geplant war. Zwar hatte SUSANNE DREẞ in diesem Zusammenhang an ULRICH KABITZ geschrieben: »Die Kürzungen in meinem Manuskript, das Sie in der Hand haben, möchte ich selber machen, auch die ›stilistischen Verbesserungen‹.«[103] Allerdings ist es kaum möglich, dass ein Text ausschließlich durch seinen Autor lektoriert wird, weil diesem der hierfür notwendige innere Abstand fehlt. Deshalb vermute ich, dass sich SUSANNE DREẞ auf die Bearbeitung durch einen Lektor eingelassen hätte, wenn die Veröffentlichung nicht wegen inhaltlicher Differenzen aufgegeben worden wäre. Aufgrund ihres Todes ist eine solche Zusammenarbeit leider nicht mehr möglich. So habe ich mir die Freiheit genommen, den Text so zu überarbeiten, wie ich es auch bei einem lebenden Autor tun würde – voller Respekt gegenüber ihrer Intention.

Die sprachliche Bearbeitung bezieht sich vor allem auf die Interpunktion, die nicht nur an vielen Stellen korrigiert werden musste, sondern auch abwechslungsgsreicher gestaltet worden ist: Anstelle der von SUSANNE DREẞ fast ausschließlich und überaus häufig verwendeten Kommas wurden weitere Satzzeichen wie Gedankenstriche, Klammern und Semikola eingefügt. Sodann wurden Sätze vereinzelt gekürzt und die Wortstellung (die bei SUSANNE DREẞ oftmals eigenwillig und sperrig wirkt) abgeändert. Schließlich habe ich mich darum bemüht, Wortwiederholungen zu vermeiden – ein häufiges Problem bei Texten, weil die zum Ausdruck gebrachten Gedanken ja um ein bestimmtes Thema krei-

---

[103] Brief von SUSANNE DREẞ an Ulrich Kabitz vom 4. November 1984.

sen und im Rahmen eines begrenzen Wortfeldes zum Ausdruck gebracht werden.

Um ein Beispiel für den Charakter der Überarbeitung zu geben, sei hier die Beschreibung von DIETRICH BONHOEFFER zitiert, die sich im Original so liest:

> »Dreieinhalb Jahre Unterschied im Alter machen bei Kindern schon viel aus. Doch er ist der einzige meiner Brüder, mit dem ich gespielt habe und herrlich gespielt. Natürlich hatte er die absolute Führung, aber er ließ es nicht merker und ich fühlte mich doch nie unterdrückt. Ich glaube, ich habe ihn angebetet; jedenfalls konnte ich mir keinen Jungen denken, der ihm irgendwie überlegen war. Er war der Stärkste, Schnellste, Klügste, Einfallsreichste, Freundlichste, Frömmste und Schönste von allen Kindern, die ich kannte. Und daß er mein Bruder war, damit gab ich gern an. Ich ließ mich gern mit ihm sehen, auch als junges Mädchen. Er spielte auch gern mit mir, vielleicht mehr als mit seiner Zwillingsschwester Sabine. Sie war als Mädchen doch entsprechend weiter und nie so wild zum Toben und allen Jungensspielen bereit wie ich.«

In der bearbeiteten Fassung ist daraus Folgendes geworden:

> »Dreieinhalb Jahre Unterschied im Alter machen bei Kindern schon viel aus. Doch er ist der Einzige meiner Brüder, mit dem ich gespielt habe – und herrlich gespielt. Natürlich hatte er die absolute Führung, aber er ließ es nicht merken, und ich fühlte mich nie unterdrückt. Ich glaube, ich habe ihn angebetet; jedenfalls konnte ich mir keinen Jungen denken, der ihm irgendwie überlegen war. Er war der Stärkste, Schnellste, Klügste, Einfallsreichste, Freundlichste, Frömmste und Schönste von allen Kindern, die ich kannte. Und dass er mein Bruder war, damit gab ich gerne an. Ich ließ mich oft mit ihm sehen, auch als junges Mädchen. Er spielte viel mit mir; vielleicht mehr als mit seiner Zwillingsschwester Sabine. Sie war als Mädchen doch entsprechend weiter und nie so wild zum Toben und allen Jungensspielen bereit wie ich.«[104]

---

[104] S. 31.

Hier noch eine Leseprobe aus dem zweiten Teil, wo der Überarbeitungsbedarf deutlich höher war als im ersten. Der Bericht über den Tod von Roland Freisler, den berüchtigten Präsidenten des Volksgerichtshofs, am 3. Februar 1944 lautet im Manuskript von SUSANNE DREß:

»Was auch bald und später über Freißlers Tod gesagt wurde, Rolf hatte innere Zerreißung durch eine Luftmine festgestellt. Jedenfalls hat er es uns so gesagt. Mein Vater sagte darauf hin: ›Den hat der Teufel geholt.‹ Aber dann auch: ›Der hat es zu leicht gehabt.‹ Das ist mir geblieben, weil ich wohl Zorn, aber nie Haß bei ihm gekannt hatte. Wie gern hätte ich aber auch alles geglaubt, was von Ermordung durch Offiziere u. ä. behauptet wurde. Rolf ist tot. Ob er etwas unterschreiben mußte, was nicht der Wahrheit entsprach? Jedenfalls ging er mit dem Totenschein sofort zum Justizminister und ließ sich von diesem, etwas geängsteten, Mann, dem er sagte: ›Ich bringe Ihnen den Totenschein von dem Mann, der gestern meinen unschuldigen Bruder zum Tod verurteilt hat‹, versprechen, daß die Vollstreckung dieser letzten von Freisler verurteilten Gruppe verzögert würde, damit noch Gnadengesuche oder Wiederaufnahme-Verfahren eingeleitet werden könnten. Mit dieser hoffnungsvollen Nachricht kam er dann zu Ursel. Christel kam in das Zimmer und wir erzählten ihr alles, auch was Ursel über den Gott, der sich nicht spotten ließe, gesagt hatte. Christels Reaktion war die: Warum konnten die Amerikaner nicht gestern diesen Angriff machen, dann wäre es zu keiner Verurteilung gekommen und vielleicht hätten sie fliehen können.«

Die bearbeitete Fassung liest sich so:

»Was immer bald danach und auch später über Freislers Tod gesagt wurde – Rolf hatte innere Zerreißung durch eine Luftmine festgestellt; jedenfalls hat er es uns so berichtet. Mein Vater meinte darauf hin: ›Den hat der Teufel geholt.‹ Aber auch: ›Der hat es zu leicht gehabt.‹ Das ist mir in Erinnerung geblieben, weil ich wohl Zorn, aber nie Hass bei meinem Vater kannte. Wie gerne hätte ich alles geglaubt, was von der Ermordung Freislers durch Offiziere und Ähnliche behauptet wurde. Rolf ist nun tot. Ob er etwas unterschreiben musste, was nicht der Wahrheit entsprach?

Einleitung

Jedenfalls ging er mit dem Totenschein sofort zum Justizminister und sagte zu ihm: ›Ich bringe Ihnen den Totenschein von dem Mann, der gestern meinen unschuldigen Bruder zum Tod verurteilt hat.‹ Er ließ sich von dem etwas verängsteten Beamten versprechen, dass die Vollstreckung der Urteile für diese letzte von Freisler verurteilte Gruppe verzögert würde, damit noch Gnadengesuche eingereicht oder Wiederaufnahme-Verfahren eingeleitet werden könnten. Mit dieser hoffnungsvollen Nachricht ging er dann zu Ursel. Christel kam ins Zimmer, und wir erzählten ihr alles – auch was Ursel über den Gott, der sich nicht spotten ließe, gesagt hat. Christels Reaktion war die: ›Warum konnten die Amerikaner nicht gestern diesen Angriff machen? Dann wäre es zu keiner Verurteilung gekommen, und vielleicht hätten sie fliehen können!‹«[105]

Der Sohn der Autorin und derzeitige Rechteinhaber, ANDREAS DREß, hat den Text in dieser Form zur Veröffentlichung freigegeben.

10. Die Bedeutung des Werkes

Die Lebenserinnerungen von SUSANNE DREß sind ein Dokument von großem zeitgeschichtlichen Wert. Die Verfasserin hat eine Epoche fundamentaler Umwälzungen durchlebt, die für unsere deutsche Geschichte und Erinnerungskultur von bleibender Bedeutung ist, und sie war Zeugin der beiden Weltkriege im zwanzigsten Jahrhundert. Und natürlich sind ihre Aufzeichnungen auch deshalb von Interesse, weil sie ein so lebendiges Licht werfen auf die berühmte Familie, zu der sie gehörte, und auf ihren Bruder DIETRICH BONHOEFFER – einen mutigen Widerstandskämpfer und theologischen Vordenker, dessen Ansehen immer noch zunimmt und der für viele Menschen wegweisend ist. Tatsächlich scheint es so, dass in der großen Schar von SUSANNEs Geschwistern ihr der Bruder DIETRICH BONHOEFFER am nächsten gestanden hat – mehr als die älteren Brüder und auch näher als eine von ihren drei Schwestern (einschließlich von SABINE, der Zwillingsschwester von DIETRICH). Er ist derjenige, mit dem sie am meisten zusammen war und dessen Name sie am häufigsten nennt – jedenfalls bis zum Jahr 1929, als

---

[105] S. 606f.

sie ihr Elternhaus verließ (also im ersten Teil ihrer Lebenserinnerungen, die sie mit dem Titel ›Mein Elfenbeinturm‹ überschrieben hat). Damals war SUSANNE 20 und DIETRICH 23 Jahre alt, und zu diesem Zeitpunkt hatte DIETRICH bereits sein Theologiestudium, seine Promotion und sein Vikariat in Barcelona abgeschlossen und lebte wieder in Berlin, wo er als Assistent an der Universität tätig war und sich mit seiner Habilitation beschäftigte. DIETRICH war es, der als Kind mit ihr gespielt hat;[106] DIETRICH nahm die Vierzehnjährige jeden Sonntagvormittag zu mehrstündigen Besuchen mit ins Kaiser-Friedrich-Museum;[107] und DIETRICH suchte und fand bei der jungen Erwachsenen tatkräftige Unterstützung für seine Kindergottesdienst-Arbeit im Grunewald.[108] Die beiden haben sich offensichtlich gut verstanden und waren einander in manchem seelenverwandt. Das ist der Grund dafür, dass in den Lebenserinnerungen von SUSANNE DREß an vielen Stellen von DIETRICH BONHOEFFER die Rede ist und dabei ein neues Licht auf seine Persönlichkeit geworfen wird. Vielleicht mag dies zumindest ein kleiner Trost dafür sein, dass er selbst aufgrund seines vorzeitigen und gewaltsamen Todes keine Autobiographie hinterlassen konnte.

Man kann sich fragen, wie das Leben von DIETRICH BONHOEFFER wohl weitergegangen wäre, wenn er nicht in den letzten Kriegstagen der brutalen Gewalt des NS-Regimes zum Opfer gefallen wäre. Wahrscheinlich hätte er – so wie er es seit Jahren im Untergrund unter Einsatz seines Lebens vorbereitet hatte – am Wiederaufbau einer demokratischen Zivilgesellschaft mitgewirkt und dabei eine wichtige Rolle in Kirche und Öffentlichkeit gespielt. Vielleicht hätte er seine durch den Entzug der *venia legendi* unterbrochene Karriere wieder aufgenommen und (entsprechend der Tradition seiner Gelehrten-Familie – ebenso wie sein Vater KARL, sein Bruder KARL-FRIEDRICH und seine beiden Schwager GERT LEIBHOLZ und WALTER DREß) eine Professur an der Universität übernommen. Andererseits hatte sich DIETRICH BONHOEFFER schon seit 1933 sehr skep-

---

106 Vgl. S. 30f.
107 Vgl. S. 254f.
108 Vgl. S. 400-404.

tisch über das akademische Leben geäußert.[109] An ERICH SEEBERG, den Sohn seines Doktorvaters REINHOLD SEEBERG, schrieb er am 2. Januar 1934: »Ich hatte offen gesagt immer das Gefühl, dass ich in der Fakultät so etwas als outsider angesehen würde und nicht so recht dazu gehörig.«[110] Am 22. Mai desselben Jahres schrieb er aus London an seine Großmutter JULIE BONHOEFFER über seine Zukunftspläne, dass er

> »damit rechne, dass ich mich dann endgültig werde entscheiden müssen, ob ich noch einmal zur akademischen Laufbahn zurückkehre oder nicht. Übermäßig groß ist die Lust dazu nicht mehr. Und ich glaube nicht, dass sie bis zum Winter erheblich wachsen wird. Es ist mir nur um die Studenten zu tun. Aber vielleicht gibt es da noch andere Wege, die sich auftun.«[111]

Und am 11. September 1934 schrieb er an seinen Freund ERWIN SUTZ:

> »An die Universität glaube ich nicht mehr, habe ja eigentlich nie daran geglaubt – zu Ihrem Ärger. Die gesamte Ausbildung des Theologennachwuchses gehört heute in kirchlich-klösterliche Schulen, in denen die reine Lehre, die Bergpredigt und der Kultus ernstgenommen wird – was gerade alles drei auf der Universität nicht der Fall ist und unter gegenwärtigen Umständen unmöglich ist.«[112]

Zwar hatte der Vater KARL BONHOEFFER sich in seinem Brief zum 28. Geburtstag des Sohnes mit leichtem Bedauern darüber geäußert, dass dieser statt in der Wissenschaft in der Gemeindearbeit tätig war. Er schreibt am 2. Februar 1934 – gerade zu der Zeit, wo in DIETRICH die Entscheidung zwischen Universität und Kirche heranreifte:

---

[109] Vgl. z.B. BONHOEFFER, DIETRICH: Berlin 1932–1933, Hg. v. NICOLAISEN, CARSTEN/SCHARFFENORTH, ERNST-ALBERT (Dietrich Bonhoeffer Werke, Bd. 12), Gütersloh 2015, S. 57–59 [Brief an Erwin Sutz], S. 61–62 [Brief an Erich Seeberg].

[110] BONHOEFFER, DIETRICH: London 1933–1935, Hg. v. GOEDEKING, HANS/HEIMBUCHER, MARTIN/SCHLEICHER, HANS-WALTER (Dietrich Bonhoeffer Werke, Bd. 13), Gütersloh 2015, S. 62. – Vgl. auch ebd., S. 74 f. [Brief an Karl-Friedrich Bonhoeffer].

[111] Ebd., S. 145.

[112] Ebd., S. 204.

»Möchte das neue Jahr Dir und dem, was Dir am Herzen liegt, ein
gutes sein! Als Du Dich seiner Zeit für die Theologie entschlossen
hast, dachte ich manchmal im Stillen, dass ein stilles unbewegtes
Pastorendasein, wie ich es von meinen schwäbischen Onkeln
kannte und wie es Mörike schildert, eigentlich doch fast zu schade
für Dich wäre.«[113]

Aber dann fährt er sogleich versöhnlich fort (und das fällt bei dem mit anerkennenden Worten äußerst sparsam umgehenden Vater ins Gewicht):

»Darin habe ich ja, was das Unbewegte anlangte, mich
gröblich getäuscht. Dass eine solche Krise auch auf dem
Gebiete des Kirchlichen noch möglich würde, schien mir aus
meiner naturwissenschaftlichen Erziehung heraus eigentlich
ausgeschlossen. Aber wie in vielem anderen zeigt sich auch auf
diesem Gebiete, dass wir Alten uns über die Festigkeit sogenannter
feststehender Begriffe, Anschauungen und Dinge recht falsche
Vorstellungen gemacht haben [...]. Jedenfalls eines hast Du von
Deinem Beruf – und darin ist er dem meinigen ähnlich: lebendige
Beziehungen zu den Menschen und die Möglichkeit, ihnen etwas zu
sein in noch wichtigeren Dingen, als es die ärztlichen sind. Darin kann
Dir nichts genommen werden, auch wenn die äußeren Einrichtungen,
in die Du gestellt bist, nicht immer nach Wunsch sind.«[114]

Aus den Quellen geht deutlich hervor, dass die pastorale Arbeit für DIETRICH BONHOEFFER ein Herzensanliegen war. So kann man sich vorstellen, wie er wohl als *Pfarrer* gewirkt hätte – und einige Anhaltspunkte dafür lassen sich nach meinem Dafürhalten in der Lebensbeschreibung von SUSANNE DREß finden. Auch wenn sie selbst nie eine Berufsausbildung in diesem Bereich abgeschlossen hatte, so hat sie sich als Pfarrfrau äußerst aktiv für das Gemeindeleben eingesetzt – wenn man ihren Darstellungen Glauben schenken darf mehr als der Pfarrer WALTER DREß selbst. Vergleicht man etwa die Art und Weise, wie SUSANNE mit großem Zulauf Kindergottesdienste abhielt, mit den Erfolgen, die DIETRICH in Berlin-

113 Ebd., S. 90.
114 Ebd.

Grunewald, Barcelona, in den USA, im Berliner Wedding und in London hatte,[115] so sind Gemeinsamkeiten unverkennbar (ganz abgesehen davon, dass DIETRICH und SUSANNE während der Zeit im Grunewald und im Wedding eng zusammengearbeitet haben). Ähnliches gilt auch für andere Bereiche der Gemeindearbeit – etwa für das Passionsspiel nach RUDOLF MIRBT, von dem SUSANNE schreibt, dass sie es erstmals in der Gemeinde ihres Bruders in London kennen gelernt hatte und dass sie es nach dem Zweiten Weltkrieg alljährlich aufführte – »für mich selbst immer eine Art von Gedächtnisfeier für DIETRICH.«[116] Die ausführlichen Beschreibungen des ehrenamtlichen Engagements von SUSANNE DREß in der evangelischen Kirchengemeinde Berlin-Dahlem kann man auch so verstehen, dass dadurch eine Tradition weitergegeben wurde, die in der Familie BONHOEFFER vorhanden war (insbesondere durch die Mutter PAULA, die selbst als Pfarrerstochter aufwuchs) und die DIETRICH BONHOEFFER selbst nicht mehr hat fortführen können.

Immer wieder bestätigen Menschen, dass für sie das Entscheidende an DIETRICH BONHOEFFER weniger in seinen Schriften als vielmehr in seinem Lebenslauf zu finden ist. Genau genommen ist es wohl so, dass seinen Schriften deshalb bleibende Bedeutung zukommt, weil sie *glaubwürdig* sind – sie wurden beglaubigt durch das vorbildhafte Leben und Sterben ihres Autors. Deshalb ist das Interesse vor allem an seiner *Biographie* ungebrochen groß. Für BONHOEFFERS Biographie aber ist es unerlässlich, seine *Familie* zu kennen, denn die Familie war die wichtigste Bezugsgröße in seinem Leben. Und dies galt nicht nur für ihn selbst, sondern für alle Familienmitglieder: Sie waren nicht nur Viele (ein ›großer Divisor‹, wie die Mutter bei der Verteilung von Leckereien zu bedenken gab), sondern sie pflegten einen starken inneren Zusammenhalt. Und sie waren sich der Tatsache sehr bewusst, dass es dieses auf gemeinsamen *Werten* beruhende Zusammengehörigkeitsgefühl war, das ihnen – neben der von ihnen gelebten spezifischen Form des christlichen Glaubens – die Kraft zum Widerstand in schwersten Zeiten gegeben hat.

---

115 Vgl. BETHGE, EBERHARD: Dietrich Bonhoeffer. Theologe – Christ – Zeitgenosse. Eine Biographie, Gütersloh ⁹2005, S. 123–127, S. 142–144, S. 187, S. 272–281 und S. 382 f.; SCHLINGENSIEPEN, FERDINAND: Dietrich Bonhoeffer 1906–1945. Eine Biographie, München ³2013, S. 49–52, S. 57–63, S. 84 f., S. 123–127 und S. 162–164.
116 S. 782.

Dies wird in dem wohl berühmtesten Text deutlich, den DIETRICH BONHOEFFER hinterlassen hat – es ist zugleich der letzte Brief, den er aus dem Gestapo-Keller in der Prinz-Albrecht-Straße an seine Verlobte MARIA VON WEDEMEYER schrieb. Das darin enthaltene Gedicht ›Von guten Mächten‹ war seine Weihnachtsgabe und sein Abschiedsgeschenk für die Familie – und zugleich ein Vermächtnis, das die Weltchristenheit dankbar aufgenommen und bewahrt hat. Darin heißt es:

> »Von guten Mächten treu und still umgeben
> behütet und getröstet wunderbar, –
> so will ich diese Tage mit euch leben
> und mit euch gehen in ein neues Jahr; [...]
>
> Von guten Mächten wunderbar geborgen
> erwarten wir getrost, was kommen mag.
> Gott ist bei uns am Abend und am Morgen,
> und ganz gewiss an jedem neuen Tag.«[117]

Dieser Text ist vielen Menschen in seiner Vertonung als Lied vertraut, und wenn sie es (etwa bei einer Hochzeit oder Beerdigung oder im Silvester-Gottesdienst) singen, dann denken sie bei den ›guten Mächten‹ wahrscheinlich an Engel oder an Gottes tröstenden Schutz. Was DIETRICH BONHOEFFER selbst mit diesen guten Mächten im Sinn hatte, beschreibt er seiner Braut in dem beigefügten Brief vom 19. Dezember 1944:

> »Ich habe immer wieder die Erfahrung gemacht, je stiller es um mich herum geworden ist, desto deutlicher habe ich die Verbindung mit Euch gespürt. Es ist, als ob die Seele in der Einsamkeit Organe ausbildet, die wir im Alltag kaum kennen. So habe ich mich noch keinen Augenblick allein und verlassen gefühlt. Du, die Eltern, Ihr alle, die Freunde und Schüler im Feld, Ihr seid mir immer ganz gegenwärtig. Eure Gebete und guten Gedanken, Bibelworte, längst vergangene Gespräche, Musikstücke, Bücher bekommen Leben und

---

117 BONHOEFFER, DIETRICH: Widerstand und Ergebung (Dietrich Bonhoeffer Werke, Bd. 8), Gütersloh 2015 [Erstveröffentlichung 1951], S. 607 f.

Wirklichkeit wie nie zuvor. Es ist ein großes unsichtbares Reich, in dem man lebt und an dessen Realität man keinen Zweifel hat.«[118]

Schon früher hatte DIETRICH BONHOEFFER aus dem Gefängnis in Tegel an seine Eltern Ähnliches geschrieben:

> *»Liebe Eltern! Wenn am Sonnabend abends um 6 Uhr die Glocken der Gefängniskirche zu läuten anfangen, dann ist das der schönste Augenblick, um nach Hause zu schreiben. Es ist merkwürdig, was für eine Gewalt die Glocken über den Menschen haben und wie eindringlich sie sein können. Es verbindet sich so vieles aus dem Leben mit ihnen. Alles Unzufriedene, Undankbare, Selbstsüchtige schwindet dahin. Es sind lauter gute Erinnerungen, von denen man auf einmal als von guten Geistern umgeben ist.«*[119]

Und ein Jahr, bevor er das Gedicht ›Von guten Mächten‹ verfasste, in seinem Weihnachtsbrief vom 17. Dezember 1943, schrieb BONHOEFFER an seine Eltern:

> *»Dass es nun aber auch Euch, Maria und den Geschwistern und Freunden nicht erspart bleibt, mich Weihnachten im Gefängnis zu wissen, und dass damit über die wenigen fröhlichen Stunden, die Euch in dieser Zeit noch geblieben sind, ein Schatten fallen soll, das kann ich nur dadurch verwinden, dass ich glaube und weiß, dass ihr nicht anders denken werdet als ich und dass wir in unserer Haltung angesichts dieses Weihnachtsfestes einig sind; und das kann schon darum gar nicht anders sein, weil ja diese Haltung nur ein geistiges Erbstück von Euch ist. [...] In solchen Zeiten erweist es sich eigentlich erst, was es bedeutet, eine Vergangenheit und ein inneres Erbe zu besitzen, das von dem Wandel der Zeiten und Zufälle unabhängig ist. Das Bewusstsein, von einer geistigen Überlieferung, die durch Jahrhunderte reicht, getragen zu sein, gibt einem allen vorübergehenden Bedrängnissen gegenüber das sichere Gefühl der Geborgenheit. Ich glaube, wer sich im Besitze solcher Kraftreserven weiß, braucht sich auch weicherer Gefühle, die meiner Meinung*

---

118 BONHOEFFER, DIETRICH/WEDEMEYER, MARIA VON: Brautbriefe Zelle 92, Hg. v. BISMARCK, RUTH-ALICE/ KABITZ, ULRICH, München 2006, S. 208.
119 Brief von DIETRICH BONHOEFFER an KARL und PAULA BONHOEFFER vom 3. Juli 1943. In: BONHOEFFER: Widerstand und Ergebung, S. 109. Vgl. auch ebd., S. 152, S. 157 f. und S. 172.

nach doch zu den besseren und edleren der Menschen gehören, nicht zu schämen, wenn die Erinnerung an eine gute und reiche Vergangenheit sie hervorruft. Überwältigen werden sie denjenigen nicht, der an den Werten festhält, die ihm kein Mensch nehmen kann.«[120]

Die Überzeugungen, welche DIETRICH BONHOEFFER in seinem Handeln leiteten, waren ihm also durch die Familie vermittelt worden – auch deshalb ist es so aufschlussreich, mehr über das Familienleben der BONHOEFFERs zu erfahren. Die Aufzeichnungen seiner Schwester SUSANNE leisten hierzu einen einzigartigen Beitrag. Doch vor allem haben ihre Betrachtungen *Eigenwert*. Sie dienen nicht nur der Ergänzung oder gar Bestätigung von Mitteilungen über DIETRICH BONHOEFFER. Auch wenn die Verfasserin keine geborene BONHOEFFER wäre, sondern einfach ›Susanne Schmidt‹ hieße, wäre diese Lebensgeschichte unbedingt lesenswert. Deshalb wird sie hier bewusst unter dem Namen SUSANNE DREß veröffentlicht – denn dies ist der Name, den die Verfasserin trug, als sie ihre Biographie niederschrieb. Auf die nachträgliche Konstruktion eines Doppelnamens (wie bei den beiden Büchern ihrer Schwester SABINE, die unter dem Namen ›LEIBHOLZ-BONHOEFFER‹ erschienen sind) wurde verzichtet. Möge die Lektüre den Leserinnen und Lesern etwas von jener ›Welt von gestern‹[121] erschließen, die zwar unwiederbringlich verloren gegangen ist, aber zugleich fortwirkt in der Erinnerung.

Gnadenthal, März 2018
Jutta Koslowski

---

120 Brief von DIERTICH BONHOEFFER an KARL und PAULA BONHOEFFER vom 17. Dezember 1943. In: Ebd., S. 240.
121 Vgl. ZWEIG, STEFAN: Die Welt von gestern. Erinnerungen eines Europäers, Frankfurt/M. ⁴²2016.

Aus dem Leben der Familie Bonhoeffer
Die Aufzeichnungen von Dietrich Bonhoeffers
jüngster Schwester Susanne Dreß

TEIL I:
KINDHEIT UND JUGEND

BAND 1:
GRUNDLEGENDES AUS DEM LEBEN DER FAMILIE BONHOEFFER

1.1 Die Vorfahren der Familie Bonhoeffer

An der Wand im Treppenhaus hängt auf Leinen gemalt, riesengroß, oben und unten mit einer runden Holzstange versehen, ein brauner Eichbaum. Er hat einen dicken Stamm mit vielen Zweigen und nach oben hin immer dichter werdenden grauen, schildförmigen Blättern, die mit Namen und Zahlen beschrieben sind. Unten an der Wurzel ist ein goldener Löwe auf blauem Schild, der in den Pfoten eine Bohnenranke hält und dessen Schwanz in einem Bohnenblatt endet. Das ist der *Stammbaum* der Bonhoeffers. Ganz oben – so hoch, dass ich es kaum mehr sehen kann (geschweige denn lesen), sondern nur abzählen – befinden sich wir acht Kinder. Auch auf dem Stamm in der Mitte sind bis oben hin Namensschilder mit Zahlen angebracht. Bei dem untersten steht ›1300?‹ Das ist eben schon so lange her, dass man das Geburtsjahr dieses ersten Ahnen nicht mehr genau kennt. Aber man weiß, dass er in Nijmegen in Holland gewohnt hat und gar nicht ›Bonhöffer‹ hieß, sondern ›van den Bönhof‹. Erst als sie 1480 nach Schwäbisch Hall auswandern, nennen sie sich Bonhöffer, und sie sprechen sich dort später nach schwäbischer Art vorn mit Nasallaut aus und ziehen das ›ö‹ in die Länge. Das ›oe‹ kommt erst in noch feineren Jahrhunderten.

Sie sind Goldschmiede und Stadtschreiber – das war in der freien Reichsstadt Hall so etwas wie Kanzler, lerne ich. Oder sie waren Archediakonus, das ist so eine Art Oberpfarrer dort an der Michaels-Kirche. Hallmeister sind sie auch, das heißt, sie verdienen durch den Salzhandel viel Geld und bauen sich große, vielstöckige, wappengeschmückte Familienhäuser am Markt und in der Stadt. Sie sind freie Bürger, und das ›van den‹ war auch gar nicht adelig, sagen mir die großen Geschwister voll Bürgerstolz; es hieß nur, dass sie von dem ›Bohnenhof‹ kamen. Mein Vater sagt, es sei ihm eigentlich leid, dass er der Erste aus der Familie ist, der keine Haller Bürgerrechte hat, weil er dort nicht rechtzeitig genug Grundbesitz erworben habe. Die ›schöne Bonhoefferin‹, eine Ahnfrau aus der Zeit um 1700, die als Kopie bei uns im Esszimmer hängt und die ich gar nicht besonders schön finde, ist mit anderen Vorfahren dort in der Kirche zu sehen. Mir kommt das merkwürdig vor, weil ich mir unsere Grunewald-Kirche nicht mit Familienbildern geschmückt denken kann. Aber ich bin doch recht stolz darauf. Leider dürfen wir drei Jüngsten noch nicht mit, als mein Vater mit den Großen die Spuren der Ahnen in Schwäbisch Hall aufsucht. Komisch ist auch, dass meine Großmutter »von Bonhoeffer« heißt. Aber das ist persönlicher Adel, lerne ich, weil mein Großvater Präsident von irgendetwas war. Und Adel ist überhaupt Quatsch, sagt Karl-Friedrich, mein ältester Bruder, der den Stammbaum gemalt hat.

Meine Großeltern waren wohl sehr verschieden, wenn auch ihre stark vergrößerten Fotografien einträchtig in einem Doppelrahmen im Zimmer meines Vaters hingen. *Großvater Bonhoeffer* war ebenso groß und kräftig, wie seine Frau klein und zierlich war; er war so ruhig und bedächtig, wie sie lebhaft und schnell. Er war besinnlich, sie zupackend. Ihm waren Anerkennung, Karriere und Geld völlig nebensächlich – sie hatte Pläne und Ehrgeiz, war gerne geehrt und litt unter der Geldknappheit des zur Repräsentation verpflichteten und doch vermögenslosen hohen Beamten. Mein Großvater war Pfarrerssohn und hatte mehrere ältere Schwestern. Seine Mutter war Witwe und die Schwestern wohl größtenteils unverheiratet. Das machte der sehr jungen Frau den Start in die Ehe bitter. Jedenfalls warnte sie uns immer vor den einzigen Söhnen von Witwen. Erfolglos!

Mein Großvater lebte nicht für seinen Beruf, er lebte im Freien. Besser wäre er Landmann oder Förster geworden. Jeden Tag machte er lange Spaziergänge. Nie kam er – und sei es auch bei Schnee und Eis – ohne etwas Hübsches zurück, das er draußen gefunden hatte. Meine Blumenkenntnisse habe ich von ihm (ohne ihn je gekannt zu haben; denn ich habe sie durch meinen Vater, der all die Blumen kannte, die er wiederum von seinem Vater genannt bekommen hatte).

Das Leben muss in dem kleinen schwäbischen Städtchen doch recht geruhsam gewesen sein, auch für einen hohen Juristen. Vormittags fand er Zeit zum Spaziergang, nachmittags zum Dämmerschoppen. Sorge um sein Weiterkommen machte er sich nicht; trotzdem kam er dann doch dazu, der höchste württembergische Justizbeamte zu werden, nämlich Landgerichtspräsident. Dafür wurde er dann auch geadelt. Da die Gefahr bestand, dass sein Adel erblich werden würde, wenn er noch ein Jahr länger im Dienst bliebe, ließ er sich zur Erleichterung seiner Söhne (und zum Kummer seiner Frau) pensionieren. Nun lebte er ganz nach seinem Geschmack: Er las viel, unterhielt sich mit guten Freunden beim Glas Wein, und er wanderte durch den Schönbuch, denn er hatte sich in Tübingen niedergelassen. Tagelang blieb er draußen, marschierte an einem Tag nach Stuttgart hinüber – und kam zu seinem Stolz früher an als das umwegige Bähnle. Rettichsamen nahm er mit in den Wald und säte sie aus. Dann zog er sich auf seinen Wanderungen im Sommer und Herbst diese würzige Schärfe zu seinem Brot und dem Quellwasser aus der Erde. Seine Söhne hingen sehr an ihm, und sie lehrten uns, ihn zu lieben. Viel weiß ich nicht von ihm; aber mir genügt die Geschichte mit den Rettichsamen, um ihn ins Herz zu schließen – und nicht nur den steifen, bürgerlichen Nachkommen eines alten Geschlechts in ihm zu sehen.

Die persönlichen Beziehungen zur Verwandtschaft in Schwaben liegen aber ganz auf der Seite meiner *Großmutter* Julie, geborene Tafel. Sie überlebte den Großvater um etwa dreißig Jahre und war die Einzige, die ich von meinen Großeltern noch kennen gelernt habe. Sie war die ›Tübinger Großmama‹ und schon sehr alt, hat aber noch eine ganze Generation lang meinen Weg begleitet. Ich war ihre jüngste Enkelin. Im Jahr 1842 ist sie geboren. So reichen ihre selbsterlebten Berichte aus der Mitte des 19. Jahrhunderts weit über hundert Jahre zurück. Sie hat uns viel zu wenig erzählt. Das sollten wir uns merken. Aber so wie meine früheste Kindheitserinnerung mit vier Jahren der Ausbruch des Ersten Weltkrieges war, so besann sie sich noch auf Flüchtlinge nach der Revolution 1848, die in ihrem Kinderzimmer versteckt waren. Die Verhandlungen in der Paulskirche füllten die Tischgespräche ihrer Kindheit. Ihr Vater und auch sie selbst waren ihr Leben lang glühende Demokraten. Ihr Onkel hatte in den Zwanzigerjahren mit meinem Urgroßvater Hase zusammen auf dem ›Hohenasperg‹ in Festungshaft gesessen,[1] zur Zeit der verfolgten Burschenschaften – natürlich ohne etwas

---

[1] Die Festung Hohenasperg bei Ludwigsburg wurde seit dem späten Mittelalter als Gefängnis genutzt, auch für politische Gefangene. Zu Beginn des 19. Jahrhunderts und insbesondere während der Revolution von 1848/49 waren dort zahlreiche prominente württembergische Intellektuelle wegen ihrer liberalen, demokratischen und nationalen Bestrebungen inhaftiert.

von der späteren Bindung der Enkelgeneration zu ahnen. Immerhin hatten wir politische Gefangene unter unseren Vorfahren und waren stolz darauf.

Die Familie Tafel spielte in Württemberg eine ebenso gewichtige Rolle wie die Bonhoeffers, nur vielleicht ein wenig unbürgerlicher. Mein Urgroßvater Tafel hatte noch drei Brüder, die unterschieden wurden als der ›fromme‹, der ›wüste‹ (das ist in Schwaben als Lob gebräuchlich), der ›schöne‹ und der ›wilde‹ Tafel. Mein Urgroßvater war der Schöne; der Wilde war der politisch engagierte, der gesessen hatte und später zum Paulskirchen-Parlament gehörte; die beiden anderen wurden ›Swedenborgianer‹, der Fromme sogar Bischof in Amerika. Der Wüste kämpfte in Schwaben für seinen Glauben und übersetzte die Schriften Swedenborgs ins Deutsche. Dass meine Großmutter die Tochter des Schönen war, sah man ihr noch im Greisenalter an. Sie wurde wegen ihrer dunklen Augen und schwarzen Haare das ›Schwärzle‹ genannt. Als sie vierzehn Jahre alt war, starb ihr Vater, der Rechtsanwalt gewesen war, und das Vermögen teilte sich unter elf Geschwistern. So nahm Julie vier Jahre später den Antrag des wesentlich älteren Friedrich Bonhoeffer an, der ebenfalls Jurist war, ihren Vater noch gekannt hatte und für ihr Leben Sicherheit bot. Von ihren vier Söhnen starben zwei im Kindesalter. Mein Vater war vier Jahre jünger als sein sehr geliebter Bruder.

Meine Großmutter war herrlich temperamentvoll, ungewöhnlich gescheit und gebildet, sehr gerne vergnügt, aber auch ehrgeizig für ihre Familie – bis hin zu den Enkeln. Sie selbst engagierte sich intensiv in der Frauenbewegung und erlebte die frühen Anfänge der Emanzipation mit. Sie war mit Hedwig Heyl[2] und ihrem Kreis befreundet und gründete in Württemberg soziale Frauenvereine. Die vier großen ›Ks‹, die man damals den Frauen als Tätigkeitsfeld zugestand (Küche, Keller, Kinder, Kirche), konnten sie in keiner Weise befriedigen, besonders als die Söhne aus dem Haus waren. Sie bekam für ihre Arbeit von der Königin den ›Olga-Orden‹ verliehen, den sie uns aber nur zur Gaudi vorzeigte.

In den Wintern der Kriegs- und Nachkriegsjahre von 1914 an lebte meine Großmutter bei uns. Es war schon herbstneblig und

---

[2] Hedwig Heyl (1850–1934) lebte seit ihrer Heirat mit dem Fabrikant Georg Heyl in Berlin, wo sie als Frauenrechtlerin, Gründerin sozialer Einrichtungen und Sozialpolitikerin aktiv war.

kalt, wenn wir Enkel alle zu ihrem Empfang auf dem Anhalter Bahnhof aufkreuzten. Die Züge hatten um diese Zeit oft starke Verspätungen. So wanderte man frierend in Grüppchen auf und ab, fluchte etwas und erkundigte sich immer wieder, wie lange es noch dauern könne. Hieß es dann endlich: »Der Zug aus Stuttgart hat Einfahrt!«, wurden die Eltern eilig aus dem Warteraum erster Klasse geholt. Nun verteilte man sich über den Bahnsteig und wartete auf die eifrig aus dem Fenster winkende Großmama. Sie reiste mit viel Gepäck, und zwei große Aufgebekoffer kamen noch durch die Paketpost ins Haus. Eltern, Großmutter und Teile ihrer Sachen wurden in ein Auto gebracht, und wir Kinder wanderten mit den restlichen Stücken zum nahen Potsdamer Bahnhof zur Stadtbahn nach Halensee, eine Tüte mit ›Gutsle‹ zur allgemeinen Stärkung und Tröstung für die Mühen des Spalierbildens in der Hand. Da sie auf einen ›großen Bahnhof‹ vorbereitet war, hatte sie diese Tüte stets griffbereit.

Abends gab es dann frische Laugenbrezeln mit Kräuterkäsebutter. Die morgens frisch gekauften Brezeln brauchten nicht erst warm gemacht zu werden. Laugenbrezeln waren das Beste, was es auf der Welt gab! Sie waren ferne Welt und doch auch Ursprung und Heimat. ›Himmlisch Manna‹[3] hätte für mich die Gestalt von Laugenbrezeln haben sollen: So glatt und fest hätte es der Zunge, so knusprig den Zähnen, so heimatlich der Seele begegnen müssen. Laugenbrezeln stimmten die ganze Familie freudig und eifrig zum Essen. Am nächsten Tag gab es sie aufgewärmt; dann waren die ›Ärmles‹ aber so hart, dass meine Mutter und Großmutter sie an uns Kinder abgaben. Jedenfalls übertrafen die Laugenbrezeln in ihrem Stimmungsgehalt noch die Zimtsterne und ›Tübinger Schlosstörtchen‹, die auch mit der Großmama ins Haus kamen. Hutzel- und Anisbrot, Wibele, Meringenschäumchen und Bärentatzen und die weißen ›Springerles‹ (die ihren Namen aber nicht daher hatten, dass einem die Zähne daran zerspringen konnten – was nach ihrer Härte durchaus möglich war –, sondern von den Pferdebildern, die auf den Models dieser alten Gebäckart zu sehen waren) schmückten dann Weihnachten unsere bunten Teller.

Bis zum Weihnachtsfest war es sehr schön, dass die Großmama wieder da war; danach wurde es manchmal anstrengend. Jedenfalls

---

3 Zitat aus der zweiten Strophe des Weihnachtslieds ›Wie schön leuchtet der Morgenstern‹ von Philipp Nicolai.

entsinne ich mich eines ausgesprochen schlechten Gewissens über die Freude, wenn wir wieder zum Anhalter Bahnhof fuhren, um sie zum Zug zu bringen. Hauptsächlich waren es wohl unsere Lautstärke und die Geschwindigkeit unserer Unterhaltung, die ihr auf die Nerven fielen und sie zu pädagogischen Eingriffen veranlassten. Aber wenn dann Ostern das große Paket mit den vielen bunten Zuckereiern kam, die der Tübinger Osterhase laut Anweisung der Großmama für uns gelegt hatte, waren die kleinen großmütterlichen Bedrückungen längst vergessen, und ich freute mich schon wieder auf das nächste Mal, wenn sie zu uns kommen würde. Ganz so streng meinte sie es wohl auch nicht, wenn sie sagte, der Durst wäre dazu da, dass man ihn überwände, da sie uns so viele Gaumenfreuden zukommen ließ.

Jedes meiner Geschwister hatte einige Zeit bei meiner Großmutter in Tübingen verbracht – sei es als Student oder bloß zum Vergnügen. Als ich so weit war und meine Schule hinter mich gebracht hatte, war meine Großmutter bereits ganz zu meinen Eltern gezogen, und Tübingen bot keinen verwandtschaftlichen Raum mehr für mich. Ich war nur mit zwölf Jahren einmal für eine Woche bei ihr gewesen. Sie war schon über achtzig, als sie ihren eigenen Haushalt aufgab und mit einem Teil ihrer Möbel zu uns kam. Das war weder für sie noch für meine Mutter ganz einfach. Beide waren ja ihr Leben lang hauptamtlich Hausfrauen, ohne sich allerdings davon schlucken zu lassen. Wären beide nicht so klug gewesen und hätte mein Vater nicht so ruhig hinter seiner Frau gestanden, wäre es vielleicht ungemütlich geworden.

Die fremden Möbel (wunderschöne alte Stücke Ulmer Arbeit in verschiedenfarbig eingelegtem Holz), die nun mit ihr ins Haus einzogen; die alten Stiche von Tübingen und die Fotografien und Daguerreotypien[4] völlig unbekannter Verwandter; die alten, winzig bestickten Kissenbezüge und die runden, schweren Fußkissen, die mir eine völlige Neuheit waren; der leichte Uralt-Lavendelgeruch ihres Zimmers – all das gehörte doch bald so ganz ins Haus und in meine Kinderwelt hinein, dass ich jetzt kaum mehr weiß, wer vorher in dem großen Balkonzimmer wohnte. Der Ulmer Schrank ersetzte meiner Großmutter ihre Vier-Zimmer-Wohnung. Er enthielt

---

[4] Ein frühes Fotografie-Verfahren aus dem 19. Jahrhundert, bei dem das Bild auf einer versilberten Kupferplatte aufgebracht wurde; benannt nach seinem Erfinder, dem französischen Maler Louis Daguerre (1787–1851).

alles, was zu ihrer Persönlichkeit gehörte. Die Zahl seiner Fächer und Schübe war Legion. Er füllte aber auch eine ganze lange Wand aus. Kinderbriefe von uns und meinem Vater, alte Gästebücher, Werke, die ihr vom Verfasser gewidmet waren, handgeschriebene Kochbücher, seltsamer Schmuck und schöne goldene Tassen – all das konnte man bei dem täglichen Besuch, den man ihr machte, ansehen. In diesem Schrank befand sich auch ein hübsches kleines Paket mit Patience-Karten. Zank-Patience spielte meine Großmutter sehr gern mit mir – aber nur, wenn ich verlor. Dann öffnete sich der Ulmer Schrank wieder, und ich bekam zur Belohnung ein Gutsle aus einer silbernen Büchse. Auch ihr Eingemachtes bewahrte sie im Ulmer Schrank auf, denn als gute schwäbische Hausfrau kochte sie ihr ›Gesälz‹ selbst ein. Das hat aber nichts mit Salz zu tun, sondern ist gute Marmelade.

Da sie das Frühstück nicht mit der Familie einnahm, hatte sie eine kleine Kochnische vor ihrer Zimmertür, und dort duftete es zur Sommerzeit nach Himbeeren und Quitten. Sie hatte ihre eigene Bedienung, die ihr dabei half und für sie nähte und sauber machte. Sie selbst war noch enorm rüstig und gesund und eilte mit ihrem kleinen Stock zum Einkaufen eifrig in der Gegend umher. Warenhäuser liebte sie nicht; überhaupt fuhr sie ungern in die Innenstadt. Die Läden und Kinos an der Halensee-Brücke genügten ihr. Sehr gerne fuhr sie mit einem Wagen in die seenreiche Umgebung Berlins, die ihr fremd war und die sie bewunderte. Zu Hause war sie aber zwischen ihren Ulmer Möbeln und ihren Okkispitzen, die sie pausenlos meterlang herstellte. Untätige Hände liebte sie nicht, und sie freute sich sehr, wenn man auf ein Stündchen mit Stopfzeug oder Handarbeit zu ihr kam. Dann unterhielten wir uns über Thomas Mann oder Stefan Zweig, die ihre Nachtlektüre waren. Sie war literarisch immer auf dem Laufenden. Sie war auch die Erste in der Familie, die sich ein Radio anschaffte.

Sie war fast siebzig Jahre älter als ich, und ihr Geburtstag (einen Tag vor meinem) stellte, solange ich denken konnte, den meinen etwas in den Schatten. Es waren eben immer hohe Jahre, die da gefeiert wurden, und bei all ihrer Rüstigkeit war man sich nicht ganz sicher, ob sie beim nächsten noch gesund dabei wäre. Onkel und Enkel kamen angereist – und fuhren an meinem Geburtstag wieder ab. Oder meine Eltern blieben noch bis zum 21. August und fuhren dann am 22. an meinem Geburtstag in die Ferien. Ich amüsierte mich dann mit Freunden und Freundinnen, und die festmüde Familie war dessen froh. Aber Großmamas Geburtstag war ein Ereignis. Sie ließ aus Tübingen allerlei gutes schwäbisches Gebäck kommen und schenkte uns Enkelkindern immer etwas an diesem Tag. Wir strengten uns unter der Anregung der Eltern mit Geschenken für sie auch sehr an. Sie war so interessiert und aufnahmefähig, dass es leicht war, ihr eine Freude zu machen – von Bildbänden bis zum Patent-Teekocher, von modernster Literatur bis zum Heizkissen. Jede Blattpflanze und alles Balkonzubehör freute sie. Handarbeiten hatte sie ebenfalls gern (wenn sie nicht das Gefühl hatte, die Arbeitszeit wäre mehr zu schätzen als die Arbeit selbst). Es durfte also ruhig etwas großzügig und dafür lieber einfallsreich sein. Die Spitzen machte sie selbst, weil sie ihren alten Händen so leicht fielen. Irgendeine Arbeit in der Hand zu haben war ihr als schwäbischer Hausfrau so in Fleisch und Blut übergegangen, von ihren Mädchentagen an, dass ich sie bis in ihre letzten Jahre gar nicht ohne Okkispitzen kenne.

Doch bei aller Aufgeschlossenheit und allem Mitleben bei der jungen Generation kleidete sie sich gar nicht wie eine moderne Großmutter, sondern mit langen, dunkelfarbigen Seidenröcken und Blusen mit weißem Spitzen-Stäbchenkragen. Sie trug einen Mittelscheitel in ihrem weißen Haar und eine lang herunterhängende Kette mit einer Uhr daran, die in einem Rocktäschchen wohnte. Im Sommer trug sie ein edles schwarzes Spitzentuch, wenn sie ausging. Und sie ging noch mit 93 Jahren aus! Sie machte jeden Nachmittag ihren Spaziergang, bei dem sie hie und da jüngere, unbeweglichere Freundinnen in der Nachbarschaft aufsuchte. Fünfzehn Jahre gehörte sie so in das Straßenbild unserer Grunewald-Ecke und kam aus dem Wiedergrüßen nicht heraus. Für Kinder hatte sie immer ein paar Gutsle in einer kleinen silbernen Büchse in ihrem Beutelchen. Und jedes Jahr waren wir alle stolz, dass sie wieder ein Jahr älter und dabei fast jünger geworden war. Wir wandelten uns alle so sehr, aber sie stand wie ein Fels in der Brandung. Auch wenn sie Urgroßmutter wurde – sie blieb die gleiche, sicher lebende, zufriedene, kluge und warmherzige Großmama, die für uns alle ebenso zum Leben gehörte wie meine Eltern.

Von den Eltern meiner Mutter, den *Großeltern Hase*, weiß ich nur von Erzählungen. »Großpapa, hast du Blaubeeren gegessen?«, fragte meine älteste Schwester Ursel mit vier Jahren den sehr würdigen, etwas steifen Herrn Oberhofprediger und Professor von Hase, weil seine Nase an einem kalten Wintertag vom gewohnten Rot ins Bläuliche hinübergewechselt hatte. »Mein Großpapa ist Zirkusdirektor«, behauptete Karl-Friedrich, weil er ihn zum Zirkus mitgenommen hatte. »Großpapa wohnt in einer Droschke«, meinte Klaus, da der alte Herr immer mit einer solchen vorfuhr und wieder verschwand. Und dass ein holländisches Hotelmädchen ihn auf sein Klingeln hin fragte, ob er »gebellt« habe, war wirklich komisch. Gerade weil solche Geschichten als Unmöglichkeiten von ihm erzählt wurden und weil sein Bild so aussah, als ob er niemals bellen würde (auch nicht im Spaß), war er mir etwas unheimlich. Erst später hörte ich dann Geschichten, die ihn auch positiv beleuchteten. Er trug die Last eines berühmten Vaters im selben Beruf.

Durch seine Heirat mit der Gräfin Clara von Kalckreuth wurde er hoffähig. Den Krieg 1870/71 hat er als Feldgeistlicher mitgemacht und seine Briefe an seine Frau aus dieser Zeit später drucken lassen. Sein Bruder hatte den Musik-Verlag Breitkopf und Härtel von der Mutter Pauline Härtel geerbt. Dann kam er als Militärpfarrer nach Königsberg. Dort wurde meine Mutter im Jahr 1876 geboren. Vierzehn Jahre später wurde er als Oberhofprediger nach Potsdam gerufen. So etwas schlug man nicht aus, wenn man fünf Kinder hatte (darunter drei Töchter, von denen meine Mutter die Jüngste war). Aber dort machte er sich unbeliebt. Sein Vorgänger hatte, ehe er mit der Predigt begann, auf der Kanzel eine Verbeugung vor den ›Höchsten Herrschaften‹ gemacht, statt die Knie zum Gebet zu beugen. Dies lehnte er ab, trotz freundschaftlicher Ermahnungen der Hofschranzen. Wilhelm II., Oberster Herr der Landeskirche und von Gottes Gnaden, wollte auch manchmal predigen, besonders auf seinen Schiffen. Dazu brauchte er einen Bibeltext. Er hatte einen in Erinnerung, und sein Oberhofprediger sollte die Stelle in der Bibel finden: »Wir wissen, was wir tun sollen, denn unsere Augen sehen stets auf den Herrn!« oder so ähnlich. Aber das ›Ähnliche‹, was in der Bibel auffindbar ist, war nun doch nicht genehm; da stand nämlich: »Wir wissen nicht, was wir tun sollen, sondern unsere Augen sehen nach dir.«[5] Die andere Fassung ist in der Bibel nicht enthalten.

[5] 2. Chronik 20, 12.

Auch mit meiner Großmutter kam die Kaiserin nicht zurecht. Die geborene Gräfin von Kalckreuth war gerade dabei, in einem weißen Malerkittel die Dielen anzustreichen, als Majestät ihr einen Gegenbesuch machte. Das verstörte Hausmädchen hatte ihre Kaiserin nicht warten lassen wollen und sie gleich hereingeführt. Meine Großmutter legte den Pinsel ruhig aus der Hand und blieb als Tochter des Malers Kalckreuth ungeniert in ihrem weißen Kittel. Bei einem Diner aber, als Majestät zu scherzen beliebte und über die Tafel hin zu ihr sagte: »Ihr Schwiegervater, das war doch auch so ein roter Sozi? Hat er nicht in der Festung gesessen?«, verlor sie die Fassung. Nach kurzem Schweigen antwortete sie: »Wenn Majestät einen Mann, dem 1871 bei der Reichsgründung die Freudentränen über die Wangen liefen, einen roten Sozi nennen, dann war er es wohl.« So sprach sie und wandte sich in ihrer Schönheit und Überlebensgröße wie eine zürnende Göttin von ihr ab. Denn die Hohenzollern hatten ja noch als Affen auf den Bäumen gesessen (wie die Redensart umging), als die Kalckreuths schon ... Jedenfalls trugen diese kleinen Geschichten, die meine Mutter uns erzählte, zu dem Bruch bei, und mein Großvater kam als Professor für praktische Theologie nach Breslau – gegen den Willen der Fakultät. Auch kein Vergnügen!

Diese schöne, gütige Frau starb schon mit 52 Jahren. Ein Bild von ihr hängt in meinem Zimmer und trägt hinten eine Aufschrift – ein Gedicht von Felix Dahn[6] an sie: »Wenn man dich sah in deiner lichten Schöne/ und kannte deiner Seele zarte Töne/ und deine mitleidsvolle Herzensgüte/ und dein im Handeln friedefroh Gemüte,/ dann möcht' ein Heide selbst der Meinung werden,/ dass heut noch Engel wandern auf der Erden.«

Wenn ich auch die Eltern meiner Mutter nicht mehr kennen gelernt habe, so gab es da mütterlicherseits doch noch eine *Urgroßmama*! Ich wusste immer, dass sie keine ganz richtige war, sondern nur angeheiratet. Sie lebte in Berlin. Ich liebte sie sehr, und wir alle waren stolz, noch eine Urgroßmutter zu haben. Dass sie keine echte Urgroßmutter war, kam schon dadurch zum Ausdruck, dass meine Eltern von ihr als ›Babett‹ sprachen. Sie hatte Babette Meyer geheißen, war sehr reich gewesen und war es noch immer. Sie hatte einen ›Berliner Salon‹ gehabt, wo sich Politiker und Künstler trafen.

---

[6] Felix Dahn (1834–1912), Professor für Rechtswissenschaft und Schriftsteller, der lange Zeit in Breslau lebte.

Von den Geschwistern erfuhr ich, dass sie eine getaufte Jüdin war und dass von allen Verwandten meine Eltern eigentlich die Einzigen waren, die herzlich mit ihr umgingen. Sie hatte ein herrliches Haus am Tiergarten mit einem großen Baumbestand, wo man Verstecken mit Anschlag spielen konnte. Ich entsinne mich, dass sich Dietrich bei einer Geburtstagsfeier dabei ein Loch in den Kopf schlug und zum Entsetzen aller alten Damen blutüberströmt abtransportiert wurde.

Urgroßmama trug ein schwarzes Spitzenhäubchen auf dem Kopf und legte ein Kissen auf ihre Knie, ehe sie mich auf den Schoß nahm. Über dem Sofa, auf dem sie saß, hing ein großes, wunderbares Bild von einem Schiff auf hohen Wellen. Das liebte ich besonders. Und es gab bei ihr etwas, das sonst niemand hatte: Ihre Freundin, Marie von Olfers – eine ebenso alte Dame, Malerin und Dichterin – besaß oben im Haus ein Atelier. Ich besinne mich noch auf sie, denn man sagte von ihr, sie hätte die ›Wurzelkinder‹, ein Lieblingsbilderbuch, geschrieben und gemalt.[7] Es gab auch noch andere Hefte von ihr: Handgedrucktes mit kleinen, besinnlichen Versen und zart getönten Bildern dazu, die nicht im Handel erhältlich waren. Die durfte ich mir dann auf ihrem Schoß ansehen; und diese stillen Viertelstündchen (in denen ich merkte, dass es auch sehr schön sein konnte, etwas nicht ganz zu verstehen, und in denen ich vielleicht die Ehrfurcht vor dem Staub auf dem Schmetterlingsflügel erlernte) sind mir noch in Erinnerung – wie Träume, die beim zu genauen Zupacken zergehen wollen.

Als ich im Sommer 1916 mit der Geschwisterschar im Harz war, hörte ich, dass meine ›Berliner Urgroßmama‹ so krank war, dass sie sterben müsse. Ich hörte auch (und das war nicht für meine Ohren bestimmt), dass sie in ihren Herzängsten immer riefe, ich solle zu ihr kommen, und dass mein Vater sie dann immer tröstete, ich wäre schon unterwegs – ehe er ihr wieder eine Spritze zum Einschlafen gab. Ich habe bitterlich geweint, dass ich nicht zu ihr fahren durfte. Ich habe Hörnchen[8] so gebeten, sie solle mit mir hinfahren; aber die erklärte mir, das wäre nichts für Kinder, und die Urgroßmama meine das gar nicht so ernst, und vielleicht wäre sie auch schon

---

7 Tatsächlich wurde der bekannte Bilderbuch-Klassiker ›Etwas von den Wurzelkindern‹ von deren Nichte Sibylle von Olfers (1881–1916) geschaffen, die unter dem künstlerischen Einfluss ihrer Tante Marie stand; dieses Kinderbuch erschien 1906 in Esslingen.

8 Die langjährige Erzieherin der Bonhoeffer-Kinder, Maria Horn (vgl. u. Kapitel 1.3 Die Erzieherin: Maria Horn).

tot, bis wir da wären, oder sie wolle mich gar nicht sehen. Es war nicht nur der Stolz, dass sie gerade mich um sich haben wollte bei ihrem Sterben; ich fand es so gemein von Papa, sie zu belügen – wo sie doch, wenn sie tot war, vom lieben Gott erfahren würde, dass ich gar nicht losgefahren war. Und dass sie solche Angst vor dem Sterben hatte, fand ich auch schlimm. Ich hätte ihr das schon ausgeredet. Beinahe wäre ich nach Bilderbuch-Motiven in die weite Welt hinaus bis zu ihr gewandert. Schließlich kam die Nachricht, dass sie gestorben sei und die Eltern nun bald zu uns kommen würden. Aber ich war ihnen böse.

1.2 Die Eltern: Karl und Paula Bonhoeffer

Die *Eltern* kamen aus ganz verschiedenen Gegenden des Landes. Mein Vater war in Neresheim in Schwaben, meine Mutter in Königsberg in Ostpreußen geboren. Sie lernten sich in Breslau kennen und lebten in der Zeit ihrer jungen Ehe gerne in Schlesien, das ja in sonderbarer Weise alle Wesensarten deutscher Volksstämme umfasst. Dass die Kinderzeit meines Vaters nicht beneidenswert war, schien mir aus seinen wenigen Berichten deutlich hervorzugehen. Zu Hause ging es streng und sparsam zu. Zwei Pfennige für ›Bärendreck‹ (das heißt Lakritze) zu bekommen war schon eine große Belohnung. Butter und noch etwas dazu aufs Brot zu essen galt als Hochmut. Hunger musste man haben als Junge – satt sein war nicht gesund und machte faul und übermütig. Wie gesagt: Der Durst war dazu da, dass man ihn überwindet! Bis zu seiner Konfirmation musste er mit seinem Vater dreimal an jedem Sonntag in die Kirche gehen. Der erste Gottesdienst war früh um acht Uhr, dann ein längerer um zehn und noch ein kurzer um drei Uhr nachmittags. Und die Kirchen waren nicht heizbar! Als er dann konfirmiert wurde, war er von diesem Zwang frei und hatte für sein Leben genug. Er hatte auch weiter keine Erinnerung an den Unterricht, als dass der Pfarrer die Bengels immer »ihr Lämmlein« nannte. Das war bei meinem Vater fast noch möglich, denn er sah so jung aus, dass er, als er schon konfirmiert war, noch gefragt wurde, ob er schon ins Gymnasium ginge (was man damals ja schon im vierten Schuljahr tat).

In der Schule schlugen die Lehrer noch mit dem Stock, rissen an den Haaren und gaben ›Tatzen‹. Einer, der es gar zu gern tat, wurde daraufhin von dem Klassengrößten während der Stunde verdroschen. Der Lehrer flog von der Schule, der Schüler blieb. Das war meinem Vater noch zu unserer Zeit eine freudige Genugtuung. Gelernt wurde viel und brav – unter anderem auch der genaue Zeitpunkt der Erderschaffung, nach Adams Stammbaum berechnet. Als ein Klassengenosse behauptete, er habe daheim ein Ammonshörnle, das sei nach Aussage eines Professors aber viel älter, bekam er die Antwort: »Ach, so a klein's Schneckle!« Diese merkwürdige Auswahl an Geschichten aus der schwäbischen Kindheit meines Vaters hat er uns wohl gegeben, um uns zu zeigen, wie gut wir es haben. Übrigens stand er bei seinen Erzählungen selbst nie als Held im Mittelpunkt; immer waren es nur die Genossen, die zu bewundern waren. Seinen ›Großen‹, den fünf Jahre älteren Bruder Otto, liebte er sehr – aber mehr hörten wir von ihm auch nicht. Mit Ausnahme einer kleinen Anekdote, die er als Beispiel für seltsame schwäbische Familiennamen erzählte: Am frühen Morgen, es dämmerte kaum, erwachte mein Großvater von einem Geräusch, das wie Scharren, Flüstern oder ähnlich Einbrecherisches klang. Er weckte meine Großmutter, doch diese sagte nur, sich mühsam ermunternd: »Lass nur, der Teufel ist da und will den Otto holen.« Mein Großvater brauchte ein wenig Zeit, bis ihm aufging, dass ein Freund seines Sohnes diesen zu einem Frühspaziergang abholen wollte. Das Schönste, was mein Vater aus seiner Kinder- und Jugendzeit zu berichten hatte, waren die herrlichen Wanderungen, die er in seiner Heimat machen konnte. Auch ein Freundeskreis, dessen Spuren noch bis zu uns hinreichten, bildete sich um ihn. Als Studenten haben sie viel Unfug miteinander getrieben, aber auch fleißig gearbeitet. Seine Militärzeit hat er als Mediziner bei der Kavallerie abgedient.

Das Aufwachsen meiner Mutter war von Wohlstand und Toleranz umgeben. Obwohl ihr Vater Pfarrer war, wurde sie nie in die Kirche gezwungen, da er zu den ›Liberalen‹ gehörte. Auch der Schulunterricht ging an dem gescheiten Mädchen sehr unauffällig in Privatschulen vorbei. Erzählt hat sie uns nur von ihrem zweiten Schultag, an dem sie in die Schule kam, ohne die schrägen und geraden Striche auf die Tafel gemalt zu haben, die ihnen aufgegeben waren. Da alle anderen Kinder ihre Tafeln brav vollgeschrieben hatten, wollte sie das noch eilig nachholen und verzog sich dazu auf das stille Örtchen. Die Arbeit dauerte aber länger, als sie gedacht hatte, und die liebe Lehrerin machte sich Sorgen, ob der Kleinen vielleicht nicht wohl wäre, und fragte durch die Tür, warum sie nicht in die Klasse käme. Die kleine Paula wusste sich zu helfen, sie rief: »Wenn aber hier kein Papier ist? Mein Vater hat gesagt, es sei sehr unanständig, wenn kein Papier da ist!« Bis diesem Fehler abgeholfen war, war ihre Schularbeit vollendet, und sie erschien brav in der Klasse. So hatte sie gleich zu Beginn den Nutzen der bösen Tat erfahren. Auch in späteren Jahren hat sie sich oft selbst von der Schule beurlaubt und stattdessen eine kleine Näherin besucht, die ihr das Sticken zeigte. Trotzdem hat sie nach dem Lyzeumsabschluss noch ein Jahr drangegeben, um Lehrerin zu werden. Sie ging dazu in die Ausbildungsanstalt ›Gnadenfrei‹ der Brüdergemeine.

Das Jungmädchendasein ihrer beiden älteren Schwestern in Potsdam lockte sie nicht. Alle Äußerlichkeiten waren ihr zuwider, und sie litt unter den hundert Bürstenstrichen, welche die Jungfer ihrem Haar (unwahrscheinlich schönem, dichtem Blondhaar) jeden Morgen zu geben hatte. Auch war es ihr lästig, von den Schwestern gescholten zu werden, wenn sie die Tüllrüschen an deren Frisiertisch zerdrückt hatte, weil sie sich darauf setzte. Am 5. März 1898 hat sie nach halbjähriger Verlobungszeit meinen Vater geheiratet. An dem Tag, an dem ich selbst mich verlobte, erzählte sie mir, dass sie, ehe sie meinen Vater auf einem Fest kennen gelernt hätte, auch mit einem Theologen verlobt gewesen sei. Als ihr aber mein Vater begegnet wäre, hätte sie begriffen, dass es einer Sünde gegen alle drei gleichkäme, diese Verlobung nicht zu lösen. Sie empfahl mir eine längere Verlobungszeit und den gleichen Entschluss, wenn mir während dieser Zeit so etwas zustoßen sollte.

Mein Vater begann seine Arbeit als Psychiater im Breslauer Gefängnis. Wenige Wochen nach der Hochzeit klingelte es an der Wohnungstür, und ein Herr fragte auf Schwäbisch nach ihm. »Mein Mann ist leider im Gefängnis«, sagte meine Mutter. Mit einer gestotterten Entschuldigung entschwand der Herr – ein ewig verlorener Freund!

Obwohl meine Mutter uns Kinder in den ersten drei Schuljahren alle selbst unterrichtete und uns in ihrer Fürsorge manchmal etwas zu weit ging, uns zu viel Schwierigkeiten abnehmen wollte, zu sehr alle Einzelheiten unserer Wege mit uns ging – so hatten wir doch das Gefühl, dass sie in erster Linie und eigentlich ausschließlich für unseren Vater da war. Dass auch für meinen Vater nur meine Mutter galt und wir Kinder nur in soweit infrage kamen, wie wir ihr Freude machten, schien uns keinem Zweifel unterworfen. Wir fanden das auch ganz richtig so; mir schien jede Ehe, von der ich merkte, dass es anders war, eigentlich recht unglücklich. Wir waren Folgen, aber nicht Zweck der Ehe meiner Eltern. Wohl das Schönste, was man seinen Kindern mitgeben kann, ist ein sogenanntes harmonisches Elternhaus, dessen Grundlage ja die Beziehungsart der Eltern ist. Vielleicht verwirrt aber auch eine solche Ideal-Ehe die Begriffe der Kinder fürs Leben ebenso wie eine unordentlich geführte. Die Ansprüche erhöhen sich – was ja für die Auswahl erst einmal gut ist, nachher aber doch manche Umstellung und manches Umdenken verlangt. Meine Eltern waren vor uns nie zärtlich miteinander, sie sprachen auch nicht über ihre glückliche Ehe. Es war ihnen selbstverständlich, dass Menschen, die sich der Einmaligkeit des Lebens bewusst sind, wenn sie heiraten, so miteinander und füreinander leben, dass es gar nicht der Rede wert war.

1.3 Die Erzieherin: Maria Horn

Zum Fundament, das Eltern und Voreltern für mich bildeten, gehörte aber noch absolut und sehr wesentlich unser *Fräulein Horn!* Als sie zu uns kam, trug sie einen kleinen Stehkragen und dicke Lodenröcke, war zwanzig Jahre alt und meiner Mutter durch die Brüdergemeine empfohlen worden. Die Zwillinge waren damals ein halbes Jahr alt. Sie kennt mich also länger, als ich mich selber kenne. Sie war meine erste große Liebe. Als sie uns verlassen hatte, um das Haus ihrer Eltern zu verwalten (das sie dann während der Inflation für ein Butterbrot verkaufte), und danach von Schweidnitz wieder zu uns kam, weinte ich Freudentränen. Ich war selbst darüber entsetzt und musste mir von ihr erklären lassen, was mit mir los sei.

Kurz vor meiner Hochzeit durchschritt ich im Traum mit ihr die Kirche zum Altar, um mit ihr verheiratet zu werden (was mich allerdings doch stark beunruhigte, weil ich das gar nicht verstand). Immerhin könnte ein Tiefenpsychologe da viel verschobene Mutterbindung entdecken. Als sie einen langen Bart und Vermummung als Nikolaus trug, was alle großen Geschwister erblassen ließ, streichelte ich vom Arm meiner Mutter aus das Stückchen Backe zwischen Bart und Brille und sagte liebevoll mitleidig: »Liebe Hon Hon«! Damals war ich zwei Jahre alt und sah noch tiefer. Meine Mutter ließ mich eilig abschleppen.

›Fräulein Horn‹ sagten wir zu ihr und natürlich ›Du‹. Das ›Tante-Nennen‹ mochte meine Mutter nicht. Sie nannte sie Hörnchen, was dann mit dem Erwachsenwerden von uns übernommen wurde (sogar nach ihrer Eheschließung). Den Stehkragen hat ihr meine Mutter bald innerlich und äußerlich abgewöhnt. Er passte auch wenig zu ihrem lebhaften, spontanen und natürlichen Temperament. Sie wurde viel geneckt und noch mehr geliebt. Beim ersten Alleinsein bei Tisch mit uns – sie hatte besonders die Fürsorge für die drei großen Jungens übernommen – hatte sie (im Takt mit dem Finger dazu auf den Tisch schlagend) die denkwürdigen Worte geäußert: »Ich bin nicht hierhergekommen, um mich mit euch zu ärgern!« Ihre ganz selbstverständliche pädagogische Begabung, die mit den Erziehungsvorstellungen meiner Mutter konform war, ließ es nie zu Ungezogenheiten ihr gegenüber kommen. Die Großen freuten sich an ihr, wenn sie morgens verkündete: »Jungens, heute ziehn wir uns die Lederhosen an!« oder dem abfahrenden Schaffner vom Stadtbahnzug zurief: »Halt, halt! Frau Professor will noch mit!«

Je selbstständiger die Großen wurden, umso mehr konnte sie sich mir widmen. Ich gehörte ihr vom ersten Tag an ganz. Sie hatte viel von den Geschwistern auszustehen, weil sie mich verwöhnte. Es tat aber auch Not, dass einer das tat – denn meine Mutter war von den Großen zu sehr in Anspruch genommen, und die Geschwister sahen in mir ein Erziehungsobjekt. Ich hatte jahrelang ein schlechtes Gewissen, dass ich Hörnchen eigentlich lieber hatte als meine Mutter.

Hörnchen hatte mir so viel von ihrer Heimatstadt erzählt, dass ich Schweidnitz kannte, ehe ich es sah. Plätze, Kirchen und Umgebung waren mir vertraut, als ich das erste Mal dort hinkam. Es war wohl in den Herbstferien. Es riecht in meiner Erinnerung nach Astern, Dahlien und späten Rosen. Den Schwestern Horn gehörten zwei Mietshäuser, und Hörnchen wohnte mit der auf den Tag neun Jahre jüngeren, jüngsten Schwester in einer Parterre-Wohnung. Ein Harmonium stand in der Ecke, und sie zeigte mir, wie ich es zum Spielen bringen konnte. Ich fand es herrlich, weil es so langsam gehen durfte. Ich besuchte mit ihr alle Verwandten, von denen ich schon so viel gehört hatte: einen Zahnarzt, der sich gleich meine

Zähne ansah, und einen Gutsverwalter, der in der Nähe mit seinen zwei erwachsenen Söhnen wohnte. Sie kamen mir sehr unsittlich vor, weil sie sangen: »Wo steht denn das geschrieben, du sollst nur eine lieben ...« – und andere Schlager, die ich sonst nur leise von Kindern gesungen gehört hatte. Ich hätte dem Mund eines Erwachsenen so etwas nie zugetraut. Hörnchen ging dann auch so schnell wie möglich mit mir in die Ställe zu den Pferden, Kühen und Schweinen, die ihr als Umgang für mich geeigneter schienen.

Wir erkundeten miteinander das Weistritz-Tal mit Sperre und die Kynsburg (die erste Ritterburg, die ich sah).[9] Es waren herrliche Ferien, die ich gleich Ostern wiederholte. Da waren die Wälder voll Märzbecher und die Weiden an den Bächen leuchteten von gelbem Blütenstaub. Meine Ostereier fand ich beim Aufstieg auf den Zobten. Hörnchen hatte nicht viel Geld, aber sie verstand es, keinen Tag ohne irgendeine Sonderfreude vergehen zu lassen – eine Freude, an die man beim Einschlafen glücklich zurückdenken konnte. Und das nicht nur in den Ferien, sondern auch bei uns zu Hause. Man konnte sicher sein: Irgendeine Überraschung hatte ihr glückliches, frohes Gemüt immer bereit (so wie sie sich selbst in späteren Zeiten nach einem anstrengenden Waschtag mit einem Sahnebaiser belohnte). Sie lebte arglos, selbstlos – aber bewusst jeden Tag als Geschenk eines gütigen Gottes aus seiner Hand nehmend. Sie war fromm, weil sie dankbar sein konnte. Ihr jüngster, einziger Bruder fiel im Krieg; beide Eltern starben danach im Jahr 1919. Sie verstand Gott nicht – aber sie wusste, dass sie noch mehr nicht verstand. Sie verstand auch die Inflation nicht und verlor dabei alles, was sie besaß. Und dann kam sie von Schweidnitz aus wieder zu uns nach Hause. Tag für Tag trug sie die Geschehnisse, ob wichtig oder gering, in ein Buch ein. So lebte sie in einer Bewusstheit, die sie dankbar machte.

Dass Hörnchen so spät noch heiratete (sie war Ende dreißig), und dann noch einen so seltsamen Mann, erschien mir befremdlich. Meine Brüder hatten ihren Lehrer für Griechisch und Latein, der ein Alter hatte, wo auch ein Junggeselle nicht mehr ganz jung ist, bei uns mit ihr bekannt gemacht. Klaus, der sich mit ihm duzte, und der in ihm das Original liebte – obwohl er ein Lehrer war, die er ja nie mochte –, spielte den Heiratsvermittler. Alles wollte Dok-

---

[9] An dieser Stelle stehen einige unleserliche Wörter im Manuskript; Konjektur.

tor C.[10] von ihm wissen; zum Beispiel auch, ob Hörnchen nicht so kurzsichtig sei wie er, damit die Kinder es nicht würden.

Schließlich kam er mit einem unhandlichen Blumentopf an und verlangte, Hörnchen zu sprechen. Wir wussten alle, was nun kommt. Und die Schwestern lachten über den Blumentopf, weil man doch Schnittblumen brächte. Ich fand das egal und eher praktisch. Und dann wurde am Abend bei uns Verlobung gefeiert. Die Eltern waren verreist. Ich rannte mit Dietrich nach Halensee, um ein Festessen und Wein einzukaufen. Karl-Friedrich hielt eine Rede bei Tisch und endete mit einem Hoch auf die zukünftigen Kinder. Ich hörte danach von Ursel, dass das bei Verlobungen nicht Brauch wäre.

Beinahe aber wäre aus dieser Ehe wegen Wohnungsmangel doch nichts geworden, hätte nicht Dietrich eingegriffen. Bei meiner alten Tante Schöne waren noch drei Zimmer im Keller frei, aber die wollte sie nicht hergeben. Das ganze übrige Haus war ihr schon mit Untermietern belegt worden. Alle Vorstellungen meiner Mutter, wie glücklich sie Hörnchen machen könne, halfen nichts. Die alte Dame blieb hart. Da rief Dietrich bei ihr an: »Hier das Wohnungsamt Grunewald« – und er teilte ihr mit, dass morgen früh Mieter für die untere Wohnung geschickt würden, da sie noch unbelegte Zimmer hätte. Es dauerte keine halbe Stunde, da war sie bei uns drüben und bat flehentlich, Hörnchen möge doch mit Mann zu ihr ziehen, damit nicht noch mehr Fremde hereinkämen. So konnte der Hochzeitstermin angesetzt werden.

Hörnchens Ehe erschien mir für sie nur nötig, um das Glück kennen zu lernen, Kinder zu haben. Ich bewunderte jedenfalls dauernd, wie gütig und harmlos sie auf alle Schrullen ihres Mannes einging. Die Verabfolgung von Schnitten (natürlich fertig gemacht) oder von Getränken richtete sich beim Abendessen zu meinem Erstaunen nach Klopfzeichen, die er gab und die sie zu verstehen hatte. Er hielt sich so stark für den Herrn der Schöpfung, dass schon viel Sanftmut oder Humor dazu gehörte, neben ihm Frau zu sein. Alljährlich fuhr er nach Italien – sehr billig und primitiv, aber immerhin. Er nahm sie nie dorthin mit, weil sie sowieso nichts davon hätte, ihr fehle die klassische Bildung – und sie sah das ein.

---

10 Richard Czeppan; der Name wurde hier (wie an zahlreichen anderen Stellen im Manuskript) von Susanne Dreß abgekürzt, um die Person, von der Nachteiliges berichtet wird, zu schützen.

»Siehst du«, sagte sie zu mir, »diese Karte schrieb er mir vom Trasimenischen See, und er schreibt dazu: 217 v. Chr. Das hätte ich doch nie gewusst.«

Hörnchen hatte viel Mühe, ein lebendes Kind auszutragen. Der Arzt hatte ihr gesagt, es könne nur gelingen, wenn sie während der Schwangerschaft läge. So tat sie das geduldig. Damals versorgte ich sie ganz. Wir wohnten ja genau gegenüber, und meine Hilfeleistung beschränkte sich auf die Haushaltsführung. Ich machte ihr Frühstück, der Mann vorsorgte sich vor der Schule selbst, ich kaufte ein und kochte das Essen. Alles, was sie im Liegen vorbereiten konnte, tat sie. Aber natürlich war ich doch an gewisse Pflichten gebunden. Pflegerisch war ja nicht viel zu tun. Stundenlang lag sie allein bei ihrem kleinen Radio. Sie hatte einen eisernen Willen, noch zur Erfüllung ihres Lebens zu kommen. Am dritten Weihnachtsfeiertag kam nach einer nicht allzu schweren Geburt Inge zur Welt. Nach vierzehn Tagen übernahm ich die Wochenpflege. Jetzt war für Mutter und Kind ein sonniges Zimmer bei uns oben eingerichtet. Dafür hatte meine Mutter gesorgt. Inge war zart, aber gesund. Nur zu wenig Milch hatte die Mutter – und wollte doch so brennend gern nähren. Wir jubelten schon, wenn statt 20 Gramm 23 Gramm auf der Waage angezeigt wurde. Schließlich brachten wir es mit vereinten Kräften, Malzbier, Ruhe und Höhensonne auf 80 Gramm! Und das ein viertel Jahr hindurch.

Mit einem halben Jahr bekam Inge Keuchhusten. Bis zu zwanzig Anfälle in einer Nacht. Ich habe in meinem Leben wohl nie so gebetet, wie um das Leben dieses so schwer erkauften Kindes. Es sah wirklich schlimm aus. Nachts ließ sich Hörnchen die Wache nicht abnehmen, aber tags versuchte ich, ihr doch etwas Schlaf zu vermitteln, und saß in tausend Ängsten bei der Kleinen. Denn jeder Anfall konnte das Ende bedeuten. Hörnchen blieb erstaunlich tapfer. »Das tut Gott nicht«, sagte sie – und er tat es nicht. Aber es blieb eine lange Sorge, und eigentlich hing Inges Leben als Kleinkind immer am seidenen Faden. Später bekam sie außer allen Kinderkrankheiten (und die gründlich) noch als Kleinkind eine Tuberkulose, die Hörnchen mit ihr in Friedrichsbrunn ausheilte. Hörnchen hatte kein Dienstmädchen, nur eine tägliche Zugehfrau. Sie war damals Mitte vierzig und hatte durch uns doch ein recht anstrengendes Leben hinter sich. Aber sie blieb immer heiter und klagte nie. Inge war ihr ganzes Glück – für Inge lebte sie, ohne sie zu verwöhnen.

Als sie später eine Wohnung in Friedenau bekamen, besuchte ich sie oft. Sie hat mich wohl auch immer als ihre andere Tochter betrachtet. Unsere Bindung war so selbstverständlich und eng, dass sie lebenslänglich hielt.

1.4 Die Geschwister:
Karl-Friedrich, Walter, Klaus, Ursel, Christel, Dietrich und Sabine Bonhoeffer

Morgens, auf dem Bett meiner Mutter sitzend – sie frühstückte gern im Bett – lernte ich bei ihr die Namen meiner Geschwister wie eine Litanei hinunterschnurren: Karl-Friedrich, Walter, Klaus, Ursel, Christel, Dietrich, Bina, Susi. Ebenso, wie ich die Wochentags- und Monatsnamen lernte. Die große Zahl meiner Geschwister gab mir ein Gefühl des Stolzes und der Sicherheit, das sich aber nur außerhalb des Hauses auswirkte. Im Familienkreis kam ich mir sehr klein und hässlich vor und war in keiner Weise verwöhnt. Ich war mit solchem Abstand ›Geschwister‹: Die ersten Sieben waren zwischen 1899 und 1906 geboren, sodass ich als Jahrgang 1909 mich selbst nicht dazurechnete. Vielleicht bin ich als Kleinkind von ihnen bewundert und verwöhnt worden – bewusst habe ich davon aber nichts mitbekommen.

Karl-Friedrich war fast elf Jahre älter als ich (was ja bei acht Kindern nicht gerade viel ist). Trotzdem kenne ich ihn nicht mehr als Kind. Schattenhaft entsinne ich mich seiner Konfirmation. Es war wohl mein erster Kirchgang – und für ihn lange Zeit der letzte, wenn man von den Pflichtbesuchen bei den Konfirmationen der Geschwister absieht. Zwölf Jahre später fuhr er sogar nach Frankfurt an der Oder, um an der Konfirmation einer kleinen Cousine teilzunehmen. Er kam mit dem Frühzug und eilte zur Kirche, weil er auf dem Bahnhof erfuhr, die Konfirmation wäre um acht Uhr. Um halb zehn war sie zu Ende – die Cousine war nicht dabei gewesen. Also blieb er bis zur nächsten, die um zehn Uhr begann und bis um zwölf Uhr dauerte; auch dies erfolglos. Um halb eins erschien dann die übrige Familie der Frankfurter, um an der Feier der Einzelkonfirmation der Pfarrerstochter teilzunehmen. Karl-Friedrich hielt auch dies noch aus, blass, hungrig, verfroren und sehr geläutert. Nun hatte er für lange genug. Aber er war doch noch in der Lage mitzulachen.

Er war immer Primus in seiner Klasse, und bis zum Abitur wollte er keine langen Hosen anziehen. Er war sich lange nicht ganz klar, ob er Maler oder Physiker werden wollte. Er malte wirklich sehr hübsch, aber es schien ihm doch nicht auszureichen. Die Freude an allen Erscheinungen der Natur war bei den drei großen Brüdern das, was ihre Kindheit und Jugendzeit am meisten erfüllte. Karl-Friedrich war wohl der Stillste von uns. Als Ältester fühlte er sich für vieles verantwortlich, ließ aber jedem seine Art und sein Vergnügen. Er hatte immer ein paar große Freunde, die er auch in die Familie brachte. Ich habe nie irgendwelche Reibungen mit ihm gehabt, dabei kümmerte er sich sehr um mich. Wir sind viel miteinander im Grunewald geradelt, haben lange Gespräche über Gott und die Welt geführt, und er hat mir zu meiner Herzensfreude oft gesagt, dass es ihm auch selbst Spaß machte, mit mir zu reden und dass ich vernünftig fragen könne. Relativitätstheorie und Ähnliches (was ich immer nur für ein Stündchen verstand) wurde er nicht müde, mir zu erklären.

Er galt als der Haus- und Familiendichter und -maler. Beim Wettdichten waren seine Produkte mit Abstand die besten. Musik hörte er gern und erzählte mit Vergnügen, dass er dreizehn Jahre Unterricht gehabt habe, um etwas Chopin spielen zu können. Sobald Dietrich ihn überflügelt hatte und zum Singen und Trio begleiten konnte, spielte Karl-Friedrich kaum noch Klavier. Da er völlig anspruchslos war, fiel es nicht leicht, ihm etwas zu seinem Geburtstag am 13. Januar zu schenken. Unsere alte Köchin Anna sagte dazu: »Bei Herrn Doktor Klaus, da weiß man immer was zum Geburtstag, der isst ja gerne; aber der Herr Doktor Karl-Friedrich – der ist wie die Lotte, der interessiert sich auch für rein gar nichts.« Lotte war das Küchenmädchen. Er konnte wirklich eine ganze Schüssel Grießbrei aufessen, wenn er aus dem Institut heimkam, und dann fragen: »Hab' ich schon was gegessen?« Für Kleidung, hübsche Unnötigkeiten und Delikatessen hatte er nichts übrig – allerdings ohne jeden moralischen Dünkel, wie ihn solche Asketen sonst haben. Er bemerkte es einfach nicht. Er las gern gute Romane, lief viel spazieren, ging in Museen und Konzerte. Anderen schenkte er immer hübsche persönliche Dinge. Aber er war schwer zu verwöhnen. Ihm genügte, dass man Zeit und Ruhe für ihn hatte.

Als er im Frühjahr 1917 sein Abitur machte, meldete er sich sofort zum Militär. Aber nicht als Fahnenjunker (genannt ›Einjähriger‹), sondern als Gemeiner. Er war Spezialist und wollte den anderen nichts voraushaben. In Döberitz haben wir ihn manchmal besucht. Der Kommiss muss ein Gräuel für ihn gewesen sein; aber auch dort gewann er bald Freunde. Wir hörten seinen Erzählungen aus der Kaserne (die er wohl den jüngeren Geschwistern etwas anpasste) mit Interesse zu. Besonders belustigte es mich, als er erzählte, dass einer nachts im Schlaf immer »Igittigitt – Mama, Mama!« riefe. Das Kasernenleben war ihm leid, und er meldete sich immer wieder an die Front, doch er kam nicht raus. Als sein jüngerer Bruder Walter, der ein halbes Jahr später Notabitur gemacht hatte und Fahnenjunker wurde, nach einer ganz kurzen Ausbildung an die Front kommen sollte, ließ er seine Prinzipien fahren und meldete sich ebenfalls als Fahnenjunker. Da kam er sehr schnell an die Front, denn es fehlte an jungen Offizieren. Mit dem dicken Physikbuch und dem Faust im Tornister ging es nach Westen.

Nach drei Monaten war er Leutnant. Er mochte das nicht. »Ich kann doch denen, die viel älter sind als ich, nichts befehlen.« Aber seine Leute hatten ihn gern. Bei einem Rückzugsgefecht im September 1918 wurde er schwer verwundet. Nachdem er alle seine Leute zurückgeschickt hatte, bemühte er sich noch, mit einer anderen Gruppe Fühlung zu bekommen, um auch sie zurückzuholen. Die Gruppe aber beschoss ihn mit starker Munitionsverschwendung. Dass er da überhaupt lebend herauskam, schien ihm selbst ein Wunder. Die Einschläge hätten seine Konturen auf dem Boden zurückgelassen, erzählte er. Nur[11] das eine Bein war getroffen. Der Krieg war damit für ihn zu Ende, denn er blieb im Lazarett, bis er vorbei war. Aufgrund seiner Erfahrungen mit dem Offizierskorps und den Mannschaften wurde er der ›Kommunist‹ in unserer Familie, obwohl er nur USPD (Unabhängige Sozialdemokraten) wählte.

Mein Bruder *Walter* bekommt zu seinem Geburtstag Schlangen und Lurche, Vögel und Fische und ausgestopfte Tiere, auch Bücher über Wald und Jagd und Natur. Kein Geburtstagstisch der Großen gefällt mir so wie der Walters. Er ist überhaupt der große Bruder,

---

11 Konjektur.

der sich am meisten um mich kümmert und den ich vergöttere. Ich wüsste auch heute noch nicht, was an ihm auszusetzen gewesen wäre. Er ist im gleichen Jahr wie sein älterer Bruder geboren, aber am 12. Dezember. Sein Freund Rudi Bumm muss zu seinem Geburtstag kommen – und der Nikolaus. Solange Walter lebte, kam der immer. Später gab es keinen Nikolaus mehr. Wer sonst noch eingeladen wird, ist ihm egal. Mögen es noch so viele alte Tanten und Freunde von uns Kleinen sein, ihm ist es recht. Er ist zu allen freundlich und mag sie gern. In der Schule ist er nicht ganz so gut wie Karl-Friedrich, aber er hält sich unter dem ersten Viertel auf und macht auch nicht viel Aufhebens von Schule und Schulzwang (im Gegensatz zu Klaus).

Und er kann Märchen erzählen – Märchen von Tieren und Wald und Wiesen. Ich höre ihm zu und meine dabei, ich denke mir das gerade selbst aus; so genau ist es das, was ich möchte. Er liebt die Märchen von Manfred Kyber[12] und liest sie mir vor, auch Löns[13] und seine Tiergeschichten (Mümmelmann[14] und so weiter). Aber die langweilen mich etwas, dazu bin ich mit meinen sieben Jahren wohl doch noch etwas zu klein. Auch von Walter Flex[15] verstehe ich noch nichts, ebenso wie von Rilkes Cornet.[16] Wenn davon die Rede ist, komme ich nicht umhin, immer an das im Krieg so begehrte *Corned Beef* zu denken, das meine Mutter in großen Dosen aufbewahrt, und das es zu Nudeln gibt. Ich mag es nicht sehr, und das überträgt sich mir wohl unbewusst auf das kleine Rilkebuch. ›Rainer Maria‹ finde ich für einen Mann sowieso einen albernen Vornamen und begreife lange nicht, wie man so heißen kann. Schriften von Naumann[17] und Stöcker,[18] die mit Walters Namen gezeichnet sind, finde ich später im Bücherschrank meiner Mutter und lese sie mit großem Interesse, als ich schon vierzehn oder fünfzehn bin, weil ich weiß, dass er sie gemocht hat.

---

12   Manfred Kyber (1880–1933), ein Schriftsteller aus dem deutschsprachigen Baltikum, der vor allem durch seine ungewöhnlichen Tiergeschichten bekannt geworden ist.
13   Hermann Löns (1866–1914), berühmter Natur- und Heimatdichter, dessen Landschaftsideal die Heide war.
14   Löns, Hermann: Mümmelmann. Ein Tierbuch, Hannover 1908.
15   Walter Flex (1887–1917) verfasst u.a. Novellen im Stil des nationalistischen Bismarck-Kultes der Kaiserzeit und des Militarismus im Ersten Weltkrieg.
16   Rilke, Rainer Maria: Der Cornet, Berlin 1906 bzw. Ders.: Die Weise von Liebe und Tod des Cornets Christoph Rilke, Leipzig 1912.
17   Vermutlich Victor Naumann (1865–1927), ein deutscher Publizist und Schriftsteller.
18   Vermutlich Alexander Stöcker (1896–1962), deutscher Journalist und Pressefotograf.

Walters Uniform als Fahnenjunker ist viel hübscher als die von Karl-Friedrich. Er will auch ruhig Reserve-Offizier werden – Hauptsache, er kommt bald an die Front. Und das geschieht dann auch. Dann werden sie im Frühjahr noch einmal zurückgerufen zu einer zweiten kurzen Ausbildung in Berlin. Anfang April kommt er wieder raus. Von den sechzehn jungen Männern sind nach zehn Tagen zwölf gefallen. Walter liegt noch acht Tage verwundet im Lazarett. »Wenn Gott es schon will, dann sterbe ich gern«, schreibt er an die Eltern, und ich glaube wieder, wir denken genau dasselbe.

Meine drei großen Brüder sind alle um die Weihnachtszeit geboren, *Klaus* als der Dritte am 5. Januar 1901. »O du fröhliche, o du selige, knabenbringende Weihnachtszeit«, sang er. Auch hier zeigte sich, dass er ein guter Beobachter war. In mein Bewusstsein tritt er erst als großer Schuljunge. Seine kleine rundliche Gestalt trug ihm den Namen ›Dicker‹ ein. Mit seinen großen dunklen Augen versuchte er auf den Grund der Dinge zu sehen. Was an ihm verträumt wirkte, war Konzentration. Die naturwissenschaftlichen Sammlungen der Brüder waren unter seiner Obhut. Stundenlang saß er über dem Mikroskop.

Er galt als der Schwierigste von uns. Jeder Zwang war ihm verhasst. Die Schule war für ihn eine Qual. Das Zusammensein mit charakterlich minderen oder dummen Kindern, das Ausgeliefertsein an törichte und selbstherrliche Schulmeister, schon der Zwang zur Pünktlichkeit und die Nötigung, sich in den jeweiligen Stunden mit bestimmten Dingen zu beschäftigen – das alles erschien ihm menschenunwürdig. Sein Begehren nach absoluter Freiheit wirkte sich auch in der Familie nachteilig aus. Seine Versuche, sich seine Zeit einzuteilen, trafen auf Widerstand. Er war vielleicht der Klügste von uns allen; aber die Form des Schulbetriebes minderte seine Leistungen bis zum Nullpunkt. Er muss auch wirklich schlimme Lehrer gehabt haben. »Bonhoeffer beißt in die Modelle«, so wurde ins Klassenbuch geschrieben, als er im Zeichenunterricht die zu malenden Kirschen verspeiste. Sein Versagen auf der Schulbank sollte durch den Entzug des Mikroskops gebessert werden. Diese Zwangsmaßnahme hatte aber gar keinen Erfolg. Nun schloss er aus Trotz mit allen naturwissenschaftlichen Interessen ab und benutzte das Mikroskop auch nach Rückgabe nicht mehr, sondern schenkte es Christel.

Sein Verlangen nach Freiheit und Recht führte ihn dann zum juristischen Studium. Er war belesen, in allen musischen Disziplinen orientiert, spielte sehr schön Cello und konnte wunderbar pfeifen. Er hatte ein gutes Gespür für das Irrationale, obwohl er keineswegs ein frommes Kind war. Einfälle hatte er reichlich. Abends im Bett durfte nicht mehr gelesen werden (jedenfalls nicht über eine bestimmte Zeit hinaus). So löste er den Deckel einer Bibel ab und legte sein Buch hinein. Den eifrig Bibellesenden wagte man dann nicht zu stören, und er hatte das Privileg einer langen Nacht. Busch und Ringelnatz, Daumier und Zi lernte ich durch Klaus schätzen. Seine Freude am guten Witz und Humor (auch am unfreiwilligen) war ebenso groß wie seine Abscheu vor faden Späßen. Einen unanständigen Witz hätte er bestimmt nie weitererzählt, wenn er nicht noch mehr komisch als unpassend war. Er konnte wunderbar fabulieren; bei den Erlebnissen, die er berichtete, geriet er oft so in Feuer, dass er zum Münchhausen wurde. Er war ein liebenswürdiger, glänzender Gesellschafter, guter Tänzer, Eisläufer, Tennisspieler und Schwimmer. Seine kleine beleibte Statur war sehr muskulös, sein Schritt auf der Straße so schnell, dass Mütter ängstlich ihre Kinder vor dem Überranntwerden retteten.

Nach den vergangenen Feiertagen war keiner mehr so leicht bereit, zum Geburtstag von Klaus einen Verwandtenappell abzuhalten. Er selbst am allerwenigsten. In seiner Schulzeit war er ein radikaler Einzelgänger und hatte keine Freunde, die er einladen konnte. Justus Delbrück, den er erst mit sechzehn Jahren kennen lernte, war dann durch diese Freundschaft so bei uns zu Hause, dass er nicht mehr als Gast galt. So blieb die Familie am Nachmittag Trio spielend und zuhörend unter sich. Wenn die Jungens im Trio spielten, übten sie dabei (ohne Rücksicht auf Zuhörer) alles, was ihnen nicht vollkommen erschien. Wenn Klaus anfing, die Unterlippe zu zernagen, wusste ich, dass er bald abbrach. »Schweinerei! Noch mal bei C«, und dann wieder: »Noch mal bei C, mit Wiederholung«. So lernte ich zuhören.

Ich habe mit ihm von allen Geschwistern die meisten Kontroversen gehabt. Vielleicht weil an ihm so viel »rumerzogen« werden musste, gab er dies nun an die Jüngste weiter. Ich habe wirklich lange darunter gelitten, dass ich in seiner Gegenwart nichts richtig machte. Was ich sagte, war dumm und falsch, mein Äußeres reizte ihn ständig zu Vermahnungen, ich war seiner Ansicht nach faul, anspruchsvoll und verwöhnt. Selbst beim Essen schüchterte er mich ein. Unsere Dienstmädchen waren angewiesen, dem Alter und der Würde nach zu servieren. So war ich normalerweise immer die Letzte, der angeboten wurde. Bei Aufschnittplatten und Ähnlichem aber, wenn mit Bedacht, Einfühlung und Rücksichtnahme auf andere genommen werden musste, sollte Klaus auf Anweisung meiner Mutter als Letzter bekommen, da ihm jede Übersicht fehlte und er seelenruhig das Beste abräumte. Er stand auch auf dem Standpunkt, dass bei der finanziellen Lage der Eltern eben von diesem Besten für alle volle Genüge da sein sollte. Um diese Reihenfolge aber nicht allzu deutlich zu machen, saß er neben mir. Ich habe jahrelang nicht gewagt, von einer Aufschnittplatte etwas anderes als grobe Leberwurst oder Jagdwurst zu nehmen, weil ich seinen verachtungsvollen Blick fürchtete, wenn ich zu Schinken oder kaltem Braten greifen wollte.

Dabei war er kein Egoist. Er konnte ganz entzückende Geschenke machen. Da scheute er weder Kosten noch Mühe. Von seinen Reisen brachte er die schönsten Dinge mit, die er irgendwo aufgetrieben hatte. Einmal sogar aus Nordspanien einen Picasso, der bestimmt echt gewesen wäre, hätte er ihn dem Kunsthändler für 6000 Mark überlassen. Da er das aber nicht wollte, wurde dieser Picasso im Berliner Kunsthandel für unecht erklärt. Diese bläuliche dekadente Absinth-Trinkerin, von der Picasso brieflich selbst meinte, sie wäre wohl von ihm, hing bei uns im Treppenhaus. Später ist sie dann mit all den Kunstschätzen meines Bruders den Bomben zum Opfer gefallen.

Trotz einem gewissen Zug zur Melancholie, der sich besonders in seiner Schulzeit bemerkbar machte und erst in den Studenten- und Referendarsjahren durch eine größere Sicherheit abgelöst wurde, war er doch bei allem Unfug, den der Geschwisterkreis unternahm, der *spiritus rector*, und man konnte mit ihm Pferde stehlen.

Als viertes Kind wurde am 21. Mai 1902 meine Schwester *Ursel* geboren. Karl-Friedrich war damals dreieinhalb Jahre alt. Meine Mutter hatte Sorge, dass ihre älteste Tochter eitel werden könnte, denn sie war ausgesprochen schön und hörte das von vielen Leuten. »Wir sind so schöne Kinder, hat die Tante gesagt«, meinte Ursel. »Ihr habt so schöne Kleiderchen anbekommen, hat sie gesagt«, verbesserte meine Mutter. Sie brachte es mit ihrer Pädagogik so weit, dass

Ursel sich als Kind und als junges Mädchen für ausgesprochen hässlich hielt. Das wusste niemand von uns. Wir waren auf die schöne Schwester stolz. Wir hätten ihre Not bemerken können, besonders die Eltern, als sie bei Tisch in Tränen ausbrach, weil Dietrich plötzlich unvermittelt sagte: »Die Ursel hat dicke Lippen.« Man hielt das wohl für gekränkte Eitelkeit und nicht für Verzweiflung über hoffnungslose Hässlichkeit. Sie war sanften und stillen Gemüts, es gab aber vielleicht mehr Aggressionstrieb in ihr, als man ahnte. Manchmal prügelte sie sich auch ganz tüchtig mit Christel (doch wohl nur, wenn sie zu sehr gereizt wurde). Sie war dazu verdammt, mit der sehr unordentlichen Schwester in einem Zimmer zu leben, die weibliche Tugenden verachtete und deren Interessen sie wenig teilte. Ursel wollte Fürsorgerin werden. Anderen Leuten beizustehen und ihnen zu helfen, war ihr Bedürfnis. Sie versorgte den saufenden Mann und die sieben Kinder von Luise, dem ersten Mädchen meiner Eltern in Breslau, damit Luise sich bei uns erholen konnte. Sie hatte damals gerade erst die Schule verlassen. Mein Vater hielt es für gut, sie bis an den Rand ihrer Kräfte zu belasten, damit sie sähe, was soziale Arbeit bedeute. Sie schaffte es aber und bewältigte auch ihr Jahr auf der Sozialen Frauenschule und ihre ersten Praxiserfahrungen. Sie war damals neunzehn Jahre alt und musste Hausbesuche bei unehelichen Müttern machen, ohne recht zu wissen, wie so etwas zustande kam. Es war ihr auch egal. Ich hätte die sieben Jahre ältere Schwester schon lange aufklären können. Unter uns Geschwistern wurden diese Themen aber nie berührt.

Ursel litt sehr unter der Strenge unseres Vaters, der gegen seine älteste Tochter auch besonders herb war. Dadurch fühlte sie sich in ihrer Jungmädchenzeit überhaupt etwas schlechter behandelt. Bei unseren Unternehmungen machte sie selten mit und war oft müde, weil sie nur mit Baldrian schlafen konnte. Ursel war zwar nicht richtig krank, aber doch blutarm und fiel ab und zu in Ohnmacht. Mein Vater mochte keine solche Krankheit in der Familie.

Christel wurde am 26. Oktober 1903 als einzige von uns Geschwistern nicht in Breslau geboren. Mein Vater hat sich in Breslau habilitiert und bekam seinen ersten Ruf nach Königsberg, als das fünfte Kind bereits unterwegs war. Er blieb aber nur ein Jahr dort, dann wurde er nach Heidelberg gerufen und von dort nach einem Semester wieder nach Breslau, wo dann die Zwillinge geboren wurden. So hatte meine Mutter viel Umzieherei noch während des Kinderkriegens. Christel spielte fast immer mit Jungens, war ohne viel Fleiß gut in der Schule und machte auch als Einzige von uns Schwestern ihr Abitur. Sie war fast stolz darauf, nichts von Nähen und häuslichen Arbeiten zu verstehen und als halber Junge zu gelten. Sie war sehr schlagfertig und fix in ihren Reaktionen, außerdem von einer nicht zu überbietenden Sicherheit. Ihre Stellung in der Mitte des Geschwisterkreises dem Alter nach war ihr nicht lieb, aber es wäre unmöglich gewesen, sie zu den Jüngeren zu rechnen, obwohl sie nur zweieinhalb Jahre von den Zwillingen trennten. So zählte sie mit zu den ›Großen‹ im Unterschied zu uns ›drei Kleinen‹.

Ihre Hauptinteressen lagen auf biologischem Gebiet. Sie liebte Tiere und versuchte immer wieder, die Eltern zu bewegen, einen Hund zu halten. Lurche, Mäuse und Meerschweinchen und später Ziegen und Hühner – zu Weiterem waren aber meine Eltern nicht bereit. Schließlich flüchtete sie sich zu dem ihr von Klaus überlassenen Mikroskop. Dieses Interesse verband mich mit ihr, wenn es auch in Kindertagen durch die sechs Jahre Altersunterschied nicht recht zu schwesterlicher Gemeinschaft gekommen war. Ihre Haltung zu mir war stets eine betont pädagogische, mich in meinen Interessen und in der Schule fördernde. Mit allen Schwierigkeiten in schulischen Angelegenheiten konnte man zu ihr kommen. Sie hatte eine sehr geschickte Art zu erklären. Sehr früh band sie sich an Hans von Dohnanyi, der zwei Klassen über ihr in das Grunewalder Gymnasium ging. Dorthin kam sie nach Abschluss der Töchterschule bei Fräulein Mommsen. So ist mir eigentlich ›Christel allein‹ in meiner Kinderzeit längst keine so lebendige Vorstellung, wie eben ›Christel und Hans‹. Sie wurde von den Geschwistern erst viel geneckt mit diesem Freund, der täglich kam, um ihr das Rad in Ordnung zu bringen. Das Rad war immer kaputt, bis sie ein neues bekam und ich ihr altes. Dann erdachte Hans andere Gründe für seine Unentbehrlichkeit. Als er Abitur gemacht hatte, fand die heimliche Verlobung auch die Zustimmung meiner Eltern. Die Verlobungszeit dauerte fünf Jahre; Christel machte ihr Abitur und begann ihr Biologiestudium, ehe sie endlich ihren Hausstand gründen konnten.

Unser Baukasten hatte sehr große Klötze und Säulen. Wir hatten wohl zusammen ein Schloss gebaut mit Bogenfenstern im Turm.

Durch solch ein Bogenfenster habe ich (damals muss ich wohl drei Jahre alt gewesen sein) den weißblonden Kopf von *Dietrich* gesehen und mich gefreut: Mein Bruder spielt mit mir. Das ist wohl meine erste Erinnerung, die ich an ihn habe. Vielleicht haben wir uns auch mal gezankt, aber das ist nie wichtig geworden, und ich weiß nichts mehr davon. Dreieinhalb Jahre Unterschied im Alter machen bei Kindern schon viel aus. Doch er ist der Einzige meiner Brüder, mit dem ich gespielt habe – und herrlich gespielt. Natürlich hatte er die absolute Führung, aber er ließ es nicht merken, und ich fühlte mich nie unterdrückt. Ich glaube, ich habe ihn angebetet; jedenfalls konnte ich mir keinen Jungen denken, der ihm irgendwie überlegen war. Er war der Stärkste, Schnellste, Klügste, Einfallsreichste, Freundlichste, Frömmste und Schönste von allen Kindern, die ich kannte. Und dass er mein Bruder war, damit gab ich gerne an. Ich ließ mich oft mit ihm sehen, auch als junges Mädchen. Er spielte viel mit mir; vielleicht mehr als mit seiner Zwillingsschwester Sabine. Sie war als Mädchen doch entsprechend weiter und nie so wild zum Toben und zu allen Jungensspielen bereit wie ich.

Von den großen Geschwistern hatte er als jüngster Bruder ziemlich zu leiden. Nicht nur, dass es ihm manchmal zu schaffen machte, dass alle Aufträge an ihn weitergegeben wurden, weil die Großen keine Zeit hatten (besonders die im Krieg so häufigen Wege auf Post und Behörden) – er wurde auch gern geneckt und gefoppt. Vielleicht war das kein Schade, da er außerhalb des Hauses übermäßig bewundert wurde. In der Schule war er, ohne etwas dafür zu tun, mit Selbstverständlichkeit der Beste; gegen das übergroße Freundschaftsangebot dort konnte er sich nur durch Arroganz und Lieblosigkeit wehren; sonst wäre er überlaufen worden und nicht mehr zu sich selbst gekommen. Die Zwillinge und ich waren ›die drei Kleinen‹, und ich war merkwürdigerweise persönlich stolz darauf, Zwillinge als Geschwister zu haben.

Meine Geburtstagsgeschenke für die Zwillinge am 4. Februar bestanden fast immer in selbst ausgedachten Geschichten, die ich teils diktierte, teils später selbst mit viel Mühe aufschrieb; manche davon besitze ich noch heute. Wenn ich meine Mutter um Geld für ein gekauftes Geschenk gebeten hätte, wäre sie sehr verwundert gewesen. Von meinem ersten selbst verdienten Geld habe ich mit zwölf Jahren auf der Halensee-Brücke für Dietrich zum Geburtstag zehn Zigaretten gekauft, das Stück zu zehn Pfennig. Das war nicht nur eine große Ausgabe, sondern auch eine mutige Tat, denn ich hatte die Befürchtung, dass der Verkäufer mich bestimmt hinauswerfen würde. Für Sabine malte ich zu dieser Zeit Lautenbänder. Sie bekamen ihren Geburtstagstisch immer erst nach der Schule vor dem Mittagessen. Mein Vater hielt dabei nur sehr selten Reden. Meist wurde ich verpflichtet und machte es sehr kurz: »Weil die Zwillinge Geburtstag haben, wollen wir alle anstoßen – sie leben hoch!« Bei solchen Anlässen, die sich bei uns ja ziemlich häuften, pflegte es eine preiswerte türkische Torte aus dem Beamtenwirtschafts-Verein für drei Mark zu geben, die in vierfacher Ausfertigung bestellt wurde, damit sie reichte. Das wurde durch den Doppelgeburtstag variiert, weil doch jeder eine andere Torte bekommen sollte. Die Drei-Mark-Torte geriet bei uns mit Besserung der Zeiten in geheimen Verruf, der so lange schwelte, bis eines Tages beim Geburtstag der Zwillinge von den Großen laut die Frage erörtert wurde, ob es eigentlich keine anderen, weniger parfümierten Torten gäbe, oder ob die für Feste zu teuer wären. Meine Mutter versuchte eine kleine Verteidigung, die aber lachend unterbrochen wurde, weil die Rebellen sicher waren, dass sie ihr auch nicht schmeckte. So verschwand dieses Gebäck von den nachfolgenden Geburtstagstischen. Die zwei Geburtstagstische, zwei Torten rundum mit Lichtern nach der Zahl der Jahre umsteckt, und nach dem Krieg der Duft von Apfelsinen – das gehört zusammen mit der großen Kindergesellschaft am Nachmittag zum ›Zwillingsgeburtstag‹. »Sofort vierzehn!« antwortete Dietrich, als er im Jahr 1919 um die Weihnachtszeit herum gefragt wurde, wie alt er wäre. Dass er zehn Minuten älter war als Sabine, war ihm doch sehr wichtig.

Sabine war anders als wir alle. Sie war ›zart‹. Sie mochte nicht essen, jedenfalls manches nicht. Mit zwei Jahren verweigerte sie irgendeine Speise und bekam nichts anderes gereicht, bis sie ohnmächtig wurde. Als sie erwachte, wurde ihr dasselbe wieder angereicht, und sie aß. So streng waren bei uns die Bräuche. An und für sich wurde sie sehr verwöhnt und ›Bina‹ oder ›Binchen‹ gerufen – keiner von uns war sonst ›-chen‹. Hier aber bei der Essensverweigerung stand die gesamte Pädagogik und der Gehorsam (auch der anderen) auf dem Spiel. Wenn auch die Eltern aus diesem Nervenkrieg als Sieger hervorgingen, wurden später doch stillschweigend Ausnahmen bei ihr gemacht. Auf Erdbeeren und Primeln reagierte sie allergisch. Es wurde ein Auge zugedrückt, wenn sie mir ihre Teltower Rübchen auf den Teller schob. Mit sanfter Gewalt wusste sie sich durchzusetzen, und wenn sich auch sonst Katzbalgereien und Prügelszenen selbst unter den großen Schwestern abspielten – Sabine schlug man nicht.

Sabine war schüchtern. In Läden nach etwas suchen, da musste ich für sie gehen; nach dem Weg sollte ich fragen; sogar telefoniert habe ich für sie. Einmal war mein Bruder Klaus schwer krank gewesen, und der Bart war ihm gewachsen. Nun wurde der Friseur bestellt, um ihn zu rasieren. Sabine, wohl schon achtzehnjährig, stotterte ins Telefon: »Ja, hier ist nämlich ein Bart. Und der soll abgenommen werden.« Damit wurde sie später oft geneckt. Sabine war ängstlich. Vier Jahre sind wir gemeinsam zur Schule gefahren. Wir mussten an einer Jungenschule vorbeigehen. Hatte sie früher aus als ich, dann wartete sie eine Stunde auf mich, während sie Schularbeiten machte, weil sie sich ohne mich nicht vorbeitraute. Ich sprang allerdings die größten Bengels furchtlos und ohne Rücksicht auf irgendwelche Verluste meinerseits an, wenn sie Sabine irgendwie zu nahe treten wollten oder mit dreckigem Schnee schmissen. Ich hatte viel Kraft, und sie hatten bald Angst vor mir, wie vor einem kleinen bissigen Hund. Sabine war wehrlos hübsch, niedlich angezogen, mit langen Locken. Ich hatte ganz kurze, glatte Haare und praktische Kleidung, die das einzig Mögliche und Tragbare für mich war und die ich gar nicht anders wollte. Sabine war eher eine Ästhetin als eitel. Ihr Geschmack war sicher; sie wurde allgemein konsultiert, wenn es Bilder aufzuhängen, Möbel zu stellen, Geschenke zu machen oder Kleider zu schneidern gab. Sie malte sehr hübsch, ging nach zehn Jahren Unterricht auf die Kunstschule und erlernte die Goldschmiedekunst. Ihre Schulzeit hat sie selbstverständlich und unauffällig abgemacht; allerdings benutzte sie dessen unbeschadet jede Gelegenheit zum Schwänzen. Freundinnen hatte sie mehrere, aber nicht auf Dauer. Nur einmal hat sie sich ganz intensiv zwei Jüdinnen angeschlossen (zwei Schwestern – die einzigen in ihrer Klasse, die von ihren Mitschülerinnen geärgert wurden). Sie waren ungewöhnlich klug und von einer reizvollen Hässlichkeit. Auch ein kleiner Japaner aus Dietrichs Klasse war zeitweise ihr Freund und schenkte ihr damals Stabheuschrecken. Sabine war heiteren Gemüts. Wenn sie als junges Mädchen mit ihren Freundinnen Grete und Emmi (unseren späteren Schwägerinnen) beisammensaß, konnte Sabine pausenlos albern und lachen. Es gab überhaupt wenig, was sie nicht erheiterte. Ihr entging keine komische Situation, und sie wusste sie auch durch kleine, gut sitzende Bemerkungen zu schaffen. Wer sich scheute, lächerlich zu wirken, vermied besser ihren Umgang. Sie mokierte sich von Herzen gern und galt darum als spitzzüngig; sie selbst konnte es aber auch ohne jeden Ärger ertragen, dass sie ausgelacht wurde, und das machte ihren Sinn für Komik liebenswürdig. Ihre Freude an Schönheit und ihr Humor ließen sie leichtlebig erscheinen. Wer ihre Ängste nicht kannte, ihre Furcht vor dem verantwortlichen Leben, hielt sie vielleicht für oberflächlich.

Was haben wir zusammen Unsinn gemacht – beim An- und Ausziehen, auf dem Schulweg, in der Badewanne! Es ließ sich herrlich mit ihr lachen. Durch ihre Augen betrachtet, erschienen mir die allgewaltigen Erwachsenen als Entmachtete. Als Menschen, die es viel schlechter hatten als wir, und die ganz unnötig angaben, um ernst genommen zu werden. Sabine kam mit ihren Lehrern tadellos aus. Wahrscheinlich war ihre Freude am Spott eine Abwehrmaßnahme, um durch ihre Schüchternheit nicht zu sehr zu leiden. Sie genoss die Geborgenheit im Elternhaus sehr und hatte nie den Drang ins Ungewisse wie Dietrich, der mir als Student einmal sagte: »Das Furchtbare ist die völlige Sicherheit, aus der wir nie herauskommen, solange unser Elternhaus besteht.« Sie genoss die Geborgenheit, aber keineswegs die Bevormundung. Ob es das war, was sie als Elfjährige zu einem Freudentanz veranlasste, als meine Eltern wieder abreisten, nachdem sie uns für ein paar Tage in unseren Ferien im Harz besucht hatten? Nur hatte sie die Örtlichkeit schlecht gewählt: Zwar war sie auch hier in Geborgenheit, aber in allzu enger. Der Sitz des Klos hielt ihren Freudensprüngen nicht stand und barst mit lautem Krach. Sie selbst blieb unbeschädigt, ihre Heiterkeit hielt an – und es war die Aufgabe unserer Behüterin Fräulein Horn, den Eltern Tatsache und Rechnung zu übermitteln, ohne echte Gründe für diesen plötzlichen Zusammenbruch angeben zu können.

Sabine spielte Geige und Laute. Turnen konnte sie nicht, aber sehr hübsch tanzen. Noch in ihrer Schulzeit fing sie an, für sich selbst zu schneidern: hohe Taille, weite Röcke, freie Schultern. Ganz und gar nicht nach der Mode, aber zu ihrem Stil passend. Schneidern und Plätzchen backen konnte sie; sonst aber hatte sie keine Ahnung von Hauswirtschaft, als sie heiratete. Ein gleichermaßen ahnungsloses Mädchen stand ihr zu Diensten. Sie kochten zusammen vier Stunden Spinat, ohne dass er wurde ›wie zu Haus‹. Dann rief sie mich telefonisch um einen guten Rat an. Der war aber nur fürs nächste Mal brauchbar.

Zum Geschwisterkreis gehörten für mich auch Schwäger und Schwägerinnen. »Ich habe ein Brüderchen bekommen«, verkündigte ich mit zwölf Jahren in meiner Klasse, »das kann schon sprechen und laufen und ist 29 Jahre alt.« Ursel hatte sich verlobt mit *Rüdiger Schleicher*, der Jurist in einem Berliner Ministerium war. Er stammte aus Stuttgart und hatte als Bundesbruder meines Vaters[19] bei uns seinen Besuch gemacht, war eingeladen worden und hatte sein Herz an Ursel verloren. Das reinste Herz, das man sich denken kann! Im August 1914 war er schwer verwundet worden und hatte den Krieg im Lazarett verbracht. Dabei hatte er mehrmals eine Sepsis zu überwinden gehabt, hatte vierzehn Zentimeter seines rechten Beins und seine Haare eingebüßt – und war trotz Hinkens und Glatze ein schöner Mann geblieben. Bei einem Gartenfest (rund achtzig Personen) war er das erste Mal bei uns. Beim Abendessen fand er in seinem Kartoffelsalat eine zusammengeknüllte Papierserviette, enthaltend einen Zigarrenstummel. »Ha, schauderbar!«, rief er aus, wurde aber dadurch doch nicht abgeschreckt, uns immer wieder aufzusuchen. Ich kann mir unsere Köchin Anna gut vorstellen, wie sie ohne Rücksicht auf die Berge abgetragenen Kaffeegeschirrs mit mächtiger Hand den Kartoffelsalat mischt.

Er sprach ein sehr liebenswürdiges Schwäbisch. Schon als Kind hatte er nicht lügen können; gelernt hat er es nie mehr. Ebenso glaubte er jedem. In der Zeit nach dem Ersten Weltkrieg kam er nach Berlin. In der Stadtbahn waren die Aufschriften für das Hundeabteil durch geringe Abwandlung in ›Für Reisende mit *Hunger*‹ umgewandelt worden. Dort hinein setzte er sich, wenn er unterwegs sein Brot essen wollte. Erstaunt war er auch über die Unfreundlichkeit einer Verkäuferin. Er hatte sich den schweren Zeiten entsprechend statt eines neuen Oberhemdes einen Einsatz dafür kaufen wollen (ein ›Brettchen‹, wie man es hier nannte). In Schwaben hieß das aber anders. Diese Verkäuferin ließ ihn auf seine bescheidene Anfrage »Habet Sie Brüschtle?« einfach stehen. Durch seine Arglosigkeit gewann er alle Herzen unserer kritischen Familie. Wir hatten wirklich

---

19 Er gehörte zur selben Studentenverbindung ›Igel‹ (der später auch Dietrich beitrat).

einen Bruder bekommen. Ein harmloses Gemüt mit gutem Intellekt gepaart ist eben etwas ungewöhnlich Reizvolles. Hätte ich nicht ein- oder zweimal einen Wutausbruch in kräftigem Schwäbisch von ihm erlebt, wäre er mir ganz wie aus Engel gemacht erschienen. Erst häufig, später immer seltener werdend, hatte er durch seine Verwundung Fieberattacken, die immer lebensgefährlich waren. Er trug das mit großer Geduld. Er war ein begeisterter Schwimmer und verbrachte die Ferien am heimischen Bodensee, wo seine Familie ein Haus hatte. Sein Beruf im Ministerium füllte ihn nicht ganz aus. Karriere machen lag ihm nicht. So lebte er mit seiner Familie und mit seiner Geige. Unsere Familienmusik ging durch ihn vom Trio zum Quartett über.

Als Ursel und Rüdiger heirateten, zogen sie in die Mansarde in unserem Elternhaus. Ein strenger Befehl der Eltern hatte für das erste viertel Jahr jeden Besuch von uns oben (ohne direkte Einladung) untersagt, und die Eltern hielten sich selbst ebenso zurück. Wenn Schleichers etwas wollten oder Anschluss suchten, kamen sie herunter. Nur ich war eine Ausnahme, denn ich hatte versprochen (als Hochzeitsgeschenk), ihnen ein Jahr lang den Abwasch zu machen. So erschien ich jeden Tag nach dem Mittagessen oben in ihrer Küche. Ganz unbelohnt wollte Ursel diesen Einsatz aber nicht lassen, den ich sehr regelmäßig durchführte. Sie gab mir vier Mark im Monat dafür. Die Inflationszeit hatte begonnen, und ich konnte eine Tafel Mauxion-Schokolade[20] dafür kaufen, die nach dem Krieg zuerst 60 Pfennige gekostet hatte. Ich schenkte sie meiner großen Liebe, denn Grete von Dohnanyi[21] aß sie so gern. Als die Preise weiter stiegen, gab mir Ursel immer den Wert einer Tafel Schokolade, und ich hatte jeden Monat ein tolles Geschenk für Grete.

Als mein erster Neffe wurde *Hans-Walter* im großelterlichen Haus geboren. Meine Eltern verkleideten sich daraufhin als uralte Leute, mit Häubchen und Zitterstöckchen, eben als ›Großeltern‹, und so empfingen sie die Gratulanten. Die Entbindung hatte zuhause stattgefunden. Siebenmal war bei meiner Mutter alles ohne Schwierigkeiten gegangen – sogar bei den Zwillingen! Was sollte

---

20 Eine hochwertige Schokoladenmarke der Firma Mauxion, die 1855 in Berlin gegründet wurde und noch heute existiert.

21 Grete von Dohnanyi, die langjährige Verlobte und spätere Ehefrau von Susannes Bruder Karl-Friedrich, zu der Susanne über viele Jahre hinweg eine intensive und komplizierte Beziehung pflegte (vgl. u.a. Kapitel 3.6 Freundschaften von Susanne Bonhoeffer).

schon sein? Aber am dritten Tag bekam Ursel ein schweres Wochenbettfieber. Ich sehe noch unseren alten Hausarzt aus ihrem Zimmer kommen, auf der Treppe stehen bleiben und lautlos weinen. Es war so unglaublich, dass diese schöne, blühende Frau so jung aus einem hoffnungsvollen Leben herausgerissen werden sollte. Als die akute Gefahr vorbei war, bekam sie noch eine schwere[22] Venenentzündung und musste lange liegen bleiben.

Inzwischen machte ich mit meinem Neffen die erste Ausfahrt und betreute ihn viel, als seine Pflegerin mich heranließ. Diese Person taugte nicht viel. Es hatten sich eine Frau Doppelwolf und eine Frau Kastendieb um die Stelle beworben, und die Wahl war auf den Doppelwolf gefallen. Dieser zeichnete sich durch einen ungeheuren Durst nach Bier aus, obwohl er keineswegs in der Lage oder verpflichtet war, das Kind zu nähren. Das sollte Ursel trotz ihres Fiebers selbst tun, obwohl sie in diesen schweren Tagen gar keine Neigung dazu verspürte und jedes Mal Angst hatte. Rüdiger nahm sich seines Sohnes liebevoll an. Er hielt das Bündel mit einer Hand hinter der Schranktür hoch und spielte Kasperle mit ihm. Er schnitt ihm auch mit der Papierschere (da er keine andere fand) die Nägel und erschrak, als ein bisschen Kuppe mit abging. Da war es schon besser, ich ließ den Kleinen nicht mehr aus den Augen. »Mensch, Lehmann, rülpse mal!«, hatte Doppelwolf zu dem Baby gesagt, ihm dabei heftig auf den Rücken klopfend. So hieß er bei uns nur noch ›Lehmann‹, und es dauerte ein Weilchen, bis er den Namen loswurde.

Wirklich stolze Tante mit Inbrunst ist man nur, solange man selbst noch keine eigenen Kinder hat. Die Neffen und Nichten, die vor meiner Ehe geboren wurden (jedenfalls ehe ich Kinder hatte), schloss ich stärker ins Herz. Besonders Hans-Walter als den ersten! Endlich war ich nicht mehr die Jüngste im Familienkreis, endlich konnte ich mich um jemand kümmern und ihn verwöhnen. Ich begann, Freude an Babys zu haben, und beobachtete eifrig sein Aufwachen und Begreifen der Umwelt. Aber ich war auch streng: Aus Wagen oder Box herausgeworfenes Spielzeug gab ich nicht gleich zurück. Ich ließ ihn brüllen, wenn er nicht abzulenken war. Ich machte mir die pädagogischen Begriffe meiner Mutter zu eigen und wurde von Ursel oft roh und gefühllos gefunden. Trotzdem überließ

22 Konjektur.

sie ihn mir oft und gern, weil ich wirklich ganz für ihn da war, und er hing auch sehr an mir.

Ich war traurig, als sie nach Hamburg und bald darauf nach Stuttgart zogen. Dort wurde das zweite Kind, *Renate*, geboren. Sabine sollte zur Hilfe und Belehrung hinfahren, aber sie wollte nicht, denn ihr Bräutigam hatte Schnupfen, und sie glaubte, ihn nie wiederzusehen, wenn sie ihn jetzt verließe. Eile tat Not, denn die Wochenpflegerin weigerte sich, Hans-Walter mitzuversorgen, und das junge Hausmädchen war dazu unfähig. So stieg ich umgehend in den Nachtzug und sah Renate, ehe sie 48 Stunden alt war. Das trug mir die Ehre meiner ersten Patenschaft ein. Ich hatte die Aufgabe (was ebenfalls sehr ehrenvoll, aber anstrengend war), die beiden Kinder aneinander zu gewöhnen und nachts im selben Zimmer zu schlafen. Renate schrie, wie eben ein Säugling zu schreien pflegt, und schnurchelte auch entsprechend, so dass ich dachte, sie müsse ersticken – und atmete dann wieder beunruhigend lautlos. Hans-Walter war ein Nervenbündel, schrie zehnmal nachts im Schlaf auf und träumte laut und vernehmbar. Er war nun eineinhalb Jahre und voller Fragen an die Umwelt. Tagsüber war ich bereit, alles zu beantworten, und hatte darin große Ausdauer und Geduld. Nachts hätte ich lieber geschlafen. Aber wenn er aufgeregt im Bett hochfuhr und rief »Hoppe-Pferdel! Hoppe-Pferdel! Warum?«, war es gar nicht so einfach, ihm eine befriedigende Antwort auf die Frage nach der Notwendigkeit der Erscheinung eines Traumpferdes zu geben. »Hoppe-Pferdel will auch schlafen«, redete ich mich heraus. Aber er hatte nicht den Eindruck. Die drei Wochen, die ich bei den Kindern schlief, waren wohl die ermüdendsten meines Lebens. Aber ich war ja erst sechzehn Jahre alt, und es hat mir nicht geschadet.

Diese Zeit in Stuttgart war für mich lehrreicher als später die ganze Säuglingspflege-Ausbildung in Frankfurt. Ich lernte wickeln, Baby baden, Tee nachfüttern und die Mutter versorgen mit Milchabpumpen und Venenpflege. Besonders aber lernte ich den Umgang mit Kleinkindern. Jeden Vormittag verließ ich mit Hans-Walter das Haus und strebte irgendeinem Park zu, da es dort keinen Garten gab. Es war Anfang November, aber doch noch sehr schön zum spazieren gehen und Eicheln suchen und Kastanien sammeln. War Hans-Walter müde, pflückte ich Knallbeeren und warf sie vor ihm her. Dann rannte er von Beere zu Beere, um sie zerplatzen zu lassen, und wir kamen gut weiter.

[...] manchen Tagen passierte, weil die zuständigen [...][23] noch zu weilen pflegten, fuhren wir mit der Straßenbahn in den Schlosspark. Da gab es Teiche mit Enten und Parkwächter. Mit einem gerieten wir in Reibung, da Hans-Walter über den Rasen gelaufen war, um eine Kastanie zu holen. »Böser Mann«, sagte Hans-Walter im Weggehen. Ich wollte ihn nicht zum Menschenfeind machen und sagte mildernd: »Nicht böse, nur komisch!« Als wir ein Weilchen später den schön bunt uniformierten Hüter der Ordnung wieder trafen, stellte sich Hans-Walter ganz freundlich vor ihn hin und sagte lautstark: »Komischer Hampelmann!« Die bunte Uniform zusammen mit dem Wort »komisch« hatte ihn an seinen hampelnden Bettschmuck erinnert. Auch die Enten fesselten ihn. »Ente hat komischen Mund«, verkündete er. »Das ist kein Mund, das nennt man Schnabel«, belehrte ich ihn, ohne daran zu denken, dass er »Schn« nicht aussprechen konnte. Mit der Straßenbahn fuhren wir heim. Uns gegenüber saß ein stattlicher Herr mit Schnauzbart. »Mann hat großen Nurrbart am Nabel«, jubelte Hans-Walter, und die Straßenbahninsassen jubelten mit. Der Mann stieg aus. Der Kleine war überhaupt nicht dafür, aus seinem Herzen eine Mördergrube zu machen. Er nannte sich »Schleicher«. »Schleicher hat Hose nassemacht«, flötete er durch die Bahn. »Pfui, das ist scheußlich, davon muss man nicht reden«, sage ich geniert. »Schleicher hat Hose scheußlich nassemacht«, teilt er noch lauter mit. Als Schleichers dann wieder nach Berlin zogen, war er ein sehr vernünftiger Knabe von drei Jahren, dunkel und schön. Renate war blond und lieblich – und das dritte Kind stand in Aussicht.

Hans von Dohnanyi war für mich keine Neuerscheinung wie Rüdiger, als die Verlobung Christels mit ihm spruchreif wurde. Er war gewissermaßen mit uns aufgewachsen; seine Mutter (die Eltern waren geschieden) lebte auch im Grunewald am Roseneck. Vom ersten Semester an arbeitete er gleichzeitig als ›Junger Mann‹ im Auswärtigen Amt. So verdiente er sich Geld und hatte als angehender Jurist die besten Beziehungen. Er war sehr fleißig, klug und tüchtig und machte sich dort bald beliebt und notwendig. Dabei beeilte er sich, rasch mit dem Studium fertigzuwerden, um heiraten zu können. Sein angeborenes Selbstvertrauen wuchs mit dieser Beschäftigung –

23 Unleserliche Stellen im Manuskript.

und steigerte Christels, die dazu durchaus eine Veranlagung hatte. Den Brüdern wurde das manchmal etwas zu viel, und die beiden hatten deswegen bei uns allerhand an Neckerei zu leiden. Er wäre gern etliche Jahre älter gewesen, und es war ihm lästig, wenn ihn jemand nach seinem Alter fragte. Eigentlich ist es ja schade, wenn man seine jungen Jahre so los sein möchte. Je sicherer er aber in seiner Stellung im Auswärtigen Amt wurde, umso weniger brauchte er sich zu bemühen, um seine Geltung zu zeigen, und der Umgang mit ihm wurde ganz natürlich und brüderlich.

Auch bei diesen Geschwistern habe ich einmal, als sie in Hamburg lebten, in Vertretung häusliche Dienste geleistet. Ich war, wie wir sagten, vierzehn Tage bei Christel ›in Stellung‹. Ich habe da eine Menge über die schnelle Bewältigung der Arbeit durch eine geschickte Hausfrau gelernt – jedenfalls mehr als in der Haushaltungsschule. Ein richtiges Zeugnis hat sie mir ausgestellt, das ich mir aufhob – mit »ehrlich, fleißig, willig, kinderlieb«. Die älteste Tochter, *Bärbel*, war damals fast zwei Jahre alt, ein langhaarig gelocktes, sehr sicheres, munteres Persönchen. Ich fand sie hauptsächlich komisch, weil sie so etwas bewusst Vernünftiges an sich hatte, was mir wie dauerndes Rollenspiel vorkam. Sie ahmte ihre Mutter nach. Mit den Händen auf dem Rücken wandelte sie eilig durchs Zimmer und redete vor sich hin: »Meine Tasche wo? Meine Schlüssel wo?« Als Christel sich einmal mit Kopfweh aufs Sofa gelegt hatte und Bärbel sie nicht stören sollte, Christel auch auf ihre erst leisen, dann lauten Fragen nicht antwortete und sich schlafend stellte, tippte sie mit dem Finger die Mutter an und stellte dann einfach fest »tot«. Ihre Erziehung wurde wirklich dadurch erschwert, dass man immer über sie lachen musste. Es war aber eine sehr gemütliche, nette Zeit dort in Hamburg, und einmal nahmen mich Hans und Christel sogar mit auf die Reeperbahn – in Lokale, in die man sich nur mit zwei Damen trauen konnte. Trotzdem saß ihm plötzlich so ein Liebling auf dem Schoß, weshalb wir eilig zahlten und gingen. Eine verfügbare Tante, die einsatzbereit und -fähig war, war den Schwestern immer lieb, und mir machte das Einspringen Freude.

Auch der dritte der Schwäger war Jurist. Er war ein Studienfreund von Klaus, stammte aus dem Grunewald, und sein Vater war ein sehr wohlhabender Tuchkaufmann jüdischer Abstammung. *Gert* war aber ›liegend getauft‹,[24] wie Klaus sagte, was ich erst nicht ganz verstand. Man war bei uns ausgesprochen philosemitisch; wir hatten viele jüdische Freunde und jüdische Bekannte in unserer Wohngegend. Wir mochten auch Gert auf Anhieb sehr gern. Ein ungewöhnlich kluger Kopf, dabei rührend kindlichen Gemüts. Einmal sang Sabine das Brahms-Lied: »Ich hör' meinen Schatz, den Hammer er schwinget ...«.[25] Wenn Dietrich uns Schwestern zum Singen außerhalb der festgelegten Zeiten am Sonnabend begleiten musste, dann waren wir verliebt. Sabine sang weiter: »So hab' ich doch die ganze Woche mein feines Liebchen nicht geseh'n«.[26] Da riss Klaus die Tür auf und rief: »Sing doch lieber: Hab' ich nicht den kleinen Cohn geseh'n«.[27] Das war ein alter Schlager; aber Sabine sang ungestört weiter. Gert war zwei Meter lang und wurde durch unsere gräfliche (antisemitische, aber ahnungslose) Verwandtschaft bei uns eingeführt.

Meine Eltern waren aber doch, als sie den Ernst der Bindung erkannten, beunruhigt. Sie hätten ihrer Tochter gerne sich eventuell ergebende Komplikationen erspart. Aber Sabine liebte, und Sabine war in ihrer sanften Gewalt unwiderstehlich. Es wurde ihr abgeraten – wie uns allen immer abgeraten worden ist, nicht direkt, sondern im Allgemeinen und Speziellen, sich so früh zu binden. »Vor dem 25. Geburtstag kommt eine Ehe überhaupt nicht infrage«, sagte mein Vater immer wieder, aber erfolglos. Sabine fasste es gar nicht, wie man etwas dagegen haben könne, einen Juden zu heiraten. Schwierig könne ja jede Ehe werden. Und die entrüstete Verwandtschaft, Onkel und Tanten, konnten ihr gestohlen bleiben. Ich schlief damals mit ihr in einem Zimmer, doch ans Einschlafen war abends oft wegen der vielen langen Gespräche nicht zu denken.

---

24 D.h. er wurde kurz nach der Geburt getauft, wo der Täufling im Arm liegt und noch nicht stehen kann. Im ›Gesetz zur Wiederherstellung des Berufsbeamtentums‹ vom 7. April 1933 wurde im Arierparagraph festgelegt, dass alle Beamten im Dritten Reich einer Nachweis arischer Abstammung zu führen hatten; andernfalls mussten sie mit ihrer Entlassung rechnen. War auch nur einer der Großeltern Jude, galt die betreffende Person als ›Nicht-Arier‹, es sei denn der jüdische Vorfahre war ›liegend getauft‹ (und nicht in späterem Alter, etwa um Repressionen zu vermeiden).

25 Der Beginn des Liebeslieds ›Der Schmied‹ nach einem Text von Ludwig Uhland (1809), vertont von Johannes Brahms im Jahr 1859.

26 Auch dies ist der Beginn eines Liebesliedes (›Sonntag‹), das von Uhland geschrieben und von Brahms 1878 vertont worden ist (Op. 47 Nr. 3).

27 Der Refrain dieses Liedes beginnt mit den Worten: »Hab'n Sie nicht den kleinen Cohn geseh'n?« Es stammt von einem unbekannten Verfasser und wurde 1902 im Berliner Thalia-Theater uraufgeführt. Es wurde rasch populär und galt als der Schlager des Jahres. Das Motiv des ›kleinen Cohn‹ ist ein anti-jüdisches Stereotyp und wurde als solches auch von der Nazi-Propaganda genutzt.

Gert hatte sich inzwischen habilitiert. Am Abend bevor er um Sabine anhalten wollte – die beiden waren sich schon vorher einig geworden; anders als bei Ursel, wo Rüdiger (wie in guter alter Zeit) erst meine Eltern fragte –, erzählte mir Sabine davon. »Und wenn die Eltern es nicht erlauben, bekomme ich einfach ein Kind von ihm, dann werden sie schon müssen!« Aber sie erlaubten es, weil sie an die Zuneigung ihrer Tochter glaubten, und nahmen Gert mit Freuden in die Familie auf. Sabine war glücklich und sehr besorgt um ihn. Er ging immer ein wenig gebückt, um nicht allzu groß zu wirken, und Sabine, immerhin die größte von uns Schwestern, trug bald extra hohe Schuhe, um besser zu ihm zu passen. Wie weit Sabines Besorgnis um ihn ging, zeigt folgende Geschichte: Nachts um vier Uhr weckt mich Sabine und fragt: »Ist Stärke giftig?« – »Es gibt Stärkepudding«, sage ich schlaftrunken. »Aber Kragenstärke? Die Männer bekommen doch manchmal Furunkel am Hals von steif gestärkten Krägen!« Es dauerte noch ein bisschen, ehe ich auf den Grund ihrer Ängste kam. In einer Schüssel aus dem Plättzimmer hatte sie Gerts leicht beschädigten Finger in irgendeinem Heilwasser gespült. Nun glaubte sie, die kleine Wunde mit eiterbildender Kragenstärke verseucht zu haben, falls noch ein Restchen darin gewesen wäre! Ich konnte sie schwer bremsen, die Eltern deswegen zu wecken. Solche Ängste kosteten sie und mich oft den Schlaf.

Das Auffallendste an Gert war für mich sein Interesse am Mitmenschen. Er konnte einen über das eigene und das Befinden ihm unbekannter (aber mir befreundeter Menschen) ausfragen, und es schien so, als ob es ihn wirklich interessierte. Als ich ihn später einmal darauf ansprach, ob er damit eigentlich bloß Konversation machte, verstand er das gar nicht. Er wollte wirklich wissen, was andere Leute trieben und wie sie lebten. Er bildete sich wohl so sein Weltbild. Dass er aus einem sehr wohlhabenden Haus kam, merkte man ihm nie an, denn er war ungeheuer bescheiden, schnell zufrieden und entgegenkommend zu allen, die ihm begegneten. Sabine wurde von ihm bewundert und verwöhnt, ebenso von seinem Vater. Sie lebten zu Anfang ihrer Ehe in einer Vier-Zimmer-Wohnung in der Nähe des Kurfürstendamms. Als die erste Tochter Marianne geboren wurde, war das etwas eng, da außer der Wochenpflegerin noch ein Hausmädchen tätig war. So fand Gert eines Tages in seinem Zimmer über dem Schreibtisch eine Leine gezogen, auf der Windeln hingen. Die Pflegerin meinte harmlos zu ihm: »Wer A sagt, muss auch B sagen.«

Ehe meine Schwestern verheiratet waren, dachte ich märchen- und geschichtengemäß: Wenn sie sich bekommen haben, dann ist alles gut. Der selbstverständlich ruhige und vorbildliche Verlauf der Ehe meiner Eltern, in der kein scharfes Wort fiel, ja nicht einmal irgendwann eine Nervosität gegeneinander spürbar war, machte mir das Glück der Ehe allgemein glaubhaft. Ich kannte geschiedene Ehen; die gab es eben, wie es Neger gab. Uns ging das nichts an. Und dann sahen meine erstaunten Kinderaugen, dass in der Geschwistergeneration die Eheleute sich bei aller Zuneigung plötzlich vor anderen anblafften. Ich hatte sogar hie und da das Gefühl, dass sie gar nichts dagegen hatten, sich irgendeine Kleinigkeit vorzuwerfen; Lappalien wie kalt gewordener Kaffee oder zu hart gekochte Eier oder vergessene Telefonanrufe – statt diese kleinen Verfehlungen mit dem Mantel der Liebe zu bedecken. Ich war schwer enttäuscht und glaubte, jede Zuneigung unter ihnen sei erloschen. Ich konnte mir gar nicht vorstellen, dass ich meinem Ehepartner irgendetwas so rücksichtslos aufs Butterbrot schmieren könnte. Wenn ich liebte, betete ich an und glaubte ja auch als bemühter Christ, Gutes zu reden und alles zum Besten kehren zu müssen. Mir taten meine armen Neffen und Nichten leid, denn ich hielt die Aufrechterhaltung einer Ehe für unmöglich, wenn jeder seine Persönlichkeit dadurch zu behaupten suchte, dass er dem anderen mangelnde Qualitäten nachwies, die sich in kleinen Fehlern zeigten.

Noch erstaunter war ich aber, wenn ich dann merkte, dass diese Plänkeleien von beiden Partnern nie so lange schwer genommen wurden wie von mir. Wenn ich das nächste Mal beklommen hinkam, war alles schon längst wieder in Ordnung, und keiner dachte mehr an ein Zerwürfnis. Es war ausgesprochenes Familienglück auf der ganzen Linie. Ich begann, mich nun stärker für das Verhalten junger und älterer Eheleute zu interessieren, und ich fand diesen Wechsel im Verbundensein fast überall auch außerhalb des nächsten Umkreises. Und ich bekam Angst vor der Ehe, denn ich glaubte, ich würde solchem Klimawechsel nicht gewachsen sein.

Daher kam auch mein Entschluss, einen mich ganz erfüllenden Beruf zu ergreifen und nur im äußersten Ernstfall zu heiraten. Und dann wollte ich es natürlich ganz anders machen. Ich wollte einfach nur einen solchen Mann heiraten, von dem ich mir wünschte, dass meine Kinder so würden wie er. Denn das Gerede vieler Eheleute bei weniger angenehmen Eigenschaften ihrer Kinder, die dann behaupteten: »Das hat es aber nicht von mir! Das kommt nicht aus meiner Familie!«, fand ich grässlich.

1.5 Die Wohnung in Berlin: Brückenallee 5

1912 wurde mein Vater von Breslau auf den psychiatrischen Lehrstuhl nach Berlin berufen. Die Universitätsklinik befand sich in der Charité. Die Eltern mieteten in der Brückenallee 5 zwei übereinanderliegende Etagen und einige Zimmer im Souterrain. Ein winzig kleines Gärtchen, wo ich einen Sandkasten hatte, war hinter dem Haus. Daran schloss sich hinter einer Mauer der Bellevuepark an. Unsere Spaziergänge machten wir in den Tiergarten. Auf dem ›großen Weg‹ fuhr man Rollschuh (allerdings ich noch nicht). Mir sind besonders die mit dichtem braunem Laub bedeckten Pfade in Erinnerung, wo man so herrlich beim Laufen rascheln konnte, und dass es verboten war, sich in die zusammengefegten Blätterhaufen zu werfen, die eine große Anziehungskraft für mich hatten.

Im Tiergarten war ich meist mit meiner Freundin Irmgard zusammen, die wenige Schritte von uns entfernt wohnte und gar keine Grünfläche am Haus hatte. Mit Fräulein Urlaub, ihrer Kinderfrau, durften wir zusammen spazierengehen. Sie sprach ganz wunderbar ostpreußisch und war dabei sehr streng, aber mit wenig Erfolg. »Oluf, du willst dir wohl einen gehörigen Backen zuziehen!«, drohte sie ständig Irmgards Bruder, der ihr völlig entwachsen war. Um Irmgards zarte Gesundheit war sie sehr besorgt und verdarb uns damit manchen Spaß.

In unsere Wohnung in der Brückenallee führten zwei Treppen: Die Hintertreppe gingen wir Kinder herauf, die vordere blieb den Eltern, dem Besuch und den Patienten vorbehalten. Sie führte in die große Diele, an der Wartezimmer, Herrenzimmer, Salon und die Tür in das sogenannte ›Berliner Zimmer‹ lagen (unser großes Esszimmer); außerdem noch das ›Patientenbad‹, das für uns tabu war. Ich besinne mich, nur einmal an einem Adventsnachmittag die Erlaubnis erhalten zu haben, dorthin zu gehen (weil mein Vater gerade die Schneekönigin vorlas – um schnell zurückzukehren und die Elfe nicht zu verpassen). Aber ich war mit dem Mechanismus der Tür nicht vertraut, verzweifelte und verbrachte todtraurig fern vom Familienkreis mir unendlich lang erscheinende Minuten, bis meine Abwesenheit auffiel und nach mir gefahndet wurde. Im Patientenwartezimmer standen im Regal viele kleine Bände von Wilhelm Busch und anderes Interessantes; aber auch dieser Raum war uns versagt, und nur ganz selten wagte ich es, wenn ich sicher vor Entdeckung war, dort die bunten Bilderbücher zu betrachten.

Unser Kinderzimmer hatte einen großen Wintergarten, wo wir unser Abendessen bekamen; ich glaube, immer Grießbrei mit Himbeersaft. Es lag am Ende des langen Korridors, von dem nach der Hofseite einige kleine Zimmer, das Bad und das Elternschlafzimmer abgingen. Die großen Geschwister wohnten und schliefen in der anderen Etage, wo ich fast nie hinkam. Unten im Souterrain hatte Walter sein Bastelzimmer, in dem ich oft zu Besuch war. Auch die Zimmer der Angestellten waren teilweise dort, und es war sehr gemütlich, wenn sie mich zu sich einluden. Ich weiß das alles noch so genau, weil ich mir die Räume und Möbel vor unserem Umzug eingeprägt habe – ganz bewusst, damit ich diese Wohnung nicht ebenso vergessen sollte wie diejenige in Breslau; denn ich wurde oft gefragt, ob ich mich noch auf sie besänne, und musste immer Nein sagen.

1.6 Das Haus in Berlin: Wangenheimstraße 14

Vom Frühjahr 1916 bis zum Herbst 1929 lebte ich in dem Haus in der Wangenheimstraße 14 im Grunewald. Da brauchte ich mir, als ich heiratete und auszog, die einzelnen Zimmer nicht mühsam zu merken. Wenn auch je nach Bedarf und Belegschaft immer wieder umgeräumt wurde, so hat sich hier durch die Jahre hindurch ein so starkes Heimatgefühl entwickelt, dass ich diese Stätte meiner Jugend noch heute mit allen Einzelheiten aufzeichnen könnte. Durch Haustür und Windfang kam man in eine holzgetäfelte Diele, die zum Treppenhaus hin mit einer großen Tür abschloss. Die beiden anderen Türen führten in das Arbeitszimmer meines Vaters und in den Salon, der gleichzeitig dreimal in der Woche von vier bis sechs Uhr nachmittags als Wartezimmer diente. In der Diele neben dem Windfang war eine kleine sehr beliebte Sitznische mit eingebauten Holzbänken, Tisch und Bücherbrettern. Dort saß zur Sprechstundenzeit stopfend die Haushilfe, in schwarzem Satin und weiß beschürzt, um die Tür zu öffnen und die Mäntel entgegenzunehmen. Entstand im Treppenhaus Lärm durch uns, so erschien sie und machte »Pssst! Sprechstunde!«.

Das Esszimmer war mit dem Salon durch eine große Schiebetür verbunden, ebenso wie mit dem Treppenhaus. Wenn Sprechstunde war, wurde der Tee entweder in dem anschließenden Wintergarten oder im Damenzimmer serviert. Dieses Wohnzimmer meiner Mutter schloss sich neben dem Wintergarten an das Esszimmer an. Davor war noch ein kleiner Sonderflur, der die Familiengarderobe barg. Jeder hatte dort seinen bestimmten Haken (auch die immer wiederkehrenden und lange weilenden Logierbesuche, wie meine Großmutter und Tante Elisabeth). Nahe Freunde hängten ihre Sachen mit an den Haken dessen, den sie besuchten. An diesen Haken konnte man sich auch Nachrichten zukommen lassen oder feststellen, wer zu Hause war.

In diesen vier großen Räumen und der Diele ließen sich natürlich herrliche Feste feiern und bequem sechzig bis siebzig Leute unterbringen. Aber auch für den Normalgebrauch war dieses Gebäude für unsere Familie keineswegs zu groß.

Eine Windfangtür, hinter der die Telefonzentrale lag, führte vom Treppenhaus ins Souterrain. Es gab außerdem noch vier weitere Möglichkeiten zu telefonieren; die Zentrale wurde von den Angestellten bedient. Dort befanden sich große Flure mit Geschirrschränken, die Anrichte, die Waschküche und die große Küche mit der wohnlichen Speisekammer. Ein Geschirraufzug führte von dort durch zwei Etagen. Von einem Seitenkorridor gingen zwei große zweibettige Mädchenzimmer ab. Eine Tür führte in den Tiefkeller, wo der Weinschrank und die Weinkisten standen, die aus West- und Süddeutschland geschickt wurden. Diese Treppe war recht steil, es war mir immer eine Anfechtung, dort herunter zu müssen. Eine dicke, eisenbeschlagene Tür führte zur Zentralheizung, und durch sie hindurch gelangte man in die Portiers-Wohnung. Dort waren noch mal zwei Räume und eine Küche. Innerhalb des Heizungsraums führte eine kleine Eisentreppe zum Feuerloch des großen Kessels, und manchem von uns ist (weil das Licht nicht ganz intakt war) da ein Sturz beschieden gewesen. Ich bekam sogar eine kleine Gehirnerschütterung dabei.

Ein breites, geschwungenes Treppenhaus führte in den ersten Stock. Dort gab es noch sechs Zimmer – außer dem Badezimmer und einer großen Nische, in der zwei Nähmaschinen standen. Das war in der Zeit, wenn auch meine Großmutter bei uns wohnte, gar nicht so viel Platz. Jede Tochter, die das Haus verließ, hatte das Gefühl, keinen leeren Raum zu hinterlassen, sondern sie konnte förmlich dabei zusehen, wie die Wasser das leere Flussbett in Windeseile ausfüllten. Ab und zu studierten die Brüder ja auswärts oder waren später beruflich aus dem Haus. Auch meine Schwestern waren mehr von zu Hause weg als ich, sodass immer wieder eine Lücke entstand und auch studierende Cousins und Cousinen bei uns Platz fanden. Ein richtiges Gastzimmer gab es jedoch nicht. Da war mein Vater auch im Interesse meiner Mutter dagegen, denn sonst wäre der Logierbesuch nie abgerissen. Ich habe in der ganzen Zeit nur zweimal das Zimmer gewechselt. Als die Eltern unser altes Kinderzimmer als Schlafzimmer nahmen, bekam ich ein Durchgangszimmer, was mir sehr unlieb war.

Der schönste Raum im ganzen Haus war für mich als Kind aber der Dachboden. Anfangs hatte ich seltsame Ängste, da hinaufzugehen. Ich glaubte, dort wohnten Indianer, die einen skalpierten. Ich kann mir nur denken, dass die Jungens mal davon gesprochen haben, dass sie oben ihre alten Kostüme hätten und wir dort Indianer spielen könnten. Ich war ja erst sechs Jahre alt und lebte in einer stark entwickelten Märchenwelt, wo ich es für möglich hielt, dass unser Boden Amerika war. Aber das gab sich bald, und ich begann, den Boden zu lieben; besonders den Oberboden, den ich aber nie mit der dafür vorgesehenen Leiter erklomm. Dazu war ich viel zu ängstlich, denn mir wurde schon nach wenigen Stufen schwindelig. Ich kletterte über die Bettentruhe auf einen hohen Schrank und von dort per Stütz hinauf. Schon der unregelmäßige Fußbelag, aus Balken und unbestimmbarem Schotter bestehend, regte meine Fantasie an. Und dann standen da oben so herrlich unbenutzte Sachen – Bilderrahmen, kaputte Stühle, Kisten mit alten Büchern und angeschlagenem Geschirr. Und Bretter und leere Kisten. Bretter und leere Kisten sind das schönste Spielzeug.

Wenn ich alles brav wieder einräumte, durfte ich auch etwas aus der Verkleidungskiste herausholen, die dort oben stand. Aber allein machte das nicht so viel Spaß. Und mit Freunden durfte ich nur mit mühsam errungener Erlaubnis auf den Boden. Oft hing da

Wäsche – und im Krieg hing in einer Ecke der trockene, irgendwo engros erworbene Klippfisch, an dem sich Klaus sogar einmal ein Loch in den Kopf stieß. Auf der Etage des Bodens befanden sich noch drei Mansardenzimmer, die auch immer von Familienmitgliedern belegt waren.

Dass es keine Mietswohnung war, in der wir lebten, und dass wir ein Stück Erde unter den Füßen hatten, wenn wir aus dem Haus traten, und eine Gartentür, die wir hinter uns zumachen konnten (auch wenn sie zum Ärger meines Vaters meist offen stand und – noch schlimmer – als Stehschaukel benutzt wurde), das machte doch viel für unser Aufwachsen aus. Ich betätigte mich nur wenig im Garten. Eine kurze Zeit, nachdem die Hühner abgeschafft waren, versuchten Klaus und ich, Sommerblumen zu pflanzen und Staudenbeete anzulegen. Aber das schlief bald wieder ein. Am Zaun stand rundherum breites Buschwerk, daneben lief der Weg ums ganze Gelände und ums Haus, was für uns zum ›Guck-Guck um die Ecke rum‹-Spielen sehr geeignet war. Eine große Rasenfläche füllte den Garten aus. Ein rundes Wasserbecken wurde mit Erde gefüllt und mit Stauden bepflanzt, zu meinem Schmerz. Auf dem Rasen am Rand standen Obstbäume, die der besonderen Obhut meines Vaters unterstanden. Er beschnitt sie selbst und bekämpfte mit unserer Hilfe die Blattläuse. Eine Winter-Renette mit ganz rauer Schale war ihm besonders lieb. Der Birnbaum wuchs in die Höhe und sollte darum von einem fachkundigen Gärtner geschnitten werden. Der kam auch, und soweit er auf seiner hohen Leiter reichen konnte, wuchs in künftigen Sommern keine Blüte mehr. Nur oben an der höchsten Spitze trug der Baum übervoll. Ebenso hatte der Gärtner auch den zuvor herrlich blühenden Jasmin für immer von jeder Blüte befreit.

Meine Großmutter litt unter unserem Garten. »Der Garten muss die verlängerte Stube sein«, meinte sie. Meine Mutter liebte das Unkraut, die grünen Wege, die Ruhe im Garten. Bloß nicht immer mit irgendetwas beschäftigt sein, wenn man draußen ist.» Lass doch die Kräutchen wachsen, die wollen auch leben«, meinte sie. Nur Rasen sprengen fand sie lustig, und gesprengt wurde reichlich bei uns. Außer einer großen, weißen Spyrea und einigen Aurikeln blühte auf dem zugeschütteten Becken noch eine Staude mit rotem Mohn. Wenn seine Zeit gekommen war, war der schöne Sommer da, und ich liebte von Herzen diesen Mohn mit den riesengroßen, tiefroten Blüten und den Staubgefäßen, an denen man sich eine schwarze

Nase holen konnte. Ich liebte auch den niedrigen Eibenbusch, dessen süße, glitschige Früchte giftig sein sollten und die ich sehr gern und ohne Schaden zu nehmen aß. Ich liebte die Haselnusssträucher und die große Trauerweide, in der man sich Nester bauen konnte. Und den Mehlbeerbaum, auf dem ich eine Seidenraupenzucht versuchen wollte, weil ich ihn mit einem Maulbeerbaum verwechselte. Blumen konnte man bei uns nicht pflücken, nur blühende Zweige – aber es war ein herrlicher Spielgarten. ›Krimmerrosen‹ nannte ich die kleinen, blutroten Röschen mit dem schwierigen Namen, die den niedrigen, kreuzweise gelegten Lattenzaun umrahmten, hinter dem mein Sandkasten lag. Dieser Zaun verbarg meinen Spielplatz, er umgab die schönsten Stunden meiner Kinderzeit. Eine recht große Ecke des Gartens wurde durch ihn abgeteilt. Da stand auch noch das Turnreck und ein fester Holztisch mit Bank, sowie der Hühnerstall (auch der wieder von einem hohen Drahtzaun umgeben, zum Auslauf der Hühner). Und Gebüsch! Büsche, die rosa Schmetterlingsblüten und weiche Blätter haben; Sträucher mit weißen Blüten, dicht an einer Rispe, und ganz rauen Blättern; Flieder mit lackierten Blättern, die seltsam bitter schmecken; Schneeball, Goldregen, Haselnuss. Ich koste alle Blätter, die der liebe Gott wachsen lässt, und erkenne sie am Geschmack wieder, ehe sie noch blühen. Ich kaue immer an irgendetwas, wenn ich allein draußen bin. Unter Aufsicht darf ich nicht kauen.

Später gewinnt der Garten andere Reize für mich. Da ist eine efeuumwachsene Laube, in der man verborgen sitzen, sinnen und mit Freunden und Freundinnen die Welt verbessern kann. Den Sommer über lebe ich eigentlich, wann immer es möglich ist, draußen und kann mir ein Leben ohne Garten gar nicht mehr vorstellen. Vielleicht war er mir noch mehr Heimat als das Haus – gerade weil er mir mehr Freiheit und Einsamkeit schenkte.

1.7 Verwandte und Gäste der Familie

Der einzige Bruder meines Vaters[28] war ein Onkel ganz nach dem Herzen aller. Er war als Chemiker Direktor bei den IG Farben, wohnte in Elberfeld und kam oft dienstlich zu Sitzungen nach

---

28 Otto Bonhoeffer, geboren 1864, war vier Jahre älter als Susannes Vater Karl.

Berlin. Er hatte jung geheiratet – ein sehr hübsches, aber wohl ungewöhnlich törichtes Mädchen aus gutem Haus. Diese Tante Hedwig habe ich nur einmal bei der Hochzeit einer meiner Schwestern gesehen, sonst kam sie nie mit. Man musste einmal im Jahr an sie schreiben und sich dabei meist für irgendetwas Silbernes zu Weihnachten bedanken. Die Eltern legten auch keinen Wert auf Kontakt. Umso lieber hatten sie den Onkel, der seine Frau mit so großem Anstand durchs Leben trug.

Er wohnte nie bei uns, trotz aller Aufforderungen. Er logierte im Hotel Adlon und kam nach den Sitzungen oder auch zum Mittag schnell mit Wagen und Chauffeur zu uns gefahren. »Jeder Mensch mehr macht Mühe, und ich komme zu oft«, meinte er. Aber stets hieß es nach einer Weile: »Sieh doch mal draußen in meinem Mantel nach, ob da etwas für dich drin ist, Susi!« Und dann durfte ich den Kasten Konfekt, der ungeahnte Ausmaße hatte, rundum anbieten und verteilen. Und sogar mitten im Krieg! Ich könnte heute noch wetten, dass das betreffende Stichwort gefallen war, als ich damals rauslief und mit der Packung wieder hineinkam. Dort wurde ich von einer Lachsalve begrüßt, als ich, das Konfekt in der Hand, zum Bedanken zu ihm durch die Familie hindurchdrang. Meine Fantasie musste mir einen Streich gespielt haben, sodass ich mitten in der mich gar nicht interessierenden Unterhaltung den erwarteten Aufruf zum Genuss vernahm. Jedenfalls hatte mein Onkel nach Ansicht aller anderen nichts dergleichen gesagt. »Aber vielleicht habe ich es sehr deutlich gedacht«, tröstete er mich, denn ich weinte. Ich dachte, ich wäre gemein zu dem geliebten Onkel gewesen, weil ich einfach nicht abwarten konnte, und er würde nun denken, ich freue mich bloß wegen des Konfekts, wenn er kam.

Nur wenn er uns im Friedrichsbrunner Sommerhaus besuchte, wohnte er ganz bei uns und war herrlich gemütlich, sehr bescheiden und vergnügt. Er liebte meine Mutter besonders und verließ sich in vielen Fragen (sogar in denen seiner Garderobe) auf ihr Urteil.

Es war unserem bürgerstolzen Geschwisterkreis doch sehr lieb, dass das blaue Blut in der Familie durch die künstlerische Note desselben gemildert wurde. Dass unser Urgroßvater Graf war, verziehen wir ihm, weil er Maler wurde. Er hatte mit achtzehn Jahren die vierzehnjährige Tochter des Bildhauers Cauer in Kreuznach kennen gelernt, daraufhin einige Zeit später seine Offizierslaufbahn an den Nagel gehängt, sie geheiratet und war selbst Maler geworden. Romantischer ging es in der Zeit der Romantik kaum. Die Eichendorff'schen Malergrafen schienen mir immer nach seinem Modell gearbeitet. Einige seiner Alpenlandschaften hängen zu meiner Freude noch heute bei mir.

In der Cauer'schen Linie, mit der wir freundschaftlich verbunden blieben, waren alle Bildhauer. »Einer aus jeder Generation bei uns muss Kaufmann werden«, sagte mein Onkel *Ludwig Cauer*, »damit immer wieder Geld in die Familie kommt.« Er hatte den ›wilden Eber‹, nach dem der Platz in Dahlem genannt ist, gemacht, und sein Atelier dort in der Nähe. Er war oft bei uns und ein Unikum. Ich höre ihn noch im Familienkreis sitzend zu meiner Mutter sagen: »Paula, du kannst stolz sein auf deine Söhne«, und als meine Mutter sich gerade zu diesem Bewusstsein anschickte, fuhr er fort: »Was die für hohe Schenkel haben!« Ich besuchte ihn gern in seinem Atelier, wo er mit zweien seiner Kinder arbeitete. *Ede*, sein Sohn, stand ihm auch Modell und war als Akt auf manchen Plätzen anzutreffen. Ede glaubte von sich, dass er durch Hühnerplastiken sein Leben fristen könne. *Hanna*, seine Tochter, die sehr begabt war, besiegelte bei uns ihren Ruf als unmoralisch, weil sie während einer Abendgesellschaft unvermittelt Bauchtanz vorführte. Zum Entsetzen meiner Eltern freundete sich diese fünfzehn Jahre ältere Cousine sehr mit mir an, nahm mich mit in ihr Atelier und versuchte, mich für freie Liebe und ähnlich Abwegiges zu interessieren. Man konnte den Verkehr aus Achtung vor dem Vater Ludwig nicht verbieten. Hanna wurde bei uns nicht eingeladen, kam aber trotzdem.

Fünf Töchter hatten meine Urgroßeltern Kalckreuth-Cauer, von denen keine der Tanten an Größe und Freundlichkeit der anderen etwas nachgab. Tante *Helene*, meine Patentante, war die zweite Frau des Grafen Hans York, eines sehr liebenswürdigen, klugen, dichtenden Epileptikers, der in erster Ehe mit ihrer ältesten Schwester verheiratet war, die aber jung im Wochenbett starb. Helene hatte dann keine Kinder. Ich kannte sie nur als Witwe. Auf ihrem Gut in Klein Öls küsste man der Herrin noch den Rocksaum. Sie sammelte die jungen Dorfmädchen um sich und machte mit ihnen ganz ungewöhnliche, entzückende Handarbeiten und Allerlei aus Glasperlen. Ich besaß nach ihrem Tod ihre ganze Mustersammlung der breiten Perlbänder, und es war meine Wonne, darin zu wühlen. Meine Mutter verborgte sie leider auf Nimmerwiedersehen. Tante Helene sang mit einer für ihren mächtigen Körper seltsam hohen, zarten Stimme: »Marienwürmchen, setze dich ...« und stickte dabei Borten im Takt. Wir sollten dabei auch sticken und mitsingen. Aber Sabine gelang das sehr viel besser als mir und machte ihr auch mehr Spaß.

Ich führte die gute, alte Tante lieber im Wald spazieren. Sie verbrachte die Ferien oft bei uns in Friedrichsbrunn, wohnte aber nicht im Haus, sondern mietete sich der Stille wegen beim Kaufmann Schilling ein. Sie war immer gut gelaunt und keine Spielverderberin. Beinahe hätten wir sie vom Hexentanzplatz herabgestürzt. Wir machten uns gerne den Spaß, Gäste, die den Blick in die Tiefe noch nicht kannten, auf dem ziemlich ebenen Pfad von uns bis in die Nähe der Schlucht wandern zu lassen, ihnen dann kurz vorher die Augen zu verbinden und sie erst vor dem kleinen Eisengitter, das vor dem Absturz bewahren sollte, wieder aufzubinden. Die müde gelaufene Tante, der das Gitter nur bis ans Knie reichte, bekam Übergewicht, und wir hatten Mühe, sie oben zu behalten. Sie scheute sich auch nicht, mit großer Mühe mit mir den ›dunklen Weg‹ (meinen Lieblingsweg) zu gehen. Das war ein schmaler, steiler Jägerpfad, um den sich Mordgerüchte rankten – der für sie aber wirklich eine Gefahr für Herz und Beine war. Ihre gütige Fülle ist mir noch ganz gegenwärtig, wenn sie nach dem Frühstück mit leichter Hand die auf ihrem Busen liegen gebliebenen Krümchen ziemlich waagerecht abstreifte. Später wurde ihre Hand recht zittrig, und zu unserem herzlosen Vergnügen zerschlug sie sogar einmal ein Glas von innen mit dem silbernen Löffel, mit dem sie sich ein Zuckerei rührte. ›So macht Tante Helene‹ zu spielen war streng verboten – aber es machte doch Spaß, besonders beim Zähneputzen. Als sie starb, war ich wirklich traurig. Ich mochte als Kind alte Leute sehr gern.

Die jüngste Schwester meiner Großmutter war auch Malerin; von ihr hingen viele Bilder in unserer Wohnung. Sie starb mit 35 Jahren an Krebs. Ich kenne aber nur noch die Schwester, die alle überlebte, und die mit Rudolf Steiner befreundet war. Diese Tante *Pauline* war ebenfalls sehr groß, aber dünn. Sie war Hofdame bei des Kaisers Mutter gewesen. Wenn sie zu Besuch kam, grinste mein Vater, denn sie glaubte ganz verrücktes Zeug. Man musste für sie etwas anderes kochen und durfte es doch (obwohl sie uns sehr komisch vorkam) nicht an Ehrerbietung fehlen lassen. Man sah ihr weiter nichts an, aber ich fand es doch sehr traurig, dass Papa sie nicht im Kopf gesund machen konnte. Im Kuchen durfte ein ›Notei‹ sein – sonst aß sie nichts, was vom Tier kam, und an Gemüse eigentlich nur Spinat und grünes Zeug, wegen der ›Sonne‹ darin. Junge Schoten waren auch Sünde, wegen der Hülse. Aber sonst redete sie von sehr hoch oben freundlich mit mir. Zu meinem Vater sagte sie nachsichtig: »Karl, du willst es eben nicht verstehen.«

Jedenfalls waren wir uns einer Gaudi gewiss, als sie kam, um die Urne von Rudolf Steiners Seelenfreundin ›Stinde‹ nach Ostpreußen in sein Grab zu bringen, denn sie wollte bei uns Station machen. Sie kam auch an (von Klaus, ihrem Patensohn, im Taxi abgeholt), tief schwarz und feierlich. Plötzlich bei der Kaffeetafel ein Aufschrei: »Klaus, wir haben die Urne nicht!« Das Gepäck wurde durchgesehen, die Diele abgesucht – keine Urne. Ich hatte noch nie eine gesehen und hatte gleich gedacht, dass sie die nicht dabei hatte, denn ich stellte mir einen großen Krug mit Henkeln vor, in Marmor, so wie sie auf Grabsteinen standen. Aber sie konnte die tote Tante ja im Koffer haben. Nun blieb nichts übrig, als dass Klaus eilends auf das Fundbüro fuhr und die im Netz des Abteils liegen gebliebene teure Asche sich aushändigen ließ. So bekamen wir unsere Gaudi in hohem Maße.

Mit sechzehn besuchte ich die uralte Großtante noch einmal in München. Sie lebte recht kümmerlich in einer mit Ölbildern bedeckten kleinen Wohnung, in die sie vor Kurzem gezogen war. Und nun befand sie mich für reif, um mit mir über ihren Glauben zu sprechen. So lernte ich Anthroposophie aus einem Mund kennen, der selbst vom Meister gelehrt war. Ich merkte, dass sie sich sehr glücklich fühlte und beschränkte mich auf Fragen, was sie noch glücklicher machte. Dann kamen wir auf Farben zu sprechen. »Denk nur, wie ich hier einzog, war ich erst schwer krank. Das lag aber an dem Anstreicher. Er hat die alten Tapeten nur übergestrichen und nicht abgerissen. Dieses Altrosa (es schaute ein wenig unter den vielen Goldrahmen hervor) ist für Nerven und Stoffwechsel einfach notwendig, sogar ein Heilmittel. Ich kann mich so wunderbar mit dir unterhalten, weil dein Kleid genau diese Farbe hat. Und dieser Ignorant hat die grüne Tapete einfach darunter gelassen! Da musste ich ja erkranken. Erst als man alles abgerissen und wieder neu tapeziert hatte, bin ich genesen.« Ich verabschiedete mich dann bald, ehe sie etwa meinen grünen, trikotseidenen Unterrock hätte hervorgucken gesehen. Es beunruhigte mich, dass ich ihr hätte schaden können. Dass sie aber wenig später einem Verkehrsunfall erlag, konnte nicht meine Schuld sein.

Der einzige Bruder der fünf Kalckreuth-Schwestern, *Leopold*, genannt ›Leo‹, den ich noch in seiner übermächtigen Größe und ›Liebengottartigkeit mit Wallebart‹ kennen und lieben lernte, wurde wieder Maler. Onkel Leo hatte einen ›Herrensitz‹ in Ettelsen bei Hamburg. Dort habe ich ihn einmal besucht, wobei ich allerdings weniger vom Landleben als vielmehr von seinem Atelier mitbekommen habe. Auch in seinen Nachkommen (seine Frau war eine geborene York von Wartenburg) blieb der musische Geist erhalten.

Als ein gräflicher Vetter vom Militär bei einem Besuch hörte, was so ein Bild von Leo wert wäre, sagt er anerkennend: »Wenn ich der Leo wäre – den ganzen Tag würde ich malen, malen, malen!«

Bei der angeheirateten gräflichen Verwandtschaft, den Goltzes, gab es keine Künstler, sondern bestenfalls Geistliche. Das machte in unseren Augen nicht so viel wieder gut. Dass Onkel *Rudi*, der Mann der älteren Schwester meiner Mutter, Finnland vor der Besetzung durch Russland bewahrt hatte und deshalb der ›Baltikum-Goltz‹ hieß, war ja ganz schön und gut – aber ich fand seine Art aufzutreten doch komisch, obwohl ich seine Witze nie verstand. Den sehr viel älteren Vetter *Rüdiger*, der herrlich unanständige Geschichten erzählte und wirklich gute Witze machte, mochte ich gern. Er kam mit einem Holzbein aus dem Krieg zurück, was mich natürlich noch mehr für ihn einnahm. Den jüngeren Vetter habe ich, obwohl er romantische Anwandlungen hatte und die Laute schlug, immer für sehr eingebildet gehalten.

Meine Tante *Hanna* war eine wirklich bildschöne Blondine, aber meiner Mutter so wesensunähnlich wie möglich. Sie war für mich eine Gräfin wie aus dem Bilderbuch: liebenswürdig, herablassend, sicher. Am Äußerlichen war sie deutlich mehr interessiert als meine Mutter. Bestimmt machten auch die verschiedenen Lebensformen viel aus. Tante Hanna hatte ein ruhigeres Leben – besonders vor dem Ersten Weltkrieg, wo ein Offizier im Generalstab nicht so viel zu tun hatte wie ein Arzt. Als Goltzens jung verheiratet waren, fragte eine mittags zu Besuch kommende Tante die junge Frau freundlich: »Nun, was habt ihr gemacht heute Vormittag? Geschwätzt oder aus dem Fenster gesehen?!« Ganz so war es wohl doch nicht, sonst hätte Tante Hanna die Geschichte nicht so amüsiert erzählt. Dass Tante Hanna ihre Schüchternheit unter einer Maske verbarg, habe ich erst viel später bemerkt und sie dann kennen und lieben gelernt. Sie hatte es wohl in ihrem Umkreis nicht immer leicht. Nah kamen mir diese Berliner Verwandten nie. Ich freute mich aber etwas hämisch, dass der Stammbaum, der dort hing, lange nicht so früh anfing wie unser Bonhoeffer'scher.

Die anderen Geschwister meiner Mutter lebten in Schlesien und führten durchweg ihren Mädchennamen – das heißt, es waren die Hases. Die älteste Schwester war Tante *Elisabeth*. Sie war hauptberuflich Tante und sehr geliebt. Sie hatte als unverheiratete Tochter meinem Großvater den Haushalt geführt und lebte nun in einer museumsartigen Wohnung in Breslau. Die Wände waren mit Bildern bedeckt. Als die Inflation die Vermögen beseitigt hatte, lebte sie von einer kleinen Rente und vom Zimmervermieten – sehr bescheiden, aber in ihren geistigen Bedürfnissen völlig dem alten Stil entsprechend. Wenn sie mit ihrem mächtigen Sopran »O holde Kunst, in wie viel trüben Stunden ...« sang, so war das eine Art Glaubensbekenntnis. Lieber hungerte sie (und das fiel ihr schwerer als jedem anderen), als dass sie auf die Bachwoche in Leipzig oder andere lang gewohnte Kunstgenüsse verzichtete. Sie diente den Musen rein passiv und hätte mit mehr Geld einen sehr kunstverständigen Mäzen abgegeben. Sie blieb immer heiter, beschwingt – ja, ich möchte sagen glücklich, anderen Menschen und allem Schönen gegenüber aufgeschlossen.

Wo sie gebraucht wurde, erschien sie postwendend, am liebsten bei Hochzeiten und Festen, aber auch bei Umzügen (was ihr den Spitznamen ›Tante Knauer‹ eintrug) oder als Ferienbetreuung für die Wohnung oder als Reisebegleitung. Fürs Grobe und zur Krankenpflege war sie nicht so sehr geschaffen. Ihren Necknamen ›Tante Kinderspott‹ bekam sie bei uns, weil sie so herrlich unpädagogisch war. Sie hatte wohl einmal in vergnügter Laune gesagt: »Ich bin ja hier der reine Kinderspott.« Das haftete.

Man konnte mit ihr Pferde stehlen. Jeden Unfug machte sie (mit einer zur Steigerung reizenden leichten Ängstlichkeit) mit. Sie erzählte uns Dinge und Geschichten aus der Familie, die nach Ansicht meiner Mutter nichts für uns waren. Jeder *faux pas* amüsierte sie königlich, und sie bemerkte auch alles. Ihre kleinen Bemerkungen veranlassten meine Mutter oft zu warnenden Blicken. Aber Tante Elisabeth gehörte zu uns und nicht zu den Erziehungsberechtigten.

Hugo Wolf, Brahms und Schumann-Lieder lernte ich durch sie kennen, während meine Mutter mehr Schubert und Beethoven sang. Sie gehörte ganz ins Geschlecht der Kalckreuth'schen Riesen, trug eine dicke, hellblonde Haarkrone, war von Angesicht nicht schön, aber sehr ausdrucksvoll und dadurch charmant. Ihre große Einsamkeit wurde mir deutlich (und ich gewann sie seit diesem Tag noch lieber), als sie mir an meinem Konfirmationstag gratulierte und mir leise mit nassen Augen sagte: »Für mich war es der schönste Tag meines Lebens.« Das war doch schon so lange her.

Ob es die Notzeit oder eine unglückliche Veranlagung war – sie konnte nichts Gutes zu essen stehen lassen. Schon im Ersten Weltkrieg lernten wir, unsere bunten Teller vor ihr zu schützen. Meinen Eltern war ihr Zugriff bei Tisch peinlich, sonst wäre sie wohl für noch längere Zeit eingeladen worden. Wir fühlten uns nicht für sie verantwortlich und fanden das einfach komisch. Auch Alkohol in kleinen Portionen freute sie und machte sie glücklich. Sie wusste genau, was gut war, und versuchte, davon so viel wie möglich zu erobern. Nur dass sie sich selbst dafür genierte, machte es uns Kindern unangenehm. Es gab wirklich nichts, was man der Guten nicht lachend gönnte.

Der jüngste Bruder meiner Mutter hieß *Benedikt*. Er gehörte mir speziell, denn er war mein Patenonkel. Da er seine Mutter schon als Kind verloren hatte, war er viel im Haus meiner Eltern. Meine erste Erinnerung an ihn: Ich sitze auf seinen Schultern und halte mich an seinen dicken Locken fest, während er mit mir durch die Räume unserer Tiergarten-Wohnung galoppierte. Ich saß sehr hoch oben, und es war herrlich beängstigend.

Er war Maler, und ich besaß ein Stück Leinwand, das er mir zur Taufe geschenkt hatte und das meine Mutter aufhob. Er wollte mir, wenn er berühmt war, ein Bild darauf malen. Es wurde nichts daraus, aber ich bekam andere Bilder von ihm. Er war damals Anfang zwanzig und ein herrlich singender Onkel, der auf der Gitarre die lustigsten Lieder wusste. Und dann war er im Krieg – und gleich nach ein paar Tagen in französischer Gefangenschaft. Er wollte nicht dienen und war ungern Soldat geworden – aber Gefangener mochte er auch nicht sein.

Er war in Niesky von der Brüdergemeine erzogen worden und hatte sich nach dem Militärdienst endlich der Freiheit in die Arme stürzen wollen. Beim Kommiss hatte er sich kaum abgewöhnen können, »sehr gerne« statt »zu Befehl« zu sagen; nun half ihm seine unmilitärische Liebenswürdigkeit bei den Franzosen. Als er 1919 wiederkam (ein bärtiger Mann, in dem ich den ›Onkel Bubi‹, wie wir ihn nannten, kaum noch erkannte), hatte er viel zu erzählen. In den Lagern hatte er immer Theatergruppen zusammenstellen dürfen und hatte, da er der einzig französisch Sprechende in dem Mannschaftsgefängnis war – er hat es nicht weit in seiner Dienstzeit gebracht –, immer Vertrauensposten gehabt. Am schönsten war es, wenn er das gebrochene Deutsch der Franzosen nachmachte. So ist mir eine Begrüßungsrede bei der Aufnahme in ein neues Lager noch geläufig: »Wenn Sie werden versuchen zu gehen weg, Sie werden bestraft sein mit Haft; wenn Sie werden versuchen noch mal, Sie werden bestraft sein mit Begräbnis.« Eine Fülle französischer Lieder brachte er mit. Bald ging er dann zum Studium nach München – in die ersehnte Freiheit. Wilde Gerüchte, er hätte sich mit einer ›Kommunistin‹ verlobt, erreichten mein Ohr. Sein Lebenswandel veranlasste meine Eltern zu Gesprächen, die sie unterbrachen, wenn wir dazukamen.

Nach dem Studium ging er nach Breslau zu seiner Schwester Elisabeth, die ihn vergötterte und verwöhnte. Als Besuchsonkel war er bei uns immer gerne gesehen. Nur durfte er in Gegenwart der Eltern nicht alle Lieder singen, die er kannte. Wenn die Eltern sich abends zurückgezogen hatten, tat er das dann für die großen Geschwister. Ich kam im Nachthemd vorsichtig wieder runter. Der Nimbus des Unbürgerlichen bezauberte mich. Berühmt war er aber noch nicht. Onkel Leo Kalckreuth sagte, er wäre begabt, aber faul. Aber das machte nichts – dafür war ja mein Vater fleißig, der ihm aushalf. Zwei, drei Tage mit der Laute durch den Spreewald zu ziehen, oder beim zwölfstündigen Katerbummel nach Ursels Hochzeit in den Potsdamer Wäldern pausenlos zur Gitarre zu singen, ohne ein Lied zu wiederholen, das war für Onkel Bubi ein Leichtes.

»Weißt du, dass Onkel Bubi heute heiratet?«, meinte Dietrich zu mir auf einem Spaziergang. Ich staunte. »Und ein Kind hat er auch schon«, fuhr er fort. Darum hatte er also vor einem halben Jahr bei seinem Besuch zu Ursels Hochzeit so schöne Liebeslieder gesungen. Ich war dreizehn und fand es herrlich, dass es so etwas in der Familie gab. Aber nun war Schluss mit Besuchsonkel – und erst nach Jahren brachen die großen Brüder bewusst und erfolgreich den Bann, den die Eltern aus Sorge um uns über ihn verhängt hatten.

Meine Mutter hatte auch einen seriösen Bruder. Er hatte die Tradition der Hase'schen Ahnen aufrechterhalten und war Pfarrer geworden. Sein sonorer Bass prädestinierte ihn dafür, und unbürgerliche Neigungen hatte er nicht. Sehr schlank, sehr blond, sehr groß mit einem standesgemäß ausgerichteten Temperament stand er sicher, ohne viel zu fragen, in einer jahrhundertealten Tradition. Die Last des Amtes schien seine Schultern leicht nach vorne zu beugen. Dabei hielt sich aber die ganze Länge des ehrlichen Mannes aufrecht. So verwaltete er seine Superintendentur von einem kleinen schlesischen Dorf aus, wo ihm seine sehr lebendige, herzenswarme, schwarzhaarige, hübsche Frau ein Kind nach dem anderen gebar.

Für alle Sonderfälle, Wochenbetten, Herzkuren, Sommerreisen, Krankheiten und so weiter, die das schmale Budget des kinderreichen Pfarrers durcheinandergebracht hätten, trat nicht wie heutzutage die Behörde, sondern ganz selbstverständlich mein Vater ein. Die ersten Anzüge, Musikstunden und so weiter – alles wurde erfolgreich dem guten Onkel ans Herz gelegt. Da sich die Schwäger gerne hatten, war es auch für beide Teile erträglich.

Wenn mein Onkel *Hans* aus seinem Dorf zu uns nach Berlin kam, dröhnte das ganze Haus von seiner Stimme. Bei der Begrüßung verschwand mein Unterarm in seiner großen Hand. Er wollte von Berlin vor allem seine Sitzung; aber er liebte das Gespräch im Familienkreis und war für meine Eltern betroffen, wenn die großen Neffen das Weite suchten. Berlin ängstigte ihn nicht, es war ihm keine Versuchung, er verachtete es nicht – er belächelte es nur. Es waren fade Freuden gegenüber dem, was das Leben auf dem Land am Fuß des Riesengebirges bot. Wir fanden das gegenüber unseren berlinsüchtigen Freunden auch; aber bei ihm ärgerte es uns, weil es wie patentierte Tugend und Ahnungslosigkeit vom Zauber des Fragwürdigen war. Darum belächelten wir ihn ebenfalls in seinem ländlichen Geschmack.

Zu Hause bei sich war er ein echter christlicher Hausvater und Patriarch, und das stand ihm eigentlich recht gut. Er ließ sich nicht nur Zeit für seine Kinder, sondern auch für mich. Auf manchen Spaziergängen, die er später mit mir machte, als er schon in Frankfurt an der Oder lebte, hatte er offene Ohren für meine ehrlichen Fragen nach Gott und Christus. Er kam aus der liberalen Schule, und das machte mir seine Antworten glaubwürdig. Mit dem Wort »Man braucht das Meer nicht auszusaufen, um zu wissen, dass es salzig ist«, versuchte er, meinen Drang nach Leben zu beschwichtigen.

Die Fürsorge meiner Mutter für die Familie des Bruders war unermüdlich. Alles, woraus wir herausgewachsen waren, ging nach Waldau – nicht nur Kleidung, sondern auch Bilderbücher, Schaukelpferd und Puppenstube. Bei der Kleidung war mir das sehr lieb, wenn ich auch von manchem Stück ungern Abschied nahm. Bei den Spielsachen wurde ich meistens überschätzt. Ich war zwar frühreif und las bald mehr, als ich spielte. Ich hätte mich auch geschämt zu sagen, dass ich mich noch mit Dingen beschäftigen wollte, von denen man annahm, ich sei zu groß dazu. Manches Entzogene hinterließ aber doch eine Lücke, war Schmerz und Sehnsucht wie nach verlorenem Paradies. Vielleicht war es auch gut zu lernen, etwas aus der Hand zu geben. Wenn die Eltern ihre Frühjahrsreise in die Osterzeit legten, durften die Zwillinge und ich nach Waldau fahren. Sogar ganz allein bis nach Liegnitz. Dort wurden wir dann mit dem Pferdewagen abgeholt. Fünf Mädchen mit einem ältesten und einem jüngsten Bruder erwarteten uns Berliner begeistert. Wir wurden umworben und umstritten, jeder wollte neben uns schlafen, neben uns sitzen, neben uns gehen. Das war uns sonst nicht sehr beachteten drei Jüngsten sehr angenehm. Auch Onkel und Tante umgaben uns mit Liebe.

Der älteste Vetter – bildschön, schwarzhaarig und blauäugig, zart und hochgewachsen – wurde von uns allen bevorzugt. Er war zwei Jahre älter als ich und der einzige der Geschwister Hase, der nicht sportlich war. Als er in die Schule kommen sollte und gefragt wurde, ob er sich darauf freue, meinte er: »Vielleicht nimmt mich der liebe Gott noch vorher zu sich!« Als er vor seiner Einschulung für einige Tage bei uns zu Besuch war, wurde ihm das etwas mühsam, denn die Pädagogik meiner Mutter war kräftiger, als er gewohnt war. Dass er grüne Böhnchen nicht essen konnte, galt bei uns nicht; so meinte er: »Ihr werdet mich hier nicht lange haben, bei euch geht es mir zu streng zu!«

In Waldau ernährte man sich mit Weißkäse, Kartoffeln und Leinöl. Fleisch gab es nur für den Onkel. Morgens aß man Milchsuppe und zum Abendessen Sauermilch mit Kartoffeln oder Grütze. Aber Ostern wurde auch ein Braten und Weißkäsespeise und Käsetorte zubereitet. Ostereier bestanden nur aus Huhn und nie aus Schokolade. Solche brachten wir aus Berlin mit. Harte, bunte Eier hatten sie aber viele. Wenn die Osterferien nicht zu früh lagen, gab es auch Salat und Rhabarber aus dem Garten.

Jedenfalls wuchs Sauerampfer an den Feldrainen. Die Bäche zwischen den beiden Weidenstämmen, die wie aus Märchenbilderbüchern ausgeschnitten waren, flossen schnell und eiskalt dahin. Schneeglöckchen und frühe kleine Sumpfdotterblumen, Huflattichblüten und Veilchen standen an den Rändern und ließen sich zu kleinen Sträußen für bemalte Eierschalenvasen binden. Wir und die ›Häschen‹ hockten zwischen den schwarzen Erdfurchen mit der sprießenden Saat und pflückten Sauerampfer für die Gründonnerstag-Suppe. Wenn es zum großen Teil auch Gräschen waren, wovon die Familie Hase sich ernähren musste, so gediehen sie doch alle prächtig dabei.

Am Sonnabend vor Palmsonntag zog man aus, um Palmkätzchenzweige zu schneiden. Dabei brachten wir auch blühende Schlehenzweige heim. Die wurden dann zwischen Ess- und Amtszimmer zu einer großen Pforte aufgebaut, bei der die morgendliche und abendliche Hausandacht gehalten wurde. Ich war fromm, und es gefiel mir im Pfarrhaus. Wenn die Kleinen während der Andacht dazwischenredeten oder sich ungebührlich verhielten, fand ich es fast noch schöner. Jedenfalls bewunderte ich meinen Onkel, den kein Zwischenfall in seinem Stimmaufwand erschüttern konnte. Singen konnten alle, mehrstimmig und kräftig. Ich machte dann auch in der ersten Stimme mit. In die Kirche brauchte keines der Kinder mitzukommen. Aber ich ging manchmal doch gerne, wenn ich auch von den Predigten wenig verstand.

Die Cousinen übten jeden Morgen Klimmzug und waren mir darin weit überlegen. Sie lebten im Wettkampf: Sie liefen, sprangen, warfen und stemmten ständig um die Wette. Das ging auch noch so, als ich schon verlobt war und das einfach komisch und gar nicht mehr beneidenswert fand. *Clärchen*, die mir im Alter am nächsten stand, aber viel größer und darum eine kleine Anfechtung, war, wenn es nichts zu turnen gab, immer möglichst für sich und nahm wenig am Familienleben teil, sondern las. *Dörte*, schön und braun bezopft, half im Haushalt und bei den Kleinen in voller Verantwortung – eine Dorothea wie von Hermann. Sie war aufgeschlossen und zog sich gerne hübsch an, während Clärchen die weit ausgeschnittenen Kleider, die sie von Sabine erbte, vermittels eines durch den Halssaum gezogenen Schnürsenkels einengte, um ihnen eine züchtigere Note zu geben. *Renate*, nur ›Kobold‹ genannt (sie benahm sich auch so), war meine besondere Freundin. Mit ihr konnte man Pferde stehlen. Die beiden kleineren Schwestern, die es den Großen im Sport bald nachmachten, kamen als Partner noch nicht recht infrage, mehr als Spielzeug für mich. Der Kleinste, nach meinem gefallenen Bruder *Walter* genannt und 1919 geboren, wurde von der ganzen Familie verzogen; er war fast weißblond, zart und nicht so sportbegeistert wie die Schwestern.

Eines hatten alle gemeinsam: eine starke bildhauerische Begabung. Man traf keinen ohne Holzstück und Schnitzmesser; selbst beim Essen und während des Gebets konnte unter dem Tisch blind weitergearbeitet werden. Sie schnitzten Tiere, denn ihr Hauptspiel war ›Viehweide‹. Dafür hatten sie ein ganzes Zimmer zur Verfügung, und jedes Jahr wuchs der Bestand. Mit Kasperle- und Schachfiguren verdienten sie sich sogar später Geld. Keines der Kinder litt unter der Dürftigkeit oder beneidete uns, solange sie auf dem Land lebten. Unter den Dörflern waren sie Könige, und die Freuden ihres Daseins bezogen sie ohne Zwischenhandel vom lieben Gott. Eher beneideten wir sie.

Als aus den Häschen junge Hasen wurden, wurden aus den Waldauern die Frankfurter. Um der Ausbildung der Kinder willen hatte sich mein Onkel gern, bald und erfolgreich um die Superintendentur dort[29] bemüht. Damit war uns ein Kinderferienparadies verschlossen. In Frankfurt machte man nicht Ferien, fuhr aber umso öfter mit der Sonntagsrückfahrkarte für 4,80 Mark rüber. Oder die Hasen kamen zu uns. So sind wir in dieser Zeit viel öfter beisammen gewesen – besonders als die ans Studium kommenden Kinder bei uns wohnten. Die Auslauf gewohnte Geschwisterschar war in der gartenlosen Stadtwohnung in Frankfurt schlecht dran.

Wenn wir zu ihnen kamen, ging es möglichst viel zu Ausflügen ins Freie, mit Rädern und Badezeug. Jedenfalls benutzen das wir Berliner – die Hasen badeten ungeniert im eigenen Fell, wenn sie an stille Seen kamen. Aber am Oderstrand war man nie ganz allein, da es nicht viele Badestellen gab. Die Oder war im Vergleich zur Havel ein Bach, aber dieser Bach hatte einige Gewalt. Wenn man

---

29 In Frankfurt an der Oder.

ans andere Ufer und wieder hinüberschwamm, konnte man gut eine Viertelstunde zurücklaufen, um zu seinen Sachen zu kommen, so nahm einen die Strömung mit. Aber es schwamm sich herrlich in solch fließendem Strom. Mit Leib und Seele wühlte ich mich in die Symbolik des Lebens ein. Fließendes Wasser erzeugt Lyrik. Zwischen *Hans-Christoph*, dem ältesten Vetter, und mir war eine leichte Beschwingung, die ja auch befruchtend auf die Lyrik wirkt.

Ich habe an der Oder viele Gedichte gemacht. Nicht nur im Sommer – auch an eiskalten nebeligen Novembertagen, die ich mit achtzehn Jahren dort zubrachte, frisch verlobt. Dann erst wird die Oder zum Strom, wenn die Krähen krächzend vom Ufer aufschwirren und stadteinwärts fliegen, wenn niemand mehr an ihren Wegen rastet, wenn das flache Land im Nebel unendlich wird und der Wind alles Sehnen nach Liebe und Zärtlichkeit wegblasen will und dadurch nur stärker entfacht.

Tante *Adda*, die in Frankfurt nur noch Kindermutter und gar nicht mehr Pfarrfrau war, nahm mich unter ihre Fittiche und wanderte mit mir bei Wind und Wetter an der Oder entlang, so wie sie früher mit Rucksack und Kinderschar mit uns in die Vorberge gewandert ist. Sie war eine kluge Frau und wusste viel von der Ehe zu sagen. Sie war geplagt von einer krankhaften Angst um ihre Kinder; sie fürchtete Bakterien und Nadelspitzen und machte sich und den Ihren das Leben damit schwer. Als ich zu ihr sagte, dass ich darauf warte, dass mir mein Mann später den zweiten Teil des Faust erklären würde, den ich jetzt nicht recht verstände, lachte sie hell auf. »So hab' ich mir die Ehe auch gedacht! Nicht mal zum Lesen wirst du mehr kommen. Und deinen Mann siehst du nur bei Tisch, in der Kirche oder im Dunkeln!« Ich hatte sowieso Angst vor der Ehe, aber ich sagte ihr nichts davon. Die Oder strömt, der Wind bläst und die Krähen sind laut; das Land ist sehr neblig. Ich will mir keine Illusionen von der Ehe machen.

In einer großen Familie sind nur die Geschwister Zwangsverwandte. Vettern kann man auslassen, wenn sie einem nicht liegen. Und wenn man ihnen nahesteht, so sind es schon Wahl- oder Auswahlverwandte. Man braucht sich für Vettern nicht verantwortlich zu fühlen. Natürlich gilt das ebenso für Cousinen, Tanten, Onkel und Ähnliches. Solche Auswahlverwandten hatten wir eine ganze Menge, und wir hatten uns in unserer Generation angewöhnt, bei der Nachfrage nach dem Verwandtschaftsgrad zu sagen: »Die Urgroßmütter waren Schwestern.« Das stimmte fast immer, besonders wenn die Namen auf weite Sicht auseinanderfielen. Unsere wahlverwandteste Tante war überhaupt nicht richtig mit uns verwandt, weil sie ein angenommenes Kind war. Das kinderlose Ehepaar *Volkmann*, entfernte Verwandte, hätte sich dieses Kind aus einem italienischen Waisenhaus geholt (so wurde uns erzählt), aber das stimmte nicht, wie ich später in ihren Papieren feststellte. Sie war ein ›Kind der Liebe‹ aus bürgerlichen Kreisen; ihr Adoptivvater Volkmann war ein sehr begüterter Arzt und der Bruder des Märchenschreibers ›Träumereien an französischen Kaminen‹.[30]

Es ist mir immer ein Trost zu denken, dass die von uns Jugendlichen so verehrte Tante *Toni* kaum jünger war als ich jetzt. Denn sie kam uns mit ihren Gitarrenliedern und ihren Carmen-Arien gar nicht so alt vor. Sie war voller Humor und Temperament. Sie begleitete uns auf Radtouren, wenn wir Mädels nicht allein radeln sollten. Sie fuhr mit in den Harz – auf Bitte der Eltern als gefügige Anstandsdame. Sie hütete das Haus, wenn die Eltern verreist waren. Ich sehe noch, wie sie barfuß auf der oberen Diele hin- und herschritt, durch nächtliche Geräusche erschreckt, und mit tiefer Stimme Männernamen aussprach, um imaginäre Einbrecher aus dem unteren Stockwerk zu vertreiben.

Sie hatte ein großes Vermögen geerbt, hatte Neffen und Nichten davon studieren lassen, war selbst ausgebildete Gesangs- und Klavierlehrerin und unterrichtete auch mich bei meinen Versuchen, mich dieser Künste zu bemächtigen – erfolglos. Sie lebte mit einer Freundin, einem Fräulein Böse, die auch so aussah (aber nicht so war), im Dachgeschoss in der Güntzelstraße und hatte einen Dachgarten, der mich begeisterte. Fräulein Böse war eine sehr soziale Frau, wohl auch Fürsorgerin gewesen, und wusste genau über verdientes und unverdientes Elend der Menschen Bescheid. Das ging meinem Vater manchmal auf die Nerven, und wir sahen Tante Toni lieber ohne sie bei uns. Aber die Freundin war natürlich nicht immer zu vermeiden und wurde Tante Toni zuliebe geduldet. Sie waren ein komisches Gespann: die eine leichtlebig und heiter – die andere bewusst gütig, pädagogisch und streng. Aber beide nicht ohne Humor und gescheit. Nach der Inflation lebten sie dürftig vom Zimmer-

---

30 Volkmann-Leander, Richard von: Träumereien an französischen Kaminen, Stuttgart 1871.

vermieten, Musikunterricht und Häuserverwalten. ›Toni und Böse‹ waren jedenfalls ein Begriff, der zu allen Familienfesten gehörte. Wenn im Sommer das Harzer Ferienhaus leer stand, lebten sie dort.

Für mich waren solche Verwandte, deren es sehr viele gab, entweder nett oder komisch oder langweilig. Langweilig war mir eine Cousine meiner Mutter, die aber oft eingeladen wurde. Sie hatte einen großen Vorteil: Sie ging! Näherte sich bei einer Abendgesellschaft der Uhrzeiger der zehn, so erhob sie sich mit den Worten: »Karl, du hast es morgen wieder anstrengend.« Stagnierende Gäste ermunterte sie, mit zur Bahn zu gehen, und sie ruhte in diesem Treiben nicht, bis wenigstens alles abmarschbereit in der Diele stand. Dies dankten ihr meine Eltern, und zu Sesshaften wurde sie immer mit eingeladen. Im Übrigen lehrte sie an der Universität Staatsrecht, was für eine Frau damals noch recht selten war. Die Kämpfe, die sie beruflich mit frauenfeindlichen Professoren und antisemitischen Ministerialräten (ihr Vater war Jude) zu bestehen hatte, füllten ihr ganzes Denken und unser Abendgespräch. Das war sehr langweilig für mich, wenn sie auch so hastig sprach, dass ihr in der Eile ganze Satzteile abhanden kamen und sich erst unvermittelt am Ende des einen – oder war es schon der Anfang des neuen? – Satzes wieder einfanden. Das machte mir das Gespräch auch nicht verständlicher. Sie bebte ständig vor Entrüstung, die ihren ganzen Körper so in Anspruch nahm, dass sie nie still auf einem Stuhl sitzen konnte. Zweimal brach einer unter ihr beim Kippeln zusammen, obwohl sie klein und zierlich war. Bei ihrem Antrittsbesuch bei einem Professor war sie sogar in der Aufregung mit dem Stuhl hintenüber geschlagen, was sie mit Verbissenheit selbst erzählte.

Wehe dem, der versuchte, das Thema auf irgendein anderes Gebiet als Fakultätspolitik zu bringen! Sie grollte kurz und erbittert, ihre Brauen verdickten sich, und sie fuhr skrupellos dazwischen. Waren mehrere Gäste da, wurde jedenfalls mein Vater von ihr langfristig in Beschlag genommen und konnte sich unter dieser ›Suada‹ in Ruhe seiner Zigarre erfreuen. Meine Mutter empfand bei dieser jüngeren, gescheiten, recht hässlichen, tapferen Cousine nicht nur Mitleid, sondern wirklich Zuneigung, wie sich das oft verbindet. Ich aber kann mich nicht entsinnen, dass diese Tante mich in meiner Mädchenzeit auch nur eines Wortes gewürdigt hätte. Vielleicht nahm sie Kinder überhaupt nicht wahr, vielleicht hatte sie Angst vor ihnen, vielleicht beneidete sie, vielleicht verachtete sie Kinder. Und vielleicht ging es mir mit ihr genauso, soweit sie mich nicht langweilte.

Zu den Komischen gehörte eine alte, angeheiratete Tante, die immer um die neunzig war. Sie trug eine Perücke mit süßen, krausen Löckchen, puderte ihre zerknitterte Haut weiß und rot und malte sich sogar die Lippen an. »Das ist noch von früher«, entschuldigte meine Mutter. Sie redete mit einer ganz dünnen, hastigen Stimme sehr liebe Sachen und wollte ein Küsschen. Ich spüre noch den Duft ihrer trockenen, ziselierten Pergamenthaut. Für mich war sie komisch, weil sie so aussah; ihre Geschichten waren es wohl auch, aber da wurde ich immer weggeschickt.

Komisch fand ich auch Onkel *Anschütz*. Wie klug er war, merkte ich als Kind natürlich noch nicht. Mit meiner Mutter war er verwandt, mit meinem Vater befreundet. Er lehrte als Professor für Staatsrecht und hatte ein Haus mit einem riesigen Garten im Grunewald. Er hatte uns dazu bewogen, 1916 dort hinzuziehen, als das Haus in der Wangenheimstraße frei wurde. Im größeren Teil seines Gartens war für Kinder und Kaninchen freie Laufbahn. Dieser Teil hieß ›die Wildnis‹ und war mein erstes echtes Gartenerlebnis. Onkel Az fand ich komisch – nicht nur weil er merkwürdige Geschichten erzählte und Witze machte, sondern auch, weil er so klein war und ungewöhnlich hässlich mit großen, blauen Froschaugen. Um seine viel zu kurzen Beinchen ringelten sich seine Hosen, da er sich vor dem Schneider genierte, sie so kurz zu brauchen. Wenn er sich bei Festen zu einer Tischrede erhob, verblüffte er die Gäste dadurch, dass er nun niedriger war als im Sitzen. Das vergaß man aber während seiner Rede. Um seine Vorlesungen zu halten, stände er hinter dem Pult auf einem Hocker – so wurde behauptet. Er war immer voller Einfälle. Ein bei uns als Nachtisch angereichter Schokoladenpudding lockte ihn in seiner spiegelnden Glätte, zu unserer Begeisterung und zum Entsetzen der Bedienenden, mit allen fünf Fingern darauf und hinein zu klatschen. Er war nicht nur komisch, sondern nett und bei uns beliebt.

So waren oft auch die netten Wahlverwandten ein bisschen komisch. Mit ihnen die Familie *Künstermann*. »Bei mir war Mutti noch stark im Erziehen, bei *Esther* fing schon bald der Krieg an und Vati war weg, da war es schon weniger – und bei *Inge* ist es gar nichts mehr gewesen«, so stellte mir meine gleichaltrige wahlverwandte

Cousine *Marlene* ihre Schwestern vor. Meine ersten selbstständigen Fahrten in einen fremden Stadtteil habe ich dorthin unternommen. Sie wohnten in Friedenau in der Nähe der roten Kirche in einem Gartenhaus, und ich vergaß jedes Mal die Nummer und musste wie im schlechten Traum durch Eingänge gleicher Häuser über einen mit einem Mittelbaum bestandenen Hof suchend gehen, ehe ich die Wohnung fand.

Tante Lenis Mann war wohl aus dem Krieg wiedergekommen, aber zu einer anderen Frau gezogen. Ich wusste das – und wusste auch, dass das sehr schlecht war; aber mit anderen Kindern durfte ich darüber nicht sprechen. An meinen schulfreien Tagen war ich manchmal den ganzen Tag über dort, spielte am Vormittag mit Inge, die sehr vergnügt, frech und einfallsreich war und mir das Gefühl gab, eine große Schwester zu sein, das ich sonst entbehren musste. Tante Leni kochte das Essen selbst; das war für mich eine ungewohnte Sache, ebenso wie das allgemeine Abwaschen nach Tisch. Sie erschien mir überhaupt irgendwie als Puppenstuben-Mutter, nicht ganz richtig lebendig, sondern mehr wie aufgezogen. Sie war so emsig! Mit kleinen Schritten und leiser Stimme, arglos und immer etwas verstört. Die Mädels machten mit ihr, was sie wollten, besonders die beiden Jüngeren. Marlene ›stand zur Seite‹ der Mutti, wie diese immer wiederholte. Alle vier waren rotblond, hellhäutig und sommersprossig. Spielen konnten sie mit Hingabe, unterhalten ging weniger gut. »Ihr seid ja alle sooo klug!«, rief Tante Leni immer wieder, wenn sie bei uns waren und das Gespräch brandete. Meiner Schwester Sabine schenkte sie zur Konfirmation einen Bilderrahmen ›für den Liebsten‹, mir ein Büchlein über Goethes Freundinnen, das ich sehr schön fand, was aber beides für unpassend gehalten wurde. Sie verbrachten die Ferien oft in unserem Häuschen im Harz, denn ihre Schwester wohnte in Quedlinburg. Deren Söhne waren älter als ich und kleinstädtische Schwerenöter. Sie kamen oft herauf, und obwohl sie gern und passioniert Fußball spielten, hatten meine Brüder doch Spaß an ihnen. Ihre Mutter war typische Offiziersfrau. »*Klaus*, in meiner Gegenwart keine Unfeinheiten!«, sagte sie, wenn ihr Sohn ansetzte, unpassende Witze zu erzählen. Das wurde dann ein geflügeltes Wort bei uns. Es war auch nett, sie in Quedlinburg zu besuchen. Sie hatten einen Papagei, und *Ottomar*, der Ältere, machte auf mich in seiner blonden Jünglingshaftigkeit Eindruck. Mit Schülermütze! Das gab es bei uns nicht.

Nett waren alle, die mit *Schönes* zusammenhingen. Das alte Ehepaar lebte uns gegenüber in der Wangenheimstraße in einem gepflegten, großen Klinkerhaus mit einem Garten voll Buschwerk und Rasen. Als wir umzogen, kamen wir drei Kleinen zu Tante *Helene Schöne*, die eine Cousine meines Großvaters Hase war. In dem Mansardenzimmer wohnten außer uns einige uralte, sonderbare, liebenswerte Puppen, mit denen sie selbst und dann ihre Töchter noch gespielt hatten. Ich glaubte, ›Puppe Wunderhold‹ kennen zu lernen.

Tante Helene trug einen Goldreif im Haar, den sie auch im Krieg trotz Aufforderung nicht für Eisen gab. Ihre Schuhe offenbarten demutsvolle Seelenruhe, vorne immer irgendwie seltsam klaffend; ihre Kleidung, die den Fußboden erreichte und noch nachschleppte, konnte nur als würdige, wenn auch nicht immer makellose Bedeckung angesprochen werden. Sie lebte ganz ihren Stil und saß bei den philharmonischen Konzerten Furtwänglers in der ersten oder zweiten Reihe mit einer kleinen weiblichen Handarbeit, wie bei den Hauskonzerten in ihrem Elternhaus Härtel. Ihre Tochter, eine sehr begabte Bildhauerin, die bei ihr wohnte, starb Anfang der zwanziger Jahre, nachdem sie noch eine Büste meines gefallenen Bruders Walter angefertigt hatte. Ich war manchmal in ihrem Atelier, und sie war, obwohl Junggesellin, immer sehr liebe- und verständnisvoll. Auch den alten Onkel, der in der schwersten Notzeit starb (er war Generaldirektor der preußischen Museen und wirkte in seinem gepflegten weißen Bart wie die Bildung in Person), liebte ich sehr. Ich durfte auf seinen Wunsch hin noch einmal an sein Sterbebett, um ihm Eigräupchen von meiner Mutter für eine Suppe zu bringen. Am nächsten Tag bekam ich von ihm ein Dankesgedicht, das mein Vater mir vorlas und von dem er sagte, ich könnte sehr stolz darauf sein. Das war ich schon ohnedies. Er wollte es mir aufheben, aber ich habe es nie mehr zu sehen bekommen. Dann lebte Tante Helene allein in dem großen Haus mit vielen Untermietern, besucht von ihren Berliner Enkeln, den Geschwistern Zinn, die uns dann gern zum Spielen rüberholten. Die Älteste, *Elisabeth*, war nur wenig älter als ich. Sie war so gut in der Schule, so hübsch, so liebenswert, so ohne jede Boshaftigkeit, fleißig und bescheiden, dass ich mit ihr nicht recht warm werden konnte. Dafür schloss sie sich mehr Dietrich an. Ich kabbelte mich lieber mit dem etwas zarten jüngeren *Ernst*, dem ich ein paarmal die Brille im Sandkasten zerschlug, mit dem ich aber auch viel zu besprechen hatte, da wir beide Dichter werden wollten.

Viel Gesprächsstoff hatte ich auch mit seinem Vetter *Wolfgang Schöne*, der wenige Monate jünger war als ich und zu Besuch aus Greifswald kam, um sich zu erholen. Er wollte Maler werden. Um ihn zu beschäftigen, gab ihm die Großmutter Zeichenpapier, und er sollte vom Rasen aus das Haus abzeichnen. Stattdessen aber malte er Damenbusen. So hielt ich es für angebracht, ihn aufzuklären, denn er war ja schließlich schon elf Jahre alt, aber deutlich ahnungslos. Höchst erstaunt konfrontierte er daraufhin sofort die Köchin der Großmutter, ob das auch wahr sei. Das war mir allerdings nicht lieb.

Schönes waren nicht nur Wahlverwandtschaft, sie waren gute Nachbarn und getreue Freunde. So gehörten sie nach Luthers Erklärung wirklich zum täglichen Brot.[31] Kein Familienfest, bei dem nicht unsere zugereisten Gäste dort einquartiert wurden. Kein Fest aber auch, zu dem Tante Helene nicht erschien. Und nicht nur zu Festen! Als bald nach dem Tod meines Bruders Walter die Eltern den Bescheid bekamen, dass auch Karl-Friedrich verwundet sei und das Lazarett erfuhren, wo er lag, machten sie sich eilig zu ihm auf den Weg. Es war September 1918! Tante Helene erschien, drang in das Zimmer ein, wo gepackt wurde, und sagte: »Ich wollte doch einmal sehen, wie es ist, wenn ihr abreist!« Dann wickelte sie alle Päckchen und Säckchen aus: »Ich wollte mal sehen, was ihr mitnehmt.« Es bedurfte wirklich aller Herzensgüte meiner Mutter, um nicht rasend zu werden; andererseits lag so viel Komik in dieser ungewöhnlichen Form des Mitleidens, dass wir uns trotz der sehr bedrückenden Situation immer wieder lachend ins Treppenhaus zurückziehen mussten. Vielleicht war es sogar eine kluge Art, die Nervosität meiner Mutter auf Unwesentliches abzulenken, die ihre Fürsorge instinktiv wählte. Sonst pflegte sie anzurufen, ob es uns passte, dass sie ein Stündchen herüberkäme. So hörten wir zu unserem Vergnügen unser Hausmädchen am Telefon folgenden Bescheid geben: »Wenn Exzellenz will, denn kann se.«

Gute Freunde und getreue Nachbarn waren auch *Harnacks*, die andere Exzellenz aus meinen Kindertagen. Sie wohnten allerdings ein paar Schritte weiter. Sie war zwar sehr steif und unnahbar, er aber herzlich und nett auch zu uns Kindern, von denen er Dietrich und Ursel am meisten liebte. Für Ursel hatte er zusammen mit

---

31 Vgl. in Martin Luthers Kleinem Katechismus die Erklärung zur vierten Bitte des Vaterunsers: »Was heißt denn täglich Brot? Alles, was Not tut für Leib und Leben, wie Essen, Trinken, Kleider, Schuh, […] gute Freunde, getreue Nachbarn und desgleichen.«

seinem Sohn *Axel* ein Faible. Für mich sah er immer aus wie ein personifizierter, dem Bilderbuch entsprungener alter Uhu. Er war gewissermaßen von Kreidolf. Ganz uneitel und sehr bescheiden.

Als Ursel schwer krank im Wochenbett lag (es war in der Inflationszeit), rief ein Mädchen durchs Haus: »Da unten ist ein Mann, der will für Frau Schleicher eine Ananas abgeben.« Als meine Mutter mit Trinkgeld kam, um dem Überbringer dieser köstlichen Gabe zu danken – für mich war es die erste, die ich sah – und um den Geber zu ermitteln, stand da seine Exzellenz von Harnack. Es hätte ihm sicher Spaß gemacht, von dem Mädchen ein Trinkgeld zu bekommen. Sein Sohn Axel war für mich einfach ein Unikum. Nicht nur, dass er in der Silvesternacht durch die Gärten der Nachbarschaft ging und Prost Neujahr brüllte, was sonst überhaupt nicht zu ihm passte – sein Aussehen, das schon eher einem Marabu glich, seine langsame Rede, seine mühsame Art, um Ursel zu werben, reizten den Spott von uns Geschwistern. Er machte sonntags oft bei uns einen Besuch, um Ursel zu sehen (natürlich zur offiziellen Besuchszeit); Ursel drückte sich, und meine Mutter musste sich dann lang und mühsam mit ihm unterhalten. Dabei kam es zu folgendem Gespräch: Meine Mutter sagte: »Denken Sie nur, der Kanarienvogel meiner Tochter hat gebrütet, und nun hat die Rabenmutter heute Morgen alle Eier aufgefressen!« Axel: »Ihr Fräulein Tochter?!«

Auch sie gehörte zur Familie und war in einer Art wahlverwandt, wenn auch mehr geschwisterlich – unser Lochstädtchen! Als mir meine Mutter sagte, dass Hörnchen in Schweidnitz bliebe und zu mir nun *Fräulein Lochstädt* käme, weinte ich bitterlich. »Ich kann niemand gern haben und ich will auch niemand gern haben außer Fräulein Horn, und ich brauche auch gar keinen mehr!« Ich weinte nicht nur, ich war verstockt. Es war mir ganz gleich, ob die Neue nett war oder nicht. Auch wenn sie darüber traurig wäre – sie sollte ruhig merken, dass ich sie nicht wollte, dann ginge sie vielleicht wieder. So hatte sie es wirklich nicht leicht mit mir. Ich aber auch nicht, denn sie war wirklich nett, und ich hätte sie gerne gern gemocht; aber das schien mir eine Untreue gegen Hörnchen zu sein.

Sie war die Älteste von sechs Schwestern und von dem Geist des Landschulheims Holzminden durchtränkt, wo ihr Vater Verwalter war. Nachkriegsjugend, bewegt mit Band im Haar und Löns-

Lieder[32] zur Laute! »Horch, wie der Tauber ruft« sang sie in aller Unschuld – während ich mir mit zehn Jahren schon über die Fragwürdigkeit der Nachahmung dessen, was die Tauben tun, Gedanken machte. Sie war zwanzig und mochte uns alle – und Flaischlen-Gedichte,[33] in denen doch so ein ›wiegender Gedankensinn‹ läge. Sie war hübsch, blauäugig, blond, mit der zarten Haut und den roten Backen von Puppen, schlanker Taille und rundlichen Formen. Eigentlich hätte ich für sie schwärmen müssen – aber ich konnte sie ja nicht leiden. Sie war so dünnhäutig, dass ihr bei Erregung ein Blutstrahl aus der Backe schoss. Mein Vater meinte nur, sie könnte gut eine Stigmatisierte abgeben. Vielleicht hatte sie ihre Haut so dünn gescheuert. Sie war die Reinlichkeit in Person. Einmal hörten wir es nachts um zwei Uhr an den Heizungsröhren rumoren und schauten im ganzen Haus nach. Lochstädtchen wurde auf einer Leiter stehend im Küchenflur angetroffen; sie meinte, die Rohre wären so ›pottich‹!

Langsam besserte sich unser Verhältnis, und als sie bei uns 21 wurde, wollte ich sie überraschen. Ich tat es auch. Aufgelöst in Tränen traf meine Mutter sie anschließend an. Sie hatte ihr Zimmer auf Hochglanz poliert und fand meinen Morgengruß roh und gefühllos. Ich hatte ihr »Viel Glück! Viel Glück!« rufend meinen ganzen nach Festen mühsam aufgesammelten Besitz an Konfetti ins Zimmer geworfen. Es war nicht (oder wohl zu stark) angekommen. Als sie dann begriff, dass dieses Geschenk keine Bosheit von mir war, schlossen wir Frieden. Bald war sie auch nur noch Stütze der Hausfrau und nicht mehr meine Beaufsichtigung. Ich hatte einen sehr plötzlichen Ruck ins Erwachsene getan und bedurfte einer solchen nicht mehr. So hatte sie noch ein paar schöne Jahre bei uns, und die freundschaftliche Beziehung blieb.

1.8 Der Erste Weltkrieg

Friedrichsbrunn. Erregte Stimmen unten im Flur. Hörnchen rennt die Treppe rauf. Was ist los? »Wir haben den Krieg erklärt!« Ursel ruft: »Hurra! Jetzt geht's los!« Da knallt auch schon eine Ohrfeige

---

32 S.o. Anm. 13 (S. 25). Die Lieder von Hermann Löns waren u.a. in der Jugendbewegung der ›Wandervögel‹ sehr beliebt.
33 Cäsar Flaischlen (1864–1920), ein damals bekannter Lyriker und schwäbischer Mundart-Dichter.

hinter Ursels lange Zöpfe. Mit Hurra ist es bei Hörnchen nichts, die einen einzigen jungen Bruder hat, der nun raus muss. Bald ist er auch gefallen. Also kein Hurra. Auch nicht für uns; denn wer weiß, wie lange es dauert – und die großen Jungens? Aber überhaupt ist Krieg immer etwas Schreckliches, erklärt uns Hörnchen, und jetzt ist Schluss mit Friedrichsbrunn und morgen geht's zurück nach Berlin zu den Eltern. So wird auch mein Bedürfnis nach Sensation im Keim erstickt. Die anderen Kinder im Dorf jubeln zwar und schwenken Fähnchen, die plötzlich da sind, und sind schon alle ganz große Sieger. Aber Hörnchen meint, die Eltern wollen es bestimmt nicht, dass ich da mitlaufe. Vielleicht muss Krieg sein, und wir werden sicher siegen. Aber es weinen jetzt gewiss auch viele Menschen, und da sollen wir uns nicht freuen. Das ist sehr einleuchtend, und ich bin dankbar, dass mir das schon mit fünf Jahren beigebracht wurde.

Dann stehe ich in einer dicken Mauer von vielen großen Menschen und ängstlichen Kindern auf dem Bahnhof Halberstadt. Der Kölner D-Zug lässt auf sich warten. Jetzt gibt es keine bestellten Abteile mehr. Seit gestern ist Krieg. Schließlich kommt der Zug an, völlig überfüllt. Ich weiß vor Angst nicht mehr, was mit mir geschieht; ich erhebe mich in die Lüfte, Hände strecken sich aus einem offenen Fenster, und dann sitze ich im Gepäcknetz zwischen Koffern und Rucksäcken und wildfremden Menschen. Jetzt wird mir ganz deutlich, dass Krieg nicht Hurra ist und dass die wohlgezielte Ohrfeige zurecht ausgeteilt wurde. Krieg ist Angst und Fremdsein und Schrecken. Wie lange ich da oben geschluchzt habe, weiß ich nicht mehr. Es kümmerte sich auch keiner um mich. »Sie fährt durch bis Berlin«, sagt eine Frau, das ist alles. Jeder hat mit sich zu tun. Schließlich gelingt es meinem Bruder Walter, sich bis an die Tür des Abteils durchzudrängeln. »Bleib nur da oben, bis es leerer wird, vielleicht in Magdeburg, ich bring dir nachher was zu essen. Wir sind alle drin.« Das ist tröstlich, und mehr ist zurzeit nicht zu verlangen, das sehe ich ein. Nachher kommt noch ein anderes Kind, etwas älter als ich, in das andere Gepäcknetz. Wir sprechen zwar nicht, aber ich fühle mich nicht mehr so abgesondert, so peinlich isoliert.

Ich habe in meinem Leben noch unzählige Male auf dem Bahnhof Halberstadt gestanden und nie die Angst vergessen, die ich damals hatte. Ein Umsteigekomplex, der sich deutlich auf dieses

Erlebnis zurückführen lässt (da er sich nur auf D-Züge bezieht), war schwer zu überwinden.

Natürlich wurde auch in unserer Familie bei den Siegen die Fahne herausgesteckt. Aber andere Häuser schmückten die Fenster ganz mit Fähnchen-Girlanden und abends mit Lichtern. Eine Fahne genügt, sagte mein Vater: Ein Sieg ist kein Fest. Ich bekam aber, wenn ich mit einkaufen ging, in jedem Laden kleine Fähnchen geschenkt. Es gab ja sogar Klopapierrollen, die ›Marke Sieger‹ hießen. Ich hatte viele Fähnchen in allen Größen! Da erbarmte sich unser Kinderfräulein Elfriede über mich, die im Souterrain ihr Zimmer hatte, und ließ mich bei jedem Sieg ihre vergitterten Fenster schmücken. Das machte sich auch sehr gut. Sobald bei uns die große Fahne herausgesteckt wurde, sauste ich mit meinem Kleinzeug herunter und war patriotisch.

Einmal ging es mir schief. Es muss wohl die erste Niederlage gewesen sein – aber die Fahne hing, wenn auch mit Trauerflor (was ich aber nicht für wesentlich hielt). Also ging ich in Elfriedes Zimmer ans Werk. Als sie dann am späten Nachmittag in ihr Zimmer kam, war sie natürlich entsetzt. Jetzt sollte ich immer fragen, ob ich flaggen dürfe. Als ich begriff, was ich angerichtet hatte, war ich sehr unglücklich und glaubte, dadurch beinahe den gesamten Sieg gefährdet zu haben. Die über Fähnchen erhabenen Geschwister machten mir die Niederlage nicht leichter.

Elfriede band mir am Sedan-Tag[34] über mein weißes Kleid eine schwarz-weiß-rote Schärpe, und ich fand mich schön. Aber schwarz-weiß-rote Haarschleifen galten als ordinär. Dietrich war noch am ehesten für Fähnchen und harmlose patriotische Belange zu gewinnen, und er nahm Sabine ins Schlepptau. Hinter unserem Garten war der Bellevue-Park mit dem Schloss. Oft hörte man die Hupe des Kaisers ›Tatütata‹, und Kätchen Horn rannte, wenn wir zusammen spazierengingen, um ihn zu sehen. Sie besuchte ihre um zehn Jahre ältere Schwester oft bei uns und half ein bisschen mit. Sie kannte die ganze Hohenzollernschaft auswendig, mit allen Geburtstagen der Prinzen, und wurde von meinem Vater oft damit geneckt.

---

34 Zur Erinnerung an den deutschen Sieg in der Schlacht bei Sedan am 2. September 1870, wo der entscheidende Sieg im deutsch-französischen Krieg errungen und der französische Kaiser Napoleon III. gefangen genommen worden ist.

Ausgelacht wurde auch Sabine, die von einem Spaziergang mit ihr heimkehrend verkündete: »Ein Prinz hat mich gekiekst!« Einer der umzäunt spielenden Kaiserenkel hatte versucht, durch den Zaun mit dem hübschen kleinen Mädchen vermittels eines Stöckchens Fühlung aufzunehmen. Prinz galt bei uns nicht viel. Als ich im Jahr 1918, in meinem ersten Schuljahr bei Fräulein Mommsen, von ihr gefragt wurde, was Fürsten seien, antwortete ich mit einem Vers aus dem Lied ›Lobe den Herren, o meine Seele‹: »Fürsten sind Menschen, vom Weibe geboren, und kehren um zu ihrem Staub ...«. Das war das Einzige, was ich von Fürsten wusste. Elfriede stopfte Soldatensocken; ich weiß nicht, wie sie dazu kam. Sie waren grau und dick, und die Zwillinge und ich durften bei ihr unten im Zimmer sitzen, bekamen spitze Papiermützen auf die Köpfe, waren somit Heinzelmännchen und halfen ihr. Ich suchte die Löcher und ordnete die gestopften Socken, aber Dietrich und Sabine stopften schon mit dicken Nadeln. Dabei sangen wir Soldatenlieder im Souterrain.

Wenn der Krieg zu Ende ist, gibt es wieder eine Baisertorte, versprach meine Mutter. Ich war mir ganz sicher, dass das in nicht allzu weiter Ferne ist. Drei meiner großen Vettern sind gefallen, andere schwer verwundet, der eine ohne Arm, der andere ohne Bein, so kommen sie heim. Aber dass wir siegen, ist ja ganz klar. Ab und zu muss mein Vater zum Kaiser ins Hauptquartier. Komisch, dass der Kaiser ihn braucht. Ob der irgendwie verrückt ist? Nein, er ist nur mit den Nerven runter, weil er immerfort kommandieren muss. Na, mich würde das nicht so anstrengen, wie dass ich immerfort gehorchen muss. Wenn mein Vater wiederkommt, ist er ziemlich still und erzählt den großen Brüdern viel zu wenig.

Mitten im Krieg ziehen wir um. Mein Bruder Walter ist so unglücklich, in der Stadt zu wohnen, wo man den Himmel nur sieht, wenn man sich aus dem Fenster lehnt. Soll man jetzt umziehen oder erst warten, bis wir gesiegt haben? Aber mein Vater ist für jetzt. Es kann sich doch noch etwas hinziehen. Und im Grunewald hat man einen Garten und kann etwas anbauen, auch Obst und Beeren hat man dort. Es ist doch nicht ganz einfach mit der Ernährung im Winter 1915/16. Irgendjemand lacht mich aus, weil ich keine Bananen kenne – und wie Schlagsahne schmeckt, weiß ich auch nicht mehr. Ich ärgere mich, dass es Zeiten gibt, in denen ich gelebt habe und von denen ich nichts mehr weiß. Auch an Breslau erinnere ich mich nicht. Aber meine Erinnerungen an die Vorkriegszeit konserviere ich mühsam. In der Wangenheimstraße wird dann der Garten zum Kriegsschauplatz. Ich zeichne auch meine gesamten Ersparnisse als Kriegsanleihe. Es sind zwei Mark! Und wenn wir gesiegt haben, bekomme ich dann viel mehr zurück. Irgendwie warte ich immer noch darauf. Ich habe so fest an die Sicherheit der Kriegsanleihen geglaubt. Versprechen sollte man Kindern halten. Meine kleinen Fähnchen brauche ich in der Wangenheimstraße nicht mehr. Wir siegen nicht mehr so doll, und die Brüder kommen immer näher daran, auch raus zu müssen. Sie wollen es so schrecklich gern. Ich würde ja auch wollen, und meine Mutter sagt, sie versteht das. Aber mein Vater meint, vielleicht geht es doch noch ohne [...][35] und sie sollen erst mal Abitur machen, denn man weiß nicht, wie lange es noch dauert. Bis wir siegen.

Kohlrüben esse ich gern. Auch die Kälberzähne, die ganz großen Graupen. Nur Dörrgemüse finde ich ganz entsetzlich und die Morgentranksuppe. Sie ist von einem kräftigen Rotbraun und würde als Fußbodenanstrich farblich sehr schön aussehen – aber im Geschmack ist sie penetrant salzig, und wenn man mit dem Löffel auf den Grund kommt, knirscht der Sand. In den ersten Kriegsjahren ist Häckerle noch ganz schmackhaft, aber langsam wird es zu feuchter Graupe mit Heringsaroma. Und das ist am Hering nicht gerade das Beste. Die Schulbrote, die wir Kleinen nicht aufessen (ich esse immer nur die Hälfte), legen wir verabredungsgemäß in eine schöne weiße Barockschale mit Deckel, die auf der Kredenz steht. Wenn die großen Brüder aus der Schule kommen, ist ihr erster Griff nach dem geschwungenen Deckel, und sie nehmen begierig die traurigen Reste unserer Frühstücksbrote. In einer zweiten Schale liegen Kuchenkrümel; auch die sind gefragt. Alles, was in den Schalen liegt, steht zur freien Verfügung, stillt aber ihren Mittagshunger keineswegs. Der Kohlrübenwinter 1916 ist der erste Winter, den wir im Grunewald verbringen. Meine Mutter hat große Mühe, all unsere Mäuler zu stopfen. Ziege und Hühner verbessern die Lage, aber sie genügen nicht. Und sich wie andere im Grunewald an dem blühenden Schwarzhandel zu beteiligen, das ist nur ganz heimlich möglich. Denn die großen Brüder halten das für Vaterlandsverrat. Sie wollen lieber hungern, als ›Schieberware‹ zu essen. Trotzdem

---

35 Nach »ohne« folgt noch ein kurzes unleserliches Wort.

geht es nicht ganz ohne, und das gibt manchmal Anlass zu Auseinandersetzungen. Besonders drehte es sich um ein halbes Schwein, das meine Mutter Gelegenheit hatte, in geschlachtetem Zustand zu erwerben. Das verursachte Empörung und wurde abgelehnt. Aber sie hat es, wie sie mir später gestand, doch gekauft, bei Bekannten aufbewahrt und uns langsam zugeführt. Und plötzlich gab es Kartoffeln auf dem Güterbahnhof Halensee! Jeder konnte sich holen, so viel er wollte. Da stand unser Leiterwagen nicht still. Diese Kartoffeln waren in einem üblen Zustand, darum die Freigabe. Wir holten sie zentnerweise. In dem sonst mit Kohlrübenduft erfüllten Keller saßen wir tagelang, um sie zu sortieren und abzukeimen. Und faule Kartoffeln riechen ganz schön! Wenn wir aus dem Keller kamen, stanken wir wie die Pest, mussten uns ausziehen und baden. Die Mädchen waren zu fein für diese Tätigkeit, aber es gab eine Zeit lang genug Kartoffeln zu essen, und die Jungen freuten sich, auf legalem Wege satt zu werden.

Dietrich und ich gingen dann bald Abend für Abend in das Grunewald-Casino und holten einen Kübel mit Essen aus der Mittelstandsküche. Mir schmeckte das sehr gut. Es waren nicht immer ganz übersichtliche, manchmal etwas süßliche Suppen, sehr oft auch Kohlrüben. Als Kohlrübe aß ich Kohlrübe gern – aber als Marmelade schmeckte sie nach nassem Hund. In den ersten Kriegstagen bekam jeder zwei Pfund Zucker bei unserem Kaufmann. Das war mein erster selbstständiger Einkauf, denn ich war ja auch ›jeder‹ und wurde mit in die Reihe gestellt. Mit dem Geld in der Hand erwarb ich stolz die blaue Tüte. Aber bald wurde der Zucker sehr knapp, und es gab statt dessen Saccharin.

Die Zwillinge sind beim Zahnarzt. Wenn sie wiederkommen, will ich sie überraschen – aber ich besitze gar nichts mehr, kein Bonbon, kein bisschen Schokolade. Was ich irgendwo bekam, verteilte ich immer gleich unter die Geschwister (und wenn es für jeden auch nur ein winziges Stückchen war). Ich erntete als Dank nur die Feststellung, dass ich ganz wenig verschenkt hätte, aber das machte der Divisor. Ich hätte besser mal den einen und mal den anderen ungerecht bevorzugt. Nun finde ich aber nichts in meinem Besitz, und in der Küche wird mein Ansinnen auf eine Sonderration abgelehnt. Da steht auf dem Büfett ein kleines Schälchen mit Saccharin-Tabletten, mit denen meine Mutter zu wenig gesüßte Speisen verbesserte. Zuckerwasser schmeckt gut. Warum nicht

Saccharin-Wasser zum Willkommen? Ich hole zwei Gläser, fülle sie mit Wasser und tue Saccharin hinein. Nicht zu viel – zwei, drei Tabletten in ein Glas wird reichen (obwohl sie so klein sind). Ich rühre brav; sie zerfallen, kleine weiße Wolken lösen sich auf. Ob es süß genug ist? Es ist ganz ekelhaft süß, merke ich an meinem Kostefinger. Was tun? Verdünnen? Aber mehr trinken sie ja nicht, und das kostbare Saccharin wegkippen ist doch zu schade. ›Bloß nichts umkommen lassen‹ ist die Parole der Hausfrau. Da kommt mir die rettende Idee! Wenn der Grießbrei zu süß ist, tut meine Mutter eine Prise Salz daran, damit es besser schmeckt. Also Salz hinein. Wenn es sehr süß ist, viel Salz zum Verbessern. Es klingelt bereits, als ich koste. Es ist nicht ganz das, was ich wollte; kochen ist doch ziemlich schwer für Anfänger. Da kommen die Zwillinge auch schon herein, und ich kann die gute Absicht doch nicht aufgeben, sie zu überraschen. Sie waren wohl auch wirklich erstaunt. Sie haben sich bedankt, und ich habe sie nicht gezwungen, es auszutrinken, denn ich fand es selbst etwas misslungen. Dies war mein erster Kochversuch. Später haben wir dann oft ein Saccharinchen gestibitzt, um uns Zuckerwasser zu machen. Überhaupt hat uns die Ersatzwirtschaft mit Milfix und dem ›Ei in der Tüt‹ so beschäftigt, dass wir zum Geburtstag meiner Großmutter ein ganzes Drama schrieben, à la Karl Ewald, worin sich die Ersatzmittel unterhielten. Ich war Milfix.

Im Jahre 1917 nahm der Krieg für uns dann doch sehr viel ernstere Formen an. Zuerst verließ uns Karl-Friedrich nach seinem Abitur und kam im feldgrauen Rock mit kleiner runder Mütze auf kahlgeschorenem Haupt aus der Kaserne nach Hause. Dann sah Walter bald ebenso aus, nur etwas eleganter, denn er war Fahnenjunker und wohl auch von schmuckerer Wesensart. Zum Schluss wurde auch noch Klaus als Botenjunge für das Hauptquartier in Spa[36] feldgrau eingekleidet. Als sie dann im Frühjahr 1918 wirklich an der Front waren, hatte der Krieg auch für uns Kleinere ein schlimmes Gesicht bekommen. Da war die Sache mit dem Sieg doch schon recht zweifelhaft geworden. Wir drei Jüngsten gruben mit unseren Freunden in einer Art ernstlichem Kriegsspiel tiefe Löcher im Gar-

---

36 Belgische Stadt in der Provinz Lüttich, wo sich von März bis November 1918 das Große Hauptquartier der deutschen Heeresleitung befand.

ten, deckten sie vorsichtig mit Pappen und Reisig ab und bestreuten sie mit Sand. Dort sollten die Feinde hineinfallen, wenn sie hierher kämen. Dass diese Maßnahme nicht ganz ausreichen würde, war uns wohl klar, aber wir wollten nicht versäumen zu tun, was wir konnten. Damit aber erstmal kein Freund hineinfiele, mussten diese Fallen vor dem Abend immer wieder beseitigt werden.

Aus den weichen, weißen Samenballen der Pappeln zupften wir Mengen zu Charpie[37] oder Watte, aber es wurde uns nicht abgenommen. Bis dahin hatten wir an fremde Soldaten Päckchen geschickt. Wenn sie sich bedanken kamen, war schon ihr Geruch so fremdartig männlich und nach Krieg. Nun rochen meine Brüder so, wenn sie aus der Kaserne zurückkehrten – und bald schickten wir unsere Päckchen an die eigenen Soldaten. Wenn sie heimkamen, stürzten sie zwar als Erstes in die Badewanne, aber ihre Uniformen zogen sie danach wieder an, und so haftete der Kriegsgeruch für mich eben doch. Da meine Mutter diesen Drang für selbstverständlich hielt, bot sie auch einem entfernten Vetter, der uns als Militär aufsuchte, gleich nach seinem Betreten des Hauses die mit warmem Wasser gefüllte Wanne an. Er war aber deutlich beleidigt, denn er glaubte, das Haus in sauberem Zustand betreten zu haben.

Wenn meine Brüder auf Urlaub gingen, war das ein Festtag. Nicht nur das Essen wurde aus irgendwelchen geheimnisvollen Quellen wunderbar gestaltet (und nun fragten sie auch nicht mehr nach der legalen Herkunft) – sondern auch dass mein Vater sich Zeit nahm, dass die Familie so viel wie möglich beisammenblieb, dass ich abends nicht früher ins Bett geschickt wurde, war so schön daran. Ich wusste wohl, dass sie gefährdet waren, wenn sie uns wieder verließen, verdrängte es aber und wollte es mir gar nicht klarmachen. Sie erzählten eigentlich auch nie Beunruhigendes, sondern immer lustige Geschichten. Und dann kam die Nachricht, dass Walter in Frankreich schwer verwundet worden wäre – und bald darauf, dass er gestorben sei. Weit weg, in einem Lazarett an der Front. Jetzt fehlte einer von uns! Wir waren doch vier und vier. Das musste so sein und war so selbstverständlich. Und jetzt hatte ich plötzlich nur noch drei Brüder. Ich glaubte es einfach nicht. Soldaten sehen sich doch so ähnlich. Ob man sich nicht getäuscht hatte? Vielleicht

---

37 Ein Wundverbandmaterial, das durch das Zupfen von Baumwoll- oder Leinenfasern gewonnen wurde und bis zum Beginn des 20. Jahrhunderts gebräuchlich war; wegen der mangelnden Sterilität wurde es durch Verbandwatte ersetzt.

war er in Gefangenschaft wie Onkel Benedikt? Dann kam er doch irgendwann wieder. Aber meine Mutter nahm mich auf den Schoß – das tat sie selten – und sagte, sie wüsste genau, dass es wahr sei. Mein Vetter Rüdiger Goltz, der zu Beginn des Krieges sein Bein verloren hatte, aber inzwischen doch wieder irgendetwas draußen tat, der hätte ihn besucht und jetzt telegrafiert, und er würde auch dafür sorgen, dass Walter hier auf unserem Friedhof beerdigt werden könne. Wir weinten alle, aber sie sprach ruhig, und mein Vater ging hinaus.

Dann sagte sie etwas, das mich plötzlich sehr ernüchterte. Sie sprach davon, wie lieb mich Walter gehabt hätte, und das glaubte ich ihr auch. Doch was sie dann sagte, glaubte ich ihr nicht und hielt es für Unwahrheit zu pädagogischen Zwecken. Ich sollte nicht mehr so viel flunkern, hätte er noch gemeint. Ich wusste, dass er sehr empfindlich darauf reagierte, wenn einer nicht bei der strikten Wahrheit blieb – aber dass ihn meine Flunkereien in seiner Sterbestunde beunruhigt hätten, das schien mir unglaubwürdig. Dann hätte er mir ja mal so etwas ans Herz legen können, als er ins Feld ging. So nahm ich es ihr nicht ab und empfand mit meinen acht Jahren den Zeitpunkt für Pädagogik doch falsch gewählt. Ich rutschte von Mamas Knien und verlangte, in die Schule zu gehen. Man redete mir ab, ich brauche heute nicht – aber nun wollte ich. In der Klasse angekommen (der Unterricht war schon im Gang), bekam ich dann doch das große Heulen, und Fräulein Mommsen nahm mich auf den Schoß, um herauszubekommen, was eigentlich los wäre. Sabine war nicht in die Schule gekommen. Als ich es schließlich herausbrachte, wollte sie mich wieder heimschicken, aber ich war nicht zu bewegen und blieb (etwas gefasster) bis zum Schluss. Irgendwie war ich sonderbar fremd in der Familie – als Einzige, die ihre bunten Kleidchen weitertragen sollte, als die Kleine, »die es ja noch nicht recht verstand«, wie die besuchenden Tanten sagten. Die erzählten überhaupt viel komisches Zeug. Immer wieder hörte ich, er wäre doch der Beste gewesen. Ich fand das gegen die anderen Brüder gemein, und meine Mutter überhörte es auch geflissentlich. Tatsächlich war er besonders liebenswürdig und das, was man einen ›deutschen Jungen‹ nennt – unkomplizierter und leichter leitbar als die anderen. Aber das kannte ich ja selbst aus Erfahrung: Alles, was verloren oder kaputt ging, war gerade besonders schön gewesen. Und für die Tanten war es wohl nicht anders.

Es war gegen Kriegsende. Da wohnten plötzlich in den Mansardenzimmern der Jungens ziemlich alte Männer, die den Soldatengeruch durch das ganze Haus verströmten. Was sie eigentlich taten in Berlin und warum unsere ganze Straße Einquartierung bekam, weiß ich nicht mehr. Sie hatten ziemlich viel freie Zeit für erwachsene Leute, fand ich. Wir Kinder freuten uns dessen, denn sie beschäftigten sich viel mit uns. Es war Landsturm. Und die meisten mögen wohl Kinder unseres Alters daheim gehabt haben. Günther, Bubi und ich protzten gegenseitig mit unserer Einquartierung. Jeder wollte die Nettesten haben. Sie waren untereinander befreundet und nahmen uns oft mit, wenn sie ausgingen. Wir saßen mit ihnen in Kaffeegärten, und Günther wollte immer Boa-Lie[38] trinken (ein mir fremdes Getränk), während ich Zitronenbrause vorzog. Sie fuhren mit uns nach Potsdam und in die Stadt, um für ihre Kinder Spielsachen zum Heimschicken einzukaufen, und für uns fiel auch etwas ab. Irgendwelche Geschenke machten sie uns eigentlich immer, denn sie waren wohl für jeden Tag dankbar, an dem sie noch nicht an die Front mussten – und wir auch. Sie machten auch einen winzig kleinen Rummelplatz mit Zirkus ausfindig und nahmen uns dahin mit. So schön wie das Schützenfest[39] war es natürlich nicht. Aber doch ein Hochgenuss. Ebenso plötzlich wie sie gekommen waren, waren sie eines Tages wieder fort; alle auf einmal, als wir gerade in der Schule waren – und es blieb nichts von ihnen, als der Geruch im Zimmer und eine Feldpostnummer. Wir haben jeder noch einmal geschrieben, aber Antwort kam nie mehr.

Der Krieg lag in den letzten Zügen. Die Gesichter der Erwachsenen wurden immer ernster. Eines Morgens stand dann Hörnchen an meinem Bett und weinte. Ich fuhr hoch und umarmte sie schluchzend, denn ich dachte, nun wären Karl-Friedrich oder Klaus auch tot. Als ich aber hörte, dass nur der Kaiser abgesetzt sei und der Krieg nun aus war und nicht mehr geschossen wurde, versiegten meine Tränen schnell. Besonders, als man uns versicherte, dass die Franzosen und Russen noch nicht in Berlin seien und auch gar nicht dorthin kommen wollten. Dass wir besiegt waren, war mir ziemlich gleichgültig. Hunger hatten wir so oder so – das heißt, ich eigentlich nur auf etwas Besseres, als es gab, denn ich war kein besonders gu-

---

38 Ein damals beliebtes kohlensäurehaltiges Getränk mit Fruchtsaft.
39 Das alljährliche Schützenfest in Friedrichsbrunn, das in Kapitel 1.10 ausführlich beschrieben wird.

ter Esser. Nun kamen die Soldaten zurück, und man wartete, was die Zukunft bringen würde; wartete, dass Karl-Friedrich und Klaus und auch Onkel Benedikt heimkämen. Aber dann wurde doch noch in Berlin geschossen; es war Revolution, und wir gingen nicht zur Schule. Arbeiter- und Soldatenräte regierten an Stelle des Kaisers, doch das schien auch nicht besser zu sein.

1.9 Inflation und Nachkriegszeit

Es beeindruckte mich sehr, dass die Frau unseres Schneiders aus der Georgenkirchstraße in ihrer Stube durch das Fenster hindurch erschossen wurde. So etwas konnte in unserer Stadt passieren! Klaus und Karl-Friedrich kamen heim – dreckig, verlaust, auf dem Dach eines Zuges sitzend, aber sie waren wieder da. Klaus sammelte alle Flugblätter, die er bekommen konnte, und ich sah sie mir gerne an. Je doller sie gegen irgendetwas anschimpften, umso weniger glaubte ich, was sie sagten. Dass Karl Liebknecht und Rosa Luxemburg umgebracht worden waren, fand ich mit den Großen abscheulich, obwohl ich große Angst vor den Bolschewiken hatte, die nach Aussage mancher Erwachsener einfach alles totschlagen wollten, was nicht arm ist.

Wir sitzen alle in einem Zimmer mit Ofen unter einer Karbidlampe. Karbid stinkt einfach unmöglich, aber es macht gut hell. In der Küche wärmt und kocht die Grude, ein Behelfsofen. Sie ist die nie versagende Wärmequelle unseres Hauses. Um sie herum sitzen die Mädchen. Die ganze übrige Familie, auch mein Vater, befindet sich schweigend und arbeitend im beheizten Esszimmer. Ich wechsele zwischen beiden Wärmequellen. Es ist schon so: Irgendjemand macht immer Streik, manchmal ist Generalstreik. Auch das Essen ist nicht besser als im Krieg.

Eine Lehrerin drückt uns in der Schule irgendwelche Flugblätter in die Hand, die wir verteilen sollen. Ich mache echte Flugblätter aus ihnen und werfe sie über jeder Straßenkreuzung aus dem fahrenden Stadtbahnzug. Als mein Vater davon erfährt, ruft er in der Schule an; damit sind wir Kinder dem politischen Kampf enthoben. Trotzdem streiten wir uns anhand von Plakaten und unverstandenen Nachrichten wild herum. Ich bin immer die Linkeste in der Klasse. Von Kaisertreue habe ich nicht viel mitbekommen, und für die Sozialisten habe ich am meisten Verständnis – dass man so etwas wollen muss wie die. Dabei fühle ich mich ganz stark als Deutsche. Schon dass ich Französisch lernen muss, verekelt mir die Internationale. Aber ich fände es eben gut, wenn die Deutschen zu den armen Leuten anständig wären und auch die Juden nicht so sinnlos hassten. Bubi malt Hakenkreuze an die Wände, um Günther zu ärgern. Aber ich ärgere mich mehr als er, prügele auf ihn ein und wische die Hakenkreuze mit dem Ärmel weg. Ich kämpfe gegen alle Hakenkreuze, die ich irgendwo sehe – und man sieht sie jetzt oft, auch zwischen den anderen kulturtragenden Zeichnungen in den Badekabinen. Da lasse ich sie stehen, da gehören sie hin. Einmal komme ich aus der Schule und nehme meine Mappe vom Rücken – da hat man mir doch beim Rausgehen im Schulflur mit Kreide hinten auf die Mappe ein dickes Hakenkreuz gemalt! Ich bin selten so wütend gewesen und habe mich restlos feindlich den ›deutschnationalen Adeligen‹ aus meiner Klasse entgegengestellt.

Eine unübersehbare Menschenmenge schiebt sich den Kurfürstendamm entlang. Sie tragen rote Fahnen und Schilder mit Aufschriften. An der Halensee-Brücke, wo wir stehen, macht die Spitze halt. Eine große Stoffpuppe wird hervorgeholt, ein dickes Hakenkreuz trägt sie auf der Brust, an einem Laternenpfahl wird sie hochgezogen. Das soll Ludendorff[40] sein. Es wird gejohlt, gebrüllt und gesungen. Wir machen nun, dass wir nach Hause kommen, denn wenn dieser Teil der Demonstration beendet wird, ist ›Plünderung der Kolonie Grunewald‹ angesetzt.

Wenige Tage vorher ist der Kapp-Putsch[41] niedergeschlagen worden. Mit Herrn Kapp habe ich einen Tag vor seinem Putsch bei Krückmanns zu Mittag gespeist; er hat mir keinen großen Eindruck gemacht. Aber als ich am nächsten Tag höre, dass er einen Putsch gemacht hätte, bin ich doch stolz darauf, ihn zu kennen, und erzählte den Geschwistern, dass ich gestern mit ihm zusammen war. Natürlich wird mir nicht geglaubt, aber mein Vater bestätigt mich. Jetzt ist Vater Krückmann mit ihm nach Schweden gefahren. Er ist sein Patient, und mit einer schwarzen Augenbrille hat man ihn fliehen lassen. Das weiß aber niemand – nur die wenigen, die ihn

---

40 Erich Ludendorff (1865–1937), einflussreicher General und Politiker, der sich während der Weimarer Republik an der völkischen Bewegung beteiligte.

41 Benannt nach Wolfgang Kapp (1858–1922); ein konterrevolutionärer Putschversuch gegen die Weimarer Republik, der nach kurzer Zeit gescheitert war.

bestimmt nicht verraten. »Der ist politisch unzurechnungsfähig«, sagte mein Vater von dem geschätzten Kollegen.

Wir erwarten also die Plünderer. Meine Mutter hat Kuchen backen und Kakao kochen lassen und eine lange Tafel im Garten gedeckt. Wenn sie kommen, sollen sie erstmal im Garten essen, denn es ist gerade Vesperzeit, und sie haben einen weiten Weg hinter sich. Gastlichkeit erscheint ihr als das sicherste Mittel, ein Haus zu behüten. Die Jungens bringen noch die Nachricht, dass sie sich in starke Trupps auflösen und in die Villenstraßen eindringen. Sobald sie nahen, will mein Vater ihnen erst allein entgegengehen, danach soll meine Mutter sie in den Garten holen, und dann dürfen wir auch kommen. Aber wir hören nichts. Eine merkwürdig schwüle Stimmung liegt in der Luft. Mein Vater sieht aus seinem Erkerfenster auf die Straße. Da sind sie! Acht Demonstranten stehen an der Gartentür (die übrigens leicht zu öffnen wäre) und schauen in den Garten. Nach einem Weilchen geht mein Vater ihnen entgegen, denn ihr Gespräch ist lebhaft. Was beunruhigt sie? Ein Vögelchen ist unter der niedrigen Eibe am Eingang aus dem Nest gefallen, und sie überlegen gerade, ob sie hineinkommen dürfen, um es wieder ins Nest zu setzen. Mein Vater erledigt das dankbar, und die Plünderer ziehen beruhigt weiter. Nach einer Weile bringt der Spähtrupp der Brüder die Nachricht: »Keinerlei Plünderung.« Das herrliche Wetter macht alle glücklich. Sie sitzen in den Kaffeegärten und singen ›Wenn die Schwalben heimwärts ziehen‹ und ›Aus der Jugendzeit‹. Da bemächtigt sich die Jugend des Hauses des Kuchens und des Kakaos. Und ich liebe die Berliner Arbeiter von ganzem Herzen, die wir alle so wenig kennen.

Kurz vor der Inflation faucht mich mein Mathematiklehrer an: »Wenn du nicht weißt, was 1000 mal 1000 ist und dich immer in den Nullen irrst, wirst du nie einen Haushalt führen können!« Ich antworte ihm unter dem Gelächter der Klasse: »Mit so hohen Zahlen brauche ich in meinem Haushalt bestimmt nicht zu rechnen!« Aber ich habe mich geirrt. Schon im Jahr darauf lernt man es von selbst, mit Nullen zu rechnen. Ich beginne, die wertlos gewordenen Inflationsscheine zu sammeln. Mein Vater bringt sein Gehalt in einer dicken Aktentasche nach Hause. Daraufhin eilt alles los, um einzukaufen. Manchmal bringt er auch selbst etwas aus der Stadt mit, denn während der Bahnfahrt von der Charité bis in den Grunewald kann das Geld schon an Wert verlieren. Ich höre zum ersten Mal, was mein Vater verdient, und teile die finanziellen Sorgen der Eltern. Sehr stolz bin ich, als ich einmal weiße Postkarten zu unerhört billigem Preis einkaufen kann.

Wie meine Mutter es geschafft hat, uns zu ernähren, ist mir schleierhaft. Aber die Möglichkeiten und Kräfte wachsen ja mit den Herausforderungen. Die Stimmung war bei uns eigentlich sehr heiter. »Ach, du lieber Augustin, alles ist hin!« Es war einmal ein ganz schönes Vermögen da, aber Kriegsanleihe und Inflation – seitdem ist Ebbe. Meine Mutter hat immer sehr stark Vorratswirtschaft getrieben. Mehrere Verkaufsstellen kennen sie und ihren großen Haushalt als beste Kunden. Das lohnt sich jetzt. Die Kaufleute halten uns gegenüber nicht zurück, sondern helfen, wo sie können. Bei Ursels Hochzeit fing es sachte an, bei Hörnchens Hochzeit (bald darauf) war es schon ein großes Problem, so viele Leute zu Gast zu haben. Aber es geht immer alles. Irgendwie ist es spannend und lächerlich zugleich, was da geschieht mit dem Geld, und ich verstehe einfach gar nichts davon. 1000-Markscheine schenkt mir mein Vater packenweise für meine Sammlung.

Einmal kommt er auch mit gefüllter Aktentasche an den Esstisch – aber diesmal ist es kein Geld. Er hat seine erste Lebensversicherung ausgezahlt bekommen, 60.000 Mark, und dafür gleich zwei Pfund Erdbeeren gekauft, die wir nun heiteren Sinnes miteinander vertilgen. Er selbst ist froh, dass er noch in dem Alter ist, wo er arbeiten kann; und er weiß auch, es wird nicht mehr allzu lange dauern, dann muss sich das ordnen. Aber die alten Leute sind schlimm dran, alle, die von ihren Renten leben. Da entstehen die todtraurigen Läden, in denen alte Dämchen feine Stickereien oder herzlich geliebte Familienandenken verkaufen. Meine Mutter erzählt mit nassen Augen davon. Und da sind die Dollar-Könige, die vielen Ausländer, die diese Not ausnutzen und sich breitmachen. Im Krieg ging es allen schlecht, aber jetzt triumphiert der Schieber, und die Witze über die Neureichen werden schärfer.

»Was hat eigentlich früher in der Zeitung gestanden, ehe es Krieg gab?«, fragte ich meinen Vater einmal im Ersten Weltkrieg. »Da stand drin, wie man ihn verhindern kann und was man für ihn tut«, antwortete er. Wir hielten die DAZ, die Deutsche Allgemeine Zeitung, ein Blatt der ›Deutschen Volkspartei‹. Später nahmen sich Karl-Friedrich und Klaus noch das Berliner Tageblatt dazu, das etwas linker war. Ich las nie Zeitung. Wir sollten das als Kinder auch nicht tun. Aber ich weiß nicht, ob dieses Verbot von mir so strikt befolgt worden wäre, wenn ich nicht eine tiefe Abneigung gegen diese großen bedruckten Zettel gehabt hätte. Sie waren mir einfach körperlich fatal, besonders das raue Papier. Vielleicht kam das daher, dass ich es im Krieg immer mit einem stumpfen Messer zu Klopapier schneiden musste. Ich wurde diese Verbindung von Presse und WC nie los. Warum erst lesen?

Trotzdem war ich politisch durchaus nicht uninteressiert. Meine frühen nationalen Gefühle im Ersten Weltkrieg hielten sich bis zur Rhein- und Ruhrbesetzung aufrecht. Mein Bruder Walter war als Soldat gefallen, und ich mochte es nicht, wenn über die Soldaten etwas Ungutes gesagt wurde. Ich war fest überzeugt von der Gemeinheit der Kriegslüge und des Versailler Vertrages. Dass Erzberger[42] nach seiner Unterzeichnung dieses Vertrages irgendwo ins Gästebuch geschrieben haben sollte: »Erst mach dein Sach', dann trink und lach«, fand ich so schlimm, dass ich es nicht sehr bedauerte, als er ermordet wurde. Bei der Ermordung Rathenaus[43] hingegen hatte ich gar kein Verständnis für die Mörder. Meine Eltern hatten ihn persönlich als einen besonders netten und gebildeten Mann gekannt, und ich ging mit seiner Nichte in die Klasse.

Gegen Hakenkreuze und Judenhass kämpfte ich, so gut ich konnte. Aber als wir in der Schulaula bei einer Gedenkstunde zur Rheinlandbesetzung sangen: »Sie sollen ihn nicht haben, den freien deutschen Rhein ...«, da liefen mir die dicken Tränen aus den Augen, und der Direx nahm das zum Anlass zu sagen, »jedem echten deutschen Mädchen müssten heute die Tränen kommen«. Ich saß ziemlich vorn und sah mich vorsichtig um – außer mir heulte niemand. Da versiegten die Tränen des ›echten deutschen Mädchens‹ schnell wieder.

Ich ging damals gerade für ein halbes Jahr mit Anneliese Schnurmann in eine Klasse. Sie dachte sehr international, europäisch. »Wie kannst du das Vaterunser beten mit ›wie wir vergeben unsern Schuldigern‹, wenn du die Franzosen hasst?«, fragte

---

42 Matthias Erzberger (1875–1921), Politiker im Deutschen Kaiserreich und in der Weimarer Republik, der das Waffenstillstandsabkommen unterzeichnet hatte und den Versailler Vertrag befürwortete.
43 Walter Rathenau (1867–1922), liberaler Politiker und Außenminister in der Weimarer Republik, der am 24. Juni 1922 in Berlin-Grunewald einem Attentat zum Opfer fiel.

sie mich. Ich kämpfte und stritt mit ihr um meine nationale Gesinnung; ich versuchte sogar, den Krieg zu verteidigen, und zog Kriegslyrik und Kriegsmalerei, Rotes Kreuz und Opferbereitschaft heran. Auf die Dauer konnte ich jedoch ihrer klaren Logik nicht widerstehen, dass ein würdiges Leben nur in Frieden und Freiheit wachsen könne und auf dem Verständigungswillen im Großen und Kleinen beruhe.

Anneliese fühlte sich ausgesprochen als Deutsche, sogar als Badenserin, als Karlsruherin, und ihr Dialekt war unverkennbar. Aber sie hatte ihre jüdischen Verwandten in Spanien, in Frankreich, in Amerika. Sie war dennoch ganz bewusst Deutsche und nicht Spanierin wie ihre Cousine, weil ihre Eltern und Vorfahren schon lange in Deutschland gelebt hatten und sie in Deutschland bleiben wollte. Sie bemühte sich, mir die Weite europäischen Denkens beizubringen. Sie liebte Deutschland und wollte Frankreich nicht hassen, und ich begann, mich von Vielem, was mir bis dahin unantastbar schien, zu lösen. Ihre Politik erschien mir wesentlich christlicher als meine. Sie war Christ von Natur und Veranlagung, wollte aber ihren jüdischen Glauben nicht aufgeben (von dem sie allerdings nicht viel mehr wusste als ich vom Alten Testament her), um dem Erbe der Väter nicht untreu zu werden. Nur wenn man sicher in diesem Erbe wurzelte, wenn man nicht vergeblich[44] auf das bedacht sein musste, was einem nicht zukam, meinte sie, konnte man auch den Andern gelten lassen, konnte man das Erbe anderer Väter ehren. Wir sprachen viel über Politik. Sie übernahm bald eindeutig die Führung, und ich dachte nach.

Im Konfirmandenunterricht begegnete mir dann Jutta von Drigalski, die ebenso dachte wie ich zwei Jahre zuvor. Nun befestigte ich meine neue Erkenntnis, indem ich versuchte, sie zu überzeugen. Nicht immer erfolgreich, aber es stärkte unsere Freundschaft, dass wir in dieser Richtung miteinander stritten, und bald waren wir uns auch in der Ablehnung alles Radikalen und NS-Mäßigen völlig einig. Bald nach der Konfirmation tat ich dann noch einen gewaltigen Rutsch in christlichen Kommunismus hinein. Ich las Karl Marx und Rosa Luxemburg (besonders das kommunistische Manifest tat es mir an); ich erschreckte meine Umwelt mit kommunistischen Redewendungen und bemühte mich, alles mit

---

44 Konjektur.

meinem Christentum zu verbinden – beziehungsweise ich glaubte, aus einer konsequent christlichen Gesinnung heraus Kommunist werden zu müssen. Das dauerte aber kaum länger als ein halbes Jahr. Ich bekam weitere kommunistische Literatur in die Hand und war bald sehr abgestoßen. Außerdem kam mein Bruder Karl-Friedrich, der ebenfalls kommunistisch angehaucht war, aus Russland von einer Studienreise zurück. Denkbar ernüchtert. Man hatte ihm viel Schönes, Fortschrittliches gezeigt. Er fragte aber sich und uns: »Wenn es in den Läden nur Fischköpfe und Fischschwänze für die Bevölkerung zu kaufen gibt, wer isst dann die Mittelstücke?« Um der Mittelstücke willen gab ich meinen Kommunismus auf.

Das Bewusstsein, dass es Unterschiede zwischen den Schichten gibt, die nicht zu überbrücken waren, ging mir nicht an unserem Personal auf, sondern an meiner Freundin Hanni Kuschinski, der Tochter unseres Tischlers. Wir hatten im Alter zwischen sechs und zehn Jahren sehr gerne zusammen gespielt, doch plötzlich ging es nicht mehr. Wir kamen zwar noch zusammen, aber wir langweilten uns und hatten uns einfach nichts mehr zu erzählen. Das kann einem mit anderen Kinderfreundinnen ja auch so gehen – hier merkte ich aber deutlich: Es waren nicht nur die verschiedenen Schulen, es waren die verschiedenen Elternhäuser, die uns trennten. Diese Trennung ging auch stark von ihr aus: Sie war gehemmt und wollte niemandem aus der Familie begegnen, wenn sie mich besuchte; sie wollte auch nicht, dass ich zu ihr kam wie früher. Sie wohnten in der Friedrichsruher Straße, die auf der einen Seite den Güterbahnhof und Buschwerk hatte. Dort wollte sie mit mir rumstehen oder sitzen, und das schien mir nicht verlockend. Die Freundschaft schlief ein, und wir grüßten uns nur noch freundlich; bald war sie als Backfisch so verändert, dass ich sie kaum mehr wiedererkannte, und mit den Jahren, nach der Konfirmation, war sie so erwachsen, dass wir nichts mehr miteinander zu tun hatten. Ich empfand es immer als Stachel, dass ich es nicht geschafft hatte, eine Tischlerstochter zur Freundin zu haben. Nichts war mir fataler, als hochnäsig zu erscheinen. Grässlich fand ich, wie in anderen Häusern die Kinder mit Dienstmädchen umgingen – nach dem Motto »du hast mir gar nichts zu sagen«. Bei uns war man ganz selbstverständlich nett und hilfsbereit zu den Mädchen. Als ich merkte, dass sie eben doch nicht ganz dazugehörten, wurde ich ihnen gegenüber verlegen. Ich kam nicht zurecht mit der Bevorzugung ganzer Gruppen – doch auch das Wort sozial, das dann bei solchen Fragen auftauchte, half mir nicht viel. Ursel wollte soziale Fürsorgerin werden. Vielleicht war das die Lösung, dass man so lange sozial fürsorgte, bis alle gleich viel hatten? Dass die Dummen und Faulen doch bald wieder unterlegen sein würden, wie man mir sagte, fand ich nicht so schlimm. Dann hätten sie jedenfalls manchmal mehr. Aber die Kranken und deren Kinder, die würden auch bald wieder weniger haben. Da musste eben weiter gefürsorgt werden. Fürsorge machte sich selbst nie unnötig. Meine Mutter wurde immer wieder gebeten, irgendwelchen sozialen Vereinen beizutreten. Sie erschien allen wie dafür geschaffen – aber sie war denkbar vereinsunwillig. Sie flüchtete vor ›sozialen Damen‹, die sie besuchten. Ihre Nächstenliebe passte in kein System, aber eine Menge Leute lebten davon. Um die Mittagszeit saßen in der Anrichte immer speisende ›Küchengäste‹. Dass man, wenn man helfen will, nie mit irgendeinem Dank rechnen soll, wusste meine Mutter genau, und sie ersparte uns mit dieser Lehre manche Enttäuschung. Sie gab sich große Mühe, nicht an der falschen Stelle und auf falsche Art zu helfen. Immer gelang es nicht, aber ihre trüben Erfahrungen ließen sie nicht müde werden.

Sehr beeindruckte mich eine Erzählung aus Breslau. Meine Mutter hatte dort ihre Köchin vom Selbstmord zurückgeholt. Die hatte ihr zu erwartendes Kind so gut versteckt, dass selbst die erfahrenen Augen meiner Mutter es bis zur Geburt nicht entdeckten. Morgens hatte ein anderes Mädchen schief grinsend die Köchin als ›kolikkrank‹ gemeldet und dazu die Bemerkung gemacht: »Diese Kolik kennen wir!« Meine Mutter fand das Zimmer der Köchin leer, rannte durch den Garten herunter zur Oder, und es gelang ihr, die bereits bis zu den Schultern im Wasser Stehende zur Heimkehr und Entbindung im Krankenhaus zu bewegen. Sie übernahm Patenstelle an dem Kind. Die Köchin heiratete bald, bekam andere Kinder und wurde von meiner Mutter laufend unterstützt. Als sie ihr Kindersachen von uns schickte, bekam sie seltsamen Dank: »Was haben es doch die reichen Leute gut, die ihren Kindern so feine Sachen anziehen können!« Also doch vergebens geholfen, wenn es nur zum Neid führt! Dann bekam sie die Nachricht aus Breslau von Bekannten: Das laufend beschenkte Patenkind hätte die Mutter schon lange für Geld weggegeben und die Geschenke verkauft, denn die anderen Kinder waren Erfindungen. Also wirklich der falsche Empfänger!

Wenn Kinder an unsere Tür betteln kamen, ließ meine Mutter sie nicht einfach weggehen, sondern machte sich mit ihnen auf, um sie zurück nach Hause zu bringen. Dort sah sie, was nottat und ob die Eltern Bescheid wüssten. Ohne Scheu vor Zeitverlust konnte sie mit solchen Kindern (allerdings mit einer erwachsenen Hilfsbegleitung) durch die ganze Stadt fahren. Eine fünfköpfige Familie im Osten Berlins ist mir noch besonders erinnerlich. Ein zehnjähriger, nett aussehender Junge hatte bei uns gebettelt, und die Familie schien noch sanierungsfähig. Mit Jugendamt, Pfarramt und Mitteln meiner Eltern tat man allerlei, um aus den Kindern trotz der haltlosen Mutter noch etwas zu machen. Immer wieder kamen neue Notlagen, immer wieder wurde Abhilfe geschaffen. Der Junge schien sich zu machen und kam aus Berlin weg in eine Lehre. Wenige Jahre später kam der Brief eines Gefängnispfarrers: Der Junge, der wegen Hochstapelei saß, hatte sich auf uns berufen und wollte Pakete bekommen. Er hätte eine Bekehrung durchgemacht. Entlassen, besuchte er Dietrich, der damals schon studierte, und legte ihm das Konzept eines Bekehrungsromans vor. Aber auch seine Religiosität war Hochstapelei. Er fragte nach Geld, um diesen Roman zu verlegen. Dietrich sah das Manuskript durch – es war aus Traktätchen abgeschrieben. Auch dies vergebliche Liebesmüh über Jahre hinweg.

Agnes von Zahn-Harnack rief zu einem ›Notdienst der Grunewald-Frauen‹ auf. Dies war der erste soziale Vortrag, den ich hörte, im großen Saal eines von mir nie zuvor betretenen Bierlokals. Ich war begeistert und wurde sofort notdienende Grunewald-Frau, obwohl ich nur knapp dreizehn Jahre alt war. Ich leistete meine erste soziale Arbeit! Der Notdienst sollte sich besonders der umliegenden Gegenden wie Halensee, Schmargendorf und der kleinen Laubenkolonie Eichkamp annehmen. Dort gab es mehr Arme als im Grunewald. Im Grunewald beschränkte sich die Armut auf die Großmütter von Portiersfrauen und andere in Kellergeschossen oder Mansarden wohnende Kleinrentnerinnen. Im Notdienst verpflichtete man sich entweder zu Geld- und Sachspenden, die monatlich gegeben wurden, oder zu Dienstleistungen. Mir blieb das Letztere. Es wurde meine Aufgabe, zweimal in der Woche mit dem Leiterwagen durch die Straßen zu ziehen und die versprochenen [...] Spenden[45] (die es

---

45 Vor »Spenden« steht noch ein kurzes, unleserliches Wort.

also schon in der Inflationszeit gab) abzuholen. War der Wagen voll, karrte ich ihn zu der Packstelle, wo etliche liebenswürdige Damen in einem hellen Villenkeller Pakete schnürten. Dann ausladen und die nächste Strecke abgrasen.

Allmählich kannte man seine Touren: Man wusste, wo man warten musste; wusste, wo die Gnädige nie zu Hause war und es ganz vergessen hatte, etwas herauszugeben; wusste, wo man den Aufenthalt fürchten musste, weil die Hausfrau ganz genau wissen wollte, in welche Klasse man ginge und ob man ihre Tochter kenne, und wie viel Geschwister wir wären. Nach einer Weile avancierte ich zur Austrägerin. Nun holte ich an einem anderen Nachmittag die gepackten Sachen und brachte sie zu den Leuten. Das war oft sehr nett – besonders, wenn Kinder da waren, die sich freuten. Ich musste alles auspacken und mir den Empfang quittieren lassen. Das stand wohl in den Statuten. Manchmal war es auch recht bedrückend, wenn die Mütter so seufzten und sich beim Herrgott beklagten, dass sie nun annehmen [...].[46] Man merkte gar nicht, dass sie sich freuten. Traurig war es auch, wenn die Anziehsachen gar nicht passten oder nicht gefielen und ich sie wieder mitnehmen musste. Am liebsten hätten alle natürlich Bargeld gehabt, und oft wäre es auch das Richtige gewesen. Eine fünfköpfige Familie suchte ich immer am Schluss auf, um dort mit den Kindern noch etwas zu spielen. Die Mutter war auf der Arbeit, und eine Achtjährige hütete die kleinen Geschwister und quittierte auch. Als ich ein Erlebnis zu Hause erzählte, wurde mir die Arbeit verboten: Ich hatte einem älteren Junggesellen in einer schicken Wohnung – wohl ein hungernder Künstler – einen Morgenrock zu bringen gehabt. Er probierte ihn gleich an. Bei den Lebensmitteln, die ich ihm brachte, wollte er mich unbedingt einladen mitzuessen. Meinen Eltern schien das nicht die gegebene Arbeit für mich. Jetzt können auch mal andere, hieß es. Aus.

Bei meiner nächsten sozialen Unternehmung war ich vorsichtiger und teilte den Eltern erst gar nichts davon mit. Die Primen des Jungengymnasiums hatten den dienenden Frauen nicht nachstehen wollen und Geld gesammelt, um einen Kinderhort zu gründen. Nun richteten sie die Anfrage an die Mädchenschule, ob sich jemand

---

46 An dieser Stelle stehen mehrere unleserliche Wörter im Manuskript.

zur Betreuung der Kinder und der Küche bereit finden würde. Der Direktor der Jungens hatte einen großen Klassenraum und den Schulhof zur Verfügung gestellt. Wenn die Kinder kamen, gab es Kakao und Butterbrote. Und ehe sie gingen einen warmen Brei oder süße Suppe. Ich hatte die Grunewalder Mädchenschule bereits mit Schande verlassen, hörte aber durch Bärbel Damaschke davon. Sofort erklärte ich mich bereit, zwei Nachmittage in der Woche zu übernehmen. Das heißt, offiziell wurden sie von ihr übernommen. Doch durch weite Wege war es ihr unmöglich, am Nachmittag nochmal zu kommen, und sie blieb nur Strohmann.

Ich war vierzehn Jahre alt und hatte keine Spur Angst davor. Warum sollte ich nicht am Nachmittag mit Kindern spielen und Schularbeiten mit ihnen machen? Kinder hatten noch immer getan, was ich wollte. Es waren 25 bis 30 Jungen und Mädchen im Alter von sechs bis vierzehn Jahren. Jedem, der kam, wurde sein Kakao eingeschenkt, und er trank ihn gleich im Stehen am Ausschanktisch und aß sein Brot dazu, damit die Pulte nicht schmierig wurden, an denen gearbeitet werden sollte. Das war eine zeitsparende Neueinrichtung von mir. Nun beaufsichtigte ich Schularbeiten, weshalb ich meine zu Hause nicht machte. Da alles Volksschüler waren, hatte ich mit Sprachen keinen Kummer und war kompetent in Rechnen und Niederschrift. Schlecht Geschriebenes ließ ich noch mal schreiben; ich malte den Kleinen sogar schöne Buchstaben vor. Es ist wohl selten so viel gelacht worden in einer Arbeitsstunde, denn ich brachte es nicht fertig, mich und die Schularbeiten ernst zu nehmen. So machten wir Quatsch dabei – ohne Zeitverlust, denn ich habe sie schrecklich gehetzt, um zu Ende zu kommen. Wer fertig war, bekam ein Bonbon von mir (immer nur die zehn Ersten) und durfte tuschen, ausschneiden, basteln – bis nur noch wenige Nachzügler rummährten, die ich dann der Obhut einer Vierzehnjährigen überließ, während ich mit den anderen auf den Hof ging. Wer sich tadellos verhalten hatte, durfte auf meinem Rad je ein paar[47] Runden fahren. Das war ein großes Zugmittel. Dann spielten wir alle zusammen (oder Große und Kleine getrennt) wilde Lauf- und Tobespiele, bis es dunkel wurde. Die Suppe wurde dann um sechs Uhr am Pult gegessen. Jeder bekam so viel, wie er essen konnte. Wer am schnellsten aß, hatte meiner Ansicht nach den größten Hunger und

---

47 Konjektur.

erhielt somit am meisten, wenn es mal nicht reichte. Bei schlechtem Wetter erzählte ich ihnen Geschichten oder wir machten Kasperle-Theater. Disziplin erlangte ich gleich am ersten Tag dadurch, dass ich eine Prügelei mit einem meuternden vierzehnjährigen Jungen nicht scheute und ihn dabei richtig verdrosch. Danach kam nie wieder etwas vor. Wie meine Eltern nach fast einem Jahr hinter diese Tätigkeit kamen, ist mir unverständlich geblieben. Vielleicht durch die lobende Erwähnung irgendwelcher Bekannter. Aber nun war es auch damit vorbei.

1.10 Das Ferienhaus der Familie in Friedrichsbrunn: Schützenstraße 5

Wenn ich nachts von Friedrichsbrunn geträumt habe, bin ich am Morgen voll unendlicher Sehnsucht. Von Februar an frage ich: »Wann fahren wir ins Häuschen?« Ab Mai steigt die Sehnsucht fast schmerzhaft, und ich bin in Gedanken schon gar nicht mehr in Berlin. Ich kann, wenn ich morgens aufwache, zu Hörnchen sagen, ich hätte heute Nacht von Friedrichsbrunner Luft geträumt. Ich besinne mich, dass ich einmal zu ihrem Erstaunen einfach vor Sehnsucht nach Friedrichsbrunn weinte. Ich war so ganz da gewesen, alles war im Traum Wirklichkeit – und ein großes Glücksgefühl ging mit dem Aufwachen verloren.

Friedrichsbrunn war Sommer, war Freiheit, war Heimat, war Besitz – nicht nur derjenige meiner Eltern (das wäre mir egal gewesen): Es gehörte mir, viel mehr als allen meinen Geschwistern, die sich noch auf das Sommerhaus in Schlesien besannen.[48] Ich hatte meine Wurzeln nur im Harz, in Friedrichsbrunn. In den Nächten vor der Heimreise weinte ich auch wieder viel. Ich weinte als Kind überhaupt leicht, und immer hörte ich dann: »Spar dir doch deine Tränen für etwas Besseres auf«, oder man neckte mich mit dem Lied: »Weine nicht, es ist vergebens, denn die Tränen dieses Lebens fließen nur ins Kellerloch!« Und immer sah ich dann das kleine Fenster vor mir, das in den Friedrichsbrunner Kohlenkeller führte, wohin die Tränen meines Lebens flossen.

---

48 Als die Familie Bonhoeffer noch in Breslau wohnte, hatte sie ein Ferienhaus im Wölfelsgrund besessen.

In meinen ersten sechs Schuljahren, als meine Ferien noch von Anfang Juni bis Ende August oder Mitte September dauerten, war ich oft schon im Juni oben, wenn sich nur jemand fand, der mich betreuen konnte. Pfingsten waren wir meist alle zusammen dort – und dann blieb ich einfach oben mit einer Tante oder Großmama als pädagogischer Leitung, dazu einem dienstbaren Geist. Gelangweilt habe ich mich nie, auch nicht die Geschwister oder Freunde aus Berlin vermisst. Ich hatte das Gefühl, dass ich dort hingehöre, dort viel mehr zu Hause war als im Grunewald.

Das Dorf – ein lang gestrecktes Straßendorf, in der Mitte die Kirche – hatte rund 500 Einwohner. Ich kannte jedes fremde Gesicht heraus, das sich blicken ließ, und hatte meine Gefährten unter den Dorfkindern. Friedrichsbrunn galt als ›Höhenluftkurort‹: Es hatte ein Kurhaus und ein Sanatorium und drei große Gasthäuser, natürlich eine Kirche mit Pfarrhaus und Pfarrfamilie, eine Schule mit Lehrer und einen Schultheiß im Gemeindeamt, der außerdem noch den Gemeindebock besaß (ein Mordsvieh, das mir immer sehr teuflisch vorkam). Etliche Handwerker und Kaufleute hatten noch Ackerland dicht beim Dorf auf der weiten Rodung. Im Wald, nicht weit von uns, wohnte ein Förster; die übrige Bevölkerung bestand aus Waldarbeitern, und fast alle, auch die Ackerbesitzer, waren vorzügliche Wilddiebe. König Friedrich II. hatte dieses Dorf als Verbrecherkolonie angelegt; vorher hatte es Untrüborn geheißen, und es knüpfte sich noch eine alte Sage vom Schwedeneinfall und vergiftetem Brunnenwasser an den Namen.

Ich zählte die Tage, die Mahlzeiten, die Nächte, bis die Fahrt in den Harz endlich losging. Obwohl die ›Friedrichsbrunner Sachen‹ gleich oben im Häuschen blieben, war es vorher doch eine mächtige Packerei. Zwei, drei riesengroße Koffer zum Aufgeben, jeder von uns einen schweren Rucksack, einige Plaidrollen und im Krieg noch Kisten mit Lebensmitteln – denn die Friedrichsbrunner gaben nichts ab. Dazu kam dann auch noch unsere Ziege. Sie fuhr in einem Lattenkäfig im Gepäckwagen, wurde von Hörnchen bei jedem Aufenthalt besucht und musste in Halberstadt mit uns umsteigen, was immer großes Hallo auf dem Bahnhof gab.

Der Hausmeister meiner Berliner Urgroßmutter war auf dem Potsdamer Bahnhof der Mann mit der roten Mütze. Das nutzte meine Mutter aus und ließ zwei Coupés für uns reservieren. In den Kriegsjahren war es bei der gedrängten Menge, die sich da vor der Sperre sammelte, für mich ein entsetzliches Spießrutenlaufen, wenn wir mit unseren Rucksäcken und Musikinstrumenten die Abteile erklommen. Obwohl ich nicht verstand, was die Leute schrieen, fühlte ich mich doch von Zorn verfolgt. Manchmal mussten wir auch bei der Urgroßmama übernachten, um den Frühzug zu bekommen. Dann begann die Reise schon am Abend vorher. Ich habe noch eine unauslöschliche, grässliche Erinnerung an ihr Badezimmer, wo ich das Bidet für ein passendes Kinderklosett hielt und dann sehr verzweifelte, bis Hörnchen mich erlöste. Wenn der Schaffner uns verstaut hatte, wurde die Menge auf den Bahnhof gelassen. Die wütenden Blicke der den Zug Erstürmenden milderten sich, wenn sie in unsere geschlossenen Abteile sahen. Sie hielten uns nun wohl für Schwerkranke. Damals hielt man noch etwas auf Hygiene, und die beiden Abteile waren mit weißen Laken ausgeschlagen, damit wir nicht mit den Bazillen der vorherigen Fahrgäste in Berührung kamen. Ein Bärchen, das ich mitnehmen wollte, weil ich es ganz neu bekommen hatte, fiel mir herunter auf den Fußboden und flog kurzerhand aus dem Fenster. Ich war wohl gerade fünf Jahre alt, aber ich habe nie wieder im Zug etwas fallen lassen.

Ich fuhr schrecklich gerne Eisenbahn. Wir sangen, spielten Ratespiele und bildeten Wortketten. Und es gab so herrliche Sachen zu essen! Kalte Eierkuchen, Fleischklößchen und Semmeln, in denen Schokoladenstückchen steckten, auch Grießbrei in Marmeladeneimerchen, Saft in Bierflaschen und heißen Kakao in Thermosflaschen. In Halberstadt, wo wir oft zwei Stunden Aufenthalt hatten, gab es die besten Würstchen auf der Welt. Etwas herangewachsen, eilten wir in der Wartezeit oft in den herrlichen gotischen Dom. Mit der Bummelbahn ging es dann weiter; da kamen die Quedlinburger Blumenfelder und die Teufelsmauer – riesige Steine, die sich aus der flachen Ebene erhoben. Welche Wonne, dass alles noch da war. Gleich sind wir angekommen! Wer sieht zuerst die Berge? Mein Herz klopft ganz unsinnig vor Freude, wenn wir durch die letzte Station Neinstedt fahren. Thale! Tor zum Paradies! Scheußliche, kleine, innig geliebte Fabrikstadt!

Vor dem Bahnhof hält ein Landauer und ein Viersitzer. Die Kutscher begrüßen uns mit Handschlag, und ich erfreue mich an den Friedrichsbrunner Gesichtern. Mein Vater (falls er mitkommt) und jedenfalls immer die großen Geschwister wollen laufen. Wir warten noch, bis die Koffer da sind, und dann wird alles Gepäck im Landauer verstaut, wo auch die Mädchen Platz finden. Meine Mutter, Hörnchen und wir drei Kleinen kommen in die Kutsche. Beim ersten steilen Kurvenaufstieg entlastet alles, was laufen kann, die Pferde. Die Großen steigen durch das Steinbachtal auf, und manchmal kann man sie wieder treffen, wenn der Fußweg die Straße kreuzt. Nach einer halben Stunde ist der stärkste Anstieg überwunden, wir steigen wieder ein, und die Pferde fallen in Trab. Gar nicht schön ist es, wenn auf der schmalen Landstraße, die rechts steil ins Tal abfällt, ein anderer Wagen entgegenkommt. Ich würde dann am liebsten wieder aussteigen, aber das wäre feige. So bete ich, dass wir nicht herunterfallen und werde regelmäßig erhört. Jedes Waldstück, jede Schonung, jede Kreuzung ist mir vertraut. Dann wird die Luft immer besser, sagen die Erwachsenen – wir haben die Höhe erreicht.

Zum dritten Mal durch ein Gatter, dann kommt die kleine Waldwiese, bis zu der ich schon alleine gehen darf – und wenn der Wald sich lichtet, hinter der Schützenwiese, liegt es da. »Unser Häuschen! Unser Häuschen!«, brülle ich wie verrückt, denn nun ist es wirklich wahr und kein Traum und gar nichts ist passiert; es ist da und ich bin da – und nun ist das Leben nur noch schön. Hinter Fichten, die es ganz verdecken, sieht es mit seinen grünen Fensterläden auf den roten Ziegelsteinen so freundlich aus. Und während der Wagen den Fahrweg durch die Trift fährt, rennen wir Kinder über die Schützenwiese auf unserem ›Privatweg‹ ins Glück. Oft sind die Fußwanderer schon da, wenn sie nicht gerastet haben.

Dieser erste Spätnachmittag nach der Reise ist angefüllt mit Wiedersehensfreuden. Haus, Garten, Dorf, aber auch die Bilderbücher und die Spielsachen und die festen Schuhe und die Kleider vom Vorjahr – alles ist noch genauso, wie es war, und das gibt eine ganz große Sicherheit, dass es in dieser Welt ordentlich zugeht, auch wenn man nicht dabei ist. Dass im Jahr 1916 alle Gardinen gestohlen sind und die Kinder im Dorf sie als Kleidchen tragen, wird nur komisch genommen. Bei Kerzenlicht sinke ich dann müde und selig ins Bett; meine Träume haben sich erfüllt.

In späteren Jahren fahren dann bloß noch unsere alten Mädchen mit dem Gepäck herauf, und ich bin glücklich, auch laufen zu dürfen. Der Anstieg ist zuerst mühsam – so zwischen zwei und drei Uhr nachmittags in der Sonne, mit dem Rucksack auf dem Buckel, denn der Wagen kann nicht alles mit heraufnehmen. Aber wenn die Höhe erreicht ist, kommt die große Waldwiese, an der gerastet und gegessen wird. Man versinkt in blühendem Gras, trinkt aus eiligen Bächlein, und bald sieht man fast immer Wild: Hirschkühe mit Jungen, Rehe oder ein Böckchen, auch einsam schreitende große Hirsche oder ganze Rudel von jungen Hirschen. Es gibt sehr viel Wild in der Gegend; man muss sogar wegen Wildschweinen etwas vorsichtig sein. Durch die Sausielen geht es weiter, am Hexenhäuschen vorbei, einem einsam stehenden Wasserhaus. Nach zwei Stunden ist man oben. Laufen ist aber viel schöner als fahren!

Wir wohnen auf der Trift, nahe der Kirche, in der Schützenstraße 5. Das ›Häuschen‹ ist eigentlich ein recht großes Haus. 23 Betten kann man bei sehr gutem Willen darin aufstellen – und dann sind da noch das geräumige Esszimmer, das Wohnzimmer, die Küche und zwei große Glasveranden. Die Zimmer sind im Vergleich mit denen im Grunewald gemütlich niedrig. Die Möbel sind alle aus dem gleichen hellgelb gewachsten Holz. Bänke, Korbstühle, Tische, die man alle aneinanderstellen und so zu einer langen Tafel machen kann. Im Eckschrank steht das ›Kuhgeschirr‹. Das große Büfett breitet sich über eine ganze Zimmerfront aus und enthält in seinen vielen Fächern und Schubladen Apothekersachen, Petroleumlampen, Lampions und Kerzen, Spiele, Bücher, Keksdosen und das Essbesteck. Im Wohnzimmer stehen aus demselben Holz ein Schreibtisch, eine Kommode, Bücherbretter und um einen ovalen Tisch eine Korbsessel-Garnitur (etwas hart, aber mit bunten Kissen wohnlich gemacht). Als Teppich dient eine geflochtene Matte; sonst leuchten in allen Zimmern nur die blanken Dielen freundlich gelb. In jedem Zimmer steht ein großer, schwarzer Eisenofen, zum Schmuck kleine nackte Eisendamen daran (aber nur halb zu sehen). Es wird mit Holzscheiten geheizt, und man kann in jedem kochen oder Kannen mit Wasser heiß machen. Auch ein Arbeitszimmer für meinen Vater gibt es unten, wohin er sich zurückziehen kann, das aber in den Zeiten, in denen das Haus von Freunden wimmelt und er nicht da ist, mit zwei Betten belegt wird.

Ein breiter Flur teilt das Haus in zwei Teile. Ich nenne den Ausgang nach dem Garten zu, der nur drei Steinstufen hat und von uns allen benutzt wird, den ›Vorderausgang‹ und den, der zur Gartenpforte auf den Weg führt, acht Stufen und ein Geländer hat, den ›Hinterausgang‹; ich kann es einfach nicht begreifen, dass dort hinten, wo man so schwer hinauskommt und die Tür noch eine Glocke hat und immer klemmt (für mich ist sie zuerst gar nicht zu öffnen)

›vorne‹ sein soll. Außer der großen Küche gibt es unten noch ein großes Schlafzimmer und oben drei Zimmer und vier schräge Kammern, die aber auch je zwei Betten haben. Auch da sind alle Möbel denkbar einfach aus demselben hellen Holz, die Schränke nur hohe Kästen mit Vorhängen. Aber ein WC ist oben, von uns eingebaut, als meine Eltern das Haus 1913 kauften. Und warmes Wasser fließt seitdem auch nach oben. Vorher war das ganze ein Forsthaus gewesen und hatte dann der Gasthausbesitzerin gehört. Meine Eltern fuhren im Winter 1912 bei Schnee durch den Harz, um ein Haus zu suchen, und waren von Lage, Einsamkeit, Heizbarkeit und Geräumigkeit begeistert. Als sie um Ostern wieder heraufkamen, um die Handwerkerarbeiten zu begutachten, war der Schnee geschmolzen, und vor dem Haus breitete sich die große Müllgrube des Dorfes aus. Sie wurde auf dringendes Ersuchen stillgelegt, aber sie wuchs doch nicht so schnell zu, dass wir nicht noch unsere Freude an den Entdeckungsreisen in den Brennnesselwäldern gehabt hätten. An diese Schuttablagestelle mit ihren unvermuteten Tälern und Hügeln schloss sich die Schützenwiese an. Unser Garten war mit einem Lattenzaun gegen sie abgegrenzt. Wenn die nächtlichen Prügeleien auf dem Schützenfest sehr heftig wurden, wurden die Latten in solchen Fällen als Waffen herausgerissen.

Im Vorgarten dicht am Zaun war eine Laube, die aber nur von mir benutzt wurde. Die Fichten am Zaun machten sie dunkel und schattig; immer war es dort etwas feucht, aber man konnte sich ganz ungestört mit allen Puppensachen einrichten. Diese Laube diente der Dorfjugend der näheren Umgebung für ihre Zusammenkünfte, aber das wusste nur ich. Auch ich wurde in dieser Laube aufgeklärt und schätzte sie seitdem doch weniger. An einer Seite des Zauns liefen die Rückseiten der kleinen einstöckigen Häuser der Schützenstraße entlang, weiß gekalkt und zum Teil noch mit Strohdach gedeckt. Die Fenster waren winzig, die Misthaufen prächtig, obendrauf ein Hahn. Mit den Kindern, die dort wohnten, war ich durchweg gut Freund. Sie kamen über den Zaun und durch die Himbeerhecken, selten auch durch das Tor in den Garten zum Spielen. Auf der gegenüberliegenden Seite war Feld. Man konnte beim Milch holen viel Weg abkürzen, wenn man durch den gespannten Draht kroch und am Feldrain entlanglief, bis zum ›Großen Schilling‹, der sie verkaufte. Aber der Bauer, dem das Feld gehörte, war böse und konnte es nicht leiden, wenn man die Abkürzung benutzte. Ich habe oft die Beine in die Hand genommen, wenn ich ihn brüllen hörte, und glaubte, er käme hinter mir her. Einmal kam er auch wirklich mit einem Mordinstrument in der Luft herumfuchtelnd, und ich war froh, im Sauseschritt den heimischen Garten mit meiner Milchkanne zu erreichen. Nach ein paar Tagen versuchte man es aber doch wieder auf diesem Weg.

Einige Kirsch- und Apfelbäume, die wunderbar trugen, standen im Garten; ein Erdbeerbeet, das mangels Pflege einging, und ein Staudenbeet lagen dicht am Haus. Sonst war alles Spielwiese. Einen Morgen war das Gartenstück groß – Wiese unterbrochen von ein paar Büschen, Bäumen und Holzbänken. Zwischen die Bäume konnte man Hängematten binden. Klee blüht – roter Klee, dessen viele kleinen Blütchen unten ganz süß sind, und rund um mich herum summt es und riecht nach Sommer und Honig. Ganz dicke brummelige Hummeln schaukeln auf den Kleeblüten, und ich liege ganz still im Gras und versuche, kein Tier zu stören und einfach nur dabei zu sein. Schmale grüne Käferchen und ganz winzige schwarze Käfer oder Marienkäfer, ja sogar Ameisen – ich lasse sie ruhig auf mir herumkrabbeln und lausche verzückt dem Lobgesang der Insekten. Jedes Jahr stechen mich ein bis zwei Wespen, aber das ist das Sommeropfer, und ich bin auf dieser Wiese ganz ohne Unruhe.

Das Schönste im Garten ist die Köhlerhütte: schräge Balken aneinandergefügt, dick mit Moos bepolstert, oben darauf eine große runde Grasplatte, wie ein Storchennest, auf dem ich gut Platz habe. Eine Rundbank ist innen und sehr viel Ohrratzen.[49] In der Eingangstür hängt meine kleine Schaukel, und ich fliege in die Hütte hinein und hinaus und singe dabei selbstgemachte Lieder – lange, lange; mit etwas Übelkeit im Magen, aber glücklich. Schwarze Wachstuchkissen und blaue, kleine, gesteppte Decken dürfen aus der Veranda mit in den Garten und dienen als Inneneinrichtung für die ›Köte‹ oder später als Sitz beim Lautespielen und Sonnenbaden.

Als ich vier Jahre alt bin, entdecke ich eines morgens im Gras des Vordergartens, dicht bei der Laube, die ›Blaue Blume‹! Sie ist zwar nicht blau, sondern rosarot – aber ich habe noch nie eine so wunderbare Blume gesehen. Ich glaube, es ist die Wunderblume aus

---

49 Ausdruck unbekannt; wahrscheinlich eine Insektenart.

dem Märchen. Sie steht so einsam leuchtend da und hat schöne, fein gezackte Blätter. Ich mache vorsichtig das Gras rundherum weg und verschaffe ihr Platz; anschließend hole ich Steine und baue eine Mauer darum. Jetzt ist es meine Blume. Dann rufe ich die Großen voller Stolz. ›Storchschnabel‹ heißt diese Blume und ist nicht sehr selten; aber sie wird allgemein schön gefunden. Ich liebe sie den Sommer über, ich gieße sie – und sieh mal an, es werden immer mehr Blüten, und aus den Blüten spitze Schnäbel. Meine Blume wird respektiert; niemand tut ihr etwas zuleide, und als ich im nächsten Jahr nach ihr sehe, ist sie zwar kleiner geworden, aber sie wird wieder blühen. Und ich hege und gieße die Wunderblume auch das zweite Jahr mit Erfolg. Im dritten Jahr ist sie nicht mehr da. Vielleicht hätte ich sie auch nicht mehr so geliebt.

Denn nun darf ich schon durch die nahgelegenen Wiesen und Felder gehen und weiß, dass es keine Wunderblume, sondern Unkraut war, woran mein Herz hing. Von keinem Weg komme ich ohne Blumenstrauß heim. Die Stiele sind feucht, heiß und sehr dunkelgrün in meiner Hand geworden, aber sogar die Anemonen, die so leicht ihre Köpfe hängen lassen, werden in der weiten Schüssel mit Wasser wieder frisch. Dann lerne ich, Blumen erst auf dem Heimweg zu pflücken und sie mit Gras oder Binsen zu binden und nicht in meiner Hand zu pressen. Zu Anfang im Jahr sind die Blüten weiß, dann gelb, dann blau und rot in allen Schattierungen. Buchenwälder mit Anemonen-Fußboden, Wiesen am Waldsee voll Trollius, Glockenblumen, rote Steinnelken und duftender Thymian. Und in klarer, leuchtender Sommerlichkeit Kornblumen und Mohn in den goldenen Feldern. Im Juni sind die Harzwiesen nicht grün, sondern eine bunte Palette. Und wie sie duften! In hübschen Sträußen stehen sie in den Vasen – Arnika und Knabenkraut, Wiesenschaumkraut und Habichtskraut und die Skarbiosen mit ihren rührend nackten Stängeln, die so aussehen, als ob sie gerne noch schöner wären. So wandern sie in späteren Jahren dann eines nach dem anderen in mein Herbarium. Denn die Pracht kann doch nicht dauern. So wie der Bauer den Wald ›Holz‹ nennt, nennt er die Wiesen ›Futter‹, zu meinem Entsetzen. Das ist ein trostloser Name für diese liebliche Schöpfung. Heu duftet zwar herrlich, und Heuhaufen sind eine Lust – doch die Wiesen sind nun tot. Aber die Feldraine und Wegränder leben noch in ihrer Blütenfülle. Das Korn blüht und riecht nach Brot, und ich liege stundenlang darin verborgen auf schmalen Grasstreifen mit Schreibzeug oder Buch. Die Waldblumen protzen noch mit Farben, Halden leuchten rot von Weidenröschen; Fingerhut und Türkenbund sind selten. Nicht jede Waldwiese wird Futter!

Aber auch wir nutzen Wald und Feld, besonders in den Kriegsferien. Die Bauern sind nicht reich und kaum bereit, mit uns zu teilen. Die Bedürfnisse der vielen Personen bei uns sind mit einer Ziege nicht zu befriedigen. So wandern wir Kinder zu zweit umschichtig mit großen Milchkannen vier Kilometer in das Bauerndorf Allrode, das große Felder und weniger Wald hat. Der Weg ist schön, aber die Stunde heimwärts mit der Kanne in der Hand doch recht langwierig. Zur Milch gehören aber auch Beeren. Der Wald ist voll davon, und der Förster hat uns erlaubt zu sammeln. Das Mühsamste ist für mich, wenn es in die Erdbeeren geht. Wir kennen einige steile Halden, die gute Ernte hergeben. Zwei große Eimer kommen mit, und jeder hat ein kleines Gefäß. Brennnesseln, Disteln, rutschige Steine, schattenlose Glutsonne und dauernde Angst vor Kreuzottern, auf die man aufpassen soll. Aber wie? Und wenn ich mit dem gefüllten Töpfchen zur Sammelstelle kraxele, fällt es dabei bestimmt noch mal um. Die Großen haben es mit ihren langen Beinen viel besser auf dem steinigen, steilen Gelände. Ich tue aus Ehrgeiz, was ich kann, aber die Kritik an mir ist groß. Entweder sind es gewiss meine Beeren gewesen, die noch unreif oder matschig waren, oder ich war es, die so viel danebengeschüttet hat. Ich bin froh, wenn zum Aufbruch geblasen wird.

Die Himbeerhalden sind nicht so steil, und da ich mir aus verkratzten Armen nichts mache, klein und dünn bin und überall durchkomme, ernte ich da mehr Ruhm, und es flutscht auch besser mit den Himbeeren. Am schönsten ist es aber in den Blaubeeren, im schattigen Wald. Die weißen Leinenunterhöschen haben danach zwar immer blaue Flecken, aber ich fühle mich wie ›Hänschen im Blaubeerwald‹, träume Waldmärchen und pflücke ohne Ermatten. Nachts im Traum geht es dann weiter; kaum dass ich die Augen schließe, sehe ich Blaubeeren. Diese Sammelei ist wirklich eine Notwendigkeit, und im Herbst fahren die Großen manchmal noch herauf, um sackweise Bucheckern für die Ölmühle zu sammeln.

Aber die Hauptnahrung sind doch die Pilze. Wir ziehen mit dem Leiterwagen in die Schneisen bei Allrode aus oder in die Wälder beim Forsthaus Uhlenstein oder nach Treseburg hin. Die Dörfler essen keine Pilze, und zum Verkauf ist keine Gelegenheit. Außer uns ist nur noch eine Familie aus der Stadt in den Ferien oben ansässig, und die Sommergäste gehen nicht so weit in den Wald. So haben wir volle Ausbeute. Es muss wohl in diesen Jahren auch besonders viel gegeben haben. Meine Mutter versteht nichts von Pilzen, aber mein Vater kennt alle, und wir lernen es bald von ihm. Keine der häuslichen Hilfen darf sie putzen, nur wir Kinder unter seiner Anleitung. Jeder Pilz wird zuvor noch mal von ihm angeschaut, ob er auch nicht zu alt ist. Später ist dann Dietrich Oberpilzwart, der auch die Standorte am besten kennt und ›Pilzaugen‹ hat. Oft sind solche Augen aber gar nicht nötig. Man braucht bloß die tiefen Zweige der jungen Fichten anzuheben und die Steinpilze einzusammeln. Es gibt Reizker-Schonungen, die rötlich leuchten, aber da sind immer viele madig. Stockschwämmchen und Hallimasch kann man waschkorbweise von Baumstümpfen absammeln, aber es gibt auch Waldwiesen und Stoppelfelder mit weißlich glänzenden Champignons. Große Ketten getrockneter Pilze schmücken die Veranden und den Boden in unserem Haus.

Aber auch ohne ihn zu nutzen, lieben wir den Harzwald. In zwei Stunden Umkreis kenne ich ihn genau. Ich wachse mit den Schonungen, und sie überwachsen mich. Ich kenne alle Wege und Jägerstege, ich weiß, wo Pfade sumpfig oder staubig sein werden. In diesem Umkreis ist es mir nicht möglich, vom Weg abzukommen und mich zu verlaufen. Ich habe Lieblingswege, die ich immer wieder gehe. Der Salamanderweg ist ein in Sand und rötlichen Kies tief eingeschnittener Karrenweg durch Blaubeerwald, der sich an einem bachdurchlaufenen Wiesental hinzieht. Dort sind die Feuersalamander zu Haus. Sie laufen nach jedem Regenguss dort entlang, um sich in den Bach zu begeben. Bei Trockenheit liegen sie unter dem überhängenden Moos und Blaubeergesträuch in ihren kleinen Sandhöhlen. Nach Christels Vorbild verblüffe ich gern Erstlinge unserer Friedrichsbrunn-Besucher durch meine persönliche Kenntnis dieser Lurche: Ich rufe sie mit Namen, greife dabei in eine Höhlung und behaupte, sie hörten auf mich, wenn ich sie vorzeige.

Dieser Weg führt nach vierzig Minuten zum Waldsee, der bald nur noch ein Tümpel im Binsengrün ist, von Libellen umschwirrt, wo sich im Frühling die Frösche lieben und der später von Kaulquappen wimmelt. Dann beginnt das Tiefenbachtal steil nach

Treseburg abzufallen. Ein sprudelnder, klarer, schmaler Bach zwischen niedrigen Tännchen, die wiederum von riesigen Fichten umgeben sind und sich auf beiden Seiten steile Berglehnen hinaufziehen. Große lila Disteln überragen Tannen und Farne, und hier ist das Paradies der Schmetterlinge. Distelfalter, Pfauenaugen, Kleiner und Großer Fuchs, Schachbrett, Schwalbenschwanz und viele andere lerne ich da kennen. Dieser Weg ist verboten. Viele Wege sind im preußischen Staatsforst verboten – und immer die schönsten. Aber uns macht das nichts, denn wir haben vom Förster, der meinen Bruder Walter mit auf die Jagd nimmt, einen Erlaubnisschein für alle Wege bekommen. Der Förster weiß, dass wir uns waldgemäß verhalten.

Verboten ist auch die Gabrielswand, von der man den schönsten Blick auf den Brocken hat und wo man ganze Tage verbringen kann: lesen, Wild beobachten, Pflanzen für den Steingarten suchen und halsbrecherisch herumklettern. Diese Felsnase hoch über dem Bodetal gehört schon zur Försterei Thale, und ab und zu hat man Ärger mit dem dortigen Förster, der den Platz ebenfalls liebt und uns aufstöbert. Wir bestehen aber auf der oberförsterlichen Erlaubnis und lassen uns nicht vertreiben. Die Höhenwege über dem Bodetal sind besonders im Herbst unglaublich schön, wenn das Laub sich färbt, ein Duft von tausend Kräutern in der Luft liegt und Gräser und Zweige im Sonnenlicht flimmern.

Aber auch stille Badeseen liegen nicht weit von uns entfernt: zwei davon künstlich angelegt, einer zum Kahn Fahren, einer mit Badeanstalt. Doch wir bevorzugen die weiter abgelegenen Waldseen. Der eine heißt Bergratmüllersteich – ein schweres, unverständliches Wort, das ich erst begreife, als man mir sagt, er hieße so nach einem Bergrat Müller. Mit diesem mir unbekannten Herrn sind nun meine schönsten Erinnerungen verbunden. In vierzig Minuten ist er zu erreichen, einsam und waldumstanden. Gut, dass ich so zeitig schwimmen gelernt habe, denn es geht gleich ganz steil hinein. Dort haben wir ein Floß und Baumstämme im Wasser. In der nahen Kiesgrube können wir uns auf einem Feuerchen Mittagessen zubereiten. Kaum ein Mensch kommt da den ganzen Tag über vorbei. Mein Bruder Walter ist besonders geschickt im Krebse Fangen. Er streckt die Finger unter einen morschen Stamm und lässt sich mutig zwischen die Scheren nehmen, um den Krebs zu angeln. Mir tut das zu weh, aber ich lerne sie auf dem Grund an der schlanken Taille zu greifen. Wir bauen Kanäle und Burgen, suchen im verschilften Teil nach allerhand Kleingetier und schwimmen rundherum und paddeln auf dem Floß.

Eine viertel Stunde weit liegt sehr verborgen der Erichsburger See – sagenumwoben, noch tiefer und als gefährlich geltend, weil er Klippen hätte. Christel und ich schwimmen ihn ganz aus, Meter für Meter, und geben ihn dann der übrigen Familie zum Schwimmen frei (was sie übrigens auch vorher schon tat). Über dem See liegt die Ruine Erichsburg. Sie ist schon im 12. Jahrhundert zerstört worden, aber ihre Überreste begeistern uns noch zu den herrlichsten Spielen. Walter ist sechzehn und ich bin sechs Jahre alt, und wir erstürmen sie an dem mit Brennnesseln bewachsenen Steilhang, der senkrecht vor mir aufstrebt. Wir halten uns an Himbeerranken fest, rutschen und klettern, und es ist mein schönster Lohn, wenn Walter dann sagt: »Es ist allerhand, wie du da hochgekommen bist.« Runter möchte ich den Weg allerdings nicht gehen. Abends kommen dann zwei unserer häuslichen Hilfen mit einem Leiterwagen voll Milchreis und belegten Schnitten angefahren, und wir essen in den Burgruinen zu Abend.

Ganz unheimlich sind die Erichsburger Schächte, die ›versoffen‹ sind, mitten im Wald schräg eingemauert – tiefe Gruben voll schwarzen Wassers. Ich weiß, hier gehen die lebensmüden Friedrichsbrunner sich ertränken. Dunkle, hohe Fichten rundum; es ist schauerlich schön dort, und Burg und See erhalten dadurch etwas Beängstigendes. Der Bergratmüllersteich ist harmloser. Aber auch er kann gefährlich werden: Wir stehen mit Hörnchen am Ufer, und die großen Schwestern schwimmen mit Fräulein Lenchen, der Tochter der Kinderfrau meiner Mutter, die beide zu Besuch bei uns waren, draußen im See. Plötzlich beginnt Dietrich zu brüllen, und wir sehen Fräulein Lenchen mit den Armen in der Luft rumfuchteln und absacken. Hörnchen erfasst die Situation sofort, sie reißt ihre Uhr aus dem Rockbund und wirft sie ins Gras. Dann stürzt sie sich mit Lodenrock und hochgeschlossener Bluse ins Wasser. »Wegbleiben! Nicht ranschwimmen!«, schreit sie den Mädels zu. Wir drei Kleinen heulen am Ufer. Ich kann vor Angst kaum hinsehen. »Sie hat sie!«, ruft Christel. Und wirklich holt sie, jetzt von den Schwestern unterstützt, die Bewusstlose, die sich nicht mehr wehrt, von der Mitte des Sees ans Ufer. Inzwischen sind einige Leute aus dem Wald gekommen, die Wiederbelebungsversuche machen. Als

Lenchen wieder zu sich kommt, setzt sich das nasse Hörnchen mit uns in Bewegung, um eine Kutsche herbeizuholen. Eine schwere Erkältung und die Rettungsmedaille sind die Folgen für sie.

Wie groß waren alle Zimmer in der Wangenheimstraße, wenn man aus Friedrichsbrunn heimkam! Eigentlich bemerkte ich nur am ersten Abend beim Heimkommen, dass wir Teppiche auf dem Fußboden und Bilder an den Wänden hatten. Das ganze Jahr über fiel es mir nicht mehr auf. Morgens war man noch mit dem Rucksack auf dem Rücken den Weg durch das Steinbachtal nach Thale hinuntergelaufen, Klaus mit dem Cello unterm Arm; dann im überfüllten Zug vierter Klasse bei Hitze stehend nach Berlin gefahren. Auch wenn wir in Thale in den leeren durchgehenden Personenzug einstiegen – wir Kinder standen natürlich auf, wenn ältere Leute hinzukamen. Einmal gab sich Klaus als Augenarzt aus, weil eine Frau das Fenster absolut nicht öffnen lassen wollte, obwohl die Luft zum Ersticken war. Er untersuchte mit einer Pflanzenlupe fachmännisch das zuggefährdete Auge der Bäuerin und stellte fest, dass dieses Auge gerade frische Luft brauche und sich bei mangelndem Sauerstoff entzünden würde. Er sprach fließend und glaubwürdig lateinische Fremdworte, und wir wussten uns das Lachen zu verkneifen. Die Bevölkerung im Abteil war so zusammengesetzt, dass an eine Entdeckung nicht zu denken war, und das Fenster wurde nun zur Erlösung aller einen Spalt breit geöffnet.

Schließlich kam man durch Potsdam, wo wir manchmal ausstiegen und mit dem Vorortzug bis Grunewald fuhren. Von dort hatte man zwar noch zwanzig Minuten zu laufen, aber so geriet man nicht gleich in das volle Berlin. Wenn man vom Fernbahnhof über den Potsdamer Platz zur Ringbahn ging, dachte ich immer, es wäre hier eben ein Unglück geschehen. Ich hatte vergessen, dass es so viele Menschen gab. Plötzlich kam man sich auch ganz falsch angezogen vor. Alles sah so fremd und städtisch aus. Aber gleich hinter der Halensee-Brücke begann die Heimat. Da standen dann die großblättrigen Kastanienbäume und in unserer Wangenheimstraße die Ahornbäume, die sich bald färben würden. Die schwarzen Sauerkirschen am Spalier unter der Veranda hingen auch noch da. Ich mochte sie eigentlich gar nicht, nur am ersten Tag der Heimkehr schmeckten sie mir. Alles klang viel gedämpfter; es war schön und traurig zugleich, wieder daheim zu sein. Dietrich saß bereits am

Klavier. Das war tröstlich zu hören. Es dauerte ein Weilchen, bis ich mich oben in mein pieksauberes Zimmer traute, wo die Puppen in einem fremden Arrangement saßen. Erst mussten ja auch die Hausbewohner begrüßt werden, vor allem die Mädchen. Der warme Duft der Küche, wo das Abendessen angerichtet wurde, war das Vertrauteste. Die ersten Äpfel waren reif. Alles war hier in Berlin schon um vier Wochen herbstlicher. Und morgen war wieder Schule – pfui Teufel!

Mit den Friedrichsbrunner Honoratioren verbanden uns freundschaftliche Beziehungen. Beim Oberförster Bertram durften wir im Garten Himbeeren pflücken, und Förster Kadersch hatte ein Klavier, auf dem wir am Vormittag üben durften oder mussten. Beide wohnten nicht weit von uns im Wald. Jedes Jahr machten meine Eltern, wenn sie raufkamen, bei ihnen einen Besuch, und jedes Jahr kamen sie dann auch zu uns. Pastor Gottschalk gab sich in seiner Gemeinde alle Mühe, aber das Volk blieb gottlos. Meine Eltern besuchten auch ihn, sogar ab und zu in seiner Kirche, und luden ihn mit seiner mir ziemlich ältlich vorkommenden Tochter zu uns ein. Er war sehr dankbar, dass meine Eltern ihre halbe Kirchensteuer ihrem zweiten Wohnsitz, also Friedrichsbrunn, zukommen ließen. Das machte für den Gemeindesäckel ziemlich viel aus. Bei ihm war ich, von meinen Eltern mitgenommen, zum ersten Mal in einer Kirche und fand es auch sehr schön. Bei der anschließenden Examination durch die Geschwister, was ich denn nun davon verstanden hätte, war aber nichts aufzuweisen. Es war ein netter Zug von ihm, dass er Schwalben in der Kirche nisten und fröhlich darin umherfliegen ließ.

Der Arzt des Sanatoriums war in den ersten Jahren der Einzige, der wie ein ›richtiger Berliner Gast‹ zum Abendessen öfter zu uns kam. Irgendetwas stimmte aber bei ihm nicht, und nachträglich wurde mir klar, dass er wohl wegen Süchtigkeit wegmusste. Damals war bei mir nur ein dunkles Gefühl aus Mitleid und Furcht gemischt für ihn vorhanden.

Die wirkliche Herrin des Dorfes war Frau Strokorb, die Witwe des Besitzers des Sanatoriums, die es weiter aufrechterhielt. Sie hatte große Söhne, die mit meinen Brüdern in den Ferien allerhand unternahmen, und eine kleine Tochter, Ursel, zwei Jahre jünger als ich, die meine stete Friedrichsbrunner Freundin war. Zum

Sanatorium, das von meinem Verandafenster aus zu sehen war, stieg man durch einen kleinen Waldweg am Bach entlang hinauf. Das war immer mein erster Weg, wenn ich nach Friedrichsbrunn kam. Meist verband sich das auch noch mit dem Wäscheabholen, denn im Krieg erschien es meiner Mutter richtiger, die Wäsche nicht im leeren Haus zu lassen, und Frau Strokorb bewahrte sie auf. Sie stand uns überhaupt rührend zur Seite, half uns auch mit der Ernährung und legte großen Wert auf meine Freundschaft mit Ursel. Sie sprach sehr schnell und undeutlich. Meine Geschwister machten sie gerne nach – wie sie an meinem Geburtstag mit Ursel und einem Porzellan-Konfektherz ankam und unaussprechlich schnell zischte: »Usselchenschenktirirherz«. Das Sanatorium war mir immer unheimlich, und ich war froh, wenn ich bis zu Ursel durchdrang. Es gab auch eine Kinderabteilung, und Ursel nahm die Mahlzeiten dort ein. Ich auch, wenn ich eingeladen war. Der schöne Kakao beeindruckte mich ebenso wie die völlige Tischruhe. Überhaupt war es ein sehr leises Haus mit dicken Teppichen und huschenden Schwestern. Einmal wurde ich mit einer Bestellung drei Stunden lang in einem Zimmer vergessen. Seitdem warte ich nicht mehr gern bei geschlossener Tür, denn der Entschluss, mich fortzubegeben, fiel mir sehr schwer. Bis zum Ende habe ich mich nie richtig in den Räumen dort zurechtgefunden.

Die Ahnen der alteingesessenen Friedrichsbrunner Bevölkerung waren straffällig gewordene Preußen und von Friedrich II. dort angesiedelt. Manchen Familien merkte man das noch an. Aber sie hielten gut zusammen und hassten jeden, der von außerhalb kam. Wer zehn Kilometer weiter weg geboren war, galt als ›Ausländer‹. Es war das einzige preußische Dorf in der Gegend; rund herum befanden sich die Herzogtümer Braunschweig und Anhalt. Man heißt Schilling oder Glahn, ist verwandt oder verfeindet oder beides zusammen. Man ist Kommunist und benutzt die Kirche nur zu Amtshandlungen. Weil der Pfarrer der Tochter des Gastwirts die Trauung mit Kranz und Schleier verweigerte und die ganze Gesellschaft deshalb nach Quedlinburg musste, hat er sowieso verspielt. Wenn die kleinen Bauern auch dem reichen Gastwirt und seiner Tochter die Blamage gönnen, so ist es doch gefährlicher, Feind des Gastwirts als des Pfarrers zu sein. Die Moral steht auf schwachen Füßen. Vom Gärtner St. lassen sich meine Eltern im ersten Jahr zwei Rosenstöcke vors Haus setzen. Als wir wieder heraufkommen, sind sie nicht mehr da. Sie blühen vor dem Sanatorium, und wir erfahren dann, dass er sie auch für uns schon im Kurhaus gestohlen hatte (wo er sie vorher selbst gepflanzt hat).

Wir bringen Geld ins Dorf, und die Bauern kommen auf den Geschmack der Sommergäste. Sie bauen sich Veranden an ihre Häuschen, ziehen im Sommer in den Keller und vermieten ihre Zimmer. Langsam wird es belebter; es fährt sogar ein Autobus von Suderode herauf – erst einmal am Tag, dann morgens und abends. Die Bauern werden reicher und freundlicher, das aber erst in den zwanziger Jahren. Nach 1918 ist es ganz schlimm; wir dürfen nicht mehr frei im Wald herumlaufen ohne Begleitung Erwachsener, denn Wild- und Holzdiebe und allerlei Strolche treiben sich da herum. Der Wildbestand geht wesentlich zurück. Aber Schützenfeste gibt es wieder, und die Kerle schießen alle prächtig. Der alte Glahn neben uns, der in seiner Wohnung ›gefundene Geweihe‹ hat, schießt allemal ins Schwarze und nur dann daneben, wenn ihm das Schützenkönig-Sein zu teuer wird. Seine uralte Mutter, die bei ihm lebt, gilt als Hexe. Sie hat im Forsthaus Dambachshaus auf einem Jagdfest noch mit dem Kronprinzen getanzt, erzählt sie; und das kann nur Wilhelm I. gewesen sein. Jetzt fürchtet sich alles vor dem bösen Blick aus ihren Triefaugen. Zu mir ist sie freundlich, weil ich ihr nicht nachschreien darf und auch andere Dorffreunde davon abhalte. Zu meinem Vater sagt sie zu unserem Vergnügen »meine liebe Sohne«. Einmal bittet sie ihn im Krieg, sie von irgendwelchen Schmerzen zu befreien, und er kommt mit drei frischen Eiern zurück, die sie aus ihrem Sofa hervorgezogen hat, und freut sich der Honorierung.

Hie und da langt der Arm des Gesetzes ins Dorf und holt sich einen. Dann sind die guten Dörfler alle entrüstet über den Frevler. Immer wieder nimmt sich jemand das Leben. Einer hängt eines Morgens am Sprungbrett über dem Badeteich, wird erzählt. Ich mag eine Weile nicht mehr hingehen, weil ich das Bild nicht loswerde. Entrüstet ist man auch über eine wilde Ehe im Dorf, die eine ältliche bärtige Schneiderin mit einem Allröder führt, dessen Frau sich nicht scheiden lassen will. Fünf gesunde, blonde Kinder entspringen dieser Bindung. Dass sonst wenigstens das älteste Kind in jeder Familie nach der Mutter heißt, ist völlig üblich. »Zu an Kind kann jede mal kommen«, sagt eine Dorffrau, »aber zwa!« Zwa ist unmoralisch – und nun erst fünf!

Ich habe vier beste Freundinnen im Dorf. Zwei heißen Emmi und lassen sich dadurch unterscheiden, dass von der einen die Mutter einen Gemischtwarenladen hat, in dem ich auch mitverkaufen darf, während die andere einen unentwickelten, verkrüppelten Arm aufzuweisen hat. Minna hingegen ist die Tochter vom Schmied und hat noch sieben kleinere Geschwister. Ihre Mutter ist bei ihrer Geburt gestorben, sagt sie; ich höre aber, dass sie dem Schmied davongelaufen ist, und die zweite Frau hat einen Jungen mitgebracht, den sie im Eisenbahnwagen gefunden haben will. Dieses Fränzchen habe ich ins Herz geschlossen, weil er so schöne, todtraurige Augen hat und ganz anders ist als alle anderen Dorfkinder und darum so viel geneckt wird. Ich zeige ihm, wie man mit dem Tuschkasten malt, und er sitzt tagelang auf unserer Veranda und freut sich an den Farben.

Die vierte und beste Freundin ist Hertha, die in einem der kleinen Häuser an unserem Zaun wohnt und mich einfach mit Beschlag belegt. Ihr Vater ist ein ganz armer Holzhauer, die Mutter eine mordstüchtige Person, die mich heute noch duzen würde. Besondere Kennzeichen: Katzen. Katzen in allen Größen. Und Speck. Wenn ich ins Haus komme, schneidet Mutter Mämicke eine dicke Scheibe von der am Dachbalken hängenden Speckseite ab und teilt sie zwischen Hertha und mir.

An warmen Sommerabenden darf ich bis um neun Uhr aufbleiben. Die Dorfkinder gehen sowieso nach Belieben schlafen, oft erst nach ihren Eltern, was vielleicht die Sittlichkeit fördern soll. Aber das nützt auch nichts mehr. Jeden Abend nach dem Essen strömt die Schar der Dorfmädchen in den Garten. Ich lerne von ihnen Kreisspiele, die oft fast volkstanzhaft sind. Der große Rasenplatz unter den Bäumen ist dafür wie geschaffen. Es muss ausgesehen haben wie in einem Kaulbach-Bilderbuch,[50] diese langbezopften, beschürzten kleinen Mädchen, Hand in Hand singend im Kreis. Ich selbst empfinde deutlich die andere Welt des Dorfes, wenn ich an unsere Spiele in Berlin denke. Langsam kommen auch die Dorfjungens dazu, und dann wird ›Verteidigen und Angreifen‹ gespielt. Dreißig bis vierzig von ihnen toben bis zur Dunkelheit durch den Garten. Da die Kinder aller Anwohner beteiligt sind, wird es nir-

---

50 Hermann Kaulbach (1846–1909); seine Zeichnungen wurden u.a. 1906 im ›Bilderbuch‹ und 1910 im ›Gartenlaube-Bilderbuch‹ veröffentlicht.

gends missliebig vermerkt. Ursel Strokorb darf auch kommen, wenn sie heimgebracht wird – ansonsten gehen die kleinsten Putze alleine nach Hause. Wenn es noch nicht zu dunkel ist, darf ich sie zurückbringen. Bei einem solchem Heimweg – sie war fünf und ich sieben Jahre alt – klärt Ursel mich anhand eines Schüttelreims über die Beziehungen der Geschlechter restlos auf. Dies mit allen einschlägigen diesbezüglichen Wörtern, die ihr zur Verfügung stehen, so dass ich nun auch in der Lage bin, die Beschriftung und Bemalung in den Umkleidekabinen der Kinder am Badeteich zu verstehen. Es wurde aber auch Zeit, denn ich war die einzige ›Unschuld vom Lande‹ unter der Dorfjugend.

Zu meinem siebten Geburtstag hatte meine Mutter mir gesagt, ich dürfe einladen, wen ich wolle. 56 waren es nun doch geworden. 56 fand ich auch ziemlich viel. Aber es ging nicht darunter, denn sonst hätte ich die kleinen und großen Geschwister traurig gemacht, die zu meinen Freunden gehörten. Außer den vier besten Freundinnen und Ursel waren es bestimmt noch 15 ganz gute – und einige, die eben immer dazukamen, obwohl ich sie nicht sehr mochte (wie die Tochter von dem klauenden Gärtner). Ich hatte, damit es nicht allzu viele wurden, die Altersgrenze zwischen drei und dreizehn Jahren gezogen. Trotzdem blieben es 56. Es wurden sogar 57, denn Albert Glahn, der vierzehn war, ein Urenkel der alten Ricke (wie die Ahnfrau und Hexe Glahn genannt wurde), brachte mir am Vormittag ein schönes Portemonnaie mit einem Bild von Friedrichsbrunn darauf. Da lud ihn mein Vater persönlich ein, als er hörte, Albert käme als zu alt am Nachmittag nicht dazu. Und Albert strahlte über seinen Erfolg. Ich bekam überhaupt schöne Geschenke: Am eindrücklichsten ist mir die Porzellankuh geblieben, aus der man Milch trinken konnte. Ich hatte und liebte sie lange.

Das Fest begann mit einer Kuchenschlacht im Freien bei herrlichem Wetter an langen Holztischen. Dann wurde mithilfe der großen Geschwister gespielt und gewonnen; meine Mutter machte ein Kasperle-Theater; der geheimnisvolle Zwerg kam zu Besuch – jedenfalls war Jubel, Trubel, Heiterkeit. Nur das Fränzchen vom Schmied, mein kleiner verträumter Malfreund, saß unbeweglich auf der Bank und war durch kein Zureden zum Mitspielen zu gewinnen. Das Fest sollte sich noch über den Abend hinziehen. Schokoladensuppe mit weißen Mäuschen aus Eischnee wurde gereicht, und das war im Jahr

1916 doch eine Seltenheit. Rings durch den Garten waren Schnüre gespannt, an denen Lampions hingen – und zum Schluss würde es dann einen großen Umzug geben und jedes Kind einen Lampion mit heimnehmen dürfen. Meine Mutter bemühte sich um Fränzchen, und schließlich bekam sie es heraus: Fränzchen hatte sich unter den schönsten Lampion gesetzt; nun hob er endlich auf vieles Fragen hin den Finger, zeigte nach oben und sagte: »Den nehm' ich mir!« Das war wahre Liebe zum Schönen – er verzichtete auf alles Spiel, auf alle Gewinne, nur um dann die Schönheit besitzen zu können; und er hütete sie, damit niemand sie ihm raube.

Nach dem Abendessen wurde dann noch bis zum Dunkelwerden gesungen – Volkslieder und Kinderlieder mit Instrumentalbegleitung. Und dann begann der Lampionumzug. Inzwischen hatten sich die Eltern der Kinder am Gartenzaun eingefunden und nahmen zum Schluss ihre Kleinen mit den brennenden Lampen nach Haus. Es war ein Dorfereignis. Nur fünf Geschwister (zehn, sieben, sechs, fünf und drei Jahre alt), die meiner Mutter schon durch ihre dürftige Garderobe aufgefallen waren, wurden nicht abgeholt. Da brachte meine Mutter sie selbst heim und entdeckte so die Familie Sanderhoff.

Sanderhoffs waren lustige Ausländer! Ortsfremde, ohne Geld und ohne Arbeit. Sie kamen aus Neinstedt, zehn Kilometer entfernt im Tal gelegen. Er war Metzger und Zimmermann. Das war ein Sommer- und Winterberuf auf dem Dorf, und so hoffte er, seine Frau und die fünf Kinder in Friedrichsbrunn ernähren zu können. Sie hatten die Kinder bei uns nicht abgeholt, weil sie sich nicht unter die feiertäglich aufgeputzten Ansässigen mischen wollten. So standen sie unter der Tür ihres Hauses, umschlungen wie ein Liebespaar, und warteten. Verliebte Eheleute und viele Kinder – da schlug das Herz meiner Mutter höher. Enge und Armut gingen über das Maß hinaus, was meine Mutter kannte; die ganze Familie hatte nur ein einziges Zimmer, und die Eltern Sanderhoff waren rührend, wie alles Gehetzte, Eingeschüchterte, was sich liebt. Neben der Ehe meiner Eltern war die Sanderhoff'sche Ehe die reizvollste, die ich kenne.

Heimgekehrt, war der Plan meiner Mutter bereits fertig. Das große Waschhaus konnte freigemacht werden, wenn eine Waschküche für uns im Keller eingerichtet wurde, und die großen Jungens brauchten auch nicht mehr unbedingt eine Bastelwerkstatt im Waschhaus. So konnte man durch Einziehen einer Wand eine

Küche und zwei Zimmer gewinnen und hatte dadurch Leute auf dem Grundstück, die auf die Gardinen aufpassten, wenn wir nicht da waren. Natürlich mietfrei und mit Heunutzung (das allerdings geschnitten sein sollte, wenn wir kämen). Holzhacken und auch alle Tischlerarbeit am Zaun sollte er machen und uns gegen Bezahlung im Haushalt helfen.

Mein Vater war es zufrieden – wie immer. Vierzehn Tage später zogen Sanderhoffs mit ihren fünf Kindern auf unser Grundstück. Ehe es neun geworden waren, gaben ihnen die Eltern Geld, damit sie den Heuboden für die großen Jungens ausbauen konnten; aber die Jungens schliefen auch unausgebaut oben im Heu, und das Geld wurde anderweitig verbraucht. Beide Eltern waren fleißig, aber es reichte eben nie. Wir hatten sie alle bald sehr gern, sie uns auch. Und das war gut, denn sonst wäre es schwierig geworden.

Die Besitzbegriffe verwirrten sich ihnen zusehends – aber es war einfach nicht möglich, das übel zu nehmen. Sie schienen sich nur aus dem Überfluss, den Gott ihnen darbot, zu bedienen. Er trank nicht, rauchte nur, was er geschenkt bekam, und war auch sonst lasterfrei. Er brauchte nicht so sehr Geld wie beispielsweise Holz zum Heizen. So verschwand nach und nach unsere Laube, die Köhlerhütte, Tische und Stühle aus dem Garten, Teile vom Holzlattenzaun, ja sogar Bäume. Jedes Jahr im Lauf des Winters irgendetwas. Alles war immer der Wind, der so restlos damit aufräumte. Er war Zimmermann und wohl auch Schlosser. Wir konnten die Läden noch so dicht machen, die Türen mit Sicherheitsschlüsseln verschließen – rein ins Haus kam er immer, wenn wir nicht da waren.

Trotz allem liebten wir Sanderhoffs. Das glückliche Familienleben und ihre ständigen Schwangerschaften lösten bei meiner Mutter so viel fürsorgliche Sympathie aus, dass das Nichtstehlensollen ein geringfügiges Gebot wurde, wenn man nicht alles hatte, was man brauchte. Jedes Mal mussten wir uns fehlende Haushaltungsgegenstände von drüben wieder zurückholen. Alles bei uns war genauestens registriert. Vor der Abreise wurde die Inventarliste, die in allen Zimmern hing, jeweils vom Letzten als geprüft unterschrieben. Aber auch das half nichts. »Ich hätte gern die Zinkwanne und den weißen Eimer, das Reibeisen und den großen Wassertopf wieder, die Sie sich geborgt haben«, sagte man, wenn man rüber ging, und dann bekam man es. »Ich mache es bloß noch blank«, antwortete sie. Schlimmer war es mit den Betten. Einmal waren wir etwas früher und nicht angemeldet gekommen und fanden weder Matratzen noch Federbetten vor. »Haben Sie die Matratzen geklopft?« Dann kamen sie von ihrem Heuboden wieder herunter, eine nach der anderen, und die Decken auch. Aber in der Nacht konnte keiner von uns schlafen – alles voller Flöhe! Bei Kerzenschein gingen wir auf Jagd und ersäuften die Insekten im Waschbecken, um Beweise für unrechtmäßige Benutzung zu haben. Die neunjährige Tochter erzählte zum Schutz ihrer Familie, der Russe, der keine Lust hatte, aus der Kriegsgefangenschaft heimzukehren und beim Vater arbeitete, hätte bei uns geschlafen. Das empörte die Eltern Sanderhoff: Die Kleine sei ja so verlogen, gerade der Russe habe bei ihnen im Haus geschlafen. Wo nun auch immer, jedenfalls waren die Flöhe in unseren Betten. Als sie besiegt waren, hatten wir Sanderhoffs wieder gern.

Schwieriger war, dass sie, wenn wir da waren, auf unsere Rechnung für sich einkaufen gingen. Aber das kam ja Ende der Saison heraus, und es blieb nun nichts übrig, als die Kaufleute zu warnen, dass von uns und unseren Gästen niemals auf Borg gekauft wurde. Ernstlich böse wurde mein Vater, als er eine Kohlenrechnung bekam, wo Sanderhoff die Unterschrift unter dem Auftrag gefälscht hatte. Das sollte dann abgearbeitet werden. Dazu waren sie auch freudig bereit. Aber wenn meine Eltern dann im Abenddämmern ganz hinten auf unserer Wiese Vater Sanderhoff mit seiner hochschwangeren Frau zur Festmusik auf dem Schützenplatz (wo sie sich nicht mehr blicken lassen mochte) ganz vorsichtig ein Tänzchen machen sah, war alles wieder vergessen. Die Familie Sanderhoff gehörte eben zu uns. Vielleicht hätte man ihr noch mehr gegeben, wenn sie sich nicht so viel genommen hätte. Und doch konnte man sich irgendwie auf sie verlassen; Fremde ließen sie nicht rein, und wären sie nicht da gewesen, wäre bestimmt noch viel mehr fortgekommen. Wir standen auch alle umschichtig Pate bei ihren Kindern. Der Sohn, der nach dem Krieg geboren wurde, hieß nach meinem Bruder Walter.

Meine Eltern reisten meist ab, wenn das Schützenfest kam – ich aber war glückselig. Im Krieg wurde nicht gefeiert, und von der Zeit vor 1915 ist mir nur eine schattenhafte Erinnerung geblieben. Doch schon im Sommer 1919 gab es wieder ein Schützenfest. Als ein Friedrichsbrunner Kind vom Lehrer nach den drei großen Festen des Jahres gefragt wurde, sagte es: »Weihnachten, Schützenfest und Schweineschlachten!« Wenn das Schlachten für mich auch keine hohe Bedeutung hatte – dass das Schützenfest ein Feiertag war, empfand ich ebenso. Schon eine Woche zuvor kamen die Wagen der Budenbesitzer und hielten vor unserem Haus. Schwarzhaarige, zerlumpte Kinder holten Wasser bei uns. Dunkle Männer mit nacktem Oberkörper lehnten an unserem Zaun, und langhaarige, zigeunerhafte Mädchen wurden von der Dorfjungmannschaft belagert. Ponys, Hunde und Ziegen trieben sich auf der Wiese herum, und unter jedem Wagen gackerten Hühner. Die Dorfjungen halfen mit aufbauen, und auch ich war den ganzen Tag nicht vom Schützenplatz wegzubekommen. Ein Karussell (erst noch mit Zugpferd und Drehorgel, später dann mit Motor und Grammofon), Luftschaukeln, ein ›Haut den Lukas‹, Würfel- und Süßigkeitenbuden, Glücksrad und Bierzelt, Zirkuszelt und Würstchenverkauf – das alles brauchte Zeit zum Aufbau. Die Tanzdiele war mit Birkengrün eingefasst; der Holzboden und das Haus für die Musikkapelle standen das ganze Jahr über da. Ebenso das Örtchen. Beides wurde mit frischem Grün geschmückt, und die wechselnden Gerüche von welkendem Laub und Abtritt verbinden sich mir mit dörflicher Festfreude.

Am Abend vor dem großen Festtag fand ein Umzug durchs Dorf statt, der über eine Stunde dauerte. Die drei letzten Schützenkönige wurden feierlich abgeholt, und jedes Mal wurde dabei von den wackeren Schützen eine Flasche Bier ausgetrunken; vorne ging die Musikkapelle. Imposant war der Tambourmajor mit dem Stab und den weißen Handschuhen. Nach den Schützen kam die Anwärter-Jungmannschaft und dann die Jungens mit den geschmückten Puste-Rohren. Hinterher und nebenbei lief das ganze Dorf. Auf dem Schützenplatz begannen bei Annäherung des Zuges Karussell und Luftschaukel Musik zu machen; auch die Tanzkapelle setzte ein und mischte sich mit der Schützenmusik, welche die Tage über anhielt. Das war der Grund für die Flucht meiner Eltern. Für mich war es Sphärenmusik, denn nun ging es los. Wer Wert darauf legte, morgens zum Schießen nüchtern zu sein, hielt sich vom Saufen fern. Alles andere war bald besoffen, und gegen Ende kam die zünftige Keilerei, die mich in meinem Bett jedes Mal mit Grausen erfüllte. Schrecklich war das Geschrei eines Mannes, dem der Daumen abgebissen worden war, und der ihn im Verein mit seinen Freunden überall im Gras vor unserm Haus suchte. Ich wünschte sehr, er möge ihn finden, damit ich ihn nicht beim Spielen entdeckte. Schließlich zog ich mir das Federbett über die Ohren und zitterte mich in den Schlaf. Trotzdem war es am nächsten Morgen wieder wunderbar, dass Schützenfest war, und ich konnte die Musik des Festzugs kaum erwarten.

Wenn am dritten Tage der Schützenkönig erwählt war, ging das Fest noch nicht zu Ende. Dass nur einer von den reichen Bauern diese Ehre annehmen konnte, fand ich sehr ungerecht. Die ärmeren, die sicher die besten Wilddiebe waren, schossen ihren letzten Schuss vorbei, denn die Unkosten für das Freihalten waren zu groß. Am dritten Abend verschwanden Frauen und Kinder so ziemlich vom Platz und überließen ihn den bezechten Männern. Am vierten Tag war dann Kinderfest. Die Puste-Rohrschützen hatten mit den Großen um die Wette ihren eigenen Schützenkönig erwählt. Eigentlich wäre es Dietrich einmal zu Recht geworden – aber dann hieß es, es dürfte kein Auswärtiger sein. Dietrich war traurig, aber die Eltern waren ganz froh darüber, obwohl die Vorkehrungen zur Bewirtung schon getroffen waren. Auch das Kinderfest begann mit einem Umzug und Musikkapelle. Am Vormittag hatten die Mädchen an allen Feldrainen gesessen und sich Kränze gewunden. Die Jungens trugen Schulterschmuck aus Laub. Auch blumenumrankte Leiterwagen fuhren mit im Zug, und die Sanatoriumskinder durften in Eselswagen sitzen. Auf der Wiese waren lange Tische gedeckt, und ich trank dort meinen ersten Malzkaffee. Dazu gab es herrlichen Streuselkuchen. Dann wurde in Altersgruppen gespielt, unter Anleitung und Aufsicht aller verfügbaren Kräfte. Später habe ich dann selbst solche Gruppen geleitet. Vom Karussell zum Tanzplatz, von der Kletterstange nach den Würstchen zum ›Kissenkloppen‹ auf schmalen Balken, von Wett- und Kreisspielen zum großen Moment der Verlosung ging der Weg der Kinderbelustigungen.

Ich war doch von der Gnade des Schicksals oder des lieben Gottes sehr gerührt, dass er mich gleich bei meinem ersten Kinderfest den Hauptgewinn ziehen ließ. Die Bestätigung meines Gefühls, für ihn doch irgendwie ganz im Mittelpunkt der Welt zu stehen und also bevorzugt zu werden, war mir sehr tröstlich, da ich im Grunde unter der Übermacht meiner Geschwister ständig litt. Dieser Hauptgewinn war ein Kärtchen, auf dem ein kleines Nudelholz, ein Wiegemesser und ein Holzbrettchen nebst zwei Sorten Kochlöffel aufgenäht waren. Ich konnte mich kaum entschließen, es abzutrennen, so schön fand ich die Anordnung. Ich hatte so etwas noch nie besessen. Das Kinderfest endete um sieben Uhr mit gemeinsamem Abzug bis zur Dorfmitte. Der Abend war dann nur noch der tanzenden Jugend vorbehalten, die bis dahin etwas kurz gekommen war, denn die Alten hatten ihre Rechte auf dem Holzparkett pausenlos geltend gemacht. Die Jugend stand zumeist rund um das welkende Birkengrün und sah zu, wie der Großvater die Großmutter schwenkte. Die Jüngeren konnten ja auch jeden Sonnabend in den Schwarzen Adler zur ›Reünjong‹[51] gehen. Hier auf der Wiese regierten die Schützen, hier galt noch ›70/71 mitgemacht‹.[52] Und dann wurde abgebaut. Die runde Narbe ums Karussell, die auch die ganze Kriegszeit über nicht vollkommen verheilt war, starrte frisch und schwarz, das Gras war zertrampelt, das Birkengrün faulte in Haufen im Wald. Aber nächstes Jahr wieder.

Die Selbstverständlichkeit, mit der die ganze Geschwisterschar in den Ferien nach Friedrichsbrunn verfrachtet wurde, hörte mit dem Erwachsenwerden der Großen auf. Da Dietrich schon mit sechzehn Jahren Abitur machte, war ich drei Jahre lang das einzige Schulkind im Haus. Aber auch schon in den vorangehenden Sommern unternahmen die Großen etwas anderes, und der Friedrichsbrunner Betrieb lohnte sich nicht mehr. Außerdem machten die ersten Enkel bereits Ansprüche auf eine so geeignete Ferienbleibe. Zweimal war ich deshalb mit anderen Familien verreist; einmal streikte ich, Berlin überhaupt in den Ferien zu verlassen, weil ich Garten, Grunewald und Stadt im Juli und August kennen lernen wollte. Außerdem schien es mir auch sehr interessant, ohne genaue Angabe eines Grundes einfach nicht verreisen zu wollen. Ich hätte ganz schlicht und wahrheitsgetreu sagen können: Grete ist in Berlin, und ich habe die Chance, sie in dieser Zeit einige Male zu sehen, vielleicht auch hie und da etwas mit ihr zu unternehmen; das ist mir hundertmal mehr wert als jede Sommerreise. Aber ich äußerte mich nur vage, und mein Wunsch, daheim zu bleiben, blieb allen ein Rätsel. Vielleicht hatte ich auch genug von der Mühsal, nicht ganz geglückter Ferienpartner zu sein, und wollte lieber, wenn auch selten, mit Menschen zusammenkommen, die ich liebte – als

51   Dialektaler Ausdruck für Reunion (Vereinigung).
52   Dies bezieht sich auf den deutsch-französischen Krieg, der von 1870–71 stattfand.

ständig mit welchen, die nur mich liebten. Und dann geschah das große Wunder: Im nächsten Jahr ging der ganze Freundeskreis der Geschwister im August mit mir für drei Wochen ins Häuschen. Also Ferien mit Grete! Täglich mit ihr zusammen sein und unter einem Dach wohnen – und das in meinem geliebten Ferienparadies Friedrichsbrunn! Aber drei Wochen lohnten bei meinen langen Ferien ja gar nicht; so sollte ich schon im Juli herauf und durfte mir selbst eine Freundin mitnehmen. Das war mir recht, denn so konnte ich mich umso mehr auf den 1. August freuen, im herzlichen Austausch mit der Freundin, die auch die Pflicht unseres Alters erfüllte und schwärmte.

Und dann kamen sie herauf, mit Dohnanyis und Delbrücks, und das Haus wurde übervoll. Amor war unablässig schwer beschäftigt, aber ich genoss das Zuschauen und die großen gemeinsamen Unternehmungen. Morgens um vier ging es los, mit Rucksack und Karte über den Auerberg bis nach Stolberg und zurück, vierzig Kilometer; aber dazwischen wurde in den herrlichen Frankenteichen gebadet, es wurde gekocht, man ließ sich Zeit zur Mittagspause zu zweit. Den Zwillingen, die nicht im Minnedienst standen, kam es zu, die Gesellschaft immer wieder zum Aufbruch zusammenzutrommeln. Kein Abend ohne Nachtspaziergang – und kein Nachtspaziergang ohne die Suche nach Verlorenen.

Kokos-Makronen und Rollmöpse liebt Grete und Bonbons mit Blumenbildchen in der Mitte. Ich laufe morgens durchs Dorf und erwerbe von meinem Feriengeld bei Nikolei ganz am Ende der langen Straße die Makronen, bei Schilling die Rollmöpse und beim Bäcker Dippe die Blumenbonbons. Dann liegen wir zu dritt – Grete, Sabine und ich – ganz hinten im Garten neben den Himbeersträuchern auf blauen gesteppten Kinderdecken mit drei Gitarren, Rollmops, Makronen und Bonbons. Wir singen; ich genieße restlos und werde weich und glücklich und dankbar in meiner Seele. Und dann fällt irgendein kränkendes Wort. Über einen Ton, den ich falsch singe oder über meine Fingernägel – und alles ist tot um mich herum. Ich weiß, ich schaffe es nie, dass sie mich mögen. Ich schaffe es nie, für voll genommen zu werden. Wenn sie nett zu mir sind, ist es nur Mitleid. Und ich liebe sie doch alle so, auch die Geschwister; doch zu keinem würden sie so gemein sein wie zu mir. Ich nehme meine Gitarre und hänge sie in meinem Zimmer an die Wand. »Ich kann nicht mehr singen, mein Herz ist zu voll« – siehe Müller-Lieder.[53] Ich gehe in den Wald. Ich verkrieche mich buchstäblich in das Dickicht wie ein krankes Tier. Wenn ich jetzt noch Tränen hätte, die als Kind so reichlich ›ins Kellerloch‹ flossen, wäre mir besser. Auf einem morschen Baumstumpf, umgeben von dichten schwarzen Fichtenzweigen, die wie Waffen oder Du-Du-Finger auf mich gerichtet sind, setze ich mich. Wie lange ich wohl hier bleiben muss, um zu sterben? Ich will Grete nie mehr sehen – und das kann ich nur, wenn ich nicht wieder nach Hause gehe.

Es ist egal, ob ich hier verende oder irgendwo weiterlebe, wo mich niemand kennt. Ich versuche, mir klarzumachen, was los war. Das eben war eigentlich nicht so schlimm. Aber es ist alles so sinnlos. Man freut sich auf etwas und bereitet es vor und denkt: nun lebt man wirklich von ganzem Herzen, und – peng – ist es wieder nichts. So schön, wie ich mir denke, dass das Leben sein könnte, ist es einfach nie. Vielleicht lohnt es ja gar nicht. Dabei soll jetzt in der Jugend doch die schönste Zeit sein! Und das behaupten Erwachsene, die schließlich auch mal jung waren. Dann war es wohl früher anders.

Jedenfalls, wenn der Mist noch größer wird, mache ich einfach nicht mehr mit. Betrug ist das alles! Da bekommt man so viel Möglichkeit zum Lieben mit, und keiner will es! Was war denn eben? Warum bin ich weggerannt? Ich weiß es nicht mehr; aber die sollen sich mal ordentlich ängstigen um mich! Es wird Mittag. Ab und zu muss ich den Platz wegen der zudringlichen Insekten wechseln. Aber ich gehe nicht aus dem Dickicht hinaus. Ob sie mich suchen? Ob sie wohl wissen, warum ich weg bin? Die Stunden verrinnen. Die Strahlen der Sonne liegen schon rötlich auf den dunklen Zweigen. Mein Magen beginnt zu knurren. Ich hätte nicht gedacht, dass Verhungern so schnell geht. Man muss also bloß darauf warten, dass man bewusstlos wird, dann verhungert man anschließend in der Ohnmacht – fertig. Mein Kopf tut weh, die Augen brennen (auch ohne geweinte Tränen), ich habe einen dicken Kloß im Hals und Arme und Beine voller Mückenstiche.

---

53 Das Zitat entstammt dem Liederzyklus ›Die schöne Müllerin‹, den Franz Schubert 1823 nach Gedichten von Wilhelm Müller komponiert hat: »Meine Laute hab ich gehängt an die Wand,/ hab sie umschlungen mit einem grünen Band –/ ich kann nicht mehr singen, mein Herz ist zu voll,/ weiß nicht, wie ich's in Reime zwingen soll ...«.

Doch mit einem Mal ist der tote Punkt überwunden. Ich fühle mich unbeschreiblich wohl und leicht und denke: Hier kann ich es noch lange aushalten. Denn mich hält die Einsamkeit gefangen. Ich denke nicht mehr: Was werden die andern jetzt tun? Ich berge mich in der Einsamkeit, und sie beginnt, mit mir zu spielen. Gibt es die anderen überhaupt? Gibt es wirklich noch irgendetwas außer mir? Träume ich das alles vielleicht bloß? Kann es denn so etwas wie das, was ich als lebendiges Ich empfinde, noch einmal geben? Niemand kann mir beweisen, dass er wirklich existiert. Kein Baum, kein Stein, keine Erde, keine Sonne ist ohne mich da. Ich denke sie bloß. Gott und ich sind allein auf der Welt. Ich bin geschaffen von Gott, mein Ich ist geschaffen – und ich schaffe die Welt für mich, indem ich sie denke. Alles existiert nur in meiner Vorstellung. Nichts ist ebenso wirklich wie ich. Grete nicht, die Familie nicht ... also kann mich auch nichts ärgern. Ich bin ganz allein. Allein mit der Macht, die mich gewollt hat, und die ist sehr fern. Es ist gut, so einsam zu sein. Alles wird unwichtig. Ich durchschaue jetzt, dass die Welt nur wie ein Bilderbuch für mich ist, ein Buch, in dem ich lesen soll, auf das ich reagieren soll. Gut, ich habe nichts dagegen, mir meine Umwelt in einer gewissen Zwangsläufigkeit ausdenken zu müssen. Aber wenn mich von nun an etwas quälen will, dann weiß ich, es ist nicht wirklich, es kann fortgedacht werden. Es ist nur da, damit ich mich übe, oder damit ich mich nicht langweile. Ich träume alles, was ich lebe. Wer weiß – vielleicht lebe ich das, was ich träume? Vielleicht lebe ich überhaupt erst, wenn ich aufwache vom Leben – und tot bin? Jetzt, wo ich es herausgefunden habe, ist das Leben nicht mehr schlimm, denn ich kann mir ja sagen, ich träume das bloß. Meine unantastbare, persönliche Wirklichkeit ist ganz für sich, und alles ist nur Schatten, Spiegel und Traum.

Warum Gott das so gemacht hat, weiß ich nicht – aber ich weiß ja auch nicht, warum er das gemacht hat, was ich bisher geglaubt habe. Ich lehne mich an die Einsamkeit und beginne Kräfte aus ihr zu ziehen. Und dann erschrecke ich: Wo soll ich nun mit all meiner Liebe hin? Ich will Lebendiges lieben und nicht Schatten. Liebe, Hilfe, Tat wird sinnlos, wenn ich allein bin. Also muss ich so schnell wie möglich vergessen, was ich hier einsam erkannt habe.

Man tat sehr selbstverständlich, als ich in der Dämmerung heimkam. So selbstverständlich, dass ich die Verabredung bemerkte. Das heißt, ich bemerkte, dass ich den von mir geschaffenen Schatten erlaubte (beziehungsweise dass ich sie so dachte), dass sie mich durch ihre Sorglosigkeit kränken wollten. Also war ich nicht gekränkt, sondern tat zum Erstaunen der Familienschatten ebenso selbstverständlich, aß die von mir erdachten Blaubeeren und betrachtete alles wie durch einen umgekehrten Operngucker. Ich gewann Abstand und Überheblichkeit. Sie konnten sich alle noch so sehr anstrengen, ihr Schattendasein war nur auf mich bezüglich; wenn ich sie nicht ansah, verloren sie ihre Sichtbarkeit. Aber ich wollte das ja vergessen, ich wollte mich selbst in meiner Einsamkeit betrügen. Ich wollte lieben dürfen.

Und nun begann eine Zeit herablassender Gütigkeit und überheblicher Opferbereitschaft. Ich will ja noch gar nicht aufwachen, sagte ich mir, es macht mir ja noch Spaß, mit allem zu spielen – besonders, seitdem ich weiß, dass es nur ein Spiel meiner Gedanken ist. Die sollen ruhig weitermachen rings um mich herum. Genug, dass ich weiß, dass Gott und ich allein sind. Ich will ihm auch den Gefallen erweisen und so tun, als ob ich das alles ernst nähme. Man kann den Autor eines Buches ja nicht mehr ehren, als dass man die Welt rundherum vergisst und in den von ihm vorgeführten Gestalten lebt. So wollte ich Gott zu Gefallen meine Sache hier gut machen, wollte mein Wissen ignorieren.

Es gelang mir häufig besser, als ich vermutet hätte. Grete brauchte bloß ihren Arm in den meinen zu schieben, sie brauchte mich bloß beim Singen eines Liebesliedes anzuschauen – und alle Einsamkeit und Überheblichkeit waren zum Teufel, wo sie auch hingehörten. Die Menschen waren wesentlich aufmerksamer und liebevoller zu mir, seit es sie eigentlich nicht mehr gab. Sei es, dass man doch eine Wandlung an mir bemerkt hatte und sich mehr Mühe gab, mich bei Laune zu halten – sei es, dass ich nicht mehr so empfindlich war; ich genoss die Harmonie der Ferientage trotz meiner erstorbenen Umwelt recht lebendig. Es kann auch sein, dass man sich mehr um mich bemühte, weil allerlei kompakte Neckereien unter den Großen Unfrieden stifteten (den ich aber nur am Rande mitbekam). Jedenfalls fuhr Karl-Friedrich plötzlich ab, und das betretene Schweigen, das er hinterließ, war schwer zu überwinden. Dass Grete auch deshalb mehr Zeit für mich hatte, weil sie versuchte, sich mit meiner Zuneigung zu trösten, ist verständlich. Wie lange ich von der fixen Idee der absoluten Einsamkeit fasziniert und vereinnahmt war, kann ich nicht sagen. Ganz besiegt wurde sie erst durch die Geburt meiner Kinder.

Die Freundin, die ich mir für die Vorferien im Juli erwählt hatte, war Bärbel Damaschke. Sie vertauschte gern einmal das Sommerhaus ihrer Eltern an der Havel mit dem Mittelgebirge. Die erste Nacht verbrachte sie unter Gelächter: Ich hatte in unserem gemeinsamen Schlafzimmer aus meiner Ecke zu ihr hinüber noch irgendeinen dummen Witz gemacht, der sie nicht ruhen ließ. Es war wohl ein Zustand von Übermüdung, der bei ihr einen unaufhörlichen Lachkrampf verursachte. Um halb eins blies ich mein Licht aus und sagte ihr, sie solle nun endlich schlafen. Gegen eins schlief ich dann ein. Als ich nach einiger Zeit wieder wach wurde, gickerte sie noch immer sporadisch in ihre Kissen. Ich schlief abermals ein. Gegen vier Uhr wurde es hell. Die Vögel begannen zu singen, ich erwachte – und hörte sie unter Schluchzen lachen. Da schrie ich sie an und nannte sie hysterisch; so wären die Ferien mit ihr nicht auszuhalten. Das half. Sie hörte auf und schlief endlich ein. Am nächsten Morgen entschuldigte ich mich für meine Grobheit, aber sie wusste nichts mehr davon. Wahrscheinlich hatte sie schon im Schlaf gelegen und dabei weitergelacht.

Bärbel wollte sich nicht einsegnen lassen.[54] Sie wollte unbedingt ehrlich sein und fühlte sich ungläubig. Ich konnte sie davon überzeugen (wie Dietrich zuvor mich überzeugt hatte), dass man das, was man ablehnte, wenigstens kennen sollte. Unterricht hatten wir beide noch nicht. Auch ich war keineswegs bibelfest und dieser Dinge sicher. So entschlossen wir uns, miteinander das Neue Testament zu lesen. Wir lagen im Wald auf dem Bauch, lasen eine Geschichte oder einen Abschnitt aus dem Matthäus-Evangelium einander abwechselnd vor und legten sie anschließend aus. Wir benutzten keinen Kommentar – auf diesen Gedanken kamen wir nicht. Wenn wir etwas schwer verstanden, knobelten wir solange daran herum, bis uns irgendein Sinn aufging – wenn das auch nicht immer im Sinne des Verfassers war. Der Heilige Geist hatte uns aber doch bei den langen Zöpfen gepackt und bewegte uns immer wieder, die Nase in die Bibel zu stecken. Gut war dabei, dass wir uns gar nicht fromm, sondern sehr kritisch vorkamen – und doch ganz

---

54 Gemeint ist die Teilnahme an der Konfirmation.

von dem Inhalt überwunden wurden. Außer dem Neuen Testament hatten wir bei unseren Spaziergängen auch immer ein Reiseschachspiel in der Tasche, damit der Heilige Geist verschnaufen konnte und unser Geist zur Geltung kam. Wir spielten ebenso frech und gottesfürchtig Schach (ohne jede Anleitung), wie wir in der Bibel lasen. Wir waren auch da ebenbürtige Partner und besiegten uns nur durch Schusseligkeit, nachdem das Schlachtfeld bis auf kleine Reste gelichtet war. Aber der Friedrichsbrunner Wald bekam nun neue Erinnerungspunkte: Schach- und Bibelraststätten.

Im nächsten Jahr kam eine besondere Freundin Bärbels mit ihr zusammen nach Friedrichsbrunn zu Besuch. Die Geschwister waren nicht da. Ich kannte diese Freundin aus einem halben Jahr gemeinsamer Schulklasse. Nun freundete ich mich sehr mit ihr an, und Bärbel stand etwas abseits, sodass das Dreiergespann in den Ferien misslang. Bärbel bekam die Gelbsucht, Ruth reiste ab. Verhältnismäßig schnell wurde Bärbel wieder gesund. Zu unserer ›Einhütung‹ war ein älteres Ehepaar mit uns in Friedrichsbrunn, die uns nun eine Freude machen wollten – und sich selbst wohl auch. Sie schlugen eine dreitägige Wanderung auf den Brocken vor. Der Brocken, dessen geschwungene Konturen (zusammen mit dem Wurmberg) für mich als Kind der Inbegriff eines hohen Berges waren, den man nicht nur vom Hotel Brockenblick aus sah, sondern von vielen Stellen im Wald, die wir ausfindig machten, hinter dem die Sonne unterging und der immer in blauer Ferne lag – er war für mich auch Ziel meines Fernwehs. Die großen Geschwister kannten ihn alle, waren hingelaufen oder gefahren; nur ich war immer zu klein gewesen. Also, Wandern mit zweimal Übernachten (oder gar dreimal) und auf den Brocken steigen, das lockte ungeheuer! Natürlich wollte ich den Goethe-Weg aufsteigen, aber der lag von uns aus zu ungünstig.

Meine Eltern bekamen einen genauen Plan und Kostenvoranschlag zugestellt und gaben ihre Erlaubnis, ebenso die Eltern Damaschke. Die Rucksäcke waren am Abend vorher gepackt, wir erhoben uns zeitig im Morgenrot, und als wir das Haus verließen, begann es zu regnen. Erst sachte, dann immer heftiger; es regnete vier Tage lang. Als wir am Abend des vierten Tages wieder vor unserem Haus standen, sah die sinkende Sonne freundlich durch die Wolken. Am ersten Tag ließen wir uns von dem Regen nicht stören;

wir sahen die Tropfsteinhöhlen in Rübeland und kamen bis Wernigerode. Als wir aber am nächsten Morgen die feuchten Lodenmäntel wieder überzogen, um die Stadt und das Schloss zu besehen, war unsere Stimmung doch gedämpft. Vielleicht war es oben klarer, dachten wir, und stiegen auf. Herr Sch. war ein Schrank, dem Wind, Wetter und Aufstieg nichts ausmachten; wir waren jung und gut zu Fuß, wanderten uns warm und ließen uns die Laune nicht verderben. Mutter Sch. aber litt stumm. Wenn ich neben ihr ging, strahlte sie auf. Ich bin wohl nie in meinem Leben so bewundert und so verliebt angeschaut worden, wie von dieser alten, weißhaarigen Dame mit den blitzeblauen Augen und dem roten gefälteten Gesicht. Sie hatte einfach ihr Herz an mich verloren und merkte gar nicht, wie komisch uns das vorkam. Mit Mühe hielt sie Zärtlichkeitsausbrüche zurück, aber nicht immer gelang es. Ich dachte mir natürlich gar nichts dabei und empfand mich als schlecht und herzlos, weil ich ihr auszuweichen suchte. Jetzt aber tröstete sie meine Gegenwart. Sie tapferte an meiner Seite und an meiner Hand die glitschigen Steine empor. Der Regen verdeckte jede Sicht. Wir gingen durch Wolken und Wasser. Gegen Nachmittag waren wir oben und aßen als Belohnung ein feudales Mittagessen.

»Morgen geht die Sonne sicher herrlich auf«, sagte der Brockenwirt. Es waren noch Zimmer frei. Sollte man wirklich schon wieder runterfahren mit der Brockenbahn, ohne mehr als ein paar große Steine und das Hotel gesehen zu haben? Hier gab es auch Heizung, um die Sachen zu trocknen, hier gab es eine gemütliche Ecke für uns, wo wir Karten und anderes spielen konnten. Also blieben wir da. Bärbel und ich betrachteten unser feines Hotelzimmer voller Stolz und richteten unsere paar Klamotten möglichst elegant darin ein. Das Hotel schien uns sehr vornehm. Die Preise waren auch danach. Aber schließlich musste ja alles dort hinaufgebracht werden! Kein Sonnenaufgang, aber ein edles Frühstück war uns am nächsten Morgen bereitet. Beim Bezahlen der Rechnung wurde mir etwas flau, denn mir schien das Budget weit überschritten. Aber der Wein, den Vater Sch. bestellt und getrunken hatte, ging ja meine und Bärbels Eltern nichts an.

Der Abstieg nach Ilsenburg war nicht ungefährlich durch die nassen, steilen Wege. Trotz Regen begeisterte mich das romantische Ilsetal sehr. In Ilsenburg ließ ein warmes, gemütliches Café die Lebensgeister von Mutter Sch. wieder erwachen. Wir suchten nach der Besichtigung der Stadt wieder eine Herberge, denn an Weiterlaufen war bei dem Regen nicht zu denken. Der Heimweg am letzten Tag zeichnete sich durch zunehmende Unbeschreitbarkeit der Wege aus. Ein gemieteter Pferdewagen brachte uns schließlich nach Treseburg. Von da ging es die acht Kilometer zu Fuß bei strömendem Regen aufwärts, wo dann vor unserem Haus – wie gesagt – gegen Abend endlich die Sonne aufging. Müde, etwas enttäuscht, aber doch von der Komik dieses Ausflugs erheitert, lagen wir bald in den gewohnten, angenehm nach Friedrichsbrunn duftenden Betten.

Unsere Tage oben waren nun gezählt, und wir genossen sie doppelt. Frau Sch. auch. Sie umwarb uns ständig mit kleinen Aufmerksamkeiten. Sie sang und spielte mit uns und bedauerte immerfort, dass sich ihre beiden Söhne schon gebunden hätten (der eine bereits Familienvater, der andere verlobt). Der verlobte Sohn kam uns auch einmal besuchen, fand aber meine ganze Ablehnung, denn er war furchtbar deutschnational und sang Lieder zur Gitarre, die ich doof fand, zum Beispiel ›Kommste mal nach Wilhelmshaven rein‹. Als ich heimkam, spürte ich deutlich eine Vereisung meiner Eltern gegenüber Sch.s, denen sie das Haus doch umsonst zur Verfügung gestellt hatten. Die Rechnung für die Brockentour inklusive Wein war so hoch, dass sie diese an Damaschkes nicht weitergaben und allein für den Schaden aufkamen. Das schlechte Wetter war eine schwache Entschuldigung.

1.11 Die Welt aus der Perspektive eines Kindes betrachtet: Spiel und Fantasie

Ich habe leidenschaftlich mit *Puppen* gespielt. Meine Kruse-Puppe Gretel musste immer mit in die Ferien. Ich hätte sonst ein Gefühl der Untreue ihr gegenüber gehabt. Mit ihr konnte ich mich wirklich unterhalten. Sie muss als Medium für die Berührungen mit meinem werdenden Ich gedient haben. Sie sagte mir manches, was mir neu war. Gretel wurde nicht geschont, sondern geliebt. Sie sah auch bald dementsprechend aus. Sie war zu allem bereit; selbst als Geisel am Marterpfahl ertrug sie unser Indianergebrüll und unsere Pfeilspitzen – allerdings nur, bis Bubi und Günther sich bei ihrer Befreiung so um sie rissen, dass ihr Kopf abging. Ich habe die nicht ganz wahrscheinliche Erinnerung, dass das am Morgen meines Geburtstags geschah und gerade das Glöckchen geläutet wurde, um mich an den Tisch zu rufen, auf dem eine neue Gretel in strahlendem Glanz saß. Jedenfalls musste Ersatz sehr bald erfolgt sein, denn ich kann mich einer Trauerzeit um Gretel gar nicht entsinnen. Die am Marterpfahl Verschiedene war wohl auch ohne diese Tortur schon dem Ende nah. Gretel wohnte mit ihren Geschwistern im Puppenhaus. Sie hatte stets viele Geschwister, mindestens sechs oder sieben – darunter waren einige ›nur Angenommene‹, weil sie nicht ganz in ihre Familie passten. Das Haus war in der Form eines dreiteiligen Wandschirms aufgestellt, mit Fenstern, Tür und Dachgiebel, also ein Einraumbetrieb; gekocht wurde außer Haus. Sabine hat nicht lange Puppen gespielt, jedenfalls nicht mit den großen Puppen. So war ich bald Allein-Mutter in meinem Puppenhaus.

Babys machten mir keinen großen Spaß. Eines musste natürlich sein, damit die großen Geschwister eine Aufgabe hätten. Aber ich spielte mit meinen Puppen Unternehmungen, die nur Schulkindern zukamen. Sehr gern ließ ich sie ungezogen sein. Nie habe ich mit ihnen ›Topf‹ gespielt, und ich war schockiert, als mir einmal ein Puppentöpfchen geschenkt wurde. Inseln entdecken, Höhlen durchsuchen und Schätze finden, sich verlaufen, Seereisen oder auch Gebirgswanderungen über Schränke, hie und da Schule oder Turnen und arm sein und Arbeit suchen müssen oder betteln – das waren meine Spiele. Wenn Sabine mitspielte, wurde gekocht. Dann gab es Zwieback und Äpfel, Schokolade wurde gerieben, eingeweichter Keks gereicht und als Getränk Bonbonwasser. Ich fühle noch jetzt das Entsetzen, als mir ein Ei aus der Hand fiel, das meine Mutter – mitten im Krieg – für unser Festmahl spendiert hatte und das ich den Zwillingen (Dietrich kochte mit) heraufbringen sollte. War das Essen fertig, wurde ein langer Tisch mit Puppengeschirr gedeckt und geschmückt. Mein Vater, der uns auch manchmal die Ehre gab, sagte am Schluss: »Es war gut und reichlich und wurde dreimal gereicht«, und er trank Bonbonwasser aus der Puppentasse.

Sabine spielte ›Mutter und Kind‹ mit mir. Es war ein Dauerspiel, im Grunewald ebenso wie in Friedrichsbrunn. Ich muss noch sehr klein gewesen sein, denn ich besinne mich hauptsächlich darauf, dass ich immerfort schlafen musste und an der Hand gehen. Dietrich war Vater und wollte immer, ich sollte ungezogen sein. Ich wusste damals noch nicht recht, wie man das macht. Wir waren zu Hause eigentlich nicht ungezogen. Ich weiß, dass ich mit dem Fuß gestampft und »bäh« geschrieen habe. Mehr fiel mir nicht ein. Aber es genügte ihm wohl für seine pädagogischen Versuche. Wir waren immer sehr arm und nährten uns von allerlei Kräutern und Beeren. Manchmal musste ich betteln gehen. Bei Himbeersträuchern. Arm fanden wir das einzig Spielenswerte, denn arm war im Märchen und beim Herrn Jesus gut. König oder Graf oder Fee haben wir nie gespielt – höchstens Verbrecher mit Bekehrung.

Papierpuppen waren ein herrliches Spiel bei Krankheit im Bett. Windpocken hatten wir drei Kleinen gemeinsam in Friedrichsbrunn. Das war für mich eine wunderbare Zeit. Die Zwillinge waren an mich gefesselt, und wir lebten tagelang in Papierpuppen. Ich hatte eine feste Papierpuppen-Weltanschauung. Das ganze soziale Problem wurde mir an ihnen deutlich: Da gab es glatte, hübsche Bogen mit drei, vier Kindern darauf, je ein Wechselgewand und eins zum Indianer- oder Eisenbahner-Spielen. Vielleicht auch ein Gärtnergewand mit Schubkarre. Das war so wie bei uns. Die Kinder hatten glatte, rosige Backen, freundliche Augen und waren stellungsmäßig mit irgendetwas beschäftigt. Dann gab es Bogen mit einer großen Puppe in der Mitte, mit Schleife und Schielaugen, viel Kleidung bis zum Handtäschchen und Blumenstrauß. Das waren die ordinären neureichen Einzelkinder, die trotz ihrer Größe verdroschen gehörten und einfach ungeliebt waren. Und dann gab es die Bogen, die ein bisschen wie Löschpapier waren, etwas knittrig und mit ziemlich traurigen Farben. Das waren Portierskinder. Bei aller Liebe ließ sich mit ihnen nicht so gut spielen wie mit den glatten Bogen-Kindern. Auch die bessere Kleidung passte ihnen nicht. Sie hatten alle irgendwie Untergewicht und sahen pickelig aus. Doch wir taten an ihnen, was wir konnten, und die Glatten mussten nett zu ihnen sein. Sie wohnten aber immer unter dem Bett. Und dann gab es die selbstentdeckten Puppen aus Zeitungen und Kindermoden. Die blieben sich im Anzug gleich und mussten weiß unterklebt und eventuell bemalt werden. Sie blieben irgendwie außerhalb der Kaste. Sie sprachen bei uns komischerweise immer Sächsisch und kamen nur als Besuch aus Leipzig in die Familie der Glatten. Wir hatten dort Verwandte. Jedenfalls habe ich den Reiz des Puppenspiels, also des Lebens in anderen Rollen, sehr genossen.

In Friedrichsbrunn lebte in einer dreiwandigen Margarinekiste die ›Familie Nudlmaier‹. Ihre Mitgliederzahl wuchs von Jahr zu

Jahr immer mehr an, sodass bald drei Kisten nötig wurden. Sie waren aus Stofflümpchen und Draht von Sabine erzeugt. Keiner überschritt die Länge von zehn Zentimetern. Sie hatten alle schöne rosa Bäckchen und etwas faltige Stirnen. Von Nase konnte kaum die Rede sein, aber sie waren ungeheuer stabil und geliebt. Die Nudlmaierkisten hatten ihren Platz auf der unteren Veranda, dort überwinterten sie auch und wurden von Spinnweben eingehüllt. So war es meine erste Arbeit in den Ferien, bei Nudlmaiers ›reinezumachen‹.

Es war eine Großfamilie, und Sabines Fantasie schwelgte in den verschiedensten Familienbeziehungen und Berufen, die entsprechende Kleidung verlangten. In einer Sonderschachtel lag der ›Besuch bei Nudlmaiers‹. Die meisten Puppen waren Kinder, bis hin zu kleinen Babys. An- und ausziehbar brauchten Puppen bei mir nicht zu sein. Ich war kein Freund vom Umziehen, auch für die Puppen nicht. Aber hinausnehmen in den Garten konnte man sie, oder auch in den Wald, an den Bach oder sogar in die Steinfelsen von Viktorshöhe. Dort bauten wir Mooshäuschen für sie, und Nudlmaiers hatten auch ihre Sommerfrische. Ich lebte völlig mit in dieser Familie und hielt ihre Existenz für ebenso berechtigt wie die meine. Auf den Namen war Sabine durch ein Bilderbuch[55] gekommen, das von den Erlebnissen einer Familie Nudlmaier berichtete. Ich besinne mich nur noch auf eine Ausflugsgeschichte, in der alle Kinder, gerade feingemacht, die Straße betreten und dann hieß es: »Darauf hatte die tückische Wolke nur gewartet, denn das Gewitter brach los.«

Einmal, als unsere Gardinen gestohlen wurden, waren auch mehrere Nudlmaier-Puppen verschwunden. Ich fand sie dann bei meinen Dorffreundinnen wieder, die mit ihnen spielten – aber es war mir zu peinlich, etwas dazu zu sagen. Sabine lieferte neue Kinder an, und die Eltern fanden es rührend, dass die Püppchen so begehrt gewesen seien. Ich spielte eigentlich am liebsten mit Nudlmaiers, weil ich glaubte, ihre Wünsche am besten zu kennen; nur Sabine war (wenn sie sich herabließ mitzuspielen) sehr willkommen.

In Berlin hatten wir ein von den großen Schwestern geerbtes, sehr geliebtes Puppenhaus. Es hatte die Größe einer ovalen Tischplatte für sechs Personen und war in der Mitte mit einer Wand

---

55 Rauchenegger, Benno: Die Familie Nudlmaier, München 1889.

geteilt. So hatte jeder eine Drei-Zimmer-Wohnung für sich und konnte von seiner Seite her ungestört spielen, aber doch mit der benachbarten Familie Kontakt aufnehmen. Es gab bei diesem Puppenhaus-Spiel nie Ärger oder Drängelei. Die Berliner Puppen waren allerdings ›echt‹, das heißt gekauft. Am liebsten hatte ich die alten Puppen mit Porzellan-Schultern, an denen die Stoffarme etwas ängstlich herabhingen und unten in Porzellanhänden endeten. Solche Puppen hatten andere Kinder nicht.

Wenn die Familie Nudlmaier zum Sommerleben erweckt war, ging ich an die Friedrichsbrunner *Bilderbücher*, die auch immer wieder Anregung zum Puppenspiel gaben. Da gab es ein herrliches Buch, das hieß ›Aus Chinesien‹,[56] wo die Männer Zöpfe hatten und mit Vögeln Fische fingen. »Wenn wer in China was stibitzt, / dann wird der Bauch ihm aufgeschlitzt!« und andere strenge, erstaunliche Bräuche waren darin zu lesen. Meine Lieblingslektüre war ein uraltes Buch, in dem die aus Blüten, Früchten, Blättern und Eicheln hergestellten Ritter, Zwerge und Tiere sich um die Rosenprinzessin stritten, deren königliche Mutter der Klatschmohn war. Das gab Anregung zum Nachmachen. Die Geschichte endete mit den Worten: »Seht, ihr lieben Kinder, seht, / wie so schön der Mond aufgeht.« Auch die Sternkinder der Sibylle von Olfers begeisterten mich.[57] »Wenn rings die Erde schlafen will, / dann zieht mit Goldlaternen / ein schimmernd Völkchen still, ganz still / aus blauen Wolkenfernen ...«. Etwas schöner Gedichtetes konnte ich mir nicht denken. Dann lagen da die Münchener Bilderbogen und ein gebundener ›Kinderfreund‹[58] aus Mutters Kindertagen und selbstgeklebte Bilderbücher, die meine Großmutter für meine Mutter gemacht hatte – ausgeschnittene bunte Bilder auf starke Pappe geklebt und dann gebunden. Dazu konnte ich Geschichten erfinden. Auch einige Jahrgänge des ›Kunstwarts‹ lagen gebunden da, und von Bild zu Bild tastend machte ich mir, noch ehe ich lesen konnte, eigene Erzählungen daraus; besonders zum Vergnügen der mit Handarbeit oder

---

56 N.i.
57 Möglicherweise liegt hier wiederum eine Verwechselung vor und es ist das Buch ›Klein-Sternchen‹ von Sibylles Tante Marie von Olfers (1826–1924) gemeint, das 1894 erschienen ist (vgl. Anm. 7, S. 13).
58 Es gab zur damaligen Zeit mehrere Kinderbücher mit diesem Titel, z.B. Rochow, Friedrich von: Der Kinderfreund, Paderborn 1844; Wilmsen, Friedrich: Der deutsche Kinderfreund, Berlin 1853; Westermeier, Franz: Neuer christlicher Kinderfreund, Leipzig 1861.

Bügeln beschäftigten Hausmädchen, die sich das gerne bei ihrer Arbeit vortragen ließen.

Auch später, als ich bereits zur Schule ging, machte es mir Spaß, die in einem kunstgeschichtlichen Buch aneinandergefügten Bilder romanhaft zu verbinden. Ich hatte zu Anfang meiner Schulzeit Mühe mit dem Vorlesen, weil die Buchstaben sich meinem vorauseilenden Gedankenflug nicht immer anpassen wollten. So las meine Großmutter mit mir in den Ferien – das heißt, ich musste ihr vorlesen. Dazu schenkte sie mir das schönste Buch meiner Kinderzeit: ›Wunderfitzchen‹.[59] Das war ein Waldzwerg, der heilend und helfend sein Wurzelleben führt, aber dann verlockt wird, mit seiner kleinen Geige Blüten- und Schmetterlingsglück tatenlos auf einer Waldwiese zu genießen. Genuss des Elfenfestes und Wonnedasein trotz einiger Irrfahrten dauern an bis zu seiner Heimkehr, wo er dann merkt, dass sein Lebenszweck doch im Verbinden von Eichkätzchen-Pfoten liegt. Das hat im Alter von sechs Jahren vielleicht mehr auf mein Leben eingewirkt als manches erbauliche Wort. Mein letztes Bilderbuch bekam ich mit dreizehn und freute mich sehr daran. Es war ein mir unbekanntes Olfers-Buch ›Aus dem Schmetterlingsland‹.[60] Ich fand es als Geburtstagsgeschenk meiner großen Brüder vor, als ich aus den Ferien kam. Ich las, und zwar mit Interesse, damals schon die Brüder Karamasow, und vielleicht sollte das ein brüderlicher Wink sein, was mir ihrer Ansicht nach eher zukam. Aber ich habe in meinem ganzen Leben die Freude an Bilderbüchern nicht verloren.

Ich war auch schon lange über den *Sandkasten* im Grunewald-Garten hinaus und zu groß zum Kuchenbacken – doch ich freue mich, wenn mir einer schöne, bunte Förmchen mitbringt und spiele dann Bäckerei. Das habe ich immer gern getan. Holztisch und Bank sind der Kaufladen; dabei kommt es mir weniger auf den Verkauf als auf das Füllen des Ladens an. Hier konnten andere Kinder gut mitmachen. Im Krieg spielten natürlich Marken eine große Rolle, und zur Freude der Erwachsenen verkaufte ich 1917 ›echte Friedensbutter‹, schön gelb aus Löwenzahnblüten gezupft und gepresst. Gänseblümchen waren Eier; Klee war Rot- und Weißkohl; Gras, Schnittlauch

---

59 Niethammer, Wera/Lang, Fritz: Wunderfitzchen. Ein Waldmärchen, kleinen Leuten erzählt, Stuttgart 1914.
60 Olfers, Sibylle von: Im Schmetterlingsreich, Esslingen 1916.

und Melde wurden zu Spinat. Den ganzen Garten habe ich auf seine Brauchbarkeit durchforscht, bis mein Laden voll war. Kuchen gab es mit Zuckersand oder Schokoladen-Dreck-Guss und mit Blüten verziert.

Wenn die Büsche und die Rosen blühten, hatte ich sogar eine kleine Einnahmemöglichkeit, indem ich sie sträußchenweise für ein paar Pfennige an gutmütige Erwachsene (besonders an die Angestellten) verkaufte. Wenn ich allein draußen spielte, baute ich im Sandkasten Landschaften mit Wäldern und Dörfern und schleppte verbotenerweise mein Kleinspielzeug hinaus und belebte alles damit. Als ich eine Badeanstalt aus Blech mit Schwimmpüppchen bekam, war das natürlich herrlich. Sie hatte Kabinen und ein Sprungbrett, und der Sandkasten wurde zur Strandanlage, in der sich dauernde Feuchtigkeit ausbreitete.

Was der Sand verschluckt, ist »verschüttet« – und wenn ich dieses Wort öfter von diesem und jenem im Krieg höre, dann sehe ich meinen Sandkasten vor mir und ein nach Regenwochen ausgegrabenes Stofftierchen: Ich weiß, was »verschüttet« ist. Auch das Buch ›Friedesinchens Lebenslauf‹,[61] dem Bücherschrank meiner Mutter entwendet, weil ich es für ein interessantes Kinderbuch halte, begrabe ich ganz tief im Sand. Ich habe es heimlich im Sandkasten gelesen und liegen gelassen, bis es verregnet ist. Wenn Dietrich zum Spielen dazukommt, bauen wir Murmelberge oder feuerspeiende Vulkane. Ab und zu ist der Sand ganz weiß und neu, aber das dauert nie lange. Bald kann man ihn von der Erde auf dem Spielplatz kaum unterscheiden.

Irmgard Krückmann besaß den schönsten Zoo, den man sich denken konnte. Sie hatte überhaupt herrliche *Spielsachen* – sogar ein Karussell mitten im Kinderzimmer und riesige Puppenstuben. Für mich war aber das Schönste der Zoo. Es waren diese naturalistischen, dabei in den Bewegungen künstlerisch wirklich hübschen, sehr teuren Tiere aus einer festen, ziemlich unzerbrechlichen Masse. Und sie hatte diese begehrten Tiere in ganzen Familien. Besonders sind mir noch fünf kleine Eisbären in Erinnerung. Da waren auch Wärter und Stallungen und Gitter. Wir spielten herrlich damit. Als wir in den Grunewald zogen, war nun meine ganze

---

61 Sohnrey, Heinrich: Friedesinchens Lebenslauf, Hannover 1887.

Sehnsucht, diesen Tieren ein Freigehege im Garten zu bauen. Der runde Platz im Vorgarten, in dem Grottensteine lagen, schien mir für Löwen und Tiger, Gämsen und Steinböcke wie geschaffen. Das anschließende Buschwerk konnte das Wild aufnehmen. Seen für Robben ließen sich anlegen, und auch Giraffen und Kamele hätten sich in einem benachbarten Unkrautstück sehr wohlgefühlt. Wenn Irmgard mich besuchte, schilderte ich ihr diese prächtigen Anlagen in so glühenden Farben, dass sie es endlich zu Hause durchsetzte, einige Tiere zu mir mitnehmen zu dürfen, wenn sie diese abends wieder heimbrachte. Wir arbeiteten eifrig an unserem Tierpark, und er wurde wirklich ganz wunderbar. Dass Irmgard die Tiere nie über Nacht daließ, reizte mein Begehren noch mehr. Irmgard hatte so viel Spielzeug, und ohne mich spielte sie ohnehin nicht Zoo. Aber sie hatte Angst vor ihrer Kinderfrau, die sehr genau darauf bedacht war, dass nichts wegkam. Schließlich war unser Zoo fertig und wurde von der ganzen Familie bewundert. Irmgard hatte fast alle ihre Tiere mitgebracht, um ihn zu bevölkern. Abends bettelte ich, sie solle mir doch welche dalassen, damit ich am Morgen weiterspielen könne. Sie gab nach, und ich durfte ungefähr zwanzig Tiere behalten. Ich spielte mit Bubi und Günther damit, wenn sie nicht da war – und wenn sie kam, freute sie sich des Wiedersehens. Zu Hause hatte sie nichts davon merken lassen. Dann ließ die Spielfreude mit dem zunehmenden Herbst nach, und eines Nachts wachte ich mit großem Schreck auf. Die Tiere standen schon lange – mindestens eine Woche – in Regen und Wind draußen. Noch vor der Schule zeigte mir ein Blick, dass sie ruiniert waren. Schnell alle unter einen Grottenstein. Am Spätnachmittag habe ich sie begraben. Dann kam eine Zeit des Schwindelns: »Ich bring' sie dir morgen mit in die Schule.« Im Frühjahr war es dann vergessen – aber nie von mir.

In den *Kriegsjahren* 1916–18 wird mein rosenumrankter Spielplatz zeitweise zur Festung und der Garten zum Kriegsschauplatz. Dietrich ist dann Oberbefehlshaber (meistens Hauptmann), Bubi und ich sind seine Adjutanten. Erst war das Sabine, aber die hat sich bald in die Etappe zurückgezogen und liefert die Orden, Uniformen und Waffen. Unser Heer gleicht mehr einer Landsknechtstruppe. Pappschwerter, Pfeil und Bogen sowie Lanzen bilden die ungefährliche Bewaffnung, die Sabine malerisch ausgeschmückt herstellt. Ich besitze allerdings eine Pappbrustwehr und einen Pappstahlhelm.

Günther ist Schreiber. Er hatte ein Notizbuch mit dem geheimnisvollen Wort *Notes* darauf und sein Büro im Hühnerstall. Dort sitzt er im Schlachtgetümmel – eifrig notierend auf dem Brett, die Füße auf der Hühnerleiter, auch bei Regen geschützt – und verhält sich passiv. Manchmal ist der Feind imaginär, manchmal bilden wir aber auch zwei Parteien, je nachdem, wie viele Nachbarkinder dazukommen. Ich bin immer Fußvolk, weil ich das am tapfersten finde. Nur wenn es eine Angriffspartei gibt, überträgt mir Dietrich das Oberkommando über die Feinde. Dann wird mein Herz hin und hergerissen, und es ist nicht leicht, fair zu spielen und ernstlich meine Sandkastenfestung anzugreifen. Aber das Anschleichen, heimlich durch die benachbarten Grundstücke und Schrebergärten, macht auch Spaß.

Die Bank neben dem Sandkasten ist die besonders zu bewachende Munitionsfabrik. Nasser Sand, zu Kugeln gebacken und in feuchtes Zeitungspapier gewickelt, gibt im halbgetrockneten Zustand sehr gute und gefährliche Schusswaffen. Berge solcher Klumpen türmen sich auf und werden im Garten verteilt. Das Spiel gewinnt an Intention, als die Brüder Soldaten sind. Walter behauptet auf seinem letzten Urlaub, er könne gegen uns alle die Festung erstürmen und die Fahne erobern. Wir nageln ihn darauf fest, und am Nachmittag ist großes Aufgebot der Nachbarschaftskinder. Die Eltern sind Zuschauer vom hohen Balkon. Das erste Mal ist er schon mit einem Sprung über den halbhohen Rosenzaun gesetzt (nachdem er sich lautlos im Gebüsch angepirscht hatte), während wir noch in unserer Festung strategische Verhandlungen führten. Die Schlacht ist verloren. Auf ein Neues! Walter muss hinters Haus, bis wir uns verteilt haben. Ich hüte mit Bubi die Fahne direkt am Sandkasten. Der Kampf entbrennt. Der Feind rückt unerbittlich näher, Bubi stürzt sich ins Gewimmel. Walter bricht durch, mit einem Satz über den Zaun ist er wieder im Sandkasten. »Schweinerei«, sagt er, denn keine Fahne ist da. Ich habe sie zwar nicht verschluckt, sondern nur im letzten Moment ganz tief in den Sand geschoben – doch soll er nur suchen! Die Meute stürzt auf ihn, um ihn zu fangen, ich buddele die Fahne in Windeseile aus und renne mit ihr davon. Gesiegt! Aber es gilt nicht, sagen die Großen.

Der Krieg war zu Ende. Dass er kein Spiel ist, wurde uns mit dem Tod von Walter klar, der wenige Wochen nach unserer letzten großen Gartenschlacht fiel. Wir hörten auf, Krieg zu spielen. Stattdessen begann das lang hingezogene *Höhlenspiel*. In der dem Spielplatz gegenüberliegenden Ecke stand eine wenig benutzte große Efeulaube, und dahinter war viel Platz zwischen dem Gebüsch. Dort gruben wir die unterirdische Höhle – ›U.H.‹ genannt, damit sie möglichst geheim bliebe! Wir gruben tief und breit und deckten sie gut mit Brettern ab, sodass Platz für fünf Kinder darin war. Die Inneneinrichtung übernahm Sabine. Es gab nicht nur Tisch und Stühle aus Holz, sondern auch einen Wandschrank und Liegen aus alten Kissen. Ständig wurde daran ausgebessert – besonders weil der Eingang immer verborgen und frei von Gefahr gehalten werden sollte. Wir pflanzten rings herum Büsche und kleine Unkräuter auf die mit Erde beschütteten Deckbretter. Reinrutschen musste man allerdings, eine Treppe gab es nicht. Für Besuch (besonders von Erwachsenen) wurde ein Wachstuchkissen zur Abfahrt gereicht. Die Höhle war Treffpunkt, war Thing-Stätte und Festsaal. Denn wir feierten Höhlenfeste mit Essen und Trinken. Ein Lichtschacht war vermittels einer alten Glasscheibe eingebaut, die aber nach Verlassen des Raumes immer wieder mit Erde bedeckt wurde. Sonst dienten auch Taschenlampen zur Beleuchtung, wenn wir Batterien hatten; manchmal auch eine Kerze, aber das immer mit sehr großer Beklemmung, weil wir da unten nicht verbrennen wollten. Dann wurde die Höhle noch durch einen unterirdischen Gang erweitert, der auf dem Bauch zu durchrobben war und fünf Meter weiter im Gebüsch endete. Von zwei Seiten wurde gegraben, und es gehörte wirklich ein bisschen Mut dazu, da unten in völliger Finsternis den Sand zwischen den Beinen weg immer nach hinten zu werfen. Wir gruben natürlich im Schichtwechsel. Ich besinne mich noch an das große Glücksgefühl, als ich ›durchstieß‹ und die kleine Sandschippe, mit der ich grub, plötzlich auf die weiche Hand des von der anderen Seite Grabenden stieß. Auf dem Bauch liegend reichten wir uns durch die Öffnung die Hand und hatten das Gefühl, Amerika entdeckt zu haben.

Als der Gang fertig und gut poliert war, gab es ein *Maukenfest*. Die Mauke spielte eine große Rolle bei uns und entstammte dem Wortschatz meiner Mutter. Es bedeutete so viel wie Hamsterkiste, allerdings nur für Süßigkeiten. Jede Süßigkeit wurde aufgehoben und in die Mauke gebracht. Das war ein lackierter Blechkasten im Wandschrank der U.H. Wenn der Kasten voll war, gab es ein Maukenfest – das heißt, es wurde alles gleichmäßig im Kreis der Nachbarskinder verteilt. Manchmal wurden auch weitere Gäste geladen, aber dann war die Höhle zu klein, und wir feierten im Garten. Dieser frühe Kommunismus innerhalb einer befreundeten Gruppe war sehr gesund. Diese Gruppe bestand aus den uns altersnahen Kindern der Villenbesitzer und ihrer Portiersleute rund um uns herum.

Zwei Mädchen, so alt wie ich, machten aber nicht mit, obwohl ich dorthin eingeladen wurde. Eines wohnte uns direkt gegenüber, und man hörte sie manchmal schrecklich schreien; dann kam ein Krankenwagen, und sie wurde herausgetragen. Sie hatte etwas mit den Knochen, erfuhr ich, das furchtbar wehtat. Zwischendurch war sie aber völlig gesund und munter. Sie hatte ein großes Kasperle-Theater, das ein ganzes Zimmer füllte, mit dem wir gern spielten. Bei ihr lernte ich auch die Anfänge der hebräischen Sprache, denn es waren fromme Juden. Ihre Mutter hatte allerdings eine meinen Vater sehr störende Eigenschaft: Wenn er des Morgens die Läden am Elternschlafzimmer öffnete, fiel sein Blick zwangsläufig auf die am offenen Fenster nackt turnende Dame des Hauses gegenüber. Sie hoffte wohl, damit Gesundheit und schlanke Linie zu gewinnen (was erforderlich war, aber den Anblick nicht lieblicher machte).

Die andere wohnte in einer protzigen Villa mit Turm, zwei Häuser von uns entfernt. Sie kam wohl manchmal heraus, um mit uns auf der stillen Straße Völker- und Schlagball zu spielen, aber wir mochten sie nicht und fanden sie affig. Als sie mich einmal zur Vesper einlud, ging ich in den großen Palast hinüber. Sie hatte oben im Turm der Villa ein wunderbares Spielzimmer mit allem Komfort. Ich ließ mir ihre Sachen zeigen; dann wurden wir heruntergerufen und mussten einer großen Schar Erwachsener Guten Tag sagen. Diese saßen in einem Wintergarten, der als Grotte ausgebaut war, mit beleuchtetem Wasserfall und Marmordamen. Danach brachte uns das Mädchen in die Küche zum Vespern. Als ich begriff, dass wir hier abserviert werden sollten, bin ich einfach gegangen. Ich wollte nicht in der Küche essen, wenn das Haus so groß war. Ich hatte das Gefühl, man tat der Ehre meines Besuchs nicht Genüge. Schlichtweg erklärte ich, ich ginge jetzt lieber heim, und das tat ich auch – zu Hause erzählte ich sehr entrüstet von diesem Besuch. So wurde diese Bekanntschaft nicht mehr gepflegt.

Ein Mädchen aus der Straße, mit der wir gern spielten (deren Vater wir aber ›Mup‹ nannten, weil er, wenn wir ihn grüßten, nie die Zigarre aus dem Mund nahm und uns infolgedessen statt der Tageszeit nur den Laut ›Mup‹ zum Gegengruß bot), hatte eine sehr seltsame ältere Schwester. Sie ließ sich ›Freund Hain‹ nennen, ging nicht zur Schule, sondern immer in Hosen und rief uns ab und an zu sich herein, um ihre Malereien zu besehen. Wändeweise waren die Zimmer mit mir völlig sinnlos erscheinenden Bildern bedeckt. Wir Kinder meinten, sie wäre wohl nicht ganz normal – aber vielleicht waren es auch nur frühe echte Zwanzigerjahre, die uns da erstmalig begegneten.

1.12 Die Haustiere der Familie

Zu unseren *Hühnern* konnte ich kein beziehungsreiches Verhältnis gewinnen. Am meisten Spaß machte es mir, im Garten versteckte Eier aufzufinden. Sonst waren die Hühner ziemlich langweilig, wenn auch charakterlich verschieden. Das konnte ich leicht feststellen, denn ihr Stall befand sich direkt neben meinem Spielplatz. Hörnchen liebte die Hühner. Sie hatte für ihre Anschaffung gesorgt. In der Markthalle am Alexanderplatz hatten wir neun prächtige Hühnerküken erworben. Sie wuchsen auf, fraßen und scharrten überall im Garten, und an einem schönen Maitag begann das erste zu krähen. Es stand auf der Wiese und übte ›Kikeriki‹. Bald danach fühlte sich das zweite davon so animiert, dass es mit einstimmte. Die Familie stand betroffen: Hähne – und es waren doch garantiert Hühner gewesen. Neun Hähne! Alle neune hatten in drei Tagen das Krähen gelernt. Neun Sonntage hatten wir Hahn im Topf.

Aber Hörnchen ruhte nicht. Der Stall war schließlich da und duftete ganz nach neuer Teerpappe. Und Geflügelfutter war auch noch übrig. Also wurden sieben eindeutige Legehennen erworben, Italiener. »Wenn in einem Jahr noch eines davon lebt, Hörnchen«, sagte mein Vater, »dann bekommen Sie zwei Pfund Schokolade.« Und sie lebten. Sie hatten sogar eifrig Eier gelegt. Sie trugen Ringe um die Beine und hießen nach den Farben der Ringe. Die ›kleine Grüne‹, Hörnchens besonderer Liebling, den sie für ausnehmend intelligent hielt, hatte sogar den ›Pips‹ bekommen und überstanden. So wandelten wir am Jahrestag des Hühnereinkaufs zu Tengelmann an der Halensee-Brücke und kauften die unvorstellbare Menge von zwei Pfund Schokolade (die mir unbezahlbar schien).

Zweimal hatten wir auch junge Küklein ausschlüpfen lassen, ganz richtig unter einer lebendigen Glucke, und dazu war ein bildschöner Italiener-Hahn angeschafft worden. Denn ein Vater musste ja sein fürs Familienglück. Den Hahn hatte ich von allen Hühnern am liebsten, weil er immer so rührend für die anderen scharrte. Ich habe ihn oft mit extra für ihn ausgegrabenen Regenwürmern gefüttert. Kleine, tote Küken sind für Kinder sehr traurig – und traurig ist auch, dass die Glucke sich dann gar nicht mehr um sie kümmert und das Tote einfach nicht mehr lieb hat. Man kann es nur in eine Zigarrenkiste betten, die man mit Gras gepolstert hat, buntes Seidenpapier darüber legen und es beerdigen. Ein Hügel im Gebüsch mit Kreuz und einem Gänseblümchen darauf gepflanzt wird noch mit Eibenzweigen besteckt. Im Grunde ist es ja nur ein nicht ganz lebendig gewordenes Ei – aber es ist eben auch eine ganze Generation von Hühnern, wenn etwas daraus geworden wäre. Es bedarf der Aufbietung all meiner Kräfte, Bubi und Günther daran zu hindern, nach einigen Tagen nachzusehen, was nun aus dem begrabenen Küken geworden ist. Aber Grabschändung lasse ich im eigenen Garten nicht zu. Sie können sich ja selbst Gerippe machen.

Meine weißen *Mäuse* kannten und liebten mich. Wenn ich krank lag und sie rief, kamen sie aus ihrem Ställchen in mein Bett. Sie bewohnten ein Schweizer Häuschen mit aufklappbarem Dach, außen Treppe und Balkon; die kleinen Fensterscheiben waren aus Spiegelglas, sodass sie es schön dunkel hatten. Licht kam nur durch einen rund ausgesägten Eingang über der Treppe hinein. Das Häuschen stand auf einem niedrigen kleinen Schrank, dessen Obergefach in einen Garten umgewandelt war. Über die Pfosten an meinem Bett hatten sie freien Zutritt zum Kinderzimmer, waren aber ganz stubenrein. Durch die Tür gingen sie nur ganz selten und kehrten auch möglichst schnell wieder zurück. Sonst unternahmen sie gern Ausflüge in alle Ecken und Fächer. Einmal sind sie sogar in meine Gitarre gekrochen, und ich musste die Saiten abspannen, um sie aus ihren Ängsten zu befreien.

Sie gingen mit mir in die Schule, auf Reisen, zu Besuch und in den Garten. Wenn ich das Häuschen mitnahm, konnte ich sie auch im Garten frei laufen lassen. Sie kamen immer wieder zurück. Ihre Ernährung war billig; ihr Geruch wurde nur lästig, wenn ich sie nicht täglich tadellos sauber machte. Und da ich sie bei mir im

Zimmer hatte, tat ich das fast immer. Ich konnte stundenlang mit ihnen spielen, sie klettern und balancieren lassen, mit ihnen alle Spielsachen beleben und sie eifrig beobachten in ihren eigenen Strebungen. Ich muss sie sehr lange gehabt haben, und es war immer dasselbe liebe Elternpaar. Ab und zu bekamen sie Junge, die ich entweder im Freundeskreis verschenkte oder über meinen Vater wissenschaftlichen Zwecken zuführte. Viele Mäuse, einen ganzen stinkenden Stall voll, wie ihn manche Kinder hatten oder wie es ihn im Zoo gab, mochte ich nicht.

Sobald die jungen Mäuse anfingen mitzufressen, mussten sie ihr Elternhaus verlassen. Von meinen beiden Alten hätte ich mich aber niemals getrennt. Ich freute mich immer, wenn wieder die kleinen rosa Engerlinge im Nest lagen. Nach fünf Tagen sahen sie aus wie winzige junge Hundchen mit ganz hauchzartem Fell; nach acht Tagen waren sie kleine weiße Schweinchen mit Stecknadelknopf-Augen. Sie begannen, sich torkelig fortzubewegen, und wenn man sie in die Hand nahm, piepsten sie entsetzlich. Doch nach vierzehn Tagen waren sie kaum mehr zu bändigen: Sie waren kleine Haarbälle mit Mäuseschnäuzchen und -schwänzchen, sprangen wie die Flöhe blindlings in die Gegend, gerieten zwischen Türen und unter Füße (sodass schon dadurch ihre Zahl reduziert wurde). Sie bissen und gaben an wie verrückt, konnten aber ganz goldig miteinander toben. Dabei waren sie noch nicht so groß wie ein Zehnpfennigstück und wogen zwei Gramm mitsamt ihrem gesträubten, viel zu lang gewachsenen Fell. Das Wiegen war immer eine sehr schwierige Prozedur, gehörte für mich aber zur Säuglingspflege. Dieses Verhalten dauerte zwei Wochen lang an; dann wurden sie gesetzter, ließen sich greifen und gediehen, ohne noch bei der Mutter zu trinken. So war denn der Weg in die Fremde für sie geebnet.

Außer den Mäusen liebte ich noch unsere weiße Saanen-*Ziege*, die im Winter in einem Kellerzimmer unter dem Sprechzimmer meines Vaters und im Sommer unter der Verandatreppe wohnte. Ich liebte sie nicht nur, ich umsorgte sie auch. Melken durfte ich sie allerdings nicht, und das hätte ich auch nicht gemocht. Ihr Euter war in meine Liebe nicht miteingeschlossen, obwohl ich die tägliche Ziegenmilch, die ich wegen meiner Magerkeit trinken musste, recht gern hatte. Aber ich ging mit ihr auf die Weide. Die Rasenflächen der Nachbargärten, die nicht Gemüseland geworden waren, kamen zuerst dran. Wenn es da nichts mehr zu holen gab, ging ich mit ihr zum Güterbahnhof Halensee. Dort war der Abhang zur Friedrichsruher Straße mit vielen Büschen und noch mehr Unkraut bewachsen. Wir hatten ein herrliches Leben in diesem Gelände. Kleine Pfade schlängelten sich kreuz und quer; ich konnte mir nie denken, wer sie getreten hatte. Steile Aufstiege, heftiges Abrutschen, alles mit der Leine in der Hand – und ich glaubte fast, Heidi im Gebirge zu sein. Lange noch lösten Ziegenaugen in mir eine stärkere Zuneigung aus als Säuglinge. Die raue Ziegenzunge gab meinem nackten Arm ein seltsames Lustgefühl.

Und die jungen Zicklein! Zwei bekam sie jedes Jahr, und ihre älteste Tochter, zu der ich allerdings nie diese starke Bindung bekam, durfte bei uns aufwachsen. Die Geburt der jungen Zicklein wurde von meinem Vater, Hörnchen und Christel geleitet. Es war immer ziemlich aufregend, denn die Alte war nicht sehr geschickt dabei. Ich durfte erst nach geschehener Tat dazukommen. Mit Entsetzen sah ich einen riesigen Fleischklumpen in der Wanne liegen, was mir Brechreiz verursachte, und erfuhr dann Einzelheiten über die Nachgeburt. Aber die rosafarbenen nassen Kleinen, die noch nichts rechtes mit ihren Beinen anzufangen wussten, machten mich sehr glücklich.

Später spielte ich dann auf allen Vieren mit ihnen auf der Wiese und stieß mit meinem Schädel gegen den ihren, warf abwechselnd Vorder- und Hinterbeine hoch und galoppierte mit ihnen um die Wette. Böckchen mussten sterben, Ziegen wurden verkauft. Ab und zu hing ein Fell in der Waschküche. »Unsere Gnä' Frau ist gar keine Gnä' Frau«, sagte ein Mädchen, das sich geweigert hatte, das Fellchen abzuziehen, und der meine Mutter es vormachte, »die fasst ja jeden Dreck an!«

Einmal musste der Tierarzt kommen, und als wir ihn in den Kellerstall führen wollten, war der von innen abgeriegelt. Ein Mensch war nicht darin, es musste also die Ziege gewesen sein. Es blieb nichts übrig, als von der gegenüberliegenden Seite einen großen Kohlenberg abzutragen und durch die andere Tür einzudringen. Das kluge Tier hatte wirklich den großen Holzriegel vorgelegt. Wahrscheinlich hatte es in seiner Fieberangst die Tür zu öffnen versucht, um herauszukommen. Ich weinte heimlich, als es dann doch zum Sterben kam und die Ziege notgeschlachtet wurde. Wieder war Christel diejenige, die meinem Vater beim Töten half. Dann füllten sich die Kellerregale mit Fleisch-Weckgläsern. »Hört ihr die Klöpschen meckern?«, sagten die großen Brüder, und mir blieb der Klops im Hals stecken. Nun übernahm es die erstgeborene Tochter der Ziege, für den weiteren Nachwuchs und die Milch im Haus zu sorgen.

BAND 2:
DAS GESELLSCHAFTLICHE LEBEN DER FAMILIE BONHOEFFER

2.1 Sommerliche Vergnügungen

Mit elf Jahren begann ich, ein *Wetterbuch* zu führen. In Oktavheften teilte ich gleich für drei Jahre im Voraus die Daten so ein, dass man Tag für Tag überblicken konnte, wie das Wetter gewesen war. Schon dieses systematische Einteilen machte mir Spaß. Dann trug ich, anhand eines an mein Fenster gehefteten Thermometers, täglich die Grade ein, ob es windig sei oder regnete oder die Sonne schien. Ich schrieb auf, was im Garten blühte und vergaß auch die Linden nicht, den ersten Drosselruf und den gefundenen Schmetterling. Besonders in den Frühjahrsmonaten war ich drei Jahre lang ausführlich und regelmäßig damit beschäftigt; später im Jahreslauf ließ der tägliche Eifer dann nach und musste durch Nachträge ausgeglichen werden. Aber meine Erinnerung ließ mich selten im Stich. Es war auch ein Vergnügen für mich, den vergangenen Sommer mit seinen kleinen Freuden beim Eintragen noch einmal nachzuempfinden.

Ohne ein ›wetterfühliger‹ Mensch zu sein – ich glaube jedenfalls, in meinen Stimmungen über Nebel, Regen und Novembertagen zu stehen –, hat mich das Frühjahr immer sehr ›frühlingsselig‹ gemacht. Ich möchte mein Leben wirklich nach Lenzen rechnen. Das Niederschreiben des draußen in der Natur persönlich Erlebten und Beobachteten, diese ›Sammelwut‹ von rein Gedanklichem, Erfahrenem und Entdecktem war eine gute Schule, die Augen aufzumachen und aufzuhalten. Meine unglückliche Liebe zu allem Geordneten, zum System, zur Schablone verband sich hier mit der Freude am Lebendigen, Werdenden. Und das Wetterbuch war einem wahrheitssuchenden Orientierungsbedürfnis entsprungen. Ich wollte nicht immer unkontrolliert denken: »Dieses Jahr ist das Wetter längst nicht so schön wie im Vorjahr«, wenn ich gerade schlechter Laune war – oder auch umgekehrt: »So schön war der Mai noch nie!«, wenn ich mal wieder frisch schwärmte. Ich wollte wissen, wie schön der Frühling in diesem und dem vergangenen und dann vielleicht im nächsten Jahr wirklich war. Ich hatte nichts dagegen, den Frühling jeweils nach meiner Stimmung zu empfinden, aber ich wollte Bescheid wissen, wenn ich mir etwas vormachte. Gegen das Vormachen an sich hatte ich ja nie etwas, wenn ich mir nur selbst im Klaren darüber blieb, was Wirklichkeit war.

So verlief mein Aufwachsen in der Mühsal, diese beiden Linien – Frühlingsinbrunst und systematisches Wetterbuch – miteinander zu verbinden. Doch sollte ich wohl meinen ›Wetterbuch-Bestrebungen‹ insgesamt dankbar sein: Sie ermöglichten mir, die Dinge systematisch und wahrheitsgemäß zu durchdenken. Mein Wetterbuch begann mit den Worten (und dieses Ereignis war der Grund, damit anzufangen): »1. Februar, das erste Schneeglöckchen unter der Eibe!« Wo die Hefte geblieben sind, ahne ich nicht. Wahrscheinlich habe ich sie selbst später mit alten Schulheften weggeworfen. Immerhin habe ich sie mehrere Jahre lang gewissenhaft geführt.

Ja, der Frühling duftete nach feuchter Erde. Die ersten Spatenstiche in den Gärten hatten, während ich in der Schule war, die Luft verzaubert. Ich fühle mich in meinem Wintermantel wie ein flugbereiter Schmetterling in seiner Puppenhülle. Noch liegt der dunkle Schnee rund um die Bäume der Straße und sickert langsam, wie verblutend, in die Rinnsteine. Man schreit zwar nicht vor Wonne – aber rennen, einfach rennen, bis man atemlos vor der Haustür stehend dreimal klingelt, das darf man.

Oben in meinem Zimmer steht ein großer Korbkoffer; er duftet. Duftet, wenn es auch Naphthalin[62] ist, nach Frühling. Wenn Sabine aus der Schule kommt und es noch Zeit bis zum Essen ist, dann ist gleich ›Lumpenparade‹. Sonst muss man warten bis zur Sprechstundenzeit, bis meine Mutter ausgeschlafen hat. Im Herbst macht Lumpenparade keinen Spaß, denn Kleider an sich interessieren mich nicht. Aber Sommerkleider!

Ich erbe von Sabine. Wenn mir etwas passt, was sie im vorigen Jahr noch getragen hat, bin ich glücklich. Ich finde es immer gemein, dass ich so klein bin – und dann ahne ich eine Möglichkeit, vielleicht doch einmal über diese Schande hinwegzukommen, wenn ich etwas zum Erstaunen der anderen schon tragen kann. Im Koffer ruhen auch die Kleider, aus denen die großen Schwestern herausgewachsen sind. Die sind dann für Sabine und mich zum ›Gleichgehen‹. Meines muss immer sehr gekürzt werden.

---

62   Eine stark riechende Substanz, die früher als Insektizid verwendet und zu Mottenkugeln verarbeitet wurde.

Meine Mutter hat eine schneidertechnische Begabung und ihre Spezial-Bezeichnungen. Am Hals darf es nicht »kaffen«, unten nicht »zunzeln«, unter den Armen nicht »kniepen«, um den Bauch nicht »premsen«. Was bei Sabine um die Brust spannt, das bekomme ich, wenn es auch kürzer gemacht werden muss. Was mir nicht mehr passt, das geht nach Waldau zu den Cousinen Hase. Meistens ist es dann schon ›fünfte Hand‹.

Meine Arme werden beim Anprobieren der Kleider mit kurzen Ärmeln wieder lebendig und atmen Frühling. Und erst die Beine beim Anprobieren der Söckchen! Bunte Ringelsöckchen, gestopft und geliebt; weiße mit ewig braunen Sohlen; rote handgestrickte, die einen Abdruck auf dem Fuß geben. Und Sommerwäsche gibt es auch: Hemden werden an die Brust gehalten, um angenommen oder verworfen zu werden. Weiße Leinenhöschen mit Klappe und Stickerei unten müssen aber anprobiert werden, denn sie könnten im Schritt zu kurz geworden sein. Unterröcke und Nachthemden werden nur auf die Länge hin angehalten. Und wie das alles duftet! Da sind auch die ›Nackedei-Kleider‹ aus Krepp, die über den Schultern nur mit bunten Bändern gebunden sind, und gelbe Leinenkleider mit weißen Margeriten in Perlgarn bestickt, Dirndlkleider aus farbigem Musselin mit Röschen und das leichte, rote Seidenkleid mit den schwarzen Holzperlen als Verschluss, das ›für täglich‹ nach der Schule ist. Der vergangene Sommer blüht wieder auf mit tausend Erinnerungen. Und der verwaschene Badeanzug passt auch noch!

Aber erst am 21. März ist *Frühlingsanfang*! Was sich bis jetzt schon als Frühling gezeigt hat, war Geschenk. Was von jetzt an kein Frühling ist, ist nicht gehaltenes Versprechen, ist Betrug und glatte Gemeinheit. Das ist der Sinn dieses Datums. Den Frühlingsanfang habe ich bis dahin schon oft gefeiert: mit den ersten Schneeglöckchen; mit der Feststellung, dass die Knospen schon ganz dick sind (auch wenn die Großen sagen, das war schon den ganzen Winter so); mit dem ersten Haselkätzchen, das gelb wird; mit der Lumpenparade; mit dem Geruch der umgegrabenen Erde; mit Sonne und Vogelsang und mit dem Putzen des Fahrrades.

Zum ersten Mal wieder rausradeln – das ist eigentlich Frühlingsanfang. Wind um die Beine und Haare, Wind im Faltenrock und Sonne auf den Armen; durch die Villenstraßen in der Nachbarschaft und die Schrebergärten von Schmargendorf, wo alles bei der Arbeit ist und zu denen es mich immer sehnsüchtig hinzieht (besonders, wenn schillernde Kugeln, Gartenzwerge und alte Badewannen sie schmücken). Oder gleich raus in den Grunewald, zum See, vielleicht gar bis zur Havel – doch vorher möglichst noch Grete am Roseneck abholen. Auch der Botanische Garten lockt, den man von uns am besten mit dem Rad erreichen kann und der gar nicht so weit ist. Das ist, wenn Grete mitkommt, sogar noch schöner als weite Radpartien, weil man dann nicht nur radelt, sondern miteinander lustwandelt und redet.

Im Frühling mag ich gar nicht arbeiten. Zu dumm, dass immer gerade dann die Versetzung brennend wird, wenn man überhaupt nicht an so etwas Ekelhaftes denken sollte, sondern immerfort Frühling feiern – besonders den Vorfrühling. Er kam so gewaltig über mich, dass mich sein Kommen fast ängstigte. Ich musste mich so auf diesen Ansturm vorbereiten, dass ich für alles andere wie gelähmt war. Ich taute mit in der Gartenerde, ich trieb mit in den Zweigen, ich leuchtete im Krokus, ich blieb in einem Gedicht und sang die unwahrscheinlichsten Hymnen vor mich hin. Mein Menschsein, gebunden an Haus, Ordnung, Kleidung, Pflicht und Nüchternheit, wurde mir zur Last. Jedes Tier, jede Pflanze, die sich vom Frühling überwältigen lassen durfte, schien mir beneidenswert. Sie wurden geliebt von ihm und lebten in ihm. Ich dagegen war nur Sehnsucht, war ihm umso fremder, je mehr ich ihn besang, ahnte Erfüllung, schrie nach Leben – und begnügte mich mit Radfahren.

Und wenn er dann in der Hochblüte stand, war der *Sommer* da. Hochsommer am Wannsee! Alle Geschwister sind im Wasser, ich liege auf meinen Ellenbogen am Rand, und wenn sich meine Beine heben, glaube ich zu schwimmen. Mein Vater setzt mich auf seinen Rücken und schwimmt mit mir weit hinaus. Wasser ängstet mich nie, aber ich will selbst schwimmen lernen. Es ist Krieg, ich bin sehr klein und mager, muss morgens immer Ziegenmilch trinken und darf von der Milchmehlsuppe meiner Mutter zum zweiten Frühstück etwas abbekommen. Aber vielleicht ist schwimmen gut für meine krumme Haltung. Also ins Schwimmbad Halensee an den Gurt! »Eens, zwei, drei, Frau Jeheimrat«, kommandiert dort Frau Kammrad eine alte Dame, die mit einem großen Strohhut hinter dem Stock herschwimmt.

Dann bin ich dran: an den Gurt und gleich reinspringen. Macht mir gar nichts! Unten im Wasser hampele ich wie verrückt und glaube, ich lerne es nie. Aber schließlich komme ich doch quer über das Becken und zurück. Sehr gut. Aus. Schon? Längst genug – ich zittere und bin erblaut. Der Badeanzug fällt, und Hörnchen rubbelt mich mit dem Badetuch tüchtig ab. Dann geht sie selbst noch in den See, und ich schaue zu. Die schulfreien Tage sind sehr geeignet zum Schwimmenlernen. Ich bin fast das einzige Kind hier. Ich lehne am Geländer und esse pflichtgemäß mein Häckerle-Brot. Manchmal bekomme ich Schokolade geschenkt. Dann darf ich an die kurze Leine, die lange Leine – und schließlich schwimme ich hinter dem Stock her. Ich kann nie genug haben im Wasser, aber nach einer Viertelstunde bibbere ich so, dass ich raus muss. Sonst dürfte ich nach dem Unterricht noch in den Nichtschwimmer-Bereich. Aber das lockt mich nicht so sehr, denn Sabine behauptet, da führen die Abwasserrohre von den Klos hinein. Jedenfalls ist es da unglaublich dreckig. Nach vierzehn Tagen geht es mithilfe des Stocks raus in den See; wir üben auch bei Regenwetter, denn das Abonnement ist bezahlt. Ich finde es herrlich, wenn die kleinen Tropfen um mich herum so weich ins Wasser fallen.

»Wenn du willst, kannst du dich heute freischwimmen. Fünfundzwanzig Minuten – das schaffst du!« Ich will. Frau Kammrad steht oben und geht, den Stock noch immer in der Hand haltend, den Steg hin und her, an dem die Kabinen in den See hineingebaut sind und wo ich hin und herschwimme. Das Wasser ist bleigrau, sehr mild, die Luft windstill. Plötzlich komme ich mit der Nase ins Wasser. Stock? Nein, es geht schon wieder. »Du kannst auch Schluss machen, es muss nicht heute sein.« Ich mache weiter, aber eigentlich kann ich nicht mehr. Da kommt die Sonne hinter einer Wolke hervor, und eine helle Bahn glänzt vor mir auf dem Wasser. »Jetzt bin ich über den toten Punkt hinaus, jetzt kann ich beliebig« – und das ist wahr. Frau Kammrad hat neue Kundschaft. Nach einer halben Stunde bekommt sie mich mit Mühe aus dem Wasser heraus. Ich könnte noch lange weitermachen, aber ich muss jetzt vom Rand springen. Ich mache die Augen auf, denn ich will sehen, wie es unten ist – aber ich kann das Wasser in Nase, Ohren und Augen nicht leiden. Ich strampele aufwärts, so schnell es geht, und bin froh über die Leiter. Der Schein wird ausgestellt. Freigeschwommen! Mein erstes Examen.

Sommer in Berlin war auch sehr schön. Wenn der Regen durch die breiten Bäume auf die Asphaltstraßen fiel, streckte ich ihm meine bloßen Arme entgegen und freute mich. Sommerregen, der alles duften und atmen ließ, machte mich glücklich. Wenn es nach heißen Tagen zum ersten Mal tüchtig herunterprasselte, durften wir in Badeanzügen in den Garten und sogar auf die Straße, wo der Rinnstein brauste. Nasskalte Tage im Sommer waren schlimm. Aber warmer Regen – da spürte man erst die ganze Süße des Sommers, und die Blumen dufteten stärker.

Auch wenn der Asphalt weich wurde vor Hitze, wenn den ganzen Tag über die Fenster- und Rollläden vor den Fenstern blieben, der Rasensprenger lief und es ein Labsal war, sich in leichter Bekleidung darunterzustellen, wenn die Zeit der Kaltschalen da war, im Keller gekühlt, und die Erwachsenen, übermüdet von den kurzen, heißen Nächten, uns an der langen Leine ließen, wenn es nach der zweiten Stunde hitzefrei gab und man den Badeanzug schon in der Schultasche hatte – dann liebte ich Berlin. Heiße, flimmernde Luft über dem Kurfürstendamm! Wenn man Glück hatte, erwischte man eine offene Straßenbahn, einen Sommerwagen. Dann lohnte sich das Fahrgeld für mich, und das Stadtbahnabonnement konnte ruhig einmal ungenutzt bleiben.

Und wenn erst die Sprengwagen kamen und die Kinder auf der Straße jubelnd hinterherliefen! Eiswagen standen an allen Ecken – aber solches Eis war streng verboten, und es war meinen Eltern gelungen, uns sogar einen Ekel vor der Unsauberkeit dieses Genusses einzureden. Aber die Eiswagen gehörten ins Straßenbild wie die Sprengwagen. Heiß war die Stadtbahnfahrt, heiß die Halensee-Brücke, heiß noch die Friedrichsruher Straße längs des Güterbahnhofs. Doch die Biegung um die Ecke an der Kunz-Bundschuh-Straße brachte Kühlung. Jetzt war man im Grunewald. Schatten breitete sich aus und Sprengschläuche rauschten. Ach, welch Genuss, oben im Badezimmer alles von sich zu werfen und in die kühle Badewanne einzutauchen! Es ist zu warm, um auf der Veranda Mittag zu essen. Halbdunkel herrscht im Esszimmer.

Mittags soll ich nicht in die Sonne. Ich liege nackt auf meiner weißen Bettdecke und döse. Mühsam ist es, zur Vesper herunterzugehen. Die Luft ist schwül, doch es gibt wieder kein Gewitter. Ich denke: Wenn es nur hält, das schöne Wetter, dann ist mir die Kartoffelernte ziemlich egal. Verhungern werden wir schon nicht.

Und dann kommt der lange kühlere Abend. Keiner schickt mich ins Bett, es ist noch zu heiß oben im Zimmer. Bei kaltem Getränk und viel Rauch gegen die Mücken sitzt die Familie im Garten beisammen. Ich genieße und schweige, um nicht bemerkt zu werden; oft bis Mitternacht.

Der *Grunewald* ist über das Roseneck, über den Hundekehlen-See oder über den Bahnhof Grunewald für uns zu erreichen. Er sieht überall ähnlich aus: Sand, Kiefern, wenig Birken, wenig Unterholz, kaum Blumen, viele Wege, viel Papier, viele Menschen – hauptsächlich lagernd als Pärchen oder Familien (der Vater im Hosenträger, die Mutter im Unterrock) oder auch radelnd, reitend oder singend und wandernd. Dieser Wald ist übersichtlich, durchsichtig und nur in der Morgenfrühe oder am späten Abend geheimnisvoll.

Aber von der Hundekehle über die Wege am See hinweg bis zur Krummen Lanke ist mein Zauberland. Verboten, umzäunt, im Frühjahr sehr sumpfig, voller Sträucher, alter Baumstümpfe, Stauden und Rinnsale: Das ist das Berliner Heimatwäldchen meiner Kindheit, das *Fenn*. Der Einstieg ist nicht schwer, die Umzäunungen sind schlecht gehalten. Die Bürger fürchten die Feuchte und Unwegsamkeit.

Dietrich und ich aber haben es in Besitz genommen. Wir kennen die trockenen Stellen, wo man von Mücken umschwirrt ruhen und lesen kann, wir kennen die aus alten Stämmen gebildeten Übergänge über die Gewässer. Hier ist die Romantik, die dem Grunewald sonst fehlt, konzentriert. Hier entdeckt man immer wieder etwas Neues: Hier wachsen seltsame Blumen, die wir nicht in den Bestimmungsbüchern finden können, hier gibt es Sonnentau, der bei aller sorglichen Pflege und Fütterung mit Kleintieren zu Hause immer eingeht. Hier gibt es Tümpel mit Kaulquappen, große Libellen, uns fremde Vögel und keinen Menschen. Wir haben etwas Angst vor dem Förster, aber er kommt nie. Wir verhalten uns auch sehr leise – das kennen wir vom Harz her: so leise gehen, dass man kein Wild erschreckt. Aber Wild gibt es hier nicht. Und doch gehen unsere Entdeckungen auch auf die Fauna aus.

Besonders im Frühjahr nehmen wir Weckgläser und Schraubgläser mit. Die versumpften kleinen Gräben und Tümpel sind voller Leben. Ein bis zwei Kellen voll trüben Wassers ins Glas; dann warten wir, bis der Schlamm sich gesetzt hat, und eine Fülle unbekannter Geschöpfe lässt sich beobachten. Da sind außer Wasserflöhen kleine rote Spinnen und solche, die eine schillernde Luftblase bei sich tragen wie einen Quecksilberball; runde und längliche aufgeregte Käferchen, die wild an die Glaswände sausen; bedächtig rudernde Krebschen; Mückenlarven und seltsam gewundene Würmer; kleine flitzende Punkte, mit dem bloßen Auge kaum erkennbar – und das Seltsamste, an kleinen Ästen und Pflanzenteilen haftend: Polypen. Winzige Brüder der Tiefseeungeheuer, kaum einen Zentimeter lang, mit vielen kleinen Fangarmen, die in seesternförmige Händchen auslaufen. Manchmal löst sich ein solcher Arm ab und sucht sich ein neues Revier, manchmal knospen neue Arme hervor. Stundenlang kann ich vor dem breiten Weckglas sitzen und denke voll Mitleid an Günthers langweiliges Goldfischaquarium. Alles Schlammwasser birgt Leben, ich sehe in jeder Pfütze seine Behausung. Damals tat man noch keine Chemikalien gegen Mücken hinein.

Weitere *Ausflüge* führen uns in die Berliner Umgebung: In der Saubucht nahe der Havel wächst Drosera, in Finkenkrug gibt es Molche, in den Rüdersdorfer Kalkbergen kann man Versteinerungen finden, in den Nuthewiesen bei Potsdam Stichlinge fangen und Sumpfdotterblumen pflücken, in den Saarmunder Bergen hat man einen weiten Blick auf die Havelseen und weithin in die Märkische Seenplatte. Diese Seen – besonders der schönste, der Müggelsee – sind Ziele, die uns Geschwister an Sonntagen hinaustreiben. Schon frühzeitig. Der erste Zug nach Erkner, kurz nach vier Uhr morgens, ist noch nicht voll. Fourage[63] und Abkochgerät wird am Sonnabend fertig gemacht. Hoffentlich bleibt das Wetter so, damit man nicht umsonst aufsteht! Etwas schlaftrunken trifft sich dann alles auf dem Bahnhof Halensee. Alles – das sind Delbrücks, Dohnanyis, Brandts, Weigerts und wir als Kerntrupp; dazu noch, was jeweils an Freunden und Verwandten von jedem mitgebracht wird. Zwei Abteile füllen wir meist. Manchmal geht eine Gitarre mit, wir tragen Zöpfe und Beiderwandkleider,[64] kurze Lederhosen und Joppen – aber ›Wandervögel‹[65] sind wir beileibe nicht! Wir sind gar kein Verein und haben mit der Jugendbewegung nichts zu tun; wir sind ganz privat und arrogant, und alle bündischen Gruppen

---

63 D.h. Proviant; ursprünglich bezeichnete dieser Begriff die Verpflegung für Pferde beim Militär.
64 Beiderwand ist ein schweres Mischgewebe aus Wolle und Leinen bzw. Baumwolle, das für die Herstellung von Trachten verwendet wurde.
65 Vgl. Anm. 32 (S. 70).

gelten bei uns als unmöglich. Aber für andere sind wir wohl kaum zu unterscheiden von den Jugendbewegten, auch wenn wir ein Individualisten-Club sind.

Es wird tüchtig gelaufen. Mir sind 35 Kilometer am Tag ein bisschen zu viel – aber es wäre eine Schande, wenn ich das zugeben würde. Bloß abends, sehr spät bei der langen Heimfahrt, die man doch meistens stehend erledigt, weiß ich nicht recht, ob ich noch Beine habe. Aber es ist herrlich, den ganzen Tag so fast gleichberechtigt mit den großen Geschwistern und ihren Freunden draußen zu sein. Wenn das Wetter danach ist, wird natürlich auch viel geschwommen. Gesungen wird meist nur beim Rasten, beim Abkochen und beim Bahnfahren. Im Wald geht man schweigend oder im leisen Gespräch. Nur wenn abends bis zum Bahnhof noch staubige Landstraßen mit müden Füßen zurückzulegen sind, werden sinnlose Lieder gesungen (was ungeheuer beweglich macht). Je müder wir werden, umso vergnügter und alberner sind wir. Ich genieße die leicht verliebten Schwingungen, die zwischen der reiferen Jugend hin und hergehen, als gälten sie mir.

Es scheint mir, als ob wir sommerlang Sonntag für Sonntag hinausgezogen sind – bis dann die verlobten Paare abbröckelten und die anderen die Lust verloren, diese harmlosen Vergnügungen beizubehalten. Als unsere Gruppenausflüge aufhörten, unternahm ich trotzdem am Sonntag möglichst oft eine Tour ins Freie. Wenn man nicht gerade mit den Wannsee-Dampfern fahren wollte und außerdem zeitig genug aufbrach und spät heimkehrte, ließ sich der gefürchtete Ansturm immer ertragen. Es lohnte dann auch, in die östlichen Gegenden Berlins zu fahren – immer mit irgendwelchen Bekannten und Freunden. Durch lange Wasserfahrten bis zur Dahme hin lernte ich die an die Müggel anschließenden Gewässer gut kennen. Man blieb den ganzen Tag auf dem Schiff, das man an der Jannowitzbrücke bestieg, hatte mittags Pause zum Essen, Baden und Kaffeetrinken in irgendeinem netten Strandort und kam abends im Dunkeln heim. Manchmal forderte mich auch Tante Toni Volkmann auf, mit ihr rauszufahren und eine Freundin mitzunehmen. Da wir als junge Mädchen auch zu zweit oder dritt nicht ohne einen männlichen oder ältlichen Beschützer rausfahren durften, war uns das sehr lieb, denn Toni war unternehmungslustig. Durch sie lernte ich besonders die Gegend am Teltow-Kanal und die Machnower Schleuse kennen. Das war mit Rädern nicht schwer zu erreichen. Auch nach Brieselang radelte sie mit mir, Jutta von Drigalski und Grete (und fand den Rückweg dann doch recht strapaziös). Wir hatten uns dort lange auf dem Naturschutz-Lehrpfad aufgehalten; außerdem zerriss meine bunte italienische Kette, und wir verloren viel Zeit mit Perlensuchen. Es war ein glutheißer Tag – aber schön war es doch, wenn auch Toni manche Wege für eine ›Vibrationsmassage‹ hielt.

Ich war bereits verlobt, als die Eltern ein *Paddel-Faltboot* für uns anschafften. Das erste Mal übten wir das Zusammensetzen auf dem Rasen vor unserem Haus. Viele Ratschläge, viel Aufregung: »Lass mich mal versuchen.« – »Ist ja vollkommener Quatsch so!« – »Aber so ist es hier gezeichnet ...«. Schließlich stand es doch, trotz der unsinnigen Anleitung. Dann haben wir es wieder in zwei Säcken verstaut und nach Potsdam auf die Jungfern-Insel geschleppt. Dort wurde es von Neuem und diesmal schneller von Dietrich und mir zusammengesetzt, und die erste Fahrt ging los.

Ich war zu dieser Zeit nur Tochter im Haus und hatte herrlich viel Zeit. Dietrich (dem das Boot mit mir zusammen gehörte) nahm es nicht oft in Anspruch und selten mit jemand anderem. Ich kaufte mir ein ›Brusttuch‹, bunt und ganz modern, das man nur hinten am Rücken zusammenband, und kurze bunte Leinenhosen. Aber meistens saß man im Badeanzug im Boot, weil man doch immer wieder ins Wasser ging. Freundinnen und Freunde, aus der Nachbarschaft schnell durch das Telefon aufgefordert – jeder kam gerne mit. Walter, der nicht schwimmen konnte, forderte ich nie auf, da ich Angst hatte, er würde ertrinken. Aber mit Hans Lange machte es viel Spaß – besonders aber mit meinem Vetter Hans-Christoph von Hase, der zu dieser Zeit in Berlin studierte und bei uns wohnte. Er nahm sich seine Malutensilien mit. Wenn er eine passende Stelle gefunden hatte, hielt ich für ihn mit dem Paddel die Richtung. Dann schwammen wir, lagen mit dem Boot stundenlang schläfrig im Schilf und sahen den Wasservögeln zu. Bei Ferch gab es noch Reiher. Es war ein freundlicher Sommer.

Auch ganz allein verbringe ich tagelang auf dem Wasser. Da haben die Eltern nichts dagegen. Ich bin ja nun erwachsen; und dass ich unerwünschte Annäherungen abwehren kann, trauen sie mir zu. Ich muss nur bei Dunkelheit wieder zurück sein oder telefonieren, dass ich im Hafen bin und bald komme. Endlich, endlich habe ich die Freiheit, nach der ich mich seit meiner Schulzeit gesehnt habe;

habe sie in einem Maße, wie sie wenigen meiner Freundinnen gegeben ist – und genieße das restlos und dankbar. Das Paddel taucht ins Wasser, die kleinen Wellen blubbern; drei Stunden brauche ich noch bis zum Bootshaus zurück, aber fünf Stunden wird es noch hell sein. Ich lebe mein Leben und lebe es so bewusst wie möglich. Ich brauche keine Romane mehr zu erdenken, brauche keine andere Welt mehr, in die ich fliehen muss. Ich brauche nichts zu denken als: »Etwas mehr links oder etwas mehr rechts? Esse ich jetzt etwas? Will ich hier ins Wasser?« Und das ist schon zu viel gedacht; meistens schaue ich nur blau und grün und licht und silber und Linien.

Diesen Sommer will ich ans Meer! Aber Wasser mit Ufern ist auch schön. Das Schilf liebe ich so sehr, dass die Angler mir gram sind. Ich habe für diese langweiligen Lustmörder nichts übrig. Meine Haut ist dunkelbraun und riecht nach Nussöl. Meine Haare locken sich von der ständigen Feuchtigkeit. Ich empfinde meinen Körper endlich einmal als lohnend. Es ist schön, Mensch zu sein – Mädchen auf dem Wasser und verliebt. Manchmal schließt sich ein Paddler an. Bitteschön, wenn er nicht zu doof ist. Aber Aufdringliche verkohle ich restlos und lüge das Blaue vom Himmel, bis sie verschwinden. Doch der Himmel bleibt blau in solchen Berliner Sommern.

2.2 Winterliche Vergnügungen

Die *Dampfheizung*, die unser Haus erwärmt, hat in meinem Zimmer einen weißlackierten Blechumbau mit ausgestanztem, vierblättrigem Klee. Dieser Umbau lässt sich mit einem Stuhl (später ›aus dem Stütz‹) mühelos erklimmen. Er ist breit, einladend, freundlich und sauber. Ein Kissen oder eine Decke verhindern das Bilden von Mustern, wenn man darauf sitzt. Gleich, wenn ich aus der Schule komme, lasse ich mich dort nieder. Milde Wärme fördert das Nichtstun. Ein großer Schrank schützt mich vor den Blicken der Eintretenden; vor allem wenn ich die Beine anziehe, bin ich unsichtbar. Mag die Tür ruhig ab und zu aufgehen – solange man mich nicht ruft, bin ich geborgen, gewissermaßen im Schneckenhaus, und als eilender Bote oder für andere Dienstleistungen nicht zu gebrauchen. Diese Isolation ist nach der Konfrontierung mit der Öffentlichkeit in Schule und Stadtbahn ein notwendiger Genuss für mich. Kleines Spielzeug, später Bücher, liegen griffbereit auf dem

Schrank, damit ich ›etwas vorhabe‹, wenn einer mich aufstört. Einfach Nichtstun, bloß etwas ›ausdenken‹, das gilt in den Augen der Eltern (und darum auch der Geschwister) als gefährlich, faul oder Quatsch. Ich weiß selbst, dass es Quatsch und faul ist – aber warum sollte es gefährlich sein? Das halte ich nun wieder für Quatsch! Jedenfalls lagere ich deshalb immer mit schlechtem Gewissen und in steter Bereitschaft zur Lüge auf meiner Wärmequelle.

In der anderen Ecke meines Zimmers steht ein hoher, eiserner Ofen, der den Namen ›Küppersbusch‹[66] trägt. Ich finde es schön, wenn Dinge irgendwie heißen, und Küppersbusch ist ein hübscher Name, der an Sommergärten oder Ginsterstauden erinnert. Küppersbusch tritt in der Übergangszeit, bei reparaturbedürftiger Zentralheizung und in Notzeiten bei Kohlenmangel in Kraft. Er frisst Briketts und muss den Hals ganz voll kriegen, dann brennt er Dauer, und das ist seine fortschrittliche Spezialität. In der stillen Stube hört man Küppersbusch ab und zu schlucken. Dann rutschen die Briketts nach. Ich bin froh, als ich endlich so groß bin, dass ich ihn selbst füttern kann, weil ich die Klappe oben aufkriege.

Im Winter 1916 muss auch Küppersbusch hungern, und ich kann von dem am Abend eingegossenen Waschwasser (denn die Wasserleitung im Haus ist abgestellt) am Morgen eine dünne Eisschicht abheben. Es gibt jetzt nur zwei Wärmequellen im Haus: die Küche und den gemeinsamen Arbeitsplatz der Familie im Esszimmer. Da muss man schweigen und ist ständig der Kritik der Großen ausgesetzt. So ziehe ich die Küche vor und singe auf dem Herd sitzend mit Auguste, der Köchin, deren Schatz in Frankreich Soldat ist, ein schönes Lied mit dem Refrain »Hinter Metz bei Paris in Chalon«. Als Küppersbusch wieder in Gang kommt, bin ich sehr froh. Allerdings kann ich nun kein Tuschwasser mehr in Puppentassen auf dem Fensterbrett gefrieren lassen und dann zusehen, wie die umgestülpten kleinen Eisbomben farbig ineinander laufen ...

Ein *Schneeball* taut auf einem Seifenschälchen. Das schmutzige Pfützchen steigt bis an den Rand, und ich werde immer trauriger. Im Zimmer wird es dunkler. Es liegt noch nicht viel Schnee, der die Dämmerung verlängern könnte. Dieser Schneeball war mühsam

---

66 Die Firma Küppersbusch in Gelsenkirchen stellte seit 1875 Kohleherde und -öfen her, die zumeist aus Gusseisen oder Emaille bestanden.

von den glatten Zäunen zusammengekratzt. In der Manteltasche verborgen kam er ins Haus. Bald ist er nicht mehr – nur noch eine Pfütze auf dem grünen Linoleum des Arbeitstisches! Ich rühre mich nicht, denke auch nicht viel – ich starre auf den Wandel des Begehrten in etwas Hässliches. Einer kommt rein, knipst Licht an: »Was machst du denn hier?« Ich weiß es selber nicht; ich kippe das Seifenschälchen mit dem kirschkerngroßen Schneeklümpchen in das Waschbecken und wische den Tisch ab. Fragen werden nicht weiter gestellt; ich habe mal wieder gedusselt.

Ich besitze einen rotlila Samtmantel mit großen Perlmuttknöpfen, der aus dem Morgenrock meiner Urgroßmutter gemacht ist. Bei Schnee soll ich ihn nicht tragen. Es gibt aber nichts, was mich frommer machen kann, als *Schneekristalle* auf diesem Mantel aufzufangen. Einzelne, vollkommen unbeschädigte Schneeflocken fallen selten. Wegen ihnen freue ich mich auf den Winter. Die klare, harmonische, kalte, leichte Schönheit dieser Gebilde reißt mich hin. Es ist wie die Verkündigungsgeschichte bei Maria: Himmel und Erde berühren sich. Wo sollte Heiliger Geist wirken, wenn nicht in dieser Verschwendung des Schönen, Unnötigen? Ich weiß, dass die Blumen um der Insekten willen duften – aber warum werden Regentropfen zu Edelstein? Ich hocke unter der Treppe, strecke verbotenerweise meinen Samtarm hervor und empfange den edlen himmlischen Segen. Auf braunem, dickem Plüsch würde es nicht wirken. Ich bin gläubig und dankbar dabei und lerne die Sekunde nutzen, lerne etwas von der Flüchtigkeit des reinen Glücks. Irgendetwas zieht an meiner Erdenschwere und will mich in lichtere Gefilde auffliegen lassen; dabei werde ich von unten deutlich kalt. Ich habe mit neun Jahren diese Empfindungen wohl etwas anders formuliert – aber formuliert habe ich sie und dabei den Rausch am Kristall zum Ausdruck gebracht. Mit ähnlicher Freude habe ich nur noch in das Kaleidoskop gesehen. Auch hier war Überschwänglichkeit in Ordnung gefasst – etwas, das mir nie gelang und doch meine ständige Sehnsucht war. Die Ordnung, die ich mir antat oder antun sollte, war langweilig und beschränkt. Im Grunde war mir das Element des Schnees in seiner sauberen Kälte völlig wesensfremd. Gerade darum habe ich als Kind jahrelang behauptet, der Winter sei die schönste Jahreszeit. Ich fühlte wohl selbst eine leichte Verlogenheit dabei, glaubte aber, den Erwachsenen eine Freude zu machen.

Eisblumen sind die häuslichen Schwestern der Schneekristalle. Sie sind ein bisschen mehr selbst gemacht und sesshafter. Schneeflocken sind wild und scheu, wie das Tier im Wald. Eisblumen sind wie bunte, tropische Vögel, die den Menschen nicht fürchten, sondern zu ihm kommen. Schneeflocken verehre ich, Eisblumen liebe ich. Sie wachsen aus den Ecken des Fensterglases heraus, und ich begrüße ihre ersten Knospen am Morgen mit Triumphgeschrei. Wenn ich aus der Schule komme, sind sie größer geworden, auch von oben nach unten, und lassen sich von der Sonne zum Glänzen bringen. Abends sehe ich immer wieder hinter den Vorhang und spüre mit dem Finger, wie weit die leichte Rippung schon reicht. Am nächsten Morgen sind sie ausgewachsen. Ich versuche, mir ihre Formen genau zu merken, und zeichne in der Schule unter der Bank Heftseiten voll Eisblumenmuster.

Eiszapfen schmecken etwas nach Staub. Sie sind sehr schwer zu erlangen. Die ersten, die ich in die Hand bekam, hat mir eins der großen Geschwister abgepflückt, und ich hatte Angst, sie zu zerbrechen. Später machte ich mit meinen Freunden die halsbrecherischsten Klettereien, um sie abzubrechen. Je größere wir bekamen, umso stolzer waren wir. Aber die Freude war mit dem Erwerb eigentlich schon vorbei. Wie gesagt, sie schmeckten nach Staub, und es lohnte sich kaum, das Verbot, an ihnen zu lecken, zu missachten. Als Waffe oder Speer waren sie durch ihre spröde Konstitution ungeeignet. Ihre Beliebtheit und der Einsatz, um sie zu besitzen, entsprachen nicht ihrem Realwert.

Aber das war nicht wichtig. Wichtig ist die Liebe zu allem ›Ungemachten‹, die Beziehung des Kindes zu den unmittelbaren Geschenken der Natur selbst. Das Kind erfährt etwas von der Freude des Schöpfers am Schönen – eines ihm unbekannten Schöpfers, der nach Aussage der Erwachsenen auch es selbst gemacht hat (und leider immerfort aufpasst). In seinen Wasser- und Eiskünsten begegnet ihm dieser Schöpfer so wunderbar direkt und unverpflichtend. Und die besorgten Eltern tun unrecht, wenn sie sich zwischen ihre erkältungsgefährdeten Kinder und diese Geschenke des liebenswürdigen Himmels eindrängen. Kinder wissen, dass gerade diese Dinge von keinem andern beeinflusst sind, dass sie nur demjenigen gehören, der sie genießt. Eiszapfen ablecken ist Zerstören und Genießen in einem, ist innigste Aufnahme und Festhalten vergänglicher Schönheit, ist Einverleibung und Mysterium, Wirklichkeit eines Unverstandenen, Unfassbaren. Die Sehnsucht des Kindes nach dem Unmittelbaren ist weniger Romantik als Mystik. Ein Kind, das sich nicht von dem Eiswunder berühren lässt, wird ein fader Erwachsener.

Aber nicht nur in der Stube, auch in unserem *Garten* war der Winter ein Erlebnis. Rund um einen Pflock mitten auf dem Rasen hatte unsere Ziege im Sommer beim Grasen eine Vertiefung ausgetreten. Dort sammelte sich das Regenwasser, und wenn es fror, war es eine Rutsch- und Eisbahn für meine Puppen. Es ist sicher nicht vielen Puppenkindern vergönnt, im Garten in Streichholzschachteln Schlittschuh zu laufen. Dieser Pflock war auch Stütz- oder Mittelpunkt des Schneemanns. Und wenn ich den ganzen Rasen freilegte – ein Schneemann musste so schnell wie möglich erbaut werden, sonst wurde der ganze Schnee durch das Klopfen der Teppiche geschändet. Ich habe manchmal die letzten Schulstunden einfach geschwänzt, um im Wettlauf zwischen dem Reinigungsdrang der Angestellten und meinem plastischen Gestaltungswillen zu siegen.

Der Garten gehörte im Winter mir allein. Ich musste jeden Tag ›an die Luft‹, weil ich so blass war. Unter Mantel und Rock mit dicken handgestrickten Gamaschenhosen versehen, auf dem Kopf ein gesticktes Wollkäppchen, unter dem Kinn mit Seidenbändern zu binden, gestopfte Handschuhe an den klammen Fingern (die natürlich sofort nass waren) – so führte ich dann eine Stunde zwischen beschneiten Büschen das Leben eines einsamen Forschers. Vogel- und Rattenspuren waren Entdeckungen; doch man kann auch mit seiner eigenen frischen Spur im Schnee Romane erleben. Gelangweilt habe ich mich nie. Die Großen gingen rodeln, wollten aber nicht mit mir belastet sein. Dass meine Schneegartenerinnerungen so einsam sind, liegt wohl auch daran, dass ich ja kürzer Schule hatte und noch vor dem Essen an die Luft geschickt wurde, weil ich nach Tisch schlafen musste und es danach zu dunkel war. Wenn reichlich Schnee fiel, war der Garten bald mit vielen Gefährten belebt. Meine erste Freude am Formen tobte sich da aus: Schneezwerge, Ungeheuer aller Art, von Schlangen bis zu einer in der Astgabel hockenden Kugel mit zwei schwarzen Steinaugen, die sehr persönlich wirkte. Alle Bäume bekamen Schneegesichter; aber am lebendigsten zum Mitspielen waren doch die Zwerge (besonders in der Ecke, wo die Grottensteine lagen).

Wenn die Zwillinge ebenfalls in den Garten kamen, spielten wir etwas ›Richtiges‹. Am beliebtesten war ein feuerspeiender Berg, ganz aus Schnee gebaut mit Holzwolleinlage, womöglich noch mit Wunderkerzen besteckt, die dann plötzlich aufflammten. Das waren Dämmerungsspiele, die auch die Kinder der Nachbarschaft anlockten. Schneeballschlachten waren nicht so beliebt; das lag an der Kriegskleidung, in der man ohnehin feucht genug wurde. Dass man im Winter trockene Füße haben könne, hätte ich damals niemandem geglaubt.

Mein erster *Schlitten* war ein kleiner hoher Sessel mit Armlehnen und wurde geschoben. Wenn ein Tiefenpsychologe es einmal für nötig halten sollte, mich bis in meine Kinderwagenerlebnisse hinein zu verfolgen, dann müsste er wohl den Umweg über diesen Schlitten nehmen, der bis in mein frühestes Erinnerungsvermögen hineinreicht und der mir meine Existenz im Kinderwagen veranschaulichen könnte. Später besaß ich dann einen anderen kleinen Schlitten: ein eisernes Gestell mit einem Holzbrettchen, das der sinnreiche Erfinder in der Form eines Bidets gestaltet hatte. Auch dieser diente nur als Fortbewegungsmittel und wurde gezogen. Das vordere Rundteil war geeignet zum Aufsetzen einer Einkaufstasche, die ich festhalten musste. Das Sitzbrett war gelb, das Gestell grün. Dann entwuchs ich diesem geliebten Gebilde, und es wurde zu den kleineren Verwandten aufs Land geschickt. Einen neuen Schlitten habe ich nie mehr bekommen – immer nur einen, aus dem die Zwillinge ausgewachsen waren. Mein erster richtiger Rodelschlitten war noch sehr klein, aber ich konnte doch bäuchlings auf ihm liegen.

Berliner Kinder rodeln von jeder Bordschwelle, von jedem Schutthaufen. Am Ende unserer Straße war ein großes, unebenes Baugelände, das später zum Sportplatz wurde. Dort machte ich meine ersten Rodelversuche außerhalb des umhegten Gartens. Die Kinder dort waren mir unbekannt, da ich keine ortsübliche Schule besuchte. Ich habe da zum ersten Mal ›Berlinern‹ gehört. Es war eine sehr fremde, erregende und nicht ungefährliche Welt für mich – besonders, da noch irgendeine Spyri-Geschichte[67] in mir spukte, wo es auf einer solchen Rodelbahn sehr rau zuging. Ich war klein für

---

67 Johanna Spyri (1827–1901), schweizerische Kinderbuchautorin, welche u.a. die Romanfiguren Rosenresli, Gritli, Dorli und Heidi geschaffen hat.

mein Alter, und im Krieg sah ich ausgesprochen schwächlich und blass aus. Niemand ahnte meine verborgenen Kräfte, mit denen ich wesentlich ältere Jungens erfolgreich anging. So hatte ich mir auch dort bald meinen festen Platz am Start erkämpft. Ich konnte enorm zuhauen und hatte mit meinem kleinen Schlitten einen brauchbaren verlängerten Arm.

Feige war ich nie – sogar die vereiste ›Todesbahn‹ am Grunewald-See bin ich später auf der nächstgeerbten Schlittengröße hinabgerutscht (allerdings ohne Freude, nur aus Angabe). Zwei Artisten fuhren zu zweit stehend auf einem Fahrrad herab. Das war allerdings mehr, als ich mir zumuten wollte. Besonders bei Dunkelheit gingen wir Geschwister gern rodeln. Die benachbarten Freunde kamen mit, sodass wir dann meist ein großer, vergnügter Kreis waren. Wir Mädchen ließen uns bis an die Abhänge des Grunewald-Sees ziehen, wenn uns nicht zu kalt wurde. Passanten wurden angeulkt, Sommerlieder gesungen, hie und da haben wir auch mal an Haustüren geklingelt.

Im Wald waren wir dann stiller und nicht mehr so albern. Die Älteren verzogen sich oft pärchenweise mit ihren Schlitten. Ich schloss mich an, wo ich am wenigsten störte – meistens bei Dietrich. Wenn der See zugefroren war, konnte man die Ausfahrt aufs Eis beim Rodeln genießen. Sonst war die sehr vereiste, höckrige Bahn das Heraufziehen des Schlittens kaum wert. Das kurze Abstoppen unten vor dem See machte keinen Spaß. Ab und zu traf sich der ganze Kreis wieder zur Vertilgung der mitgebrachten Vorräte. Nur selten kam ein Paar gar nicht mehr in Sicht. Das galt als unfair und wurde am nächsten Tag deutlich kritisiert. Immer wurde ein Treffpunkt ausgemacht, wo man sich um zehn Uhr zum Heimweg einzufinden hatte. Aus den verschiedensten Gründen ging es dann recht schweigsam heim.

Andere brachen jetzt erst auf. »Orje, was führste mir so spät noch mang die Fichten?«, hörten wir eine schwingende Frauenstimme aus dem Dunkel der verschneiten Kiefernschonung flöten. So etwas brach dann unser etwas melancholisches Schweigen im Walde. Wenn der Mond auf den weißen Schnee schien, hielt ich es auch in späteren Jahren kaum zu Hause aus. Ein paar Telefonate genügten, um schnell einen willigen Kreis zusammenzurufen, auch wenn die Geschwister nicht mitmachten. Es musste gar nicht immer mit dem Schlitten sein. Ich mochte Spaziergänge im Schnee eigentlich noch lieber als das Gerutsche. Und das Heraufziehen der Schlitten war ja auch kein Vergnügen. Meine Sehnsucht, einmal nachts mit dem Pferdeschlitten zu fahren, hat sich nie erfüllt.

In meinem letzten ledigen Winter (ich war neunzehn Jahre alt) sehe ich mich mit meinem Freund Hans Lange auf dem verschneiten Hertha-See stehen und höre mich die prophetischen Worte sprechen: »Mir ist immer, als säßen wir alle auf einem Schlitten, der ins Bodenlose saust. Wer überlebt den Aufprall?!«

Nach einem solchen winterlichen Mondschein-Spaziergang im munteren Geschwister- und Freundeskreis schrieb das Grunewald-Echo, das jeden Sonnabend die Lokalnachrichten in die Häuser brachte: »Bubenhände schändeten in törichter Weise die auf dem Johanna-Platz aufgestellten Statuen, Stiftungen ehrenwerter Bürger. Nachforschungen sind im Gange.« Aber sie blieben erfolglos. Die Polizei war über die Vielfalt unserer Verkleidungskiste nicht orientiert. Auf dem Johanna-Platz standen zwei weibliche, nackte Mädchen aus Bronze und aus Marmor. Eines wies sich durch Pfeil und Bogen als Diana aus, was auch sehr passend war, denn die Bismarck-Allee (von welcher der Johanna-Platz eine begrünte Verbreitung war) führte alsbald über den Diana-See und den Hertha-See hinweg. Dass das andere Mädchen also Hertha sein musste, schien uns selbstverständlich. Die Bänke im lauschigen Buschwerk des Platzes dienten im Sommer den Hausangestellten der Umgebung als Liebeslauben. Trotzdem war ein Abend- oder Nachtbummel die Bismarck-Allee entlang auch bei uns beliebt. Es war sehr frostklar. Da jammerte es uns der frierenden, nackten Unschuld, und wir beschlossen, Hertha und Diana wärmer anzuziehen. Also ging es voll barmherzigen Tatendrangs heim; keine Mühe haben wir gescheut. Auf dem Dachboden wurden der Verkleidungskiste rasch einige geschmackvolle, entbehrliche Stücke entnommen. Auch zwei größere, nicht mehr ganz moderne Kopfbedeckungen. Wir rissen uns die Sachen auf Nimmerwiedersehen vom Herzen. Die Einkleidung verlief dann laut- und reibungslos. Die beiden kalten Mädchen waren etwas steif, aber willig. Ihre Dankbarkeit konnten sie zu unserem Bedauern nicht recht äußern. Wir hätten auch gerne noch einige Dankesworte Vorübergehender gehört. Aber es war wohl sehr spät geworden; einzelne wenige Fußgänger eilten, ohne sich umzuschauen, vorbei, und paarweise Schreitende schauten sich nur gegenseitig an. Um die Patrouille der Polizei abzuwarten, war es uns zu kalt. So verlief die gute Tat ohne wesentliche Reaktion, und nur die stille Freude des eigenen Herzens musste uns Lohn sein. Aber dann kam am Sonnabend doch noch die Freude mit den ›Bubenhänden‹. Welche Umkehrung aller Werte! Hier wurde durch Verhüllung ›geschändet‹, dabei mussten wir die Gewänder nun entbehren.

Das Verbot meines Vaters, mich auf Skier zu stellen (wegen der Brüchigkeit meiner Knochen), war mir kein großes Ärgernis. Ich habe es nie gern gehabt, wenn mir der Boden unter den Füßen wegrutschte – auch auf *Schlittschuhen* nicht. Auf dem neuen See im Tiergarten habe ich das erste Mal auf Schlittschuhen gestanden, mit drei Schienen. Zugesehen hatte ich schon oft. Die Eltern und die großen Brüder waren sehr gute Läufer. Ich durfte dann am Rand schlittern, habe es darin aber nicht zu großen Künsten gebracht. Und endlich – ich kann nicht mehr als vier Jahre alt gewesen sein – kniete ein Mann vor mir nieder, nachdem er mich auf eine Bank gesetzt hatte, und spannte meine Schuhe in einen blanken Schraubstock. Es war dunkel, Lichter spiegelten sich im Eis. Die Schwestern nahmen mich an der Hand und zogen mich weit weg vom Ufer, hin und her, bis es ihnen langweilig wurde; denn ich hatte Angst. Da stand ich nun in meinem weißen Eisbärmäntelchen und -hütchen, mit vorgebundenem Schleier gegen die raue Nachtluft, allein und verlassen. Geschichten von brechendem Eis kannte ich schon. Wenn ich einen Fuß bewegen wollte, gab der andere keinen Halt. Ich weiß es nicht mehr genau, aber wahrscheinlich hat mich Hörnchen aus dieser Not errettet. Es war zwar sehr schön, mitkommen zu dürfen, aber ich hatte nur kalte Füße davon.

Mit meiner Abneigung gegen den Eislauf stieß ich auf keinerlei Verständnis bei meiner Familie. Ein paarmal wurde ich dazu gezwungen – mit der besten Absicht, mir zu einer unbekannten Freude zu verhelfen. Nun war aber im Krieg das Schuhwerk, das ich dazu noch von den Brüdern erben musste, so schlecht, dass die Schlittschuhe immer wieder abgingen. Außerdem knickte ich mit meinen schwachen Gelenken dauernd um und fuhr mehr auf den Knöcheln als auf dem Eisen. Immerhin habe ich gelernt, mich schnell vorwärtszubewegen und auch die einfachste Form, nämlich Bögen zu machen. Aber völlig lustlos. Später dann, zur Tanzstundenzeit, habe ich im Kreis meiner Freunde auf dem Halensee doch Spaß daran gehabt. Schlittschuhe und Schuhe machten keinen Kummer mehr, und ich brauchte keinen Schritt allein zu laufen. Dazu Musik und bunte Lampions und in einer Bude heiße Kartoffelpuffer mit Glühwein! Der Flirt blühte erfreulich – da wurden die Füße auch nicht so kalt.

Für den Sonntag verabredete man sich manchmal auf der Havel (bei Potsdam oder Sacrow), wenn der Frost stark und ausdauernd genug war, und genoss die ziemlich unbelebte Fläche. Die leichte Beschwingung der Gemüter übertrug sich auf die Beine. Da der Reiz aber gerade im paarweisen Fahren mit überkreuzten Händen lag, habe ich es nie zu großen Künsten gebracht, und das Einkehren in irgendeinem kleinen Gasthaus war für mich das Netteste an der ganzen Unternehmung. Außerdem sah ich gerne zu, wenn andere schön eislaufen konnten.

2.3 Die Weihnachtszeit in der Familie Bonhoeffer

Goldene Buchstaben auf rotem Grund – das erschien mir mit vier Jahren die einzig mögliche Form, um davon zu berichten, wie das Christkind in unsere Familie kam. Das gute Hörnchen war bereit, mit Tuschpinsel und Goldbronze auf rote Pappe zu malen. So liegt mein erstes, in fremde Feder diktiertes, literarisches Produkt heute noch vor mir. Es war ein Weihnachtsgeschenk für die Eltern. Ganz schwach entsinne ich mich noch des beglückten Staunens darüber, dass meine Gedanken ›goldene Worte‹ wurden – für andere lesbar, wenn auch nicht für mich.

Einmal habe ich es gesehen, das *Christkind*. Vom Bett aus. Noch in der Brückenallee. Es flog den langen Korridor entlang, von der Veranda ganz hinten bis nach vorne ins Weihnachtszimmer. Es war sehr hell und schnell. Das war am Tag vor Heiligabend. Da musste es ja so eilen. Die Großen waren im Weihnachtszimmer, aber wir drei Kleinen mussten an diesem Abend besonders zeitig ins Bett. Manchmal klangen Weihnachtslieder bis zu uns; wir hatten die Tür einen kleinen Schlitz offengelassen. Der Korridor war ganz dunkel. Da flog das Christkind vorbei. Die Zwillinge haben es nicht gesehen. Vielleicht hatten sie auch schon die Augen zugehabt (obwohl sie das Gegenteil behaupteten). Es waren am nächsten Morgen ein paar silberne Engelshaare auf dem Kokosläufer vor der Tür. Also doch! Immer fand man vor Weihnachten hie und da Engelshaare, und das machte mich sehr glücklich. Ich hob sie auf und hängte sie später selbst vorsichtig an den Baum, wohin sie ja wohl gehörten, behielt aber manchmal auch heimlich eins in der Puppenstube.

Mit leisem Lächeln wurde mir von den Großen geglaubt, dass ich das Christkind gesehen hätte. Das war sehr schön für mich. Durch ein Schlüsselloch hätte ich nie geguckt oder durch eine offen gebliebene Tür. Ich wusste, dann war es bestimmt weg. Es zeigte sich nur aus Versehen, nicht den Neugierigen. Als wir später im Krieg in der Wangenheimstraße Weihnachten feierten, glaubte ich noch lange fest an das Christkind. Andere Kinder bekamen die Geschenke von ihren Eltern, Verwandten, Freunden – aber nichts vom Christkind. Das war wirklich schade für sie, auch wenn es viel war. Wenn die Eltern alles schenken wollten, brauchte das Christkind gar nicht einzugreifen. Bald glaubten die Großen mir nicht mehr, dass ich noch so harmlos gläubig wäre. Besonders Klaus und Christel erzählten mir Mordsgeschichten: Das Christkind könne dieses Jahr nicht kommen, es wäre beim Einsteigen ins Haus von der Leiter gefallen und hätte sich das Bein gebrochen. Oder ein andermal, es hätte sich an der Schiebetür den Flügel geklemmt – und sie machten mir vor, wie sie es vorgefunden und befreit hätten. Aber nun läge es in der Charité. Ich glaubte ihnen natürlich kein Wort, fand sie bloß gotteslästerlich und wusste, sie wollten mich ärgern. Es waren wohl ungeschickte Aufklärungsversuche. Aber sie fruchteten nicht bei mir. So früh entwickelt und aufgeklärt ich sonst war – hier verhielt ich mich kleinkindhaft, bis gar nichts mehr zu machen war und ich einsehen musste, dass es doch sehr irdisch auf der Erde zugeht.

Es wirkte erschreckend und bedrückend auf mich, dass der Glauben an einen persönlichen Eingriff göttlicher Mächte zur Gestaltung unserer Weihnachtsbescherung und unseres Familienlebens anlässlich eines kleinen Streits der Geschwister zur Illusion wurde, wer wohl eine Kugel so ungeschickt und absturzgefährdet aufgehängt habe. Da empfand ich zum ersten Mal, dass Wissen traurig machen kann. Dabei rührte es mich zugleich, dass alle Liebe von den Großen um mich her kam. Darum fühlte ich mich nicht von ihnen, sondern eher vom Christkind selbst betrogen. Nun habe ich mich bemühen müssen, Weihnachten weiterhin so schön zu finden wie bisher.

Bubi, mein Freund und Nachbar, sagte, es gäbe keinen *Niklas* – und Engel auch nicht. »Vielleicht glaubst du auch nicht an den Herrn Jesus?«, fragte ich entrüstet. »Gibt es etwa auch kein Christkind?«

Doch, den Herrn Jesus gab es und Christkind und Krippe, ja – aber der Weihnachtsmann war Quatsch. Den Weihnachtsmann verachtete auch ich restlos; aber der Nikolaus, das war doch etwas anderes. Der lebte ganz im Norden in Russland. Da glaubte Bubi, mich besiegt zu haben: Wenn der in Russland lebt, kam er jetzt im Krieg doch überhaupt nicht durch. »Na, der fliegt doch irgendwie«, meinte ich, »für den ist doch kein Krieg, wie für Engel.« – »Engel sind Quatsch«, sagte Bubi. Da hielt ich jede Diskussion für sinnlos und schritt zur Tat – zur Vernichtung der Gottlosigkeit in Gestalt meines Freundes Bubi. Ich prügelte auf ihn ein mit der ganzen Hingabe, mit der sich einst Kreuzritter gegen Sarazenen geworfen hatten – zur Ehre des Niklas! Bubi war so verblüfft, dass ich ihn schnell am Boden besiegt hatte, obwohl er sonst doch stärker und außerdem ein Jahr älter war als ich. Aber mit Gottes Hilfe! Bubi verließ das Feld, nachdem er zugegeben hatte, dass vielleicht doch ...? Und versprochen hatte, sich dem Niklas bei uns zu stellen, und zwar bald.

Der 10. Dezember war der Tag, an dem der Nikolaus zu uns kam (und nicht der 6. wie in anderen Familien). Das hatte wohl den praktischen Grund, dass mein Bruder Walter an diesem Tag Geburtstag hatte und somit ein Fest eingespart werden konnte in dieser ohnehin so festreichen Zeit. Ich empfand es aber als besondere göttliche Zuwendung, dass der Niklas, den ich innig liebte und als Person kaum von Gottvater aus meiner Bilderbibel zu unterscheiden vermochte, sich so in unser Familienleben einpasste. Es muss im Jahr 1916 gewesen sein, und mein Freund Bubi wurde durch den liebenswerten Niklas-Auftritt meiner Mutter völlig bekehrt, sodass er nun auch Engel zu sehen wünschte. Meine Mutter hätte ihm das allerdings nicht bieten können; ihr lag mehr der Niklas.

Einmal, als die Großen (noch in Breslau) Zweifel geäußert hatten, bat meine Mutter Hörnchen darum, den Niklas zu machen, weil sie nicht immer gerade dann weg sein wollte, wenn er käme. Ich war damals zwei Jahre alt und musste eilig entfernt werden, denn (über alle Maskierung mit Bart und tiefer Brummstimme hinweg) streckte ich meine Arme nach der lieben »Hon-Hon« aus und nannte sie auch vernehmlich so. Aber davon wusste ich natürlich in den folgenden Jahren nichts mehr, als ich begriff, was der Niklas wollte.

Mit Engeln hatte ich keine so engen Beziehungen. Ältere Tanten, die von meinem lieben Schutzengelein redeten, das sicher traurig wäre, wenn ich nicht einschlafen wollte, mochte ich nicht. Märchen von ungezogenen Engeln fand ich beruhigend schön. Engel waren so grässlich gut. Ich hätte nicht gewollt, dass jedes Jahr einer käme. Es gab sie natürlich, daran zweifelte ich nicht – aber ich hatte nicht das Gefühl, dass sie es auf mich abgesehen hätten. Sie mochten mich wohl auch nicht sehr, und sie bemühten sich nicht um meine Aufmerksamkeit, weil ich eben nicht besonders gut war. Gott und der Herr Jesus waren mir viel näher als diese braven Boten. Nur den Erzengel Michael mochte ich, als ich später von ihm hörte: der mit dem Schwert gegen den Teufel kämpfte und nicht so blass-blond wie die anderen gemalt war.

Die *Weihnachtsbäckerei* duftet, wenn wir aus der Schule kommen, durch das ganze Haus. In der Küche liegen braune Berge auf zwei Tischen, während an dem großen Platz in der Mitte Hörnchen in weißer Schürze steht und Anna am Herd Bleche einschiebt. Zum Mittagessen gibt es heute Eintopf. Anna hat mit den Plätzchen so viel zu tun. Es ist in jedem Jahr derselbe Teig, aus dem gebacken wird; das Rezept ist Ahnenkult.

Eigentlich beginnt Mitte Oktober die Weihnachtszeit damit, dass eines Tages nach dem Abendessen die Mädchen Mandeln, Zitronat und Pomeranzenschalen servieren und nun gleich am Tisch die Grundlagen für den Teig (der lange liegen muss) geschnitten werden – im trauten Verein. Die Jungens bleiben ebenfalls sitzen, aber mehr um der Gesellschaft und des Naschens willen. Ab und zu werden sie zum Nüsseknacken herangezogen. Sonst machen sie sich aber nur unnütz. Dann ruht die braune Masse in einer Tonschüssel in der Speisekammer – je länger, je besser. Aber schließlich duftet es doch nach Plätzchen, wenn wir aus der Schule nach Hause kommen – und am Nachmittag dürfen wir sie glasieren helfen.

Es sind immer dieselben Formen, die gebacken werden: Monde, Sterne, Herzen und Blätter. Später helfe ich dann beim Ausstechen und schließlich auch beim Ausrollen. Wie habe ich mich gequält, den starren Teig weich zu kneten! Aber solange man klein ist, darf man nur glasieren. Rosenwasser und Puderzucker und Zitrone oder etwas Himbeersaft werden lange, lange gerührt. Mit gescheuerten Händen, weißer Schürze und dickem Pinsel gerüstet, geht es dann an die Arbeit. Stück für Stück. Erst denkt man, der Berg wird nie enden – aber es sind ja viele Hände am Werk. Man ist sich sogar in diesem

Saal von Küche fast im Weg, wenn man die bestrichenen Plätzchen auf einem Blech balancierend zu den breiten Fensterbrettern oder auf die ›Anrichte‹ im Vorflur trägt. Nur nicht zu dick bestreichen, sonst trocknet es zu langsam und schmeckt zu süß. Es geht pausenlos. Schularbeiten sind nicht gefragt. Und die Kleider riechen noch nach Pfefferkuchen, wenn sie abends neben dem Bett liegen.

Mitte Oktober wurde es auch höchste Zeit für die *Weihnachtsbesorgungen*. In dieser Zeit schwänzte ich oft die Schule, um mit meiner Mutter in die Stadt zu gehen. Am Nachmittag vermied sie möglichst, sich in das Getümmel zu begeben. Nur wenn es sehr drängte, blieb sie manchmal den ganzen Tag über beim Einkaufen und füllte Sammelbuch um Sammelbuch. Dann verabredeten wir einen Treffpunkt; ich kam nach der Schule dazu, und wir aßen irgendwo schön zu Mittag. Aber das war selten, denn es strengte sie doch zu sehr an.

An den Nachmittagen saßen wir in dieser Zeit beisammen, überlegten und schrieben auf, was den verschiedenen An- und Zugehörigen geschenkt werden könne. Vorjährige Listen wurden verglichen, hie und da wurde jemand wegen Ablebens oder zu Ferne-Seins gestrichen, ein anderer aufgenommen. So hatte man immer eine gute Übersicht über den Gesamtkontakt der Familie. Die Zahl war Legion, die meine Mutter zu beschenken wünschte.

Außer den rund zwanzig Gabentischen bei uns im Haus schloss sie noch einen weiten Verwandten- und Freundeskreis ein. Für die näheren Freunde der Kinder; für alle, die in den Weihnachtstagen eingeladen wurden; für die Angestellten und Pfleger in der Charité; für die befreundeten Assistenzärzte; für alle im Lauf des Jahres irgendwie benötigten Ärzte, die keine Liquidationen schickten; für die verschiedenen Musik-, Tanz-, Gymnastik- und sonstigen privat erbetenen Lehrer; für alle häuslichen Aushilfen und die ständig beschäftigten Handwerker sowie die von ihr versorgten Mittellosen überlegte sie sich Geschenke.

Dazu kam noch, was in Paketen verschickt wurde. Die Namensliste dafür ging weit über Hundert. All das musste eingekauft, eventuell auch noch speziell verarbeitet werden: Bilderrahmer, Näherinnen, Tischler, Buchbinder wurden mit Sonderaufträgen ins Brot gesetzt. Diese Vorbereitungen waren für meine Mutter eigentlich Lebenselixier – obgleich es zu ihrer Gewohnheit gehörte, ab und zu unter diesen selbstauferlegten Belastungen zu seufzen, wenn sie vor diesem Weihnachtsberg stand. Wir kauften und kauften. Ich will nicht sagen, dass Geld bei ihr keine Rolle spielte; sie überlegte durchaus, wie viel sie ausgeben wollte, und vor allem wollte sie sich nicht neppen lassen. Es war eher so, dass der Preis keine Rolle spielte, wenn ihr etwas gefiel – ein höherer genauso wenig wie ein geringer. Wenn sie müde wurde, meinte sie: »Jetzt gehen wir nach Haus, jetzt kaufe ich doch nur, was mich nachher ärgert!«

Noch vor dem ersten Advent waren alle *Pakete* fertig gepackt. In der Kriegs- und Nachkriegszeit wurden ab diesem Zeitpunkt gar keine Sendungen mehr angenommen. In den besseren Jahren war es ebenfalls günstig, mit so vielen Auslieferungen nicht zu spät zu kommen. So wurde eines Nachmittags im November alles zum Packen Notwendige ins große Esszimmer getragen. Kartons wurden aufgetürmt, einfarbig bunte Seidenpapiere, silberne Schnürchen und Tannengrün bereitgelegt und auf dem lang ausgezogenen Tisch die Sachen nach Familien geordnet. Die größten Pakete gingen ins Pfarrhaus zu Hases. Dort gab es sieben Vettern und Cousinen. Dann kam ein großes Paket für Luise, unser früheres Mädchen, das in Breslau verheiratet war und einen Haufen Kinder hatte. Nach allen Gegenden Deutschlands, wo immer Verwandte oder alte Freunde wohnten, gingen die Sachen. Jedes Geschenk wurde in buntes Seidenpapier gewickelt, sodass die Pakete wie mit überdimensionalen Ostereiern gefüllt aussahen; nur das Tannengrün veränderte den Eindruck. Meine Mutter schrieb Anhängekärtchen auf farbiger Pappe, die ich mit einem Zweig am Einzelpäckchen befestigte; die großen Schwestern machten die Schichtung im Paket und Dietrich verschnürte es. An einem Nachmittag war das alles natürlich nicht zu schaffen, und der helfende Eifer der Geschwister ließ an den folgenden Nachmittagen nach. Oft dauerte es drei bis vier Tage, bis alles fertig war.

Dann kam für uns eine Last: Dietrich und ich zogen den mit Paketen überladenen Leiterwagen auf die Post. Das war immer so gewesen. Warum es so sein musste, dass gerade wir beiden Jüngsten das tun mussten, was keinen Spaß machte, weiß ich nicht. Aber Dietrich war nun mal als Paketbote vorgesehen, und mich nahm er zum Trost mit. Er trug sein Dasein als jüngster Bruder eigentlich sehr liebenswürdig – aber wegen dieser häufigen Wege bei kaltem Regenwetter auf die zwanzig Minuten entfernte Grunewald-Post, zu der es keine andere Verbindung gab, meuterte er doch heftig.

Dass nicht eines der vielen Hausmädchen damit beauftragt wurde, erschien uns unbillig. Einmal gingen wir mit einem schweren Leiterwagen zu dem sehr viel näher gelegenen Postamt Halensee. Wir mussten dort aber lange warten und wurden mit unseren vielen Paketen von bösen, alten Frauen so beschimpft, dass wir nie wieder hingingen. Der Vorwurf, wir sollten doch am Vormittag gehen, wenn alles leer sei, war Schulkindern gegenüber wirklich dumm. Wir waren jedenfalls beleidigt von diesem unweihnachtlichen Zusammentreffen mit der uns ungewohnten Halenseer Bevölkerung.

Wenn mein Vater all diesen Trubel der Geschenkbeschaffung und -versendung sah oder wenn er bemerkte, wie erschöpft meine Mutter aus der Stadt zurückkam, sagte er nur resigniert: »Ich will euch sagen, es weihnachtet sehr!« Dass meine Mutter so früh mit allen Vorbereitungen anfing, lag wohl auch daran, dass sie ungern die (wenn auch damals noch wenigen) brennenden elektrischen Weihnachtsbäume und die ganze übrige Verkaufs-Kriegsbemalung der Warenhäuser sah. Jedenfalls sollten wir als Kinder möglichst nicht mehr in die Stadt, wenn es damit losging. Vielleicht wollte sie auch in der Adventszeit nicht mehr so viel Unruhe haben.

Ich aber liebte Berlin in seiner Weihnachtsaufmachung! Obgleich ich sonst nicht an Schaufenstern interessiert war – wenn erst die bunten Kugeln, die silbrigen Pappsterne und die glitzernden Ketten dort hingen, wenn rot-weiße Weihnachtsmänner mit dem Kopf nickten und künstlicher Schnee um Papprehe flatterte, dann war ich fasziniert. Ich ließ meiner Vorliebe für Unechtes einfach freien Lauf. Nachgemachte Tannenzweige, die ganz weich anzufassen waren, künstliche Christrosen und Eiszapfen, das fand ich einfach schön. Ich wünschte mir (und bekam ihn dann auch) einen kleinen Weihnachtsbaum für die Puppenstube, der sogar Kerzen hatte.

Adventskalender aller Art – je glitzernder, umso besser, am schönsten diejenigen, wo man jeden Tag ein Fenster aufmachen konnte – waren meine uneingestandene Sehnsucht. Ich besaß einen eigenen Adventskalender, vielmehr eine Adventsuhr, die sehr kitschfrei zu sein versuchte. Darauf stand rundum im Kreis für jeden Tag ein Weihnachtslied verzeichnet, und mit dem Zeiger wurde die Runde gemacht, vom 1. Dezember an bis Weihnachten. Jeden Abend sangen wir die angegebene Melodie als Gutenachtlied. Ich liebte diese Uhr, aber ich hätte gerne noch einen Kalender mit Türchen gehabt, wie andere Kinder auch. Das ist aber an mir vorbeigegangen.

Wir sollten in der Adventszeit also nicht mehr in die Verkaufsgegenden – doch meine Schule lag ja an der Ecke Uhlandstraße-Kurfürstendamm. Die Mädchen aus meiner Klasse wohnten fast alle in dieser Gegend. So war es gar nicht zu vermeiden, dass ich eben doch all den Weihnachtszauber in den Läden und auf der Straße zu sehen bekam, und ich fand es herrlich. Besonders abends bei Dunkelheit sollte das KaDeWe so schön sein! Und so ließ ich mich von einer Mitschülerin dazu überreden, mich eines Nachmittags mit ihr unter dem Vorwand irgendeiner Schulverpflichtung zu treffen, um ins KaDeWe zu gehen. Ich tat es mit sehr schlechtem Gewissen, was der Freude aber keinen Abbruch tat, mit der ich die Ausstattung dort genoss. Älter als elf Jahre kann ich kaum gewesen sein, aber ich kam mir vor wie eine große Dame und Hochstaplerin.

Ich hocke vor meinem Spielschrank und reiße mir vom Herzen, was sich reißen lässt. Es muss noch anständig sein: nichts Kaputtes, sondern was wirklich Freude macht. Etwas zum Bauen und Basteln, Quartette und Würfelspiele, Ausschneidepuppen, Spieltiere, Bücher. Das ist für die *Charité-Kinder* aus der Nervenklinik. Kinder, die Weihnachten nicht zu Hause verbringen können, weil sie krank sind (und die dazu noch arme Eltern haben), tun einem natürlich leid. Manches Jahr, kurz vor der Weihnachtszeit, nimmt mein Vater mich mit in die Kinderabteilung. Ich komme eigentlich nicht gerne mit, aber es wird gar nicht danach gefragt. Einmal im Jahr soll man sich dem ruhig aussetzen und sehen, was es in der Welt an Leid gibt. Zur Weihnachtsfeier selbst gehen wir zwar nicht, aber es tut gut, vorher zu wissen, für wen man die Sachen raussucht und sich von geliebten Dingen trennt. Wir glauben, dass die Kinder unsere Geschenke wirklich brauchen und sonst nichts bekommen. Wahrscheinlich ist es aber mehr eine pädagogische Maßnahme meiner Eltern, die diesen Tropfen Wermut für nützlich halten in der süßen Weihnachtsseligkeit des guten Bürgertums. Dabei werden die Spielschränke vor Weihnachten auch gleich aufgeräumt. Das gehört zum ›Sachen raussuchen‹ dazu, dass man das unheilbar Zerspielte wegwirft und Platz schafft für neue Herrlichkeiten.

Mit der Stadtbahn fährt unsere Mutter mit uns bis zum Lehrter Bahnhof. Dann geht es auf der Invalidenstraße über eine große Brücke zu den roten Charité-Gebäuden. Der Pförtner der Nervenklinik fliegt vor ›Frau Geheimrat‹ und uns her und reicht uns weiter, bis wir im Dienstzimmer meines Vaters landen. Der kommt auch bald – merkwürdig fremd in dem weißen Kittel. Durch lange Flure geht es dann in die Kinderabteilung. Hier befinden sich keine schwachsinnigen, sondern nervenkranke Kinder. Sie zucken und schlagen teilweise völlig unbeherrscht mit Armen und Beinen um sich, während sie auf meinen Vater zueilen, um ihn zu begrüßen. Man spürt, wie sie ihn lieben. Wir Geschwister würden uns gar nicht trauen, ihn so in Anspruch zu nehmen. Ein besonderer kleiner Freund von ihm, von dem er uns schon erzählt hat, liegt gekrümmt auf dem Boden und lächelt verzerrt hinauf. Ich setze mich zu ihm. Auch mein Vater hockt sich hin und betrachtet, was er da macht. Aus winzigen kleinen Stäbchen baut er ein zartes, durchsichtiges Haus, so hoch er greifen kann, denn er kann sich nicht aufstellen, und dauernd zucken seine Beine und sein Körper bis zu den Schultern. Aber die Hände hat er in seiner Gewalt und bastelt in unendlicher Ausdauer an seinem Werk. Ich habe einen Kloß im Hals und möchte am liebsten Medizin studieren. Er kann etwas sprechen, aber ich verstehe es nicht. Doch mein Vater unterhält sich mit ihm. Manche Kinder malen, andere sitzen nur in ihren Betten und versuchen, eine Puppe zu handhaben. Alle strahlen meinen Vater an. Als wir uns trennen, habe ich meinen Vater sehr lieb und möchte ihn streicheln wie die Kranken; aber ich wage es nicht.

Am Tag vor dem ersten Advent hatte ich stets viel zu tun. Ich brauchte *Tannengrün*. Die alten Eiben in unserem Garten reichten dafür aus – aber ich durfte nur dort schneiden, wo nachher keiner bemerkte, dass etwas weg war. Das wurde von Jahr zu Jahr schwieriger. In den Gärten der Nachbarskinder standen aber Fichten, und es erschien mir ein frommer Raub und auch ohne ausdrückliche Erlaubnis durchaus das Richtige. Mit schwarzen, harzigen Händen und meiner feuchten, duftenden Beute gelangte ich möglichst heimlich in mein Zimmer und begann mein Werk. Kein Bild an der Wand, keine Lampe, keine Vase, die ich erreichen konnte, blieb ohne etwas Tannengrün. Allerdings durfte ich nur in den Kinderzimmern, im Treppenhaus und in den Zimmern der

Mädchen schmücken. Am dankbarsten wurde meine Tätigkeit im Souterrain und in der Küche aufgenommen. Jedes Mal war man dort neu überrascht und gerührt (wohl auch wegen der großen Heimlichkeit, mit der ich vorging).

Auch in meinem Puppenhaus schmücke ich eifrig. Was ich an kleinen Leuchtern, Sternchen und anderen Adventsschätzen besaß, kramte ich hervor und verteilte es in den mir erreichbaren Räumen. Immer aber behielt ich bei mir im Zimmer eine blank glänzende, sehr bunte, aus Pappe ausgestanzte Krippe, die man durch einen Druck mit dem Daumen plastisch aufstellen konnte. Ich liebte diese geschmackvolle Darstellung ganz besonders, die ich besaß, seit ich denken konnte, die aber doch langsam etwas von ihrer munteren Lackierung einbüßte. In ihr konzentrierten sich meine vorweihnachtlichen Gefühle. Sie fand ihren Platz dicht bei dem kleinen Schweizerhäuschen, wo meine weißen Mäuse aus- und eingingen, ganz von Tannengrün umgeben. Es freute mich, wenn die Mäuschen sich durch das Nadelholz (das ich senkrecht und baumartig mit Plastilin zum Stehen gebracht hatte) zur Anbetung begaben und gemeinsam mit Ochs und Esel die vom Geschehen in der Krippe berührte Kreatur vermehrten. Das Pappkrippenwunder war groß und stabil genug, um von diesen zarten, engelweiß glänzenden Geschöpfen nicht umgerissen zu werden, auch wenn sie über die Heiligen drei Könige mit ihren Gaben hinwegzusetzen versuchten.

Leider begann das Tannengrün wegen der Zentralheizung zu trocknen und zu rieseln, lang ehe die Adventszeit vorbei war. Nicht immer konnte ich mich entschließen, eine zweite Garnitur aufzulegen. Aber überall – abends im Bett, in den Schulbüchern, in den Kleidern und Haaren, zwischen allem Spielzeug – piekten die Tannennadeln.

Am Montag nach dem ersten Advent wird die Klasse mit Tannengrün geschmückt. Viele Möglichkeiten gibt es nicht – aber die Tafel, ein paar Bilder, die Fensterkreuze und den Landkartenhaken kann man adventlich verzieren. Auf den Pulten selbst dürfen keine Zweige liegen. Erst einen Tag vor Schulschluss ist ein Lichtchen und etwas Grün erlaubt. Aber kokeln ist streng verboten. Wer kokelt, muss Kerze und Tannenzweig abgeben.

Aber noch ist es nicht so weit, noch sind fast drei Wochen Schule. Doch die Stimmung ist eine unschulgemäße, freundlichere. Wir überlegen, was wir Lehrern schenken, ob irgendetwas gemacht werden kann oder ob genug Geld da ist, um etwas ›Richtiges‹ zu kaufen. Auch die unbeliebten Lehrer sollen etwas Nettes bekommen, weil Weihnachten ist. Natürlich immer nur von allen zusammen. Und dann muss man eine Auswahl treffen, wem aus der Klasse man etwas schenken will. Es sind ganz kleine, kostenlose Geschenke, die wir uns machen: Lesezeichen, bemalte Etiketten, Pappmäppchen oder (eine Zeit lang große Mode) kleine Wollpüppchen, die entstehen, wenn man bunte Wolle um die Finger wickelt und an den richtigen Stellen abbindet. Manchmal wird auch ›Julklapp‹ beschlossen. So etwas macht mir aber nicht viel Spaß. Weder in der Form, wo der Beschenkte durch das Los bestimmt wird, inklusive der Klassenlehrerin (denn dann muss man vielleicht jemandem etwas schenken, der einen langweilt) – noch auf die Art, dass man nur irgendetwas mitbringt, natürlich stark eingewickelt. Im Geheimen etwas zukommen lassen finde ich ziemlich sinnlos; man kann sich nicht bedanken, und es entsteht keine persönliche Bindung zu dem Schenkenden. Besser finde ich (selbst auf die Gefahr hin, dass man nichts wiederbekommt), sich in der letzten Pause vor den Ferien die kleinen zugedachten Geschenke mit ein paar lustigen Worten auf einem beigelegten Zettel heimlich in die Manteltasche oder die Mappe zu stecken.

Am meisten bewegte die Klasse natürlich ihr Beitrag zur allgemeinen *Weihnachtsfeier*. Eine extra Klassenfeier gab es in der Privatschule nicht. Wir wollen immer etwas aufführen, aber manchmal werden wir nur zum Chor verdammt. Einmal hat unsere Klassenlehrerin für uns gedichtet: ›Christnacht im Walde‹, unter Elfen und Elferichen. Ich aber bin nur böser Waldschrat und habe mit einer Knarre zu stören. Eine sehr gute Rolle für mich. Die beiden Größten und Schönsten sind ein Elfen-Liebespaar, das unter Weihnachtsglocken unsterbliche Seelen gewinnt. Durch Liebe! Sie muss am Schluss zu ihm »Oh, du« sagen, und das wird lange geübt, weil darin alles inbegriffen ist. »Oh, du«, spricht die Lehrerin vor. Sie kann es. Mir kam sie schon ziemlich alt vor. Sie mag wohl Mitte Zwanzig gewesen sein.

Krippenspiele waren damals noch eine Seltenheit. Die großen Brüder hatten als Jungens eines aufgeführt, das nur in der Wilhelminischen Ära denkbar war. Woher meine Mutter es hatte, weiß ich nicht. Vielleicht von Felix Dahn.[68] Es hieß ›Stille Nacht‹. Handschriftlich von ihr in ein Schulheft geschrieben, besitze ich es noch heute. Da waren ein alter und ein junger germanischer Söldner an Stelle der Hirten, die erlebten nächtens auf Wache, im Heiligen Land bei Bethlehem, die Verkündigung der Geburt des von ihnen erwarteten Heilands. Ich fand es sehr eindrucksvoll: Karl-Friedrich mit Wallebart, Walter als junger Mann und Ursel als Maria. Sie mussten ein Menge Auswendiggelerntes aufsagen.

Später gab es dann noch andere Krippenspiele; besonders eines ist mir erinnerlich, das bei Bekannten und in der Schule häufig aufgeführt wurde und bei dem wir mitwirkten. Man spürte ihm die Jugendbewegung ab (im Gegensatz zu dem mehr militaristischen). Es war volkstümlich und problemfrei gehalten. Viele alte Hirtenlieder mit Blockflöte wurden dabei verwendet. Vielleicht lag es auch an den Erfahrungen der wandernden Jugend, dass die Quartiersuche von Maria und Joseph eine so überstarke Rolle spielte. Jedenfalls ist sie mir als Haupteindruck zurückgeblieben. Dietrichs Stimme ist mir noch im Ohr, als er sang: »Ach, um Gottes Lieb wir bitten,/ öffnet uns doch eure Hütten.« Bei all diesen Spielen war ein ›lebendes Bild‹ am Schluss die Hauptsache, und ich entsinne mich, bei einer Feier in der Schule der großen Schwestern (selbst noch vorschulpflichtig) im rosa Trikot mit kleinen weißen Flügeln an der Krippe gekniet zu haben. Süß und stilecht.

Wenn wir in der Schule ein Krippenspiel aufführen durften, spielten wir aus dem Stegreif. Die Einteilung der Szenen war selbstverständlich; die biblische Geschichte, bis hin zu den drei Weisen, war zur Genüge bekannt. Proben waren nur selten nötig. Die Verkleidung war wichtiger als die Worte. Alte Herrenhüte für die Hirten, möglichst Loden- oder Jägerhütchen, bunte seidene Morgenröcke für die Könige, rote und blaue Tücher für Maria – das waren die notwendigen Utensilien. Es gab oft darüber Streit, ob das schönste blonde oder braune Mädchen Maria sein durfte. Ich war um der historischen Genauigkeit willen für dunkel. Immer sollte ich Hirte sein, mit und ohne Bart, weil ich kurze Haare hatte. Könige konnten ihre Frisur unter dem Turban bergen. Ein zerknautschter, grüner Lodenhut, Dietrichs Winterhosen mit Wickelgamaschen, ein Fellvorleger um die Schulter drapiert, ein verregneter und darum nicht

---

68   S.o. Anm. 6 (S. 12).

mehr elegant wirkender Stock – so war ich Hirte und dabei fromm. Die Kruse- oder Porzellanpuppe, die da in der Krippe auf Stroh lag, mit einer Knipslaterne beheiligenscheint, bezauberte mich immer wieder. Ich sang ›Ihr Kinderlein, kommet‹ mit Hingabe und dachte: »Da liegt es, das Kindlein.« Der Aufforderung, wie die Hirten anbetend die Knie zu beugen, kam ich willig nach.

Aber auch Märchen – nicht nur ›Christkind im Walde‹, sondern ebenso Hänsel und Gretel, Frau Holle oder Rotkäppchen – gehörten für mich in die Adventszeit und wurden stegreif spielend aufgeführt. Adventskranz, Kerzen und Märchen gehörten zusammen. Die Geschichten von der Geburt des Kindes gehörten dagegen eigentlich erst zum Weihnachtsbaum.

Als ich mit sechzehn Jahren Helferin im Kindergottesdienst in der Grunewald-Kirche wurde, sollte auch ein Krippenspiel aufgeführt werden – nun hatte ich genug. Ich hatte ja früher immer gern krippengespielt. Doch jetzt fand ich, so könne es nicht gehen. Und ich setzte mich hin und schrieb ein eigenes Christspiel. Kein selbst erfundenes Wort sollte dabei gesprochen werden. Ich stellte es ganz aus Liedern und Worten der Bibel zusammen. Dabei musste es eine gewisse Dramatik haben; es sollte nicht mit dem Krippenbild, sondern mit der Auferstehung enden. Eben kein Weihnachts-, sondern ein Christspiel. Das ganze Leben Jesu sollte es umfassen oder zumindest andeuten. Die Aufführbarkeit war mir vorerst egal. Es ist sogar nicht völlig unaufführbar gewesen, denn in Kuba, in einer deutschen Schule, wurde es (durch Hörnchens Vermittlung) ein Jahr später etwas verändert dargeboten. Ich war sehr stolz, einige Fotos davon zu bekommen.

Es begann (wie der Faust) mit einem Vorspiel im Himmel. Ein Chor sang ›Die Himmel rühmen des Ewigen Ehre‹, und Engel sprachen in Psalmen und Schriftworten darüber, dass die Erde gar nicht rühmt, ganz im Gegenteil, und dass es nun endlich Zeit würde ... Es folgten Worte der Verkündigung und Verheißung und der Sehnsucht des Menschen; alles von Engeln gesprochen. Das nächste Bild zeigte Maria vor der Krippe, ein großes Holzkreuz im Hintergrund; der Anfang des Johannes-Evangeliums wurde gesprochen. Und nun spielte sich, wie eine Vision der Maria gedacht, das Leben Jesu vor der Krippe ab: Johannes der Täufer, Jesus und die Jünger, der reiche Jüngling, die Schriftgelehrten und vor allem die Mühseligen und Beladenen traten auf. Während diese ein Passionslied sangen, kamen zwei Kriegsknechte mit Fackeln neben das Kreuz. Als sie die Fackeln löschten, sprach Jesus (nun nicht mehr von der Menge der Engel zu unterscheiden) Verse aus den Abschiedsreden im Johannes-Evangelium. Die Vision der Maria endete mit den Worten: »Und Gott wird abwischen alle Tränen von ihren Augen ...« aus der Offenbarung,[69] die ich viel benutzt habe. Bis dahin gefiel es Dietrich, dem ich es zeigte, recht gut; aber den angehängten Schluss strich ich dann auf sein Zureden hin. Ich wollte Maria so gerne allein ›So nimm denn meine Hände‹ singen lassen, als Zeichen ihrer Ergebung. Aber das war Kitsch, und so sang sie stattdessen, da ich von einem persönlichen Ende nicht abgehen wollte, ›Dies ist die Nacht, da mir erschienen des großen Gottes Freundlichkeit‹.

Eine sehr persönliche Beziehung zu himmlischen Gewalten habe ich schon als kleines Kind gepflegt. Das zeigte sich auch beim *Wunschzettel*. Das Christkind holte meinen wirklich vom Fenster weg. So lange ich noch nicht schreiben konnte, diktierte ich ihn Hörnchen. Später versuchte ich mich auf bemalten oder mit Abziehbildern versehenen Bögen und notierte möglichst kurzgefasst alles, was mir als begehrenswert einfiel. Diese Briefe hat man am Abend außen an das Fenster gebunden, ehe die Läden zugeklappt wurden. Am Morgen waren sie weg. Sie müssen aber auf eine geheimnisvolle Art in die Hände der Eltern gekommen sein, denn es liegen mir heute noch einige davon vor. Ungewöhnlich ist vielleicht der Wunsch nach einem Puppenfläschchen, das Tee, Milch und Zucker enthalten sollte. Dieses köstliche Getränk hatte ich einmal bei meiner Mutter, die so gerne Tee trank, probieren dürfen. Dass auch der Wunsch nach einem neuen Kopf für meine Puppe sich so auswirkte, dass sie einige Tage später verschwunden war, machte mich an das Wunder des Wunschzettels restlos gläubig. Auch dass er ziemlich zeitig abgegeben werden musste, war glaubwürdig. Schließlich wünschten sich ja sehr viele Kinder etwas vom Christkind. Später, als (auch meiner Ansicht nach) die Eltern auf direktem Weg über die Wünsche orientiert werden konnten, blieb ein Zettel, auf dem der Wichtigkeit nach alles verzeichnet war, was man gerne hätte, immer der beste Weg zum Erfolg.

Als Anekdote wurde von Klaus erzählt, er habe auf Verlangen einen Wunschzettel an seinen Großvater abgegeben, der diesen über

---

[69] Offenbarung 21, 4.

den kommerziellen Sinn seines Enkels entsetzt sein ließ. Klaus, gerade des Lesens und Schreibens mächtig, hatte einen Spielwaren-Weihnachtskatalog erwischt und alles, was nur wünschenswert war, abgeschrieben; mit genauer Preisangabe. Dies wohl mehr der Ordnung wegen und weil er eben auch Preise schreiben konnte, als dass er dabei über die finanziellen Möglichkeiten des Großvaters oder des Christkindes nachgedacht hätte.

Auch als mein Glaube an das Wunschzettel einsammelnde Christkind geschwunden war, legte ich meinen – um die Tradition aufrechtzuerhalten und auch, um Hörnchen nicht zu enttäuschen – weiterhin aufs Fensterbrett. Erst als er eines Jahres unbeachtet dort liegen blieb, ging ich davon ab. Ich merkte, man spielte nicht mehr mit. Gesprochen wurde über so etwas nicht.

Wesentlicher als das Wünschen war das *Schenken* zum Fest. Wir waren so viele! Ich brauchte nicht ganz so zahlreiche Menschen zu beschenken wie meine Mutter, aber für etwa zwanzig im Haus musste ich mir etwas einfallen lassen (denn die Mädchen sollten doch auch alle etwas bekommen). Und, meine Freundschaften mitgerechnet, sicher noch mal so viel für ›außer Haus‹. Alles wurde selbst gemacht. Gekauft galt nicht – jedenfalls nicht für Erwachsene, die sich ja alles selbst besorgen konnten. Das wäre zu langweilig gewesen.

Am schwierigsten war es mit meinem Vater (nachdem es mir keinen Spaß mehr machte, den speziell an mich gerichteten, sehr dringenden Wunsch zu erfüllen, ihm seinen Tintenlöscher mit neuem Löschpapier zu beziehen). Es blieb zur Auswahl eigentlich nur eine beklebte Pappmappe, ein Kalender bemalt oder verziert oder ein umsäumtes Taschentuch. All dies machten aber die großen Geschwister besser als ich, und sehr viel mehr Kalender an der Wand, als er Zimmer bewohnte, konnte er auch nicht brauchen. Mit Handarbeiten tat ich mich damals schwer – aber es blieb nichts anderes übrig, ich musste mich daranmachen, Pulswärmer zu häkeln (stricken konnte ich damals noch nicht) oder Kissenbezüge anzufertigen. Mein größtes Geschenk an ihn war eine bunte Applikation auf einem Fensterfries für den Erker mit seinem Schreibtisch. Das hat ihn wirklich gefreut.

Großmama fand alles schön, was selbst gemacht war, und hob es auf. Sie brauchte kleine beklebte Kommoden aus Streichholzschachteln, Blocks und Kalender immer gerade ganz dringend. Mama war schon kritischer. Sie wollte etwas Hübsches zeigen können, das ihre Kinder gemacht haben. Sie war gerne stolz auf uns. Anfänglich tat es noch ein Bild oder ein Gedicht. Topflappen konnte sie leider gar nicht brauchen, sondern nur Anna. Da hatten es andere Kinder leichter. Kleine Deckchen aus Molton, rund, zwischen Teller zu legen und mit Perlgarn langettiert, davon konnte sie wohl nie genug bekommen. Aber ich machte sie ziemlich ungern. Manchmal taten wir vier Schwestern uns auch zusammen und stickten ihr gemeinsam eine große Decke. Mir als Jüngster fiel mein Teil dann immer reichlich schwer, und so tadellos wie die anderen bekam ich es doch nicht hin. Als ich ihr am letzten Weihnachtsabend, den ich als Tochter im Haus verbrachte, voller Stolz einen mit silbergrauer Seide bestickten Tüllschal schenkte, kamen ihr vor Freude Tränen in die Augen. Ich hatte gelernt, mich von vorgezeichneten Mustern frei zu machen, und entwarf und malte mit Vergnügen mit der Nadel.

Den Geschwistern etwas zu schenken war auch nicht einfach. Ein beklebter, geschmückter Abreißblock war immer gut, aber in so vielfacher Ausfertigung doch zu langweilig. Ein Lesezeichen war zu wenig. Etwas Geld für Rohmaterial bekam ich für jeden, aber um ein Geschenk zu kaufen, dazu reichte es nicht – das war wohl beabsichtigt. Da stand ich dann oft in letzter Minute verzweifelt vor meinen eigenen Besitztümern und überlegte, welches Buch, welches Spiel, welches Bild wohl noch einen von ihnen erfreuen könnte. Aber meist war da nichts zu holen. Einmal rettete mich der Einfall, auf ein Seidenband Ranken zu malen und unten eine Glasperle anzunähen – also doch ein Lesezeichen! Und das wurde sogar in mehrfachen Ausgaben anerkannt.

Mit Geschenken ging es unter uns sehr geheimnisvoll zu. Es hätte auch niemand Spaß daran gehabt, in ein Geheimnis einzudringen. Verplappern kam schon mal vor, wurde aber mit Verachtung gestraft. Es gab bei uns Weihnachtstruhen und Weihnachtsschränke, in denen meine Mutter alles hortete, und die tabu waren. Wir hatten Mühe, alles in unseren Fächern zu verstecken – es war ja für so viele. Das Gefühl, ›so viele‹ zu sein, war vor Weihnachten bei mir besonders stark. Meine Mutter sprach vom ›großen Divisor‹, was ich zwar nicht ganz verstand, was aber in diesem Zusammenhang nichts anderes bedeuten konnte als: so viele!

Darum musste das Weihnachtszimmer auch schon sehr früh verschlossen werden, denn das Aufbauen dauerte eben einige Zeit. Später, als die Großen so langweilige Sachen wie Aktenmappen und Reiseetuis oder Schmuck und dicke Bücher bekamen und keine Spielsachen mehr, wurde die Tür erst am Tag zuvor verschlossen. Übrigens bekam auch jeder Erwachsene bei uns irgendein nettes, kleines Spielzeug auf den Weihnachtstisch. Ein einziges Mal bin ich als Kind (ganz aus Versehen) ins Weihnachtszimmer hineingerannt. Ich riss die breite Schiebetür auf und erschrak fürchterlich. Niemand war im Zimmer; man hatte vergessen abzuschließen, und der bunte Baum und der erwünschte Kaufmannsladen fielen mir sofort ins Auge. Ich war sehr traurig, denn wenn es auch niemand aus der Familie bemerkt hatte – das Christkind wusste doch alles, und dem hatte ich den Spaß verdorben.

Es war natürlich weitaus das Billigste, zu Weihnachten ein *Gedicht* zu machen. Das ging sogar schneller, als ein Bild zu malen – wenn nur das Ausdenken und das Schreiben nicht gewesen wären. Manchmal ließ ich mir dabei auch etwas von Sabine helfen. Gedichte gingen noch schneller als Märchen, weil sie nicht so lang waren. Gedichte natürlich über Weihnachten. Es wurden bei uns zu Beginn der Feier am Heiligen Abend Gedichte aufgesagt; so kannte ich eine Menge, an die ich mich anlehnen konnte. Und ich lehnte! Einmal hatte ich ganz vergessen, ein Geschenk für unsere Köchin Anna zu machen. Da half nichts als Eildichten. Aber ich war schon viel zu aufgeregt für eigene Einfälle. Doch es entstand ein prächtiges Gedicht – das aber leider fast ganz von Peter Cornelius[70] stammte. Mir gingen nämlich die Worte, die ich durch den Gesang meiner Mutter kannte, nicht aus dem Kopf. Und nun dichtete ich statt ›Hirten wachen im Feld‹ ungefähr so: ›Hirten ruhen im Feld‹. Merkwürdigerweise merkte Christel, die den Text auf Schreibfehler durchsah, gar nicht, dass er geklaut war, und fand ihn sehr gut. Das ließ aber mein dichterisches Gewissen doch nicht zu, und ich sagte, es wäre eigentlich nicht von mir, sondern ein bisschen abgeschrieben, so aus dem Kopf. Da fand sie es unmöglich, das zu verschenken. Aber ich tat es trotzdem und schrieb nur nicht ›Ein Gedicht von Susi‹ darüber, sondern ›Ein Weihnachtsgedicht‹. Unsere Anna kannte ja die Cornelius-Lieder bestimmt nicht.

70 Peter Cornelius (1824–1874), deutscher Dichter und Komponist.

Sehr eigen waren die eigenen Gedichte schließlich auch nicht. Eines liegt vor mir, auf Weihnachtsbogen, mit Goldrand – Überschrift ›Für Papa‹:

Weihnacht

Wenn's draußen weiße Flocken schneit,
dann kommt die schöne, frohe Zeit,
das ist die liebe Weihnachtszeit,
wo alles jauchzet und sich freut.
Wir sitzen im dunklen Zimmer hier.
Und fröhlich singen wir
die alten Weihnachtslieder
wieder.

Wir stehen um den Weihnachtsbaum,
es ist uns allen wie im Traum.
Vom Christbaum, da geht aus ein Strahl,
weit bis zu Bethlehems Stall.
Im Stalle liegt ein Kindlein hold.
Um sein Köpfchen glänzt ein Schein wie Gold.
Kommt, lasst uns vor ihm niederknien
und für sein Kommen danken ihm.

Von Susi

Ich muss immerhin schon zehn Jahre alt gewesen sein bei diesem Produkt, an dessen eilige Ausfertigung (weil eben gar nichts rechtes für Papa gelungen war) ich mich immer peinlich erinnert habe.

An den *Adventssonntagen* herrschte bei uns eine feste Tradition, der sich alle willig beugten: Man blieb beisammen; keiner ging weg, auch die großen Brüder nicht. Man traf sich nach der Vesper um fünf Uhr, ausgerüstet mit einer Weihnachtsarbeit. Erst sehr viel später, als wir alle erwachsen waren, konnte dieser Nachmittag auch auf den Abend verlegt werden.

Der Tisch im Esszimmer ist so groß wie möglich ausgezogen. Es wird gemalt, genäht, gepappt und sogar gesägt – eventuell unter Abschirmung, um die Geheimnisse zu wahren. Auch die Jungens machen irgendetwas Weihnachtliches mit persönlicher Note. Ohne Weihnachtsarbeit hätte man sich hier deplatziert gefühlt. In der Mitte steht der große bunte Teller mit Pfefferkuchen, Äpfeln, Nüssen und Süßigkeiten. Noch ist er nicht ganz so fein gehalten wie zu Weihnachten – aber als Anfang doch herrlich. Mir sind die Thorner Katharinchen am liebsten, die nachher auf den bunten Weihnachtstellern nicht mehr zu finden sind. Aber noch gibt es nichts. Erst einmal wird gearbeitet und gesungen. Die Arbeit geht während des Singens munter weiter. Nur was allzu viel Krach macht (wie das Sägen), muss dann aufhören. Aber bei manchen Liedern ist der Chor so jubelnd laut, dass selbst eine Säge nicht zu hören wäre. Gesungen wird nach Vorschlag. Vom Jüngsten, also von mir, aufwärts schlägt jeder ein Lied vor. Das geht während des Nachmittags dann drei- bis viermal rund herum; alle Arten von Advents- und Weihnachtsliedern gemischt durcheinander. Das Repertoire ist groß; es geht von ›Ein Räppchen zum Reiten‹ bis ›Gelobet seist du, Jesus Christ‹. Die Texte der verschiedenen Verse werden auswendig gekonnt; ein Buch gibt es nicht. Meine Mutter und Hörnchen wissen durch ihre gute Schulung in der Brüdergemeine alles so sicher, dass sie uns ins Schlepptau nehmen und wir es von selbst lernen. Wenn die ersten Lieder gesungen sind, geht der bunte Teller herum, und dann wird gegessen und geschwatzt, bis wir wieder reihum fortfahren, Lieder vorzuschlagen. Zur Halbzeit, so gegen sechs Uhr, greift mein Vater zum Märchenbuch und beginnt vorzulesen.

Nun arbeitet alles mucksmäuschenstill. Schweigend reiche ich Hörnchen Nadel und Perlgarn zum Einfädeln, und schweigend bitte ich sie durch Gesten ums Vernähen, wenn der Faden zu Ende ist. Die Jungens mit ihren Holz- und Pappbarbeiten hören tatenlos zu, sonst würde es zu viel Unruhe machen; aber die Nadeln sticheln weiter, und auch die Malerei wird nicht unterbrochen, denn es soll ja etwas geschafft werden. Mein Vater liest die Schneekönigin von Andersen, und ich liebe das Räubermädchen mehr als die kleine Gerda, die so brav ist. Er liest auch von Ole Lukoje, dem dänischen Sandmännchen mit seinen sieben Träumen, und ich mag den großen dunklen Bruder des Träumers am meisten: den Tod, der die kranken Kinder vor sich aufs Pferd setzt und davonreitet. Aber auch ›Klein Zaches‹ und den ›Goldenen Topf‹ von Ernst Theodor Amadeus Hoffmann lerne ich so kennen und lieben. Diese Adventsnachmittage, an denen auch mein Vater sich Zeit nahm, waren die schönsten Stunden meiner Kindheit.

Zur Vorweihnachtszeit gehörten auch die *Nervositäten*. Sie übertrugen sich von den gehetzten und überanstrengten Erwachsenen auf die Kinder. Vielleicht war man auch, weil man sich gerade in so liebevollen Vorbereitungen für die Hausgenossen befand, in besonders weicher, empfindlicher Stimmung und fühlte jede Schärfe, jede rasche Vermahnung stärker als allgemein. Ich habe in der Adventszeit mehr geweint als sonst – und je näher das Fest kam, umso öfter.

Aber es ging nicht nur mir so. Das im täglichen Ablauf der Arbeitsleistungen gestörte Personal brummte und reagierte ärgerlich auf jede von uns Kindern verursachte Mehrbelastung. Ich weiß, dass ich oft dachte: »Wenn die gerade vor Weihnachten so gemein zu mir ist, habe ich gar keine Lust, ihr etwas zu schenken!« Dazu kam für Schulkinder noch die Sorge um das Zeugnis am letzten Schultag, denn man wünschte ja nicht gerade, den Eltern zu Weihnachten eine fragliche Versetzung zu präsentieren. Bei den meisten von uns war das kein Problem, aber bei Klaus und mir doch öfter möglich.

Waren es die langen, dunklen Abende, an denen man nicht hinausging und in den Zimmern zusammenhockte? Oder einfach Verschnupfungen? Waren es in den Kriegs- und Nachkriegsjahren das Frieren oder die Unterernährung, die sich am Winteranfang besonders bemerkbar machten? Jedenfalls waren wir in einer gereizten Stimmung. Wenn es gut ging, machten wir uns schonend auf die allgemein bekannte ›Weihnachtsstimmung‹ aufmerksam.

Auch bei meiner Mutter gab es stets ein- oder zweimal in all ihrer eifrigen Tätigkeit einen verzweifelten Abklapp. »Ich schaffe es diesmal nicht! Ich bin noch nie so weit zurückgewesen wie in diesem Jahr. Früher ging mir alles besser von der Hand! Dieses Weihnachten macht mich einfach hin.« Da half kein Nachfragen, was denn noch wäre – »alles!«; was man denn helfen könne – »nichts!«; ob sie sich nicht hinlegen wolle – »unmöglich!«; ob wir dann nicht anfangen sollten, irgendetwas von dem zu tun, was noch vorläge – »sinnlos!« Da half nur abwarten und eventuell ein Glas Vials-Wein;[71] oder auch Besuch, den sie zwar entsetzlich störend fand, für den

---

[71] Vial's tonischer Wein, ein damals gebräuchliches Stärkungsmittel, das zur Muskelentspannung verhelfen sollte.

sie sich aber zusammenriss und der sie dann auch ablenkte. Falls mein Vater erreichbar war, waren solche Zusammenbrüche schnell überwunden. Er blieb von all dem Weihnachtstrubel verschont und gleichmäßig überlegen.

Die Eltern sind abends ausgegangen. Wir sitzen mit unserer Großmutter und Weihnachtsgebäck im Wohnzimmer. Es ist der vierte Advent, und wir wollen noch beisammen bleiben. Aber zwischen uns hockt die Nervosität, und wahrscheinlich wollte keiner außer der Großmama gemütlich sein. Jeder hatte noch zu tun. Irgendeine Lappalie bringt uns ins Streiten. Hin und her, immer heftiger; ich bin unbeteiligt und verhalte mich zuhörend. Da ruft die Ahnfrau plötzlich mit mächtiger Stimme: »So schweigt jetzt und singt ›Stille Nacht‹!« Der Streit endet in wildem Gelächter, und die Familie hat ein geflügeltes Wort mehr.

Die *Leckereien* für die bunten Teller werden im Haus zubereitet. Marzipankonfekt zu backen ist die Spezialität meiner Mutter. Die hübsch geformten Stückchen dürfen im Ofen nicht zu braun werden – aber dann sehen sie aus wie vom Konditor und schmecken noch besser. Hörnchen macht Schokoladenkonfekt, und ich darf ihr dabei helfen. Die verschiedenen Nuss- und Mandelfüllungen werden geformt und kurz in einen duftenden Schokoladenbrei eingetaucht. Kuvertüre nennt man ihn, und das klingt mir wie Musik. Um keinen Preis darf ein Tropfen Wasser hineinfallen. Sind die kleinen Mohren aus dem Bad genommen und auf eine glatte Platte gesetzt, darf ich oben eine weiße Nuss oder Mandel hineindrücken. Ich habe bei diesen Vorbereitungen nie den Reiz verspürt, etwas zu kosten. Vor Heiligabend kamen diese Leckereien einfach nicht in Betracht.

Die andere lukullische heilige Handlung war die Zubereitung einer Gänseleberpastete nach altem Familienrezept, die meine Mutter persönlich vornahm (allerdings erst wieder in besseren Zeiten). Es war eine Art Handarbeit von ihr für meinen Vater, der diese sehr schätzte. Alle abgekochten und vorbereiteten Zutaten wurden ins Esszimmer gebracht, und meine Mutter hantierte dort hausfraulich in weißer Schürze – stark verfremdet. In Steintöpfe eingedrückt diente dieses Gericht an den Feiertagen als Vorspeise. Doch als Dietrich als junger Student irgendwie erfuhr, dass das Gänsestopfen, welches für die Leberpastete unbedingt notwendig sei, eine üble Tierquälerei wäre, machte er einen Aufstand gegen diesen Genuss, und meine Mutter ließ sich überzeugen. Sie fabrizierte und kaufte nie wieder Gänseleberpastete. Nun blieb ihr nur noch, ihre ganze Liebe in den vorzüglichen Heringssalat zu legen, von dem unter ihrer Aufsicht und Mitwirkung sicher ein viertel Zentner entstand. So viel wurde auch gebraucht.

Ein traditioneller Brauch war uns durch den Krieg abhandengekommen – das *Pfefferkuchenhaus*. Ich kannte es nur aus Erzählungen, sah es aber ganz deutlich vor mir: mit rotem Dach und voll verlockender Süße. Das erste, welches ich wirklich erblickte, war von mir selbst hergestellt. Bei Hörnchen hatte ich mich erkundigt, wie man es machen könne. Es gab viele Wege, und ich versuchte sie im Lauf der Zeit alle. Jahr für Jahr wurden die Häuser, die ich baute, stabiler, bunter, einfallsreicher. Das Mühsamste war das Einwickeln der schmalen, hellen Hustenbonbons in rotes Glanzpapier, die das Dach ergaben und zu diesem Zweck als Ziegel auf Pappe aufgenäht wurden. Ziegel über Ziegel! Aber diese Dächer waren eben das, was man nirgends sonst sah oder kaufen konnte (wenn auch Pfefferkuchenhäuser in dieser Zeit in vielen Bäckerläden zu finden waren). Auch die mit bunten Bonbonfrüchten geschmückten Bäume aus Buchs und die Dachrinne aus Borkenschokolade, mit Brezeln behängt, waren mein Sondergut. Hänsel und Gretel nebst Hexe formte ich aus Marzipan. Daran merkte ich, dass es gar nicht so schwer war, Menschen nach meinem Bild zu machen.[72]

So wurde ich Pfefferkuchenhaus-Spezialist. Beim Weihnachtsbazar der Studenten-Nothilfe brachten meine Häuser als Hauptgewinn und durch Versteigern viel Geld ein. Aber auch schon vorher, in der Haushaltungsschule des Pestalozzi-Fröbel-Hauses, wurden sie beim Weihnachtsverkauf viel bewundert. Die Lehrerin, die sie bei der Ausstellung erstmalig sah (ich hatte sie zu Hause gefertigt und im Auto transportiert), heimste viel Lob dafür ein und erklärte allen genau, wie man es machen müsse. Ich hoffe, sie hat nicht gleich danach versucht, ein so kompliziertes Haus zu bauen – es wäre ihr sicher misslungen, denn meine durch Übung erworbenen Tricks hatte ich ihr nicht verraten.

Unser *Weihnachtsbaum* kam immer aus Friedrichsbrunn. Anfänglich suchte der Förster ihn aus. Später schickte ihn dann Vater San-

---

[72] Anspielung auf Genesis 1, 27.

derhoff mit einem Baumtransport persönlich an uns. Wir vermuteten seitdem immer, einen gestohlenen Weihnachtsbaum zu haben. Nie wollte er Geld dafür; so hielten wir es für ein Geschenk und spielten mit. Mein Vater sagte dann gerne mit leisem Schmunzeln zu verblüfften Gästen, der schöne Baum sei aus dem preußischen Staatsforst gestohlen. Die Fichte reichte in dem hohen Zimmer vom Fußboden bis zur Decke, sodass der Stern oben anstieß. Als ich noch an des Christkinds persönliche Einwirkung auf unser Familienfest glaubte, wusste ich natürlich nichts von einem gestohlenen Baum – und dass er plötzlich im Zimmer stand, erschien mir wie ein Wunder. Ich habe den Baum damals nie vorher gesehen. Dass es Weihnachtsbäume zu kaufen gab, bemerkte ich zwar an allen Ecken – aber die Leute taten mir leid, die das nötig hatten. Für uns kam das nicht infrage, zu uns brachte ihn das Christkind. Solche Stände waren eben wie Läden, in denen man Tannengrün und Adventskränze kaufen konnte. Ein richtiger Christbaum war nicht gekauft!

Später freute ich mich aber besonders an unserem Friedrichsbrunner Baum, und ich hätte die Harzer Fichte gegen keine Edeltanne tauschen mögen. Einmal aber (es muss in der Inflationszeit gewesen sein) kam keine Lieferung aus dem Harz. Wir hatten gewartet und gewartet, und nun mussten wir doch einen besorgen gehen. Aber jetzt gab es keine mehr. Rüdiger, unser ältester Schwager, kam nach langem Suchen mit einer kleinen Kiefer an, denn sein Söhnchen Hans-Walter war bald ein Jahr alt, und da musste doch unbedingt ein Lichterbaum oben in der kleinen Wohnung im Zimmer stehen. Mein Vater sagte, es gäbe in der ganzen Stadt keine Weihnachtsbäume mehr, und es würde wohl nichts übrig bleiben, als die Blautanne hinten aus dem Garten zu nehmen. Das wäre aber sehr schade gewesen, denn sie war einer der wenigen schmückenden Bäume in unserem Garten. Am 22. Dezember waren die großen Brüder noch einmal durch die ganze Stadt gefahren und hatten nichts bekommen. Am 23. machten sich Dietrich und ich nochmals auf und liefen zu den Güterbahnhöfen, um dort, falls noch eine Ladung käme, gleich zuzugreifen. In Halensee hatten wir kein Glück, aber schließlich gelang es uns doch noch nach vielem Hin- und Hergeschicktwerden, in der Nähe des Bahnhofs Charlottenburg einen – wohl für die dortige Bevölkerung zu großen und teuren, für unser Zimmer aber eher etwas kleinen – Baum zu erwerben, der gerade am Bahnhof angekommen war. Als stolze Sieger zogen wir den weiten Weg mit unserer Beute heim. Es war das einzige Mal, dass ich in meiner Jugendzeit vor dem Schmücken einen Weihnachtsbaum sah.

Von der Konfirmation an hatte man das Recht, mitschmücken zu dürfen. Ich verzichtete aber darauf, weil ich glaubte, meine Freude am Heiligen Abend würde beeinträchtigt, wenn ich Baum und Krippe schon vorher sähe. Im Jahr darauf war ich dann doch mit großer Freude dabei. Auch hier herrschte ein festes Zeremoniell. Die Möbel waren zur Aufnahme aller Weihnachtlichkeiten schon morgens am 23. Dezember so gerückt worden, dass der Baum Herberge fand. Mit Axt und Säge befestigte die junge Mannschaft dann unter reichlichem Kriegsgeschrei den hohen Baum senkrecht im flachen Holzkreuz und versicherte ihn noch mit dünnem Draht an den Zimmerecken, damit er gerade stehe und nicht stürze. Nur selten wurde bedacht, den Stern vorher anzubringen, was immer zu Komplikationen führte.

Mein Vater brannte die Dochte der Kerzen an, um es nachher beim Anzünden leichter zu haben. Sabine oblag es, Äpfel zu polieren, Nüsse in Schaumgold zu hüllen und sie an Fäden zu befestigen. Ich bedrahtete die Süßigkeiten, während die beste Möglichkeit, Äpfel aufzuhängen, viel diskutiert wurde. Erst Äpfel, dann Kerzen, dann Tannenzapfen, dann Nüsse – so war die festgelegte Reihenfolge, immer der Schwere nach. Und schließlich die bunten Kugeln (von denen ich die samtroten besonders liebte), die Trompeten, die kleinen Wachsengel, der Schneemann aus Watte mit dem Pappgesicht, den ich als Kind jedes Jahr suchte, ob er auch wieder da wäre. Die kleinen Laternchen, die sich durch die Lichtwärme drehten, die Süßigkeiten – und das Lieblichste: die zartklingenden Glöckchen und die winzigen Trompetchen richtig zum Reinblasen, und dann kam ein kleiner Ton; all das aus buntem oder goldenem Glas. Und die Vögel, die schwebten oder auf Ästen saßen! Es war wirklich ein Wunderbaum, über den dann zum Schluss noch ein wenig Lametta gehängt wurde. Jeder schmückte seiner Größe entsprechend oder mit Leiter, ganz nach eigenem Gutdünken; mein Vater achtete bloß darauf, dass die Kerzen vernünftig angebracht waren.

Wenn die Familie dann das Werk ihrer Hände begutachtet hatte und zufriedengestellt war, wurde ins Wohnzimmer Punsch gebracht, und dazu gab es bunte Teller. Ein kleiner Vorgeschmack auf Silvester, ein Abschied. War es wirklich schon ein Jahr her, das letzte Mal? Und morgen wirklich wieder Heiligabend? Während wir beim Baumschmücken ein Weihnachtslied nach dem anderen gesungen hatten, ging das Punschtrinken sehr schweigsam und fast etwas wehmütig vor sich. Inzwischen hatten die Mädchen rund um den Baum wieder sauber gemacht, Seidenpapiere, Schachteln, Holzwolle und die Scherben von ein oder zwei Kugeln beseitigt, die unserem Eifer zum Opfer gefallen waren.

Nun konnte man sich von Neuem an die Arbeit machen und die *Krippe* aufbauen. Das war die schwierigste Aufgabe des Abends. Mit großer Sorgfalt wurde Stück für Stück aus der Kiste genommen, ausgewickelt und auf den Tisch gestellt. Kleine Schadstellen wurden nachgemalt, geleimt oder mit Knete und Gips ergänzt. Ein grüner Fries bedeckte die großen Kisten, auf denen Stall und Herde aufgebaut wurden (der Stall etwas erhöht). Er war mit einem Strohdach versehen und bestand aus bemalten Pappwänden, die man mit Haken aneinander befestigte. Mein Vater und Dietrich bauten den Stall auf. Jedes Mal wollten sie schon im Vorjahr beim Wegräumen einige Erleichterungen für den Aufbau angebracht haben, aber stets ging es doch wieder provisorisch zu. Schließlich sollte es ja auch eine behelfsmäßige Unterkunft sein. Nur das Dach musste ab und zu erneuert werden. Dazu nähte Hörnchen mit großen Stichen Flaschenhülsen aus Stroh auf das Pappdach. Wenn die Kisten mit dem Stall in der richtigen Entfernung vom Baum dastanden, baute jeder etwas auf.

Die Krippe war der Mittelpunkt des Weihnachtszimmers und wurde von allen bewundert. Niemand hatte eine so große und schöne Krippe wie wir, fand ich. Sie war das erste Weihnachtsgeschenk meines Vaters an meine Mutter gewesen, und sie wurde nicht vom Christkind gebracht, sondern stand auf dem Dachboden verpackt das ganze Jahr über da. Und doch umgab sie eine große Heiligkeit. Wenn das kleine Kerzchen neben dem Kind brannte und die heilige Familie, den Ochsen und den Esel beleuchtete, während die Hirten und Könige im Licht des Raumes standen; wenn die Stallfenster aus roter Blatt-Gelatine so lebendig leuchteten und der hohe Metallkomet über dem Stall glänzte – dann war Heilige Nacht in unserem Esszimmer, dann war die Zeit erfüllt und es begab sich. Selbst das großmächtige Kamel gewann etwas an Würde und wirkte anbetend in seiner behäbigen Ruhe. Den einen der Weisen mochte ich nicht besonders: Er hatte einen roten Mantel an und schien so vornehm zurückhaltend – während der Mohrenkönig ganz Demut und Hingabe war. Die Hirten und Joseph liebte ich sehr. Und die Schäfchen! Manche waren sich ganz gleich, eins wie das andere; aber es gab ein kleines Böckchen, das ich jedes Jahr von Neuem ins Herz schloss. Ich hing mit großer Liebe an unserer Krippe und war die Einzige, der es erlaubt war, wenigstens die Schäfchen ein bisschen weiden zu lassen und auch die Hirten und Könige anzufassen und umzustellen. Die Großen sagten jedenfalls immer, sie hätten die Krippe nicht einmal berühren dürfen, und sie fanden mich mal wieder bevorzugt. Jetzt mochte aber keiner von ihnen mehr damit spielen.

Der *Heilige Abend* begann am Mittag mit der durch alle Kriegs- und Überflusszeiten gleichbleibenden Kartoffelsuppe mit Würstchen, die ihren besonderen Reiz dadurch erhielt, dass sie im Arbeitszimmer meines Vaters genossen wurde; formlos und ohne Bedienung, rund um den sechseckigen Tisch, ja sogar auf dem Patientensofa sitzend. Der Mittagsschlaf war anschließend Pflicht, aber er gelang nie. Dann ein letzter Blick auf meine Geschenke für alle, verpackt in einem grünbeklebten Pappkarton. Der stille Weg der ganzen Familie zum Grab meines Bruders Walter auf dem Halenseer Friedhof; etwas fröstelnd findet man sich anschließend zu Tee und Stollen im Salon zusammen. Danach das Festkleid anziehen – und bebendes, altbekanntes Warten oben im Kinderzimmer auf den Ruf »runterkommen!«

Im Herrenzimmer stehen viele Stühle in zwei Kreisen. Die Familie ist beisammen und wartet. »Die Mädchen sollten jetzt wirklich heraufkommen«, sagt mein Vater, und einer von uns muss sie holen gehen. Da kommen sie herein – eine Reihe schwarzglänzender, weißbeschürzter Frauen, eine nach der anderen, je nach Würde und Alter. Sie bemühen sich, möglichst in der zweiten Reihe Platz zu finden. Auch die nur tageweise Beschäftigten (Plättfrau, Waschfrau, Näherin und Zugehfrauen) feiern mit.

»Und es begab sich ...« – meine Mutter liest die Weihnachtsgeschichte. Wir Kleinen sagen etwas auf und geben unsere Weihnachtsbogen ab, auf denen ein Gedicht in Schönschrift steht. Jetzt sagt meine Mutter Vers für Vers den Text des Liedes ›Dies ist der

Tag, den Gott gemacht‹ vor. Ich kann mich nicht an eine Zeit entsinnen, wo ich es nicht auswendig wusste. Wir können es alle. Aber vielleicht eins der Mädchen nicht? Wir sollen mitsingen und tun es auch. Immer wenn ich dieses Lied höre, habe ich die Stimme meiner Mutter im Ohr: »Wenn ich dies Wunder fassen will, so steht mein Geist vor Ehrfurcht still.« Jetzt löscht mein Vater das Licht und geht leise aus dem Zimmer.

Stille, Dunkelheit, Herzklopfen. Dann heißt es »Susi?«, und ich muss das erste Lied vorschlagen, denn nun wird im Dunkeln gesungen. So geht es weiter, dem Alter nach: »Sabine?«, »Dietrich?« – bis plötzlich das ganz helle Glöckchen klingelt. Das Lied bricht ab, wir ziehen (die Zwillinge und ich voran) aus der Dunkelheit in das strahlende Weihnachtszimmer. Es wäre unfromm und ein Verstoß gegen jede gute Sitte, wenn einer den Blick schon jetzt auf die Geschenke richten würde – ehe das beim Hereinkommen angestimmte Lied ›Ihr Kinderlein, kommet‹ verklungen ist. Wir stehen rund um den Christbaum und bewundern ihn, während wir alle Verse des Liedes vom Christbaum singen, welcher der schönste Baum ist. Dann erst dürfen wir erleben, wie die Liebe uns durch Erwünschtes und Überraschendes Fülle und volle Genüge schaffen kann.

In guten Jahren sieht es in unserem Esszimmer bei der Bescherung für die vielen Feiernden wirklich ein bisschen nach Warenhaus aus – jedenfalls bis die Angestellten ihre Gaben vom Esstisch in der Mitte der Stube an sich genommen und mit dem Dank »Ich bin sehr zufrieden!« das Zimmer verlassen haben. Nun kann gedeckt werden. Wir Kinder verteilen unsere Geschenke untereinander und an die Eltern und Mitfeiernden, bewundern die vielen Tische und die eigenen Geschenke. Dann ist das Festessen bereit. Früher hat es zur Besänftigung der Mägen abends nur Grießsuppe gegeben. Darauf besinne ich mich aber nicht mehr. Ich weiß nur von Köstlichkeiten, abschließend mit dem ›großen‹ bunten Teller – einem Kupfertablett voll Marzipan, Konfekt, Nüssen und Datteln zur freien Auswahl.

Nach Tisch wird dann musiziert. Die Tür vom Weihnachtszimmer zum Salon steht offen, und ich bleibe bei meinen Sachen. Um zehn Uhr gehen die Kleinen und die Alten zu Bett; nur die Jugend musiziert weiter. Beim Einschlafen weiß ich dann jedes Mal: So schön war es noch nie! Und ich bin sehr dankbar – wenn ich mich auch nicht bei meinen Eltern bedankt habe.

Musik, Farben, Linien, ja sogar Gefühle und Gedanken vergangener Zeiten lassen sich aus der Erinnerung heraus an andere weitergeben. Sie können erklärt, festgehalten und verglichen werden. Das ist aber unmöglich bei einem Duft, der uns berührt hat. Er bleibt unbeschreibliches Eigentum der Erinnerung. Der Duft des Weihnachtzimmers am *ersten Feiertag* morgens, wenn der Frühstückstisch gedeckt war, gehört zu den stärksten Genüssen meines Daseins. Das Frühstück wurde nicht gemeinsam, sondern je nach Neigung zum Aufstehen eingenommen. Stollen und Heringssalat waren unsere Besonderheit. Danach begegnete ich dem bunten Teller auf meinem Gabentisch mit frischen Kräften, spielend oder lesend. Die neuen Dinge, die mir jetzt gehören, werden vertrauter. »Habe ich das von jemand?«, frage ich, um zu erfahren, was wirklich vom Christkind ist. Mein Platz ist ganz dicht am Weihnachtsbaum, und bald beziehe ich ihn in meine Spiele mit ein. Puppen und Tiere werden unter ihm heimisch.

Da werde ich jäh herausgerissen. Mein Vater geht mit uns spazieren. An die Luft! Ich habe ihm das nie verzeihen können. Aus der Fülle und Glückseligkeit hinaus ins Kalte. Ob nun Schnee lag oder nicht, es war mir immer schrecklich. Das Schuhwerk war geerbt und schlecht. Ich habe nie wieder so kalte, wehe Füße zu haben gemeint, wie bei diesen den Beinen der großen Geschwister angepassten Märschen durch die Kolonie Grunewald. Sonst durfte ich meist nicht mit, wenn die Großen losliefen; hier hätte ich liebend gern darauf verzichtet. Dazu kam noch ein schlechtes Gewissen bei all meinem Leiden! Es war doch so nett von Papa, dass er mit uns spazierenging und mich mitnahm. An Widerstand habe ich nie zu denken gewagt. Ich trottete mit den Tränen kämpfend hinterher. Mit dem so gesunden Spaziergang am Vormittag war für mich der erste Rausch des Glücks zerstört und in diesem Maß nicht wieder herstellbar.

Das Mittagessen wurde festlich im Kreis der Familie eingenommen, ohne Gäste. Der Nachmittag war ferneren Tanten gewidmet. Ich durfte mich in die Nachbarschaft aufmachen und Freunde besuchen. Dort waren die Bäume meist aus Edeltanne, mit weißen großen Kerzen, sehr dicht mit Lametta behängt. Gegen unseren bunten lustigen Baum wirkten sie ausgesprochen vornehm und zurückhaltend. Man schloss sich nicht aus, betonte aber mehr die dekorative Seite. Dietrich meinte, das wären jüdische Weihnachtsbäume. Ganz anders war es bei Anneliese Schnurmann. Auch dort war der Baum ein Wunderbaum, mit viel hübschem Zubehör. Wir lagen auf dem dicken Teppich, aßen schwäbisches Gebäck, legten Platten aufs Grammophon, lasen in neuen Büchern oder spielten für die kleinen Nichten ›Kasperle‹. Am schönsten war es, in der Dämmerung ein paar Kerzen anzuzünden und uns ausgedachte Geschichten zu erzählen. Hier war es gar nicht fremd für mich, sondern so schön wie zu Hause.

Wenn die Familie sich abends zusammenfand – die Geschwister hatten tagsüber ebenfalls das Weite gesucht – und die Lichter am Baum wieder brannten, Trio gespielt wurde und meine Mutter die Lieder von Peter Cornelius sang, dann spürte ich noch mal einen Höhepunkt der gläubigen Annahme des Weihnachtswunders. Abends im Bett konnte ich lange nicht einschlafen. Manchmal weinte ich, ohne recht zu wissen, was mich traurig machte. Es war wieder vorbei! Ich wusste ja vorher, dass es vorübergeht. Aber in meiner Kinderzeit fiel es mir nicht leicht, Freude loszulassen. An solch späten Abenden lernte ich jedoch, die Erinnerung im Herzen zu bewegen und zu bewahren – wie es von Maria hieß, nachdem die Hirten umgekehrt waren.[73]

Oft war die ganze Familie (und das waren nie unter zehn Personen) am *zweiten Feiertag* bei Krückmanns zum Mittagessen eingeladen. Dass meine Eltern, die sonst selten ausgingen und sehr viel lieber Gäste bei sich im Haus sahen, diese Einladung annahmen, war – außer der Freundschaft, welche die Familien verband – auch Rücksichtnahme auf unsere Angestellten, die einen ganzen freien Tag haben sollten. Ob die Einladung von diesem sozialen Gesichtspunkt ausging und so vereinbart war, ist mir nicht klar; aber ich entsinne mich, dass darüber gesprochen wurde. Krückmanns waren Freunde, und ich ging natürlich besonders gern hin. Mit Irmgard, die gleichaltrig mit mir war, verband mich eine besonders innige Freundschaft. Wir hatten die ersten Jahre bei meiner Mutter gemeinsamen Schulunterricht gehabt, kannten uns aber, seitdem (oder besser: ehe) wir denken konnten. So wie mein Vater sich bemühte, Geisteskranke gesund zu machen, versuchte sich Onkel Krückmann meiner Ansicht nach an Blinden. Das passte gut zusammen, wenn man an

---

[73] Lukas 2, 19.

die Geschichten vom Herrn Jesus dachte. Sonst war er allerdings ganz anders als mein Vater: Er hatte Schmisse im Gesicht, machte viele (mir nicht immer recht fassbare) Späßchen, konnte lachen wie toll und zog mich vor (was ich mit Liebe erwiderte). Besonders erstaunlich war mir, dass er zu seiner Frau »meine Gnädige« sagte. Frau Krückmann war etwas sanfter und ein bisschen trauriger als meine Mutter.

Zu essen gab es sehr gut und viel, selbst im Krieg. Wahrscheinlich haben sie sich auf diesen Einfall unserer Familie wie auf den eines Regiments vorbereitet. Bei Tisch ging es lebhaft zu, wie bei uns zu Hause. Merkwürdigerweise hatten sie aber kleine Flugzeuge am Weihnachtsbaum hängen. Ein bisschen anders musste das Christkind bei ihnen doch sein. Nach einer Mittagspause (die in Gruppen verbracht wurde) und der reichlichen Vesper arrangierte meine Mutter dann schöne, gemeinsame Spiele. Zu Hause war es so selbstverständlich, dass meine Mutter in allem die Führung hatte, dass uns das hier gar nicht auffiel. Aber in dieser Umgebung wurde mir deutlich, dass sie wohl dazu bestimmt war, sogleich Unterhaltung und Leben, Kontakt und Fröhlichkeit in jede Gesellschaft zu bringen. Es wurde auch sehr schön musiziert bei Krückmanns, und ich bewunderte Irmgards reinen, kräftigen Sopran, wenn sie Solo sang.

Am 27. Dezember kam meine Mutter nie zum Frühstück herunter. Da hatte sie ihren ›dritten Feiertags-Magen‹. Mein Vater lächelte, und wir durften es auch. Vielleicht war daran nicht allein die gute Gänseleberpastete nach Vorfahrenart und das Königsberger Marzipan in hübschen Formen von Torten und Herzen schuld, von dem sie so viel bekam und dem sie nicht widerstehen konnte. Es war wohl eher die ganze Anstrengung der Vorbereitungen und der Festtage, die zu einem Erschöpfungszustand führte, der sich an ihrer empfindlichsten Stelle, dem Magen, äußerte. Jedenfalls war es regelmäßig so, und das gab uns Kindern ebenfalls das Recht zum Fasten, wenn wir zu viel gegessen hatten.

Das Weihnachtszimmer befand sich an diesem Tag in Auflösung. Die Großen trugen ihre Sachen weg, und auch die Möbel nahmen wieder ihre althergebrachte Form ein: Die Schubladen wurden nicht mehr von weißen Tüchern verdeckt, hereingeschobene Tische verschwanden – nur wir drei Kleinen, dicht am Baum, wurden noch nicht vertrieben. Das geschah erst zwei Tage später, um Raum für die Geburtstagsfeier meiner Mutter zu schaffen. Dann mussten auch wir die Tische abbauen und die Sachen in unsere Zimmer bringen. Spielsachen in Schränke und Schubladen zu verstauen war nicht schwierig. Bücher sinngemäß einzuordnen brauchte schon mehr Verstand und Zeit. Am schwierigsten aber war es, neue Puppen in die bereits bestehende Familie einzuführen. Das Gleichgewicht der Zuneigung, die sich im Zusammenleben ergeben hatte, wird so auf einmal gestört. Da sitzt nun ein in seiner reinen Schönheit arrogant wirkender Neuling zwischen dem vertrauten, vergrauten, leicht lädierten, aber meiner Liebe sicheren Kinderreichtum. Da hilft es nur, ihn erst ›täglich‹ anzuziehen, das heißt mit den nicht mehr ganz makellosen Stücken der anderen, und die feineren Sachen an die Allgemeinheit zu verteilen. Das ist ein Akt sozialer Gerechtigkeit – aber ich habe ein schlechtes Gewissen dabei und wünsche, dass mir niemand zusieht. Immerhin ist dem hinzugekommenen Puppenkind so, im freien Spiel der Kräfte, die Möglichkeit zur Entfaltung einer eigenen Persönlichkeit gegeben. Ich selber bin gespannt, wie es sich entwickelt.

Als ich über meine intensive Puppenspielzeit hinweg war, waren Bücher die schönsten Geschenke für mich. In den ersten Weihnachtstagen schmökerte ich möglichst in den Büchern der anderen, um mir den Genuss der eigenen lange aufzusparen. Manches davon wanderte allerdings von Heiligabend an mit ins Bett – und kam jeden Morgen wieder unter den Weihnachtsbaum, weil es nichts von dem Glanz verpassen sollte. Die Wollust, die mich beim Lesen der jungfräulichen Seiten eines gut gebundenen Buches erfüllte (in dem dann noch ab und zu ein buntes Bild erschien – wie die Bonbons in einem Wunderknäuel), kann ich heute noch nachfühlen. Mit Tierfiguren habe ich nicht viel gespielt; nur mit einem auf die Hand zu streifenden Hundchen, ›Pittel‹ genannt, den ich sehr liebte. Aber das ›Paradies‹ war das wunderbarste Geschenk meiner Kindheit: kleine, flache Zinnfigürchen mit allen erdenklichen Tieren, nebst Apfelbaum mit Schlange und rosigem Adam und Eva mit Feigenblatt! Der Grund und Boden dafür – Wiese, Strauchwerk mit Silbersee und ein kleiner Zaun – war das Gemeinschaftswerk der Geschwister.

Überhaupt habe ich selbst gemachte Geschenke immer besonders schön gefunden. Wie herrlich war ein von den Großen für mich gebautes Puppentheater mit vielen Kulissen und Charakter-Spielern, die herrliche Gewänder trugen! Ich war noch zu klein, um eine Verknappung der Geschenke in der Kriegszeit zu empfinden – ich fand es immer überwältigend. Außer einer Pelzmütze habe ich wohl nie etwas zum Anziehen zu Weihnachten bekommen. Meine Erinnerungen an verbundene Augen und die tastenden Hände einer Schneiderin (ausgesprochen eklig) hängen wohl eher mit Geburtstagen zusammen.

Immer lag auf dem Weihnachtstisch Briefpapier. Schön liniert, oben links ein buntes Bildchen, später ein Scherenschnitt, dann die verschlungenen Buchstaben S. B., unliniert. Ich habe diesen verlockenden Anreizen immer gut widerstehen können und diese Gabe gleich tief nach unten geschoben, um nicht an den Zweck erinnert zu werden. Ich schrieb doch so ungern! Es war herrlich, Pakete am Heiligen Abend auszupacken, und ich war wirklich sehr dankbar dafür – aber Briefe zu schreiben war eine Qual. Erst Händewaschen (was nie wirklich erfolgreich war), dann gerade sitzen, den Kopf nicht herunterhängen lassen, nicht am Halter kauen! Schon war das Papier knitterig und mit Fingerabdrücken versehen, ehe ich überhaupt anfing. »Schreib doch einfach, was dir einfällt«, riet Hörnchen. Ja, das war ja die Schwierigkeit! Mir fiel genug ein, aber es hätte viel zu lange gedauert, das alles aufzuschreiben. Ich musste lange nachdenken, um meine Einfälle mit möglichst wenig Buchstaben zu Papier zu bringen. Je weniger Buchstaben, je weniger Möglichkeiten zu Fehlern; je weniger Gefahr, den Brief noch mal abschreiben zu müssen – vielleicht mit noch mehr Fehlern. Je kleiner der Bogen, desto größer der Mut, überhaupt zu beginnen.

Es waren immer dieselben guten Onkel und Tanten, denen man danken musste – und dass der eine auch noch ›Superintendent‹ war, verkomplizierte die Adresse sehr. Und warum musste man sich beim Tübinger Christkind bedanken, das der Großmama die Geschenke gegeben hatte? Unseres tat alles unbedankt. Meist aber kam ja die Großmama selbst und brachte die ›Christkindle‹ mit.

Als ich später meine Dankes-Briefe ohne Kontrolle schrieb, machte es mehr Freude. Ich schrieb lang und formlos, ohne Kommas, schlecht lesbar – aber eben, was mir einfiel. Doch noch einmal durchlesen ging zu weit! Einen Brief von anderen abzuschreiben war unwürdig und langweilig und brachte keine Vorteile, weil ich auch dabei schluderte und Worte ausließ. Oft zogen sich die Briefschulden bis Ende Januar hin. Und wenn ich auch später gern lange

Briefe schrieb – mein Angstkomplex vor einem sauberen Dankes-Brief wurde nie überwunden.

Wenn mein Vater am 30. *Dezember* durch die Zimmer seiner Kinder ging und fragte: »Habt ihr etwas für Mama? Ich will den Geburtstagstisch für sie aufbauen!«, dann wirkte er gar nicht mehr patriarchalisch auf mich, sondern eher ängstlich und rührend. Die Eltern waren sich ja darüber im Klaren, dass dieser Geburtstagstermin ein schweres Kreuz für uns war. Wann sollte man dafür etwas vorbereiten, so kurz nach Weihnachten? Und vorher war nie Zeit. Gekauft galt nicht. Ich sehe mich noch (zu Recht) dem Hohngelächter meiner Geschwister preisgegeben, als ich ein in fünf Minuten selbst gemaltes Bild darreichte – in einem Alter, wo das eben schon nicht mehr niedlich war. Daraufhin habe ich das Geschenk für meine Mutter immer schon vor allen Weihnachtsgeschenken fertig gemacht und habe mich nie wieder lumpen lassen.

Christrosen und Marzipan gehörten auf den Tisch und von uns Gesägtes, Genähtes oder Gebackenes. Einmal brachte ihr eine Cousine ein Stück Seife. Das fanden wir unerhört komisch! Der Geburtstag wurde als ein großer Festtag begangen, und mein Vater war sehr besorgt, dass auch alles so schön wie möglich gelänge. Festessen, Gäste, natürlich Verwandte in Mengen (die man deshalb an den vorausgehenden Festtagen hatte aussparen können), Hausmusik, Aufführungen von uns Kindern – irgendeine Festmüdigkeit nach den Feiertagen durfte nicht aufkommen. Und je mehr meine Mutter gefeiert wurde, umso mehr strahlte mein Vater.

Das Schönste war aber, dass sie an diesem Tag fast jedes Jahr das alte Rotkäppchen-Stück für uns aufführte. Ihre Mutter hatte das Theater als Kind bekommen; der Künstlerkreis um deren Vater hatte Kulissen gemalt und die Püppchen geformt und gekleidet; der Text war eine kindliche Nachdichtung des Tieck'schen Märchen-Dramas.[74] Mama konnte es ganz auswendig, sprach alle Rollen allein und führte auch die Figuren. Nur in wenigen Szenen brauchte sie eine helfende Hand. Ihre Stimme war so modulationsfähig, dass sogar die Erwachsenen nicht merkten, dass sie der einzige Sprecher war. Besonders der grimmige Wolf ließ uns bei seinem langen

---

74 Tieck, Ludwig: Leben und Tod des kleinen Rotkäppchen. Eine Tragödie. In: Ders.: Romantische Dichtungen, 2 Bde., Jena 1800.

Monolog erschaudern. Nach dieser Anstrengung war sie dann aber immer sehr vergnügt und freute sich der allgemeinen Begeisterung. So sorgte sie dafür, dass ihr Geburtstag nicht ein eintöniger Tantentee für uns wurde – sie war gar nicht in der Lage, sich und andere zu langweilen.

Am Tag darauf, in der *Silvesternacht*, fand die Festzeit im Kreis der Familie und in der nächsten Freund- und Verwandtschaft dann ihren Abschluss. Kirchgang war uns hier (wie auch am Heiligen Abend) fremd. Dafür hatten sich aber in unserer Familienfeier streng kultische Formen ausgeprägt: Man versammelte sich gegen zehn Uhr abends und trank Punsch aus alten, nur an diesem Abend gebrauchten Gläsern. Dazu gab es Pfannkuchen. Dann wurde eine große Wanne mit Wasser auf den Tisch gestellt, und wir ließen ›Schiffchen‹ schwimmen: zwei große Nussschalen mit je einem winzigen Licht. Trafen sie zusammen, dann ging der angegebene oder auch unausgesprochne Herzenswunsch in Erfüllung. Man konnte auf diese Art auch Sommerreisepläne und Ähnliches diskret den höheren Stellen vermitteln. Das Problem, ob Wellen gemacht werden dürfen, um ein leichtes *corriger la fortune* zu betreiben, blieb immer eine offene Streitfrage. Alsdann ging es ans Bleigießen und Ausdeuten der bizarren Gebilde, worin mein Vater Autorität war. Die Schattenwirkung mit einzubeziehen, was plötzlich üblich wurde, erschien mir artfremd. Noch ein Glas Punsch, und dann wurden Karten gezogen.

Wahrsage-Karten! Gedruckter, aber eigenster Familienbesitz, gemalt von meiner Patentante Helene York-Kalckreuth, gedichtet von ihrem Mann. Ich konnte sie bald alle auswendig, diese zukunftsweisenden Verschen. Aber Zauber und Spannung haben nie aufgehört bei diesem Spiel einmal im Jahr – und ein bisschen glaubte man im betreffenden Moment doch daran. Wenn meine Mutter aber zog »Blanker Helm auf stolzem Haupt hat dein wehrlos Herz geraubt!«, dann war die Heiterkeit groß.

Bis halb zwölf Uhr waren diese weltlichen Bräuche erledigt; die Kerzen wurden noch einmal angesteckt, die Angestellten hereingerufen, der feierliche Teil begann. Für mich war er das Schönste an diesem Abend, und ich glaubte, ihn nie entbehren zu können. Meine Mutter las den 90. Psalm: »Herr Gott, du bist unsere Zuflucht für und für!« Bei den letzten Worten: »Ja, das Werk unserer Hände wolle er fördern«, fühlte ich mich zu einer Lebensleistung gerufen. Ich war gewillt, das kommende Jahr so zu leben, dass es sich auf das Endziel in den fernen Jahren des Erwachsenseins ausrichtete, wo es auf das ›Werk der Hände‹ ankommen würde. Ein Vers nach dem anderen wurde anschließend das lange Silvesterlied von Paul Gerhardt gesungen, wobei meine Mutter wieder vorsprach. Wenn ich auch die letzten Weihnachten im Krieg noch nicht recht bewusst erlebt habe – die Tränen meiner Mutter, deren Gesicht unbewegt blieb und deren Stimme führend durchhielt, während andere versagten, vergesse ich nicht! Wenn die Glocken läuteten, wünschte man sich am offenen Fenster ein gutes Jahr und die – in unserer Familie sonst nicht üblichen – Küsse wurden getauscht. Still und besinnlich sah man die letzten Kerzen verglimmen, die langen Schatten an Wänden und Decke zittern. Als brennende Frage (die wohl andere Fragen an das neue Jahr gern verdrängte), blieb die Spannung im Raum, welche Kerze als letzte verlöschen würde. Als sie sich schließlich von selbst beantwortet hatte, ging man geruhsam ins Bett.

Zu *Neujahr* waren wir dann mit Recht der Festlichkeiten überdrüssig. Die Angestellten hatten frei, man durfte beliebig ausschlafen, obwohl in der Silvesternacht bereits um ein Uhr alles Licht gelöscht worden war. Jedenfalls nahm am Neujahrstag die Familie voneinander Abstand; jeder ging seine eigenen Wege – und ich wollte mit meinen Freundinnen ›den alten Adam ersäufen‹! Wir trafen uns zu viert oder fünft am Roseneck und wanderten, wenn Frost war, dem Grunewald-See zu mit dem festen Wunsch, ihn zu überqueren. Es war wohl in meiner Konfirmandenzeit, dass dieser Brauch aufkam. Manchmal war am Ufer noch Wasser, und wir legten uns Brücken aus Ästen bis zur Eisschicht. Es hat uns auch nie jemand ermahnt, abgehalten oder für verrückt erklärt, was mich jetzt noch wundert. Für uns war es Sport und Gottesurteil.

Als wir nämlich das erste Mal bei scheinbar dicker Eisdecke in tiefen Gesprächen über gute Vorsätze, Lebensaufgaben, Hoffnungen und Jahressoll hinübergingen, knackte es so erheblich unter uns, dass uns doch sehr schauderte und wir nicht wussten, ob vor oder zurück. Da tröstete ich die Gesellschaft mit der Vorstellung, hier würde allenfalls unser alter Adam ersaufen, unser Wesentliches wäre wasserfest. Dies gab uns neuen Mut auszuschreiten –

und dem Neujahrs-Spaziergang seinen Namen. Denn nun mussten wir Jahr für Jahr nachsehen, ob unser alter Adam reif zum Ersäufen wäre. Meist war es völlig gefahr- und damit reizlos, wenn sowieso alles Schlittschuh lief. Dann nahmen wir das als Bestätigung unseres Lebensrechts. Wie oft wir uns wirklich der Todesgefahr aussetzten, weiß ich nicht mehr genau. Natürlich wusste bei keinem von uns irgendwer zu Hause etwas von diesem Experiment. Dass man in jungen Jahren manchmal unbekümmert sein Leben aufs Spiel setzt, ist wohl üblich. Dass man es sich aber Jahr für Jahr ganz gelassen und doch mit einem leichten Grausen im Blut (das man gleichzeitig genießt) zum Prinzip macht, war wohl doch eine Degenerations-Erscheinung der Zwanzigerjahre. Nicht jeder durfte dabeisein. Nur wer Schweigen konnte und unser Vertrauen restlos genoss. Es ist auch nie herausgekommen. Sonst traf man in der Gegend immer und überall Bekannte, aber wahrscheinlich war es am Neujahrsmorgen (wenn nicht gerade Eisbahn war) ziemlich unbelebt am See. Den Rückweg nahmen wir immer am Ufer entlang, nicht mehr über das Eis – das wäre uns sonst wie Gottversuchen vorgekommen.

2.4 Nächtliche Störungen und Ängste

Früher teilte ich mein Schlafzimmer mit den Zwillingen. Schwatzen im Bett war nach dem Lichterlöschen verboten – aber ganz leise flüsterten wir drei doch noch ein bisschen. Dann hörte ich am Atem der beiden, dass sie eingeschlafen waren. Und nun begann ich zu fantasieren. So wenig uns die Eltern mit pädagogischem Unsinn verseuchten, taten doch die Hausangestellten in dieser Richtung, was sie konnten. In der Brückenallee habe ich ihnen noch geglaubt, habe es jedenfalls für möglich gehalten, dass auch unser tägliches Leben von unsichtbaren Geistern und Gespenstern belebt sei. Aus den Märchen, die uns ja keineswegs vorenthalten wurden und die mein Denken weitgehend ausfüllten (und die ich ja auch von absolut vertrauenswürdigen Personen, wie den Eltern und Hörnchen, erzählt und sogar aus gedruckten Büchern vorgelesen bekam), waren Zwerge, Riesen, Feen und allerlei Geistervolk eine Selbstverständlichkeit – bis hin zu den Totenkopf rollenden Gespenstern aus dem Märchen ›Von einem, der auszog, das Fürchten zu lernen‹, das ich besonders schätzte. Warum sollte es dann nicht auch einen ›Hakelmann‹ geben, der in einer hohen Stadtwohnung unter dem Fenster stand und mit seinem langen Haken die Kinder herunterholte, die sich zu weit aus dem Fenster lehnten? Diese Geschichte war sicher gut gemeint und erschien mir auch glaubwürdig – denn manche Kinder fielen ja tatsächlich aus dem Fenster und waren dann tot. Andererseits regte sie mich dazu an, mich so weit wie möglich herauszuhängen (besonders wenn Irmgard mich an den Beinen festhielt), um den Hakelmann endlich einmal zu sehen.

Ähnlich war es mit dem Maschinenteufelchen, das sich auf der Seite der surrenden Räder der Nähmaschine aufhielt und Kindern, die zu dicht herankamen, erbarmungslos alle Knochen brach. Man durfte sich also der nähenden Hilfskraft nur von ihrer linken Seite her nähern, wenn einen der Teufel nicht zu packen kriegen sollte. Jedenfalls war das Gefährliche an einer so harmlos scheinenden Mechanik, wie es bei einer Nähmaschine nun einmal ist, kindertümlich richtig erfasst.

Schlimmer schon war der Nachtschrat, der unter dem Bett saß und einen piesacken wollte, wenn man nicht gleich einschlief. Nun war das Einschlafen bei mir ja von klein auf ein wunder Punkt, und ich habe den Nachtschrat oft im Zimmer rumoren gehört. Die Angst vor ihm hat mein Einschlafvermögen nicht gerade befördert. Erst ist es ganz still. Die Zwillinge schlafen. Dann knackt es. Zuerst unter meinem Bett. Ich vermag mich vor Grausen nicht zu regen. Jetzt hat sich der Stuhl bewegt. Es ist zwar stockdunkel im Zimmer, aber ich habe es doch gesehen. Ich kann auch erkennen, wie etwas unter den Schrank kriecht. Meine Augen sind bei solchen Nachtgespenstern so hellsichtig wie im Traum. Wenn ich bloß einschlafen könnte, dann wäre das Biest ausgelöscht! Es tut mir nie etwas, aber es ist da. Mehr als umbringen kann es mich nicht, denke ich, um mich zu beruhigen – und fantasiere doch weiter.

Jetzt muss ich nur darauf achten, dass es nicht zu schauderhaft wird und ich wieder Angst bekomme. Angst vor den Gestalten, die ich (wie mir meistens bewusst ist) selbst erfinde und die den dunklen Raum bevölkern. Manchmal muss ich so Grässliches ausdenken, dass mir davon übel wird. Aber ich kann nicht aufhören – es denkt in mir weiter. Vielleicht träume ich schon halb. Aber die Bilder quälen mich, und nun wird jedes Geräusch gefährlich. Irgendwas ist bestimmt unter meinem Bett; dabei weiß ich doch ganz sicher, dass da nichts ist außer meiner Angst. Auch als ich meinem Gitterbett entwachsen bin und nur noch mit Sabine im Zimmer schlafe, quälen mich diese Vorstellungen. Jetzt ist es aber kein Nachtschrat mehr, sondern ein widerlicher Einbrecher. Auch da weiß ich im Grunde, dass es nur Einbildung ist. Und wenn ich das genauer weiß, als meine Angst groß ist, zwinge ich mich, aus dem Bett zu steigen und nachzusehen. Dann mache ich leise den Schrank auf und drücke die Kleider ganz fest zusammen. Wenn nun doch etwas da wäre, würde ich vor Schreck nicht schreien können, sondern gleich tot umfallen; dessen bin ich mir sicher. Es ist der Mut des Feiglings, der mich vorwärtstreibt.

Wenn meine Fantasien sich aber in lieblichen Grenzen bewegen, sind auch wache Nachtstunden ein Genuss. Man darf sich bloß nicht ärgern, dass man nicht einschläft. Ich freue mich bewusst an der ungestörten Zeit zum ›Ausdenken‹. Manchmal wurde es hinter den Fensterläden schon Tag, die ersten Vogelstimmen waren zu hören. Dann bekam ich doch Sorge, morgen allzu müde zu sein. Ich wälzte und drehte mich im Bett herum und fand dann die Lösung: Ich musste mich in möglichst unbequemer Lage am Fußende des Bettes hinkauern. Ich redete mir ein, dass ich nun die ganze Nacht so zubringen müsse, gewissermaßen in den Block geschlossen. Jede Regung, mich auszustrecken, unterdrückte ich eine halbe Stunde lang standhaft, bis mir alles wehtat und ich nah am Heulen war wegen krampfhaft gezügelter Nerven. Wenn ich mir dann endlich die Erlaubnis gab, mein Bett zu benutzen, fühlte ich mich dort so geborgen, dass ich sofort einschlief.

Aber auch später noch, mit zwölf Jahren, quälte mich ein abendlicher Gedankenandrang, der mich nicht einschlafen ließ. Es gab so wahnsinnig viel zu überlegen, und man kam immer von einem ins andere. Dietrich hörte unter mir auf, Klavier zu spielen. Die Eltern gingen nebenan schlafen, dann kamen die großen Geschwister laut flüsternd die Treppe hinauf. Und ich musste immerfort denken, ohne mit irgendetwas klarzukommen oder rechte Freude daran zu haben. Es schlug zwölf Uhr, und ich wusste: Morgen früh wird es mir wieder so schwer fallen aufzustehen; aber es drehte sich weiter in meinem Kopf. Endlich kam mir eine rettende Idee: Ich darf nur an eine einzige Sache denken, bis ich einschlafe. Doch die Entscheidung, an was ich nun denken wollte, raubte mir gerade jetzt die Nachtruhe.

Da fiel mir meine braune Spardose ein. Sie war fast kugelrund und apfelgroß, hatte einen breiten Schlitz und man konnte das gesparte Geld leicht wieder herausschütteln. Das erhielt sie am Leben und mich bei Kasse. Mit der beginnenden Inflation war eine Spardose sinnlos geworden; so schrieb ich auf kleine Zettel die Themen, die meine Seele bewegten, rollte sie zu runden Stäbchen zusammen und steckte sie in die Spardose. Ich wollte das Los oder das Schicksal entscheiden lassen. Am Abend vor dem Schlafengehen schüttelte ich jeweils ein Papierchen heraus. Daran hatte ich mich nun zu halten. Und das tat ich auch brav.

Später, als ich diese Dose wiederfand, genierte ich mich für eine so kindliche Form der Gedankendisziplin, sodass ich sie unbesehen wegwarf. Schade! Aber durch den fleißigen Gebrauch sind mir heute noch allerlei Aufschriften gegenwärtig. Da hatte ich die Auswahl zwischen ›Gott‹ und ›Herr Holzinger‹, der auf einem Studentenfest weiße Leinenhosen trug und meine erste Liebe war; zwischen ›Zukunft‹, ›Grete‹, ›soziale Not‹, ›Schulpflicht‹, ›Liebe‹ überhaupt, ›Deutschland‹, ›Friedrichsbrunn‹, ›eigener Roman‹, ›andere Religionen‹, ›Geschwister‹, ›Schlechtes‹ beziehungsweise Buße, ›Goethe‹, ›Christus‹, ›Namen und Kleidung für spätere eigene Kinder‹, ›Walter‹ (also mein Bruder, den ich nicht vergessen wollte), ›Erinnerungen an früher‹, ›Feste‹, ›Eltern‹, ›ich selbst‹, ›nette Menschen‹, ›Reisen‹ und ›Dichten‹! Also wirklich Gott und die Welt im Bewusstsein eines Backfischs – Abend für Abend je ein Problem durchexerziert; für ziemlich lange Zeit.

Es gab aber auch noch realere nächtliche Störungen. Wenn mitten in der Nacht die Zentralheizung zu dröhnen beginnt, weil einer heftig darauf schlägt, dann fährt alles aus den Betten und bewaffnet sich. Das ist das Alarmzeichen! Es hat sich etwas geregt, das nicht ins Haus gehört. Die Eltern erscheinen im Morgenrock, die Brüder sind oft noch gar nicht im Bett gewesen. Sabine zeigt sich nicht. Christel hat eine Wasserkanne als Waffe, die Brüder haben Stöcke oder Feuerhaken, und ich nehme eine Glaskaraffe vom Nachttisch. Mein Vater besitzt einen Revolver und meine Mutter einen ›Totschläger‹. Das ist ein handliches Stück Blei mit dickem Knopf vorn – und erstaunlich abgegriffen am bekordelten Stiel. Wohl ein Erbstück ... »Schlägst du jetzt hier tot?«, fragte Klaus einmal als kleiner Junge, als er dieses Instrument nicht auf dem Nachttisch unserer Mutter, sondern auf der Frisiertoilette fand.

Meist wird der Alarm von einer der Angestellten gegeben, die im Souterrain schlafen, Schritte hören und Angst bekommen. Manchmal klammern sie sich schreiend an die vergitterten Fenster und sind kaum zu beruhigen. Obwohl kurz nach dem Krieg bei uns tatsächlich einmal eingebrochen worden ist und viel Silber und Teppiche gestohlen wurden, nehmen wir das Absuchen des Hauses nicht sehr ernst und amüsieren uns dabei. Das leichte Gruselgefühl, ob es vielleicht diesmal doch jemand ist, macht es zu einem erregenden Sport. Einmal erschrecke ich ernstlich, sodass ich merke, wie mir fast das Herz stehen bleibt. Vor der Schiebetür vom Wartezimmer zum Herrenzimmer sind zwei dicke Portieren. Ich drücke im Vorbeigehen dagegen, in der sicheren Annahme, hier sei keiner – und spüre einen bewegten Körper, der sich dann aber sehr schnell als einem der Suchenden zugehörig herausstellt.

Es vergeht Mitte der Zwanzigerjahre kaum eine Nacht, in der nicht irgendwo in der Grunewald-Kolonie eingebrochen wird. Man weiß wohl, da lohnt es sich. Aus dem Fenster des Nachbarhauses, wo eine alte Dame mit ihren zwei ältlichen Töchtern wohnt, hören wir im Morgengrauen Lärm und sehen von dem Zimmer aus, in dem Sabine und ich damals schliefen, uns gegenüber zwei Kerle aus dem Fenster springen. Sie hatten wohl ein Seil. Aber sie sind entwischt, bis die Polizei kommt. Sie kam damals immer sehr langsam. Bei Axel Harnack klauen sie sogar, während er schläft, die Perserbrücke unter dem Bett weg. Bei anderen Bekannten beruhigt der Sohn des Hauses oben den bellenden Hund, während unten alles leer geräumt wird. Bei einem Arzt bitten sie die wartenden Patienten, sich kurz zu erheben, rollen dann friedlich die Teppiche auf und verschwinden.

Wir packen jeden Abend unser Silbergerät in den Fahrstuhl und ziehen ihn auf halbe Höhe. So ist in allen Etagen, wenn man die Klappe öffnet, nur Schnur zu sehen, und die Schätze sind unauffällig geborgen. Es wird auch sehr gründlich abgeschlossen, mit Scherengittern und Ketten und Rollläden. Aber wenn es warme Sommernächte sind, möchte man in der zweiten Etage, wo wir schlafen, doch die Fenster auflassen; und da die Kerls ja Fassaden erklettern, glaubt man, bei jedem Geräusch ein Gesicht durch das Fenster schauen zu sehen.

Und dann gab es noch ein Schlafhindernis für mich: Mücken konnten mich wahnsinnig machen! Nicht dass sie stachen, war so schlimm – aber ihr Geräusch! Zudringliche Fliegen, die immer wieder mit Gesumm auf meinem Bett oder nacktem Arm landeten, ließen mich keine Ruhe finden. Im Sommer 1926 gab es eine üble Mückenplage. Ich habe nächtelang aufrecht im Bett gesessen und bin von einem Stuhl zum anderen gewandert, während die Insekten mich umschwirrten. Erst beim Morgengrauen gaben sie Ruhe. Einmal ging ich in meiner Verzweiflung vor Tau und Tag nach draußen und lief dort hin und her. Schließlich setzte ich mich und schlief ein. Ich schlief so fest, dass ich nicht in mein Zimmer zurückkehrte, und mein Vater fand mich zu seinem Erstaunen beim Frühgang durch den Garten in Nachthemd und Morgenrock auf einer Gartenbank, den Kopf auf den Tisch davor gelegt. Er war erleichtert, dass mir nichts als die Furcht vor den Mücken den Schlaf geraubt hatte.

2.5 Krankheiten und Unfälle

»Ich finde es gemein von Papa, dass er von kranken Leuten Geld nimmt!«, sagte Dietrich, als er bemerkte, worauf sich unser Haushalt gründete. Die Patienten, die bei uns allerdings nur nachmittags in Erscheinung traten, warteten dreimal in der Woche im Salon und spielten eine große Rolle. Wie oft sagte oder hörte man am Telefon: »Montags, mittwochs und freitags von vier bis sechs Uhr, nur nach vorheriger Anmeldung durch Ihren Arzt.« Sonst war mein Vater in der Charité zu sprechen. Von vier bis sechs – das war die Zeit, in der man nicht Klavier üben durfte; in der man ›hintenrum rausging‹, weil man keinen treffen sollte; in der man sich auch im Esszimmer, das an das Wartezimmer grenzte, leise zu verhalten hatte. »Pst! Ruhe! Sprechstunde!«, waren dann dauernd gehörte Worte. Fräulein Emma saß vorne in der Diele mit einem Stopfkorb und ließ herein. Eine Sprechstundenhilfe brauchte mein Vater nicht.

Den Leuten, die zu uns kamen, sah man nicht an, dass sie einen Nervenarzt brauchten; wir gingen ihnen trotzdem aus dem Weg. Dass es ›Verrückte‹ wären, lehnte meine Mutter streng ab. Es waren Leute, die beraten und beruhigt werden mussten, darum »Pst! Sprechstunde!« Dass mein Vater beruhigen konnte, wusste ich genau. Man konnte noch so krank sein und hohes Fieber haben – in dem Moment, wo er zur Tür hineinkam und sich neben das Bett setzte, war alles nur noch halb so schlimm. Er drückte ein bisschen auf den Bauch oder sagte »Mach mal aaah!«, oder er hielt ein paar Sekunden die Hand an Stirn oder Puls, und ich fühlte mich ruhig und zufrieden in meinem Bett. Wenn ich fiebrig war und nicht einschlafen konnte und er nach mir sah, half das besser als jedes Schlafmittel (das es natürlich nur in ganz schlimmen Fällen gab; ansonsten wurde an Zuckerwasser geglaubt).

Ich bin fast immer nach Ostern zum neuen Schuljahr krank geworden. So habe ich oft den Einzug in einen neuen Klassenraum und das Platzerobern versäumt, was vielleicht auch zu meinem Fremdheitsgefühl in der Schule beitrug. Ob nun eine Kinderkrankheit oder Gelbsucht oder einer meiner zahlreichen Unfälle – jedenfalls war ich es schon gewohnt, dass meine Osterferien durch solches Unglück erheblich verlängert wurden. Da ich mich mit kurzen Unpässlichkeiten nicht zufriedengab (außer wenn ich nur ›schulkrank‹ war, was ja so oft wie möglich vorkam), fing das Schuljahr für mich meist erst Pfingsten an.

Ich war ein typischer ›Unfäller‹. Ständig lagen meine körperlichen Möglichkeiten mit meinem Wunsch nach tollkühnen Bewegungen im Streit. Eine Teppichklopfstange am Haus, als Reck benutzt, fiel mit mir auf meinen Hinterkopf und bescherte mir eine kräftige Gehirnerschütterung, meine erste. »Daher kommt's!«, sagten die boshaften Geschwister zu mir.

Auch mein erstes Schuljahr in einer richtigen Schule (nicht mehr zu Hause – also das vierte Jahr, wo man mit Französisch anfing) begann so. Der Frühling duftet, die Müllgrube hinter der Schaukel weniger gut; aber sie ist nötig, denn 1918 wird der Müll schlecht abgeholt, jedenfalls nicht so viel, wie es bei unserer großen Familie nötig ist. Da wird nun hier und da ein großes Loch gegraben, das wieder aufgefüllt wird. Der ausgehobene Sand wandert in unseren Sandkasten. So ist es praktisch, das Loch gleich auf dem Spielplatz zu machen. Wir – Bubi, Günther und ich – schaukeln an Ringen; ganz toll hoch, möglichst bis über die Grube. Bubi kann es mit einem Arm. Ich versuche es auch. Zweimal nehme ich Anlauf, dann fliege ich hoch; die Hand lässt los, und ich lande in der Grube, mit dem Arm in einer großen Dose. ›Knack‹ macht es, und der Arm hängt schief abwärts. Günther brüllt ins Haus: »Susi hat den Arm gebrochen!« – »Nein«, schreie ich, »er ist noch dran!« Später lerne ich dann noch oft, dass gebrochen nicht gleich abgebrochen ist. Mit den Eltern geht es nun die fünf Minuten Weg zu dem befreundeten Chirurgie-Professor Onkel Hildebrandt hinüber. Der nimmt mich auf den Schoß, besieht sich die Sache, steckt mir ein Stück Schokolade in den Mund und sagt: »Jetzt tut es gleich weh; sei mal ganz tapfer, dann gibt es noch ein Stück!« Dann fasst er mit beiden Händen zu, und – au – da sitzt der Arm wieder richtig. Während ich mein zweites Stück Schokolade kaue, macht er mir einen Gipsarm.

»Ein gebrochener Arm ist gar nicht so schlimm«, sage ich ganz im Vertrauen zu Irmgard Krückmann, »aber sag es keinem, sonst muss ich in die Schule.« Da ich mit der Stadtbahn fahren müsste und das mit dem Gipsarm nicht soll, lerne ich zu Hause Nasallaute. Als ich dann endlich in die Klasse komme, üben sie immer noch – doch ich kann das ›Schnupfen nachmachen‹ am besten. Ein Jahr später gelange ich unfallfrei in das fünfte Schuljahr. Die erste Pause verlockt zum Toben in dem winzigen Gärtchen der Privatschule. Es darf zwar nicht gerannt werden – aber es ist doch Frühling! Um einen jämmerlichen Stachelbeerstrauch vor mir und meinem Anprall zu schützen, falle ich bewusst in eine andere Richtung auf meinen Arm – und dann weiß ich, er ist wieder gebrochen. Erst versuche ich es zu verheimlichen (wir dürfen ja nicht rennen, und beim Lustwandeln stürzt man nicht) und mache den Anfang der Stunde noch mit. Aber ich bin irritiert und blass, und auf die erste Vermahnung der Lehrerin hin schreit die ganze Klasse: »Susi hat sich den Arm gebrochen!« Nun werde ich wie ein tapferer Held unter Begleitung zweier auserwählter Freundinnen nach Hause entlassen. Es ist nicht dieselbe Stelle wie im Vorjahr, sondern fünf Zentimeter höher. »Deine Knochen taugen nichts«, sagt Onkel Hildebrandt und rückt es wieder zurecht. Jetzt muss ich nach wenigen Tagen wieder in die Schule – aber da es der rechte Arm ist, kann ich nichts mitschreiben. Nur in Französisch (was ich gar nicht mag und kann) muss ich beim *Dictée* neben Fräulein Mommsen am Pult stehen und ihr die Buchstaben, die ich schreiben würde, ins Ohr flüstern; also ›made-moi-selle‹, in Kurzfassung. Privatschule!

Als ich dann mit zwölf Jahren in die Untertertia des Bismarck-Lyzeums kommen sollte, ereilte mich der nächste Unfall. Meine Cousine Renate von Hase (genannt Kobold) besuchte mich in den Osterferien. Kobold ist drei Jahr jünger als ich, aber ein herrlicher

Spielgenosse und für allen Unsinn zu haben. Dafür muss ich dann auch mit ihr um die Wette turnen. Ich bin schon zwölf Jahre alt und tobe nicht mehr so gerne; meine Knie heilen langsam zu. Aber Kobold zuliebe sprinte ich auch noch mal über eine Kiste weg, die wir draußen im Garten gefunden haben. Ich kann gut springen und komme weiter als die sehr sportliche, fast ebenso große Cousine. Nun erfinde ich folgende Variante: erst oben auf die Kiste hinaufspringen und dann so weit wie möglich wieder herunter, mit Anlauf. Erst ich; geht gut – dann Kobold; geht auch glatt – dann wieder ich: Kracks, die Kiste bricht ein und mein Fuß mit. Ich liege am Boden zerstört, winde mich, verkneife die Schmerzen, so gut es geht, und krächze: »Kobold, hol' wen, ich kann nicht hoch!« Aber die steht da und lacht und glaubt, ich mache nur Quatsch. Da beginne ich zu brüllen: »Hilfe, mein Fuß ist gebrochen, und Kobold ist ein Idiot!« Da verstummt und erblasst sie. Ursel und Karl-Friedrich stürzen aus dem Haus, und die Rettungsaktion beginnt. Jetzt ist es nicht mehr auf Onkel Hildebrandts Schoß abzumachen. Also mit dem Auto in die Charité zum Röntgen und dann sechs Wochen fest liegen, aber zu Hause. Der Knöchel ist mehrfach zersplittert, alle Bänder gerissen.

Meine Knochen taugen nichts, aber sie heilen schnell. Das Liegen gebe ich bald auf. Vermittels eines leichten Stuhles, auf den ich das Knie aufsetze, und den ich mit beiden Händen vorwärts bewege, komme ich erst mal bis zum Badezimmer (was mir das Wichtigste ist) und werde dann immer mobiler. Nur auf den Treppen muss man mich tragen, damit ich bei warmem Wetter auch mal in den Garten komme. Und wieder habe ich das Gefühl, mehr Mitleid zu empfangen, als es dem Bruch eigentlich zukommt.

Mitleidlos ist dann aber die Turnlehrerin, als ich wieder in die Schule kann. Mitturnen kommt für mich natürlich nicht infrage – aber es ist nun mal so, dass sich in diesem Alter die Mädchen gern einer Freistunde statt dem Turnen hingeben (auch wenn es der Kalender nicht verlangt). So müssen alle, die nicht mitturnen, trotzdem dabeibleiben. Regen. Hallenturnen. Völkerball. »Alles aus dem Weg!« – so schwingen wir uns auf die den Turnsaal umrandenden Böcke und Pferde. Na, wenn das mal gut geht. Ich rufe: »Kann ich nicht rausgehen? Ich habe Angst, der Ball fliegt mir ans Bein!« Hohngelächter der Lehrerin: Ausgerechnet in der großen Halle? Unsinn! Öffentliche Schule. Keine Ausnahmen. Und ausgerechnet, peng, ist es wieder passiert. Ich werde im Leiterwagen von zwei Freundinnen heimgefahren. Gips, Liegerei, Schmerzen und von Neuem Schulversäumnis. Aber auch diesmal heilt alles glatt, und bis zu den Sommerferien habe ich in der Schule bereits bewiesen, dass ich im Unterricht ohnehin nicht mitkomme.

Es waren aber wohl noch nicht genug Unfälle für mich in diesem Jahr des Unheils. Diesmal waren die Sommerferien dran. Ich fahre zum ersten Mal ins Hochgebirge, eingeladen bei Bekannten meiner Eltern in ihrem Sommerschloss in Innsbruck. Sie hatten eine neunjährige Tochter, die das erbeten hatte. Zum Schloss gehörte ein riesengroßer Garten mit einem See, in dem man schwimmen und rudern konnte. So liefen wir gleich am ersten Morgen mit Badeanzug und Handtuch den Abhang hinab, um uns in der Anstandskabine umzuziehen. Ob der Fuß noch nicht ganz mittat oder die Sehnsucht nach dem kleinen Bergsee größer war, als die Beine erlaubten – jedenfalls lag ich auf halber Höhe im Gras mit ausgekugeltem Arm.

Unten in Innsbruck war der älteste Sohn des Hauses Assistenzarzt für Chirurgie. Also gleich hin, einkugeln – aber die Bänder waren wieder alle gerissen. Die taugen scheinbar auch nichts. So ist es für diese Ferien erst einmal aus mit dem Schwimmen im See, denn der Oberarm kommt in einen Gips. Ich kann das Zeug schon nicht mehr riechen, aber was hilft's? Wenn die anderen schwimmen, sitze ich im Kahn und paddele mit einem Arm. Gut, dass mein Fuß so gut geheilt ist, dass ich beliebig wandern kann. So habe ich diese Ferien (von denen ich später noch schreiben werde)[75] doch noch genossen.

Wieder in der Schule kann ich in der Turnstunde mitmachen und tue das mit Eifer, um zu zeigen, dass ich nicht ›pimplich‹ bin. Der Arm, das Bein, alles wäre tadellos verheilt, heißt es. Wir turnen an Leitern. »Nicht bis ganz oben klettern, da dreht sich eine Sprosse«, heißt es. An den Seitenstangen sollen wir hochhangeln, an den Sprossen wieder herunterkommen. Ich bin immer die Letzte in der Riege, und als ich dran bin, habe ich die lose Sprosse längst vergessen. Also hoch, bis es nicht mehr weitergeht. Dann abwärts. Verflixt, die Sprosse dreht sich – und als ich mich an der nächsten festhalten will, gibt auch die nach. Aus.

[75] S. u. Kapitel 4. 1. Urlaube und Reisen.

Nach einer dreiviertel Stunde komme ich im Lehrerzimmer wieder zu mir, umstanden von einem sorgenvollen Kollegium. Ich war von vier Meter Höhe auf Rücken und Hinterkopf aufgeschlagen. Für Matten oder Hilfestellung hatte die junge, nette Turn-Praktikantin nicht gesorgt. »Sollen wir zu Hause anrufen?«, fragt der Direx mich, als ich ein Auge riskiere. Ich nicke. »Wie ist eure Telefonnummer?«, fragt er weiter. »Telefonbuch« konnte ich nur antworten, dann war ich wieder weg; sonst hätte ich wohl noch »Rindvieh« gesagt.

Der Anruf erfolgte, und als ich wieder zu mir kam, stürzte Klaus ins Zimmer und rief: »Heb mal die Beine hoch«, was ich gehorsam tat – da war er wieder draußen. Die alte Turnlehrerin, die vielleicht ein halbes Semester Medizin gehört hatte, hatte meiner Mutter am Telefon gemeldet, ich hätte mir das Rückgrat gebrochen. Meine Ohnmacht hatte mich bewegungslos gemacht. Auf einen Anruf bei meinem Vater hin bekam Klaus, der zufällig zu Hause war, den Auftrag, mit dem Rad zu mir zu sausen und meiner zu Fuß hinterhereilenden Mutter Bescheid zu geben, ob ich mich bewegen könne. Mit einem mühsam ergatterten Taxi wurde ich heimgebracht. Das war an einem Freitag. Am Sonntag kam die Turn-Referendarin mit einem Blumenstrauß und fragte schüchtern, ob wir Anzeige erstatten wollten. Wegen der fehlenden Matten. Die Eltern beruhigten sie, und am Montag ging ich mit meinem gebrochenen Rückgrat wieder in die Schule. Schade. Aber mein Vater meinte: »Zeig ihnen mal was 'ne Harke ist!« Er hatte sich über den ›fachlichen‹ Anruf wohl ziemlich geärgert.

Soll ich mit Unfallberichten aufhören? Aber durch ihre Häufung sind sie doch ein wichtiger Bestandteil meiner Entwicklungsjahre geworden. An ihnen lernte ich nicht nur, mich mit Schmerzen abzufinden, sondern auch mit der Durchkreuzung von Plänen, mit völlig veränderten Umständen, mit Hilflosigkeit und Angewiesensein auf andere. Ich begann auch zu begreifen, dass der Ärger über Selbstverursachtes nicht zur Heilung beiträgt, und dass auch hier Schuld und Geschick schwer zu trennen sind. Jedenfalls habe ich dabei Geduld geübt und wohl nie den Humor verloren. Also weiter.

Ich gab Kindergottesdienst mit Dietrich in der Grunewald-Kirche. Würdig schreite ich zu meiner Gruppe und falle der Länge nach vor dem Altar hin. Heiterkeit bei den Kindern, aber ich erschrecke, denn mir wird plötzlich bewusst, dass ich in den letzten drei Tagen öfters umgefallen bin. Nicht beim Rennen, nicht beim Stolpern, ohne dass ich irgendeinen Schmerz im Bein hätte – einfach nur so. Auf dem Heimweg von der Kirche an der Ecke Caspar-Theiß- und Wangenheimstraße falle ich wieder, und diesmal so ungeschickt auf den Arm, dass ich nicht gleich wieder hochkomme. So finden mich Ursel und Karl-Friedrich, die eben zum Mittagessen heimkommen. Ins Zimmer meines Vaters gebracht, der einen Bluterguss im Arm feststellt, weiß ich nichts zu sagen als: »Seit ein paar Tagen falle ich dauernd um; wahrscheinlich habe ich Kinderlähmung.« Das war es aber nicht, sondern eine Nervenlähmung im Fuß, den ich nicht mehr auf und ab bewegen konnte und über den ich aus diesem Grund gefallen war. So lag ich mal wieder ein paar Wochen fest. Massagen und Fußübungen im Liegen, mit aller Willenskraft – bis ich wieder mobil war. Man bekäme so etwas vom Kartoffelbuddeln, sagte mein Vater, oder vom zu langen Beten. Das konnte bei mir beides nicht sein – aber vielleicht war ein zu kaltes Bad im Wannsee mit anschließendem Ballspiel im nassen Badeanzug schuld. »Du suchst dir auch immer was Besonderes aus«, sagte man zu mir. Diese Redensart kannte ich schon.

Nichts Besonderes war es, als ich (frisch und heimlich verlobt) mir in Frankfurt an der Oder auf dem Kopfsteinpflaster stolpernd den Fuß anbrach, während ich dort Krankenpflege lernte. Das war so wenig besonders (oder ich war es dort nicht), dass ich gleich nach dem Unfall einen ganzen Sonntagvormittag lang in der Unfallstation des Krankenhauses, wo ich lernte, auf dem Korridor saß, um auf den Arzt zu warten. Das war mir allerdings neu, und ich mochte es nicht. So bestellte ich mir von dort ein Taxi, fuhr in Schwesterntracht zum Bahnhof, hinkte in den Zug und fuhr nach Berlin; ohne mich nun meinerseits bei meiner Dienststelle abzumelden. Nach Anruf zu Hause mit dem Auto abgeholt, ging es gleich in die Charité. Dort flogen trotz des Feiertags die Türen auf bei unserem Eintritt, Assistenzärzte rauschten herbei und geleiteten uns, und ich fühlte mich wieder im richtigen Rahmen. Dieser Unfall kam mir recht gelegen, denn meine Verbannung als heimliche Braut war somit abgekürzt, und es dauerte doch vier Wochen, bis ich wieder einsatzfähig war (wenn schon ein Knochen bei mir knackste, rissen auch alle Bänder).

Löcher im Kopf, Wunden an Armen und Beinen, Blutergüsse, Infektions- und Kinderkrankheiten zähle ich nicht mit. Das gehört zum Kindsein dazu. Höchstens die Gelbsucht hätte ich mir sparen können. Auch alle meine ›Bruchleiden‹ waren letztlich gut auszuhalten; wirklich übel schmerzhaft war nur die Verbrennung, die ich mir in Hamburg zuzog.

Ostern schulentlassen, kurz vor meinem Eintritt in die Haushaltsschule Pestalozzi-Fröbel-Haus, fuhr ich zu meiner Schwester Christel, die dort krank lag (und ihr Ehemann auch), um die restlichen Ferien zu ihrer Pflege zu verwenden. Das ging auch sehr nett, bis Hans sich so weit gesund fühlte, dass er sich rasieren und dann aufstehen wollte. Er bat mich um Rasierwasser, denn sie hatten in der kleinen Wohnung, wo ich auf dem Flur schlief, nur ein altertümliches Becken ohne Warmwasseranschluss. Ich war unkundig, wie viel man dessen für eine Rasur benötigte und ergriff in der Küche einen großen Topf mit kochendem Wasser für die kleine Wäsche, damit er selbst das Nötige schöpfe. Im kleinen dunklen Flur stolpere ich und gieße mir alles vom Knie an über das Bein. Das Ehepaar flitzt aus den Betten, meine Schwester zieht den Strumpf von meinem Bein, und ich sage halb ohnmächtig »alles Gulasch!« Dann komme ich wieder zu mir in Hansens Bett liegend, Christel ist bereits zur Apotheke, nach einem Telefonat mit dem Hausarzt. Hans sitzt neben mir, und ich sage: »Jetzt muss ich brüllen – aber vielleicht können wir auch singen.« Er ist einverstanden, und wir singen lauthals Duette, zum Beispiel »Oh säh ich auf der Heide dort/ im Sturme dich, im Sturme dich,/ mit meinem Mantel vor dem Sturm,/ beschützt ich dich, beschützt ich dich!« Dabei wird die Neigung zu schreien und zu heulen gelinder. Er sitzt auf meiner Bettkante und knetet meinen Oberschenkel, denn das zieht den Schmerz ab. Am Abend habe ich vierzig Grad Fieber, und ein Telefongespräch mit den Eltern wird fällig. Am nächsten Morgen kommt Grete, um uns alle zu pflegen. Herrlich! Sie meint, der Korridor wäre kein rechtes Krankenzimmer. In einer Wohnung im Nachbarhaus wohnt Ursel mit Mann und erstem Sohn in Erwartung des zweiten Kindes. Das heißt, sie wohnt kaum; sie erhebt sich nur ab und zu vom Lager, wenn ihr allzu übel ist, oder wenn sie Hans-Walter versorgen muss. Grete nimmt mich vorsichtig auf den Rücken und trägt mich zwei Treppen herunter und drei Treppen wieder hinauf in das Kinderzimmer von Ursel. Dort liege ich nun, mit einem Gestell über dem Bein, damit die Decke es nicht berührt, weil das unerträglich ist. Ich habe hohes Fieber und die Aufgabe, den eben einjährigen Neffen davon abzubringen, über sein Laufgitter zu klettern. Ich brauche meine ganze Suggestionskraft und Überredungskunst, um ihn bei Laune zu halten, damit er im Ställchen bleibt, denn rühren kann ich mich nicht. Grete kommt zu mir, so oft sie kann, und das tröstet mich. Aber sie hat zwei Haushalte zu versorgen, denn Christel ist auch wieder krank geworden. »Mama Eimi puck-puck«, äußert Hans-Walter ab und zu, wenn er ins Nebenzimmer lauscht.

Meine Schmerzen sind nur mit Medikamenten erträglich; dann kann ich sie ableugnen. Ich bin nicht krank, rede ich mir ein, wenn das Fieber nachlässt – nur das Bein! So fühle ich mich trotz allem glücklich, weil Grete sich um mich kümmert. Nach drei Wochen bin ich transportfähig, natürlich nur auf der Bahre. Die Eltern kommen mich holen und nehmen Ursel und den Kleinen gleich mit nach Berlin, damit sie besser versorgt sind. Mich bringen Träger aus dem Krankenwagen auf den Bahnhof. Mütter ziehen ihre neugierigen Kinder beiseite, als ich vorbeigetragen werde. Fünf Plätze in einem Abteil zweiter Klasse sind durch uns vorbelegt. Der sechste Reisende, ein freundlicher jüngerer Herr mit großem Rucksack und Wanderlust, flüchtet bei unserem Einzug unter Entschuldigungen in ein anderes Abteil. Er ergreift, als er einen neuen Platz gefunden hat und ich schon auf der weichen Bank gelagert bin, seinen Rucksack, an dem die genagelten Stiefel festgebunden sind. Einer davon löst sich und fliegt mit mächtigem Schwung genau auf mein gelagertes Bein. Das Gesicht des Mannes ist so entsetzt, dass ich trotz Schreck und Schmerz nichts zu sagen weiß als »schadet nichts – Danke sehr!« Erst das entspannte Gelächter der Meinen macht mir kund, dass es komisch war, was ich da gesagt habe. Zu Hause liege ich weitere vier Wochen fest im Bett. Die Narbe leuchtet beim Baden sieben Jahre lang, der Stiefel-Abdruck noch drei Jahre länger.

2.6 Die Hausangestellten der Familie Bonhoeffer

»Gnä' Frau möchte zum Abschmecken runterkommen.« Das war kurz vor dem Essen, seit ich denken kann, die Pflicht meiner Mutter. Außerdem saß sie jeden Montagmorgen mit der Köchin zu einer Besprechung in ihrem Damenzimmer. Da wurde der Küchenzettel für die kommende Woche geplant und aufgeschrieben, der sich nur durch hinzukommende Gäste manchmal verschob; und es wurde abgerechnet. Keineswegs war der Küchenzettel für alle derselbe – jedenfalls nicht in meinen Kindertagen. Da wurde ein Unterschied zwischen der Kost für die Erwachsenen, für die Kinder und für das Personal gemacht. Dass die körperlich arbeitenden Mädchen dasselbe aßen wie mein Vater, war keineswegs selbstverständlich. Aber sie fühlten sich trotzdem immer sehr gut ernährt. Es lag meiner Mutter nur daran, jeden nach seiner Fasson glücklich zu machen; und da es ja immer sehr viele waren, die bei uns mitaßen, lohnte sich das durchaus.

Auguste hieß die erste Köchin, auf die ich mich besinne. Sie war eine mächtige Erscheinung, sang gerne, und ich besuchte sie häufig in der Küche. Sie war jung, hatte einen Schatz im Krieg und manchmal Soldaten in der Küche, was meine Mutter nicht mochte, besonders abends nicht. Sie verließ uns noch im Krieg, um Straßenbahnschaffnerin zu werden. Dann kam *Anna*. Anna war schon alt und kam von ganz weit weg aus einem unaussprechlichen Dorf in Westpreußen. Sie war ihr Leben lang ›in Stellung‹ gewesen. Sie kochte vorzüglich, wenn sie wollte. Aber falls meine Mutter vor dem Essen aus irgendeinem Grund nicht in die Küche gegangen war, so konnte es vorkommen, dass etwas Unmögliches auf den Tisch kam. »Sie denkt, die fressen's auch so«, pflegte mein Vater zu sagen. Aber meine Mutter ließ es einfach wieder zurückgehen, und wir bekamen es nach kurzer Zeit gebessert oder etwas anderes. Schlecht gekochtes Essen war Sünde wider die Bitte ums tägliche Brot; darum spielte die Köchin eine fast priesterliche Rolle bei uns.

Zehn Jahre war Anna sicher bei uns, bis ihre Kräfte so nachließen, dass sie nicht mehr sah, was sie kochte, und auch ihre Beine die sehr rundliche Masse ihres Körpers nicht mehr tragen konnten. »Mit die Schuhe von Herrn Doktor lauf ich wie 'ne Biene«, strahlte sie, als sie Karl-Friedrichs alte Schuhe bekam. Ihre Art zu reden beglückte uns oft: Sie erfand eine neue Art des Anschreibens der Preise, wobei sie alles in verschiedene ›Republiken‹[76] einteilte. Unsere Nachbarn hingegen hatten sich hinten eine große ›Courage‹[77] angebaut. Sehr bewunderte sie Klausens feine Zunge, der öfter mal in der Küche etwas für sich schmauste.[78] »Unser Herr Doktor isst

---

76 Gemeint ist: Rubriken.
77 Gemeint ist: Garage.
78 Konjektur.

nur Ausländisches«, meinte sie, während sie als eine philosophische Erkenntnis ein Wort meiner Mutter weitergab: »Unsere gnä' Frau sagt immer: Büchse ist Büchse und frisch ist frisch!« Anna verbrachte ihren Lebensabend in Friedrichsbrunn, bis sie ins Altersheim musste.

Fräulein *Emma* kam kurz nach Anna zu uns und war ebenfalls vorgerückten Alters. Riesengroß und füllig, mit starken Brillengläsern und dem Anspruch, etwas Besseres zu sein, waren Anna und Fräulein Emma sich feind. Anna hatte zahllose Geschwister, von denen sie nichts mehr wusste – von keinem eine Adresse, nicht einmal, wie viele noch lebten. Emma dagegen war aus geordnetem Haus, hatte eine Schwägerin und einen geliebten Neffen. Emma war ›Jungfer in feinen Häusern‹ gewesen, konnte Spitzen waschen und bügeln und war natürlich nicht zu bewegen, abzuwaschen oder in der Küche zu helfen – außer das Abendbrot zu richten, wenn Anna Ausgang hatte. Ein Küchenmädchen war sowieso immer da. Emma servierte und konnte auch Wein einschenken.

Sie und Anna kämpften um das Vorrecht, rechte Hand meiner Mutter zu sein. Merkwürdigerweise entstand aus dieser ständigen Unfriedlichkeit kein Schade, sondern eher ein Vorteil für den Haushalt. Manchmal versuchte Emma, uns gegen Anna aufzuhetzen. »Wenn Froll'n Suse wüssten, wie die Anna manchmal über sie redet«, raunte sie mir zu, als ich sechzehn war. »Und wenn die Anna wüsste, wie ich manchmal über sie rede!«, antwortete ich zu ihrem Erstaunen. Unentwegt fleißig und bemüht war die ›dicke Emma‹, wie sie bei uns hieß. Ihr größter Fehler war ihre Naschhaftigkeit. Es war ihr einfach nicht abzugewöhnen, obwohl sie sich bis zum Übermaß sättigte bei den Mahlzeiten. Man konnte in eine Schale Süßigkeiten legen, von denen nach Verabredung niemand nahm. Nach einer Weile waren sie aufgegessen. Selbst als wir zur Fastnachtszeit Konfekt mit Salzfüllung dazwischenlegten, schreckte sie das nicht ab.

Ich sehe sie noch aus dem Wintergarten kommen, den Teetisch mit dem nicht gegessenen Kuchen abräumen und dabei ein großes Stück in den Mund stopfen. Ich saß müßig im dämmrigen Esszimmer. Als sie mich sah, erschrak sie so, dass sie das angebissene Stück schnell auf das ziemlich hohe Büffet legte. Für sie war das bei ihrer Größe ein Leichtes. Einmal brach sie sogar mit einem Stemmeisen den Schreibtisch meines Vaters auf, um zu einem Schluck Cognac zu kommen. Alkohol gegenüber war sie wohl ab und zu einfach süchtig. Sie erklärte, als es rauskam, ihr wäre so schlecht gewesen. Eines Morgens, als mein Vater nach warmem Wasser klingelte, das sie sonst immer um sieben Uhr morgens brachte, erschien sie stieren Auges, mit hängendem Haar und Hose unter einer flüchtig gebundenen Schürze, irre lachend. Mein Vater packte sie gleich ins Bett in ihrem Zimmer, wo es aussah wie in einer wüsten Studentenbude. Sie war am Abend zuvor bei ihrem ›Ausgang‹ vier Stunden hintereinander im Kino gewesen (bei zwei Filmen), hatte danach nicht einschlafen können und deshalb zu einem Fläschchen aus der elterlichen Apotheke gegriffen, auf dem ›Schlafmittel‹ stand. Weil es nach Schnaps schmeckte, hatte sie es ausgetrunken. Ein Wunder, dass sie noch lebte. Emma blieb, bis auch sie ihre Rente bekam, bei den Eltern.

Lotte war zwanzig Jahre bei uns im Dienst. Mit 18 kam sie zu uns und starb im Alter von 38 an Krebs. Lotte war die Tochter eines Angestellten aus dem Haus von Hörnchen in Schweidnitz; sie war Kind ehrbarer Leute und wurde von ihren Eltern unter Aufsicht in eine gute Familie in die große Stadt Berlin gegeben. Sie war wohl das unschönste Geschöpf, das ich je kennen gelernt habe. Von den O-Beinen angefangen bis zu einem sagenhaft hässlichen Gesicht mit Froschaugen und Fischmaul, in dem die kranken Zähne wie Kraut und Rüben standen. Sie kam als Küchenmädchen zum Anlernen. Die alte Anna nahm sich ihrer freundlich an; sie war fleißig und sagte kein einziges Wort. Sie schlief mit dem zweiten Stubenmädchen zusammen in einem Zimmer. Ich weiß nicht, ob der Verdacht durch diese erregt wurde, oder ob eine Durchsuchung der Mädchenzimmer von meiner Mutter vorgenommen wurde, weil immer wieder einiges fehlte – Geld, Kölnisch Wasser, Vorräte aus der Speisekammer, Wäschestücke und so weiter. Nun fand sich vieles davon bei Lotte wieder, der Unschuld vom Lande. Sie war geständig und verzweifelt. Ihr war das Leben einfach über ihrem unentwickelten Kopf zusammengeschlagen. Entsetzlich für die braven Eltern, das Kind nun mit Schande wieder zurückzubekommen. Das brachte meine Mutter nicht fertig. Auch hatte sie wohl selbst das Gefühl, hier versagt zu haben.

Lottes aufgefundenes Tagebuch brachte keine weiteren Einsichten in ein verdorbenes Seelenleben. Ihre Eltern hatten ihr wohl gesagt, sie solle ein Tagebuch führen, und nun schrieb sie jeden

Tag säuberlich auf, was es zu essen gegeben hatte. Nichts anderes. Kaum, dass sie ihre Ausgänge und Einkäufe in der Stadt erwähnte. Es wurde alles verziehen und ewige Besserung gelobt. Drei Jahre ging alles gut, Lotte avancierte zum zweiten Stubenmädchen. Dann kam noch ein Rückfall; es verschwand wieder allerlei und wurde bei ihr gefunden. Aber noch einmal versuchte es meine Mutter mit ihr, denn sie hatte inzwischen gemerkt, dass dieses von der Natur körperlich und geistig so stiefmütterlich behandelte Wesen doch etwas mehr Leben bekam und anfing zu denken. Sprechen tat sie immer noch nicht – und wenn, dann waren es ganz unverständliche schlesische Laute. Sie hatte keinen Menschen auf der Welt, der gerne mit ihr zusammen war, und das muss wohl das Schrecklichste sein. Hörnchen kümmerte sich wohl um sie, war aber nun verheiratet und wohnte woanders.

Der zweite Übergriff, den Lotte getätigt hatte, war auch der letzte. Von da an war sie die Ehrlichkeit in Person. Sie hatte gemerkt, dass man sie behalten wollte und dass meine Mutter ihr gegenüber wohlwollend war. Jetzt lebte sie ganz für meine Eltern, bis in die schwersten Zeiten hinein. Sie arbeitete pausenlos und fand schließlich Freunde an unserem Chauffeurs-Ehepaar. Sie fing sogar an zu lesen. Kochen hat sie unter Anleitung meiner Mutter vorzüglich gelernt; ihr Idioten-Dasein hatte sie überwunden.

Anna, Emma, Lotte – das waren die Säulen, auf denen unser Haushalt jahrelang ruhte. Sie wurden umrankt von einer Fülle *wechselnder Gesichter*. Wie meine Mutter es fertigbrachte, dass diese Gesichter oft unwahrscheinlich hässlich waren, weiß ich nicht. Wir hatten bestimmt das reizloseste Personal von ganz Berlin. Sie waren nicht unbedingt alt, und manche mögen für andere attraktiv gewesen sein, denn sie mussten uns wegen Einführung von Freunden in die Schlafstuben wieder verlassen. Aber ihre diesbezüglichen Qualitäten müssen mir verborgen geblieben sein. Ich kann mich an keine erinnern, die auch nur einigermaßen hübsch war. Immerhin gelang es einer recht tüchtigen Rothaarigen mit Brille, die ziemlich lange bei uns war, die Ehe des für unsere Familie seit Jahren arbeitenden Malermeisters zu sprengen, obwohl sie schon hoch in den Dreißigern war. Das war wirklich ein Roman in der Küche! Liddy hingegen schielte wie eine Karikatur und stand nach einem Einkauf selig vor einem Spiegel: »Lässt's mich nicht hibsch, das rosa Hitel?« Unsere Mädchen waren fast immer aus Schlesien. Eine andere verblüffte mich, indem sie mir ihren Entschluss mitteilte (ich war knapp vierzehn Jahre alt): »Jetzt heirat' ich mir 'n Mann; is mir ganz egal, und wenn er aussieht wie'n Hund und auf vier Beinen läuft!« Das konnte man wohl als Torschlusspanik bezeichnen.

Mädchen mit Freund waren bei meiner Mutter nicht sehr erwünscht. Ich nehme an, dass Frau Pollak, die Stellenvermittlerin, die ich als kleines Mädchen oft mit meiner Mutter aufgesucht hatte, ihre Auswahl nach der geringsten Wahrscheinlichkeit, in Liebessachen engagiert zu sein, zusammenstellte. Aber Hässlichkeit war kein sicherer Schutz dagegen. Im Gegenteil, es musste den eventuellen Bewerbern noch etwas anderes geboten werden – und die besseren Sachen meiner Brüder wurden zu Geschenken. Meine Mutter erzählte gern die Geschichte, dass auch ihre Mutter einen Brief an ihre Köchin gefunden hatte: »Dieser Schieleh[79] ist nicht so gut wie der vorige, aber weil er von dir kommt, schmeckt er trotzdem süß!« So war sie von früh an gewöhnt, solche Dinge nicht zu schwer zu nehmen. Eine der Unseren ließ sogar Einbrecher herein, die Silber und Perser stahlen, und behauptete, das unter Hypnose getan zu haben. Da riss meinem Vater der Geduldsfaden, und sie verließ uns eilig.

Unantastbar war Fräulein Wißmann – klein, grau, eifrig, ältlich. »Ich habe mein Leben lang gebetet«, erklärte sie, »und es ist mir nie besser gegangen als den anderen, die nicht beten. Jetzt bet' ich nicht mehr!« Ich glaube es war Liddy (mit dem »rosa Hitel«), die sich bei ihr beklagte, sie würde auf der Straße so viel von Herren angesprochen. »Geh'n Sie anständig«, antwortete Fräulein Wißmann – »ich geh' anständig, mich spricht keiner an!« Als Ursel nach Hans-Walters Geburt im Wochenbettfieber lag, sollte Fräulein Wißmann aus der Bettenkiste auf dem Boden eine Decke holen. Gegen Mittag bemerkte man ihr Fehlen. Schließlich fand man sie in der großen Kiste, in die sie von oben weich hineingefallen war. Sie war zu klein, um sich über den Rand zu schwingen. Angeblich hatte sie auch nicht rufen wollen, aus Rücksicht auf Ursel, die in ihrer Mansarden-Wohnung daneben lag. Vielleicht hatte die Alte in diesen unruhigen Tagen auch gerne ein wenig Ruhe genossen.

---

79 Gemeint ist vermutlich: Gelee.

2.7 Schule und Ausbildung von Susanne Bonhoeffer

Ostern 1915 – noch war ich fünf Jahre alt – begann für mich der *Schulunterricht bei meiner Mutter*. Aber schon ein Jahr zuvor hatte ich sie gebeten, sie möge mir die Buchstaben beibringen, denn ich wollte Geschichten-Schreiberin werden. Ich bekam eine Tafel mit Griffel und versuchte nun (möglichst ohne Gänsehaut hervorrufendes Gekratze), die Zeilen mit ›fein auf, stark ab‹-Strichen zu füllen. Drei Tage lang rang ich mit der Zeilenbreite, mit i und n und m. Am Anfangsbuchstaben meines Namens, dem großen S, bekam ich endgültig genug. Ich brachte Mama die Tafel wieder und sagte, ich hätte es mir überlegt, ich würde Geschichten-*Erzählerin* werden. Damit war sie einverstanden; und ich hatte noch Ruhe vor lästigen Pflichten und beschäftigte mich damit, aus bebilderten Büchern den nähenden oder bügelnden Hausangestellten ausgedachte Geschichten ›vorzulesen‹, die mir beim Betrachten einfielen. Ähnlich spielte ich auch Klavier ›nach Noten‹, die ich vor mir aufbaute. Die mehr oder weniger zahlreichen schwarzen Notenköpfe und Schnörkel regten mich zu ›Fantasien mit ein bis zwei Fingern‹ an.

Ab Ostern 1915 wurde es dann aber ernst – wenn auch mit Maßen. Mit vier Kollegentöchtern meines Vaters (von denen ich mit Irmgard ja schon lange befreundet war), hatten wir viermal in der Woche je zwei Stunden Unterricht bei meiner Mutter. Als wir in den Grunewald gezogen waren, verringerte sich dies noch auf drei Tage, um des Weges der anderen Kinder willen; dafür bekamen wir mehr Schulaufgaben. So verbrachte ich meine drei ersten Schuljahre. Zu Hause habe ich Lesen, Schreiben, Rechnen geübt, und es wurden Handarbeiten gemacht, was dann vorzuzeigen war.

Die Stunden selbst benutzte meine Mutter, um uns von all den Wundern der Welt, die auf uns wartete, zu erzählen: von Erde und Himmelsraum; von dem, was Menschen auf dieser Erde gemacht hatten und wie und wo die verschiedenen Völker lebten; davon, was große Männer sich überlegt hatten und was Künstler gemalt und gedichtet hatten. Sie sang auch mit uns und erzählte uns biblische Geschichten. Nach drei Jahren wussten wir von solchen Dingen viel mehr als die anderen Kinder, die mit uns in die Schule gingen; aber im rein Technischen – im Schreiben, im Einmaleins – und auch in der schulischen Anpassung waren sie uns überlegen.

Ich ging sehr gerne bei meiner Mutter in den Unterricht und fand dies ein lohnendes Unternehmen, weil man Neues erfuhr, was ja immer Freude macht. Alles war interessant, und ich begriff die Zusammenhänge. Ich bin ihr sehr dankbar für meine ersten diesem Zweck ganz geweihten Schuljahre. Durch die Tischgespräche der Geschwister wurde mir aber bald klar, dass das nicht so bleiben würde, und ich ahnte Grässliches. Wir waren (bis auf die Zwillinge) von meiner Mutter in den ersten drei Schuljahren unterrichtet worden; wir alle hatten die Freude am Fragen und Lernen durch sie kennen gelernt – und wurden dann in der Schule schwer enttäuscht.

Unsere Mutter hatte ihr Vorschullehrer-Examen ein Jahr nach ihrem Schulabschluss in Gnadenfrei in der Brüdergemeine gemacht. Dorthin war sie im letzten, zehnten Schuljahr wohl gekommen, weil sie zu Hause nicht recht im Potsdamer Geist spurte und die Schule schwänzte. Sie wollte auch gerne einen Beruf erlernen und übte ihn dann an den eigenen Kindern aus. Dass sie sich die Zeit dafür nehmen konnte, war ein großes Glück für uns und für sie.

Fräulein Adelheid *Mommsen*, die Tochter des bekannten Geschichtsprofessors, gab Religions- und Deutschunterricht in der von ihr geleiteten privaten ›Höheren-Töchter-Schule‹. Die höheren Töchter dort kamen aus den ›besten Kreisen‹ – Häuser von Professoren, Ministern und Generälen. Das Schulgeld war teuer, doch die Räumlichkeiten waren so beschränkt, dass nicht alle Kinder auf einmal Unterricht bekommen konnten. So hatte man im vierten, fünften und sechsten Schuljahr zwei freie Tage und in den höheren Klassen einen häuslichen ›Arbeitstag‹ in der Woche. Es war also ein denkbar milder Ablauf, und ich nannte Fräulein Mommsen zu Anfang ganz selbstverständlich ›Du‹ – so wie die drei Mädchen, mit denen ich bisher unterrichtet wurde, meine Mutter auch genannt hatten. Die anderen fanden das sehr komisch, und ich gewöhnte mich bald um. Ihr Unterricht in Deutsch war gut, ihre Frömmigkeit erschien mir jedoch etwas zimperlich. Jeden Morgen gab es eine Andacht und vor jeder ihrer Stunden ließ sie beten. Es belustigte mich, sie die Hände auf der Schulter falten zu sehen, als sie den Arm gebrochen hatte und in Gips trug.

Die Lehrerinnen, die mir bei ihr begegneten, waren wohl die ersten Erwachsenen, die ich überhaupt kritisch beobachtete. Sicher war das Institut damals für mich eine der besten Lern- und Erziehungsmöglichkeiten; im Rückblick erscheint es mir aber so, als ob hauptsächlich auf Ordnung Wert gelegt wurde. An der Wand hing eine Tabelle mit den Namen der fünfzehn Mädchen, und darunter wurden eifrig ›Fehlstriche‹ gemacht. Für jedes vergessene Löschblatt, für jeden Tintenklecks – für alles, was irgendwie gegen Ordnung und Sauberkeit verstieß. Zwei Bündel aus vier Längsstrichen und einem Querstrich, also zehn Verfehlungen, bedeuteten eine Eintragung ins Klassenbuch. Ich habe radiert. Es war nur Bleistift. Sonst wäre es bei mir zu viel geworden. Wenn ich bei mir radierte (in den Pausen, wenn ich allein in der Klasse war, was sich einrichten ließ), salvierte ich mein Gewissen dadurch, dass ich auch bei einer anderen ausradierte. So hielt ich mein Konto in Grenzen. Außerdem richtete ich eine Hilfsreserve ein: Ich organisierte eine Sammlung von Heften, Löschblättern, Schreibzeug (und sogar Schulbüchern von Mädchen aus der oberen Klasse, die sie nicht mehr brauchten). Dann brachte ich eine handliche Kiste mit, in die wir dies alles hineintaten, und diese Kiste wurde unter der Holztreppe versteckt, die in den Hof führte. Nun konnte sich jeder, der etwas vergessen hatte, mit der Verpflichtung zum Ersatz oder zur Wiedergabe daraus bedienen. Die Reserve blieb uns erhalten, ohne je entdeckt zu werden, solange ich diese Schule besuchte.

Bei all solcher Untugend hatte ich keinen schlechten Ruf in der Schule. Ab und zu wurde ich aus der Klasse oder vom Hof weg ins Lehrerzimmer gerufen und musste wildfremden Leuten Guten Tag sagen. Das waren die Eltern neu angemeldeter Schülerinnen, und ich sollte den Geist der Schule aufweisen. »Das ist die Kleine«, hieß es dann, und ich war so nett, wie ich konnte.

Fräulein Mommsen hatte nicht die Berechtigung, den Abschluss nach dem zehnten Schuljahr zu geben. Die Mädchen trennten sich deshalb, und wer nicht Abitur machen wollte, ging für das zehnte Schuljahr zu den ›Wellmännern‹. Hof an Hof grenzte diese Privatschule an die unsere. Dort konnte man sich in Frieden ausruhen, denn bei Fräulein Mommsen hatte man sehr viel mehr gelernt. Als Sabine ins letzte Schuljahr kam, wurde ich gleich mit umgeschult, denn das Schulgeld war dort deutlich geringer. Die Räume waren größer, die Klassenbelegschaft auch. Es war ein Gemisch aus Landadel (der im Internat lebte) und Kurfürstendamm-Pflänzchen. Sie waren nicht gerade der Wissenschaft verschworen, und ich konnte mich seelenruhig auf die faule Haut legen und hatte doch gute Zensuren. Hatte ich bei Mommsens Spaß daran gehabt, dass alles auf mein Kommando hörte, so ließ mich die neue Klasse kalt.

Ich galt zwar als Klassenclown, als Anführer bei allem Quatsch und als beste Schauspielerin und Dramaturgin – aber ich verachtete eigentlich alle und hatte ein Bedürfnis nach Isolierung. Ich schwärmte, dichtete und trachtete, war jedoch für reelle Liebesangelegenheiten (wie sie unter den oft drei Jahre älteren, mehrfach sitzengebliebenen Klassengefährtinnen schon eine Rolle spielten) nicht recht zu haben. Sie machten ihre Bekanntschaften im Zoo. Außerdem gingen sie immer zusammen aufs Klo! Wenige von ihnen hätte ich zu Hause vorzeigen mögen. Von den besonders netten, die dazwischen waren, werde ich noch erzählen; aber das Gros war (auch jetzt im Rückblick) bedauernswert.

Die Lehrkräfte waren schlecht bezahlt und ohne Pensionsberechtigung, darum nicht die besten. Fräulein Wellmann übergab die Schule, als ich hinkam, ihrer Nichte und deren Mann; er war der einzige gute Lehrer dort, der Disziplin hielt und die Fähigkeit hatte, den Stoff lebendig zu machen. Dabei war er nicht ohne Humor. Von seinen Stunden habe ich viel gehabt, während seine nette Frau fast nur aus ihren vergilbten Kollegheften über Alt-Englisch vorlas, statt uns die Sprache beizubringen. Ihre Zwillinge waren ihr mit Recht wichtiger als unser Englisch. Außerdem war sie noch Hausmutter des Internats. Meine Klassenlehrerin hieß Julie Schlosser, die sich auch als Schriftstellerin betätigte. Sie hat mich oft geärgert mit ihrer Süßlichkeit – aber meine Eins in Deutsch musste sie mir doch geben. Sie tat mir erst leid, weil sie mit der Klasse in Feindschaft lebte – aus politischen Gründen. Die deutschnationalen Landmädchen sagten mir gleich: »Die ist Demokratin«, als ob sie Raubmörderin wäre. Deshalb fand sie in mir eine Stütze in der Klasse – aber gemocht habe ich sie nicht.

Das Zusammensein mit den vielen ausgesprochen uninteressierten Mädchen dort veranlasste mich, in den sauren Apfel zu beißen und mich bereit zu finden, noch drei Jahre länger in die Schule zu gehen, um Abitur zu machen. Meine Freundinnen von der Mommsen-Schule her gingen fast alle in eine *Studienanstalt*. Ich entschloss mich, in die Untertertia überzuwechseln, und glaubte nun auch fest, dass das viel schöner sei und ich unbedingt studieren wolle, um

Ärztin zu werden. Biologie hatte mich immer interessiert und war neben Deutsch die einzig sichere Eins im Zeugnis. Das Lebendige am menschlichen Körper erschien mir als das, was ich wirklich begreifen, erfahren und studieren wollte. Es war nicht so sehr der Wunsch, zu heilen und zu helfen, als das Staunen vor mir selbst, was mich zu dem Entschluss trieb, meine Schulzeit zu verlängern, um dann mehr über den Menschen zu lernen. Die Eltern waren einverstanden.

Das Lyzeum am Ende der Bismarck-Allee, einen Kilometer von unserem Haus entfernt, hatte einen lateinischen Zweig und war deshalb Studienanstalt. So saß ich am Ende der Osterferien 1922 aufgrund eines sehr anständigen Abgangs-Zeugnisses von der Wellmann-Schule erwartungsvoll zwischen vielen fremden Mädchen in einer öffentlichen Schule (nach meinem ersten Schulweg zu Fuß und nicht mit der Stadtbahn). Von der Aufnahmeprüfung wurde ich wegen meiner Noten und einer zu diesem Zeitpunkt erlittenen Krankheit befreit. Zum ersten Mal war ich nicht mehr die Jüngste in der Klasse; neben mir saß ein kleines blondes Mädchen, Bärbel Damaschke, die noch vierzehn Tage jünger war. Als ich zu Hause von ihr erzählte, sagte mein Vater, ich solle sie mal fragen, was ihr Vater wäre. Sie hatte denselben Auftrag bekommen, nach meinem Vater zu fragen. Ihrer war Schriftsteller, und ich hörte nun zum ersten Mal von Bodenreform – mit Bärbel hatte ich von nun an Gesprächsthemen.

Ein schwarzbezopftes Mädchen, mit dem ich zusammen heimging, da wir beide die Bismarck-Allee entlang mussten, sprach mit so nettem süddeutschen Dialekt, dass sie mir gleich gut gefiel. Nach wenigen Minuten erzählte sie mir, dass sie Jüdin wäre. Am nächsten Tag fragte auch sie mich, was mein Vater wäre, und auf meine Antwort hin erzählte sie, dass er ihre Schwester gesund gemacht hätte. So begann meine Freundschaft mit Anneliese Schnurmann. Obwohl ich diese Klasse nicht länger als ein halbes Jahr besucht habe (und dabei noch viel fehlte), hatte ich später das feste Bewusstsein, dass nur dieses Schulhalbjahr sinnvoll für mich gewesen sei, weil ich dabei Anneliese und Bärbel kennen gelernt habe.

Das Gedränge in der Schule und auf dem Hof war mir grässlich; die Luft im Gesangssaal, wo wir die letzte Stunde des Vormittags Musik hatten, verursachte mir Übelkeit. Ich konnte der Aufforderung, den Mund beim Singen doch möglichst weit aufzumachen, einfach nicht folgen. Da ich in der dritten Stimme sang, konnte ich mich zurückhalten. Das Lehrerkollegium war groß, und es wurde behauptet, der Direx hätte ein Verhältnis mit einer sehr flotten Lehrerin; auch von anderen wussten die Mädels Einzelheiten. Die Mitschülerinnen aus den Primen, die uns völlig erwachsen schienen, wurden von uns gesiezt und oftmals angeschwärmt. Ich habe in dieser Schule sehr gelitten; aber die Zeit vergoldet sich im Rückblick durch die gewonnenen Freundinnen.

Ob meine Schulangst durch das Reden der großen Geschwister kam, oder ob es daran lag, dass auch meine Eltern die Schule nicht überschätzten und wenig von dem durch sie geförderten Massendenken hielten – jedenfalls wurde sie mir von Jahr zu Jahr immer mehr ein Gräuel. Eine öffentliche Schule habe ich nur ein dreiviertel Jahr lang besucht. Aber ihr Geruch – eine Mischung aus Elefantenstall und Lysol,[80] der allen öffentlichen Schulen gemeinsam ist – erregt, wo auch immer, eine tiefe Abneigung in mir. Doch auch in unserer Privatschule hasste ich die Klassenräume, hasste den Hof zwischen den Häusermauern der Knesebeck- und Bleibtreu-Straße mit seinen staubigen Büschen und Teppichklopfstangen. Ich hasste ihn so sehr, dass ich es meist irgendwie fertig brachte, die Klassenaufsicht zu haben, damit ich in den Pausen nicht hinaus musste. Dann las ich Dickens oder Spyri und war wenigstens auf diese Weise der Welt, die mich quälte, entrückt.

Ich hasste das Sitzen in den Bänken mit dem Blick auf den Halswirbel und den leicht fettigen Kragen des Mädchens vor mir. Ich hasste die Nötigung, den Finger zu erheben, wenn man sich äußern wollte. Ich hasste die törichten Fragen, die so selbstverständlich zu beantworten waren, woran man sich dennoch ›beteiligen‹ sollte. Je älter ich wurde, umso mehr war mir dieser Betrieb, der die Hälfte meiner Zeit in Anspruch nahm, zuwider. Meine Kontakte mit geliebten Mitschülerinnen konnten ja während des Unterrichts nicht zur Blüte kommen; das war nur außerhalb der Schulzeit möglich. Doch wenn ich endlich nach Hause kam, hatte ich nur mit ganz wenigen der Mitschülerinnen Kontakt. Ich wäre so gern mit Freude in die Schule gegangen und habe auch manchmal Versuche unternommen, Lust daran zu finden. Aber mit dem Betreten des Klassenzimmers, ja des Schulflurs, kam ein Druck über mich, dem ich einfach nicht gewachsen war. Die täglichen Gesichter, die einem doch fremd blieben, das Preisgegebensein an eine Gemeinschaft, die ganz andere

---

80 Dies ist der Markenname des weltweit ersten Desinfektionsmittels, das ab dem Jahr 1890 vertrieben worden ist.

Dinge dachte und lebte als ich (wie habe ich das Wort ›Klassengeist‹ gehasst!), sie waren ebenso unerträglich wie die Angst davor, nichts zu können, reinzufallen, Ärger mit den Lehrern zu bekommen.

Dabei mochten mich die Lehrer, sie bevorzugten mich zum Teil sogar schamlos. Die Mitschülerinnen waren stolz, wenn ich mich um sie bemühte; ich war keineswegs unbeliebt. Ich galt als klug, einfallsreich, faul und frech. Was konnte man mehr von einer Klassenkameradin erwarten? Wenn ich eine zu uns bat oder mit nach Hause nahm (besonders solche, die keinen Garten hatten), so galt das als Ehre. Ich wurde zu vielen Geburtstagen eingeladen, sagte aber meist ab (mit der Begründung, ich dürfe nicht wegen des weiten Weges – was aber gar nicht der Fall war). Ich wollte bloß nicht noch am Nachmittag an die Schule denken müssen. Schule war Gefängnis, war unerträgliche Nötigung und obendrein Zeitverschwendung; und die Zeit war knapp. Ich war wohl das Arroganteste, was man sich vorstellen konnte!

Wie oft habe ich gehört: Wenn sie nur wollte, könnte sie ganz anderes leisten! Ich war ein schulischer Versager. Faul war ich eigentlich nicht – nur anderweitig beschäftigt und interessiert. Ich hielt es für Ehrensache, als begabt und faul zu gelten. Dumm und fleißig hätte mich sehr beleidigt. Im Ganzen reichte es an den privaten Schulen auch aus. Ich brillierte in den ›Bildungsfächern‹ und glich die Lernfächer damit aus. In der Studienanstalt gelang es mir aber nicht, die Lehrer dämlich zu quatschen, und ich scheiterte. Ich hatte keine Übung im Lernen, ich war bisher nur geschwommen bei allem, was Sprachen und wirklichen Lernstoff betraf; nur mein Gedächtnis hatte mich durchgebracht. Jetzt gab ich mir zum ersten Mal Mühe. Ich merkte, dass ich ungefähr ein Jahr hinter den anderen zurück lag (auch in Fächern, die ich mochte, wie Mathematik). Ich hatte noch nie das Gefühl gehabt, etwas nicht begreifen zu können, etwas nicht zu schaffen. Doch jetzt half alle Anstrengung nichts. Ich arbeitete zum ersten Mal wirklich für die Schule, ich paukte und nahm mir Zeit dafür. Aber es reichte nicht. Nur in Deutsch und Biologie war ich gut, aber auch da wurde der Mangel an Form viel schwerer genommen als auf der Privatschule. Ich wollte in der Klasse bleiben, wo ich endlich Schulfreundinnen gefunden hatte und die ich sogar im Ganzen gern hatte; und auch die Klasse mochte mich und half mir nach Möglichkeit. Jetzt war ich nicht mehr überheblich, denn die anderen waren ebenso gescheit und hatten ebenso viel Eigenleben neben der Schule wie ich. Aber sie waren mir voraus, hatten bessere Schulen besucht und einfach mehr gelernt. Ich war innerlich völlig verschüchtert, wenn ich auch Lehrern und Mitschülern weiterhin vergnügt und faul erschien.

Dass es über meine Möglichkeiten ging, dass ich es nicht schaffte und mir das Lernen schwer fiel, verwunderte und verwundete mich. Ich tröstete mich damit, nicht ›schulbegabt‹ zu sein. Man sprach damals noch nicht von Lernhemmung, aber ich hatte eine. Der Zwang, zu bestimmtem Zweck und festgelegter Zeit fremde Gedanken schlucken und wiederkäuen zu müssen, quälte mich so, dass es fast krankhaft war. Hatten wir für den nächsten Tag Geschichte auf, so konnte ich nicht widerstehen, mich zuerst mit der Mathematik-Aufgabe für übermorgen zu beschäftigen und umgekehrt. Jedenfalls gelang meine Bemühung um das Abitur einfach nicht. Nach dem unglaublichsten Zeugnis meines Lebens mit x Fünfen ließ ich den Plan fallen und ging im Herbst auf das *Lyzeum* der Schule über, um wenigstens Latein loszuwerden. Gerade dieses Zeugnis ging übrigens versehentlich zwischen anderer Post im Briefkasten verloren und wurde meinen Eltern zum zweiten Mal zugestellt. Die Geschwister behaupteten, es hätte erst öffentlich am Postamt ausgehangen. Aber auch auf dem Lyzeum sah es mit der Versetzung übel aus. Nachdem ich eine englische Arbeit mit »fünf; aber es zeigt sich schon eine kleine Besserung« erhielt, kehrte ich wieder zu Wellmanns zurück.

Meine erste englische Arbeit in der *Wellmann-Schule*, die ich einen Tag nach meiner Wiederkehr schrieb, wurde mit »very nice« bewertet. Ich hatte einen ausgedachten Traum schildern müssen und konnte dabei diejenigen Worte wählen, die ich kannte. Das dreiviertel Jahr intensiver Schularbeit reichte nun für die zweieinviertel Jahre, die mir noch bevorstanden, aus. Es dauerte nicht lange, so hatte ich meine alte Überheblichkeit zurückgewonnen. Ich war dreizehn Jahre alt und setzte meine ganze Kraft daran, unsere Lehrer auf die Palme zu bringen (die ich jetzt besonders hasste, weil sie mich so schlecht vorbereitet hatten). Wir waren ein wüster Haufen, und ich war wohl die Schlimmste dabei. Ich brachte Maikäfer und Igel mit in die Schule und baute in allen Ecken verborgene Wecker auf, die alle zehn Minuten unter Hallo gesucht werden mussten.

Mit einer zum Rechteck gebogenen Haarnadel erzeugte ich durch leises Fußbewegen Maschinengewehrlärm – zum steten Erschrecken der ängstlichen Französisch-Lehrerin. Diese alte Jungfer ärgerte ich bis zu Tränen, und ich war gemein genug, ihr zum Anfang der Stunde Blumen aus unserem Garten zu schenken, sodass sie nie wusste, wie sie mit mir dran war. Ich nahm eine Mappe voll schöner Literatur mit und begann, ganz öffentlich darin zu lesen und zu blättern. Sie hatte es aufgegeben zu schimpfen; sie eilte zu mir und ergriff das Buch. Ich zog das nächste hervor. So lagen am Schluss der Stunde sieben Bücher auf ihrem Pult. Sie konnte nicht alle fortschleppen; ich ergriff sie vor ihren Augen und steckte sie schweigend in meine Mappe. Ebenso verbissen kämpfte ich mit dem Mathematiklehrer und anderen um meine Menschenrechte. Von Handarbeit und Zeichnen hatte ich mich selbst befreit. Turnen war am Nachmittag, und die Lehrerin kannte mich überhaupt nicht – hielt das aber für ihren Fehler und gab mir immer eine Zwei, obwohl ich nur zu den Wettkampfspielen kam, wo die Klasse meine Kräfte dringend benötigte. Das war vielleicht dreimal im Jahr. Vom Singen befreite ich mich auch, allerdings nicht ganz freiwillig. Ich hatte den Gesangslehrer, der ja wirklich etwas konnte, durch das Spielen an meinen Haaren nervös gemacht, sodass er mir den Zopf plötzlich aus der Hand riss. Ich schlug ihm daraufhin kräftig auf diese Hand. Er schickte mich zur Beichte zum Direktor. Nach meinem kühlen Bericht, dass ich dem Lehrer eins auf die Finger gegeben hätte, weil er nach meinen Zöpfen griff und ich nun die Stunden nicht mehr zu besuchen wünschte, wurde ich schnell und in Gnaden entlassen. Ich hatte dem Direx nicht gesagt, dass ich zu ihm geschickt worden war.

Ich verstand den Grund nicht – aber einmal wurde meine Mutter in die Schule bestellt, und ich sollte rausfliegen. Der Rektor hatte mich mit einer Klassengenossin verwechselt, die der Zeichenlehrerin die Haarnadeln aus dem Knoten gezogen hatte, während sie sich korrigierend über das Blatt beugte; doch ich war ja vom Zeichnen befreit. Meine Verfehlungen hatte er der anderen Mutter erzählt. Nun konnten wir beide entrüstet tun – und blieben zur Last der Lehrer da. Übrigens war Direktor Grunow der einzige ›Lehrmeister‹, der mir je imponiert hat. Er hatte eine gute pädagogische Begabung und war begeisterter Individualist. Nur fehlten ihm die Mittel für gute Lehrkräfte und die Tradition für gute Schüler. Er brachte es fertig, in einer Geschichtsstunde die ganze Klasse für den Kommunismus, in der nächsten für Sozialismus (und so weiter über das Zentrum bis hin zu den Völkischen) zu begeistern, indem er jede Partei in ihren Idealen so schilderte, wie sie gesehen werden wollte. Damit warnte er uns bestens vor jedem Bauernfang.

Im letzten Schuljahr machte er mit uns eine dreitägige Reise nach Dresden. Er ließ uns dabei viel Freiheit, hatte alles rührend gut vorbereitet (sogar die Menüs) und konnte uns kunstgeschichtlich wirklich viel erklären. Er biederte sich nie an, nahm uns aber immer erwachsener, als wir eigentlich waren, und spielte eher den Kavalier als den Vorgesetzten. Einmal ließ er mich kommen und machte mir Vorwürfe, dass ich immer nur diejenigen Lehrer ärgere, die mir nicht gewachsen wären. Warum ich denn in seinen Stunden nie zu irgendwelchem Ärger Anlass gäbe? Ich nahm mir das zu Herzen, wollte mich nicht der Feigheit zeihen lassen und ihn nun auch mal ärgern. Ich gab ihm die nächste Erdkunde-Arbeit ab und schrieb darin völlig interpunktionsfrei, füllte dann die letzten Zeilen mit Punkten, Kommas und anderen Zeichen und setzte darunter: »Zur gefälligen Verteilung«. Ich bekam diese Arbeit zurück: »Inhalt gut. Bitte Unterschrift des Vaters.« Das wäre nicht weiter schlimm gewesen, wenn der Einfall von mir gewesen wäre. Aber mein Vater hatte diesen Ulk vor Kurzem von einem Schulfreund erzählt, und es war mir entsetzlich peinlich, dass ich da etwas nachgemacht hatte und gewissermaßen die Urheberrechte verletzte. Es wäre ja auch schwierig gewesen, die Quelle anzugeben. Immerhin, meinem Vater wollte ich das nun wirklich nicht zeigen, und so flogen die zerrissenen Zettel über den Savigny-Platz aus der fahrenden Stadtbahn. Die nächste Stunde bei Grunow schwänzte ich. Das hatte ich herrlich raus. Entweder verschwand ich einfach durch den verbotenen Internatsausgang über einen anderen Hof oder ich erkrankte. Ich hatte schon in der Studienanstalt gelernt, in der Stunde vor einer Klassenarbeit mit auf den Lehrer gerichteten glasigen Augen zu erblassen und von der Bank zu sinken. Das hatte drei Vorteile: Erstens brauchte ich nicht mitzuschreiben, zweitens bekam ich einen Cognac im Lehrerzimmer und drittens durfte mich ein Mädchen nach Hause bringen. Wenn also eine andere dringend weg wollte, fiel ich ebenfalls bereitwillig in Ohnmacht. Entweder ging ich dann ins Kaiser-Friedrich-Museum oder zu Grete. Wenn ich aber auch am nächsten Tag noch fehlen wollte, spielte ich zu Hause weiter schulkrank. Jedenfalls wurde ich nach der Unterschrift für diese Arbeit in Erdkunde nicht mehr gefragt.

Was ›Zeit‹ ist, habe ich an der Langeweile gelernt, mit der ich auf die Pausen wartete. Vielleicht war mir die Schule auch deshalb so fatal, weil sie mich nötigte, mich immer wieder zu langweilen – was ein mir sonst ganz unbekannter Zustand war. Meine Augen saugten sich fest an dem Sekundenzeiger, der mit hoffnungsfroher Stetigkeit weiterrückte – kreiste, kreiste, kreiste. Und nie kommt diese Minute wieder, denke ich dabei; sie versinkt völlig ungelebt, nur als solche begriffen, ins Vergangene. Ich will sie weg haben, ich will, dass bald Pause ist, dass der Vormittag endlich rum ist, ich will nach Hause, in den Garten, in mein Zimmer, zu den Geschwistern – aber hier wird mir die Zeit gestohlen! Warum schreie ich nicht los? Ihr stehlt mir mein Leben! Der Sekundenzeiger tickt; bald bin ich tot, wenn das so weitergeht. Und es geht weiter, darum will ich hier raus und leben. Ich bin schon vierzehn Jahre alt und muss die Zeit nutzen ... Aber ich schreie nicht und warte nur auf die Pause, warte aufs Klingeln. Ich höre überhaupt nicht mehr, was um mich herum vorgeht; ich spüre immer nur die Zeit verrinnen. Bis zur Pause. Nicht, dass ich sie als Kontaktmöglichkeit zu den Mitschülerinnen wirklich nutze – aber ich komme nun nicht mehr dazu, auf die Uhr zu starren. In den großen Pausen, wo alles auf den Hof muss, bleibe ich möglichst oben und lese das fällige Buch. Wenn ich allein bin, will ich vergessen, dass ich in der Schule bin. Aber in den kleinen Pausen wird gegessen, geschwatzt, und es werden die Schularbeiten gemacht. Wir schreiben ab (ich von anderen, andere von mir) und beschäftigen uns mit Abhören. Man überlegt den Unsinn, den man in der nächsten Stunde machen könnte, um nicht einzuschlafen. In den kleinen Pausen ist immer was los, und die Zeit verrinnt unbeobachtet. Manchmal spricht man auch mit diesem oder jenem ein persönliches Wort, erzählt und hört vom Eigenleben außerhalb der Schule. Jede Neue, die in der Klasse auftaucht, erregt (wenn sie nicht zu grässlich aussieht) echtes Interesse bei mir. Ich benutze die Pausen, um sie unter meine Fittiche zu nehmen und dabei festzustellen, ob sie vielleicht ein Mensch ist, mit dem man Freundschaft haben könnte.

Manche gehen in der Pause auch aufs Klo. Ich bin meines Wissens während der Schulzeit nur ein einziges Mal dort gewesen. Und das auch nur, um die wertlos gewordenen Inflations-10.000-Markscheine fein auf eine Strippe gefädelt zu Hunderten dort aufzuhängen; glatte, bunte Scheine, die ich stoßweise gebündelt besaß. Natürlich war dies kein rechter Ersatz für das knapp gewordene WC-Papier. Ich war aber ganz erstaunt, dass dieser harmlose Witz so schwer genommen wurde und ewig nach dem Urheber gefahndet wurde. Aber die Klasse hielt dicht, und das tat sie immer.

Pausen waren wie Tropfen auf den heißen Stein der Zeit. Das Schlussklingeln war ein Eimer Wasser. Aber die trockene Sonne schien am nächsten Tag wieder – wenn ich nicht schwänzte.[81]

Warum war ich in meiner Schulklasse so kontaktarm? Und das in zunehmendem Maße in den sieben gemeinsamen Schuljahren, die doch sonst zur *Freundschaftsbildung* das Natürliche sind. Lag es an mir oder an den Mitschülerinnen? Sicher war die Gegend, in der meine Schule lag – dicht am Kurfürstendamm – nicht gerade geeignet, Mädels hervorzubringen, die meine Interessen teilten. Der Landadel im Internat hielt dagegen fest zusammen und bildete einen geschlossenen Freundeskreis für sich. Natürlich waren die drei Mädchen, mit denen mich meine Mutter unterrichtet hatte, meine Freundinnen. Aber bis auf *Irmgard* waren sie bald meinen Augen entschwunden. Und Irmgard war keine Schulfreundin, sondern eine richtige. Eine Freundin in der Mommsen-Schule war *Esther von Kuhlwein*, ein rundwangiges, niedliches, braunes Mädchen, das mich immer einlud, in den Kindergottesdienst zu gehen, im Westend wohnte und einen schönen Spielgarten hatte; und auf Zureden meiner Schwestern auch *Kätchen Libberts*, die mir als schutzbedürftig empfohlen wurde, weil sie krank gewesen war und das vierte Schuljahr noch einmal wiederholen musste. Da ich am ungeniertesten zuschlug, galt ich als Stärkste in der Klasse und vermochte so, sie erfolgreich zu beschützen. Es war noch Krieg, und wir spielten in jeder Pause Soldaten. Ich war natürlich Oberbefehlshaber und ließ exerzieren. Aber Kätchen brauchte nicht mittun, sondern war Etappe. Sie reizte wohl die andern durch ihre Zagheit zum Quälen.

---

[81] Auch von Susannes Bruder Klaus, dem dritten Kind der Familie Bonhoeffer, wird berichtet, dass er in der Schule erhebliche Anpassungsschwierigkeiten hatte – wie sie bei hochbegabten Kindern häufiger vorkommen; wenn diese nicht ihren Fähigkeiten entsprechend gefördert werden, können sie zu ›Minderleistern‹ *(underachiever)* werden. Schulische Probleme und lange Fehlzeiten haben sich später bei Susannes eigenen Kindern in gewisser Weise wiederholt.

Ein neu hinzugekommenes, dickes Mädchen, das unsern Zorn schon durch weiße Söckchen und eine riesige Seidenschleife im Haar erregt hatte, wusste noch nichts von meinem Patronat über Kätchen und stach ihr hinterrücks beim Sitzen in der Bank mit dem Federhalter in den Hals. Käthe zeigte mir die Tintenlöcher in der Pause, und ohne viel Rückfragen wurde das Kind feiner Leute von mir tüchtig geohrfeigt. Am nächsten Tag musste ich zu Fräulein Mommsen ins Lehrerzimmer. Der Vater der Geohrfeigten hatte sich beschwert und die Sache so übertrieben, dass die Schulleiterin nach meiner Darstellung den Sachverhalt eher mir glaubte als ihm. So blieb ›Trautchen‹ wegen mir der Schule wieder fern, und wir brauchten uns an keiner Propellerschleife mehr zu ärgern.

Im sechsten Schuljahr tauchte *Maja Großmann* auf. Ich liebte sie auf den ersten Blick. Hätte sie mich nicht wiedergeliebt, hätte ich wohl für sie schwärmen können. So wurden wir gute Freundinnen. Über die Schule haben wir nie miteinander gesprochen. Wir dichteten und erzählten uns Geschichten. Ihr Vater war Schriftsteller und gab eine Zeitschrift heraus. Er war Jude und Sozialist. Er las meine Dramen, in denen Maja die Hauptrollen spielen musste, denn sie war groß, blond und klug – und so stellte ich mir meine Heldinnen vor. Er las auch meine Gedichte, die ich Maja gab, und rief daraufhin bei meinem Vater an, er solle mich doch aus der Schule nehmen, um mein Genie zu pflegen. Aber der meinte, wenn wirklich Genie da wäre, müsste es auch mit Schule zum Reifen kommen. Die Freundschaft mit Maja dauerte noch lange über die Schulzeit hinaus, denn unsere gemeinsamen Interessen waren eben nicht schulischer Art.

Ich hatte mir angewöhnt, die Klassengenossinnen in verschiedene Typen einzuteilen. Da waren die Braven, Langsamen, Blonden, Temperamentlosen (die zum Teil schön waren, aber denen ich in meiner Art wohl einfach unsympathisch war). Dann kamen die Hässlichen, vom Schicksal Benachteiligten, die aber meist am klügsten waren und mit denen es sich lohnte. Sie waren für angebotene Freundschaft immer dankbar. Es gab die Guten, die nicht nur im Turnen, sondern in allen Fächern gut waren, die sich tadellos betrugen, auch durchaus ›Klassengeist‹ hatten – an denen gar nichts auszusetzen war, außer eben diese Tatsache. Sie waren mir unheimlich, aber ich verwendete sie gerne in meinen Romanen. Und da waren die Einfallsreichen, die es in jeder Ausführung gab: blond und braun, groß und klein. Das waren diejenigen, die Betrieb machten, die sich so wie ich ungern langweilten und die dabei entweder ordinär oder aber nett waren. Zu ihnen gehörte *Max* – so genannt, weil sie wirklich so aussah: mordshässlich, quicklebendig, gescheit, aber nicht übermäßig fleißig. Sie kam gerne vom Kurfürstendamm zu mir in den Grunewald hinaus und wollte mich immer in ihre evangelische Jugendgruppe holen, wo sie ›Nestabende‹ machten. Aber ich wollte gar nicht irgendwo ins Nest. Gruppe waren wir zu Hause genug. Nach der Schulentlassung habe ich sie nicht mehr gesehen.

Den schönen, blonden Typ vertrat *Waltraud von Schliefen*, hinter der ich jahrelang saß. Auch sie war zu allem Unsinn bereit; dabei kam sie mir für die Schule eigentlich schon viel zu alt vor. Sie war im zehnten Schuljahr mit sechzehn Jahren bereits heimlich verlobt – gegen den Willen der Mutter, und das fand ich herrlich. Ihr Vater war im Krieg gefallen, das Gut, das die Mutter verwaltete, lag in Polen. Wenn ihr Verlobter nach Berlin kam, hatte das Internat Anweisung, ihn nicht hinein- und sie nicht herauszulassen. So erfanden wir eine Taktik für diese Tage. Ich lud sie feierlich ein, uns im Grunewald zu besuchen, und holte sie ab. An der Ecke Wilmersdorfer Straße lieferte ich sie ihrem Verlobten aus, und der brachte sie zu verabredeter Zeit, als mein Bruder, wieder ins Internat zurück. So ging das reibungslos, und ich nahm den Weg am Nachmittag bereitwillig auf mich, um den Liebenden förderlich zu sein. Aber sie besuchte mich auch in Wirklichkeit gern und fühlte sich, vom Internatsleben befreit, sehr wohl bei uns.

Der vitale und kokette Typ wurde durch ein dunkelhaariges, niedliches Mädchen aus dem östlichen Adel vertreten, deren elterliches Gut ebenfalls in Polen lag. Sie war munter, herzlich und unklug. Wir saßen meist nebeneinander am Pult. Ich machte ihr die Aufsätze und Mathematik, sie lieferte mir die fremdsprachlichen Arbeiten. In der Klasse waren wir gut Freund, aber nach Hause brachte ich sie nie. Sie war zu ›süß‹. Ich fürchtete den Spott der Geschwister. Sie mochte mich wirklich, und manchmal fand ich süß ja auch nett.

Dass die Schule, so wie sie sich mir darbot, unzureichend war, dass sie Zeitverschwendung und Gewissenszwang bedeutete, veranlasste mich und Gleichgesinnte, große Pläne für eine *Schulreform* auszuarbeiten. Meine Hauptidee war die Befreiung von der Schulpflicht. Nur was man *durfte*, nicht was man *musste*, war schön. Die Kinder, deren Eltern es mit Mühe ermöglichten, dass sie noch lernen durften, anstatt schon Geld zu verdienen, gingen durchweg gerne zur Schule. Und Lehrer schienen mir nur dadurch veränderbar, dass sie sich anstrengen mussten und um ihre Schüler werben. Freie Lehrerwahl, freie Fachauswahl, freie Wahl derer, die zusammen unterrichtet werden wollten – das war die Lösung! Aber auch die Lehrer sollten nur die Kinder unterrichten müssen, die sie mochten. Wer sich nicht beteiligt, bleibt eben dumm und ungebildet und kann dann nur Handlanger werden. Wir hätten den freien Lehrbetrieb, wie er damals an den Universitäten üblich war, gerne in die Schule verpflanzt. Was man nicht hören wollte, brauchte man nicht mitzumachen.

Sich prüfen lassen – meinetwegen schwer prüfen lassen, sehr schwer – sollte man sich in den erlernten Fächern. Dadurch würde sich zeigen, ob man noch mehr zu lernen hatte oder aber mit seinem Wissen schon Geld verdienen konnte. Das allerdings erst nach fünf Schuljahren, wo man mit Lesen und Schreiben und Rechnen vertraut gemacht werden sollte. Von allen anderen Fächern sollte man nur Stichproben bekommen, um zu erkennen, ob man Freude daran haben würde.

Ich habe diese Idee leidenschaftlich verteidigt und ließ mich nur durch die Begründung, dass das viel zu teuer würde, in der Durchführung dieser Möglichkeit unsicher machen. Aber dann gab es plötzlich wahlfreie Fächer, es gab die verschiedensten Schulzweige, und ich hoffte, die Entwicklung würde doch noch bis zu meinem Plan fortschreiten. Die Erwachsenen, mit denen ich sprach, waren im Ganzen viel bereiter mitzudenken als die Klassengenossen oder auch andere Jugendliche. »Wenn ich nicht müsste, ginge ich gar nicht«, sagten die meisten. »Dann muss es für euch Idioten eben noch solche Pennen geben wie jetzt!«, meinte ich daraufhin. Die Aggressionen meiner Schulzeit richteten sich tatsächlich nicht nur gegen die Lehrer. Meine Mitschüler habe ich oft genauso gehasst – ja, sogar richtige Feindschaften gepflegt.

In den kleineren Klassen, als ich noch die führende Rolle beanspruchte, waren diejenigen mir feind, die dasselbe vorhatten und nicht zum Ziel kamen. Da bildeten sich manchmal aufständische Gruppen unter der Führung einer Nebenbuhlerin. Das war oft recht amüsant. Später, als ich mich viel mehr zurückzog, war es wohl gerade das, was die dann Führenden erboste. Ich hatte eben keinen ›Klassengeist‹; ich machte nicht in jedem Fall mit und hielt Ausflüge mit der Lehrerin im allgemeinen für doof. Ebenso das, was andere an Unternehmungen vorschlugen. Nur meine eigenen Einfälle schienen mir jeder Kritik gewachsen. Ich war einfach zersetzend und eingebildet. Und doch hing der Hauptteil der Klasse an mir, und ich hätte vielleicht doch fünf von den dreißig Mitschülerinnen ausgesucht, um mit mir zu lernen – nach meiner Schulreform.

Während dieser Zeit habe ich keine ängstigenden *Schulträume* gehabt. Ich war wohl so bemüht, die Stunden im Klassenzimmer aus meinem Leben zu verdrängen, dass mein Unterbewusstsein nicht einmal des Nachts fertig brachte, sie heraufzubeschwören. Es fiel mir nicht im Traume ein! Nach meiner Schulentlassung häuften sie sich jedoch. Nur mit einem Handtuch um die Hüften und der Schulmappe auf dem Rücken laufe ich über die Halensee-Brücke, um den Stadtbahnzug zu bekommen, und überlege dabei, ob es nicht kleidsamer und sittlicher wäre, die Mappe vorn aufzuschnallen. – Ich sitze barfuß in der Klasse und werde an die Tafel gerufen. Vergeblich angele ich nach meinen Schuhen, aber unter mir ist nur Morast; weiche, grundlose Tiefe, in der die Schuhe versunken sind. – Kurz vor meiner Hochzeit hocke ich zwischen Kindern auf einer zu kleinen Bank, denn ich muss meinen Schulabschluss nachholen. Ich habe so viel geschwänzt, dass ich gar nicht gemerkt habe, dass meine Klasse längst fertig ist mit der Schule, und ich brauche den Abschluss ganz dringend. – Auch Mädchen aus meiner Klasse, die ich längst vergessen habe, kommen in meinen Träumen wieder. Oft haben sie sich so verändert, dass ich an ihnen nur noch die Namen erkenne. Manchmal dagegen weiß ich die Namen nicht, erkenne nur ihr Bild und wundere mich, dass sie gar nicht erwachsen geworden sind. Und dann merke ich, dass ich selbst noch nicht begriffen habe, dass ich erwachsen bin. Oder bin ich gar nicht erwachsen? Noch immer nicht? Richtig erwachsen werde ich wohl nie, denke ich im Aufwachen.

Manchmal bin ich im Traum plötzlich gerne in der Schule. Ich freue mich, da zu sein und alle wieder zu sehen und sage allen, dass ich es schön finde, wieder abgefragt zu werden und Pausen zu haben. Aber bedrückend ist mir immer der fehlende Abschluss. Ob das an den gescheiterten Abiturplänen liegt, die da verspätet wieder auftauchen, oder ob es bloß die Sorge des letzten Vierteljahres war, wo ich einfach keine Zeit mehr fand, die Schule aufzusuchen, weil ich mit meiner Mutter Sabines Ausstattung einkaufen ging?

Entschuldigungen schrieb sie mir zwar nie, aber sie hatte nichts dagegen, wenn ich das Zusammensein mit ihr dem Schulbesuch verzog. Ich regelte das dann schon selbst. Am Besten wieder durch Fehlen – und so wurde mir doch manchmal bange, ob ich mein Reifezeugnis bekäme. Doch Direktor Grunow überreichte es mir bei der Abschlussfeier mit den Worten: »Schön, dass wir Sie wenigstens heute bei uns sehen!«

Natürlich bewegten mich im letzten Jahr auch *Berufsgedanken*. Mit dem Studieren war es ja nichts geworden. Ärztin hätte mich schon gelockt; Krankenschwester reizte mich nicht. Das war mir irgendwie zu sehr unter dem Chef. Meine künstlerischen Möglichkeiten erschienen mir nicht ausreichend. Für Schauspielerin war ich zu klein und dick, aber auch nicht schön genug geraten. Schriftstellern allein, das ging auch nicht. Davon konnte man kaum leben, und immer schreiben müssen, bloß um etwas zu verdienen – das konnte ich mir schwer vorstellen. Außerdem war mein soziales Gewissen erwacht. Nicht nur durch Geschehnisse um mich herum, sondern vielleicht noch mehr durch die Literatur: Tolstoi, Dostojewski, Zola – das liest man mit vierzehn, fünfzehn Jahren nicht ungestraft. Und Dickens tat auch noch seinen Teil dazu. Also wollte ich in eine soziale Tätigkeit.

Angst hatte ich vor jedem Beruf. Meine Schulangst weitete sich zu einer Furcht vor jeglicher Kontrolle aus. Und mit Regelmäßigkeit und Ausdauer lebenslang einem Beruf nachgehen, bis man alt und gebrechlich wäre – davor graute mir und dem fühlte ich mich nicht gewachsen. Heiraten wollte ich auch nicht. Ich versprach mir nicht viel davon, mich lebenslänglich an einen Menschen zu binden. Auch da hatte ich Angst vor mir selbst. Wenn es so käme, dass ich mich ganz toll verliebte, dann wäre wohl nichts zu machen. Aber ich war fünfzehn Jahre alt, und diese Überlegungen kamen verfrüht.

Auf alle Fälle wollte ich mich erst einmal der Menschheit möglichst nützlich erweisen. Am liebsten natürlich nur ehrenamtlich. Aber ich wollte mich ja auch selbst erhalten können. Einmal sprach mein Vater davon, dass Lungenfürsorgerinnen meist nicht alt würden, sondern schon mit vierzig Jahren stürben. Diese Tätigkeit wäre eben sehr ansteckend und aufreibend. Da war mein Entschluss gefasst. Hier sah ich die Möglichkeit, mir die Mühsal des Alterns mit Anstand und Ehren zu ersparen. Es gäbe auch wenig Nachwuchs in diesem Beruf, hieß es. Also auf! Ich ließ ein paar Tage vergehen und teilte dann meinen Eltern mit solcher Entschiedenheit mit, dass ich Lungenfürsorgerin würde, dass sie sich einverstanden erklärten.

Erst hatte ich ja noch ein bisschen Zeit. Ich hatte das letzte Schuljahr vor mir und musste dann warten, bis ich mit achtzehn Jahren als Schwesternschülerin aufgenommen werden konnte. Mein Vater nahm mich mit in eine Gesundheitsausstellung und ersparte mir auch sonst nichts an Eindrücken. Der Zauberberg[82] erschien, und ich stürzte mich darauf. Alles, was mit Tuberkulose zu tun hatte, war mir heilig. Ich wankte nicht in meinem Entschluss und war mir noch an meinem achtzehnten Geburtstag (einen Tag bevor ich mich verlobte) dessen gewiss, dass ich im Alter zwischen vierzig und fünfzig als Fürsorgerin an Tuberkulose mein Ende finden würde.

Gleich nach der Schule ging ich für ein Jahr ins *Pestalozzi-Fröbel-Haus*, um mein Haushaltsjahr abzuleisten, das für jeden sozialen Beruf Pflicht war. Die Haushaltsschule befand sich dort in Haus II, die Kindergärtnerinnen-Ausbildung in Haus I. Haus I verachtete Haus II als ›bessere Stubenmädchen-Ausbildung‹, weil von dort aus auch manche in den Beruf der ›Hausbeamtin‹ gingen. Wir waren ein denkbar gemischtes Publikum. Ich war noch fünfzehn, andere waren dreiundzwanzig Jahre alt. Auch die Herkunft war sehr verschieden. Ruth H., die in der Studienanstalt mit mir in einer Klasse gewesen war, traf ich dort wieder. Sie hatte es auch auf der Schule satt gehabt und hegte ähnliche Aufopferungsideen wie ich. Nach drei Tagen wurden die Schülerinnen in Paare eingeteilt; immer zwei bekamen dieselbe Koch- oder Haushaltsaufgabe. Ruth hatte auf mich gewartet, denn ich lag noch mit meinem verbrannten Bein darnieder. Als ich dann einrückte, bat uns die Klassenlehrerin nach wenigen Tagen, doch unsere Partnerschaft aufzugeben und uns je eines Klassensimpels anzunehmen, die zusammen ein Paar gebildet hatten. Eine davon war so unfähig wie die andere. Diese soziale Aufgabe erfüllten wir, ohne zu mucksen. Aber es war wirklich eine Mühsal. Mein Simpel war entweder frech oder sie weinte. Sie sah auch schon so entsetzlich aus, dass man sie eigentlich nicht hätte

---

82 Mann, Thomas: Der Zauberberg, Berlin 1924. Der Protagonist dieses Romans verbringt sieben Jahre in der abgeschlossenen Welt eines Lungensanatoriums in den Schweizer Bergen nahe Davos.

zulassen dürfen. Wir haben unsere Auflagen aber siegreich bis zur Prüfung durchgeschleppt. In den Pausen und in den Stunden, wo man nicht aneinander gebunden war, erholten wir uns von ihnen, und sie waren ebenfalls dankbar, in ihrer Art beieinanderhocken zu können. Ich verstand mich mit allen Schülerinnen recht gut, blieb aber der Klassen-Clown. In allen theoretischen Fächern wurde ich allerdings um Rat gefragt. Natürlich war ich wieder die Jüngste, aber gerade die Älteren schlossen sich mir an.

Da war eine, die Abitur gemacht hatte und schon verlobt war. Nach diesem Haushaltsjahr wollte sie heiraten. Sie lud mich oft zu sich nach Pankow ein, und ich war auch zwei mal bei ihr. Aber besonders gerne wollte sie zu uns nach Hause kommen, denn ihr Verlobter war Physiker und erhoffte sich etwas von Karl-Friedrich, der damals gerade durch seine Arbeit an Wasserstoff-Atomen berühmt wurde (bis hin zu Zeichnungen in Witzblättern). Mich bewunderte sie einfach schamlos, aber vielleicht hatte sie mich auch wirklich gern; ich sie auch.

Einige Wochen nach mir erschien Erika Lange – in einem leuchtend roten Waschsamt-Kleid mit schwarzem, ganz kurzen Haar, auf weichen, dicken Kreppgummisohlen und mit einem gescheiten Gesicht. Sie spielte passioniert Hockey und war auf Bildern in Zeitungen zu sehen. Sie gefiel mir sofort, und dass sie sieben Jahre älter war, sah man ihr nicht an. Sie machte bei uns in mehreren Kursen mit, um schnell ihr Hausbeamtinnen-Examen zu schaffen, und das gelang ihr auch. Sie war eine bleibende freundschaftliche Errungenschaft dieser Ausbildungszeit im Pestalozzi-Fröbel-Haus.

An drei Vormittagen hatten wir Kochen, zweimal Theorie und einmal Hausputz. Jeden Morgen um sieben stieg ich am Bismarck-Platz in die Straßenbahn, um pünktlich hinzukommen. Jetzt war ich nie mehr zu spät wie in der Schulzeit, weil ich ja selbst in das Pestalozzi-Fröbel-Haus gewollt hatte. Nach Hause kam ich oft erst abends um sieben, denn am Nachmittag hatten wir noch zweimal Schneidern, einmal Bügeln, einmal Gartenbau (dafür im Winter Krankenpflege) und zweimal theoretische Fächer. Es war also ein ganz schön voller Stundenplan (mit zwei- bis dreistündiger Mittagspause) und man hätte allerhand lernen können. Es wurde aber sehr an den Mitteln gespart, was besonders beim Kochen traurig war. An den Tagen, wo wir kochten, mussten wir auch dort essen. Wer im Internat lebte, war über die Mittagszeit sowieso ans Haus gebunden. Wir anderen saßen entweder im Garten oder auf einer Bude oben im Internat oder schwärmten aus in die nicht sehr anheimelnde Umgebung. Diese Mittagspausen wirkten sehr verbindend, viel mehr, als ich es je in der Schulzeit erlebt hatte. Wenige wohnten so nahe, dass sie mittags heimgingen, und die standen immer außerhalb.

Nach dem Kochen kam ich übrigens kaum zu einer Pause, denn in meiner opferbereiten Phase sagte ich jeder aus meiner Klasse zu, die mich darum bat, doch ihr Abwaschabteil mitzuerledigen, weil sie gerade ganz schnell wegmüsse. So stand ich oft die ganze Zeit am Abwaschtisch, zusammen mit Ruth, die sich auch in ›selbstlos‹ übte. Manchmal zog aber auch der ganze Klüngel in Einigkeit über die Straße zum Konditor Engel, der den Kuchen vom Vortag billig abgab und uns so dazu verhalf, unser Geld für das Mittagessen zu sparen. Dort saßen wir dann schwatzend und rauchend, Limonade und Kaffee trinkend oder auch Eiswaffeln genießend – weit hinaus über die Zeit, wo das Schneidern anfangen sollte. Dann zahlten wir langsam und gingen gelassenen Schrittes der alten, hilflosen, immer keifenden und völlig unfähigen Handarbeitslehrerin entgegen, bei der wir wirklich nichts lernten. Stundenlang hielt sie uns mit Häkelspitzenmustern und Zierstichen auf, bis wir protestierten und uns selbst Stoff mitbrachten. Unter Anleitung einer Schülerin, die das konnte, begannen wir, zuzuschneiden und uns Schürzen, Röcke und Kleider zu nähen, denn die Maschinen standen bereit. Da es die überwiegende Mehrheit der Klasse war, die so zur Tat schritt, gab sie ihr altes Schema auf und bemühte sich nun, uns die Berechnung eines selbst gemachten Schnittes beizubringen. Mir machte das Spaß, weil es an Mathematik und Biologie erinnerte. Die anderen aber nahmen einfach Ullstein-Schnitte und kümmerten sich nicht um dreizehn Zentimeter Schulterbreite.

Wir trieben auch reichlich groben Unfug. Es gibt im Pestalozzi-Fröbel-Haus eine Zick-Zack-Maschine, ein Riesending, und es ist nicht schwer, darauf zu nähen. Wir arbeiten in zwei Räumen – ein Raum für feine Handarbeiten, in dem wir nun zuschneiden, und einer mit den Nähmaschinen. Dass die Lehrerin hin- und hergehen muss, erleichtert ihr die Arbeit nicht. Nun wird sie an die Zick-Zack-Maschine gerufen, um etwas zu zeigen. Der große Deckel steht daneben. Plötzlich greift sie nach unten. Es hat sie etwas am Knöchel gekitzelt. Aber es ist nichts da. Dann noch einmal. Sie wird nervös. Da beginnt der Deckel, sich langsam von ihr fortzubewegen; ganz von allein ist er lebendig geworden und rutscht nun lautlos davon. Sie starrt erstaunt, erhebt sich, stockt, fasst sich ein Herz und stürzt sich auf die wandelnde Glocke. Das Hallo in beiden Räumen ist groß, als ich darunter hervorkomme.

Wir haben ›Kochen für Gesellschaften‹; das ist am Nachmittag und nur ganz selten. Man bringt Zutaten von zu Hause mit und darf die Sachen anschließend heimnehmen. Da lernt man wenigstens etwas. Ich soll Weingelee machen. Wir sind ja eine große Familie, da braucht man viel Wein – und für Gäste noch mehr. Aber Ruth wird mir heimtragen helfen. Sieben Flaschen habe ich mit. Kochen soll es nicht. Aber kosten darf man. Mit Zucker schmeckt das Zeug (wenn es mit etwas Wasser verdünnt ist) wirklich wunderbar, auch ohne Gelatine. Das finden die anderen ebenso. Wir kosten weiter. Wenn wir merken, dass es etwas zu wenig wird, gießen wir Wasser nach. Aber dann muss man wieder probieren, ob es gut ist. Immer noch ausgezeichnet. Wir kosten weiter. Schließlich schmeckt es wirklich nicht mehr – aber uns ist das gleich; wir haben genug und sind sehr fröhlich. Die Tugendhaften schneiden Heringssalat; der wird nun erstürmt und aufgegessen, jedenfalls teilweise. Der soll ja gesund für so etwas sein! Unsere Kochlehrerin ist sehr jung und hat heute gerade Besuch auf ihr Zimmer bekommen. Aber die Heringsschnippler eilen zu ihr und benachrichtigen sie entsetzt durch die Tür. Es dauert ein Weilchen, bis sie da ist. Sie kommt auf ein Schlachtfeld: Ich liege mit vier anderen völlig abwesend auf dem Küchenfußboden, während einige vor Lachen brüllend in den Abwaschtischen sitzen und mit den Beinen strampeln. Da hat der Hering wohl doch nichts geholfen. Es wird sehr spät, bis wir uns wieder erholt haben. Die Kochlehrerin lässt von den Tugendhaften Wein und fertigen Heringssalat holen und bereitet selbst ein richtiges Weingelee, denn das rötlich gelierte Wasser ist ungenießbar. Als wir uns ernüchtert haben, legen wir alle zusammen, um den Schaden zu ersetzen. Doch es hat uns nicht gereut.

Eine Wette: Wer geht mit dem verrücktesten Hut aus unserer Verkleidungskiste und auch sonst komisch ausstaffiert zu Fuß für zwei Mark bis ins KaDeWe? Das Angebot kam von mir. Käthe macht das in der Mittagspause. Unsere Clique in kurzem Abstand gickernd hinterher. Sie überbietet sich noch und kauft für das Geld im KaDeWe einen Lippenstift! Der Spaß hat sich gelohnt – so viel bekommt man im Kino für zwei Mark nicht zu lachen.

Wer damals unser Interesse auf Parapsychologisches gelenkt hatte, weiß ich nicht mehr. Ich entsinne mich nur lebhafter Diskussionen zwischen Kochtöpfen und Hausarbeit, bei denen ich stets alles natürlich zu erklären versuchte. Wir sitzen im Garten des Pestalozzi-Fröbel-Hauses um einen Tisch, vielleicht zwölf Mädchen. Mein engerer Kreis. Mittagspause, heiß, wir sind müde und veralbert. Da kriecht eine Raupe über den Tisch, die eben von einem Zweig an einem feinen Fädchen herabkam. Diese Raupe ist grün und schon ziemlich fett und zwei Zentimeter lang. Sie hat hinten ein kleines Hörnchen. Wir betrachten sie dösig. »Die läuft hin, wo ich will«, behaupte ich und spreche damit aus Erfahrung. Das habe ich schon manchmal ausprobiert, dass Raupen und auch andere Insekten eine Antenne haben, die menschliche Gedankenbefehle aufnehmen kann. Nicht immer klappt es, und man muss sich schon sehr dabei konzentrieren. Aber ich finde das gar nicht verwunderlich, denn es gibt doch auch Leithammel und Vogelflug. Und Raupen machen lange Wanderungen im genauen Takt nach der Anführerin der Gruppe. Das hatte ich schon im Tiergarten beobachtet. Ich halte es für nichts Übernatürliches, sondern einfach für ein Wunder der Natur (so wie andere auch), dass ich Raupen leiten kann. Aber ich stoße auf Widerspruch. Man glaubt mir nicht. Gut, ich will es ihnen beweisen. Ich habe das noch nie gemacht, wenn andere dabei sind und wenn es mir darauf ankommt. Ich habe bloß damit gespielt oder es manchmal beim Fangen von Schmetterlingen, Grashüpfern, Fröschen und Ähnlichem ausgenutzt. Ich hätte von meinen geheimen Beziehungen zur niederen Tierwelt besser nichts sagen sollen. Aber es war so heiß und mittagsmüde gewesen. Jetzt ist mir, als ob ich den Flöte spielenden Pan geärgert hätte.

Aber ich hatte ja mein Renommee zu wahren. So zeige ich mit dem Finger auf eine ziemlich weit entfernte Stelle auf dem Tisch. »Dahin soll sie kriechen«, sage ich. Dann schalte ich ein. Das scheint mir der richtigste Ausdruck für das, was ich jetzt tue. Ich richte alle Kraft auf ›Raupe soll‹, und sie beginnt sich zu wenden und kriecht – kriecht ohne Umwege auf die gezeigte und bedachte Stelle. Vielleicht hilft das Denken der anderen mit. Sie beeilt sich richtig. Ich spüre, wie sich den Zuschauern die Haare sträuben, und auch mir wird zum ersten Mal seltsam bei diesem Experiment. Angekommen! Eine, die es ganz genau wissen will, zeigt auf einen anderen Platz: »Lass sie mal dahin laufen!« Auch das gelingt; aber mir wird immer matter und heißer bei diesem Versuch, und ich glaube, es bekommt mir nicht, so öffentlich Insekten zu bändigen. Da rette ich mich, indem ich behaupte, solche Dinge, die ›medial‹ wären, strengten immer sehr an, und nun müsse ich aufhören. Es könne ja ein anderer versuchen! Aber es will keiner.

Langsam verliert die Raupe an Interesse und darf entweichen. Ein paar Tage später muss ich, auf dringende Bitten einiger, die den Spaß versäumt haben, das Ganze wiederholen. Es geht genauso gut. Nun habe ich einen Ruf als Hexenmeister, und man konsultiert mich in lauter okkulten Fragen, mit denen die Mädels sich beschäftigen; besonders astrologische Probleme. Davon verstehe ich gar nichts und mag es auch nicht. Ich bin gegen Aberglauben und Zauberei. Raupenleiten ist etwas ganz Natürliches, behaupte ich.

Um zu beweisen, dass das mit dem okkulten Kram alles nicht stimmt, gehe ich zusammen mit Ruth zur Wahrsagerin. Viele sind schon bei ihr gewesen, und sie soll ganz fantastisch sein. Sie wohnt in der Krummen Straße im vierten Stock im Hinterhaus. Uns wird beim Treppensteigen in dieser finsteren Gegend doch ein wenig mulmig. Aber dann macht uns eine etwas schlampige, aber ganz bürgerlich aussehende, rundliche Frau von sechzig Jahren die Tür auf. Vielleicht ist sie auch jünger, aber ihr Doppelkinn bibbert schon stark. Sie ist freundlich und weiß gleich, was wir wollen. Welch durchschauender Blick! Das Zimmer zieren Topfpflanzen, Plüsch und Mahagoni. Sie bindet die Küchenschürze ab und setzt sich auf einen Armlehnstuhl, zieht eine Schublade auf, nimmt Karten heraus und holt dann noch ein Glas mit Wasser. Wir sitzen ihr gegenüber. Sie schweigt und blickt uns an. Jetzt sehe ich selbst hell und ziehe das Geld hervor. Zwei Mark für jeden. Ruth habe ich eingeladen, um nicht alleine gehen zu müssen, denn sie kann sich solchen Spaß bei ihren trüben häuslichen Verhältnissen nicht leisten.

Nachdem die gute Frau das Geld eingesteckt hat, fragt sie, ob wir etwas Besonderes wissen wollten. Nein, bloß so die Zukunft. Mit mir fängt sie an. Sie legt Karten auf und fragt mal dies, mal jenes. Dann beginnt sie zu erzählen – aus meinem Leben, aus meinem Umkreis. Ruth reißt die Augen auf und staunt. Das stimmt ja genau! Ich muss das auch zugeben, aber ich entsinne mich der eben gestellten Fragen; da hat sie schon ein paar Anhaltspunkte gewinnen können. Und dann merke ich, dass ich, während sie leise redet, immer schon vorher denke, was sie sagt. Manches kann man mir vielleicht auch ansehen – zum Beispiel, dass ich keinen Wert auf modische Kleidung lege. Es ist wie bei einem Spiel, das mein Vater mal mit uns machte. Er nahm einen von uns (auch mich) bei der Hand oder der Schulter und suchte einen versteckten Gegenstand, von dem wir wussten, wo er lag. Und der Gegenstand wurde sehr schnell von ihm gefunden, auch wenn wir wegdenken wollten. Es war eine Art Denkzwang. Und nun beobachtete ich etwas Ähnliches: Alles, was sie mir sagte, habe ich eben zuvor gedacht. Sie gab es zwar nicht ganz genau wieder – aber immerhin, sie tippte an: Unfälle? Ein Blick in die Karten – ach ja, da war etwas mit Feuer. Hat es bei Ihnen gebrannt und Sie haben sich Schaden getan? Ich hatte bei dem Wort Unfälle natürlich sofort an die Verbrennung meines Beines gedacht.

Ruth war bereit, ihr alles zu glauben, nachdem sie bei mir zugehört hatte. Sie konnte ja meine Gedanken nicht lesen. Auch bei ihr stimmte alles vortrefflich. Ruth hielt mich für bekehrt und war sehr erstaunt, als ich ihr auf dem Heimweg klarzumachen versuchte, dass diese Frau keine übernatürlichen, sondern nur sehr feine natürliche Gaben habe. Gedankenübertragung wäre kein Wunder; es sei nur noch nicht richtig erforscht, wie sie funktioniert. Was sie uns von der Zukunft gesagt hatte, war ja nicht zu überprüfen. Mir hatte sie eine frühe Ehe versprochen, was ich gar nicht wollte; Ruth, die das viel lieber gehört hätte, versprach sie ihren Mann erst nach vielen Jahren im Beruf. Auch gehörte keine sehr große Wahrsagekunst dazu, zu prophezeien, dass die Schwierigkeiten des Lebens für uns erst in der Ehe beginnen würden. Wirkten wir doch beide ziemlich selbstständig und nicht wie Efeu, der sich um die Eiche zu winden sehnt.

Vom Herbst an war Anneliese mit mir im Pestalozzi-Fröbel-Haus! Sie war aus ihrem Schweizer Internat gekommen, damit wir uns zusammen der Hauswirtschaft befleißigen konnten. Das war eine ganz große Freude für mich. Allein schon sich jeden Morgen mit ihr zu treffen und den weiten Weg gemeinsam zurückzulegen, war herrlich. Was wir uns in langen Briefen geschrieben hatten (und noch viel mehr) konnte nun besprochen werden. In den Pausen waren wir zusammen und auch bei allen praktischen Betätigungen, wo man sich ja auch gut unterhalten konnte. Allerdings war sie deshalb mit ihren Gedanken nicht immer ganz bei der Sache, und manches ging ihr reichlich langsam von der Hand. Sie trug ihre mangelnde Geschicklichkeit mit großem Charme und war bei allen beliebt, weil sie immer freundlich und gefällig war.

Einiger heiterer Fehlgriffe entsinne ich mich noch sehr deutlich. Ich rühre unseren gemeinsamen Brühsuppentopf um, der ganz trüb aussieht und unten am Boden knirscht wie Sand. Oben schwimmen Zwiebelschalen. Aber was ist das für ein dicker Klumpen auf dem Grund? Ach so, die Lehrerin hatte Anneliese eine Knolle Sellerie und ein paar Zwiebeln gegeben und gesagt, sie möge das noch in die Suppe tun. Und das tat sie unbesehen, wie in einem Traumzustand. Einmal erschien sie am Morgen nicht zur verabredeten Zeit am Bismarck-Platz und kam erst eine halbe Stunde später an, etwas benommen. Sie hatte nachts geträumt, sie solle eine Kristallschüssel mitbringen, um darin eine Speise heimzunehmen. Die wäre ihr nun zerbrochen. »Im Traum?« Im Traum auch – zuerst im Traum und dann in Wirklichkeit. »Wieso wirklich?« Ja, sie war morgens, noch von der Vorstellung getrieben, sie brauche eine Schüssel (wovon im Unterricht keine Rede gewesen war), an den Schrank gegangen und hatte eine vorsichtig verpackt, damit sie ganz bliebe. Darum war sie zu spät los gekommen. Und dann wäre die Schüssel doch hingefallen und sei nun kaputt! »Hast du das vielleicht auch geträumt?«, fragte ich. Das habe sie zuerst auch geglaubt – aber hier wären die Scherben. Das war nicht zu leugnen. Ich ging zu unserer Klassenleiterin und bat, uns beide für diesen Tag vom Unterricht zu befreien. Dann machten wir eine schöne Herbstwanderung, bis Anneliese wieder ganz bei sich war und ihre Übermüdung überwunden hatte. In allen theoretischen Fächern war sie mir und der Klasse weit überlegen; das wurde von allen anerkannt, und auf diesem Ruhm konnte sie sich etwas ausruhen und sich solche kleinen Fehlgriffe leisten.

Mittags isolierten wir beide uns nun oft von den anderen. Wir hatten ein Recht auf Zweisamkeit, fanden wir. Manchmal gingen wir zum Nollendorfplatz in das Lokal ›Krokodil‹, um dort Mittag zu essen. Wir kamen uns wahnsinnig erwachsen dabei vor. Besonders als wir uns nach sehr fetter frischer Wurst, die sie so gerne aß, auf mein Drängen hin zwei Cognacs bestellten. Ich war ja sechzehn Jahre alt und sie siebzehn, aber man hielt sie meist noch für die Jüngere, weil sie kleiner, zierlicher und schüchterner war. Der Ober überlegte wohl auch erst sehr, aber ich sagte mit der ruhigsten Miene, die ich aufweisen konnte: »Die Wurst war etwas fett«, und so bekamen wir unseren Schnaps. Jedenfalls haben wir in dem halben Jahr in der Haushaltsschule noch mehr Spaß miteinander gehabt als in unserem gemeinsamen Halbjahr in der Untertertia. Wir waren im Ganzen ein munterer, wüster Haufen in unserer Klasse. Mit zwei Dritteln davon konnte man Pferde stehlen. Ich merkte zwar, dass ich in diesem Betrieb kaum etwas lernte, das ich nicht schon vorher vom Haushalt wusste, aber es machte einfach Spaß, dabei zu sein. So war es fast schade, als sich das Jahr seinem Abschluss näherte.

Das Schlussexamen sollte recht ernst genommen werden. Einen Tag mündlich, einen Tag schriftliche Arbeiten, einen Tag praktischer Haushalt und am letzten Tag Kochen; so waren die Fächer, in denen wir unser Können zeigen sollten, eingeteilt. Dazu eine Ausstellung unserer Handarbeiten. Die Vertreter der Stadt sollten anwesend sein, denn es war eine ›städtische Prüfung‹. Aber die Stimmung der Prüflinge stieg von Tag zu Tag, denn zum Examen erschien kein fremdes Gesicht. Die Sache war recht harmlos und viel leichter, als wir gedacht hatten. Nach dem Kochen am letzten Tag sollten wir selbst die Reste aufessen dürfen, welche die Prüfungskommission nicht verspeist hatte. Meine unbegabte Partnerin weinte vor Aufregung salzige Tränen in ihren geschmacklosen Heringssalat (oder war es Fischmayonnaise?). Aber sonst ging alles gut – abgesehen davon, dass eine Platte mit belegten Schnittchen in den Abwaschtisch fiel. Da sie aber schon ›zensiert‹ war, schadete das nichts. Nur die hohe Kommission hatte nun nichts mehr davon.

Vier Schülerinnen, darunter Anneliese, hatte das Los getroffen, der Prüfungskommission das warme Mittagessen zu servieren, von dem wir dann die Reste bekamen. Suppe, Braten und Gemüse wurden, nachdem die Prüfenden sich gesättigt hatten, in die Küche zurückgebracht und dort gerecht verteilt, wobei auch der Serviererinnen gedacht wurde. Heute waren nun tatsächlich die städtischen Prüfer da. Die anderen Speisen für das kalte Büffet standen in einem Klassenraum kühl. Kaltes Büffet lockt immer. Ich hielt für Anneliese eine Schüssel mit den Resten des Mittagessens in der Hand, als der Gedanke aufkam: Wir haben ja noch gar nichts von den kalten Sachen bekommen! Also hin! Bewaffnet mit Tellern, Schüsseln und Löffeln marschierten wir in den wohlduftenden Raum. Da stand all die mühsam gezauberte Herrlichkeit in vollem Glanz. Ob die Kommission schon da gewesen war, diese Frage wurde schnell verdrängt, und wie die Berserker stürzten wir uns haltlos darauf. Oben trank man jetzt noch Mokka. Ich füllte eine Platte für Anneliese und mich, andere griffen nur hier und dort mit Suppenlöffeln zu. Stimmung, Krach und Gelächter erreichten ihren Höhepunkt, und wir waren für die Außenwelt unempfänglich.

Da öffnete sich die Tür, und die fassungslosen Gesichter von Lehrern und Behörde starrten uns entgegen. Der einhellige Schrei unserer Meute bewies, dass wir den Schrecken teilten. Aber wir fassten uns schnell. Die Tür zum Flur war durch mindestens fünfzehn staunende Gesichter verstellt. Aber eine Seitentür wurde aufgerissen. Eine Schulbank stand davor; eine Lehrerin bemühte sich, in diesem Raum zu unterrichten. Sie hatte sich wohl schon vorher über die Lebhaftigkeit der speisenden Lehrkräfte gewundert. Wir übersprangen die Bank, ich trug mit Geschick Annelieses Anrechte am Mahl über die Hürde. Käthe P., welche die Schlacht verloren sah und noch retten wollte, was möglich war, ergriff eine Schüssel mit Zitronencreme und entfernte sich seelenruhig damit. Jedenfalls waren wir alle draußen, ehe noch ein artikuliertes Wort aus dem Mund der Lehrkräfte entwich. Wie verabredet, trafen wir uns in einer Bude oben im Internat mit den Serviererinnen, die dort ihren Anteil bekamen. Was nun? Welche Strafe? Jedes Prüfungsergebnis wurde auf Beschluss der Kommission um eine Note herabgesetzt. Wir fanden das ungerecht gegen diejenigen, die serviert hatten und gar nicht beteiligt waren. Doch mir machte diese Rückstufung nichts aus, da ich zu weiterer Berufsausbildung vorerst noch zu jung war. Ich hatte jetzt eine freundliche Zeit als *Tochter im Haus* vor mir.

Weil ich mich an meinem achtzehnten Geburtstag, allen Vorsätzen zum Trotz, verlobte, änderten sich auch meine Ausbildungspläne. Eigentlich hatte ich im Herbst, endlich achtzehn Jahre alt, mit der Krankenpflege anfangen wollen, wie es sich für eine Gesundheitsfürsorgerin gehörte. Doch dazu hatte ich nun keine Lust mehr. Warum sollte ich die zwei Jahre meiner Brautzeit so eingespannt zubringen? Aber ich sollte damals noch etwas von Berlin weg, hatten die Eltern beschlossen – da könnte ich ja etwas *Säuglingspflege* lernen. Damit war ich einverstanden, wenn ich schon nicht zuhause bleiben sollte. In Frankfurt an der Oder war mein Onkel Hans von Hase geistlicher Vorstand des Lutherstiftes, das als gutes Säuglingsheim bekannt war. Aber ich wollte nicht geistlich beonkelt und deshalb bevorzugt werden. Frankfurt war schon recht – schön nah an Berlin, und die Hasen waren ja auch für die freien Stunden eine nette Gesellschaft. Doch ich bevorzugte das städtische Krankenhaus mit seiner Säuglingsabteilung. Noch lieber wäre ich auf die Kinder-Krankenstation gegangen, denn ich hatte mir schon als Kind nicht viel aus Babypuppen gemacht. Mein Vater meinte aber, die Eindrücke wären für mich doch netter bei den Gesunden, und ich könnte mir mit erlernter Säuglingspflege später viele Ängste ersparen, auch wenn ich das nicht zu meinem Beruf machte.

Meine Mutter brachte mich hin. Wir hatten ein Zimmer gemietet, damit ich nicht in der Klinik wohnen musste. Dort bekam ich für meine Arbeit nur ein Mittagessen; die übrigen Mahlzeiten bereitete ich mir selbst. Die Oberin empfing ›Frau Geheimrat‹ überaus freundlich und führte uns durch die drei Säle, wo die Babys lagen. In einem Raum waren die ganz Kleinen von vierzehn Tagen an, die zum Teil noch von ihren Müttern gestillt wurden; im zweiten, sehr großen Raum mit sechzig Betten lagen die Babys von einem viertel Jahr bis zu einem Jahr. Im dritten Raum schliefen die Krabbelkinder bis zu zwei Jahren in zwölf Betten. Es war um die Mittagszeit an einem warmen Septembertag, und zu meinem Erstaunen saßen um jeden Kindermund in dem Sechzig-Betten-Raum drei bis vier Fliegen. Später bekam ich heraus, dass die Fliegen als Servietten dienten: Sie leckten die Milchreste fort, die dort anstanden, denn dazu kamen die Schwestern nicht. Die Flaschen wurden auf das eingedellte Federbett gelegt, in den Mund gesteckt und nach einer halben Stunde wieder abgeholt. So war auf Kissen und Gesicht reichlich Nahrung für Krankenhaus-Fliegen, die sich dort entsprechend einstellten. Ein paar Fliegenfänger an den Lampen, dicht besetzt, schmückten den Raum, halfen aber nicht weiter. Ich hätte an Stelle meiner Mutter gleich kehrtgemacht. Aber sie sagte nichts. Ich weiß nicht warum. So gingen wir von Bettchen zu Bettchen, bis die Oberin strahlend vor einem stehen blieb und mitteilte: »Das ist unser Eheliches! Der Vater ist auf See.« Also alle anderen unehelich. Ich war auf den Besuchstag gespannt.

Bei den *Krabbelkindern* fing ich an. Für fast hundert Kinder, also den ganzen Betrieb, waren außer der Oberin zwei Schwestern und drei Schülerinnen da. Die Oberin saß nur in ihrem Zimmer am Schreibtisch. Sie war magenleidend und musste extra Kost haben. Unser Essen war unvorstellbar schlecht. Manchmal gab es nur zwei Restsuppen vom Vortag aus verschiedenen Abteilungen. Dafür wurde dreimal gebetet. Einmal vorher ein Bittgebet (ehe man sich klar war, was man vorgeworfen bekäme); zwischen den Gängen die Tageslosung der Brüdergemeine und Gesang des angegebenen Verses, falls die Melodie bekannt genug war. Nach dem Essen dann noch der herzliche Dank an den lieben himmlischen Vater. Es wurde so schlecht gekocht, dass der himmlische Vater auch die besten Gaben hätte geben können – die lieblose Massenküche hätte sie doch verhunzt. Die Oberin bekam ein Hühnchen in Reis oder ein Filet und hatte es leicht zu danken. Zu Anfang bot sie mir davon an: »Schwester Suschen, Sie sind es doch besser gewöhnt!« Aber der Ingrimm, mit dem ich diese Angebote ablehnte (für sie völlig unverständlich), verschonte mich bald von solchen Ansinnen und machte mich bei den Schwestern beliebt. Diejenigen, die auch zum Frühstück und Abendessen auf diese unmögliche Kost angewiesen waren und dabei noch viel mehr Dienst tun mussten als ich, taten mir herzlich leid, und ich brachte oft Obst und Schokolade mit.

Nach einem Tag musste ich meine zwölf Kleinkinder bereits ganz allein versorgen. Die alte Schwester und eine Schülerin kümmerten sich um die ganz Kleinen, die Jüngere mit zwei Schülerinnen um den großen Saal, und mich ließ man machen. Nun hatte ich ja durch meine Neffen und Nichten ganz gute Übung – aber diese Kinder waren trostlos. Früh um sieben nahm ich sie auf und töpfte sie. Das war das Einzige, was sie konnten. Selbst die fast Zweijährigen sprachen noch kein Wort. Dabei waren sie nicht dumm, sondern nur kleine Kaspar Hausers, um die sich kein Mensch gekümmert hatte (außer um ihre biologischen Funktionen). Waren sie gewaschen, angezogen und gekämmt – ja, sogar die Temperatur wurde täglich gemessen, das musste statistisch erfasst werden –, kamen sie in ein Spielzimmer. Wäre ich nicht so fix gewesen, hätte man mich dafür nicht mit den Zwölf allein lassen können. Die Oberin staunte süßlich, wie schnell die Kleinen morgens in gutem Zustand in ihren Boxen waren. Drei Boxen für zwölf Kinder, also je vier in einer. Zum Töpfen wurde jedes in einer Ecke festgebunden. Sie hatten alle außerdem noch Gummihosen mit dicken Windeln darin an und hässliche graue Barchent-Kittel.[83] Sie lernten bei mir schnell »Bitte, bitte«, »Winke, winke«, »Backe, backe Kuchen« und »Wie das Fähnchen auf dem Turme« – alles mit großem Vergnügen. Ich redete pausenlos mit ihnen, beim Anziehen und bei jeder anderen Tätigkeit, und manche begannen zu plappern. Das Wort »Mama« wagte ich aber nicht, ihnen beizubringen. Als ich die dreckigen, dunklen Gummipuppen, die sie zum Spielen hatten, scheuerte, bis sie wieder rot waren, zeigte sich die Oberin beleidigt.

Ich war wohl doch etwas zu kritisch und selbsttätig vorgegangen; so kam ich zu den *Brustkindern*, den ganz Kleinen, welche die alte Schwester versorgte – mit der Begründung, ich solle doch alles kennen lernen. Zwei Schülerinnen übernahmen meine Großen und bemühten sich in meinem Sinn weiter um sie. Die Alte sollte übrigens ein Drachen sein, wurde mir warnend gesagt. Es gelang mir, diesen Drachen durch meine Schnelligkeit zu besiegen. Ich brachte es fertig, in einer dreiviertel Stunde sechzehn Babys zu baden und trockenzulegen. Das war aber auch der Rekord: eintauchen, Köpfchen waschen, einmal mit dem Mulllappen übers Ganze, Wendung auf den Bauch, um den Rücken zu waschen, raus, abrubbeln. Babybaden konnte ich von Haus aus. Natürlich hatte ich mir Windeln, Jäckchen und so weiter am Abend vorher für jedes Kind zurechtgelegt, sodass ich am laufenden Band arbeiten konnte. Trotzdem hatte ich immer noch Zeit für die schikanösen Belange der alten Schwester. Als ich in der Mittagspause unaufgefordert die Möbel im Zimmer schneeweiß scheuerte, hatte ich ihr Herz gewonnen. Sie fasste sogar Vertrauen und schimpfte auf die Oberin, unter der sie sehr litt. Sie hatte wohl meist ihre Wut einfach an die wehrlosen Schülerinnen weitergegeben. Sie fühlte sich von der adeligen Oberin übergangen, weil sie aus kleinen Verhältnissen stammte. Hätte sie aber selbst die Stellung der Oberin gehabt, wäre sie bestimmt ebenso ein Ekel gewesen.

Bald schien der Oberin der Zweck meiner Versetzung nicht erfüllt, denn wir verstanden uns zu gut und hatten bei meinem Arbeitstempo sogar noch Zeit für ein Schwätzchen. So schlug sie mir vor, ein bisschen in der Milchküche zu arbeiten. Dazu hatte ich aber gar keine Neigung, denn da hätte ich den ganzen Tag nur

---

83 Barchent ist ein Mischgewebe aus Baumwolle und Leinen, das oft auf einer Seite aufgeraut ist, damit es besser wärmt.

Flaschen waschen müssen. Weil ich als freie Schülerin ohne jeden Vertrag war, nur als eine Art Aushilfe, konnte ich das ablehnen. Ich wollte lieber bei den *Babys* im großen Saal arbeiten (wo allerdings am meisten zu tun war). Das ständige laute Gebrüll dort strengte an und klang mir am Anfang stets in den Ohren. Zuerst wurde ich mit den ›positiven Wassermännern‹ vertraut gemacht, die man nicht mit einer ungeschützten Wunde – und sei sie noch so klein – berühren durfte. Da war ich sehr vorsichtig, denn ich hatte keine Lust, mir eine Geschlechtskrankheit zu holen. Jetzt gab es keine Pause mehr. Abends um acht Uhr wankte ich todmüde in mein möbliertes Zimmer. Den Fliegen sagte ich einen erfolgreichen Kampf an, aber das kostete meine Mittagspause. Ein Bild des Jammers waren die auf ihren Topfstühlchen stundenlang festgebundenen neun Monate alten Kinder, die sich bestimmt eine Rückgratverkrümmung holten. Aber die Topfstühlchen waren das Lieblingsutensil der Oberin, weil sie so zeitsparend sind. Mittags kamen die Stillmütter, um beim Füttern zu helfen – für einen Teller Suppe. Einer Mutter fiel ihr Baby herunter; es blutete aus dem Mund. Ich sah, dass es sich in die Zunge gebissen hatte. Als die Oberin von dem Sturz erfuhr, sagte sie nur:»Bloß nichts Frau Doktor davon sagen!«

Frau Doktor ging jeden Tag einmal durch die Abteilung, rieb sich die Hände und fragte:»Alles in Ordnung?« Sie sah auf die Fieberkurven, umging zu unserer Belustigung die ›Wassermänner‹ geflissentlich, sah nach ihrem blondgelockten Liebling Reinhold (den die Mutter, wie ich hörte und nur mühsam begriff, ›für eigen‹ geben wollte[84]) und entschwand. Wurde ein Kind ernstlich krank, brachten wir es hinüber ins Krankenhaus. Manche sahen wir nicht wieder. Das lief dann unter ›Abgang‹! Als Erinnerung blieben uns die Fieberkurven. Jedenfalls war unsere Station ärztlich ziemlich unbelastet.

Da hieß es eines Morgens:»Chefvisite kommt!« Die Aufregung war ungeheuer. Die weißen Bettchen wurden so schnell wie möglich abgeseift. Sie wurden alle frisch bezogen – die alten Bezüge aber unter die Matratzen gelegt, um gleich nach der Visite wieder benutzt zu werden. Sogar Fenster und Türen wurden eilgereinigt, aber auch Löckchen gekämmt und Scheitel gezogen. Eine Schwester bekam die Aufsicht über die Spuckkinder, um sie sofort mit neuen Lätz-

---

84 D.h. er sollte zur Adoption freigegeben werden.

chen zu versehen. Ich lachte mich innerlich scheckig und überlegte, ob das in der Charité auch so wäre, wenn mein Vater käme. Aber er kam wohl zu oft, als dass solcher Umstand gemacht werden konnte. Der Chefarzt war der Professor, mit dem mein Vater von Berlin aus telefoniert hatte, damit ich aufgenommen würde. Ich hätte bei ihm einen Besuch machen sollen, aber dazu war es noch nicht gekommen, weil ich ja gleich einen Unfall gehabt hatte und erstmal wieder zurück nach Berlin fuhr; und dann hatte ich diese lästige Auflage verdrängt. Das hätte mir unter den Schwestern eine Sonderstellung gegeben, und in meinem jugendlichen Idealismus lehnte ich alle ›Beziehungen‹ als unmoralisch ab. Die Oberin war nun aber nicht zu halten und wollte mich vorstellen. Aber sie ließ es dann doch bleiben. Ich begegnete ihm nämlich ziemlich undekorativ. Im letzten Moment waren die Töpfchen der Großen für reinigungsbedürftig befunden worden. »Er kommt schon, er kommt schon«, hieß es, und keine der Schwestern wollte das mehr machen. Mich ging es eigentlich nichts an, aber dass alle sich weigerten, ärgerte mich so, dass ich eine Topfpyramide aus zwölf Blechtöpfchen baute und damit hinauseilte. Ich stieß aber die Tür dem Professor gerade in den Bauch – die weißen Kittel prallten ängstlich zurück, und die Töpfchen kullerten (zum Teil mit Inhalt) dem Assistentenschwanz und ihm vor die Füße. Die Oberin riss die Tür weit auf, mich ereilte ein zorniger Blick, und ich hätte schallend losgelacht, wäre ich nicht darüber verärgert gewesen, dass keiner der jungen medizinischen Schnösel mir beim Aufheben half.

Wie gut, dass ich ein möbliertes Zimmer bewohnte und mich nicht noch abends in der Klinik aufhalten musste. Ich wohnte bei einem kinderlosen Ehepaar in einem kleinen Reihen-Siedlungshäuschen, mit abgesonderter Schlafnische (sprich: Alkoven). Er war irgendwo als kleiner Beamter tätig, und sie lebte für den Haushalt. Ihr Stolz waren ihre Aluminiumtöpfe, die nach zwanzigjährigem Gebrauch aussahen wie neu erworben. Meine Mutter hatte mich dort eingemietet mit Frühstück, Bedienung und der Erlaubnis, mir Abendessen zuzubereiten. Meine erste Tat bestand darin, das Frühstück abzubestellen, denn ich mochte um halb sieben noch nichts essen und sparte mir das Geld lieber. Abends benutzte ich die Küche auch nicht mehr viel; ich war einfach zu müde, um mir noch etwas zu kochen und aß Brot, Obst und Rollmops in meinem Zimmer. Ich sollte zwar nicht länger als acht Stunden auf der Station bleiben, aber daraus wurde nichts. Ich hielt es für gut, zum Arbeitsanfang da zu sein (nach der Andacht und dem traurigem Frühstück), und das war um sieben Uhr. Aus den zwei Stunden Mittagspause wurde selten mehr als die Möglichkeit einzukaufen, Schürzen zu bügeln und zu nähen – was ich gleich im Krankenhaus tat (möglichst im Freien, um mal an die Luft zu kommen). Abends um sieben, wenn die Schwestern sich zum Essen setzten, sollte ich spätestens heimgehen. Aber meist war irgendetwas nicht geschafft, was notwendig war, bevor die Nachtschwester kam. So erledigte ich das schnell noch, während die anderen aßen, und verdrückte mich, wenn ich sie den Dankchoral anstimmen hörte.

Abends schrieb ich dann an Walter oder las, denn es fehlte mir am meisten, dass man dazu Zeit fand. Oft bekam ich auch Besuch von einer der Schwesternschülerinnen, der ich in Liebesangelegenheiten raten oder Briefe schreiben musste. Ich habe sehr hübsche, innige Worte diktiert. Eine brachte einen ›Liebesbriefsteller‹ mit, den sie sich gekauft hatte. Aber dann gefiel ihr mein Produkt doch besser, und mir auch. Sonntagnachmittag vertrat ich oft eine der Schülerinnen, die eine Verabredung hatte. An zwei Nachmittagen der Woche hatte ich ganz frei. Das war ein großer Vorzug, nachmittags nicht wieder arbeiten zu müssen. Dann besuchte ich schon zum Mittagessen Hases – oder wenn ich zu faul war, blieb ich ganz ruhig in meinem Zimmer und wohnte einfach dort. Es war wirklich ganz nett gemacht. Sogar im Klo war eine kleine Bibliothek untergebracht, was ich noch nie gesehen hatte.

Einmal besuchte mich meine Mutter und ging mit mir zu einem vorzüglichen Essen aus, was mir aber so schlecht bekam, dass ich über Bord ging, weil ich es nicht mehr gewohnt war. Eines Sonntags kam auch Walter nach Frankfurt, und wir machten eine schöne Wanderung an der Oder entlang. Die Hase'schen Cousinen gingen noch zur Schule; ich kam mir den fast Gleichaltrigen gegenüber doch sehr erwachsen vor. Ich hatte so ganz andere Belange und Interessen, dass ich mich fast lieber mit den Kleineren aus der Familie beschäftigte, die an mir hingen und es herrlich fanden, wenn ich kam. Sonst lebte ich elend bescheiden und sparte auch viel von meinem Monatswechsel.

Eigentlich wollte ich bis Ostern in Frankfurt bleiben, aber es kam zu einem vorzeitigen Abbruch. Denn kurz vor Weihnachten erlitt ich eine schwere Mandelentzündung. Schon lange hatte ich mich schlecht gefühlt, kam aber nicht auf die Idee, krank zu sein. Schließlich ergriff ich doch eines der vielen Thermometer in der Klinik und klemmte es mir während der Arbeit unter den Arm – um nach Kurzem festzustellen, dass ich 39 Grad Fieber hatte. So meldete ich mich krank und kehrte auf meine Bude zurück, nachdem ich allerhand Säfte und Kekse eingekauft hatte. Ich wollte nicht, dass man zu Hause etwas erfuhr, aber da das Fieber sehr stieg und ich dadurch nicht ganz bei Bewusstsein war, rief die Wirtin ihren Arzt, und am Tag darauf war meine Mutter da. Wieder einen Tag später war ich transportfähig. Auf roten Polstern liegend eilte ich erster Klasse der Heimat zu und freute mich.

Die Zeit war mir sehr lang geworden, obwohl ich eigentlich kaum acht Wochen dort zugebracht habe. Ich hatte währenddessen in drei Abteilungen gearbeitet und sogar eine Woche lang Nachtwache übernommen, was eigentlich völlig unzulässig und nur aus dem Schwesternmangel zu erklären war. Aber wir hatten ja keine ernstlich kranken Kinder bei uns. Zweimal kam nachts jemand zur Kontrolle aus der Kinderkrankenstation. Ich fand Nachtwache herrlich, weil es so ruhig war und ich zum Lesen kam. Zur Ermunterung hatte man einen Topf mit Kaffee bei sich und vier Mahlzeiten Brot, die ich mir noch etwas aufbesserte. Die Tage hatte ich dann für mich. Wenn ich ausgeschlafen war, ging ich in dieser Zeit gerne zu Hases und half meiner Tante Adda (die ich ja sehr mochte) etwas bei ihrem großen Haushalt – bei ernsthaften Gesprächen über Gott und die Welt.

Nun war alles sehr schnell und abschiedslos zu Ende gegangen. Ich machte aus meinem Herzen keine Mördergrube und erzählte zu Hause mit viel Vergnügen von den Unmöglichkeiten dieser Lehranstalt. Mein Aussehen bestätigte wohl auch ihre Bekömmlichkeit! Jedenfalls fragten die Eltern mich, ob ich nach Weihnachten wieder dorthin ginge oder ob man das Zimmer aufgeben solle. Ich wollte keineswegs wieder hin.

Ich hatte viel darüber gelernt, wie man es *nicht* machen soll – aber auch gemerkt, dass die wenigsten Kinder deswegen sterben. Für den Hausgebrauch war wohl das Wichtigste, dass ich eine große Schnelligkeit und Sicherheit im Baby-Versorgen bekommen hatte und meine Überängstlichkeit diesen zerbrechlichen Geschöpfen gegenüber verloren hatte. An den Besuchstagen habe ich einen ersten Einblick in traurige soziale Verhältnisse bekommen, die weniger durch Armut als durch Haltlosigkeit begründet waren. Da saß eine Großmutter mit Myrtensträußchen, um ihr Enkelkind zur Taufe abzuholen. Die Mutter des Kindes, also ihre Tochter, war mit fünfzehn Jahren kürzlich im Kindbett gestorben, während ihr zweiter Mann, der Kindsvater, im Zuchthaus saß. Das Baby war ganz reizend anzusehen. – Da war auch eine Mutter, die ihr fünftes uneheliches Kind bei uns hatte, das sie aber regelmäßig besuchte. Die älteren Geschwister gingen schon auf die Hilfsschule. – Schön waren die Mütter von ›Kindern der Sünde‹ überhaupt nicht. Darin täuschten sich wohl die Romane. Aber die meisten waren warmherzige, törichte Muttertiere, die sich schwer von ihren Kindern trennten. Viele Kinder wurden allerdings gar nicht besucht. Auch diese Möglichkeit lernte ich kennen. Damit hatte ich genug gesehen. Weihnachten wurde unsere Verlobung publik gemacht, und ich blieb zu Hause.

Den Vorschlag meiner Eltern, mir während meiner Brautjahre noch eine abgeschlossene Berufsausbildung zu verschaffen, hielt ich für unbegründetes Misstrauen in meine Zukunft. Es schien mir wesentlicher, das Notwendige zu erlernen, um einen Haushalt führen zu können, ohne allzu viel Zeit und Geld dafür zu verwenden. Dass ich später nie so viel zur Verfügung haben würde wie meine Schwestern, war mir klar. Aber ich legte auch keinen großen Wert darauf. Kochen und putzen ging mir gut und schnell von der Hand. Desgleichen nun auch die Säuglingspflege. Was ich kaum konnte, war schneidern, aber das ließ sich ja in Kursen vom Hausfrauenverein erlernen. Ganz wichtig war mir, *Schreibmaschine* zu lernen. Ich glaubte einerseits, meinem Mann damit helfen zu können, und hätte es andererseits bei meiner schlechten Handschrift auch gerne für eigene Zwecke beherrscht. In einem Plan der Rackow-Schule[85] strich ich meinen Eltern die Kurse an, die ich nehmen wollte. Aber Stenografie wurde mir abgelehnt. Das wäre völlig sinnlos, solange ich noch nicht mal richtig deutsch schreiben könne. Wenn schon meine Handschrift unlesbar war, so würde ich wohl kaum in der Lage sein, Stenografie entziffern zu können, die ich in Eile geschrieben hätte.

85 Eine staatlich anerkannte Privatschule, die 1867 von Prof. August Rackow in Berlin gegründet worden ist und den Schwerpunkt auf kaufmännische Ausbildung legt.

Auch der Kurs in Schreibmaschine wurde davon abhängig gemacht, dass ich außerdem einen *Schönschriftkurs* mitmachte, den meine Eltern in dem Prospekt entdeckt hatten. Meine schlechte Handschrift war meiner Mutter, die sich doch für meine Anfangsgründe verantwortlich fühlte, immer eine Anfechtung. Ich verdarb sie mir vollends durch das viele Schreiben bloß für mich selbst beziehungsweise nur zum Wegwerfen – ganz ohne den Zweck, von mir oder anderen jemals gelesen zu werden. Ja, sogar mit der unbewussten Absicht, unleserlich zu sein, nur als Medium für zeitgebundene Empfindungen. Nun saß ich also mit einem richtigen Federhalter in der Hand zwischen lauter beflissenen Ladenjünglingen und eben solchen kleinen Mädchen und schrieb dekorative Buchstaben. Ich war so völlig deplaziert dort, so absolut alleinstehend, dass ich gar nicht dazu kam, mich zu ärgern, sondern aus dem Staunen und Grinsen überhaupt nicht mehr herauskam. Das Ziel des Unterrichts war, ›Saure Gurken‹ und die entsprechende Preisangabe mit Schwung und fehlerfrei auf eine schwarze Holztafel schreiben zu können und auch tadellose Zahlen in Kontobücher einzutragen. Auf den Zeitaufwand kam es dabei nicht an. Hauptsache immer zwischen den Zeilen bleiben, die erst punktiert, dann nur gedacht waren. Nach Absolvierung des Anfängerkurses (sogar erfolgreich!) trennte ich mich von meinen Klassengenossen und überließ ihnen das Fortschreiten. Der Lehrer war dessen ganz froh. Ich hatte allgemein erheiternde Bemerkungen nicht immer unterdrückt.

Zu Weihnachten hatte ich eine Schreibmaschine bekommen. Aber ich wollte darauf nicht nur mit zwei Fingern tippen können, sondern schnell und richtig. Die Teilnehmer des Anfangskurses in Schreibmaschine setzten sich anders zusammen als die Schönschreiber. Es waren meist Privatleute, die eine Maschine hatten oder sich kaufen wollten. Besonders imponierten mir einige einarmige Kriegsverletzte und zwei Blinde, die sich an diesem Kurs beteiligten; nach ihren Kräften und mit Erfolg. Zehnfingersystem und blind sollten wir schreiben lernen. ›Blind‹ hieß: nicht auf die Tasten sehen, sondern den Platz der Buchstaben im Kopf haben. Zuerst half dabei eine große Tafel an der Wand, auf der die Buchstaben ihrer Anordnung auf der Maschine nach abgebildet waren. Das erleichterte das Abschreiben, was ja für mich in Walters Interesse wichtig war. Aber wirklich blind sein und doch ebenso schnell und fehlerfrei schreiben wie wir mit unseren Schielblicken auf die Tasten –

das war schon bewundernswert. Nicht einmal beim Einspannen brauchte man ihnen zu helfen. Ich legte das Blaupapier eher von der falschen Seite auf als der Blinde neben mir, der vorsichtig mit dem Finger darüber strich, um die färbende Seite zu erkennen. Dass man das Zehn-Finger-System auch mit fünf Fingern bewältigen konnte, war eine fast ebenso erstaunliche Leistung. Allerdings war der Kurs, den sie mitmachten, nicht ihr erster, sondern diente nur noch der weiteren Übung.

Man blieb sich sehr fremd in diesem Kurs, da es kaum Gelegenheit gab, Kontakt aufzunehmen. Ich machte die freien Übungsstunden nicht mit, weil ich zu Hause eine Maschine hatte. Dort übte ich wirklich fleißig und lernte schnell und leidlich gut tippen. Seitenweise übte ich die kleinen Zwischenworte: und, was, wer, der, die, das, ein – und so weiter. Dann fing ich an, blind abzuschreiben. Ich hatte die Buchstaben wirklich so im Kopf, wie sie auf der Maschine geordnet waren, ohne nachzudenken. Am Schrank über dem Fußende meines Bettes hatte ich mir einen sogenannten ›Spiegel‹ gemacht (wie wir ihn in der Schule hatten), auf den mein Blick fiel, wenn ich erwachte. So prägte sich mir fast im Schlaf das Bild ein, und ich tippte oft auf meiner Bettdecke. Nun begann ich abzuschreiben und erwählte dazu das mir unbekannte Buch Esther aus dem Alten Testament. So gedachte ich, es gut kennen zu lernen, und tat das auch. Ich war einigermaßen stolz, als ich es geschafft hatte. Sehr oft habe ich mich dabei vertippt, aber es war doch eine gute Übung. Ich liebte meine kleine ›Erika‹, eine Reiseschreibmaschine. Ich nahm sie mit, wenn ich in die Ferien ging, und lernte an ihr nicht nur Maschine schreiben, sondern verbesserte auch meine Rechtschreibung. Die vierzig Seiten von Walters Habilitationsschrift (mit viel Latein) habe ich im zweiten Jahr unserer Verlobungszeit im Schweiße meines Angesichts getippt. Es war für mich interessant und kam uns billig. Der Inhalt wurde ›sehr gut‹ bewertet – aber das Ganze sei nicht fehlerfrei genug geschrieben, monierten die Professoren.

Nebenbei besuchte ich an zwei Vormittagen in der Woche auch noch einen *Weißnäherei-Kurs* in einer Privatwohnung am Kaiserplatz in Wilmersdorf. »Intelligente Mädchen fangen bei mir mit einem Frackhemd an«, sagte die kleine, etwas verschrumpelte, gebildete Dame, die diesen Kurs hielt. So probierte ich in der ersten Stunde erstmal alle verschiedenen ›Füßchen‹ aus (Wattierer, Kapper, Säumer und Kordeleinfasser) und kam beim nächsten Mal mit den genauen Maßen meines Liebsten. Der Schnitt wurde mathematisch genau berechnet. Das kannte ich schon aus dem Pestalozzi-Fröbel-Haus und machte es gern. Unter die Maschinennadel kam als Erstes der Pikée-Einsatz. »Man sieht dem Hemd Ihres Verlobten nicht an, wie schnell Sie es genäht haben, sondern ob es sitzt und wie gut es genäht ist. Also bitte genau!« Das war nicht ganz leicht, aber sehr einleuchtend. Es war gut, dass ich eine so vernünftige Schneiderlehrerin hatte, bei der es Spaß machte zu lernen, weil sie so gescheit war. Zwei junge Frauen waren mit mir zusammen. Sie nähten schon andere Sachen und hatten das Frackhemd bereits hinter sich. Fräulein Roth, die irgendwie professörlicher Abkunft war, nahm durchaus nicht jede Schülerin. Törichte schickte sie einfach weg. »Die kann ich nicht unterrichten, sie machen mich nervös!«, erklärte sie. Wir waren sehr vergnügt miteinander und wirklich fleißig. Solche Fälle wie ich, die eigentlich eine Aversion gegen das Nähen mitbrachten, sich in der Schule möglichst davor drückten und auch keine Puppenkleider angefertigt hatten, die machten ihr besonderen Spaß, und es gelang ihr meistens, sie zu bekehren. »Wenn Sie Weißnähen gelernt haben, können Sie Schneidern wie von selbst«, sagte sie und behielt damit recht.

In den Schneiderkursen für Damen- und Kinderkleidung, die ich in unterschiedlichen Stadtteilen und von den verschiedensten Hausfrauen-Gruppen aus mitmachte, lernte ich nichts Wesentliches hinzu. Weißnähen ging so angenehm ohne anprobieren! In den Schneiderkursen, die viel stärker besucht waren und wo umfangreiche, ältere Damen schwitzten, war miese Luft und eine trostlose Stimmung. Meine Erinnerungen an Fräulein Roth manifestieren sich im akkuraten weißen Pikée-Einsatz; diejenigen an die anderen Schneiderkurse alle im Armblatt. Ich bin dann einfach nicht mehr hingegangen, sondern habe mich mit der eigenen neuen Nähmaschine befreundet und Neffen und Nichten beschenkt. Das hat mir viel Spaß gemacht, und ehe ich heiratete, gewann ich darin große Übung. Die freischaffende Tätigkeit an Näh- und Schreibmaschine ersetzte mir in meiner Brautzeit gut und gern jede Ausbildung oder berufliche Verpflichtung.

BAND 3:
DAS KULTURELLE LEBEN DER
FAMILIE BONHOEFFER

3.1 Malerei und bildende Kunst

Im ersten Kriegsjahr 1914 habe ich unter Sabines Anleitung das *Tuschen* erlernt. Weiße kleine Stellen nennen wir ›Russen‹, und Sabine sorgt dafür, dass ich sie restlos vernichte, also übermale. Auch bei Buntstift dürfen keine Lücken bleiben – aber beim Tuschen sind sie ganz verpönt, ebenso wie ›Grenzen‹, also Wasserränder. Meinen ersten Tuschkasten bekam ich viel später – aber ich erbte halbleere von den großen Geschwistern, und Sabine borgte mir, wenn sie dabei blieb, auch ihren eigenen, mit Deckweiß und Gold. Ich durfte nur nicht auf den Farbstücken mischen. Farben mischen war so wunderbar überraschend.

Später erklärte sie mir dann auch den Farbkreis, die Komplementär-Farben und das Spektrum. Dass alle Farben zusammen weiß ergeben sollten, konnte ich nicht recht glauben, trotz aller Ergebung in das Wissen der Großen. Wenn ich alle Farben mischte, gab es Dreckfarbe. Die Farben müssten ganz rein sein, wurde mir gesagt. Ich schrubbte meinen Tuschkasten, bis sogar das Gelb keinen grünen Schimmer mehr hatte. Die Farben waren nun ›rein‹ – und doch gab es Dreckfarbe. »Probieren kann man das nicht«, sagte mir Dietrich, »das ist nur in Wirklichkeit so.« Vielleicht fiel es ihm leichter als mir, an eine Wirklichkeit zu glauben, die man nicht sehen kann. Mit meinem ersten ganz neuen Tubenkasten habe ich wieder versucht, zu lichtem Weiß zu kommen, weil ich an der Reinheit der verschlossenen Farben nicht zweifelte. Vergebens!

Ich war austusch-wütig. Keine Zeichnung in Büchern, keine Zeitschrift, kein Katalog entging meinem Pinsel. Es war fast eine Art von Sucht, denn ich konnte auch Büchern (selbst den Schulbüchern der Geschwister) nicht immer widerstehen, und es gab dann manchmal sehr verdienten Ärger damit. Ich wusste genau, dass ich keinem Freude damit machte – aber ich wusste auch, dass es mir selbst ganz ungeheure Freude bereiten würde, alles (besonders Naturkundebücher) auszumalen. Ich lernte den ›Schmeil‹[86] dadurch sehr gut kennen. Nur die große Bilderbibel von Doré[87] blieb um ihrer Heiligkeit willen verschont. Besonders wurde ich immer von den Bildern Ludwig Richters[88] angezogen.

Freischaffend auf unbedrucktem Papier malte ich nicht so gern, da das Entstehende dem Geplanten so wenig entsprach. Bei Sabine wurde es viel schöner. Nur für billige Geschenke ließ es sich nicht immer umgehen. Aber auch dafür erschienen mir ausgetuschte Postkarten aus dem Malbuch passender. Dass keine Mutter ihrem Kind rote Hosen zu einer grünen Jacke anzog, und dass kein Mädchen ein lila Kleid mit gelben Punkten trug, begriff ich zu meinem Leidwesen durch Sabines Anleitung. Ich hätte das bestimmt getan. Dass Erwachsene in düsteren Farben zu halten waren, hatte nur den Vorteil, dass man die Farben grau, dunkelblau und ein hässliches braun aus dem Tuschkasten loswurde. Meine Mutter, die wirklich gut malen konnte, hatte keine Zeit, sich um die Künste ihrer Jüngsten zu kümmern, und ich war bald sicher, dass ich einfach nicht begabt war. Erst später, als ich im Kreis der Familie beim Ostereier Verzieren mitmachen durfte, bekam ich Mut und Freude am Schöpferischen. Mich küsste die Muse meist nur zweckgebunden.

Sabine konnte *malen*, sogar Menschen – und ich musste ihr ›sitzen‹. Sie heftete einen großen Bogen mit Reißzwecken an die Wand hinter mir und stellte auf meine andere Seite eine Lampe. Im Profil saß ich dazwischen und musste erstarren. Dann zog sie mit dem Bleistift die Schattenlinie nach und hatte so eine Vorlage für ein Profil-Portrait von mir, als Weihnachtsgeschenk für die Eltern. Das klingt ganz einfach, war es aber für beide Seiten nicht, denn die leiseste Verschiebung entstellte die Kontur bis zur Unkenntlichkeit. Es bedurfte also immer mehrerer Versuche, bis sie mit der erhaltenen

---

86 Otto Schmeil (1860–19439) war Verfasser zahlreicher auflagenstarker Standardwerke zur Zoologie und Botanik – z.B. Schmeil, Otto: Leitfaden der Tierkunde [unveränderter Abdruck der 169. Auflage], Heidelberg 1949.

87 Gustave Doré (1832–1883) war ein französischer Maler und Grafiker, der vor allem für seine Buch-Illustrationen bekannt geworden ist. 1866 erschien seine berühmte Bilderbibel, die schon Paula Bonhoeffer in ihrer Kindheit begleitet hat. Sie wurde von ihr für den häuslichen Unterricht bei ihren eigenen acht Kindern verwendet, und Susanne Dreß berichtet später, dass sie diese Bilderbibel ihrerseits zum Vorlesen für ihre beiden Söhne und im Religionsunterricht benutzte.

88 Ludwig Richter (1803–1884) war ein deutscher Maler und Zeichner, der ebenfalls viele bedeutende Buch-Illustrationen schuf, zumeist im Biedermeier-Stil – etwa zu den 1842 von Johann Karl Musäus herausgegebenen ›Volksmährchen der Deutschen‹, welches als eines der bestillustrierten Bücher des 19. Jahrhunderts gilt.

Linie zufrieden war. Anschließend musste ich dann noch etliche Male still sitzen, damit sie Formen und Farben des Gesichts malen konnte. Am schwierigsten waren die Augen. Gut, dass im Profil nur eines zu sehen war. Am besten gelang es in Pastellfarben.

Später, als sie in die Kunstschule ging, benutzte sie mich laufend als Modell: in den verschiedensten Drapierungen mit Faltenwurf und in ermüdenden Stellungen für Aktstudien (ohne Kopf). Da wir ja noch miteinander in der Badewanne saßen und uns den Rücken schrubbten, machte mir das nichts aus – wenn es mir nicht zu kalt wurde. Aber auch Einzelheiten wie Hände, Arme und Beine zu zeichnen übte sie an mir. Wenn ich dabei lesen konnte, ließ ich es mir gerne gefallen – es war mir längst nicht so unangenehm, wie fotografiert zu werden (wenn es auch länger dauerte).

Mühsamer war es schon bei Onkel Benedikt, wenn er mich malen wollte. Das war eine viel langwierigere und ernstere Angelegenheit. Ich erstarrte äußerlich und innerlich, und er tat mir dauernd leid, weil er es trotz aller Mühewaltungen nicht so hinbekam, wie er wollte – und dann doch versuchte, damit zufrieden zu sein. »Es wird nicht besser, wenn ich daran weitermale«, sagte er dann ganz traurig und fing ein neues Blatt an. Seine ersten Entwürfe und das unverbindlich Skizzenhafte lagen ihm viel mehr als die Ausführung. Und bei ihm war es schließlich sein Beruf! Da hatte er natürlich ganz anderen Ehrgeiz und wollte, dass es wirklich gut würde. Aber Kinderbilder entsprachen ihm wohl nicht so sehr; deshalb war er immer etwas ängstlich vor dem Urteil der Familie, und ich ängstete mich für den geliebten Patenonkel mit.

Auch meine Großmutter hatte eine malende Freundin, die sich auf uns als Opfer stürzen wollte. Aber wir wichen ihr mit Geschick aus und überließen die Großmutter ihrem Schicksal. Die Eltern bekamen nach langen anstrengenden Sitzungen (die mir dadurch besonders erinnerlich sind, dass meine Mutter mich öfter mit Erfrischungen hineinschickte, um zu stören) zu Weihnachten ein Bild in Öl von Großmutter, das wir einfach scheußlich fanden und es nur die ›Frau Präsidentin‹ nannten.

Die Wände unserer Räume waren mit *Bildern* bedeckt. Meine Mutter störte das nicht, es war bei ihnen zu Hause auch schon so gewesen – eine Mischung zwischen Atelier und Museum. Drucke gab es kaum, höchstens in den Mansarden und bei den Angestellten, sonst war alles original handgemalt. Meistens in Öl – die alten geerbten Bilder noch in dicken Goldrahmen, die neueren (zum Beispiel von Benedikt) mit Goldleisten. Da waren außer vielen Landschaften vom Urgroßvater Kalckreuth auch Familienbilder, gemalt von der jung verstorbenen Großtante Marie Kalckreuth. Eines von Leo Kalckreuth zeigte meinen Vater auf der Terrasse; ein anderes Ursel und Christel mit Samtkleidchen und Zöpfen; eins meine Mutter mit großem Hut und Straußenfeder; außerdem einige sehr reizende Kinderbilder von ihr. Dazwischen hingen Stücke, die reif fürs Museum waren – Lenbach, Achenbach, Liebermann, Menzel, Leistikow, aber als ganz moderner auch ein Purrman.

Und jedes Weihnachtsfest wurden neue Bilder geschenkt. Nicht nur die von uns Kindern gemalten (die, nachdem sie auf den Gabentischen genügend bewundert worden waren, in einer Mappe verschwanden und gar nicht den Anspruch erhoben, ausgestellt zu werden), sondern auch bereits gerahmte, zum Aufhängen. Sehr oft kam eins von Benedikt, das immer erfreute (meist schlesische Landschaften); aber auch von einer Patientin meines Vaters gab es Jahr für Jahr ein Blumenstück. Diese Blumen waren gut gemalt, passten aber nicht recht zwischen unsere Bilder. Sie wurden aber doch aufgehängt, denn hinter ihnen stand ein so trauriges Schicksal, dass sie nicht auf dem Boden verstauben sollten. Die Malerin hatte die Elefantiasis – eine Krankheit, bei der Hände und Füße ins Riesenhafte wachsen und die nicht heilbar ist. Ich hatte im Halbschlaf oder bei Fieber manchmal die Vorstellung, meine Hände oder Füße wären riesengroß und unbeweglich geworden oder auch ganz weit von mir weg. So konnte ich diese grauenhafte Krankheit ansatzweise nachempfinden. Mit diesen schweren, fast unbeweglichen Händen malte diese Frau weiter, und die Arbeit (die sie um ihrer Entstellung willen in völliger Einsamkeit in einem Zimmer der Charité betrieb) füllte ihr Leben doch so aus, dass sie sogar heiter und liebenswürdig sein konnte. Fortbewegen konnte sie sich auf ihren unförmigen Füßen nicht mehr. Sie lebte wohl gratis in der Klinik, weil sie für die Studenten ein so lehrreicher, seltener Fall war.

So zog meine Mutter nach Weihnachten mit den geschenkten Bildern durchs Haus und suchte auf Treppen, Fluren und Dielen, in Schlaf-, Spiel-, und Wirtschaftszimmern ein freies Plätzchen. Manchmal musste auch umgehängt werden, und die Frage, ob es besser wäre, dabei zwei Zentimeter höher oder etwas mehr nach rechts zu gehen, konnte Familienstreitigkeiten auslösen. Einer fand immer, dass es schief hinge – aber nie derjenige, der den Nagel eingeschlagen hatte.

Die erste *Kunstausstellung*, die ich zusammen mit den Eltern und Geschwistern besuchte, war wohl die früheste große Sammlung moderner Bilder nach dem Krieg. An und für sich reagierte unsere Familie, mich eingeschlossen, auf das Wort ›modern‹ allergisch. Es gehörte zum Erziehungsprinzip, dass modern kein Wert an sich war, sondern eine Zeiterscheinung. Nicht, dass wir restlos konservativ erzogen wurden – aber wenn jemand sagte, etwas sei modern (als ob es nun so sein müsse), erregte das unsere Opposition. Besonders in Fragen der Kleidung und der Haartracht besinne ich mich aus frühester Kinderzeit auf Streitgespräche mit Mitschülerinnen über diesen Punkt. Es galt auch als nicht kultiviert bei uns, einfach von ›moderner Kunst‹ zu sprechen. Wir sprachen von disharmonischer oder atonaler oder Zwölfton-Musik; wir sprachen von Rilke- oder George-Stil oder Dadaismus; wir sprachen nicht von moderner Malerei, sondern von Kubismus und Expressionismus und abstrakter Kunst. Nur im schnellen Fahrwasser konnte es mal passieren, dass man von moderner Malerei sprach – aber immer mit schlechtem Gewissen (besonders wenn mein Vater dabei war, der so etwas nicht gerne durchgehen ließ). So gingen wir eben auch nicht in eine ›moderne Kunstausstellung‹, sondern wir wollten Bilder von Franz Marc[89] sehen. Die Erregung über den ›Turm der blauen Pferde‹ war bis zu mir gedrungen, und ich hatte mich darauf gefasst gemacht, etwas ganz Unmögliches zu sehen. Doch dann war ich begeistert – trotz Hörnchens Entsetzen. Die Ansichten der Familie waren geteilt; ich schlug mich ganz zu den positiven Bewertern. Ich kam in eine rasante Stimmung und freute mich maßlos über diese mir so herrlich frech vorkommende Form des Malens.

Manchmal waren solche Bilder allerdings nur bunte, lustige Kleckse für mich; doch als ich äußerte, so etwas könnte ich vielleicht auch, wurde ich ernstlich zurückgewiesen. Dabei gab es darunter Sachen, die ich bestimmt gekonnt hätte und schon gekonnt hatte –

---

[89] Franz Marc (1880–1916) war einer der bedeutendsten Vertreter des Expressionismus in Deutschland. Bei der Ausstellung, von der hier berichtet wird, handelt es sich um Herwarth Waldens ersten ›Deutschen Herbstsalon‹, der ab September 1913 in Berlin zu sehen war und u.a. von Franz Marc, August Macke, Wassiliy Kandinsky und anderen Künstlern des Blauen Reiters ausgerichtet worden war.

Knubbeleien, die man ganz in Gedanken macht und dann in den Papierkorb schmeißt. Da war hinter Glas ein abgerissenes Stück Zeitungspapier, auf dem vermittels einer Haarnadel ein Korken befestigt war. Oder der Deckel einer alten Schachtel und etwas zerknautschtes Silberpapier an einem Faden und Ähnliches. Das war meiner Ansicht nach schon nicht mehr amüsant und frech, sondern da wollte mich einer für dumm verkaufen. Das mochte ich nicht, und keiner in der Familie trieb seine Toleranz so weit, für diese Dinge eine Lanze zu brechen. Zur Erklärung vernahm ich, dass dies der Dadaismus in der bildenden Kunst sei. Das half mir nicht weiter; denn dass der Dadaismus seinen Sinn hat, kann ein Kind, das noch ohne jede Verkrampfung lebt, nicht verstehen.

In seinen letzten Schuljahren ging ich oft mit Dietrich ins *Museum*. Sonntags um zehn Uhr standen wir davor und warteten auf den Einlass – denn zum Mittagessen musste man pünktlich zurück sein. Wir fuhren von Halensee bis Friedrichstraße, und der gewohnte Weg zur Stadtbahn und die auf dem täglichen Schulweg sonst so langweilige Fahrt bekamen durch Dietrich einen sonntäglichen Glanz. Dann ging es ins Kronprinzen-Palais, wo zeitgenössische Malerei hing, oder ins Alte Museum; aber hauptsächlich und immer wieder in das Kaiser-Friedrich-Museum. Es wurde uns oft gesagt, wir sollten doch mal woanders hingehen; es müsse ja nicht immer Kunst sein, es gäbe noch so viel mehr interessante Museen in Berlin. In allen anderen aber habe ich mich gelangweilt. Mit einem Onkel musste ich einmal in das Museum für Meereskunde. Die vielen kleinen Schiffsmodelle machten mir nicht mehr Eindruck als eine Spielzeugausstellung. Auch dem Märkischen Museum konnte ich nichts abgewinnen – und schon gar nicht dem Zeughaus. Ich bin in diesen Museen stets nur einmal gewesen, während ich es gar nicht zählen kann, wie oft ich in den Kunstmuseen war.

Eine Ausnahme machte das Naturkunde-Museum in der Invaliden-Straße, in das mich Hörnchen manchmal mitnahm und wo ich später auch sehr gerne allein hinging, um Zeit zu haben für das, was mich besonders interessierte. Wenn ich mit Dietrich ins Naturkunde-Museum ging, blieben wir meist bei den Steinen, für die wir beide eine große Liebe hatten. Mein Interesse für Insekten teilte er nicht. Jedes Mal aber durchrieselte uns derselbe Schauer, wenn wir in der Eingangshalle vor dem Ichthyosaurier standen und so winzig klein wurden. Diesen Schauer des Vergangenen empfand man auch ganz stark im Alten Museum bei den ägyptischen Mumien und der babylonischen Mauer. Die Griechen kamen mir sehr viel näher vor, gewissermaßen wie große Brüder, während die anderen frühen Kulturen der Antike mir fremd erschienen. Viel häufiger als die anderen wurde am Sonntag jedenfalls das Kaiser-Friedrich-Museum besucht. Ich fühlte mich mit den umhergehenden Kunstbeflissenen verbundener als je mit Theaterbesuchern in der Pause im Gang oder Foyer. Es war ein ganz bestimmter Kreis der Berliner-Kultur-Gesellschaft, der sich am Sonntagvormittag ins Museum begab, und manche Köpfe sah man immer wieder. Die Besucher aus der Provinz waren deutlich zu erkennen. Ein sehr ähnliches Publikum traf man auch in der Matthäus-Passion. Nach zwei Stunden hatte ich meistens genug und wurde müde, aber Dietrich war nicht vor halbeins zum Gehen bereit. Dann musste man allerdings zur Stadtbahn rennen, um noch pünktlich zum Essen heimzukommen.

In meinem neunten Schuljahr wurden wir gefragt, ob wir eine Jahresarbeit anfertigen wollten, die wir schriftlich abgeben oder als Vortrag präsentieren könnten. Das Thema stand uns völlig frei; wir sollten nur selbstständig und gründlich arbeiten. Ein Jahr hätten wir Zeit dafür. Es gab nur wenige, die dazu Lust hatten – und noch weniger, welche die Arbeit dann wirklich ausführten. Für mich war damit endlich die Möglichkeit gegeben, etwas für die Schule zu tun, was mir selbst Spaß machte. Wie ich auf die Idee kam, mir als Thema ›Die christliche Kunst bis zur Frührenaissance‹ zu wählen, weiß ich nicht mehr. Im Rückblick denke ich, ein Thema aus der Literatur oder der Biologie hätte mir mehr gelegen als eines aus der Kunstgeschichte. Literatur war mir aber zu sehr deutscher Aufsatz, und auch in der Biologie konnte ich ja nichts Selbstbeobachtetes, sondern nur Angelesenes bringen.

Kunstgeschichte hatten wir gar nicht im Lehrplan. Nun holte ich mir natürlich auch Leitfäden zusammen, besonders den ›Kleinen Muther – Die Geschichte der Malerei‹[90] borgte ich mir von Karl-Friedrich. Aber hauptsächlich arbeitete ich im Museum. Tagelang blieb ich dort, fuhr gleich nach der Schule hin und schwänzte möglichst die letzten Stunden, um mehr Zeit zu haben. Von der

90 Muther, Richard: Geschichte der Malerei, Leipzig 1909.

frühen Katakomben-Wandmalerei, wo Jesus der freundliche gute Hirte ist, der das Schaf auf den Schultern trägt, über den byzantinischen Mosaikstil, in dem die Versteifung der ganzen Kirche und ihr Machtanspruch deutlich werden, über frühmittelalterliche Altarbildchen, die den Analphabeten eine Stütze in der Anbetung waren, bis hin zur mönchischen Buchmalerei (Goldgrund mit bewegungslosen[91] Gestalten darauf) und zur Zeit des Franz von Assisi, wo der goldene Hintergrund sich mit Blumen und Tieren füllt und schließlich von Landschaftsdarstellungen verdrängt wird – mein Wissen wuchs (ebenso wie die Länge des Vortrags) weit über das Schulmaß hinaus.

Als ich begann, die Arbeit endgültig zu formulieren, musste ich vieles mühsam Erarbeitete weglassen, um mit meiner Rede nicht über zwei Stunden hinauszukommen. Einen Bildwerfer hatte unsere Schule nicht, ich konnte die Bilder also nur herumgehen lassen – und gerade von der frühchristlichen Kunst gab es kaum etwas auf Postkarten. Ob meine Klassenkameraden viel davon hatten, ist mir fraglich. Der Direx, der mich mit abhörte, war jedoch sehr begeistert von meiner Leistung. Dass mir eine Eins in Deutsch gewiss war, wusste ich schon vorher. Doch hätte ich weniger Namen und mehr Bilder gebracht, wäre es für die Mitschülerinnen (die zum Teil nur einmal in ihrem Leben im Museum waren, und zwar mit der Schulklasse) interessanter gewesen.

Wir dagegen waren mit Kunstbetrachtung aufgewachsen; der ›Kunstschrank‹, noch von den Urgroßeltern geerbt, stand in unserem großen Esszimmer. Unten war hinter drei großen Türen für besondere Festtage das gute Geschirr mit dem roten Rand verstaut, ebenfalls ein altes Erbstück. Über diesen Türen befanden sich riesige Schubladen, und in denen lagen die großen Bildermappen verborgen. Hinter den mit zwei Musen und Albrecht Dürer bemalten drei Türen des oberen Aufsatzes, der bis zur Decke reichte, war wieder selten gebrauchtes Geschirr. Bei meinem Urgroßvater Kalckreuth hatte dieser Schrank rein künstlerischen Belangen gedient, aber die Erbmasse von Zeichnungen und Skizzen hatte sich in der Familie aufgeteilt, und so genügten uns nun die drei Schubladen.

---

91 Danach folgt noch ein unleserliches Wort.

Es bedurfte der Männerkraft, sie hervorzuziehen – und so waren es nur seltene Abende, an denen sich die Familie am großen Esstisch, der vor dem Kunstschrank stand, über die alten Handzeichnungen, Aquarelle und Radierungen der Maler des vergangenen Jahrhunderts beugte und diesen Schatz genoss. Außer den vielen Zeichnungen meines Urgroßvaters selbst – von denen meine Mutter leider dauernd nette Geschenke an Bekannte machte (besonders an Ärzte, die keine Liquidationen schickten) – waren viele zum Teil recht wertvolle Sachen darunter. Es spielte für sie aber nie eine Rolle, wieviel Geld man für Eigenbesitz bekommen könnte.

Mich amüsierten immer besonders die Gelegenheitszeichnungen, die zum Teil mit kleinen Versen versehen waren. Es war im urgroßelterlichen Haus Sitte gewesen, sich nach dem Abendessen, ob nun Freunde da waren oder berühmter Besuch, zusammen um die Petroleumlampe zu setzen und Zeichenspiele zu machen. Einiges besonders Gelungene oder Blätter bekannter Maler scheute man sich dann wegzutun. So kamen sie zusammen mit dem Kunstschrank an uns und zauberten plötzlich diese vergangene, freundliche Zeit eines gesunden, starken Bürgertums in unser Esszimmer (denn was war kunsttreibender Adel anderes als wohlsituiertes Bürgertum?).

Von manchem Blatt wusste meine Mutter noch irgendeine nette Geschichte zu erzählen, die sie wieder von ihrer Mutter gehört hatte. Wem etwas ganz besonders gefiel, der durfte es behalten; auch die Gäste. So löste sich der Schatz dieser vielen Blätter doch langsam auf. Meine Mutter meinte aber, es wäre besser, jemand freue sich daran, als wenn es verschlossen im Schub läge und nur alle paar Jahre ans Tageslicht käme. So waren meine ersten Kunsteindrücke ganz persönlicher, familiärer Art.

So viele Porträts von Familienangehörigen wie früher wurden zu meiner Kinderzeit nicht mehr gemalt. Dafür bemühte man sich, *Fotografien* porträtartig aufzunehmen. In Breslau tat das ein Assistent meines Vaters mit Vergnügen. Ich besinne mich auf ihn, als er uns in Berlin besuchte (der sogenannte ›Schröder-Paule‹) und uns ablichtete. Manchmal, wenn es nicht hell genug war, kroch er unter eine schwarze Decke, um Zeitaufnahmen zu machen. Das war nicht so angenehm wie Momentaufnahmen im Freien. Während wir uns nicht rühren durften, sahen wir nichts als seine und die Stativ-Beine und hörten ihn zählen.

Später fotografierte dann Klaus, was mir noch grässlicher war. »Mach nicht so ein Fotografier-Gesicht«, hieß es immer. Ich wusste gar nicht, was das war, aber es musste ein Charakter-Fehler sein. »Sieh doch aus, wie du immer aussiehst!« Ich bemühte mich, mein Gesicht so zu gestalten, wie ich dachte, dass ich immer aussehe. Je mehr ich mich anstrengte, umso unmöglicher wurde es. »Du verdirbst jedes Bild!« Wenn ich ahnte, Klaus wollte fotografieren und seine Geschenke für Eltern oder die Großmutter an uns herstellen, ergriff ich die Flucht. Bis ich merkte, dass die Gefahr vorüber war, blieb ich unauffindbar. Hinterher stellte ich mich dumm, ich hätte von nichts gewusst. Diese Renitenz gegenüber Familien- und Gruppenaufnahmen dauerte von meinem zehnten bis zum achtzehnten Lebensjahr. Wenn er mich einzeln erwischte, bekam er mich manchmal auf die Platte. Besonders gern machte er Aufnahmen gegen das Licht und schnitt dann Schattenrisse aus, die er rahmte und verschenkte. Er machte überhaupt recht geschickte und komplizierte Scherenschnitte.

Es wurden bei uns aber auch auswärts Fotos ›für gut‹ gemacht – richtig steif auf Pappe gezogen. Das war dann bei der Fotografin Behnke in der Tauentzienstraße. Auf diesen Bildern sah man immer schön aus, und sie sagte auch kein Wort von Fotografiergesicht, sondern war sehr nett, schenkte einem bunte Bildchen oder Schokolade und versuchte, einem das liebenswürdigste Lächeln abzugewinnen, indem sie scherzte und sogar das ›Vögelchen‹ aus dem Kasten fliegen ließ. Das Beste war das Warten, bis man drankam, denn da durfte man große Mappen ansehen, in denen ein Kinderbild neben dem anderen lag. Sabine und ich suchten nach den nettesten, oder wir überlegten, welcher Name zu jedem passen würde und wie alt es sei, und wir machten auch Schönheitswettbewerbe. Die Beziehung zur Behnke brach ab, als sie ungefragt ein Bild der Zwillinge, welches sie aus eigenem Antrieb gemacht hatte (so mit Köpfchen aneinandergelegt), in einer Illustrierten veröffentlichte mit der Unterschrift ›Die Kinder des Geheimrats Bonhoeffer‹. Da wurde mein Vater sehr böse, und sie war die Kundschaft los. Nun blieb es bei der Amateur-Knipserei.

Ein früherer Kartentisch, aufklappbar mit tiefer Versenkung, diente als Aufbewahrungsort für unsere Fotos. Einiges Bessere wurde natürlich auch in Alben eingeklebt; aber so viele Alben gibt es gar nicht, wie wir gebraucht hätten, um all die Bilder einzukleben. Manchmal, wenn meine Mutter mit einer Näherei in ihrem Zimmer neben dem Kartentisch sitzt, darf ich darin wühlen und auch mit Stolz einer Freundin die Bilder von uns ›früher‹ zeigen. Da treffe ich meinen Vater mit Spitzbart und finde ihn furchtbar komisch. Als kleines, dickes Baby sehe ich ziemlich scheußlich aus, wie ich da im Mittelpunkt des Geschwisterkreises sitze. Von den anderen sind viel mehr Bilder da als von mir. Alle Freundinnen wundern sich, dass Dietrich so lange Haare trägt und Kleidchen und wie ein Mädchen aussieht – aber das war noch vor Kurzem so, erklärt meine Mutter, dass die kurzen Hosen schon eine Aufstiegsstufe in der Entwicklung waren. Kinderbilder von meinem Vater gibt es überhaupt nicht – nur eines zusammen mit seiner Schulklasse. Da steht er fein und hübsch, der einzige Junge unter einer Schar von Männern mit hohem Kragen und Bartansatz. Ich bin recht froh, dass er keiner von diesen Erwachsenen ist, die noch zur Schule gehen. Aber von meiner Mutter gibt es viele Bilder – von Babyzeiten an, zwischen ihren Geschwistern und aus der Jungmädchenzeit. Mit vierzehn sieht sie mit ihrem langen, bis auf die Füße gehenden Kleid wie zwanzig aus. Eins mit langem Wallehaar (sie spielt da die Genoveva in einem Theaterstück) finde ich auch sehr komisch.

    Dann liegen dazwischen auch die Bilder von Bekannten und Verwandten, die ich nicht kenne. Ich lasse mir von meiner Mutter die Beziehungen erklären und höre auf diese Art von Studienfreunden meines Vaters, Kindern von Freundinnen meiner Mutter, verstorbenen Tanten und entfernten Vettern, mit denen man im Wölfelsgrund die Sommerferien verbrachte, und die uns nun im Lauf der Jahre ganz aus dem Blickfeld entschwunden sind. Mich verwundert das ein bisschen, wie es möglich ist, dass man Freunde, die man einmal gern hatte, einfach vergisst. »Es sind zu viele«, sagt meine Mutter, »ich muss alles mal ordnen.« Aber dazu kommt es nie. Wir sind eben zu viele.

In meinem letzten Schuljahr bekam ich zu Weihnachten einen guten Fotoapparat, Zeiss Ikon 8 x 10 1/2, mit Platten, Filmpack und Rollfilm, wie man das damals nannte. Es war ein wertvolles, neues Stück und ich freute mich sehr darüber. Nun begann ich, *eigene Fotos* zu machen. Eine Fülle von Ratschlägen wurde mir gleich in den

Weihnachtstagen zuteil und machte mich unsicher. Ich hatte auch ein Lehrbuch dazu bekommen und versuchte, das zu verstehen. Bis auf die Anleitung zur Handhabung (die aber auch dem Apparat beilag) war mir das alles ziemlich unverständlich und schien sehr viel Physik zu sein, die ich in der Schule nicht recht mitbekommen hatte. Ich begab mich also schließlich in ein dunkles Zimmer und legte meinen Rollfilm ein. Dann wartete ich auf einen lichten und unbeobachteten Moment, eilte ins Freie und knipste den nasskalten Garten. Es war gar nicht so einfach; der Apparat musste auf ein Stativ aufgeschraubt werden, denn für Momentaufnahmen war es nach meinem Belichtungsmesser (Dezember, mittags, schwach bewölkt) doch zu dunkel.

Was ich eigentlich noch fotografiert habe auf diesem ersten Film, weiß ich nicht mehr – und es wird auch ewig verborgen bleiben. Als ich ihn abholte, war kein einziges Bild darauf. Es war mir völlig unklar, was ich falsch gemacht hatte. Vielleicht den Film verkehrt herum eingelegt? Sehr viel besser ging es mit dem zweiten Film auch nicht, denn ich wusste nie, hatte ich die Nummer drei nun schon belichtet oder noch nicht? Ich hatte also interessante Fotomontagen auf dem einen Bild, auf dem anderen gar nichts. Dann kam ich auf die praktische Idee, wenn es mir irgend gelang, den Film immer weiter zwischen zwei Zahlen zu stellen, dann konnte das nicht mehr passieren. Nur wenn ich vergaß, vor dem Knipsen zu drehen, gab es merkwürdige Überschneidungen. Leider konnte ich nur auf zwei Meter an das Objekt herangehen, und eine Vorsatzlinse, die ich mir immer wünschte, bekam ich nicht.

Am liebsten fotografierte ich mit Platten. Filmpack war mir zu aufregend. Als es im Frühling hell genug wurde für Momentaufnahmen, entstanden recht hübsche Bilder. Besonders Neffen und Nichten gaben gute Motive ab. Ich knipste sie schonend während ihres Spiels und ohne zu stören – aus eigener unangenehmer Erinnerung. Am besten gelangen mir aber doch Landschaftsaufnahmen. Besonders stolz war ich auf eine Schafherde am Neckar, die ich sogar vergrößern ließ. Mit Selbst-Entwickeln und Kopieren habe ich mich nie zu befassen gewünscht – noch mehr Mühe und vielleicht Ärger! Ich fotografierte überhaupt recht selten, denn es war ein teurer Spaß.

3.2 Theater und Schauspiel

Es konnte eine grüne Tür sein, ein Brieföffner, ein Lampenschirm oder eine alte Eintrittskarte, die mich zum Theaterspielen animierten. Meist aber war es die *Verkleidungskiste*. Das war ein großer Korbkoffer, wie ihn die fahrenden Mädchen früher bei sich hatten. Ab und zu bekamen wir die Erlaubnis, darin zu wühlen. Was gab es für Herrlichkeiten darin! Eine echt goldene Metallkrone; eine schwarze, goldbestickte Prinzen-Samtweste; der kurze rote Tüllrock, den mein Vater als Balletteuse getragen hatte. Die echten Betzinger Bauernkostüme waren extra eingepackt und mussten mit allem Zubehör wieder genau so verstaut werden. Aber Verkleidung als Rittersporn und Schneeglöckchen, Biene und Zauberer – ja, sogar ein Pfarrertalar für Zehnjährige zum Puppentaufen und natürlich Indianeranzüge, Räuberweste, Zigeunergewand, Zwergenkutten, Feenkleider und Hexenröcke standen frei zur Verfügung. Außerdem konnte man mit Tüchern und allem möglichen Kleinkram immer wieder Neues gestalten. Alles strömte einen leichten Staub- und Naphthalin-Geruch[92] aus, der auf die Fantasie ungemein anregend wirkte.

Erst einmal wurden die Schätze auf dem großen Boden ausgebreitet; es wurde anprobiert und bewundert und das Unterste zuoberst gekehrt, bis der Korb leer war. Dann entstand ein Entwurf und Versuch der ersten Szenen noch oben auf dem Dachboden. Unten wurde die Bühne im Wohnzimmer hinter einer Schiebetür hergerichtet – mit den großen grünen Wandschirmen, hinter denen sich sonst das Untersuchungssofa in meines Vaters Zimmer befand. Und schließlich ging irgendeine Geschichte oder ein Märchen (bekannt oder erfunden) in Szene.

Wenn die Verkleidungssachen nicht wieder weggeräumt wurden und noch am nächsten Tag in den Zimmern herumlagen, gab es ernstlich Ärger und Sperrung der Kiste für längere Zeit. So waren wir sehr darauf bedacht, Ordnung zu halten. Herrlich war dieses Verkleidungs- und improvisierte Theatervergnügen bei Kindereinladungen; besonders Kinder, die durch ihre Eltern und nicht durch eigene Wahl zu uns kamen und uns recht langweilig erschienen, wurden so (und sei es als Statisten) zu lohnenden Spielgefährten. Schlimm war es nur, wenn sich unsere Freunde Kostüme borgen

---

[92] S.o. Anm. 62 (S. 139).

wollten. Ausborgen war eisern verboten, sonst wäre in kürzester Zeit die Kiste leer gewesen. Aber ich konnte nie Nein sagen, wenn einer von mir etwas leihen wollte. Ich verlieh alles, was ich besaß, trotz trüber Erfahrungen, und schloss Familienbesitz manchmal mit ein. Heimlich unter Kleid und Mantel verborgen habe ich manches hübsche Stück aus dem Haus geschleppt und nie wiedergesehen. Denn Verkleidungssachen werden wie Bücher selten zurückgegeben, und ich vergaß auch, wer etwas bekam. Ich selbst trug den größten Schaden davon, denn keiner benutzte die Verkleidungskiste so oft und so ausgiebig wie ich.

Ich spielte leidenschaftlich gern *Theater*. Während ich auf der einen Seite mein Dasein dem Dienst am Nächsten weihen wollte, wurde ich auf der anderen pausenlos von irgendwelchen mehr oder weniger entwickelten Musen geküsst. Ich wusste eigentlich nie recht, wie ich mit mir dran war; daher das starke Bedürfnis zur Selbsterkenntnis. War ich nun eigentlich brav und fromm und altruistisch – oder war ich toll, umstürzlerisch und egoistisch? Sollte ein ›brauchbarer Mensch‹ aus mir werden, oder konnte ich nicht vielleicht doch etwas Besonderes, Ungewöhnliches – eben vielleicht ein Künstler oder wenigstens ein sogenannter Lebenskünstler – sein? Ich wusste nicht einmal, was ich selbst wollte. In beiden Lebensformen fühlte ich mich abwechselnd glücklich und unglücklich, und ich beunruhigte meine Angehörigen dadurch, dass ich mit beidem immer wieder neue Versuche machte. Vor allem hatte es mir von klein auf das Theaterspielen angetan. Am besten gefiel mir, eigene Stücke zu spielen. Später verschlang ich alle Dramen, die ich erwischen konnte. Ich lernte zwar keine Rollen, aber ich lebte sie im Lesen so mit, dass ich mich dabei wunderte, noch ich selbst zu sein. War das Theaterspielen eine Flucht vor mir selbst? Wünschte ich mir eine andere Rolle, als ich sie im Kreis meiner Familie zu spielen hatte? War es der Zauber, der in jeder Selbstaufgabe liegt, der mich entzückte? Vielleicht war es auch nur die Lust am Fabulieren, die Freude am Unwahren? Ich log sowieso gerne und ohne Hemmung. Und vielleicht war es bloß ein Nachahmungstrieb – jedenfalls war das wohl so bei meinem ersten Debüt ...

Das war damals in Friedrichsbrunn. Die Geschwister hatten irgendetwas aufgeführt – ich ahne nicht mehr was. Vom Esszimmer zur Veranda führte eine große, grüne Holztür, die mir als Bühnenvorhang verlockend schien. Ich kann kaum vier Jahre alt gewesen sein. Ich kündigte eine Aufführung an, verteilte mit der stumpfen Schere zerschnittene, bedruckte Zettel als Einlasskarten und stellte Stühle im Esszimmer auf. Dann verkleidete ich mich. Ich zog Dietrichs Lederhosen und ein Hemd von ihm an und kam mir darin sehr selbstentfremdet vor. Damit begab ich mich durch den Garten ungesehen auf die Veranda; das war sehr wichtig. Und nun läutete ich mit der Kuhglocke. Ich hörte, ob auch alles Platz genommen hatte und öffnete die grüne Tür. Alle Vorbereitungen waren bestens getroffen, und das Stück konnte beginnen. Aber es begann nicht. Erst jetzt merkte ich, dass nicht nur äußere Vorbereitungen zum Spiel gehörten, sondern auch geistige. Ich begriff wohl, dass es an mir lag, dass nichts geschah. Es war furchtbar; ich starrte in die gespannten Gesichter der Zuschauer. Nichts fiel mir ein – und es sollte doch so schön werden. Irgendetwas musste ich jetzt sagen. Ein Astloch im Holz der Veranda fesselte meine Aufmerksamkeit. »Da ist ein Loch«, deklamierte ich. Und dann: »Da ist noch ein Loch.« Mehr Löcher gab es nicht. Da stand ich in meinen Lederhosen und schloss den Vorhang nach meinem ersten Theaterstück – und hatte einen brüllenden Lacherfolg.

Als ich ein *Puppentheater* bekam, hatte ich keine freie Minute mehr. Ich brauchte keine Zuschauer. Es war die reine Freude am Dramatisieren. In Friedrichsbrunn besaß ich ein ganz einfaches, aus einer alten Puppenstube umgebautes Theater. Die Puppen waren Abkömmlinge der Familie Nudlmaier, die nun an Drähten geführt wurden. Mir genügte ein Tisch oder Stuhl, auf den ich das Theater stellen konnte – und dann begann ich, ohne jede weitere Abschirmung zu spielen. Dass man nicht auf die Bühne, sondern auf mich schauen könnte, erschien mir absurd. Die anwesenden Dorfkinder waren von dem Ablauf des Dramas auch immer voll gefesselt. Ich bereitete mich, wenn ich Publikum hatte, jetzt immer sehr gründlich vor. Jedenfalls mussten alle Kulissen ebenso wie die notwendigen Utensilien und die verkleideten Püppchen bereitliegen. Dann konnte es losgehen, wenn mir der Gang der Handlung in seiner Szenenfolge klar war. Das In-Szene-Setzen machte mir solchen Spaß und wurde mir so zur Übung, dass ich kaum etwas lesen konnte, ohne es gleich in Gedanken für die Bühne umzuarbeiten.

Durch das Puppentheater bekam ich Spaß am Basteln – und wenn auch nicht am Kostüme-Nähen, so doch am Entwerfen.

Konnte ich Sabine nicht dafür gewinnen, die notwendige Näherei auszuführen, so steckte oder klebte ich eben die Gewandungen den Puppen an ihren Körper. Auch meine ersten Malversuche für die breitere Öffentlichkeit unternahm ich mit Kulissenmalen, wobei mir Sabine meistens doch half. Für mich selbst führte ich gerne Balladen auf, die ich auf diese Art schnell auswendig lernte. Ob nun Frau Bertha in der Felsenkluft saß und ihr bitteres Los beklagte, ob die Glocke wandelte oder der Kaiser und der Abt Ärger miteinander hatten – alles wurde wesentlich klarer und lebensnaher, wenn es über die Bühne ging.

Zu Hause hatte ich für derart gebildete Stücke, die ich mit kurzer Umschaltpause eines nach dem anderen bieten konnte, ein gehobenes Publikum. Selbst mein Vater kam manchmal zum Zusehen, und meine Großmutter animierte mich zu immer neuen Taten. Dann stellte ich das schöne Berliner Puppentheater, das mir meine Geschwister gebastelt hatten und das mit Kulissen und Schauspielern in jeder Charakterrolle reichlich ausgestattet war, zwischen zwei Türen auf. Oben und unten befestigte ich eine Decke, und nach dreimaligem Läuten hob sich der Vorhang. Richtige Dramen mit verteilten Rollen, wie sie gedruckt werden und man sie ablesen kann, habe ich nie gespielt. Puppen bewegen und Text sprechen mussten meiner Ansicht nach in einer Person vereint sein. Deshalb blieb es beim Stegreifspiel oder beim dramatisch dargestellten Gedicht. So war ich es von meiner Mutter – wie schon erzählt – bei der Aufführung des Rotkäppchen-Theaters gewöhnt. Mit diesem uralten Theater durfte ich natürlich nicht selber spielen. Auf den Vorhang war die Szene gemalt, wie der Wolf zubeißt. Die spannende Feierlichkeit, bevor der Vorhang aufging, kam derjenigen beim Besuch eines großen Theaters mindestens gleich. Auch wenn ich jedes Wort kannte – die Art ihres Sprechens war in jedem Moment ein neues Erlebnis. Wenn schließlich im letzten Akt der Wolf sagte (nachdem er Rotkäppchen gefressen hatte): »Du schreist vergebens, du bist schon tot!«, dann packte mich der Menschheit ganzer Jammer an. Ganz zum Schluss aber kam die Erlösung, und unter dem Singen und Tanzen sämtlicher Puppen mussten auch alle Möbel auf dieser kleinen Bühne umherfliegen und Menschen und Tiere die wildesten Luftsprünge machen (die ihren organischen Zusammenhang mit der führenden Hand offenbarten), damit man sich wieder ins bürgerliche Leben zurückfand; sonst war es nicht richtig.

Wunderbar und restlos erheiternd war es auch, wenn meine Mutter uns Kasperle-Theater vorspielte. Sie spielte die klassischen Kasperlestücke vom Grafen Pocci, die sie von ihrer Kinderzeit her noch auswendig kannte, so wie sie diese von ihrer Mutter gehört hatte. Auch hier kannte ich jedes Wort, und war doch immer wieder von Neuem über den liebenswerten Helden entzückt, der alles so herrlich missverstand und sich aus jeder schwierigen Situation charmant zu retten wusste. Besonders die Perlucke-Perlacke-Szene mit dem Teufel und das Auftreten des Krokodils rissen mich hin. Kasperle war der Clou und der Abschluss von Kindergesellschaften nach dem Pudding. Kasperle war nur ganz echt, wenn meine Mutter ihn spielte.

Sie hatte wohl eine echte schauspielerische Begabung, denn Devrient,[93] der große Schauspieler des vorigen Jahrhunderts, hatte sie unbedingt ausbilden wollen. In einem seiner Stücke war sie auch auf einer privaten Bühne aufgetreten und hatte großen Erfolg gehabt. Es hätte sie wohl gelockt – aber schließlich hat sie doch ihr Lehrerinnenexamen für wichtiger gehalten und dann bald geheiratet. Der Schriftsteller Felix Dahn,[94] der in Breslau lebte und mit meinen Großeltern befreundet war, nahm es meinem Vater lange persönlich übel, dass er dieses begabte Mädchen zur Hausfrau machte.

Ich war noch sehr klein, als meine Mutter mit meinen beiden ältesten Schwestern die Gouvernante von Körner[95] zu einem Geburtstag von Hörnchen aufführte. Durch das Proben blieb mir der ganze Text im Kopf, und ich vermochte zum Erstaunen der Familie fast den Souffleur abzugeben, ohne noch recht lesen zu können. Meine Mutter war eine wunderbare, entrüstete Gouvernante. Dies war das einzige Mal, dass ich sie eine Rolle auf der Bühne spielen sah. Sonst überließ sie das Theaterspiel uns.

Dietrich und ich gingen unter die *Dramatiker*. Wir wollten nicht mehr nur stegreif spielen – wir wollten richtige Stücke schreiben, die auswendig gelernt werden mussten. Wir dichteten friedlich miteinander und waren uns über Aufbau und Szenenfolge sehr einig.

---

93 Es ist nicht sicher, welche Person damit gemeint ist, da es im 19. Jahrhundert mehrere Schauspieler dieses Namens gab, z.B. Carl Devrient (1797–1872), Eduard Devrient (1801–1877), Emil Devrient (1803–1872), Friedrich Devrient (1825–1871) oder Otto Devrient (1838–1894).
94 S.o. Anm. 6 (S. 12).
95 Körner, Theodor: Die Gouvernante. Eine Posse in einem Aufzuge, Warendorf 1914.

Sabine schrieb meist die Rollen ab, denn unser beider Schrift war unlesbar. Einige wenige dieser Stücke besitze ich noch. Das Erste war sehr romantisch. Es spielte zum Teil unter Wasser und hieß ›Ein Traum‹.[96] Irmgard Krückmann tanzte vor Papierschlingpflanzen zum Gesang der Meermädchen im grünen Tüll. Über Wasser spielte es im Schloss des Königs. Das Ende gestaltete sich verhalten tragisch. Ein anderes Stück war ein sozialer Familienroman mit Findelkind und Verwechselungen, arm aber reinlich gekleideten Eltern und gutem Ende. Ich hatte immer nur die Sorge, dass Dietrich für die Erwachsenen zu frei dichtete und dachte. Ich wollte sie nicht so sehr in unsere Probleme hineinsehen lassen, weil ich ein etwas schlechtes Gewissen hatte, was ich alles schon wusste – ohne dass sie wussten, dass ich es wusste. Ich gab mich gerne harmlos. Aber Dramen durften eben nicht harmlos sein, wenn sie nicht langweilig werden sollten. So musste man schon mal mit ausgesetzten Kindern und Schande und Ehebruch operieren. Die Verantwortung dafür trug ja Dietrich.

Ich dichtete zwischendurch auch etliches ohne ihn, denn die Schleusen meiner Theaterlust hatten sich geöffnet, und ich schrieb mehr, als sich aufführen ließ. Eines dieser Stücke war eher allegorisch: Wie der Tyrann Winter endlich doch durch die Schar der Blumen (angeführt vom Schneeglöckchen) in die Flucht getrieben wurde; nach schwerem, zähen Wortkampf, wie in antiken Tragödien. Zu diesem Stück hatten mich die vielen Blumenkostüme in unserer Verkleidungskiste animiert. Außerdem konnte man eine Menge Schulfreundinnen dabei unterbringen, die gerne mitspielen wollten, ohne dass sie viel lernen und proben mussten. Es kam nur auf eines an: »Sei schön und halt den Mund!«

Schließlich habe ich mich auch im Lustspiel versucht. Es ging um kosmische Probleme und spielte im Himmel, wo großer Aufruhr über die Menschen und ihre Eroberung des Luftraums entstanden war. Der personifizierte Frost sollte vom Himmel aus telefonieren. Da ich aber ›läuten‹ mit einem ›eu‹ geschrieben hatte, war es dem Sprecher kaum abzugewöhnen, statt: »Frost, läute an« das eingelernte »Forstleute, ran!« zu sagen, was völlig sinnentstellend war und mich jedes Mal kränkte. Sollte das ganze Stück für andere so ohne zwingende Logik sein? Außer diesen frei geschaffenen Spielen

---

96 Dieses Stück befindet sich heute im Archiv der Staatsbibliothek in Berlin.

entstanden noch etliche für Geburtstage und andere Festlichkeiten. Für die Schule musste ich die Weihnachtsstücke schreiben, welche die Klasse aufführte. Zu Hause machten wir das nicht.

Als wir von unseren eigenen Werken Abstand nahmen, gaben wir das Theaterspielen im Familienkreis keineswegs auf. Wir spielten *Zimmer-Theater* – jetzt sogar mit den großen Geschwistern. Allerdings nur Lustspiele, denn ernsthafte Sachen schienen uns zu bedeutend, um dann womöglich doch irgendwie komisch zu wirken. Als erstes spielten wir die ›Journalisten‹.[97] Wir haben Rollen verteilt, die Nachbarschaft und Freundschaft mit einbezogen und wirklich fleißig gelernt und geübt. Das Wohnzimmer war dann die Bühne, und im Esszimmer saßen die jeweiligen Eltern und Interessierten. Die Schiebetür mit dem Samtvorhang davor war ja für solche Zwecke wie geschaffen.

Ich hatte meist nur kleine Rollen: Tochter Piepenbrink in den ›Journalisten‹ oder die kleine Tochter des ›Eingebildeten Kranken‹.[98] Dafür konnte ich aber das ganze Stück von den Proben her auswendig und diente als Souffleur. Wir hatten alle große Freude am Spielen, und es war auch wirklich immer recht gelungen, da wir sehr kritisch waren und es als Ehre galt, Korrektur gut zu ertragen. Trotzdem ging es bei den Proben nicht immer reibungslos zu, da kein eigentlicher Spielleiter da war und die Initiative von den Jüngsten ausging, die dann doch am wenigsten zu melden hatten. Ab und zu wurde meine Mutter als Schiedsrichter herbeigerufen, im Ganzen ließ sie sich aber lieber überraschen.

Sehr viel Spaß machte auch das Einüben des ›Sommernachtstraums‹.[99] Wir hatten ihn stark gekürzt, jedoch die Rüpelszene voll ausgekostet. Überhaupt sind mir die Proben und das Vergnügen, das wir dabei hatten, deutlicher in Erinnerung als die Aufführung selbst. Wir wiederholten höchstens einmal (wenn sich mehr Zuschauer meldeten, als das Esszimmer fassen konnte). Anschließend an solche Aufführungen haben wir immer gefeiert, manchmal auch getanzt.

---

97 Freytag, Gustav: Die Journalisten. Lustspiel in vier Akten, Leipzig 1854.
98 Molière, Jean-Baptiste: Der eingebildete Kranke. Eine Komödie in drei Akten, Stuttgart 1986 (Erstaufführung 1673).
99 Shakespeare, William: Ein Sommernachtstraum. Eine Komödie in fünf Akten, Stuttgart 2012 (Erstaufführung vor 1598).

Bei Familienfesten wurde selbst gemachtes, beziehungsreiches Theater gespielt. Auch da machte dann der ganze Geschwisterkreis mit Freunden mit (bis auf die zu Feiernden). Hans hatte Christel zum Abitur ein echt griechisches Stück in Hexametern gedichtet, worin die verschiedensten antiken Götter zu ihr Stellung nahmen (von einem Chor der Musen unterstützt, zu dem auch ich gehörte). Wir waren alle in weiße Laken gehüllt und konnten beim Proben oft vor Lachen gar nicht weitermachen.

Manchmal blieben unsere Theaterspielwünsche auch im Planen stecken. »Wollen wir nicht mal wieder etwas aufführen?«, fragte einer – und dann wurde hin und her beraten. Es gab so wenig nette Lustspiele; der eine fand dies, der andere jenes blöd. »Viel zu anspruchsvoll« war eine Kritik, die jeden Versuch der Aufführung unmöglich machte. ›Anspruchsvoll‹ wollten wir nicht sein – das sollte man den richtigen Bühnen überlassen.

Wenn die Lust zum Aufführen groß wurde und der Mut sich zu produzieren klein, machten wir *Schmiere*. ›Carmen‹[100] spielten wir mit besonderem Vergnügen – inklusive Stierkampf und Arien. Klaus war eine zauberhafte Carmen. Dietrich wechselte zwischen Torero und Klavier. Die Kostümierungen waren stark improvisiert, Zuschauer natürlich verboten. Bei ›Schmiere‹ brauchte man auch vor keiner Tragödie zurückschrecken. Je tragischer, umso besser. Nichts war uns heilig: Szenen aus Faust oder Shakespeare mit vielen Leichen, aber auch ›Iphigenie‹ in Kurzfassung, die Textbücher in der Hand. Und viel Schiller! Angefangen mit ›Tell‹: »Es lächelt der See ...« (dazu diente unsere Kindergummibadewanne, und der Berg für den Schützen war ein Plättbrett). Wir schwuren auf dem Rütli, und Dietrich ließ sich den Apfel vom Kopf schießen und lag als alter Attinghaus – »seid einig, einig, einig« –, die Lederhosen unter einer Felldecke verborgen, im Schaukelstuhl im Sterben. Besonders eindrücklich war mir auch aus dem ›Peer Gynt‹ Anitras Bauchtanz und der Tanz der Grünen – nach Grieg'scher Musik meisterhaft dargeboten von Klaus. Er verfügte über eine ungewöhnlich starke Muskulatur und war trotz ziemlicher Körperfülle außerordentlich beweglich, sogar graziös dabei.

---

100 Oper in vier Aufzügen von Georges Bizet (Erstaufführung 1857).

Wer gerade da war, machte mit; wer nicht zu Hause gewesen ist, hatte etwas verpasst. Manchmal beteiligten sich auch die Eltern, und meine Großmutter hatte immer ihre Herzensfreude daran. Wer nie fehlen durfte, war Klaus. Er war Schmieren-Regisseur, und seiner Laune verdankten wir diese vergnügten Stunden. Er konnte mitreißend ausgelassen sein. Wenn die Zeit für ein Drama nicht ausreichte, spielten wir einfach Gedichte.[101] Während mein Vater als böser König neben einer meiner Schwestern thronte, ritt Klaus auf seinem Cello als alter Sänger ein. Dietrich als ›blühender Genoss‹ schlug die Laute, und mein Vater warf mit einem Fischmesser nach ihm: »Das war des Sängers Fluch.« Auch wenn sich Dietrich als Fischer den müden Fuß in einer Holz-Fußwanne netzte und Sabine ihn als ›feuchtes Weib‹ im Badetuch übers Parkett schwimmend wegschleifte, war das schön.[102] Klaus' pantomimische Leistungen bei edel vorgetragenen, lyrischen Gedichten (wie ›Ich ging im Walde so für mich hin‹[103] oder ›Über allen Gipfeln ist Ruh'‹[104]) waren herzerquickend. Auch Lieder (besonders die Loewe-Balladen,[105] Archibald Douglas[106] und Tom der Reimer[107]) ließen sich herrlich darstellen – obgleich die silberhellen Glöckchen nur ein gut gespielter Wecker waren. Als eine von des Erlkönigs Töchtern[108] konnte ich dann flattern, während Dietrich mit Bart seinen älteren, aber kleineren Bruder Klaus fest im Arm hielt.

Mein erstes *Theater mit wirklichen Schauspielern* sah ich im Harzer Bergtheater in den Ferien in Friedrichsbrunn. Es wollte niemand zu Hause bleiben und auf mich aufpassen – darum durfte ich mit, und schließlich wurde ich ja bald sechs Jahre alt. Es war lange hin- und hergegangen, ob das schon etwas für mich wäre oder ob ich lieber bei bäuerlichen Nachbarn oder im Sanatorium Strokorb abgegeben werden sollte. Aber auch dort ging alles ins Theater, und für einen

---

101 Das folgende Beispiel bezieht sich auf die Ballade ›Des Sängers Fluch‹ von Ludwig Uhland aus dem Jahr 1814.
102 Dies bezieht sich auf das Gedicht ›Der Fischer‹ von Johann Wolfgang von Goethe aus dem Jahr 1779.
103 Johann Wolfgang von Goethes Gedicht ›Gefunden‹ aus dem Jahr 1813.
104 Johann Wolfgang von Goethes Gedicht ›Über allen Gipfeln ist Ruh'‹ aus dem Jahr 1780.
105 Carl Loewe (1796–1869) war Kantor und Komponist in Stettin und hat die Ballade als Kunstform bekannt gemacht. Unter anderem vertonte er 1834 den Zyklus ›Frauenliebe- und Leben‹ von Adalbert von Chamisso.
106 ›Archibald Douglas‹ ist eine Ballade von Theodor Fontane aus dem Jahr 1854.
107 Die Ballade ›Tom der Reimer‹ von Theodor Fontane wurde 1835 von Carl Loewe vertont (Op. 135).
108 Dies bezieht sich auf die Ballade ›Der Erlkönig‹ von Johann Wolfgang von Goethe aus dem Jahr 1782.

Besuch bei Bauern wäre es abends zu spät geworden. So fielen die Würfel für mich glücklich, und ich sah die ›Nibelungen‹. Einige Tage vorher machte mich Hörnchen mit dem Stoff vertraut. Natürlich kannte ich die Siegfriedsage schon, denn die Gespräche der Geschwister, ob nun Hagen oder Siegfried, Kriemhild oder Brunhild edler wären, hatten mich bereits über die ganze Problematik aufgeklärt. Aber wie es Hebbel[109] brachte und wer dabei alles auftrat, das wusste ich noch nicht; dies beschrieb mir nun Hörnchen, damit ich auch etwas davon hätte.

Ich freute mich ganz toll darauf, richtiges Theater zu sehen. In zwei Landauern wurde die gesamte Familie (die Eltern waren nicht dabei) verstaut – abgesehen von den großen Jungen, die lieber zu Fuß gehen wollten. Bis zum Hexentanzplatz waren es sechs Kilometer und dann noch ein paar Minuten bis zum Bergtheater. Unsere Angestellten kamen zu der Unternehmung natürlich auch mit. Wir fuhren zeitig los, weil Hörnchen mir vorher noch die ›Walpurgis-Halle‹ zeigen wollte, die mir aber nicht so gut gefiel. Ich weiß nicht recht, ob die Geschwister sich dazu geäußert hatten, aber ich hielt sie für übertrieben. Vielleicht begriff ich da zum ersten Mal, was Kitsch ist.

Dann saßen wir auf unseren Plätzen – ziemlich weit hinten, also hoch oben. Das Wetter war schön, und es bestand kein Grund zur Befürchtung, dass es regnen würde. Davor hatte ich große Angst gehabt, denn bei Regen würde einfach nicht gespielt, hat es geheißen. Und dann fing es an: Hinter Büschen und Felsen und Pappwänden kamen die Schauspieler hervor, und sie waren plötzlich gar keine Schauspieler mehr, sondern Hagen und Gunther und Siegfried, ganz wirklich. Es war wunderbar aufregend, und ich verstand (nach Hörnchens Erklärungen) alles gut. Hans-Christoph, mein Vetter, durfte auch dabei sein. Er war zwei Jahre älter als ich, und dies hatte es wohl ermöglicht, dass ich mitkam. Er saß völlig hingerissen neben mir. Für ihn war es ebenfalls sein erster Theaterbesuch. Als nun Brunhild dem Hagen die Stelle zeigte, wo Siegfried verwundbar war, erhob er sich von seinem Platz und brüllte über das Publikum hinweg: »Die Sau!« Eilig hat man ihn zur Ruhe ermahnt. Und dann wurde es immer bedrückender. Ich gab mir alle Mühe – aber als Siegfried tot hinweggetragen wurde und Kriemhild verzweifelt Rache schwor, versagte ich und weinte hemmungslos. Hörnchen

---

[109] Hebbel, Friedrich: Die Nibelungen. Ein deutsches Trauerspiel in drei Abteilungen, Hamburg 1861.

ging mit mir hinaus. Ich wollte nicht fort, aber sie sagte »du störst«, und so musste es sein. Als ich mich gefasst hatte, war das Stück zu Ende. »Sie war wohl doch noch zu klein«, sagten die Großen – aber ich wunderte mich, warum sie nicht auch geweint hatten. Mir kam es keineswegs so vor, dass ich weniger verstanden hätte als sie. Diese erste Aufführung hatte mich zu Tränen gerührt. Das zweite Theaterstück, das ich während des Krieges in Berlin sah (vielleicht zwei Jahre später), fand ich dagegen ekelhaft. Es war die ›Hermannsschlacht‹ von Kleist[110] und wiederum eine geschlossene Familien-Unternehmung. Ich saß neben meiner Mutter, die ich ab und zu leise fragte, wer nun dieses wäre und wo sich jenes zutrüge. Die gute Vorbereitung hatte mir gefehlt. Natürlich war ich wieder ganz gefangen von dem Geschehen, empfand es aber als grässlich, so viel Krieg und Kampf und Bosheit zu erleben. Als dann hinter der Szene Menschen von Bären gefressen wurden und man ihre Schreie hörte, weinte ich zwar nicht, aber mir wurde richtig übel. Seitdem kann ich Kleist nicht leiden, und auch später als Schullektüre ging mir seine Art zu scherzen und zu gruseln auf die Nerven.

Als Nächstes ging ich, wie sich das gehörte, in die *Oper* von ›Hänsel und Gretel‹.[111] Da quälten mich weder Grausamkeit noch Angst, denn es war ja ein Märchen. Dass aber Hänsel ein Mädchen war und einen kleinen Busen hatte, während Gretel schon über eine ganz ausgewachsene Figur verfügte, störte mich sehr. Die Hexe gefiel mir am besten und die vierzehn Engel. Dass alle sangen, war eigentlich schade – so kam man nicht auf die Idee, alles auf der Bühne sei Wirklichkeit. Aber es war eben eine Oper, und die bestand aus lauter Musik. Manchmal wurde dasselbe Lied sehr lange wiederholt.

Die Bühnen öffneten sich mir aber erst so recht, als der Krieg vorüber war – Anfang der zwanziger Jahre. Ich kam dadurch, dass ich die Jüngste war, sehr früh zu Theater- und Operngenuss. Ich sah viel lieber Schiller als Shakespeare, und am liebsten natürlich Goethe. Auch an Opernaufführungen gewöhnte ich mich, wenn sie nicht zu lange dauerten. Das Wallner-Theater, wo es Nachmittags-Vorstellungen für Schüler gab, galt als zweitrangig. Ich besinne mich mehr auf die Fahrt zu dem mir sonst nicht bekannten Bahn-

---

110 Kleist, Heinrich von: Die Hermannsschlacht. Ein Drama in fünf Akten, Berlin 1821.
111 Oper von Engelbert Humperdinck in drei Aufzügen (Erstaufführung 1893).

hof Börse und die seltsame Fremdheit der Straßen dort, als auf die Aufführungen selbst. Es ging während der Pausen und auch bei der Aufführung selbst ziemlich munter und schülerhaft zu. Ab und zu traf ich Mädchen, mit denen ich früher in eine Klasse gegangen war, was mich erfreute. Für die meisten war das Treffen mit den Jungens die Hauptsache, denn damals waren Jungen- und Mädchenschulen oft noch getrennt.

Mit Wagner konnte ich nichts anfangen, obwohl ich in der deutschen Volks- und Heldensage sehr zu Hause war. Aber da war mir einfach zu viel Musik. Anneliese und ich kamen bei einer Lohengrin-Vorstellung so ins Lachen über die überfette Elsa und den blondgelockten, sehr jüdisch aussehenden Lohengrin, dass wir störten und in der großen Pause gingen. Wir setzten uns lieber noch in eine gute Konditorei und verbrachten einen vergnügten Spätnachmittag. Wir hatten beide schon die Schule abgeschlossen, als Anneliese Karten für ›Peterchens Mondfahrt‹[112] mitbrachte. Wir waren erwachsen genug, um dieses nette Märchenspiel, bei dem auch eine Reihe begabter Kinder mitspielte, voll zu genießen.

Wenn wir Geschwister ins Theater gingen, saßen wir auf dem ›Olymp‹. Gingen die Eltern mit, saßen sie vorne im Parkett oder im ersten Rang. Wir Kinder kamen gar nicht auf die Idee, dass man woanders sitzen könnte, als auf den billigsten Plätzen. »Da ist das beste Publikum«, sagten wir. Die Jungens nahmen auch oft einen Stehplatz, wenn es anging. Ich fand es immer schade, dass man sich nach dem Theater an der Garderobe drängelte, zur Stadtbahn eilte, darüber stritt, ob man den Zug noch bekommen konnte – und beim Heimfahren bereits das Stück zerlegte, die Schauspieler kritisierte und mit allem Möglichen unzufrieden war. Die Stimmung, in die ich während des Zuschauens versetzt war und die mich sehr glücklich gemacht hatte, war bei diesem Ausklang dann schnell verflogen. Nachher saß man im Esszimmer und aß einen Pudding oder Brote, die dort auf die Theaterbesucher gewartet hatten. Dabei führte das Gespräch weit von dem eben Erlebten weg. Obwohl es ganz gemütlich war und diese Nachtmahlzeiten für mich ihren Reiz hatten, war es doch eine starke Ernüchterung, wenn man eben noch mit Egmont gelitten und mit Klärchen geliebt hatte. Nach ›Carmen‹

---

112 Ein Märchen für Kinder von Gerdt von Bassewitz (1878–1923); 1912 als Märchenspiel in sechs Bildern mit Musik in Szene gesetzt und in Leipzig uraufgeführt.

oder der ›Fledermaus‹ und auch nach der ›Zauberflöte‹ war das nicht ganz so schlimm. Das waren übrigens meine drei Lieblingsopern, die ich immer wieder sah, wenn ich irgend konnte.

Zu voll genussreichen, abgerundeten Theater-Abenden kam ich durch Anneliese, wenn ihre Geschwister Straus uns mitnahmen; das war in der Zeit, als wir zusammen ins Pestalozzi-Fröbel-Haus gingen und auch noch später (bis zu meiner Verlobung). Mit ihnen gingen wir in die modernen, kleinen Stücke in den Kammerspielen, in der Komödie und anderen hübschen kleinen Theatern, wo wir Geschwister sonst nie hinkamen, weil die Plätze viel zu teuer waren. Wir fuhren mit dem Auto vor, hatten wunderbare Plätze und fuhren anschließend oft in ein gutes, kleines Lokal, um noch etwas zu essen und zu trinken. Dann fuhr uns das Auto wieder heim, und ich wurde pünktlich abgeliefert. So lernte ich Ralf Arthur Roberts, Theo Lingen und andere Schauspieler kennen und schätzen, die in den zwanziger Jahren am Kurfürstendamm spielten – während ich mir bei den klassischen Stücken nie merken konnte, wer nun wen dargestellt hatte. Nur einmal verliebte ich mich in einen Schauspieler, in Walter Rilla.[113] Meine Eltern hatten mich ausnahmsweise mitgenommen, es war wohl in die Komödie, in ein Golthworthy-Stück,[114] wo Rilla einen von der englischen Adelsclique ungerecht behandelten jungen Juden spielte. Es war das einzige Mal, dass ich für einen Schauspieler über den Abend hinaus Interesse hatte.

Nur als ganz kleines Mädchen hatte ich mich bei einer Schüleraufführung im Grunewald-Gymnasium in einen Primaner namens Rosenstein verliebt, der den Max Piccolomini im Wallenstein spielte. Als ich dann etwas später in der Schule von Fräulein Mommsen erklärt bekam, was ein ›Ideal‹ wäre, und sie uns fragte, ob wir auch schon ein Ideal hätten, meldete ich mich und erklärte zu ihrem Befremden ehrlich: »Max Piccolomini«, konnte aber keine rechte Begründung dafür angeben. Sonst interessierten mich nur die weiblichen Darstellerinnen (aber auch die nur ganz von fern). Ich merkte mir wohl absichtlich keine Namen – für mich waren sie Ophelia oder Taomina oder Carmen.

---

113 Walter Rilla (1894–1980) war Schauspieler und Schriftsteller. Ab 1920 war er am Berliner Theater tätig und gehörte dort zu den beliebtesten Charakterdarstellern.
114 N.i.

Wenn ich von Strausens ins Theater mitgenommen wurde, fühlte ich mich endlich einmal herrlich wie ein Einzelkind und hatte mit meinen dabei erworbenen Kenntnissen den Brüdern etwas voraus, worum sie mich manchmal beneideten. Sonst standen meine Theatererlebnisse immer unter dem Eindruck der Masse, mit der wir auftraten. Außer mit Anneliese bin ich nie zweisam ins Theater gegangen.

Anders war es mit dem *Kino*. Zwar war auch das meist eine Familienveranstaltung, und hier waren es ebenfalls zuerst die Nibelungen,[115] die ich zu sehen bekam. Sie machten das Kino salonfähig. Nun war es nicht mehr Kintopp;[116] hier wurde von ›künstlerischer Leistung‹ gesprochen. Ich habe den Film später noch mal gesehen und Tränen der Rührung geweint, weil es so schön war. Und dann kam ›Fridericus Rex‹ – Otto Gebühr.[117] Das war schon wirklich Kultur und auch geschichtlich wertvoll. Da ging die Familie wiederum geschlossen hinein, in alle Teile. Wir hatten zwei Stammkinos, beide am Kurfürstendamm, von uns aus noch vor der Halensee-Brücke: das Rivoli und die Rote Mühle (das zweite war etwas vornehmer). In beide ging ich auch oft in Klausens Begleitung, ohne weiteren Anhang aus der Familie. Das Rivoli hatte nur einen Klavierspieler, der vorher Musik machte, aber bei der Roten Mühle traten außerdem noch Tanzpaare auf, ehe die Leinwand von dem roten Vorhang befreit wurde. Dieser Vorhang war magisch beleuchtet, und davor steppten dann Matrosen oder es schwangen sich Zigeunerinnen und sogar Java-Mädchen (fast nur mit Blumenranken angetan). Wenn die Paare beim Tanz intim wurden, war mir das sehr peinlich, und ich hätte diese anfänglichen Darbietungen lieber entbehrt.

Wenn ich mit Klaus ging, nahm er Balkon-Loge. Das war das Teuerste, aber man saß dabei nicht so mit Tuchfühlung. Ich ging sehr gerne ins Kino. Jules Vernes ›Reise um die Erde in 80 Tagen‹[118] sah ich mir mehrmals an. Um sieben Uhr abends durfte ich, wenn ich es vorher ansagte, auch alleine gehen, denn dann war ich vor

---

115 Zweiteiliger Stummfilm von Fritz Lang, der 1924 im Ufa-Palast Berlin uraufgeführt wurde und als Meilenstein der Filmgeschichte gilt.
116 Berliner Modebegriff aus der Zeit der frühen Filmgeschichte; Kurzform für ›Kinematograph‹.
117 Vierteiliger deutscher Historienfilm über das Leben des preußischen Königs Friedrich II. aus den Jahren 1921–1922; die Titelrolle spielte Otto Gebühr, der dadurch berühmt geworden ist.
118 Stummfilm von 1919 mit Conrad Veidt.

neun wieder zu Hause. Zur Abendvorstellung um neun Uhr musste aber einer der Brüder mitkommen, sonst durfte ich nicht hin. Da aber Klaus auch jeden besseren Film ansah, hatte ich ihn immer zur Begleitung. Oft holten wir auch Anneliese ab, die abends ungern allein blieb. Manchmal schleppte uns Klaus dann noch in das daneben gelegene ›Café Engadin‹, und wir tranken Saft und er Bier. Natürlich brachten wir Anneliese anschließend nach Hause. »Schließen Sie mich in Ihr Nachtgebet ein«, verabschiedete sich Klaus von ihr. Wir blieben an der Gartentür stehen, um zu sehen, ob sie auch völlig sicher hereinkam und nicht noch von einem Räuber aus dem Gebüsch angefallen wurde. Erst wenn sie die Haustür aufgeschlossen hatte und verschwand, gingen wir heim.

Der eindrucksvollste Film, den ich in meiner Jugend sah, war die Dokumentation einer Südpol-Expedition mit dem Titel ›Das große weiße Schweigen‹,[119] die gewissermaßen postum ausgestrahlt wurde. Man hatte die Filmrollen bei den Erfrorenen aufgefunden, denn keiner war lebend zurückgekommen. Auch dieser Film war eine Familien-Unternehmung (zu Klausens Geburtstag) und beeindruckte uns alle sehr. Hier wurde deutlich, was der Film dem Theater voraushaben konnte: Wahrheit im Bild. Aber ich sehe auch meinen Vater bei dem Chaplin-Film ›Goldrausch‹[120] Tränen lachen – während mir beim Blick in die traurigen, liebesenttäuschten Augen Chaplins die Mitleidstränen über die Wangen liefen. Ich musste überhaupt viel weinen im Kino – am meisten, wenn es ganz kitschig wurde. Aber das ging vielen so, stellte ich fest.

Auch *Konzerte* sind geschwisterliche Unternehmungen. Wir gehen in großen Gruppen hin. Einer besorgt die Karten. Manchmal sind wir zwölf bis fünfzehn junge Leute, denn Delbrücks und Dohnanyis und andere Freunde gehen auch mit. An der linken Seite unter der Empore befinden sich in der Philharmonie die Stehplätze. Wenn man zeitig kommt, kann man dort auf kleinen Bänken an der Wand sitzen. Ansonsten ist es ratsam, eine Säule zum Anlehnen zu erobern. Einige von uns haben Sitzplätze in der Nähe der Stehplätze, und ab und zu wird getauscht. ›Freude, schöner Götterfunken‹ höre

---

119 Englischer Dokumentarfilm von Herbert Ponting mit dem Originaltitel ›The Great White Silence‹ aus dem Jahr 1925; die Erstaufführung fand am 13. März 1925 in Berlin statt.
120 Stummfilm-Komödie aus dem Jahr 1925 über den Goldrausch am Klondike River in den USA.

ich so und die h-moll Messe. Die großen Geschwister haben auch drei Abonnements für die Sonntagvormittags-Konzerte der Philharmoniker. Darum kommen sie manchmal zum Mittagessen zu spät, was am Sonntag sehr unerwünscht ist, in diesem Fall aber verziehen wird. Ich gehe erst viel später in meiner Brautzeit mit Walter dorthin. Zwei Stunden Musik finde ich meist zu lang. Wenn irgendein berühmter Gast nach Berlin kommt, ein Geigen-, Klavier-, oder Cellovirtuose, nehmen mich die Geschwister manchmal mit. Aber die ganz feinen Unterschiede kann ich nicht bemerken, und bei den anschließenden fachlichen Unterhaltungen verstehe ich viel weniger, als wenn es ums Theater geht.

Es ist aber Ehrensache Ja zu sagen, wenn man mich fragt, ob ich mit will – es wäre noch eine Karte frei. In der zweiten Hälfte des Konzerts beginne ich dann, Geschichten auszudenken, zu denen mich die Musik hie und da anregt; jedenfalls stört sie mich auf diese Weise nicht. Anders ist es, wenn gesungen wird. Wo sich Text und Musik verbinden, habe ich viel mehr davon. Wüllner[121] gab sein letztes Konzert. Für mich war es mein erstes. Man sagte mir, er wäre ein alter Mann, der keine schöne Stimme mehr hätte. Ich war das ja von Onkel Benedikt gewohnt, dass es nicht auf die schöne Stimme, sondern auf die Art zu singen ankam, und war gar nicht enttäuscht von ihm. Er sang die ›Winterreise‹ von Schubert, von dem ich ja durch unsere Hausmusik viele Lieder kannte. Ich war ganz begeistert, diese Lieder, die doch von einem Mann geschrieben waren, auch von einem Mann gesungen zu hören. Bei uns in der Familie sangen nur die Frauen. Wenig später war ich bei einem Liederabend, den Therese Schnabel[122] gab. Ihr Mann begleitete sie, und hier begeisterte mich das Klavierspiel von Arthur Schnabel[123] fast noch mehr als ihr Gesang. Auch sie sang Lieder, die mir von zu Hause vertraut waren. Ich habe es bei Musik immer nötig gehabt, sie etwas öfter zu hören, um Freude daran zu bekommen. Alles Neue konnte ich nur mit Mühe genießen – ganz anders als bei Literatur.

---

121 Ludwig Wüllner (1858–1938) war ein bekannter Konzert- und Opernsänger, der zur damaligen Zeit in Berlin lebte.
122 Therese Schnabel (1876–1959) galt als eine der besten Alt-Sängerinnen ihrer Zeit.
123 Arthur Schnabel (1882–1951) war ein österreichischer Pianist aus einer jüdischen Familie in Galizien, der seine Frau häufig bei ihren Konzerten begleitete.

3.3 Feierabend und Freizeit

Meine Mutter setzte sich *nach dem Abendessen* ins Arbeitszimmer meines Vaters. Dort stand ein sechseckiger Tisch mit einer alten Majolika-Lampe[124] darauf, die elektrisch umgearbeitet war. Meine Großmutter (und wer von uns Kindern Lust hatte) setzte sich dazu – entweder auf das große, grüne, mit Rips[125] bezogene Sofa oder auf einen einfachen Sessel. Der Sessel meines Vaters blieb ausgespart, bis er so gegen halb neun von seinem Schreibtisch aufstand und dazu kam. Bis dahin wurde das Gespräch sehr gedämpft geführt; nun wurde es lebhaft und allgemein. Gegen neun Uhr erschienen dann auch meist die großen Brüder. Wer von den weiblichen Mitgliedern der Runde etwas nähte, bekam Platz dicht bei der Lampe. Die lebhaften Diskussionen der Brüder und ihrer zugelassenen Freunde lagen dadurch immer etwas im Schatten. Wenn mein Vater mit seiner leisen, ruhigen Stimme irgendetwas äußerte, schwieg alles sofort. Und es lohnte dann auch zuzuhören, denn alles verfahrene Gegeneinandergerede brachte er zurecht und führte es immer auf eine fruchtbare Ebene. Ich litt beim Zuhören oft unter den heftig vorgebrachten Meinungen der Jungens – wenn ich merkte, wie sie aneinander vorbeidachten, wie jeder die Dinge nur von seinem Blickwinkel aus sah und gar nicht begriff, was der andere meinte. Die Worte meines Vaters waren dann Balsam für uns alle, weil sie so wunderbar ordneten und weiterbrachten.

Eigentlich waren diese Abende um den sechseckigen Tisch meine Haupt-Bildungs- und Schulungsquelle. Ich lernte mitzudenken sowie philosophische Begriffe und Fremdwörter – ohne nach ihrer Bedeutung zu fragen, rein empirisch durch den Gebrauch. Und ich lernte (obwohl ich als die Jüngste natürlich stets still blieb) zu formulieren und diskutieren. Ich konnte also schweigend reden. Um neun Uhr brachte Fräulein Emma Bier, Tee, Fachinger und kleines Gebäck. Gegen halb zehn ging meine Großmutter nach oben, und meistens verschwand ich mit ihr. Die Eltern gingen Punkt zehn nach oben, und seitdem bin ich davon überzeugt, dass zehn Uhr der richtige Moment ist, um ins Bett zu gehen.

---

124 D.i. farbig glasierte Keramik.
125 Ein Leinwandstoff mit gerippter Oberfläche.

Jeden Sonnabend waren von meiner frühen Kindheit an die ›musikalischen Abende‹ fällig. Das war ein festes Familienbeisammensein, und es war nicht erlaubt, sich davor zu drücken. Gäste, die Freude an unserer Hausmusik hatten, waren zugelassen. Um halb acht aß man zu Abend und ging anschließend in den Salon. Zwei Sitzecken gab es da: eine gegenüber dem Flügel, von der aus man die Musizierenden sah; dort hatten meine Eltern ihre Stammsessel. Die andere wurde durch einen Wandschirm vom Flügel getrennt und war nicht ganz so bequem ausgestattet; dort saß die Jugend mit den pausierenden Mitspielern.

Meist begannen die Jungens mit einem Trio: Karl-Friedrich Klavier, Walter Geige, Klaus Cello. Früher begleitete Hörnchen meine Mutter zum Singen, denn Karl-Friedrich begleitete nicht gern. Jeder, der Unterricht hatte, musste sich anschließend produzieren. Wir Schwestern haben es alle auf dem Klavier nicht weit gebracht, aber Sabine lernte Geige, und die beiden Großen sangen Duette sowie Schubert-, Brahms- und Beethoven-Lieder. Dietrich übertraf Karl-Friedrich am Flügel bald weit. Auch ich musste nach meiner ersten Klavierstunde mittun und spielte ganz stolz mein erstes Stück – Tonumfang fünf Noten – aus dem ›Jungen Pianisten‹[126] vor. Ich hatte mir zu diesem Zweck (damit mein Auftreten ein bisschen zugkräftiger sei) meine Noten in einen Band Beethoven-Sonaten gelegt. Das ist wohl das einzige Mal in meinem Leben, wo ich mich daran erinnern kann, bewusst angegeben zu haben. Es wurde überhaupt nicht bemerkt, und man lobte freundlich mein akkurates Finger-Heben. »Wie die Hämmerchen«, wollte es Fräulein Grußendorf, meine Klavierlehrerin; und so klang es auch. Ich brachte es schließlich bis zu einem kleinen Menuett aus einer Beethoven-Sonate und etwas Grieg. Dann gab ich auf.

Aber das war schon zu der Zeit, als sich die Trio-Besetzung geändert hatte. Karl-Friedrich war von Dietrich abgelöst worden; er hatte sich nun in die passive Abteilung zurückgezogen und spielte nur noch manchmal abends im Dämmerlicht Chopin-Walzer, was ich vom Nebenzimmer aus gern und mit Rührung hörte. Walter war gefallen, und Sabine hatte die Geige übernommen – nur das Cello ist seit meinen Kindertagen in der Hand von Klaus geblie-

---

126 ›Der junge Pianist‹ ist ein dreiteiliges Lehrbuch für den Klavierunterricht von Richard Krentzlin (1864–1956). Erstmals 1898 erschienen, gilt es bis heute als Standardwerk der Unterrichtsliteratur.

ben. Ich hatte es am allerliebsten, wenn Klaus alleine spielte. Das Solveigh-Lied oder Åses Tod auf dem Cello brachten mich einfach zu Tränen. Manchmal pfiff Klaus auch, von Dietrich am Klavier begleitet. Das mochte mein Vater besonders gern, der sich sonst bei den musikalischen Abenden sehr zurückhaltend verhielt. Ich habe ihn nur gelegentlich ›Winterstürme wichen dem Wonnemond‹ oder ›Es steht ein Baum im Odenwald‹ singen hören. Ab und zu wurden die einzelnen Darbietungen auch durch gemeinsames Singen von Volksliedern abgelöst. Je mehr nicht musizierende Zuhörer da waren, umso stärker wurde dieser harmlose Teil (zum Ärger der Instrumentalisten) ausgedehnt.

In der dritten Ecke des Salons, unter einem großen Standspiegel aus der Barockzeit, befand sich ein schmales, rückenloses Sofa mit zwei runden Polstern an den Enden, das hieß ›Madame Recamier‹. Dorthin verzog ich mich gerne während der musikalischen Abende. Als ganz kleines Mädchen saß ich dicht neben meiner Mutter und genoss ihre Nähe, nachdem sie während der Musik endlich zur Ruhe gekommen war. Manchmal tat mir vor Müdigkeit alles so weh, dass ich hätte weinen können – aber ich wäre nie bereit gewesen, unfortgeschickt ins Bett zu gehen. Oder ich zitterte am ganzen Leib und konnte das Bibbern kaum verbergen. Doch ich hielt aus, solange ich durfte, und lernte in jungen Jahren so ziemlich die gesamte klassische Triomusik kennen und lieben.

Als wir erwachsen wurden, war es nicht mehr möglich, den wöchentlichen musikalischen Abend strikt durchzuhalten; dazu waren wir am Sonnabend zu oft eingeladen. Aber ungefähr zweimal im Monat kamen die Instrumentalisten der Familie, verstärkt durch Rüdiger (und manchmal auch andere spielende Freunde), zum Musizieren zusammen. Dann lag ich auf ›Madame Recamier‹ und gewann einen ganz merkwürdigen Abstand von allen. Ich sah sie wie im Kino; ich schrieb, während sie spielten, in Gedanken Bücher über sie – die Geschichte meiner Familie. Irgendwie gehörte ich nicht ganz dazu. Ich sah sie an wie Fremde ... und doch jeden psychologisch interessant genug, um einen Roman über ihn zu verfassen. Zukunftsromane – ich sah die Brüder verheiratet, dichtete sie in Komplikationen hinein und ließ mich je nach Art der Musik zu harmonischen oder tragischen Fantasien anregen.

Dabei bewegte mich ganz stark das Wissen: ›Es kann ja nicht immer so bleiben!‹ Dann sah ich plötzlich meinen Bruder Walter mit der Geige unter ihnen, wie er mir am deutlichsten in Erinnerung war. Früher hatte ich mir zu den Sonaten, die Dietrich spielte, Märchen ausgedacht; ich hatte ihm sogar einmal eins aufgeschrieben und zum Geburtstag geschenkt. Jetzt lockte mich das bürgerliche, musizierende Familienmilieu zu einem psychologisierenden Gesellschaftsroman à la Buddenbrooks. Meine Eltern ließ ich dabei aus – die Geschwister und ihr Freundeskreis genügten mir als Material. Es war, als ob sich eine Glaswand zwischen uns befände, welche durch die Töne gebildet wurde. Wenn sie die Bogen weglegten, wenn das Gespräch auflebte, wenn getrunken und Gebäck gegessen wurde, dann war dieser merkwürdige, fast mediale Abstand überwunden. Sowie aber das Spielen begann – und diese Abende wurden fast ganz mit Instrumentalmusik, eventuell sogar Quartett und Quintett gefüllt – und ich zuhörend längs auf dem Sofa lag, war derselbe fremdartig verzaubernde Bann wieder über mir, den ich teils genoss, teils fürchtete.

Nach dem Essen am Sonntagabend kam es manchmal vor, dass *Vater uns vorlas* – natürlich nur, wenn niemand da war, der womöglich dabei störte. Ganz ohne Besuch gab es keinen Sonntag bei uns. Dieser Tag war dazu da, Besuch zu haben; besonders solchen, der sonst keinen rechten Sonntag gehabt hätte. Auch wenn die Hälfte der Hausangestellten dann Ausgang hatte, waren es immer noch genug, um für einen glatten Ablauf der Gastlichkeit zu sorgen. Meistens war das, was mein Vater vorlas, mehr für die Großen geeignet. Ich hörte aber brennend gern zu, selbst wenn ich noch so müde dabei wurde. Seine leise, beinahe vorsichtige Stimme – verhalten, aber dennoch merkwürdig intensiv – hörte ich einfach gern. Ich gab mir auch Mühe zu verstehen und kam so tatsächlich auf ein Literatur-Niveau, das mir Backfisch-Bücher unmöglich machte.

Vater las gern Biografien: ›Michelangelo‹ von Rolland,[127] der damals gerade erschienen war, machte mir einen so starken Eindruck, dass ich ihn mir später zur Konfirmation wünschte. Er las Briefe von Fontane und Dostojewskis ›Aufzeichnungen aus einem Totenhaus‹. Man ließ mich einfach dabei sein (wegen der bei Erwachsenen üblichen Einstellung, dass Kindern nichts schadet, was sie nicht verstehen). Geschadet hat es mir wohl nicht – aber es hat

---

127 Rolland, Michel: Michelangelo, Frankfurt/M. 1919.

mich ausgesprochen frühreif und überkritisch gegenüber weniger guter Literatur gemacht und mich damit meiner Klasse und meinen Altersgenossen entfremdet. Manchmal las Vater auch etwas, das für mich ebenso schön war wie für die Großen; zum Beispiel ›Sternstunden der Menschheit‹ von Stefan Zweig oder Strindbergs ›Historische Miniaturen‹ oder Ernst Theodor Amadeus Hoffmann, den wir alle sehr liebten. ›Der goldene Topf‹ und ›Klein Zaches‹ hatte ich noch mit Vaters Stimme im Ohr, als ich es später wieder las. Er trug auch Schillers Schriften vor (›Geisterseher‹, ›Verbrecher aus verlorener Ehre‹ und sogar ›Anmut und Würde‹), was mir leider langweilig war. Geschichten von seinen schwäbischen Landsleuten (Uhland, Hauff und Mörike) – das waren Sachen, die ich restlos genoss. Aber er gab sich sogar Mühe, uns mit Fritz Reuter[128] bekannt zu machen, und las uns, so plattdeutsch, wie es ihm möglich war, ›Ut mine Stromtid‹ vor. Ich hatte mich sehr darauf gefreut, denn ich hatte schon manch komische Geschichte daraus erwähnen hören – und nun fing es so schrecklich traurig an, mit dem armen Havermann, dem alles verauktioniert wurde, und der mit seiner kleinen Tochter ganz verlassen war. Ich weinte stark und nicht heimlich genug, sodass mein Vater die Lesung abbrach und wir erst einmal Saft und Kekse bekamen, damit ich wieder Fassung gewann. Wenn ich ins Bett geschickt wurde, war es immer mein Wunsch, mein Vater möge nicht weiterlesen. Mit Büchern, bei denen ich voll beteiligt war, tat er das auch nicht; bei anderen Sachen musste ich mir dann vor dem nächsten Mal Nachhilfestunden geben lassen, weil ich etwas versäumt hatte.

Der Sonntagnachmittag im Winter war für *Spiele im Familienkreis* gedacht. Freunde, auch Erwachsene, machten mit. Wenn die Eltern (wie so häufig) langweiligen, ältlichen Besuch hatten, mussten sie ihn allein aushalten, und wir zogen uns in Mamas Wohnzimmer zurück, wo wir alle an einem großen runden Tisch Platz fanden und man uns bis in den Salon kaum hören konnte. Dann wurde ›Hammer und Glocke‹ gespielt oder ›Poch‹ und ›Schnipp-Schnapp‹, oder auch ein von Karl-Friedrich selbst gefertigtes Kunstquartett mit Bildern und Zeichnungen von Dürer. Auch Schreibspiele und Spiele

---

128 Fritz Reuter (1810–1874) war ein Mundart-Schriftsteller, der seine Werke in niederdeutscher Sprache veröffentlichte. Das Buch ›Ut mine Strimtid‹ (aus meiner Volontärszeit) ist erstmals 1862 erschienen und schildert anschaulich das damalige Leben der Landbevölkerung in Mecklenburg.

mit ausgestanzten Buchstaben (›Nümmerchenspiel‹ genannt) waren mal Mode. Es war überhaupt so, dass jeweils eines der Spiele über Wochen hinweg mit wachsender Begeisterung verfolgt wurde, wobei sich bestimmte Gewinner immer wiederholten und sich jeden Sonntag feste Allianzen gegen diese Kapitalisten zusammenschlossen.

Nach einer Weile (sei es, dass wir dieses Spiels überdrüssig wurden oder dass wir eine Zeitlang gar nicht zum Spielen gekommen waren) gab es etwas anderes, das mit derselben Vehemenz getrieben wurde. Dass man an einem Nachmittag zwei verschiedene Spiele vornahm, kam kaum vor – denn der Eifer im Gefecht war so groß, dass der Gong zum Abendessen uns immer ahnungslos überraschte. Spielten die Eltern und andere Erwachsene mit, verzichteten wir auf Material. Da war das ›Talerklappen‹ in zwei Gruppen am großen Esstisch sehr beliebt, das bei uns *Up and Down* hieß. Oder (wenn auch nicht bei mir) das ›Konkurrenz-Raten‹, was sich durch die beiden aneinander grenzenden Räume, die mit einer Schiebetür verbunden waren, sehr gut organisieren ließ. Es kam darauf an, dass zwei Parteien je einen Abgesandten auf den Flur schickten und sich ein Wort, Ding oder Begriff ausdachten und damit dann zu der anderen Gruppe gingen, um sie auszufragen. Es musste ehrlich geantwortet werden, und diejenige Partei, die des Rätsels Lösung zuerst gefunden hatte, brach in Jubel aus. Ich war als Kleinste kein sehr begehrter Mitspieler dabei und deshalb verstört. Entweder behauptete meine Mannschaft, ich hätte es zu leicht gemacht, wenn es bei mir als Abgesandter zu schnell herauskam – doch wenn es umgekehrt bei meiner Partei im Nebenzimmer zuerst geraten wurde, unterstellte der Feind, ich hätte nicht richtig geantwortet. Und wehe, wenn die Gruppe, der ich zugefallen war, mich einfach nicht losschicken wollte! So hatte ich es ziemlich schwer bei diesem Familienspiel. Es war mir lieber, wenn ohne Konkurrenz geraten wurde; da kam ich mit meinen Fragen im Kreis herum immer gut mit. Mit Eifer wurde auch das ›Brüllspiel‹ betrieben, wo ich als Mitspieler etwas galt. Man saß sich zu zweit gegenüber, jeder hatte einen Parteigänger als Einsager hinter sich, und es kam nun darauf an, im Wechsel Tiernamen mit einem bestimmten Anfangsbuchstaben zu nennen beziehungsweise zu brüllen, während der Gegenübersitzende bis zehn zählte – und das so lange, bis der andere keins mehr wusste. Sowohl als Einsager wie als Brüller wurde ich dabei für voll genommen.

Bei diesen Sonntagnachmittags-Vergnügen waren Freunde, die dann noch übers Abendessen blieben, in Fülle dabei. Um halb fünf wurde bei uns gevespert; ab fünf Uhr kam dann einer nach dem anderen, dem der sonntagnachmittag bei sich zuhause lang wurde. Oft war auch Anneliese dabei, die sich Sonntags zu Hause überflüssig fühlte, weil dann ihr Schwager kam. Deshalb richteten wir es möglichst so ein, dass wir beide zu dieser Zeit beisammen waren, weshalb ich andere Einladungen für den Sonntag einfach aus ›Familiengründen‹ absagte. Wenn Gäste da waren, konnte Anneliese immer dazukommen, weil jeder sie besonders gern hatte. Sie blieb dann auch meist über das Abendessen und genoss die prunkvolle Ausführlichkeit mit drei bis vier Gängen. Mein Vater aß abends am liebsten, und es bekam ihm gut. So war das Abendessen unsere gehobenste Mahlzeit. Aber auch Gert[129] hatte keinen munteren Sonntag zu Hause und kam zuerst als Freund von Klaus dazu. Natürlich auch Dohnanyis und Delbrücks altersähnliche Kinder.[130] Wo viele Kinder im Haus sind, werden magnetisch Einzelkinder und kleinere Geschwistergruppen angezogen. Langsam wurde es ein fester Sonntagskreis, jedenfalls im Winter.

So begannen wir, *in verteilten Rollen zu lesen*. Shakespeare war durch die Fülle der Mitlesenden sehr geeignet. Sämtliche Königsdramen kamen dran, aber auch die Lustspiele. Ich mochte es lieber, wenn wir Hebbel, Schiller oder Goethe nahmen. Ich las gerne vor und wurde dafür auch zugelassen, weil ich es gut konnte. Meine Schwestern drückten sich gerne vor dem Lesen (warum ist mir unklar). Meinen ersten großen Text trug ich allerdings bei Hases in Waldau vor: Ich war wohl elf Jahre alt und bekam die Rolle der Kriemhild. Also wieder Hebbels Nibelungen. Und abermals packte mich Kriemhilds Totenklage so mächtig, dass ich kaum weiterlesen konnte vor unterdrücktem Schluchzen (vielleicht eine unterbewusste Erinnerung an meinen ersten Theaterbesuch). Meine Tante lobte mich, ebenfalls mit Tränen in den Augen: Sie hätte es nie für möglich gehalten, dass ein Kind so einfühlsam eine solche Rolle lesen könne. Auch bei Hases lasen wir Shakespeare – etwas früh für den Kinderkreis.

---

129 Gert Leibholz, der spätere Ehemann von Susannes älterer Schwester Sabine.
130 Hans von Dohnanyi heiratete später Susannes Schwester Christine (›Christel‹); Emmi Delbrück wurde die Ehefrau von Susannes Bruder Klaus.

Jedenfalls empfand ich trotz meiner Jugend doch die Komik, dass meine neunjährige Cousine den Bastard in König Lear las und sich dabei sehr deutlich über ihre Entstehung äußern musste. Mit Dietrich einigte ich mich anschließend darauf, dass es gut war, dass sie überhaupt nichts davon verstand, weil sie noch mit den Silben kämpfen musste. Auch bei uns daheim ging es recht lustig zu bei solchen Gelegenheiten, und vielleicht war ich an diesen Lesetagen am glücklichsten in meiner Familie.

Jedenfalls glichen wir Kinder den Mangel eines *Freundeskreises* bei meinen Eltern reichlich aus. Wir hatten alle einen starken Drang nach Beziehungen, und das nicht nur in der Gruppe. Wir suchten Menschen, die auch in der Lage waren, uns zu Einzelkindern zu machen. Vielleicht war es das Bedürfnis nach dem einen wirklich guten Freund – und dabei nicht ›Geschwister‹, nicht ›so viele‹ zu sein, sondern etwas für sich allein zu haben und zu sein. Allerdings hatten es neue Freunde nicht leicht mit der starken Kritik der Geschwister, bis man sie durchgesetzt hatte und sie die Feuertaufe des ›auf die Schippe genommen Werdens‹ überstanden hatten. Diese heftige Kritik bewahrte uns manchmal auch vor Missgriffen und Enttäuschungen. Manchen brauchte man nur einmal am Familientisch oder im Gespräch mit meinem Vater zu sehen, um zu wissen, dass er besser nicht wiederkäme. War das aber nicht der Fall, dann wurde er in den Familienkreis aufgenommen: Er durfte nach kurzer Voranmeldung an jeder Mahlzeit teilnehmen und wurde Allgemeingut der Geschwister (ohne aber dadurch die spezielle Zweier-Beziehung zu stören).

Ärgerlich war es nur, wenn er nach dem Essen gar keine Neigung zeigte, sich zum ernsten Zweiergespräch auf das eigene Zimmer zurückzuziehen, sondern bei Spaß und Musik gerne im Familienkreis verweilte (der bei solchen Kraftproben dann besonders glänzte und beisammenblieb). Man schwankte dann zwischen Eifersucht und Stolz, machte entweder gute Miene zum missglückten Spiel oder wurde energisch und schleppte den Freund in die Isolierung. Und das ging nicht nur mir so.

Wenn die Freunde der Großen dabeiblieben, war das für mich immer herrlich. Ich liebte alle mit. Karl-Friedrichs Vertrauter aus Kindertagen, Hanfried Ludloff, war eine sagenumwobene Gestalt für mich. 1917 tauchte dann Herr Huwaldt aus Südafrika bei uns auf, der mit Karl-Friedrich beim Kommiss zur Ausbildung in Döberitz war. Mit ihm kam ein Hauch von Fernweh in unser Haus – ich hörte etwas von Kolonien, Kaffee- und Reisplantagen. »Essen Sie mal rohen Reis, bis Sie nicht mehr können«, wurde ein geflügeltes Wort bei uns, wenn einer eine Geschichte bezweifelte (wie Hörnchen es mit den geplatzten Negerbäuchen tat, von denen Huwaldt erzählte). Huwaldt hatte besonders Sabines Herz gewonnen, aber ich hatte große Angst, dass er im Krieg fallen könnte. Sehr verbunden war Karl-Friedrich später mit einem charmanten Wiener Studien- und Arbeitsfreund, mit dem er (als meine Eltern meinten, er hätte als ›Familienhuhn‹ nun lange genug bei uns gewohnt) zusammen ins Kaiser-Wilhelm-Institut nach Dahlem zog. Dort habe ich die beiden oft besucht und mir interessante Versuche angesehen, die ich natürlich nicht verstand. ›Flüssige Luft‹ und ›schweres Wasser‹ sind für mich Worte aus dieser Zeit. Harteck hatte es mir nämlich etwas angetan mit seinem Wiener Dialekt und Charme. Zur Verlobung schenkte er mir Mokkatässchen, selbst ausgesucht von dem jungen Wissenschaftler. Das fand ich sehr rührend.

Der Erste, der mir die Ehe versprach, war Rudi Bumm, der Freund meines Bruders Walter. Wenn die beiden (noch in der Brückenallee) in ihrem Laboratorium im Keller Kugeln gossen, dazu die Beschwörung des Freischütz aus der Wolfsschlucht sangen (›Das Auge eines Wiedehopfs‹ hat für mich seitdem noch nichts von seiner Schauerlichkeit verloren) – wenn sie also mit Schießpulver spielten, wurde ich oben auf den Schrank gesetzt, von dem ich nicht herunterkonnte. Aber dabei bleiben durfte ich. Harmlosere Dinge (wie das Spiel mit Quecksilberkugeln, das mich völlig faszinierte, oder das Verfärben von Lackmuspapier) durfte ich aus der Nähe betrachten. So lernte ich etwas von Chemie, ehe ich in die Schule kam – und was ich heute noch weiß, das habe ich von Rudi und Walter. Dass ich Rudi heiraten würde, war mir völlig klar, weil er es mir immer wieder versicherte – bis ich sechs Jahre alt war und wir in den Grunewald umzogen. Dann wurde ich ihm mit Bubi untreu. Später traf ich Rudi noch öfter bei Universitäts-Tanzereien, und wir haben uns glänzend verstanden. Er neckte mich immer mit meinem Sexappeal als Vierjährige und war überhaupt einer der Schäkerhaftesten; aber weil er Walters Freund gewesen war, ließ ich mir das gefallen.

Sehr beliebt war bei mir auch Klausens älterer Freund Klaus Brand, der durch seine Schwester Irene (eine Freundin von Ursel) ins Haus kam. Für sie schwärmte ich auch ab und zu. Er studierte Mathematik im zwanzigsten Semester, wie wir boshaft behaupteten, und half Klaus in der Schule – ein ewiger Student und musikalisches Genie. Er diente der leichten Muse und dem künstlerischen Einfall. Kochrezepte, Zeitungsanzeigen und Leitartikel, Morgenstern-Gedichte und Tischreden komponierte er singend und sich selbst am Klavier begleitend aus dem Stegreif. Ich höre ihn noch auf einem Fest bei sehr reichen, aber sparsamen Gastgebern, die mit dem Anreichen des Abendessens ziemlich zögerten, plötzlich laut und vernehmbar am Klavier sitzend singen: »Wir haben alle solchen Hunger! Wann gibt es denn hier endlich was zu essen? Wir wollten nicht huuungern! Das ist ein großer Fehler in der Organisation dieses Abends!« – was denn auch Erfolg hatte. Für das Essen, besonders das kostenlose, war er überhaupt zu haben. Wenn wir sonntags unsere Ausflüge in die Müggelberge oder an die Havelseen machten, brachte er nichts als eine große Schöpfkelle dafür mit, mit der er dann mit seinem langen Arm über alle hinweg in den Topf langte. Mehr tat er dafür nicht. Aber er war ja auch bei weitem der Älteste und von allen bewundert.

Außer dieser Freundin Irene, die voller Temperament, sehr hübsch und klug und halbjüdischer Abstammung war, hatte Ursel noch eine jüdisch-englische Freundin, die Mämi hieß. Mämi war eine Lady: zart, blass, sanft, sehr hell und immer etwas traurig. Was Ursel eigentlich von ihr hatte, weiß ich nicht. Sie kam mir ebenso welk wie ihr Händedruck und unwirklich wie ihr Akzent vor. Sie war wohl die einzige Freundin meiner Schwestern, für die ich niemals geschwärmt habe. Christels ebenfalls halbjüdische Freundin Bärbel Hildebrandt (die Tochter des guten Onkels Hildebrandt, der meine Brüche einrenkte), war eine vorzügliche Geigerin; ihre Schwester Ursel spielte Cello. Beide waren herrlich rothaarig und begeisterten mich dafür umso mehr.

Die freund-nachbarschaftlichsten Beziehungen pflegten wir mit Delbrücks. Von ihren sieben Kindern, die sich im Alter weiter nach oben verschoben als bei uns, waren noch fünf im Haus. Man lebte dort einfacher: Es gab nur ein einziges Mädchen, die Töchter hatten Pflichten. Es wurde nicht nur mehr aufs Sparen gesehen – Geldausgeben für etwas, das nicht die Bildung förderte oder unbedingt lebensnotwendig war, galt als unkultiviert. Die Ordnung im Haus war etwas eigentümlich, aber im Wesentlichen glich es doch unserem Elternhaus mehr als die anderen Grunewald-Familien. Die Interessen, die Feste, die Ferien, die Bücher, die Konzerte, die zu wälzenden Probleme waren dieselben wie bei uns. Jedenfalls bei den vier jüngeren Geschwistern: Lene, Justus, Emmi und Max. Lene heiratete bald nach Spanien und entschwand unseren Blicken. Max war ein etwas eingesponnener Sterngucker und Mathematiker, der sich mit dem wesentlich älteren Karl-Friedrich anfreundete; obwohl ich ihm altersmäßig eher entsprach, konnten wir kaum Gespräche miteinander führen. Emmi war offiziell Sabines Freundin (wie das manchmal so ist, wenn man den Bruder meint). Sie und Justus waren diejenigen, mit denen wir die Ferien teilten, ohne die wir nicht wandern gingen, die ganz dazugehörten. Emmi war schlank, hochgewachsen, lungengefährdet, voll guter Laune und naiver, reizvoller Jungmädchenhaftigkeit, ohne kokett zu sein; oft ein wenig unbedacht in ihren Bemerkungen, aber ohne jeden Arg und immer hilfsbereit. Justus hat mir das Radeln beigebracht, in einer schweißtreibenden Nachmittagsstunde. Justus schenkte mir die schönsten Schallplatten, er brachte Blumen für mich mit und schrieb mir aus den Ferien. Er war wie der beste, aufmerksamste Bruder für mich. Dass er wohl eigentlich die schon an seinen Freund Hans vergebene Christel meinte, habe ich erst später gemerkt.

Klaus war ein gutes Jahr älter als Justus, aber die Freundschaft zwischen diesen beiden war unzertrennlich. Klaus machte ein Jahr vor Justus Abitur, ungern und mit Mühe. Justus schaffte es beinahe gar nicht. Um am Tag der Prüfung aufgeweckt zu werden – er schlief so gerne lang – baute er eine komplizierte Anlage, damit der Wecker nicht nur Höllenlärm machte, sondern auch noch eine auf dem Schrank angebrachte Wasserkanne zur Entleerung auf sein Bett brachte. Wir saßen an diesem Examenstag noch am späten Abend im Zimmer meines Vaters und ängsteten uns um Justus, während Klaus am Schuleingang stand und wartete, um ihn so oder so heimzugeleiten. Es dauerte bis zehn Uhr nachts; schließlich kamen sie. Seine Eins in Turnen hatte ihn gerettet! Nun waren sie nur noch zusammen zu sehen, denn sie studierten gemeinsam Jura. Auch in den Ferien blieben sie vereint, ihre Sonntage und Feierabende verbrachten sie miteinander. Klaus liebte Emmi, aber noch zog er das Beisammensein mit Justus vor. Sie verbesserten die Welt, sie machten Blödsinn, sie wanderten, schwammen und spielten Tennis miteinander.

Klaus war klein, dunkelhaarig und untersetzt, Justus groß und blond und kantig. Klaus war lebhaft und anregend, Justus ruhig und ausdauernd – sie liebten nicht sich selbst im Gegenüber, sondern wirklich den anderen. Gleich waren ihre Klugheit, ihr Humor, ihre Lebenskraft, ihre Weltanschauung, ihr Geschmack und ihr Unabhängigkeitsdrang. Justus hatte eine herrliche Gabe, Marktschreier und Wortführer nachzuahmen. Er konnte sich lange Reden, die ohne Inhalt waren, aufs Wort merken und belebte unsere Feste durch echt Berliner Straßenangebote von Apfelsinen und Uhren: »Nich dran polken, det verträgt det echte Silber nich!«

Im Gegensatz zu Klaus war Justus völlig anspruchslos. Einmal ging er, um sich Geld zu verdienen, in ein Bergwerk, was damals noch unüblich war. Dorthin hat Klaus ihn allerdings nicht begleitet. Er machte stattdessen ehrenamtlich unter Siegmund-Schultze[131] Bewährungshilfe für Jungens aus dem Wedding. Justus hat Klaus nie für sein Streben nach Annehmlichkeiten verachtet. Auch wenn er bei den gemeinsamen Wanderungen sehr bescheiden lebte, sorgte er immer dafür, dass Klaus zu dem kam, was er gern hatte. Es war der seltene Fall eines Menschen, der selbst bedürfnislos ist, aber Freude daran hat, andere zu verwöhnen, ohne sich dabei edel vorzukommen. Er sprach wenig und etwas abgehackt, wenn es um Dinge ging, die ihn persönlich bewegten. Dadurch wirkte er neben Klaus manchmal herb und karg. Wer da David und wer Jonathan war,[132] ließ sich nie entscheiden, wenn es auch von außen so schien, als ob Klaus die Führung hätte. Ich glaube, dass Klaus gerne lebte, seit er Justus kannte. So wie meine Eltern die beste Ehe, so haben mir Klaus und Justus die beste Freundschaft vorgelebt.

Die Beziehungen zu unseren direkten Nachbarn, Weigerts, wurden besonders durch Dietrich und mich aufrechterhalten. Dietrich

---

131 Friedrich Siegmund-Schulze (1885–1969) war evangelischer Theologe, Sozialpädagoge und Pionier der Friedensbewegung. Von 1913 bis 1933 gab er die von ihm gegründete Zeitschrift ›Die Eiche‹ heraus, eines der ersten Sprachrohre für die Ökumenische Bewegung. 1914 war er Mitbegründer des ›Weltbundes für Freundschaftsarbeit der Kirchen‹. In Berlin gründete er die ›Soziale Arbeitsgemeinschaft‹, ein Nachbarschaftshilfe- und Siedlungsprojekt, und sorgte dafür, dass 1917 das erste Jugendamt Deutschlands eröffnet wurde. Ab 1925 lehrte er als Professor für Jugendkunde und Jugendwohlfahrt an der Universität Berlin. Bereits 1933 wurde er von der Gestapo verhaftet und in die Schweiz abgeschoben, weil er Juden unterstützt hatte. – Susanne Dreß berichtet nicht nur davon, dass Klaus Bonhoeffer mit Friedrich Siegmund-Schulze zusammengearbeitet habe, sondern auch, dass Dietrich gemeinsam mit ihr ab 1932 in der Charlottenburger ›Jugendstube‹ mitgearbeitet habe, die wesentlich von ihrer jüdischen Freundin Anneliese Schnurmann mitfinanziert worden sei, bis sie 1933 geschlossen wurde.

132 Anspielung auf die Freundschaft zwischen König David und dem Sohn seines Vorgängers und Gegenspielers Jonathan, von der in 1. Samuel 18–20 berichtet wird.

konnte mit hohl aufeinandergelegten Händen einen Eulenruf hervorbringen, damit rief er zu Weigerts hinüber. Sie wohnten an unserer Nordseite, und kein Zimmerfenster von uns ging nach dort hinaus. Unser Signal vom Flurfenster aus war also ziemlich öffentlich. Deshalb hatten wir in die Zimmer der Freunde Strippen mit Klingelzug gelegt (Dietrich zu Maria und ich zu Günther), an denen wir auch Botschaften hin- und herschicken konnten. Sogar meinen weißen Mäusen traute ich es zu, über das lange Seil zu laufen, und sie schafften es ohne Unfall.

Dietrich ging mit Maria, die zwei Jahre älter war als er, ins Grunewald-Gymnasium in dieselbe Klasse. Durch das Fenster erkundigte er sich bei ihr nach einem passenden Ausdruck, um die Schnelligkeit der Ausbreitung des Feuers in Schillers Glocke zu beschreiben – und hatte dann auf ihr Anraten hin in seinem Aufsatzheft den rot angestrichenen und mit einem großen ›A‹ am Rand versehenen Satz stehen: »Das Feuer breitete sich mit affenartiger Geschwindigkeit aus!«

Weigerts waren sehr reich, das war mir klar. Es ging aber spartanischer zu als bei uns. Im Krieg waren alle Lebensmittel unter persönlicher Kontrolle von Frau Weigert hinter Latten verschlossen. Nichts als Sardellenpaste konnte der dünne, ewig hungrige Günther daraus hervorangeln, denn die Zwischenräume waren schmal. Äpfel allerdings ließen sich mit einem langen Messer in der Mitte durchschneiden und herauspraktizieren. Aber Äpfel machen nicht satt. Wenn Günther eine Sardellenpastentube erwischt hatte, bettelte er bei uns am Küchenfenster um eine Scheibe Brot – und Brot durfte auf Anweisung meiner Mutter niemandem versagt werden. In dicken Schlangen drückte er sich dann die Paste darauf und verzehrte es mit Wonne.

Geistige Zukost wurde bei ihm zu Hause lieber gereicht. Jeden Sonntagvormittag las sein Vater, der ein erfolgreicher und bekannter Richter war, Schillers Balladen vor. Nach Möglichkeit suchten Vater und Sohn mich zu diesen Vorlesungen zu gewinnen, und ich muss sagen, dass ich eine ganze Menge dabei gelernt habe. Günther empfand diesen Zeitaufwand des Vaters für ihn so, wie Kinder derartiges zu nehmen pflegen: leicht gerührt, aber doch als Last. Man will den Alten bei ihren Erziehungsbemühungen natürlich ein gewisses Entgegenkommen zeigen. Nur einmal gab es dabei Krach, als Günther nach Beendigung der Schiller-Andacht anfing, den Taucher nach meinem Rezept aufzusagen: »Wer wagt es, Knappersmann oder Ritt, zu schlunden in diesen Tauch?«[133] Der alte Weigert nahm das als Blasphemie, wie wenn ein Kind in einem Pfarrhaus die Bibel verhunzt hätte. Günther gehörte zu meinem Erstaunen gar keiner Religion an – auch Juden waren sie nicht, sondern Dissidenten. Ich hielt das für eine jüdische Sekte, da Bubi wusste, dass sie doch Juden waren. Der erwachsene Sohn von Weigerts, ebenfalls Jurist, war mit meinen älteren Brüdern befreundet, doch unsere Eltern hatten wenig Kontakt. Spielen durften wir in ihrem Garten nicht, das geschah bei uns. Aber Äpfel haben wir bei ihnen reichlich geklaut und sie mit Maria und Günther verzehrt. Ich empfand es als sehr verwunderlich, dass man dort nicht gehorchte, sondern mit den Eltern eher auf Kriegsfuß stand.

All diese verschiedenen Freunde (und noch mehr) vereinten sich mit uns auch zu Streit- und Lehrgesprächen, nicht nur zu Spiel und Spaß. Es wurde im Geschwister- und Freundeskreis begeistert diskutiert. Rund um den Esstisch im Eilschritt, die rechte Hand um das Handgelenk der Linken auf dem Rücken gehalten, so führten wir geistige Kämpfe. Nach den Mahlzeiten – die Eltern haben sich zurückgezogen – geht es los. Irgendeine Frage war bei Tisch aufgetaucht und blieb ungelöst. Je lebhafter die Meinungen aufeinandertreffen, umso schneller werden die Schritte! Die Mädchen haben Mühe, die kreisenden Gestalten zu umgehen beim Abdecken des Geschirrs. Anwesende Freunde, die an diese Form der Auseinandersetzung nicht gewöhnt sind und denen leicht schwindelt, hocken am Rand auf Fensterbänken, Truhen und rittlings auf Stühlen und haben genug damit zu tun, die Redenden nicht aus dem Auge zu verlieren.

Wenn ich oben in meinem Zimmer diese Schritte höre, fühle ich mich seltsam angezogen und komme hinzu, denn ich weiß, jetzt sind sie in Fahrt, jetzt fahren sie sich fest – und wenn jeder so auf seine Art vom Leder zieht, mag ich sie eigentlich am liebsten. Oft enden auch die philosophischsten und erregendsten Gespräche in irgendeinem vergnüglichen Jux. Aber das ist es nicht allein, was mich lockt. Da geht es um Literatur, und ich erfahre, was Stephan George will und was er für Fehler hat, längst ehe ich ein Gedicht von

---

133 Die erste Zeile in Schillers Ballade ›Der Taucher‹ lautet im Original: »Wer wagt es, Rittersmann oder Knapp, zu tauchen in diesem Schlund?«

ihm gelesen habe; es geht um Heideggers Sprache und um Plancks Vorlesungen. Es geht auch um Religionsfragen, und die interessieren mich am meisten, weil ich glaube, davon etwas zu verstehen: Um den Ursprung des Bösen und um den freien Willen geht es immer wieder, um christliche Freiheit und Schiller'sche Freiheit, es geht um die Möglichkeit, überhaupt etwas zu erfahren, um Können, um Erkenntnistheorie. Christel streitet heftig mit, und ich hocke am Fenster und höre zu. Hans Dohnanyi ist beim Rundlauf eifrig dabei, Rüdiger mit seiner schweren Beinverletzung und seinem langsameren Schwäbisch bleibt mehr am Rande – begibt sich aber der zwei Meter lange Gert mit in den Kreislauf, kommt alles bald aus dem Gleis, um seiner langen Beine willen. Ich höre sehr kritisch zu, hüte mich aber, ein Wort zu sagen; es hört ja doch keiner hin.

Es geht auch um Politik. In der Politik sind sich die Brüder und Schwäger ziemlich einig, wenn auch Karl-Friedrich, der Sanfte, am weitesten links steht. Er wählt SPD oder USPD, während die anderen entschlossene Demokraten sind. Dass die Eltern die DAZ,[134] das Blatt der halbrechten Volkspartei, halten, genügt ihnen nicht. Linke Zeitungen, bis hin zu kommunistischen Blättern, kommen durch die Brüder ins Haus. Ich mag immer noch keine Zeitung lesen – weder die einen, noch die anderen.

3.4 Literatur und Schriftstellerei

Ich *träume* gern. Es gibt in der Kinderzeit keine Nacht, in der ich das nicht tue, und ich freue mich beim Einschlafen auf das, was kommt. Manchmal werde ich jedoch enttäuscht. Ich falle, falle immer schneller – aber ehe ich aufschlage, steht Hörnchen neben meinem Bett und sagt: »Trink einen Schluck Wasser, du hast schlecht geschlafen.« Hörnchen weiß sogar, was mich nachts bewegt. Sie hütet meinen Schlaf und schont den ihren nicht, um mich zu umsorgen. Und das nicht nur, wenn ich krank bin. Meist sind meine Träume aber schön und aufregend. Ich kann mich auch fast immer beim Aufwachen daran erinnern. Nur selten entschwindet ein Ahnen unter dem darüber Klarwerdenwollen immer mehr; das Nacht-

---

134 Abkürzung für ›Deutsche Allgemeine Zeitung‹, die von 1918–1945 als Berliner Tageszeitung mit Morgen- und Abendausgabe erschien.

gesicht sinkt wie ein Ertrinkender ins Unbewusste, und nie wieder wird man es daraus hervorholen können. Nie wird man erfahren, was man in dieser Nacht im Traum gelebt hat. Ich weiß davon gern und denke darüber nach, spiele damit und spinne es weiter.

Träume, die mir entschwinden, machen mich unruhig. Sie hinterlassen eine Stimmung, die nur ganz ungefähr zu beschreiben ist und mich darum bedrückt. Und es gibt Träume, die sind so herrlich, dass ich nicht aufwachen mag. Ich weiß wohl, dass ich träume – so schön kann es in Wirklichkeit gar nicht sein; aber jetzt ist es jedenfalls so. Wunderbar ist es zu fliegen, sich als völlig schwerelos zu empfinden. Ich schwebe von einem Balkon aus in einen rotleuchtenden abendlichen Himmel hinein, an meiner Hand eine Freundin. Welche weiß ich nicht, aber es ist ›die Freundin‹, und sie sagt:»Das ist nun Seligkeit.« Dieser Traum schien mir so großartig, dass ich ihn in meinem Tagebuch aufgezeichnet habe. Oder wir singen – singen so lieblich, wie ich es noch nie gehört habe, wie es noch nie gehört worden ist. Ein andermal sitze ich im Garten und spüre die Luft so lind, wie nur Streicheln sein kann. Und Liebe empfinde ich, wie ich es im Wachen gar nicht vermag – Liebe zu ganz fernen, fremden Menschen, die ich nur im Traum kenne. Dieses Gefühl ist so stark, dass ich mir sage: Das ist wohl Erwachsenenliebe; wach erlange ich sie erst später. Aber ich weiß nun wenigstens, wie es ist.

Die ganz tollen Träume wiederholen sich nicht; aber bestimmte Landschaften und Städte sehe ich immer wieder – manche Häuser sogar von innen, und ich ahne nicht, wo ich sie jemals betreten hätte (besonders eine wunderliche Treppe, die plötzlich aufhört und sehr gefährlich ist). Manchmal wird diese Treppe turmhoch – und dann kommen die Schwindelerlebnisse, bei denen ich abstürze. Da ist auch immer wieder das ganz enge kleine Fenster, durch das ich ins Freie gelangen will und das stattdessen in einen engen Gang führt, der immer dunkler und beklemmender wird, bis ich nicht mehr vor- und zurückkann. Und immer wieder die Angstträume:»Ich schaffe es nicht!«, die Hetze mit viel zu schwerem Rucksack zu dem Zug, den man zwar sieht, der aber völlig unerreichbar ist; oder die Straßenbahn, die nie hält, wenn man einsteigen will; oder die völlige Lähmung der Beine und die Unmöglichkeit, die Augen zu öffnen, um etwas Wichtiges zu lesen.

Ich träume nicht nur im Schlafen. Ich lebe auch am Tag in einer *Traumwelt*. Ich lebe nie ohne einen ›Roman‹, den ich mir ausdenke. Vom Aufwachen an, über jeden gedanklich ungeforderten Augenblick hinweg, bin ich nicht ich, sondern der Held meines Romans. Meistens bin ich dabei schon elf Jahre alt und ein Junge. Elf finde ich ein herrliches Alter – und bin nachher, als ich es wirklich bin, etwas enttäuscht, weil es gar nichts Besonderes ist. Dieses mein Jungens-Ich erlebt nun keineswegs das, was ich selbst tue, sondern ist ständig in irgendwelche Abenteuer verwickelt. Geschwister werden dabei zu Internatsgefährten oder Verbrechern, je nach der augenblicklichen Gunst.

Auch die Eltern sind fremde Gewalten, und ich erzähle Onkel Anschütz zu seinem Erstaunen mit fünf Jahren die wildesten Geschichten von einer »Frau, die Paula heißt«. Ich heiße immer Erich, und oft erzähle ich meiner Freundin Irmgard, was gerade los ist. Sie ist Joachim und ein verschleppter Indianerknabe. Sie versteht meine Erlebnisse, denn sie lebt in ähnlichen Fantasien, und manchmal sitzen wir unsere schulfreien Tage lang zusammen und versuchen, unsere Welten miteinander in Übereinstimmung zu bringen.

Und weil ich bei Tisch und auch beim gemeinsamen Spiel ständig damit beschäftigt bin, meinen Roman fortzuführen und das eben Erlebte in angemessener Form zu verarbeiten, nennt man mich ›Traum-Suse‹. Dabei träume ich gar nicht, sondern bin ganz wach. Natürlich gebe ich meine Antworten manchmal meinem Erich-Ich entsprechend; das verwirrt die anderen und ich ›komme aus dem Mustop‹. Außer Irmgard darf ich ja niemand etwas von meinem Doppelleben erzählen.

Wirkliche Wachträume habe ich erst später, als ich die Romanleberei aufgegeben hatte. Die offenbleibende Möglichkeit einer Situation bringt mich zum Spekulieren. Ich vergesse dann, was wirklich ist, schon während es geschieht, und kreise mit meinen Gedanken um das, was hätte sein können. Ich lebe im Konjunktiv. Wenn mich dieses Auto nun angefahren hätte ... und dann geht es weiter mit Rollstuhl bis ins hohe Alter, aber dabei doch immer gütig und für die ganze Umgebung eine Quelle der Freude. Oder wenn der junge Mann, der mir gegenübersaß, mich nun angesprochen hätte und mit mir ausgestiegen wäre und so weiter – bis hin zum unehelichen Kind, auf dem Land geboren, wo ich als Dienstmagd (Magd muss es sein!) mich verdingt habe. Oder noch fantastischer: Wenn aus dem Erdloch nun nicht der Mann von der Wassergesellschaft heraufstiege, sondern ein wirklicher Wassermann – und sofort bin ich in der Rolle der Lilofee[135] (nehme aber meine Kinder mit in die Kirche). Meist bestehe ich in diesen Träumen alles leicht lächend, bis an mein mehr oder weniger seliges Ende – so verwirkliche ich die Fülle der Lebensmöglichkeiten, die mir als braver Bürgerstochter versagt bleiben.

Inzwischen *las* ich natürlich auch Romane. Meine Fantasie, die durch das intensive Puppenspiel wilde Blüten getrieben hatte, suchte sich, als ich mit ungefähr zehn Jahren damit aufhörte, dieses Betätigungsfeld. Wenn sich die Geschwister bei meiner Mutter über meine Verspieltheit und mangelnde Hilfsbereitschaft beklagten, hatte ich oft gehört, dass sie sagte, sie sollen mich nur lassen: Wie ein Kind spiele, so arbeite es später auch. Nun hatte ich aufgehört zu spielen, fing aber keineswegs mit arbeiten an – wenn man das Lesen Jugendlicher nicht als Arbeit bezeichnen will. Ich las hemmungslos. Unter der Schulbank oder beim vorgeschriebenen Mittagsschlaf – ängstlich an der Ritze stehend, welche die zugeklappten grünen Fensterläden bildeten, und sprungbereit, um bei Annäherung von Erwachsenen ins Bett zu stürzen. Ich las in der Stadtbahn auf meinem Schulweg und ging mit dem Buch in der Hand über die Halensee-Brücke heim; von den Ermahnungen der Passanten, auf den Weg zu achten, ließ ich mich nicht stören.

Ich las jedes Buch drei-, viermal. Nicht weil ich zu wenig Lesestoff hatte, sondern weil ich die Leute gerne wiedertraf, die ich einmal geliebt und um die ich gebangt hatte. Ich las Johanna Spyri[136] und Tony Schumacher[137] und Auguste Supper[138] und Agnes Sapper[139] und Sophie Reinheimer[140] und die Oberheudorfer Geschichten[141]

---

135 Anspielung auf das Volkslied ›Es freit ein wilder Wassermann‹ aus dem Jahr 1813.

136 S.o. Anm. 67 (S. 153).

137 Tony Schumacher (1848–1931), eine damals bekannte Kinderbuchautorin, deren Werke einen stark pädagogischen und religiösen Charakter haben.

138 Auguste Supper (1867–1951) war eine auflagenstarke Autorin, die der völkischen Ideologie nahestand; ab 1935 war sie Ehrensenatorin der nationalsozialistischen Reichsschrifttumskammer.

139 Agnes Sapper (1852–1929), eine der erfolgreichsten Jugendbuchautorinnen zu Beginn des 20. Jahrhunderts; ihr bekanntester Roman war ›Die Familie Pfäffling‹.

140 Sophie Reinheimer (1874–1935) veröffentlichte Anfang des 20. Jahrhunderts Bilderbücher für Kinder, u.a. ›Bunte Blumen‹, ›Der Mond und die neugierigen Sterne‹ und ›Von Sonne, Regen, Schnee und Wind und anderen guten Freunden‹.

141 Die beliebten ›Oberheudorfer Buben- und Mädelgeschichten‹ von Josephine Siebe (1870–1941) waren erstmals 1908 in Stuttgart erschienen.

und sprang von den Pfäfflings mit ihrem Wachsen und Werden mit einem Satz zum Grünen Heinrich[142] und Theodor Storm. Mit zwölf Jahren entdeckte ich Tolstoi – von den Erzählungen bis zu ›Krieg und Frieden‹; mit dreizehn beeindruckten mich die ›Brüder Karamasow‹. Da ich diese reichlich schweren Romane aber nicht nur verschlang, sondern als spannende Lektüre immer wieder las, halfen sie meinem Sprachgefühl und meinem literarischen Empfinden auf. Ibsen begeisterte mich mit vierzehn Jahren so, dass ich mir seine gesammelten Dramen zur Konfirmation schenken ließ.

Ich wünschte mir immer nur Bücher, die ich schon kannte, weil ich sie geborgt hatte und gerne selbst besitzen wollte. Die richtige Jungmädchen-Literatur habe ich ausgespart; auch kein einziges ›Trotzköpfchen‹-Buch[143] oder eine Pensionsgeschichte ist mir bekannt geworden. In der Zeit, wo ich so etwas hätte lesen können, beschäftigte ich mich mit Natur- und Tierbüchern, mit Geschichten von Karl Ewald[144] und Hermann Löns[145]. Überhaupt gefielen mir am besten Märchen und Gedichte. Der ›Echtermeyer‹[146] war mein liebstes Buch, und Gedichte hafteten mühelos in meinem Gedächtnis. Dadurch glänzte ich auch in der Deutschstunde; denn beim Aufsagen (was ich eigentlich nicht gerne tat und fast als Prostitution empfand) ging mein Temperament mit mir durch, und ich galt als Vortragskünstlerin. Niemand aus meiner Klasse hatte auch nur annähernd so viel gelesen – während Dietrich mich noch wegen manchem, was ich nicht kannte, belächelte. Ich griff somit bald nach allem, was er hatte.

Wenn Lesen vielleicht keine Arbeit war, so hätte meine Mutter doch durch meinen Schreibfleiß getröstet werden können. Ich *schrieb*, wenn ich nicht las. Denn alles, was in den Büchern stand, war doch stets etwas anders, als ich dachte, dass es kommen müsste; und wenn ich schrieb, so befriedigte das meine Fantasie ebenso wie das Puppenspielen. Ich schrieb Märchen, ich schrieb Dramen, ich schrieb Gedichte und Romane. Oft machte ich nur den Anfang –

---

142 Keller, Gottfried: Der grüne Heinrich. Roman in vier Bänden, Braunschweig 1854.
143 ›Der Trotzkopf‹, eine 1885 erstmals erschienene Internatsgeschichte von Emmy von Rhoden (1829–1885).
144 Karl Ewald (1856–1908), dänischer Schriftsteller, der mit naturkundlichen Märchen bekannt wurde.
145 S.o. Anm. 13 (S. 25) und Anm. 32 (S. 70).
146 Echtermeyer, Ernst Theodor: Mustersammlung deutscher Gedichte für gelehrte Schulen, Halle 1836 – bis zum Ende des 20. Jahrhunderts war dies die bedeutendste deutsche Gedichtsammlung, durch die Generationen von Schülern geprägt worden sind.

voll Schwung und seitenweise. Während ich die ersten Kapitel verfasste, kamen die letzten mir schon in den Kopf. Warum dann noch aufschreiben? Warum, wenn es außer mir doch kein Mensch zu Gesicht bekommen sollte? Märchen, Geschichten, Gedichte zu Geschenkzwecken mussten fertiggestellt werden, und es machte mir auch Freude, so etwas gut zu beenden. Aber was nur für mich bestimmt war – da fing ich lieber etwas Neues an, wenn mir klar wurde, wie ich zu Ende führen müsste, was ich in Arbeit hatte. Ich schrieb, um es dann wegzuwerfen oder zu verbrennen. Nur sehr wenig davon bewahrte ich auf, weil ich es für gelungen hielt. Noch weniger zeigte ich ab und zu meinen Freundinnen.

In der Schule wusste man nicht viel mehr davon, als dass ich gute Aufsätze verfasste. Die allerdings schrieb ich mit einer gewissen Maßlosigkeit, was die Länge und die Schludrigkeit der Form betraf. Meine Lehrer hatten die schwierige Aufgabe, sich durch interpunktionsfreie und orthografisch eigenwillige, unleserliche Wörter durchzuarbeiten, die ein ganzes Heft füllten. Sie konnten froh sein, wenn nur ein Heft voll wurde! Immerhin muss es sie doch gelockt und ihnen eine gewisse Freude bereitet haben, die von ihnen gestellten Aufgaben so fleißig bearbeitet zu sehen. Bei den frei gewählten Themen schüttete ich in epischer Breite mein ganzes Herz aus – zu meinem eigenen Ärger, denn die Lehrer verdienten das gar nicht. Als uns einmal aufgetragen wurde, eine Legende zu schreiben, stand von der Hand unserer schriftstellernden Deutschlehrerin darunter: »Sie sollten einen selbst erdachten Stoff wählen!« Ich fragte sie daraufhin, wo sie die Geschichte denn schon einmal gelesen hätte, und es ergab sich, dass sie es bloß nicht für möglich hielt, dass ich so schreiben konnte. So wenig kannte sie mich nach drei Jahren Deutschunterricht!

Ich fing auch an, mit viel Freude Briefe zu schreiben. Nicht in der Verwandtschaft; meinen verheirateten Schwestern einen richtigen Brief nach meinem Herzen zu schicken, wäre mir verrückt erschienen. Da erzählte man eben das, was los war. Aber an Anneliese oder Bärbel (die allerdings nicht so viel auswärts waren) gingen Briefe mit bis zu zwanzig Seiten ab. Manchmal zwei in drei Tagen (und dann wieder wochenlang gar nichts).

Seit ich für Grete schwärmte, machte ich richtige *Gedichte* – Gedichte ohne die Zweckbestimmung als Geschenk. Ich dichtete zuerst gar nicht sie an, sondern besang Gretes und Karl-Friedrichs Liebe. Es waren echte Liebesgedichte, stark nachempfunden von Goethe bis Heine (die bei uns zu Hause gesungen wurden). Ich gab sie nie jemand zu lesen, sondern vernichtete sie meist, aus Angst, es könnte sie jemand finden. Ich hielt diese Gedichte für mindestens ebenso unanständig, wie wenn ich pornografische Zeichnungen gemacht hätte. Es kam mir mit zwölf Jahren eben nicht zu, so verliebte Gedichte zu machen.

Meine dichterische Ader pulsierte sehr wechselnd; oft lag sie lange Zeit hinweg brach. Dann lief ich tagelang gedichtschwanger umher und gebar dann meistens mehrere auf einmal in kurzen Abständen. Dann konnte ich nichts denken, ohne dass es sich in mir reimte – und diese Reime zogen mir so lange durch den Kopf, bis ich sie schriftlich festhielt. Wenn ich sie anschließend las, erschienen sie mir entweder fad, und ich warf sie gleich weg – oder doch als etwas Besonderes, weshalb ich sie im sicheren Versteck verbarg (bis ich sie dann im Garten oder im Klo begrub). So dichten, wie ich es tat, erschien mir eben noch verboten. Langsam löste ich mich immer mehr vom Reim, wurde selbstständiger in den Bildern, die ich verwendete, korrigierte das Geschriebene, wollte mir keine Plattitüden durchgehen lassen. Schließlich kam die Zeit, wo ich die Gedichte nicht nur meiner eigenen Kritik, sondern Annelieses Urteil unterzog. Das war kein schwerer Entschluss, denn sie fand alle gut. Außerdem wusste sie ja, was mich bewegt – warum sollte sie meine Gedanken nicht ausformuliert zu lesen bekommen? Gestärkt durch ihre Anerkennung wagte ich es dann doch ab und zu, Grete ein Gedicht zuzustecken.

Der Inhalt meiner Gedichte hatte sich nun auch gewandelt. Sie waren den Jahreszeiten und dem Sterben, dem Eros und der göttlichen Sphäre geweiht. Überall – und sei es auch in gedichteten Liedern und Gebeten im Kirchenton – kam meine persönliche Beschwingung durch die Liebe zu Grete zum Vorschein. Heine'sche End-Wendungen ins Profane, aus Lyrik und Sentimentalität heraus, lagen mir sehr. Wenn ich Grete so ein Gedicht in die Manteltasche gesteckt hatte und ihr dann leise sagte: »Du hast was in der Tasche«, war ich sehr aufgeregt, bis ich eine Reaktion von ihr hatte. Sie bewunderte keineswegs restlos; ihr immer verneinender Geist fand bisweilen etwas daran unwahr, platt oder schlechtes Deutsch – aber ich merkte doch, dass sie sich freute. Und dass sie nicht meinte, es besser machen zu können, sondern so kritisch war, um keine Anerkennung zeigen zu müssen. So schrieb ich weiter – in Abständen, wenn die Muse zärtlich war.

Grete spielte *Gitarre* und gab mit ihrer zarten Stimme Schnadahüpferl und Moritaten zum Besten; Sabine sang dazu: ›All meine Gedanken, die ich hab'‹ und ›Ich hab' die Nacht geträumet‹ oder den ›Reif in der Frühlingsnacht‹. Benedikt kannte Lieder mit schöner Begleitung und Vorspiel und brachte alles bunt durcheinander. Ich galt in der Familie als nicht musikalisch (da ich die zweite Stimme nicht vom Blatt singen konnte, obwohl ich eine tiefe Stimme hatte). Meine Versuche, mich des Klaviers zu bemächtigen, versandeten trotz freundlichen Unterrichts mehrfach. Für Streichinstrumente reichte mein Gehör nicht aus. Ich hatte auch keine Neigung, mich lange für etwas anzustrengen, was Freude machen sollte.

Eines Tages aber sagte Sabine zu mir: »Gitarre bring' ich dir an einem Abend bei, und wenn du übst, kannst du in acht Tagen mit uns spielen.« Das war ein Angebot! Mit Grete und Sabine spielen, miteinander Volkslieder singen, gleichberechtigt – dafür lohnte es sich schon, acht Tage lang zu üben. Zuerst in E-Dur; pausenlos ging ich ›durch einen grasgrünen Wald‹, weil da die Griffe so selten wechselten. Wie man das Instrument hält und was man mit der rechten Hand alles machen kann, damit es nicht nur Schrumm-Schrumm wird, das zeigte mir Sabine in der ersten Stunde. Dann drückte sie mir den ›Zupfgeigen-Hansl‹[147] mit dem Blatt für die Griffskala in die Hand und sagte, bis morgen müsse ich D-Dur können. Und ich konnte es. Die Finger der linken Hand hatten tiefe Einschnitte und schmerzten sehr. Aber Grete sollte doch an diesem Abend kommen, und dann wollte ich ganz selbstverständlich die Gitarre nehmen und in E-Dur ›Dein, dein, ja dein will ich wohl bleiben ...‹ singen. Mit dem Gitarre-Spielen öffnete sich mir ein aktiver Weg in die Romantik, nach der mein Herz sich sehnte. Dietrich griff nun auch zu diesem Instrument, lernte es von selbst und brachte die alten Landsknechts-Lieder mit ins Programm; oder den Tannhäuser, der große Wunder schauen wollte;

---

[147] Breuer, Hans (Hg.): Der Zupfgeigenhansl, Darmstadt 1909, bzw. Hofmeister, Friedrich (Hg.): Der Zupfgeigenhansl, Leipzig 1913. – Dieses bis heute in zahlreichen Auflagen verbreitete Heft war das Liederbuch des Wandervogels und der Jugendbewegung.

oder auch die mir erst etwas schockanten Verse von Walther von der Vogelweide: ›Unter der Linden auf der Heiden‹ und ›Dat du min Lewsten bist‹. Bald sang ich diese Lieder aber mit derselben sicheren Freiheit wie er und war irgendwie erleichtert, dass dies möglich und anständig und Kunst war – und dass man auch mir zutraute, dass ich etwas vom Zusammenschlafen wusste. Es dauerte wirklich nicht lange, bis ich auf der Gitarre zu Hause war und begleiten konnte, was ich wollte. Ich übte aber auch fleißig und schonte meine Finger nicht. Bis ich es zu meiner Zufriedenheit konnte, tat ich kaum etwas anderes als üben. Schularbeiten fielen natürlich aus.

Ich war der *Romantik* verfallen. Das ganze unbestimmbare Sehnen nach Leben, Liebe, Kunst und Glück, das Ahnen von den Schwingungen zwischen den Dingen und die Angst davor, dass sie sich allzu hart im Raume stoßen würden, wenn ich erst erwachsen wäre, trieb mich in eine Sucht nach Unwirklichkeit. Eichendorff (Prosa und Dichtung), Tieck, Schlegel, Mörike, Hauff und Uhland mochte ich jetzt am meisten. Alte Burgen, moosige Waldtäler, rauschende Bäche brachten mich in einen kaum auszuhaltenden Zustand der Verzückung. Zu Hause besang ich dies dann zur Laute mit tränenfeuchten Augen. Worte wie ›Welken‹ oder ›Ahnen‹ lockten mich zu langen Gedichten. Ich sang sie nach eigener, nie wiederholbarer Melodie im einsamen Kämmerlein oder hinten im Garten auf der leise schwingenden Kinderschaukel. O, was war ich innerlich[148] und empfindsam geworden! »Sie war doch sonst ein wildes Kind,/ jetzt geht sie tief in Sinnen,/ trägt in der Hand den Sommerhut/ und duldet still der Sonne Glut/ und weiß nicht, was beginnen.« Hatte Heinrich Heine das auf mich gedichtet?[149] Dietrich begleitete mich am Klavier, und ich sang mit unterdrücktem Schluchzen. Die Müller-Lieder[150] mit dem Tod im Bachbett wegen einer unglücklichen Liebe erschienen wie mir auf den Leib geschrieben. Ich sang sie mit Hingabe und wunderte mich am Schluss, dass ich noch lebte.

---

148 Konjektur.
149 Das Zitat stammt aus dem Gedicht ›Die Nachtigall‹, das nicht von Heinrich Heine, sondern von Theodor Storm verfasst worden ist. Es gibt zahlreiche Vertonungen dieses Textes für Singstimme und Klavier, u.a. von Heinrich Freiherr von Bach, Moritz Bauer, Reinhold Becker u.a.
150 S.o. Anm. 53 (S. 116).

Meine Schwärmerei für Grete, die mich oft quälte und gegen die ich tapfer angekämpft hatte (allerdings erfolglos), kultivierte ich jetzt bewusst. In Grete liebte ich alle Geliebten der Welt; ohne sehnsüchtige, hoffnungslose Liebe im Herzen wäre ich mir fade und nutzlos erschienen. Ich trieb Minnedienst mit ganzem Herzen – und sogar mit ganzer Vernunft. Ich kannte des Knaben Wunderhorn[151] fast auswendig und erlebte es inwendig immer wieder neu, wenn ich daraus sang. Und dann kam Löns.[152] Erst durch eine junge Kindergärtnerin eingeschleppt, die bei meiner Cousine war, dann durch ›Der kleine Rosengarten‹[153] befestigt. Oh, wie konnte ich meine Seele in Löns baden: ›Rosemarie, Rosemarie‹ und ›Über die Heide‹ ... Den rufenden Tauber fand ich doch ein bisschen zu deutlich, und was die Tauben tun, erschien mir auch gar nicht so erstrebenswert. Löns war im Krieg gefallen, wie mein Bruder Walter. Doch irgendetwas war in seinem Lebenswandel nicht jugendfrei, vergleichbar mit Goethe. Darum machte ich mich bald daran, ›Swaantje‹[154] und anderes zu lesen. Aber da war mir dann doch ›Gösta Berling‹[155] lieber. Und die Vielfalt all dieser unordentlichen Möglichkeiten spürte ich dankbar in mir.

Die Sonne gehört allen. Sie scheint über Gerechte und Ungerechte. Aber der Mond gehört mir persönlich. Die Sonne kann mir lieb sein oder auch lästig, aber ich kann sie nicht lieben, weil ich sie nicht ansehen kann. Aber in den Mond sehen, stundenlang, nachts aus meinem Fenster heraus und ihn ansingen und ins Herz schließen – das kann ich. Ich liebe den Mond, obwohl er mich nicht schlafen lässt. Als ich noch mit geschlossenen Fensterläden schlafen musste, kannte ich ihn nur von den Ferien. Feriennächte – und der Mond scheint über dem Wald, die ganze Stube voll Mondschein, der durch leichte Vorhänge fällt! Wenn er abends noch nicht da ist, weckt er mich in der Nacht. Ich gehe ans Fenster und unterhalte mich mit ihm. Ich bin nicht mondsüchtig, ich habe nie geschlafwandelt – aber ich bin mond-sehnsüchtig, sehnsüchtig nach einem Geheimnis, das ich in mir spüre und dem ich näherkommen möchte. Meine Seele löst sich

---

151 Brentano, Clemens/Arnim, Achim von (Hg.): Des Knaben Wunderhorn. Alte deutsche Lieder, 3 Bde., Heidelberg/Frankfurt/M. 1806 und 1808.
152 S.o. Anm. 10.
153 Löns, Hermann: Der kleine Rosengarten. Volkslieder, Jena 1911.
154 Swantenius, Swaantje: Hermann Löns und die Swaantje, Berlin 1921.
155 Lagerlöf, Selma: Gösta Berling, Leipzig 1896.

auf im Mondschein und verteilt sich mit ihm über die weite Welt. Und um nicht ganz in Schwärmerei zu vergehen, sage ich mir Claudius' Mondabendlied[156] auf, immer wieder, alle Verse.

Später habe ich dann auch zu Hause Verfügungsrecht über die Verdunkelung meines Schlafzimmers und lasse am liebsten jeden Vorhang weg (auch wenn kein Mond scheint). Es wacht sich dann besser auf, und ich liebe die ganz frühen Morgenstunden mit Vogelsang und kühlem Wind. Mondschein über den Gärten. Schlafen Bäume eigentlich nie? Sie sind bei Nacht so besonders lebendig. Wenigstens eine Art Winterschlaf? Aber auch den glaube ich ihnen nicht recht. Blumen schließen sich zu, aber die Petunien an meinem Fenster duften bei Nacht so unverschämt süß. Auch Rosen duften bei Nacht stärker, wie fast alle blühenden Büsche.

Mondschein über den Gärten, soweit ich sehen kann. Dazwischen Musik – Tanzmusik, Strauß'sche Walzer von Dietrich gespielt, denn die Großen feiern ein Fest, ein improvisiertes – nur ein paar Freunde. Ich hätte dabei sein dürfen. Aber ich habe den Weltschmerz und mag nicht törichten Lüsten frönen. Ich schaue in den Mond! Aber die Musik lockt und macht mich traurig, denn eigentlich wäre ich gerne dabei. Grete ist unten. Ja, wenn sie nicht da wäre, würde ich runtergehen, denke ich – und weiß doch: Nur weil sie da ist, möchte ich hin. Und weil ich an sie denke, ist der Mond traurig, und die Nachtdüfte sind so beunruhigend. Ich bin ohnehin nicht erwünscht bei den Großen, denke ich, und ich kann auch alleine etwas mit meiner Nacht anfangen. Dann gehe ich doch leise hinunter – nicht zu den Tanzenden, sondern in den Garten. Ich stehe bei den Büschen im Schatten des Mondes, und meine Sehnsucht flattert wie ein Nachtfalter gegen die hellen Scheiben, durch die Musik ertönt.

Für meine Reise nach Innsbruck bekam ich mit elf Jahren ein Buch mit leeren Seiten geschenkt, schön farbig eingebunden und mit blau-lila-roten verschwimmenden Linien geschmückt – eine Art *Tagebuch*, da sollte ich meine Ferienerlebnisse hineinschreiben. Ich kam nicht dazu. Ich begann stattdessen, einen österreichischen Kinderroman zu schreiben (im Dialektversuch), der mit einer Kinder-Dreierfreundschaft begann und in schweren Liebeskomplika-

---

156 Matthias Claudius (1740–1815) dichtete das bekannte Abendlied ›Der Mond ist aufgegangen‹.

tionen dieser Kinder (als sie erwachsen waren) enden sollte. Aber soweit ist es nicht gekommen. Ich hörte nach den ersten vier Kapiteln auf, und da waren die Komplikationen noch rein kindlich.

Als ich dann wieder zu Hause war, machte mir meine Schwärmerei für Grete, gemischt mit viel Weltschmerz, sehr zu schaffen. Ich verzweifelte wohl an mir selbst – und meinte, am Sinn des Lebens zweifeln zu müssen. Ich begann heftig mit den Entwicklungsjahren und glaubte mich voll erwachsen und unverstanden. Ich war wirklich unglücklich, und das wirkte sich auch in der Schule aus, wo ich gerade meine erfolgloseste Zeit hatte. Jedenfalls fasste ich mir ein Herz und besuchte Grete in ihrem Atelier, um mich ›auszusprechen‹. Ich hatte mich vorher bei ihr angesagt, und sie war wohl auf allerlei Ungewöhnliches gefasst.

Sie hat mir damals einen guten Dienst getan. Alle Grübelei über Sinn und Unsinn dieses Lebens hob sie damit auf, dass sie kurzweg erklärte, es hätte alles Sinn, einfach alles. Selbst wenn ich jetzt unglücklich wäre, selbst dass ich verliebt in sie wäre, selbst wenn ich zur Schule müsste, ja selbst dass ich weltschmerzlich grübeln müsste – alles hätte seinen Sinn, gehöre dazu, um sinnvoll zu leben. Jedes Lachen, jede Träne hätten ihren Platz; und dass wir den Sinn nicht verstünden, hätte eben auch seinen Sinn. Ich besinne mich auf dieses Gespräch so genau, weil mein damaliges Tagebuch mit einer Hymne an den Sinn des Lebens begann. Ich war von diesem Ernstgenommenwerden, von dieser ausgesprochenen Bemühung um mich so beeindruckt, dass ich schreiben musste. Ich ergriff mein schönes, buntes Ferien-Tage-Roman-Buch und begann mit Auslassung einiger weißer Seiten mit den Worten: »Alles hat Sinn.« Der Prediger Salomonis mit seinem »Alles ist eitel«[157] war mir damals noch nicht bekannt. Während des Schreibens beschloss ich dann, eine genaue Kontrolle über mich auszuüben. Ich wollte täglich (jedenfalls bei jeder inneren Bewegung) schreiben und mich festlegen. Ich wollte mir immer wieder diese ersten Seiten durchlesen, um nicht zu vergessen, dass alles seinen Sinn hat. Ich habe von da an wohl wirklich gelernt, mir möglichst alle Dinge zum Besten dienen zu lassen.[158]

157 Prediger 1, 2.
158 Vgl. Römer 8, 28.

Ich schrieb nur gelegentlich. Ich vermied, alles aufzuschreiben, was so geschah, obwohl meine seelischen Schwingungen ganz stark mit den äußeren Geschehnissen zusammenhingen (kam Grete oder kam sie nicht?). So berichtete ich beispielsweise von Theaterbesuchen und Festen, von Schulärger und Unternehmungen. Aber die Hauptsache blieben mir doch die ständige Selbstkontrolle und die Möglichkeit, das schwer Sagbare richtig zu formulieren. So hielt ich auch fest, was mir bei einem Abendspaziergang plötzlich zur Erkenntnis geworden war – es war an der Ecke von Caspar-Theiß-Straße und Wangenheimstraße, und ich kann mich noch heute genau daran erinnern: dass ich nun für alles, was ich tue, voll verantwortlich bin. Ich war mir bewusst, vieles in meinem Leben schlecht gemacht zu haben, und fand dann immer die Entschuldigung, dass ich damals noch jünger gewesen war. Diese Entschuldigung sollte nun nicht mehr gelten. Ich war nun zwölf Jahre alt und wollte nie wieder etwas tun, wovon ich später sagen müsste: »Da war ich eben noch klein.« Ich sprach mich also mit zwölf Jahren selber mündig und nahm mir die mildernden Umstände fort. Keineswegs dass ich jetzt nichts mehr tat, was mir missfiel, oder dass ich geglaubt hätte, ich würde nun besser werden und schuldlos leben können – ich wollte mir nur nicht mehr vormachen, ich hätte nicht gewusst ...

So führte ich mein Tagebuch mit dem dringenden Bedürfnis nach Wahrheit. Ich war wirklich ehrlich und ohne Eitelkeit. Meine Handschrift sah schlecht aus und wurde durch das viele Schnellschreiben restlos verdorben, weil es ja kein anderer lesen sollte. Zwischendurch kamen auch Gedichte und Märchen hinein; die Märchen blieben alle Fragmente. Wenn sie mir wirklich gefielen, notierte ich sie auf Extrablätter. Schließlich legte ich mir auch ein eigenes Buch für meine Gedichte an.

Meine Freundin Bärbel schrieb ebenfalls Tagebuch und brachte es mir. Ich sollte ihr auch meins geben. Ich lehnte das ab, denn ich fand, ich könnte es selbst kaum lesen, ohne dass mir schlecht davon würde (und nicht nur wegen der Schrift!). Da wäre es bestimmt nichts für sie. Ich habe früher Geschriebenes auch fast nie wieder angesehen, ehe ich erwachsen war. Warum ich trotzdem schrieb (und brennend gerne schrieb), obwohl ich nichts davon hielt, ist nicht ganz durchsichtig. Vielleicht war es eine Art Schreibzwang? Doch warum hob ich die Sachen dann auf?

Manche meiner Tagebücher waren abschließbar, andere nicht. Da ich aber den Schlüssel meist bald verloren hatte und das Schloss gewaltsam öffnen musste, kam es auf dasselbe hinaus. Ich steckte meine Tagebücher in eine Schreibtischschublade, hielt es aber nicht für nötig, den Schreibtisch immer verschlossen zu halten. Ich kam gar nicht auf die Idee, dass jemand sich für meine Schreibereien interessieren könnte. Das lag an meinem völligen Mangel an Neugierde – der mir manchmal sogar als Lieblosigkeit ausgelegt wurde, weil ich mich zu wenig nach den Erlebnissen und dem Ergehen anderer erkundigte. Nur ungern las ich einen Brief, der nicht an mich gerichtet war und den man mir gab. Wenn ich jemandem aus der Familie die Post brachte und der fragte »von wem?«, war ich ganz erstaunt, dass man für möglich hielt, ich hätte den Absender gelesen. So schrieb ich voller Vertrauen hemmungslos mein ganzes Innenleben nieder, ohne für die Geheimhaltung dieser Ergüsse genügend Sorge zu tragen. Es waren bereits an die zehn Bücher geworden, die ich im Lauf von fast vier Jahren vollgeschrieben hatte – größere und kleinere, dicke und schmale, elegante geschenkte und kladdenartige selbst erworbene.

Ich ging inzwischen ins Pestalozzi-Fröbel-Haus und hatte ein gemeinsames Schlafzimmer mit Sabine, während sie verlobterweise noch ein weiteres Zimmer bewohnte. Da liegt auf ihrem Bett ein Brief von Christel, die bereits in Hamburg verheiratet war. Ich dachte, Sabine hätte ihn mir zum Lesen hingelegt, und obwohl ich es gar nicht gern tat, empfand ich doch schwesterlich genug, um ihn zu ergreifen. Doch er war gar nicht für mich, sondern vielmehr über mich. Ich weiß nur noch den einen Satz: »Papa macht sich doch ernstlich Sorgen, dass diese Schwärmerei für Grete ungesund ist.« Und dann kam Einzelnes, woraus klar wurde, dass sie mein Tagebuch gelesen hatten; besonders über einen Kuss, den mir Grete in der Silvesternacht beim Glockenläuten im Familienkreis gegeben hatte, erregte man sich. Diese Sorgen waren mir total gleichgültig, ich verstand überhaupt nicht, was gemeint war. Alle etwas bewegteren Mädchen schwärmten. Die ordinären hatten Verhältnisse – sollte das etwa besser sein?

Das betraf mich also nicht. Aber: mein Tagebuch als Familienlektüre! Ich sagte zu niemandem etwas. Hörnchen fragte mich am nächsten Tag, was mit mir wäre. Ich hätte so wahnsinnige Magenschmerzen, sagte ich wahrheitsgemäß. Ob ich mich geärgert hätte?

Manchmal bekäme man so etwas von starker Erregung und behielte diese Schwäche lebenslänglich bei. Ich hoffte nicht! Wenige Wochen später (man hatte das plötzliche radikale Abbrechen meiner Schreiberei wohl bemerkt) brachte Sabine das Gespräch darauf. Ganz allgemein sagte sie: Wenn man Tagebücher nicht abschlösse, wolle man doch wohl, dass sie gelesen würden. »Wenn ich mein Geld nicht wegschließe, will ich auch nicht, dass es einer nimmt«, sagte ich. Ich schrieb nie wieder Tagebuch.

Ein eiserner Vorhang war zwischen mir und der Familie gefallen. Ich schämte mich eigentlich nicht so sehr für mich und all das Zeug, das ich geschrieben hatte – ich schämte mich für die anderen, die keine Scheu davor empfanden, sich bei den Familienabenden im Zimmer meines Vaters, wenn ich nicht dabei war, über mich zu amüsieren. Es dauerte lange, bis ich es wieder fertigbrachte, mich abends mit dazuzusetzen. Die anderen wussten wohl, warum ich sie mied. Niemand sprach mich darauf an, und das war vielleicht gut so. Auf diese Weise erwarb ich eine gewisse Unabhängigkeit, sowohl von der Familie wie vom Tagebuch. Mein Vertrauen blieb bei meinen Freunden.

3.5 Feste und Feiern

Dass meine Eltern auch einmal jung waren und getanzt hatten, glaubte ich mit sechs Jahren ebenso, wie dass man vor dem Krieg einfach Brot im Laden kaufen konnte, ohne Marken. Aber meine Vorstellungskraft versagte dabei. Es war ein leerer Glaube. *Bälle* gab es im Krieg bei uns nicht mehr – aber dass sie das Herrlichste waren, was man je erleben konnte, war mir aus den Erzählungen der Erwachsenen sicher. Ballkleider meiner Mutter hingen in ihrem Schrank. Auf eines aus cremefarbener Spitze besann ich mich noch ganz dunkel aus der Vorkriegszeit, weil sie mir im Bett darin Gute Nacht sagte, und die kühle, glänzende Rheinkieselkette hing auf mich herunter. »Wenn der Krieg gewonnen ist, ziehe ich auch das Kleid wieder an«, sagte sie später zu mir. »Und dann gibt es ein Fest mit einer Baiser-Torte!« Diese Baiser-Torte kam nie.

Diese Vorkriegstanzereien einer in Ruhe und Glanz aufgewachsenen, gutsituierten, unbeschatteten Jugend müssen sehr fröhlich und harmlos gewesen sein. Wo die Musen ein wenig zärtlich waren, gedieh der Stehkragen nicht. Meine Mutter war der geborene Festordner und mein Vater kein Spielverderber, sondern ein glänzender Gesellschafter. Dass er als Balletteuse seinen Assistenten die Köpfe verdreht hatte und meine Mutter als Hausfrau mit schwarzer Perücke von niemandem erkannt wurde, erfüllte mich mit kindlichem Familienstolz. Die Eltern hatten sich bei einem Hausball kennen gelernt. So war von klein auf für mich die Vorstellung eine Selbstverständlichkeit, dass man seinem zukünftigen Mann erstmals in Hochstimmung begegnen muss, festlich gewandet und bewegt. Später äußerte ich dann, ich würde mich auf einem Fest nie länger als für die Dauer desselben verlieben. Das habe ich auch mit viel Freude durchgehalten in der kurzen Zeit, die mir dafür blieb.

Einmal entdeckte ich auf dem Boden zwischen alten Festrequisiten einige Konfettibälle. Ahnungslos, was diese vollen, durchscheinenden Papierkugeln sein sollten, ward ich von ihnen so angezogen, dass ich sie an mich nahm. Eine purzelte mir die Treppe herunter und beglückte mich. Die anderen wurden nun auch ihrer Bestimmung zugeführt. Noch nach Wochen wurde ich immer wieder an diese Schreckenstat erinnert. Es gab damals noch keinen Staubsauger.

Sehr bald nach dem Krieg wollten mir die Eltern eine Freude machen: »Mit Erlaubnis meiner Eltern lade ich Dich zu einem Maskenball am Sonntag, d. ... Januar 1920 von 4–7 Uhr ein.« Diese vorgedruckte Karte auszufüllen erschien mir schöner und bequemer, als alles selbst zu schreiben. Mein erster Ball war eine Belohnung. Ich hatte mit viel Unlust den ›Jungen Pianisten‹[159] bis zu seinem letzten Stück ›Kinderball‹ durchgeübt – auf das Versprechen hin, wenn ich das fehlerfrei spielen könne, ein Maskenfest machen zu dürfen. Sehr viel weiter habe ich es dann auf dem Klavier auch nicht gebracht. Ich besitze noch einige der von Sabine sehr niedlich gemalten Tisch- und Tanzkarten. Die vorgeschriebene Reihenfolge der Tänze wurde strikt eingehalten. Keiner von uns konnte tanzen; es muss ziemlich erwachsen gewirkt haben. Die großen Brüder bildeten die Kapelle für insgesamt fünfzehn Paare. Die Kostümfrage war sehr aufregend. Ich wollte so gerne Indianerin sein, weil mein Freund Bubi Indianer war – aber Maja behauptete, ein echtes Indi-

---

159 S.o. Anm. 111.

anerinnen-Kostüm zu haben, und meine Eltern sagten, man müsse dem Gast den Vortritt lassen. Die meisten Kinder versorgten sich ohnehin aus unserer Verkleidungskiste. Wir hatten ja damals noch eine böse Zeit. Wie meine Mutter die Bewirtung gestaltet hat, weiß ich nicht mehr. Aber sicher ganz wunderbar, denn in so etwas war sie Meister.

Als Einlage musste ich meinen ›Kinderball‹ vorspielen. Man hörte ehrfürchtig zu, und es ging auch ganz gut. Zwischen den energisch durchgeführten und sehr ernst genommenen Tänzen gab es Einakter, mit verschiedenen Masken dargestellt. Die rasche Erfindungsgabe meiner Mutter sorgte für die entsprechenden Entwürfe, und dem Kreis meiner Freunde waren solche Vergnügungen auch nicht fremd. Ich hatte es durchgesetzt, das langweilige ›echte‹ Trachtenkostüm (es war wohl aus Schwaben), in dem ich einfach nur hübsch aussah, in der Halbzeit mit einer ›Zigeunerin‹ vertauschen zu dürfen. Das wäre wohl kaum nötig gewesen, denn ich habe mich (ohne Rücksicht auf meinen Kostümzwang) auch schon in der ersten Halbzeit wie eine Zigeunerin benommen.

Allerdings war mir Bubi durch Maja abhanden gekommen, wie ich schon befürchtet hatte. Aber ich liebte Maja und tröstete mich schnell bei anderen, die zum Zuspruch bereit waren. Damals ging noch kein Junge als Cowboy; sie waren Koch, Gärtner, Schornsteinfeger, Bäcker, Schuster, feiner Herr, Page oder Prinz – alles mit viel lästigem Zubehör ausgestattet. Die Mädchen waren vom Lande oder Blumen, Prinzessin, Elfe oder Ballerina. Zigeunerin oder Indianerin war schon ziemlich gewagt und jungenhaft und nur den Töchtern fortschrittlicher Eltern gestattet. Niedlicher sah es wohl aus als heute; und vergnügt war es ebenso. Wir haben uns alle ganz toll darauf gefreut, und jeder fand es herrlich ... Grund zu Gesprächen für lange Zeit.

Kindertanzstunde kam erst etwas später. Bubi hatte außer seinem Fahrgeld immer noch etwas dabei und kaufte mir unterwegs Bonbons und Schokoladenriegel. Ich besaß nur meine Monatskarte. Wir fuhren mit der Stadtbahn bis zum Zoo, dort wohnte Maja. Ihre Mutter war Schwedin und Gymnastiklehrerin und hatte ihre Räume für die Tanzstunde angeboten. Außer einiger unserer Klassenkameradinnen und deren Freunden waren fast alle ihre Schüler. Einer war schon vierzehn, den nannten wir ›Sie‹, und er hieß Herr

Neugebauer. Er trug einen richtigen Herrenanzug mit Krawatte, und wir fanden ihn albern.

Zuerst kam eine Stunde Unterricht. Er wurde sehr ernst genommen, und es wurde fleißig geübt. Verbeugen, auffordern, Walzerschritt, Foxtrott, Charleston – sogar Hiawatha mit übereinandergeschlagenen Armen auf ›Die Mädchen von Java‹ (also das Neueste vom Neuen), aber auch Galopp und Quadrille. Danach wurden auf einem Tablett bunte Bonbons herumgereicht, zwei- oder dreimal. Die Lehrerin verschwand, und der freie Tanz (genannt ›das Üben‹) begann; dabei saß Majas Mutter am Klavier und achtete auf unsere Haltung. Dieser zweite Teil des Nachmittags war natürlich der Hauptspaß für uns. Ich befand mich dabei in festen Händen. Bubi hatte seinen Flirt mit Maja von unserem Kinderball gänzlich vergessen. Er war jetzt zwölf Jahre alt und glaubte sich vor verbindliche Entscheidungen gestellt. Er ließ keinen an mich heran; ich habe überhaupt keine Erinnerung an irgendeinen der anderen Jungens (außer an den verlachten, alten Herrn Neugebauer mit seinen langen Hosen). Ich weiß nicht einmal, ob Günther diese Tanzstunde mitgemacht hat. Ich weiß nur, dass um diese Zeit große Eifersucht zwischen den beiden herrschte, die mir viel Freude bereitete. Bubi strengte sich an, mir mit kleinen Geschenken zu imponieren. Darum auch immer die köstlichen Angebote auf dem Hinweg.

Schließlich fühlte ich mich aber doch verpflichtet und wollte es ihm gleich tun. Ich bekam kein Taschengeld und keine Bezahlungen für gute Aufsätze oder Werke. Ich lebte völlig bargeldlos; wenn ich etwas für die Schule oder zum Geschenkemachen brauchte, ließ ich es mir von meiner Mutter, Hörnchen oder (wenn die nicht erreichbar waren) von Anna, unserer Köchin, geben. Das Letztere schien mir das Richtigste für die Tanzstunden-Unkosten zu sein. Ich lag gerade mal wieder krank im Bett, als meine Mutter mit Annas Abrechnungsbuch zu mir trat und voll Staunens war. In regelmäßigen Abständen stand da: »Susi 1 Mark«. Ich hatte mir die Prinzipien des finanziellen Gebarens im eigenen Heim wohl nicht ganz klar gemacht. Mein Gestehen der Zusammenhänge und des Ausgabezwecks hatte schwere Folgen für Bubi, der sich schlicht aus der Geldbörse seines Großvaters bedient hatte. Aber er trug es mannhaft, um seiner Liebe willen.

Ungefähr um dieselbe Zeit hatten meine vier ältesten Geschwister *Tanzstunde* bei uns im Haus. Sie sträubten sich alle etwas, aber es musste wohl sein. Die Zusammensetzung bestand aus Bekannten und Bekannten von Bekannten. Fräulein Engelhard, eine Baltin mit ganz weichem ›ai‹, gab den Unterricht. Ihr Zählen im Walzertakt ist mir unvergesslich, denn ich durfte bei der Tanzstunde zusehen. Rudi Bumm und seine beiden Vettern machten auch mit. »Aber naien«, rief Fräulein Engelhard, als es bei der Vorstellung der Herren in Reih und Glied ›Bumm, Bumm, Bumm‹ ging. Nach dem Unterricht gab es Saft und Keks, und die bereits tanzfähige Freundschaft kam dazu. Ich durfte ebenfalls dabeibleiben, und auch die Zwillinge tanzten mit; sie haben nie Tanzstunde gehabt. Zum Abschluss gab es einen Maskenball.

Dies war das erste große Fest, das ich mitmachte! Erst verkleidet als Nachtfalter in Krepp-Papier, dann nach Auflösung des Papiers als Slowaken-Junge – mit meinen weißen Mäusen, die mir um Schultern, Arme und Kittel rannten. Das war sehr belustigend für mich. Beim Tanzen und wenn sie sich bedroht fühlten, krochen sie in meine Tasche. Ich habe keinen Tanz ausgelassen. Dabei ließ ich mich immer gern und gut führen.

Außer den Tanzstundenteilnehmern waren noch viele Gäste geladen; und manche kamen aus der Nachbarschaft uneingeladen dazu – so der alte Delbrück als Landstreicher und andere, die auf dem sogenannten ›Drachenfels‹ Platz nahmen, um ihrem Nachwuchs zuzuschauen. Mein Vater ging in der ersten Halbzeit (von niemandem erkannt und allgemein vermisst) mit Wachsnase als Lohndiener. Bei Tisch bekamen seine Assistenten die Sache heraus und schickten ›Karl‹ dann mit Vergnügen hin und her, sodass er es vorzog, sich als schwäbischer Bauer umzukleiden. Ein medizinstudierender Vetter kam als Doktor Eisenbart mit ganz reizend vorbereiteten Pülverchen aller Art. Lene Hobe, geborene Delbrück, im ›Grünen, was so ausgeschnitten‹,[160] flirtete enorm durch alle Räume. Eine Nichte meiner Lehrerin Fräulein Mommsen war Sonnenblume und entzückte mich weit mehr als ihre Tante. Klaus im Trikot mit Fellschurz war wilder Mann, Karl-Friedrich mit Licht und Tonne markierte Diogenes, Christel wollte unbedingt mal schwarz

---

160 Ein Zitat aus dem dritten Kapitel von Wilhelm Buschs Bildergeschichte ›Die fromme Helene‹ (Erstveröffentlichung Heidelberg 1872).

sein und ging als Negerin. Ursel war hingegen nur irgendwie schön; meine Mutter hatte sich nach dem großen Bild ihrer Großmutter ein Kostüm in weißer Seide machen lassen und hatte auch die Haare so frisiert, wie es vor hundert Jahren (also in den Zwanzigerjahren des 19. Jahrhunderts) Mode war. Meine Großmutter, in alter schwäbischer Tracht, hielt bis in die Morgenstunden durch. Die Stimmung war sehr fröhlich; nur in einer Ecke stand unbeteiligt ein trauriger Pierrot. Meine Mutter ging auf ihn zu, um ihn etwas in Bewegung zu bringen und fragte freundlich: »Wer bist du denn, schöne Maske?«, woraufhin er die Hacken zusammenschlug, sich verbeugte und als »Kopsch« vorstellte. Da war nicht viel zu machen.

Die unteren Räume waren zum Tanzen frei gemacht worden; gegessen wurde oben in den ausgeräumten Schlafzimmern. Vier Lohndiener sausten (außer den übrigen dienstbaren Geistern) durchs Gelände. Die Schlange von Paaren, die zu den Klängen einer Tischpolonaise das Treppenhaus hinaufzog, sah ich da zum ersten Mal. Sie wiederholte sich später noch oft bei Festen, zuletzt bei meinem Polterabend – sie ist für mich Sinnbild meines mit Festfreude erfüllten Elternhauses, Erinnerung an meine frohe Jugendzeit.

Wenn *Assistentenfeste* gegeben werden mussten, kamen weniger Gäste. Dann haben wir oben nicht ausgeräumt. Im Salon wurde getanzt, im Herrenzimmer geraucht und im Esszimmer gegessen. Das Damenzimmer blieb verschont. Das Essen war etwas feiner, die Weine besser, und es wurden nach dem Eis Mokka und Kognak gereicht.

Zu diesen Festen wurden für uns noch jeweils einige unserer Freunde eingeladen. Ehe die Türen sich öffneten und die Herren Assistenten mit ihren Damen und Blumen ausgestattet in geschlossner Formation auf meine Mutter zustürzten (sie trafen sich möglichst alle draußen vor dem Tor), mussten unsere Bekannten darauf aufmerksam gemacht werden, dass es sich hier nicht um Insassen der geschlossenen Abteilung, sondern um Ärzte der Psychiatrischen Klinik handelte. Ob gerade in dieser Branche Menschen mit leichten nervlichen Störungen durch die besondere Möglichkeit der Einfühlung gute Fachkräfte abgeben, oder ob der ständige Umgang mit übermäßig Ge- oder Enthemmten ansteckend wirkt – jedenfalls bekam man immer einen Schreck, wenn sie miteinander aufkreuzten, so fremd und seltsam wirkten sie. Die zugehörigen Frauen, über welche vielleicht die Hälfte von ihnen verfügte, wirkten etwas matt, aber sonst unanstößig. Nach einer halben Stunde hatte man sich an alle gewöhnt; da sie selbst gar nicht merkten, wie seltsam sie waren, so sahen wir es bald auch nicht mehr. Es war ein sehr vergnügtes, ungeniertes Völkchen – im Ton seiner Flaxereien mir jedoch oft etwas zu grob.

»Psychiater müssen so sein«, hieß es unter uns leise. Aber mein Vater war ganz und gar nicht so. Und es traf auch nicht auf alle zu. Christel Roggenbau bewarb sich um eine Assistenten-Planstelle. Mein Vater hätte auf Zeugnisse und Brief hin gerne zugesagt, antwortete aber, in diesen schlechten Zeiten wolle er diese Stelle lieber einem Mann mit Familie geben. ›Christel‹ schrieb zurück: Er wäre einer mit fünf Kindern! Vielleicht dann doch? Er bekam die Stelle und war einer der Nettesten. Gar nicht leiden konnte ich den arroganten, schönen Herrn K., der mich als Tochter des Hauses einmal pflichtgemäß zum Tanz aufforderte. Er war viel zu lang für mich und nutzte das aus, um sich beim Tanz über mich hinweg mit anderen zu unterhalten. Ich war fünfzehn Jahre alt, sagte daraufhin »Danke« und ließ ihn erstaunt allein. Zwangs-Tuchfühlung konnte ich nicht ausstehen.

Viel vergnügter waren die *Studentenfeste* – wenn es dabei auch nur Kassler mit Kartoffelsalat und hinterher Rote Grütze gab. Und leichte Bowle in rauen Mengen. Zweimal im Winter mussten Studenten, die bei uns einen Besuch gemacht hatten, eingeladen werden. Das waren meist Schwaben aus der Verbindung ›Igel‹, zu der mein Vater und später Dietrich gehörten, oder Verwandte und Kinder alter Bekannter, die in Berlin studierten. Auf der Diele stand eine Messingschale für Visitenkarten. Die wurde ab und zu in eine Schublade entleert und dann gesichtet. Da trennten sich dann Würde und Jugend. Zu dieser Jugend kamen unsere Freunde und alles, was uns zu Festen einlud, dazu. Bei über siebzig Personen hätte man oben ausräumen müssen – deshalb gab man lieber zwei Feste. Man konnte die Gästeliste dann auch netter zusammenstellen. Im Esszimmer wurde getanzt, auch in Salon und Wintergarten; im Damen- und Herrenzimmer und in der gemütlichen Dielen-Nische wurde gegessen. Jedes Mal wurde auch irgendetwas Besonderes dabei geplant und geboten. Bloß tanzen war zu langweilig.

Vierzehn Tage dauerten die Vorbereitungen für solch ein Fest. Erst mussten die Einladungen ausgeschickt werden, dann ging es an den geistigen Rahmen. Da wurde Max und Moritz nach Opernmelodien gesungen aufgeführt, der Freischütz als Schmiere gespielt, ein Grabbelsack mit kleinen Geschenken und anzüglichen Versen gepackt, Preisausschreiben ausgedacht, die Vogelkantate gesungen oder es wurden die ›Rabbelderautsch‹-Neger hergerichtet. Das waren Pappfiguren in Lebensgröße, schwarz, mit roten Röckchen und Wollhaaren auf einem Wandschirm aufmontiert, hinter dem man stehen konnte und das eigene, schwarzgefärbte Gesicht durchstecken. Wenn man an einer Strippe zog, konnte man die Figuren tanzen lassen in der Art von Hampelmännern. Dazu wurde ein Duett in Negersprache gesungen, nach einer bestimmten Melodie, die nur meine Mutter kannte (und dann wir alle). Ich besinne mich heute noch darauf.

Zur Volksbelustigung wurden also weder Kosten noch Mühe gescheut. In guten Zeiten kamen vorher auch Blumenkisten aus Bordighera für den Kotillon an. Korb-Walzer, Besen-Walzer und Quadrille waren neben allen modernen Tänzen Pflicht. Männliche Rumsteher wurden kurzerhand durch meine Mutter der Bestimmung zugeführt, die sie auf einem Tanzfest hatten. Diese Feste dauerten nie länger als bis Mitternacht (höchstens bis ein Uhr). Aber sie fingen pünktlich und mit Schwung an, oft schon am späten Nachmittag. Meine Eltern waren immer dabei; mein Vater mehr freundlich passiv, aber doch beim ersten Walzer meine Mutter schwenkend. Dabei trat alles in einem Kreis an den Rand und klatschte im Takt, bis die ersten Pärchen sich dazu trauten. Die Tischordnung war oft mit Karten festgelegt – anfangs gab es sogar noch Tanzkarten, damit man wusste, wer einen aufgefordert hatte. Aber das kam bald aus der Mode. Girlanden aufhängen, Geschirr und Gläser raussuchen, Tischkarten schmücken, Plätze zählen und Blumen arrangieren ... manchmal denke ich, mein ganzes Jugendleben zu Hause hat als einziger Aufgabe in Festvorbereitungen bestanden.

Meine eigene *Tanzstunde* bekam ich, als ich siebzehn Jahre alt war. Anneliese und ich überlegten: »Bloß nicht zur Eheanbahnung – keinen dazu nehmen, der schon ein Examen hat!« Ich wollte den ›Dreß‹[161] nicht dabei haben; ich wollte mir beweisen, dass ich mich auch ohne ihn vergnügen könnte, denn ich hatte mich doch inner-

---

161 Walter Dreß (1904–1979), der spätere Ehemann von Susanne.

lich schon ziemlich gebunden. Vielleicht wollte ich auch nur noch einmal unbelastet toben. Das habe ich dann auch getan. Von den vierzehn Jungens im Alter von 19 bis 23 Jahren waren acht darum bemüht, als meine speziellen Ritter zu gelten. Das war für mich herrlich unverbindlich – aber Annelieses Schüchternheit verstärkte sich auf diese Weise, und ich war brutal genug, mich nicht allzu sehr darum zu kümmern, sondern genoss die Schar meiner Verehrer. Deutlich wurde mir diese Gemeinheit erst bei einer späteren Gelegenheit auf dem Heimweg.

Die Tanzstunde ging in den Häusern der Mädchen rundum. Die meisten wohnten im Grunewald. Nach dem Unterricht wurden jeweils die Freunde des Hauses miteingeladen. Es ging damals, im Herbst 1926, wirtschaftlich allen recht gut. Es gab immer ein reichhaltiges Essen, als die Tanzstunde um acht Uhr vorbei war. Also jedes Mal ein richtiges Tanzfest, bis in die Nacht hinein! Dann machten wir uns alle in Gruppen zu Fuß auf den Heimweg. Autos für Jugendliche gab es damals noch nicht. So liefen an einem Abend Anneliese und ich, begleitet von einer Schar Jünglinge, die Bismarck-Allee entlang. Nach einem Streit, wer wohl neben mir gehen dürfe, ergriff mich Hans Lange und rannte mit mir voraus, die anderen hinterher – bloß ein junger Portugiese, der wie sein Bruder in Berlin studierte, blieb bei Anneliese zurück. Ich rannte in angeheiterter Stimmung davon, bis mich ein sehr schmerzhafter Stich im Knie anhalten ließ. Mein Vater sagte mir am nächsten Tag, dass da ein Nerv gerissen sein müsse. Er habe das nach Überanstrengung an derselben Stelle auch einmal bekommen. Diese Schmerzen kamen noch oft wieder, ehe diese Stelle völlig taub und gefühllos wurde – und sie erinnerten mich jedes Mal an mein liebloses Verhalten Anneliese gegenüber, die mir doch viel lieber war als der ganze Tanzstunden-Jünglings-Haufen, von denen ich bald die Namen vergessen hatte. Immerhin sind mir ein paar noch in Erinnerung geblieben: Da war ein Herr von Haake, dessen Ahnen auf der Haakeburg bei Machnow gesessen hatten; er studierte Landwirtschaft und sollte später ein Gut in Brandenburg erben. Er war ernstlich an mir interessiert und meinte, ich passe sehr gut aufs Land. Trotz des Ausschlusses der Eheanwärter war ein Neffe von Professor Heuß, der schon 23 Jahre alt (aber ein Spätentwickler) war, auf dringende Bitte zugelassen worden. Auch er meinte es rührend ernst und ließ sich nur mit Mühe auf die ihm zugedachte Älteste von uns verweisen – auch das ohne wesentlichen Erfolg. Der ältere Bruder des Portugiesen, der mit Dietrich auf die Schule gegangen war, sowie etliche andere verloren ihr Herz nur zum Spaß und für den Abend an mich. Wichtig war mir aus der ganzen Schar nur Hans Lange, für den ich ein ausgesprochenes Faible hatte und mit dem man Pferde stehlen konnte. Wie weit es ihm ernst war, habe ich nie erfahren.

Zum Abschluss unserer Tanzstunde gab es dann bei uns im Haus wieder einen großen *Maskenball*. Neunzig Personen waren geladen. Die Tanzstunden-Teilnehmer waren nur der innere Kern; auch die großen Geschwister mit ihren Männern und Freundinnen und sogar Verwandte von auswärts und die große Schar derer, die kein Fest bei uns ausließen, machten mit. Meine Eltern saßen als Wotan und Fricka, etwa 1,50 Meter vom Fußboden erhöht, zwischen den Säulen unseres Kunstschrankes. Drei Walküren (meine sehr große Tante Elisabeth, Hörnchen in Mittelgröße und die kleine Tante Toni) umgaben sie und sangen eifrig ›Heua, Hoho‹, während die alten Götter die Gäste begrüßten. Ein Herold führte alle herein. Ich trug das Gewand einer russischen Großfürstin mit einem enormen Kopfputz und fühlte mich dadurch erhöhter und schöner. Jeder hatte versucht, möglichst unkenntlich zu sein, aber ich erkenne verkleidete Leute meistens recht schnell. Hans forderte mich sofort auf und tanzte unentwegt mit mir. Als ich ihm sagte: »Der Dreß hat abgesagt, du musst mich trösten!«, behauptete er jedoch, er hätte mich bis dahin nicht erkannt, ich wäre ihm nur aufgefallen.

Dass Dreß nicht mitmachte, war ein schwerer Schlag für mich. Ich hatte mich mit Feuereifer in alle Vorbereitungen für dieses Fest gestürzt – Vorbereitungen, die bestimmt vierzehn Tage ganz und vier Wochen halb in Anspruch nahmen. Und als ich die letzte Girlande anbrachte, fiel ich fast von der Leiter, als Dietrich mir zurief: »Der Dreß kann nicht kommen.« Und ich hatte doch alles mit seinen Augen gesehen, das Essen nach seinem Geschmack zu lenken versucht, alle Späße, die ganze Festordnung von seinem Lachen her bedacht! Ich bedurfte wirklich des Trostes und fand ihn auch. Ich habe ganz ungeniert mit Hans geflirtet (zur Beunruhigung der ganzen Familie), habe pausenlos getanzt und mich königlich amüsiert. Was die anderen anhatten, weiß ich nicht mehr. Nur bei Dietrich erinnere ich mich, dass er ein grasgrünes Trikot mit Schilf benäht trug und eine grüne Schlingpflanzen-Perücke. Anneliese, die sonst ausgesprochen schüchtern war, wurde durch ihre Verkleidung als Miezekatze wirklich verwandelt. Sie fragte mich, ob Dietrich wohl seine Waden ausgestopft habe. Ich antwortete: »Ja, natürlich – zwick doch mal rein!«, was sie unter der Einwirkung des Sektes und der Maskenfreiheit bei nächster Gelegenheit auch tat; zu seinem großen Erstaunen. Sie war mit seiner ungewöhnlich kräftigen Muskulatur nicht vertraut und sehr überrascht, nicht auf Watte zu stoßen. Wenn meine Brüder auf unseren Festen dabei waren, hatte es Anneliese immer gut; sie fanden sie von all meinen Freundinnen bei weitem die Netteste.

Am Abend vor dem Fest hatte ich mit meiner Tante Elisabeth, die zu solchen Gelegenheiten immer aus Breslau angefahren kam, Kotillonsträuße gebunden. Unten in der Waschküche standen die leichten Kisten. Nach dem Fest war die Blumenfülle, die ich ertanzt hatte, so groß, dass ich sie kaum im Arm halten konnte. Andere behielten ihre Sträuße noch lange und pressten die Blüten daraus zur Erinnerung. Ich habe den ganzen Blumensegen durch seine Schwester dem kranken Walter Dreß geschickt.

»Wenn du noch mal einen Maskenball veranstalten willst«, sagte mein Vater, »ziehen wir vorher in eine Drei-Zimmer-Wohnung.« So blieb es bei den zwei großen Maskenfesten im elterlichen Haus. Aber mir konnten solche Feste nie zu viel werden. Schon die Überlegungen, wie man sich verkleiden soll und welche Rolle man durchführen wollte, machten so viel mehr Spaß als bloß das blödsinnige Fein-Anziehen für gewöhnliche Tanzereien. Das musste ich nun auf *anderen Maskenfesten* genießen. Im selben Winter gaben auch Annelieses Geschwister einen Maskenball für unseren Kreis. Bis auf unsere Tanzstundenfreundschaft kannte ich keinen Einzigen von den Gästen. Es hat mir immer Spaß gemacht, unter Deckung (das heißt mit Maske) in andere menschliche Beziehungen hineinzukommen, die eigene Gruppe links liegen zu lassen und mit fremden Leuten zu charmuzieren. Die Möglichkeit, sich völlig unverbindlich gehen zu lassen, zu verblüffen, zu unterhalten und sich wieder zurückziehen zu können, hat mich dabei wohl gelockt. Hinterher hörte ich dann von denen, die ich selbst eingeführt hatte (damals über den Weg des Besuch-Machens bei den Gastgebern), man hätte mich ja den ganzen Abend nicht zu sehen bekommen.

Als bezopfte Zigeunerin habe ich mich jedenfalls auch bei Strausens glänzend unterhalten. Anneliese als Rokoko-Dame mit Fächer sehe ich noch vor mir – und das wohl nicht nur wegen des Fotos, das ich von diesem Fest noch habe.

Besonders erinnerlich ist mir noch ein Maskenfest bei Eickens, einem Kollegen meines Vaters, wo auch viele heranwachsende Kinder waren. Das Thema war ›Warteraum III. Klasse‹. Dietrich kam als Tanzbär, in ein Fell mit Kopf gekleidet, von Klaus an der Leine vorgeführt. Er glaubte, auf diese Weise einen ruhigen Abend verbringen zu können, musste sich aber doch bald wegen zu großer Nachfrage und Hitze umziehen. Ich war ›Mädchen vom Lande‹, mit Korbkoffer auf dem Weg zu meiner ersten Stellung in der großen Stadt, und spielte ›Mullekin doof‹.[162] Es war so herrlich bequem, das zu spielen. Trotzdem fand sich einer, den man ›KDW‹ nannte (warum ahne ich nicht), der mir nicht von der Seite wich und auch gut tanzte. Nachdem er mir aber plötzlich beim Tanzen einen Kuss aufdrückte – das war bei uns auf Festen nicht üblich –, sorgte ich für Ablösung. Warum es den Widerwillen meiner Brüder erregte, dass zwei als Damen verkleidete Herren immerfort in grotesker Art miteinander tanzten, begriff ich damals nicht. Ich fand es nur sehr komisch, wenn auch nicht gerade schön. Als zu fortgeschrittener Stunde einige der Herren anfingen, Mädchen auf den Schoß zu nehmen und zu küssen, gingen die Brüder mit mir heim. Wir waren sehr gut erzogen! Bei uns gab es nicht einmal eine Kuss-Polonaise. Unsere Festvergnüglichkeit war ganz ohne Zärtlichkeiten. Hier waren wir aber nicht im Grunewald, wo das in anderen Häusern genauso war, sondern am Kurfürstendamm. So war mein Staunen über diese Form der Annäherung groß. Auf Künstlerfeste wie in der ›Bunten Laterne‹, wo sich noch wesentlich mehr abspielte, durfte ich nie mit. Ich war ja auch erst siebzehn Jahre alt.

Die einzigen *Feste*, bei denen ich mitmachen durfte und die nicht in Privathäusern stattfanden, wurden von der Fakultät veranstaltet. Da waren etwa die Feiern der Studenten-Nothilfe in den Sälen am Zoo. ›Kapelle Été‹ spielt! An einem dieser Abende gewann ich den Hauptgewinn: ein Motorrad. Mein portugiesischer Freund Manuel

---

162 Im Berliner Dialekt ein umgangssprachlicher Ausdruck für ›sich dumm anstellen‹.

hatte mir das Los dafür geschenkt. Aber ich durfte nicht damit fahren (auch meine Brüder nicht), denn die meisten Schädelbrüche wurden bei meinem Vater wegen Motorrad-Unfällen eingeliefert. Ich tauschte es um gegen das beste Fahrrad, das in dieser Firma zu bekommen war, mit allen damals modernen Schikanen. Beim nächsten solchen Fest half ich am Nachmittag beim Verkauf im Bazar mit und hatte dafür zwei große Knusperhäuser gebastelt, die zu Höchstpreisen verkauft und versteigert wurden. Abends gab es Tanz, zu dem auch meine Eltern kommen wollten. Nachmittags war Walter plötzlich am Verkaufsstand erschienen und hatte sich für den Abend angesagt. Hans Lange hatte ich selbst aufgefordert. Von meinen Brüdern war keiner dabei. Meine Eltern gingen zeitig heim und verpflichteten Grete, um Mitternacht mit mir nach Hause zu fahren. Diesmal gewann Grete (wieder durch ein von Manuel geschenktes Los!) den Hauptgewinn, einen Staubsauger. Weil sie zu Hause gerade einen neuen gekauft hatten, verzichtete sie darauf und nahm, da sie nun freie Auswahl hatte, einen großen Korb mit Wein. Den führten wir mit uns, als wir aufbrachen – aber nicht zu uns, sondern zu Langes, wo die Eltern weniger gestreng waren und bei denen wir noch weiter zu feiern vorhatten, jedenfalls den Wein probieren wollten. Das Gelage begann. Zwischen Walter und Hans schwelte ein verhaltener Kampf, die Stimmung stieg, die Flaschen leerten sich. Walter tanzte schon ein Solo, es wurde gesungen – plötzlich schmeckte der Wein nicht mehr. Wir gossen ihn in eine große Kupferschale und ließen Papierschiffchen darauf schwimmen. Dabei ward es drei Uhr morgens. Walter und seine Schwester Ilse machten sich, nachdem sie Anneliese und mich heimgebracht hatten, zu Fuß auf den Heimweg nach Lichterfelde. Mich aber erwartete ein Donnerwetter. Ab halb eins hatte man auf mich gewartet. Die Entrüstung war ebenso groß, wie sie mir echt erschien. Natürlich wurde besonders Grete als die sieben Jahre Ältere verurteilt. Dass wir das Fest pünktlich verlassen hatten, galt nicht als Entschuldigungsgrund. Langes waren meiner Familie sowieso suspekt. Erst als ich kundtat, dass Dreß mit Schwester mitgemacht habe, mich nach Hause brachte und sich jetzt auf dem Heimweg befinde, legten sich die Wellen etwas. Wenn der dabei war, musste sich die Orgie in Grenzen gehalten haben. Und das hatte sie ja auch. Weniger amüsant als die Wohlfahrtsfeste für notleidende Studenten waren die Universitäts-Tanzfeste, bei denen man nur als

Tochter fungierte. Der ›Drachenfels‹ (die Schar beobachtender Mütter) war ungeheuer. Meine Brüder drückten sich davor konsequent – höchstens Dietrich opferte sich manchmal. Im Sommer war es allerdings netter. Da fuhr man mit dem Dampfer irgendwohin und tanzte – möglichst im Freien, manchmal sogar auf einem Boden aus erleuchtetem Glas. Dann waren die Augen der Mütter nicht ganz so nah. Immer wieder musste man in den Tanzpausen hier und da seinen Knicks machen, jemanden begrüßen und zeigen, wie man aussah. Familien-Ähnlichkeiten und das unabänderliche Heranwachsen waren dann Gesprächsthemen; oder mir wurde von völlig fremden Damen erzählt, dass sie mich schon früher gekannt hätten, als ich denken kann, weil sie mich bereits in Breslau als Säugling oder Kleinkind auf dem Arm gehalten hätten. Eine wahrhaft interessante Unterbrechung des Tanzes!

Dass das Essen dort selbst bezahlt werden musste, fand ich auf einem Fest sehr sonderbar. Und noch mehr, dass mein Vater eine ›kalte Ente‹ bestellte und nur etwas zum Trinken gebracht wurde, was nicht mal so gut schmeckte wie Bowle. Vielleicht ging ich auch deshalb nicht so gerne auf diese Feste, weil man die eigenen Freunde nicht mitnehmen konnte, was ich sehr schade fand (wenn ich auch nie Mauerblümchen war). Aber sonst war ich eben Königin in meinem Kreis – und hier gab es noch eine Fülle ebenso arroganter Professorentöchter wie mich.

Diese Tanzvergnügen gehörten jedenfalls zu den steiferen Festen, die nichts Ausgelassenes an sich hatten. Feste, zu denen mich nur mein Tochtersein berief, waren nur halb so schön. Karl-Friedrich streikte bei so etwas immer, mit der Begründung, ihm täten hinterher die Freundlichkeitsmuskeln im Gesicht so weh! Dies besonders, wenn man zu Privat-Einladungen musste, wo einen niemand etwas anging, nur weil die Eltern gesellschaftlich verkehrten. Das waren Feste, auf denen man ›Tischherren‹ bekam, die auf der Technischen Hochschule studierten und die man glücklich machte, wenn man sich den Bau eines Grammophons erklären ließ. Feste, bei denen man lernte, mit freundlichem Gesicht auf etwas Langweiliges zu hören, während die Ohren auf die sehr viel interessantere Unterhaltung etwas weiter weg lauschten. Feste, die man nicht feierte, sondern durchstand. Feste, wo man sich nicht von vornherein sicher war, ob man auch bei jedem Tanz aufgefordert würde, und bei denen sich manchmal auch jemand schrecklich an mir festklammerte.

»Trinken Sie Kaffee?«, fragte mich ein junger Amerikaner auf einem *Tanztee*, und auf meine Bejahung fragte er weiter: »Trinken Sie Kaffee mit mich, morgen in Café?« Ich war fünfzehn Jahre alt, hielt das für einen unanständigen Antrag und verneinte. Etwas später wäre ich beinahe nach einem langweiligen Tanztee abends um neun meiner ganzen Familie im ›Café Berlin‹ mit einem Verehrer in die Arme gelaufen, wenn mich nicht meine gute Erziehung oder Feigheit im letzten Moment, schon an der Eingangstür, davon abgehalten hätte. ›Ausgehen‹ ohne Brüder tat man eben nicht. Brav pünktlich zu Hause angekommen, fand ich mich allein – nur Fräulein Emma teilte mir mit, die Familie hätte plötzlich Lust bekommen, ins ›Café Berlin‹ zu fahren, und sie ließen mich schön grüßen. Ich habe mir die schöne Begegnung vorgestellt, wenn ich mich in Herrenbegleitung zu ihnen oder an den Nebentisch gesetzt hätte.

›*Lockeres Treiben*‹ nannten Dietrich und ich es, wenn sich die Sitzplätze auf ebenerdigen Kissen befanden, kein Personal bediente, keine Eltern in Sicht kamen, die Beleuchtung matt rötlich war und die Versorgung hauptsächlich aus Zigaretten und schwarzem Kaffee bestand, wenn ein Grammofon pausenlos spielte und dabei wenig getanzt und viel diskutiert wurde. Dann war man nicht als Tochter eingeladen. Diese unserer Häuslichkeit sehr fremde Geselligkeit hatte etwas ungemein Verlockendes an sich, wenn wir sie auch nicht in unsere Räume verpflanzt sehen wollten.

Die Gastgeber waren Bekannte von Dietrich oder auch Leute, die ich auf seriösen Tanzereien kennen gelernt hatte. Man brauchte zu solchen Einladungen nicht unbedingt ab- oder zuzusagen; wenn man kam, war es gut; und man konnte auch noch jemanden mitbringen. Kleidung, Gebaren, Beleuchtung, Tanz und Musik sollten möglichst lasziv wirken und taten es im ersten Augenblick auch. Im Grunde war aber alles denkbar harmlos und rang hauptsächlich mit Problemen der Literatur, Musik und Malerei, mit neuer Gesellschaftsordnung – und betont sachlich um Sexualprobleme. Das war Jugendbewegung im Bohème-Hemdchen. Dadurch, dass wir dies ›lockeres Treiben‹ nannten, zeigten wir uns noch arroganter, als die Veranstalter sein wollten.

Solche geistigen Orgien begannen um fünf Uhr nachmittags und konnten sich unter Wechsel der Teilnehmer bis um fünf Uhr früh hinziehen. Wenn die Gastgeber zwischendurch noch woanders eingeladen waren, wo sie ›reinschauen‹ mussten, tat das der Gemütlichkeit keinen Abbruch. Dies waren keine Feste auf Studentenbuden oder ausgesprochene Künstlerfeste (obwohl der eine oder andere Professionelle stets dabei war und ich so allerhand amüsantes Volk kennen lernte, das bei uns zu Hause nicht verkehrte) – es waren Einladungen in die umgewandelten Salons oder Wartezimmer der Eltern. Sonst hätte ich wohl nicht die Erlaubnis bekommen hinzugehen. Wenn ich danach gefragt wurde, wie es war, sagte ich »nett« und schwieg mich aus. Denn diese Form des Beisammenseins war schwer erklärbar. Dietrich, der oft mit mir gemeinsam solche Feste besuchte, machte es genauso, ohne dass wir uns verabredet hätten. Warum sollte man die Eltern beunruhigen? Wir waren ja schließlich erwachsen.

So habe ich doch ein Stück der echten ›goldenen Zwanzigerjahre‹ mitbekommen. Übrigens waren, trotz der legeren Kisseneinrichtung, Zärtlichkeiten dabei absolut verpönt. Wer sich zu schätzen begann, sah sich nur intensiv in die Augen, diskutierte umso heftiger gegeneinander und zündete sich zum Zeichen der Übereinstimmung die Zigaretten an. Einmal nahm mir einer die Zigarette aus dem Mund und rauchte sie weiter; das war aber schon reichlich intim und eigentlich ein Geständnis. Die letzten Stunden waren mit Verabredungen fürs nächste Mal und zu kulturellen Sonderveranstaltungen angefüllt und endeten mit: »Wir telefonieren noch!« Allerdings sind wir nie sehr spät oder gar als Letzte gegangen. Vielleicht änderte sich der Ton nach Mitternacht; doch bestimmt nicht immer und überall.

›Sie tanzte nur einen Winter lang‹[163], könnte man trotz all dieser Festfreuden von mir sagen. Ich tanzte von Kindheit an gerne und auch gut – so klein und später rundlich ich auch war. Das Gesellige, die Bewegung nach Musik, das aus sich Heraustreten ins Ungewöhnliche, das Getragenwerden von Rhythmen und sicheren Schrittes Geführtwerden, in Übereinstimmung mit der eigenen Intention – es löste in mir ein Wohlbehagen aus, welches ich selbst noch nicht recht begriff, aber ganz deutlich erlebte. 1926/27 war mein Saison-Winter. Ich war damals siebzehn Jahre alt. Vorher war ich auf allen Festen noch ›die Kleine‹ gewesen; jetzt war ich vollgültig.

---

163 Anspielung auf die Fabel ›Die Grille und die Ameise‹ von Jean de la Fontaine (1621–1695).

Sabine war gerade verheiratet, ich blieb mit meinen drei Brüdern allein bei den Eltern. Und ich war nichts als Tochter des Hauses, denn die Haushaltungsschule hatte ich hinter mir, und um mit der Krankenpflege anfangen zu dürfen, musste ich erst achtzehn sein. Meine Mutter hatte in vier Jahren drei Töchter verheiraten müssen und war nun froh, mich ganz für sich zu haben. Dies war mein eigentliches Jugendzeit-Jahr. Nur einen Winter lang! Aber ich tanzte auch mit solcher Inbrunst, dass es den Eltern etwas bange wurde.

Ich galt immer als die Unbürgerlichste von uns allen; und ich hielt mich auch selbst für eine ausgesprochene Nachkriegserscheinung (trotz meines Geburtsjahres). Wenn ich in dieser Zeit zwei Abende in der Woche zu Hause war (oder jedenfalls nicht ausging), war das viel. Oft hatte ich zwei bis drei Einladungen gleichzeitig zur Auswahl. Ich eilte vom Fünf-Uhr-Tee zur Abendgesellschaft. Durchtanzte Nächte machten mir nichts aus; ich brachte meiner Mutter morgens trotzdem den Kaffee ans Bett. Aber auch nachts in meinen Träumen feierte ich weiter, und mein Kopf war tagsüber voll mit Schlagern und Walzermusik. Auf jedem Fest verliebte ich mich versuchsweise um der gesteigerten Stimmung willen – lieben tat ich aber nur Walter.

Als dann der Frühling kam und sich Jubel, Trubel und Heiterkeit noch steigerten, hielten es meine Eltern für angebracht, mich aus Berlin zu entfernen, damit das dauernde Aufkreuzen der verschiedenen Freunde unterbrochen werde. Da ich ganz ohne Verpflichtungen meine Jugend genießen durfte, war ich zur Freude der anderen auch zu allen Unternehmungen bereit. Das Einhalten zeitlicher Begrenzungen nahm ich immer laxer. »Albern! Wenn ich will, kann ich auch nachmittags zwischen zwei und drei Uhr!« Über die Gefahr der Gelegenheit fühlte ich mich ganz erhaben. Aber meinen Eltern schien das nicht so sicher. So verließ ich Ende März Berlin, um zu Anschützens nach Heidelberg zu fahren (zu ›Vetter Franz‹). ›So kam Lenchen auf das Land‹[164] – und es waren Semesterferien.

In unseren Festräumen gab es auch Geselligkeit ohne Tanz. Da waren die sogenannten ›*Damentees*‹. Einmal im Winter kamen die Fakultätsdamen zu uns. Andere ›Damen‹ hatte meine Mutter

---

164 Auch dies ist ein Zitat aus Wilhelm Buschs ›Die fromme Helene‹ (der Schlusssatz des ersten Kapitels). Der Vetter Franz spielt in dieser Geschichte eine bedeutende Rolle.

nicht. Dass die Vorbereitungen dafür nicht einem Fest, sondern einer Pflicht dienten, ersah man schon daraus, dass die Fenster frisch geputzt sein mussten und frische Gardinen angebracht wurden. Meine Mutter hielt es für selbstverständlich, für jedes Fenster Gardinen zum Wechseln zu haben, und ich konnte mich bei meiner Ausstattung nur unter Berufung auf Platzmangel dagegen wehren. Die Kissenbezüge wurden abgezogen und gewaschen und die Teppiche, das Parkett und die Möbel auf Hochglanz gebracht. Meine Mutter war sonst gar keine spießige Hausfrau – aber für die Fakultätsdamen schien es ihr, um der bösen Nachrede willen, doch wichtig, ihren Haushalt tipptopp zu haben.

Die großen Schwestern durften dabei schon mit anbieten. Die älteren Brüder entschwanden, und wir drei Kleinen warteten im Nebenzimmer auf unseren Auftritt. Um den Spaß an dem Stimmengewirr nebenan noch zu erhöhen, hielten wir uns ruckartig kurz die Ohren zu. Dann hörte man ein so lustiges Brausen. Angetan waren wir mit den weißen ›Kirschenkitteln‹, die es im Sommer in Leinen und im Winter aus Wolle gab (und für täglich in blau). Rund um den Hals war ein Kranz roter Kirschen mit grünem Laub und braunen Stielen gestickt, die sich an Taschen und Ärmeln wiederholten. Meine Mutter sah uns gern in dieser ihrer Modeschöpfung. Da wir ja meist geschlossen auftraten, haben wir uns wegen der Andersartigkeit unserer Kleidung nie geniert.

Die lauten Damen waren sehr freundlich und wollten uns füttern, als ob wir Hundchen wären. Sie meinten, wir wären so groß geworden, und lachten über ganz ernst gemeinte Antworten. Manche kannte man; die sprachen dann wenigstens vernünftig. Selten gab es erfreuliche Jüngere unter ihnen, denn es kamen natürlich nur die Damen der Ordinarien. Das waren auch schon wieder ›so viele‹, und die Masse dieser fein gekleideten alten Damen war erdrückend für mich. Unser Auftritt dauerte manchmal schrecklich lange. Das Peinlichste daran war, dass meine Mutter mir ganz fremd erschien, auch viel lauter und furchtbar freundlich sprach. Sie sagte in unserem Beisein Dinge über uns, die uns verblüfften. Sie machte Scherze, über die wir uns wunderten; die vertraute Form ging verloren – es war gar nicht mehr selbstverständlich, hier Kind zu sein. Ich hätte nicht zu denken gewagt, dass sie mit uns angeben wollte oder dass sie wegen unseres Benehmens Angst hatte. Wenn ich eine lustige Bemerkung machte und alle lachten und sagten von Tisch zu Tisch weiter, was die Kleine da eben zum Besten gegeben hatte, so war es doch nur meine Dummheit und nicht ihre Schuld. Doch dass die Art meiner Mutter sich zwischen den vielen ›Damen‹ plötzlich ins Befremdliche verwandelt hatte, empfand ich sehr stark. Dieser Kreis der Fakultätsdamen war für sie die kritische Öffentlichkeit, der sie ihr Lebenswerk – ihre Familie, ihre Kinderschar, ihre Häuslichkeit – vorzeigte. Auch sie war froh, wenn alle wieder weg waren.

Es wurden auch zwei *Diners* im Winter gegeben, als die Zeiten wieder besser waren. Da kamen die Kollegen (mit einigen Bekannten gemischt) und ihre Ehefrauen. Einige Stadtküchen schickten vorher ihre Angebote. Es war schon ein Vergnügen, die unzähligen Möglichkeiten zu studieren. Mehr als sechs Gänge fand meine Mutter Angeberei. War die Entscheidung für eine Firma gefallen, erschien der Geschäftsführer, um die Einzelheiten und kleine Änderungen zu besprechen. Diese Diners fielen in die Zeit nach meiner Schulentlassung. Die Schwestern mit ihren Ehemännern waren manchmal dabei; die Vorbereitung gehörte zu meinen Aufgaben. Das heißt: nur der äußere Rahmen. Über sechzehn Mark pro Gedeck sollte es nicht kosten. Ich drückte es gerne noch ein bisschen herunter, weil ich damals ziemlich sozialkritisch war und die ›Völlerei‹ aus innerer Überzeugung verabscheute. Unter dreizehn Mark ließ es aber der Geschäftsführer nicht zu, sonst hätte es sich für die Firma nicht gelohnt.

Gläser und Geschirr suchte ich heraus; auch den großen Kasten für das Silberbesteck (das für Feste bestimmt war) verwaltete ich. Die Servierfrauen deckten, ich sorgte für die Tischdekoration. Dann erschien der Koch mit den Küchenjungen, welche die wohl vorbereiteten Speisen ins Haus trugen, und die Köchin, die bei einfachen Festen kochte, kam dazu. Meine Mutter besah sich die gesamte Ausstattung und die fertig gebrachten Gerichte. Danach durfte die Küche nicht mehr betreten werden. Für die Temperatur der Weine war Dietrich verantwortlich (oder Klaus, wer gerade da war). Nur um das Rauchzeug kümmerte sich mein Vater. Zu Beginn bezogen Dietrich und ich mit einigen Freunden im Damenzimmer Stellung. Meine Aufgabe war es, die zurückkommenden Schüsseln, die kalten Platten der Vorspeisen, besonders aber das Eis von ihrem unablässigen Zug zurück in die Küche abzuleiten, damit die oft stattlichen Reste einer gerechten Verteilung zugeführt würden.

Nachdem ich einmal beobachtet hatte, wie ein Lohndiener (zusammen mit unserer dicken Emma) das Überschäumen der geöffneten Sektflaschen praktischerweise dadurch verhinderte, dass er sie gleich nach dem Korkenschuss an den Mund hielt, mussten alle Flaschen in Dietrichs Gegenwart geöffnet werden. Das war allerdings keine sichere Abhilfe gegen die zunehmende Heiterkeit der Bedienung, deren Zahl fast derjenigen der Gäste gleich kam. Ich vergesse mein Entsetzen nicht, als ich das restliche Eis zur Verteilung in die Küche brachte und die halbe Belegschaft (darunter einige schön livrierte Herren) völlig betrunken in der Küche und der Anrichte herumliegen sah. Dabei mussten das doch Leute sein, die etwas vertrugen! Bei uns im Damenzimmer war die Stimmung auch bald verwegen. Aber den gesprächigen Lärm der Gäste nebenan konnten wir nicht übertönen. Nur während der Tischreden war Schweigen geboten. Anschließend wurde im Salon bis zum Aufbruch pausenlos Mokka und anderes angeboten, während wir uns erst fröhlich über die Essensreste hermachten und dann ›Poch‹ spielten. Das Aufräumen überließ ich gerne der Bedienung.

Mit dem *Fastnachts-Dienstag* endete bei uns die ›Saison‹. In der Passionszeit gab es keine Feste mehr. Ob das bei meiner Mutter an der Tradition des Pfarrergeschlechtes lag, dem sie entstammte, oder mehr dem Bedürfnis beider Eltern nach einer gesunden Ruhepause entsprach, kann ich nicht beurteilen. Wir beugten uns alle willig (auch wenn wir Einladungen, die in dieser Zeit an uns kamen, nicht etwa absagten). Schon der Fastnachtstag wurde nur im engsten Familienkreis gefeiert.

Zur Vesper gab es dann Pfannkuchen. In einem war Konfetti oder Mostrich.[165] Abends gingen die Großen oft aus, auf irgendein Kunstschulfest oder zu Bekannten. Selten hatten auch wir nahestehende Gäste. Dann sorgten die Brüder für Störungen durch schwimmende Zuckerstücke oder eine künstliche, nicht wegzutreibende Fliege, hüpfende Käseeckchen oder auch die explodierenden Metallplättchen, die man, wenn ein Tablett mit Geschirr oder Gläsern herausgetragen wurde, hinter sich zu Boden warf. Das war durchaus riskant, denn es konnte leicht geschehen, dass das Tablett vor Schreck mitflog. Jedenfalls sahen die erstaunten

---

165 Dialektal (v.a. in Nord- und Ostdeutschland) für Senf.

Gäste die häusliche Hilfe, die ihr Tablett krampfhaft festhielt, betroffen an.

Als der Lehrer unserer Brüder und zukünftige Ehemann unseres Hörnchen zum ersten Mal bei uns eingeladen war, wohl an einem solchen Fastnachtsabend, wurde ihm ein Stück Schweizerkäse zugeschoben, täuschend echt aus Seife nachgemacht. Meine Eltern wussten natürlich nichts von dem Unterfangen, waren aber durch unsere zunehmende Heiterkeit sichtlich verwirrt. Unsere Erwartung, ihn alsbald mit Schaum vor dem Mund zu sehen, wurde schmählich enttäuscht. Er aß den Seifenkäse, ohne mit der Wimper zu zucken, rückstandlos auf, in wissenschaftliches Dozieren versunken. ›Dem geschenkten Käse ...‹ – jedenfalls schauten wir ihm umsonst ins Maul.[166] Er galt übrigens als sehr sparsam und bedürfnislos und dachte vielleicht, ›Schweizer müsse so sein‹.

Sonst waren unsere Scherze harmloser. Gipsbüsten von Ahnen und Griechen wurden, mit Nachthemd bekleidet, dem einen oder anderen ins Bett gelegt. Auch das ausgestopfte Krokodil machte sich auf dem Bett eines neuen Hausmädchens oder Logiergastes sehr wirkungsvoll. Man musste eben beim Zubettgehen auf alles gefasst sein. Nur das Elternschlafzimmer war tabu. Fastnacht war der Tag des Neckens und des Düpierens, der verrückten Einfälle, die belacht, wenn auch nicht immer ausgeführt wurden. In der Privatschule war es nicht als Aufsässigkeit, sondern als netter, zeitgemäßer Einfall betrachtet worden, als ich die halbe Verkleidungskiste am Fastnachtsmorgen anschleppte, wir uns in der Pause vor der zweiten Stunde umkleideten und die Lehrerin kostümiert begrüßten. Vor der ersten Stunde ging das nicht, da wir mit Morgengebet beginnen sollten statt mit Gelächter. Die Disziplin wurde dadurch eigentlich nicht untergraben. Als wir in der städtischen Schule, die ich ein knappes Jahr beunruhigte, Wilhelm Tell in verteilten Rollen lasen, hatte ich für die Deutschstunde ebenfalls die entsprechende Verkleidung mitgebracht, und wir hatten uns froh und arglos eingekleidet. Das war allerdings nicht am Fastnachtstag. Dafür fanden wir kein Verständnis, und ich musste mal wieder zum Direktor.

---

166 Anspielung auf das Sprichwort: ›Dem geschenkten Gaul schaut man nicht ins Maul‹ (um am Zustand der Zähne seine Gesundheit zu überprüfen).

Ein wirkliches *Familienfest* war in der ›festarmen Zeit‹ der Geburtstag meines Vaters. Zu seinem fünfzigsten Geburtstag (das war am 31. März 1918) bekam er vom Grunewald-Sanatorium fünfzig weiße Brötchen. Sie waren für mich das schönste und eindrücklichste Geschenk, das er je bekam. Duftend standen sie auf dem Frühstückstisch. Wir schlugen gewaltige Breschen in den Brötchenberg, und die Hoffnung meiner Mutter auf einen Semmel-Pudding am nächsten Tag war in kurzer Zeit geschwunden.

Am Nachmittag führten wir ihm die ›Vogelkantate‹ auf, ein festliches Singspiel in der Tradition meiner Mutter, bei dem man große Vogelköpfe trug. Meine Mutter und die Geschwister sangen und spielten; ich war erst acht Jahre alt und konnte mich musikalisch noch nicht auswirken. Meine Mutter war der Kuckuck, in dessen Nest sich das Ganze abspielte – so wurde ich ein Kuckucksei, denn irgendwie sollte ich doch mitmachen. Ich wurde in einen Bettbezug mit Federkissen vorne und hinten gesteckt, und nur der Kopf sah heraus. So war ich doch mit auf der Bühne und hatte vom Üben bald alle Stimmen im Ohr (denn da musste das Kuckucksei mit dabei sein). Es lag ein Schatten über diesem Fest, wo wir zum letzten Mal alle beisammen waren, denn mein Bruder Walter stand kurz vor seinem Ausrücken in den Krieg nach Westen. Vier Wochen später war er gefallen.

Oft war mein Vater an seinem Geburtstag aber auch verreist, weil dann Semesterferien waren. Die Mühe eines Geburtstagsbriefes, der orthografisch einwandfrei und lesbar sein musste, war mir sehr lästig, besonders weil es ja noch kurz vorher Gesprächsmöglichkeiten gegeben hatte und eigentlich nichts zu berichten war. Geburtstagsphrasen konnte man ihm nicht schreiben – und von Dankbarkeit zu schreiben genierte ich mich. Da war es schon besser, man machte ihm ein Geschenk und schickte das mit einem kurzen Gruß. Aber es durfte sein Gepäck nicht belasten und war also nur aus Papier oder Stoff herstellbar – bemalte Briefbögen, Karten, beklebte Papierservietten oder geschmückte Taschentücher. Er bedankte sich aber immer rührend für alles.

Das erste ganz große Familienfest nach dem Krieg war Ursels *Hochzeit* am 15. Mai 1922. Das war ein gewaltiges Ereignis, und der Kreis der Gäste war riesig, denn es kamen nicht nur die Tanten und Onkel, sondern auch fast alle Vettern und Cousinen. Die Inflationszeit begann; die Bewirtung wurde keineswegs übertrieben, aber die Feierlichkeit war groß. Viele von uns Jüngeren machten zum ersten Mal eine Hochzeit mit. Beim Polterabend waren die Räume überfüllt. Es gab pausenlos Programm. Meine Mutter hatte ein geschriebenes Buch, worin alle Gedichte und Aufführungen standen, die bei ihrer Hochzeit dargeboten worden waren. Sie waren ganz zeitlos, ohne persönliche Witzchen und Beziehungen, also für jeden Besucher voll verständlich und intime Peinlichkeit vermeidend. Dabei waren sie gut – meist von meiner Großmutter Hase selbst gedichtet, die in dieser Richtung eine echte Begabung gehabt hatte. Von diesen Dingen durfte nun nichts fehlen, und sie wiederholten sich später auf allen Hochzeiten, die bei uns gefeiert wurden.

Der Ablauf war folgender: Das Brautpaar erschien erst, als die Gäste weitgehend versammelt waren, und nahm, ohne Einzelne zu begrüßen, in der Mitte des Saales auf zwei geschmückten Stühlen Platz, unter Klängen fröhlicher Musik. Die ältere Generation saß im Kreis dahinter, die Jungen schlossen sich an oder standen in dem anschließenden Zimmer und an den Wänden. Zuerst trat die beste Freundin der Braut hinzu und gab ihr, unter Aufsagen eines Gedichtes über Mädchen- und Rosenzeit, Glück und Vergehen, einen Rosenkranz, den die Braut am Polterabend trug. Nun erschien die Schar der Brautjungfern, alle mit bunten Kränzen und einer langen Buchsbaumgirlande mit ›veilchenblauen Bändern‹ ausgestattet, und wand ihr, sie im Kreis umtanzend, den ›Jungfernkranz‹ mit Chor und Solostimmen.[167] Fünfzehn Mädchen waren es bei Ursel. Als dritter Akt erschienen sieben braune Zwerge, die alle irgendwelche gereimten Wünsche auf dem Herzen hatten und einen großen Baumkuchen brachten. Dann kam die Mark – nicht die entwertete, sondern die Mark Brandenburg. Dies pflegte ich zu sein, in einem echten brandenburgischen Kostüm, das in Familienbesitz war. Da wir alle zuerst in der Mark (das heißt in Berlin) blieben, passte das auch immer. Es macht mir Spaß, dass ich die Verse noch heute im Gedächtnis habe, nach so langer Zeit:

---

167 Vgl. das Lied ›Wir winden dir den Jungfernkranz‹ von Johann Friedrich Kind, vertont in der Oper ›Freischütz‹ von Carl Maria von Weber (Erstaufführung 1821): »Wir winden dir den Jungfernkranz/ mit veilchenblauer Seide;/ wir führen dich zu Spiel und Tanz,/ zu Glück und Liebesfreude.«

Euch grüßt die Mark,
sie bringt das Brot,
das Heim euch zu begründen.
Sie bringt das Salz,
dass wohlverwahrt
ihr euer Haus mögt finden.

Sie wünscht euch viel;
des Glückes Füll,
nie mög es euch entschwinden.
Bringt doch die Zeit
euch Kreuz und Leid,
seid stark im Überwinden.

So nehmt das Brot!
Gesegne's euch Gott!
Dazu das Salz der Erden.
Euch soll die Mark,
treu, fest und stark,
die rechte Heimat werden.[168]

Als ich dieses Gedicht zum letzten Mal bei Sabines Hochzeit mit starker innerer Bewegung aufsagte, wollte einer der Gäste unbedingt meine Sprechstimme ausbilden. Das machte mich in meinen aufgegebenen Plänen für die Schauspielerei doch wieder kurz schwankend.

Nun waren aber auch die Männer an der Reihe, etwas zu bieten. Alle fünfzehn Brautführer stürmten mit vollgestopften Säcken und Knüppeln herein und sangen laut und mit Inbrunst: ›Wenn meine Frau nicht will wie ich ...‹ und anschließend den Mozart-Kanon: »Ein einzig böses Weib/ lebt höchstens auf der Welt,/ nur schlimm, dass jeder seins/ für dieses einz'ge hält!«[169] Diese beiden Einlagen stammten nicht aus dem Hochzeitsbuch meiner Mutter, sondern waren von den Brüdern als Anti-Sentimentalitätsmittel eingeführt worden. Nach diesen hoffnungsfrohen Aussichten gab es für die

---

168 Quelle unbekannt – möglicherweise ist dies einer der Texte, der (wie oben erwähnt) von Susannes Großmutter Clara von Kalckreuth selbst gedichtet worden war.

169 Ein Aphorismus von Gotthold Ephraim Lessing (1729–1781), der nicht von Wolfgang Amadeus Mozart, sondern von Joseph Haydn (1732–1809) vertont worden ist.

Braut wieder einen Lichtblick, denn ein Paar erschien und sang und tanzte einen kleinen Biedermeiertanz mit Musik von Oscar Straus, wohl im ›Überbrettl‹ um die Jahrhundertwende entstanden,[170] mit dem Text: »Ringel, Rangel, Rosenkranz, ich tanz mit meiner Frau!«

Damit war das festgelegte Programm des Polterabends abgeschlossen; die ersten Erfrischungen wurden gereicht, die Stühle umgerückt und es begann der inoffizielle Teil des Abends auf der Bühne. Die Geschwister und der Freundeskreis traten mit eigenen Machwerken hervor – oder zu nahe. Bei Ursels Hochzeit rief ein sehr freies Singspiel, von Klaus Brand gedichtet und vertont, in der älteren Generation leichte Entrüstung hervor und veranlasste meine Mutter, für die folgenden Hochzeiten vorher Kontrolle über die von den Gästen eingebrachten Beiträge auszuüben. Melodien aus diesem nur einmal gehörten Stück, die amüsant und schlagerhaft eingängig waren, sind mir noch im Ohr.

Auch Tanten produzierten sich als Kräuter-Frauen und andere Glücksbringer – und zwischendurch gab es plötzlich ein großes Hallo. Der Zug der Polterer nahte unter Führung unserer Köchin Anna, die seit Wochen in der Umgebung raue Mengen angeschlagenes Geschirr gesammelt hatte (Nachtvasen hatte meine Mutter vorsorglich verboten) und nun mit der gesamten Belegschaft der dienenden Geister lostöpperte. Nach Abschluss dieses Aktes musste das Brautpaar auffegen. Wiederholungen waren untersagt, denn das Programm durfte nicht zu sehr gestört werden. Um sechs Uhr hatte der Polterabend begonnen, um acht wurde ein kaltes Büfett gereicht, und um zehn Uhr hatten die Gäste sich zu entfernen – »denn morgen ist ein anstrengender Tag«.

Und auch dieser hatte seine feste Familienordnung. Geweckt wurde die Braut durch einen Choral – jedenfalls war dies das Zeichen, dass sie das Zimmer verlassen dürfe. Man trug das Kostüm fürs Standesamt (immer das beste, was man besaß). Zum Frühstück erschien bereits der Bräutigam; gleich danach versammelte man sich im Salon, und ein Trio wurde gespielt. Dazu nahm das Brautpaar auf dem ›Madame Recamier‹-Sofa Platz, wo ich sonst die Hausmusik zu hören pflegte. Schließlich brachte die nächstjüngere Schwester der Braut mit einem ziemlich ernsten Gedicht

---

170 Oscar Straus (eigentlich Strauss, 1870–1954) war ein österreichischer Operettenkomponist. Er komponierte u.a. für das Überbrettl, eines der ersten literarischen Kabaretts in Deutschlands, das 1901 in Berlin gegründet worden war.

auf einem Seidenkissen den Myrtenkranz. Mir brachte ihn meine Mutter. Danach hatte das Brautpaar etwas Pause. So war es nicht nur bei uns vier Schwestern, sondern auch bei Hörnchen, die ein halbes Jahr nach Ursel bei uns im Haus heiratete (und es auch gar nicht anders haben wollte). Eine Hochzeit war eben so – und jede andere Form, sie zu feiern, erschien mir als junges Mädchen wie ein fremder Weihnachtsbrauch. Es war gut, dass die Bräuche so festgelegt waren – wie es für jede kultische Handlung wichtig ist, dass die Teilnehmer Bescheid wissen und nicht unsicher werden. Das erleichtert solche Feiern sehr, wo sich verschiedene Generationen und Elemente zusammenfinden sollen.

Das Brautpaar blieb also allein im Salon, sah sich ins Auge und schwieg. So war es bei uns, und es wird auch bei den anderen so gewesen sein. Dann erschienen mein Vater und ein Verwandter des Bräutigams, und man fuhr aufs Standesamt. Das war eine reine Formsache ohne viel innere Bewegung. Wir heirateten alle auf ›Gütergemeinschaft‹, und das ging sehr schnell. Wenn man heimkam, lauerten die Mädchen darauf, die Braut als Erste mit einem ›Frau‹ anzureden. Inzwischen war der Tisch gedeckt worden, immer für eine Hochzeitstafel von etwa vierzig bis fünfzig Personen, und es wurde (wie am Heiligen Abend) ein Imbiss im Herrenzimmer gereicht. Dann verschwand der Bräutigam, um erst kurz bevor die Brautkutsche eintraf im Frack zurückzukommen. Meine Mutter kümmerte sich um die Braut: Koffer fertig packen, mit Geld versorgen und umziehen. Auch Brautkranz und Schleier steckte sie mit Geschick selbst auf, weil sie nicht wollte, dass ein Friseur unsere gewohnten Frisuren veränderte.

Ich als Schwester saß inzwischen im Blumenladen wie auf Kohlen – nie waren die bestellten Kränze pünktlich fertig! Wir Brautjungfern hatten bei der Hochzeit wieder frische Kränze auf. Es war ein wunderbares Festgefühl, diese zarte, frische Last im feuchten Seidenpapier heimzutragen, für Schwestern, Cousinen und Logier-Freundinnen. Ich weiß gar nicht mehr, was für Kränze es bei meiner Trauung gab – aber Grete sehe ich bei Ursels Hochzeit vor mir in einem langen, goldenen, gehämmerten Seidenkleid mit großen Puffärmeln und weitem Rock und einem Goldlack-Kranz, der ihr bezaubernd gut stand. Sogar an meinem eigenen Hochzeitstag machte es mir Freude, nach dem Standesamt (nun ein letztes Mal) die Kränze für die bei uns wohnenden Brautjungfern selbst abzuholen. Wir Schwestern trugen alle das Brautkleid meiner Mutter, das schon damals nach ihrem Geschmack und nicht nach der Mode geschneidert wurde, darum völlig zeitlos war und immer passte: weißer Atlas im Prinzessstil, ganz glatt mit langen, engen Ärmeln und weitem Rock mit kleiner Schleppe.

Man traf sich vor der Kirche mit den Brautführern, zog gemeinsam ein und hörte die ebenfalls altbekannte Predigt des Pfarrers – über das »tiefe Verstehen« und das »glückliche Elternhaus«, das man verließ. »Und was ihr mir unter sechs Augen gesagt habt, das will ich nun hier ...« – und dann kam es und stimmte meist nicht einmal. So etwas wollte ich bei mir nicht haben; deshalb brach ich als einzige diese Tradition und wurde von Onkel Hans[171] getraut. Heimgekehrt, wurde mit einem Glas Sekt angestoßen, anschließend konnte man gratulieren und die Geschenke bewundern, bis man sich zu der langen Mahlzeit niedersetzte. Das Brautpaar brach bald danach unauffällig auf. Nur meine Mutter und Fräulein Emma waren beim Umziehen behilflich und winkten zum Abschied. Die Jugend durfte an diesem Abend so lange tanzen und feiern, wie sie wollte.

Nach Ursels Hochzeit hatten sich alle fünfzehn Paare zu einem ›Katerbummel‹ verabredet. Onkel Benedikt als unverheirateter Bruder meiner Mutter gehörte mit dazu und hatte eine Laute dabei. Wir fuhren bis Potsdam und liefen über Schloß Sanssouci nach Wildpark und weiter hinaus – Onkel Bene als ›Rattenfänger‹. Alle Mädchen ließen ihre Kompagnons vom Vortag zurück und scharten sich um ihn, der mit Grazie und Fantasie pausenlos ein Lied nach dem anderen sang, ob nun beim Laufen oder beim Rasten. Er wiederholte sich nie und endete nicht, er war in wunderbarer Stimmung und sang hinreißende Liebeslieder. Er war ja selbst verliebt und erwartete von seiner Pine ein Kind und von der tschechischen Behörde die Papiere zur Eheschließung. Aber davon wussten wir nichts. ›Wir sind einander zugesellt‹ hörte ich da zum ersten Mal von ihm und ›Unter der Linden auf der Heiden‹. Die Jünglinge hatten sich die Partie anders gedacht. Auch sie ballten sich zusammen und marschierten – ohne Gesang, in ihrer Mitte Christel, die um Hansens willen den Bene-Kult nicht mitmachte. Es muss sehr lustig ausgesehen haben, diese beiden verfeindeten Haufen auf Wanderschaft. Und Bene machte es Spaß, seine Rattenfänger-Fähigkeiten auszuüben;

---

171 Susannes Onkel Hans Hase, der Bruder ihrer Mutter, war Pfarrer in Frankfurt an der Oder.

er schaute mal dieser, mal jener tief ins Auge – besonders aber Grete, die ganz von ihm begeistert war.

Ein paar Tage wollte Bene noch in Berlin bleiben. So beschlossen wir, in kleinerem Kreis eine Fahrt in den Spreewald zu machen. Das war an einem Tag nicht einfach zu bewältigen, aber es war ja lange hell, und so fuhren wir zu sechst (Bene, Grete, Sabine, Emmi und ich und als einziger Junge Dietrich) bei Nacht und Nebel los. Bene sang auf der Bahn; er sang den ›Spuk von Lübbenau‹, als wir durch die Lübbenauer Gurkenfelder gingen; er sang ohne Ermatten auf dem Kahn, den wir für diesen Tag zur Rundfahrt gemietet hatten. Er sang sehr leise, als der Kahn durch die stillen Kanäle glitt. Ich lag im breiten Boot und hatte meinen Kopf an Gretes Knie gelegt, die neben ihm saß. Ich glaubte, nie so genossen zu haben und nie wieder so genießen zu können. Wir rauchten gegen die Mücken an, wir aßen saure Gurken und stiegen zum Kaffee in einem alten Gasthaus ab. Dort tanzten wir freie Volkstänze nach der komischen Musik, die aus einem Groschen-Klavier kam (zwei Burschen machten vergnügt bei uns mit), und ich trank mein erstes Glas Bier – mit Abscheu. Dann ging es wieder zurück ins Boot, und wir hatten noch Zeit, etwas durch den zartbegrünten Wald und die Wiesen zu laufen, ehe es bei einbrechender Dunkelheit zum Zug ging. Todmüde, sehr glücklich und durchsonnt von innen und außen waren wir wieder daheim.

Ein unvergessliches Fest feierten wir an Annelieses sechzehntem *Geburtstag*. Sie wohnte ja bei ihrer verheirateten Schwester, weil sie ihre Eltern früh verloren hatte; die Schwester war elf und der Schwager noch einmal elf Jahre älter als sie – also mehr wie Pflegeeltern. Sie waren an diesem Tag ausgegangen; die Jugend sollte einmal ganz unter sich sein. Ihre ganze Klasse, die wir kurze Zeit gemeinsam besucht hatten (bis ich dort wegen Misserfolgs ausscheiden musste), war zum Nachmittag und über den Abend eingeladen. Natürlich alle verkleidet! Darunter taten wir es zur Fastnachtszeit nicht (und Annelieses Geburtstag war am 31. Januar). Auch die Gestaltung des Festes mit Inhalt und Dekoration blieb uns überlassen. Mir schien es besonders sinnig, Girlanden durch die Stube zu ziehen und Lampions daran zu befestigen. Außerdem deckten wir uns reichlich mit Papierschlangen und Wunderkerzen ein. Anneliese war von allen Vorbereitungen begeistert – auch wenn sie die Kerzen

in den Lampions unter den Girlanden nur auf meine Versicherung hin, dass wir das bei uns immer so hätten, für ungefährlich hielt.
Der Nachmittag verlief mit Kuchenschlacht und Stegreiftheater sehr gut. Dann kam der wilde Tanz in den geschmückten Räumen – und vor dem Pudding zum Schluss der Clou mit der dezenten Beleuchtung durch Lampions. Ich weiß nicht, wie lange wir sie genossen haben. Dann zischten Flammen durch die Stuben zick-zack hin und her, die Mädchen brüllten und flüchteten, und ich musste in aller Eile das Werk meiner Hände zerstören und alles herunterreißen, um die Gardinen zu retten. Helfer kamen herbei und lobten mich wegen meiner Geistesgegenwart. Ich hatte dabei aber ein sehr schlechtes Gewissen. Keiner war zu Schaden gekommen, das war noch Glück. Nur der dicke Perserteppich hatte Brandstellen. Dafür trat dann zu meiner Beruhigung die Feuerversicherung ein, und er wurde kunstgestopft. Strausens, die bald heimkamen, machten mir keinen Vorwurf – aber leider mussten wir darauf verzichten, nach dem Pudding noch die an allen Vorsprüngen der Holztäfelung im Zimmer angebrachten Wunderkerzen anzuzünden. Und das wäre als Abschluss doch so dekorativ gewesen!

Zwei Jahre später stand Anneliese kurz vor dem Abitur, und ich war bereits verlobt. Wieder hatte sie zu ihrem Geburtstag ihre Klasse eingeladen, von der einige mich noch von früher kannten (obwohl wir uns nie mehr gesehen hatten). Die alten Mitschülerinnen rissen Mund und Nase auf, als sie hörten, dass ich mich mit einem Pfarrer verlobt hätte. Nach dem mit Annelieses Familie gemeinsam verzehrten Mittagessen saßen wir beide schwatzend auf der Couch in ihrem Zimmer und überlegten, wie der Nachmittag mit den Schulkameradinnen amüsant gestaltet werden könne. Wir rätselten, wie ich dabei auftreten sollte (ob mit Segensgruß, Zopf als Kranz um den Kopf oder Kaffeetischgebet), und kamen dann auf einen besseren Gedanken: Wir erhoben uns und besorgten in der Drogerie Lippenstift, Augenbrauenstift, Puder, Creme und Parfum! Dann entfaltete ich vor Anneliese Toilettentisch mein kosmetisches Können. Locke auf die Stirn und vor den Ohren in Sechsen gerollt à la Carmen, und die Bemalung ganz auf große ›Hure Babylon‹. Junge Mädchen unserer Kreise betrugen sich damals nicht so. Und nun ich als Pfarrbraut!

Bester Stimmung gingen wir zu Frau Straus und weihten sie ein, und sie bekundete volles Verständnis. Als die schicken, aber soliden

Grunewald-Abiturienten-Mädchen kamen, hörte man sie förmlich Spucke schlucken, wenn sie mich begrüßt hatten. Wir blieben eisern ernst. Auch hinterher hat Anneliese zu meinem Entsetzen die jungen Damen nie aufgeklärt, und da ich keine von ihnen je wiedersah, bin ich wohl für alle verworfen und ordinär geblieben. Mein Benehmen leicht anrüchig und salopp zu gestalten fiel mir nach ein paar vorher genossenen Schnäpschen nicht schwer. Auch durch eine plötzlich zu Besuch kommende Tante ließen wir uns im Spiel und in der gehobenen Stimmung nicht stören. Frau Straus, die mit am Tisch saß, verriet uns nicht, als diese gute badische Dame in einer Gesprächspause ganz laut auf mich zeigend fragte: »Is dös auch eine Freundin vom Annelies'le?« Da war nun nichts mehr gut zu machen, und unsere innere Heiterkeit wuchs.

In derselben Aufmachung gingen Anneliese und ich dann zum Abendessen zu uns nach Hause, da Strausens ausgingen und Anneliese bei uns eingeladen war. Die Schulklasse hatte sich zu entfernen. Meine Großmutter war entsetzt über mich und schämte sich schrecklich, besonders vor einem entfernten Verwandten (dem sogenannten Tibet-Tafel, weil er Forschungsreisen dorthin gemacht hatte) – gerade der fand mich aber so ›reizend‹! Meine Eltern lachten bloß. Ich muss gestehen, ich fand auch, dass mir diese Maske stand, und ich wäre bereit gewesen, mich in einer Art Doppelleben da hineinzufühlen.

3.6 Freundschaften von Susanne Bonhoeffer

Mein erster Verlobter war *Bubi*, mit dem Taufnamen Wolfgang; ich war damals sechs und er sieben Jahre alt, als wir dieses Bündnis ernst und feierlich schlossen. Wir kannten uns schon ein Jahr lang, ehe es dazu kam. Dann zögerten wir beide aber nicht, unsere Verlobung bekannt zu machen. Die Eltern hatten nichts dagegen. Bubi wohnte schräg gegenüber im Haus seiner Großeltern; sein Vater war Offizier und im Krieg. Er hatte noch zwei erwachsene Schwestern, die älter waren als meine, und einen kleinen zweijährigen Bruder, den ich mit Grießbrei füttern durfte. Grießbrei mit Himbeersaft war im Krieg etwas sehr Schönes; Bubi und ich kratzten die Reste aus. Ein Jahr später starb der Kleine, und ich stand tief betroffen an einem winzigen Grab. Bubi war sehr viel mehr bei uns als ich drüben. Seine Schwestern fand ich nett. Die Verlobung der Ältesten gab ihm wohl den Anstoß, sich nun ebenfalls zu verloben. Förster oder Landwirt sollte mein Mann sein, und er war bereit, diesen Beruf zu ergreifen. Er sollte aber solch ein Förster werden, der nicht auf Tiere schießt, und wenn wir eine Landwirtschaft hätten, würden wir alles mit unseren Kindern ganz allein machen, denn wir wollten keine Knechte haben.

Ein großes Problem tauchte auf: Von welchem Geld sollten wir unseren Kindern Spielsachen kaufen? Spielsachen waren so teuer. Unser Lebensstandard als solcher interessierte uns nicht. Wir begannen, Spielsachen zu hamstern. Eine Kiste auf Wolfgangs Boden wurde heimlich mit Tuschkästen, Büchern und anderen Schätzen gefüllt (möglichst mit neuen Sachen, die wir geschenkt bekamen), um die Jahre zu überdauern und dann unsere Kinder zu erfreuen. Wir lebten ständig in Zukunftsplänen, malten unser Haus auf Papier, richteten die Zimmer ein, bepflanzten den Garten und benannten unsere Töchter und Söhne – natürlich auch wieder mit dem schönen Namen Erich. ›Luftschlösser bauen‹ nannten wir dieses Spiel. Einmal kam die Sorge auf, die Welt könnte untergehen. Wir entwarfen einen mächtigen Luftballon, denn Wolfgang fing an, sich für Technik zu interessieren. In den wollten wir alles verladen, was wir brauchten – inklusive eines Schweines, um es oben in den Lüften angesichts der zerstörten Erde schlachten und verzehren zu können.

Bald nach unserer Verlobung wurden wir beide von anderer Seite aufgeklärt und hatten nun auch wieder neue Gesprächsthemen: über Begattung und Schwangerschaft, deren biologische Tatsachen wir sehr sachlich besprachen und dabei andere verachteten, die da Schweinereien machten. Günther, der Nachbarjunge, wurde bei dieser Gelegenheit mit aufgeklärt und erzählte uns dann Mordsgeschichten aus der eigenen Fantasie. Langsam bekamen wir dann aber doch ein schlechtes Gewissen, so viel darüber zu sprechen. Bubi schlug vor, diese Gespräche bei Strafe von fünf Pfennig nicht mehr anzuregen oder weiterzuführen. Es kam einiges in unsere Kasse. Mit zehn Jahren ließ die Freundschaft etwas nach, da sich Bubi nur noch für technische Spiele interessierte. Sie entflammte dann noch einmal für kurze Zeit in der Kindertanzstunde.

Bubi und *Günther* standen miteinander auf Kriegsfuß. Sie spielten zwar viel zusammen, aber nur bei mir. Keiner sollte das Haus des anderen betreten: Günther war Jude, und Bubi stammte aus einer deutschnationalen Offiziersfamilie. »Man sieht es eurem Dackel an, dass er Jude ist, der hat ja Plattfüße!« Bubi war viel stärker, und ich musste Günther oft gegen ihn verteidigen. Manchmal gingen wir aber auch gemeinsam gegen Günther an, wenn er zu frech wurde und unsere Beziehung zu stören suchte, und er floh auf die Straße. Nach Kurzem kam er dann aber munter durch ein Loch im Gartenzaun wieder zu uns herein. Nachtragend waren wir alle drei nicht. Bubi war klein, hübsch, rundlich und stark; Günther sehr schmal, lang, blass und schwächlich. Bei Wettspielen wie Völkerball wurde er immer als Letzter gewählt. Ich hatte ihn sehr gern, fast lieber als Bubi, obwohl ich doch mit Bubi verlobt war. Aber mit Günther hatte ich mehr Gesprächsstoff über Bücher, die wir uns gegenseitig ausliehen. Mit dreizehn Jahren kam er in ein Internat, da tat er mir sehr leid. Plötzlich begann er, mir zärtliche Briefe zu schreiben. Ich reagierte darauf nicht und hielt es für Stilübungen oder Angeberei vor Klassenkameraden.

Als er ein paar Jahre später (da war er sechzehn und ich fünfzehn Jahre alt) für die Sommerferien heimkam, besuchte er mich ganz feierlich mit langer Hose und Blumenstrauß. Wir saßen uns etwas verlegen gegenüber, und er begann mir zu erzählen, dass seine Pickel nicht vom Nicht-Waschen kämen, sondern ärztlich behandelt würden und sicher bald weg gingen – und dann hielt er um meine Hand an. Im Internat hätten alle eine Freundin, und er hätte mich schon immer geliebt und könnte sich niemand anderen denken, den er je heiraten wolle. Aber bloß so als Freundin, das ginge bei mir natürlich nicht, schon aus Achtung vor meinem Elternhaus. Sein großer Bruder hätte auch eine Christin geheiratet, und seine Schwester Maria wäre mit einem Pfarrerssohn verlobt, und wir wären doch nicht antisemitisch, und bei Sabine und Gert ginge es ja auch! Vielleicht könnte er sich auch später noch taufen lassen ... Ich war vollkommen versteinert. Um ihn einfach auszulachen, tat er mir zu leid – er hatte so verzweifelt traurige Augen.

Wir wären doch noch viel zu jung, sagte ich – beide noch in der Schule. Er meinte, es müsse ja nicht gleich öffentlich sein, und ob ich ihm nicht versprechen könnte zu warten. Ich sagte ihm, ich wartete sowieso noch, bis ich etwas gelernt hätte, liebte allerdings zur Zeit auch einen anderen. Er erbat sich trotzdem wenigstens einen Kuss; da lachte ich ihn dann doch aus. Aber einen Abendspaziergang versprach ich ihm. Dieser war eine ziemliche Strapaze, denn er spielte sehr verliebt und war so verpickelt. Ich benahm mich wie ein Igel, und es gelang ihm nicht einmal, mich unterzuhaken. Ich hielt mich bewusst zwischen den Schmargendorfer Schrebergärten, in denen viel gearbeitet wurde, und kam ungeküsst heim. Am nächsten Tag kam ein Brief von ihm, der mich an sein stetes Wiederauftauchen durch das Loch im Zaun erinnerte. Er tat, als wären wir uns einig. Dieser Brief blieb in meiner Schürzentasche im Badezimmer hängen und kam so in die Hände meiner Großmutter. Sie zitierte mich besorgt in ihr Zimmer. Nur mit Mühe konnte ich sie von der Einseitigkeit dieser Zuneigung überzeugen. Ich stand so sehr darüber, dass es mir nicht einmal peinlich war. An Günther schrieb ich, er möge sich anderweitig versorgen, und das tat er dann auch. Auf diese Art blieb die Freundschaft erhalten.

Wenn ich morgens auf den Halensee-Bahnhof kam, um in meine Schule zu Fräulein Mommsen zu fahren, und wenn ich mittags auf dem Bahnhof Savigny-Platz in den Zug nach Halensee einstieg – immer war der *Junge mit der weißen Mütze* da. Er stand wortlos, etwas versteckt, aber doch sichtbar, mit der Schulmappe unter dem Arm, blässlich und stets mit derselben weißgrauen Strickmütze auf dem Kopf. Fuhr der Zug ein, stieg er in mein Abteil und saß oder stand dann schweigend vor mir. Schließlich begann ich ihm zuzunicken; er nickte traurig lächelnd zurück. Es hat sicherlich ein Jahr lang gedauert, bis wir das erste Wort miteinander sprachen. Von da an war er auf dem Rückweg stets auch dann da, wenn ich einen anderen Schulschluss hatte als er. Ich wusste nicht, wie er hieß, nicht wo er wohnte. Manchmal kam er bis zu unserem Haus mit und trug meine Pakete. Denn ich schleppte immer einen Haufen Zeug mit in die Schule – vor allem für die Biologiestunde (zum Beispiel aus den Sammelschränken der Brüder: eingelegte Schlangen, ausgestopfte Vögel und Nagetiere, Seesterne, Muscheln und Schneckenhäuser). Aber auch für Feste und zum Theaterspielen brachte ich Kostüme aller Art, Laken, Decken, Lampen oder Geschirr und auch Bücher zum Ausleihen. Das half er mir dann heimtragen.

Er war ein restlos ergebener, stiller und getreuer Verehrer. Sabine, die ihn auch kennen lernte, sagte, er sähe nett aus. Immer wirkte er sehr elend und traurig – selbst wenn er sich freute und zu lächeln versuchte. Er lehnte auch Bonbons ab und hatte sein

Schulbrot noch auf dem Rückweg. Bücher borgte er sich gerne von mir und brachte sie bald wieder zurück. Eines Tages war er verschwunden. Als ich ihn eine Weile nicht sah, dachte ich, er würde vielleicht in eine andere Schule gekommen sein. Schließlich fragte ich einen Jungen auf dem Bahnhof, der manchmal mit ihm zusammengestanden hatte. Da ich nicht wusste, wie er hieß, fragte ich nach dem Jungen mit der weißen Mütze und bekam die Antwort, der wäre sehr krank. Namen und Adresse konnte er mir aber sagen. Ich wartete noch ein paar Tage und machte mich dann an einem Nachmittag (unter dem Vorwand, er hätte noch ein Buch von mir) zu ihm auf den Weg. Das Buch hätte ich gut entbehren können. Seine Straße lag dicht hinter dem Bahnhof Halensee an der Ringbahn. Sie war sehr ungepflegt – mit Holperpflaster, die Häuser grau und verblichen. Von dem Gebäude, in dem er wohnte, bröckelte der Putz ab – ein ärmliches Mietshaus. Es riecht nach Kohl und Zwiebeln. Mietshaustreppen sind eine fremde Welt für mich. Da steht der Name. Eine kränkliche, blasse Frau macht mir die Tür auf. Ich stottere etwas von dem Buch. Dann stehe ich vor seinem Bett. Er schaut mich todtraurig an, blickt im Zimmer umher und schämt sich, dass alles so eng und wüst bei ihm ist und das Bett so schlimm aussieht. Die Mutter freut sich sehr, dass ich da bin. Er wehrt ab, will mich deutlich raushaben und flüstert leise zu mir: »Komm nicht wieder.« Draußen sagt die Mutter unter Tränen: »Lunge«. Ich habe ihn nie wieder gesehen.

Dass zwei Mädchen so befreundet sein können, dass sie mit denselben Kleidern gehen wollen, dass sie dasselbe Frühstücksbrot dabei haben und zusammen aufs Klo gehen, erstaunte mich zum ersten Mal bei meinem Abstecher auf die Studienanstalt, wo es zwei solche Paare gab. Wir andern fanden das albern. Natürlich waren wir eng befreundet – Anneliese und ich, Bärbel und ich, Ruth und Bärbel; aber wir waren keineswegs unzertrennlich. Wir waren ›in Kreisen befreundet‹. Jeder hatte seinen Freundeskreis, der wieder in den anderen eingriff. Die Stärke der Beziehungen innerhalb dieser Kreise wechselte. Vielleicht war ich nur darum nicht eifersüchtig auf eine meiner Freundinnen, weil ich für alle irgendwie der Mittelpunkt ihres Kreises zu sein glaubte. Ich freute mich immer, wenn sich durch mich welche kennen lernten, die einander mochten, und die mich dann auch mal ausließen in ihrem Beisammensein. Ich hielt es für eine vollendete Bestätigung meines guten Geschmacks, wenn sich die, die ich gern hatte, auch untereinander verstanden. Außerdem hatte ich immer ein gewisses Gefühl der Entlastung von einer Verantwortung, wenn sich meine Freunde untereinander fanden und ohne mich auskamen. Vielleicht ein bisschen so, wie sich eine Mutter freut, wenn ihr Kind nette Gesellschaft findet. Dabei wusste ich genau, dass ich nicht frei von Eifersucht war. Das merkte ich bei meiner Schwärmerei für Grete und litt erheblich daran.

Anneliese Schnurmann hielt Eifersucht einfach für ungebildet. Auch mit *Bärbel Damaschke* hatte ich da gar keine Schwierigkeiten (außer in der Zeit, wo ich mit ihr und Ruth zusammen in Friedrichsbrunn war und es etwas komplizierter wurde). Bärbel und Anneliese verstanden sich immer gut, jedenfalls habe ich das nie anders empfunden.

Bald nachdem wir uns kennen gelernt hatten, bekam ich eine Einladung von Bärbel, sie übers Wochenende in ihrem Sommerhaus in Werder zu besuchen. Sie erzählte, sie hätten dort ein Haus aus Pappe, das man zusammenklappen könne und wieder woanders aufstellen – nicht zum Spielen, sondern zum richtig darin Wohnen, mit mehreren Schlafzimmern, Küche und Terrasse. Das war etwas Besonderes, was mich lockte. Zu Hause wurde mir nicht geglaubt (wie immer, wenn ich etwas Erstaunliches erzählte). So auch, dass Vater Damaschke in Werder auf einem Wassergrundstück ein solches Haus hätte. Aber ich durfte am Sonnabend nach der Schule mit Bärbel mitfahren und brauchte erst Montag früh wieder mit ihr zurückzukommen. Sie fuhr im Sommer jeden Tag vom Mittelweg in Werder zu unserer Grunewald-Schule und musste deshalb morgens um sechs Uhr aufstehen. Im Winter wohnte die Familie in der Lessingstraße im Hansaviertel. Deshalb lag ihre Schule beinahe in der Mitte zwischen Werder und Berlin. In der Lessingstraße befand sich auch das Büro für Bodenreform. Als wir das erste Mal in der Mittagshitze schulmüde die Viertelstunde vom Bahnhof Werder bis zu Bärbel gepilgert waren, waren die Eltern Damaschke nicht in Sicht. Der Vater befand sich hinter einer dünnen Bambuswand im Sonnenbad, und die Mutter war einkaufen gegangen. Ein altes Mädchen erquickte uns mit Rhabarber-Kaltschale – und dann zogen wir uns sofort die Badeanzüge an und liefen durch den langen schmalen Garten zwischen Beerensträuchern und Erdbeerpflanzen ans Wasser zum Baden. Erst im Boot fiel mir ein, dass ich gar nicht gemerkt hatte, dass wir in einem Papphaus gewesen sind. Ich hatte mir eine ganz andere Vorstellung davon gemacht und dachte, man müsse überall die Scharniere sehen, wie in einem Puppenhaus. Doch mir war nichts aufgefallen. Abends zeigte und erklärte mir dann Vater Damaschke, wie das Haus zusammengesetzt sei, und dass es der Handwerker bedürfe, um es von der Stelle zu schaffen. Es stand nun schon lange so da, und es gab weder Absicht noch Grund, es zu verrücken. Jedenfalls hatte es alles, was man brauchte; nur das WC war ein Stückchen außerhalb – aber es funktionierte.

Beeren gab es in so unsagbaren Mengen, dass wir beliebig davon essen durften, und auch die Kirschbäume waren frei zugänglich. Außerdem war eine Frau ganztägig mit Gartenbau beschäftigt, wozu auch das Ernten und Einmachen gehörte. Das Schönste jedoch war das große breite Boot, das mit einem Segel angetrieben werden konnte (aber nur, wenn Vater Damaschke mitfuhr). Frau Damaschke war die lebhafteste Frau, die ich je kennen gelernt habe, und in der Lage, eine ganz ungewöhnliche Bewegung um sich zu verbreiten. Sie hatte auch dauernd irgendwelche Gäste, denn ihr Mann ließ sich, wenn er den Sonntag über draußen war, allen gutgemeinten, halboffiziellen Besuch von ihr abnehmen und verschwand in seinem Sonnenbad.

Ich war oft in Werder und habe diese Gastfreundschaft genutzt und genossen. Manchmal kam auch Dietrich mit. Dann segelte Vater Damaschke mit uns. Dietrich musste die Gitarre mit auf das Boot nehmen, und wir sangen. Die alten Lieder aus den Bauernkriegen hörte Bärbels Vater besonders gern. Ich sehe noch die Tränen in den Augen des bärtigen Kämpfers, als Dietrich sang: »Geschlagen ziehen wir nach Haus ... unsre Enkel fechtens besser aus!«[172] Er konnte sehr hübsch und einfach aus seiner Kinderzeit berichten. Als Sohn eines Tischlers war er mitten in Berlin aufgewachsen. Er war überhaupt ganz uneitel, selbstverständlich menschlich und warmherzig. Ich hing sehr an ihm, und es schmeichelte mir, dass dieser

---

172 Die letzte Zeile aus dem Lied ›Wir sind des Geyers schwarzer Haufen‹, welches die Taten Florian Geyers (1490–1525) verherrlicht, Anführer des Bauernaufstandes während der Reformationszeit. Dieses Lied entstand nach dem Ersten Weltkrieg und wurde in den Kreisen der Bündischen Jugend als politisches Kampflied mit antiklerikaler Tendenz gesungen.

berühmte Mann[173] sich Zeit für mich nahm und mir auf Nachfrage hin etwas von seinen Bestrebungen und Plänen erklärte.

Vom ›Äppelkahn‹ aus, wie er sein Boot nannte, konnte man herrlich schwimmen; man konnte aber auch gemütlich darin faulenzen, denn es war breit und kindersicher gebaut. Abends kamen einmal die Werder'schen Pfarrerskinder mit ihrem Boot dazu, und wir sangen, machten Lampions an und belebten die nächtliche Havel.

Die Gastlichkeit bei Damaschkes war freibleibend und angenehm schlicht. Auch wer nicht angemeldet war, wurde willkommen geheißen und nahm mit dem Vorhandenen vorlieb – und sei es das Obst aus dem Garten. Es konnte dem Vater allerdings auch manchmal zu viel werden, und es wurde von ihm behauptet, er hätte einen nicht weichen wollenden Gast einmal gefragt: »Wann geht Ihr lieber Zug?« Als ich mit Walter zum ersten Mal nach Werder kam, war der ganz entsetzt über mich, weil ich acht Tassen Kaffee getrunken hätte. Aber nach dem langen Marsch über den Wildpark und die staubigen Sandwege nach Caputh, von wo aus wir übersetzten, verzischte eine Tasse nach der anderen bei mir wie ein Tropfen auf dem heißen Stein. Kaffee in Mengen und Berge von Obstkuchen waren zu jeder Vesperzeit für einfallende Gäste vorhanden.

Bärbel war ebenso eine Wasserratte wie ich. Unter zwei Stunden schwimmen lohnte erst gar nicht. Natürlich schwammen wir nicht brav und sportlich Strecken ab, sondern tummelten uns mit Ball oder anderer Unterhaltung in der dort sehr breiten Havel. Irgendein dummer Witz von mir veranlasste Bärbel zu einem Lachkrampf. Sie hatte das manchmal. Sie konnte nicht aufhören zu lachen, verlor die Puste und sackte ab. Erst begriff ich nicht, was los war, und schrie sie an, sie solle aufhören – doch dann blieb mir nichts anderes übrig, als sie auf den Rücken zu laden, denn sonst wäre sie womöglich glucksend und prustend ertrunken. Nur die Angst in ihren Augen machte mir deutlich, dass sie keinen Unsinn machte. Es war gut, dass sie sich wenigstens selbst festhalten konnte, aber noch auf meinem Rücken schüttelte sich ihr ganzer Körper vor Lachen. Sie war ja klein und leicht; aber es war doch eine Mordsanstrengung, sie die weite Strecke

---

173 Adolf Damaschke (1865–1935) war Pädagoge, Publizist und einer der Wortführer für die Bodenreform in Deutschland.

heimzuschleppen und dabei zu verhindern, dass sie mir lachend die Gurgel abwürgte. Von da an nahmen wir immer das Boot mit.

Grete war sieben Jahre älter als ich und siebzehn Jahre alt, als ich sie kennen lernte und anzuschwärmen begann. Sie war bei uns sehr schüchtern und sagte kein einziges Wort. Aber sie sah so ungewöhnlich anmutig und reizend aus, dass sogar mein Vater Freude an ihr hatte. Sie hatte ihre goldblonden Zöpfe, die rötlich schimmerten, im Nacken aufgesteckt mit Kringeln über den Ohren – so wie Sabine und ich sie auch trugen. Bald gehörte sie zu den Begehrtesten des ganzen Kreises. Sie ging in die Kunstschule und lernte töpfern. In der Mansarde über ihrer Wohnung am Hohenzollern-Damm hatte sie ein Atelier mit Drehbank. Denn sie töpferte nicht bloß, sondern versuchte sich auch an Plastiken. Auch schneiderte sie dort mit Vorliebe Kleider nach ihrem eigenen Stil, so wie Sabine sie auch trug: freie Schultern, hohe Taille, weiter Rock. Sie zog sich etwas auffallend, aber sehr geschickt an. Die Berliner Art, sich zu kleiden, hielt sie für plump und spießig; sie schwärmte für Budapester Eleganz und Wiener Mode. Ihre Mutter war Österreicherin, der Vater Ungar (ein Dirigent und Komponist, der in Budapest lebte).[174] Ihre Eltern waren geschieden. Grete führte der Mutter den Haushalt, weil der das wenig lag. Sie war eine vorzügliche Pianistin; wenn ich kam, saß sie auf dem Sofa und rauchte, hatte oft Besuch und war sehr liebenswürdig. Gretes Schüchternheit legte sich nur langsam mit ihrem Selbstständig-Werden.

Ich schwärmte für Grete, bis ich mich ernstlich in Walter verliebte. Erst da löste sich diese merkwürdige Bindung, die mein Aufwachsen so sehr mit Schmerz und Wonne füllte. Immer wieder glaubte ich, meine Schwärmerei los geworden zu sein, immer wieder schrieb ich in mein Tagebuch: Endlich ist Grete mir egal! Immer wieder hoffte ich, jetzt verbände uns eine gleichmütige Freundschaft und nun hätte ich Ruhe vor meinen schwankenden Stimmungen. Und doch hielt mich Eros mit all seiner Beweglichkeit an ihr fest und ließ mich erst los, um mich anderweitig zu binden. In diesen langen Jahren wandelte sich meine Beziehung zu ihr natürlich. Aber

---

[174] Ernst von Dohnanyi (1877–1960) war ein ungarischer Pianist und Komponist. Seit 1908 lehrte er als Professor an der Berliner Hochschule für Musik. Zu Beginn des Ersten Weltkriegs kehrte er nach Ungarn zurück; nach dem Zweiten Weltkrieg emigrierte er in die USA.

die völlige Hingegebenheit blieb die gleiche. Als kleines Mädchen fand sie mich wohl niedlich in meiner Zuneigung; sie ertrug es, hielt mich aber auch von sich fern. Zwei Jahre lang versuchte ich nun, mich ihr bemerkbar zu machen. Dabei quälte ich mich mit meinen immer stärker werdenden Gefühlen und war traurig, dass ich noch so jung war, dass man mich für ein Kind halten musste. Sicher litten dadurch auch mein Eifer für die Schule und mein Interesse an anderen Beziehungen.

Wenn Grete im Haus ist, kann ich nicht mehr arbeiten. Ich versuche krampfhaft, mir etwas vorzunehmen, und lausche doch nur zum Zimmer der Schwestern, ob sie lachen und miteinander albern oder sich ernsthaft unterhalten. Am liebsten würde ich mich an die Tür stellen, aber das wäre unanständig, und so zwinge ich mich, wenn ich schon nicht stillsitzen kann, wenigstens nur in meinem Zimmer auf und ab zu gehen. Ob sie mich vielleicht zu sich hereinrufen? Ich bemühe mich, mir irgendetwas Neues einfallen zu lassen, was ich dringend Sabine oder Christel sagen müsste. Aber ich bin schon so oft aus irgendeinem sehr unbedeutenden Grund hineingegangen, um Grete doch wenigstens zu sehen, um sie begrüßen zu können und mich ihr zu zeigen, dass es schon wirklich etwas ganz Besonderes sein müsste. Ich fürchte mich vor dem Grinsen der Schwestern, wenn ich die Tür aufmache; ich fürchte mich vor ihrem Gelächter, kaum dass ich sie wieder zumache.

Ich habe mir ganz fest vorgenommen, nicht wieder hineinzugehen, mich gar nicht um Grete zu kümmern, wenn sie da ist. Ich versuche zu lesen – aber ich merke, dass ich gar nicht wahrnehme, was da steht. Ich denke nur an ihre Nähe und dass ich ein Idiot bin. Warum gehe ich nicht einfach hinein, warum gehe ich nicht einfach spazieren? Die wollen mich doch nicht dabeihaben! So, jetzt spielen sie auch noch Gitarre und singen zusammen. Ob das eine Gemeinheit gegen mich ist? ›Du hast mein Herz gefangen ...‹.[175] Ja, zum Kotzen, das hast du! O, ich hasse euch alle, weil mich auch keiner liebt. Ich bin ja total verrückt. Und nun zähle ich mir auf, wer mich alles lieb hat, um mich zu trösten. Jetzt singen sie: ›Wenn alle nach mir sehen, bloß du nicht allein ...‹[176] – auch das noch! Also bitte:

---

175 Die erste Zeile eines Liebeslieds von Hermann Löns.

176 Ebenfalls ein Liebeslied von Hermann Löns: »Wenn alle nach mir sehen,/ bloß du nicht allein,/ so lache ich nach allen hin,/ wenn nicht, denn nicht,/ wenn nicht, denn nicht,/ dann lässt und lässt du's sein.«

wenn nicht, denn nicht! Jetzt gehe ich doch spazieren, oder runter zu Dietrich. Mit dem kann man wenigstens so vernünftig reden, dass man Grete dabei vergessen kann. Aber auf dem Korridor bleibe ich stehen, denn ich höre Dietrichs Stimme mit bei den Mädels im Zimmer. Der hat Grete eben auch gern. Alle haben sie gern. Besonders Karl-Friedrich. Hoffentlich wird das was. Ich sehe die beiden so schrecklich gerne zusammen. Auf ihn bin ich nie eifersüchtig – das ist etwas ganz anderes als bei den Schwestern …

Ich weiß, ich bin viel zu jung, um ihre Freundin zu sein; ich weiß, ich schwärme sie nur an, und sie kann gar nichts von mir haben – nur ich von ihr, und das ist ja keine Freundschaft. Aber dabeisein lassen könnten sie mich doch manchmal, wenn sie gemerkt haben, wie glücklich ich dann bin. Ich rede ja sowieso nicht mit. Ich will sie bloß ansehen. Und dann stelle ich mich in die Tür meines Zimmers (nicht als ob ich rauskomme, sondern als ob ich gerade rein will) und nehme noch einen Atlas unter den Arm, weil das so deutlich nach Arbeit aussieht, und stehe dort lange, lange; bis jemand mich sieht.

Langsam wuchs mit den Jahren dann doch mein Mut, und ich machte Grete kleine Geschenke, brachte sie mit dem Rad heim, sprach zu ihr von meiner ungeheuren Zuneigung. Damals war ich wohl schon zwölf oder dreizehn Jahre alt. Manchmal fragte ich sie um Rat, wie ich sie wohl los werden könne – und hatte damit natürlich nur die Absicht, sie zu binden. Meine Liebe war ganz ohne Anspruch auf Zärtlichkeit. Ob sie ganz ohne Sehnsucht danach war, möchte ich bezweifeln. Aber das wurde mir jedenfalls nie bewusst. Es genügte mir, neben ihr zu gehen, neben ihr zu radeln, neben ihr zu sitzen. Wenn sie einmal mit mir tanzte, um es mir beizubringen, war ich berauscht; wenn ihr kleiner, lustiger Wunderhund ›Nero‹ an mir hochsprang und von mir gestreichelt sein wollte, war ich sehr glücklich. An Nero übte sie ihre pädagogischen und suggestiven Fähigkeiten, und dieser pudelartige Hund konnte alles, was ein Hund nur können kann, und gehorchte aufs Wort.

Wir sangen miteinander Volkslieder; sie hatte eine sehr reine, klare Stimme und ein tadelloses Gedächtnis für alle Verse. Wir spielten zusammen Gitarre, wenn sie gerade keine besseren Partner fand. Ich hatte immer Zeit für sie – und wenn ich die Schule schwänzen und noch so sehr lügen musste. Der Höhepunkt unserer Beziehung lag aber in den ›Aussprachen‹. Nicht jedes Gespräch war Aussprache. Es konnten Wochen vergehen, wo ich all unsere

Gespräche als Geplätscher, all unser Beisammensein als vorläufig empfand. Dann wollte ich mehr und Tieferes besprechen. Ich wollte, sie solle begreifen, wie ich wirklich wäre, wie ich sie liebte, wie unglücklich ich in dieser Welt und in meiner Familie sei, wie unverstanden, wie allein, wie bemitleidenswert und wie wertvoll überhaupt. Ich wollte ihr zeigen, ihr sagen, sie überzeugen, dass ich nicht nur einfach ein schwärmender Backfisch war, sondern dass viel mehr in mir steckte; dass ich bloß von der blöden Form der Schwärmerei nicht loskäme. Ich sei eben leider so jung – aber ich hätte viel tiefere Ebenen in mir, auf denen ich sie bäte, mir zu begegnen. Dass diese tieferen Schichten mich oft verzweifeln ließen und zu Selbstmordgedanken trieben und dass ich glaubte, noch einmal verrückt zu werden, richtig geisteskrank, und dass diese Schichten mir aber gleichzeitig Wonnegefühle vermittelten, mich fromm und dankbar machten, sodass ich aus mir herausträte in eine übersinnliche Sphäre göttlicher Gemeinschaft, doch zuvor erst ganz in mich hereintreten müsse … und so weiter. Wenn das aus mir herausbrach, was ich sonst niemandem sagte, krampfhaft und unter Schluchzen, aber doch mit dem Wunsch, damit Eindruck zu machen und zu zeigen, dass ich nicht dumm wäre, dann fühlte ich den Höhepunkt meiner Liebe – und Grete war verstört. So verstört, dass sie beim ersten Mal erklärte, sie müsse dringend mit meiner Mutter über mich sprechen. Das tat sie auch, und ich erwartete nun von meiner Mutter, behutsam und liebevoll bewundert und zurechtgewiesen zu werden. Doch es erfolgte gar nichts. Sie hatte nur zu Grete gesagt (die mir das auf meine Frage peinlich berührt berichtete): »Die Suse hat einen gesunden Kodder, die koddert sich wieder zurecht.«

Hans und Christel waren inzwischen verlobt. Karl-Friedrich hielt sich noch immer zurück, obwohl er eindeutig in Grete verliebt war und beide allgemein als zusammengehörig betrachtet wurden. Gretes Beziehung zu Christel war schwächer geworden; sie kam nun oft zu Sabine, zu der sie von ihren Interessen her auch viel besser passte, weil sie beide auf die Kunstschule gingen. Natürlich war Grete bei allen Festen und Unternehmungen dabei. Nun ging ich auch mit Selbstverständlichkeit zu Sabine ins Zimmer, wenn Grete da war; sie kam auch zu mir, und wir verabredeten Spaziergänge und Atelier-Besuche. Das waren herrliche Stunden für mich, wenn ich da oben bei ihr sein konnte – sie saß an der Töpferscheibe, und ich sah die Vasen und Schalen unter ihren geschickten, festen Händen wachsen, sich weiten und verengen, aufstreben und sich neigen. Ich hatte ein Stück Ton vor mir und knetete kleine, weibliche Figuren und zerdrückte sie wieder, oder ich stopfte Grete die Strümpfe. Dabei konnten wir zusammen schweigen oder auch über Gott und die Welt und die Familie Bonhoeffer reden – und unsere Aussteuern machen. Sie war sehr kritisch und ungläubig. Vom Christentum hielt sie gar nichts; aber auch sonst hatte sie eine große Gabe, alles, was mir irgendwie gefiel, schlecht und brüchig zu machen. Ich merkte schließlich, dass volle Anerkennung von ihr nur dann möglich war, wenn sie einen Gedanken zuerst ausgesprochen hatte und ich ihm nur zustimmte. Mich störte das in meiner Zuneigung nicht, aber ich kämpfte für meine Ideale und glaubte ihr auch nicht alles, fand sogar ein gewisses Vergnügen daran, anderer Meinung als sie zu sein. Oft wirkten aber ihre Gedanken bei mir noch nach.

So sehr meine große Liebe auch meine Entwicklungsjahre beherrschte, ich machte doch häufig Seitensprünge. Keineswegs war ich monogam. Jedes anmutige *junge Mädchen* konnte mein Herz entflammen, und jedes Mal hoffte ich dann, von der Last meiner großen Liebe zu Grete befreit zu werden durch eine kleine Schwärmerei. Jedes Mädchen, das meine Brüder mit besonderer Aufmerksamkeit behandelten, jede neu auftauchende Freundin meiner Schwestern war meiner gesteigerten Zuneigung gewiss. Ich merkte an der Freude, die ich beim Anschauen, an der Unruhe, die ich beim Begegnen mit der ›Neuen‹ hatte, dass ich mal wieder schwärmte. Ich suchte Nähe und Aufmerksamkeit zu erlangen. Oft dauerte solche Beschwingung nicht länger als einen Abend – es genügte eine Pause im Theater beim Gespräch im Foyer, es genügte eine Einladung. Mein Herz jubelte dann über die Möglichkeit so viel weiblicher Anmut, so viel umwerbungswürdiger Lebendigkeit. Meine Angeschwärmten waren keineswegs immer schön, aber sie waren charmant und etwas anders als die übrigen Mädchen. Kokette konnte ich gar nicht leiden, eher ein bisschen verschrobene. Weite Röcke, blonde Haare, lustiges Lachen – und dabei immer eine Verhaltenheit, eine kleine Barriere, über die keiner hinwegkam, eine seelische Jungfräulichkeit, das nahm mein Herz gefangen. Es war nicht so, dass ich gerne gewesen wäre wie meine Angeschwärmten. Ich wusste, dass ich völlig anders war, dass ich ihnen nie ähneln würde. Aber es machte mir Spaß, mich diesem fremden Reiz auszusetzen. Ich wusste, die Musen würden nun nicht lange auf sich warten lassen. Manche waren brave Professoren-Töchter, die bei Tanzereien auftauchten (sie mussten natürlich ein wenig älter sein als ich); aber auch Mädchen aus den oberen Schulklassen, die beim Musikunterricht auf dem Klavier spielen oder dirigieren durften, kamen in meine ›Sammlung‹.

Dass Jungens oder *junge Männer* in meinen Entwicklungsjahren gar keine Rolle gespielt hätten, kann ich nicht behaupten. Dazu kamen zu viele Leute bei uns ins Haus. Aber ich war sicher schon fünfzehn Jahre alt, als ich mich zum ersten Mal mit ähnlichen Regungen zu einem jungen Mann hingezogen fühlte wie zu einem Mädchen. Ein bisschen anders war es doch, denn ich legte Wert darauf, dass die Zuneigung gegenseitig war; sie entstand wahrscheinlich überhaupt nicht bei mir, sondern war nur Spiegelung. Da war zuerst ein junger Student in braunem Cordsamt, der sehr hübsch Flöte spielte (wenn ich meine Vorliebe für den Student aus Tübingen mit den weißen Leinenhosen nicht mitzähle). Der Flötenspieler war ein Professorensohn aus Breslau; sehr bescheiden, fast ängstlich, jedenfalls vor den großen Schwestern – und darum um mich bemüht.

Er verschwand nach einem Semester wieder, und ein anderer Professorensohn aus Breslau tauchte auf. Da war es bei mir schon ernster. Er war Medizin-Student, Jude, mit schönen, dunklen, traurigen Augen; ein schlecht behandelter Weltverbesserer. Er passte wohl auch nicht in seine Familie, die sehr lebenstüchtig war. So wurde erzählt, dass dort auf Verabredung jeder der vier Brüder dem anderen zu Weihnachten 25 Mark schenkte, und dass sein Vater beim fünfzigsten Geburtstag seiner Frau gesagt hätte: »Zwei mit fünfundzwanzig wären mir lieber!« Der junge Mediziner litt unter aller Ungerechtigkeit, Lieblosigkeit, Sittenlosigkeit und Süchtigkeit der Schwachen. Er rauchte nicht, trank keinen Alkohol und tanzte nicht. So saßen wir zusammen auf einem kleinen Sofa und diskutierten über die Negerfrage, die Judenfrage, das Arztgeheimnis, über Freitod und Christentum. Er war getauft und wollte bewusst christlich leben. Unsere Gespräche passten gar nicht in den fröhlichen, gastlichen Rahmen jugendlicher Geselligkeit. Ich wurde von den Geschwistern wegen meiner Wandlung verspottet – besonders als ich mich weigerte, Bowle oder sonst einen Tropfen Alkohol zu mir zu nehmen (was ich bisher nie verschmäht hatte). Unsere Freundschaft wurde von den Eltern etwas sorgenvoll betrachtet; aber das Semester in Berlin war für ihn zu Ende, ehe es zu weiteren Annäherungen kam. Meine Abstinenz behielt ich noch bei, bis ich Walter kennen lernte.

Herr von Kords war der dritte, der sich in mich verliebte und auf Gegenliebe stieß. Er war ein Vetter von Rüdiger und hieß keineswegs ›von Kords‹, sondern verkaufte Stoffe in einem großen Geschäft. Er war in einer kaufmännischen Lehre und hatte es schön gefunden, die Filiale in Stuttgart für eine Weile mit derjenigen in Berlin zu vertauschen. Er kam meist sonntags zum Mittagessen zu uns ins Haus – ein schöner, gut angezogener junger Mann, mit dem man sich sehen lassen konnte und dessen Zuneigung mich doch mehr amüsierte als beschwingte. Da war Rüdigers Bruder Jörg, Architekt und Schauspieler im Wechsel, schon interessanter, und sein Charme hatte es mir schon bei Ursels Hochzeit angetan. Aber er lebte ja in Stuttgart, so sah man sich eben zu selten.

»Mein Bruder wird dir gefallen«, sagte Erika Lange zu mir, als sie mich zum ersten Mal zu sich nach Hause einlud. Und so war es auch: groß, schlank, dunkelhaarig, gelockt, mit Hornbrille, lässigen eleganten Bewegungen und einem südwestdeutschen Tonfall in der Stimme wirkte er wie ein junger Künstler aus einem Kurfürstendamm-Café. Aber er war Banklehrling. Nicht gerne. Zweimal war *Hans Lange* durch seinen unbedingten Freiheitswillen am Joch der Schule gescheitert; auch im Internat (in das er gesteckt worden war, weil es zu Hause mit den drei älteren Schwestern nicht gut ging) fand er keine Freude am Schulischen. So war er mit unzureichendem Bildungsabschluss zur Bank gegangen, um wenigstens Geld verdienen zu können. Sein Vater war früher Offizier gewesen, aber bald Sozialist geworden und nun nach dem Krieg Polizist, weil dabei in der Weimarer Republik die Parteizugehörigkeit keine Schwierigkeit bereitete. Hans war ebenfalls begeisterter Sozialist und ›Anti-Christ‹.

Gleich beim ersten Beisammensein spielten wir mit unseren scharfen, flaxigen Gesprächen seine Schwestern an die Wand. Es waren auch nur zwei von ihnen da, Erika und ihre Zwillingsschwester Illi, die ihren Spaß an uns hatten. Von da an fanden wir fast täglich Gelegenheit, uns irgendwo zu treffen oder auch bei Besuchen zu sehen. Erika machte mit Vergnügen den Kuppler. Zu uns nach

Hause traute er sich kaum. Hans war nicht nur freiheitshungrig und saß nun in einem so stupiden, streng geregelten Beruf; er war in einem Ausmaß schönheitshungrig, wie ich es noch selten bei einem Mann erlebt hatte. Er wollte Geld haben, um sich mit Schönheit umgeben zu können – was ihm aber als kleinem Banklehrling nicht recht gelingen wollte. Er litt mit Anstand und glaubte, sein Leben durch einen falschen Start verdorben zu haben. Während seiner letzten Schuljahre hatte er in Schwerin im Museum gearbeitet, und seine Hoffnung war es, nach seiner Banklehre irgendwie in den Kunsthandel zu kommen.

Da las ich in einer Zeitung unter den Anzeigen (ich weiß wirklich nicht, wie ich zu dieser mir ganz fremden Tätigkeit kam), dass ein Kunsthändler namens Graupe einen Volontär suche, fünfzehn Mark Monatslohn. Ich rief Hans an; er fuhr sofort hin und bekam den ertragreichen Posten. Nach zwei Monaten bekam er bereits hundert Mark, und sein Gehalt stieg aufgrund seiner Tüchtigkeit weiter. So legte ich den Grundstein für seinen späteren Reichtum. Aber noch war er ein meist bargeldloser, munterer junger Mann, obwohl er wegen seiner mangelnden Schulbildung oft an Minderwertigkeits-Komplexen litt. So war er sehr betroffen, als er auf einem Fest bei uns aus dem Grabbelsack einen kleinen Frosch fischte mit dem Vers von Wilhelm Busch: »Wenn einer, der mit Mühe kaum/ gekrochen ist auf einen Baum,/ schon glaubt, dass er ein Vogel wär,/ so irrt sich der!«[177] Busch hat dazu einen vom Baum fallenden Frosch gezeichnet. Hans wollte unbedingt von mir wissen, wie wir das machten, dass jeder bei diesem Spiel das für ihn Passende bekäme – und ich erkannte dadurch erst, wie unsicher er sich in unserem Kreis fühlte. Damals arbeitete er noch nicht im Kunsthandel.

Wir beide waren uns einig, dass wir nicht ineinander verliebt wären und nie im Leben heiraten würden. Ich lernte ja auch fast gleichzeitig Walter kennen und lieben. Trotzdem wurde meinen Eltern der Umgang mit Hans in dem Sommer nach der gemeinsamen Tanzstunde doch zu viel, sodass sie mir verboten, mich mit ihm zu verabreden oder zu ihm zu gehen. Sie verboten ihm zwar nicht das Haus (er hatte sich mit Klaus angefreundet) und wollten wohl auch keinen Ärger mit seinen Eltern; sie konnten ihm ja auch

---

[177] Die letzte Zeile von Wilhelm Buschs Gedicht ›Fink und Frosch‹ (aus dem Nachlass, veröffentlicht 1909 in dem Gedichtband ›Hernach‹).

nichts vorwerfen – aber sie sprachen sehr ernst und eindrücklich mit mir, dass man dort keine Hoffnungen machen solle, wo man es nicht ernst meine und so weiter. Das Erste war natürlich, dass ich zu Hans lief und ihm alles erzählte und wir uns über die wohlmeinende ältere Generation amüsierten. Dazu legte er alte Caruso-Platten auf und zeigte mir kleine, hübsche Altertümer, die er von der Arbeit mit nach Hause genommen hatte, um daran zu arbeiten (damals war er bereits im Kunsthandel tätig). Und dann tanzten wir, alberten – und wurden wieder sehr ernst bei politischen Gesprächen; alles ganz ohne jeden Versuch der Zärtlichkeit.

Langes waren inzwischen ganz in unsere Nähe gezogen; ich brauchte bloß zur Zeit seines Dienstschlusses an den Bismarck-Platz zu gehen, um ihn dort sicher zu treffen. Außerdem hatten sie dicht bei uns einen Schrebergarten, den wir oft aufsuchten. Wir waren wirklich viel miteinander allein, und ich glaube, es lag nicht nur an meiner Sprödigkeit, sondern mehr an seiner Achtung vor meiner guten Kinderstube und an seinen Hemmungen, dass es immer so geschwisterlich unter uns blieb. Natürlich trieb uns das Verbot des Umgangs noch mehr zusammen. Jetzt war es erst recht reizvoll, miteinander allein zu sein. Ich schimpfte mächtig auf meine Eltern, doch Hans blieb immer respektvoll und lächelte nur.

Als ich mich mit Walter verlobte, war er der Erste, dem ich das mitteilte. Mir war nicht ganz wohl dabei, als ich bei Langes klingelte. Zufällig war er wirklich ganz alleine zuhaus. »Ich habe mir nie mehr erhofft, als auf deiner Hochzeit tanzen zu dürfen«, sagte er. Er war auch nicht ganz unvorbereitet, denn ich hatte aus meiner Zuneigung zu Walter kein Hehl gemacht. Die beiden mochten sich nicht, aber ich dachte, das würde sich legen. Oft hatten mich die Geschwister mit meiner Doppelliebe geneckt, und ich wusste manchmal wirklich nicht, wie ich dran war. Es waren zwei Möglichkeiten meines Lebens, die sich da eröffneten, und ich wählte die bürgerliche. Trotzdem hielt meine Freundschaft mit Hans auch während der zweijährigen Verlobungszeit ungestört und mit gutem Gewissen an. Ich fand es lustig, einen Verlobten und einen guten Freund zu haben. Und Hans tanzte tatsächlich auf meiner Hochzeit und schenkte mir eine wunderbare Orchidee ... die erste meines Lebens!

Noch ein anderer Freund lief mit in die Verlobungszeit hinein: *Otto Küster*. Herr Schnapper und Herr Authenrieth (zwei waschechte

Schwaben, die in Berlin studierten, der Verbindung ›Igel‹ angehörten und darum bei uns zu einer Tanzerei eingeladen waren) überfielen mich mit dem Ansinnen, ich solle doch bei einem modernen Stück mitmachen, das sie im Hause eines Professors lesen wollten. Ich hätte genau die Stimme, die sie sich für die Hauptheldin dachten – und Otto Küster würde glücklich sein, wenn ich käme. Ich wollte wissen, wer Otto Küster war. Es war der Held der Berliner studierenden Schwaben, aber kein ›Igel‹ und darum bei uns nicht bekannt. Er war der klügste, energischste, künstlerisch begabteste, anbetungswürdigste Jüngling, den das Schwabenland je hervorgebracht hat, und der bestimmt noch Großes leisten würde. Nach Ansicht von Schnapper und Authenrieth. Ich sagte zu; der Abend sollte in einer Woche stattfinden, in einem Haus in der Bismarck-Allee. Ich kannte das Haus und die etwas ältliche, von der Natur vernachlässigte und sich aufs Geistige umstellende Tochter, die das Ganze veranstaltete. Otto Küster würde im Lauf der Woche kommen und mir das Rollenbuch bringen.

Er kam auch und gab eine Besuchskarte ab und wünschte mich zu sprechen. Das war unüblich. Ein junger Mann hatte zwei Karten abzugeben, eine für die Hausfrau, eine für den Hausherren. Töchtern machte man keinen Besuch, sie waren für Fremde nur auf dem Umweg über die Eltern erreichbar, falls man sie nicht in anderen Häusern kennen lernte. Aber auch dann war bei dem Wunsch, eingeladen zu werden, der Besuch bei den Eltern mit den beiden Visitenkarten Pflicht. Fräulein Emma brachte die Karte deshalb nicht mir, sondern meiner Mutter, und die sagte mir dann, ich solle ruhig zu ihm in den Salon gehen. Ich kam mir etwas komisch vor, nahm aber meine ganze siebzehnjährige Würde zusammen. Otto Küster hatte einen hellblonden, wilden Lockenkopf und war ein hübscher Kerl in etwas salopper Kleidung. Nach den ersten drei Worten der Begrüßung sah er mich mit Heldentenor-Blick aus seinen hellblauen Augen an und sprach: »Erschrecken Sie nicht, ich möchte es Ihnen gleich sagen, ich bin Kommunist.« Ich erschrak nicht. Ich sagte sehr freundlich: »Das macht nichts, das bin ich früher auch mal gewesen.« Er sah mich etwas erstaunt an und überlegte vielleicht, wann wohl. Dann kam er zum Thema und erzählte zwischendurch sehr viel von sich und seinen Vorstellungen von Leben, Liebe und Politik. Ich war mir nicht ganz klar, ob das nun in dem zu lesenden Stück stand oder ob es seine Weltanschauung war.

Nach dem Abendessen, beim letzten Sonnenschein eines Junitages, trafen wir uns in der Villa in der Bismarck-Allee, um miteinander das Stück zu lesen. Ich muss gestehen, dass ich nicht dazu gekommen war, vorher hineinzuschauen; ich vermied das auch lieber, denn wenn ein Stück mäßig war, hatte ich dann keine Lust mehr, mich noch mal damit zu beschäftigen. Ich trug gerne vom Blatt vor. Außer der Tochter des Hauses war ich das einzige Mädchen unter zehn jungen Männern. Es gab auch nur zwei weibliche Hauptrollen in diesem Stück. Küster verteilte die Rollen und ordnete an, dass ich beide Frauen übernehmen solle, denn meine Stimme wäre für beide die richtige. Mir war das sehr unangenehm, aber ein edler Wettstreit erschien mir noch peinlicher. Das Stück bestand aus brauner Heide, moorigem Grund und schuldlosem Verhängnis. Jeder liebte da, wo er nicht durfte, und hasste, wo er lieben sollte. Der Sinn der Sache ist mir entfallen. Es gab viele Monologe und monologartige Zwiegespräche. Das Geschehen, soweit es eines gab, lag in den Anmerkungen – »wendet sich barsch zur Seite« oder »stirbt«. Vielleicht waren alle ebenso froh wie ich, als es vorbei war. Jedenfalls kam die Diskussion, die sich Otto erträumt hatte, nicht in Gang, sondern wir wurden albern und hungrig. Die Tochter des Hauses reichte Erfrischungen, die wir dringend nötig hatten; schließlich brach man gegen halb zwölf auf. Schnapper, Authenrieth und Küster, nebst einigen Unbekannten, wollten mich heimbringen. Aber die Nacht war so warm und schön, dass wir noch ein bisschen spazieren gingen. Authenrieth hatte Ringelnatz-Gedichte[178] dabei, und unter jedem Laternenpfahl blieb er stehen und las vor. Es waren für mein damaliges Sittenbewusstsein ziemlich tolle Sachen, denn ich war nicht daran gewöhnt, dass ein Wort wie ›Bordell‹ literarisch verwendet wurde. Schließlich saßen Schnapper, Küster und ich als Restbestand der Versammlung auf einer Bank am Johanna-Platz, und er verbesserte die Welt. Er hatte einen kommunistischen Ritterorden mit bestimmten Satzungen gegründet, der ganz geheim war und in dem ich nun die erste Ritterin werden sollte. Die Ideen waren nicht ganz klar, aber die Gelübde streng (wenn sie sich auch nicht gerade auf absolute Keuschheit bezogen).

---

[178] Joachim Ringelnatz (1883–1934) war Schriftsteller und Kabarettist, der vor allem für seine humoristischen und bisweilen skurrilen Gedichte bekannt geworden ist. Zur Zeit der Weimarer Republik war er ein gefragter Künstler, erhielt jedoch sofort nach der Machtergreifung der Nationalsozialisten Auftrittsverbot und starb ein Jahr später verarmt an Tuberkulose.

Als der Morgen heraufkam, erschrak ich und drängte heim, und die beiden brachten mich bis zur Pforte meines Hauses. Da stand auf hohem Balkon meine Großmutter und wartete meiner. Die Polizei war bereits benachrichtigt, und die Brüder fahndeten nach mir. Die Eltern waren verreist. Ein Donnerwetter ging über mich herab, besonders von meinen Brüdern – während ich doch die Unschuld in Person war und wir nur etwas zu lange versucht hatten, neue Wege der Sittlichkeit für die Jugend zu finden.

Nach diesem Nachtgespräch erreichte mich ein längeres Gedicht von Küster, worin er auch die Ahnfrau auf dem Balkon besang und mich darum bat, bei uns verkehren zu dürfen. Ich hatte ein bisschen Scheu, ihn einzuladen, und sagte meiner Mutter, ich machte mir nichts daraus, aber er würde so gerne kommen dürfen. Daraufhin schrieb ihm meine Mutter, da er bei seinem Besuch nur nach mir gefragt habe, hätte sie nicht angenommen, dass er auf eine Einladung der Eltern Wert lege, aber sie würde sich freuen, ihn kennen zu lernen. Daraufhin kam ein Brief an sie zurück mit der Anrede »Wertes Weib!« Otto suchte eben neue Wege, aber diese erregten bei uns nur Heiterkeit. Er erklärte in diesem Brief alle alten Formen für unecht und hohl und hoffte, dass sie mit ihm darin übereinstimme. Zu einer echten menschlichen Begegnung ohne Zwang war er bereit. Tanzen täte er sowieso nur Reigen.

Da ich dann bald mit meinen Eltern nach Kampen fuhr und mich anschließend verlobte, wurde nichts mehr aus der Einladung und echten menschlichen Begegnung mit dem werten Weib. Ich schickte ihm meine Verlobungsanzeige zu, woraufhin er mir sehr große Erlebnisse wünschte. Da ich ja anfangs heimlich verlobt war, schickte ich ihm die Anzeige erst nach Weihnachten zu, als sie gedruckt war. Vorher hatte ich ihm aber privat davon geschrieben, damit er sich nicht in Zuneigung hineinsteigern sollte. Er antwortete darauf auch mit einer braven Gratulation, erbat sich aber eine dreitägige Wanderung mit mir, damit ich ihn doch noch richtig kennen lernen könne, ehe ich mich anderweitig ganz fest bände. Ich musste ihm nun doch noch mal schreiben, dass ich dazu keine Lust hätte – wenn ich schon drei Tage wandern wollte, dann lieber mit meinem Verlobten. Er schrieb zurück, dass er mir solche Enge gar nicht zugetraut hätte. Man brauchte doch nicht immer nur mit einem zusammen sein und könnte noch andere Freunde lieben. Ich erwiderte, er wäre wohl noch nie richtig verliebt gewesen, sonst würde er wissen, dass man dann auf andere Freunde keinen so großen Wert legt. Ich hätte sehr viele Freunde und fände sie auch jetzt noch nett, aber ich hätte für sie keine Zeit und ginge sowieso aus Berlin fort. Wohin sagte ich lieber nicht, damit er mich nicht besuchen käme. Ab und zu kam noch ein Gruß aus Schwaben und dann wieder aus Berlin, und zu Weihnachten fand ich dann Will Vespers ›Briefe zweier Liebenden‹ vor.[179] Ich las sie mit Vergnügen und schickte ihm nun die offizielle Verlobungsanzeige. Daraufhin kam dann ›Mutter und Kind‹.[180] Da bedankte ich mich so freundlich, wie es anging – bat ihn aber, mir nichts mehr zu schicken und zu schreiben, da ich sonst dauernd ein schlechtes Gewissen haben müsse, weil ich nicht zum Antworten käme. Ich wäre für ihn doch zu bürgerlich. Damit hörte Otto Küster für mich auf.

---

179 Vesper, Will: Briefe zweier Liebenden. Gedichte, München 1916.
180 Vesper, Will: Mutter und Kind. Aus dem Tagebuch einer Mutter. Gedichte, München 1920.

BAND 4:
DAS RELIGIÖSE LEBEN DER FAMILIE BONHOEFFER

4.1 Urlaube und Reisen

Weil ich im Krieg so klein und zart war, wurde ich eingeladen, einige Zeit im Sanatorium in *Babelsberg* zuzubringen, wohin mein Vater Patienten zur Erholung schickte. Ich kannte es schon, denn mit meiner Mutter war ich manchmal am Nachmittag dort. Dann holte uns ein Wagen am Bahnhof ab, und wir fuhren mit den Pferden durch den Wald, tranken herrlichen Kakao und aßen viel Kuchen und Erdbeeren. »Lassen Sie die Kleine doch hier!« – aber ich wollte nicht; darum fuhr meine Mutter nun öfter mit mir hin, damit ich mich an die Familie gewöhne.

Die drei Töchter sind schon Backfische, also erwachsen, und ich bin erst sechs Jahre alt. Aber sie betteln, ich solle doch bleiben. Und so bleibe ich ... wenn sich alle so freuen (und meine Mutter auch). Es ist sehr fremd dort, als meine Mutter weg ist. Sie sind nämlich katholisch und beten so furchtbar schnell und ziemlich lang zum Abendessen und bekreuzigen sich und haben einen großen Hund dabei. Nach dem Essen brauche ich noch nicht gleich ins Bett zu gehen. Wir spielen draußen Ball, bis man nichts mehr sieht. Dann komme ich in ein großes Gitterbett in der Mitte des Zimmers, wo die beiden jüngeren Schwestern schlafen. Ich soll vor dem Einschlafen beten, wie ich es von zu Hause gewohnt bin. Ich habe noch nie vor Zuhörern gebetet und komme mir dabei komisch vor. Als die Mädchen zu Bett gehen, liege ich noch wach und weine ein wenig vor Heimweh. Ich hätte nie gedacht, dass ich Heimweh haben könne – wo sie mich daheim doch alle so schlecht behandeln. Und nur stadtbahnweit weg! Ich ärgere mich so sehr, dass ich noch mehr weinen muss.

Die Mädchen wollen mich trösten. Doch sie sind psychologisch ungeschult: Sie wollen mich zum Lachen bringen und fangen an, mich zu kitzeln. Ich bin sehr kitzelig und quietsche, bis ich wieder weine – da hören sie auf. Ich aber fasse einen Entschluss: Erstens werde ich morgen wieder nach Hause fahren, und zweitens will ich nicht mehr kitzelig sein. Also übe ich. Ich kitzele mich selber. Es macht mir gar nichts. Nur wenn man ganz sacht über die Haare am Arm fährt, muss man nachkratzen – aber lachen nicht. Mit dem Heimfahren wird es nichts, denn am nächsten Tag ist das Wetter schön, und ich habe die böse Nacht vergessen. Als ich etwas in dieser Richtung äußere, ist man ganz entsetzt, und die Mädels verdoppeln ihre Bemühungen, mich zu verwöhnen. Es gibt dort Ställe, Katzen, Hunde und viele Erdbeeren. Es gibt sogar einen Brunnen, aus dem man richtig Wasser schöpfen kann. Und herrliche Waldwege und ein Motorboot, zu dem wir mit der Kutsche fahren. Am Abend bin ich nicht mehr kitzelig. Die Mädels können mit mir machen, was sie wollen: Ich beiße die Zähne zusammen und suggeriere mir, ich kitzele mich selber. Dann geben sie es auf. Doch trotz aller Sommer-Vergnügen bin ich froh, als meine Mutter mich wieder abholt – und sie freut sich, dass ich zugenommen habe.

Im Juli 1918 fuhren wir nicht nach Friedrichsbrunn, sondern mit Hörnchen nach *Boltenhagen* an die Ostsee – Dietrich, Sabine und ich. Hörnchen fand es herrlich, kuhwarme Milch auf der Weide zu trinken. Mir ist es eine grauenvolle Erinnerung. Ich kämpfte jedes Mal mit dem Brechreiz und die Zwillinge auch. Wegen der Milch, der Butter und der Eier waren wir ja hierher gefahren, denn wir waren ziemlich unterernährt. Aus Patriotismus durfte meine Mutter auf Geheiß der großen Söhne nichts ›hintenrum‹ kaufen. Sie kaufte es darum nur in so kleinen Mengen, dass es nicht auffiel. Es reichte gerade für meinen Vater. Wir hatten also nur die Karten-Ernährung und die Mittelstandsküche – und das war für acht Kinder zwischen acht und achtzehn Jahren einfach nicht ausreichend. Also mit den Kleinen in das ›gelobte Land‹, wo die Milch kuhwarm fließt. Jeden Morgen! Und vorher ein Frühstück mit Ei! Hätte es mir um das Ei nicht so leid getan, wäre ich bestimmt über Bord gegangen. Es roch so ekelhaft tierisch, und Hörnchens Begeisterung dafür verwirrte mich. Als sie dann noch von der Vortrefflichkeit von rohem Schinken sprach, sah mein geistiges Auge sie in ein vorbeieilendes Schwein beißen. Roher Schinken war eine unvorstellbare Gemeinheit für mich.

Sonst aber waren Boltenhagen und die Ostsee sehr genussreich. Schon das Seegetier aufzustöbern beglückte mich, ebenso wie das Burgenbauen im Sand. Mit Muscheln ausgeschmückte Paläste entstanden unter Dietrichs fachkundiger Leitung. Dass man nur ziemlich kurz zweimal täglich schwimmen durfte (und nicht wie an der Havel den ganzen Tag über immer wieder hineingehen), machte mich traurig. Aber da war der ›Salzgehalt‹, und wir sollten ja zunehmen. Das Meer diente hauptsächlich zum Appetitanregen, damit man die Angebote der Tafel nutzen konnte. Wenn es regnete, spielte ein kinderliebes, älteres Fräulein mit uns ›Mensch ärgere dich nicht‹. Sie spielte es so gerne, dass sie bedauerte, wenn die Sonne schien. »Du kommst an«, sagte sie in der uns belustigenden schleppenden Aussprache, die wohl Deutsch sein sollte. Ich lebte zum ersten Mal in den Ferien mit fremden Leuten in einer Pension: mit Mittagstisch (ohne Beten, aber pünktlich einzuhalten), mit einer freundlichen, etwas kinderängstlichen Wirtin und mit unverständlich redenden Pensionsgästen. Wir empfanden Hörnchens ständige Sorge, dass wir uns danebenbenehmen könnten, nur als komisch. So, wie wir uns betrugen, musste man eben sein. Warum anders als zu Hause oder in Friedrichsbrunn? Schwere Vorhaltungen bekam Dietrich, weil er bei einem beschaulichen Abendspaziergang mit anderen Gästen nicht davon lassen wollte, »Guter Mond, du gehst auf Strümpfen, zieh dir deine Schuhe an«[181] zu singen. Er war in dieser Zeit wohl überhaupt etwas rüpelhaft, um über den Tod von Walter hinwegzukommen.

Zum Schluss hatten wir noch ein schweres und lange unvergessenes Erlebnis: Zwei Flugzeuge, wie wir sie manchmal bei Übungsflügen sahen, gingen plötzlich unter großem Lärm hinter den Dünen zu Boden. Alles stürzte hin. Das eine stand bereits in Flammen, das andere lag in Trümmern. Ich sah, wie ein Soldat in wilden Sätzen zum Meer stürzte, aber von Männern aufgehalten wurde, die ihn von dort wegzerrten. Hörnchen erklärte uns dann dankenswerterweise die Sache ganz ehrlich: Die beiden Flieger hatten unerlaubt ihre Freundinnen mitgenommen zu einem Übungsflug. Dann waren sie in der Luft aneinandergestoßen und zu Boden gegangen – und der einzig Überlebende war der junge Mann, der sich nun ins Meer stürzen wollte, weil er seine Lage nicht mehr ertragen konnte. Ich verstand ihn gut und war auf die Leute böse, die ihn festgehalten hatten. So endeten diese Ostseeferien im Krieg für uns mit einem bitteren Nachgeschmack. Ich war froh, dass es im nächsten Jahr wieder ins heimische Friedrichsbrunn ging.

---

181 Eine Abwandlung des Volkslieds ›Guter Mond, du gehst so stille durch die Abendwolken hin‹.

Meine nächste Reise, die ich ganz ohne familiäre Begleitung machte, führte mich nach *Tirol*. Das kam so: Eine Kollegenfrau meines Vaters rief an, ihr Luischen würde sich so freuen, wenn meine Mutter mich zum Fakultätstee mitbrächte, denn da wäre sie immer so allein. Luischen war ›nachgeboren‹; ihre Geschwister waren zehn bis fünfzehn Jahre älter als sie. Sie war damals neun und ich zwölf Jahre alt. Ich ging also mit zu den Damen und spielte während dieser Zeit mit ihr und ihrem großen Puppenhaus. Ich hatte schon lange nicht mehr Puppen gespielt – aber ich konnte es noch und hatte selbst wieder Spaß daran. Luischen war klein, zierlich und zutraulich und bei meinem Besuch wohl sehr glücklich.

Einige Tage später rief die Mutter wieder an. Sie hätte eine große Bitte: Luischen bettelte so, ob ich nicht im Sommer mit in ihr Ferienhaus oberhalb Innsbrucks mitkommen würde. Sie sei dort immer so vereinsamt, und sie wäre so begeistert von mir und meinem Spiel mit ihr gewesen, dass dies ihr größter Wunsch wäre. Ich zögerte etwas. Friedrichsbrunn lockte sehr – aber da ergab es sich plötzlich, dass es damit diesmal nichts wurde, weil die Geschwister eine Wanderung mit ihren Freunden um den Bodensee und ins Allgäu planten, mich aber noch nicht mitnehmen wollten. Deshalb wurde das Haus im Harz Bekannten zur Verfügung gestellt, und ich hätte etwas in der Luft gehangen. So wurde Innsbruck doch verlockend für mich – und Luischen war ja auch sehr nett gewesen, wenn auch etwas zu klein als richtiger Partner.

Ich denke, ich bin für sie dann eine große Enttäuschung geworden. Sie hatte sich wohl eine echte Freundin erhofft, aber ich war einfach nicht mehr in der Lage, immerfort Puppen zu spielen, und unterhalten konnte man sich mit ihr noch nicht recht. Mir waren in dieser Zeit die Liebesbeziehungen der Geschwister Hauptprobleme, meine Schwärmerei für Grete stand so ziemlich auf dem Höhepunkt, ich las ›Werther‹[182] und Gottfried Kellers ›Grünen Heinrich‹;[183] sie beschäftigte sich mit ihrem Lesebuch. Es war also wirklich kein einfaches Gespann. Ich gab mir Mühe, es ihr schön zu machen: Wir errichteten im Wald ganze Moosdörfer, Wassermühlen an Bächen, Nester in den Bäumen. Aber wenn es aufgebaut war,

---

182 Goethe, Johann Wolfgang von: Die Leiden des jungen Werther, Stuttgart 1986 [Erstveröffentlichung Leipzig 1774].
183 S.o. Anm. 142 (S. 295).

endete für mich das Spiel, während sie nun erst richtig anfangen wollte, was man ja verstehen konnte.

Mich interessierte die Botanik der Gegend. Milli, die zwanzigjährige Schwester, die ich mangels anderer Möglichkeiten anzuschwärmen begann (obwohl sie ein bisschen zu sanft war, leise sprach und einem ganz weich die Hand gab), hatte große Herbarien, die sie mir gern zeigte. Luischen langweilte das sehr. Wahrscheinlich hatte sie einfach ihr Herz an mich verloren – und ich merkte es seltsamerweise nicht, obwohl ich diesen Zustand doch selbst gut kannte. Sie wollte mich den ganzen Tag beanspruchen; sie weinte, wenn sie bei einer längeren Wanderung nicht dabei sein durfte und ich mit den Großen ging. Nach den Ferien habe ich sie kaum noch gesehen, also muss es ihr wohl doch klar geworden sein (jedenfalls ihrer Mutter), dass ich ein Fehlgriff war.

Ich habe aber diese Ferien dennoch (und auch trotz meiner Armauskugelung) sehr genossen. Auf die Hinfahrt im Liegewagen besinne ich mich kaum noch – aber dass in Innsbruck hinter dem Bahnhof gleich die steilen Felsen aufragen, erregte mich doch sehr. Dann ging es noch mit einer kleinen elektrischen Bahn hinauf nach Lans. Dieses Dorf (drei Bergnasen – die Lanser Köpfe – und drei Seen), war schon stark auf Kurgäste eingestellt. Wir fuhren mit der Kutsche weiter hinauf nach Schloss Lans. In diesem riesigen Anwesen mit unübersehbarem Park, der in den Bergwald überging, wohnten wir. Dort gab es alles, was ein Kinderherz begehren konnte. Neben dem riesigen Zimmer zum Spielen war noch ein Zimmer, in dem nur eine große Eisenbahn aufgebaut war, außerdem ein kleines Lese- oder Arbeitszimmer für Kinder mit vielen Kinderbüchern – bis hin zu Ganghofer,[184] den ich in der passenden Umgebung kennen lernte und sogleich eilig verschlang. Daran schloß sich ein Korridor an mit Rutschbahn und Schaukeln zwischen den Türen und eine große gedeckte Veranda mit einem herrlichen Blick auf die Berge. Das war wohl auch nötig, denn es regnete viel in dieser Gegend, und es gab Ferien, die fast völlig in im Haus verlebt werden mussten.

---

184 Ludwig Ganghofer (1855–1920) wurde als Schriftsteller für seine Heimatromane bekannt, die zumeist im Hochgebirge spielen.

Wir hatten es besser. Das Wetter war völlig ausreichend; ich besinne mich nur auf einen einzigen Tag im dichten Nebel im Eisenbahnzimmer. Für die Familie war dieses Haus, bis sie nach Berlin zogen, ihr Wohnsitz, denn der Vater war Professor in Innsbruck gewesen und zu den Kollegs heruntergefahren. Darum wohl der für ein Sommerhaus ungewöhnlich große Komfort. Was aber erst der Garten zu bieten hatte, war überwältigend! Außer einem See gab es einen Tennisplatz, Krocketrasen und Bocciabahn, Lauben in Mengen und Stallungen für den Hausbedarf. Der Wald, in den sich das leicht aufsteigende Parkgelände auflöste, war voller Blaubeeren, Himbeeren und Pilze. Aber auch interessante Ameisenhaufen, Eichkätzchen, Wiesen mit ihrem kleinen Getier und klare, eilige Bäche gab es da. Wir sollten den Park nicht ungefragt verlassen, aber weil es keine feste Grenze gab, hielten wir uns eben in der Nähe auf. Für ein Stündchen Spaziergang bot dieser Privatbesitz genügend Platz. Besonders bewegte mich auch, dass das Grab eines Bruders, der in den Bergen verunglückt war, hier im Garten an einem stillen Ort Richtung Waldrand lag. Dort waren auch Bänke, auf denen man die Mutter manchmal traf.

Was ich übrigens von diesen Ferien nach Hause schrieb, wurde mir nicht geglaubt – und es klang ja auch märchenhaft gegenüber unserem schlichten Häuschen im Harz. Aber als man mir nicht einmal den Namen des Berges glaubte, der sich dicht hinter dem Haus erhob und ›Patscherkofel‹ hieß, und mir schrieb, ich solle mir nicht immer so dummes Zeug ausdenken, ging ich ins Dorf, kaufte eine Ansichtskarte mit Abbildung von ihm und schickte sie wortlos nur mit Adresse versehen heim.

Sechs Wochen blieb ich in Lans. Nach drei Wochen kam Liesel, die fünfzehnjährige Cousine. Sie war der Typ des fröhlichen, gesunden, blonden Mädchens, mit langen Zöpfen, Dirndlkleid, Haferlschuhen und Rucksack. Zu Hause war sie in München, und sie kannte die Berge gut. Mit ihr passte ich im Alter natürlich viel besser zusammen als mit der Neunjährigen.[185] Auch sie schwärmte. Nicht genug konnte sie von meinen Geschwistern und unserem Berliner Leben hören. Sie wollte, wenn sie nächstes Ostern mit der Schule fertig war, unbedingt nach Berlin gehen und bei Fräulein von Gierke im Jugendheim Kindergärtnerin werden. Später hat sie

---

[185] Tatsächlich trennte Susanne von beiden Mädchen jeweils ein Altersabstand von drei Jahren.

das auch durchgeführt, und ich habe sie dort im Internat einmal besucht.

Mit ihrer kleinen, verzärtelten Cousine hatte sie wenig Beziehung, und so war sie heilfroh, mich dort anzutreffen. Wir steckten nun den ganzen Tag zusammen, und die Kleine hing etwas dazwischen. Einen großen Ausflug machten wir aber zu dritt. Der Patscherkofel war vom Haus aus in drei Stunden zu ersteigen, und hinunter ging es erheblich schneller, sodass es für uns eine Nachmittagsunternehmung war, die bewilligt wurde – auch ohne Erwachsene. Erst durch den Wald, der immer niedriger wurde, dann durch Almen bis auf den grasbestandenen, runden Gipfel. Im Tal war plötzlich ein Gewitter aufgezogen. So etwas hatte ich noch nicht erlebt: unter uns Dunkelheit, Donner und Blitze, über uns blauer Himmel und Sonne. So schön es war, machten wir uns doch beschleunigt auf den Rückweg, um heimzukommen. Kaum hatten wir die Sennhütte in Sicht, war das Gewitter bei uns angekommen. So suchten wir drei Schutz bei den Sennern und warteten dort das Unwetter ab. Sie brieten uns Käse, wir tranken Milch; dann setzte sich einer mit der Ziehharmonika hin, und wir tanzten. Dieser nette Nachmittag mit den Burschen war natürlich unvergesslich.

Liesel sorgte auch dafür, dass wir längere Tagestouren mit Gletscherüberquerung machten. Einer der Brüder hatte jetzt Semesterferien und war bei uns. Er zog seinen ganzen Innsbrucker Freundeskreis ins Haus, und nun kam Leben in das stille, vornehme Anwesen. Dass die Mutter, die selbst etwas mühsam lebte, das Haus fluchtartig verließ, wurde nicht sehr empfunden, da die Versorgung durch das reichliche Personal gewährleistet war. Mein Arm war nun auch so weit geheilt, dass ich mit auf Klettertouren gehen konnte, soweit sie meinen Kräften überhaupt entsprachen. Eigentlich litt ich auf jeder Leiter, in jedem hohen Treppenhaus und erst recht auf Aussichtstürmen an Schwindelgefühlen. Doch in der freien Landschaft, besonders wenn ich mit den Händen noch irgendwo Halt fand, überkam mich dieser Schwindel nie. Nur alles Gebilde von Menschenhand – Geländer, Stufen, ausgehauene Wege – machte mich bange; sonst kletterte ich halsbrecherisch. Mit Liesel streifte ich durch Innsbruck, bestieg die Martinswand und radelte auf einem geborgten Rad mit ihr ins Inntal.

Wenn wir Luischen bei uns hatten, passten wir unsere erotischen Gespräche ihrem Niveau an und unterhielten uns über die

Namen, die wir unseren Kindern geben wollten, und die Kleidung, die sie tragen sollten. Dabei konnte Luise mitmachen. Daneben hatten wir noch eine Ferien-Macke: Damals waren rot-schwarz karierte Jacken für Jungens große Mode, und wir zählten sie um die Wette. Wer zuerst eine sah, durfte sie für sich buchen. Auch da konnte sich Luischen beteiligen.

Warum mich eigentlich das Hochgebirge damals so wenig beeindruckt hat, dass ich in meiner Jugendzeit nie wieder das Verlangen hatte, dortin zu fahren (obwohl ich es schön fand), weiß ich nicht. Was mich besonders freute, war auch bei Innsbruck die Ähnlichkeit mit dem Mittelgebirge gewesen. Steine interessierten mich zwar sehr, und ich sammelte sie mit Eifer. Aber das hatte ich auch im Harz getan, und sehr anders waren sie in Tirol nicht. Fels in so großen Massen und Höhen war mir wohl einfach etwas zu hart.

Auch im nächsten Sommer wurde es nichts mit Friedrichsbrunn, jedenfalls nicht in den großen Ferien. Nur zu Ostern und Pfingsten gab es dort ein Wiedersehen. So folgte ich in diesem Jahr einer freundlichen Einladung meiner Freundin Bärbel Kausch, deren Eltern ein Sommerhaus in *Polsnitz* in Schlesien hatten. Kauschs waren Wahlverwandte. Auch hier galt es, sich darauf zu einigen, dass die Urgroßmütter Schwestern waren, um alle Einzelheiten zu vermeiden. Vater Kausch war Chirurg, die Mutter eine Tochter vom ›alten Mikulicz‹,[186] einem sehr bekannten Chirurgen in Schlesien. Sie wohnten am Stadtpark Schöneberg, und eines der acht Kinder hatte immer irgendeine Gräuelgeschichte von dort zu berichten – Tote auf der Bank, Pärchen im Gebüsch und so weiter. Ich hatte jedenfalls Angst, den Stadtpark zu durchschreiten, wenn ich alleine ging. Sicher war vieles von diesen Erzählungen nur blühende Fantasie gewesen. Sechs Jungen und zwei Töchter gab es bei Kauschs. Bärbel war so alt wie ich und hatte ebenfalls braune Zöpfe. Wir lernten uns mit zehn Jahren kennen. Eine Schwester und ein älterer Bruder waren noch da, das andere waren alles kleine Buben. Einer von ihnen, drei Jahre jünger als ich, hing sehr an mir, und ich mochte ihn von all den Kleinen auch am liebsten. Der große Bruder Hans, drei Jahre älter als wir, war bald mein besonderer Freund.

---

[186] Johann Anton Freiherr von Mikulicz-Radecki (1850–1905) war ein deutsch-österreichischer Chirurg mit polnischer Abstammung. Er leistete auf vielen Forschungsgebieten Pionierarbeit und begründete mit seinen Nachkommen und Schülern eine Mediziner-Dynastie.

Bärbel war manchmal recht eifersüchtig, weil er mich abholen und an die Bahn bringen wollte, was doch immer die einzige Möglichkeit war, sich der Großfamilie zu entziehen.

Dabei hatte sie mir so viel zu gestehen. Sie war mit dreizehn ein richtiger Backfisch und hatte für ihren Klavierlehrer eine große Schwärmerei, was der wohl nicht ganz ungenutzt ließ. Das zog sich über einige Jahre hin, ohne dass sich Bärbel dadurch gehindert fühlte, sonst noch so viele Bekanntschaften zu machen wie irgend möglich. Sie war sehr für die Liebe (vielleicht mehr fürs Flirten, als dass sie wirklich geliebt hätte). Ich war ihr Beichtvater und fand diese mir ganz fremde Art des Umgangs mit dem anderen Geschlecht sehr interessant und mutig. Ich war im Vergleich zu ihr von außerordentlicher Feigheit, was das Ansprechenlassen auf der Straße oder in der Bahn anbetraf.

Auf das Angebot, mit der Familie nach Polsnitz zu fahren, sagte ich sofort begeistert zu. Der muntere Geschwisterkreis machte mir immer Spaß. Auf der Hinfahrt (vierter Klasse) füllten wir mit allen Hilfskräften, Kindern und deren Freunden fast ein ganzes Abteil. Vertraulich fragte mich Bärbel im Zug, wer eigentlich meine beste Freundin wäre. Ich nannte ihr zwei oder drei Namen und fragte sie der Höflichkeit wegen zurück. »Eigentlich du«, sagte sie, und ich erschrak und schämte mich. Polsnitz bei Freiburg war kein Sommerhaus, sondern ebenfalls ein Schloss, das dem Vater Mikulicz gehört hatte. Das Land rundherum war weitgehend Familienbesitz. Es war hügelig und mit schönen Seen durchsetzt. Ein riesiger Garten mit viel Gemüseland umgab das altmodische Haus, das mit vielen Türmchen besetzt war.

Die Kirschen waren reif, und wir lebten in den Bäumen. Ich habe mein Leben lang nicht mehr so viel Obst von Baum und Strauch gegessen wie dort. Es war Inflationszeit; Hilfe für den Garten war kaum da, nur zum Zimmermachen und Kochen. Wir Kinder wurden tüchtig mit eingespannt zum Ernten, Gemüseputzen und Obsteinmachen. Aber es ging sehr vergnügt dabei zu. Wir sangen währenddessen, und manchmal wurde ich von der Handarbeit befreit und musste dafür den Kreis mit der Gitarre begleiten. Berge von jungen Schoten wurden bewältigt, und die kleinen Jungens mit ihren Freunden halfen brav mit. Für Hans war noch ein fünfzehnjähriger russischer Graf eingeladen, den er aber vorher gar nicht gekannt hatte. Obwohl sie äußerlich so verschieden wie möglich waren – Hans dunkel, vierschrötig, mit Muskeln und tiefem Bass, Alexander sehr zart und hoch aufgeschossen, blond und mit überschlagender Fistelstimme, in der sein unmögliches Deutsch noch komischer klang – so freundeten sie sich doch schnell an. Es war auch fast unmöglich, Hansens selbstverständlicher Kontaktaufnahme zu entgehen.

Bärbel hatte natürlich sofort festgesetzt: Hans hatte mich zu lieben und Alexander sie. Sie verleitete mich zum ersten Mal in meinem Leben dazu, Schönheitspflege zu betreiben. Nachts wickelte sie meine Haare auf ein rundes Hölzchen und feuchtete sie mit Zuckerwasser an (den Zucker klaute sie im Wohnzimmer aus der Büchse), damit ich Locken bekommen sollte; ihre eigenen Haare natürlich ebenso. Außerdem holte sie aus der Speisekammer eine Speckschwarte und rieb uns damit ein, damit wir draußen Farbe bekommen sollten. Ich ließ mir das gefallen, um sie nicht zu kränken, hatte aber das Gefühl, dass der Speckgeruch meine Sonnenfreude stark beeinträchtigte. Ich kletterte lieber mit Hans und Alexander auf den ausgedehnten Bodenräumen herum und zählte dort die aus unerfindlichen Gründen deponierten WC-Becken, alte und neue, deren es 26 gab. Nachts fensterlten die Jungens über einen Vorbau vom Dachboden aus bei uns. Leider ging die Rechnung, die Bärbel aufgestellt hatte, nicht auf: Nach zehn Tagen machte mir Graf Alexander in seinem gebrochenen Deutsch einen sehr ernst gemeinten Heiratsantrag – unter Hintergehung seines Freundes Hans, der davon nichts wissen sollte. Ich war geehrt, aber spröde und bekannte mich zu Hans. Alexander verwies ich an Bärbel, wenngleich erfolglos. Er trauerte, aber nicht die ganzen Ferien über. Dazu war Hans ein zu vergnügter Partner.

Vor- und nachmittags waren wir, wenn es irgend ging, im Schwimmbad, das wir mit dem Rad in zehn Minuten erreichen konnten. Wir nutzten unsere Sommerkarte gut aus, da das Wetter sehr schön und warm war. In den Umkleideräumen waren die üblichen pornografischen Zeichnungen zu sehen, wie man sie in jeder ländlichen Badeanstalt antraf. Außerdem gab es Ritzen und lose Planken zu den Jungensräumen, und es herrschte dort eine zwanglose, aber gewitterschwüle Unzüchtigkeit. Die Aufsicht des Bademeisters begann erst bei den Sprung- und Startbrettern. Man schwamm dort sehr zünftig, denn es gab einen Sportverein, und ein Wettschwimmen stand bevor. Ich fand solch eifriges, unlustiges Schwimmen langweilig und störte mit Bärbel die Kreise der Beflissenen. Wir ärgerten aber auch die weiter draußen auf dem See Rudernden durch Unterqueren des Kahns, Anhängen und Spritzen. Wir waren einfach ekelhaft und galten als die Rowdies von Berlin, zusammen mit den durch Freunde vermehrten vielen Brüdern.

Bärbel entdeckte einen reizvollen Jüngling in einer blauen Badehose. Eine blaue Badehose war damals unüblich, es war die einzige in der Anstalt. Sie legte es nun darauf an, mit ihm in Fühlung zu kommen, und es gelang ihr auch. Er schloss sich unseren Unternehmungen an. Nun sorgte Bärbel dafür, dass wir zu einer anderen Zeit schwimmen gingen als die Brüder. ›Blaue Badehose‹ – wir wussten seinen Namen nicht, und er hatte auch keine Bekannten da, die ihn riefen; er hielt sich völlig inkognito – war immer da und wartete auf uns. Wir sahen ihn nie bekleidet, wir wussten nicht, wo er wohnte, aber das gab der Fantasie reiche Ausbeute. Wir konnten sein Alter nicht schätzen, aber jedenfalls war er etliche Jahre älter als wir. Er hielt uns wohl auch für erwachsener, da wir beide ziemlich entwickelt waren. Als mich aber einer, mit dem wir dort ebenfalls rumflaxten, ernstlich für neunzehn hielt, war ich doch mehr entsetzt als geschmeichelt. Mit ›blauer Badehose‹ wagten wir es sogar, einen uns ziemlich würdig Erscheinenden, der mit Hemd und kurzen Hosen angezogen im Kahn saß, einfach umzukippen. Bis er im Wasser lag, glaubten wir eigentlich selber nicht, dass es uns gelingen würde, und wir bekamen doch einen ziemlichen Schrecken. Aber er konnte schwimmen, trug es mit Anstand und schützte sich so davor, ausgelacht zu werden. Schließlich hatte Bärbel es fertiggebracht, mit ›blauer Badehose‹ ein Rendezvous zu arrangieren. Ich sollte mit, war aber im letzten Augenblick zu feige und ließ sie alleine losziehen. Ich hatte mich ja auch nicht mit ihm treffen wollen. So sah sie ihn nun endlich in Zivil und behauptete dann, er wäre bestimmt schon zwanzig Jahre alt. Er war irgendetwas Technisches, deutlich ›unterm Stande‹ und damit noch reizvoller. Sie schrieben sich von Berlin aus noch ein paarmal; dann war ›blaue Badehose‹ erledigt. Ich habe seinen Namen nie erfahren – wozu auch? Beim Sportfest des Schwimmclubs gewann ich aber den Gästepreis, denn ich schwamm schneller als die Besten meines Alters im Verein.

Die Ferien gingen dem Ende zu, und nun kam in den letzten Tagen Hans angerückt mit dem Wunsch, sich mit mir zu verloben.

Heimlich natürlich zuerst und auch nicht ganz bindend; aber er versprach mir die Ehe und warnte mich vor Alexander, der im Grunde langweilig wäre und mir nicht entspräche. Hans passte wirklich besser zu mir, jedenfalls als Spielgefährte, denn er war ebenso wild und unternehmungslustig wie ich. Auch die Schule war ihm verhasst, und man konnte wirklich mit ihm Pferde stehlen. Aber eine Verlobung fand ich doch nicht angemessen; ich schlug vor, dass wir eben verliebt wären. Dass wir das nun voneinander wüssten, fand ich genug. Was ich unter verliebt verstand, entsprach wohl auch seinen Vorstellungen. Mit Zärtlichkeiten hatte es überhaupt nichts zu tun. Es war eine Mischung aus Freundschaft und Spaß am Angeben mit der Zusammengehörigkeit. Es war Nähebedürfnis mit viel Abstand. Es war einfach beschwingte Kameradschaft.

In Berlin sahen wir uns dann weiterhin, so oft es eben ging – aber das war kaum mehr als einmal in der Woche, denn er hatte wegen allzu geringer Schulleistungen oft Hausarrest. Noch ehe der nächste Sommer kam, hatte er von der Schule und dem elterlichen Zwang so sehr genug, dass er ausrückte. Dass ihm das auch gelang, war kein Wunder. Er war gescheit und mutig und voll guter Einfälle und wirkte auch viel älter, als er war. In Hamburg heuerte er als Schiffsjunge auf einem Übersee-Segler an, und die Eltern bekamen einen ersten Gruß aus Südamerika. Auch ich hatte nichts von seinen Plänen gewusst. Drei Jahre trieb er sich so auf den Weltmeeren herum, gab gelegentlich Nachricht und schwieg sich meist aus und kam erst nach Berlin zurück, als ich gerade verlobt war. Er war ein Mordskerl geworden und spann sein Seemannsgarn zu unser aller Belustigung. Altes, rostiges Eisen laden, das sei nicht so schlimm, meinte er – eklig seien die Knochen, da wären so viel Schlangen dabei. Warum man wertloses Zeug wie Eisen und Knochen über den Ozean schifft, wo es das doch überall gibt, hat mir nie eingeleuchtet. Aber diese Berichte gehörten wohl zu dem Wenigen, was man von seinen vielen Geschichten überhaupt glauben konnte. Auf meiner Hochzeit war er dann als Brautführer dabei. Er hatte sich nämlich wieder auf die Schulbank gesetzt und machte sein Abitur nach, um Schiffsbau zu studieren. Jetzt ging alles glänzend, und er fand Freude am Lernendürfen. Ihm hatte die praktische Arbeit wirklich gut getan – wie es wohl manchem gehen würde, dem die unverbrauchte Kraft in der Schule aus allen Nähten platzt und der dort nicht recht zum Arbeiten kommt.

Als ich den ersten Teil meiner Ausbildung hinter mir hatte (Schule und Haushaltsschule) und auf das Alter wartete, wo ich als Krankenschwester anfangen durfte, war ich nicht mehr an die Schulferien gebunden. Ich war nun auch die einzige Tochter im Haus; so beschlossen meine Eltern, mich in den Semesterferien mit auf ihre Sommerreise nach *Kampen* mitzunehmen. Ich war noch nie mit den Eltern alleine gereist und freute mich sehr darauf – obwohl ich in dieser Zeit als ›schwierig‹ galt (und das wohl auch der Grund war, mich in den Ferien nicht aus den Augen zu lassen). Nach der Nordsee hatte ich mich mein Leben lang gesehnt. Woher das kam, weiß ich nicht – vielleicht aus einer Kindererzählung; vielleicht war es auch die Vorstellung der Weite: Das Wasser, welches an den Strand brandet, ist das gleiche, in dem auch die fernsten Völker baden, und man könnte mit einem Schiff von hier aus bis nach Amerika, Afrika, Indien und Japan fahren. Jedenfalls war ich tief bewegt, als ich vom Roten Kliff[187] aus das erste Mal die grenzenlose See mit ihrem dröhnenden Wellenschlag vor mir sah.

Wir waren über Hamburg gefahren; meine Eltern in der ersten Klasse, ich in der dritten. Sie holten mich dann in den Speisewagen. Das wurde wohl so gehandhabt, weil mein Vater seine Ruhe haben sollte und damit ich nicht verwöhnt würde. Mir war das damals sowohl selbstverständlich als auch lieb. In Hamburg übernachteten wir in den ›Vier Jahreszeiten‹; dies war das erste hochfeine Hotel, das ich betrat. Der Damm, der vom Festland nach Sylt führen würde, war noch nicht fertig.[188] Im nächsten Jahr fuhren wir dann schon mit der Bahn bis nach Keitum. Jetzt ging es per Schiff an der im Bau befindlichen Festlandverbindung entlang und dann mit der kleinen Inselbahn zu den verschiedenen Badeorten. Kampen liegt oberhalb des roten Kliffs, das steil zum Sandstrand abfällt. Der Ort bestand damals aus wenigen Fischerhäusern, von denen einige schon Zimmer an Fremde abgaben. Es gab einen alten ›Dorfkrug‹, drei oder vier kleine Pensionen und das sehr große Kurhaus mit Dependance. Ich wohnte in dieser Dependance, meine Eltern im Kurhaus. Die Mahlzeiten nahmen wir zusammen unter der großen Glaskuppel

---

187 D.i. eine etwa 30 Meter hohe Steilküste aus rötlichem Felsgestein auf der Westseite der Insel Sylt, zwischen den Orten Wenningstedt und Kampen zum offenen Meer hin gelegen.

188 Diese Reise fand im Sommer 1926 statt; der Hindenburg-Damm, welcher die Insel Sylt mit dem Festland verbindet, wurde am 1. Juni 1927 eingeweiht, nachdem eine Sturmflut im Jahr 1923 den ersten noch unvollendeten Damm fortgespült hatte.

des Speisesaals ein. Dass meine Unterkunft am Tag fünfzehn Mark kostete, fand ich unglaublich. So teuer! Aber ich merkte bald, dass die Eltern in den Ferien nicht gewillt waren, sparsam zu sein, und ergab mich dem artfremden Luxus mit gemischten Gefühlen.

In List[189] bekam ich meine ersten Austern zu schlucken und fand sie abscheulich. Nach der zweiten gestand ich das ein. Mein Vater aß sie gern alle auf. Meine Mutter hatte schon gar keine bestellt. Mir hatten sie so geschmeckt, wie der Bootssteg in Wannsee roch (und ihr wohl auch). Die großen weißen Wanderdünen in List fand ich wunderbar. Sie waren wie eben frisch geschaffen und wirkten trotz ihrer anorganischen Beschaffenheit durch den dauernd rieselnden Sand so lebendig.

Der Wind, der über die Insel strich, war salzig: Die Lippen, die ganze Haut schmeckten danach. Und wie salzig erst das Wasser war! Es dauerte ein Weilchen, bis man sich daran gewöhnte; denn bei dem fast immerwährenden Wellenschlag bekam man es beim Baden unversehens in den Mund. Es war nicht leicht, die Brandung zu durchschwimmen, um sich draußen von den großen Wogen tragen zu lassen, aber nach einer Weile hatte ich stets genug davon, dass mir von den überschwappenden Wellen der Rücken rot geschlagen wurde. Dann begab ich mich außer Sicht – fort von der Menge, die sich in der Brandung tummelte. Es hatte in meiner Vorstellung etwas sehr Verlockendes, immer weiter und weiter fort zu schwimmen, nur weg – und nie wieder zurückzukehren in all das Bedrängende, womit man leben musste. Ich spielte mit Auflösungsgedanken angesichts der Unendlichkeit der vor mir liegenden Wasserfläche, und doch genoss ich dabei mein Dasein. Jedenfalls muss ich wohl immer wieder zurückgekehrt sein in unsere prächtige Sandburg, um mich in ihren starken Wällen zu bergen.

Die Badezeiten waren leider stark beschränkt durch Ebbe und Flut. Manche Tage konnte man wegen Sturmflut überhaupt nicht ins Wasser – und an anderen nicht, weil Wrackteile am Strand trieben. Es gab sogar einen Todesfall, weil einer nicht darauf hörte und von einem Balken erschlagen wurde. Es gab aber auch so starken Ostwind, dass das Meer ganz still lag und weit vom Strand zurückgewichen war. Dann kamen so viele Quallen, dass einem das Baden sehr verleidet wurde. Bei Ebbe fand man überall am Strand die

---

189 Der Ort List befindet sich oberhalb von Kampen am nördlichen Ende von Sylt.

schönsten Meerestiere; einmal auch einen toten Delfin, um den ich sehr trauerte. Seesterne, farbiger Tang und Tintenfisch-Eier waren immer reichlich zu finden. Da kam ich mit meinem Interesse an Naturkunde auf meine Kosten, noch mehr als an der Ostsee. Bei Kampen ist die Insel so schmal, dass man sie in einer Viertelstunde durchqueren kann. Ich verbrachte auch viele Stunden am Watt. Dort blühte Heidekraut, dort gab es Weiden mit vielen kleinen zutraulichen Schafen, und Scharen von Möwen füllten die Luft; es gab sogar Insekten (die auf der Seeseite ganz fehlten). Ich genoss die hörbare Stille nach dem pausenlosen Lärmen des Meeres, das auch meinen Schlaf unruhig machte. Und wenn die Ebbe kam, lief ich weit ins Watt hinaus bis zu den Prielen und sammelte Taschenkrebse, die so lustig seitwärts liefen und aussahen, als ob es sie gar nicht geben könne. Die feuchtkalte, glatte Konsistenz des Wattbodens machte mir und meinen Füßen großen Spaß. Ab und zu rutschte man aus, und es war besser, die wollweiße Kleidung, die man an der Seeseite trug und die immer sauber blieb, nicht am Watt zu tragen. Das erste Mal in meinem Leben hatte ich hier wirklich saubere Hände! Meine Hautfarbe war allerdings dunkelbraun von Wasser und Sonne.

›Man‹ fing damals an, nach Kampen zu gehen. Immer wieder begegneten uns am Strand und im Hotel Bekannte meiner Eltern, von denen ich nichts wusste. Außerdem hatte meine Mutter eine große Begabung, die Schicksale und Familienbeziehungen der Hotelgäste durch die Gespräche an den Nebentischen und am Strand zu überblicken. Sie interessierte sich für Menschen, auch wo sie nicht verantwortlich war, und spielte in den Ferien gern Detektiv. Meinen Vater amüsierte das. Er schaltete wohl bewusst jegliches Augenmerk auf Fremde aus, weil er sonst genug mit Menschen zu tun hatte. Meine Mutter lebte doch mehr im gegebenen Familienkreis und machte sich so ihre eigene Vorstellung.

Eine Vorstellung war es auch, Thomas Mann zusammen mit dem Kriegsminister Geßler[190] baden zu sehen. Mein Vater lachte fast Tränen, wenn der Herr Kriegsminister tapfer bis an die Knie in die Brandung hereinschritt und dann bei jeder sich nahenden Welle eilfertig zurücksprang. Auch wenn er sich Hand in Hand mit Thomas Mann hüpfend den Wogen näherte, trieb er es doch nicht

---

190 Otto Geßler (1875–1955) war in der Weimarer Republik von 1920 bis 1928 als Reichswehrminister tätig.

bis zum Äußersten, sondern sie schützten beide die Trockenheit ihrer Badehosen. Manns älteste Kinder, Klaus und Erika, die ich ja aus der Novelle ›Unordnung und frühes Leid‹[191] kannte, belebten den Strand durch Arroganz, Eleganz und öffentliche Zärtlichkeiten. Ein großer Kreis von Jugend sammelte sich bei ihnen. Ich fand sie einfach ekelhaft; sie waren auch erheblich älter als ich, und man hätte mich dort bestimmt nicht für voll genommen (obwohl ich die Bücher des Vaters alle kannte und sehr gern las).

Außer ausgesprochen ›reichen Jünglingen‹[192] und ›törichten Jungfrauen‹[193] gab es wenig Jugend in Kampen, und ich fand in dieser Hinsicht keinen Anschluss. Darum nahmen meine Eltern im nächsten Jahr wohl auch Karl-Friedrich und Dietrich für vierzehn Tage mit. Das war dann eine besonders nette, vergnügte Zeit für mich. Einen guten Freund hatte ich aber auch im ersten Jahr gefunden: August Müller,[194] Staatssekretär schon unter dem Kaiser und nun SPD-Mann. Er war schon manchmal bei den Diners der Eltern im Haus gewesen, ich lernte ihn aber erst am Meer kennen und lieben. Er war wenig jünger als mein Vater und Junggeselle, reiste allein und hatte Vergnügen an meinen Fragen. Wir trafen uns jeden Morgen zum Frühspaziergang am Strand. Auf dem festgeschlagenen Sandstreifen liefen wir die halbe Stunde bis Wenningstedt oder nach Norden bis Klappholttal und kamen mit gutem Hunger zum Frühstück zurück. Er achtete die Erholungsbedürftigkeit der Eltern und schloss sich uns selten an. Als ich ihn fragte, warum er keine Sandburg habe, sagte er: »Ich habe in meinem Leben genug gegraben.« Er hatte seine Laufbahn als Gärtner begonnen.

Ich war nun endlich einmal auf einer Insel! Das hatte etwas Beruhigendes, denn es war möglich, sie im Verlauf der Ferien zu ergründen. Sonst hatten mich immer die fernen Berge, die Wälder und Täler hinter den Höhen gelockt. Selbst in Friedrichsbrunn hatte ich Fernweh nach den hellgrünen und zartblauen Höhen, die am Horizont sichtbar waren und die ich nicht kannte. Doch hier war

---

191 Mann, Thomas: Unordnung und frühes Leid. Novelle, Berlin 1926.
192 Anspielung auf die Erzählung vom reichen Jüngling; vgl. Markus 10, 17–27.
193 Anspielung auf das Gleichnis von den klugen und den törichten Jungfrauen; vgl. Matthäus 25, 1–13.
194 August Müller (1873–1946), Politiker und Publizist, war 1918 bis 1919 Staatssekretär im Reichswirtschaftsamt gewesen; von 1920 bis 1933 war er Mitglied des Vorläufigen Reichswirtschaftsrates (zuerst für die SPD, dann für die DDP).

durch die Begrenzung des Meeres die Ferienaufgabe klar gestellt. Die wenigen Ortschaften und schönen Stellen waren schnell erkundet – und immer wieder war Kampen doch der schönste Fleck. Westerland erschien mir als Sündenbabel. Die Leute liefen halbnackt durch die Straßen – da waren mir die ganz Nackten in Klappholttal am Strand wesentlich anständiger anzusehen. In den Cafés wurde hingebungsvoll getanzt, und meine Mutter genoss dort gerne guten Kaffee und Kuchen. Ein Laden neben dem anderen! Und alles Scheußlichkeiten, der Strand zugemauert mit vielen Anlagen. Also bloß nie nach Westerland! Wenningstedt war ein Kinderdorf. Erholungssuchende Erwachsene hatten da nichts zu suchen; Kinderheim an Kinderheim, und Kindergruppen belagerten den Strand. Es gab dort Spielplätze und weiten, flachen Sandstrand. Wesentlich erfreulicher als Westerland, aber als Seebad nicht mehr (oder noch nicht) gefragt.

Nach Norden zu wurde die Insel immer belebter. Die nackten Klappholttaler warnten Neugierige durch Schilder am Strand, den man dort nicht bekleidet betreten durfte. Im Dorf oben, das mit einer Stiege zu erreichen war, blühte das Kunstgewerbe – Töpferei, Weberei, Flechterei und Schnitzerei. Man konnte die Werkstätten anschauen und dort einkaufen. Die Westerländer und Kampener Urlaubsgäste erwarben dort ihre ›echten‹ Mitbringsel und Andenken. Sie konnten sicher sein, hier gediegenen Geschmack zu finden, denn die Verkäuferinnen zeigten sich bezopft und in handgewebter Kleidung. Ich kaufte mir kleine, holzgeschnitzte und bunt bemalte Leuchter. Das war das Billigste, was mir gefiel. In List war die Natur ganz groß: nördlichste, weiße, saubere, windumbrauste Spitze Deutschlands. Keitum, das alte Fischerdorf mit seinen winzigen reedgedeckten Häusern, war die hübscheste Siedlung. Dicht dabei lag Vogelkoje, der einzige Wald auf der Insel. Zum Watt hin gab es große, urwaldartige Bäume, aber nach der Seeseite zu wurde das vom Wind gepeitschte Gehölz immer flacher, bis es bloß noch Büsche waren. Wenn man über die Insel darauf zu wanderte, näherte man sich einem hohen, grünen Dach. Die schmalen Waldwege, auf denen man nie zu zweit nebeneinander gehen konnte, waren sumpfig, die Vegetation sehr üppig; Naturschutzgebiet und Vogelwarte. Ein kleiner Süßwassersee in der Mitte verlockte Wildenten und Gänse zur Rast auf ihrem Flug. Dann wurde ein Lockvogel dazwischen gelassen, der die ganze Schar in immer schmaler werdende

Kanäle führte, die schließlich überdrahtet waren. Früher hatte dann die Bevölkerung (die sich jetzt von den Kurgästen ernährte) ihre Fleischtage. Jetzt wurden die Vögel nur beringt und wieder in die Freiheit entlassen. Es war interessant, das zu beobachten – aber ich war doch froh, dass es einige gab, die dem Lockvogel nicht folgten und auf dem See blieben, frei vom Herdentrieb.

Als ich am 22. August[195] von meinem Morgenspaziergang mit dem Freund August Müller zurückkam, war der Geburtstagstisch in meinem Zimmer aufgebaut. Siebzehn kleine Leuchter, wie sie mich in Klappholttal so entzückt hatten, umgaben die Hotel-Torte. Bücher waren auch diesmal die Hauptgeschenke, aber einige bunte Gummiringe zum Werfen am Strand (ein Spiel, das damals ganz neu war) und eine schöne Bernsteinkette, von der meine Mutter sagte: »Papa hat sie selbst ausgesucht«, lagen da. Ich wurde sehr gerne siebzehn. Jetzt konnte mir niemand abstreiten, dass ich fast erwachsen war. Jetzt war es nicht mehr albern, sondern beinahe Pflicht, verliebt zu sein. Es ging damals ein Schlager um: ›Wenn du mit siebzehn nicht geküsst ...‹. Es war also Zeit, und vielleicht sollte ich nicht mehr so kratzbürstig sein, dachte ich. Trotzdem küsste ich mit siebzehn noch nicht, sondern erst mit achtzehn. Mir war es ja nicht klar, dass dies das letzte Jahr meiner ungebundenen Freiheit war, dass ich mich ein Jahr später bereits verloben würde und damit unter die sittsamen Bräute ging. Aber jetzt war ich gewillt, mein achtzehntes Lebensjahr restlos zu genießen. Eine Ahnung von der Vergänglichkeit dieser Jugendzeit hatte ich wohl, und das war, wenn man in vier Jahren drei Schwestern heiraten und in die Mühsal des Familienstandes eingehen sieht, auch kein Wunder.

Es fällt mir nicht leicht, in diesen Ferien einen Tag besonders herauszuheben, da doch jeder Tag ein Festtag war. Was wir an meinem Geburtstag taten, weiß ich nicht mehr recht. Jedenfalls erinnere ich mich daran, dass mich ein wunderbares Hochgefühl erfüllte und ich die Liebe und Fürsorge der Eltern restlos genoss. Ich habe nicht oft mit meinen Eltern zusammen Geburtstag gefeiert. Nachfeiern waren immer ziemlich wertlos, und aus dem ›Verschoben‹ wurde meist ein ›Aufgehoben‹, sodass ich jetzt noch eine Abneigung gegen künstliche Gedenktage habe. Am Abend hatten wir ein Festessen in

---

195 Am 22. August 1926 wurde Susanne Bonhoeffer 17 Jahre alt.

einer Ecke des Saales mit Kerzen und Blumen. Es war inzwischen bemerkt worden, dass ich Geburtstag hatte, und so bekam ich von den ferneren Bekannten noch allerlei Geschenke, und es bildete sich nach dem Essen ein ganz vergnügter Kreis. Zum Essen waren Rudi Hyrthle und seine junge Frau eingeladen, ein Breslauer Professoren-Sohn, der ein Freund von meinem Bruder Walter gewesen war und mit ihm bei meiner Mutter unterrichtet worden ist. Diese Verbindung war nie ganz abgerissen. Nun hatten wir sie hier auf ihrer Hochzeitsreise wieder getroffen, und ich mochte beide gern. Es war die einzige Jugend, die meine Eltern mir bieten konnten, und das junge Paar genoss das Essen sehr. Noch waren sie beide stellungslose Ärzte (jedenfalls unbezahlte). Ein riesiger roter Hummer machte den Anfang! Er schmeckte mir herrlich, ich werde ihn nie vergessen.

Ich habe mein achtzehntes Lebensjahr wirklich sehr munter verbracht – mit Tanzstunde, Festen, Freundschaften und Ungebundenheit. Dabei war ich aber im Grunde brav und darum bemüht, verantwortungsbewusst zu leben. Trotzdem hielten es meine Eltern für gut, mich aus Berlin etwas fernzuhalten; so hatte ich im April einer Einladung zu Anschützens nach *Heidelberg* zu folgen, was ich auch nicht ungern tat. Noch waren Semesterferien und die Studentenstadt wirkte unbelebt. »Meine Eltern bringen mich an die Bahn«, sagte ich. »Ich auch«, erwiderte Hans Lange, »vier Wochen ohne dich ist eine ziemlich lange Zeit.« So glaubten meine Eltern gewiss, das Fahrgeld nicht umsonst ausgegeben zu haben, als er frech und gottesfürchtig mit einem Strauß roter Rosen auf dem Bahnsteig erschien. Mit Rosen und Gepäck steige ich dann in einen Liegewagen mit drei übereinander befindlichen Betten. Meine Schlafgenossinnen sind ziemlich vertrocknet und ältlich. Die Betten sind bereits aufgeschlagen, aber ich habe noch keine Neigung hineinzugehen. So bleibe ich vor der Tür stehen. Viel sieht man nicht: Lichter, Stadtbahnhöfe und etwas Mondschein. Ein junger Mann gesellt sich zu mir. Er fängt ein Gespräch an, in gebrochenem Deutsch. Ausländer machen mir immer Spaß. Jedenfalls mehr als die Alten da drin. Er ist Russe und studiert an der Technischen Hochschule in Karlsruhe. Russe ist toll, Russen kenne ich noch kaum. Nur viel Literatur von dort. Er will nicht recht mit der Sprache heraus, wie es jetzt in Russland ist, aber er ist nicht Emigrant, sondern Sowjet-Bürger, und er will auch wieder dorthin zurück. Ich habe mir Kommunisten ganz anders vorgestellt. Salon-Kommunisten kenne ich genug – aber ein richtiger aus der Sowjetunion ... Und so elegant! Mit grauem Anzug und gut rasiert; sehr groß, sehr blond. Die Berliner Kommunisten, die ich kenne, versuchen, ganz anders auszusehen. Wir reden, bis es hinter mir an der Tür klopft. »Hören Sie doch endlich auf zu schwatzen und kommen Sie schlafen!« Wir mussten natürlich laut sprechen bei dem Krach im Zug; aber dass man das bis ins Abteil hört, habe ich nicht bemerkt. Schlafen will ich noch nicht, gehorchen erst recht nicht – aber siehe da, der Gang ist ganz leer. Wie spät? Gleich Mitternacht. Hätten wir nicht gedacht. Aber wir müssen uns noch ein bisschen zu Ende unterhalten. Um niemand zu stören, stellen wir uns auf die Ziehharmonika zwischen den Wagen. Der Schaffner kommt durch, und der junge Russe flüstert mit ihm und gibt ihm etwas in die Hand. Ach so, der soll uns hier stehen lassen. Da kommt der Schaffner wieder: »Bitte sehr.« – »Danke«, antwortet mein Russe und sagt »Bitte« zu mir. Sie führen mich in ein Abteil erster Klasse Schlafwagen, unten Sitze mit rotem Polster, oben Bett. Auf dem Tisch steht eine Flasche Sekt mit zwei Gläsern. Ich war erst siebzehn Jahre alt, aber soviel begriff auch ich. So war es nicht von mir gedacht. Dass man sich verliebt, dass man als Russe vielleicht gleich aufs Ganze geht, das verstand ich und nahm es nicht übel. Aber dass ein Schaffner, der mein Vater hätte sein können, ein Beamter, da mitmacht, fand ich unerhört. Dass die beiden Männer das abgekartet hatten ohne mein Einverständnis, machte mich böse. Ich hatte nicht so sehr Angst vor einem Abenteuer, als einfach keine Lust dazu. Der Russe hatte mich rein sachlich interessiert. Mochte er mit dem Schaffner den Sekt allein austrinken! Ich ging energisch schlafen zu meinen alten Ziegen.

Ganz früh um sechs Uhr ging ich mich waschen. Vor der Abteiltür stand mein Russe. Er wollte meine Adresse. Er müsse in Frankfurt umsteigen. Adresse hat keinen Sinn, sagte ich und wünschte gute Reise. Nach Frankfurt gehe ich in den Speisewagen frühstücken. Mein Russe steht vor meiner Tür. Er ist nicht umgestiegen, er kann auch über Heidelberg nach Karlsruhe fahren. Also frühstücken wir zusammen. Es ist wieder sehr nett und gemütlich. Dann kommt bald Heidelberg. Ich mache mich fertig zum Aussteigen, mit Rosenstrauß. Er macht sich auch bereit. »Es ist vergeblich, ich werde abgeholt«, versichere ich. Und wirklich steht mein Vetter Hans Anschütz – ebenfalls mit Rosenstrauß – am Bahnhof. Der staunt über meine herzliche Begrüßung; aber der Russe ist nun abgehängt. Anschützens amüsieren sich köstlich über meine Reiseerlebnisse.

Sie wohnten oberhalb von Heidelberg auf dem Philosophenweg in einem herrlichen Haus mit großem, ansteigenden Terrassengarten. Als Vater Anschütz den Ruf nach Heidelberg annahm, wunderte man sich, denn Berlin stand für Professoren damals am Ende der Karriereleiter. Aber: »Wo eine Villa ist, ist auch ein Weg«,[196] hatte der komische alte Professor Gradenwitz[197] gesagt, der an der Heidelberger Fakultät lehrte – und er hatte recht behalten, denn das schöne Haus, das sie von ihrem früheren Aufenthalt dort noch besaßen, lockte doch zur Rückkehr. Ich hatte ein sehr gemütliches, großes Zimmer bei ihnen, mit einem wunderbaren Blick aufs Schloss und über den Neckar. Die Obstbäume blühten, und der Flieder duftete. Die Stadt atmete Frieden in den Semesterferien. Der Neckar stand noch kurz vor seiner Regulierung und war ein munteres Gewässer. Ich lebte zum ersten Mal in einer kleinen Stadt – wenn man auch oben auf der Höhe nicht viel von der Enge verspürte und allen Komfort genoss.

Wunderschön waren die nahen Hügel des Odenwalds. Es standen viele Bäume dort. Und dann war da bald hinter dem Haus die Wiese, auf der das Gedicht entstanden war ›Ich liege still im hohen, grünen Gras ...‹.[198] Und da lag ich nun lange und sah nicht nur in den Himmel, sondern auch in die Apfelblüte und in die bunten Wiesenblumen und söhnte mich mit dem Verbanntsein vom Berliner Trubel aus. Die Wälder waren etwas parkartig, erfüllt von Maiglöckchen, aber auch von lieblich blühendem Knoblauch. Ich bemerkte dies erst, als ich den ersten Strauß davon gepflückt hatte. Der kam natürlich in das Zimmer von Vetter Hans, denn wir haben uns fröhlich geneckt. Ich hatte meinen neuen Fotoapparat dabei und habe viel fotografiert, besonders Landschaften. Der Neckar hatte es mir angetan. Natürlich war er in seinem Ausmaß nichts gegen unsere

---

196 Humoristische Abwandlung des Sprichworts »Wo ein Wille ist, ist auch ein Weg.«
197 Otto Gradenwitz (1860–1935) war Professor für Rechtswissenschaft jüdischer Abstammung; seit 1908 lehrte er an der Universität in Heidelberg, wo er Gründungsmitglied der Heidelberger Akademie der Wissenschaften wurde.
198 Das Gedicht ›Feldeinsamkeit‹ von Hermann Ludwig Allmers (1821–1902). Er stammte aus der niedersächsischen Marsch, unternahm jedoch 1895 eine längere Reise nach Süddeutschland, wo er auch in Heidelberg Station gemacht hat.

Havel. Aber Goethes Mondlied[199] und andere Gedichte waren diesem Fluss viel angepasster. Ich kannte bisher keinen munteren, mittelgroßen Fluss und konnte ihn stundenlang von einer Brücke aus oder am Ufer liegend ansehen.

Sehr schön war auch der Garten, um sich dort romantischen Gefühlen hinzugeben. Er war der ganze Stolz von Frau Anschütz, und sie züchtete besondere Rosen und Steingartenpflanzen, die jetzt über und über blühten. Professor Gradenwitz – in Heidelberg gab es ein gedrucktes Heftchen mit ›Gradenwitzen‹ – hatte Frau Anschütz besucht und ihr wunderbare Rosen mitgebracht. Sie geriet in Verzückung: »Wo haben Sie die bloß her? Gerade trägt ein Strauch in meinem Garten die ersten dieser herrlichen Blüten! Wer hat denn hier sonst noch diese seltene Neuheit?« – »Nur Sie, Gnädige Frau; die Blumen sind aus Ihrem Garten.« Gradenwitz trug einen langen Wallebart und dicke Brillengläser. Von einem Studenten gefragt, ob er ihm sagen könne, wo der Kohlhof wäre (ein Ausflugslokal am Neckar), antwortete er: »Sie meinen wohl die Universität?« Ich traf ihn mit Hans auf der Neckarbrücke, und Hans wollte, dass ich ihn kennen lerne. »Er sagt bestimmt wieder dasselbe zu dir wie zu deinen Brüdern«, meinte er. Und so war es auch. Als er meinen Namen hörte, entsann er sich wieder der kurzen Zeit, wo er mit meinem Vater zusammen in Königsberg an der Universität gewesen war,[200] und sagte zu mir: »Ja, da weiß ich noch, wie Ihr Vater zu Ihrer Mutter gesagt hat: Du, Paula ...«. Aus. Mehr Unterhaltung war nicht. Da ich auf diesen Ausspruch schon vorbereitet war, erwartete ich auch nichts weiter und war dem alten Herrn gegenüber mit Schweigen gewappnet.

Meine Stellung in der Familie Anschütz war nicht fest umgrenzt. Ich war eingeladen; Mutter Anschütz freute sich, wieder eine Tochter im Haus zu haben, denn die ihre hatte sich sehr jung verheiratet. Aber ich sollte wohl auch irgendwie beschäftigt werden. Blumengießen und Staubwischen wurden mir zur Verpflichtung gemacht. Das galt wohl als das, was man einem jungen Mädchen als Gast zumuten konnte. Doch für mich war es das Schlimmste, was mir passieren konnte. Diese beiden Beschäftigungen habe ich von jeher gehasst.

---

199 Das Gedicht ›An den Mond‹ von Johann Wolfgang von Goethe (1749–1832) enthält u.a. die Zeilen: »Rausche, Fluss, das Tal entlang, ohne Rast und Ruh ...«.
200 Im Jahr 1903.

Hätte ich kochen, waschen, scheuern oder abwaschen sollen, wäre mir das hundertmal lieber gewesen. Aber es war ja ausreichend Personal im Haus. Auch im Garten war eigentlich nichts für mich zu tun, weil dort den ganzen Tag ein Gärtner unter Anleitung der Hausfrau arbeitete. Mir blieb unendlich viel Zeit. Hans unternahm einiges mit mir. Er war bereits Referendar und hatte feste Dienstzeiten, doch abends hatte er oft zwei Theater- oder Kinokarten frei, und wir unternahmen einen Tag nach dem anderen etwas zusammen. Sonst saß ich neben Mutter Anschütz mit leichter weiblicher Handarbeit oder es waren Gäste da. Frau Anschütz war kunstbeflissen. Sie hatte eine große Sammlung ausgeschnittener Bilder, die sie in Mappen ordnete. Dabei machte ich gerne mit. Sie wusste wirklich etwas von Kunstgeschichte, und das hatte mich ja schon in meiner Schulzeit interessiert. Außerdem spielte sie sehr gut Klavier; ich hörte ihr zu und bekam dabei Sehnsucht nach Dietrich. Sie mochte es auch, wenn ich von uns zu Hause erzählte, und wollte alles ganz genau wissen.

Gelegentlich kam der Onkel dazu, und ich wurde ganz eifrig beim Erzählen. So sehr ich mich auch manchmal über Eltern und Geschwister ärgerte – wenn ich woanders war, brach der Familienstolz aus. Dann war gut und richtig, wie es bei uns war, und alle waren unübertrefflich. Gelegentlich hatte ich nach meinen Erzählungen dann selbst ein schlechtes Gewissen, warum ich mich denn in einem so vorbildlichen Kreis derart unglücklich und heimatlos fühlte, und ich bekam Neigung, bald mit neuen Kräften heimzufahren. Mit Vetter Hans war es ein schönes Beisammensein. Sein Herz war derzeit unbesetzt, wie er sagte, und er suche nach einer reichen Waise zwecks Eheanbahnung. Aber noch wolle er sich Zeit lassen, denn er hätte von der ›Kinderehe‹ seiner Schwester genug. Besonders der Ehemann war da sehr jung. Als dieser einmal auf einer Reise durch Berlin kam und bei uns an einem Wahlsonntag Besuch machte, fragte ihn meine Mutter, ob er hier in Berlin wählen könne. »Das darf ich noch nicht«, antwortete er. Dabei hatte er doch schon fürs Leben gewählt – und es ging gut. Als ich in Heidelberg wohnte, gab es bereits einen dreijährigen, munteren Enkel. »Endlich ein Kind, das dick und doof ist« freute sich die Großmutter, »meine waren schon als Babys durchgeistigt!«

Von Heidelberg aus fuhr ich nicht heim, sondern weiter an den *Genfer See*. Ich war in einem Sanatorium eingeladen, wohin mein

Vater oft seine Patienten schickte, geleitet von Doktor Forel.[201] Das wollte ich, trotz allerlei Sehnsucht nach Berlin, doch ausnutzen. So fuhr ich über Basel und Bern nach Montreux. In Basel ging ich während eines längeren Aufenthalts nach der Zollkontrolle den Rhein besuchen, den ich noch nicht kannte. In Bern musste ich mich beim Umsteigen auf Französisch verständigen, denn es war mir unmöglich, ein Wort von dem dort gesprochenen Deutsch zu verstehen. Der Genfer See lag bereits im Dunkel, als ich ankam. Von Bergen hatte ich auf diesem Weg durch den Jura nicht viel gesehen und war von der Schweizer Reise etwas enttäuscht. Als wir in alpine Höhen kamen, war es draußen Nacht. Auf dem Bahnhof Montreux stürzte eine bewegliche, kleine, blonde Frau auf mich zu und küsste mich auf beide Wangen. Dies war Madame Forel, die aus Lettland stammte und mich mit ihrem Wagen abholte. See und belaubte Bäume im Scheinwerferlicht, so ging es den Weg entlang bis nach Nyon, der kleinen am See gelegenen Stadt, zu der die Mâterie gehörte – und von dort in wenigen Minuten auf das große Gelände des Sanatoriums. Als ich nach einem lieblichen Nachtmahl todmüde ins Bett sank, fand ich dort eine Rolle mit Schokoladentalern von Cailler. Ich war gerührt über so viel Gastlichkeit und den reizenden Empfang.

La Mâterie war ein großer Park mit vielen Einzelhäusern und einigen geschlossenen Abteilungen, mit Wald, Wiesen, Gartenbetrieben und Gewächshäusern; etwas abseits davon stand das Arzthaus, wo wir wohnten. Ein Tunnel führte unter der belebten Autostraße nach Genf hindurch zum Strand mit Steg, Boot und Badeplatz (der aber fest verschlossen war und nur vom Pförtner geöffnet wurde). Links hatte man den Blick auf die Märcheninsel mit dem Schloss Chillon, rechts lag Genf, gegenüber glänzte der Montblanc. Vom Tennisplatz aus konnte man die Bälle in dieser Richtung schlagen, und ich habe mit Blick auf den weißen Berg ganz gut Tennis spielen gelernt. Traurig war nur, dass rund herum viele aus dem Nest gefallene Eichhörnchen lagen, die man hier im Frühling findet wie bei uns die jungen Vögel. Das Ufer des Sees war sehr steinig, das Wasser glasklar und eiskalt durch die Gletscherflüsse. Ich habe erst

---

201 Auguste Forel (1848–1931) war ein Schweizer Psychiater, Philosoph, Sozialreformer und Pazifist. Er gilt als Wegbereiter der Psychiatrie in der Schweiz und als einer der wichtigsten Vertreter der dortigen Abstinenzbewegung. Er eröffnete 1889 die Trinkerheilstätte Ellikon an der Thur, die heute unter dem Namen Forel-Klinik die bedeutendste Schweizer Klinik für die Behandlung von Suchtkrankheiten ist.

am letzten Tag riskiert, darin zu schwimmen, um doch einmal im Genfer See gebadet zu haben. Sonst wagte sich noch kein Mensch hinein. Aber rudern war herrlich! Hinter unserem Park zog sich das Gelände in leichten Schwingungen bis nach Genf hin. Man konnte mit dem Rad (dort ›Velo‹ genannt) sehr schöne Fahrten machen. Da Forels ein Auto hatten, kamen wir auch weit um den See herum bis ins französischsprachige Gebiet und zur Rhônemündung – und von dort in die Berge. Ich kam von solchen Fahrten immer wie erschlagen zurück. Es war einfach mehr Schönheit, als ich verkraften konnte. Ich machte innerlich nicht mehr mit. Die Narzissenfelder waren zwar schon fast abgeblüht, aber die ganze Üppigkeit der Vegetation, zusammen mit dem gigantischen Hintergrund, betäubte mich.

Am Vormittag zupften wir zusammen Unkraut, *mauvais herbes* – ich und drei besonders erlesene Patienten. Sie holten mich ab und lotsten mich in die Gärtnerei und zu den Gemüsebeeten, wo sie arbeiten sollten. So machte es ihnen mehr Spaß. Mit diesen drei Herren tanzten wir fast jeden Abend im Arzthaus Tango (nur Tango!). Damals konnte ich ihn wirklich. Da war Monsieur de Gonzenbach, ein Geldkranker (wie die anderen beiden auch) und rauchsüchtig, der nun schon auf siebzig Zigaretten am Tag heruntergekommen war; er trug eine silberne Kniescheibe und zwei elfenbeinerne Rippen, auf die er stolz war. Ich glaubte ihm das nicht und hielt es für eine fixe Idee, aber Doktor Forel bestätigte es mir. Ärzte täten bei reichen Leuten alles, was die wollten. Darum wäre er ja nun hier untergebracht. Der Zweite war ein mordsdicker und starker Riese, der die Baumstümpfe, die fünf Mann zusammen vergeblich auszuroden versuchten, einfach mit seinen zwei Pranken herauszog. Doch es ließ sich mit ihm besonders gut Tango tanzen. Auch er war geldkrank – Verschwender und entmündigt. Das war bei seiner Stärke auch nötig, obwohl er mir sehr gutmütig erschien. Und als Dritter Herr Reißer, Österreicher und Reicher überhaupt, verlobt mit einer Susanne und von meinem Vater in die Mâterie geschickt. Er war mir sehr zugetan und der schönste Mann, den ich je gesehen habe. Da wir beide viel Gesprächsstoff miteinander hatten (und das auf Deutsch), galten wir als anerkanntes Paar und konnten uns auch absentieren.

Wenn ich dabei war, durfte er die Mâterie verlassen; das gefiel ihm natürlich sehr. Sein Leiden war das viele Geld seiner Eltern.

»Es ist furchtbar«, seufzte er, »ich werde niemals im Leben arbeiten müssen.« Wir sprachen über seine Vorstellungen und Ängste, und bald stand er auf dem Standpunkt, auch ich ginge unfehlbar der Irrenanstalt entgegen und sollte so bald wie möglich meinen Vater konsultieren. Ich hielt mich aber an das ärztliche Zeugnis, das mir mein Vater an Stelle eines Amtsarztes stets auszustellen pflegte, wenn es nötig wurde: »Meine Tochter ist geistig und körperlich normal. Bonhoeffer.« Das hatte er Herrn Reißer eben nicht ausgestellt. Wir durften zusammen nach Genf fahren, nachmittags und über den Abend, und kamen mit dem letzten Zug heim. Zu Hause wäre es mir sehr komisch vorgekommen, mit einem jungen Mann allein soupieren zu gehen – und nun in der Fremde, mit einem aus der Anstalt! Aber er sah so aus, dass man sich gerne mit ihm zeigte. Wir besuchten die Stadt, tranken Kaffee, gingen ins Kino und aßen sehr fein zu Abend, in einem kleinen Weinlokal. Er durfte Geld ausgeben. Forel hatte ihm zu diesem Zweck etwas von seinem Konto ausgehändigt. Zum Dank dafür übernahm ich, ehe seine Braut ihn besuchen kam, in der Gärtnerei seine Arbeit an den Zwiebeln, zu der er eingesetzt war, denn er hatte Angst, dass ihm sonst der Geruch anhaften würde. Ich habe auch gärtnerisch eine Menge gelernt, und Forel sagte zu mir: »Sie haben eine wunderbare Art, mit meinen Haltlosen umzugehen.« Er hätte mich gerne länger dabehalten. Zu meiner Verlobung gratulierte er mir mit den Worten: »Sie wird ihren Mann nie langweilen«, was mir natürlich gut gefiel.

Wir hatten die ganze Zeit das herrlichste Wetter, und man hätte jede Minute draußen nutzen können, da ich völlig frei von Pflichten war. Frau Forel war dankbar, dass ihre drei Kinder so an mir hingen. Doch wir spielten, anstatt rauszugehen, in meinem Zimmer *vingt et un* – das schwachsinnigste Glücksspiel, das man sich denken kann. Um Streichhölzer! Wir hatten alle vier die Spielsucht. Sicher habe ich auch manches draußen gesehen und erlebt, aber zwei bis drei Stunden täglich habe ich leider im Haus damit verloren. Mein Zimmer hielt ich abscheulich unordentlich, sodass es mir selbst peinlich war, und immer lagen Karten und Streichhölzer auf dem Tisch. Vielleicht war es Abschottung gegen die überstarken Eindrücke der schönen Umgebung. Vielleicht war es auch nachgeholte Spielwut und Geistlosigkeit, zu der ich durch meine großen Geschwister nicht gekommen war, und die ich nun bei den Kleinen (mit denen die Verständigung doch erschwert war) auslebte.

Die Familie des Doktor Forel bestand aus der sehr tüchtigen, fürsorglichen Mutter, dem liebenswürdigen, übermäßig lebhaften, fast immer gehetzten Vater und drei Kindern. Inez war vierzehn Jahre alt und sollte ihr Deutsch vervollkommnen, hatte aber gar keine Lust dazu, denn sie war auf die Deutschen böse. Mich nahm sie aus. Als ich mir ihre Deutsch- und Geschichtsbücher angesehen hatte, konnte ich sie verstehen. Noch im Jahr 1927 lernten die Kinder in der französisch sprechenden Schweiz all die Gräuelmärchen des Ersten Weltkrieges. Diese Bücher waren einfach mit Hass erfüllt und voll von ›Erbfeind‹, was mich in meiner pazifistischen Seele tief erschütterte. Aber wie gesagt, mich nahm sie aus; und weil sie nicht Deutsch sprechen wollte, lernte ich umso besser Französisch. Die beiden Kleinen, ein Junge von sieben und ein Mädchen von neun Jahren, sprachen überhaupt kein deutsches Wort, und so war ich bald im Französischen derart zu Haus, dass ich sogar in dieser Sprache träumte. Frau Forel arbeitete viel mit ihrem Mann zusammen, da sie ebenfalls Ärztin war. Das Essen wurde aus der Anstaltsküche ins Arzthaus gebracht – nach französischer Art acht kleine Gänge auf extra Tellerchen. Der Abwasch geschah ebenfalls außer Haus. Abends gestaltete sie selbst etwas aus den Resten oder kochte nach baltischer Art.

Mit den Kindern durchstreifte ich oft das Gelände – Gärten, Wiesen und Wald hinter dem Anstaltspark – oder wir fuhren mit den Velos nach Nyon zum Einkaufen. Einmal hatten die Kleinen einen Hexenring aus Pilzen weit hinten im Park entdeckt. Nun baten sie mich, mit ihnen nachts um zwölf Uhr dorthinzugehen, um die Elfen tanzen zu sehen. Ich fragte heimlich Frau Forel um Rat, und sie meinte, ich solle es ruhig tun, das könne den Kindern nicht schaden. Inez wollte auch mit, so weckte ich sie und Mietti (der Bub schlief zu fest). Wir gingen in den Mondschein. Elfen sahen wir trotz des ganz leisen Anschleichens nicht. Aber der Blick auf den weiten See unter dem Nachthimmel war mir Romantik genug, und auch Mietti war von dem Abenteuer entzückt.

Nach einem Monat in der Schweiz kehrte ich dann wieder nach Berlin zurück und hatte viel zu erzählen, besonders meinem ganzen Freundeskreis. Bald danach, Ende Juli fuhr ich dann ein zweites und letztes Mal mit den Eltern nach *Kampen* und fand es diesmal noch schöner als im Jahr zuvor, weil Karl-Friedrich und Dietrich mit seinem Freund Dreyer aus Bremen auch mit- oder jedenfalls nachkamen.

4.2 Religion und Glaube in der Familie Bonhoeffer

Es ist mir nicht klar, ob ich je über das verfügte, was man ›Kinderglaube‹ nennt. Nie bin ich auf die Idee gekommen, dass man während des kurzen Tischgebets, das bei uns üblich war (»Herr, hab Dank für Speis und Trank«), wirklich an Gott denken könnte oder müsste. Es war eine Spielregel, die zum Essen gehörte, wie die Messerbänkchen. Fromm war man abends. Hörnchen war gläubig und sang mit uns all die schönen kindgemäßen Lieder wie: ›So nimm denn meine Hände‹, ›Harre, meine Seele‹ und ›Lass mich gehen‹. Ich verdanke diesen alten Weisen mit ihren eingängigen Melodien doch viel abendliches Geborgenheitsgefühl. Viele Lob-, Dank- und Abendlieder lernten wir von ihr. Mein Lieblingslied war: »Lobe den Herrn, o meine Seele,/ ich will ihn loben bis in den Tod,/ weil ich noch Stunden auf Erden zähle,/ will ich Lob singen meinem Gott.«[202] Als mich im vierten Schuljahr Fräulein Mommsen fragte, was Fürsten wären (wir hatten wohl gerade Geschichtsstunde), antwortete ich zu ihrem Erstaunen mit dem zweiten Vers dieses Liedes: »Fürsten sind Menschen vom Weibe geboren,/ und kehren um zu ihrem Staub,/ ihre Anschläge sind all' verloren,/ wenn der Tod nimmt seinen Raub./ Weil nun kein Mensch uns helfen kann,/ rufen wir Gott um Hilfe an.«

Wir beteten mit Hörnchen im Anschluss an das Abendlied, das immer einer von uns drei Kleinen vorschlagen durfte. Solange wir noch beisammen schliefen, beteten wir ›Müde bin ich, geh zur Ruh‹. Später, als wir größer waren und Dietrich sein eigenes Zimmer bekam, beteten wir das Vaterunser mit ihr. Sie lehrte mich nicht nur Lieder und Gebete – sie glaubte so fest an einen Vater im Himmel, der mich persönlich kannte und der mich erstaunlicherweise ganz ungeheuer liebte, dass auch mir kein Zweifel daran aufkam. Vom Herrn Jesus wusste ich, dass er zu allen Menschen gut war, und dass die Menschen ihn totgemacht hatten. So richtig leid brauchte er einem aber nicht zu tun; er war ja mit Gott verwandt und darum ein ›Herr‹ Jesus und nicht ein armer Jesus (wie er eigentlich aussah, wenn er so am Kreuz hing). Es gab so schöne Geschichten von ihm, was er alles gekonnt hatte, dass man gar nicht verstehen konnte,

---

202 Ein Lied von Johann Daniel Herrnschmidt (1675–1723), das sich sowohl im Evangelischen Gesangbuch als auch im Gesangbuch der Brüdergemeine findet.

warum die Menschen damals so gemein zu ihm waren. Besonders Judas mit seinem Kuss war äußerst abschreckend für mich, und ich zweifelte an der Menschenkenntnis vom Herrn Jesus, dass er so einen mal gemocht hatte.

Das war alles sehr lange her, und wenn der Herr Jesus auch auferstanden ist, war er doch schon lange tot. Aber Gott – der war lebendig! Der erschuf immer neue Menschen, er ließ Korn wachsen und nahm tote Menschen zu sich in den Himmel. Gott machte Leben und Tod und Sonne und Äpfel und Eidechsen. Wenn man ihn auch nicht sah, so war es doch ganz unmöglich, dass er nicht da war, denn dann wäre alles kaputtgegangen. Er war ansprechbar, auch wenn er nie antwortete. Früher hatte er auch mit den Menschen geredet, und das war gedruckt worden. Es machte einfach Spaß, ihn zu denken und abends im Bett ganz lange mit ihm im Dunkeln zu reden. Wenn er auch nichts sagte, ließ er einen doch wenigstens aussprechen – und dann war alles gleich viel besser (so, als ob er geantwortet hätte). Hörnchen meinte, ich solle nur auf die Stimme in meinem Herzen hören, da sage er mir, was recht sei. Ich habe ihn da nie gehört. Ich merkte nur immer mich selbst denken. Aber dass er mich mit meinem Denken gemacht hatte, genügte ja; dann würde es schon stimmen.

Schon bevor ich das erste Mal die *Matthäus-Passion* hörte, kannte ich ihre Worte (bis auf die Arien) auswendig. Denn von Palmsonntag an las uns Hörnchen jeden Abend aus der Passionsgeschichte einen Abschnitt vor. Sie las sehr leise und eindringlich. Die Zwillinge hockten in ihren Nachthemden, sorgfältig in weiße Bettdecken gewickelt, an meinem Gitterbett wie zwei Engel am Grab. Wir genossen diese ungewohnt verlängerte Abendandacht. Wir spürten wohl auch die Ergriffenheit der Lesenden auf uns selbst übergehen. Diese todtraurige Geschichte, die besser gar nicht wahr und nur ein Märchen gewesen wäre, ist geschehen. Und kein Erwachsener hatte da helfen können. Sie waren alle so feige und der Herr Jesus so allein. Es ging einfach nicht gut aus. Jedenfalls erst dann, als es für mein Gefühl schon zu spät war. Trotzdem liebte ich diese Geschichten, die so verhalten und bemüht sachlich erzählt waren, wie nur ein wirklich Liebender vom Sterben eines Geliebten sprechen kann. Sie waren so voll von unterdrückten Tränen, dass man beim Zuhören starr zur Decke blicken musste und den Krampf in der

Kehle des Schreibers zu spüren glaubte, der sich bloß durch diese Sachlichkeit vor dem Aufschluchzen retten konnte. Ich liebte diese Berichte mehr als die Weihnachtsgeschichte. Sie waren keine Wunder, es gab nichts Überirdisches dabei. Da waren Angst und Lüge und Reue, Verrat, Gemeinheit, Brutalität, Hass und Dummheit – alles, was man in der Welt und in sich selbst kannte. Und da waren Geduld, Schweigen, Überlegenheit, Güte und Selbstlosigkeit, wie man es so gern in sich gefunden hätte. Hörnchen las uns dies nicht aus dem Neuen Testament, sondern aus den letzten Seiten ihres Gesangbuchs vor. Das nannte man die ›Evangelien-Harmonie‹ der Leidensgeschichte. Dieses wohllautende, unverständliche Wort, das an Orgel und Engelschöre erinnerte, passte so gar nicht zu dem zerteilten Vorhang des Tempels, dessen scharfer, schriller Riss durch alles hindurchklang. Wenn er die Dissonanz eines leidenden Gottes hinausschrie, dann war dieses Wort ›Evangelien-Harmonie‹ irgendwie tröstlich für mich. Dann bekamen die Zwillinge das Gesangbuch zum Mitlesen in die Hand, und wir sangen bei Licht (sonst wurde im Dunkeln gesungen) die Choralverse aus der Matthäuspassion. Ich lernte sie durch das Mitsingen. Da gab es kein Ausweichen mehr – nun ging das, was da geschehen war, mich plötzlich an und war keineswegs Vergangenheit. ›Ich bin's, ich sollte büßen‹ und ›Wenn ich einmal soll scheiden‹ und ›Ich will hier bei dir stehen‹ ... Ich wusste eigentlich nicht, ob es richtig und erlaubt war, aber ich freute mich den ganzen Tag über auf diese Abende.

Karfreitag war ein schwer zu begehender Festtag und wurde von uns Kindern dadurch geheiligt, dass wir versuchten, uns nicht zu zanken. Das wäre an diesem Tag, an dem der Herr Jesus für uns gestorben ist, nicht verzeihlich gewesen. Wir hatten die dunkellila Samtkleider mit Spitzenkragen an und spielten leise Spiele. Die Puppen saßen schon für Ostern feingemacht im großen Puppenhaus. Sie warteten auf das Eierverstecken am Sonntag, denn Karfreitag und Stillsonnabend spielte man nicht Puppen. Puppentaufe wäre gegangen, aber das spielte ich nicht gern. Richtige Christen konnten sie ja doch nicht werden. Von Karfreitag verstanden sie nichts, aber sie mussten eben auch still sein. Tuschen ging am Karfreitag, auch Puzzle-Spiele schienen mir geeignet – vielleicht weil sich in ihnen Chaos und Erlösungsglaube abzeichneten. Quartett war ebenfalls erlaubt, aber Schwarzer Peter, Schnipp-Schnapp und

Poch wäre unmöglich gewesen. Ausschneiden durfte wegen der Schnipsel vor Ostern nicht mehr sein, auch Kneten machte zu viel Dreck auf den Tischen und auf dem Fußboden.

Karfreitag war schon mühsam, denn bei der geringen Auswahl etwas lustloser Spiele, der unterdrückten Vorfreude auf die Ostereier und der Frühlingsluft war es schwer, sich nicht zu zanken, außer wenn man sich aus dem Weg ging. Dabei war diese Spielbegrenzung keineswegs von den Eltern geboten, sondern ganz und gar eigene Gesetzlichkeit. Vielleicht war sie beeinflusst von der Haltung der Erwachsenen an diesem Tag, dessen Stimmungsgehalt wir auf unsere Weise mitzuleben versuchten. Sehr schönes Wetter erschien uns als Zeichen dafür, dass der liebe Gott nicht auf den Kalender aufgepasst hatte. Regenwetter erschwerte den Tag zwar noch mehr, war aber das Gegebene. Die verwirrend schönen Karfreitage meiner Jungmädchenzeit, in denen der Frühling erstmalig mit Macht auftrat, gab es in meinen Kindertagen wohl gar nicht.

Als Dietrich schon vierzehn Jahre alt war, begann er, am Karfreitag Kunstmappen zusammenzuschleppen, und wir trieben dann in den folgenden Jahren an diesem Tag christliche Kunstbetrachtung. Die Erwachsenen gingen am Abend in die Matthäus-Passion, und zwar alljährlich. Als die Zwillinge das erste Mal mitdurften, wollte ich so ungern allein zu Hause bleiben, dass man mich mitnahm. Mir wurde zwar angekündigt, ich würde mich entsetzlich langweilen, und ich dürfte nach dem ersten Teil, wenn ich wollte, mit den Eltern nach Hause. Ihnen wäre es auch meist zu lang, und ich sollte mich ja nicht genieren. Aber ich langweilte mich keineswegs und hielt eisern durch bis zum Schluss; nur die Arien hätte ich mir sehr viel kürzer gewünscht. Von damals an ging ich bis zu meiner Hochzeit jedes Jahr hin und habe es immer sehr genossen. Als Dietrich einmal fragte, warum Ursel denn immer solche großen ›Matthäus-Passions-Hüte‹ trüge, fing ich an, die ›Gemeinde‹ (sei es in der Kirche oder im Konzertsaal) zu beobachten. Er hatte recht, es gab da eine gewisse Tracht.

Wenn wir in den Osterferien in unser Harzer Häuschen kamen, war auf der Schützenwiese dicht vor unserem Zaun schon ein großer Haufen Reisig für das *Osterfeuer* aufgeschüttet, der täglich wuchs. Manchmal lag noch Schnee rundherum, und die Dorfjugend holte das Geäst aus dem Wald. Wenn aber schon Frühlingswetter war, brachten die Dorffrauen das Gestrüpp aus den Gärten, um es loszuwerden. Alte Matratzen und anderer Hausrat wurde zu unserer Entrüstung mit untergeschoben. Bis zum Sonnenuntergang am Ostersonnabend schleppte das ganze Dorf Brennbares dazu, und obenauf wurde dann eine Strohpuppe in Übermenschengröße gesteckt. Das ist der Winter, wurde mir von meinen Leuten gesagt – aber die Kinder im Dorf taten geheimnisvoll und scheu und wollten nicht recht mit der Sprache heraus, was diese Figur mit den langen Basthaaren und dem fratzenhaften Gesicht eigentlich sollte. Halb schien es mit Vogelscheuche und Feldsegen, halb mit etwas ganz verbotenem Bösen zu tun zu haben; und Pfarrer Gottschalk mochte es gar nicht gern. Später hat dieser Brauch dann auch aufgehört. Aber ich bin stolz darauf, als Kind doch noch etwas echt Heidnisches miterlebt zu haben.

Wenn das Osterläuten beendet war (was bald nach Sonnenuntergang einsetzte und sich über eine halbe Stunde hinweg bis zur völligen Dunkelheit hinzog), wurde das Osterfeuer angezündet, und der starke Rauch, der sich anfangs bildete, vertrieb den Streuselkuchen-Duft, der das ganze Dorf von Mittag an erfüllt hatte. Die Schützenwiese war voller Menschen; keiner, der nur irgend den Weg zurücklegen konnte, blieb zu Hause. Wenn die Flamme die Strohpuppe erreicht hatte und sie brennend aufloderte, ging ein Raunen durch die Menge. Sonst wurde absolutes Schweigen gewahrt, was ausgesprochen unheimlich war.

Erst wenn die Glut zusammenfiel, wurde es lebhafter. Die großen Jungen und die jungen Männer begannen zu springen. Erst allein – gefährliche, weite Sprünge über das Feuer, die mir hohe Kunst zu sein schienen; dann später mit ihren jauchzenden Mädels. Von uns sprang keiner, das war nur fürs Dorf. Hätte die Schützenwiese nicht vor unserem Haus gelegen, und wäre sie nicht, ohne unseren Privatweg zu nutzen, nur auf einem großen Umweg zu erreichen gewesen, wären wir als einzige Fremde kaum als Zuschauer geduldet worden. Wir Kinder waren natürlich erst wieder ins Haus zu bekommen, als sich alles zerstreut hatte. Wenn wir über Ostern in Waldau im Pfarrhaus meines Onkels waren, vermisste ich das Feuer am Sonnabend. Ich habe diesen Brauch auch sonst nicht mehr erlebt oder davon gehört. In Friedrichsbrunn, abends beim Einschlafen, leuchten mir noch die hohen Flammen vor den geschlossenen Augen, und ich ängstige mich um die brennende Puppe, die nur gemacht wurde, um verbrannt zu werden. Ich würde diese Puppe gerne lieb haben – und träume dann von einem hohen, brennenden Kruzifix aus Holz, das ich aus dem Feuer rette.

Im Gegensatz zum Christkind ist der *Osterhase* gar nicht heilig, sondern gehört in die Gruppe der Zwerge und Feen. Er ist kein Glaube, sondern eine Verabredung. Er ist so lebendig wie meine Puppen – gewissermaßen ›Leben aus zweiter Hand‹. Doch auch wenn er nicht heilig ist, hat er seinen Kultus, seine bestimmten Formen der Verehrung. Ungesuchte Ostereier zum Beispiel gelten nicht; Ostereier vor dem Ostersonntag zu essen ist gegen den Ritus und nur etwas für solche Leute, die auch den ersten teuren Spargel essen müssen, weil sie nicht warten können. Der Osterhasen-Kult duldet keine anderen Gaben als gefärbte Hühnereier oder Süßigkeiten in Eier-, Hasen-, Hühner- und Nestform. Eine Tafel Schokolade, ein Spielzeug (soweit es nicht Hasengestalt hat) oder ein Buch sind Profan-Geschenke, die nicht zu ihm gehören. Das Opfer wird am besten im Freien zwischen den ersten jungen, grünen Unkräutern, buntem Krokus und Primeln zelebriert; nur bei Regen- und Schneewetter in der Stube. Die Verstecke haben möglichst jährlich zu wechseln, was auf begrenztem Raum ja nicht ganz einfach ist. Eigentum ist nur das Gefundene; vergleichen oder zählen ist Undankbarkeit. Ein Ausgleich von höchster Stelle, wie er in anderen Familien üblich ist, wird bei uns verachtet – besonders von mir, obwohl ich als Jüngste natürlich immer etwas kurz komme. Ich will aber keine Ostereier, die ein anderer gefunden hat, und wenn ich merke, dass die Großen etwas extra für mich liegen lassen, gehe ich stolz daran vorbei. Lieber weniger haben, aber nicht auf die Freude der Erstentdeckung verzichten. Ich bin auf jungfräuliche Ostereier aus. Ostereier, die von Freunden und Patienten ins Haus kommen und einfach verteilt werden, verstecken wir drei Kleinen uns mit großem Eifer und raffinierten Einfällen gegenseitig (oder auch für die Puppen). Aber das ist schon nicht mehr der echte Kult.

Dass der ›Tübinger Osterhase‹[203] in seiner durchsichtigen, zuckrigen Farben- und Formenpracht sich hier die Hilfe der Eltern beim

---

203 Gemeint sind die Ostergeschenke der in Tübingen wohnenden Großmutter Julie Bonhoeffer.

Verstecken gefallen lassen muss, gehört mit zur Verabredung. Das Ganze endet für gewöhnlich damit, dass die Eltern und die Großen plötzlich mit wilder Verbissenheit anfangen zu suchen, nachdem mein Vater durch freundliche Nachfrage einen Überblick über die Ernte gewonnen hat. Wir Jüngeren haben es dann schon aufgegeben und überlassen uns der lieblichen Fülle auf unseren Tellern. Selbst am Nachmittag streift mein Vater noch sinnend durchs Gelände, zupft an Gardinen, schüttelt an Sträuchern und hebt Blumentöpfe auf. Aber erst nach Wochen, beim Suchen nach einem Ball oder einer Bocciakugel, findet man dann die Überreste der zu gut versteckten Ostereier. Oder es springt ein paar Tage nach Ostern eins der Großen vom Tisch auf und ruft: »Da ist es ja!«, und holt ein Schokoladenei aus einer Holzschnitzerei am Schrank hervor. Die vorgeschriebene Zeit für den Osterhasenkult ist am Sonntagvormittag; es kann aber auch vorkommen, dass bei Spaziergängen oder beim Besuch von Kindern bis zum Montagnachmittag hin der Ruf erschallt: »Der Hase war noch mal da!«

In Friedrichsbrunn gab es einen Osterberg. Dort traf sich den ganzen Sonntag über die Dorfjugend zum *Eierrollen*. Jeder brachte seinen Schatz an bunten oder mit Zwiebelschalen hübsch braun gefärbten Hühnereiern mit und erstieg den grasigen Berg, der ein ziemliches, aber gleichmäßiges Gefälle hatte. Im Tal floss ein schmales Bächlein. Man suchte einen Partner und ließ mit ihm zusammen auf ›eins – zwei – drei‹ hin ein Ei abrollen und rannte nebenher. Wessen Ei zuerst im Bach angekommen war, der bekam das des anderen. Blieben beide vorher stecken, begann das Spiel von Neuem. Geworfen durfte nicht werden, nur gekullert. Aber das Gras war um diese Zeit auf der Berghöhe noch sehr kurz, und man suchte möglichst buckelfreie Bahnen. Manchmal lag auch noch Schnee, und der Bach war gefroren; das tat aber dem Vergnügen keinen Abbruch. Ich habe in den letzten Jahren des Ersten Weltkriegs um meine drei Hühnereier gezittert, die ich gegen die Fülle der Eier der Dorfkinder einzusetzen hatte. Aber ich kam eigentlich immer reicher heim, als ich auszog.

Einmal haben wir am Ostermontag einen echten Osterhasen gefangen. Es lag in einer grasigen Kiesgrube; wir suchten die ersten Blumen und hörten es jämmerlich piepsen und rufen und fanden in einer Schlinge ein halbwüchsiges Häschen. Dietrich bekam einen richtigen Wutausbruch über die Fallensteller. Nachdem wir das Tier ein bisschen getröstet und gestreichelt hatten, ließen wir es laufen.

Als ich aufhörte, den Sinn des Osterfestes in Ostereiern zu erblicken – als ich also von der Anbetung der Göttin Ostara[204] und ihren Fruchtbarkeitssymbolen zu einem Versuch überging, mit dem christlichen *Auferstehungsfest* etwas anfangen zu können –, stand mir Dietrich zur Seite. In die Kirche ging unsere Familie an Ostern nur, wenn wir in Friedrichsbrunn waren (und auch das nur sehr unvollständig). Dietrich und ich wären auch im Grunewald gerne gegangen, so wie wir es bei meinem Onkel in Waldau immer taten – aber nach einem einmaligen Versuch ließen wir es wieder bleiben. »Um zu hören, dass es nun wieder Frühling wird, brauche ich mich nicht in die Kirche zu setzen«, sagte Dietrich. Dass der Tod in seiner trostlosen Schwere nicht mehr gilt; dass Gott, den wir auf dieser Welt nicht wollen und deshalb umbringen, doch lebendig bleibt; dass die Geschichten von der Auferstehung wunderschön sind und es auf das Gleiche hinauskommt, ob sie stimmen oder miteinander übereinstimmen, weil viel wichtiger ist, dass die Menschen damals merkten: Jesus ist nicht erledigt, sondern jetzt geht es erst richtig los, weil der Tod tot ist – das war der Inhalt unserer Unterhaltungen auf meinen Osterspaziergängen mit Dietrich. Überhaupt bestand die Besonderheit des Osterfestes weniger im Familienbeisammensein als darin, zu zweit oder dritt rauszugehen oder zu radeln; auch Mondscheinspaziergänge am Osterabend gehörten dazu.

Himmelfahrt ist kein kirchlicher Feiertag bei uns. Ich bekomme nirgends eine vernünftige Auskunft, was man an diesem Tag eigentlich feiert. Wir sind ein liberales Haus – aber der Mut, die Himmelfahrt Christi als eine Legende oder ein Gleichnis zu erklären, fehlt doch. Man schweigt sich über diesen Tag aus und feiert Frühling. Himmelfahrt und ein Besuch am kleinen Wannsee mit Eisschokolade gehören zusammen. Eine uns befreundete Patientin hat dort ein wunderbares Haus, und am Nachmittag bis zum frühen Abend sind wir dort eingeladen. Wir werden sehr fein gemacht – blaue, steife Leinenmäntel mit großen Perlmuttknöpfen gehören dazu, und man muss sich bis zum großen Familienaufbruch ordentlich und

---

204 Vermutlich der Name einer germanischen Frühlingsgöttin.

ruhig verhalten. Eltern, Hörnchen und alle Kinder gehen zu Fuß die zwanzig Minuten bis zum Bahnhof Grunewald und dort durch einen langen dunklen Tunnel, den ich gar nicht leiden kann, weil er immer nach nassem Hund riecht; mit der sehr vollen Stadtbahn fahren wir dann bis zum Wannsee. Die Großen müssen sehen, wie sie in den Zug hineinkommen, die Schwestern sollen sich an die Eltern halten, und ich darf nicht von Hörnchens Hand weg. Es ist furchtbar aufregend, weil ich nie weiß, ob alle drin sind; und es stinkt abscheulich dort unten, wo ich stehe und den Leuten in die Taschen gucken kann. Noch schlimmer ist die Rückfahrt – besonders, wenn es schon spät ist. Dann sind so viele Betrunkene im Zug. Einmal prügeln sich zwei von ihnen im Nebenabteil, und einer will den anderen aus dem Waggon werfen. Mir ist ganz übel vor Angst und Eisschokolade. Hörnchen versucht, die Notbremse zu ziehen, kommt aber in der Enge nicht dran. Schließlich hält der Zug, und die Radaubrüder werden entfernt. Jetzt brüllt eine Frau neben uns los, die bis dahin ganz stumm gewesen war und nur glasig stierte, denn es sind ihr Mann und ihr Freund, die da auf den Gleisen stehen; aber die Bahn fährt schon wieder an. Hörnchen erklärt mir schonend die Zusammenhänge und sagt, dass sie ihren Rausch jetzt im Regen ausschlafen werden. Dass es regnet, beruhigt mich wie ein klärendes Gewitter.

Am kleinen Wannsee ist es sehr schön. Das Gras führt lindgrün geschwungen bis ans Wasser, und überall blühen Schwertlilien. Auf dem Rasen ist eine große Vespertafel für die Kinder gedeckt, denn es sind noch andere da. Die Erwachsenen sitzen auf der Terrasse (das sieht man aber nur, wenn man aufs Klo muss). Diener bieten an, und die Eisschokolade mit Sahne darauf wird aus Strohhalmen getrunken – und das mitten im Krieg! Danach dürfen wir rudern oder auch Krocket spielen (was mir aber keinen Spaß macht). Rudern darf ich nur in einem breiten Boot, wenn einer der großen Brüder oder Hörnchen mit darin sitzt. Dann gibt es noch Gewinnspiele und eine Lotterie und schließlich das Abendbrot. Massen winziger Schnittchen mit herrlichen Dingen darauf – und für die Kleinen eine Extraplatte, die nachher von den Großen abgeräumt wird. Ich kann die Gastgeberin nicht von den vielen anderen freundlichen Damen unterscheiden, denen man Guten Tag sagen muss. Aber Himmelfahrt ist trotz der Stadtbahnfahrt schön.

Das *Pfingstfest* ist ebenfalls ganz dem Frühling geweiht, sei es zu Hause oder in Friedrichsbrunn. Vom Heiligen Geist ist im Familienkreis nicht die Rede.

Am *Bußtag* kam es vor, dass meine Mutter mit uns in die Kirche ging, denn es schloss sich an den Kirchgang ja kein festlicher Sonntag an, wo sie durch Familie und Besuch beansprucht war. So ging ich schon als Kind bei diesem Anlass in den Gottesdienst und empfand ihn als wirklichen Feiertag, der nicht mit Familienbräuchen überlagert wurde. Ich fand den Bußtag auch sehr nützlich und nahm ihn ernst. Als mein Vater erzählte, sie hätten in Schwaben in jedem Monat einen Bußtag gehabt, fand ich das noch besser. Es kam in meiner Konfirmandenzeit und danach sogar vor, dass ich am Nachmittag noch einmal in einen Gottesdienst fuhr. Die Geschwister lachten natürlich und meinten, ich hätte es wohl nötig. Ich dachte: »Ihr nicht weniger«, und verzog mich in mein Zimmer. Nach Möglichkeit ehrte man den Bußtag in unserer Familie dadurch, dass man abends geschlossen in ein seriöses Konzert ging. Oder es wurde Hausmusik gemacht. Schön war es, wenn meine Mutter dann die Beethoven'schen Psalmen sang. Das war für mich eine wohnzimmergemäße Hausandacht.

Mein Vater konnte mit dem Bußtag nicht viel anfangen. Ich merkte immer wieder, dass er der christlichen Sündenvorstellung überhaupt einige Vorwürfe zu machen hatte. Er hielt es mit der Aussage von seinem Landsmann Friedrich Theodor Vischer, der in seinem Roman ›Auch Einer‹[205] den Satz prägte: »Das Moralische versteht sich immer von selbst.« Beim gesunden Menschen zumindest. Handelte der nicht nach einem moralischen Gesetz, so war das Schlamperei. In jenen aber, welche die Kirche Sünder nannte, sah er eher krankhaft belastete, unglücklich veranlagte Menschen. Ich besinne mich auf ein abendliches Gespräch mit ihm, wo er uns davon erzählte, dass gewisse Eingriffe im Gehirn die Psyche des Menschen völlig verändern könnten. Und dass auch charakterverändernde Alterserscheinungen oder Leberkrankheiten deutlich machten, dass es mit der Verantwortung des Menschen für seine Seele eine recht zweifelhafte Sache sei. Ich war damals schon verlobt, als er diese unpädagogischen Lehren aussprach. Als Kinder beließ er uns in der Vorstellung, dass man eben so zu sein

---

205 Vischer, Friedrich Theodor: Auch Einer. Eine Reisebekanntschaft, 2 Bde., Stuttgart 1879.

hätte, wie die Erwachsenen es wollten. Er rechnete uns ja zu den Gesunden, die anlage- und willensmäßig dazu in der Lage waren, ihr Leben selbst in die Hand zu nehmen. Er mochte es nicht, wenn wir Stimmungen hatten und es uns selbst fraglich war, ob wir ganz heil wären. Wir wussten aber auch, dass er die Gesundheitsprotzen für ziemlich langweilig hielt.

Als mir zum ersten Mal *Zweifel* kamen und ich merkte, dass ich ›das alles nicht glaube‹, war ich sehr erschrocken. Wie das so plötzlich geschehen war, kann ich nur vermuten. Vielleicht stand Hörnchens guter Geist nicht mehr abends an meinem Bett, oder ich hatte irgendwelche philosophischen Gespräche der Geschwister nur halb verdaut, und sie stießen mir jetzt sauer auf. Jedenfalls war mein Ketzertum eine Sturzgeburt – auch wenn ich längere Zeit ahnungslos damit schwanger gegangen war. Als ich mich aber über den Glauben meiner Väter erhaben fühlte und die ›Stimme in meinem Herzen‹, der ich zu trauen gewohnt war, nun laut und aufdringlich ›Vernunft, Vernunft!‹ rief, da glaubte ich mich wirklich erwachsen und selbstständig. Ich war nicht Materialist geworden; bloß der Christengott erschien mir als eine ganz untergeordnete Figur, als ein spießiger, rundlicher Götze – während mein Gott ein überaus edles, schwer fassbares und fernes, ziemlich blutloses Geistwesen und sehr undurchsichtig war. Dieser ferne Gott war viel zu groß, um von der Erde überhaupt Notiz zu nehmen; darum war es auch sinnlos, zu ihm zu beten. Ein persönlicher Gott schien mir ein Kindermärchen zu sein. Christus mochte gelebt haben, gut gewesen sein und gelitten haben. Aber das hatten viele andere auch getan – und dabei bedauerlicherweise noch verblendet durch Jesu Namen. Ein Erlöser, der Märtyrer schafft, war doch ein Absurdum! Die Christen hatten eben alle nicht begriffen, was mir nun klar geworden war: dass alles nur pädagogischen Zwecken diente, was Jesus und Gott (das heißt: der Christengott) von uns verlangten. Anständig sein wollte ich sowieso; dazu brauchte ich nicht die Vorstellung, Jesus könne mir dadurch helfen, dass er stellvertretend für mich stirbt.

Nun behielt ich diese befreienden Weisheiten nicht für mich. Allerdings teilte ich sie meinen beiden Freunden, mit denen ich mich noch vor Kurzem geprügelt hatte, um die Existenz von Engeln zu beweisen, nicht mit. Aber meinen Freundinnen und Geschwistern gegenüber zeigte ich Bekennermut. Dietrich meinte, ich sollte die

Bibel doch ein bisschen mehr kennen lernen und lesen, ehe ich sie so ganz verwürfe. Ich kannte eigentlich nur die Geschichten, zu denen es Bilder gab. Doch ich fühlte mich frei von aller überkommenen Tradition und war stolz darauf. Ursel erklärte, sie wolle doch lieber das glauben, was so viel klügere Leute vor ihr gesagt hätten. Es war mir allerdings unbehaglich, dass sogar Goethe ziemlich viel von der Bibel und von Christus hielt. Noch als ich mit dreizehn Jahren in das neunte Schuljahr kam, war ich ein stolzer Rebell und wurde auf Ersuchen der Klassengenossen vom Religionsunterricht dispensiert, weil ich die ganze Stunde lang redete und protestierte.

Aber ich hatte begonnen, im Neuen Testament zu lesen, um besser orientiert zu sein – besonders mit Bärbel in Friedrichsbrunn. Dabei wurde es mir langsam schwer, Heide zu bleiben. Aber Christ wollte ich nicht sein. Ich fürchtete die Konsequenzen. Doch ebenso plötzlich wie der Unglaube kam die *Umkehr*. Auf dem Weg nach Hause sehe ich von der Halensee-Brücke aus die Züge fahren: Ringbahn und Stadtbahn nach Charlottenburg oder Grunewald oder Eichkamp, Fernzüge und Güterzüge. Hin und her – schnaufend, rauchend, zischend. Ich beobachte das jeden Tag, wenn ich aus der Schule komme. Aber heute, am 20. März 1924, bleibe ich auf der Brücke stehen. Wenn jeder so Zug fährt, wie er will, wenn nicht einer die Züge leitet, bricht alles zusammen. Es wäre verlockend, jetzt über das Geländer vor den nächsten Zug zu springen. Aber ich weiß, ich werde es nicht tun. Einer leitet mich. Die Stimme in meinem Herzen kommt gar nicht nur von mir selbst – einer kümmert sich um mich und verbietet, dass ich springe.

Meine Finger pressen sich um die Eisenstäbe des Geländers. Es regnet ganz sacht. Wenn ich jetzt loslasse und die Brücke überquere, werde ich Christ. Dann werde ich Gott auf dem Weg entgegengehen, den Christus uns zeigt. Es ist bald Frühling. Mein ganzes Herz ist voller Liebe. Wenn ich über die Brücke weitergehe, schreite ich über all das, was von der Vernunft bestimmt wird, hinweg zu dem Gott, der Liebe ist. Hinter dem her, der uns sagt, dass wir uns untereinander lieben sollen, weil wir nur so Gott lieben können. Und ich will so gerne lieben! Der Gott Jesu ist gar nicht spießig, denn Liebe ist niemals spießig – eher manchmal etwas unordentlich, wie ich selbst. Langweilig ist nicht der Gott der Bibel, sondern der Gott der Religionslehrer und Kinderbuchschreiber ... Und dann habe ich Angst, über die Brücke zu gehen, weil ich nun umdenken muss.

Ich weiß, dass nicht alles falsch ist, was ich bis jetzt geglaubt habe. Ich weiß zwar nicht, ob richtig ist, was ich jetzt denke; aber ich fühle mich an die Hand genommen. Die Züge fahren. Ich möchte »Quatsch!« rufen und gar nichts entscheiden. Aber ich bin gewiss, dass ich über die Brücke nach Hause gehe und Christ werde. Und dann kommt mir die hilfreiche Idee, dass ich es ja nicht gleich allen erzählen muss, dass ich ja erstmal sehen kann, ob es anhält. Die können ruhig meinen, es kommt vom Konfirmandenunterricht, der bald anfangen soll. Vielleicht lachen sie mich dann nicht so aus, wenn ich Ernst mache. Ich lasse das Geländer los und gehe über die Brücke – und das Gute (ich weiß nicht, ob Gott oder Jesus) ist mir ganz nah und geht mit. Meine Liebe darf ankommen. Vielleicht nennt man so etwas ›Hafen‹. Es war auch wirklich ziemlich stürmisch vorher. Aber ›ankern‹ kann ich noch nicht! Ich fange ja erst an, zu lieben und Christ zu werden. Noch habe ich genug zu tun, darüber nachzudenken, wen ich nun alles lieben kann und darf. Wenn ich ›christlich liebe‹, kann sich keiner dagegen wehren! Ätsch! Ich bin über die Brücke gegangen und bin sehr froh – aber ich komme zu spät zum Essen.

Christel und die Zwillinge hatten während des *Konfirmandenunterrichts* über den Pfarrer geschimpft und sich lustig gemacht. Christel, die als Erste im Grunewald eingesegnet wurde, hatte sowieso nichts übrig für das Transzendente; Dietrich war entsetzt über des Pfarrers Eitelkeit und seinen Goethekult; und Sabine hatte sich königlich über ihn amüsiert. Ich wollte es trotzdem schön finden – hatte damit aber meine liebe Mühe. Jedes Mal nach der Stunde fasste ich den Inhalt des Gebotenen zusammen (und zwar gereimt nach einer Choralmelodie zu singen), um mir zu merken, was der Pfarrer gesagt hatte. Aufgaben hatten wir nicht, auch keine Prüfung. Der Pfarrer sprach zu uns im Profil, auf das er stolz war. Er saß vorne am Klavier und sang sehr männlich und gut. Er sprach zu Herzen von allem Schönen, Edlen und Wahren. Ich saß ziemlich in der Mitte und sah ihn hingebungsvoll an. Ich glaubte, er wendete sich fast ausschließlich zu mir hin – wenn er etwas wissen wollte, fragte er jedenfalls mich. »Und wenn eure braunen Augen so tiefgläubig auf mich gerichtet sind, so will ich euch bekennen ...« – und dann kam irgendetwas Banales, und nur meine Augen blickten zu ihm.

Die anderen hatten, bis auf ganz wenige, Schularbeiten, Fotos und Zeitschriften unter der Bank und waren anderweitig beschäftigt. Es wusste nie jemand, was in der letzten Stunde besprochen worden war – außer mir und Jutta von Drigalski, die sich ebenfalls Mühe gab, fromm zu sein. Von den anderen Mädels weiß ich keinen einzigen Namen mehr, habe auch keine Vorstellung davon, wie sie aussahen. Die meisten wurden von irgendwelchen Jungens abgeholt, und man konnte sie dann knutschend im Baumschatten oder auf den Bänken sehen (besonders, wenn es um sechs Uhr schon dunkel wurde). Jutta und ich schritten bezopft und logisch denkend, neidlos und voll Verachtung an ihnen vorbei. Die meisten waren wohl auch schon älter als wir. Ich bin trotzdem gerne in den Konfirmandenunterricht gegangen; nicht wegen des Pfarrers, den ich auch bald in seiner dürftigen Eitelkeit bemitleidete, sondern weil ich Konfirmand sein wollte, weil ich die Dinge ernst nehmen wollte und weil mich in dieser Stunde keiner daran hinderte, an solche Fragen zu denken.

Kurz vor der Konfirmation sagte der Pfarrer (wie schon bei den Zwillingen): »Wenn ihr euch zu eurer Konfirmation etwas wünschen dürft, dann wünscht euch ein Bild von mir. Ihr bekommt es bei Zipplit an der Halensee-Brücke. Aber nehmt nicht das für dreißig Pfennige von vorn, sondern das für fünfzig Pfennige im Profil!« Das hielt ich dann doch nicht für die wesentliche Vorbereitung auf diesen Tag. Sein Pathos auf der Kanzel und am Altar war erhebend. Leider versprach er sich öfters, und das klang dann wohltönend komisch. »Hallulejah!«, entrang es sich ihm lautstark, zur Verblüffung der Gemeinde. Auch »Der Herr erhebe euch über sein Angesicht« war eine merkwürdige Vorstellung. Eine Predigt ohne Goethezitat gab es bei ihm nicht – eher konnte er schon mal den »Herrn und Heiland«, wie er Jesus zu nennen pflegte, dabei entbehren. Licht, Kraft, Weg, Geist, leuchten, schauen, sinnen – das waren die Worte, welche er am meisten brauchte und die er uns nahebringen wollte. »Wie die zarten Blumen willig sich entfalten ...« mussten wir als einziges Lied auswendig lernen, und er sang es so schön, dass ich diesen Vers seitdem nicht mehr hören kann.

Mit Jutta von Drigalski hatte ich denselben Heimweg. Sie war mein Jahrgang, erschien mir aber immer viel würdiger als ich. Wir liefen die Bismarck-Allee entlang und stritten uns die ganze Zeit über das Gehörte. Es war ein so erfreuliches, befruchtendes und sympathisches Streiten, dass wir uns auch bald für den Hinweg verabredeten. Dann lud sie mich zu sich ein. Sie wohnten im vierten Stock eines Mietshauses beim Bahnhof Halensee. Wohnungen in Mietshäusern übten auf mich den Reiz des Ungewohnten aus. Schon die merkwürdigen Namen der Leute an den Türschildern! Manchmal bellte ein Hund hinter einer Tür, oder man hörte leise Schritte. Ein Neger-Gral oder ein indischer Palast hätten mich kaum mit mehr Fremdheitsgefühlen erfüllen können ... Und das Haus hatte sogar einen Aufzug! Düsternis, Marmor, Gold, Eiche und Bohnerwachs – und im Fahrstuhl das Gefühl, dass mir jemand eine Schublade aus dem Magen zieht! Ob nun hinauffahren oder zu Fuß hochsteigen – ohne Herzklopfen und Schwindelgefühl ging solch ein Einbruch ins Städtische nie bei mir ab.

Jutta war immer etwas zurückhaltend, ihre Mutter von überwältigendem Temperament. Ohne sie wäre unsere Freundschaft nach dem Konfirmandenunterricht wohl zu Ende gewesen. Aber sie ließ mich nie fort (und Jutta durfte sich auch von mir nicht trennen), ohne das nächste Treffen fest verabredet zu haben. Da sie kein Telefon hatten, galt das jede Bindung bequem lösende Abschiedswort »Ruf doch mal an« dort nicht. Juttas Vater war Gnadenrichter; mir war erst nicht klar, ob er wohl aus Gnade Richter war, denn er schien mir sehr geistesabwesend und unwahrscheinlich langsam und langweilig. Aber er musste nur Gnadengesuche weiterreichen. Vielleicht hatte er seinen ersten Schlaganfall schon hinter sich, und er war auch viel älter als die Mutter. Das Geld war knapp. Mutter Drigalski machte alles alleine und war dabei immer vergnügt und ganz Dame. Wenn ich bei Jutta zum Kaffee war, umsorgte sie uns rührend.

Juttas ältere Schwester war ungewöhnlich hübsch und stets freundlich lächelnd. Jutta sah gut aus, war aber kein Jungenstyp. Sie war außerordentlich brav, sehr gut in der Schule, schwärmte für niemanden, machte Abitur und wünschte zu unserem Erstaunen, einen Beruf zu ergreifen, in dem sie pensionsberechtigt wäre. Auf meine Verführung hin war sie auch zu allerhand Unsinn zu haben. Aber der war ihr wohl ebenso fremd, wie mir die Treppenhäuser mit Fahrstuhl. Am ersten Januar vormittags machte sie immer einen Ausflug zum Grunewald-See mit, um ›den alten Adam zu ersäufen‹. Freundinnen habe ich bei ihr nicht gesehen – daher wohl der Eifer der Mutter, unsere Freundschaft

[...][206]

Morgens war ich mit einem Choral vom Familienchor geweckt worden. Dann kam meine Mutter zu mir herein, gab mir einen Kuss und sagte:»Wir sprechen zwar beide nicht viel davon, aber wissen doch voneinander, dass wir etwas von diesen Dingen haben. Lass es dir nicht nehmen.« Das war das einzige persönliche Bekenntnis, das ich je von meiner Mutter gehört habe. Die Last der theologischen Tradition in ihrer Familie machte sie sehr scheu bei solchen Aussagen. Sie hat uns nie etwas aufzwingen wollen – ebenso wie sie sich selbst jeden Zwanges erwehrt hatte. Nach dem Frühstück mit den zugereisten Verwandten zog ich mein schwarzes Samtkleid an und band das silberne Filigran-Kreuz um, das ich von meinem Vater bekommen hatte. Dann ging es zu Fuß in die Kirche, die eine Viertelstunde von unserem Haus entfernt lag. Die Geschwister kamen bei solchen Feierlichkeiten doch alle mit.

Die Tischrede meines Vaters machte auf mich sehr viel mehr Eindruck als die Predigt des Pfarrers. Er meinte sehr freundlich, so ganz Mittelpunkt eines großen Familienfestes wäre ich nie wieder – denn bei der Trauung gälte mir ja nur die halbe Aufmerksamkeit. Und Geburtstage, auch runde, wären nicht gleichzeitig kirchliche Feste. Bei seinen Worten hatte ich das Gefühl, dass er mich doch nicht für so ungeraten hielt, wie ich immer dachte, denn er sagte, ich wäre in meiner Art von allen Kindern meiner Mutter am ähnlichsten. Und das wusste ich: Ein größeres Lob gab es für ihn nicht. Am Nachmittag wurde musiziert, und meine Mutter trug auf meinen Wunsch hin die Psalmen von Beethoven vor. Ursel sang mein liebstes Brahms-Lied, in dem es heißt:»Eisen und Stahl, sie können zergehn, unsere Liebe muss ewig bestehn!«;[207] das mochte ich. Und von Christel erbat ich mir das Lied von Beethoven ›An die ferne Geliebte‹,[208] und meine ganze Seele schwang dabei für Grete. Abends war wie stets zeitig Schluss,»denn es war ein langer Tag!«

---

206 In allen auffindbaren Fotokopien des Manuskripts fehlt an dieser Stelle eine Seite. Darauf wird das zuvor Erzählte fortgeführt und mit der Beschreibung des Konfirmationstages von Susanne Bonhoeffer begonnen.
207 Johannes Brahms (1833–1897) komponierte das Lied ›Von ewiger Liebe‹ (Opus 43, Nr. 1) für eine Singstimme und Klavier im Jahr 1864.
208 Ludwig van Beethoven (1770–1827) schuf den Liederzyklus ›An die ferne Geliebte‹ (Opus 98) im Jahr 1816; er gilt als der erste Liederzyklus überhaupt.

Meine Geschenke hatte ich schon am Abend zuvor bekommen, damit die Gedanken nicht vom Kirchgang abgelenkt würden. Von meinem Vater bekam ich Goethes Werke; außerdem Keller, Eichendorff, Mörike, Reuther, Ibsen, Shakespeare und viele andere Bücher und Kunstmappen. Wären nicht ein paar Schmuckstücke dabei gewesen, hätte es der Gabentisch eines Jungen sein können. Von Grete bekam ich einen Gipsabguss von Donatellos ›Singenden Knaben‹ geschenkt, den ich über mein Bett hängte. Auch alle Geschwister und Schwäger hatten sich liebevoll etwas für mich ausgedacht. Ich ging dankbar schlafen, in der Überzeugung, dass sie mich ganz gern haben.

Die Vorbereitung, die wir im Konfirmandenunterricht für das *Abendmahl* hatten, war gleich Null. Der Pfarrer sprach über die Sorge vor Ansteckungsgefahr und die hygienischen Maßnahmen dagegen, wenn man mit anderen aus einem Becher tränke. Er riet uns, am besten nur eine kleine Menge zu nehmen, um uns nicht zu verschlucken, und dass wir darum die Oblate gleich an den Gaumen drücken sollen. Es ist ein Wunder, dass er es nicht zuvor mit uns eingeübt hat (wie das Hinknien vor dem Altar zum Zweck der Einsegnung bei der Konfirmationsfeier). Natürlich müsse man schwarz gekleidet kommen – das war's. Meine Mutter hatte persönlich nie das Bedürfnis, am Abendmahl teilzunehmen. Sie kam ja aus einem Pfarrhaus der liberalen Schule, und jedes Sakrament erschien ihr ein wenig unverständlich und heidnisch. Nur Dietrich konnte ich fragen, ob das Abendmahl wirklich so etwas Besonderes sei, und er antwortete sehr beruhigend und heilsam: »Für mich schon. Ich bin gerne eingeladen, wo man mich gern hat.« Diese kurze Auskunft war die beste Vorbereitung, die ich haben konnte, um hier wirklich anzunehmen – wie ein geladener Gast. Meine Mutter, Hörnchen, Ursel und die Zwillinge kamen mit mir zum abendlichen Kirchgang, mussten aber woanders Platz nehmen, denn wir Konfirmanden wurden (wie am Vormittag) separat gesetzt, was ich grässlich fand. Ich hatte wirklich keine großen Erwartungen an diesen Gottesdienst. Aber schon die vorausgehende Beichte schaffte plötzlich ein großes Erleichterungsgefühl in mir – gerade dadurch, dass alle gemeinsam niederknieten und mitgemeint waren. Bei der Abendmahlsliturgie mit ihrem Jubelgesang ›Heilig, heilig, heilig!‹ glaubte ich, dass nicht ich sänge, sondern ein Engel neben mir. Und als ich dann am Altar kniete, begannen meine Tränen zu fließen wie noch nie. Ich war völlig wehrlos dagegen. Und das waren keine Buß- und Reuetränen, sondern ich weinte wieder einmal vor Freude! Ich wusste nicht, dass man diese Feier auch ›Eucharistie‹ nennen konnte (das bedeutet Freudenmahl, Lobpreis und Danksagung), aber ich glaubte, ich sähe den Himmel offen. Es dauerte ein Weilchen, ehe ich mich wieder beruhigt hatte, und die Mädels, die bei der Konfirmation am Morgen zum Teil laut geschluchzt hatten, sahen mich erstaunt an, weil ich ganz still dasaß und die Tränenbäche einfach auf mein Samtkleid fließen ließ, ohne das Gesicht zu verziehen. Ich dachte, so merkt niemand von der Familie hinter mir im Kirchenschiff etwas davon. Es hat mich auch keiner darauf angesprochen.

Eine Woche später war Gründonnerstag, und ich sagte zu meiner Mutter, ich wolle abends in die Kirche zur Abendmahlsfeier. »So oft geht man nicht!«, bekam ich als Antwort, als ob ich irgendwie unbescheiden sei. Ich erschrak und ging nicht. Ich nahm lange nicht mehr daran teil, denn ich wusste nicht, ob das, was ich da erlebt hatte, vielleicht Selbstbetrug wäre. Ein Jahr später, als ich Kindergottesdienst-Helferin war und oft mit Dietrich in die Kirche ging, wagte ich es dann wieder und erlebte fast dieselbe Beglückung wie beim ersten Mal. Ich blieb dann bei dieser Tischgemeinschaft, in Gemeinsamkeit mit Dietrich und ohne schwarze Verkleidung, und sprach mit meiner Mutter nicht weiter darüber. Das Abendmahl war mir lebenswichtiger, als es die oft schwache Predigt war, die wir zu hören bekamen.

Am *Kindergottesdienst* mussten wir als Kinder nicht teilnehmen. Von selbst hatte keiner recht Lust, und die Kirche war ja auch ziemlich weit von uns entfernt. Wir kamen jedenfalls nie ernstlich auf die Idee, obwohl ich in der Klasse immer wieder gefragt wurde, warum ich nicht hinginge. Meine Mutter hatte selbst bei ihrem Vater im Kindergottesdienst mitgeholfen und hatte in Bezug auf die Helfer, denen die religiöse Erziehung der Kinder anvertraut war, schlechte Erfahrungen gemacht. Wohl aus diesem Grund schickte sie uns nicht hin. Sie fürchtete, dass sie mit der Beeinflussung ihrer Kinder nicht einverstanden sein würde. Uns allen hatte sie in den ersten drei Schuljahren Religionsunterricht gegeben. Wir kannten durch unsere Bilderbibel[209] eine Fülle biblischer Geschichten, und außerdem wurde jeden Abend gesungen und gebetet. Wenn man mit irgendwelchen Fragen zu ihr kam, war sie sehr bereit, darauf einzugehen – aber den Kindergottesdienstbesuch hielt sie nicht für erforderlich.

Als Dietrich im dritten Semester in Berlin studierte, erfuhr er, dass eine gewisse Praxis als Kindergottesdiensthelfer für die erste theologische Prüfung Pflicht wäre. So begann er, in unserer Grunewalder Kirche mitzumachen unter dem Pfarrer, der damals dort Hilfsprediger war. Unser Konfirmator gab keinen Kindergottesdienst. Diese Tätigkeit machte Dietrich große Freude. Seine Gruppe blühte auf, denn er hatte eine fesselnde und ungewöhnliche Art, mit den Jungens umzugehen. Aber mit dem Kreis der Helfer (die meist die Fünfzig überschritten hatten und aus alter Gewohnheit Kindergottesdienst gaben oder weil sie sonst mit ihrer Zeit am Sonntag nichts anzufangen wussten) war er sehr unglücklich. Es war bald nach unserer Heidewanderung, da fragte er mich, ob ich nicht auch mitmachen würde. Unsere gemeinsamen Museumsbesuche hatten aufgehört, seitdem er studierte. Zwar wohnte er jetzt wieder in Berlin, aber er ging sonntags in die Kirche.

So freute ich mich auf das Zusammensein mit Dietrich, das sich auch noch auf einen Abend in der Woche erstreckte, wo Helferinnenbesprechung war. Dass ich vielleicht nicht in der Lage sein würde, Kindern biblische Geschichten zu erzählen, kam mir gar nicht in den Sinn (obwohl ich es noch nie versucht hatte). So sagte ich zu und gehörte damit in den Helferkreis – als jüngstes Mitglied. Der neue Pfarrer strahlte über die Vermehrung seines Kreises, denn Dietrich hatte noch andere Studenten dazugeholt. Die Alten wurden unruhig. Ein hochadeliges Fräulein, die mir einige ihrer zehnjährigen Mädchen abgeben sollte, war dazu nicht zu bewegen. So unternahm ich meinen ersten Versuch vertretungsweise bei den ganz Kleinen, Vier- und Fünfjährige, die ja bekanntlich die Schwierigsten sind – und das nun gerade am Himmelfahrtstag. Ich versuchte, von Grund auf anzufangen, und fragte, wer denn gemeint sei, wenn Jesus von seinem Vater spräche (zum Beispiel in dem Gebet ›Unser Vater, der du bist im Himmel‹)? Schweigen. Ich war betroffen und versuchte es noch mal ganz einfach: »Ja, wer ist denn sein Vater?«

---

[209] S.o. Anm. 87 (S. 250).

Da meldete sich ein Kleiner und sagte: »Oberregierungsrat«. Man konnte es auch so nennen – aber er hatte wohl verstanden: »Was ist denn dein Vater?« Es war entmutigend.

Am nächsten Sonntag hatten drei Jungens aus Dietrichs Gruppe ihre jüngeren Schwestern mitgebracht, und mit denen fing ich nun an, eine neue Gruppe aufzubauen. Es war ein Frühlingstag im Mai. Draußen war herrliches Wetter. Ich kam mir ziemlich blöd vor, dass ich nun jeden Sonntag hier drinsitzen musste und auch Kinder dazu moralisch verpflichtete. Als ich aber mit meinen drei kleinen Mädchen in einer Ecke der Kirche saß und ihnen erzählte, kam ich dabei selbst so in Schwung und die Kinder hingen derartig an meinen Lippen und ließen mich nicht aus den Augen, dass ich Dietrichs Freude an dieser Arbeit begriff. Schon bei der Rückkehr in die Bankreihen ging der Kampf los, wer von den dreien bei der Gesamtbesprechung neben mir sitzen dürfe – ein Geschehen, dem ich erst völlig verständnislos gegenüberstand.

Am Sonntag darauf waren es neun Mädchen. Überläufer aus anderen Gruppen wiesen Dietrich und ich freundlich zurück; es war doch recht peinlich zu hören: »Meine Mutti hat gesagt, ich soll zu der Jungen«, oder gar: »Wenn wir nicht zu Ihnen kommen dürfen, gehen wir gar nicht mehr!« Nach vier Wochen waren es dreißig Mädchen zwischen zehn und zwölf Jahren; und da machte ich einen Stopp und sagte: »Die Gruppe ist geschlossen!« Für die weiteren Zugänge holte Dietrich noch eine nette Studentin heran. Der ganze Kindergottesdienst war, seit Dietrich mitmachte, enorm gewachsen. Es hatte sich in der Schule herumgesprochen, dass es da ›knorke‹ wäre. Mammutgruppen, zu denen keiner mehr hinzukommen durfte, hatten aber nur Dietrich und ich. Ich habe mich immer sehr brav auf die Gruppenbesprechung vorbereitet, habe mir wörtlich aufgeschrieben, was ich erzählen und was ich dann fragen wollte. Manchmal kam es dann aber ganz anders, als ich es geplant hatte – durch die Fragen der Kinder. In den Helferbesprechungen wurde es durch den jugendlichen Zuwachs sehr nett und lebhaft, und auch was der Pfarrer zu sagen hatte, war durchaus wissenswert. Jeder hatte sich abwechselnd auf das Thema vorzubereiten und das Hauptreferat zu halten. Eine Aufzeichnung über den Propheten Amos und eine über den politischen Hintergrund des Jeremia besitze ich noch. Es tat mir gut, nach der frühen Beendigung meiner Schulzeit Aufsätze schreiben zu müssen, die der scharfen Kritik der Älteren und der studierenden Jugend ausgesetzt waren. Von Pädagogik, Methodik und Katechetik war ich völlig unbelastet. Ich machte es so, wie ich dachte, dass es Spaß gemacht hätte zuzuhören, als ich elf Jahre alt war – und tatsächlich machte es Spaß.

Kinder- oder Jugendkreise gab es zu meiner Zeit im Grunewald noch nicht. Einmal waren wir nach der Konfirmation mit anderen Konfirmierten zu einer abendlichen Teestunde eingeladen, aber das hat sich nicht wiederholt. Das Burckhardthaus,[210] die Zentralstelle für evangelische weibliche Jugendarbeit, war bereits in der Nähe in Dahlem tätig, aber es war noch nichts davon bis zu uns gedrungen. Meine Jugendarbeit begann ohne Burckhardthaus. Eines Nachmittags erschienen einige Mädels aus meiner Kindergottesdienst-Gruppe, eine Clique von acht Lehrertöchtern, die eng befreundet waren, und sagten, sie wollten mich mal besuchen. Da sie nicht davon abzubringen gewesen waren, mich nach Hause zu bringen, wussten sie, wo ich wohnte. Ich ging also in den Garten und spielte mit ihnen. Sie fanden es herrlich, »weil Sie auch noch so sind wie ein Kind« (was mich leicht kränkte). Dann wollten sie die Geschichte vom letzten Sonntag in der dicken Bilderbibel sehen, von der ich ihnen erzählt hatte. Mit Mühe bekam ich sie nach zwei Stunden hinaus – nachdem ich ihnen versprochen hatte, dass sie in der nächsten Woche wiederkommen dürften; aber bitte nicht täglich. So war auf völlig natürlicher Grundlage ein Kreis gewachsen – ohne dass die Kinder oder ich wussten, dass so etwas in anderen Gemeinden sehr angestrebt wurde.

In der nächsten Woche waren es schon fünfzehn, und am folgenden Sonntag teilte mir die ganze Gruppe mit, sie wollten nun auch kommen. Das war für unseren Garten und die Nachmittagsruhe unserer Familie doch etwas zu viel. So fragte ich im Gemeindehaus nach, ob ich nicht dort im Hof mit den Mädels spielen dürfe, und ich bekam die Erlaubnis – aber nur unter der Bedingung, dass auch die Kinder aus den anderen Kindergottesdienst-Gruppen mit dazukommen dürften. Mir war das recht; aber nicht meinen Lehrerskindern, die den Anspruch auf ihre Privilegien als Erstlinge anmeldeten und mich so lange bestürmten,

---

210 Das Burckhardthaus wurde 1913 in Berlin-Dahlem eröffnet von Pfarrer Johannes Burckhardt (1853–1914), der zuvor in Bielefeld für die Innere Mission mit Friedrich von Bodelschwingh zusammengearbeitet hatte.

bis ich ihnen noch einen Nachmittag bei mir zu Hause zubilligte, unter Ausschluss der Öffentlichkeit. Der großen Gruppe hat es nicht geschadet, aber den Erstlingen ...

Es war schon Herbst geworden. Mittags vor dem Essen stehe ich am Telefon mit Blick auf den Gartenweg – da saust draußen die Erstlingsgruppe vorbei in den Garten nach hinten. Es dauert eine Weile und sie kommen wieder mit Äpfeln in den Händen und Taschen. Ich reiße das Fenster auf und rufe: »Ihr Halunken!« Sie kreischen und sind weg. Am übernächsten Tag, einem Sonntag fehlen sie alle zum ersten Mal. Am Dienstag mache ich mich auf und besuche die Mütter. Das Unglück war schon geschehen: Die Studienratstöchter waren unter die Räuber gegangen. Sie klauten Obst als Sport. Dabei hatte eine Frau in einem Schrebergarten sie beobachtet und die Polizei geholt. Der Polizist fing gerade die Bravste und brachte sie heim, am Dienstag nach der Schule – und nun kam ich noch dazu! Ich ging von Mutter zu Mutter. Jede sagte, ihr Kind sei nur verführt worden. Der schlechte Umgang, Kollegenkinder ... Ich hatte Mühe, sie zu überzeugen, dass das keine Todsünde wäre, dass es zum Kindsein dazugehörte und dass es gut wäre, dass sie erwischt worden seien – besonders aber, dass es kein Grund wäre, nun nicht mehr in die Kirche zu gehen. Sie kamen auch alle am Sonntag darauf und schwärmten nun erst recht für mich. Dass ich ihnen nichts übelnahm, war für sie gleichbedeutend mit der Vergebung Gottes. Sie fühlten sich wirklich schuldig. Ich verstand sie. Ich hatte mich als Kind ja auch meist sündig gefunden. Die Erwachsenen, vom Lehrer bis zum Straßenbahn-Schaffner, von den Verwandten bis zu den Bauern im Dorf, hielten Kinder überhaupt für schlecht.

Ich habe lange gehofft, mit dem Älterwerden würde dieses belastende Sündenbewusstsein verschwinden. Das geschah nicht; ich gab mir bloß mildernde Umstände im Blick auf die Umwelt, die auch nicht wesentlich besser war. Es schien mir kein Schade zu sein, dass diese kleinen Mädchen der Vergebung froh waren und jetzt tugendhafter werden wollten. Mir wurde aber bald mulmig, denn ich merkte, dass es ihnen viel mehr auf meine Zuneigung als auf Gottes Liebe ankam. Und den anderen Kindern aus der Gruppe auch. Wenn sie vorher wussten, dass ich nicht kommen könne, waren von dreißig Mädels nur noch zwei da. Da musste ich doch irgendetwas falsch machen. Meine ungebrochene Sicherheit, dass ich eine geeignete Kindergottesdienst-Helferin sei, ging mir verloren. Ich versuchte alles Mögliche, bekam es aber nicht hin, sie mehr an das Wesentliche heran und von mir weg zu führen.

Ich merkte schließlich, dass ich ihnen zur Ursache wurde, selbst im Gottesdienst gegen das *erste Gebot*[211] zu verstoßen. Als ich nach Heidelberg ging, nahm ich das zum Anlass, die Gruppe ganz abzugeben. Es fiel mir nicht leicht, aber ich war froh, als ich es geschafft hatte und nicht mehr mit einer Verantwortung belastet war, die ich nicht tragen konnte. Ich habe mich in meiner Kindheit ehrlich bemüht, die Zehn Gebote zu halten – selbst in der Zeit, wo ich mich gar nicht als Christ betrachtete. Ja, je weniger ich das tat, umso mehr lebte ich in Gesetzen, die ich mir gab. Schon das erste Gebot war unerfüllbar, denn mein Herz war voll von Göttern – nicht nur neben, sondern auch über dem einen, den ich zu erkennen glaubte. Da war Grete als Mittelpunkt meiner Liebe; da war Goethe, dessen Worte mir heilige Schrift waren, dessen Gedichte mir höchste Erhebung bedeuteten und dessen Weltanschauung mich band. Es gab Monate, da las ich nichts als Goethe, da hatte ich sein Bild über meinem Bett, da vertrat ich die erkrankte Deutschlehrerin in unserer Klasse auf Wunsch des Direktors und redete über ihn. Ich wurde mit meiner Goethe-Schwärmerei verlacht und trug dies wie ein Märtyrer um meines Glaubens willen. Ich meinte, wenn alle Menschen aus Goethe lebten, wenn sie seiner humanen Weltanschauung folgten, müsse es besser werden in der Welt. Sicher waren andere Götter neben dem richtigen Gott Sünde – aber Goethe war so ein guter Gott!

Auch das *zweite Gebot* machte mich unruhig, worin gesagt wird, dass wir Gottes Namen »nicht unnütz gebrauchen« sollen. Mal eben »ach Gott« sagen – das war eigentlich keine nennenswerte Sünde, für die ein Extragebot nötig gewesen wäre. Wenn mich fromme Kinder aus meiner Klasse vermahnten, dass ich auf diese Weise Gottes Namen missbrauchte (was vielleicht ein bisschen oft vorkam), so bereute ich nicht mehr, als dass ich mich eines unkultivierten Sprachgebrauchs schuldig gemacht hätte. Die christliche Fassade war es, die mir Unruhe machte und von der ich glaubte, sie wäre eines Gebotes

---

211 »Ich bin der Herr, dein Gott. Du sollst keine anderen Götter haben neben mir.« (Exodus 20,2.3).

wert. Wieso betrachteten wir uns als eine christliche Familie? Wieso als christliches Volk? Sicher, ich war getauft – aber das war mir damals völlig unverbindlich. Konnte man daraufhin den Anspruch erheben, sich Christ zu nennen? Wenn ich mein Tagebuch ansehe, so besteht es zur einen Hälfte aus Schwärmerei, zur anderen aus religiöser Problematik. Und ich habe mich schon vorher, ehe ich zu schreiben begann, mit solchen Fragen beschäftigt. Ich war wohl, was man ein frommes Kind nennt. Aber ich wusste im Grunde, dass ich den Schritt ins unbedingte Vertrauen, in die rückhaltlose Hingabe nicht gehen wollte. Und gerade dies erschien mir als das Gebotene. Ich glaubte, dass ich es mit einer Willensanstrengung schaffen könnte. Ich hätte die christliche Fassade durchbrechen und einen wahren Christen aus mir machen sollen, der den Namen Gottes heiligt. Aber ich wollte meinen Willen nicht anstrengen, jedenfalls jetzt noch nicht.

Im Gottesdienst (während meiner Konfirmandenzeit und auch später noch) hatte ich manchmal das beängstigende Gefühl, wirklich von Gott gerufen zu werden – ja, von zwei Armen ergriffen und verschleppt zu werden, an einen Standort, von dem aus man nur noch in Gott leben konnte. Ich hatte Angst davor; nicht nur weil ich so große Lust hatte, einfach normal zu sein, sondern weil ich glaubte, dadurch verrückt zu werden. Hinter diesem Ruf, der mich traf, stand eine Gewalt, die meinen Verstand auslöschen wollte. Ich las damals die deutschen Mystiker des Mittelalters – Meister Eckhart, Seuse, Tauler – und war davon fasziniert. Ich entsinne mich aber, einmal aus Angst vor einer Entscheidung aus der Kirche hinausgelaufen zu sein, als ob mir schlecht würde. Und ich erinnere mich an eine bis in die Morgenstunden durchbetete Nacht, wo ich wirklich glaubte, geisteskrank zu werden, wenn ich es nicht schaffte, mit dem Beten aufzuhören. Dabei reimten sich mir die Gebete auch noch in unerträglicher Weise. Wenn solche Anwandlungen endlich vorübergingen, fühlte ich mich wie entkommen.

Den *Feiertag zu heiligen*[212] fiel eigentlich nicht schwer. Meine Großmutter sagte allerdings: »Warum müsst ihr euch am Sonntag immer so zanken?«, und Klaus antwortete: »Da haben wir doch die meiste

---

212 Dies ist das dritte Gebot nach lutherischer Zählung, an die sich die Verfasserin hält. Die Schilderung des religiösen Lebens in ihrer Familie orientiert sie hier an den Zehn Geboten und Luthers Auslegung dazu im Kleinen Katechismus – nach Art eines Gewissensspiegels, wie er zur Vorbereitung auf die Beichte benutzt wird.

Zeit dafür!« Es kommt also darauf an, nicht so viel Zeit zu haben an diesem Tag. Man muss den Feiertag heiligen, indem man sich allerhand vornimmt, man darf sich nicht unbeschäftigt auf der Pelle sitzen im Geschwisterkreis, sonst gibt es Unfrieden. Am Sonntag gibt es viel Gelegenheit, alles, worüber man sich in der Woche geärgert hat, zur Sprache zu bringen. »Du hast mir meine Nagelschere nicht wiedergegeben! Ich brauche sie sofort.« – »Der Brief, an den du ranschreiben sollst, liegt schon eine halbe Woche bei dir!« – »Du hast mir den dritten Band Goethe geklaut!« – »Stimmt nicht, aber du hast noch meinen Eichendorff.« Das sind die Gespräche am Frühstückstisch, wenn man Zeit hat und nicht in die Schule hetzen muss. Und solche Gespräche sind gefährlich.

Aber für die Feiertags-Heiligung wird seit Kindertagen durch das Elternhaus gesorgt. Sie begann früher mit dem Bad am Samstagabend und dem anschließenden Grießbrei im Bett. Das ist aber nur noch eine Erinnerung an die Zeit in der Brückenallee. Im Grunewald nehme ich ja bereits an den ›Musikalischen Abenden‹ teil. Das frische Nachthemd, mit dem man in den Sonntag hineinschläft; die saubere Wäsche, die morgens auf dem Stuhl liegt; das Frühstück mit Weißbrot und Honig; der Saft zum Mittag (beziehungsweise für die Eltern der Wein) und das gehobene Essen; der immer gleichbleibende marmorierte Kastenkuchen engros (natürlich selbstgebacken) zur Vesper um halb fünf – und anschließend die möglichst gemeinsam verbrachten Nachmittage und Abende.

Aber Luthers Erklärung zum dritten Gebot passt nicht auf uns. Gottes Wort wird nur in ganz seltenen Fällen und von den meisten gar nicht gehört. Hörnchen fährt auch noch nach dem Krieg zum Oberdomprediger Döhring[213] in den Gottesdienst. Wer von den Angestellten gehen will, kann das tun. Katholische Haushaltshilfen hatten wir nie. Alleine zieht es mich nicht dorthin, nur wenn Dietrich geht. Aber als wir kleiner waren, tat es die Bilderbibel. Immerhin – wir sorgen dafür, dass der Sonntag nicht ganz heidnisch ausfällt. Ich bemühe mich ernstlich, Zank zu meiden und spähe nach guten Werken aus. Dass man am Sonntag nicht arbeiten soll, halte ich für überholt. Damit hat Jesus schon so viel Ärger gehabt. Dass man

---

[213] Bruno Döhring (1879–1961) war lutherischer Pfarrer, der am Berliner Dom von 1914 bis 1960 über viele Jahrzehnte hinweg predigte und große Popularität genoss. Er war kirchlich und politisch konservativ und blieb bis ins Dritte Reich hinein kaisertreu. Vor allem während des Zweiten Weltkriegs fanden seine Gottesdienste viel Zulauf, weil er seinen Zuhörern als ›Tröster Berlins‹ Hoffung vermittelte.

nicht arbeiten muss, ist das Schöne – dass einen am Sonntag niemand mit gutem Gewissen zur Arbeit zwingen kann. Dafür bin ich bereit, den Tag über Gott für dieses nette Gebot dankbar zu sein. Im Konfirmandenjahr gewöhne ich mich dann daran, ihm jeden Sonntag einen Besuch zu machen.

Schwieriger ist schon die Sache mit den *zu ehrenden Eltern*. Ich bin manchmal so wütend auf meine Eltern. Unverstanden fühle ich mich fast immer. Ich finde, dass ich manchmal richtig schlecht behandelt werde gegenüber den anderen. Auf Hörnchen bin ich nie wütend. Sie verbietet nichts, ohne mir klar zu machen, warum es nicht gut für mich ist. Und sie überlegt gründlich, ob sie mir etwas versagen muss, oder ob es nicht doch möglich ist, mir meinen Wunsch zu erfüllen – selbst wenn sie Mühe damit hat. Ich schäme mich dafür, aber manchmal glaube ich, dass ich Hörnchen lieber habe als meine Mutter. Hörnchen habe ich so ganz für mich. Ich weiß, dass mir ihre ungeteilte Liebe gehört – und Mama muss sich noch um all die anderen kümmern, die sie, je älter sie werden, umso mehr in Anspruch nehmen. Ich habe das Gefühl, sie ist recht froh, mich an Hörnchen abgeben zu können, bei der sie mich so gut geborgen weiß. Für die Großen muss sie selbst sorgen.

Klaus ist der Schwierigste von uns; dabei ist er jähzornig. Wenn irgendetwas anders gehen soll, als er es will, schwellen ihm die Zornesadern an der Stirn, und er schreit sein Anliegen mit lauter, erregter Stimme durchs Zimmer. Und damit hat er Erfolg! Wenn er ›platzt‹, gibt man ihm nach. Er hat dann gewissermaßen Narrenfreiheit, denn Schreien ist bei uns nicht üblich. Ich beobachte das verärgert und nehme mir vor, es auch mal zu versuchen. Und nachdem ich es ein paarmal bei abschlägigen Bescheiden vergessen habe und nur meine übliche beleidigte Miene gezeigt habe, besinne ich mich beim Abendessen (bei einer ziemlich unwichtigen Gelegenheit) auf meinen Entschluss. Ich gebe mir einen Ruck und spiele ›wilder Mann‹. Ich sehe noch das Entsetzen auf den Gesichtern der Familie. So etwas war noch nie passiert. Mir ist gar nicht so wütend zu Mute – aber ich kann ja Theater spielen und vertiefe mich in diese kurze, kräftige Rolle mit vollem Erfolg. Dass ich hinausgehe und die Tür zuschmeiße, kennt man an mir – aber dass ich wirklich Krach schlage, wirkt so erschütternd, dass mein Wunsch sofort durchgesetzt ist. Da wird mir flau. Ich überlege, wie ich jetzt weiterspielen soll, denn so viel lag mir gar nicht daran. Ich weiß auch nicht mehr, um was es sich gehandelt hat – aber ich erinnere mich, dass ich mir sagte: einmal und nie wieder! Es hatte mir zwar während der Aktion Spaß gemacht, aber hinterher war mir vor mir selbst schlecht geworden. Ich mochte meinen Sieg nicht mehr.

Vor meinen Freunden und Freundinnen habe ich oft und viel über meine Eltern geschimpft. Vielleicht war es nötig, dass ich mich immer wieder im Gegensatz zu ihnen befand, um von diesen starken Persönlichkeiten nicht einfach erdrückt zu werden. Aber ich litt dann selbst unter meiner Undankbarkeit, denn im Grunde wusste ich, dass ich die besten Eltern hatte, die man sich nur denken konnte.

Dass man *nicht töten* sollte, war nicht schwer zu beherzigen. Denn ich wollte es keineswegs. Wenn mir jemand etwas Grausiges erzählte, das wirklich passiert war, bekam ich weiche Knie, wie wenn mich ein Schwindel erfasste. Tierquälereien waren mir ein Gräuel, und ich weinte, wenn ich Geschichten von leidenden Geschöpfen las. Und doch ... Es muss im ersten Jahr in der Wangenheimstraße gewesen sein, also Sommer 1916. Günther, Bubi und ich bauen im Garten Burgen. Wir suchen große Steine und heben sie auf. Unter jedem Stein huschen die Kellerasseln, Tausendfüßler und anderes kleines Getier umher. Ich weiß nicht mehr, wer darauf kam, aber wir lassen unseren Burgenbau beiseite, ekeln uns – und fühlen uns durch diesen Ekel merkwürdig angezogen von den unterirdischen Lebewesen. Wir sammeln sie in eine leere Konservendose. Keiner von uns würde gestehen, dass er sie nicht anfassen mag. Die überwundene Scheu weckt das Jagdfieber. Längst ist das Steinesuchen vergessen; wir suchen nur noch harmlos scheußliche Lebewesen. Vorn im Garten liegen Grottensteine, die reiche Ausbeute bergen. Wir wälzen halb vergrabene, viel zu schwere Brocken um. Alles rein in die Büchse. Wozu? Hühnerfutter? Wir hatten damals noch keine Hühner und Weigerts auch nicht. Bubi traut sich nicht, diesen ganzen Krabbelsegen zu sich nach Hause zu nehmen. Seine Großeltern sind sehr streng und wollen vielleicht keine Asseln für die Hühner.

Es ist ein entsetzliches Gewusel in der Dose. Irgendwie ist es die Hölle. So muss das Gewimmel dort aussehen, wenn man mittendrin ist. Ob uns diese Höllenvorstellung nun dazu verleitet, höllische Flammen zu entfachen? Im rosenumrankten Sandkastenplatz ma-

Susanne Dreß als Erwachsene (Aufnahme um 1960)

Susannes Vater Karl Bonhoeffer (Aufnahme von 1913) – vgl. S. 14ff.
Foto: © Gütersloher Verlagshaus Verlagsgruppe Random House GmbH, München

Susannes Mutter Paula Bonhoeffer (Aufnahme um 1915) – vgl. S. 15ff.
Foto: © Gütersloher Verlagshaus Verlagsgruppe Random House GmbH, München

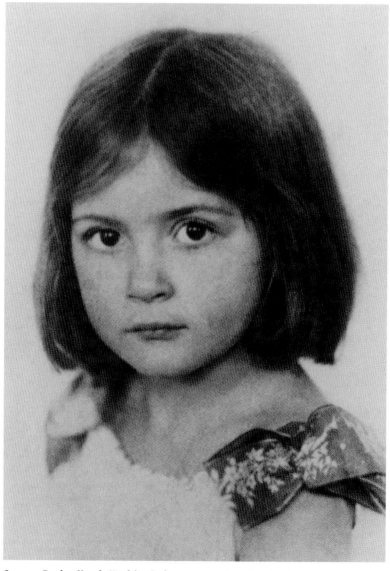

Susanne Bonhoeffer als Kind (Aufnahme um 1913) – vgl. S. 22ff.
Foto: © Gütersloher Verlagshaus Verlagsgruppe Random House GmbH, München

Die Erzieherin Maria Horn, genannt »Hörnchen«, die wichtigste Bezugsperson für Susanne Bonhoeffer in ihrer Kindheit (Aufnahme vor 1920) – vgl. S. 17ff.

Foto: © Gütersloher Verlagshaus Verlagsgruppe Random House GmbH, München

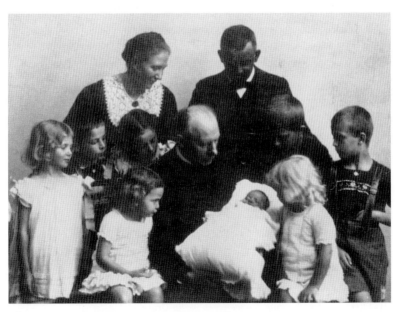

Susanne Bonhoeffer als Täufling im Kreis ihrer Familie (Aufnahme von 1909) – vgl. S. 22ff.
Foto: © Gütersloher Verlagshaus Verlagsgruppe Random House GmbH, München

Die Berliner Universitätsklinik Charité, wo Susannes Vater Karl Bonhoeffer seit 1912 als Direktor des Instituts für Psychiatrie tätig war (Aufnahme vor 1917) – vgl. S. 44.
Foto: © arkivi /akg-images

Das Elternhaus von Susanne Bonhoeffer in Berlin-Grunewald in der Wangenheimstraße 14, wo sie von 1916 bis 1929 lebte (Aufnahme von 1917) – vgl. S. 45ff.
Foto: © Gütersloher Verlagshaus Verlagsgruppe Random House GmbH, München

Das Ferienhaus der Familie Bonhoeffer in Friedrichsbrunn, Susannes Kindheitsparadies (Aufnahme um 1914) – vgl. S. 91ff.
Foto: © Gütersloher Verlagshaus Verlagsgruppe Random House GmbH, München

Susanne mit ihren Geschwistern beim Spielen im Garten hinter dem Haus in Friedrichsbrunn (Aufnahme von 1913) – vgl. S. 96ff.
Foto: © Gütersloher Verlagshaus Verlagsgruppe Random House GmbH, München

Das Sanatorium Strokorb in Friedrichsbrunn, wo Susannes beste Freundin Ursel wohnte (Aufnahme um 1958) – vgl. S. 104f.

Das Schützenfest in Friedrichsbrunn, ein Höhepunkt in den Sommerferien für die Bonhoeffer-Kinder (Aufnahme um 1914) – vgl. S. 111ff.

Foto: Dieter Zehnpfund: Die Familie Bonhoeffer und Friedrichsbrunn. Katalog zur Ausstellung – August 2006

Das Brockenhotel im Harz, wo Susanne Bonhoeffer 1924 übernachtete (Aufnahme um 1900) – vgl. S. 120ff.
Foto: © arkivi /akg-images

Susanne Bonhoeffer mit ihrer Puppe als ständige Begleiterin (Aufnahme um 1912) – vgl. S. 122ff.
Foto: Dieter Zehnpfund: Die Familie Bonhoeffer und Friedrichsbrunn. Katalog zur Ausstellung – August 2006

Das Strandbad am Wannsee, wo Susanne im Sommer gerne schwamm (Aufnahme von 1910) – vgl. S. 141f.
Foto: © Otto Haeckel / akg-images

Das Pestalozzi-Fröbel-Haus, wo Susanne Bonhoeffer nach ihrem Schulabschluss 1925 eine einjährige Haushaltsschule absolvierte (Aufnahme um 1908) – vgl. S. 228ff.
Foto: Wikimedia Commons

Das Kaiser-Friedrich-Museum in Berlin, das Susanne Bonhoeffer oft gemeinsam mit ihrem Bruder Dietrich besucht hat (Aufnahme um 1935) – vgl. S. 254.
Foto: © akg-images

Das Sanatorium in Babelsberg, wohin Susanne mit sechs Jahren ihre erste Reise ohne die Familie unternahm (Aufnahme von 1937) – vgl. S. 355f.

Lans bei Innsbruck, wo Susanne mit zwölf Jahren für sechs Wochen Urlaub machte (Aufnahme um 1900) – vgl. S. 358ff.

Kampen auf Sylt, wo Susanne Bonhoeffer 1926 gemeinsam mit ihren Eltern die Sommerferien verbrachte (Aufnahme um 1900) – vgl. S. 367ff.
Foto: © arkivi /akg-images

Evangelische Kirchengemeinde, Berlin-Grunewald, wo Susanne Bonhoeffer 1924 konfirmiert worden ist und zusammen mit ihrem Bruder Dietrich ihre ersten Erfahrungen mit der Gemeindearbeit als Kindergottesdiensthelferin sammelte (Aufnahme um 1908) – vgl. S. 394ff.
Foto: © arkivi /akg-images

Walter Dreß,
der Ehemann von Susanne Dreß
(Aufnahme um 1970) –
vgl. S. 444ff.
Foto: © Wolfgang Sommer

Die estnische Stadt Dorpat, wo Walter Dreß 1931–1932 als Dozent für
Kirchengeschichte an der Luther-Akademie tätig war (Aufnahme um 1900) – vgl. S. 455ff.
Foto: © akg-images

Das Restaurant »Criterion« am Piccadilly Circus in London, wo Susanne und Walter
Dreß gemeinsam mit Dietrich Bonhoeffer verkehrten, als sie ihn 1934 während seiner
Tätigkeit als Auslandspfarrer besuchten (Aufnahme um 1930) – vgl. S. 497.
Foto: © arkivi /akg-images

Die Sankt Annen-Kirche in Berlin-Dahlem, wo Walter Dreß seit 1938 eine Vertretungspfarrstelle innehatte und Susanne Dreß als Pfarrfrau engagiert war (Aufnahme um 1960) – vgl. S. 519ff.
Foto: © Wolfgang Sommer

Die Wittenauer Heilanstalt in Berlin-Reinickendorf, wo Susannes Vater Karl Bonhoeffer von 1946 bis zu seinem Tod 1948 als Arzt arbeitete (Aufnahme von 1885) – vgl. S. 666.
Foto: © F. Albert Schwartz, 1885, Städtische Irrenanstalt zu Dalldorf, Archiv Museum Reinickendorf

Die »Hoffnungstaler Stiftung Lobetal«, wo Walter Dreß sich mit seinen Studierenden zu Freizeiten traf, während Susanne ehrenamtlich die Gemeindearbeit übernahm (Aufnahme nach 1905) – vgl. S. 696.
Foto: © Hoffnungstaler Stiftung Lobetal

Das »Harnack-Gästehaus« der Max-Planck-Gesellschaft in Berlin-Dahlem, wo Susannes Schwester Sabine gemeinsam mit ihrem Mann und ihren beiden Töchtern wohnte, als sie 1947 zu Besuch nach Berlin kamen (Aufnahme von 1929) – vgl. S. 726.
Foto: Wikimedia Commons

chen wir in einer Ecke ein Feuer aus altem Papier und Zweigen. Es prasselt und brennt auf. Da schütten wir die ganze Büchse voll Ekelleben hinein. Es schaudert uns dabei. Denn das ist eine ganz große Sünde. Plötzlich sind wir mit in der Hölle. Wir sitzen auf dem Sandkastenrand, jeder starrt vor sich hin, und wir wissen nicht, was wir mit uns anfangen sollen. Wir sind Mörder aus Lust; wir sind gegenseitige Mitwisser von dieser unserer Mordlust. Günther sagt stumpf: »Raupen werden oft verbrannt.« Aber es hilft nichts. Dies hier war nicht nötig. Keiner von uns würde einer Fliege ein Bein ausreißen, jeder würde glücklich sein, einer ertrinkenden Motte das Leben zu retten – doch nun? Plötzlich steigt ein widerlich süßer Geruch aus dem verschwelenden Feuer auf. Verbranntes Leben! Wir sehen einander in die seltsam blassen, erstarrten Gesichter. Und dann nehmen wir Sand und werfen ihn händeweise ins Feuer. Bloß schnell Erde darüber, damit es nicht so stinkt. Aber der Geruch bleibt an uns haften.

Kinder geht das *sechste Gebot*[214] nichts an, hatte unsere Religionslehrerin gesagt. Natürlich habe ich im jugendlichen Alter nicht die Ehe gebrochen – aber auch hier war es wieder Luthers Erklärung, die mich schon eher betraf: »Keusch und zuchtvoll leben in Worten und Werken«, davon konnte bei mir keine Rede sein. »Ich bin klein, mein Herz ist rein« – dieses Gebet war durchaus unzutreffend. Ich hatte meinen Spaß daran, von Dingen zu reden (sogar noch in möglichst erwachsen wirkenden Worten), die absolut nicht keusch und züchtig waren. War daran wohl die allzu frühe Aufklärung durch unberufenen Kindermund schuld, oder geschah diese Aufklärung, weil man mir so etwas eben erzählen konnte? Meine Fantasie richtete sich nicht nur auf liebliche Waldmärchen und Gespenstergeschichten, sie trieb wilde Blüten um Verführung und Vergewaltigung. Ein Gemisch aus Angst und Reiz war der Nährboden dieser sonnenscheuen Nachtpflanzen. Und diese Fantasien ließen sich kaum eindämmen. Es war eine Art Zwangsdenken, gegen das weder Lesen noch Arbeiten noch Beten half. Es überfiel mich und quälte und lockte zugleich.

Kein Mensch wusste um dieses Innenleben des kleinen Mädchens. Und ich ahnte nicht, dass dieses dunkle Denkenmüssen eine

---

214 »Du sollst nicht ehebrechen.« (Exodus 20,14).

sehr verbreitete Erscheinung ist und dass ich keineswegs der einzig abnormale Mensch in dieser Richtung war. Dann gab es wieder Tage, Wochen, ja Monate, wo ich völlig frei von dieser Last war. Da konnte ich mir überhaupt nicht vorstellen, mich je mit solchen Gedanken befasst zu haben. Ich fühlte mich erlöst und war dankbar dafür – bis mir wieder irgendeine pornografische Zeichnung ins Auge fiel oder ich in ›Tausend und eine Nacht‹[215] oder bei unseren großen Klassikern etwas las, das diese Fantasien erneut entfachte. Ich habe weder die Bibel noch das Konversationslexikon zur Anregung oder Aufklärung benutzt, wie das bei Kindern üblich ist. Es geschah immer nur zufällig, dass ich von diesen Begriffen angerührt wurde – aber solche Stellen gingen mir dann nicht mehr aus dem Kopf, sie drängten sich in meine Träume und ließen mir einen üblen Nachgeschmack und das Gefühl sündiger Verlorenheit zurück.

Durch Dietrich hörte ich einen Satz, der mich sehr beeindruckte und mir half. Das Gespräch der Geschwister beschäftigte sich gerade mit Tat- und Gedankensünden. Da zitierte Dietrich ein Lutherwort: »Ich kann nicht verhindern, dass die Vögel über meinem Kopf fliegen, aber doch, dass sie in meinen Haaren nisten.«[216] Und weil ich den Flug seitdem nicht mehr so schwer nahm, vermied ich das Nisten.

Mit dem *Eigentumsbegriff*[217] tun sich Kinder oft schwer. Ich war an meinem Besitz nicht sehr interessiert, aber einmal habe ich gestohlen. Noch war die Inflation nicht in Sicht, und zwanzig Mark waren viel Geld. Zehn Pfennig, die man im Treppenhaus oder auf einem Tisch fand, das hielt ich für keine Sünde. Aber da lagen nun zwanzig Mark auf dem Büfett im Esszimmer und lachten mich an, und ich sah sie an und nahm sie an mich. Ich trug sie in mein Zimmer und steckte sie in ein selten benutztes Quartett-Spiel. Ich wartete den ersten Tag mit Spannung ab, ob sie gesucht würden. Gehörten sie

---

215 Die Erzählungen aus den Tausendundein Nächten. Vollständige deutsche Ausgabe in zwölf Bänden, Hg. Greve, Felix Paul, Leipzig 1907–1908.
216 Dieser Aphorismus wird in verschiedenen Versionen überliefert, z.B.: »Dass die Vögel der Sorge und des Kummers über deinem Haupt fliegen, kannst du nicht ändern. Aber dass sie Nester in deinem Haar bauen, das kannst du verhindern.« Oder auch: »Wie man nicht wehren kann, dass einem die Vögel über den Kopf herfliegen, aber sie wohl, dass sie auf dem Kopfe nisten, so kann man auch bösen Gedanken nicht wehren, aber wohl, dass sie in uns einwurzeln.« Als Urheber wird oft Luther angegeben, die Quelle ist jedoch nicht belegt.
217 Das siebte Gebot lautet: »Du sollst nicht stehlen.« (Exodus 20,15).

einem meiner Geschwister, so wären sie gewiss vermisst worden, und ich könnte sie wie im Spaß zurückgeben. Gehörten sie aber meiner Mutter, würde niemand nach ihnen fragen, denn meine Mutter wusste nie, wieviel Geld im Portemonnaie war und was sie ausgegeben hatte. Die Großen machten sich manchmal den Spaß, wenn sie ihre verlegte Handtasche fanden, sie raten zu lassen, wie viel darin war, und der Unterschied musste dann an sie ausgezahlt werden. Sie riet immer falsch.

Ich hütete die gefundenen zwanzig Mark drei Wochen lang. Ich glaube nicht, dass ich sie bei Nachfrage dann noch rausgerückt hätte. Langsam fühlte ich mich als ihr Besitzer – wusste aber nicht recht, wie ich sie ausgeben sollte. Schließlich nahm ich sie auf einen Schulausflug mit, denn da wurden wir mit Geld immer ziemlich knapp gehalten (nicht mit Proviant). Als ich die zwanzig Mark vorsichtig verstaute, wusste ich wohl, dass ich gestohlen hatte. Ich legte diese Sünde zu dem Übrigen und wanderte froh nach Schildhorn. Dort gab es Schieß- und Würfelbuden. Weder Budenbesitzer noch Lehrerin wunderten sich, als ich die ganze Klasse freihielt. Ich war begehrter Mittelpunkt und gewann sogar etliche Blumen durch gutes Schießen. Dieser Diebstahl war ein voller, aber nicht wiederholter Erfolg.

Vielleicht war es falsch, mir überhaupt kein Taschengeld zu geben. Später nach der Inflation bekam ich dann fünf Mark im Monat. Dafür sollte ich mir den Bedarf für die Schule und meine Strümpfe kaufen. Da ich günstigerweise im Sommer Geburtstag hatte und mir für das andere Schulhalbjahr zu Weihnachten alles Mögliche wünschen konnte, brauchte ich dafür nie etwas auszugeben. Mit den Strümpfen war es schwieriger. Diese Einschränkung war mir wohl auferlegt, damit ich meine Strümpfe stopfen sollte. Laufmaschen gab es noch nicht in diesen Baumwollstrümpfen – aber Stopfen war die grässlichste Beschäftigung auf der Welt. Christel dachte genauso; von ihr lernte ich, wie man es vermeiden kann. Sie nähte den Fuß einfach mit der Maschine ab, wenn er so durchgelaufen war, dass der Schuh die Löcher nicht mehr bedeckte. »Dann nimmt das Strumpfbein Fußform an«, erklärte sie. Je nach Länge der Strümpfe ließ sich das ein- bis zweimal wiederholen. Länger hatten auch Ursel und Sabine (die fleißig stopften) ihre Strümpfe nicht. Wenn auch mein Taschengeld nicht bestimmungsgemäß verwendet wurde, hatte ich doch nie ein schlechtes Gewissen dabei.

Falsch Zeugnis reden,[218] das kam nicht infrage – aber Klatsch, das war eine gern geübte Abart dieses Verbots. Wenn die Gäste aus der Tür hinaus waren, wurden sie Stück für Stück durchgehechelt. Wir saßen dann zum Ausklang noch ein bisschen beisammen (sei es auch auf der breiten Treppe in die oberen Räume), und die Freude am Lästern schlug vor dem Schlafengehen noch einmal Wellen. Wir waren sehr kritisch, aber in unserem Geschmack recht einheitlich. Es kam vor, dass irgendein Gast unbeschadet durchkam; dann war er sozusagen unantastbar: weder affig, noch arrogant, noch schwatzhaft, noch schweigsam, weder dumm, noch eingebildet, noch schulgebildet, noch sonst irgendwie unangenehm auffallend. Doch schlechter Stil, ungebildete Redewendungen, Spießigkeit oder unechtes Gehabe wurden auch in homöopathischen Dosen aufs Korn genommen. Es war sehr lustig, sich dabei zu übersteigern und die Eigenarten noch zu verschärfen. Böse gemeint war das eigentlich nicht. Es war wohl ein Ventil für uns – bei den vielen Leuten, die uns als Verpflichtung serviert wurden und die man, während sie da waren, mit Anstand zu tragen hatte.

Auch der engere Freundeskreis kam nicht immer unbescholten davon – aber das war dann mehr Besorgnis, wirkliches Interesse und psychologische Übung. Jedenfalls machte uns das ›Lästern‹, wie wir es nannten, sehr viel Spaß, nahm einen weiten Raum im Familiengespräch ein und war durchaus familienzusammenführend. Vielleicht war es nicht direkt falsch Zeugnis reden, und es geschah jedenfalls nicht in der Absicht, den anderen zu schädigen – aber »Gutes von ihm reden und alles zum Besten kehren«, wie Luther sagt,[219] war es bestimmt nicht.

Schwieriger wurde es noch, wenn man Erlebnisse berichten wollte, die sich mit anderen Personen außerhalb der Familie zugetragen hatten. Da blieb ich keineswegs immer bei den Tatsachen. Es war verlockend unkontrollierbar, so zu erzählen, dass man dabei gut abschnitt. Da veränderte sich plötzlich die Situation, während ich sie möglichst interessant und spannend zur Geltung bringen wollte. Mir fiel erst später ein, was ich dem anderen noch alles hätte sagen können; Gegenwart und Vergangenheit gerieten mir durcheinander, und ich schuf beim Reden ein ganz neues Er-

---

218 Das achte Gebot lautet: »Du sollst nicht falsch Zeugnis reden wider deinen Nächsten.«
219 Im Kleinen Katechismus zum achten Gebot.

leben. Sei es, dass mir eine bedrohliche Macht entgegenstand, die ich bewältigt hatte, oder dass der andere zu einem dummen Wicht wurde – jedenfalls war meine Aussage ›falsch Zeugnis‹. Und wenn die Geschichte vorbei war, dann wusste ich das auch, und mir war nicht wohl dabei. Man glaubte mir auch nie (nicht einmal, wenn es stimmte, was ich sagte), und ich wurde beschimpft – während man Klaus, der noch viel fantastischer zu erzählen wusste, immer nur auslachte. Vielleicht, weil er selbst nicht glaubte, dass wir ihm glauben könnten.

Warum habe ich bloß so viel gelogen als Kind? Ich galt bei uns zu Hause als völlig unglaubwürdig, und es war auch für mich selbst eine feststehende Tatsache, dass ich lüge. Es gab mehrere Formen der Unwahrheit, in denen ich mich bewegte. Die harmloseste war die aus der Fantasie geborene. Vielleicht hat man mir zu früh (als ich noch keinen Unterschied zwischen der Wirklichkeit und meinen Vorstellungen sah) klargemacht, dass ich unzuverlässig bin. Vielleicht wurde es dadurch zu einem selbstverständlichen Teil meines Daseins. Wieso sollte ich die Wahrheit sagen, wenn alle Märchen logen? Wenn ich dauernd Dinge erzählt bekam, von denen ich wusste: Die Großen glauben das selbst nicht, sie wollen mir bloß etwas weismachen. Bei Weigerts hieß es, wenn Günther schwadronierte (und er konnte es ebenso gut wie ich): »Günnilein hat eine so reiche Fantasie!« Bei mir hieß es nur: »Suse lügt schon wieder.« Weil man mir oft auch das wirklich Erlebte nicht abnahm, war es mir egal, was man sagte – wenn ich nur meine Geschichte loswurde.

Anders war es mit dem Lügen aus Angst. Ich hatte einfach Angst, dass die tugendhaften Großen auf mir rumhackten, wenn ich eingestand, etwas versiebt zu haben. War mir mit einem geborgten Buch oder Spiel ein Missgeschick geschehen (und mit ausgeliehenen Sachen passierte mir immer etwas), dann versuchte ich, den Gegenstand zu vernichten oder ihn ungesehen dem anderen wieder zukommen zu lassen. Wurde der Fehler entdeckt, blieb ich beim konsequenten Leugnen. Selbst Hörnchen gegenüber, die mir zuredete, mein Gewissen doch zu erleichtern – aber ich kam eher mit meinem Gewissen klar als mit den Großen! Ein Geständnis ihnen gegenüber hätte die Sache nicht besser gemacht.

Dann gab es auch die Form der Ausrede, die ich hauptsächlich in der Schule mit Erfolg übte. Schullügen galten auch bei den großen Geschwistern als erlaubt. Es gab einfach keine andere

Möglichkeit, sich der Übermacht der Lehrer zu erwehren. Nicht abschreiben lassen oder nicht vorsagen oder gar den Ehrlichen spielen und etwas gestehen, was andere mitbetraf, galt als niedrige Charakterhaltung. Um in der Schule ein anständiger Kerl zu sein, musste man einfach lügen.

Ausreden den Eltern gegenüber standen nicht unter diesem Vorzeichen. Aber auch hier war die Übermacht so groß, dass ich kein anderes Mittel wusste, um Dinge auszubügeln, die sonst üble Folgen gehabt hätten. Da gab es sogar diejenigen Lügen, die man vorher ersinnen musste, um etwas durchzusetzen. Das war wie ein Kampf des Listigen gegen den Starken. Wenn ein Verbot einmal klar ausgesprochen war, konnte man es kaum noch umgehen. Man musste also vorbeugen, um seine Pläne zu verwirklichen, die bestimmt durchkreuzt worden wären, hätte man sie ohne Vorbereitung begonnen.

Ich wäre wirklich froh gewesen, wenn ich nicht hätte lügen müssen und wollen. Mit zwölf Jahren gelang es mir dann auch, wenigstens die Fantasielügen und die Angstlügen einzudämmen. Aber so entsetzlich schlecht, wie die anderen mich wegen meiner Lügen machen wollten, kam ich mir nie vor. Das lag vielleicht daran, dass ich keine Neigung hatte, mich selbst zu belügen. Ich beobachtete mich viel zu genau, um mir etwas vorzumachen. Eine starke Wahrhaftigkeit mir und Gott gegenüber (wo es ja nicht lohnte, sich zu verstellen) gab mir das Gefühl, im Grunde ein ehrlicher Mensch zu sein. Die Lügen betrafen nicht mein Innerstes – ob sie nun herauskamen oder nicht, sie waren nur Spiel oder Waffe. Dass es nicht anders ging, war mir gewiss. Aber es war möglich, vor mir selbst ehrlich zu sein, mir keinen Selbstbetrug zu erlauben, mir ruhig einzugestehen, dass ich widerlich feige, ohne Vertrauen in den guten Willen der anderen und in die schützende Hand Gottes war, wenn ich log. Ich gestand mir auch die Freude ein, die es mir bereitete, andere zu täuschen. Meine Fantasiegeschichten beurteilte ich vor mir selbst ganz ehrlich als Angeberei und Aufschneiderei. Ich fand mich oft wirklich ziemlich ekelhaft (nicht nur wegen des Schwindelns) – aber viel Besserung erwuchs in den Kindertagen aus dieser Selbsterkenntnis nicht.

Das echte Bedürfnis, ein besserer Mensch zu werden, setzte erst mit zwölf Jahren ein – und verlor sich mit sechzehn Jahren wieder, was wohl mit dem Aufgeben meines Tagebuchs in Zusammenhang stand. Dieses ganze Tagebuch hatte dazu gedient, mich vor Selbstbetrug zu bewahren. Nun schlug das um. Ich hörte auf, mich ernstlich für mich selbst zu interessieren. Ich wusste schon noch, wer ich war (oder glaubte jedenfalls hier und da, es zu wissen). Aber ich traf nun auf der Weide außer mir noch andere Kälber und begann, mich für sie zu interessieren. Ich bekam große Lust, die Welt – so schlecht sie nun einmal war – restlos zu genießen und mein Leben auszukosten, selbst auf die Gefahr hin, mich nicht dauernd im Griff zu haben. Ich beschloss, mich gehen zu lassen, und tat es zum Entsetzen der Familie auch, so gut es möglich war. Aber dies war im Grunde kein Selbstbetrug, sondern eine bewusst durchlebte Reaktion auf zu fest gehaltene seelische Zügel, die ich mir selbst angelegt hatte.

Ich hatte gelernt, dass die *beiden letzten Gebote*[220] im Grunde eines waren, das »Du sollst nicht begehren ...« hieß – also nicht neidisch und eifersüchtig sein. Ich brauchte Menschen, die mich lieb haben. Ich begehrte die Eltern meiner Geschwister. Denn als solche erschienen mir meine Eltern oft, weil die Großen sie so stark in Anspruch nahmen und viel mehr als ich Gesprächspartner für sie waren. Hörnchens Liebe begehrte ich nicht, denn sie war mir gewiss. Aber auch um die Geschwister selbst kreiste mein Begehren. Als mich Hörnchen einmal nachts schluchzend im Bett vorfand und in mich drang, ihr doch zu sagen, was mir fehlte, wusste ich nichts anderes zu antworten als: »Ich möchte auch so sein wie die Geschwister.« Sie verstand mich so, dass ich ebenso erwachsen sein möchte und auch schon alles dürfen, und ihre Beruhigung ging in diese Richtung. Ich hatte aber gemeint, dass ich so liebenswert, so begehrt und so sicher sein möchte wie die Großen, weil ich dann mit ihnen und mit den Eltern glücklicher wäre und nicht mehr so um sie zu kämpfen brauchte.

Ich wusste, dass ich eifersüchtig war – eifersüchtig auf Gretes Freundschaften zu anderen, eifersüchtig bedacht auf meine Vorrangstellung in der Klasse und eifersüchtig wachend über die Freunde und Freundinnen, die sich mir angeschlossen hatten. Doch

---

220 Das neunte Gebot lautet in Luthers Kleinem Katechismus: »Du sollst nicht begehren deins Nächsten Haus«; das zehnte Gebot: »Du sollst nicht begehren deines Nächsten Frau, Knecht, Magd, Vieh noch alles, was sein ist.« (Vgl. Exodus 20,17).

dann setzte ich meinen Willen wider mein Wollen ein und überwand schließlich, was mich gequält hatte: Ich tötete ganz bewusst den Reiz des Begehrens und der Eifersucht in mir. Es gelang mir nicht so schnell wie das Abgewöhnen meiner Kitzeligkeit, hatte aber eine gewisse Ähnlichkeit damit. Hier half wohl nur, dass man nicht mehr haben und festhalten wollte, als gegeben wurde. Ich sagte mir immer wieder: Ich besitze ja nicht einmal mich selbst – wie kann ich da andere besitzen wollen? Um nicht von der Eifersucht am Boden zerstört zu werden, redete ich mir ein, überhaupt nicht mehr davon betroffen zu sein. Ich hielt sie für unrecht und sogar sündhaft. Bitteschön, ich brauche niemand. Wenn die mich nicht wollen, komme ich mehr zu mir selbst. Ich war unglücklich, wenn ich merkte, dass ich mit dieser Haltung der sauren Trauben nicht durchkam; ich begehrte schon wieder und verbiss meine Zähne vor Eifersucht ineinander. Aber je weniger ich es mir eingestand und mich dabei beobachtete, umso besser kam ich darüber hinweg. Ich gewann sogar langsam Freude daran, meine Freunde so zusammenzubringen, dass sie sich untereinander mochten, und konnte es ertragen, wenn sie mich dann auch mal ausließen. Schließlich wollte ich auch immer gerne die Freunde meiner Freunde kennen und schätzen lernen: »Sage mir, mit wem du umgehst, und ich sage dir, wer du bist.« Vielleicht hat der Liedvers »bist du doch nicht Regente, der alles führen soll ...«[221] mir in meinem Kampf gegen das Begehren am meisten geholfen.

Neben all diesen Bemühungen hatte ich von klein auf gegen *Ängste* zu kämpfen. Meine Eltern und Hörnchen gaben sich alle Mühe, uns angstfrei zu erziehen. Aus dem lieben Gott wurde kein Butzemann gemacht, der im Haus unbemerkt herumtanzt und alles sieht. Immerhin fühlte ich mich doch stets mehr von ihm beäugt, als mir lieb war. Wenn aber nichts Schlimmes geschah, wenn er sein Wissen um meine Missetat für sich behielt und mir keinen Ärger machte, empfand ich ihn fast als Spießgesellen und war ihm für sein Verständnis sehr dankbar. Ich hätte gerne keine Sünden begangen – aber besonders große Angst vor dem Zorn Gottes hatte ich trotz aller Schuldgefühle nicht. Mit Gott ließ sich reden; und es lag ihm ja wohl auch, alles zu vergeben.

---

221 Aus der 7. Strophe des Liedes ›Befiehl du deine Wege‹ von Paul Gerhardt.

Angst vor Menschen hatte ich trotzdem. Als kleines Kind fürchtete ich mich vor allem Möglichen, was geschehen oder nicht geschehen könnte. Meine Fantasie hielt mich da oft zum Narren. Die erste Angstvorstellung, auf die ich mich noch besinne, war diejenige vor der ›großen Frau‹. Das muss so mit knapp drei Jahren gewesen sein. Diese Frau, die ziemlich hochgewachsen war, sehr dünn und ältlich, aber sonst gar nichts Furchteinflößendes an sich hatte (wie ich später glauben lernte), lebte in der Nähe unserer Wohnung, die wir in der Brückenallee hatten. Wenn ich sie auf einem Spaziergang sah, begann ich vor Furcht lauthals zu schreien. Warum, ist mir bei aller Versenkung in meine Kinderpsyche unklar. Dass sie es bemerkte und freundlich auf mich zukam, machte alles noch schlimmer. Ich musste auf dem Arm nach Hause getragen werden. Das wiederholte sich immer wieder, kein Zureden half. Ich ängstete mich so, dass ich ihr begegnen könne, dass man mich auf keinen Weg mehr mitnahm und ich in dem kleinen Garten hinter dem Haus spielen musste. Ich war noch so klein, dass ich mich auf Einzelheiten nicht mehr besinne. Nur das Angstgefühl ist mir noch ganz deutlich. Es wurde merkwürdig wachgehalten durch einen bestimmten Typ Frau – Frauen mit sehr dunklen Augen und etwas slawischem Einschlag, die ich manchmal sah (sei es als Kassiererin im KaDeWe oder auf Einladungen oder auch nur in der Bahn). Ohne noch zu ahnen, wie die große Frau eigentlich aussah, wurde ich dadurch jedes Mal an sie erinnert, schauderte vor Ähnlichen zurück und hätte am liebsten geschrieen.

Auch hier war es dann wieder ein bewusster Willenseinsatz, der mich von diesem grässlichen Gefühl befreite – ein intellektueller Gewaltakt, wobei ich mich darauf konzentrierte zu denken: »Mehr als sterben kann ich nicht daran, und das muss ich ja sowieso einmal; je bälder, umso besser, dann muss ich mich kürzer vor der Angst ängsten.« Vor dem Leben hatte ich mehr Angst als vor dem Tod. Das verstärkte sich im Aufwachsen immer mehr. Ich fühlte mich schon sehr früh irgendwie verantwortlich und kannte darum die Not, welche Verantwortung mit sich bringt. Ich hatte einfach Angst, im Leben zu versagen. Ich freute mich nicht auf das Erwachsenwerden. Ich war aber auch nicht gerne Kind. Darum erschien mir Sterben als eine Möglichkeit, keines von beidem sein zu müssen.

Ganz konkret fürchtete ich mich davor, einen Beruf zu ergreifen, dafür Examen zu machen, mich mit meinen Kenntnissen vor mir nicht Wohlgesinnten produzieren zu müssen. Ich fürchtete mich, von anderen überholt zu werden und es einfach nicht zu schaffen – wie ich es eben auch nicht schaffte, fehlerfrei zu schreiben, Sprachen zu lernen, zwei gleichartige Striche zu machen oder etwas genau abzuschreiben. Ich kannte meine Schwächen, die mich für ein Berufsleben ziemlich untauglich machten. Mir fehlte die Freude sowohl am Gehorchen wie auch am Befehlen. Und eines davon – womöglich sogar beides – wurde einem doch im Beruf nicht erspart. Diese Ängste, im Leben nicht mitzukommen, steigerten sich nach dem Schulfiasko, welches mir das Studium unmöglich machte. Fürsorgerin erschien mir der einzige für mich mögliche Beruf; auch darum, weil ich dort statt gehorchen und befehlen mit beraten und helfen auszukommen glaubte. Aber auch dorthin führte der Weg über viele Examen, bei denen Klausuren geschrieben wurden. Und ob dort Inhalt und Orthografie getrennt bewertet wurden? Oder ob man einfach sagen würde: »Um der Form willen unmöglich«?

Dazu kam noch, dass ich mir sehr hässlich vorkam. Ich war klein, dick, pickelig und blass. Dass die Jungens mich trotzdem nett fanden, lag daran, dass ich sie nicht langweilte wie die meisten Mädchen und dass ich ganz natürlich mit ihnen umzugehen pflegte. Mit mir konnte man Pferde stehlen. Das war aber in einem Examen nicht zu bemerken. Sicher machte es für meine Lebensangst viel aus, dass ich mir körperlich einfach missglückt vorkam. »Halt dich gerade«, hieß es dauernd, und bei Frau Großmann musste ich schwedisch kriechen und auf Balken laufen. »Nimm die Schultern zurück«, sagte man mir, und ich wurde bei Bekannten, die solch ein Marterinstrument hatten, am Hals für eine halbe Stunde aufgehängt. Wenn das alles nötig war, was andere Kinder nicht taten, musste es doch schlimm mit mir stehen. »Iss nicht so viel, du wirst zu dick«, hieß es außerdem später, wenn ich zugriff, ohne zu überlegen. Sollte man nicht Angst vor dem Leben bekommen, wenn man so benachteiligt war? Da half der ganze innere Mensch nichts.

Oder war es Selbstbetrug, dass ich eigentlich immer sterben wollte? Ausprobieren konnte ich es ja nicht, aber Angst hatte ich keine davor. Bei kleinen Kindern ist das wohl eine ganz selbstverständliche Haltung, denn man hütet sich, ihnen den Tod als Wirklichkeit klarzumachen. Die Toten sind beim lieben Gott und haben es gut. Das Kind lebt notgedrungen so ichbezogen, dass es das ›nicht-mehr-Dasein‹ anderer im Ganzen schnell verschmerzt. Aber auch als ich erfahren hatte, was der Tod wirklich ist (durch den Verlust meines Bruders Walter), schreckte er mich nicht. Eher beneidete ich die Verstorbenen, denn das Leben erschien mir oft recht mühsam. War man tot, dann war man aller Sorgen enthoben, und die Überlebenden sprachen freundlich und liebevoll von einem.

Trotz meiner äußeren Aktivität lebte in mir eine dekadente Lustlosigkeit vor jeder Anstrengung – und das Leben war nun mal anstrengend. »Das könnte dir so passen, den ganzen Tag im Kasten liegen und nichts tun«, bekam ich zu hören, wenn ich so etwas gegenüber Dietrich äußerte – und vielleicht war es wirklich hauptsächlich Faulheit, weshalb ich gerne tot sein wollte. »Das Leben ist eines der schwersten, aber es übt«, sagte er mir dann oft zum Trost, wenn ich mal gar nicht recht wollte.

Später kam eine Zeit, wo mich die Rätsel des Daseins umtrieben. Ich wollte wissen und erkennen, wozu die ganze Schinderei mit all dem Bösen hier auf Erden gut sein sollte – aber auch wofür die Freuden eigentlich dienten, die vorhanden waren und die man ergreifen musste, ehe sie wieder vorübergingen. Ich bekam es nicht heraus. Überall stieß mein Denken an Wände, die undurchdringlich schienen. Ich empfand mich wie eingesperrt in einem dunklen, emsigen Bienenstock und litt darunter, dass mir jegliche Übersicht über die Zusammenhänge fehlte. Und diese Begrenzung war eben das Leben selbst. Erst wenn man nicht mehr lebte, würde man vielleicht wissen, was alles zu bedeuten hatte, was Gott mit dieser ganzen Erdveranstaltung wollte. Und wenn gar nichts käme, wäre das auch egal, denn dann hätte man ja kein Verlangen danach, etwas zu wissen. Ich spielte in Gedanken oft damit, diese Wände des Lebens gewaltsam einzureißen, einfach aus Neugier (oder freundlicher gesagt: aus Erkenntnisdrang). Denn das hatte ich mit den beginnenden Entwicklungsjahren schon herausbekommen, dass es nichts Schöneres und Erregenderes gibt, als etwas zu begreifen, was einem bisher verborgen war. Mit einem Märchen schrieb ich mich schließlich frei von diesen Gedanken. Abwarten können, durchhalten, bis die Tür von selbst aufgeht – das schien mir würdiger als vorzeitiges Eindringen.

Ängstliche *Ahnungen* kannte ich auch. Schillers Kassandra[222] fühlte ich mich schwesterlich verbunden. Es konnte um mich herum alles vergnügt und ausgelassen sein, ich konnte mit ganzem Herzen bei Unsinn mit dabei sein und erscheinen, als ob mich nichts anfechten könne – und doch war da in mir ein ständiges Grauen, das umso stärker wurde, je fröhlicher der Verein war. Ich fragte Freundinnen, ob es ihnen auch so erginge, dass sie das Gefühl hätten, auf Glas zu stehen, auf ganz dünnem Glas, und darunter war alles dunkel – oder das Gefühl, in einem bergab sausenden Schlitten zu sitzen. Diese Ahnungen einer bedrohlichen Zukunft kamen bei mir immer in Bildern: Mitten bei einer Tischunterhaltung, während des Tanzens oder im Zigarettenrauch tauchten sie ganz unvermittelt auf. Riesige Züge, mit Menschen angefüllt, rollten plötzlich über den wohlgedeckten Tisch; oder es ergriff mich die Vorstellung, dass wir uns auf einem von Säulen gestützen Fußboden befanden, und jemand war im Begriff, diese Säulen einzureißen (das kam wohl aus der Bilderbibel mit der Geschichte vom starken Simson).[223]

Solche Bilder – die oft auch viel harmloserer Art waren, wie eine nicht abzustellende Wasserleitung oder rennende Tierherden – verursachten ein ihren Inhalt noch übertreffendes Grauen in mir. Das empfand ich auch selbst, und gerade darum verstärkte sich meine Angst noch, und ich glaubte manchmal, dass das ärztliche Zeugnis meines Vaters »Meine Tochter ist geistig und körperlich normal« doch mehr Wunsch als Wahrheit wäre. Die Einzige, die für solche Gedanken wirklich Verständnis hatte und sie selbst kannte, war Anneliese Schnurmann. Aber sie war mir im Denken und Fühlen so ähnlich, dass mir das kein Trost war. Es beunruhigte mich wirklich sehr, als ich erfuhr, dass zum Beispiel Jutta von Drigalski nie so etwas Ähnliches empfand. Diese Bilder, die eine zerbrechende Welt aufzeigten, machten mich nicht gerade zukunftsfreudiger. Ich wollte sie für Unsinn halten, für Nachwirkungen des überstandenen Krieges 1914–18, den ich in meinen Kindertagen nicht bewältigt hatte und dessen Schrecken nun zum Ausdruck kämen (ich hatte ja ein bisschen Freud gelesen). Aber es gelang mir einfach nicht, Vergangenheit und Zukunft im Gefühl

---

222 Schillers Ballade ›Kassandra‹ aus dem Jahr 1802 handelt vom Mythos um die trojanische Hellseherin Kassandra, welche die drohende Gefahr vorhersieht, jedoch vergeblich vor ihr warnt, weil man ihren Worten keinen Glauben schenkt.
223 Richter 16, 4–31.

zu vertauschen, und ich kam von der Vorstellung nicht los, dass wir kein sehr ruhiges Leben vor uns hätten. Sollte man trotzdem heiraten? Sollte man Kinder in eine Welt setzen, die auf den Abgrund zu sauste?

4.3 Verlobung und Hochzeit von Susanne Bonhoeffer mit Walter Dreß

Auf einem großen, steifen Foto, aufgenommen beim fünfzigjährigen Jubiläumsfest der Verbindung ›Igel‹ in Tübingen,[224] stehen Ursel und Rüdiger mit vielen alten und jungen Teilnehmern bereits nebeneinander, obwohl sie noch nicht verlobt sind. Walter und ich sind auf demselben Foto aber noch weit voneinander entfernt. Wir haben bei allem Bemühen nur schattenhafte Erinnerungen an diese Zeit. Er war im ersten Semester und interessierte sich nicht für Zwölfjährige – und ich war fast dreizehn und bevorzugte sechste Semester. Ich habe mich selten auf etwas so gefreut wie auf dieses Fest, zu dem die Eltern aus Berlin und ich aus den Ferien in Innsbruck nach Tübingen kamen. Tübingen – Wohnort der Großmama, Traum- und Paradiesstädtchen meiner Kindheit: Endlich hörte ich nicht nur davon, sondern war auch selbst einmal da! Es waren nur wenige Tage; dann musste ich wegen meiner schlechten Schulleistungen pünktlich zum Ferienende zurück fahren, ohne den achtzigsten Geburtstag meiner Großmutter mitfeiern zu dürfen.

Was bleibt von einem solchen Verbindungsfest in Erinnerung? Ein unverständliches, heiteres, irgendwie diesbezügliches Liebhaber-Bühnenstück, aufgeführt von ›Füchsen‹ mit hohen Igelmützen, unter welchen sich auch Walter verbarg. Ein Ausflug nach Schwärzloch zu Moscht und Käsbrot, wovon mein Vater schon in Berlin aus seiner Studentenzeit erzählt hatte. Eine Fahrt nach Niederau bis in den späten Abend hinein mit Pferdewagen zum Tanz. Ein Ausflug mit dem Bimmelbähnchen nach Haigerloch im kleineren Kreis von mir unbekannten Bekannten der Eltern. Haigerloch, dieses fast ausschließlich von Juden bewohnte Textildorf, wo meine Mutter und einige andere Hausfrauen versuchten, günstige Her-

---

224 Da die Studentenverbindung ›Igel‹ im Jahr 1871 gegründet wurde, fand dieses Fest im Jahr 1921 statt – fünf Jahre, bevor sich Susanne und Walter bei einem Studentenball im Elternhaus in Berlin wiedersahen.

renstoffe zu erwerben und ich meine erste Schlagsahne aß (die mir keineswegs so gut schmeckte, wie ich es mir vorgestellt hatte). Ein buntes Städtchen zwischen steil aufsteigenden Höhen – so sehe ich es vor mir wie eine Handzeichnung von Dürer. Ein Vormittag im Uhlandbad mit einem gleichaltrigen Mädchen; gemeinsam klauten wir anschließend Obst auf den alten Weinhängen, die jetzt ganz mit Apfelbäumen bestanden waren – schöne Augustäpfel, die rings unter den Bäumen lagen. Ein Frühstück zusammen mit den Eltern oben auf dem Igelhaus, ewiges Guten Tag sagen, viel Umziehen, viel »Streich dir mal über die Haare« – überhaupt allerlei Ermahnungen und das Gefühl, nicht *comme il faut* zu sein. Zum Beispiel sitze ich im Kreis von Studenten in lebhafter Unterhaltung, da legt sich die Hand meiner Mutter auf meine Schulter: »Komm doch mal einen Moment.« Ich denke, ich soll mal wieder irgendjemand begrüßen, aber sie macht mich nur darauf aufmerksam, dass es für ein junges Mädchen ausgesprochen unschicklich ist, wenn man im Kreis junger Männer seine Reden mit heftigem Aneinanderschlagen der Schenkel begleitet und dazu noch mit den Händen seitlich fest daraufklopft. Das sehe ich auch ein und vergesse es nicht mehr.

Im Januar 1926 sah ich Walter zum ersten Mal mit Bewusstsein bei einem Studentenball. Die abgegebenen Visitenkarten vor uns anschauend, machten Dietrich und ich Tischordnung. »Walter Dreß, cand. theol. et phil.« stand handschriftlich auf einer. »Den kannst du als Tischherrn nehmen«, sagte Dietrich, »der redet zwar fast nichts, aber er ist der Gescheiteste.«[225] Wir waren uns sicher, dass ich ihn schon zum Reden bringen würde. Aber dann saß Herr Damblée, ein charmanter, junger Elsässer, uns gegenüber und faszinierte mich. So ging mir die von Walter geführte Tischunterhaltung über den Harz und seine Kutschierversuche in der Bockswiese[226] ziemlich verloren – jedenfalls erinnerte ich mich später nicht mehr recht an diese erste Fühlungnahme. Ich weiß nur noch, dass er bei der Preisaufgabe für Theologen (die Studenten waren nach Fakultäten eingeteilt), nämlich zwei Nüsse mit einer Hand zu knacken, den

---

[225] Dietrich Bonhoeffer und Walter Dreß kannten sich durch ihr gemeinsames Theologiestudium. Die Beziehung zwischen beiden (schon vor der Heirat mit Susanne) und Dietrichs Wertschätzung für Walter wird in einem nachträglich aufgefundenen Briefwechsel dokumentiert, der im Registerband der Dietrich Bonhoeffer Werke veröffentlicht ist (DBW 17, S. 20–53).

[226] Der Ort Hahnenklee-Bockswiese, südlich von Goslar im Harz gelegen, war ein bevorzugter Urlaubsort der Familie Dreß.

ersten Preis davontrug und mit dem Ehrendiplom als ›Gehirnfatzke‹ ausgezeichnet wurde. Sabine hatte es gemalt: ein Riesenschädel und mickrige Kauwerkzeuge. Ich fand allerdings, der Träger dieser Auszeichnung hätte ein außerordentlich stark entwickeltes Kinn und Gebiss. Liebe auf den ersten Blick war es also nicht bei mir. Ich liebte zu dieser Zeit ja gerade den jungen jüdischen Mediziner, der strenger Abstinenzler war und mich ebenfalls davon überzeugt hatte.

Ich habe auch nichts davon bemerkt, dass Walter sich besonders um mich bemüht hätte. Nach unserer Heidewanderung im folgenden Frühjahr,[227] bei der ich mein Herz an ihn verlor, hat er noch viele Tanzereien bei uns mitgemacht. Leider wurde ihm fast immer nach dem Essen (oder schon währenddessen) übel. Er hatte einen ausgesprochen nervösen Magen und war dünn wie ein Strich. Zu Hause ernährte er sich unregelmäßig und war wohl auch durch die vor Kurzem erfolgte Scheidung der Eltern etwas nervös. Dietrich hatte Walters Vater noch kennen gelernt; ich nicht mehr. Ich sorgte natürlich immer dafür, dass wir beim Essen beisammen saßen, und bemühte mich, ihm nur die leichtesten Dinge anzubieten. Aber meist wurde er nach einer Weile blass mit leuchtend roten Flecken auf den Wangen und verließ mich eilig, um erst nach einer Weile wieder zu erscheinen. Tanzen tat er eifrig, und ich habe erst als Braut erfahren, dass er es eigentlich ungern tat. Später wurde seine Schwester Ilse bei uns eingeladen, die auch meine Tanzstunde im nächsten Winter mitmachte. Worüber Walter und ich uns eigentlich unterhalten haben, weiß ich kaum noch. Selten war es theologisch – mehr über Tiere, Landschaften und den Garten. Ich wusste durch Dietrich, dass die finanzielle Lage der Familie sehr schwierig war, dass er mit einem knappen Stipendium studierte und dass seine Schwester kurz vor dem Abitur stand. Vielleicht erregte das überhaupt mein erstes Interesse.

Jedenfalls ging ich, obwohl diese erste bewusste Begegnung keineswegs ausschlaggebend für mich war, mit Spannung auf die Heidetour, die Dietrich organisierte. Er hatte den Vorschlag gemacht, die ersten schönen Frühlingstage im April mit einer Wanderung zu feiern. Er wollte seinen Freund Dreyer, einen Bremer, den ich

---

227 Diese Wanderung, bei der auch Ilse Dreß, Grete von Dohnanyi und ein weiterer Studienfreund beteiligt waren, fand im April 1926 statt und ging auf eine Initiative von Dietrich zurück.

gut kannte und mochte (auch aus der Verbindung Igel), und seinen Freund Dreß mit Schwester mitnehmen. Dazu fragte er noch Grete, damit wir drei und drei wären. Er stand sich mit Grete sehr nett und erfüllte die Aufgabe, die jüngeren Brüdern wohl öfter zufällt, die vernachlässigten Freundinnen der großen Brüder aufzufangen und zu trösten. Er konnte ein sehr charmanter Kavalier sein. Dreyer war einer von 150 Vettern einer alten Bremer Familie – geistreich, lustig, bescheiden, etwas labil in seinen Stimmungen, aber immer ein guter Kamerad. Er quälte sich damals mit allerhand Glaubensfragen und Lebensmühen und verbarg das unter einer heiteren Maske, suchte aber das Gespräch mit den Theologen.

Im Ganzen waren wir ein sehr vergnügter Trupp. Wir trafen uns auf dem Lehrter Bahnhof, und ich war gespannt, ob ich den Dreß, den ich damals auf dem Ball bei uns gesehen hatte, wiedererkennen würde. Ich tat es gleich – und sogar von hinten. Lang, dünn, in einem hellbraunen Manchesteranzug, mit Wickelgamaschen, Rucksack und großem Kochtopf hinten aufgeschnallt, lief er einige Meter vor uns her, ehe wir ihn erreichten. Seine Schwester trug die Haare genauso wie ich und hatte auch eben solche Kleidung: Beiderwand,[228] Lodenmantel und für warme Tage Blaudruck auf Leinen. Auch Grete ging mit uns uniform, aus Weltanschauung und ohne Verabredung.

Ich verstehe es nicht ganz, auch heute noch nicht – aber ich empfand plötzlich auf den Lehrter Bahnhof, hinter dem langen Jungen hergehend, eine warme Welle der Zuneigung für ihn. Ich verliebte mich in seine Manchester-bekleidete Rückseite. Wir saßen im Zug sofort nebeneinander, wir unterhielten uns wie alte Freunde, und ich konnte ihn gar nicht mehr mit der Erinnerung zusammenbringen, die mir auf der Tanzerei von ihm geblieben war. Noch auf dem Gang im Zug bot mir Ilse das Du an – zu meinem Erstaunen, denn ich siezte mich sonst lange mit guten Freunden. Sie hatte gerade Abitur gemacht und war es wohl von der Schule so gewöhnt. Im Pestalozzi-Fröbel-Haus sagten nur wenige aus der Klasse zueinander Du. In Lüneburg stiegen wir aus, sahen die Stadt und die alten Kirchen an und wanderten dann los, um vor den Toren unser Mittagessen zu kochen. Walter und ich hielten uns nebeneinander; und so blieb es die ganzen sechs Tage über. Am ersten Abend schon nahm mich

---

228 S.o. Anm. 64 (S. 145).

Grete beiseite und sagte: »Man verliebt sich nicht so öffentlich!« Ich lachte nur und sagte: »Lass doch, das geht bei mir immer so schnell – und ebenso rasch wieder vorbei. Es ist ja nur für ein paar Tage.« Aber schon am nächsten Tag merkte ich, dass es tiefer saß denn je.

Wir liefen durch die Heide. Gelbe Ginsterbüsche, grüne Birken ... alle Heidelerchen jubelten, und mein Herz sang. Ich war sechzehn Jahre alt. Ich wusste, dass die Ausgaben für diese Wanderung, die für uns kein Problem waren, für Walter ein Opfer bedeuteten, und das regte mein Mitgefühl an. Auch atmete er wohl nach langen, schweren Jahren auf und genoss den Frühling und harmlos freundliche Menschen. Den Tag über liefen wir ohne genauen Plan, blieben, wo es uns gefiel, und orientierten uns am Nachmittag, wo das nächste Dorf sei. Dann wurden zwei zum Quartiermachen vorausgeschickt; in irgendeinem Gasthaus, nie in Jugendherbergen. Ich weiß noch, wie Walter und ich rot anliefen, als wir am zweiten Abend zum Quartiermachen gingen und vom Wirt, wohl für dessen bedürftig gehalten, ein Zimmer mit breitem Doppelbett angewiesen bekamen; nun stotterten wir hilflos von sechs Personen je drei zu drei. Es war nicht immer ganz einfach unterzukommen, und einmal mussten Grete und ich in einem Bett schlafen. Mich hatte die Wanderung deshalb besonders gelockt, weil Grete mitkam. Vom ersten Tag an hatte ich sie aber ganz den anderen überlassen. Mit jemandem zusammen in einem Bett zu schlafen hatte ich noch nie versuchen müssen. Es war mir sehr lästig, denn ich schlief sowieso nicht gut und wagte mich kaum zu bewegen, um sie nicht zu stören.

Wir liefen die Elbe entlang. Die Heide war in weite Marschwiesen übergegangen, und wir setzten auf einem Kahn über. Der Fährmann sang schallend übers Wasser: »Was machst denn du mit dem Knie, lieber Hans?«, und Dietrich blickte zornig. Wir näherten uns Hamburg. Die ersten Gaststätten gefielen uns nicht. Also lieber gleich bis Bergedorf, das nicht mehr weit ist. Wir finden Quartier in einem Wirtshaus am Bahnhof. Unten ist alles voll von Halb- und Ganzstarken mit ihren Mädchen. Wir bekommen einen kleinen Raum zum Essen und bestellen Rührei. Wir passen hier nicht hin, und das merken die anderen auch. Sie fangen an, sich uns zu nähern, tanzen brüllend an uns vorbei und stoßen an unsere Stühle. Dietrich wird Herrenmensch und fährt sie an. Ein Augenblick Ruhe, dann erscheinen sie verstärkt. Dietrich erhebt sich und sagt zu uns: »Raus hier!« Und das bestellte Rührei? »Sollen die anderen zahlen!«, sagt er, und wir verlassen geschlossen das ungastliche Haus. Aber es ist schon halb zehn Uhr geworden. Gut, dass wir die Rucksäcke bei uns und nicht schon auf den Zimmern hatten. Es bleibt uns nichts anderes übrig, als mit dem Zug nach Hamburg zu fahren. Todmüde finden wir dort gleich beim Bahnhof eine hübsche Unterkunft, aber kein Essen. Also noch mal aufstehen und in ein Lokal. Nachts um halb eins. Gulaschkeller! Dort trank ich heißen Grog mit den anderen. Schluss mit dem Anti-Alkohol! Dreß trank ja auch. Dietrich staunte: »Du trinkst ja wieder!« Und ich errötete. Wandlung. Grete egal. Der abstinente Freund egal. Nur noch Dreß wichtig. Blöd, aber schön, sich so zu verlieben.

Ein ganzer Tag für Hamburg. Es ist nicht viel, aber wir wollen ja weiter, noch in die blühenden Vierlande hinein und elbabwärts. Zuerst natürlich Hafenrundfahrt, dann Tierpark Stellingen. Wir trennen uns für ein paar Stunden von den anderen und fahren zu Dohnanyis und Schleichers, die in Hamburg nebeneinander wohnen. Denn man muss doch die Geschwister besuchen, wenn man schon in dieser Stadt ist – auch wenn es mir um die Zeit leid tut, die ich ohne Dreß verbringen soll. Schließlich noch ein gemeinsamer Bummel durch Sankt Pauli. Aber durch den letzten Abend vorgewarnt, begeben wir uns in unserer Wanderer-Montur nicht mehr in die Hafenlokale. Am nächsten Morgen fahren wir nach Blankenese und freuen uns an der steil am Elbufer gelegenen kleinen Siedlung, die mit ihren Treppen fast südländisch wirkt; und dann geht es weiter in die Baumblüte hinein. Es ist inzwischen selbstverständlich geworden, dass Walter und ich zusammengehören. Auch er macht seine Beschützer- und Besitzrechte nun ganz offen geltend.

Hinter einer heißen Strecke Flachland – leider Rieselfelder, aber es ist erträglich – ein Meer von Kirschblüten. Schneeweiß, soweit man sehen kann, manchmal von roten Pfirsichblüten unterbrochen. Dahinter ein dunkelschwarzer Himmel, auf den die Sonne grelle, entzündliche Strahlen wirft. Bald wird es ein Gewitter geben. Die Luft ist unendlich schwül. Jetzt, wo wir so mit offenen Sinnen zu zweit dahingehen (die anderen sind noch außer Sicht), denke ich mit leisem Grinsen – ich habe den Werther gerade mal wieder gelesen –, es wäre Zeit, ›Klopstock‹ zu sagen,[229] obwohl es aussieht wie in Ja-

---

229 In Goethes Briefroman ›Die Leiden des Jungen Werther‹ zitierte Lotte, nachdem sich der Titelheld während eines Gewitters in sie verliebt hat, die Ode ›Frühlingsfeier‹ des Dichters Friedrich Gottlieb Klopstock (1724–1803).

pan.²³⁰ Und da rauscht es über uns: Störche! Viele, viele Störche, sehr niedrig fliegend, als ob sie bald zu Boden gehen wollten. Die ersten, die ich außerhalb des zoologischen Gartens sehe, denn im Harz sind sie vertrieben worden. Wir stehen und staunen und sind eigentümlich bewegt. Walter kennt Störche von der Uckermark, woher seine Familie stammt. Es wäre unsinnig, sich nach fünf Tagen zu verloben oder überhaupt seine Liebe zu gestehen. Ich jedenfalls möchte noch keineswegs für mich garantieren. Dennoch verwirren mich diese Störche ungeheuer, und alles, was ich an Aberglauben habe, wird munter. Wenn er jetzt etwas sagte – ich bin mir nicht klar, ob ich nicht doch ... Als wir die anderen einholen, fragen sie ganz harmlos: »Habt ihr die Störche gesehen? Doll japanisch, was?« Mir war ja mehr spanisch zu Mute. Aber es war noch mal gut gegangen. Ich halte mich jetzt dichter an den Trupp. Am letzten Tag bricht mir von meinen Schuhen ein Absatz ab. Das Paar Reserveschuhe, das ich dabei hatte, ist auch schon hin. Ilse borgt mir ihre Haferlschuhe – nun, morgen sind wir ja zu Hause. Und übermorgen bringe ich ihr dann die Schuhe zurück. So komme ich in Walters Wohnung.

Ein kleines Zweiglein Rotdorn trug Walter im Knopfloch des braunen Manchesteranzugs, als wir uns auf dem Potsdamer Bahnhof trafen, um nach Friedrichsbrunn zu fahren.²³¹ Dietrich hatte mich gefragt, ob ich sie beide dort bekochen wollte. Sie wollten über Pfingsten hin, um zu arbeiten und den Frühling zu genießen. Die Tanten – Fräulein Volkmann und Fräulein Böse – und deren Freunde, ein älteres Ehepaar, waren schon oben; aber von denen wollten sie gerne unabhängig sein. Mir war es recht. Ich hatte Zeit. Meine Haushaltungsschule hatte ich hinter mir, und ich wartete nur auf meinen achtzehnten Geburtstag, um Säuglingspflege lernen zu können. Ich war nichts weiter als Haustochter und war verliebt; warum sollte ich nicht mit ihm in mein Ferienparadies fahren und ihn bekochen? Auf der Fahrt war das Gespräch der beiden rücksichtslos theologisch. Es machte mir aber doch Spaß, da ich das Gefühl hatte, ziemlich gut mithalten zu können.

Bei dem zweistündigen Aufstieg waren wir sehr vergnügt. Das Wetter war herrlich; viel Wild lief uns über den Weg, die Wiesen

---

230 Anspielung auf die berühmte japanische Kirschblüte.
231 Diese Fahrt fand im Mai 1926 statt, einen Monat nach der Wanderung in der Heide.

waren voller Blumen, und hier in 600 Meter Höhe blühte jetzt erst der Ginster, den wir vor vier Wochen in der Heide bewundert hatten. Dann stehe ich oben in meinem Zimmer vor dem Spiegel und sehe mich ernsthaft an. Im Blaudruck-Kleid mit Fischgrätenmuster, selbst genäht, ein Sack, ärmellos mit Gummizug in der Mitte. Immerhin: Ich bin braungebrannt und habe rote Backen, auch fast gar keine Pickel mehr. So hässlich bin ich gar nicht. Ich versuche, meinen Ausdruck zu erkennen – aber das ist sehr schwer, ohne dass man ›ein Gesicht macht‹. Sehe ich eigentlich klug aus? Bei anderen bemerke ich so etwas doch! Ich versuche, mir zu gefallen, um es für möglich zu halten, dass ich auch ihm gefalle. Dann nehme ich die erste Dose Mystikum Compact,[232] die ich besitze, und pudere meine Nase. Und mache das Abendessen. Nach dem Essen spiele ich Laute, und wir singen alle dazu; die Alten bleiben dabei und finden es schön. Toni Volkmann weiß viele Lieder.

Langsam spielt es sich jeden Tag ein bisschen mehr ein, dass Walter und ich uns absentieren. Dietrich will wirklich arbeiten – Walter nicht. Dietrich will auch gerne, dass Walter arbeitet und dass wir höchstens mal zu dritt im Wald spazieren. Aber wir sind herzlos. »Willst du mit mir arbeiten?« – »Wir gehen nach draußen!« Liebe ist immer herzlos. Dietrich ist reingefallen; er wollte mit einem Freund verreisen und ist nun überflüssig. Noch sind wir ganz unzärtlich, aber doch nähebedürftig. Und wir sprechen viel über Zukunftspläne. »Sonntags muss man auswärts essen«, sagt er, »damit die Frau keine Arbeit hat.« Das ist natürlich ganz allgemein gesagt. Ich meine, wenn der Mann die ganze Woche mittags weg ist, muss er doch sonntags zu Hause essen können. »Schön«, sagt er, »wir können es auch so machen.« Kleines Staunen, aber dann reden wir schnell weiter. Der Rotdornzweig steckt noch im Knopfloch, und als er vergilbt, ersetze ich ihn. Ab jetzt ist Rotdorn mein Lieblingsbaum. Und wenn ich an Dreß denke, denke ich an blühenden Rotdorn – rote Blüten mit Stacheln.

Als ich achtzehn wurde,[233] feierte ich das mit einem Ball. Vor drei Tagen waren wir aus Kampen zurückgekommen, um den Geburts-

---

232 Ein Gesichtspuder des jüdischen Familienunternehmens Scherk, das in Berlin zwischen 1911 und 1969 produziert worden ist.
233 Susanne Bonhoeffers achtzehnter Geburtstag fand am 22. August 1927 statt – fast eineinhalb Jahre nach den zuvor beschrieben Ereignissen.

tag der Großmama zu begehen, und diesmal war an meinem Festtag die ganze Familie beisammen (bis auf meine verheirateten Schwestern). Drei ledige Brüder im Haus – und ich tanzte doch so furchtbar gern! Da war es das Gegebene, am Abend eine Tanzerei zu veranstalten. Es mussten sowieso einige Leute eingeladen werden (entfernte Vettern und so weiter), und auf diese Art konnte ich die Fülle meiner Freunde und Freundinnen gleich nach meiner Ankunft wiedersehen. So war es schon vor der Abreise geplant und wurde nun durchgeführt, trotz des großmütterlichen Geburtstags am Vortag.

Die Familie saß am Frühstückstisch, als es klingelte und das Mädchen ausrichtete, draußen stände Herr Dreß und wolle nicht reinkommen. So eilte ich hinaus. Er stand mit seiner Schwester noch auf dem Gartenweg und hatte einen riesigen, bunten Rosenstrauß in der Hand, wie ich nie wieder einen gesehen habe. Zuerst bekam ich einen Schreck, denn ich dachte, er könne am Abend nicht kommen und wolle sich entschuldigen. Aber davon war keine Rede; er wollte bloß schon mal gratulieren und nicht erst abends die Rosen bringen. Da bekam ich eigentlich einen noch größeren Schreck, denn das kam mir doch absonderlich vor. Den größten Schreck bekam aber wohl die Familie, als ich mit dem riesigen Rosenstrauß wieder am Frühstückstisch erschien. Der Tag ging dahin mit Familien- und Nachbarschaftsbesuch, mit Vorbereitungen für den Ball und etwas Herzklopfen. Am Abend kam zuerst Justus Delbrück mit einer großen Fuchsie und schönen Grammophon-Platten – aber gleich danach erschien Dreß und blieb als Aufsichtsperson eisern neben mir. Ich flaxte mit allen, so sehr ich konnte, und versuchte, mich harmlos zu amüsieren. Aber plötzlich stand ich doch mit ihm allein auf der Veranda, und ich merkte, wie er sich einen Ruck gab und reden wollte. Da erschien mein Bruder Karl-Friedrich in der Tür und fragte: »Was macht ihr denn hier?« Wir machten gar nichts, verschnauften nur vom Tanzen – und dann tanzten wir wieder. Danach waren wir plötzlich allein im Herrenzimmer, wo geraucht werden durfte; einen Moment nur und – »Was macht ihr denn hier?«, fragte Klaus, der lautlos durch den Vorhang eintrat. Wir zündeten uns eine Zigarette an und blieben unter Aufsicht, bis es Mitternacht war und mein Vater sagte, nun wäre der Geburtstag zu Ende und Aufwiedersehen.

›Ade zur guten Nacht‹[234] – dieses unvermeidliche Schlusslied nach unseren Jugendfesten wurde gesungen; dann standen wir am Gartentor mit dem engeren Kreis, der noch geholfen hatte, Stühle und Tische wegzuräumen. »Da ist noch ein Rest Bowle«, rief Justus, und alles stürzte wieder ins Haus, um sie auszutrinken. Walter sieht, dass im Garten noch Lampions brennen. Also sind er und ich ordnungsliebend. »Ich muss Sie sprechen, ich muss Sie fragen, ob Sie vielleicht ...« – »Was macht ihr denn da?«, fragt Dietrich. Aus. Keine Gelegenheit mehr. Aber statt des Aufwiedersehens sage ich leise zu ihm: »Morgen um elf Uhr an der Dahlemer Dorfkirche.«

Ich schlief nicht gut in dieser Nacht. Um zehn Uhr kam Mademoiselle Zwek zum Zweck der französischen Konversation zu mir. Ich war nicht recht bei der Sache und sagte ihr um dreiviertel elf, ich müsse sie nun leider verlassen, weil ich um elf Uhr eine wichtige Verabredung habe. Ich ließ sie sitzen und schwang mich aufs Rad. Er kam mir in der Cäcilien-Allee auf dem schmalen Radweg schon etwas entgegen. Schweigend fuhren wir dann bis an die Ecke Königin-Luise-Straße, wo der Wald beginnt. Dort stiegen wir ab, denn der Untergrund war sehr sandig. Er kannte diese Ecke von Lichterfelde aus genau. Mir war der Wald am Roseneck zum Grunewald-See hin geläufiger. Wir waren ja schon oft miteinander geradelt, wenn wir uns ›ganz zufällig‹ gegen sechs Uhr abends am Botanischen Garten getroffen hatten, wo es uns an warmen Sommerabenden mit Regelmäßigkeit hinzog. Wir waren philosophierend und streitend oder auch einmütig miteinander im Harz oder im Grunewald gewandert. Wir nannten uns Sie, und es fehlte uns eigentlich nie an anregenden Gesprächsthemen. Doch heute waren wir sehr schweigsam – bis er stehen blieb und über sein und mein Rad hinweg sagte: »Ja, ich habe Sie fragen wollen, ob Sie vielleicht bereit wären – auch wenn ich nicht Professor, sondern ein ganz gewöhnlicher Landpfarrer werde –, meine Frau zu werden?« Ich antwortete: »Dann erst recht!« Und so gaben wir uns den ersten schüchternen Kuss über zwei Räder hinweg (denn wo sollten wir mit den Dingern in der Eile hin?). Als wir uns dann in der Nähe im Buschwerk auf leicht hügeligem Boden niedergesetzt hatten, lernten wir bald, etwas weniger schüchtern zu sein.

234 Deutsches Volkslied aus der Mitte des 19. Jahrhunderts.

Wir machten aus, es sollte noch niemand davon wissen, bis er im Herbst sein erstes Examen gemacht habe. Er hätte auch eigentlich mit seiner Frage bis dahin warten wollen – aber etliche meiner guten Freunde hätten ihn doch sehr beunruhigt, und am liebsten hätte er telegrafisch in Kampen bei mir angefragt, so bänglich wurde ihm plötzlich, ob er nicht zu spät käme. Wir verabredeten ein Treffen per Rad am späten Nachmittag, und ich fuhr heimlich verlobt zum Mittagessen nach Hause. Dreimal klingeln (das bekannte Familienmitgliedszeichen), und Dietrich machte mir auf. »Na, habt Ihr Euch verlobt?«, fragte er schlichtweg. »Ja, aber heimlich.« – »Das ist ziemlich sinnlos«, meinte er, da es doch schon alle wüssten. Wieso? Ja, ich hätte es doch Mademoiselle Zwek gesagt. Keineswegs! Aber da ich sie hatte sitzen lassen und meine Brüder gestern alle Hände voll zu tun gehabt hatten, mich vor dem Äußersten zu bewahren und ich ihnen nun entwischt war, hatte es die Familie unschwer erraten. Dietrich schlug vor, Walter sollte doch mit den Eltern sprechen; das erleichtere es uns. Es könne ja bis zum Examen innerhalb der Familie bleiben – jedenfalls dann erst mit Verlobungsanzeige. So teilte ich am Nachmittag Walter mit, dass es mit dem großen Geheimnis nicht so weit her sei, und er meldete sich für den nächsten Abend bei meinem Vater an.

Nun war ich also verlobt. Aus war es mit allen Plänen zum Wohle der Menschheit! Jetzt handelte es sich um das Wohl eines einzigen Menschen. Anderthalb Jahre kannten wir uns bereits – und lernten uns doch jetzt erst besser kennen. Ich war wirklich oftmals verliebt gewesen in diesen vergangenen Jahren, aber ich hatte mich nicht festlegen wollen und vielleicht gerade deshalb etwas krampfhaft so viele Verehrer gesammelt. Ich war in Walter verliebt, ich war bereit, ihn zu heiraten – aber ich wollte nichts wollen. Ich sehe mich noch ein Jahr zuvor in der Unruhe meines Herzens in der an Sommernachmittagen geöffneten Kirche in Grunewald sitzen und mit aller Hingabe und Aufmerksamkeit mein Lieblingslied ›Befiehl du deine Wege‹ aufsagen. Gerade den Vers »bist du doch nicht Regente, der alles führen soll ...«,[235] konnte ich nicht oft genug wiederholen, wenn mir meine Aktivität und mein Bedürfnis nach Verantwortlichkeit zu viel wurden.

[235] S.o. Anm. 221 (S. 416).

Zwei Jahre hatten Walter und ich noch zu warten. Seinen Lizenziaten hatte er schon vor unserer Verlobung gemacht. Aber bis zur Hochzeit hatte er die beiden anderen Examen und die Habilitation hinter sich. Wir warteten während dieser Zeit bei aller Zärtlichkeit und Verliebtheit ganz bewusst. Nicht um (wie es so töricht heißt) ›das Schönste nicht vorwegzunehmen‹, sondern um in unserer Beziehung keine Angst haben zu müssen, und weil wir auf dem Standpunkt standen, Kinder sollte man erst in die Welt setzen, wenn man in der Lage sei, sie zu ernähren. Und das waren wir eben noch nicht. Das war aber auch der einzige Grund, denn ansonsten ging uns die lange Brautzeit natürlich etwas auf die Nerven – und irgendwelche moralischen Bedenken hätten wir nicht gehabt. Als ich einmal mit meiner ältesten verheirateten Schwester ganz harmlos und selbstverständlich davon redete, war sie entsetzt, dass ich über solche Dinge mit meinem Bräutigam spräche. Das wäre ihr ganz unmöglich gewesen. »Mit wem denn sonst?«, fragte ich sie, »man muss sich doch über diese Fragen klar werden – und er ist schließlich am meisten dabei beteiligt.« Da war sie fast noch entsetzter. Die sieben Jahre Altersunterschied zwischen uns erschienen mir wie ein halbes Menschenleben. Ich gehörte von den Schwestern wohl am stärksten zur Nachkriegsgeneration.

Walter und ich sprachen noch über vieles andere. Die jungen Vikare lasen in einer Arbeitsgemeinschaft das Buch von van de Velde ›Die vollkommene Ehe‹,[236] und Walter teilte mir daraus mit. Doch diese Gesprächsthemen waren untergeordnet gegenüber den Fragen des Neuplatonismus und seines Einflusses auf den jungen Luther und der Bedeutung der spätmittelalterlichen Konzile. Ich habe in meiner Brautzeit gewissermaßen Theologie studiert und sogar die Anfänge des Hebräischen gelernt, um Walter für sein zweites theologisches Examen Vokabeln abfragen zu können. Seine Habilitationsarbeit mit vielen lateinischen Anmerkungen habe ich ihm getippt (allerdings sehr schlecht). Doch es war eine lehrreiche Zeit.

Bei Knigges ›Über den Umgang mit Menschen‹[237] steht: »Mit Brautleuten ist es schwer, am besten überhaupt nicht umzugehen.« Meine Brüder waren durch Jahre darin geübt, eine verlobte Schwes-

---

236 van de Velde, Theodoor Hendrik: Die vollkommen Ehe. Eine Studie über ihre Physiologie und Technik, Leipzig 1926. Dieses Buch fand weite Verbreitung und gilt als das erste aller Aufklärungsbücher, das für eine aufgeklärte Erotik eintrat.
237 Knigge, Adolph: Über den Umgang mit Menschen, Hg. Goda, Felix, Zürich 2017 (Erstveröffentlichung 1788).

ter im Haus zu haben, und ich genoss deren erkämpfte Rechte. Brautleute sind Egoisten und müssen es wohl sein. Walter kam fast jeden Abend zu uns. Ab und zu ging ich auch zu ihm, aber meist tagsüber, denn Ilse war im Kolleg und die Mutter berufstätig. Dann hatten wir also die kleine Wohnung für uns allein und fanden das sehr schön. Übrigens störte uns auch niemand in meinem Wohnzimmer. Jeweils einer verlobten Tochter hatte im Elternhaus ein Wohnzimmer zugestanden, wohin das sogenannte ›Verlobungssofa‹ kam, das schon meinen Eltern gedient hatte und das ich später als Ausstattung bekam.

Natürlich mussten wir auch Besuche machen bei Verwandten und Bekannten, wie das damals üblich war. Wir wurden zusammen eingeladen, und Walter machte das eigentlich viel Spaß. Mir dagegen tat es leid, wenn wir nicht miteinander allein sein konnten. Ich hatte ja eigentlich viel Zeit, aber er musste sich hinter seine Habilitationsarbeit klemmen. Außerdem hatte er eine Assistentenstelle im kirchenhistorischen Seminar – und wie das bei Hilfsassistenten so ist: Nicht ihnen wird geholfen, sondern sie müssen alle unerwünschte Arbeit tun. Sein Vikariat bei dem alten Superintendenten Diestel nahm ihn wenig in Anspruch. Der war ein Jugendfreund meines Vaters und ließ den jungen Mann ungehindert seiner Wissenschaft nachgehen. Nur hie und da vermittelte er ihm bezahlte Predigtvertretungen, und für zehn Mark das Stück hielt er in meiner Begleitung gerne in den umliegenden Dörfern des Kreises Teltow sonntags drei Predigten hintereinander. Das letzte Mal konnten wir sie dann beide auswendig. Mit den Liedern wechselte er, damit ich es nicht zu langweilig hatte. Dass ich als Pfarrfrau irgendwelcher Vorbereitungen auf das Amt bedürfe, was mir immer wieder wohlmeinend anempfohlen wurde, schien mir ganz unnötig zu sein. Erstens wollte Walter ja gar nicht Pfarrer werden, sondern an der Universität bleiben – und warum sollte er nicht? Und zweitens würde ich in den ersten zehn Jahren fünf Kinder bekommen (damit man damit dann fertig ist und noch nicht ganz alt, wenn sie aus dem Gröbsten raus sind). Da hatte ich zur Pfarrfrau doch keine Zeit. Außerdem war mir bis dahin noch keine mitarbeitende Pfarrfrau begegnet, und Walter hielt das auch nicht für nötig.

Viel Zeit brachte ich während meiner Brautzeit mit Einkaufen zu. Einkaufen war der Sport, den meine Mutter mit Vehemenz betrieb. Es gab Zeiten, wo sie sogar anfing, das Geld aufzuschreiben, das sie dabei ausgab. Und dann stand da immer ein Posten, der hieß ›Spesen‹! Das war das zweite Frühstück bei Miericke oder auf der Silberterrasse im KaDeWe oder im Erfrischungsraum Wertheim. Und das Taxi zurück – im warmen Sommer natürlich ein offenes. Die Spesen machten mir beim Einkaufen am meisten Spaß.

Ursel heiratete in der Inflationszeit; da gab es nicht viel einzukaufen, und sie wurde aus Beständen ausgestattet. Die beiden nächsten Schwestern bekamen bis auf die Bilder fast alles neu. Erst ich erhielt wieder Erbstücke, weil ja nun einiges weniger gebraucht wurde, als das Haus sich leerte. Die Möbel, die ich mitbekam, wurden alle neu aufgearbeitet, und ich freute mich, dass ich die heimatlichen Sachen um mich hatte. Sieben Jahre lang war meine arme Mutter fast ununterbrochen mit der Anschaffung der Ausstattung ihrer Töchter beschäftigt. Außerdem kaufte sie laufend zum eigenen Haushaltsbedarf ein und für die Vielzahl der Geschenke, die sie zu machen hatte. Die direkte Familie in auf- und absteigender Linie betrug bereits 21 Personen. Drei- bis viermal in der Woche ging es also in die Stadt, meistens ins KaDeWe. In jeder Abteilung war Frau Geheimrat bekannt. Sie kaufte per Sammelbuch und war jedes Mal erstaunt, wie hoch der Scheck war, den sie ausstellen musste; denn sie zahlte alles mit Scheck.

Sie suchte nicht besonders lange aus – trotzdem ging der Vormittag so schnell vorbei, dass ein Taxi notwendig wurde. Das zweite Frühstück nahm aber auch ziemlich viel Zeit ein, denn es gab immer zwei Gänge: etwas Salziges und etwas Süßes. Nusstörtchen oder Petit-Fours liebte sie sehr – allerdings nur, wenn sie ganz frisch waren. Altbackenes oder nicht tadellos schmackhafte Speisen gab sie sehr freundlich zurück, was mir immer unangenehm war. Aber sie genierte sich gar nicht und meinte, die Gastwirte wollten doch auch, dass es uns schmeckt. Sie bekam dann auch zusammen mit der Entschuldigung des Geschäftsführers alles aufs Beste. Überhaupt ließ sie sich nie etwas andrehen, was ihr nicht gefiel, und lieber unterließ sie den Kauf, als etwas zu nehmen, das sie nicht wirklich wollte. Und sie wusste immer genau, was sie wollte! Verkäufer, die ihr etwas aufzuschwatzen versuchten, schickte sie kurzerhand weg und ließ den Abteilungsleiter kommen. Wenn wir zu Wertheim fuhren, blieben wir manchmal sogar über Mittag da (besonders wenn mein Vater noch Fakultätssitzung hatte und zum Mittagessen nicht nach Hause kam).

Wir Töchter gingen gerne mit ihr einkaufen, und auch als Christel und Sabine schon verheiratet waren, kamen sie mit – oder wir trafen uns wenigstens beim Frühstück. Dabei machten wir es ihr keineswegs leicht, besonders als junge Mädchen. Wir waren so albern, dass wir oft vor Lachen einfach nicht mehr konnten und meine Mutter sich ihrer Töchter schämen musste. Zum Beispiel taten wir so, als ob wir alle einen Hinkefuß hätten oder denselben Tick im Gesicht; auch so dämlich wie möglich auszusehen, machte Spaß. Es war klar, dass das den Ernst des Einkaufs auch bei meiner Mutter störte, die den erstaunten Bediensteten lächelnd zu erklären versuchte, wir wären gar nicht so, sondern nur albern. Im Grunde freute sie sich aber doch, uns so einig vergnügt zu wissen, und hatte ihren Spaß daran; sonst hätten wir es sicher gelassen. Ich weiß noch, wie wir zu dritt in einem eleganten Laden irgendetwas für meine Mutter abholen sollten, hineingingen und erfolglos wieder herauskamen, weil wir so gelacht haben, dass wir einfach nicht sprechen konnten.

Nun regte unsere Mutter allerdings auch oft unsere Lachmuskeln an. Um eine Badewanne für die Großmutter im neuen Haus zu kaufen, bat sie den Verkäufer, sich doch einmal hineinzulegen, weil sie ihr gar zu klein erschien. Das tat der auch – mit Jackett und Schlips. Die umstehenden Kunden und Verkäufer blickten verwundert, als der Herr in der Wanne seine Ware aus der Horizontale anpries. Wir lachten uns scheckig, was meine Mutter herzlos fand. Verblüfft war ein Verkäufer, als meine Mutter einen Stoff verlangte, den sie schon mal hier gekauft hätte – »mit lauter kleinen Nutten drauf«. Wir Schwestern entfernten uns ruckartig, um hinter den Säulen loszuprusten, und es dauerte ein Weilchen, bis der ›Noppenstoff‹ gefunden war. Sie hatte immer einen großen Einkaufszettel dabei, auf dem sie zu Hause sorgsam ihre Wünsche notierte. Nun verlangte sie in der Teppichabteilung von dem Verkäufer einen Rasierteppich. »Einen Augenblick«, sagte der Jüngling und verschwand. Es erschien ein älterer Verkäufer, und sie wiederholte diesen Wunsch, während sie sich mit uns über das Angebot unterhielt. Auch der ältere Herr entschwand, und es kam ein anderer, der sie sonst immer bedient hatte. Sie wurde schon etwas nervös, als sie abermals nach ihrem Wunsch gefragt wurde und auch dieser Herr mit dem Spruch: »Einen Augenblick bitte, Frau Geheimrat!« davonging. Jetzt trat der Abteilungsleiter hinzu und fragte, was Frau

Geheimrat wohl unter einem Rasierteppich verstünde. Da ging ihr erst auf (und auch uns, die wir gar nicht hingehört hatten), dass die Notiz, die sie sich gemacht hatte, wohl nicht allgemein verständlich wäre. Sie benötigte nur einen ganz gewöhnlichen Badezimmer-Vorleger, auf dem mein Vater beim Rasieren stehen könne. Dies war nun schnell zu beschaffen. Beim Einkauf eines komplizierten Thermos-Dampfkochers, der gerade das Neuste war und den sie mir für meine Ausstattung schenken wollte (ein ziemlich teures Ding), versicherte sie dem Verkäufer von vielleicht achtzehn Jahren, er würde diesen Apparat bestimmt schon geschenkt bekommen haben – woraufhin er sie ziemlich betroffen anstarrte, ich aber eingreifen konnte und erklärte, sie meine »schon gesehen haben«, was dann auch der Fall war.

Außer der Beschäftigung mit dem Einkaufen war der große Frauenfleiß über mich gekommen. Ich stickte. Die Decken konnten gar nicht groß genug sein. Sie durften sogar vorgezeichnete Muster haben, wenn sie nicht zu scheußlich waren und man sie geschenkt bekam. Ich stickte mit Passion und ließ nichts unfertig liegen, ehe ich das neue Stück anfing. Das hatte ich mir von den Büchern, die ich las, so angewöhnt. Ich stickte Löwen und Greife in Kreuzstich aus Baumwollgarnen, ich stickte Streublümchen und bunte Kanten. Ich war verlobt und sittsam und saß nie ohne Handarbeit. Bald löste ich mich von den vorgeschriebenen Mustern und malte mit der Nadel auf Tüll, Seide und Nessel. Ich stickte nicht nur für mich, sondern machte auch Geschenke damit. Es bereitete mir Freude, so völlig neue Qualitäten in mir zu entdecken. Ich hatte Zeit und beschäftigte mich mit feinen Handarbeiten. Ich häkelte sogar Spitzen!

Und so saß ich manchen Nachmittag neben meiner Mutter, die diese Wandlung mit großer Freude sah, und wir verbrachten schöne, gemütliche Stunden miteinander. Meine Mutter stickte nicht, häkelte nicht und strickte nicht. Nicht einmal für die Enkel. Aber sie gab genau an, wie die Näherinnen etwas machen sollten, zeichnete Stiche und Muster vor und schnitt ohne Vorlage tadellos zu. Wenn wir beisammen saßen, nähte sie manchmal. Sie stopfte unermüdlich die bastseidenen Hausjäckchen meines Vaters mit ihren langen blonden Haaren, die sie sich dafür auszupfte und die stark wie Rosshaar waren. Er war nicht an neue zu gewöhnen, ehe die alten nicht zu zwei Dritteln an den Taschen, dem Kragen und den Ellenbogen aus den Haaren meiner Mutter bestanden. Wenn ich mir meine Mutter im Ruhestand und ohne Gäste denke, sehe ich sie mit Haarfaden und dem bastseidenen Jäckchen auf dem Schoß vor mir. Nach dem Abendessen nahm sie aber keine Nadel mehr in die Hand, sondern machte deutlich Feierabend. Ich arbeitete in meinem Eifer natürlich weiter, wenn Walter nicht da war. Dass ihre wilde, unordentliche, intellektuell überhebliche Tochter sich doch noch zur Hausfrau entwickeln könne, schien ihr in Anbetracht meiner zukünftigen Ehe sehr tröstlich. Ich hatte im Familienkreis immer als faul, verträumt und aushäusig gegolten. Jetzt war ich die einzige Tochter im Haus, und mein Renommee stieg. Ich wurde als arbeitsam und praktisch bezeichnet. Was ich nun eigentlich war, wusste ich selber nicht.

Wenn ich meinen zukünftigen Ehemann auch auf einem Fest kennen lernte, so waren wir uns doch erst bei einer Wanderung wirklich begegnet. Wandern war das, was uns von Anfang an am stärksten miteinander verband. In unserer Brautzeit verbrachten wir unsere Ferien immer in Friedrichsbrunn, und weil man damals als Brautpaar nicht alleine reiste, versuchte Walter, es so einzurichten, dass wir dann fuhren, wenn auch seine Mutter Urlaub nehmen konnte. Wir wanderten dort allerdings zu zweit los, wie wir es von der Zeit mit Dietrich gewöhnt waren, und ich hielt das für ganz selbstverständlich. Ilse blieb bei der Mutter. Beide hatten erstaunlich viel mit Wirtschaften zu tun, was ich ihnen in aller Harmlosigkeit überließ. Ab und zu unternahmen wir wohl auch etwas gemeinsam, aber es muss sehr selten gewesen sein, denn mir ist keine Erinnerung daran geblieben.

Man muss durch den Wald gehen können, ohne dass ein Stöckchen knistert. Dann sieht man Wild! Mein Bruder Walter hatte das gekonnt, und ich übte es. Mein Walter konnte es auch. Wenn er Wild beobachtete, konnte er unendlich lang stillsitzen oder stehen, von Insekten umschwirrt, ohne mit der Wimper zu zucken. Noch nie habe ich so viel Wild gesehen wie in der Zeit mit ihm. Und wenn es auch nur zwei spitze Ohren waren, die durch das Buchengrün auf einer sonnigen Halde hervorlugten – er entdeckte sie, und dann blieben wir stehen.

Wollgras blüht auf einer binsengrünen Waldwiese. Wir sitzen schon lange auf einem sich darauf emporhebenden Sandhügel, um zu schauen, ob Rehe heraustreten. Hier ins Feuchte kommen sie gern in der Mittagshitze. Da bewegt sich das Gras – in schnurgerader Linie neigt es sich leicht fortlaufend auf uns zu, als ob ein unsichtbarer Waldgott uns entgegenkäme. Pan spielt sowieso schon die Flöte. Dicht vor unserem Hügel wird etwas Rotes sichtbar. Nur einen Moment, dann ist es verschwunden: ein Fuchsbau, auf dem wir sitzen! Wenn man sich etwas vorbeugt, sieht man auch die Eingänge. Vielleicht kommt er wieder? Und er kommt. Zuerst die Nase, dann langsam und witternd der ganze prächtige Reinecke. Er dreht sich um und sieht mit pfiffig liebenswürdigem Bilderbuchgesicht in sein Loch zurück. Da: zwei kleine Nasen – drei, vier lustige rote Fuchsbällchen stupsen sich aus dem Gang und beginnen, mit der Mutter zu tollen. Mal tatzen, mal kratzen, mal schnappen; weghupfen und anschmiegen; täppisch, elegant und hinreißend – wie junge Kätzchen. Wir sind wie erstarrt. Ab und zu sieht Mutter Fuchs uns ernsthaft und etwas besorgt an, hält uns aber dann doch nicht für möglich. Der Wind steht gegen uns, die Luft flimmert vor Hitze, und das Wollgras zittert. Da krächzt ein Häher, und die Familie verschwindet Hals über Kopf im Bau. Wir warten noch lange; sie kommt nicht wieder, und wir müssen nun auch zum Mittagessen heim.

Wir gehen nach einer Tagestour durch den Wald heim, bereits im Dunkeln. Wir haben uns etwas mit der Zeit vertan, aber der Mond scheint sehr schön hell. Schläge an Holz! Wilddiebe? Lieber nicht mit ihnen zusammentreffen, also leise weiter. Merkwürdig dumpfes Geräusch. Hinter wenigen Reihen trockener, dünner Tannen liegt eine mondbeschienene Lichtung. Wir finden eine Stelle, von der aus man ungesehen hindurchblicken kann. Aber was sich da bewegt, sind nicht Diebe, sondern zwei junge Hirsche, die ihre Geweihe aneinander schlagen. Im Hintergrund schaut eine Gruppe Hirschkühe gelassen zu. Es ist erst Mitte September, noch gut vierzehn Tage bis zur Brunftzeit. Dies sind wohl die ersten Ausscheidungskämpfe. Es wirkt wie ein Spiel, es geht noch nicht ums Ganze – aber es ist uns doch, als hätten wir den Vorhang weggezogen vor einer Darbietung, die nicht für uns bestimmt ist. Nach einer Weile gehen wir still und spät nach Haus.

Sehr erinnerlich ist mir auch noch ein Ausflug mit Walter auf die Pfaueninsel. Das war am 18. Juni 1929, also an Walters 25. Geburtstag. Feuchte Wärme steigt aus den Wiesenufern auf. Die Havel riecht etwas nach Austern. Die Sonne sticht, obwohl es noch früher

Vormittag ist. Zwischen dem Schilf ist ein kleines, lichtgrünes Wiesenstück mit gelben Blumen, das schön trocken aussieht. Gerade richtig zum Ausruhen für uns zwei. Von ferne schreien die Pfauen, der Kuckuck ruft, ab und zu plätschert etwas im Schilf – wahrscheinlich nur ein Frosch. Ich richte liebevoll den mitgebrachten Proviant an. Da grunzt es hinter uns entrüstet: »Haben Sie nicht gelesen, dass das Lagern auf den Wiesen verboten ist?« Ein Parkwächter. So doll lagern wir ja gar nicht, und Wiese ist auch übertrieben für die kleine Grasecke, auf der wir ganz brav sitzen. Nein, wir haben es nicht gelesen. Er zückt den Bleistift und sein Notizbuch. »Name? Nein, den von dem Herrn. Drevs? Buchstabieren Sie mal – Vorname? Wie? Was?« Ich habe Lizenziat gesagt, das verwirrt immer. »Buchstabieren Sie mal. Ist das Ihr Rufname?« Wir stellen es richtig. »Nee, Walter genügt, einer genügt. Geburtstag?« – »Heute vor fünfundzwanzig Jahren«, sagt Walter. »Wieso? Wat? Wann Sie geboren sind!« – »Heute vor fünfundzwanzig Jahren.« – »Det Datum will ich wissen! Können Sie nich mal sajen, wann Se jeboren sind?« So wird er immer vertraulicher. Da fangen wir an zu rechnen, und er schaut uns dämlich an. Schließlich haben wir es raus: am 18. Juni 1904! Von der Dame will er gar nichts wissen. Nun sollen wir uns aber wegmachen. Ich biete Schokolade an, aber er ist gegen Beamtenbestechung. In einiger Entfernung wartet er ab, ob wir auch wirklich aufbrechen. Er hält uns wohl für etwas verrückt oder angetrunken.

Jasmin, Rosen, Erdbeeren mit Schlagsahne – das sind die Kennzeichen von Walters Geburtstag. Zweimal habe ich als Braut seinen Geburtstag gefeiert: einmal mit einer Einladung für meine ganze Familie in den verwunschenen, winzig kleinen Garten, den sie hinter dem Haus hatten und den er liebevoll pflegte – mit Bowle und Brötchen in einer dichten Jasminlaube. Das andere Mal, wie gesagt, auf der Pfaueninsel und abends mit meinen Eltern, der zukünftigen Schwiegermutter und Walters Schwester Ilse in Schildhorn.

Da er sich seine Arbeitszeit ja ziemlich nach Gutdünken einteilen durfte, konnten wir alle schönen Sommertage nutzen und rausfahren. Die Pfaueninsel liebten wir besonders – tatsächlich um der Pfauen willen, denn es war unser Ehrgeiz, jedes Mal alle aufzuspüren. Es gab damals vielleicht nur ein Dutzend von ihnen. Einkehren kam nicht infrage, da er ja kein Geld übrig hatte und auf Darlehen studierte, und ich mein Taschengeld lieber für Geschenke für ihn sparte und unser Essen von zu Hause mitnahm. Es aß sich ja auch viel schöner draußen – und komischerweise kamen wir uns noch nicht erwachsen genug vor, um miteinander in ein Lokal zu gehen.

Es ist ein warmer, heller Sommerabend. Die Familie verweilt noch beisammen im Esszimmer: meine Mutter, drei Söhne, zwei Töchter und zwei Schwiegersöhne. Mein Vater ist bei einer Sitzung, Walter und ich haben sich in mein Zimmer verzogen. Das ist das Recht der Brautpaare. Wir sitzen auf dem Sofa, und Walter erzählt von seiner Arbeit. Da – ein leises Geräusch an der Tür. Die Türklinke senkt sich ganz langsam, aber die Tür öffnet sich nicht. Ich sage: »Nanu – herein!« Nix herein, die Türklinke geht wieder hoch. Stille. Ich behaupte: »Da war wer.« Vielleicht meine Großmutter, die mal schauen wollte, ob wir noch da sind, weil es so still bei uns war. Ich gehe auf den Korridor und rufe: »Großmama!«, sehe in ihr Zimmer; die Tür zum Balkon steht offen, sie ist nicht oben. Also war es Fräulein Emma, die immer Neugierige und Naschhafte – vielleicht hat sie gehofft, das Zimmer leer und irgendetwas Süßes zu finden. Aber Fräulein Emma reagiert nicht auf Anruf.

So kehre ich etwas beklommen zu Walter zurück, der noch friedlich auf dem Sofa sitzt, und melde: »Einbrecher!« Nun will er sich auf die Suche machen. Ich bin aber dafür, die Familie vorher zu alarmieren. Wir gehen also runter und teilen den Sachverhalt mit, worauf sich alles mit harten Gegenständen bewaffnet und unter dem johlenden Gebrüll »Fangt ihn!« vergnügt die Treppe hinaufstürmt. Die Zimmer werden systematisch abgesucht, Schränke geöffnet, Klaus fährt mit einem Stock unter alle Möbel. Alles ist voll Heiterkeit und Unglauben, und Dietrich erklärt mir gerade, wie sich eine Türklinke von selber bewegen kann, als im Nebenzimmer Walters Stimme erschallt: »Hier ist er!« Alles stürzt hin, nur Sabine hält ihren langen Mann am Rockzipfel fest und lässt ihn nicht näherkommen. Klaus war mit dem Stock unter eine kleine Couchette meiner Mutter gefahren und glaubte, sich in den Sprungfedern zu verhaken; Walter sah gleichzeitig ein Paar nicht in das Damenzimmer gehörige Stiefel danebenstehen und dann einen Mann sich vorsichtig am Boden nach dem Kopfende hin schieben. Couchette zur Seite kippen! Da liegt der Bursche. Dietrich springt ihm an die Kehle, Klaus hält ihm die Hände am Leib und Walter die Beine fest. »Lassen Sie mich doch schlafen!«, sagt der freche Kerl. »Wenn Sie schlafen wollen, legen

Sie sich doch auf das Sofa und nicht darunter!«, schreie ich ihn an. Hans untersucht die Taschen. Er findet Draht und einen Dietrich und ein Spitzentaschentuch. Auf Geheiß meiner Mutter holt Fräulein Emma eine Wäscheleine vom Boden, und festgewickelt wie ein Rollschinken wird er der Polizei überliefert. Er hatte gejammert: »Geben Sie mich nicht der Polizei, da werde ich erst recht schlecht.« Aber er sah nicht so aus, als ob er die dazu noch brauchte.

»Haben Sie ihn denn tüchtig verdroschen?«, fragen die Polizisten und bedauern dieses Versäumnis, das sie nicht nachholen dürfen. Dass er aber die zurechtgemachten Schnitten essen darf, das verhindert die Polizei. Meine Mutter hatte die Brote für ihn in der Küche fertig machen lassen, weil er behauptete, er habe solchen Hunger und hätte bloß etwas zu essen gesucht und dann schlafen wollen. Sie wollte es nicht auf sich sitzen lassen, dass jemand in ihrem Haus hungerte und nicht gesättigt würde – und sei der Gast noch so unerwünscht. »So möchten wir jeden überliefert kriegen«, sagten die Polizisten, die ihn aus aus seinen Fesseln wickelten. Als sie mit ihm aus der Haustür traten, kam gerade mein Vater zurück und sah die Bescherung. Er war ausgesprochen zornig auf den Mann, der während seiner Abwesenheit gekommen war und nun auf die Tränendrüsen drückte und soziale Missstände markierte. Er schrie ihn heftiger an, als ich es für möglich gehalten hätte. Um unsere allgemeine Erregung zu besänftigen, ließ meine Mutter Kamillentee kochen, und so saß die ganze Familie noch lange beisammen, erzählte und beruhigte sich Tee trinkend bis in die späte Nacht.

Am nächsten Tag stand über unseren Einbruch in jeder Zeitung etwas anderes, und alles war ziemlich falsch: Einmal hatte der ältere Herr Geheimrat den Dieb allein überwältigt; einmal war es der tapfere Schwiegersohn gewesen, der ihn zu packen bekam. Jedenfalls stimmte meistens nur die Überschrift: ›Der Mann unterm Sofa‹. Und nach ein paar Tagen kam die Verhandlung. Einer von uns musste Zeuge sein. Klaus als Jurist wurde dafür auserwählt – aber die Verhandlung war öffentlich, und so gingen wir fast alle hin. Ich war das erste und einzige Mal in einem Gerichtssaal. Es war enttäuschend. Ein kahles Bürozimmer, in der Mitte eine Schranke, hinter der wir und ein paar Pennbrüder saßen; dann kam der Polizist mit unserem Einbrecher. Personalien-Aufnahme und Zeugeneid wie im Kino. Schon siebenmal war der arme Hungerleider wegen Einbruchs vorbestraft. Ein Fassadenkletterer – über den Weidenbaum im Garten und den Balkon meiner Großmutter unters Sofa! Es ging die ganze Zeit darum, ob das bei ihm gefundene Taschentuch aus unserem Besitz sei. Es war nicht anzunehmen, dass er sich mit einem Nastuch aus dem Schrank meiner Mutter versehen wollte, aber der Richter legte sehr großen Wert darauf, ob es bei uns entwendet sei. Dann hätte er nämlich Zuchthaus bekommen. So war es nur versuchter Einbruch, und da er seit zwei Jahren nichts Derartiges mehr verübt hatte (oder nicht geschnappt worden war), bekam er mildernde Umstände und acht Monate Gefängnis. Ich hatte die ganze Zeit das Gefühl, der Richter stünde auf der Seite des Beklagten und hätte eine Abneigung gegen die Grunewalder Villenbewohner; vielleicht hatte er auch Angst vor ihm. Die Verhandlung fand in der Nähe des Alexander-Platzes statt – in einer Gegend, die ich vorher nie gesehen hatte und die mich befürchten ließ, der Kerl würde sich nach acht Monaten rächen kommen.

Unsere Verlobungszeit ging ihrem Ende entgegen. Die Ausstattung war beschafft. Das erste Stück war eine hübsche blaue Bauerntruhe mit bunten Blumen und Herzen darauf gewesen, in der ich meine Sachen aufbewahrte – Geschenke zur Verlobung, die sowohl am Heiligen Abend 1927 im Familienkreis, als auch etwas später mit einer Großeinladung gefeiert wurde. Erinnerlich ist mir von dieser Begegnung meiner Schwiegermutter und Schwägerin mit den Meinigen nur ein leicht ängstliches Gefühl – und dass die Weihnachtskrippe plötzlich Feuer fing und das Strohdach in Flammen stand. Wir saßen noch bei Tisch, und alles sprang von der festlichen Tafel auf, suchte nach Wasser oder versuchte, den Brand mit Servietten zu ersticken. Nur mein langer Schwager Gert erhob sich feierlich und langsam, erhob auch sein Weinglas wie zu einer Rede und goss den Inhalt im weiten Bogen in den Brandherd, um ihn damit zu löschen. Jedenfalls bewahrte er dabei die Ruhe.

Damals also begann ich, meine Hamsterkiste zu füllen, die aber bald nicht mehr ausreichte. Meine Mutter war für Gründlichkeit. Anhand von Ausstattungsheften verschiedener Firmen wurde aller Bedarf nun zum vierten Mal zusammengestellt. Jede Tochter hatte ihre eigenen Wünsche gehabt. Vier Zimmer wollten wir zu Anfang haben – mehr war nicht erforderlich und machte nur zu viel Arbeit. Schlafzimmer, Wohnzimmer, Herrenzimmer, Esszimmer, sowie Küche und Kammer. Aber es war gar nicht leicht, eine Wohnung zu finden. Und vieles von der Einrichtung konnte man doch erst kaufen, wenn man wusste, wo man hinzog. Immerhin, die Wäsche häufte sich, Geschirr und Geräte kamen dazu, und ich gewann Freude am Besitzen. Jedes Stück schrieb ich mit Preis, Kaufort und Datum in ein Buch. Ich war zwar froh über diese Dinge, doch war ich dauernd darauf bedacht, dass meine Mutter nicht allzu viel und zu teuer kaufte. Warum eigentlich? Ich wusste doch, dass es ihr nichts ausmachte und sie sich darüber freute, mir recht viel zu schenken. Aber ich sträubte mich wohl aus Furcht, meinen Lebensstil nicht auf meine Art gestalten zu können. Ebenso wäre es mir unerträglich gewesen, wenn meine Mutter je hätte denken können, ich wäre nicht vollauf glücklich mit dem, was sie mir gab.

Die Wohnung richtete meine Mutter uns ein, während wir auf Hochzeitsreise waren. Vorher war sie nicht frei geworden. Wir hatten aber genau besprochen, wie es werden sollte. Das letzte Halbjahr haben wir mit Suchen zugebracht. 1929 war Wohnraum immer noch knapp. Die Stadt kam mit ihren Neubauten dem Bevölkerungswachstum und dem Zuzug nicht hinterher. Man konnte damit rechnen, pro Zimmer 1000 Mark Abstand zahlen zu müssen, wenn man ohne Tausch etwas haben wollte. Wir fuhren in die unwahrscheinlichsten Siedlungsgelände rund um Berlin und besahen Neubauten im Rohbau und in den ersten Anfängen. Die GAGFAH-Siedlung[238] bei ›Onkel Toms Hütte‹[239] wurde damals gerade fertig, und ich hätte gerne so ein schmales, buntes Häuschen für 5000 Mark gehabt, was einem nach etlichen Jahren Mietzahlung (die sehr gering war) gehörte. Aber meine Mutter fand es zu unpraktisch, in jedem Stockwerk nur ein Zimmer zu haben. Sie sah mich in Bälde als vielfache Kindermutter, da sie glaubte, ich sei ihr selbst sehr ähnlich; und so sah sie schon die Enkel die schmalen Treppen herabfallen. Auch in der Siedlung ›Zur Heimat‹ nach Schönow zu und im Zehlendorfer Windmühlenviertel hätten wir fast gemietet. Aber immer klappte es irgendwie nicht. Sogar bis nach Babelsberg gingen wir auf die Suche. Ich wollte nicht unbedingt ein ganzes Häuschen haben; eine Etagenwohnung mit vier

---

[238] GAGFAH ist eine Abkürzung für ›Gemeinnützige Aktien-Gesellschaft für Angestellten-Heimstätten‹. Diese Wohnungsbau-Gesellschaft wurde 1918 in Berlin gegründet.

[239] Die Siedlung ›Onkel Toms Hütte‹ (auch Onkel-Tom-Siedlung, Papageien-Siedlung oder Waldsiedlung Zehlendorf genannt) liegt im Berliner Ortsteil Zehlendorf am Rand des Grunewalds. Ihr Name stammt von dem nahegelegenen Ausflugslokal ›Onkel Toms Hütte‹. Die Siedlung wurde zwischen 1926 und 1931 erbaut und galt als wegweisend mit ihrer modernen und einfachen Gestaltung. Sie wurde nicht von der GAGFAH, sondern von der GEHAG (Gemeinnützige Heimstätten, Spar- und Bau-Aktiengesellschaft) errichtet.

Zimmern (sei es auch in Neubaugröße) fand ich ideal und so ganz anders als zu Hause.

Und schließlich fanden wir etwas, das meinen Eltern so günstig schien, dass sie bereit waren, den Abstand von 4000 Mark zu zahlen. Das war in der Dernburgstraße 50 im fünften Stock mit einem herrlichen Blick über den Lietzensee, direkt über den Wasserspielen. Es war eine ausgebaute Dachwohnung mit tiefen Erkerfensterchen und dicken Säulen mitten in der Stube, die der Wohnung einen besonderen Reiz gaben. Sie hatte einen kleinen vogelnestartigen Balkon und ein wunderbar gekacheltes Bad, wo man mehrere Stufen in die grünlich schimmernde Wanne hinabstieg. Drei Zimmer lagen in Richtung See, Bad, Küche und ein weiteres Zimmer nach hinten hinaus. In der Mitte befand sich eine geräumige Diele, deren hübsche Möbel wir mit übernehmen mussten. Ein russischer Arzt hatte dort gewohnt, und es war eine ziemliche Bohème-Wirtschaft, über die wir zu verhandeln hatten. Vom 1. bis zum 15. November wurde alles renoviert, sodass wir, als wir von unserer Hochzeitsreise zurückkamen, nichts mehr davon merkten, dass die Leute vor uns aus der Wohnung einen Aschenbecher gemacht hatten.

Zwei Jahre und drei Monate waren wir verlobt gewesen, als wir am 14. November 1929 heirateten. Der Tag, von dem an sich meine bisherige Lebensform wandelte, kam nun immer schneller herbei. Als ich mich verlobte, war es mir ganz lieb gewesen, in den Brautstand zu treten und so in einer gewissen Gebundenheit zu leben. Der Stand der Ehe lag mir damals noch recht fern. Ich habe Zeit gehabt, mich in Gedanken daran zu gewöhnen. Die Tatsache, nun verantwortlich Haus- und Ehefrau zu sein, würde aber noch etwas ganz anderes bedeuten als alle Vorbereitungen darauf. Walter hatte sein zweites Examen im Oktober gemacht und neben der Dozentur an der Universität (die ihm zusätzlich zu den schmalen Kolleggeldern ein Fixum von 150 Mark eintrug) vertretungsweise noch eine Hilfspredigerstelle an der Auenkirche in Wilmersdorf mit 450 Mark Monatseinkommen. Da meine Eltern mir außer der Miete noch 100 Mark Taschengeld monatlich gaben, kamen wir uns vor wie die Krösusse, und der Hausstand konnte gegründet werden.

Neunzig Personen waren zum Polterabend eingeladen. Allein schon fünfzehn Brautjungfern mit ebenso vielen Brautführern – da war außer der großen Familie für Bekannte kaum noch Platz. Bei den

Vorbereitungen wurde ich gänzlich ausgespart. Das kam mir sehr seltsam vor, denn ich war es doch seit Jahren gewöhnt, hauptamtlich die Feste vorzubereiten. Am Tag vor dem Polterabend gab es noch den traditionellen Brautjungfern-Kaffee (mit dem Kuchen, der die Bohne enthielt, welche für die nächste Braut Vorhersage tat). Dabei wurde eine große Girlande aus Buchsbaum gewunden, die dann mit veilchenblauem Seidenband geschmückt am nächsten Tag beim Polterabend für den Rundtanz diente. Am Polterabend selbst wurde ich den ganzen Tag über in Ruhe gelassen und von Besuchen und dem Empfang von Geschenken abgeschirmt. Ich packte nur meinen Koffer für die Hochzeitsreise und räumte noch ein wenig meine Sachen auf, die ja während unserer Abwesenheit in meine Wohnung kommen sollten. Einige Hochzeitsgeschenke, die schon eingetroffen waren, baute ich unten auf dem dafür bestimmten Tisch auf. Dann ward aus Abend und Morgen mein letzter Mädchentag.[240]

Die Geschwister hatten außer den üblichen rituellen Polterabend-Bräuchen etwas zur Aufführung vorbereitet, was man heutzutage einen Sketch nennen würde. Sie unterhielten sich auf der Veranda (die als Bühne diente) auf Tischen und Fensterbrettern sitzend und rauchend darüber, wie mühsam es sei, viermal in sieben Jahren für Schwestern einen Polterabend zu gestalten. Alle Gäste, bei denen man sich sicher war, dass sie es bestimmt nicht übel nehmen, wurden dabei durchgehechelt, und es kamen immer wieder Vorschläge, welche Geschichten von mir man behandeln könnte. Schließlich einigte man sich: »Lassen wir es doch diesmal; es genügt, wenn die Leute sich satt essen.« Ich sehe den alten Damaschke noch Tränen lachen.

An meinem Hochzeitstag überreichte mir meine Mutter nach dem Frühstück den Myrtenkranz, den sonst immer die jüngere Schwester der Braut gebracht hatte. Zum Standesamt fuhren wir mit dem Wagen von Strausens. Ich konnte das Rathaus Grunewald nicht leiden. Ich hatte dort wegen allen möglichen Bescheinigungen so oft warten müssen, und aufs Rathaus geschickt zu werden war mir immer ärgerlich. Der Standesbeamte tat aber sehr väterlich und vertraut. Als ich unterschreiben sollte, sagte er, er wolle mir lieber diktieren, denn die jungen Frauen verschrieben sich so oft bei ihrem neuen Namen. »Also

---

240 Anspielung auf Genesis 1, 5 u.ö.

schreiben Sie«, ordnete er an, »Susanne Therese Elisabeth Bonhoeffer, geborene ...«. Da protestierte ich: »Jetzt haben Sie mir Unsinn vorgesagt – ich heiße doch jetzt Dreß und bin eine geborene Bonhoeffer.« Er tat sehr verlegen – aber ich glaube, er hat mir mit Absicht falsch diktiert, weil er Zettel mit verschriebnen Unterschriften sammelte.

Meine Mutter half mir beim Anziehen des Brautkleides, das schon sie und meine Schwestern getragen hatten. Ich war sehr stolz, dass mir kleiner Dicken das Kleid ohne viele Änderungen passte. Aber es war ein Prinzessschnitt und fügte sich wohl jeder Fasson. Meine Mutter machte mir auch den Kranz und den Schleier an den aufgesteckten Zöpfen fest. Dann wartete ich auf Walter. Der verzweifelte inzwischen bei Schönes im Nachbarhaus, wo er sich umziehen sollte, weil er seine Frackhosen nicht fand. Das Telefon ging hin und her, die Geschwister waren alle schon weg zur Kirche – da wurden sie im Zimmer eines der Brüder gefunden, und wir konnten nun feierlich die Kutsche besteigen.

»So als Mittelpunkt des Ganzen fährt man mit Pferden erst wieder, wenn man im Sarg liegt«, dachte ich beim Hinfahren, »und dann wohl allein.« Wir hatten meinen Onkel Hans von Hase gebeten, uns zu trauen. Damit entgingen wir der Rivalität der beiden Pastoren – sowohl dem, in dessen Bezirk wir nun wohnten und der mir durch den Kindergottesdienst bekannt war, als auch demjenigen, zu dem wir früher gehörten und der alle Amtshandlungen in der Familie vollzogen und mich konfirmiert hatte. Und so vermied ich die altbekannte Traupredigt vom ›tiefen Verstehen‹. Doch was mein Onkel gesagt hat über den schönen Text, den uns Dietrich vorschlug: »Alles ist euer, ihr aber seid Christi«,[241] ahne ich auch nicht mehr.

Da ich nur meine Mädchenzeit schildern wollte, müsste ich eigentlich hier abbrechen, denn ich war nun verheiratet. Das Essen schmeckte mir gut – aber noch vor dem Nachtisch erhoben wir uns, um noch den Abendzug nach Dresden zu bekommen. Ich hatte schon so viele Hochzeiten mitgefeiert, dass es mir um die anschließende Festlichkeit nicht leid war. Die anderen haben weiter gefeiert und getanzt, ohne uns zu vermissen, während wir ungesehen in Strausens Auto zur Bahn fuhren.

241 1. Korinther 3, 22,23.

TEIL II:
FAMILIE UND BERUF

BAND 5:
DIE ZEIT DES NATIONALSOZIALISMUS

5.1 Die erste eigene Wohnung in Berlin: Dernburgstraße 50

Liegt es am Zeitgeschehen oder an der Lebensführung, dass so rein Erfreuliches zum Erinnern gar nicht recht auftauchen will? Alles, was an Heiterem oder Genussreichem, an Freudigem oder Frohbewältigtem mir in den Sinn und vor die Augen kommt, ist wie eine farbige Kreidezeichnung auf einer schwarzen Tafel. Der schwarze Hintergrund kann aber doch, wenn er nur Hintergrund bleibt, Farben zum Leuchten bringen. Mit dem Goldgrund, der alle Kindheitskümmernisse untermalte, war es jedenfalls vorbei, als ich das Elternhaus verließ. Bunt blieb es trotzdem in meinem Leben – und diese Farben fleckig, kantig, ungeordnet, aber deutlich und fröhlich aufleuchten zu lassen, wie auf manchem Bild unserer Zeitgenossen, das will ich jetzt versuchen.

Vorerst ist es die besorgte Güte meiner Mutter, die mir gerade in den ersten Jahren meiner Ehe wiederum mit goldenen Buchstaben des Aufschreibens würdig erscheint. Da war, als wir von der Hochzeitsreise zurückkamen, in unserer Wohnung eine mit allen denkbaren Lebensmitteln und Genüssen überfüllte Speisekammer! Das war eine sehr freudige Überraschung – wenn wir uns auch mit 450 Mark Gehalt von Walter (als stellvertretender Hilfsprediger an der Auenkirche in Wilmersdorf) als rechte Kapitalisten fühlten. Dieser Zustand dauerte allerdings nicht allzu lange an, und es kamen bald wesentlich knappere Zeiten. Wir fanden unsere Dreieinhalb-Zimmer-Wohnung im fünften Stock mit dem Blick auf den Lietzensee aufs Genaueste eingerichtet vor. Ehe wir abfuhren, waren noch die Handwerker tätig gewesen. Meine Mutter muss sich in den zehn Tagen unserer Abwesenheit mit Macht, Hingabe und Erfolg in die Arbeit gestürzt haben – keineswegs über meinen Kopf hinweg, sondern nach genauer Besprechung mit mir. Doch neben dem Tisch mit den Hochzeitsgeschenken und Telegrammen lag eine Liste mit den Blumenspende-Briefkarten und den dazugehörigen Marken dabei. Wie leicht empfindet man doch ganz töricht solche Hilfestellung als Zwang! Gleich bekam ich also Verpflichtungen zugewiesen. Aber gerade durch diese Vorsorge, die mich erst mit einen gewissen Unmut erfüllte, begriff ich bald, welcher fürsorgenden Liebe ich weiterhin gewiss sein durfte und was für eine kluge und ›vor-sichtige‹ Frau meine Mutter war.

Silvester 1929/30, als nun die vierte und jüngste Tochter das Haus verlassen hatte, waren meine Eltern erstmalig über den Jahreswechsel verreist. Ich befand mich mit Walter bei meiner Schwiegermutter, als kurz vor zwölf das Telefon ging und Dietrich mich zu sprechen verlangte. Aha, also doch! Er war am späten Nachmittag noch bei uns gewesen, um ein gutes neues Jahr zu wünschen, und hatte erzählt: Karl-Friedrich geht heute mit Grete in die Zauberflöte. Da werden sie sich wohl endlich verloben. »Ruf mich an, wenn es heute noch klar kommt«, bat ich. Seit zehn Jahren (Grete war damals siebzehn, Karl-Friedrich einundzwanzig) erwartete man mehr oder weniger intensiv dieses Geschehnis im Familien- und Freundeskreis. Ich liebte sie beide. Mit zwölf Jahren inspirierte mich diese Liebesgeschichte vor meinen Augen zu den ersten teils tragischen, teils enthusiastischen Liebesgedichten. Ich identifizierte mich mal mit ihm und mal mit ihr in diesen nachempfundenen Poesien. Als sich diese Angelegenheit nun so durch die Jahre schleppte, verstand ich beide nicht. Bei meiner Hochzeit waren sie das erste Brautführerpaar gewesen. Jetzt hieß es wirklich ›entweder – oder‹. Erfreut dachte ich ›entweder‹, als ich ans Telefon ging. »Klaus hat sich verlobt«, sagte Dietrich. »Du meinst Karl-Friedrich!« – »Nein, Klaus mit Emmi!« Deren Liebesgeschichte währte bereits ebenso lang; beide waren etwas jünger und zu Anfang durch einen idiotischen Witzbold verstört, der sie als Verlobte ins ›Grunewald-Echo‹ hatte setzen lassen – aber durch Klausens Freundschaft mit Justus, ihrem Bruder, blieben sie doch immer weiter verbunden. Klaus war nun, nachdem er sich in der Welt umgesehen hatte, so weit, auch einen Hausstand gründen zu können. »Karl-Friedrich hat sich nicht verlobt?« – »Doch, auch ... aber erst etwas später, nach dem Theater.« – Nein, sie hatten nichts verabredet. Beide waren erstaunt über die Gleichzeitigkeit des Entschlusses nach so vielen Jahren. Bei Delbrücks würde gefeiert. Alle wären beisammen, ob wir hinkämen? Wir kamen nicht, denn ein rascher Aufbruch war an diesem Abend nicht möglich, und mir war bei meiner Übelkeit[242] eine allzu lange Nacht auch keine angenehme

---

242 Susanne Dreß war zu diesem Zeitpunkt in den ersten Wochen schwanger und litt an unstillbarem Erbrechen; diese Schwangerschaft endete nach dem sechsten Monat mit einer Fehlgeburt.

Vorstellung. Im Sommer 1930 heirateten dann beide Brüder; im Elternhaus blieb nur noch Dietrich zurück.

Ein schulentlassenes Halbtags-Mädchen hatte meine Mutter für mich engagiert, damit ich nicht ›zu sehr runter käme‹, wie man das bei uns nannte. Es war aus der Nachbarschaft, und diese Nachbarschaft war teilweise recht unfein. Sie war zwar ausgesprochen ›Lieschen vom Hinterhof‹, aber das soziale Herz meiner Mutter hatte den traurigen Verhältnissen dieses mir an jeglicher Erfahrung weit überlegenen Kindes nicht widerstehen können. Es war die Zeit der Arbeitslosigkeit, und ihr schien der kleine Murkel auf diese Weise für ein Weilchen oder für immer vor der Straße bewahrt. Ich war dankbar, dass meine Mutter ihre Erlebnisberichte nicht mit anhörte. Sie war mir unbehaglich, und ich ließ sie fast nur staubsaugen. Bald bekam sie bezahlten Urlaub, denn ich war gesundheitlich außer Betrieb gesetzt, und Walter und ich zogen zwecks Versorgung zu den Eltern. Morgens ging Walter in unsere Wohnung wegen Post, Bücherwechsel, Blumengießen und um den in die Ehe eingebrachten Frosch zu füttern. Da saß eines Morgens auf dem Stuhl in der Diele bei offener Haustür ein Polizist. Der Hausmeister hatte am Morgen im Hof einen aufgebrochenen kleinen Geldtresor gefunden, dazu verstreute Papiere und unsere Geburtsurkunden. Er rief die Polizei, die feststellte, dass die Wohnung aufgeschlossen wurde und ein Einbruch übers Dach fingiert war. Der Polizist ist zur Bewachung unseres Besitzes, bis wir eintrafen, in die Diele gesetzt worden. Was fehlte? Walters neuer Lederkoffer, Kölnisch Wasser und andere Toilettenartikel, Garderobe von Walter und mir (besonders diejenigen Kleider, die mein Tagesmädchen so schön gefunden hatte), die Daunendecken und das Bettzeug. Also alles für den kleinen Hausbedarf. Der Tresor war aus Ärger, dass er nichts als Papiere enthielt, auf den Hof geworfen worden. Dass all mein Schmuck fehlte, machte mich traurig. Ich bekam daraufhin aber von vielen Verwandten Familienschmuck geschenkt. Es war klar, wer den Einbruch getätigt hatte, aber die Polizei war restlos desinteressiert. So bekamen wir nichts wieder; aber auch das Tagesmädchen nicht, das zu ihrem Freund gezogen war. Die Versicherung zahlte, und wir kauften billig nach – ich hatte das Gefühl, richtig Geld verdient zu haben.

Das schönste an unserer kleinen Wohnung waren der Balkon und das Badezimmer. Auch die schrägen Wände, die Balken in den Zimmern und die winzigen Fenster mit dem weiten Blick in den Himmel waren schön. Der Balkon war wie ein Vogelnest. Zwei Stühle oder ein Liegestuhl hatten darauf Platz, vielleicht auch ein Tischtablett. Nach Möglichkeit aßen wir draußen. So gewöhnte ich mir langsam den Garten ab und fühlte mich da oben zwischen den Dachziegeln und Tauben ganz wohl, weil man so unbeobachtet sein und sonnenbaden konnte. Aber erst das Bad! Ein russischer Arzt hatte sich die Wohnung ausbauen lassen und (nachdem er kurz dort gewohnt hatte) teuer an meine Eltern verkauft. Es war die Zeit der schlimmsten Wohnungsnot. Die Tapeten hatte meine Mutter alle überstreichen lassen, da ihre freudige, großblumige Buntheit jedes meiner Bilder erschlagen hätte – und uns dazu. Aber die herrlichen Lilien, Rosen, Tulpen und Nelken mit Schilf und Vögeln im gekachelten Bad (das mit allem Komfort ausgestattet war) waren unverwelklich und sinnenfroh!

Die Fensterfront wurde von der zum Baden bestimmten Vertiefung eingenommen, die man auf Stufen abwärts erreichte. Es war einfach römisch! Ich möchte gerne einmal in dieses Haus (das den Krieg überstanden hat) hineingehen und feststellen, ob die Wasserrosen in der Wanne noch über alle Zeiten hinweg blühen. Jeder Besucher bewunderte das natürlich, und eine leise Sehnsucht ist mir bis heute geblieben, noch einmal beim Einlassen des Badewassers zu hören, wie es die Stufen herabplätschert. Knappe drei Jahre haben wir in dieser Wohnung gelebt (mit reichlich Unterbrechung durch die Zeit im Baltikum). Gleich in der ersten Woche hatte ich übrigens einen ungewohnten Kampf zu bestehen: Als ich nachts in der Küche Licht machte, eilten Schaben in eine Ritze in der Speisekammer! 4000 Mark Abstand bezahlt – und dann Küchenschaben! Der Hauswart sagte, der Doktor könne nichts dafür, die kämen von unten. Unter uns wohnte ein sehr freundlicher Jurist, der eine geisteskranke Frau rührend ertrug, ebenso wie das sich ansammelnde Ungeziefer. Durch Insektenpulver und Kitt verloren die Tierchen bald den Kontakt mit uns.

[Von der Autorin gekürzte Passage.]

Zu Hause war mein übersteigertes soziales Engagement eher etwas gestoppt worden. Doch jetzt bekam ich plötzlich einen Anruf von der zuständigen Kirchengemeinde Charlottenburg, ob ich wohl bereit wäre, eine Familie mit vier kleinen Kindern etwas zu unterstützen und zu betreuen. Ich sagte zu und rief meine Mutter an. Ja, sie hatte das arrangiert. Walters Hilfspredigerstelle in Wilmersdorf, die uns erhielt, verlangte nicht mehr als vierzehntägige Predigt und Amtshandlungen, meist Beerdigungen in Stahnsdorf. Da hatte ich nichts zu suchen. Aber meine apathische Beschäftigungslosigkeit erschien meiner Mutter nicht heilsam. Ich lag herum, las, knetete ein bisschen, legte sogar Patiencen – hatte dabei allerdings nicht das Gefühl, mich zu langweilen; eher glaubte ich, langsam zu erstarren. Der Haushalt, auch ohne Lieschen vom Hinterhof, verlangte kaum mehr als eine Stunde Zeit am Tag. ›Hilf andern, und du hilfst dir selbst‹, glaubte meine Mutter, und nach dem ersten Unmut-Gefühl dachte ich ebenso. Selbst hätte ich mir eine solche Ersatzbeschäftigung wohl nicht gesucht.

Ich kaufte also ein (Auslagen wurden von zu Hause ersetzt) und ging hin, um wohltätig zu sein. Ich weiß nicht mehr, wo es war, aber es war wirklich ein Elends-Quartier. Die Mutter war wohl Ende zwanzig, die Wohnung sauber, sie ging putzen, der Mann war arbeitslos. Im Topf kochte Kohl in Salzwasser. Es war Sonntag. Merkwürdigerweise habe ich keinerlei Erinnerung an die Kinder; ich habe wohl über sie hinweggesehen. Vielleicht wäre Arbeit in einem Altersheim damals besser für mich gewesen. Die Frau erzählte und nannte mich konsequent ›Fräulein‹, der Mann schwieg. Mit meinen zwanzig Jahren habe ich dort mehr Schokolade als Trost gespendet. Das nächste Mal brachte ich Fleisch, Wurst und Käse mit. Die Textilien der Familie lagen im Argen. Ich nahm mir etliches zum Flicken mit heim und nähte Bettwäsche; weißnähen hatte ich ja gelernt. »Warum sind Sie bloß immer so ängstlich, Fräulein, wenn Sie was bei uns bringen – wir tun Sie doch nichts. Geniert es Ihnen, dass Sie reicher sind?« Ja, es genierte mir, und ich habe durch diese Worte gelernt, dass es gelernt sein will zu geben. Als ich die nötige Selbstverständlichkeit hatte, musste ich mit diesem Dienst wieder aufhören.[243]

Anneliese Schnurmann versuchte, meine Seelenstarre auf andere Art zu lösen. Das erste Mal brachte sie mir einen Plattenspie-

---

[243] Für Susanne Dreß waren die ersten Ehejahre nicht einfach gewesen, wie sie in ihren Lebenserinnerungen nur andeutet. Neben gesundheitlichen Problemen und mehreren Fehlgeburten machte der stets energiegeladenen Frau der Mangel an einer sinnvollen Aufgabe zu schaffen, bevor sie nach sechs Ehejahren ihr erstes Kind zur Welt bringen konnte.

ler mit, ›Electrola‹[244] zum Kurbeln in Kofferform, letzter Schrei! Dazu all die Platten, die ich bei Strausens besonders gern hörte und etliche andere. Auch Justus Delbrück versorgte mich mit Claire Waldoff[245] und Willy Rosen.[246]

Zwei Jahre später hatte sie die Idee, mir einen Hund zu schenken. Wir fuhren zum Tierschutz-Verein am Alexanderplatz. Irres Gekläffe aus allen Boxen. Nur in einer saß still und vornehm da: ein schwarzbrauner Schäferhund mit schönem Kopf. Er bellte nicht, er schaute nur. Ihm gehörte mein Herz. ›Bella‹ wurde er genannt, stammte aus Klein-Schulzendorf und hatte die Kinderkrankheiten hinter sich. Nicht reinrassig und etwas kleiner, als er hätte sein sollen – ich sagte dazu »Ausgabe für Neubauwohnungen«. Der Preis von fünf Mark wurde bezahlt, für weitere fünf Mark wurden Halsband, Leine und Maulkorb gebraucht erworben. Wir verließen das Haus, er ließ sich mitziehen.

Wir wollten die Stadtbahn benutzen, und dafür war der Maulkorb Vorschrift. Mit viel Angst und guten Worten bekam ich das Ding schließlich über seine Nase, ohne dass er biss; aber nun blieb er auf dem Bauch liegen. Ich zog ihn wie einen Schlitten hinter mir her, und Anneliese machte Sprünge vor ihm, die ihn zum Aufstehen animieren sollten. Doch wir kamen nicht weiter. Die Leute vom Alex gesellten sich rasch dazu. »Tierquälerei! Denen sollte man den Hund wegnehmen! Mit son' kleinen Maulkorb for'n Dackel!« Ich löste den Maulkorb, Bella erhob sich. Zurück und umtauschen wollte Anneliese nicht – sie war froh, dem Tierschutz-Heim entronnen zu sein. So gingen wir zum Taxistand und fuhren für viel Geld heim. Nun behütete er (vielmehr sie, denn es war eine Hündin) bald mein Alleinsein. Als ich das erste Mal wagte, sie ohne Leine auf die Straße zu lassen, stürzte sie sofort unter einen riesigen Lastwagen, duckte sich aber so geschickt hin, dass sie bloß vom Nummernschild etwas abbekam. Nie wieder hat sie ohne ›bei Fuß‹ (auch wenn ich es nicht sagte) einen Fahrdamm überquert. Es war überhaupt ein ungewöhnlich lernfähiger und anpassungsfähiger Hund.

---

244 Diese Firma wurde 1925 bei Berlin gegründet und stellte sowohl Grammophone als auch Schallplatten her. Das hier erwähnte Koffer-Grammophon mit Kurbelantrieb befand sich in einem tragbaren Gehäuse aus Holz; dieses Modell erfreute sich damals großer Beliebtheit.

245 Claire Waldoff (1884–1957), Kleinkünstlerin und Volkssängerin, die Chansons im Berliner Dialekt darbot.

246 Willy Rosen (1894–1944), eigentlich Wilhelm Rosenbaum, war in den 20er Jahren einer der bekanntesten Kabarettisten in Deutschland; er war jüdischer Abstammung und wurde im Konzentrationslager Auschwitz ermordet.

5.2 Dozentur von Walter Dreß in Dorpat (Estland)

Aus einem Brief an die Eltern vom 17. Februar 1931:

> »Die Reise war recht bequem und interessant. Ehe wir Berlin verließen, hatte ich mich schon zu der Auffassung durchgerungen, dass es völlig aussichtslos sei, den Zug während der Reise zu verlassen. So war es einem ganz egal, wieviel Uhr es war, ob wir Verspätung hatten oder wo wir waren. Wir aßen dein schönes Abendbrot, liebe Mama, und von der Schokolade, die uns die Geschwister geschenkt hatten, wofür ich ihnen allen noch mal herzlich danken lasse. Ich habe mich dann gleich in die Verbrechersphäre von Edgar Wallace gestürzt. Bis zum Morgen blieben wir allein im Abteil. Trotzdem habe ich nicht sehr viel geschlafen.«

»Nicht sehr viel« war milde ausgedrückt – ich hatte überhaupt nicht geschlafen. Zum ersten Mal fuhr ich so weit in den Nordosten, durch den polnischen ›Korridor‹. Schneidemühl![247] Männerstimmen in fremder Sprache, Türen klappten – jetzt wurden wir ›plombiert‹. Ein seltsames Gefühl war es doch. Vom Bett in unserem Liegewagen aus sah ich auf die große, weiße Weite, die Polen war; im Mondlicht ab und zu kleine Gehöfte, dann wieder tauchte der Zug in Waldstrecken ein. Ich schlief sowieso nie in der Bahn, weder liegend noch sitzend, aber so konnte ich mich doch besser ausruhen. Ich bemühte mich, die Gedanken von der vergangenen schweren Zeit hinweg auf die Zukunft zu richten, auf all das Neue, was uns in Dorpat[248] begegnen würde. Es war ja keine Vergnügungsreise, es ging einem neuen Lebensabschnitt entgegen. Die Kultur-Autonomie, die Estland den deutschen Restbürgern bot, hatte die dort verbliebenen Intellektuellen und Pastoren zur Gründung einer Hochschule veranlasst,[249] die den Glanz der alten

---

[247] Nach dem Ersten Weltkrieg neu eingerichtete Provinzhauptstadt und Grenzbahnhof im Verkehr nach Polen sowie für den Transitverkehr nach Ostpreußen.

[248] D.i. nach der Hauptstadt Tallin die zweitgrößte Stadt Estlands; auf estnisch Tartu genannt.

[249] Die deutsche Theologisch-Philosophische Luther-Akademie in Dorpat war eine private Gründung aus dem Jahr 1931, getragen von der Akademischen Luther-Gesellschaft zu Dorpat. Ihr Verhältnis zur Evangelisch-Theologischen Fakultät der Universität Dorpat war gespannt.

Dorpater Universität[250] wieder hervorzaubern sollte. Eine Ausbildungsstätte für Theologen erschien auch für das estnische Kultusministerium annehmbar. So bekam diese Gründung den Namen ›Luther-Akademie‹. Ihr Rektor war ein Religionspsychologe,[251] der auch in Berlin Vorlesungen hielt, aber in Dorpat zu Hause war. Er hatte Walter als Kirchenhistoriker berufen lassen; damit hatte er erstmalig den Professorentitel (allerdings nur ›im Ausland‹). Da er sich an der Berliner Fakultät nicht besonders wohl fühlte, nahm er diese Stelle gerne an, und ich war über den Ortswechsel ebenfalls glücklich. Die Wohnung in Berlin behielten wir, da wegen der langen Sommersemester-Ferien in Dorpat die Vorlesungen in Berlin nicht behindert wurden. Allerdings war für uns auf diese Weise nur der Monat August ›semesterfrei‹. Jedenfalls gab es auf dieser Reise für mich genug Stoff zum Nachdenken, um mir den Schlaf zu rauben. Es war noch dunkel, als wir den Korridor wieder verließen; umsonst spähte ich nach der Marienburg. Bei Tagesanbruch waren wir in Königsberg.

Aus dem Brief an die Eltern vom 17. Februar 1931:

»Am Morgen sind wir dann in den nächsten Waggon umgestiegen, der nach Riga durchging. Wir mussten einen litauischen Bauern, der aus Paris kam, erst aufwecken, um Eckplätze zu bekommen. Außer ihm und einem rothaarigen jungen Juden waren wir allein im Abteil. Woher der eigentlich kam, weiß ich nicht. Er hatte einen hebräischen Pass, sprach viele Sprachen und erzählte aus allen Erdteilen. Vielleicht war es der ›ewige Jude‹? Im Speisewagen sprach alles deutsch. Außer uns war aber kein einziger Christ dabei. So viele Juden habe ich noch selten gesehen, wie in diesem Zug. Es war, als führe man in den Orient. In der Hauptsache sind es wohl Handelsleute gewesen. Als wir aus dem Speisewagen zurückkamen, saß unser Abteil ganz voll von ihnen. Sie sprachen aufgeregt miteinander jiddisch, schrieben in Kontobücher und rechneten auf Deutsch. Nachher kamen wir etwas mit ihnen ins

---

250 Die Universität Tartu wurde 1632 vom schwedischen König Gustav Adolf II. errichtet und 1802 von Deutsch-Balten mit Hilfe des russischen Zars Alexander I. als einzige deutschsprachige Universität des Zarenreichs neu gegründet.

251 Werner Gruehn (1887–1961) war ein evangelischer Theologe, der in Lettland geboren ist, an der Universität Dorpat studiert hatte und – ebenso wie Walter Dreß – an der Friedrich-Wilhelms-Universität in Berlin habilitiert wurde und dort als Privatdozent tätig war. Von 1931 bis 1939 war er Rektor der Luther-Akademie in Dorpat.

Gespräch. Sie haben große Angst vor den Nazis. Ganz interessant erzählten sie, dass es in Litauen keine Arbeitslosen gäbe. Die Leute wollten seit der Güterparzellierung alle aufs Land. Sie lebten dort völlig anspruchslos und zufrieden. Große Städte gäbe es nicht. Industrie spiele keine Rolle. Dem Handwerk gehe es gut. Den Handel betrieben nur Juden, und wenn da mal einer minus machte, bekäme er Geld aus dem Ausland. Man hätte ja überall Verwandte.

Landschaftlich war es auch recht bemerkenswert. Der Schnee lag teilweise bis an die Dächer der kleinen Holzhäuser, andere Stellen waren aber kaum bedeckt. Der Wind hatte ihn so zusammengefegt. Die Häuser, die eher wie Holzställe aussehen, sind mit Stroh gedeckt und liegen ganz weit auseinander. Dörfer sieht man kaum. Dort, wo die Güter geteilt worden sind, stehen die Häuser etwas näher beisammen. So hundert bis zweihundert Schritt ungefähr. Die Bahnhöfe sind immer irgendwo im freien Land.

Am Abend fuhren wir dann durch Lettland. Die Letten waren die Einzigen, die an der Grenze etwas genauer untersuchten. Sonst haben sie einen aber nicht weiter gestört. In Riga haben wir zweiter Klasse nachgelöst; erstens war es billiger und zweitens besser als ein Liegewagen dritter Klasse. Dann haben wir auf dem Bahnhof schönen heißen Tee getrunken und etwas gegessen. Wir waren sehr froh, dass wir zweite Klasse hatten: Das Abteil war riesengroß; in Kopfhöhe ließ sich eine gepolsterte Bank aufschlagen, auf der man schlafen kann. Oben auf dieser Liege kann man auch bequem sitzen, ohne anzustoßen. So war die Luft recht gut. Die Wagen waren auch durchweg geheizt. Wir sind dann gleich hinaufgeklettert und haben uns lang gelegt.«

Dies ist nun 38 Jahre her und erscheint mir doch alles wie gestern. Zwei Nächte und einen Tag in der Bahn zu verbringen, das machte den Menschen vor der Zeit der Flugzeuge sicher nicht so viel aus wie uns heute:

»Als wir ankamen, waren wir eigentlich erstaunt, wie schnell die Reise gegangen war. Die Fahrt von zwei Stunden nach dem Scharmützelsee war uns viel länger vorgekommen, weil wir damals dachten, es dauere nur eine.«

So fährt der Brief an die Eltern dann fort – und wie der Rektor uns an der Bahn abholte und in unser Quartier brachte. Aber ehe ich von unserem Leben dort erzähle, will ich noch von anderen Fahrten berichten. Wir hatten beschlossen, auf dem Rückweg nur tagsüber zu reisen und in Riga und Königsberg zu übernachten, um diese Städte kennen zu lernen. Das hat sich auch sehr gelohnt, denn später kam ich dort nicht mehr hin. Natürlich war es bei der baltischen Gastfreundlichkeit unmöglich, in Riga in einem Hotel zu wohnen. Der Fachkollege von der dortigen deutschen Hochschule bot uns Quartier, ließ uns aber reichlich Zeit, durch die Stadt zu bummeln. Von Frühling war für uns Ende April noch nichts zu merken, aber die Rigaer machten uns auf jedes grün-gelbe Winterknöspchen aufmerksam. Der Eindruck der alten, schönen, deutsch-russischen Großstadt mit der national-lettischen Überpinselung ist mir doch sehr lebendig geblieben.

Am nächsten Nachmittag fuhren wir wieder durch Litauen – in der dritten Klasse, weil es billig war und um des Studiums der Volksseele willen. Selten hat es um mich her so nach Knoblauch gerochen. Ein alter Kaftanjude aß Wurstscheiben mit der Pelle, die er dann langsam und besinnlich wieder dem Gehege seiner Zähne entnahm. Als er aufstand, um auszusteigen, nahm er eine Bierflasche unter seiner Sitzfläche hervor und grinste uns freundlich zu. Er legte sie oben ins Gepäcknetz. Sie hatte ihren Dienst erfüllt. Ein Mitreisender erklärte uns freundlich, der Sabbat hätte begonnen und an diesem Tag sei das Reisen den Strenggläubigen verboten – außer zu Wasser, denn auf dem Meer könne man ja nicht aussteigen. So sei die Lösung hier ortsüblich geworden, auf mit Wasser gefüllten Flaschen im Zug ›zu Wasser‹ zu reisen, wenn es sich so günstiger ergäbe. Der gute Alte hatte so ausgesehen, als ob es ihm richtig Spaß gemacht hätte, dem gestrengen ›Gerechten‹ ein Schnippchen zu schlagen.

Ende August 1931 fuhren wir von Lübeck aus mit dem Schiff nach Reval. Herrliches Wetter, das Schweden-Büffet überwältigend reichhaltig und genussreich, da bei der völligen Windstille keine Seekrankheit aufkam. Der nächtliche sternklare Himmel, das endlose Blau des Tages und schließlich die Kulisse der alten betürmten Festung Reval – das war doch eine wesentlich schönere Art, ein Ziel zu erreichen, als die Fahrt im noch so bemühten Schnellzug.

In der Mönchsgasse 9 in Dorpat, einem uralten, einstöckigen Reihenhaus, fanden wir Unterkunft und Verpflegung. Die drei alten unverheirateten Schwestern, denen das Haus gehörte, verkörperten für mich das aussterbende deutsche Leben im Baltikum und den starken menschlichen Wert, den es einst gehabt hatte. Geld war so wenig vorhanden, dass davon überhaupt nicht gesprochen wurde. Die Älteste las einem alten erblindeten Theologie-Professor vor und verdiente damit so viel, dass sie jeden Tag ein Filetsteak braten konnte. Dies tat sie aber nicht für sich, sondern für einen einsamen Jugendfreund, der völlig verarmt, aber anspruchsvoll und adelig in einer Dachkammer in der Nähe hauste. Sie briet das Filet stets auf dieselbe Art und nach genauer Minutenzahl, hüllte es mit einer Schalkartoffel warm ein und enteilte mit kleinen Schritten. Sie war gewiss Ende siebzig und teilte mir mit, dass ihr das Gerede der Leute gleichgültig sei: »Jetzt, wo er mich braucht, werde ich ihn nicht verlassen.« Eine tätige Solveigh[252] im Bürgerstil. Einmal nahm sie mich mit, und zu meinem Erstaunen siezten sich diese beiden für mein Gefühl uralten Menschen mit einer Behutsamkeit erster Liebender, die ich nie vergessen habe. Die jüngste Schwester schüttelte mitleidig den Kopf über das Gebaren von ›Hottie‹. Die mittlere (die einzige, die einen Beruf erlernt hatte) leitete die deutsche Mädchenschule und verdiente etwas Geld; sie ließ ihre Schwester hilfsbereit gewähren. Auch sie hatte einen besonderen Schützling – eine kranke mittellose Jugendfreundin. ›Hermsi‹, die jüngste (wohl Ende sechzig), war stocktaub. Man musste ihr mit aller Kraft ins Ohr brüllen – und auch dann war es noch Glück, wenn etwas richtig ankam. Aber sie hatte immer ein Täfelchen bei sich – wie Zacharias,[253] bloß dass hier der andere schreiben musste. Sie selbst war des Redens durchaus und gerne mächtig, mit lauter Stimme. Sie las sehr viel und besorgte den Haushalt, machte unsere Zimmer, trug riesige Buchenkloben in unseren Ofen, brachte Frühstück, Mittag, Kaffee und Abendessen aufs Zimmer. Wenn ich ihr da etwas abnehmen wollte, verstand sie das absolut nicht. So erwarb ich mir bei der ansprechbaren Lehrerin die Erlaubnis, gegen Abzug der Naturalien vom Pensionsgeld selbst zu wirtschaften. Nicht, wie ich meiner Großmutter schrieb, um Beschäftigung zu

---

252 Vgl. die Bühnenfigur der Solveigh und ihr Lied in Henrik Ibsens Drama ›Peer Gynt‹ (vertont von Edvard Grieg).
253 Vgl. Lukas 1, 20–23.63.

haben, sondern weil ich es einfach nicht aushielt, von der alten, gebildeten Dame bedient zu werden. Einen ersten Einblick in das, was russische Besetzung bedeuten konnte, erhielten wir durch ihre Erzählungen aus der Zeit nach 1917: Gerade unsere feinen alten Fräulein waren bestimmt worden, die Latrinen in den Gefangenen-Lagern zu reinigen – und der Stolz, diese Dinge mit Anstand bewältigt zu haben, sprach noch aus ihren Augen. Tief bewegte mich, mit welcher Ruhe man von ermordeten Vätern und Brüdern oder von der eigenen Verschickung nach Sibirien sprach.

»Haben Sie sich schon jut ainjelebt?«, war die Frage aller, denen man begegnete, vom zweiten Tage an. Gewiss, mit Hilfe unserer drei guten Parzen und den offenen Armen aller Deutschen (die glücklich waren, dass wir aus Berlin gekommen sind, um ihnen bei der Gründung ihrer Hochschule zu helfen) war das auch nicht schwer. Mit Esten kamen wir allerdings kaum zusammen; nur in Lokalen oder in der Kochschule des estnischen Hausfrauenvereins, wo wir manchmal zu Mittag aßen – und außerdem mit Schlittenkutschern, Kaufleuten, sowie auf dem Markt am Embachfluss. Die neuen estnischen Kulturträger hatten zu der in die Armut getriebenen Gruppe der deutschen Intelligenz keine Beziehung. Dass auch innerhalb des deutschen Kreises unter der Oberfläche heftige Parteikämpfe tobten und jeder uns durch Verächtlichmachung der anderen gewinnen wollte, bemerkten wir erst gegen Ende unserer Zeit. Zuerst fanden wir einfach alle nett, und der warmherzige Tonfall und die bescheidene, gute, intensive Geselligkeit gefielen uns ausgezeichnet.

»Alles hat sich hier verändert in Dorpat; nur die Hüte in der Universitätskirche sind noch dieselben wie vor dem Krieg!« Mit dieser Bemerkung war Schichtung und Finanzlage dieser Balten, die vom Besitz des Bodens losgerissen waren, aber an den Kulturgütern festhielten und sich an ihre alte deutsche Kirche klammerten, gut gekennzeichnet.

»Die Leute freuen sich hier alle so, wenn jemand aus ihrer Heimat herkommt, dass man gar nicht weiß, wie man zu dieser Ehre kommt. Sie können nicht glauben, dass die Lage in Deutschland augenblicklich so verzweifelt ist, und vertrauen felsenfest auf alte Tugenden, die vielleicht gar nicht mehr vorhanden sind. Man darf ihnen aber ihren Glauben an die deutsche Kulturmission in keiner Weise erschüttern, da sie ganz dafür leben und sonst

wahrscheinlich ihre Arbeitskraft für das Deutschtum verlieren würden. Ich kann aber nicht recht dran glauben, dass wir uns dieses Vertrauens wirklich würdig erweisen werden.«

Das schrieb ich im März 1931 als einundzwanzigjährige Frau an meine alte Großmutter. Nachdem ich recht behalten hatte, wagte ich das Wort ›Deutschtum‹ bis heute nicht mehr zu gebrauchen. Der Brief geht weiter:

»Man gewinnt vielmehr den Eindruck, als ob diese baltischen Randstaaten, Polen und die Tschechoslowakei bis ganz südlich abwärts, Deutschland und der westeuropäischen Kultur nützlich wären, als Mauer gegen den Osten.«

Damals verlief die Mauer eben noch weiter östlich – aber eine Mauer war es auch. Uns wunderte, dass die Bedrohung durch Russland Deutsche und Esten einander nicht näherbrachte – und um diese Frage kreiste auch der Streit unter den Deutschen.

Warum soll ich nicht weitererzählen von der Zeit, die mir durch die alten Briefe plötzlich wieder so nah ist und die mein ganzes weiteres Leben wohl sehr geprägt hat? Noch einige Zeilen aus dem Brief an meine Großmutter vom 2. März 1931:

»Man hat gar nicht das Gefühl, als ob man in ein abgelegenes Land verschlagen worden wäre; eher hat diese Grenzlage etwas, das einen dauernd in Spannung hält. Die Dorpater sind geistig sehr regsam, obwohl die besten Zeiten vorüber sind. Wenn aber im deutschen Theater etwas geboten wird (sei es ein Vortrag über Spitzbergen oder über das Pergamon-Museum in Berlin oder auch nur ein Gedankenleser), so geht alles mit Heißhunger hin, um es anzuhören. So ist es sicher eine interessante Zeit für uns. Man kommt mit Problemen in Berührung, von denen man früher nie etwas gehört hat; und man wundert sich, wie das, was wichtig und wertvoll war, sich mit der geografischen Lage so ganz verschoben hat.«

So geschah es mir zum ersten Mal, dass ich bei meinen Wertungen über die Menschen um mich herum nicht mehr mit den sicheren, von zu Hause übernommenen Maßstäben auskam. Da saß man in der ›Bürgermusse‹ mit sehr netten jüngeren Balten am Tisch, unterhielt sich besonders interessant, weil sie Angestellte einer estnischen Behörde waren – und wurde von einem anderen Balten, der zu uns hin stürzte, sobald sie gegangen waren, aufgeklärt, dass wir unmöglich mit denen reden dürften. Sie wären ›Konformisten‹ und fragten uns bestimmt nur über die Ziele der deutschen Kulturautonomie aus. War es notwendig, sich um solche Warnungen zu kümmern? Übrigens: ›Bürgermusse‹ hieß das einzige offene Speiselokal; ansonsten gab es nur noch Privat-Mittagstische. Auf der Speisekarte standen drei Mittagessen – mehr wurde nicht angeboten. Einmal stand darunter: ›Komm morgen wieder.‹ Abends erzählte ich das bei einer Einladung (wir waren fast jeden Abend eingeladen) und äußerte mich mitleidsvoll dazu, dass man da doch öfter hingehen solle. Ich erntete aber nur einen Lacherfolg: ›Komm morgen wieder‹ sind Eierkuchen, die eine Fleischfüllung haben – also ein viertes Angebot auf der Karte! Alles Deutsche sah so ärmlich aus, dass man es durchaus für möglich hielt, auf den nächsten Tag vertröstet zu werden. Kaffee aus Gläsern tranken wir manchmal in einer ausgezeichneten russischen Konditorei – Emigranten, die herrliche Rumrollen und die besten Süßigkeiten herstellten. Jede deutsche Abend- oder Mittagseinladung fing mit drei Schnäpsen ›Sarkuska‹ an – auch wenn es nur Gürkchen und Hering mit roter Rübe gab; doch meist kam dann das sehr fette Fleisch, das man bei der Kälte wohl brauchte und vertrug. Dazu hinterher ›Kissel‹, eine weiche rote Grütze mit Schmand. Nahrungsmittel waren billig: Fünfzig Mark reichten für uns zu zweit. Doch Wein, Obst und Kleidung waren für die Balten fast unerschwinglich.

Natürlich waren die Unterkünfte meistens sehr verwohnt. Alte, zum Teil sehr schöne und wertvolle Möbel wurden mühsam erhalten, doch alles recht abgenutzt. Es wurde geflickt, gestopft, doppelt gewendet – und darüber herzlich gelacht. Es war eine Zeit, wo man in Deutschland in unseren Kreisen doch schon wieder recht gut aufgeholt hatte. Wir persönlich hatten uns ja auch nach der Decke zu strecken – doch jetzt waren wir hier die wohlhabenden Reichsdeutschen. Da wir aber gar keinen Wert darauf legten, diese Rolle zu spielen, waren wir wirklich bald ›ainjelebt‹. Wir verkehrten in den Häusern von Pastoren und alten Professoren, die noch an der deutschen Universität Dorpat gelehrt hatten;[254] von Lehrern an der deutschen Schule; von alten deutschen (das heißt immer: baltischen) Gutsbesitzern, die in ihrer Stadtwohnung in Dorpat blieben und vom Verkauf ihrer Besitztümer lebten – oder auch von dem, was der Sohn, auf der verbliebenen Restparzelle[255] in der Kutscherwohnung hausend, erarbeitete. Zum Teil waren diese jungen Leute so tüchtig, dass nach einiger Zeit ein Großteil des Besitzes (manchmal auch das alte Herrenhaus) wieder erworben werden konnte. Auch in solchen alten Gutshäusern waren wir zweimal mit dem Pferdeschlitten zu Gast gewesen. Natürlich wurden dort nur einzelne Zimmer bewohnt. Der Saal – der auch in jeder etwas besseren Mietwohnung erstes Empfangszimmer ist (wir hatten in der Mönchsgasse auch einen, zusätzlich zu Wohn- und Schlafzimmer) – war so kalt, dass man gebeten wurde, die verschneiten Mäntel mit ins Wohnzimmer zu nehmen. Die riesigen Kachelöfen, mit Birkenstämmen vollgepackt, hielten die Wärme gut drei Tage lang im Zimmer, wenn nicht der Wind darauf stand. Dreißig Grad unter Null (man rechnete nach Réaumur)[256] war gar nicht schlimm auszuhalten, aber wenn bei zehn Grad der Wind über das flache Land brauste – das war kein Vergnügen. In der Stadt lag der Schnee auf den Dächern halbmeterhoch. Wenn Tauwetter einsetzte, musste er heruntergeholt werden. Dazu diente eine Luke im Dach, die auf den breiten First ging. Da standen dann die Hausbesitzer oder Knechte (man sprach dort noch von Knecht und Magd) und schoben die ganze Ladung herunter. Man hatte die Wahl, auf dem Bürgersteig verschüttet oder auf der Straße von rasenden Pferdeschlitten überfahren zu werden. Ich glaube, irgendjemand hatte auch ein Auto in Dorpat, aber ich habe nie eins gesehen. Die Esten hatten an ihrem jungen Staat noch viel zu tun: ihre neue Universität, Kultur und Kunstbetrieb! Es war eigentlich eine tolle Leistung, wie dieses unterdrückte Volk plötzlich

---

254 Seit ihrer Neugründung im Jahr 1802 war die Universität Dorpat weitgehend deutschsprachig. Ab 1882 kam es unter veränderten politischen Verhältnissen zu einer Russifizierung; nur an der evangelischen Fakultät durfte bis 1916 noch auf Deutsch gelehrt werden, weil die russisch-orthodoxe Kirche die Verbreitung lutherischen Gedankenguts in Russland verhindern wollte. Als deutsche Truppen 1918 Tartu besetzten, wurde die Universität evakuiert. 1919 wurde sie im neu entstandenen Staat Estland als Nationaluniversität wiedereröffnet und blieb seitdem die wichtigste Universität in Estland.

255 In Folge der Oktoberrevolution in Russland kam es auch in Estland zu einer Landreform mit Enteignungen, von denen vor allem die deutsch-baltischen Großgrundbesitzer betroffen waren.

256 Diese Temperaturmessung wurde 1730 von dem französischen Naturforscher René-Antoine Ferchault de Réaumur (1683–1757) eingeführt und war in Europa weit verbreitet, bis man 1901 die amtliche Temperaturmessung wegen der größeren Genauigkeit auf Celsius umstellte; die hier erwähnte Temperatur von minus 30 Grad Réaumur entspricht ca. minus 40 Grad Celsius.

eine führende Intelligenz auf die Beine stellte, und es war Unrecht, über die Kolumne zu lachen, die jede Tageszeitung enthielt: zehn erfundene estnische Worte für Dinge, die Bauer und Knecht nicht gebraucht hatten – zum Auswendiglernen als Tagesration. Schade, dass man diesen tapferen Leuten so fern blieb.

Im Herbst 1931 war es nun endlich so weit, dass die Dorpater Luther-Akademie feierlich eingeweiht werden sollte. Wie stark die Spannung zur offiziellen Universität war, wurde dadurch deutlich, dass es fast nur Absagen zu diesem Festakt gab. Immerhin: Behördlich war alles geklärt und erlaubt. Man versammelte sich in der alten Universitäts-Kirche, in der die deutschen Gottesdienste auch sonst stattfanden. Der Raum war gut gefüllt. Alles, was in erreichbarer Nähe wohnte und sich deutsch fühlte, war gekommen und saß in vornehmer Armut in den Bänken. Dann wurde gesungen – zwar nicht ganz so gekonnt, wie wir es in estnischen Gottesdiensten erlebt hatten (wo die Gemeinde ohne Noten und Orgel selbstverständlich vierstimmig sang), aber doch von Herzen. Unter Glockengeläut sollten wir uns anschließend zum Festakt in die Aula des Akademie-Gebäudes begeben. Als wir die Kirche verließen – der Rektor mit mir und Walter als den besonders zu ehrenden Reichsdeutschen (die anderen Professoren waren unverheiratet) –, empfing uns ein Spalier von Esten, die schrieen und fluchten, grölten und drohten. Ich verstand natürlich kein Wort, aber dass die Haltung eine außerordentlich feindselige war, war deutlich. Ohne nur den Kopf zu wenden, ruhigen Schritts und schweigend wanderte unsere Kolonne (also der ›Festzug‹) auf der Straße. Auch die alten Damen mit ihren Hüten zogen unerschrocken mit. Auf die Idee, dass uns irgendetwas passieren könnte, Steine an den Kopf geworfen würden oder eine Prügelei entstände, kam ich gar nicht. Erschrocken war ich nur über den nationalistischen Hass, der dieser kleinen, völlig ungefährlichen Minderheit entgegenschlug. Ich hatte manchmal sagen hören, dass die Esten Angst vor den Balten hätten – noch immer. Jetzt glaubte ich es, sonst wären solche Pöbeleien nicht möglich gewesen. Die Polizei achtete darauf, dass die Krakeeler nicht mit in den Festsaal drangen. Ein wissenschaftlicher Vortrag begann. Das Schreien draußen ließ nicht nach. Jetzt flogen auch Steine gegen die Fenster im Nebenraum, der zur Straße führte. Es klirrte. Der Vortrag ging weiter. Plötzlich erhoben sich eilig einige kräftige Männer, auch geistliche Herren, und eilten in den Vorraum. Man hatte die

Türen eingeschlagen und versuchte wohl auch, durch die zerstörten Fenster einzudringen. Der Vortragende pausierte einige Minuten und bat uns und die Gäste um Entschuldigung. Draußen kräftige Stimmen, dann Ruhe. Die Männer kamen zurück. Das Anbrüllen hatte noch seine alte Wirkung behalten. Der Pöbel zog sich zurück, und wir konnten den Vortrag weiter anhören (dessen Inhalt ich freilich völlig vergessen habe). Aber die Volksseele hatte gekocht. Die estnischen Behörden haben uns dabei fast ganz im Stich gelassen. Die dreißig Studenten der Akademie machten sich darauf gefasst, ab und zu als Helden fürs Deutschtum verdroschen zu werden.

Eigentlich war es gar nicht einzusehen, warum die Nationalitäten so aufeinanderprallten. Die baltischen Barone hatten als Deutsche unter dem Zaren gedient und sich sowohl als Deutsche wie als Russen gefühlt. Im Krieg hatten sie zusammen mit den Esten das Misstrauen des Zarismus zu ertragen gehabt und 1917 die bolschewistische Terrorzeit. Sie wären bereit gewesen (jedenfalls viele von ihnen), jetzt ruhig und ehrbar unter den Esten ihr Leben weiterzuführen, auch wenn die neuen Herren einst ihre Knechte waren. Aber man hatte ja diese Knechte, das Volk der Esten, nie gehasst. Bei den Letten lag es wohl etwas anders. Vielleicht kam die Spannung wirklich daher, dass der Este sich nicht vorstellen konnte, dass die baltischen Herren gar keine Lust dazu hatten, das Messer zwischen die Zähne zu nehmen und bis aufs Blut um Besitz und Recht zu kämpfen. Die Balten waren keine Nationalisten. Sie liebten Deutschland und betrachteten die ›Raichsdötschen‹ mit einer Mischung aus Verachtung und Bewunderung. Gerade weil ihr Land den Krieg verloren hatte, wollten sie Deutsche sein, wollten ihre Sprache und ihre alten Bräuche und ihre Kirche für sich behalten – verantwortlich regieren lag ihnen gar nicht. Auch eine Gründung wie die Luther-Akademie war nur ein Ausdruck der Kultur-Autonomie. Dass vielleicht doch schon das Streben nach Großdeutschland mit hineinspielte (gerade durch den Initiator dieser Einrichtung[257]), wurde uns erst sehr viel später deutlich. Immerhin: Man hat weiterhin Vorlesungen und Seminare gehalten, doch die Dinge spitzten sich zu; die Mienen der leitenden Herren wurden immer besorgter. Wir wollten über Weihnachten in Dorpat bleiben. Jetzt wohnten wir in einem Mietshaus in der Stadt, in einer Drei-Zimmer-Wohnung

---

257 Werner Gruehn war Mitglied des NS-Dozentenbundes und ab 1937 der NSDAP.

(denn bei den alten Damen waren im Sommer Dauermieter eingezogen). Mir war das ganz recht; ich verfügte nun über eine eigene Küche und eine Magd, die das Wasser von der Pumpe (die tief in Stroh verpackt war) heraufholte und es auch in der WC-Spülung auffüllte. Im Gegensatz zur Mönchsgasse gab es hier in der Wohnung diese Örtlichkeit, was mich zuerst sehr erfreute. Dort hatte man über den Hof gehen müssen in einen kristallbedeckten Eispalast – und bei minus 25 Grad taut eine Sitzfläche eben nur langsam und gibt auch dann kein Wohlgefühl. Doch im zweiten Winter in der Etagenwohnung sehnte ich mich zurück nach dem Plumpsklo, denn das Wasser fror ein, und das durch drei Stockwerke gehende Abflussrohr, das nur kümmerlich mit Abwaschwasser bedient wurde, verpestete die ganze Wohnung und besonders den Flur. Aber unsere Gäste entschuldigten sich bei mir, dass die Sanitäreinrichtungen in ihrer Stadt noch nicht besser ausgebaut waren. Alle Fenster in der ganzen Wohnung waren bis auf eine kleine Luftklappe dicht verklebt – dafür gab es im Oktober ›Kleisterferien‹. Der Raum zwischen den beiden Fensterscheiben war mit Stroh aufgefüllt. Heraussehen konnte man wegen der Eisblumen ohnehin nicht. Sauerstoff kommt genug durch den Kamin, sagte man.

So versuchten wir weiterhin, uns ›einzuleben‹. Ich knetete eine Krippe mit vielen Figuren und trieb vergleichende Märchenkunde, wozu ich das Material aus der Bibliothek holte. Wir hatten Russisch-Unterricht, zweimal in der Woche in unserer Wohnung (aber noch nicht mal die Buchstaben kann ich heute noch). Wenige Tage vor Weihnachten wurde uns dann ein Brief vom Innenministerium zugestellt, der unsere Ausweisung als unerwünschte Ausländer verfügte. Vom Kultusministerium berufen und bestätigt, vom Innenministerium ausgewiesen – das erlebten wir sehr viel später nach dem Bau der Berliner Mauer noch einmal! Die ersten 24 Stunden der festgesetzten Frist waren mit ergebnislosen Protesten angefüllt. Es war Ehrensache, die Wohnung nicht aufzugeben und keineswegs alles mitzunehmen, sondern nur so zusammenzupacken, als ob wir über Weihnachten zu den Eltern wollten. Unser reichsdeutscher Kollege war sowieso schon ausgereist. Der Rektor stand auf dem Standpunkt, in wenigen Tagen würde dieses Missverständnis behoben sein. Das deutsche Konsulat protestierte ebenfalls – aber erst einmal hieß es: abreisen. Wir nahmen einen Zug, der eine Stunde vor dem gesetzten Termin Estland verließ. Vorher hatten wir noch ein entsetztes Telegramm der Eltern bekommen, denn die deutschen Zeitungen hatten von Krawallen und der Ausweisung deutscher Gelehrter mit Namensnennung berichtet. Nun waren sie froh, dass wir ›freien Abzug‹ hatten.

In Königsberg machten wir Station. Die verschneite Stadt bezauberte mich. Hier war meine Mutter geboren. Walter hatte noch einen Kollegen zu besuchen, und wir verabredeten uns in einem Café. Als ich die längstmögliche Zeit gewartet hatte, bestellte ich etwas. Eine Stunde verstrich, noch eine halbe – da gedachte ich, mich auf den Heimweg zu machen zum Hotel. Aber mein Portemonnaie war leer. Ich hatte Walter mein estnisches Geld zum Wechseln gegeben, es aber nicht zurückbekommen. So blieb mir nichts übrig, als weiter zu warten, mit Wut im Bauch und unbezahltem Kaffee. Nach zwei guten Stunden erschien es mir unwahrscheinlich, dass er noch käme; vielleicht hatten wir uns missverstanden. So fasste ich Mut und bat eine Tischnachbarin um Telefongeld, um bei Professor Uckeley anzurufen. Es gelang. Nun dauerte es nicht mehr allzu lange, bis Walter mich auslösen kam. Der alte Herr hatte nicht aufhören können zu reden – und der junge nicht den Dreh gefunden zu bekennen, dass seine Frau auf ihn wartet. Da Walter nie bezweifelte, dass ich einer Situation gewachsen war und er nicht an meine Bargeldlosigkeit gedacht hatte, war er nicht beunruhigt gewesen.

Nach dem Fest waren wir zu Semesterbeginn wieder in Dorpat. Die Reisekosten wurden uns sogar ersetzt. Man entschuldigte sich – wir waren ein diplomatischer Fall geworden. Damit war dem ruhigen Ablauf des Lehrbetriebs an der Luther-Akademie von nun an gedient. Der junge reichsdeutsche Philosophie-Professor aus Potsdam war ebenfalls mit uns zurückgekommen. Wir unterhielten uns vorzüglich auf der Bahnfahrt – und auch später noch. Wenn wir uns nicht streiten wollten, mussten wir allerdings das Thema Politik aussparen, was nicht immer gelang. Er hatte erstaunlich viel Zeit und kam oft zu uns – immer mit ernsten Gründen. Manchmal musste ich ihm bei einem Kreuzworträtsel helfen, was schließlich zur Gewohnheit wurde und mir sogar Spaß machte. Am amüsantesten war aber, dass er zaubern konnte: richtige Taschenspielertricks und Kartenkunststücke in Mengen – aber auch anderes, wovon er mir etliches beibrachte. Wenn ich später in Hamburg war, ging ich immer in den bekannten Zauberladen an der Alster, um für teures Geld neue

Utensilien zu kaufen, so begeistert war ich für diese Kunst. Wir übten lange, einander gegenübersitzend, bis die Sache saß (bei mir als Anfänger nur mit sehr leichten Dingen: aus drei Zuckerstücken vier werden lassen, einen Korken durch ein Ohr hineinschieben und zum andern wieder herausholen, Zigaretten verschwinden lassen und so weiter). Doch all diese Dinge habe ich bald wieder verlernt.

Er holte mich auch zum religionspsychologischen Seminar ab.[258] Dort wurden auf ein Signalwort hin Gebete hervorgebracht und mit der Stoppuhr gemessen. Der Leiter (unser Rektor) war auch eine Art Zauberer: Mit seiner weichen, müden Stimme versetzte er seine Seminar-Teilnehmer in eine Art Trance. Ich hatte ja so furchtbar viel Zeit und hatte Psychologie (außer bei meinem Vater) bisher nur durch Spranger[259] und Freud[260] kennen gelernt; nun staunte ich über diese Möglichkeiten. Wenn wir beide auch nicht vorbeteten – Gesprächsstoff ergab sich genug. Mehr passierte wirklich nicht, auch nicht bei nächtlichen Mondschein-Spaziergängen am Embach. Ich sehe noch das schwer indignierte Gesicht meiner Wohnungsvermieterin durch den Türspalt hindurch, als er mich nach Mitternacht heimbrachte, während Walter verreist war. Es machte uns beiden wohl mehr Spaß, beschwingt zu spielen, als dass wir ernstlich verliebt waren. Er propagierte zwar stark mein Recht auf Freiheit, meinte ich hätte falsch programmiert, stelle mein Licht unter den Scheffel und so weiter. Vielleicht hielt mich letztlich wirklich seine Vorliebe für Hegel (die sich auch politisch auswirkte) davon ab, mehr als einen Winterreise-Flirt daraus werden zu lassen. Ich habe ihn später nie wieder gesehen. Wir hatten ja auch darauf zu achten, dass kein Gerede in der kleinen Stadt entstand – und ich machte das gerne nach der Methode ›je offener, desto harmloser‹, auch Walter gegenüber. Und das war es ja auch!

Das Okkulte spielte in den Gesprächen allgemein eine große Rolle. Jeder Balte, der mir begegnete, sprach von irgendetwas Übernatürlichem. Mir war das von Haus aus fremd, und meine offene Kritik an solchen abergläubigen Vorstellungen wurde meiner uner-

---

258 Werner Gruehn hatte im Jahr 1929 in Dorpat das ›Religionspsychologische Forschungsinstitut‹ gegründet und bemühte sich um die Etablierung einer ›Dorpater Schule‹ in der Religionspsychologie.

259 Eduard Spranger (1882–1963) war Philosoph, Pädagoge und Psychologe, der sich an der Universität in Berlin habilitierte und für das humanistische Bildungsideal engagierte.

260 Siegmund Freud (1856–1939) war österreichischer Neurologe und Psychologe und Begründer der Psychoanalyse; Susannes Vater Karl Bonhoeffer stand der von Freud vertretenen Tiefenpsychologie kritisch gegenüber.

fahrenen Jugend zugutegehalten. Die Frau unseres Rektors schwor auf eine vorzügliche Wahrsagerin, die sich nie täusche. Es war natürlich eine alte Estin, die kein Wort deutsch konnte. Das erschien mir das Erstaunlichste daran, denn selbst die Marktfrauen sprachen deutsch, wenn sie etwas verkaufen wollten. Diese alte Hexe wollten mein Freund und ich unbedingt kennen lernen. Da wir kein Estnisch verstanden und einen sicheren Dolmetscher brauchten, ging die Rektorin selbst mit. Jenseits des Embachs war das Armenviertel: alte Holzbalkenhäuser in ganz schmalen Straßen – sehr romantisch. Dort wohnten nur Esten, vielleicht auch Russen. Auf einer Art Hühnerstiege erreichten wir den Mansardenraum der Wahrsagerin. Eisgrau, scharfgesichtig, mit hängenden Haaren und unbeschreiblicher Kleidung saß sie vor einer silbrigen Glaskugel, die ihr wohl etwas zu sagen hatte, und schlug speckige Karten. Katzen odorierten den Raum. Da wir beide Eheringe trugen (er hatte sich extra einen für diesen Spaß verschafft), hielt sie uns natürlich die ganze Zeit über für ein Ehepaar. Die große, weite Reise, die wir gemacht und die wir noch vor uns hatten, stimmte ausnehmend genau. Dann gab sie uns Verhaltensvorschriften für unser Eheleben, damit es gut ausginge. Unsere wachsende Heiterkeit irritierte sie, und wir wurden zu Ernst gemahnt. Als sie auf Einzelheiten über unsere zu erwartenden Kinder einging, waren wir (angesichts der ehrlichen Übersetzung, bei der die junge Rektorsfrau recht rot wurde) doch so erheitert, dass alle medialen Kräfte sich verflüchtigten und die weise Frau uns unter heftigen Missbilligungen hinauswarf. Unser Dolmetsch bat uns flehentlich, über unseren Besuch als Ehepaar niemandem etwas zu sagen (sie hatte von dieser Verabredung nichts gewusst und gute Miene zum bösen Spiel gemacht). Ein Beweis gegen die Wahrsagekräfte der Alten war das für sie nicht, denn wir hatten ja nicht ehrlich etwas von ihr gewollt. Nur für zehn Mark unseren Spaß! Ich denke, die Gute glaubte an die Prophezeiungen, und sie befürchtete nun, Handreichung zu einem fürchterlichen Skandal gegeben zu haben, der die ganze Arbeit ihres Mannes für die Akademie gefährdet hätte. Nun – wir waren unschuldig, als die Akademie (jedenfalls die Mitwirkung Reichsdeutscher) im Frühjahr 1937 von den Esten verboten wurde. Und prophezeit hatte die Sybille das auch nicht, obwohl es gar nicht so schwer gewesen wäre.

Wirklich unerklärliche Kräfte sind mir übrigens auf ganz andere Weise im Baltikum begegnet. Wir fuhren zu einer Pfarrerkonferenz nach Reval – zwei Abteile voller deutschsprachiger Pastoren. Plötzlich wurde die lebhafte Unterhaltung durch heftiges, schmerzerfülltes Kindergeschrei unterbrochen, das aus dem Nebenabteil kam. Ein kleines Mädchen hatte sich die Finger an dem aufklappbaren Oberbett schwer geklemmt, die Mutter konnte es nicht trösten, die Finger sahen übel aus. »Geh doch hin«, sagte einer der Pastoren zu einem jungen, ziemlich schweigsamen, schmalen Amtsbruder, den ich noch kaum bemerkt hatte. Der stand auf und ging in das Nebenabteil, und das Weinen des Kindes verstummte. »Er kann einem den Schmerz wegnehmen«, wurde mir erklärt, ehe er bald darauf zurückkam. Schweigend setzte er sich wieder auf seinen Platz. Ich platzte fast vor Neugier und fragte ziemlich taktlos, wenn er wirklich Schmerz wegnehmen könne, ob er mich dann nicht auch von meinem Kopfweh befreien könne, was mich hier im Zug schon seit einigen Stunden plage. Einerseits wäre ich es wirklich gerne losgeworden, andererseits wollte ich einfach mal probieren, was daran war. Jetzt sprachen alle ganz offen und selbstverständlich über diese Gabe, die er hätte, ohne damit irgendwie Gewinn zu machen. Das Handauflegen wäre nur bei Kindern nötig, meinte er, und bei Leuten, die primitiv wären. Bei gegenseitiger Übereinkunft wäre dieses Zeichen nicht nötig. Seine Freunde drangen nun in ihn, er solle mir doch eine angenehmere Bahnfahrt durch ihre Heimat ermöglichen. Und während ich noch sagte, es täte mir leid, ihn überhaupt daraufhin angesprochen zu haben, entfernte sich mein Kopfweh, wie wenn ich eine Spalttablette genommen hätte (die ich leider vergessen hatte). Hier war nun wirklich kein Zauber im Spiel, sondern eine starke Suggestionskraft, die gerade das Schmerzzentrum treffen konnte. Auch der geklemmte Finger war ja nicht heil geworden, sondern nur schmerzfrei. Und ich habe an anderen Tagen auch wieder mein übliches Kopfweh gehabt.

Diese Fahrten über Land nach Reval und besonders nach Narva sind mir als besonders schön in Erinnerung. Während Walters Sitzungen bummelte ich durch die Straßen, schrieb die deutschen Segenssprüche an den Häusern auf, bestaunte die Grenze nach Russland und sah von der alten Ritterburg über den Fluss auf die asiatische Festung in der Sowjetunion. Immer begleitete mich eine gastliche Pfarrfrau. Piroggen mit Sauerkraut gefüllt, dicke Suppe und viel Quarkgebäck, das waren die einfachen Gerichte, um die man sich dann fröhlich im Pfarrhaus versammelte. Diese herrliche

Unabhängigkeit von Wohlstand, verbunden mit unaufdringlicher Frömmigkeit, war wirklich herzerfrischend und gesund für uns. – Was ist aus all diesen Menschen wohl seitdem geworden?

Noch liegt alles in meterhohem Schnee, als wir kurz vor Ostern von Dorpat aus nach Osten fahren. Das russische Höhlenkloster Petschur erreicht man in einem Tag. An den Haltestellen, zum Beispiel in Mitau, verweilt der Zug so lange, dass man im Bahnhofslokal ›speisen‹ kann (wie man dort auch für ›täglich‹ sagt). Es ist später Nachmittag, als der Zug an der russischen Grenze sein Ende findet und wir in einen bequemen Pferdeschlitten umsteigen, um das Kloster zu erreichen. Im Gästehaus ist man dort sehr gut untergebracht. Die Silhouetten der vielen Kuppeln leuchten im Mondschein. Wieso ›Höhlenkloster‹? Vor etlichen Jahrhunderten hatten Einsiedler sich in Vertiefungen, die sie in den Sandsteinhügeln am Peipus-See vorfanden und erweiterten, zur Förderung ihrer Andacht einmauern lassen; nur mit einer kleinen Öffnung, durch die sie etwas Nahrung erhielten. Wenn das Essen länger als eine Woche nicht hineingenommen wurde, war der Einsiedler verstorben; die Vermauerung wurde aufgebrochen, der heilige Leichnam beigesetzt – und ›der Nächste, bitte‹. Bis vor gar nicht langer Zeit wurden diese Höhlen noch bewohnt; jetzt waren sie leer und zugemauert, aber man konnte durch die Luke hineinschauen. Um der Heiligkeit dieser Männer willen siedelten sich nun etwas weniger heilige dort an – ebenfalls Mönche, die aber normale Klöster bauten und Gästehäuser für die Wallfahrer betrieben.

Die Klöster und Kirchen waren mit ihren Rückseiten zum Teil tief in den Stein gegraben. Die oft noch recht jungen, ungewöhnlich gutaussehenden Mönche, denen die Haare über die Schultern hingen, stammten meist aus dem russischen Adel oder der zaristischen Armee und sahen ihre Hauptaufgabe im Gebet für die russische Christenheit. Sie lebten in strengster Armut; das ganze Jahr über ernährten sie sich zur Hauptmahlzeit von Sauerkraut und kleinen Fischen aus dem See, die Sardellengröße hatten und einschließlich Gräten und Eingeweiden mit dem Kraut zu einer Suppe gekocht wurden. In der Fastenwoche vor Ostern gab es auch für die Wallfahrer und Gäste nichts anderes. Dafür war dann am Ostermorgen nach dem Nachtgottesdienst im Kloster und auch im Gästehaus ein mit Speisen überladener Tisch gedeckt, der auch in jedem Bürgerhaus üblich ist. Am Gründonnerstag läuteten zum letzten Mal die Glocken – dann erst wieder am Ostersonntag bei Sonnenaufgang. Der Glockenturm (oder besser die Glockenwand, die drei nebeneinanderhängende Glocken hielt) stand in der Mitte des Klosters. Von Sonnenaufgang bis -untergang schwangen sich an den Stricken alte und junge Pilger, Mönche und Bauern aus dem Dorf Petschur (auch Frauen) pausenlos hin und her, denn die Glocken durften nicht ruhen. Bastschuhe, lange Bärte, kaftanartige Kittel mit Gürtel, strahlendes Lachen – so sehe ich sie noch vor mir.

Große Scharen russisch-orthodoxer Christen hatten sich zum Osterfest in Petschur eingefunden. Alle Stände waren vertreten: Von Kopftuchträgerinnen bis zur Dame mit wunderbar gefasstem Brillantgeschmeide war alles in der Kirche und betete. An kleinen Seitenaltären wurden am Gründonnerstag ohne Pause Messen gelesen. Greise und Kinder von zwei Jahren sowie alle dazwischenliegenden Altersstufen rutschten auf Knien von einem Altar zum andern, den Fußboden immer wieder küssend, und murmelten oder weinten dabei laut; andere sangen leise. Ich war wie verzaubert und fühlte mich doch sehr fehl am Platz. Es gab auch noch andere Fremde, die miterleben wollten, was hier echte, verzweifelte, russische Frömmigkeit bedeutete. Der Ort lag nah an der Grenze, und viele der Bauern mögen ihre Verwandten hinter dem damaligen eisernen Vorhang gehabt und manche Adeligen dort ihr Heimweh geschürt haben. Am Donnerstagabend fand der erste große Gottesdienst statt, aber wir kamen, weil wir noch ein wenig ausgeruht hatten, so spät, dass wir nicht viel vom Geschehen mitbekamen. Auch der Karfreitags-Gottesdienst bot für den Sprachunkundigen nichts Besonderes. So gingen wir von Kirche zu Kirche und ließen uns in einer tiefen Höhle den Klosterschatz zeigen. Bei einigen Stücken waren die Edelsteine an den Ikonen aus der Fassung gebrochen. Das war nicht Plünderung gewesen, sondern Notwendigkeit zur Erhaltung des Klosters in Hungerzeiten. Alle Kirchen waren sehr dunkel und wurden nur durch die geweihten Kerzen erhellt. Bei anderen Ikonen schimmerten die Steine in dem goldenen und silbernen Rahmenwerk unheimlich. Man sagte, sie seien echt, aber wir glaubten es nicht so recht. Am Sonnabend fuhren wir mit dem Schlitten übers Land und an den Peipus-See, der aber keinen besonderen Eindruck auf uns machte, weil er nur eine unendliche weiße Ebene war – wie so viele andere hier. Ein ausgedehnter Mittagsschlaf stärkte uns für die Osternacht. Um gute Plätze (das heißt: Stehplätze vorne) zu bekommen, musste man zeitig da sein. Jeder kaufte eine lange Kerze. Dann füllte sich die Kirche schnell, und man stand dicht gedrängt; aber ich hatte einen freien Blick. Noch lag die ganze Kirche im Dunkeln, bis auf einige Lichter am Altar, wo die Priester hantierten – und dann begann das Schauspiel. Die ganze Leidensgeschichte wurde verlesen und zugleich dargestellt: Da wusch der Abt zwölf Mönchen die Füße, da geschah die Gefangennahme und der Judaskuss, manches vollzog sich auch hinter der Bilderwand – und Pilatus wusch sich die Hände in einer goldenen Schale. Plötzlich ertönte der Anfang des Johannes-Evangeliums auf Deutsch und (von verschiedenen Mönchen gesprochen) in so vielen Sprachen und Dialekten, wie sie konnten. Das war gelebte Ökumene – jeder sollte etwas verstehen können. Kein Lied, keine Musik; nur Beten und Lesen. Vier Stunden standen wir gebannt, ehe es Mitternacht wurde, und ich war froh, dass mir Walter den Ablauf erklären konnte.

Als der Ostertag anbrach, genau um Mitternacht, hielt der Priester eine Kerze von unwahrscheinlicher Größe an die kleine Altarkerze. Das war die Osterkerze. Als sie aufflammte, drehte er sich zur Gemeinde und rief *Christos woskrese* (das bedeutet ›Christus ist auferstanden‹), und die Mönche im Altarraum antworteten ihr ›Er ist wahrhaftig auferstanden!‹, entzündeten ihre Kerzen an der Osterkerze und reichten das Feuer zu uns weiter. In wenigen Minuten war die Kirche ein Lichtermeer. Keiner hatte Angst vor Brandschaden, die kleinen Kinder auf den Armen der Väter wachten auf, und der Chor und die Orgel setzten brausend ein. Ich habe mich nie wieder in meinem Leben so darüber gefreut, dass Ostern wird; dass es wirklich einmal Ostern geworden ist, wurde hier ganz gewiss. Noch eine Stunde wurde weitergesungen und gefeiert, die Priester walteten irgendwelcher Aufgaben am Altar, und ich begann, halb ängstlich und halb neugierig auf den Osterkuss zu warten. Aber in dieser Kirche geschah nichts dergleichen. Erst gegen zwei Uhr früh begann die Menge langsam, die Kirche zu verlassen – die Kerzen wären sonst ausgebrannt, ehe man mit ihnen heimgekommen wäre. Auch wir gingen schließlich, und an der Kirchentür standen schöne junge Mönche, die jedem, der rauskam, die Arme um den Hals legten und mit ihm den Osterkuss tauschten. Das war so natürlich und selbstverständlich wie unter Verwandten und

Freunden. Draußen vor der Kirche machten andere mit Vergnügen von diesem heiligen Kuss Gebrauch (vielleicht auch nicht so ganz heilig; aber gegen das, was sich heute so auf den Straßen tut, war es denkbar sittsam – eine Art von ›Seid umschlungen, Millionen!‹).

Wir vier von der Luther-Akademie (außer Walter und mir noch der Rektor und mein Philosophie-Freund) gingen mit unseren brennenden Kerzen ins nahe Gästehaus des Klosters, und überall sah man durch die Schneelandschaft Menschen mit ihren Kerzen ziehen; wie Glühwürmchen sahen sie aus. Am nächsten Morgen um fünf weckte uns das starke Glockengeläut; da war es schon wieder Zeit aufzustehen, um am Frühgottesdienst teilzunehmen. Die meisten hatten sich gar nicht hingelegt, sondern sich an die Ostertische gemacht. Auch wir stärkten uns, ehe wir gingen. Farbige Eier bekamen wir in alle Taschen gesteckt. Der Morgengottesdienst wurde vom Bischof gehalten und war kurz; dann gab es einen Empfang im Kloster, zu dem nur die Herren Zutritt hatten. Wir sahen eine Menge Buben hineingehen, und dann sangen himmlische Knabenstimmen. Der Bischof hatte einen großen Korb mit Eiern vor sich, bekreuzigte jeden Gast mit einem bunten Osterei und schenkte es ihm (nicht nur den Kindern).

Wir wanderten dann wie alle anderen auch auf den schmalen festgetretenen Wegen im Kloster zwischen riesigen Schneemauern umher und pickten mit jedem, den wir trafen, die Eier an. Wessen Ei ganz blieb, der durfte das beschädigte behalten. Die Mönche strahlten und lachten, wenn sie die Taschen übervoll hatten.

5.3 Der Beginn des Nationalsozialismus

Die von mir zum Weihnachtsfest 1931 aus Plastilin hergestellte Krippe war sehr bewundert worden. Da ich sie ja bei unserer Ausweisung nicht mitnehmen konnte, hatte ich sie einer Familie mit Kindern geschenkt, und von dorther wurde mir nun meine künstlerische Begabung bestätigt, an die ich nie geglaubt hatte. Denn malen und bildende Künste treiben waren meinem Bruder Karl-Friedrich und meiner Schwester Sabine vorbehalten; musikalisch waren Klaus und Dietrich und Ursel; mir selbst wurde nur eine Fähigkeit im deutschen Aufsatz zugestanden. Diese Krippe hatte die fromme Tradition als Notlösung hervorgebracht: Da ich ja überflüssig Zeit hatte, besorgte ich mir Knete und Ton, Holzklötze und Draht für die Gerüste und verbrachte Stunden der Konzentration und des Glücks mit der Herstellung dieser Plastiken. Nur ganz wenige und besonders gelungene nahm ich mit, als wir im Frühsommer 1932 mit Sack und Pack Dorpat verließen und zurück nach Berlin gingen.

Nun richtete ich mir eines der Zimmer in unserer alten Wohnung in der Dernburgstraße als Atelier ein und vergaß meine Einsamkeit in diesem Raum. Mein Vater kam mich dort besuchen und sah sich die Sachen an. Er machte mir den Vorschlag, technische Assistentin zu werden, weil ich biologisch stark interessiert wäre. Doch ich lehnte ab, da ich glaubte, nichts läge mir ferner als Millimeterarbeit. Ich hatte nie daran gedacht, meine Begabung irgendwie praktisch als Beruf auszuwerten; das Dasein einer freischaffenden Künstlerin erschien mir erstrebenswerter. Deshalb bat er mich, etliche meiner Figuren zusammenzupacken, und fuhr mit mir zu Lederer,[261] den er kannte und der von ihm eine Büste für die Charité gemacht hatte. Und den großen Bismarck in Hamburg! Der alte Herr war sehr angetan von den Sachen, bemängelte aber auch einige Unkorrektheiten, die mir gerade wichtig erschienen (was ich ihm auch sagte). Er meinte, ich solle weitermachen, denn ich könne ausdrücken, was ich wolle, und das sei das Wichtigste. Ich solle aber auf der Kunstschule unbedingt zeichnen und porträtieren lernen, sonst wäre ich mit meiner autodidaktischen Fähigkeit bald am Ende. Zeichnen und porträtieren waren wirklich das, was ich überhaupt nicht konnte. Ich versprach ihm aber, falls ich meine Plastiken für irgendetwas anderes verwenden würde als nur zu meinem Vergnügen, mich dieser Notwendigkeit noch zu unterziehen. Unser Onkel Ludwig Cauer[262] (der den wilden Eber gemacht hatte) sah sich mein Werk ebenfalls an und schickte mich zu seiner Tochter Hanna ins Atelier am Roseneck. Während ich dort in Ton pantschte und fantasierte, setzte sie mir den großen gelben Strohhut wieder auf, mit dem ich gekommen war, und begann, mich so in Öl zu malen. So hatte jeder sein Vergnügen. Dabei unterhielt sie mich mit dem Liebesleben der

---

261 Hugo Lederer (1871–1940), ein bekannter Bildhauer und seit 1919 Vorsteher des Meisterateliers an der Preußischen Akademie der Künste in Berlin.

262 Ludwig Cauer (1866–1947) war Bildhauer und ein Onkel mütterlicherseits von Susanne. Er war für kurze Zeit als Professor an der Preußischen Akademie der Künste in Berlin tätig gewesen, jedoch seit 1918 in seine Heimat Bad Kreuznach zurückgekehrt, wo er bis zu seinem Tod lebte.

Künstlerwelt. Es war eine recht andere Atmosphäre als in Dorpat, aber sie gefiel mir.

Auf einem Künstlerball, wo ich im Herbst 1932 mit Walter und meiner Schwägerin Ilse teilnahm, forderte mich plötzlich ein kleiner älterer Herr auf, der mich schon vorher damit amüsiert hatte, welch kesse Sohle er aufs Parkett legte. Es war Orlik,[263] der Berliner Mode-Porträtist, der aber besonders durch seine Blumenmalerei bekannt geworden war. Als er mit mir lostanzte, sagte ich ihm, dass er ein gutes Bild meines Vaters gemacht hätte (obwohl es eigentlich eher farbige Zeichnungen waren). Nun wollte er unbedingt auch mich malen, denn ich sähe aus wie eine fränkische Madonna! Als Madonna (allerdings ohne Kind) sollte es mir recht sein. Also, Madonna wollte er gar nicht, bloß mein Porträt. Wir verabredeten eine Zeit, wo ich ihn in seinem Atelier aufsuchen sollte. Orlik kam in Hannas Schilderungen nicht vor – da durfte ich meine Erfahrungen selbst machen. Während er mit großem technischen Können und viel Geschick schnell eine Skizze nach der anderen anfertigte, erzählte er pausenlos denkbar unappetitliche Sexual-Erlebnisse. Als Tochter aus gutem Hause hätte ich wohl gleich entrüstet aufstehen und seine Wohnung verlassen müssen; da ich aber so tat, als ob das alles mein täglich Brot wäre und mich als ›abgebrühtes Modell‹ gebärdete, hielt er seinen Test für positiv beendet. Nach einer guten Stunde machte er Pause, holte ein kleines Sektfrühstück, legte eine Tango-Platte auf – und da ich damals liebend gern Tango tanzte, hatte ich nichts dagegen. Meine damalige Trinkfestigkeit hatte er wohl unterschätzt, denn nach diesem Tango war ich mir über die Situation klar und begab mich wieder auf meinen Modell-Sitz, unter dem Vorwand, meine Zeit wäre beschränkt. Er machte dann eine wirklich sehr schmeichelhafte, bunte Zeichnung von mir – doch brach er ab, ehe sie nach seiner Aussage ganz fertig war und zeigte mir ein Aktfotoalbum all seiner weiblichen Modelle aus der Gesellschaft. Auch dies besah ich mir in dem sicheren Gefühl, dass ich da nicht mit hineinkäme. Schwer enttäuscht ließ ich ihn zurück und hatte es wohl meinem Vater zu verdanken, dass er mich rausließ. Das Bild würde er mir schenken, wenn ich morgen Nachmittag noch

---

263 Emil Orlik (1870–1932), ein Maler, Grafiker und Fotograf jüdischer Abstammung aus Prag, seit 1924 Professor an der Vereinigten Staatsschule für Freie und Angewandte Kunst in Berlin.

mal käme und ihm zu Ende sitzen würde. Ich sagte zu und ging auch wirklich zur verabredeten Zeit hin. Ein Teetisch mit Alkohol erwartete mich – von Malen keine Spur. Nach einer halben Stunde läutete es; er wollte nicht aufmachen. Ich klärte ihn aber auf, dass dies sicher mein Mann wäre, der mich abholen käme. Ich hatte Walter gebeten, das zu tun, und ihm gesagt, dass es doch sehr interessant wäre, den Künstler am Werk zu sehen. So war er ganz harmlos gekommen, und nun wurde eilig zu Ende gezeichnet. Das Bild bekam ich aber zur Strafe nicht, sondern nur eine erste Skizze und ein Büchlein mit seinen Blumenbildern und Widmung. Wo die fränkische Madonna geblieben ist, ahne ich nicht.

Wir hatten uns entschlossen, zum 1. November 1932 umzuziehen. Walter hatte eine erschwingliche Drei-Zimmer-Neubauwohnung in Lichterfelde entdeckt, fünfzehn Minuten zu Fuß vom Haus seiner Mutter. Mich bestach das ganz freie Gelände rings herum – Schafe und Ziegen weideten, und am Kanal konnte man auf dem Treidelpfad lange Wege nach beiden Seiten laufen. Für meinen Hund Bella war das ein ideales Auslaufgelände: über grüne Wildnis vom Haus bis zum Kanal, blühendes Unkraut auf unebener Fläche, eine zugeschüttete, planierte, riesige Müllgrube als Baugelände; aber eben noch kaum bebaut. Und einen Garten hatten wir – fünfzig Quadratmeter groß, hinter dem Wäschetrockenplatz zwischen sieben anderen gelegen, für jeden Mieter ein Stückchen. Im September vertauschte ich nun mein Atelier mit Spaten und Hacke und fuhr täglich von Charlottenburg nach Lichterfelde Süd, um mein Gartenland zu bestellen. Bei Bendix, dem großen Holzverkaufsladen, kaufte ich Zaunpfähle und sogar das nötige Zubehör für eine Laube. Das erste Drittel des Gartens sollte Gemüse tragen, das zweite Blumen, das dritte ein Stück Rasen mit Laube und Rosenbeet; rundherum am Zaun sollten sich Himbeeren, Wicken und Sonnenblumen miteinander vertragen. Alles war aufs Genauste berechnet nach unseren geringen Möglichkeiten – und ich wusste erst nicht, warum meine Brüder so erheitert waren, als ich im Familienkreis (der wie immer durch Freunde verstärkt war) erklärte, meine ›hintere Sitzfläche‹ koste mich allein schon fünfzig Mark! Da ich gewohnt war, meiner Muskulatur alles zuzutrauen, rammte ich die Pfähle und die Pfosten eigenhändig in den Boden – und Zaun und Laube hielten stand, jedenfalls solange wir dort wohnten. Auch das Laubendach und das Spannen des Drahtzauns gelang, obwohl das Gelände Tücken hatte: Bügeleisen, Ofenrohre, Gaskocher, Lampen und Mengen von Konservenbüchsen kamen bei jedem Spatenstich zum Vorschein. Das erschwerte das Graben der Löcher, trug aber beim Wiederzuschütten zu ihrer Festigung bei. Gut, dass die Sprungfedermatratze unter dem Rasenstück fest verankert war, denn so störte sie weniger – ja, es war ein besonderes Vergnügen, nachdem sich die Grasnarbe gefestigt hatte, Gäste durch Sprünge auf dem gut gefederten Platz zu verblüffen. Als ich am zweiten Tag am Werken war, rief mir vom obersten Balkon eine Frauenstimme zu: »Entschuldigen Sie, sind Sie ein August-Mensch?« Ich war etwas begriffsstutzig, ehe ich zugeben musste, dass ich im August geboren bin. Daraufhin lud sie mich zum Kaffee zu sich nach oben ein, was mir nicht unlieb war, und weihte mich in die höhere Astrologie ein, voll Stolz über ihren Scharfblick. Wichtiger wurde mir aber ein uralter Pommer vom Nachbarhaus, der mich mit Liebe und Nachsicht mit den Grundlagen des Gartenbaus vertraut machte. Wenn er auch keine meiner Fragen verstand, da er stocktaub war, erwies er sich doch als herzensgut.

Der Umzugswagen sollte um acht Uhr morgens kommen. Walter wollte mich zwei Stunden später in Lichterfelde erwarten. Um halb zehn rief ich ihn an, dass der Wagen noch nicht da wäre. Dann bei der Firma, die mir mitteilte, er würde gleich eintreffen, es wäre vorher noch ein kleiner Umzug dazwischengekommen. Um zwei Uhr mittags rief ich wieder an und bekam die Auskunft, die Belegschaft müsse sich festgesoffen haben, aber sie käme noch. Im Oktober ist es um 18 Uhr dunkel, und in der neuen Wohnung gab es noch kein Licht. Ich war fest entschlossen, die betrunkenen Männer wegzuschicken, wenn sie bis 16 Uhr nicht da wären. Sie kamen um diese Zeit, und als die Hälfte der Sachen die fünf Treppen herunter geschleppt war, unter starkem Schwanken und Geschimpfe, machten sie Pause. Ich hatte keine Lust, sie mit Bier zu versorgen, und sagte, sie würden erst Trinkgeld bekommen, wenn sie ausgeladen hätten. So packten sie fertig ein und fuhren davon. Ich machte in der Dämmerung besenrein, sagte Walter Bescheid und fuhr mit einem Taxi hinterher. In der neuen Wohnung stand ich dann allein. Es wurde dunkel und völlige Nacht. Schließlich kam der Wagen angefahren. Die Belegschaft hatte noch mal Durst verspürt, und da Überstunden besser bezahlt werden und man morgen vielleicht sowieso arbeitslos war, hatten sie sich ziemlich den Rest gegeben. Da erbarmten sich die netten Mieter über uns, ein Fotografen-Ehepaar: Der Mann hängte seine strahlendhelle Lampe aus dem Fenster, sodass der Schein in ein Zimmer fiel, wohin nun alle Möbel hineinbefördert wurden. Er half mir dann auch, die ganze Bande ohne Trinkgeld wieder rauszuwerfen. Der Fahrer war sich wohl auch nicht mehr ganz sicher; jedenfalls blieb der Wagen vor dem Haus stehen, und sie murmelten, morgen früh würden sie kommen und alles richtig stellen. Ich entdeckte einige Matratzenteile und bat den Fotografen, Walter zu benachrichtigen, dass die Schlacht geschlagen wäre, er aber besser erst morgen käme. Das hatte er sich beim Dunkelwerden wohl auch schon gedacht; und dass ich einer Situation nicht gewachsen wäre, hatte er noch nie erlebt. Am nächsten Tag schoben wir uns die Möbel dann selbst zurecht; von den Umzugshelfern war nichts zu sehen und der Wagen fort. Wir beschwerten uns bei der Firma und erhielten eine ermäßigte Rechnung. Damit hatte die Sache sogar ihre Vorteile gehabt. Und ganz allein war ich ja auch nicht gewesen – mein guter, kluger Hund Bella wich nicht von meiner Seite und konnte die Lefzen ganz schön hochziehen und knurren. Gebissen hat er nie, und bald war er durch seine Tugend und seinen absoluten Gehorsam (den er keineswegs als Joch trug) bei allen Mitmietern sehr beliebt.

Von November 1932 bis August 1938 lebten wir in dieser Wohnung und waren gern dort. So schön werden wir es vielleicht nie wieder haben, dachten wir manchmal. Wir wohnten noch nicht vierzehn Tage im Prettauer Pfad – da kam der Pfarrer, um uns einen Besuch zu machen. Er war bei meiner sterndeutenden Freundin gewesen, die sich in steter seelischer Not befand mit ihrem Töchterchen aus geschiedener Ehe, und diese hatte ihn auf die neuzugezogenen Theologen-Gemeindeglieder aufmerksam gemacht. Bei seinem Abschied hatte er mich für seine in sozialen Aufgaben tätige Frauenhilfe angeworben. Als ich das erste Mal dort hinkam, überantwortete er mir die soeben durch Wegzug vakant gewordene Leitung der Kleiderkammer. In dieser Zeit der Arbeitslosigkeit war die Nachfrage nach ›Secondhand‹-Ware groß. Jede Woche gab es zwei Ausgabetage und einen Nähtag; dazu kam für mich die Vorbereitung für diese Unternehmungen. Später wurde mir dann bewusst, was für ein Glücksfall ich für diese Gemeinde war: jung, tatendurstig, unausgefüllt und nicht gebunden durch Kinder. Mein Knetmaterial blieb jetzt verpackt und ruhte. Die Frauenhilfe kam alle zwei Wochen zusammen; ich war weitaus die Jüngste, aber es gab auch manche Mitglieder zwischen dreißig und vierzig Jahren und viele über fünfzig. Ich war es ja gewohnt, die Jüngste zu sein und habe mir nichts daraus gemacht. Ich ging, weil ich für den lebhaften und bemühten Pfarrer viel übrig hatte, trotz des weiten Weges zum Gottesdienst. Kaum war ein Monat vergangen, als er mich bat, auch einen Bezirk für Besuchsdienste zu übernehmen, der ganz nah bei mir läge und für den er sonst niemand finden könne. Es sei besonders wichtig da draußen. Neben einigen Straßen vom Kanal aus bis zum Rittberg-Krankenhaus gehörte die Arbeitslosen-Laubenkolonie am Parkfriedhof dazu. Warum nicht? Ich kannte schon etliche der Familien durch die Arbeit in der Kleiderkammer. Meine Eindrücke von dort würden viele Seiten füllen. Jetzt bekam ich auch enge Beziehungen zur Familie des Pfarrers: Seine Frau war kaum älter als ich, er schon fünfzig Jahre alt, drei fast erwachsene Töchter machten es ihr nicht ganz leicht, eigene Kinder waren noch nicht da; deshalb arbeitete sie, soweit es der Haushalt zuließ, so viel mit, wie sie konnte. Besonders gut stand ich mich aber mit der Pfarrgehilfin, Leonie Müller. Die war auch noch jung, früher bei Pfarrer Praetorius Konfirmandin gewesen, und sie freute sich immer, wenn ich ins Büro kam und die Stimmung munter wurde. Ich brachte auch oft irgendetwas zum Genießen mit – besonders im heißen Sommer sorgte ich per Rad für Eiswaffeln, die damals noch schlichter feilgeboten wurden. Wenn Leonie sich über ihre Pfarrersleute ärgerte, erzählte sie es mir, und ich konnte dann mit ihnen sprechen und manches ausbügeln. Überhaupt hingen die Angestellten alle an mir, und ich fühlte mich in der Rolle des Mittlers sehr wohl. So hatte mich die Arbeit in der Gemeinde bereits in Beschlag genommen, ehe die Kirchenkampfzeit begann.

Unserer Wohnung gegenüber lag Laubengelände, wo die Leute sich nette, kleine Häuser gebaut hatten und winters wie sommers dort wohnten. Natürlich waren die meisten Männer arbeitslos, aber die Gärten waren groß genug, um sie zu beschäftigen: Kleinvieh (von Hühnern über Kaninchen bis hin zur Ziege) war zu versorgen, und immer gab es etwas auszubessern an Haus und Zaun und Stall. So war das Familienleben in dieser Niederlassung gar nicht so verwahrlost, wenn es auch knapp zuging. Ich begann meinen Dienst als Bezirksfrau in diesen Häusern, deren Bewohner ich teils schon vom Grüßen her kannte. Man ließ mich also hinein, ohne dass ich gleich sagen musste, dass ich von der Kirchengemeinde käme; und dann nahm man es hin. Etwas geschockt war ich aber doch, als eine Frau, vielleicht zehn Jahre älter als ich und mit einer von mir schon beschenkten und beschäftigten Kinderschar, die ich aber nicht genau einzuteilen wusste, bei meinem Besuch sagte: »Heut' morgen haben wir so ein Pech gehabt! Is uns doch unsre kleine Tochter gestorben!« Nun, das war wohl auch eine Form von: »Der Herr hat's gegeben, der Herr hat's genommen ...«.[264]

Bei meinen Besuchen in der Park-Kolonie, wo wirklich nur ›Asoziale‹ hausten, lernte ich, wie verschieden Menschen zu leben und sich auszudrücken vermögen. Es war gut, dass ich meine kirchlichen Besuche hier zusammen mit meinem tadellos gehorchenden Schäferhund machen konnte – sonst wäre mir doch manchmal Angst geworden. Merkwürdig offen und ungeniert redeten die Leute auch von ihrem Kummer in Familien- und Ehe-Angelegenheiten (das heißt: eine Ehe war meist nicht vorhanden). Auch ihren Zorn auf die Kirche schütteten sie ungehemmt über mich aus. Da ich aber in der stärkeren Position war (weil sie ja alle gern materielle Hilfe haben wollten) und es mir nicht an Schlagfertigkeit fehlte, konnte ich nach meinen Besuchen friedlich Gestimmte zurücklassen. Durch die Hilfe meiner Mutter und meiner jüdischen Freunde konnte ich auch weit über die kirchlichen Mittel hinausgehen. Was ich da allerdings an Notständen sah, war so unvorstellbar, dass kaum Abhilfe geschaffen werden konnte. Ein altes Ehepaar wohnte in einer Sandhöhle, notdürftig mit Brettern überdeckt. Ein paar Lumpen auf der Erde und ein rostiger Ofen mit Rohr nach draußen waren das ganze Mobiliar. Sie lebten aber lieber so als in einem Altersheim. Die meisten hausten auf dem bloßen Erdboden, ohne Dielen. In einer Familie mit acht Kindern fehlte die Abdeckung auf dem Bretterdach, sodass bei Regen alles nass wurde. Als ich das meiner Mutter erzählte, kam sie selbst her, sah und sprach die Leute, fuhr mit dem Mann die nötige Teerpappe kaufen und gab mir noch Geld für Decken und anderes. Bargeld bekam keiner von mir, das ging doch nur durch die Gurgel; manche Naturalien

[264] Hiob 1, 21.

mögen trotzdem zu diesem Zweck verkauft worden sein. Verstehen konnte man es! Bald hätte ich auch ohne Bella gehen können; man mochte mich. Die Zahl der Kommunisten überwog dort, doch einige wenige waren in der SA; die waren feiner und anspruchsvoller in ihren Wünschen.

Es war verblüffend, wie verändert ich meine Schäflein in der Park-Kolonie im April 1933[265] vorfand. Mein Pfarrer hatte mich gebeten, in den Monaten Februar und März 1933 nicht dorthin zu gehen, weil es dauernd Schlägereien und Razzien gab und er die Verantwortung für mich nicht übernehmen wollte. So machte ich in dieser Zeit Besuche in den Straßen der Umgebung und versuchte, meine Bedenken loszuwerden. Aber Lichterfelde, die Hochburg der gehobenen Spießer, war gläubig glücklich über das ›große Geschehen‹, auf das ›wir alle‹ doch immer gewartet hätten! Und siehe da – selbst in der kommunistischen Arbeitslosen-Siedlung in meinem Bezirk war man bereits im April an der NS-Sonne gebräunt. Ich hatte meine liebe Mühe, den Menschen klarzumachen, dass mir und dem Pfarrer unserer Gemeinde gar nichts am ›Tag von Potsdam‹[266] und den Massen-Trauungen der SA[267] lag. Wie sollten die guten Leute, die ja kaum etwas vom Christentum wussten und rechte Heiden von Gottes Gnaden waren, nun plötzlich begreifen, was ›positives Christentum‹ und ›Gleichschaltung der Kirchen‹ war – und was gläubige Christen nun befürchteten? Am besten gelang es immer noch, sie über den Antisemitismus aufzuklären – besonders, weil ja viele Wohltaten von jüdischer Seite über die Kirchengemeinde und mich als Vermittlerin zu ihnen gelangt waren. Aber je mehr Menschen im Laufe der Zeit Arbeit fanden, umso bräunlicher wurden sie.

Bald gab es nur noch wenige eingeschworene Linke, die sich bei mir ungeniert ausschimpfen konnten. Das war meiner Ansicht

---

265 Am 30. Januar 1933 fand die Machtergreifung Adolf Hitlers statt, als er vom damaligen Reichspräsidenten Paul von Hindenburg zum Reichskanzler ernannt worden war. Unmittelbar darauf begann die Umwandlung der parlamentarischen Demokratie der Weimarer Republik in eine nationalsozialistische Diktatur.

266 Am 5. März 1933 war ein neuer Reichstag gewählt worden; am 21. März 1933 trafen sich die Abgeordneten (mit Ausnahme derjenigen von SPD und KPD) in der Garnisonkirche in Potsdam zu einem Festakt mit Reichspräsident Paul von Hindenburg – ähnlich wie bis 1918 die neuen Reichstagsabgeordneten vom Kaiser empfangen worden waren. Die nationalsozialistische Propaganda nutzte diesen »Tag von Potsdam« aus, um konservativ und monarchisch eingestellte Bürger für die NSDAP zu gewinnen.

267 Unter dem Einfluss der Deutschen Christen fanden zum Beginn der NS-Diktatur zahlreiche Massentaufen und Massentrauungen im Milieu von SA und NSDAP statt. Allein für Berlin lassen sich mehr als zwanzig solcher Veranstaltungen belegen; die größte von ihnen fand am 10. September 1933 statt, als 94 Paare in der Glaubenskirche in Tempelhof den kirchlichen Segen erhielten.

nach wirklich Seelsorge – sogar notwendige. Als dann im Winter 1933/34 die fünf Wohlfahrtsverbände unter der Leitung der NSV,[268] welche die Arbeiterwohlfahrt abgelöst hatte, ein gemeinsames Winterhilfswerk starteten, entsandte Praetorius mich als Vertreterin, und ich bekam ein Dankschreiben mit Sitzungseinladung »An die Zellenwalterin S. D.«! Ich kam mir vor wie eine Badefrau. Natürlich musste ich über die ›Zelle walten‹, die ich bereits durch die Kirche als Bezirksfrau innehatte. Die älteren Damen der Belegschaft waren heilfroh, mir die schwierigste Ecke zu überlassen, und bei mir brauchte sich auf diese Art nichts zu ändern. Irgendwelche finanzielle Unterstützung für meine arbeitslosen Laubensiedler bekam ich nicht; es müsse erst alles anlaufen und geprüft werden. Als das Halbjahr um war, bekam ich die Aufforderung, der NSV beizutreten, widrigenfalls ich nicht mehr Zellenwalterin spielen dürfe. Ich schrieb zurück, dass ein Missverständnis vorläge: Ich wäre von der Kirche eingesetzt. So bekam ich eine Vorladung ins Parteihauptquartier am Bahnhof Lichterfelde. Als ich mich trotz dringenden Zuredens auch dort weigerte, mich als NSV-Mitglied eintragen zu lassen, zeigte man mir die Zähne, und die NSV-Leiterin sagte, für solche Leute wie mich wäre das Konzentrationslager geschaffen. Ich weiß nicht mehr, was ich darauf entgegnete – es verschlug mir wohl die Sprache, und ich war froh, hinausgekommen zu sein und zu entradeln, ohne gleich inhaftiert zu werden. Dabei liefen mir dann doch die Tränen.

Ich setzte übrigens meine Besuchs- und Hilfsarbeit in der Siedlung weiter fort, und von der NSV ließ sich dort niemand blicken; jedenfalls bis ich ein Jahr später in Erwartung von Michaels Geburt sowieso aufhören musste. Wie weit meine Besuche sich damals seelsorgerlich auswirkten, weiß ich nicht. Aber die Menschen müssen doch gespürt haben, dass sie mit mir reden – das heißt schimpfen – konnten.

Die Schüsse des 30. Juni 1934[269] an der Mauer der SS-Kaserne in der Finckenstein-Allee waren bis zu uns herübergeschallt, wäh-

---

268 Nationalsozialistische Volkswohlfahrt.

269 In diesen Tagen fand der sogenannte ›Röhm-Putsch‹ statt, bei dem die Nationalsozialisten zahlreiche Führungskräfte der SA einschließlich ihres Stabschefs Ernst Röhm ermordeten – angeblich, um einem bevorstehenden Putsch zuvorzukommen. Etwa 150 bis 200 Menschen wurden getötet, mehr als 1100 sind verhaftet worden. Bei den Schüssen, von denen Susanne Dreß hier berichtet, handelt es sich um eine Exekution in der Kaserne der Leibstandarte Hitlers in Berlin-Lichterfelde, wo mindestens 17 Verhaftete erschossen worden sind. Im Manuskript ist als Datum irrtümlich der 30. Juli 1934 angegeben.

rend ein Siedlerfest mit Karussell und Losbuden auf dem freien Feld daneben lustig weiterlief. Ich hatte meine kleinen Neffen und Nichten zu diesem Vergnügen eingeladen und war der makabren Situation kaum gewachsen. Ich konnte den Kindern nur sagen, dass wohl irgendwo geübt würde. Andere Familien zogen los, weil sie dahin wollten, wo die Schießbuden wären! Und das Karussell dudelte. Sobald es ging, machte ich mich auf den Heimweg. Wie wenig doch kleine Kinder von solchen Dingen betroffen werden, merkte ich, als die kleine Marianne Leibholz ganz traurig sagte: »Nun haben sie den Onkel Rüdiger und die Tante Ursel gerade an meinem Geburtstag erschossen!« Sie hatte aus dem Gespräch der Eltern wohl irgendetwas von ›Schleicher und Frau‹ gehört. Ich wurde zwei Tage später von der Mutter des Obergruppenführers Ernst[270] angerufen, der ebenfalls getötet worden war. Ein junger, wohl noch unbescholtener Idealist, SA-Mann und § 175.[271] Ich hatte sie bei meinen Besuchen angetroffen, und obwohl ich vorsichtig war, muss sie doch gemerkt haben, dass sie sich jetzt an mich wenden konnte. Es war kein leichter Vormittag. Ein Trost war, als ich ihr versichern konnte, dass vielen (auch nicht direkt Betroffenen) nun die Augen aufgegangen wären. So konnte sie das öffentliche schimpfliche Ende ihres einzigen Sohnes doch noch als eine Art Opfertod sehen, der irgendeinen Sinn hatte. Man hoffte damals immer noch, es wäre möglich, dass die alten Deutschnationalen, die ja mit in der Regierung waren, ein Einsehen hätten und sich zur Wehr setzten. Später, ehe Frau Ernst Berlin und das Haus, wo sie mit ihrem Sohn gelebt hatte, verließ, lud sie mich noch einmal ein. Ich traf einen Kreis bei ihr, der aus Hinterbliebenen des 30. Juni bestand. Man hatte sich in hoffnungslosem Hass zusammengeschlossen. Ich bin solchen Menschen später nicht mehr begegnet – aber das Leid dieser nie anerkannten oder gerühmten Opfer der SS kann einem schon nachgehen. Jedenfalls freute ich mich, als Mutter Ernst mir sagte, sie würde auch an ihrem neuen Wohnort versuchen, mit der Kirche in Kontakt zu kommen. Ich hoffe, sie hat die richtigen Leute

---

270 Karl Ernst (1904–1934) war Führer der SA-Gruppe Berlin-Brandenburg; er wurde als erster der verhafteten SA-Männer in Berlin-Lichterfelde am 30. Juni 1934 gegen 21.30 Uhr erschossen und starb mit dem Hitlergruß auf den Lippen.

271 D.h. er war homosexuell und wurde vom ›Gesetz gegen die Unzucht‹ (im damaligen Strafgesetzbuch § 175) betroffen. Am Tag seiner Erschießung war er in Bremerhaven verhaftet worden, wo er gemeinsam mit seiner Frau Minna und seinem Freund Martin Kirschbaum ein Schiff nach Madeira besteigen wollte, um in die Flitterwochen zu fahren. Schon früher waren ihm homosexuelle Beziehung u.a. zu Ernst Röhm vorgeworfen worden.

gefunden. Wir standen damals schon in der heftigsten Phase des Kirchenkampfes – und man konnte nie wissen. In Lichterfelde hatte sich wirklich durch die Schüsse und den anschließenden Desinfektionsgeruch die Hitler-Begeisterung etwas gelegt.

Unsere netten Nachbarn im Prettauer Pfad waren Anfang 1933 ausgezogen (ich glaube sogar ausgewandert). Ein jüngeres Ehepaar mit Kleinkind zog ein. Bald begrüßte mich die Frau auf der Treppe mit den Worten: »Mein Mann ist auch Theologe!« – was ja sehr verbindend hätte sein können, wenn wir ihn nicht beim Einzug in SA-Uniform gesehen hätten. Dann kamen sie zu Besuch und erzählten strahlend, er arbeite im Büro bei Hossenfelder,[272] dem Reichsleiter der ›Deutschen Christen‹. Wo er studiert hatte und ob er je ein Examen ablegte, wurde nicht klar, und wir hielten ihn für einen übergelaufenen Diakon. Noch hatte Walter ja Vorlesungen an der Berliner Universität zu halten und Rachner, unser Obermieter, hatte wohl den Auftrag, ihn für die Bewegung zu gewinnen. Er setzte unsere Liebe zum Führer so selbstverständlich voraus, dass es nicht ganz einfach war, ihn zu enttäuschen. Daher ließ Walter ihn reden (was er ja gut kann), und Rachner gab die Hoffnung so bald nicht auf. Seine Frau war eine denkbar schlichte Seele – genau das Richtige für die Nazis. Als einmal in der Adventszeit 1933 von Walter eingeladene Studenten bei uns Weihnachtslieder sangen, kam sie am nächsten Tag auf mich zu: »Sie haben da gestern so ein schönes Lied gesungen, das hat auch meinem Mann gut gefallen – von einem Fräulein ...«. Ich riet hin und her; alles, was mit der Jungfrau Maria zu tun haben könnte, sang ich ihr an, doch es war nicht das rechte. Schließlich fiel ihr dazu etwas ein: »Sie hatte einen Namen – ja, nun weiß ich es wieder: Fräulein Zion, freue Dich!« Es war mir ein besonderes Vergnügen, ihr den vollständigen Text für ihren Mann mitzugeben – mit jauchzendem Jerusalem und Davidssohn! Ob es das war oder mein häufiges Zusammensein im Garten mit dem das Mansardengeschoss bewohnenden Herrn Tarlau, der klar als Jude erkennbar war, den Garten neben mir hatte und all seine Freizeit darin zubrachte – jedenfalls wurde ich suspekt, und

---

272 Joachim Hossenfelder (1899–1976) war seit 1931 evangelischer Pfarrer an der Christuskirche in Berlin. Bereits 1929 trat er der NSDAP bei; 1932 war er Mitbegründer der Deutschen Christen und ihr erster Reichsleiter. Aufgrund von internen Auseinandersetzungen infolge der Sportpalast-Veranstaltung am 13. November 1933 wurde Hossenfelder im Dezember 1933 durch Reichsbischof Ludwig Müller von seinen Ämtern beurlaubt.

Rachner und seine Frau sprachen nicht mehr mit mir. Es dauerte dann nicht mehr allzu lange, bis wir unsere erste Hausdurchsuchung hatten. Es sollte eine allgemeine Razzia im Laubengelände Parkfriedhof sein; doch vielleicht hat mich auch jemand denunziert. Jedenfalls waren wir die Einzigen aus den umliegenden Häusern, die durchsucht worden sind. In meinem Zimmer drehten sie das Unterste zuoberst, lasen in meinem Sekretär Briefe aus der Kinderzeit von Anneliese in der Schweiz, schüttelten Bücher aus und griffen schließlich nach den Schallplatten. Da bekamen sie aber nicht Willy Rosen[273] und Claire Waldoff[274] zu fassen, sondern ausgerechnet die ›Märkische Heide‹! Nur einen kurzen Blick warfen sie ins Herrenzimmer. Fünf rotleuchtende Bände ›Lenins Werke‹ nahmen sie nicht zur Kenntnis, sondern entfernten sich mit zackigem Gruß. Am nächsten Tag wurde von dieser Aktion in der Laubenkolonie in der Zeitung berichtet – und die Ausbeute von acht oder zehn kleinen Heften Marx war alles gewesen! Was hätten sie für eine Freude an Lenin gehabt (den dann eine Tante für uns in Pension nahm, bis er einem Brand durch Bomben zum Opfer fiel).

Die acht Mietsparteien in unserem Haus im Grünen waren sehr verschieden. Unter uns lebte ein junges Ehepaar aus Pommern – liebenswürdig, klug, man möchte sagen: wirklich gebildet (jedenfalls sie), wenn auch aus kleinbäuerlichen Verhältnissen stammend. Mit ihnen konnte man ganz offen reden: Sie lehnten, obwohl er jetzt endlich gute Arbeit bekommen hatte, das phrasenhafte Getöse von Herzen ab und hatten so viel Gutes von Juden erfahren, dass sie diesem blinden Antisemitismus nicht verfallen konnten. »Der könnte ja auch behaupten, alle Pommern sind Staatsfeinde«, erklärte er mir seine Auffassung. Seine Frau machte in der Mansarden-Wohnung bei Herrn Tarlau sauber und versorgte ihn etwas.

Der hatte noch eine stattliche Germania in Untermiete genommen (eine Schwester meiner Astrologin). Deren Bruder kannten wir als Hitler-hörigen Dozenten für Theologie. Die fünf Schwestern – Pfarrerskinder – hatten alle Juden geheiratet; bis auf eine einzige (die mit einem jüdischen Pfarrer verehelicht war und dann auswanderte) hatten sie sich wieder scheiden lassen. Die Frau über uns hatte eine uneheliche Tochter, wieder von einem anderen Ju-

---

273 S.o. Anm. 229.
274 S.o. Anm. 228.

den. Sie hielt sich zwar zur Kirche, aber ihr Antisemitismus war unüberwindlich. Als sie einmal in einem Abendgottesdienst neben mir ohnmächtig wurde, nahm ich sie im Taxi heim und fütterte sie mit Rührei, denn sie hatte einfach Hunger. Dann musste ich mir bis in die Morgenstunden ihre Lebensbeichte anhören. Streng vertraulich natürlich! Es war ziemlich unappetitlich, weil sie in sexuellen Einzelheiten schwelgte. Damals dachte ich aber, es wäre ihr wirklich eine Entlastung, sich auszusprechen, und ich müsse mir das anhören. Einige Wochen später hatte ich sie wegen Kleidung für ihre Tochter in die Nähstube bestellt; als sie den Raum verlassen hatten, ging ein allgemeines Gerede unter den Frauenhilfsdamen los und man fragte mich, ob ich denn wüsste ...? So erfuhr ich, dass alles, was sie mir vertraulich erzählt hatte und ich im Herzen bewahrte und bewegte, den anderen ebenfalls bekannt war. Da fühlte ich mich hintergangen und nahm mich vor diesem Beichtkind in acht.

Seite an Seite mit uns lebte der Friedhofs-Gärtner mit seiner Frau und später auch mit Baby. Den sah man nur in Uniform – und am Abend besoffen. Die Frau war unwahrscheinlich ordinär. Oft ging der Krach mit Gröhlen und Prügelei bis in die Morgenstunden. Eine Beschwerde von mir und Bredows (den Nachbarn aus Pommern) beim Hauswirt wurde abgebogen: Es wären eben Parteifreunde da. Ich redete dann selbst mit dem Kerl, und er versprach, wenigstens vorher Bescheid zu sagen, wenn sie Gäste hätten; danach wurde es für eine Weile besser. Ich sagte ihm, dieses Verhalten sei wohl kaum werbend für seine Ideen, und das hat ihn wohl etwas gemäßigt – bis es auf Werbung nicht mehr ankam.

Erstaunlich war für mich, dass die Familie neben uns – adelig, mit zwölf netten Kindern und in einer strengen Sekte – ihr Vertrauen keineswegs nur auf ihren Heiland, sondern ebenfalls auf Hitler setzte. Die Kinderreichen waren doch so erwünscht! Unser Führer trank nicht und liebte Tiere und Kinder. Und die deutsche Frau raucht jetzt nicht mehr! (Ich habe es mir damals erst recht angewöhnt, bis es Raucherkarten gab.) Sie waren alle so fromm, dass sie, wenn ich ihnen eine Erdbeere schenkte, vorher beteten, ehe sie diese in den Mund steckten. Als die älteste Tochter heiratete, erwartete die Mutter gleichzeitig mit ihr noch ein Kind. Taufen gab es bei ihnen nicht; die Kinder erzählten mir aber, wer von ihnen schon gläubig wäre und wer noch nicht. Doch es waren im Ganzen recht angenehme, ruhige und hilfsbereite Nachbarn.

Unser Hauswirt wohnte neben ihnen – zusammen mit dem alten Mann, der mich im Garten beriet, und dessen Tochter. Der Hauswirt war Bauingenieur und strammer PG,[275] die beiden anderen hassten den NS-Staat von Herzen und kamen zu mir, um sich auszuschimpfen. Natürlich kam auch Herr Tarlau oft – manchmal (wenn ihm bange wurde, weil mal wieder Razzien angesagt waren) auch über Nacht. Aber das geschah erst im letzten oder vorletzten Jahr vor dem Krieg. Als die Kristallnacht kam, hatte er gerade noch Zeit gefunden, nach England zu fliehen.

Wirkliche Freundschaft fand sich in der Nachbarschaft aber nicht. Das Pfarrersehepaar unserer Gemeinde stand uns durch die gemeinsame Sorge um die Freiheit der Kirche damals am nächsten (jedenfalls mir). Wir luden sie auch für vierzehn Tage nach Friedrichsbrunn zur Erholung ein und bewunderten, wie der ›alte‹ fünfzigjährige Mann dort noch bergauf und bergab wanderte. Dafür kam meine alte Freundin Anneliese, wenn sie in den Semesterferien da war, oft zu mir auf Besuch. Auch mit Jutta von Drigalski hatte ich guten Kontakt. Sie hatte ihr Studium für den Schuldienst mit Beginn der Nazizeit abgebrochen, weil sie in diesem Staat nicht Lehrerin werden wollte. Nun war sie (mit Anrechnung der Semester für die Religionslehrerin) in der Ausbildung als Pfarrgehilfin. Oft sind wir miteinander gewandert, auch mehrtägig – unter Bellas Bewachung, was manchmal wichtig war beim primitiven Übernachten in den ländlichen Wirtshäusern rings um Berlin. Auch gepaddelt sind wir viel zusammen, den Hund immer vorne im Boot. Tagelangen Gesprächsstoff gab es in der Kirchenkampf-Zeit genug – während ich mit Anneliese lieber von ganz anderen Dingen redete. Bärbel hatte inzwischen gleichzeitig mit ihrem Verlobten ihr Examen gemacht und bald darauf Friedrich Schröter geheiratet. Sie kämpften in Gröben den guten Kampf[276] gegen Nazismus – und gegen üble Verleumdungen persönlicher Art, weshalb sie den Ort wechseln mussten. Dann wurde ihr Mann erneut wegen einer Predigt von einem Konfirmanden denunziert und kam ins Gefängnis. Hans Dohnanyi verhalf ihm aber bald wieder heraus. Sehen konnten wir uns leider nur ziemlich selten.

---

275 Parteigenosse in der NSDAP.
276 Anspielung auf 1. Timotheus 6, 12.

5.4 Gemeinsame Reisen

Im Sommer 1933 hatten Walter und ich uns in einem Haus in *Wangerooge* eingemietet – bei zwei alten Schwestern, von denen die eine etwas geistesgestört war. Es war sehr billig dort, und wir konnten die Küche benutzen – ja, die alten Damen bereiteten uns sogar das Essen vor, sodass die Kartoffeln gekocht waren, wenn wir vom Strand kamen. Eines Tages sagte mir die Kranke, es gefiele ihr gar nicht, was heutzutage in der Kirche gesagt würde und was so in der Zeitung stände. Ob man da nicht besser aus der Kirche austräte? Ich gab zu, dass wir das auch schon erwogen hätten, und vielleicht sollte sie es ruhig tun – der liebe Gott hätte sicher nichts dagegen. Am nächsten Tag erschien sie mit einem Brief an den Bürgermeister. Sie hätte sich die Sache überlegt: Es wäre doch besser, aus dem Staat auszutreten, und das teilte sie dem Oberhaupt nun mit. Wenn der es nicht erlaube, würde sie an Hitler persönlich schreiben, dass sie nicht mehr zu Deutschland gehören wolle. Dies allerdings versuchte ich zu verhindern. Es war ihr nicht klarzumachen, dass man aus einem Land nur auswandern, aber nicht austreten kann. Warum das dann bei der Kirche ginge? Ja, das war nicht einfach zu beantworten. Aber schließlich ließ sie doch von ihrem Vorhaben ab und versicherte nur, sie würde nie mehr etwas in die Sammelbüchsen geben. Darin bestärkte ich sie.

Ich genoss das Leben an Meer und Watt wieder sehr – wie damals mit meinen Eltern in Kampen. Walter saß am Strand und sonnte sich und las. So sah ich ihn sitzen, als ich plötzlich merkte, dass ich trotz aller Mühe beim Schwimmen kein Stück mehr vorankam. Ob es nun der Beginn der Ebbe war oder eine Strömung, die ich beim Hinausschwimmen nicht bemerkt hatte, oder beides – jedenfalls arbeitete ich mich sinnlos ab, vielleicht eine Viertelstunde lang. Ich muss damals wohl nicht so sehr am Leben gehangen haben – denn da mein Rufen nicht zu hören gewesen wäre, weil niemand in der Nähe war, beschloss ich, einfach unterzugehen. Welch dummes Gefühl, als ich aufhörte zu schwimmen, die Beine sinken ließ und plötzlich auf den Knien lag! Die ganze Zeit über war einen halben Meter unter mir eine Sandbank gewesen, und mein letzter Seufzer war unnötig absolviert. Immerhin habe ich mich im Stehen erst ein bisschen erholen müssen, ehe ich strandwärts wanderte und dann nur noch ein kleines Stück zu schwimmen brauchte. Zum Erzählen meines Erlebnisses hatte ich keine Lust und ging das Essen zubereiten. Aber vergessen habe ich die Situation nie wieder – und bin seitdem nicht mehr ganz so gewiss wie in meiner Kinderzeit, dass ich nicht ertrinken könnte. Das Schönste an diesen Ferien war aber, dass ich zu der Überzeugung gelangt bin, dass Walter und ich künftig politisch keinerlei Streitgespräche mehr zu führen brauchten. Das war damals sehr wichtig.[277]

Jede Gelegenheit in der Zeit unserer kinderlosen Ehe (aber auch später noch) benutzten wir, um in *Friedrichsbrunn* zu sein. Walter liebte unser Häuschen ebenso als Heimat wie ich und hatte dort wirklich seine glücklichsten Zeiten. Bei schlechtem Wetter – und das gab es im Harz ja hin und wieder – war genug Raum, um zu arbeiten, und so ließen sich auch die späten Semesterferien im Oktober, wenn die Familien mit Kindern kaum noch oben waren, für uns gut nutzen. Konnten wir aber nach draußen, so genossen wir die farbigen Wälder, das Beobachten des zahlreichen Wildes, Pilze suchen, Brombeeren und Bucheckern sammeln, den Geruch der Kartoffelfeuer über den Feldern, den prasselnden Ofen bei der Heimkehr und das milde Licht des häuslichen Lämpchens, ebenso wie den schwarzen Himmel mit den ungewöhnlich strahlenden Sternen. Ob es daran lag, dass wir uns auf einer Wanderung durch die Heide kennen gelernt hatten und diese erste Liebe dann im Friedrichsbrunner Häuschen, fünfzig Tage danach, bestätigt gefunden wurde? Jedenfalls war unsere Ehe nie so froh und ungetrübt wie in den Ferien. Wir fühlten uns wirklich wie andere Menschen, wenn wir auf Zweisamkeit angewiesen waren. Es tat uns auch gut, wenn die tägliche Post manchmal ausblieb. Jedenfalls scheuten wir auch für wenige Tage nie die billige Fahrt.

Außer unserer kurzen Hochzeitsreise nach *Dresden*, bei der ich mich etwas ermüdet stundenlang durch Museen schleppte und als besonders schön nur einen Ausflug in die sächsische Schweiz in Erinnerung habe, schenkten uns die Eltern im Jahr 1930 noch einen Ferienaufenthalt in *Österreich*. Mit dem Schlafwagen ging es nach Passau, wo wir bereits morgens um vier Uhr ankamen und

---

277 Walters Mutter hatte am Anfang mit den Nationalsozialisten sympathisiert, wodurch sich manche Spannungen in der jungen Ehe ergeben haben.

meine Mutter nur schwer davon abzuhalten war, uns für die fünf Stunden, ehe wir weiter mussten, ein Hotelzimmer zu bestellen. So blieben wir, bis es Tag wurde, frühstückend im Bahnhofshotel und durchwanderten dann die Stadt, die uns begeisterte mit ihren alten Häusern, Kirchen, Türmen, winkeligen Gassen und großen Strömen. Im Rotlichtviertel verließen die Kunden gerade ihre Schönen, und übernächtigte Damen kamen vom Außendienst zurück. Es gab einige erstaunte Blicke auf uns brave Berliner und manches vergnügte, uns unverständliche Geflachse hin und her zwischen den Heimkehrern. Bald kamen auch schon die ersten Frommen aus den Kirchen, und die Gemüse- und Viehwagen rumpelten zum Markt. Wir suchten uns ein Donauschiff, kauften noch Proviant und machten es uns bei schöner Morgensonne auf der schmalen Sitzplanke bequem, die rund um das Vorderteil des breiten Schiffes lief. Ich hatte das Nibelungenlied dabei und verfolgte nun auf der Fahrt die Schiffsreise mit Gunther, Gernot und Giselher. Die Landschaft war unglaublich schön, und bis heute verspüre ich die Sehnsucht, diese Strecke noch einmal mit dem Boot zu fahren.

Zweimal stiegen wir aus, um uns an den Ufern der Donau etwas umzusehen und dort zu übernachten, um Klöster, Kirchen und Weinstädtchen kennen zu lernen, ehe wir in Sankt Pölten in das kleine Bähnchen stiegen, das uns nach Salzerbad brachte. Dort hatte die evangelische österreichische Kirche ein schlichtes Erholungsheim – so billig, dass wir es fast selbst hätten zahlen können. Man war noch nicht direkt in den Alpen, aber die umliegenden Berge waren schon so hoch, dass meine damaligen Kräfte nicht einmal für alle ausreichten. Ich fühlte mich nach langer Übelkeitszeit gerade recht wohl, war so schmal, dass mir kein Mensch den sechsten Monat ansah,[278] und genoss die herrlich sonnigen Herbsttage von Herzen und mit Bedacht und Vorsicht. Die Ernährung war etwas dürftig, die christliche Nötigung gering; die Leitung des Heims hatte ein junges Ehepaar. Ich lernte dort wieder einmal, dass vorzeitiges Urteilen töricht ist, und habe das nie vergessen: Einmal ärgerte ich mich, als ich sah, dass die junge Frau ihrem Mann täglich Liegestuhl, Kissen und alles Zubehör für die mittägliche Siesta herbeischleppte. Als

---

278 Auch diese Schwangerschaft endete bald darauf mit einer Fehlgeburt.

ich das einem anderen Gast gegenüber äußerte, erfuhr ich, dass dieser junge leitende Pfarrer ein schwerkranker Todeskandidat war. Als wir drei Wochen dort verbracht hatten, fuhren wir weiter nach Wien: Oper, Museum, Stadtbesichtigung und das ewige mittägliche Suchen nach dem billigsten und besten Lokal beziehungsweise Mittagstisch waren doch reichlich anstrengend für mich. Wenn ich in freier Natur Walter auch oft an Wander- und Unternehmungslust übertraf – in der Stadt war er mir an Ausdauer weit überlegen, bis hin zum Betrachten der Schaufenster. Wien enttäuschte mich etwas: Die ›schöne blaue Donau‹[279] war es keineswegs; alles wirkte ein wenig schlampig und langsam in Bedienung und Verkehrsmitteln. Berlin war mir lieber. Ein Abend in Grinzing schröpfte unsere Reisekasse durch die Stehgeiger, die mir zu Walters Ärger ins Ohr spielten, sodass für den Rest der Reise Frühstücksgulasch unsere mittägliche Ernährung blieb. Unwahrscheinlich schön war dagegen Prag. Selbst die tschechischen Soldaten begeisterten mich durch ihre Würde und Haltung – wenn auch gerade mal wieder in der deutschen Botschaft, im deutschen Hotel und in deutschen Buchläden die Fenster eingeworfen worden waren und meine Eltern Angst hatten, wir wären in Zwischenfälle geraten. Das einzig Gefährliche für uns war aber ein Aufstieg durch Weingärten zum Hradschin: nüchtern, ohne Frühstück und uns nach dem ersten Viertel des Weges bloß mit süßem Roten in einem Ausschank labend. Die Stufen erschienen mir daraufhin so hoch und der Weg so endlos, dass ich glaubte, niemals hinaufzukommen. Meine Freude an dieser wunderbaren, geschichtsbeladenen Burg war oben aber wieder voll und ganz vorhanden. Die drei Tage in Prag im goldenen Herbst waren der Abschied von allem Schönen für mich in diesem Jahr. Ich möchte diese Stadt noch einmal wiedersehen.

Unsere letzte Reise ins Ausland führte uns im März und April 1934 nach *London*. Wir besuchten dort Dietrich, der eine Pfarrstelle in einer Gemeinde in Sydenham im Süden Londons versah. Er hatte uns für die Semesterferien eingeladen. Es galten bereits die Devisenbestimmungen, und wir waren somit ganz auf seine

---

279 ›An der schönen blauen Donau‹, der sogenannte Donauwalzer, wurde von Johann Strauss junior (1825–1899) in Wien komponiert.

Großzügigkeit angewiesen. Das wenige Geld, was man mitnehmen durfte, ging schon beim Aufenthalt in Belgien drauf. Wir wollten schließlich etwas von der Welt sehen. So übernachteten wir erst einmal in Köln, das wir beide noch nicht kannten. Der Rhein (der ›heilige Strom‹[280]) machte keinen besonderen Eindruck auf mich – eher hatten mich die vielen leuchtenden Hochöfen, deren riesige Flammen in den dunklen Himmel aufstiegen, beim Vorbeifahren bewegt. Aber der Kölner Dom mit den engen kleinen Straßen, durch die kein Fahrzeug fahren durfte, und ein gutes Weinlokal, wo wir noch mit deutschem Geld unsere Freude haben konnten – das lohnte die Unterbrechung der Reise doch. Am Tag darauf ging es weiter nach Aachen, wo wir uns die geschichtlichen Notwendigkeiten wie Kaiserpfalz mit Thron ausführlich anschauten und dann bis Brüssel weiterfuhren. Der Erste Weltkrieg war ja nun schon eine Weile her, aber von Neuem hatte man kein gutes Gefühl, als Deutscher in Belgien zu sein – obwohl die Leute nicht gehässig, sondern nur kühl waren. Was wir in den Abendstunden von Brüssel sahen, waren die netten Lokale von innen; darum machten wir am nächsten Morgen eine geführte Stadtrundfahrt, was eigentlich weit über unsere Kasse ging. Aber ich hatte ja ein echtes Goldstück (wohl eine englische Fünf-Pfund-Münze) in einer Puderdose aus Pappe von Mystikum Compact[281] über die Grenze gebracht, ohne geschnappt zu werden, sodass ich notfalls eine Reserve hatte. Die Rundfahrt war durchaus lohnend – wenn mich auch das ›Manneken Pis‹[282] in meiner Jugendlichkeit etwas schockierte (vielleicht auch mehr die beglückte Reaktion der Businsassen). Am Kunstmuseum wurden wir ausgeladen und schlossen sogleich eine lange Besichtigung von Rembrandt van Rijn und Frans Hals an, bis wir in den Zug nach Gent steigen mussten. Immer waren die Quartiere vorbestellt, und in Gent hatten wir ein so wunderbar altes, modern eingerichtetes Hotel wie noch nie im Leben. Außer Prag würde ich Gent die schönste Stadt nennen, die ich je gesehen habe. Beunruhigend für mich war nur das breite französische Bett mit einer gemeinsamen Zudecke. Wegen dieser ungewohnten ehelichen Bequemlichkeit wagte man kaum, sich zu

---

280 Vgl. Bechstein, Ludwig: Vom deutschen Rheinstrom. Deutsches Sagenbuch, Leipzig 1853, S. 1.
281 S. o. Anm. 232 (S. 428).
282 Brunnen mit der Figur eines pinkelnden Knaben, eines der Wahrzeichen von Brüssel.

rühren, um den andern nicht im Schlaf zu stören, und schließlich holte ich mir meinen Mantel und verzichtete auf meine Hälfte der Decke. Brügge mit den vielen Kanälen und Frühlingsblumen war die nächste Station; von dort fuhren wir mit der Straßenbahn nach Ostende, das im März natürlich noch keinen Badebetrieb hatte – aber die feudalen Paläste hatten doch geöffnet, und die feine Welt promenierte am Strand.

Durch dichten Nebel ging es dann mit tutendem Horn von Calais nach Dover, wo die farbigen Felsen erst kurz vor dem Anlegen auftauchten. Schiffsreisen waren wir ja wegen Dorpat und durch eine Fahrt von Wangerooge nach Helgoland gewöhnt – und auch hier glätteten sich alle Wogen, als wir das Schiff bestiegen, sodass wir, ohne nur die leiseste Möglichkeit zur Seekrankheit geboten bekommen zu haben, nun wirklich in England waren! Noch eine Stunde Zugfahrt, und Dietrich holte uns am Bahnhof ab. Ebenso lange brauchten wir dann noch, um mit *Underground* und *Railway* bis nach Forest Hill hinauszukommen, wo er sein Pfarrhaus hatte. In dem großen altmodischen Haus befand sich im unteren Stockwerk eine deutsche Privatschule, dann kam Dietrichs Wohnung, und oben in der Mansarde war unser Gastzimmer. Nun lernten wir, uns an Gaskaminen halbseitig braten zu lassen und in ständiger Zugluft zu leben. Für Fenster, die zu dicht schlossen, gab es kleine Keile zu kaufen, die man dazwischen schieben konnte; vielleicht war das wegen des entweichenden Gases wirklich nötig. Wir mussten uns mit unserem Englisch behelfen und durften lange Fahrten nicht scheuen, denn London war noch viel ausgedehnter als Berlin, und wir wohnten weit draußen. Dietrich hatte ja keine Ferien, und in der Zeit über Ostern war er durch Feiertage und Konfirmation besonders beansprucht. Er nahm sich Zeit, so viel er konnte, und am Abend saßen wir oft gemütlich beisammen. Wir begleiteten ihn zu seinen Einladungen und lernten viele deutsche Fleischermeister kennen – die in London weitgehend das kirchliche Deutschtum vertraten. Man konnte gut verstehen, dass deutsche Fleischereien hier zu Reichtum gelangten, denn aus den englischen stank es zehn Meter gegen den Wind nach altem Hammel. Die Londoner Pfarrerschaft hatte sich unter Dietrichs Einfluss bereits weitgehend der Bekennenden Kirche zugewandt – und mit ihnen ihre Gemeinden. Es gab mindestens zehn deutsche Pfarrer in London und Umgebung; nur einer oder zwei von ihnen fühlten sich dem deutsch-christlichen Außenamt unter Heckel[283] verpflichtet. Diese Herren lernten wir nicht kennen, aber viele andere. Dietrich übte für die Karwoche gerade ein altes deutsches Passionsspiel ein.[284] Seine Bitte, für eine erkrankte Mitspielerin einzuspringen, lehnte ich allerdings ab. Ich genierte mich einfach, in dem mir fremden Kreis aufzutreten und dann womöglich steckenzubleiben. Nachher tat es mir leid, dass ich Nein gesagt hatte – aber es fand sich noch jemand anderes, und das Spiel war sehr eindrücklich. Es wurde dann auch in der deutschen Gemeinde in Whitechapel aufgeführt, wo Dietrich oft Vertretung hatte. Den Weg dorthin am Palmsonntag werde ich nicht vergessen: durch Berge von Abfällen vom jüdischen Sonntagsmarkt; auf den Bürgersteigen quergestellte Auslagen von gebrauchten Kleidern – das ganze Ghettogetriebe und die teilweise recht bösen Blicke, weil wir deutsch sprachen. Seltsam dagegen die kleine, singende Gemeinde und ihr Gebet für die deutschen Juden.

Dietrichs Wohnung war mit Möbeln aus dem Elternhaus eingerichtet: Da stand sein Flügel und der urgroßväterliche Bischofsstuhl aus Rom (der vom Trientinischen Konzil stammen soll); es gab Biedermeiermöbel, und Bilder von der Malerfamilie Kalckreuth und ihren Freunden hingen an den Wänden. Er sollte es hübsch und ein bisschen repräsentativ haben in seinem Junggesellen-Pfarramt. Eine häusliche Hilfe war auch vorhanden. Das war auch nötig, denn ständig hatte er Logiergäste und anderen Besuch. Während wir da waren, lebte Jehle, ein junger Physiker, unten bei Dietrich in der Wohnung – wohl ein Schüler meines ältesten Bruders Karl-Friedrich, der später in Amerika Professor wurde. Sein Zimmer lag hinter dem großen Raum, wo Dietrich arbeitete und schlief. Er war oft in England unterwegs, hatte also freien Zutritt, wann immer er wollte. Es war ein ungewöhnlich frommer Mann, der mit der Bergpredigt ernst machen wollte und es in Deutschland nicht mehr aushielt. Eines Morgens erzählte Dietrich: Als er am Morgen ins Wohnzimmer kam, das sich an sein Zimmer anschloss, sei er furchtbar er-

---

283 Theodor Heckel (1894–1967) war von 1928 bis 1945 Leiter des Kirchlichen Außenamtes, das für die ökumenischen Beziehungen und auch für die Auslandspfarreien zuständig war; insofern war er während der Londoner Zeit von Dietrich Bonhoeffer dessen Dienstvorgesetzter. 1934 erhielt er den Bischofstitel. Heckel war Verfechter des Arierparagraphen, jedoch kein Mitglied der NSDAP. Er gehörte nicht zu den Deutschen Christen, aber er bekämpfte die Bekennende Kirche. Auch nach 1945 behielt er seinen Bischofstitel bei und war für die Seelsorge an Kriegsgefangenen zuständig.

284 Vgl. u. S. 782.

schrocken – unter dem Flügel hätte eine leblose Gestalt gelegen. Bei näherer Betrachtung stellte sich diese aber als Herr Jehle heraus, der spät von einer Fahrt zurückgekommen war. Da bei Dietrich kein Licht mehr brannte und er ihn mit dem Gang durch sein Zimmer nicht wecken wollte, hatte er sich dort auf dem Fußboden zur Ruhe begeben. »Ja, warum denn unter dem Flügel?« – »Damit du nicht erschrickst, wenn du nachts aufstehst und auf mich trittst!« Solche frappierende Rücksichtnahme leistete er sich immer wieder und war dadurch ein etwas beängstigender, aber auch lustiger Hausgenosse.

Wir erlebten auch mit, wie Dietrichs deutsche Haushaltshilfe überschnappte. Eine seltsame alte Jungfer war sie schon immer gewesen. Eines Mittags aber, als wir uns auf ihr Läuten hin zu Tisch begaben, kam das Essen nicht herein. Ich wollte sie nicht hetzen; schließlich fragte Dietrich, ob es bald so weit wäre. Da brachte sie auf edler Platte ein Fischgerippe herein. Es wäre so aus dem Kochwasser gekommen. Wir aßen also Kartoffeln mit Butter, und Dietrich rief im deutschen Hospital an und bat um den Besuch eines Arztes. Aber noch ehe dieser erschien, wurde das Badezimmer mit Toilette von ihr abgeschlossen, was uns allen schließlich lästig wurde. Auf Dietrichs dringende Bitte, da herauszukommen, bekam er die Antwort der alten Jungfer: Es wäre unmöglich, sie wäre gerade dabei, das Jesuskind zu gebären. Kurze Zeit später kam auf nochmaligen Anruf der Arzt mit Pflegern, und die Arme musste auf die heilige Geburt in der Anstalt warten. Gut, dass ich da war, um den Haushalt zu führen (was ja bei mir nicht viel Zeit beanspruchte), bis Dietrich aus Deutschland Ersatz bekam. Leider war das eine verkrachte Theologin, die ihn glühend verehrte – was er sich nicht vorstellen konnte, da sie fünfzehn Jahre älter war als er. Lange dauerte auch diese Freude nicht.

Abgesehen von diesen Zwischenfällen waren es fünf herrlich erholsame und ausgefüllte Wochen in London. Einmal fuhren wir zusammen nach Canterbury, um etwas von der Umgebung zu sehen; auch Kew Gardens und Winchester besuchte Dietrich mit uns. Und wir sahen den wunderbaren Flohmarkt, wo es vom rostigen Nagel bis zum antiken Prunkstuhl, vom alten Restchen Gummiband bis zum Frack alles gab; außerdem Tiere jeglicher Art von weißen Mäusen bis zum Affen; aber auch Silbergerät, schöne antike Gebrauchsgegenstände, Kitsch und Kunst bunt gemischt. Dietrich schenkte mir sechs indische Krebslöffel, die ich noch heute habe. In den Museen ließ er uns allein weilen. Und wie wir weilten – tagelang! Das war längst nicht so ermüdend für mich wie in anderen Städten, trotz der langen Anfahrt. Es war alles weniger eng zusammengestellt, und jeder Raum hatte bequeme Ruhebänke; die Luft war gut, und man konnte immer wieder zur Erfrischung in eine Kantine gehen, die auch für die Angestellten und Studierenden da war. Dort konnte man Kaffe, Tee und auch etwas zu essen bekommen; gestärkt ging es dann weiter in den großen Sälen. Aber auch das Wachsfiguren-Kabinett von Madame Tussot sahen wir uns an (in dem bereits Hitler neben Hindenburg Platz gefunden hatte), und wir wanderten durch die Innenstadt mit ihren vielen interessanten Gebäuden und Einrichtungen. Bald kannte ich London fast so gut wie Berlin. Ein paar besondere Straßennamen waren mir schon vorher aus Dickens' Romanen und aus zahlreichen Krimis bekannt gewesen. Manchmal, wenn er Zeit hatte, holte uns Dietrich in der Stadt ab, und wir gingen in ein nettes Lokal in Soho oder ins ›Criterion‹,[285] wo man am Eingang bezahlte und dann so viel Kuchen und Sandwichs zum Tee haben konnte, wie man essen mochte. Mein mitgebrachtes Goldstück hatte ich Dietrich übereignet, der uns ja die ganze Zeit über freihielt und versorgte. Er bekam immer gerne Geld – aber nur, um es auszugeben, besonders für andere. Die Zeit ging viel zu schnell vorbei, obwohl wir jeden Tag nutzten. Auf ein Wiedersehen in London konnte man nicht hoffen, denn Dietrich hatte bereits andere Pläne. Man wollte ihn zurück in Deutschland haben; außerdem hatte er eine Einladung zu Gandhi nach Indien, was ihn sehr lockte. Alles erschien uns damals so provisorisch, dass nur das Nächstliegende feststand – und das war für uns der Semesterbeginn am 2. Mai in Berlin. So presste man in die letzten Tage noch hinein, was möglich war, und nahm mühsam Abschied von den guten Gesprächen, von Dietrichs Klavierspiel, vom letzten Mal gemeinsamem Leben und täglichem Umgang, von der bezaubernden Stadt und vielen neugewonnenen Bekannten. Das Wetter war kalt und trüb gewesen; jetzt endlich wurde es Frühling (viel später als sonst in England), und unsere letzte Fahrt ging noch einmal nach Kew Gardens, wo nun die Bäume blühten.

---

285 Das Restaurant Criterion am Piccadilly Circus in London wurde 1873 in opulentem neo-byzantinischen Architekturstil eröffnet; es existiert noch heute und gilt als eines der exquisitesten historischen Restaurants Englands.

Über Holland wollten wir zurückfahren; so führte uns die Reise mit der Bahn erst nordöstlich nach Harwich und dort auf das Boot, das uns über Nacht nach Hoek van Holland brachte. Wir unterbrachen in Den Haag noch einmal die Reise und fuhren (nachdem wir vergangene Friedensluft geatmet hatten[286]) über Mittag nach Scheveningen hinaus, was hin und zurück nur eine Mark kostete. Wir mussten nun unser Geld sehr zusammenhalten, denn von Dietrich hatten wir uns nichts mehr erbitten wollen. Es war schon reichlich gewesen, was er für uns getan hatte. Der sonnige Strand am 30. April lockte schon beinahe zum Schwimmen, aber wir mussten weiter nach Amsterdam. Als wir dort am Bahnhof ankamen, ergriff ein unabweisbarer Gepäckträger unsere Sachen. So weit hatten wir noch nicht geplant, für die Rückfahrt eine Hotelunterkunft zu bestellen. Der Träger erbot sich, uns in ein gutes, billiges Familienhotel zu bringen, und wir stiefelten hinterher. Der Eingang in der kleinen Straße zwischen Bahnhof und Hafen wirkte kleinbürgerlich; wir wurden sofort die Stiege hoch in ein Zimmer gebracht, und die Summe, die der Träger forderte, verwirrte uns so, dass wir nur nach dem Preis des Zimmers fragten, ohne es anzuschauen. Kaum waren wir allein, entdeckte Walter Zigaretten im Aschenbecher und dass der Waschtisch dreckig war. Wir besahen die Bettwäsche und beschlossen, unten Bescheid zu geben, dass das Zimmer noch nicht gerichtet sei. Als wir aber an die Theke kamen, standen da so kräftige Ganoven, dass wir uns deplaziert fühlten und woanders Unterkunft suchen wollten. Doch der Wirt meinte, auch wenn wir (wie wir behaupteten) zu Freunden ziehen könnten, das Zimmer müsse für die Nacht gezahlt werden. Unsere Reisekasse ließ nicht zu, zwei Hotels zu finanzieren; so hofften wir auf die erbetene Reinigung und durchwanderten die Stadt und das malerische Hafenviertel. Die kleinen Stege neben den dunklen Kanälen, welche die Straßen durchziehen, waren romantisch, aber beängstigend. Wenn uns hier einer beraubte und ins Wasser warf? Eine üble Gegend – nur Prostituierte, Zuhälter und Verbrecher konnten hier wohnen. Da leuchtete dämmrig zwischen den Häusern, in deren Fenstern die nacktbusigen Schönen auslagen, ein Schild ›Hotel Central‹. Dies war das unsere – nur der unbürgerliche Eingang. Also hatten wir in

---

286 Anspielung auf den 1913 errichteten Friedenspalast in Den Haag; dort war das Schiedsgericht ansässig, aus dem 1945 der Internationale Gerichtshof der Vereinten Nationen hervorging.

einer Absteige gemietet. Die Gesellschaft, die wir vorfanden, als wir endlich notgedrungen hineingingen, war auch dementsprechend. Auf den Betten in unseren Mänteln liegend, als Kopfkissen je ein Unterrock von mir, verbrachten wir unmutig die Nacht. Die Wände werden sich gewundert haben. Vom Frühstück nahmen wir nur die hartgekochten Eier mit und ließen Aufschnitt, Käse und Kaffee stehen. Dann durchwanderten wir etwas matt, aber begeistert das Museum. Es war der 1. Mai 1934 – die Geschäfte blieben geschlossen, man trug rote Nelken im Knopfloch. Noch ein billiger Imbiss vor der Abreise, dann hatten wir eine lange Nachtfahrt im Sitzen vor uns. Im Dunkel durch Nijmegen, woher einstmals die van den Bönhofs nach Schwäbisch Hall eingewandert waren. Schließlich die deutsche Grenze. Geld war nicht mehr vorhanden, das letzte hatten wir am Bahnhof für einen Fliederstrauß ausgegeben. Und als wir endlich in Berlin ankamen – blühte dort schon seit Tagen der Flieder!

5.5 Der Beginn des Kirchenkampfes in Berlin-Lichterfelde

»Bitte gehen Sie morgen so früh wie möglich in die Alte Jakobstraße, Hinterhof drei Treppen, in das Büro ›Evangelium und Kirche‹. Sie werden da gebraucht.« Unterschrift: Praetorius.[287] In der Berliner Innenstadt fühlte ich mich fremd – aber nur so lange, bis ich den Ort, den ich suchte, gefunden hatte. Ich kannte dort zwar niemand, und an der Tür wäre ich nicht hineingelassen worden, wenn ich nicht meinen ›Dienstbefehl‹ vorgezeigt hätte. Flugblätter für die Wahl[288] wurden dort gedruckt, ohne Erlaubnis zur Vervielfältigung. Mit einem Handabroll-Apparat: Einer schob die Bogen unter, einer drehte die Orgel, einer zog die fertigen Bogen heraus und breitete sie zum Trocknen aus, der Letzte sammelte sie wieder

---

287 Willy Praetorius war seit 1930 Pfarrer an der Johannesgemeinde in Berlin-Lichterfelde West und setzte sich dort für die Bekennende Kirche ein. 1933 beteiligte er sich an der Gründung des Pfarrernotbundes durch Martin Niemöller in Berlin-Dahlem. Seit 1934 ließ er heimlich die reichsweit verteilten ›Rundbriefe der Bekennenden Kirche‹ drucken, bis sie im Oktober 1935 durch die Reichspressekammer verboten wurden. 1940 wurde er verhaftet und gemeinsam mit seiner Frau, der späteren CDU-Politikerin Gisela Praetorius, aus Berlin ausgewiesen.

288 Es handelte sich um die von Hitler kurzfristig aufgezwungenen Kirchenwahlen am 23. Juli 1933. Am Vorabend dieser Wahl hatte Hitler in einer Radioansprache eindeutig für die Deutschen Christen Partei ergriffen; diese gewannen daraufhin in fast allen Landeskirchen eine Zweidrittelmehrheit. In der Folge kam es am 21. September 1933 zur Gründung des Pfarrernotbundes und am 31. Mai 1934 zur Verabschiedung der Barmer Theologischen Erklärung als Grundlage der Bekennenden Kirche. Die Ausbreitung der DC kam aufgrund der berüchtigten Sportpalast-Veranstaltung mit dem Berliner Gau-Obmann Reinhold Krause am 13. November 1933 zum Stillstand.

ein und legte sie stapelweise zusammen. ›Evangelium und Kirche‹ musste es jetzt heißen – die ersten Abzüge sollten alle umgestempelt werden! Denn unser geliebter Führer hatte untersagt, dass sich die Gegenpartei zu den ›Deutschen Christen‹ schlichtweg ›Evangelische Kirche‹ nannte. Dies wurde also direkt ›verboten‹ – während die Herstellung von Flugblättern nur ›nicht erlaubt‹ war. Dabei hatten wir uns noch brav zurückgehalten in der Klarstellung der Verhältnisse. Immerhin druckten wir mit dem unbehaglichen Gefühl, vielleicht bald ausgehoben zu werden. Nach zwei Tagen von trotz allem sehr fröhlicher Arbeit hatte ich den Stoß für Lichterfelde unter dem Arm und wurde von einem Auto in unser Pfarrbüro mitgenommen. Dort wurden dann eifrig (mit Stempeln aus einer Kinderdruckerei) die ersten Abzüge mit der unerlaubten Aufschrift korrigiert. Dann kam es darauf an, genug wendige Verteiler zu finden. Alte Damen wurden ausgenommen. Ich bekam außer meinem Bezirk noch die Straße Unter den Eichen und die angrenzenden Beamten-Wohnblocks, weil der dortige Pfarrer ›DC‹ war.[289] Das war der erste Eindruck von unserer jetzigen Wohngegend.

Man muss, wenn man unerlaubt Flugblätter verteilt, oben im Haus anfangen. Bei abgeschlossenen Häusern heißt es warten, bis jemand herauskommt. Dann schnell die Treppen abwärts laufen – und nichts mehr einstecken, wenn sich irgendwo eine Tür öffnet. Bloß rauslaufen und ganz langsam weitergehen. Jede Stunde traf man sich in dem kleinen Café an der Ecke Fabeck-Straße, wo eine Helferin weitere Blätter zum Verteilen hatte und man Nachschub holen konnte. Vielleicht war ja auch alles gar nicht so gefährlich, und ein bisschen Freude am Indianer-Spiel war mit dabei? Jedenfalls geschah unserer Gruppe nichts Schlimmes. Man hörte dann aber von anderen Gegenden, dass kurzzeitige Verhaftungen vorgenommen worden waren. Da fühlte man sich natürlich noch mehr als Held. Wir glaubten an einen Wahlsieg, denn kaum jemand wollte DC wählen. Aber am Abend vor der Wahl sprach Hitler im Radio seine Wünsche aus, und ganze SA-Kompanien kamen wählen und sicherten den Deutschen Christen den Sieg. Der evangelische Normalverbraucher war zu Hause geblieben.

Auch als Spitzel verwendete mich mein Pfarrherr. Er schickte mich zu einer Versammlung der Deutschen Christen in einer ande-

---

289 D.h. zur Richtung der ›Deutschen Christen‹ gehörend.

ren Lichterfelder Gemeinde – unter der Leitung eines Pfarrers, der bei uns den Beinamen ›Jauche Koch‹ führte. Dieser Pfarrer Koch hatte nämlich von der Kanzel verkündet, dass man all die Pfarrer, die sich zum Pfarrernotbund hielten, mit Jauche begießen sollte. Wenn auch die geistigen Waffen der DC nicht besonders stark waren (wovon wir uns durch Sinnsprüche überzeugen konnten wie ›Nach der Olympiade[290] hau'n wir die BK zu Marmelade‹) – die staatliche Unterstützung war umso größer. Ich saß also in einem vollen Gemeindesaal, in den jeder hineindurfte. Wenn die Bekennende Kirche Versammlungen abhielt, durften nur Mitglieder (also Inhaber der ›Roten Karte‹[291]) hinein, damit man keine Werbung machen konnte. Die Herren kamen in Braun, die lieben Bürgersfrauen alle mit Abzeichen, die das Hakenkreuz schmückte; dann sprach Jauche-Koch, und ich schrieb mit. Meine Nachbarschaft war irritiert, aber ich tat ganz sachlich und sammelte Blüten. Ich entsinne mich noch seiner Begründung, warum einzelne Gemeindeglieder an Pfarrern hingen, die nicht hinter Hitler und seiner herrlichen Bewegung ständen: »Das sind alles nur alte Witwen, denen sie die Männer beerdigt haben, und dafür sind die so dankbar!« Er hatte einen außerordentlichen Lacherfolg, und ich beugte mich über mein Manuskript. Ein SA-Mann und eine Frauenschaftlerin fanden ebenfalls noch goldene Worte; dann sprang Jauche-Koch nach vorne und rief: »Und nun ein deutsches Vaterunser!« Man erhob sich; ich war mir unsicher, stand dann aber doch auf und schwieg – obwohl ich keinen Unterschied zwischen dem ›deutschen‹ Vaterunser und dem mir bisher bekannten vernahm. Nach dem Amen zischte es neben mir los: »Mitschreiben kann se, aber mitbeten nich! Nehmt ihr doch das Geschreibe weg!« Ich hatte mich wohlweislich an die Tür gesetzt und entwich mit meinem Block – ängstlich, ob man mir nacheilen würde. Aber – hurra! Drinnen ertönte das Deutschland-Lied; ich hatte im richtigen Moment die Flucht ergriffen und saß auf meinem Rad, ehe man zum Horst-Wessel-Lied überging. So landete ich wohlbehalten im Pfarrhaus. Da es aber im Grunde nicht lohnte, die Abende im feindlichen Lager zu verbringen, brauchte ich dieses Vergnügen nicht zu wiederholen. Ich lernte nun, mit raschem Blick

---

290 Die Olympischen Sommerspiele fanden im Jahr 1936 in Berlin statt und wurden von den Nationalsozialisten für ihre politische Propaganda massiv ausgenutzt.
291 Der Ausweis für Mitglieder der Bekennenden Kirche war zumeist auf rotfarbenem Karton gedruckt.

die Zivilbeamten der Gestapo in der Kirche ausfindig zu machen: immer zwei Herren, feierlicher gekleidet als die Normal-Gemeinde, zu denen ich mich voll Vergnügen setzte und ihnen beim Umgang mit dem Gesangbuch behilflich war. Es waren nie dieselben, aber immer erkennbar. In einer Bibelstunde sagte Praetorius einmal: »Die beiden Herren in der letzten Reihe führen keine Bibel mit sich. Würden Sie so gut sein, Frau Dreß?« Ich war es und hatte meine Freude daran, durch Liebenswürdigkeit und Jugend diese traurigen Typen zu verwirren. Ich habe das dann später in Dahlem zu meiner Spezialität entwickelt.

5.6 Die Geburt des Sohnes Michael

Im Herbst 1934 waren wir von August bis Ende Oktober in Friedrichsbrunn. Das Einzige, was ich in dieser Zeit für die Bekennende Kirche tat, war die Einladung unseres Pfarrerehepaars in unser Häuschen. Davon habe ich aber schon erzählt. Wir waren nun fünf Jahre verheiratet. Schon 1933 war die ärztlich verordnete Zeit abgelaufen,[292] und wir hätten ein Kind haben dürfen. Aber wir hatten gar keine Lust, die Erde zu bevölkern in diesen bewegten Zeiten, die unserer Meinung nach doch nur zu einer Katastrophe führen konnten. Uns genügte unser gelehriger Hund, der auf den Ruf »Fass den Reibi!« (so nannte man den Reichsbischof Müller[293]) auf ein Kissen losstürzte und es totschüttelte, bis wir »Aus!« befahlen. Dieses Kissen hieß noch lange ›Reibi‹ bei uns. Dieser kluge Hund war medial veranlagt: Wenn ich mir überlegte, was ich für ihn zu essen hätte, während ich etwas ganz anderes in der Wohnung tat, lief er in die Küche. Wenn ich dachte, jetzt könnte ich einkaufen, stand er auf und holte den Korb. Dem Postboten tat er nichts, aber jeden SA- oder SS-Stiefel packte er von hinten und brachte manchen ins Stolpern, neben dem Schreck. Es war immerhin ein Schäferhund, wenn auch etwas klein geraten. Kolonnen brachten das sonst sehr ruhige, schweigsame Tier ins Toben, sodass ich

---

292 Nach der Fehlgeburt im Jahr 1930.
293 Ludwig Müller (1883–1945) war evangelischer Pfarrer und seit 1931 Mitglied der NSDAP. Er war Vertrauensmann Hitlers für Kirchenfragen und eine der führenden Gestalten in der Bewegung der Deutschen Christen. 1933 wurde er zum ›Reichsbischof‹ der Deutschen Evangelischen Kirche ernannt, konnte jedoch wegen innerkirchlicher Opposition erst ein Jahr später in sein Amt eingeführt werden. Ab 1939 verlor er durch das Reichskirchenministerium unter Leitung von Hanns Kerrl weitgehend an Einfluss.

ihn an die Leine nehmen musste. Tadellos benahm er sich aber in Friedrichsbrunn im Wald; wenn er auch manchmal vom Jagdfieber gepackt im Gebüsch verschwand – auf einen kurzen Ruf hin kam er sofort wieder und begab sich schuldbewusst an die Leine. Bei all unserer Liebe zu diesem wunderbaren Hund war mir klar, dass ich mir mit meiner Kinderlosigkeit sehr viel versagte. Ob nun der ganz natürliche Wunsch Vater des Gedankens war? Plötzlich ging mir auf, dass es falsch wäre für Deutschland und die Christenheit hierzulande, wenn sich nur die Nazis rapide vermehrten und wir die Zukunft aufgaben. Wir hatten als Kinder ja in Sicherheit gewiegt werden können – doch was war uns vom Leben geboten worden? Da konnte es ja auch umgekehrt sein! Ich empfand es plötzlich als Besserwisserei Gott gegenüber, kein Kind in die Welt zu setzen, wo ich es eigentlich so gerne wollte. Also planten wir Familie – und der Weihnachtsbraten bei den Eltern war mir wieder einmal keine Freude. Wenige Tage später blieb ich kraftlos auf der Strecke und musste um Unterstützung bitten. Frau Engel (so hieß unsere Familien-Wochenbett-Pflegerin) kam zu mir, aber da ich einfach gar nichts bei mir behalten konnte, musste ich zu einer Insulin-Spritzenkur ins Krankenhaus – diesmal zum Heiligen Franziskus. Man verzweifelte auch dort an mir, da der Würgereiz so stark war, dass selbst eine künstliche Ernährung kaum möglich schien. Ich schwand dahin und vertrocknete zusehends.[294]

So lag ich sechs Wochen im Krankenhaus, von Schläuchen umgeben, die mir Kochsalzlösung in die Adern praktizieren sollten (wobei sie mir lästigerweise auch noch den Ischiasnerv durchbohrten) – bis die Zeit und mein Wille zum Überleben Herr der Lage wurden. Ich hatte gerade das erste Stück Hühnerfleisch mit Vergnügen verspeist und es vier Stunden bei mir behalten, als sich mir ein farbiger, weißbekittelter, schöner Peruaner mit einer Kalkspritze näherte. Ich fühlte, wie die Essenz vom Arm aus im Kreis lief und dann den Magen erreichte, der sich sofort ebenfalls im Kreis drehte – und die ganze weiße Pracht des jungen Doktors war mit dem halb verdauten Huhn bedeckt! Nie wieder Kalkspritze! Nun dauerte es noch mal eine Woche; dann konnte ich unter Engels Obhut bei meinen Eltern einquartiert werden, die mir, bis die Hälfte der Zeit meiner Schwan-

---

294 Wie schon bei ihren früheren Schwangerschaften litt Susanne Dreß an unstillbarem Erbrechen (Hyperemesis gravidarum).

gerschaft um war, täglich meine drei Insulinspritzen verpassten. Danach hatte sich mein Gerippe wieder so weit gerundet, dass ich mit Mut und neuer Kraft an meinen Hausstand, ja sogar wieder an die Gemeindearbeit gehen konnte. Zuerst genoss ich dieses Frühjahr wie kaum je eins; dann setzte ein sehr heißer Sommer ein, und ich schleppte mich mühsam mit meinem schwer- und querliegenden Michael zum Einkaufen durch das weite, baumlose Gelände über den Kanal. Nur in den Abendstunden konnte ich mir jetzt die nötige Bewegung verschaffen.

Das tat ich dann auch regelmäßig in der Dämmerung. Mitte Juni wandelte ich mit Jutta von Drigalski zu später Stunde am Treidelpfad des Kanals entlang, als vor uns beiden deutlich erkennbar ein weißer Arm aus dem Wasser emporragte und wieder verschwand. Da ertrank jemand! Ich war in meinem Zustand nicht zu einer Rettungsaktion fähig und Jutta kein sicherer Schwimmer. Sie raste über die Stoppelwiese zum Laubengelände und rief um Hilfe, während ich versuchte, die Stelle im Auge zu behalten und jede Bewegung im Wasser zu verfolgen. Es konnte Selbstmord oder auch Mord sein. Unwahrscheinlich schnell waren drei junge Leute neben mir, während Jutta in einiger Entfernung hinterher keuchte. Gerade war noch mal eine Hand aufgetaucht, aber es war schon sehr dunkel, sodass die Burschen nichts sahen. Zwei sprangen sofort hinein, während der dritte mit einer langen Stange in der Hand am Ufer blieb. Ich rief ihnen die genaue Richtung zu – sie tauchten und kamen wieder hoch. Die Ertrinkende war gefunden! Jutta nahm mich unter den Arm, und wir eilten zurück, um die Polizei anzurufen. Die ganze Siedlung war natürlich auf den Beinen. Etwas später, als man mir erzählte, die Wiederbelebungsversuche hätten Erfolg gehabt, ging ich hin und erlebte gerade, wie der weinende Vater die verstoßene schwangere Tochter in die Arme nahm. Wie einfach erschienen mir nun all meine Beschwerden, da ich der sorgenden Liebe meiner Eltern gewiss war.

»Die meisten Menschen, die leben, sind geboren worden«, sagte ich mir immer wieder, wenn mir bei meiner Veranlagung zu Komplikationen manchmal bange wurde. Auch als ein Liegestuhl unter mir zusammenbrach, gab ich mir Mühe, nicht den Humor zu verlieren. Die ersten Wehen begannen beim Einmachen von dreißig Pfund Erdbeeren. Sie setzten zwar bald wieder aus, doch man behielt mich in der Charité. Drei lange Tage ohne jede Tätigkeit im Einzelzimmer waren mir lästig. Die täglichen Untersuchungen und das Röntgen füllten mich nicht aus; und lesen wollte mir nicht recht gelingen. Ich fragte, ob ich nicht (wie die Hausschwangeren) beschäftigt werden könne, aber man empfahl mir, mich nur recht auszuruhen. Am 6. Juli wurde dann Michaels Geburtstag beschlossen, aber er sträubte sich so heftig, das zweifelhafte Licht der Welt zu erblicken, dass dies erst in der Abendsonne des 9. Juli nach einem Kaiserschnitt geschah. Um mich zum Aufwachen aus der Narkose zu bewegen, hatte meine Mutter mir immer wieder laut die Frage gestellt, ob ich mich nicht freue, einen gesunden Jungen zu haben? In mein Bewusstsein drangen aber nur die Worte ›Junge haben‹ – da ich mich ja keines Geburtsgeschehens erinnern konnte, fühlte ich mich durch die alte Frage, ob ich nun einen Jungen oder ein Mädchen wolle (die mir allerdings von meiner Mutter nie gestellt worden war), verärgert. Es war mir so gleichgültig – wenn es diesmal nur gut ging! So formulierte ich unter Aufbietung all meiner Kraft nur das eine mir sonst ganz ungebräuchliche Wort und antwortete mit geschlossenen Augen auf diese liebe Frage der um mich bangenden glücklichen Großeltern und des erschütterten Vaters: »Schnurz!« Das war wohl so ernüchternd, dass aller Augen trocken wurden. Michael behielt aber unter seinen Tanten und Onkeln noch lange Zeit den Spitznamen ›Schnurz‹. Dann äußerte ich erstaunt, ich wisse gar nicht, warum die mich mit Eisbröckchen labende Schwester so nett zu mir wäre – sie kennt mich doch gar nicht! Da glaubten mich meine Eltern wieder dem Leben zurückgegeben und gingen mit Walter ein gutes Essen einnehmen, da er den ganzen Tag neben meinem Bett gefastet hatte. Es schmeckte ihm auch ausgezeichnet, erzählte er später – aber noch im Restaurant ging er daraufhin schnell und heimlich über Bord.[295]

Durch eine hochfiebrige Sepsis kam ich erst nach sechs Wochen heim. Während dieser Zeit diente mir Engel als Privatschwester und erhielt mit aller Gewalt den Milchfluss beim Stillen aufrecht. Michael hieß dort in der Charité ›der Baron‹, weil ihn sein wohlgefälliges Äußeres und sein ruhiges, überlegenes Verhalten von den anderen dort Geborenen unterschied. Weitere sechs Wochen blieb Engel noch bei mir, und ich hatte es schwer, irgendeinen Handgriff bei meinem Sohn tun zu dürfen – dabei hatte ich doch Säuglings-

---

[295] D.h. er musste sich übergeben, da er einen sehr empfindlichen Magen hatte.

pflege gelernt! Deshalb war die Zeit des Nährens, wo sie mich ja nicht ersetzen konnte, so schön für mich.

Als ich soweit wieder hergestellt war und das junge Mutterglück ohne Einschränkungen durch die Wochenschwester Engel beginnen konnte, wurde Walter das Stipendium, von dem wir bis dahin als einzige feste Einnahmequelle gelebt hatten, entzogen. Bei einer Fakultätsversammlung mit Damen hatte E. S.[296] in meinem Beisein zu ihm gesagt: »Wenn Sie jetzt nicht endlich bei den Deutschen Christen eintreten und mir damit weiterhin Schwierigkeiten machen, dann werde ich dafür sorgen, dass Ihnen der Staat die Bezüge sperrt.« Damals war das Verfahren, wissenschaftlichen Nachwuchs loszuwerden, einfacher als heute. Walters Stipendium betrug monatlich 150 Mark, und dafür hatte ein Dozent außer seiner Vorlesung (die aber nur ein außerhalb des offiziellen Lehrplans liegendes Thema behandeln durfte, weil sonst dem Ordinarius möglicherweise Kolleggelder entgehen könnten) noch das Proseminar des Fachvertreters zu leiten und Arbeiten zu korrigieren. Deshalb hatten die meisten Dozenten nebenbei noch Pfarrvertretungen. Damals tauchten einige gestiefelte SA-Theologen auf, die Assistentenstellen bekamen, ohne habilitiert zu sein. Die Dozenten, die oft wesentlich älter als Dietrich und Walter und teilweise verheiratet waren, eilten nun in die Reihen der Deutschen Christen, und S. hätte so gerne eine geschlossene Formation gemeldet. Da ihm das durch uns vereitelt wurde, war er verärgert. Er behauptete zwar, dass das Christentum ein übler Schwindel und nichts als Phrase sei – aber weil er selbst davon keineswegs betroffen wäre und diese Dinge ihn nicht interessierten, sei es ihm egal, was die Leute glauben wollten. Jetzt wäre es eben klug, mit Hitler zu marschieren. Meine jugendliche Entrüstung ging in physischen Ekel vor ihm über – besonders, weil ich ihn auch von einigen ›wunderschönen‹ Predigten im akademischen Gottesdienst kannte. Ich glaube, ich habe selten jemand so gehasst wie diesen Herrn. Nicht um der 150 Mark willen, sondern weil er versuchte, die Seele zu verderben.

---

296 Vermutlich Erich Seeberg (1888–1945), der Sohn von Dietrich Bonhoeffers Doktorvater Reinhold Seeberg. Er war Mitglied der NSDAP und Vorstand der Deutschen Christen und bis 1935 Dekan an der Evangelisch-Theologischen Fakultät der Friedrich-Wilhelms-Universität in Berlin.

Dass bei uns die Unterstützung der Eltern ja immer Hunger verhüten würde, war klar. Aber wir waren doch sehr froh, in Lichterfelde Ost eine Pfarrvertretung zu bekommen, von der wir leben konnten. So löste ich meine kirchlichen Kräfte von Lichterfelde West und schob meinen Kinderwagen auf Feldwegen und über Kopfsteinpflaster nach ›Ost‹: Frauenkreis, Gemeindenachmittage, Konfirmandenfeste mit Theateraufführung, ja sogar eine Fahrt mit drei Bussen nach Wittenberg, abendliche Bibelstunden – all das machte ich trotz oder mit Michael tapfer mit und wurde als junge Pfarrfrau mit Erfahrung sehr freundlich aufgenommen. Wir hatten dort allerdings eine uralte Gemeindehelferin, die nicht unsere Kragenweite war: Sie gestaltete ihre Hausbesuche so, dass sie einen Fuß in die geöffnete Tür stellte und verkündete: »Auch für Sie ist Christus gestorben!« Immerhin hatte sie manche Erfolge damit, hielt uns aber für hoffnungslos ungläubig.

Eine besondere Arbeit, die unsere Thea Richter auf sich genommen hatte, war die Seelsorge für Juden und ihre christlichen Frauen (oder umgekehrt) und auch für ungetaufte Juden. Eine alttestamentliche Bibelstunde hielt sie zu diesem Zweck ab, die recht gut war und zahlreich besucht wurde. Um dieser Bemühungen willen, die sie wohl schon vor der Nazizeit begonnen hatte und nun mutig fortsetzte, gaben wir ihr in allem nach, was sie wollte. Ein bisschen zu viel Angebot war damals ja besser als zu wenig. In diesem ›jüdischen Arbeitskreis‹ lernte ich nun auch Herrn und Frau Ma. kennen, bei deren Söhnen ich dann, als sie später in Dahlem getauft wurden, Pate stand. Aber ich habe sehr vorgegriffen, denn eigentlich wollte ich zuerst von der Taufe unseres Michael erzählen.

Das sollte ein ganz großes Fest werden. Wir hatten durch Walters Pfarrvertretung seit Jahren gerade wieder das erste richtige Gehalt kassiert. Rehrücken sollte es geben, dazu Sekt und Eis. Gerade waren die ›Butterscheine‹ herausgekommen. Bei meinem Kaufmann war auf diesen Berechtigungsscheinen hinten aufgedruckt: »Deutschland lebt in Notzeit – halte auch du Disziplin!« Nach wenigen Tagen mussten diese Scheine eingestampft werden, wegen ›defätistischer Grundhaltung‹. Wieso Notzeit? Deutschland blühte, und Margarine war gesund! Ich wollte aber meinen Rehrücken in Butter braten – wenn schon, denn schon. So radelte ich zu Fleischer Schneider am Bahnhof West und bestellte die Rehrücken, unter der Bedingung, dass ich auch zwei Pfund Butter mitgeliefert bekäme. Und ich bekam. Wie oft habe ich später, wenn sich die Verkäufer dort lieber die Finger abschnitten, als ein Gramm zu viel zu geben, daran gedacht! Walter kaufte eine riesige Kiste mit feinsten Zigarren, edler als sie bisher je bei uns angereicht wurden (jedenfalls in der Aufmachung), und die Getränke. Aber nicht nur materiell bereitete ich mich auf diese heilige Handlung vor. Ich kannte die brüllenden Babys bei Taufen, die vor Angst losschrieen, wenn die Orgel einsetzte. So stellte ich Michaels Körbchen dicht ans Radio und schaltete tagelang immer lauter werdend Musik ein, bis schließlich die Schreckreaktion überwunden war. Ob diese frühe musikalische Überflutung wegweisend war?[297] Jedenfalls benahm er sich in der Kirche musterhaft und war in seinem langen Taufkleid eine Augenweide für alle. Es war Dietrichs Taufkleid, für den als Zwilling zum Familienerbstück noch ein neues dazu gefertigt werden musste. In der kleinen Giesensdorfer Kirche fand die Taufe statt, und unsere Familie füllte den Raum ganz aus. Auch in unserer Neubauwohnung fiel es nicht leicht, alle zum festlichen Mahl zu setzen – aber es war nun mal unser Stolz, die Taufe unseres ersten Kindes nicht bei den Großeltern, sondern im eigenen Heim zu feiern. Die Eltern waren auch gerade mit dem Umzug vom Grunewalder Haus in ihren Altersitz in der Marienburger Allee beschäftigt. Es war für unser Gefühl ein sehr gelungenes Fest und Michael das schönste aller Kinder.

So viel Beschwerden unser Erstgeborener vor seiner Geburt gemacht hatte, so ungestört gedieh er zu unserem Glück. Er galt überall als Musterbaby und Vorzeige-Exemplar. Als ich meinem Vater strahlend erzählte, nun wäre er ein Jahr alt und hätte noch nie einen Schnupfen gehabt, meinte er nur, dann wäre es Zeit, dass er einen bekäme, denn sonst stürbe er an den Masern! Nun, das saß, und nach einer Woche hatte er die von mir so verachtete Laufnase. Krank war er aber bis zum Beginn seiner Schulzeit nie – danach allerdings umso öfter. Nur nach dem Impfen hatte er eine tiefe Abneigung gegen das Schlafengehen. Zwei, drei Nächte hintereinander rannte er weinend herum und war nicht zu bewegen, sich hinzulegen. Wir schliefen zwar nicht mit ihm in einem Zimmer, aber natürlich war ich die ganze Nacht über wach und litt und schwankte, ob ich ihn nicht doch herausholen und trösten solle. Es war ja damals die gestrenge Zeit, wo man Kinder nachts sich selbst

---

297 Michael Dreß wurde später Berufsmusiker und lebte als Pianist in London.

überließ und nicht einmal nachsehen durfte, wenn sie zu schreien anfingen. Und pädagogisch wollte ich doch sein! Nach einem denkwürdigen Erlebnis im Mai 1936 bin ich aber doch immer vorsichtig hingegangen, um solchen Wiederholungen vorzubeugen: Sein Bettchen stand damals nachts im Wohnzimmer und konnte gerollt werden. Wenn wir schlafen gingen, schoben wir ihn im Tiefschlaf dort hinein. Eines morgens mit dem Hellwerden erhob sich ein heftiges Geschrei. Nicht nachsehen! Brüllen lassen, sonst gewöhnt er es sich an, befahl ich mir. Nach einer halben Stunde Weinen war wieder Ruhe. Ich schlief ein wie ein Sieger über mich selbst. Doch als ich später in das Zimmer ging, um ihn zu versorgen, lag er unter Fliederzweigen. Eine große Vase mit blühendem Flieder hatte ihn angezogen, als er mit dem ersten Licht erwacht war. Er hatte sein Bettchen ruckartig in diese Richtung bewegt, bis er die Zweige erreichen konnte, und Vase, Wasser und Blumen zu sich ins Bett geholt. Dass ihn dies gestört hat, war einzusehen. Einen Schnupfen bekam er davon trotzdem nicht, aber als er später krabbeln und laufen konnte, hat er nie an einer Decke gezogen. Vielleicht war es ein bleibender Eindruck für ihn gewesen.

Michaels Schlafstörung nach dem Impfen löste sich dadurch, dass meine Mutter mir ihr Fräulein Emma schickte, die mit ihm im Arbeitszimmer schlief. Sobald sie sich niederlegte, tat er es auch und holte, ohne zu stören, den verlorenen Schlaf nach. Nach drei Nächten schlief er auch wieder gut alleine. Ich habe seitdem die Kinder, wenn sie krank waren, nachts in Hörweite von mir untergebracht. An seinem ersten Geburtstag machte Michael bereits seine ersten Schritte, um sich begeistert auf seinen Elefant mit Rädern zu stürzen.

Was hätte ich ohne meine ›Bebo‹ machen sollen?! Sie wohnte mit ihrem bildschönen, schwarzlockigen Mann (der tagsüber zur Arbeit ging und oft auch auf Montage war) unter uns. Sie selbst war ebenfalls ungemein erfreulich anzusehen und hatte die liebenswerte Mundart gebildeter mecklenburgischer Großbauern. Sie waren beide noch jung und wollten keine Kinder in diese böse Zeit setzen; so ergoss sich ihre Mütterlichkeit auf meinen Michael, der diese Liebe herzlich erwiderte. Sie verdiente sich gerne bei mir im Haus etwas dazu, machte mir regelmäßig den Abwasch und versorgte die Etagenheizung – und war zur Wartung von Michael auch jederzeit gerne kostenlos bereit. Wenn wir abends noch mal ein bisschen an die Luft wollten oder beide dringend irgendwohin mussten, bekam Bebo die Schlüssel und setzte sich, wenn ihr Mann ins Bett ging oder nicht zu Hause war, zu uns herauf. Das war wirklich eine ganz große Erleichterung für mich, da ich versuchte, in der Gemeinde in Lichterfelde Ost mitzuarbeiten und die Abende dadurch manchmal besetzt waren. Michael einfach einzuschließen und wegzugehen, hätte ich nie gewagt. Man war sich damals ja auch nie sicher, wann plötzlich die Gestapo zwecks Hausdurchsuchung kam.

In den Sommern 1936 und 1937 kam Bebo auch mit uns nach Friedrichsbrunn. Wir zahlten ihr die Reise und die Unterhaltskosten und teilten uns die anfallende Arbeit. So konnten Walter und ich manchmal richtig miteinander wandern gehen, weil Bebo es gern hatte, den ganzen Tag allein Vize-Mutter zu sein. Die Anreise mit der Bahn werde ich nie vergessen: Walter konnte erst später nachkommen. So fuhren wir zwei mit dem dreizehn Monate alten, unsagbar munteren und allgemein erheiternden Knaben mit dreimal Umsteigen die sechs Stunden nach Thale. Er hielt alle Mitfahrenden für seine lieben Nächsten, und jeder fand ihn entzückend. Das ermüdete ihn aber doch auf die Dauer. Trotzdem war er nicht für eine Minute Schlaf zu gewinnen. Von Quedlinburg nach Thale wollte er nicht mehr in den neuen Zug steigen, sondern verlangte, jetzt nach Hause zu gehen. Als ich ihm sagte, dann müsse er sich allein auf den Weg machen, kam er aber doch lieber mit. In diesem Zug waren die Sitze voneinander abgeteilt wie in der S-Bahn, und nun ergab sich die Möglichkeit, für die letzte halbe Stunde von einem Abteil zum anderen Kasperle zu spielen. Michael saß glücklich auf Bebos Schoß, und die anderen Mitfahrer (nicht nur Kinder) klemmten sich, so gut es ging, so in die Bank, dass sie etwas sehen konnten. So war er dann wieder völlig munter, als wir uns – nach alter Sitte – mit einem Pferdewagen die zwei Stunden nach Friedrichsbrunn herauffahren ließen. Oben schlief er dann sofort in meinem alten Holz-Gitterbett ein.

Gleich hinter dem Bahnhof Lichterfelde Süd dehnten sich weite Kornfelder, die von Landstraßen mit schönem alten Baumbestand durchzogen waren. Ich brauchte also nur zehn Minuten zu gehen und war wie im Urlaub. In meiner kinderlosen Zeit hatte ich den Weg auf dem Rad noch schneller zurückgelegt, und ich blieb oft ganze Tage dort draußen, mit Butterbrot und Buch. Unter dem

Kleid der Badeanzug, und dann auf schmalem grünem Feldrain Sonnenbad mit Mückenschutz. Lerchen, Käfergesumm und Gekrabbel, der Duft von Brot und heißer Erde, die bunten Feldblumen, ebenso wie die völlig unscheinbaren, aber wohlduftenden Unkräuter, neben mir unser Hund Bella, schweig- und wachsam – das waren einsame und genussreiche Sommertage für mich. Später zuckelte ich mit Michael im Kinderwagen und dann im Sportwagen dort hin, hatte Saft und Essen eingepackt und blieb, wenn Walter nicht mittags zu versorgen war, bis zum Abend draußen. Zum Lesen kam ich dabei zwar nicht mehr, als Michael krabbeln konnte – aber zu beobachten, wie er sich mit den Dingen dieser Welt, mit Ameisen, Würmern, Insekten, Schnecken und den blühenden Kräutern vertraut machte, war fesselnder und lehrreicher für mich als jedes Buch. Wir sangen, spielten, tanzten auf den einsamen Feldstraßen – nur schlafen konnte er ebenso wenig wie ich. Umso schneller war dann am Abend Schluss. Das war für andere Verpflichtungen oft sehr hilfreich (obwohl ich nie verstanden habe, warum andere Mütter sagten, der schönste Moment wäre der, wenn man die Kinder abends schlafengelegt hätte).

Wenn die Zeit für solche Exkursionen zu knapp war, diente die große Wiese hinter dem Haus ebenfalls der Entdeckung der Natur. Nur in der Zeit, als Michael weder im Wagen blieb, noch fest auf den Beinen war, fiel sie aus. Denn der alte Schutt- und Müllplatz war zwar begrünt, teilweise sogar schon mit dichten Stauden und kleinen Sträuchern bedeckt, aber Scherben, scharfe Blechteile und ähnliche Gefahrenquellen waren kein geeigneter Rutschboden für ihn.

Auf meiner ›hinteren Sitzfläche‹[298] hatte ich auch einen Sandkasten gezimmert. Weißer Sand war in der Goerz-Allee damals überall zu finden. Kaum war ich in meinem Gärtchen, kamen alle Nachbarskinder dazu, was mir recht war, wenn ich nicht gerade draußen zu schreiben hatte. Es gab bei uns im Haus drei Mädchen im gleichen Alter wie Michael, die mir auch sonst oft von den Müttern angereicht wurden. Sie lernten alle schnell, sich zu vertragen, weil alles umstrittene Spielzeug im Freien in einem Sack verschwand und in der Stube oben auf den Schrank kam. Ich erntete dafür nie Gebrüll, sondern nur Verwunderung. Und vorbeugenden Frieden.

---

298 Gemeint ist der Schrebergarten, den Susanne Dreß beim Umzug in den Prettauer Pfad übernommen hatte.

Jeden Sonntagvormittag um halb zehn holte sich Bebo Michael ab, weil ich zur Kirche ging. Sie war zwar den Kirchgang von ihrem Dorf her gewohnt, konnte ihn aber um des guten Zweckes willen gerne entbehren, weil an diesem einzigen Vormittag auch ihr Mann zuhause war. So spielten sie dann Voll-Familie, während Walter entweder am Schreibtisch oder bei seiner Mutter saß.[299] Alle vierzehn Tage ging ich zu Praetorius; an den anderen Sonntagen wechselte ich zwischen verschiedenen Pfarrern ab, die zur BK gehörten. Besonders oft war ich aber in Dahlem – vor allem, wenn Dietrichs Freund Franz Hildebrandt[300] dort predigte oder Martin Niemöller in der Jesus-Christus-Kirche. Dass dies oft mehr einer Kundgebung gegen die Naziherrschaft glich, wurde deutlich, wenn man das ›Kirchenvolk‹ betrachtete. Auch die Kollekten zeigten das. Solange Walter übrigens noch in Lichterfelde Ost Gottesdienste hielt, war ich natürlich, wenn er dran war, dort. Es war damals nicht einfach, zu predigen. Immer saßen Spitzel in der Kirche – aber auch fromme Leute, die irgendwelche Äußerungen als politische Predigt verdammten. Aus dem Alten Testament ergab sich natürlich oft Konfliktstoff, und die Lieder aus der Reformationszeit stärkten den Kampfgeist. So stand einmal in der Zeitung, die Gemeinde hätte draußen vor der Kirche das ›Kommunisten-Lied‹ gesungen ›Ein feste Burg ist unser Gott‹. Wir hatten einen Kirchgänger in Lichterfelde, der beim großen Fürbittgebet am Ende, wenn die Bitte für die

---

299 Dies ist eines von zahlreichen Beispielen, welches die wachsende Entfremdung zwischen Susanne und Walter Dreß deutlich macht, die sich bereits in den ersten Ehejahren abgezeichnet hatte: Obwohl er Pfarrer war, geht sie alleine zum Gottesdienst, während er am Schreibtisch sitzt oder seine Mutter besucht (zu der Susanne ein gespanntes Verhältnis hatte). Der Sohn wird während dieser Zeit nicht von seinem Vater betreut, sondern von Nachbarn, die so ›Familie spielten‹. Handwerkliche Tätigkeiten wurden (ebenso wie Haushalt, Kindererziehung und Gemeindearbeit) nach der Schilderung von Susanne Dreß weitgehend von ihr allein bewältigt. Das Einkommen, mit dem Walter für seine Familie sorgt, ist gering – ganz im Gegensatz zu den großbürgerlichen Verhältnissen, aus denen Susanne stammte. Walter Dreß scheint sich demnach neben theologischer Literatur vor allem für seine Pflanzen, Aquarien und Terrarien interessiert zu haben. Schon zuvor hatte Susanne Dreß davon berichtet, wie sie fast im Meer ertrunken wäre, während ihr Mann unbeteiligt in einem Buch las. Beim Einmarsch der Russen in Berlin unternahm er nichts, um sie vor einer Vergewaltigung zu schützen – es ist ihr zehnjähriger Sohn Michael, den sie an sich presst, um diesem Schicksal zu entgehen. – Inwieweit diese Darstellungen den Tatsachen entsprechen, müsste noch untersucht werden. Eine erste Sichtung der Quellen vermittelt jedenfalls den Eindruck, dass es merkwürdig still um Walter Dreß war; sein Name findet selten Erwähnung. So gibt es etwa in der Ausstellung ›Unterwegs zur mündigen Gemeinde‹ im Martin-Niemöller-Haus in Berlin-Dahlem kaum Hinweise auf sein dortiges langjähriges Wirken. Einen ähnlichen Befund zeigt auch die Recherche im Archiv der Staatsbibliothek in Berlin.

300 Franz Hildebrandt (1909–1985), evangelischer Pfarrer, der sich während seiner Studienzeit in Berlin mit Dietrich Bonhoeffer angefreundet hatte. Er wurde 1933 in Berlin ordiniert, legte jedoch kurz darauf aus Protest gegen den Arier-Paragraph sein Pfarramt nieder, da seine Mutter jüdischer Herkunft war. Er verbrachte drei Monate bei Dietrich Bonhoeffer in dessen Gemeinde in London, bevor er auf Bitten von Niemöller nach Berlin zurückkam, bis er nach seiner Verhaftung durch die Gestapo 1937 nach England emigrierte.

Obrigkeit kam, die gefalteten Hände mit Schwung auseinanderriss und sie hinten auf den Rücken legte, bis dieser Teil vorbei war; für die Seefahrenden und Reisenden verfiel er dann wieder in Gebetshaltung. Wenn Walter für die Obrigkeit betete, dann immer in der Form, dass Gott ihr Weisheit und Einsicht geben möge, damit wir ein ruhiges und ehrbares Leben führen könnten. So kämpfte eben jeder in seiner Gewissensnot mit der Gabe, die ihm gegeben war.

Es war schon im Sommer 1937, kurz vor Niemöllers[301] Verhaftung, als wieder einmal eine Kollekte für die Bekennende Kirche abzukündigen war, die von den Deutschen Christen (das heißt vom Staat) verboten wurde. Etliche Male hatte man schon Pfarrer und Sammler wegen so etwas inhaftiert und erst nach Wochen wieder freigelassen. Diese Kollekten wurden meist dann angesetzt, wenn die vom Reibi angeordneten Gaben für Zwecke bestimmt waren, die unserer Überzeugung nach der christlichen Liebestätigkeit widersprachen. Auch mein alter Onkel,[302] Superintendent in Frankfurt, der durchaus kein Feind der Regierung war, hatte wegen einer solchen Kollekte der BK eine Woche lang in Haft gesessen, während seine Konfirmanden unter dem Gefängnisfenster jeden Tag das Lied ›Die Gedanken sind frei‹ sangen. Michael blieb an diesem Sommertag bei Bebo. Sie und ihr Mann waren in ihrem Laubengrundstück über dem Kanal, denn ihnen genügte für ihren landwirtschaftlichen Betätigungsdrang die kleine Parzelle hinter dem Haus nicht. So war Michael oft und gern mit Bredows in ihrem Schrebergarten und fühlte sich in dem kleinen Häuschen dort zu Haus. Ich fuhr also am Sonntagmorgen nach Dahlem in die Annen-Kirche. Franz Hildebrandt predigte und kündigte die Kollekte für die BK ab. Mich hatte vorher schon ›Kirchen-Maggi‹ gebeten, hinten am Ausgang mitzusammeln. Das war ein junger Mann, der bei Maggi-Suppen angestellt war – ein mutiger Kämpfer für die BK und gegen die Nazis und in der Dahlemer Gemeinde das ›Mädchen für alles‹. Wie er richtig hieß, wusste ich einmal. Also, ich sammle hinten am Ausgang,

---

301 Martin Niemöller (1892–1984) war damals evangelischer Pfarrer in Berlin-Dahlem. Zwar stand er dem Nationalsozialismus anfänglich positiv gegenüber, jedoch wurde er 1933 in Reaktion auf die Einführung des Arier-Paragraphen Mitbegründer des Pfarrernotbundes und führendes Mitglied des radikalen Flügels der Bekennenden Kirche (›Dahlemiten‹). Am 1. Juli 1937 wurde er gemeinsam mit etwa 40 weiteren BK-Pfarrern verhaftet; er verbrachte die Zeit bis zum Ende des Dritten Reiches als ›persönlicher Gefangener‹ Hitlers in den KZs Sachsenhausen und Dachau und spielte danach beim Wiederaufbau der Evangelischen Kirche in Deutschland eine wichtige Rolle.

302 Gemeint ist Hans von Hase, ein Bruder von Susannes Mutter Paula, der Pfarrer in Frankfurt an der Oder war.

die Scheine und Geldstücke häufen sich – aber jederzeit kann sich eine Hand darauf legen. Jetzt geht keiner mehr durch die hintere Tür, man sammelt sich im Altarraum zum Abendmahl, und ich gehe nach vorne zu Kirchen-Maggi, der mich mit seinem Korb erwartet. Wir strahlen uns an; in diesem Moment sagt ein Herr:»Geheime Staatspolizei. Das Geld ist beschlagnahmt.« Kirchen-Maggi ist geistesgegenwärtig genug und erbittet die Ausweise der beiden Beamten. Dabei reicht er mir seinen Korb. Und ich schütte frech und gottesfürchtig beide Körbe zusammen in meinen Beutel, der außer dem Gesangbuch noch eine grüne Regenhaut enthält. Darin schreite ich in die Sakristei, wo eben Franz Hildebrandt verhaftet wird, stelle die leeren Körbe hin und zwinge mich, langsam weiterzugehen. Ich ziehe meine Regenhaut heraus und verfremde mich damit, trotz innerer und äußerer Hitze. Dann steige ich ganz ruhig in den Bus, der in Dahlem beginnt und bis nach Lichterfelde fährt. Während er noch steht und wartet ist, mir flau im Magen. Schnappen sie mich noch? Lohnt es sich überhaupt? Doch es geht um viel Geld – weit über tausend Mark. Und es macht solchen Spaß, denen ein Schnippchen zu schlagen! Der Bus bringt mich schließlich bis nach Lichterfelde Süd. Ich hole Michael ab und lasse vorsichtshalber das Geld bei Bredows in der Laube. Sie grinsen vergnügt.»Ich nehme Ihren Michael, wenn man Sie holt«, tröstet Bebo. Man holt mich nicht. Von einer Telefonzelle aus rufe ich bei den Eltern an. Denn unsere Leitung wird schon lange überwacht. Man redet mir zu, sofort in die Schweiz zu fahren, denn es sind viele Sammler verhaftet worden. Kirchen-Maggi aber nicht – er hat einen fast leeren Korb übergeben, der vor der Sakristeitür stand. Die Gestapo hat nach der jungen Frau gefragt, sie aber nicht mehr finden können. Kirchen-Maggi kannte mich natürlich nicht (nur so vom Sehen). Aber Franz Hildebrandt musste eine ganze Woche im Gefängnis bleiben – und er hatte graue Haare, als er wieder draußen war.

[Von der Autorin gekürzte Passage.]

So waren die ersten Lebensjahre von Michael schon stark von kirchlichen und politischen Kämpfen bewegt, und das ungetrübte Mutterglück konnte sich nicht recht einstellen. Das hatte ich damals auch nicht erwartet und nahm alles, was sich mir an Erfreulichem bot, mit besonderer Dankbarkeit hin. Seine Cousins und Cousinen liebten und vergötterten den Kleinen sehr. Wenn ich mit ihm bei den Eltern war, wurde er mir von meinen Nichten sofort entrissen, und er fühlte sich mit ihrer Zuneigung sehr wohl. Im ersten Sommer in Friedrichsbrunn mit Bebo hatte ich die Aufgabe übernommen, die Kinder meiner ältesten Schwestern zu betreuen, die mit je einem Kindermädchen oben waren. Als ich einmal mit Michael im Wagen und den kleinen Kindern die Dorfstraße entlangzog, hörte ich eine alte Dame sagen: »Die arme junge Frau – bestimmt hat sie jedes Jahr ein Kind bekommen, seit sie achtzehn ist!« Mit einigen Zwillingen wäre das für mich vielleicht zu schaffen gewesen; allerdings hätte Hans-Walter dann noch in meiner Schulzeit geboren sein müssen! Immerhin war ich stolz auf diese Unterstellung.

Dass ich Michael noch meiner Großmutter zeigen konnte, die an diesem jüngsten Urenkel, ihrem vierzehnten, große Freude hatte, war besonders schön. Die Eltern hatten sich damals als Alterssitz ein Haus im Heerstraßen-Viertel gebaut und darin eine eigene kleine Wohnung für die Ahnfrau und ihre Bedienstete eingerichtet. Wir hofften noch auf eine lange, frohe Zeit für sie, weil sie an geistigen und körperlichen Schwächen gar nichts spürte. »Soll i g'schwind naufspringe und dein' Tasche nunterhole?«, fragte sie noch mit 92 Jahren meine Mutter. Kurz vor Weihnachten 1935 hatte sie sich auf einer Reise nach Leipzig zu meinem ältesten Bruder Karl-Friedrich erkältet; sie bekam eine Lungenentzündung, und wir sorgten uns sehr. Aber am Heiligen Abend saß sie sorgsam in Decken gehüllt und vergnügt unter dem Weihnachtsbaum, als wir hereinkamen. »I werd' euch doch das Fescht nit verderbe!«, rief sie munter und genoss die Schar der Enkel und Urenkel von Herzen. Als die Festtage und Neujahr vorbei waren, blieb sie im Bett. Zu Dietrich sagte sie: »Jetzt isch halt g'nug.« Wenige Tage darauf – sie hatte ihn gebeten, möglichst viel bei ihr zu sein – bekam sie erneut eine Lungenentzündung. Was sie, die in Glaubensdingen sehr liberale und verhaltene Frau, mit Dietrich besprach, hat er nie erzählt. Ich höre nur noch ihre Worte zwischen den schweren Atemzügen, als sie bereits im Sterben lag: »Mach End, oh Herr, mach Ende«.[303] Das Ende kam dann am 13. Februar 1936. Dass mich dieser Tod, der doch schön und natürlich war, so schwer erschütterte, war mir damals selbst unerklärlich. Im Blumenladen, wo ich den Kranz bestellte, brach ich

---

303 Der Beginn der letzten Strophe von Paul Gerhardts Lied ›Befiehl du deine Wege‹.

in Tränen aus, und die Verkäuferin musste mich trösten. Jetzt, im Rückblick, erkenne ich, dass ich damals nicht nur einen Menschen verloren hatte, sondern dass mit ihr ein ganzes Zeitalter unterging, in dessen Haltung ich mich geborgen gewusst hatte. Ich fühlte mich wie eine Waise, die in einer bösen Welt zurückgelassen wird. Dietrich hielt ihr die Grabrede, die auch gedruckt wurde.[304]

Zum Wintersemester 1936 war Walter die Lehrbefugnis entzogen worden. Die Eltern führten uns zu Kempinski und tranken mit uns eine Flasche Sekt darauf. Dasselbe hatten wir schon ein paar Monate zuvor mit Dietrich gefeiert. Gert[305] hielt sich in Göttingen merkwürdigerweise noch etwas länger. Es gab für ihn eine Sonderverfügung, weil er seine Habilitationsarbeit über den italienischen Faschismus geschrieben hatte – wohl nicht restlos ablehnend, sondern als Staatsrechtler versuchsweise sachlich. Seine Doktorarbeit über das Thema ›Fichte und der demokratische Gedanke‹, die er mit 21 Jahren abgeliefert hatte, war an höchster Stelle wohl weniger bekannt.

Von 1933 bis 1936 hatten wir stets die Teilnehmer an Walters Seminar oder Proseminar zu uns nach Hause eingeladen, und dabei war es oft heiß hergegangen. Denn erstaunlicherweise gab es unter den Studierenden an der Fakultät eine ganze Menge Deutsche Christen, die meinten, Antisemitismus und die anderen staatstragenden Ideen gut mit dem Christentum verbinden zu können. Es gab diese Typen auch schon vor 1933 – da hatte man mit offenen Waffen gegen sie kämpfen können. Jetzt musste man sich schon um der Anständigen willen, die man nicht durch erzwungene Stellungnahmen gefährden wollte, sehr im Allgemeinen äußern. Dafür wurden die anderen, nicht infizierten, noch mal extra eingeladen. Manche Freundschaft entstand damals, die bis in den Krieg anhielt; aber nur wenige dieser Männer haben überlebt. Walter hatte damals bereits an der illegalen Kirchlichen Hochschule[306] zu lehren begonnen. Darum war wohl auch diese Maßnahme gegen ihn

---

304 Vgl. DBW 14/2, S. 920–925. Diese Predigt war nicht für die Öffentlichkeit bestimmt, sondern wurde für den privaten Gebrauch im Verwandten- und Bekanntenkreis in Druck gegeben.

305 Der Mann von Susannes älterer Schwester Sabine war Jude und emigrierte 1938 mit seine Familie nach London.

306 Die Kirchliche Hochschule war 1935 von Hans Asmussen auf Initiative von Martin Niemöller mit den beiden Standorten Berlin-Dahlem und Wuppertal-Elberfeld gegründet worden, um dem nationalsozialistischen Einfluss an den staatlichen Fakultäten entgegenzuwirken. Noch am Tag der Gründung wurde sie verboten, konnte aber bis 1941 illegal weitergeführt werden. 1945 wurde der Lehrbetrieb wieder aufgenommen, und es kam zur Neugründung der beiden Kirchlichen Hochschulen in Berlin (West) und Wuppertal.

ergriffen worden – unter dem Deckmantel des sogenannten Kommunisten-Paragraphen, wegen ›Zersetzung des deutschen Aufbauwillens‹. Unter den netten Studenten (sie waren ja alle kaum jünger als wir) war einer, der sich Hals über Kopf in Jutta von Drigalski verliebte, ihr Gedichte schickte und vor unserem oder ihrem Haus stundenlang auf sie wartete, in der Hoffnung, sie zu sprechen. Sie blieb leider völlig ungerührt und weigerte sich, irgendeine Ermunterung zu geben. Sie hat sich in ihrem ganzen Leben nie verlieben können, zu ihrem eigenen Schmerz. Nur für Dietrich hatte sie (wie alle meine Freundinnen) ein Gefühl der Zuneigung – was er aber nicht erwiderte.

Walters Lehrtätigkeit ging nun (wie auch vorher schon) als unbezahltes Hobby weiter. Er kam aber auch dazu, ein paar Bücher zu veröffentlichen: eine Andachts-Sammlung für Kinder[307] und ein Luther-Buch mit dem Titel ›Versuchung und Sendung‹,[308] worin er Luthers Leben anhand der Versuchungsgeschichte Jesu betrachtete. Es war politisch sehr deutlich und ärgerte S.,[309] der so gern ›deutscher Luther‹ spielte. Schwer traf ihn der Entzug der *venia legendi* nicht – im Gegenteil: Es war Ehrensache, und wir hatten ja die Gemeinde in Lichterfelde Ost.

Eine junge, rothaarige, sehr liebenswerte Studentin mit weit vorstehenden Zähnen kam zu Schreibarbeiten in unser Haus. Sie wohnte in Dahlem, war aber mittellos und stammte aus dem Baltikum. Außerdem war sie kränklich und immer hungrig. Sie half Walter gegen ein geringes Entgelt bei seiner Arbeit für die ›Theologische Literaturzeitung‹,[310] die er damals noch mitherausgab. Das war ebenfalls eine unserer kleinen Einnahmequellen (die aber hauptsächlich in die Vermehrung von Walters Bibliothek floss).

Elsi war gleichaltrig mit mir, in Dahlem eifrig in der BK tätig, und wir hatten sofort sehr guten Kontakt. Sobald sie kam, kochte ich ihr einen Haferflockenbrei mit Milch, den sie mit Vergnügen verschlang. Ehe sie wieder nach Hause ging, speiste ich sie noch mal mit ähnlich milder Kost. Sie liebte Michael ebenso wie Walter und

---

307 Dreß, Walter (Hg.): Wir sahen Seine Herrlichkeit. Tägliche Andachten für Jugend und Haus, Göttingen [1937].
308 Dreß, Walter: Martin Luther. Versuchung und Sendung, Gießen 1937.
309 Vermutlich Erich Seeberg (s.o. Anm. 296, S. 506).
310 Die Theologische Literaturzeitung ist die älteste und umfassendste Rezensionszeitschrift für Theologie und Religionswissenschaft im deutschsprachigen Raum. Sie erscheint seit 1876 in Leipzig.

mich. Später trafen wir sie in Dahlem als Pfarrgehilfin wieder; das Studium hatte sie aus finanziellen Gründen aufgeben müssen. Sie wohnte Am Hirschsprung, wo er auf die Straße Im Gehege stößt, in einer jämmerlichen Wohnung über einer Garage. Meine gute Beziehung zu ihr wirkte sich später in der Dahlemer Gemeinde sehr hilfreich aus, da sie bei allen Anfeindungen tapfer für uns einstand. Sie war damals bei R.[311] angestellt und hat oft bei mir geweint.»Und zwischendurch reißt das Weib[312] mich dann in die Arme und küsst mich ab«, schluchzte sie, und ich konnte ihren Schmerz nachfühlen. Wir waren fast täglich zusammen, bis sie heiratete und nach Westdeutschland zog.

Im Sommer 1937, als ich Elsi durchfütterte, wurden zahlreiche Pfarrer verhaftet, und Walter hatte viel mit Vertretungen zu tun. Die Entlohnung dafür war gering, stellte aber die einzige Einnahmequelle dar, die wir damals hatten (außer den kleinen Zuwendungen, welche die Bekennende Kirche für Vorlesungen und Prüfungen[313] geben konnte). Denn in der Gemeinde in Lichterfelde Ost hatte man inzwischen einen anderen Pfarrer gewählt. Das hatte weniger mit Walters Leistungen zu tun als mit seiner Familien-Geschichte. Die Berliner Vororte sind eben Dörfer.[314] Wir waren beide recht betroffen, als Praetorius gleich am Abend nach der Wahl, die der Gemeinde-Kirchenrat vorgenommen hatte, zu uns kam, um uns dies schonend als guter Freund mitzuteilen. Wir standen damit ziemlich vor dem Nichts, wenn die Eltern nicht gewesen wären. Und Michael schlief ganz ruhig in seinem Bettchen und strahlte die böse Welt jeden Tag von Neuem beglückt an! Als Walter dann keine Vertretungen mehr hatte, fuhren wir in den Harz. Bebo fuhr diesmal auf eigene Kosten mit – aus Vergnügen und Liebe. Trotzdem reichte es noch, dass wir Asmussen[315] und Gollwitzer,[316] die eben aus dem Gefängnis entlassen worden waren, einluden, um

---

311 Pfarrer Eberhard Röhricht in Berlin-Dahlem, Mitglied der Bekennenden Kirche.
312 Möglicherweise ist hier die Ehefrau von Pfarrer Röhricht gemeint.
313 An der illegalen Kirchlichen Hochschule in Berlin.
314 Anspielung auf die Scheidung von Walters Eltern und die rasche Verbreitung von übler Nachrede im Ort.
315 Hans Asmussen (1898–1968) war evangelischer Pfarrer. Als erklärter Gegner der Deutschen Christen wurde er 1933 in Hamburg vom Dienst suspendiert und übernahm ab 1934 führende Aufgaben in der Bekennenden Kirche, sowie nach 1945 in der neu gegründeten Evangelischen Kirche in Deutschland.
316 Helmut Gollwitzer (1908–1993) war evangelischer Theologe und einer der prominentesten Schüler von Karl Barth. In der NS-Zeit engagierte er sich im radikalen Flügel der Bekennenden Kirche (›Dahlemiten‹) und später in der Studentenbewegung für Sozialismus und atomare Abrüstung.

sich vierzehn Tage im Häuschen in Friedrichsbrunn auszuruhen. Dort kamen wir auf die Idee, dass Walter die durch die Überbelastung von Pfarrer Müller[317] nicht verwaltete Pfarrstelle in Dahlem übernehmen solle.[318]

5.7 Pfarrstelle von Walter Dreß in Berlin-Dahlem

Diese Pfarrstelle in Dahlem war nicht von offiziellen Stellen abhängig. Fritz Müller war in der Kirchenleitung der BK verantwortlich und darum fast nie in Dahlem; sein Bezirk lag brach. Prediger gab es genug, aber es fehlte jemand, der die Gemeindearbeit leitete. Niemöllers Bezirk litt in dieser Beziehung ebenfalls, aber er hatte etliche junge Leute (darunter Franz Hildebrandt), die dort tätig waren. Es war also keineswegs eine Sicherheit, die sich uns da bot, sondern eine Aushilfs-Tätigkeit. Asmussen versprach, dafür zu sorgen, dass Walter gleich anfangen könne, wenn er wieder in Berlin wäre.

Diese Tage in Friedrichsbrunn mit den beiden frisch entlassenen Untersuchungs-Gefangenen sind mir ganz besonders in Erinnerung. Die theologischen Gespräche bis in die Nacht hinein, aber auch das vergnügte Erzählen beim Schein der kleinen Petroleumlampe waren für alle erfreulich. Tagsüber genossen wir die Umgebung. Gollwitzer wanderte ebenso gerne wie wir; Asmussen hatte sein Auto dabei und bewegte sich fast nur damit. Michael wurde von beiden altersmäßig weit überschätzt und in ernsthafte Gesprä-

---

317 Fritz Müller (eigentlich Friedrich Müller; auch Fritz Müller-Dahlem genannt, 1889–1942) war evangelischer Pfarrer, leitendes Mitglied der Bekennenden Kirche und ein mutiger Widerstandskämpfer gegen den Nationalsozialismus. Seit 1933 war er in der Kirchengemeinde Berlin-Dahlem tätig. Er wurde mehrmals von der Gestapo verhaftet und 1939 seines Amtes enthoben. Danach trat er in die Wehrmacht ein. Bei seinem Einsatz in der Sowjetunion wurde er Opfer eines Giftanschlags, an dem er verstarb.

318 Am 1. Juli 1937 war Pfarrer Martin Niemöller verhaftet worden. Die Gemeindeleitung wurde von den beiden verbleibenden Pfarrern Eberhard Röhricht und Fritz Müller weitergeführt. Als man Niemöller am 1. März 1938 in das KZ Sachsenhausen verlegte, wurde ein Pfarrer gesucht, der seine Vertretung übernahm. Zur Wahl standen damals Helmut Gollwitzer und Walter Dreß. Der Gemeinde-Kirchenrat entschied sich für Walter Dreß, der durch das Konsistorium offiziell angestellt wurde. Die Bekenntnisgemeinde, die sich in Dahlem seit Niemöllers Verhaftung konstituiert hatte, akzeptierte diese Entscheidung jedoch nicht und stellte Gollwitzer an, dessen Gehalt sie durch Spenden selbst aufbrachte (bis er 1940 verhaftet wurde, Redeverbot erhielt und schließlich zur Wehrmacht eingezogen wurde). Martin Niemöller selbst wünschte sich Gollwitzer als seinen Vertreter. Auch Niemöllers Pfarrstelle war durch eigene Mittel aus der Gemeinde finanziert worden, sodass die Kirchenbehörde ihn nicht absetzen konnte und er bis zum Kriegsende formell im Amt blieb. Durch diese komplizierte Konstellation ergaben sich tiefgreifende Spannungen innerhalb der Dahlemer Gemeinde zwischen den sogenannten ›Dahlemiten‹ (mit ihren Pfarrern Niemöller und Gollwitzer), die sich konsequent zur Bekennenden Kirche hielten, und den Pfarrern Röhricht und Dreß, welche sich zur Zusammenarbeit mit der Kirchenbehörde entschlossen hatten. Im Folgenden berichtet Susanne Dreß immer wieder aus ihrer Perspektive von diesen Konflikten.

che verwickelt, die ihn erfreuten. Keiner glaubte, dass er erst zwei Jahre wäre – sie hielten ihn für mindestens vier. So etwas ehrt ja eine Mutter ... Ihm gefiel das Autofahren ungemein; so konnten wir ihn überall mitnehmen: nach Stollberg mit den kleinen, hübschen Spielzeugschachtel-Häuschen und der Burg, ins Bodetal und in die Tropfsteinhöhlen in Rübeland, auf den Hexentanzplatz – und sogar auf den Brocken! Das waren alles Ziele, die ich mir als Zwölf- bis Fünfzehnjährige mühsam erwandert hatte, aber es machte mir doch Spaß, ihm das alles so bequem zeigen zu können. Besonders gefiel ihm, dass wir die ganze Zeit über im Auto sangen – Volkslieder und Choräle gemischt. Was mir allerdings weniger gefiel, war, dass Asmussen unter seinem Steuerrad immer Kognak mitführte, dem er reichlich zusprach. Er brauche das, meinte er. So trank er auf der kurvenreichen Fahrt zum Brocken einen ganzen Liter aus – und als ich froh war, heil angekommen zu sein und die Flasche leer zu wissen, kaufte er sich für den Rückweg eine neue. Er war wohl durch seine Gemeinde in Sankt Pauli daran gewöhnt. Dort musste er übrigens alle Gemeindebesuche im Talar machen, weil er nur so in der Prostituierten- und Zuhältergegend sicher war. Gollwitzer sprang wie ein Waldschrat auf der Brockenspitze von Fels zu Fels, sportlich uns allen überlegen. Ich mochte ihn damals sehr gerne und er mich auch. Seine Hässlichkeit wirkte schon wieder charmant. Die Zusammenarbeit in Dahlem, wo er die Aufgaben Hildebrandts übernahm (also Niemöllers Vertretung), wurde dann aber bald schwierig. In der Hoffnung auf Walters Stelle in Dahlem hatten wir uns damals zu weiterer Familien-Planung entschlossen.

Ehe wir aber wieder zurück nach Berlin fuhren, wollten wir Leibholzens in Göttingen besuchen, um meiner Schwester Sabine ihr Patenkind Michael zu zeigen. Sie kamen uns mit dem Wagen bis Braunlage entgegen, und auf diese Art lernte ich noch eine ganz andere Gegend im Harz kennen. Die Woche in Göttingen war ausgefüllt mit politischen Gesprächen. Gert war nun ebenfalls als Professor ›entpflichtet‹ worden. Finanzielle Sorgen hatten sie nicht, aber die Zukunft sah doch sehr beunruhigend aus. Besonders bemerkenswert erschien mir ein Ausspruch von Gert, den ich nie vergessen habe. Er sagte: »Die Nazis sind noch nicht die Schlimmsten – sie bringen bloß uns um. Aber nach ihnen sind wir reif für den Kommunismus, und die ruinieren das Abendland und versklaven die Menschheit.« Nun haben ja die Nazis in der Tat einen großen

Teil der Juden umgebracht – aber das war damals eigentlich noch nicht erkennbar, und mich berührte Gerts Fähigkeit, von der eigenen Gefährdung abzusehen. Die beiden kleinen Mädchen waren ganz reizend. Marianne lebte in ausgedachten Geschichten, so wie ich früher als Kind, und sie konnte ebensoviele Gedichte auswendig wie ich in diesen Jahren. Sie war damals neun und hatte doch in der Schule schon allerhand Übles erfahren. Im Jahr 1933 war sie eingeschult worden. Damals kam sie nach ein paar Wochen erstaunt fragend nach Hause: »Was soll das heißen, was da überall angeschrieben steht: ›Die Inden sind unser Unglück‹?«. Das Wort ›Juden‹ war ihr noch kein Begriff, und so hatte sie ›Inden‹ daraus gemacht. In dieser Zeit war ein Polizist nach der Schule mit Hans-Walter nach Hause gekommen. Er redete Ursel zu, den Jungen doch anders zu orientieren. Er hätte Plakate mit Hakenkreuzfahne von den Zäunen gerissen. Auf die Frage, warum er das täte, hätte der Junge geantwortet: »Mein Vater kann diese Fahne nicht leiden.« Es könnte doch sein, dass er mal an jemand anderen geriete ...

Das hübsche Haus, wo Leibholzens in der Herzberger Landstraße lebten, war für Sabine mit den zwei Kindern alleine nicht zu bewältigen. Wegen Gert durfte sie aber kein Hausmädchen unter 45 Jahren haben – und die darüber machten sich rar. So hatte ich ihr die halbjüdische Tochter von meiner Astrologie-Freundin aus dem Prettauer Pfad vermittelt, die mit ihren sechzehn Jahren schon recht tüchtig war und sich gut einlebte, obwohl ihr die Weite des Haushalts natürlich ganz fremd war. Meine Nichte Christiane konnte zwar noch nicht lesen, aber Klavier vom Blatt spielen. Mir schien es, als ob sie einen Dornröschenschlaf hielt, so wenig nahm sie von ihrer Umwelt Notiz. Nur am Klavier lebte das noch nicht sechsjährige Kind auf. Allerdings hatten sie und ihre Schwester an Michael große Freude, der sich auch gleich eng an seine großen Cousinen anschloss.

Als wir wieder in unserer kleinen Drei-Zimmer-Wohnung im Prettauer Pfad waren, übernahm Walter die Stelle in Dahlem, die tatsächlich für ihn ermöglicht worden war. Offiziell war Müller noch Pfarrer und bezog sein Gehalt; Walter wurde zunächst von der BK bezahlt. Auch als Müller eingezogen wurde, blieb das so. Erst als die Nachricht von seinem Tod kam und die Stelle frei wurde, erschien es uns wie ein Wunder, dass wir endlich, endlich erstmalig eine feste Stelle mit Altersversorgung hatten (und auch mit ›Witwengeld‹, worauf Walter besonders stolz war). Vorerst fuhr er aber noch von Lichterfelde aus jeden Tag nach Dahlem rüber – bald schon mit unserem kleinen DKW,[319] den wir erstanden hatten. Das passte eigentlich gar nicht zu unseren bescheidenen Verhältnissen – aber wir waren die Letzten in der Familie, die noch keinen Wagen besaßen, und wo nun das zweite Kind erwartet wurde, erschien uns solche Transportmöglichkeit doch wichtig. Mit der Abzahlung der Schulden von Walters Beihilfe, die ihm das Studium ermöglicht hatte, waren wir gerade seit einem Jahr fertig; so war uns dieser Ankauf möglich. Ich selbst brauchte ja für die Wirtschaft sagenhaft wenig (für mich selbst fast überhaupt nichts) und wehrte nur meine Mutter ab, allzu viel in unseren Hausstand zu stecken. Wahrscheinlich hat gerade das sie zu unermüdlichen Taten bewogen.

Nun fuhren wir also mit dem ›Autchen‹, und Michael liebte es. Einen garagenartigen Unterstand fanden wir in einer Gärtnerei am Anfang unserer kleinen Straße. Die Tochter der Gärtnersleute war eine von Michaels Freundinnen: Lottchen, stabil und blond gelockt, im Sommer mit Badehose, im Winter im völlig verdreckten Trainingsanzug, erschien jeden Morgen zum Spielen bei uns. Die Mutter, dieselbe Erscheinung à la Germania, ritt jeden Morgen im Schlafanzug ohne Sattel auf ihrem Arbeits- und Wagenpferd auf der ungepflasterten Straße königlich dahin. Die Spießer in den umliegenden Häusern und Lauben waren schockiert. Außer Lottchen, die schlagkräftig und munter war, erschien auch bald Trautchen. Das war wohl das ordinärste kleine Mädchen, das ich je im Haus hatte. Schon die Sprache war ganz die ihrer Mutter: Alles hin und her werfend eilte sie im Kinderzimmer herum und redete immerzu vor sich hin: »Ich hab' ja so viel Arbeit, so viel Arbeit!« Trautchens Eltern lebten in zwei Zimmern neben der Wohnung von Bebo. Die Mutter hatte keinen Beruf – aber ›so viel Arbeit‹. Sonst war Trautchen sehr artig und freundlich und mit allem einverstanden, was Michael wollte. Als dritte Freundin erschien ›Häschen‹ – blass, dünn, kaum behaart, aber besserer Leute Kind aus der zweiten Etage. Sie neigte zum Streit und bezog geduldig Dresche von Lottchen.

---

319 Abkürzung für Dampf-Kraft-Wagen, eine ehemalige deutsche Automobil-Marke.

5.8 Die Geburt des Sohnes Andreas

Wieder wurde mir die Freude an einem Weihnachtsessen bei den Eltern verdorben. Aber ich war froh, dass wenigstens Walter und Michael versorgt waren und ich nicht zu kochen brauchte. Silvester war mir so schlecht, dass ich nicht mal in mein Silvesterbuch schreiben konnte, das ich seit dem Jahr 1936 zu führen beabsichtigt hatte und nun (nach einmaliger Eintragung) bereits wieder für zwei Jahre überspringen musste. »Im Interesse meines kleinen Michael« – mit diesen Worten hatte ich das Buch damals begonnen, zehn Jahre nachdem ich damit aufgehört hatte, ein Tagebuch zu führen.

So fing das Jahr 1938 sehr introvertiert für mich an. Ich hatte mir fest vorgenommen, diesmal nicht zum Liegen zu kommen, um Michael nicht allein lassen zu müssen. Ich nahm an Pillen, was man mir gab, und tat alles, was mir empfohlen wurde. Jutta, die Gute, kam, um mir ihr Patenkind Michael etwas abzunehmen. Ich war von den Beruhigungstabletten etwas verwirrt geworden. So sehr, dass ich mir mit einer kleinen Axt den Finger verletzte, wobei das Blut in Strömen floss. Ich rief Jutta, sie möge mir doch den Finger abbinden, und schickte Michael zu Bebo herunter. Jutta bemühte sich um Fassung, als sie den Schaden sah, sank aber ohnmächtig zu meinen Füßen, als ihr das Blut über die helfenden Hände rann. So fand uns Bebo, die mit Michael heraufeilte, und rettete die Situation. Wenige Tage später erschien wieder Frau Engel – von meiner Mutter herzitiert, mit Insulinspritze und mit viel Zuneigung für Michael. Jetzt musste ich doch fest liegen, um wenigstens nachts im Halbschlaf ab und zu einen Löffel Kakao nehmen zu können (das Einzige, was bei mir blieb). Tagsüber wälzte sich mein Magen in solchen Zuckungen, dass man es durch die mageren Rippen sah. Als die schlimmste Zeit vorüber war und ich am Morgen etwas Haferschleim zu mir nehmen konnte, musste Frau Engel zu einer Wochenbettpflege. Nun erschien eine Nichte von Hörnchen, die zwar abkömmlich, aber leider unfähig war. Weder mit Michael noch mit mir machte sie sich irgendwie zu schaffen, sondern saß den ganzen Tag lesend im Stuhl. So wurde sie wieder heimgeschickt (und kam leider bald in eine Nervenheilanstalt, wo sie den Krieg nicht überlebte). Ausleihmädchen von meiner Mutter und Bebo wechselten sich nun mit der Versorgung von Walter und Michael ab, und ich versuchte – völlig abgemagert und leichenblass –, auch etwas zu tun, was die Hilfskräfte aber nur behinderte, da ich so jämmerlich wirkte. Ich konnte kein Wort reden, ohne dass mir die Spucke aus dem Mund lief. Mein Bruder Karl-Friedrich[320] meinte dazu ironisch: »Schade, dass ich die nicht haben kann; ich brauche so etwas gerade für meine Versuche.« Er hatte nämlich wegen Hitler mit seiner Forschungsarbeit zur Kernpaltung aufgehört und war in die Bio-Chemie übergewechselt, wo er menschliche Sekrete benötigte. Aber ich war froh, zu Hause zu sein, und wollte nicht ins Kaiser-Wilhelm-Institut als Spucke-Spenderin.

Dann hatte meine Mutter Erna aufgespürt. Sie war zuletzt in Dahlem im Schwarzen Grund in Stellung gewesen und hatte in der Familie Hartmann miterlebt, dass deren Sohn auf einer Nanga-Parbat-Expedition[321] umkam. Dort war sie irgendwie überflüssig geworden, obwohl man sie als menschlich ›eindeutig‹ empfahl. Mit vierzehn Jahren hatte sie als Kind einer mittellosen Witwe in Chemnitz ungelernt in einer Fabrik Arbeit angenommen, obwohl sie wegen ihrer Begabung umsonst hätte länger zur Schule gehen dürfen. Was sie von der Armut erzählte, in der sie mit Mutter und Bruder gelebt hatte, erschien mir unglaublich. Sie hatte in einem sozialistischen Jugendbund Anregung und Freundschaft gesucht und gefunden. Besonders hing sie an einem Pfarrer, der als Sozialist mit seinen Behörden so viel Ärger bekam, dass er aus der Kirche ausgetreten war – und Erna mit ihm. Er war zu den Quäkern gegangen, aber sie hatte so viel ›inneres Licht‹ ehrlicherweise nicht aufbringen können. Als Hitler an die Macht kam, verweigerte sie in der Fabrik den Hitlergruß (wo sie als Weberin mit einer Arbeit beschäftigt war, die jedem die Augen ruinierte). Da man sie nötig brauchte, versuchte man, sie umzustimmen, aber sie blieb eisern. So wurde sie entlas-

---

320 Karl-Friedrich Bonhoeffer (1899–1957) hatte sich 1927 an der Friedrich-Wilhelms-Universität in Berlin habilitiert und war seit 1930 Professor für physikalische Chemie in Frankfurt, später in Leipzig. Nach dem Krieg kehrte er wieder an die Universität in Berlin zurück und lehrte schließlich in Göttingen. Seine Forschungsarbeit im Bereich der Kernspaltung hatte er aufgegeben, als er erkannte, dass die Atomkraft durch das Hitler-Regime militärisch genutzt werden könnte, und hatte seinen Schwerpunkt vorübergehend in die Bio-Chemie verlegt.

321 Der Nanga Parbat im westlichen Himalaja ist mit 8125 Metern der neunthöchste Berg der Erde. Im Dritten Reich galt seine Erstbesteigung als Prestige-Projekt; er war der einzige Achttausender, der außerhalb des Gebiets der britischen Kolonialherrschaft lag und für Deutsche frei zugänglich war. Er wurde von der nationalsozialistischen Propaganda als ›Schicksalsberg der Deutschen‹ bezeichnet, weil ihm in den 30er Jahren ein Großteil der deutschen Bergsteiger-Elite zum Opfer fiel. Bei Expeditionen in den Jahren 1934, 1937, 1938 und 1939 starben jeweils zahlreiche Teilnehmer; die große Expedition von 1937, auf die sich Susanne Dreß hier bezieht, forderte 16 Menschenleben durch ein Lawinunglück. Die Erstbesteigung dieses ›Killer Mountain‹ gelang 1953 einem Österreicher.

sen und fand Unterkunft und Arbeit durch ihren Pfarrer-Freund bei der Familie des englischen Gemeindeleiters der Quäker in Berlin. Dort saß sie mit am Tisch, duzte sich mit Eltern und Kindern und genoss dies, bis die Familie nach zwei Jahren nach England zurückging. Bei Hartmanns wurde ihr der mangelnde Familien-Anschluss dann recht schwer, und sie erhoffte sich bei uns ein ebenso christlich-brüderliches Verhältnis wie bei ihren Quäkern. Erst lag ich ja noch meist danieder, und mit gemeinsamen Mahlzeiten war es sowieso nichts. Als ich dann langsam wieder zu Kräften kam, hatte sie ihr Herz an Michael so restlos verloren, dass sie auch ohne Familien-Mittagessen zu bleiben wünschte. Am ersten Nachmittag, als ich aufgestanden war und mit ihr zusammensaß, von Michael umspielt, erzählte sie mir ihre Lebensgeschichte, und dass sie aus der Kirche ausgetreten sei. Ich versicherte ihr, dass ich dafür durchaus Verständnis hätte und dass ich mir selbst manchmal überlegte, ob ich noch zu dieser Kirche gehören wollte. Vom Kirchenkampf wusste sie wenig und war sehr daran interessiert. Jedenfalls hatten wir durch die Möglichkeit, offen über Politik zu sprechen, sofort guten Kontakt. Da Walter einsah, dass ich bei meinem sehr geschwächten Zustand Hilfe brauchte, war er freundlich zu ihr (obwohl sie ihm wohl ziemlich auf die Nerven ging). Das lag aber auch an der Enge des Beisammenseins. Das Schlafzimmer hatten wir in ein Kinderzimmer umgewandelt, ich schlief im Esszimmer und er im Arbeitszimmer. Mehr Platz war dringend nötig.

So mussten wir uns energisch auf Wohnungssuche machen. Die Gemeinde in Dahlem wollte uns eine Dienstwohnung stellen, die wir uns aber selbst suchen mussten, weil die Pfarrhäuser ja besetzt waren. Es gab wohl allerhand Angebote, aber die meisten waren für uns unerschwinglich. Da war eines, das Walter ganz besonders lockte: Außer einem Raum, der ganz Treibhaus war und die herrlichsten Blumen und Blattpflanzen enthielt, gab es eine mannshohe, meterdicke Wand mit Aquarium. Aber die Übernahme dieser Kostbarkeiten hätte unsere Möglichkeit weit überschritten. Meist fuhr meine Mutter mit uns zur Besichtigung, um bei Bedarf schnelles Zugreifen durch finanzielle Unterstützung möglich zu machen. Aber diese Offerte hatten wir uns abends allein angesehen und haben ihr dann bewusst nichts davon erzählt. Ein andermal betraten wir die untere Etage einer lieblichen Villa, deren halbrunde Säulen mit Seidentapeten bespannt waren. Von der Decke jubelten farbige Stuckengel, und antike Wandgemälde waren mit Spiegeln verbunden. »Endlich der richtige Rahmen«, rief Walter fröhlich – aber wir sahen dann um der Gemeinde und des Preises willen auch davon ab. Schließlich hörten wir durch Bekannte von einer Etagenwohnung in der Helfferichstraße. Das große Haus der Möllenhofs musste geteilt werden: In die Mansarde zog die Tochter mit dem erwachsenen Sohn, in die erste Etage eine wohlhabende Einzeldame mit Mädchen (zwar beide schon in reiferen Jahren, aber so backfischhaft gekleidet, dass es eine Wonne war). Im Hochparterre fanden wir Unterkunft, und im Souterrain lebte der Hauswart, selbst hochbetagt, mit seiner Frau, die völlig krumm geworden war. Michael befand sich dadurch in einer ganz anderen Umgebung als zuvor.

Diese Wohnung war denkbar schwer zu bewirtschaften, weil eine Treppe quer nach oben hindurchgeführt worden war, um beide Stockwerke voneinander unabhängig zu machen. Nach vorne zur Straße gingen zwei sehr große Zimmer, die mit riesigen Schiebetüren verbunden wurden, von denen eines Kinderzimmer, das andere Schlafzimmer wurde. Daran schloss sich Walters Arbeitszimmer an, acht mal zwölf Meter groß, mit vielfenstrigem Erker und gut brauchbarem Kamin. Nach diesem Eckzimmer kam unser Wohn- und Esszimmer. Von dort führte zwischen zwei großen Fenstern eine Tür auf die Terrasse, wo wir den ganzen Sommer über lebten, denn sie war mit Glas gegen Wind geschützt, und über ihr befand sich ein Balkon. So hatten wir auch direkten Zugang in den Garten, der mindestens so groß war wie der Dahlemer Pfarrgarten und uns fast ganz zur Verfügung stand. Soweit wäre alles ideal gewesen – aber nun lief ein vielfach verwinkelter Gang um die eingebaute Treppe, durch den Mädchenzimmer, Bad und Küche zu erreichen waren.

Da der Preis von 200 Mark mit Zentralheizung von der Kirchengemeinde als nicht zu hoch angesehen wurde, nahmen wir um des Gartens und der schön geschnittenen, großen Räume willen die umständliche Bewirtschaftung in Kauf. Weil hier aus einer normalen Küche durch Einziehen von Rabitzwänden[322] ein Gang und drei Räume gemacht worden waren (Küche, Bad und Mädchenzimmer)

---

322 Sie bestehen aus einer Metallkonstruktion, die mit Drahtgitter verstärkt und mit Putzmörtel aufgefüllt wird. Dieses Verfahren hat seinen Namen von dem Berliner Maurermeister Carl Rabitz, der es 1878 als Patent angemeldet hatte.

und da der große Herd und der riesige, dreibeckige Abwaschtisch in der Küche standen, war es unmöglich, dort zu essen, und man hatte es schwer, sich darin zu bewegen. So mussten alle Mahlzeiten durch den Gang jongliert werden, und jedes Breichen wurde einmal ums Haus herum ins Kinderzimmer getragen. Ein zusätzlicher Raum, die Diele, wurde deshalb im Winter von mir zum Esszimmer für die Familie erklärt. Dorthin war der Weg von der Küche über den allgemeinen Flur (also der Hintereingang für ›Lieferanten‹) immer noch sehr viel kürzer – mit dem Hausschlüssel in der Hand und der Suppenschüssel unterm Arm.

Also, am 1. August 1938 zogen wir nach Dahlem in die Helfferichstraße 18. Der Sommer war glutheiß gewesen. Die letzten Monate waren für mich recht anstrengend. Am 15. August war der errechnete Geburtstermin. Natürlich musste ich mich vorher zum Arzt begeben. Leider war der gute Doktor, der meinen Michael geholt hatte, im August auf Semesterferien-Urlaub, aber sein erster Oberarzt, Professor Kaufmann, ein ebenso frommer Katholik, würde einspringen. Ich wusste längst, dass auch dieses Kind sich quer gelegt hatte, weil die Bewegungen dieselben waren wie damals bei Michael; bei der Untersuchung zeigte es sich dann so sicher, dass man diesmal nicht röntgen musste. Ein zweiter Kaiserschnitt stand also bevor, und meine Eltern taten mir mit ihrem Kummer um mich mehr leid, als ich mir selber tat. Sie hatten ja auch schon die sich immer mehr zuspitzende Sorge um Leibholzens[323] zu tragen – und da sie ganz fest mit einem Krieg rechneten auch die Befürchtung, wie sich Dietrich als Kriegsdienstverweigerer verhalten würde.[324] Die beiden anderen Söhne waren unabkömmlich in ihren Berufen und damals auch schon über das festgesetzte Einberufungs-Alter hinaus. So waren die große Geschichte und unsere kleine Familiengeschichte miteinander verwoben, und ich gebe zu, dass ich mir keineswegs sicher war, ob es nicht Frevel sei, in der damaligen Zeit noch ein Kind in die Welt zu setzen. Aber dann kamen auch Stunden, wo ich mich herzlich darauf freute – besonders auch darauf, nun in einer so schönen Gegend, nur wenige Schritte

---

323 Sabine und Gert Leibholz (der jüdischer Abstammung war) verließen am 9. September 1938 mit ihren Töchtern Marianne und Christiane in Begleitung von Dietrich Bonhoeffer und Eberhard Bethge ihre damalige Heimat in Göttingen, um über die Schweizer Grenze nach England zu fliehen.

324 Dietrich Bonhoeffer war zu diesem Zeitpunkt zu der Überzeugung gelangt, im Fall eines Krieges den Dienst mit der Waffe aus Gewissensgründen zu verweigern; darauf stand damals die Todesstrafe.

vom Wald entfernt, die Kinder aufwachsen lassen zu können. Ein Dachgarten war übrigens auch noch da und ein Gastzimmer in der Mansarde.

Der Abschied von Bebo war schmerzlich; sie machte hinter uns besenrein und wollte uns bald besuchen kommen. Fräulein Erna war vorausgefahren, um den Möbelwagen zu empfangen und mit meiner Mutter und ihrem Helfer-Stab den Einzug zu überwachen. Wir packten unseren DKW voll mit Pflanzen, Aquarien und den Insassen der Terrarien. Das waren sechs geliebte Feuersalamander, die Walter (um nichts Lebendiges im Möbelwagen mitfahren zu lassen) in eine Blechdose gesteckt hatte, die hinten im Wagen stand. Mit Luftlöchern natürlich und auf feuchtem Moos. Als Hund, Kind und schwangere Frau dem Wagen entstiegen waren, ergriff er die Schachtel und bezog mit ihr die Wohnung. Wie glühend heiß dieser Umzugstag schon gegen zehn Uhr morgens gewesen ist, lässt sich daraus ersehen, dass alle Salamander verendet waren – das Moos war vertrocknet, die bunten Tiere zu hässlichen toten Häufchen geworden. Dies verdarb sogar mir, die ich nicht mehr ganz so sehr auf Tiere ausgerichtet war, seitdem ich Michael hatte, das Vergnügen an dem sonst gelungenen Umzug. Rührend halfen meine Mutter und Hörnchen beim Einrichten, damit ich mich nicht zu sehr anstrengen sollte. Erna war allerdings verstimmt und untätig. Ihr abgelegenes kleines Zimmer zwischen Bad und Küche gefiel ihr gar nicht, und besonders die rosa getönte Tapete verbitterte sie. Auch dass sie ein eigenes Waschbecken im Zimmer hatte und nicht mit uns das Bad teilte (außer als WC), empfand sie als verminderten Familien-Anschluss. Ich hatte bis zur Entbindung damit zu tun, ihr ständig meine Hochachtung zu vermitteln, um sie wieder heiterer zu stimmen. Nur dass sie Michael ganz für sich allein haben würde, wenn ich weg war, tröstete sie. Volle sieben Jahre lang habe ich diese strenge Zucht einer unendlich empfindsamen Hausgenossin zu erdulden gehabt. ›Ich hab' es getragen sieben Jahr‹[325] – und habe daran sehr viel gelernt. Sie liebte uns, und sie war immerfort geängstet, dass man sie wegen ihres geringen Standes nicht wiederlieben könne. Sie tat sich pausenlos leid, und ich hatte Mühe, nicht loszulachen, als sie sich mit ihren über vierzig Jahren als ›Waisenkind‹ bezeichnete. Ich hätte mich aber darauf verlassen können,

---

325 Der Beginn der Ballade ›Archibald Douglas‹ von Theodor Fontane aus dem Jahr 1854.

dass sie meine Kinder mit ihrem Leben geschützt hätte, wenn es darauf ankäme. Trotzdem war sie sehr froh, dass es nicht nötig war; ich auch. Aber diese Haltung war mir so viel wert – neben ihrer politischen Einstellung –, dass ich die schwere Hausarbeit lieber selber machte und ihr das Staubwedeln überließ, damit sie sich nicht versklavt fühlte. So sehe ich sie auf einen Mob gelehnt in der Schiebetür stehen, mir aus ihrem Leben und Denken berichtend, während ich mich auf Knien um das Parket bemühte. So hatte sie es gern, und ich spielte Christ.

Diesmal sagte ich nicht (wie bei Michael), dass es unbedingt noch ein Kind mehr sein sollte. Es war wieder dieselbe lange Schinderei mit Krampf-Wehen – und am Ende ein Kaiserschnitt, wie ja vorherzusehen war. Da der Kreißsaal, ebenso wie das Gebärzimmer für ›höhere Töchter‹, überbelegt war – es war ja die Zeit, wo (wie ich in einer Zeitung las) auch jede gesunde Dreißigerin ihrem Führer noch Kinder schenken sollte –, wurde ich gleich für die erste Nacht auf eine harte Bahre im Operationssaal gelegt. Jede Stunde schaute jemand herein; ansonsten war ich meinen Gedanken überlassen – nur angeregt durch die hübschen blanken Instrumente, Messer, Zangen, Haken aller Art, die sich unter Glas in länglichen Schränken rund um mich herum spiegelten. Aber erst am Abend des nächsten Tages schritt man zur Tat. Da war dann auch gerade ein Zimmer frei geworden. Diesmal hatte (abgesehen von dem obligatorischen Wochenbett-Fieber) die Wunde absolut keine Neigung zu heilen. So blieb ich ans Bett gefesselt, und eine Venenentzündung wollte sich einstellen. Da brachte eine Schwester ein Glas mit Blutegeln und ließ sie, mit einer Art Zuckerzange serviert, auf meinen Beinen auf- und abkriechen. Ein widerliches Gefühl und auch scheußlich schmerzhaft, wenn sie zubissen; wie ein Wespenstich – und man muss die Wespe weiterstechen lassen! Dann saugten sich diese Biester mit meinem Blut voll und kullerten nach einer Stunde total betrunken in mein Bett. Immerhin bekam ich keine Venenentzündung. Aber die Operationswunde heilte trotzdem nicht. Da kam eines Morgens eine junge, mir unbekannte Ärztin zur Visite, während ich noch frühstückte. Frau Engel war übrigens zu dieser Zeit wieder als Extra-Pflegerin bei mir. Diese Ärztin schaute sich meinen Bauch an, nahm einen Löffel voll Zucker vom Tablett und streute ihn auf die Wunde. »Ist denn das steril?«, rief ich erschrocken. »Zucker ist immer steril und heilt«, war die Antwort. Am nächsten Tag begann die Wunde, sich zu schließen, und nach drei Tagen war sie völlig zu. Diese gute Fee habe ich nie mehr wiedergesehen – aber seitdem ist Zucker bei mir ein bewährtes und immer erfolgreiches Heilmittel bei Entzündungen.

Andreas, der ebenso wie sein Bruder die angenehm unverdellte Form eines Kaiserschnittlings hatte, wurde allgemein bewundert. Nur sagte man mir, er hätte die lauteste Stimme und schrie am energischsten von allen Kindern. Beim Stillen benahm er sich aber so vernünftig und lieb, dass ich eigentlich keine Angst vor der Zukunft hatte. Immerhin hatte er sich in der Klinik durch das Schreien einen Leistenbruch zugezogen, den ich noch ein halbes Jahr lang mit einer geknoteten Lage Wolle behandeln musste.

Fünf Wochen hatte ich diesmal in der Klinik zugebracht. Als ich heimkam, war gerade die Tschechien-Krise[326] ausgebrochen, und am ersten Nachmittag erschien der Luftschutzwart und veranlasste uns, Gasmasken zu kaufen. Ich weigerte mich zuerst, weil ich sagte, ich hätte keine Neigung, ohne mein eben geborenes Baby zu überleben. Aber auch dafür war gesorgt: Er empfahl ein ›sehr niedliches‹ weißes Gummijäckchen mit einer Art Taucherkappe, unter das die Mutter vermittelst einer Fußpumpe gefilterte Luft zuführte. Nun, wir erwarben dies und die entsprechenden Gasmasken für die Familie. Dann ging ich ins Bett, um zu heulen. Ein bisschen hätte ich nach all der Schinderei auch gerne von meinem kleinen Jungen gehabt. Als dann im Oktober wieder etwas Beruhigung eintrat, war ich sehr froh. Der Kleine gedieh trotz seines Leistenbruchs vorzüglich; allerdings verwöhnte ich ihn viel mehr als Michael. Es war mir recht, dass er aus gesundheitlichen Gründen nicht schreien durfte, denn der Bruch sollte ja heilen. Und sein Gebrüll war wirklich ohrenbetäubend. Vier Personen eilten zu seiner Beruhigung herbei: Vater, Mutter, Bruder und Fräulein Erna. Er ließ sich meist schnell trösten, sobald man sich mit ihm abgab. Erna war ihm völlig verfallen. Nichts machte sie glücklicher, als wenn sie mit ihm allein ausfahren durfte und man sie womöglich für die Mutter hielt. Sie hatte noch nie in ihrem Leben ein Baby in der Hand gehabt, und

---

326 Auch als Sudeten-Krise bezeichnet. Nach dem Anschluss Österreichs im März 1938 verfolgte Hitler das Ziel einer Annektierung der sudentendeutschen Gebiete und gab am 3. September 1938 der Armee die Weisung zu einem baldigen Angriff auf die Tschechoslowakei. Im Oktober 1938 wurde die dortige Regierung durch das Münchener Abkommen gezwungen, das Sudetenland an das Deutsche Reich abzutreten; 1939 zerschlug Hitler den tschechischen Rumpfstaat und errichtete die Protektorate Böhmen und Mähren.

Michael blieb wohl auch das einzige. Von Erna bekam Andreas den Namen ›Brüderlein‹, der ihm bis in die Schulzeit anhaftete. Ich hatte es gar nicht gemocht, wenn man Michael fragte, ob er sich denn schon auf das Geschwisterchen freue. Dass Mutters Bauch dick war und er sich für sie bücken musste, weil da ein lebendiges Kindchen drin war, das man sogar zappeln fühlen konnte – all das war ihm klar. Auch, dass er selbst mal so in mir gewesen ist, wusste er von mir. Weitere Fragen stellte er noch nicht – und als er später wissen wollte, wie das Brüderlein herausgekommen sei, hatte ich als Kaiserschnitt-Mutter es ja einfach, ehrlich zu antworten. Doch ehe sicher war, dass ich noch einmal ein lebendiges Kind zur Welt bringe, wollte ich nicht zu viel Vorfreude bei ihm wecken. In meinen Erinnerungen steht, dass er keineswegs eifersüchtig, sondern sehr stolz auf den kleinen Bruder war. Er empfand sich auch als wichtig für das Gedeihen des Kleinen, denn er half beim Baden, erzählte mir beim Stillen Geschichten und schlief ja auch bei ihm. Es war eben sein ›Brüderlein‹, gewissermaßen für ihn geliefert – und ganz Unrecht hatte er ja mit dieser Vorstellung nicht.

Michael hatte die Auseinandersetzungen im Kirchenkampf mit der Muttermilch eingesogen. Andreas bekam mehr von der politischen Unruhe mit. Vielleicht war das der Grund dafür, dass er Nacht für Nacht schrie und sein Körbchen ins Wohnzimmer geschoben werden musste. Im Kirchenkampf waren wir uns ganz sicher gewesen, dass die Sache, für die wir einstanden, letzten Endes siegreich sein würde. Es ging um die Frage, ob dem deutschen Volk das Evangelium von Jesus Christus erhalten bliebe. Doch die politischen Auseinandersetzungen um den Krieg und die zunehmenden Verfolgungen der Juden hatten keinen so eindeutigen Hintergrund – denn Deutschland hatte ja keinen Ewigkeitswert, und das war auch gut so. Wir hatten die Taufe von Andreas auf Ende November festgesetzt. Die Schar der Gäste hatte sich durch die Gemeindeglieder in Dahlem so vermehrt, dass wir es mit einem Kaffeetrinken bewenden lassen wollten; hinterher sollte es Sekt geben. Doch dann kam die Kristallnacht[327] und die entsetzlichen Geschehnisse der

---

327 In der Nacht vom 9. auf den 10. November 1938 wurden unzählige Synagogen sowie jüdische Geschäfte, Friedhöfe und Wohnhäuser in ganz Deutschland durch eine systematische Aktion der Nationalsozialisten beschädigt oder zerstört; wegen der vielen zu Bruch gegangenen Glasscheiben erfand die Propaganda dafür den Begriff ›Reichskristallnacht‹.

folgenden Woche. Wir sagten zwar die Taufe nicht ab, aber wir verzichteten auf den Sekt. Es wäre jetzt nicht die rechte Zeit dafür, meinten wir – und um das zu dokumentieren, standen die bereits eingekauften Flaschen deutlich sichtbar da. Unter den Tischkarten von Andreas' Taufe, die sich zufällig erhalten haben, befinden sich diejenigen für Frau Niemöller (nach deren Mann wir Andreas auch Martin genannt hatten), Hans Asmussen (sein Patenonkel), Helmut Gollwitzer, die alte Schwester Helene und auch Schwester Gertrud. Es war das erste Fest, das wir in den großen Räumen unserer neuen Wohnung feierten, und so viele Menschen – wir waren über sechzig Personen – sind dort später nicht mehr zusammengekommen.

Michael hatte mit seiner Liebenswürdigkeit haftentlassenen Pfarrern während der Ferien in Friedrichsbrunn zur Erheiterung gedient. Andreas verhalf halbjüdischen jungen Mädchen zur Ausbildung: Säuglingsgymnastik war damals etwas, womit man im Ausland seinen Unterhalt verdienen konnte; darum erlernten die Töchter mancher, die auswandern wollten, dieses Fach. Einer der Kurse fand in Berlin statt, an dem auch die Tochter meiner Cousine Wedell teilnahm. Im November 1938 wurde vielen die Teilnahme an diesem Kurs verboten – arische Säuglinge in halbjüdischen Händen waren Rassenschande! Die freundliche Leiterin wollte den Mädchen aber ein Zeugnis ausstellen, wenn sie noch etwas weiterübten. Das ging nur noch privat, und ich stellte Andreas sofort zur Verfügung. Mit drei bis vier Mädchen erschien die Lehrerin bei uns und zog dann weiter zum nächsten Säugling. Der Kurs konnte abgeschlossen werden, und die Mädchen begaben sich dankbar ins Ausland. Dass Andreas während seiner Schulzeit eine so heftige Abneigung gegen den Turnunterricht und überhaupt gegen jeden Sport zeigte, lag vielleicht daran, dass er im Säuglingsalter täglich eine halbe Stunde damit überfüttert worden war.

Es war nicht leicht, Andreas aus seiner Verwöhnung herauszuholen, die der Leistenbruch mit sich gebracht hatte. Denn nachdem dieser völlig geheilt war, versuchte ich (wohl doch mit Recht), seine Stellung als Haustyrann zu untergraben. Das kostete allerhand Kraft und Nachtruhe. Und unsere Nerven waren durch die unvermeidlich scheinende Nähe des Krieges sowieso belastet. Bis zum Februar stillte ich ihn. Dann aß er so munter, was man ihm anbot, dass ich schweren Herzens damit aufhörte. Michael, dem man bis dahin mehr hatte zureden müssen und der sehr genau wusste, was ihm schmeckte, fing nun aus Konkurrenz ebenfalls tüchtig zu essen an. Sobald Andreas zu laufen begann (mit elf Monaten ganz von selbst), war sein Babyspeck verschwunden. Er wurde ein zartes, sehr hellblondes, sehr blauäugiges Kind – während Michael seine blonden Locken im Lauf der Zeit mit schwarzen vertauschte.

Im Frühjahr hatten wir begonnen, unser kleines Auto tüchtig auszunutzen. Auch verbrachte ich zu Fuß – mit Kinderwagen, Michael und Hund – ganze Tage am Grunewald-See. Im Sommer krabbelten die Kinder dort nackt umher. Wenn Erna mit- oder nachkam, konnte ich mich auch in die Fluten stürzen. Der Weg bis in die Helfferichstraße dauerte zu Fuß zwanzig Minuten. Im Mai nahm Walter eine Woche Urlaub, und wir fuhren zu zweit nach Thüringen. Meine Eltern hatten mir sehr zu einer Erholungsreise geraten, weil ich mich nach der schweren Entbindung überhaupt nicht hatte erholen können; sie schenkten uns alle Kosten dafür und nahmen Erna mit den Kindern zu sich ins Haus. Bis Leipzig weinte ich vor lauter Trennungsschmerz – aber ich wollte die Eltern durch eine Ablehnung nicht enttäuschen, und die Familie hätte sich über meine Affenliebe zu den Kindern sicher bedenklich geäußert. Die Urlaubstage waren auch sehr schön. Wir machten in Bad Kösen Station und fuhren dann nach Jena (wo wir etliche Professoren besuchten, die uns eingeladen hatten) und von dort weiter nach Weimar. Ich hatte mir bei meiner Goethe-Schwärmerei in der Schulzeit fest vorgenommen: 1932 zu Goethes hundertstem Todestag will ich unbedingt nach Weimar fahren! Doch im Jahr 1932 war mir die Goethe-Feier in Weimar total egal gewesen.[328] Nun war ich zum ersten Mal dort, und ich muss sagen, es beeindruckte mich sehr und ist mir von der ganzen Reise am stärksten in Erinnerung geblieben: das Gartenhaus am stillen Ort und die Ilm, wo ›Füllest wieder Busch und Tal‹[329] entstanden war – der ›liebe Fluss‹, der immer noch rauschte.

Als wir heimkamen, waren beide Kinder krank gewesen, und Andreas fieberte noch immer. Aber am nächsten Tag waren sie

---

328 Am 22. März 1932, Goethes hundertstem Todestag, befand sich Susanne Dreß in Estland und bereitete sich auf die Osterfeierlichkeiten und ihre bevorstehende Rückkehr nach Deutschland vor.

329 So die erste Zeile des Gedichts ›An den Mond‹ von Johann Wolfgang von Goethe aus dem Jahr 1778. Weitere Strophen dieses Gedichts beginnen mit den Worten »Fließe, fließe, lieber Fluss« und »Rausche, Fluss, das Tal entlang«.

wieder völlig gesund. Trotzdem habe ich sie, bis die Zeit der Evakuierung nach Friedrichsbrunn kam, also fast fünf Jahre lang, nie mehr alleine gelassen.[330]

In seinem vierten Lebensjahr versuchte sich Michael im Erfassen der Welt, die ihn umgab. Dabei gewann er sicher und gerne eine Beziehung zu dem großen Gott, der alles gemacht hat. Dass er mit dazugehörte und diesem Gott bekannt war, stand für ihn außer Zweifel. Ansonsten stellte er viele Fragen – und vertraute meinen Antworten. Eines Tages saß er neben mir, während ich nähte und Andreas in seinem Bettchen eingeschlafen war. »Warum hat der liebe Gott denn auch die Mücken gemacht, Mutter?« Nun, ich hätte ihm ja auch davon abgeraten – aber sie waren nun mal da, und ich musste Auskunft geben und es mir dabei selbst erst mal richtig überlegen. »Vielleicht, damit wir im Winter über etwas froh sein können, was es dann nicht gibt. Im Sommer ist ja alles viel schöner; das gibt dann ein bisschen Gleichgewicht.« Er nahm es hin und spielte weiter. Nach einigen Minuten kam die Frage: »Und warum hat er die ganz kleinen Tierchen gemacht, die in die Menschen hinein können und an denen sie sterben?« Ich hatte ihm wohl mal etwas über die Ansteckungsgefahr durch Bazillen erklärt (bestimmt im Zusammenhang mit hygienischen Maßnahmen für seinen kleinen Bruder). Die Erklärung, die er mir da abverlangte, fiel mir leichter. »Weißt du, mit allen großen Tieren ist der Mensch fertig geworden, keines ist ihm mehr ernsthaft gefährlich; entweder hat er sie alle tot gemacht oder sie ...« – »sind im Zoo!«, rief er beglückt. »Siehst du, und darum ist es vielleicht für den Menschen ganz gut, damit er nicht allzu hochmütig wird, dass gerade die ganz kleinen, fast unsichtbaren Tiere ihm so gefährlich werden können.« Er nahm auch diese halbe Weisheit in Bescheidung an. Meine Gedanken kamen noch nicht zur Ruhe, und ich war etwas unzufrieden. Aber wie sag ich's meinem Kinde,[331] dass die Welt im Argen liegt und es doch einen lieben Gott gibt? Da kam auch schon die folgerichtige Frage: »Warum hat Gott überhaupt den Teufel gemacht?« Einerseits war ich stolz, dass mein Großer mir nichts durchgehen

---

330 Tatsächlich fand diese Evakuierung im Sommer 1943 statt, also gut vier Jahre später.

331 Anspielung auf verschiedene Ratgeber zur sexuellen Aufklärung von Kindern, die seit den 50er Jahren erschienen sind, z.B. Feyerabend, Willy: Wie sag ich's meinem Kinde?, Regensburg 1952; Hitzenberger, Anneliese: Wie sag ich's meinem, Kinde?, Bonn 1953.

ließ und die letzte, unbeantwortbare Frage nach dem Bösen stellte. Andererseits war ich ehrlich und sagte: »Das weiß ich nicht – frag doch mal den Vater!«

5.9 Der Beginn des Zweiten Weltkriegs

Im Juni 1939 brachte mich Walter mit Erna und den Kindern nach Friedrichsbrunn. Dort befand sich auch meine Schwägerin Emmi mit ihren drei Kindern; die beiden jüngeren waren im Alter von meinen Söhnen. Ihr zur Hilfe war unsere Cousine Christel von Hase mit heraufgekommen, die dreizehn Jahre jünger war als ich und ein munterer Backfisch. Wir drei hatten eine sehr schöne Zeit zusammen: Die Kinder spielten miteinander, und Emmi behauptete immer, meine beiden wären den ihren in Gesundheit, Schönheit und Bravheit weit überlegen. Ich konnte das ehrlicherweise auch nicht bestreiten – aber wir hatten eben eine ganz verschiedene Weise, uns um die Kinder zu kümmern. Und jede erkannte die Art der anderen an – das war eigentlich ein Wunder echter Zuneigung. Sie hatte ihre Kinder gleich auf Torfbettchen[332] gelegt; die Mahlzeiten waren denkbar einfach und dienten nur der Ernährung, nicht der Gaumenfreude; die Kleider war billig und wurden getragen, bis sie in die Wäsche mussten. Emmi hatte einfach keine Lust, sich mit diesen Äußerlichkeiten von ihren Kindern langweilen zu lassen. Mit Thomas, dem Ältesten, las und musizierte sie und führte ernste Gespräche über Gott und die Welt. Er ging ja damals auch schon zur Schule und lernte bei den Eltern viele Gedichte auswendig, die seine Abneigung gegen den Nationalsozialismus stärken sollten. So etwa ›Das Riesenspielzeug‹[333] (mit Betonung auf ›Der Bauer ist kein Spielzeug‹) oder ›Aus der Welt die Freiheit verschwunden ist‹[334] und Ähnliches. Michael dagegen hatte sich im Alter von drei Jahren am

---

332 Wegen der aseptischen Wirkung wurden Betteinlagen aus Torf bis zur Mitte des 20. Jahrhunderts unter anderem in der Säuglingspflege eingesetzt, wenn man frühzeitig auf Windeln verzichten wollte.

333 Ballade von Adalbert von Chamisso aus dem Jahr 1831: Die Tochter des Riesen auf der elsässischen Burg Niedeck benutzt die Menschen als Spielzeug, doch der Vater verwehrt es ihr: »Der Alte wird gar ernsthaft und wiegt sein Haupt und spricht:/ Was hast du angerichtet? Das ist kein Spielzeug nicht!/ Wo du es hergenommen, da trag es wieder hin,/ der Bauer ist kein Spielzeug, was kommt dir in den Sinn!«

334 Zitat aus dem ›Reiterlied‹ von Friedrich von Schiller aus dem Jahr 1797: »Aus der Welt die Freiheit verschwunden ist,/ man sieht nur Herren und Knechte,/ die Falschheit herrscht, die Hinterlist,/ bei dem feigen Menschengeschlechte./ Der dem Tod ins Angesicht schauen kann,/ der Soldat allein ist der freie Mann!«

Geburtstag meines Vaters damit begnügt zu sagen: »Nu wene man nich, nu wene man nich; in der Röhre stehn Klöße, du siehst se man nich.« Das wäre Emmi zu materialistisch gewesen.

Die vier Kleinen spielten jedenfalls herrlich und friedlich zusammen. Besonders schön feierten wir Michaels vierten Geburtstag, wo er ein Dreirad bekam und ebenso viele Dorfkinder einladen durfte wie früher ich.[335] Noch gab es ja die Möglichkeit, Schokoladensuppe zu kochen und Lampions anzuzünden – wenn auch rundum in der Gegend ein großes Manöver durchgeführt wurde und das Herz dabei schon recht schwer war.

Eines Tages erschien Tante Pine aus Warmbrunn – die Mutter von Christel und die mir bisher vorenthaltene Frau meines Lieblingsonkels Benedikt. Lang und dürr, mit einem dicken Kranz brauner Haare um den Kopf und einem sehr ungewöhnlichen, damals schönen Gesicht trat sie in ländlicher, selbstgewebter, wallender Kleidung unter uns. Sie beeindruckte mich mit ihrer tiefen, langsamen Stimme ungemein und kam aus einer so anderen Gedankenwelt, dass ich staunte. Bei Michael, der am Tag ihrer Ankunft gerade mit Bauchschmerzen im Bett lag, machte sie sich sofort beliebt: Sie setzte sich an sein Bett und strich unter gemurmelten Zaubersprüchen so lange über seinen Leib, bis er ruhig wurde, einschlief und bald wieder schmerzfrei erwachte. Sie sammelte Kräuter und bereitete sich aus Blättern Speisen und Getränke. Damals störte mich das alles nicht (nicht einmal ihre seltsame Hockstellung, in der sie ohne Stuhl neben einem Platz nahm), sondern sie hatte an mir einen begeisterten Zuhörer. Auch mit Erna ging sie freundlich um und verstand, sie für sich einzunehmen. Wirklich faszinierend war es aber, wenn sie zur Gitarre griff und mit tiefer Bassstimme schlesische und tschechische Lieder sang: Vom Begräbnis der Schwiegermutter und vom Schweineschlachten, aber auch schwermütige Liebesverse und sanfte Kinderlieder. Sie genoss es auch sehr, wenn Walter in Friedrichsbrunn war und uns mit dem kleinen Auto durch die Gegend fuhr. Mitte Juli kam dann wieder das Schützenfest, das mich schon als Kind so begeistert hatte – und nun war ich mit meinen beiden Söhnen den ganzen Tag unten auf der Festwiese: Wir gingen von Bude zu Bude, ritten auf dem Esel und fuhren Karus-

---

335 In Kapitel 1.10 Das Ferienhaus der Familie in Friedrichsbrunn berichtet Susanne Dreß davon, dass sie zu ihrem siebten Geburtstag 56 Kinder eingeladen hat (s.o. S. 108).

sell. Andreas konnte ja schon laufen und machte mir keine Mühe. Auch Michael war mit einem Jahr bereits Karussell gefahren; und jetzt ritt er stolz vor uns her (denn allein mochte Andreas doch noch nicht mitmachen – und außerdem nur in der Kutsche). Mit Tollkühnheit haben mir die beiden nie Sorgen gemacht.

In meinen Aufzeichnungen aus den Jahren 1936 bis 1950, die ich neulich wieder tief im Schreibtisch verborgen entdeckte und die ich seitdem als Anhaltspunkt benutze, steht als erster Satz: »Im Interesse meines kleinen Michael will ich nun nach zehn Jahren wieder ...«. Aber ich habe nur am Silvestertag etwas hineingeschrieben, als kurzgefasste Jahresübersicht. So ein Silvesterbuch hatten meine Eltern auch, und zu mehr kam ich nicht. Ob ich dieses Buch meinem Ältesten noch vor meinem Ableben gebe?[336] Ich glaube kaum – es ist den Kirchenkampfzeiten entsprechend sehr fromm geschrieben. Da steht nun am Silvesterabend 1939 eingetragen:

> »Anfang August trieb es mich aber wieder heim von Friedrichsbrunn, weil ich vor Kriegsausbruch noch etwas einmachen wollte. Darüber bin ich nun auch recht froh – wenn der Mensch auch nicht vom Kompott allein lebt.«[337]

So erlebte ich also meinen dreißigsten Geburtstag am 22. August 1939 in einer mühsamen Nervenanspannung: Wir kauften eine zweite Kindergasmaske und feierten mit Galgenhumor. Wir krochen mit den Masken vor der Nase wie Schweinchen grunzend durchs Zimmer, damit die Kinder durch dieses Spiel die Situation lieb gewönnen. Michael war wohl klar, was Krieg bedeutet, und er begriff, dass da manches nötig sei, was unangenehm ist. Ich war froh, dass ich ihm schon von dem guten Gott erzählen konnte, aus dessen Hand keiner fallen würde und zu dem wir gehörten und gehen konnten. Wenn doch nur so lange Zeit bliebe, bis auch Andreas so alt wäre, dass man mit ihm sprechen könnte, damit er nicht einfach physisch Angst haben muss – das wünschte ich mir zu meinem Geburtstag.

---

336 Michael Dreß starb 1975 in London, mehr als 15 Jahre vor seiner Mutter.
337 Anspielung auf Matthäus 4, 4: »Der Mensch lebt nicht vom Brot allein, sondern von einem jeden Wort, das aus dem Mund Gottes geht.«

Andreas' ersten Geburtstag feierten wir am 26. August sonntags mit einem Gartenfest, wo Neffen und Nichten zu Gast waren und Michaels Freunde aus der Nachbarschaft (von denen ich noch mal extra erzählen muss). Mit hellblonden Löckchen, Blumenkranz und seinem blauseidenen, selbst genähten Festanzug sah er ganz reizend aus. Und der Blockwart brachte uns zur Freude die Lebensmittelkarten.

Wenige Tage nach der Kriegserklärung[338] (als man sich noch traute, die Kinder tagsüber unter anderer Aufsicht zu lassen) ging ich mit meiner Mutter ins KaDeWe, wo sie sich ganz zu Hause fühlte. Das war so ziemlich das Trostloseste, was man sich denken konnte: Nur das billigste Zeug war auf Bezugsschein zu bekommen, die Auslagen waren leer. Aber an einer Stelle in der Lebensmittel-Abteilung drängte sich die Masse: Da gab es etwas zu kaufen! Hefeflocken! Berge von kleinen Hobelspänen, die einen unangenehmen Duft verbreiteten, aber sehr nahrhaft sein sollten. Wir ließen uns jeder eine Riesentüte mit dieser Spreu füllen, die uns später noch gute Dienste tat. Und fünf Tütchen Zitronensäure waren für jeden zu erwerben – sauer macht lustig! Das Teppich- und Möbelstofflager war leergeräumt, aber in seiner Mitte türmte sich ein gläserner Berg. Und man kaufte, denn dazu war man ja gekommen. Aber was war es bei näherem Hinsehen? Glasuntersetzer für die Beine eines Konzertflügels! Die gab es ganz frei im Handel. Kauft Klavier-Untersetzer! Es war doch so dickes, stabiles Glas – warum nicht? Ich kaufte aus Spaß einige als Tuschnäpfchen für die Kinder, denn sie konnten schließlich nicht umgeworfen werden. Man muss nur wollen, dann findet der Käufer schon etwas ... Unangenehm war nur, dass in der reichen Gegend am Roseneck sofort der Schwarzhandel unter dem Ladentisch blühte, und weil wir nicht mitmachen wollten bei der Bestechung, waren wir schlechter dran als die meisten rings um uns her.[339] Hunger habe ich kaum verspürt, das hatte ich wohl gleich verdrängt – nur dunkel wurde es mir hie und da vor den Augen. Einmal habe ich all meine Lebensmittelkarten Anfang des Monats verloren (oder sie waren geklaut worden). Jedenfalls standen wir vor dem Nichts, und mit den angekratzten Nerven

---

338 Am 1. September hatte Adolf Hitler in einer Rede im Deutschen Reichstag Polen den Krieg erklärt.
339 Susanne hatte bereits im Ersten Weltkrieg erlebt, dass ihre Familie sich am Schwarzmarkthandel kaum beteiligte.

von damals war ich am Verzweifeln. Aber kaum hatte man in der Gemeinde davon erfahren, bekamen wir mehr an Reisemarken, als wir überhaupt eingebüßt hatten. Da zeigte sich Dahlem plötzlich von seiner besten Seite. Das meiste kam übrigens anonym, vielleicht aus der Nachbarschaft. Erna hatte wohl Alarm geschlagen.

Als das erste Mal bei einer Luftschutzübung die Sirenen aufheulten (das war im Jahr 1936 gewesen), saß Michael im Sandkasten. Er wurde kreidebleich – und dann begann er, fast noch lauter zu schreien und zu heulen und war lange nicht zu beruhigen, selbst nachdem die Sirene wieder schwieg. Dieser Ton hatte den mit einem sehr empfindsamen Gehör ausgestatteten Jungen so entsetzt, wie ich ihn noch nie gesehen habe. Seitdem war es meine Sorge gewesen, ihn mit diesem üblen Geräusch vertraut zu machen. Noch als ich Andreas stillte, war ich vom Luftschutz zu einem ›Erste-Hilfe-Kurs‹ beordert worden. Da bin ich auch hingegangen und ließ mich belehren; bloß als wir mit den Gasmasken zu deutschen Volksliedern tanzen sollten, habe ich das für pervers erklärt und gestreikt. Daraufhin wurde ein Dauerlauf verordnet, was dem Ernst der Sache wohl mehr entsprach. Ich hatte auch Michael Verhaltensmaßregeln beigebracht, seinem Vermögen und Verstehen entsprechend. Als nun am ersten Kriegstag die Sirene aufheulte, verlor nicht er die Nerven. An diesem Morgen war meine Mutter in einem mit Lebensmitteln vollgestopften Auto bei uns vorbeigekommen und hatte abladen lassen. Als ich mich von ihr trennte, glaubte ich nicht daran, sie noch einmal wiederzusehen, und wir gaben uns einen Kuss (was sonst selten geschah).

Beim ersten Alarm war Omama[340] bei uns, und sie erschrak so sehr, dass sie erst nach dem Polenfeldzug wieder in ihre Wohnung ging, also Ende Oktober. Ich nannte das ›Kriegsrecht‹ und stand es durch. Einzelheiten aus dieser Zeit habe ich so tief verdrängt, dass ich nicht mal mehr weiß, wie wir uns in die vier Zimmer geteilt haben. Nur dass es recht schwierig mit meiner empfindsamen Erna war, weiß ich noch. Seitdem Andreas seinen ersten Geburtstag gefeiert hatte und mit uns am Tisch aß, saß auch Erna dabei. Das war nachher in der Kriegszeit ja auch die einzig mögliche Lösung,

---

340 Gemeint ist die Schwiegermutter Margarethe Dreß, zu der Susanne ein gespanntes Verhältnis hatte und deren Namen sie niemals nennt. Die Eltern von Walter Dreß hatten sich bereits mehrere Jahre vor der Eheschließung von Susanne und Walter scheiden lassen; Susannes Schwiegervater wird in den Lebenserinnerungen mit keinem Wort erwähnt.

da es manchmal ziemlich einfache Kost gab (dafür am anderen Tag wieder besser). Doch als wir wieder fünf statt sieben[341] am Esstisch waren, war ich sehr froh.

In der nächsten Nachbarschaft gab es zwei Kinder, die oft sehnsüchtig am Zaun standen, wenn Michael und das Laufgitter von Andreas draußen gestanden hatten. Hausmeisterkinder, die keinen Garten benutzen konnten, wie es damals üblich war. Sobald mir das klar wurde, holte ich sie herein (das heißt, ich ging erst mit ihnen zu den Müttern, um zu fragen, ob es recht wäre). So hatte Michael wieder Spielgefährten. Der kleine Junge war allerdings ziemlich einfältig; seinen Namen habe ich vergessen, ich weiß nur, dass Michael nichts mit ihm anfangen konnte und er sich, sobald Andreas laufen konnte, an den Kleinen anschloss. Dann beschwerte er sich andauernd, ›der Brüderlein‹ hätte irgendetwas Entsetzliches getan. Aber das hinderte ihn nicht daran, ständig zu uns zu kommen. Unsere Hausmeisterleute, alt und krumm, verübelten mir diese Volksverbundenheit sehr: Für fremde Kinder wäre der Garten nicht gedacht. Aber damit konnten sie bei mir natürlich nicht landen. So schikanierten sie die Besucherkinder, so gut sie konnten, wenn ich nicht da war – und diese (ebenso wie unsere eigenen Kinder) hassten die Hausmeister von Herzen. Als das aber Formen annahm, die ich doch nicht für ›die feine englische Art‹ hielt, wandte ich mich mit einem Zettel an die Mutter des Knaben, sie möge ihm doch untersagen, der alten Frau durch den Zaun stets »Arschloch« zuzurufen. Innerhalb des Gartens hatte ich es ihm abgewöhnt. Entrüstet erschien die Mutter: Ihr Junge gebrauche solche Ausdrücke nicht – die hätte er von meinen Kindern gelernt! Ich zweifelte. Da ließ sie ihren Sohn berichten, was für schlimme Worte Andreas auszusprechen in der Lage wäre. Ich rief Andreas dazu (obwohl sein Sprachschatz noch ziemlich gering war – er war damals wohl zwei Jahre alt). Schließlich konnten wir aus dem Nachbarjungen herausbringen, Andreas hätte »verrücktes Krokodil« gerufen. Ein Unterschied zwischen diesen beiden Injurien war der Nachbarin natürlich nicht klar zu machen. Da ich aber dem armen Einfaltspinsel nicht den Garten verbieten wollte, blieb diese sprachbereichernde Freundschaft für meine Jungens bestehen. Andreas behielt aber die Gewohnheit, ähnlich lustige

---

341 Wer die siebte Person war (außer der vierköpfigen Familie mit dem Dienstmädchen Erna und der Schwiegermutter als Gast), ist unklar.

Beschimpfungen zu formulieren (wie er überhaupt ein sonderbares Verhältnis zu Sprache hatte).

Evelin hieß die kleine Freundin von Michael – und so sah sie auch aus: Korallenohrringe, Lackhandtäschchen, Lockenfrisur (mit fünf Jahren). Aber sie war freundlich, und ich fand es gut, dass sie sich nicht alles gefallen ließ. Doch bald nahm Michael ihre Drohung, dass sie wieder nach Hause ginge, nicht mehr ernst. Andreas hatte etwas gegen sie, und sie kümmerte sich auch nicht weiter um ihn. Sie war schon durchaus an ›Spielen hinter der Laube‹ interessiert; aber ich war wohl eine sehr moderne Mutter, der das egal war, solange kein Schaden entstand – und sogar Evelins Mutter war unbesorgt. Es war ja auch meist irgendjemand im Garten; besonders die Hausmeisterfrau hatte ihre Freude dran, mir aufgeregt zu berichten, dass Evelin zugeschaut hätte, wie Michael mal gemusst hatte. Ich empfahl daraufhin allen Kindern dringend, die Toiletten im Haus zu benutzen, weil es sonst Ärger gäbe.

Zum Ausgleich nahm ich Evelin mit Erlaubnis ihrer Mutter mit in den Kindergottesdienst. Der Fußweg von zwanzig Minuten war für uns immer eine schöne Unterhaltungszeit. Ich fragte, ob Evelin schon mal in einer Kirche gewesen wäre? Nein. Ob sie wisse, was überhaupt in einer Kirche geschieht? Nein. Ob sie getauft ist? Keine Ahnung. Wohl kaum; aber mal in die Kirche zu gehen schadet auf alle Fälle nichts, meinte ihre Mutter – ›Unglaubens-Zweifel‹! Ich lasse aber nicht locker: »Hast du schon mal etwas vom Herrn Jesus gehört?« Nie, auch nicht vom Christkind – aber vom Weihnachtsmann und vom Osterhasen. Michael staunt. Dann wage ich die Frage: »Hat dir deine Mutter noch niemals vom lieben Gott erzählt?« Da strahlt sie: »Doch, das kann ich!« Was sie davon kann, wird nicht deutlich, aber sie ist fest davon überzeugt, dass sie da nichts mehr zu lernen braucht. Und Engel hat sie schon gemalt gesehen. So kommt sie doch langsam dahinter, um was es sich ungefähr handeln könnte. Auf dem Rückweg erzählt sie begeistert von allem, was sie in der Kirche gehört hat, und sie kommt auch gerne öfter mit.

Michael ging seit seinem vierten Geburtstag in den Kindergottesdienst. Ich hatte dort (kaum dass Walter gebeten wurde, ihn zu übernehmen) als Helfer mitgemacht. So erfüllte es ihn mit Stolz, als er mitdurfte. Es gab da so etwas Entsetzliches wie eine ›Lämmer-Gruppe‹! Die Kleinsten wurden von einer älteren Dame, die das schon seit Jahren machte, ins Gemeindehaus geschleppt und lernten dort schaurige Lieder für unser Kampf-Christenherz. ›Weil ich Jesu Schäflein bin‹[342] – immer fröhlich, immer heiter. Schon meinem Vater war der Appetit auf jegliche weitere kirchliche Kost vergangen, weil sein Konfirmator die Burschen mit »ihr Lämmlein« anredete. So wartete ich, bis wir diesen Club abgeschafft hatten und die Kleinen als Gruppe in die Sakristei gingen.

Mit Kriegsbeginn (und soweit möglich schon vorher) hatte ich die Arbeit in der Gemeinde aufgenommen. Ich besuchte die Bewohner der umliegenden Häuser, die noch nie Kontakt mit der Kirche gehabt hatten. Man spürte sofort, wes Geistes Kind die Leute waren, wenn man sagte, man wäre die Pfarrfrau und wollte sie besuchen kommen. Manchmal hatte ich auch Michael mit dabei. Wer mich herein bat, begann bald, über die Zeiten zu schimpfen – denn wenn jemand in diesen Zeiten glücklich war, bedurfte er der Pfarrfrau und des Arztes nicht. So hatte ich bald eine übersichtliche Kartei der umliegenden Straßen: ob Nazi oder nicht. Denn selbst alte Sozialisten, die aus der Kirche ausgetreten waren, ließen mich gerne ein. Blaue Striche für diejenigen, die nichts mit dem Glauben zu tun haben wollten, rote für Interessierte – und zwei rote für eventuell zur Mitarbeit zu bewegende Christen. Diese Liste, die ich später noch auf unseren ganzen Bezirk ausweitete, wurde dann von den Russen vernichtet.

Am meisten Spaß machte mir der Kindergottesdienst.[343] Es war ein ziemlich dürftiger Laden, als wir ihn übernahmen. Die Gruppe der großen Jungen bestand aus Hansi Neugebauer – und ab und zu kam noch ein Sohn von Justizminister Gürtler dazu. Ein lieber älterer Herr vom Breitenbach-Platz leitete diesen Trupp. Er stand eine Bankreihe vor dem einsam sitzenden Hansi und flüsterte ihm zu. Das wirkte ebenso komisch wie traurig. Die Lämmlein-Dame hatte bei uns nicht mehr mittun wollen. Aber eine Gräfin hatten wir noch, und ein Student war sporadisch dabei. Außerdem Fräulein H., die mir darum gefiel, weil sie Jüdin war und aus der Wangenheimstraße[344] kam. Bei ihr waren aber auch nur zwei Mädchen,

---

342 Ein bekanntes christliches Kinderlied von Henriette von Hayn (1724–1782, Entstehungsdatum des Textes nicht überliefert), das in den Kreisen der Herrnhuter Brüdergemeine verbreitet war.
343 Bereits 1925 hatte Susanne mit Freude und Erfolg gemeinsam mit Dietrich im Kindergottesdienst mitgearbeitet – s.o. S. 400-404.
344 Das Elternhaus von Susanne hatte sich von 1916 bis 1935 in der Wangenheimstraße 14 in Berlin-Grunewald befunden.

und die Gruppe ließ sich nicht vermehren. Die Vorschulpflichtigen und das erste Schuljahr übernahm unsere Pfarrgehilfin, Fräulein G. Und ich bekam die Jungens vor dem Konfirmandenunterricht. Die Gruppe begann, enorm zu wachsen. Noch waren ja die Schulen in Berlin nicht geschlossen, und die Kinder konnten etwas lernen. Sie rissen sich um die ihnen ganz unbekannten Geschichten; besonders viele Kinder aus der Domäne[345] kamen zu mir. Es waren alles recht aufgeschlossene und dankbare Jungen – bis auf einen, der restlos amoralisch war, fast ein Verbrecher, und dabei aussah wie ein Engel: Voll Vergnügen erzählte er, dass er sich an die U-Bahn stelle und hinkende Soldaten, die nach dem Lazarett fragten, in die falsche Richtung schicke. Das mache großen Spaß. Ich war fassungslos, und die anderen hätten ihn fast verprügelt. Bald darauf starb er sehr tapfer durch Tiefflieger-Beschuss bei einem Nachtangriff.[346]

Eine Weile lang versorgte ich in der Kindergottesdienstgruppe die Mädchen, die im ersten Konfirmandenjahr oder kurz davor waren. Sie kamen mir schon erstaunlich erwachsen vor und waren es auch zumeist; aber nicht alle. Ich hatte das Vorrecht, mich mit meiner Gruppe auf der Orgelempore zu treffen, und ich sehe uns noch da sitzen und über die Verkündigungsgeschichte sprechen. Da ich am Aufgeklärtsein dieser Mädchen nicht zweifelte, versuchte ich, die Jungfrauengeburt nicht zu sehr auszuschmücken, sondern mehr auf die Verheißung einzugehen. »Aber verheiratet war die Maria nicht«, wurde mir entgegengehalten. Ich glaubte, es mir schuldig zu sein, eine ehrliche Antwort zu geben, und sagte, dass dieses ›von keinem Manne wissen‹[347] in der Bibel nur erzählt würde, um zu zeigen, worauf es bei Jesus ankomme – nämlich dass er zu Gott gehöre. Aber es war schwer, dies den Mädchen verständlich zu machen. So gab ich schließlich zu, ich glaubte nicht, dass Gott solche mythologischen Scherze nötig hätte und dass ein Kind sich nur nach der Befruchtung durch einen Mann im Mutterleib entwickeln könne. Doch da stieß ich wiederum auf Unglauben: »Unsere Köchin hat ein Baby bekommen, und die ist auch nicht verheiratet.« Ich meinte

---

345 Das historische Rittergut des ehemaligen Dorfes Dahlem war 1841 an den preußischen Staat verkauft worden und seit dem Staatsdomäne. Ab 1901 wurden die landwirtschaftlichen Flächen in Bauland umgewandelt und zahlreiche Villengrundstücke an Privatpersonen verkauft. Nur ein kleiner Teil der Fläche wurde als Stadtgut weiterhin landwirtschaftlich genutzt.

346 An dieser Stelle folgen mehrere unkenntlich gemachte Zeilen im Manuskript.

347 Vgl. Lukas 1, 34.

nun (unter dem leichten Grinsen der anderen), dann hätte sie eben so mit einem Mann gelebt, als ob sie verheiratet wäre. Dies bestritt aber das Mädchen: Nein, das wäre ausgeschlossen, denn die Köchin lebte ja bei ihnen in der Familie. Und sie wüsste bestimmt von keinem Mann, denn sie wüsste nicht einmal, wer der Vater wäre; das hätte sie ihre Mutter sagen hören. Was soll man gegen so viel heilige Unschuld sagen? Am besten gar nichts. Ich bat das Kind, auf den Turm zu steigen und zu läuten, was immer als Zeichen diente, dass die Gruppenbesprechung beendet war, und ich bat die anderen Mädchen, nicht über die Ansicht von Inge zu lachen; manche Eltern wollten eben gerne, dass ihre Kinder von solchen Dingen möglichst spät etwas erführen. Die allgemeine Antwort war: »Mit unseren Eltern können wir über so etwas auch nicht sprechen; aber deshalb sind wir längst nicht so dumm, wie sie meinen.« Das muss so im Jahr 1941/42 gewesen sein. Einige dieser Mädchen haben dann 1945 ihre bitteren Erfahrungen gemacht. Als ich die Eltern von Inge gleich im Juni 1945 aufsuchen wollte, hörte ich zu meiner Beruhigung, dass sie rechtzeitig in den Westen gegangen waren.

Andere aus dieser Gruppe sind dann später in unseren ersten Kreis der ›Erwachsenen‹ gekommen. Es war die einzige Mädchengruppe, zu der ich nähere Beziehungen hatte. Sonst war ich ja ganz auf Jungens ausgerichtet. Als die Schulen in Berlin geschlossen wurden, ging der Kindergottesdienst im kleinen Umfang weiter. Wenn die Sirene ertönte, wurden die Kinder unter die festen Rundbogen in der Kirche gestellt. Schwere Luftangriffe bei Tag waren damals noch selten, und alle Kinder wurden für den Heimweg abgeholt.

Im Jahr 1933 hatte meine Schwiegermutter dafür gesorgt, dass wir eine Hakenkreuzfahne in der Wohnung im Prettauer Pfad hatten. Sie wurde nicht benutzt, trotz der Mahnungen des Blockwarts und des Hauswirts, der zwei Häuser weiter wohnte. Als Erna zu uns zog, hielt er sie auf der Straße an und machte ihr die Hölle so heiß, dass sie auf dem Flaggen bestand. »Nur aus dem Klofenster«, befahl ich. Sie klemmte die Fahne also zwischen die Fenster, als es wieder einmal dran war. Eine Minute später ging ich aufs Klo und ließ die Fahne mit leichter Hand abstürzen. Hätte uns jemand angezeigt, wäre sie ja draußen zu finden gewesen. Manchmal wurde sie uns auch von freundlichen Nachbarn zurückgebracht, und dann erklärte Erna, dass wir sie erst einmal waschen müssten, um sie nicht gleich wieder zu montieren. Es war mehr eine vergnügliche Trotzreaktion, als dass es Sinn gehabt hätte. Aber solche kleinen Ventile taten gut gegen den Hass, der sich auf die Vergewaltiger richtete. So betrieb Walter beispielsweise über Jahre hinweg das Spiel ›freiwillige Winterhilfe[348] zahle ich nicht!‹ Die Pfarrer (und wir waren ja Stellvertreter in Lichterfelde Ost) sollten sich bereit erklären, dass ihnen die Winterhilfe gleich vom Gehalt abgezogen würde. Alle im Kirchenkreis machten mit, aber er protestierte:»Wenn es freiwillig ist, zahle ich nicht. Wenn es nicht freiwillig ist, bestätigt mir das.« Es mag sein, dass der Superintendent, dem dieses schwarze Schaf unbequem war, froh war, als er ihn loswurde. In Dahlem kamen die Gelder dann von der BK, und da hat Walter keine Schwierigkeiten gemacht, um sie nicht in Verruf zu bringen. Alle Pfarrer, selbst jene, die zum Notbund gehörten, hatten sich in Lichterfelde bereit erklärt, die Winterhilfe abziehen zu lassen.

Als wir in der Helfferichstraße in Dahlem das erste Mal zu flaggen hatten, zog Erna mit der Fahne durchs Haus und suchte einen Platz dafür. Schließlich fand sie eine Möglichkeit am Kinderzimmerfenster, wo es bereits eine Vorrichtung gab. Sie montierte die Stange, und Michael sah zu. »Warum machst du das hier fest, Erna?« – »Ja, Michael, das ist unsere Pflicht«, antwortete sie. Nach einigem Schweigen fragte er: »Und wie lange müssen wir noch pflichten?« – »Wenn ich das wüsste«, meinte sie und kam sofort, um mir die Geschichte zu erzählen, die ich bis heute im Herzen bewege. Als Michael am Karfreitag SS-Männer im Wäldchen vor seinem Fenster üben sah, war er entsetzt: »Heute?« – »Tja«, seufze ich, »die machen sich nichts daraus, dass wir an den Tod vom Herrn Jesus denken.« Er sieht die netten jungen Burschen an und sagt dann: »Ich glaube, die müssen auch bloß.« Es war wirklich keine ganz einfache Aufgabe, die Kinder nicht zu belügen (denn dazu hatte ich sie nicht geboren) – und doch dem Einzelnen gegenüber eine menschliche und vorsichtige Einstellung zu fördern.

---

348 Das ›Winterhilfswerk des Deutschen Volkes‹ war 1933 von den Nationalsozialisten gegründet worden, um direkt oder über die NSV bedürftige Volksgenossen zu unterstützen und so zur Stabilisierung der Gesellschaft beizutragen. Für die monatlichen Geldsammlungen wurden die Straßenzüge systematisch erfasst; darüber hinaus gab es zahlreiche weitere Aktionen wie Kleidersammlungen, ›Pfundspende‹, ›Eintopfsonntag‹, ›Opferschießen‹ usw. In den Wintermonaten galt ein ›Opfer von Lohn und Gehalt‹ als obligatorisch und wurde von den Arbeitgebern direkt vom Lohn abgezogen. Die Summe der so eingeworbenen Mittel übertraf ab dem Winter 1939/40 die Höhe der staatlichen Sozialausgaben und entlastete dadurch den öffentlichen Haushalt.

Die Fröhlichkeit der Kinder wurde aber im Ganzen von den Wirren der Zeit kaum beeinträchtigt. Sie begannen nun eifrig, miteinander zu spielen, denn Andreas war schnell und beweglich und seinem Bruder kaum unterlegen. Herrliches verstecken durch die ganze Wohnung und eifriges ›Familie‹ spielen mit dem großen Puppenhaus, das sie von Tante Jutta geerbt hatten, oder in dem bunten Indianerzelt (von den Dohnanyi-Vettern übernommen) verband sie einträchtig. Besonders beliebt war bei ihnen auch, ›Welt‹ zu spielen: Dann bedeckten sie in ihrem großen Kinderzimmer den ganzen Fußboden mit allem Kleinspielzeug – Dörfer, Eisenbahn, Zoo, Viehweiden und von mir angefertigte Silberpapier-Seen. Zu Andreas notiere ich in dieser Zeit ins Silvesterbuch: »Im Übrigen hat er eine laute Stimme und einen eisernen Willen bei viel Schalkhaftigkeit und Nähebedürfnis.« Später schreibe ich, dass er seinen Bruder eifrig schikaniert. Michael war jedoch restlos stolz auf sein Brüderlein und sehr geduldig im Nachgeben. Ich machte mir für seine Zukunft in der Schule schon manchmal Gedanken, weil er zu friedliebend sei. Im Harz, im Sommer vor dem Krieg, als er gerade vier Jahre alt war, kam er einmal hereingelaufen und war entrüstet, dass das kleinere Enkeltöchterchen von Frau Sanderhoff auf ihn einschlug. Ich gab ihm in der Eile den Rat, sie auch einmal zu verhauen. Das hat er bei der nächsten Gelegenheit wohl versucht, denn bald erschien er wieder: »Ich hab sie auf die Erde geworfen – was soll ich nun mit ihr machen?« Es schien hoffnungslos, echte Wut in ihm zu entwickeln. Aber bis auf den kleinen Tyrann in Friedrichsbrunn hat ihm seine Friedfertigkeit nicht geschadet, da er eigentlich mit allen Kindern gut Freund war und keine Feinde hatte. Seinem kleinen, mit natürlicher Aggression begabten Bruder gegenüber war er allerdings etwas hilflos – da er aber der sehr viel Stärkere war, war mir das ganz lieb. Und wiederum hing Andreas von Herzen und mit Hochachtung an seinem großen Bruder.

Als Andreas in das Trotzalter kam, wurde es eine schwierige Zeit. Michael hatte diese Phase übersprungen; er war immer ganz vernünftig gewesen. Vielleicht lag es bei dem Kleinen daran, dass er mit weniger Sorgfalt erzogen wurde, weil ich durch die politische Lage den Kopf so oft woanders hatte? Oder auch daran, dass Erna und Walter ihn so verwöhnten? Eines Tages erklärte ich: Wenn sie weiter so machten, dass er jedes Mal, wenn er brüllend bei ihnen Hilfe suchte, Recht und Bonbons bekam, würde ich jede Verantwortung für seine Erziehung ablehnen und wäre sicher, dass sie sich da einen Haustyrannen heranzögen. Es käme in der Zeit, auf die wir zugingen, darauf an, dass ein Kind einsichtig würde und nicht seinen Launen preisgegeben.

Die Lösung für diese nervenaufreibenden Wutausbrüche ergab sich dann ganz plötzlich durch Zufall. Geschlagen hatte ich weder Michael noch ihn je (höchstens mal einen Klaps gegeben). Während er tobte, wären Strafen ohnehin sinnlos gewesen – am ehesten half es noch, ihn am Schlafittchen zu packen und zu schütteln. Als ich das kreischende Bündel mal wieder so vor mir schweben hatte, fragte ich spontan: »Was soll ich denn bloß mit dir machen? Soll ich dich durchhauen oder dir vielleicht einen Kuss geben?« Wir hatten vorher den Bock schon aus dem Fenster geworfen und ins Klo gespült, aber alles ohne Erfolg. »Küsschen!«, krähte er schluchzend – und als ich ihn in den Arm nahm und küsste, war der Bock wie weggeblasen. Nun konnte es passieren, wenn ich gerade in der Küche war und ihn die Wut gepackt hatte, dass er durch die ganze Wohnung angebraust kam und schrie: »Bitte Küsschen, schnell – bitte Küsschen!«; und jedes Mal hatten wir damit durchschlagenden Erfolg. Von da an war die Erziehung von Andreas nicht mehr so schwierig für mich. Er war zwar nicht so kontaktfreudig wie Michael und hielt sich manchmal von Kindergesellschaft fern; auch liebte er es nicht, Gemeindegliedern ständig Guten Tag zu sagen. Ich vermied das nach Möglichkeit, weil alle (von den ›Kottermanden‹, wie Michael von klein auf sagte, bis zu den alten Frauenhilfsdamen) über die ›süßen Kinder‹ in Verzückung gerieten. Michael freute sich sichtlich an diesen Ovationen und sah aus dem Fenster, bis er rief: »Die Kottermanden kommen!« und ihnen entgegenstürzte. Andreas dagegen verkroch sich bei jedem Klingelton ins Puppenhaus. Selbst seine Großmütter behandelte er mit viel Abstand, sodass Michael immer im Vordergrund war. Wenn fremde Kinder im Garten waren, konnte Andreas die ganze Zeit einsam auf der Terrasse sitzen, ohne mitzuspielen (denn ins Haus ließ ich ihn um der Kontaktpflege willen nicht). Bei seinem Vater hatte er allerdings einen Stein im Brett und immer ungehindert Zutritt.

Als im ersten Kriegswinter die Kohlen ausgingen (bei dreißig Grad minus im Januar), spielte der schöne Kamin in Vaters Arbeitszimmer überhaupt eine große Rolle. Alles Brennbare wurde da hineingesteckt, und die Familie scharte sich um die züngelnden

Flammen. Es ging damals sehr vielen Haushalten so, denn für einen ausreichenden Kohlevorrat war nicht gesorgt worden – und wir hatten mit unserem Kamin noch Glück. Auch der Küchenofen bot etwas Wärme. Die Kinderbetten standen bei uns im Schlafzimmer, und dort brannte den ganzen Tag ein kleiner elektrischer Ofen, der wenigstens den Frost fernhielt. Trotz dieser sechs Wochen Eiseskälte kamen wir ohne Erkrankung davon. Dieses kriegsbedingte Aufeinanderrücken habe ich immer gerne gehabt, bis zum Schluss.

Als im Herbst 1940 die ersten Alarme einsetzten, bewirkte das nochmals eine besondere Art der Zusammengehörigkeit. Der erste Alarm, der nur eine gute Stunde dauerte, ohne dass man irgendetwas hörte, war für die Kinder ein munteres Abenteuer. Wir saßen in dem mit ›Luftschutzkeller‹ bezeichneten Raum des ganz unterkellerten Hauses. Alle Hausgenossen fanden sich dort ein und versorgten sich mit Stühlen aus ihren Kammern, die von diesem Luftschutzraum mit vielen Türen abgingen. Ich hatte Bilderbücher mitgenommen, und die Kinder waren durch die sechs bis acht anderen Erwachsenen erfreut und beruhigt. Jeder war zum anderen besonders nett, denn vielleicht war ja die letzte Stunde gekommen ... Aber sie war es nicht. Am nächsten Tag hatte man Zeit, das Luftschutzgepäck nach unten zu bringen und wenigstens für Andreas eine Liege aufzustellen. In der folgenden Nacht dauerte der Alarm bereits drei Stunden – aber noch waren die Kinder putzmunter, und auch Andreas mochte sich nicht hinlegen. Als der Spuk von Neuem losging, brachte ich ihn gleich ins Bett und setzte mich neben ihn. Er schlief aber nicht ein, sondern erzählte und fragte, wollte Bilderbücher anschauen und war sichtlich von den Anwesenden gestört. Er war todmüde und wusste nicht, warum das nun dauernd nötig war. Es machte ihm einfach keinen Spaß mehr. Als die ersten drei Stunden ohne Entwarnung um waren, wurde auch die Luftschutzgemeinschaft schläfrig. Die Gespräche verstummten. Und dann erhob Andreas laut seine Stimme und sagte: »Nu is nug Alarm, jetzt Gott Amen.« ›Gott Amen‹ war die Kurzfassung für unser Nachtgebet. ›Nug Alarm‹ fanden wir alle, und es gab eine gerührte Bewegung unter den Erwachsenen. Mir blieb nichts anderes übrig, als mit ihm zu beten: »Lieber Gott, mach mich fromm, dass ich in den Himmel komm. Amen.« Woraufhin er sofort einschlief. »Wenn der liebe Gott nur so lange wartet, ihn in den Himmel zu holen, bis er weiß, was ›fromm‹ bedeutet«, dachte ich. Michael rutschte auf meinen Schoß – schlief aber die nächsten sechs Stunden (bis Entwarnung kam) ebenso wenig wie ich, während bald alle um uns her schnarchten.

Am nächsten Tag traf ich dann eine Entscheidung: Ich bereitete in unserem eigenen Keller (der allerdings nicht abgestützt und fensterlos war) fünf Lagerstätten. Dazu reichte der Platz gerade aus. Jeden Morgen nach einer Alarmnacht wurde dort unten wieder aufgeräumt, und in die Betten der Kinder kam irgendeine nette Überraschung zum Spielen oder Knabbern. Das war nicht immer einfach – aber ich habe es bis Kriegsende durchgehalten. Wenn nun die Sirene ging, fragten sich die Kinder gespannt: Was wird heute im Luftschutzbett sein? Wir waren dort mit Erna für uns allein. Die Kinder fanden so leichter in den Schlaf und fühlten sich wohl auch geborgener; Walters Bedürfnis nach Rückzug wurde ebenfalls erfüllt. Er schlief sofort ein, wenn wir unten waren.

Allmählich hatte sich eine zügige Praxis eingespielt: Wenn die Sirene ging, weckte ich als Erstes Walter (der sie wegen seines Ohrenleidens nicht einmal dann hören konnte, wenn er wach war). Michael legte jeden Abend seine Sachen so akkurat aufeinander, dass er sie in Windeseile anziehen konnte. Ihn brauchte man nicht zu wecken – der Ton ging ihm unter die Haut. Dann eilte er von Fenster zu Fenster und öffnete sie mit seinem Vater um die Wette. Danach raste er wieder ins Kinderzimmer, ergriff sein Bettzeug und seinen Rucksack und teilte mir mit, dass Erna mal wieder auf dem Klo sei. Diese Wirkung hatte die Sirene sehr oft auf sie, sodass sie beim Aufbruch nie helfen konnte und erst bei Vollalarm oder den ersten Flakschüssen[349] herabgetrieben wurde. Ich trug den völlig verschlafenen Andreas hinunter, der die vielen Nachtstörungen gar nicht leiden konnte. Im Keller wurde er dann aber meist wach und freute sich an seiner Überraschung. Wenn alles ruhig blieb, legte ich mich hin und ärgerte mich, dass ich die Kinder überhaupt geholt hatte. Es passierte auch, dass ich (wenn endlich aus der Ferne Flak zu hören war) ganz friedlich einschlief. Also doch nicht umsonst! Donnerte es aber los, setzte ich mich zwischen die beiden Kinderbettchen und erzählte ihnen, wenn sie wach waren, schöne Geschichten. Jeder hielt sich an einer Hand fest, und ich musste

---

349 Flak ist die Abkürzung für Flugabwehrkanone, die zur Bekämpfung gegnerischer Luftangriffe eingesetzt wurde.

oft daran denken, dass ich nach Andreas' Geburt gesagt hatte: »An jeder Hand eins zum Weglaufen genügt.« Wenn Entwarnung kam und die Kinder fest schliefen, ließ ich sie liegen und blieb unten – und brachte jedes, das wach wurde, einzeln nach oben in sein Bett. Manchmal kam aber auch ein zweiter Alarm, und wir hatten uns das hin und her Laufen gespart. Noch geschah nicht viel, wenn auch hie und da eine Bombe hörbar zu Boden fiel. Das erste zerstörte Haus sahen wir in der Sulzaer Straße, dicht am Roseneck. »Ein Puppenhaus!«, rief Andreas begeistert, weil die vordere Hälfte fehlte und man freien Blick in die Wohnungen hatte. Es war auch niemandem etwas passiert, weil die Bewohner im Keller gewesen sind. Nur wurde genüsslich erzählt (was wohl auch stimmte): Ein Liebespaar, welches das Bett dem gemeinsamen Keller vorgezogen hatte, war unbeschädigt mit demselben unter großem Gepolter abwärts und auf die Straße gerutscht. Da sie im obersten Stock liebten, fiel ihnen wenig auf den Kopf. Nach dieser Geschichte kam auch unsere sehr undurchsichtige Mansarden-Bewohnerin in den Keller herunter – allerdings fast immer mit einem anderen Herrn. Es waren unruhige Zeiten für die Liebe, aber die alten Teichmanns hatten überhaupt kein Mitgefühl und schmähten sie. »Mit sowas im selben Keller!« Ich riet ihnen, in ihrer Kellerwohnung zu bleiben – aber dazu war ihnen ihr Leben doch zu lieb. Die muntere Witwe über uns, die auch Luftschutzwart war, hatte keine Einwände. »Schließlich ist Krieg«, sagte sie nur.

Eine ganz besondere Rolle unter unseren Freunden spielte Herr Körting. Er wohnte nur ein paar Häuser neben uns – ein reicher, alter Herr, dessen Frau von Walter beerdigt worden ist. Er kam zwar nie in die Kirche, sondern ging im Sommer in weißen Shorts mit seinem Hund spazieren. Sein Sohn war ein aus der Kirche ausgetretener SS-Mann, mit dem er kein Wort mehr wechselte und der auch woanders wohnte, denn Herr Körting hasste das Naziregime so intensiv, wie ich es selten erlebt habe. Mit seinem Radio konnte er den englischen Sender empfangen. Wir hatten einen zu primitiven Apparat dafür. Folglich gingen wir oft des Abends die wenigen Schritte zu ihm hinüber, denn von dort konnte man auch bei Alarm sofort wieder zu Hause sein. Man traf bei ihm gleichgesinnte ältere Herren aus der Nachbarschaft, die froh waren, dass der Pfarrer englischen Sender hörte, und mit denen man in freundschaftliche Berührung kam.

Als die starken Luftangriffe begannen, schauten wir nach der Entwarnung immer gegenseitig beieinander herein. Einmal ging eine Bombe genau in der Richtung von Körtings Haus nieder. Sobald die Entwarnung kam, liefen wir hinüber und sahen, dass da nur noch ein Trümmerfeld war. Wir umkreisten rufend das ehemalige hübsche Haus und waren gewiss, dass dort niemand mehr leben konnte. Da schob sich plötzlich zwischen Steinbrocken und Holzstücken Körtings Oberkörper hervor. Wir halfen ihm und seiner Haushälterin beim Herauskriechen aus den Trümmern und stellten fest, dass beide unverletzt waren – sogar der kleine Hund, den er im Arm hatte.

Als er Augen und Kehle von Bauschutt befreit hatte, sah er um sich und blickte auf das Totalschaden-Haus. Weder wir noch er glaubten in diesem Moment, Gott einen besonderen Dank für die Errettung abstatten zu müssen, denn wir kannten Dahlemer Häuser, denen diese englische Bombe besser zu Gesicht gestanden hätte. So schwiegen wir ein Weilchen zusammen und sahen auf den rotleuchtenden Himmel über der Stadt. Dann sagte der alte Herr, der in sich keinen Groll über Ungerechtigkeit oder die lieben Engländer aufkommen lassen wollte: »Wir haben aber angefangen!« Dieses Festhalten an der Einsicht, auch bei eigenem Unglück, war mir doch sehr eindrücklich – mehr als es jedes Gebet gewesen wäre.

Später haben ihn dann die Russen beim Einmarsch erschossen. Er wollte ihnen den kleinen Hund, den ihm seine Frau ans Herz gelegt hatte, nicht überlassen und holte ein altes Jagdgewehr, um ihn zu erschießen. Das war sein Ende. Wir hätten es ihm so gerne gegönnt (und er hatte es verdient), ein freies Deutschland zu sehen. Seine Karteikarte muss wohl in der himmlischen Registratur verwechselt worden sein. Da wir ja nach unserer eigenen Ausbombung nicht mehr in der Helfferichstraße wohnten, hörten wir erst nach Kriegsende von seinem Schicksal.

5.10 Der Kirchenkampf im Berlin-Dahlem

[Von der Autorin gekürzte Passage.]

Wenn meiner Ansicht nach in den verschiedenen Pfarrhäusern auch der Wunsch, dass Gott England strafen möge, ziemlich der gleiche war, so verband sie doch weiter nichts. Schon beim ersten Fürbitt-

Gottesdienst in Dahlem (den ich mit Walter zusammen noch von Lichterfelde aus mitmachte), nahm uns vor der Kirchtür eine Gruppe in Beschlag und teilte uns mit, wie fürchterlich einer der Pfarrer wäre, der nur ›Steine für Brot gäbe‹ und feige wäre. Wenige Schritte weiter stürzte eine weitere Gruppe auf uns zu, die dort gelauert hatte, um uns vor dem anderen Pfarrer zu warnen (oder vor seinen Vertretern, denn er war ja nicht mehr am Ort!). Dabei war mir sehr unwohl, und ich hatte die feste Absicht, mich von diesen Kanzelschwalben nicht belästigen zu lassen.

Leider gelang uns das nicht immer, und die vielen ärgerlichen Anfeindungen von beiden Seiten waren doch ein großes Hemmnis bei der Arbeit. So las Niemöller im Konzentrationslager Dachau in der Morgenzeitung bei Kakao und weichgekochtem Ei (er war ja in die Abteilung für katholische Geistliche gekommen, die vom Papst persönlich gespeist wurden), wer am Sonntag in der Jesus-Christus-Kirche predigte. War es R.[350] oder jemand von seinen Vertretern (und nicht einer der von ihm erkorenen jungen Leute, zum Beispiel Gollwitzer), schrieb er an seine Frau, sie hätte die Fahne hochzuhalten und dafür zu sorgen, dass seine eigenen Leute die repräsentativste Kirche in Dahlem bekämen. Dreß solle das durchsetzen. Dieser verzichtete zwar stets auf diese ihm unliebe Kanzel und war froh, stattdessen alle vierzehn Tage in der Annen-Kirche zu predigen. Aber alle Gespräche, die Walter mit Frau R. führte, sie möge doch ihren Mann dazu bewegen, Niemöllers Freunde um seiner Einsamkeit willen öfter ranzulassen, halfen nichts. Auch der Gemeinde-Kirchenrat konnte nichts anderes beschließen, als was rechtens war: alle drei Wochen einmal die große Kirche.

So verbrachten wir die Jahre in Dahlem von Anfang an mit höchst unerfreulichen Reibereien, die gewiss nichts mit dem Kampf gegen Hitler und für ein unverfälschtes Evangelium zu tun hatten, sondern nur aus persönlichem Ehrgeiz entstanden und mit christlicher Maske getarnt wurden. Erst als es uns gelang, diese beiden miteinander verfeindeten Gemeindeteile zu ignorieren und uns selbst eine Gemeinde zu gewinnen (die politisch sehr viel weiter links als die BK stand und darum mehr am Widerstand als an der Kirche interessiert war), fingen wir an, Dahlem nicht nur als Hölle zu betrachten, wo wir uns bewähren sollten. Natürlich nahm

---

350 Pfarrer Eberhard Röhricht.

man uns unsere Zurückgezogenheit von beiden Kerngemeinden übel. Nur bei den Geburtstags-Gratulationen für die Angestellten im Gemeindehaus traf man einander und bekam das dann zu spüren. Nie sah man jemand aus diesen Kerngemeinden bei uns im Gottesdienst. Von denen, die nicht eingeschworen waren, kamen trotzdem viele dorthin.

Bei meinen Hausbesuchen (ich hielt das damals für meine Pflicht) wurde ich einmal in eine elegante Villa hineingebeten. Das geschah nicht oft, denn die früheren jüdischen Besitztümer waren meist an stramme Parteigenossen übergegangen, und man konnte höchstens mit den Hausmeistern, die noch dieselben waren, in Kontakt kommen. In dem persergeschmückten Wunderzimmer kam mir eine sehr nette ältere Dame entgegen, die sich freute, dass von der Kirche Besuch käme. Ihr Mann wäre General von Block.[351] Während ich meistens die Leute zu testen versuchte, spürte ich deutlich, dass hier ich selbst auf die Probe gestellt wurde, zu welcher Art Kirche ich mich zugehörig fühlte. In wenigen Minuten waren wir sicher, völlig frei miteinander sprechen zu können. Sie bedauerte, dass ihr Mann nicht da wäre – aber sie würden sich sehr freuen, wenn wir bald mal zu ihnen zu Besuch kämen.

Ich verließ das Haus in dem Gefühl, dass hier Armee und Altar eng zusammenstanden und ich einer Verschwörung angehörte. Wenige Tage später waren wir dort zum Tee eingeladen, zusammen mit einigen anderen Leuten (jungen Offizieren und gebildeten Zivilisten), deren Namen ich natürlich nicht alle behalten konnte. Und nun ging es ganz ungeniert los: Über die Unmöglichkeiten, die im Führerhauptquartier ausgeheckt würden (es war die Zeit des beginnenden Russlandfeldzugs). Alle stimmten überein, dass nur eine ›Lahmlegung des Führergenies‹ Hilfe bringen könne. Immer wieder quälte sich dieser General mit der Frage, ob er nicht einfach niederlegen oder den Gehorsam verweigern solle, um abgesetzt zu werden. Eventuell erschossen? Seine Frau war dagegen, was ja zu verstehen war. Ihn hielt die Verantwortung für seine Leute zurück und die Möglichkeit, Schlimmeres zu verhüten. Immerhin war es für uns erstaunlich, wie viel offener und mutiger als in der Kirche in diesen militärischen Kreisen gesprochen wurde – auch von dem unzweifelhaften Sieg der Alliierten. Wir fühlten uns dort jedenfalls

---

351 Johannes von Block (1894–1945), General der Deutschen Wehrmacht.

zu Hause und waren sehr betrübt, als ein halbes Jahr später die Familie dieses Generals Berlin verließ und wir nichts mehr von ihnen hörten. Ob er später bei der Verschwörung am 20. Juli beteiligt war, weiß ich nicht. Jedenfalls hat er den Krieg wohl nicht überlebt, sonst hätte ich ihn gewiss noch mal wiedergesehen.[352]

Ebenfalls später nicht mehr aufzufinden war ein Juwelier, ein grässlicher Nazi, der im Nebenhaus wohnte und Aushebungs-Offizier für unsere Gegend war. Dieser Held hinter der Front hielt Walter und einigen anderen Herren eine so brennende Hassrede auf Deutschlands Feinde, gegen die sie nun die Ehre haben würden zu streiten und ihr Blut hinzugeben, dass Walter ihm wilde Rache schwor (die er aber nicht ausübte – dies wurde ihm durch die späteren Geschehnisse abgenommen).

---

[352] Er starb am 26. Januar 1945 in Polen in der Nähe von Kielce bei Kampfhandlungen gegen die Rote Armee.

BAND 6:
DER ZWEITE WELTKRIEG

6.1 Die ersten Kriegsjahre

Es war wohl durch den Kindergottesdienst, dass sich die alte Bekanntschaft mit Haeftens erneuerte. Hans und Elisabeth waren mit Dietrich und Sabine in den Konfirmandenunterricht gegangen und die Einzigen gewesen, mit denen sie gerne zusammen waren. Sehr blond und wohlerzogen, aber doch voll vergnügter Einfälle und ohne Arroganz, hatten sie eine Weile (auch nach der Konfirmation) unseren Kreis belebt. Jedenfalls empfanden wir uns als gute Bekannte, als wir uns in Dahlem wiedertrafen; ihre Jungens, besonders Dirk, kamen oft zu uns ins Haus zum Spielen.

Bald wurde die Bindung noch erheblich enger, da Haeftens zur selben Widerstandsgruppe gehörten wie meine Brüder – wenn auch Hans mehr zu den ›Kreisauern‹[353] neigte und sein Bruder Peter zur Aktivität. Da ein Besuch in Pfarrhaus immer begründet werden konnte, traf man sich bei uns: Klaus, Dietrich, John (der in Erlenbusch wohnte), Louis Ferdinand (er war mit Klaus in der Lufthansa tätig) und eben Haeftens. Walter und ich ließen die Verschwörer dann allerdings allein, weil jeder, der nicht direkt mittätig war, besser keine Einzelheiten wusste. Natürlich waren uns geplante Attentate bekannt, weil die Gefahr eines Bürgerkriegs, wenn auch nur für kurze Zeit, immer vorhanden war. Wenn meine Mutter oder Christel anriefen und sagten, es wäre doch nett, wenn meine Schwiegermutter oder Ilse zu uns auf Besuch kämen, so war es eindeutig, dass wieder ein Versuch bevorstand – denn sie wohnten gegenüber der SS-Kaserne, und dort konnte es zu Kämpfen kommen. Wie oft nächtigten sie bei uns – doch immer war die Hoffnung umsonst!

Als wir wieder einmal nach einem schweren Luftangriff unseren Bezirk nach Brandherden absuchten, zog es uns zur Podbielski-Allee. Dort stand das Haus eines reichen Zigarren-Händlers in

---

353 Der Kreisauer Kreis (benannt nach dem schlesischen Gut Kreisau des Gründers Helmuth James Graf von Moltke) war eine Widerstandsgruppe im Dritten Reich, die sich mit Plänen zur Neuordnung Deutschlands nach dem Untergang des Nationalsozialismus beschäftigte. Nach der Verhaftung Moltkes 1944 ging ein Teil dieser Gruppe zum aktiven politischen Widerstand über und beteiligte sich an den Vorbereitungen auf das Hitler-Attentat vom 20. Juli 1944.

Flammen, und es gab reichlich zu retten und zu trösten. Besonders die Frau hatte einen schweren Schock erlitten, und es dauerte lange, bis wir sie beruhigt bei Nachbarn lassen konnten. Der Dank für diese Nacht wirkte sich (bis zum Tod des Geschäftsmanns vor einigen Jahren) in einem jährlichen Weihnachtspäckchen für Walter mit guten Zigarren aus. Haeftens wohnten zwar nicht mehr in dem Bezirk, den wir abzuschreiten pflegten, aber wir gingen doch hin und stellten fest, dass auch dort Bomben gefallen waren. Das Feuer war bereits gelöscht. Hans saß Wache haltend auf den nach draußen gebrachten Schätzen; seine Frau kam hervor und war verzweifelt, dass ausgerechnet ihre Vorratskammer ausgebrannt war. Unter anderem waren zwei Zentner Zucker vernichtet! Unfassbar für mich, die ich im Luftschutzgepäck stolz zwei Pfund aufbewahrte. Er machte sich Sorgen wegen der Rettung seiner Bibliothek: Mehrere Tausendmarkscheine und wohl auch einige Devisen hatte er in den Büchern versteckt – wie sollte er sie nun finden? Wir versprachen, am Morgen wiederzukommen und beim Suchen zu helfen.

[Von der Autorin gekürzte Passage.]

Nun muss ich aber doch wieder zeitlich zurückgreifen. Vielleicht ist es auch ganz gut, nicht mehr chronologisch vorzugehen, sondern von Menschen zu erzählen, die mir begegneten. Fangen wir mal mit der Schar der Pfarrgehilfinnen an. Wir übernahmen in Dahlem Fräulein G., Konfirmandin von Niemöller, die ihre Hauptaufgabe darin sah, mit Frau Niemöller zusammen ›die Fahne hochzuhalten‹ (wobei eigentlich Niemöller selbst die Fahne war). Sie hinkte wegen eines Hüftschadens und schloss sich ganz rührend an mich an, war aber so humorlos, dass mir der Umgang mit ihr schwer wurde. Ihr Arbeitsplatz befand sich in dem riesengroßen Zimmer von Walter am mittleren Tisch. Kam Besuch zu ihm, entfloh sie in mein Esszimmer. Gab es nichts für sie zu tun, kam sie mir ins Kinderzimmer und in die Küche nach. Meine Haushaltshilfe Erna litt an Eifersucht und Minderwertigkeitskomplexen, wenn sie derweil bügeln, abwaschen, fegen oder ähnliche untergeordnete Tätigkeiten ausüben sollte. So ließ auch sie ihre Verpflichtungen links liegen und unterhielt sich mit uns. Im Sommer war der Garten ein schöner Ort für solche gemeinsamen Treffen.

Mit Kriegsbeginn (oder bald darauf) wurde Fräulein G. dienstverpflichtet. Walter hatte dagegen unternommen, was er konnte, aber sie und Frau N.[354] nahmen es ihm laut und vernehmlich übel, dass er sich nicht stärker für sie eingesetzt hätte, obwohl sie zur Bekennenden Kirche gehöre. Solche Anschuldigungen mussten wir uns damals gefallen lassen. Immerhin blieb sie bis zum Frühjahr 1941 bei uns, nachdem wir ihre Einziehung zuvor mit ärztlichem Attest wegen Hüftschadens hatten zurückweisen können. Nun spielte ich drei Monate lang selbst Pfarrgehilfin (natürlich ohne Gehalt): Jungmädchen und Hausgehilfinnenkreis, Sprechstunde und Taufbesuche im Haus Dahlem,[355] Nachbesuche bei Amtshandlungen – und eine Menge Schreiberei und Feldpostpäckchen verschicken für Walters frühere Schüler. Endlich, im August 1941, gelang es uns, eine neue Pfarrgehilfin zu finden. Aber wo sollte sie wohnen? Zuerst in unserem Mansardenzimmer; aber das war nur eine Übergangslösung. Nachdem wir das Gesuch in der Gemeinde abgekündigt hatten, wurde ihr ein Zimmer bei einer Dame angeboten; aber sie fühlte sich dort derartig überwacht und belauert, ausgehorcht und bösen Blicken ausgesetzt, dass sie sehr unglücklich war. Welcher ›Kirchenpartei‹ diese Dame zugehörte, habe ich vergessen. Bei Schwester Gertrud erkundigte ich mich, wer sie eigentlich wäre, und erfuhr, dass sie eine fromme Christin sei, die ihre Tochter (welche die Übungsstunden des Kirchenchors anderweitig genutzt hatte und nun guter Hoffnung war) aus dem Haus geworfen hatte, woraufhin das Mädchen ins Wasser gegangen war. Dies hatte die Mutter dann so verbittert, dass sie an junge Frauen abvermietete, die sie schikanierte. So suchten wir anderweitig Raum für Fräulein T.

Sehr angenehm war es für uns, dass unsere Pfarrgehilfin politisch genauso eingestellt war wie wir. Das machte sie auch für Erna erträglich (die ja sonst mit jedem Menschen, der mir nahestand, Probleme hatte). Aber Fräulein T. verstand sie gut zu nehmen – auch wenn sie sich hinter ihrem Rücken lustig machte und ihre Lustlosigkeit zur Hausarbeit verurteilte. Mit Walter und den Kindern ging es sehr gut, und in der Gemeinde kam sie zurecht. Aus einer pietistischen Bibelschule kommend atmete sie bei uns auf und passte sich

---

354 Else Niemöller (1890–1961), die Ehefrau von Martin Niemöller.
355 Das Haus Dahlem war eine bekanntes Kinderkrankenhaus mit Geburtsklinik in Berlin-Dahlem, gegründet 1923 von katholischen Missionsschwestern.

mit Vergnügen an. Sie war beschwingt und arbeitsfreudig – dann aber auf einmal todunglücklich. Es dauerte eine ganze Weile, bis wir dahinterkamen, dass mit dem älteren Sohn des Hauses, wo sie wohnte, eine Bindung entstanden war, eine geheime Verlobung. Eine staatliche Ehe-Erlaubnis wäre unmöglich gewesen, weil er Halbjude war. Sie taten uns wirklich von Herzen leid. Das weitere Zusammenleben unter einem Dach wurde ihr unerträglich, und da sie noch als Schwester ihrer Bibelschule galt und selbst Waise war, fuhr sie zu ihrer Oberin, um sich Rat zu holen. Natürlich wurde sie dort behalten und kehrte nicht zurück. Doch nach Kriegsende war sie wieder da und begehrte die Trauung. Auch er hatte seinen Dienst bei der ›Organisation Todt‹[356] überlebt, und ich war froh, mich nicht in dieser Frau getäuscht zu haben.

Danach war es das Fräulein (oder Freifräulein) von B., was uns einbeschert wurde. Was sie vorher getan hatte, weiß ich nicht mehr – als Pfarrgehilfin ausgebildet war sie jedenfalls nicht. Aber man war ja damals froh, noch Menschen aufzutreiben, die nicht dienstverpflichtet waren – und diese waren erleichtert, eine gute Arbeitsstelle zu finden. Da ich damals viel mit Besuchen bei Eltern und Geschwistern zu tun hatte und auch jeden Monat einmal im Harz bei den Kindern war,[357] übertrug ich ihr mehr und mehr die Gemeindearbeit, und sie konnte machen, was sie wollte, da sie ja von der Bekennenden Kirche empfohlen war und das Niemöller-Fähnlein eifrig schwenkte. Walter hatte sowieso nur Schreibarbeit für sie, und da er sie von Anfang an nicht mochte, ließ er sie links liegen. Bis wir plötzlich merkten, dass es ›rechts‹ war: Wir waren damals schon ausgebombt und in zwei Zimmern einquartiert, als sie uns mitteilte, es wäre eine Selbstverständlichkeit für sie, den Werwölfen[358] beizutreten, »falls der Feind ins Land fiele«. Dabei ging sie auf die fünfzig zu. Das war ein Schock für uns – aber was konnte man machen? Das war in dieser Zeit kein Entlassungsgrund – doch

---

[356] Paramilitärische Bautruppe im Dritten Reich, benannt nach ihrem Führer Fritz Todt (1891–1942). Die Organisation Todt wurde im Zweiten Weltkrieg vor allem für Baumaßnahmen in besetzten Gebieten eingesetzt, z.B. Westwall und Atlantikwall, U-Bootstützpunkte, Abschussrampen für Raketen usw.

[357] Die Söhne Michael und Andreas waren seit Sommer 1943 im Bonhoeffer'schen Ferienhaus in Friedrichsbrunn untergebracht, bis Susanne Dreß sie im Herbst 1944 wieder zurück nach Berlin holte.

[358] Die Organisation Werwolf wurde im September 1944 von Heinrich Himmler als nationalsozialistische Untergrundbewegung ins Leben gerufen, um hinter den feindlichen Linien Sabotageakte zu verüben. Bei der Bevölkerung und in der Wehrmacht fand sie aber nur wenig Zulauf; nach Hitlers Tod wurde sie noch vor dem Ende des Zweiten Weltkriegs aufgelöst.

wir sahen sie schon mit Maschinengewehren aus der Kirche heraus schießen. Ihr Bruder war ein hoher Funktionär bei der SS und hatte seinem Ältesten bei der Namensweihe die Namen ›Kraft, Mordian, Kriegsbereit, Bodo, Burkhart, Degenhart‹ angedeihen lassen. Man hat mir das zwar nicht glauben wollen (ich ihr auch nicht), aber sie behauptete, es wären alles alte Familiennamen. Ja, wer über so etwas verfügt ... Später trafen wir diesen Jungen (auf ›Bodo Burkhart‹ beschränkt) im Arndt-Gymnasium wieder. Als die Zeit der ersten Flüchtlingstreks sich einstellte (im Dezember 1944) und es nun für die Werwölfe Zeit gewesen wäre, sich zu sammeln, bat Fräulein von B. um Urlaub. Sie griff aber nicht zur Waffe, sondern reiste gen Westen, zu ihrer alten Mutter, was ja verständlich war. Ihr SS-Sohn konnte sie bald nicht mehr schützen. Mitte Januar teilte sie uns dann mit, dass sie mit dem Nähen der Rucksäcke für sich und ihre Mutter noch nicht fertig wäre, aber dann sofort wieder den Dienst aufnehmen würde. Ihr Gehalt bekam sie also weiter. Später schickten wir ihr noch eine offizielle Kündigung wegen Dienstverweigerung – schrieben aber dazu, dass wir ihr Verhalten verstünden und froh wären, dass sie sich nicht in Berliner Straßenkämpfe mischen wollte. Wir müssten bloß die Stelle frei machen, falls sich jemand anderes meldete. Wir hörten nie wieder von ihr, und inzwischen war es auch April geworden. Aber ein ewiges Andenken an sie sind die Stempel in all unseren Büchern (auch in altererbten aus dem vorigen Jahrhundert). Ob sie das nach der Ausbombung für einen sicheren Brandschutz hielt, ob sie gerne stempelte oder ob sie sonst nichts zu tun hatte?

»Bis er in die Schule kommt, ist der Spuk vorbei«, hatten wir uns früher oft erträumt. Und nun wurde es ernst: Im Herbst 1941 erfolgte Michaels Einschulung. Welch treffendes und widerliches Wort! Als die Aufforderung mit dem Termin für die Schulärztin kam, fühlte es sich an, als sollte er gemustert und eingezogen werden, und ich heulte vor Wut. Die Ärztin war sehr freundlich. Sie sah Michael an und fragte, welche Kinderkrankheiten er gehabt habe. »Keine Einzige«, war meine Antwort, »wir haben einen Garten.« Sie war entsetzt. »Dann wird er ja nun alle in der Schulzeit bekommen!« – »Genau das habe ich mir gewünscht«, sagte ich ihr ruhig. Sie sah mich erst ein bisschen irritiert an, dann begriff sie. »Ach so, Sie haben ihn lieber zu Hause?« – »Ja, es tut mir für den Kleinen leid, dass er jetzt all das durchmachen muss.« Wir sahen uns verständnisvoll an und dachten wohl beide: Na, bis dahin ... Im Übrigen waren sowohl der Rektor als auch die Klassenlehrerin recht nett. Es war ja für uns einfach, die Gesinnung unseres Gegenübers festzustellen, sobald Walters Beruf zur Sprache kam. Die Schule sollte im September anfangen, doch wir blieben bis zum Semesterbeginn mit den Kindern oben im Harz; dadurch wurden ihm die beiden ersten Schulmonate erspart. Lesen, rechnen, schreiben brachte ich ihm in den letzten vierzehn Tagen unserer Ferien bei, soweit er es noch nicht konnte. Da er einen leichten Schnupfen bekam, ließ ich ihn auch nach unserer Rückkehr noch zu Hause. Dann ging er endlich hin – und hatte sofort einen Freund, den er am Nachmittag besuchen wollte. Ich ging mit (zur Schule hatte ich ihn gleich allein gehen lassen und war ihm mit einigem Abstand gefolgt). Den Freund und seine Mutter fand ich in einer kleinen, sehr sauberen Wohnung in der Sulzaer Straße vor. So war meine einzige Sorge, dass Michael sich schwer in die Gemeinschaft finden würde, unbegründet. Vier Tage ging er zum Unterricht – dann bekam er eine tüchtige Grippe. An dem Tag, wo er wieder hin sollte, hatten sich Windpocken entwickelt, die auch Andreas bekam. Erst drei Tage vor den Weihnachtsferien ging er wieder und fand es wunderschön. Damals konnte man in der Schule sogar noch Weihnachtslieder singen, und die Lehrerin gehörte zu einer christlichen Gemeinschaft. An Heiligabend bekam Michael Masern. Andreas wurde durch eine Blutübertragung von mir davor bewahrt, da er durch die Grippe noch geschwächt war. So besuchte Michael die Schule flüchtig, aber nicht ohne Erfolg; erst als er später regelmäßig zu gehen hatte, verlor er die Lust daran. Schularbeiten machte er nicht (oder jedenfalls kaum). Ich besinne mich, dass er mir einmal aus der Fibel vorlas: »Ein Pnief hat Udolf Hintler gesehen.« Ich habe ihn nicht verbessert.

Wer hat auch je das Glück gehabt, dass ihm die Schule über Nacht abgebrannt ist? Strahlend kam er nach Hause: Bombenfrei bis auf Weiteres! Vorher hatte ich aber noch einen Kampf mit seiner gemeinschaftsfrommen Lehrerin, die ihn und die er mochte. Sie gab auch Religionsunterricht in ihrer Klasse – und was für welchen! Michael erzählte, sie hätte ihnen heute vom guten Führer erzählt. Der wäre auf einen hohen Berg gestiegen und hätte nicht mehr gewusst, wie er herunterkommen soll, und da hätte er immer zum lieben Heiland gebetet, und dann hätte er plötzlich den

Weg gefunden. Ich hielt es für eine Verwechselung mit der Martins-Wand über Innsbruck. Nach einer Woche war wieder Religion – nun war der tapfere Führer im Krieg blind geworden und lag im Lazarett – »da hat er immer zum lieben Heiland gebetet, und dann konnte er wieder sehen.« Nun war es mir genug! Ich ging zu der blonden, jungen Lehrerin, gegen die ich sonst nichts hatte, und meldete Michael vom Religionsunterricht ab. Das durfte man ja. Sie war völlig erschüttert; der Junge machte doch so nett mit und wäre einer der Besten in der Klasse. Ich sagte ihr kurz und bündig, dass ich den übrigen Unterricht in Ordnung fände, aber die Märchen über Hitler, die sie den Kindern erzählte, gehörten nicht in die Religionsstunde. Obwohl wir uns beide Mühe gaben, verstand sie einfach nicht, was ich meinte. Solche Mauern gab es. Sie hat es Michael nie irgendwie vergolten. Vor der Religionsstunde, die am Ende des Vormittags lag, packte er eben seine Mappe und ging heim. Die liebe, harmlos gläubige Lehrerin wurde kurz darauf bei einem Bombenangriff getötet, während der Ferien. Jetzt bekam Michael eine ältere, strengere, aber vorzügliche Lehrerin, eine schnell durchschaubare Gesinnungsgenossin von uns. Leider konnte er das nur ein paar Wochen ausnutzen (vielleicht sogar nur wenige Tage), denn er bekam hohes Fieber. Es war zwar nach drei Tagen wieder weg, doch dafür schälten sich seine Hände, denn es war ein verkappter Scharlach gewesen. Und das Üble war, dass er dazu auch noch an einer schweren Nieren-Entzündung litt. Nun musste er den ganzen Sommer fest liegen, und das war eine echte Geduldsprobe für ihn – und für mich (durch die Schwierigkeit der Diät) sehr anstrengend. Zweimal in der Woche stand ich morgens um fünf Uhr vor dem leeren Gemüsestand Schlange – in der Hoffnung, gegen acht würden die Händler erscheinen und das dringend nötige Obst und Gemüse bringen. Himbeeren sollten besonders heilsam sein. Jeden Morgen brachte Schwester Gertrud aus dem Pfarrgarten am Thielplatz mit dem Fahrrad ein Schüsselchen. Dafür opferte ich seine Fleischmarken (nicht für die Schwester). Andreas hatte sich den Scharlach nicht geholt, obwohl ich beide Kinder zusammenließ. Als die Inkubationszeit reichlich vorüber war, lud ich zu Michaels Geburtstag im Juli 1942 am Vormittag seine ganze Klasse mit Lehrerin ein – und da es kurz vor den Ferien war, erteilte der Rektor die Erlaubnis dazu. Da Michael ja noch liegen musste, gab es hauptsächlich Puppen- und Kasperletheater – und eine kleine, dankbar genossene Mahlzeit. Ich hielt es für wichtig, ihn, der doch in seinem ersten Schuljahr so wenig Gebrauch von der Schule gemacht hatte, mal wieder in die Gemeinschaft hineinzubringen. Die alte, freundliche Lehrerin war ganz begeistert. So etwas hätte sie in ihrer langen Schulpraxis noch nie erlebt.

Eine sehr lästige Operation hatte er noch kurz vor der Einschulung durchmachen müssen: Er hatte einen Darmabszess – und ich habe ihm seine Schmerzen eigentlich nicht recht geglaubt. Das ist mir oft so gegangen: Wenn ich ihn wegen Lustlosigkeit oder Faulheit beschimpfte, hatte er am nächsten Tag eine schwere Infektionskrankheit oder einen anderen deutlichen Beweis meines Unrechts. Da die Bomben damals schon zahlreich fielen, ließ ich mich von Onkel Georg Schöne mit in die Landhaus-Klinik aufnehmen. Das war dort wegen des Schwesternmangels auch sehr wichtig. Als er von den übelsten Schmerzen befreit aus der Narkose erwachte, teilte er mir mit, er wolle Arzt werden. Diese Vorstellung ist ihm geblieben, bis er auf oder unter der Schulbank zu komponieren anfing und tagsüber nicht mehr vom Klavier wegzukriegen war.

Zum 1. August 1942 war Walters Einziehung fällig. So fuhr er (da ich ja wegen Michael an Berlin gebunden war) im Juli mit seiner Mutter und seiner Schwester Ilse in die Ferien. Ich hatte Erna auch Urlaub gegeben und genoss das Dasein allein mit meinen Kindern. Bei schönem Wetter trug ich Michael in den Garten, sonst lebten wir auf der Terrasse. Andreas war mir eine große Hilfe; er war ja nun schon vier Jahre alt und sehr vernünftig, auch bei den Bombenalarmen. Meine Mutter war inzwischen eifrig gewesen und hatte alle Beziehungen spielen lassen, sodass Walter drei Tage vor seiner Einberufung bis auf Weiteres freigestellt wurde (weil sonst niemand mehr in Dahlem als Pfarrer gewesen wäre und er ja gleichzeitig Seelsorger in den Lazaretten im Gemeindehaus und im Oskar-Helene-Heim[359] war). Ich wurde plötzlich auch zu Fabrikarbeit verpflichtet und habe noch so eine Arbeitskarte – aber da ich zwei kleine Kinder hatte, ließ sich das regeln. Erna habe ich einfach verschwie-

---

359 Das Oskar-Helene-Heim wurde 1914 im Beisein von Kaiserin Auguste Viktoria in Berlin-Dahlem eröffnet, benannt nach den großzügigen jüdischen Industriellen Oskar und Helene Pintsch, welche die Gründung ermöglicht hatten. Es diente als Wohnheim und zur Pflege von körperbehinderten Menschen und galt weltweit als vorbildlich. Im Dritten Reich wurde der bisherige Vorstand zum Rücktritt gezwungen, die behinderten Kinder wurden entlassen, und das Heim diente als Lazarett militärischen Zwecken, bevor es 1943 evakuiert wurde und 1945 Brandbomben zum Opfer fiel.

gen. Meine Tätigkeit als Pfarrfrau hätte wohl kaum ausgereicht, um mich freizustellen. Dabei gab es Frauen, die wirklich wenig zu tun hatten und trotzdem nicht angefordert wurden. Noch ein Grund für die Freistellung war übrigens der Boden, den ich bearbeitete. Wir hatten natürlich jedes nur mögliche Stück des zu uns gehörigen Gartens in Gemüseland verwandelt.

Sowohl ich als auch die Kinder waren durch das viele Kranksein reichlich urlaubsreif, als die Schule wieder begann. So drangen die Eltern darauf, dass ich mit den Jungens doch noch verreiste, als Michaels Nierenentzündung endlich überstanden war – und zwar nach Tempelburg, an einen großen, schönen See in Pommern, wo es eine Pension gab, in der man unwahrscheinlich gut versorgt wurde. Zu diesem Paradies waren schon einige aus unserer Familie gefahren, und ich genoss es sehr, so verwöhnt zu werden. Außerdem konnte ich dort anfangen, den Kindern das Schwimmen beizubringen, was man ja sonst bei der schlechten Ernährung nicht riskieren konnte. Auch gerudert sind wir mit großem Vergnügen, denn es war ein sehr warmer September. Einmal rutschte uns Michaels Lederhose, die nassgespritzt war und an einem Ruder befestigt trocknen sollte, mitsamt dem Ruder ins Wasser. Das war sehr aufregend, denn eine Lederhose (wenn auch sehr gebraucht) war ein Wertgegenstand. Ich bewegte mich mit dem anderen Ruder möglichst nah heran und sah mit Entsetzen, dass die Hose sich vom schwimmenden Ruder löste. Vor Schreck verlor ich auch das zweite Ruder und konnte die Hose gerade noch vor dem Untergang retten. Nun saßen wir zwar mit nasser Lederhose, aber ohne Ruder im Boot – und dazu zog noch eine dunkle Wolke auf. Es war sowieso recht windig gewesen, und nun galt es, mit den Armen zu paddeln (denn dass ich ins Wasser sprang, um die Ruder zu retten, und die Nichtschwimmer-Kinder alleine im Boot ließ, wo sie leicht davontreiben konnten, war ein unangenehmer Gedanke). Als ich beide Ruder endlich wieder hatte, begann der Regen zu fallen. Die Jungens hatten sich völlig ruhig und besonnen verhalten – aber selbst Andreas erinnert sich noch heute genau daran. Er behauptet, dass wir anschließend ins Strandcafé gegangen seien (was ich mir gar nicht denken kann, denn ich war recht nass geworden).

Nun war es mit dem warmen Wetter auch vorbei. Das etwas törichte Hausmädchen hatte den Auftrag bekommen, in der Pension zu heizen. Welche Freude, als wir zum Frühstück herunterkamen (als Erste, die Kinder waren ja immer früh munter) und die im Kachelofen kühl gestellten Butterstücke der Gäste zu einer Masse zusammengeflossen vorfanden. Sie wurden aber großzügig ersetzt. Nun – in der kalten, feuchten Zeit – war überhaupt das Essen die Hauptsache geworden. Ein bisschen Schularbeiten machte ich zwar mit Michael; aber deshalb war er den anderen so weit voraus, dass es mir fast leid tat (obwohl es uns beiden Spaß gemacht hatte). »Wir haben viel botanisiert«, schreibe ich in mein Silvesterbuch, »obwohl ich mir eigentlich vorgenommen hatte, mich in diesen Ferien keinem Fimmel hinzugeben.«

Meine Eltern, die im Herbst vor Semesterbeginn immer noch einmal verreisten, waren ganz in der Nähe – bei Polzin auf Schloss Rosenhöhe. Sonst waren sie stets in Friedrichsbrunn gewesen, aber dort war die Ernährung zu schlecht. Da weder ich noch die Kinder je auf einem richtigen Gut gewesen waren (und das war Schloss Rosenhöhe, auch wenn an seriöse Gäste Zimmer abgegeben wurden), besuchten wir sie dort. Sie holten uns in Polzin mit dem Wagen ab. Auf Michael hat dieser Gutsaufenthalt solchen Eindruck gemacht, dass er seinem Großvater zum nächsten Geburtstag ein Würfelspiel ›Die Reise nach Rosenhöhe‹ bastelte. Für mich ist es der einzige Tag gewesen, den ich je auf einem Gut verbracht habe. Es gehörte zwei Frauen, die so um die fünfzig waren, und da es an Männern mangelte, liefen die beiden den ganzen Tag in Reithosen und dicken Stiefeln umher und imponierten mir sehr – besonders, wenn sie sich so selbstverständlich aufs Pferd schwangen wie ich auf mein Fahrrad. Abends waren sie dann sehr gebildete und interessante Unterhalterinnen ihrer Gäste. Da sie diese selbst ausgewählt hatten, konnten sie sich im Gespräch mit ihnen ganz frei bewegen. Natürlich wurde englischer Sender gehört, sonst wären die Eltern nicht dort gewesen. Solche Adressen wurden auch nur unter der Hand weitergegeben, und wir kamen durch Dietrichs Kontakte dazu.

Den Abschluss dieser Reise bildete ein Besuch bei Peter Bultmann, Michaels Patenonkel und ein Studienfreund von Walter und Dietrich. Er wohnte in einem Pfarrhaus und hatte vier Kinder. Er hatte nach dem Polenfeldzug einen völligen Nervenzusammenbruch erlitten und war nun wieder im Amt. Ein halbes Jahr zuvor hatte er uns nach seinem Kuraufenthalt in Berlin besucht, und weil Walter amtshandelte, ging ich mit ihm in den Botanischen Garten. Da brach es dann auf einer Bank aus ihm heraus: »Ich habe nie schießen müssen. Ich war in der Schreibstube. Ich musste die Zahlen der Vernichteten aufschreiben. Soundso viele Männer, so viele Frauen, und circa so viele Kinder. Dass bei den Kindern nur ›circa‹ stand – das war's, das ging nicht. Da haben sie mich in die Anstalt gebracht.« Nun war er glücklich, zu Hause bleiben zu dürfen – auch wenn er durch Vertretungen mehr zu tun hatte, als seiner Tuberkulose gut tat. Er hatte eine schöne, liebe Frau und reizende Kinder. Michael war in das fünfjährige, bildschöne Töchterchen restlos verliebt, und sie erwiderte diese Liebe sofort. Solche Liebe auf den ersten Blick hatten wir bei unseren Kindern noch nie erlebt. Es war fast brutal, sie wieder auseinanderzureißen. Gesund und gestärkt kamen wir schließlich zu Hause an und versuchten, die Kinder mit einer Höhensonne gut über den Winter zu bringen. Vergebens – bald hatten sie Keuchhusten, und so ging der Alltag wieder los.

1942 berichtete ich in meinem Silvester-Buch, dass es sich in der letzten Zeit in Dahlem für uns sehr gebessert hätte. Mochalski, der die Niemöller-Fahne zu schwenken hatte, war menschlich doch sehr viel ansprechbarer als seine Vorgänger. Außerdem hatten wir einen sehr großen Kindergottesdienst aufgebaut. Es gab in Dahlem kaum Kinder, mit denen wir nicht bekannt waren. Ich hatte da mit Hausbesuchen viel Zeit hineingesteckt, und wir sorgten allmählich für Helfer nach unserem Geschmack. Auch die Frauenhilfe war stetig im Aufbau, und einige Jugendkreise hatten wir auch (obwohl es ja streng verboten war, irgendetwas anderes als Bibelarbeit zu machen). Daran hielten wir uns auch – aber man kann ja mit der Bibel sehr viel Verschiedenes tun. Sie ist so angefüllt mit Möglichkeiten zum Theaterspielen, Singen, Ratespielen, Tanzen, Malen, Dichten und Naturbetrachtung, dass diese Auflage mich nie störte. In der Frauenhilfe hielten wir uns an den Grundsatz, neben der Bibelarbeit (die sehr gefragt war) auch die verbotene soziale Arbeit als Praxis in Nächstenliebe zu üben. Die Frauen mit NS-Einschlag waren bei Frau R. – auf diese Weise blieben wir angenehm unter uns. So ging die Gemeindearbeit neben allem anderen her ihren ruhigen Gang und machte mir Freude.

»Überhaupt habe ich den Eindruck«, schreibe ich Silvester 1942, »dass ich menschlich mit dem Grundsatz ›Man kann auf der Welt nichts besser machen als sich selbst‹ ganz gut weiterkomme, auch in meinen Beziehungen zu dem Mitmenschen.« Bei diesen Mitmenschen spielten schon immer (allerdings ohne Besserungswünsche) meine Freundinnen eine große Rolle: Da war Irmgard Krückmann, mit der ich in diesem Jahr mein dreißigjähriges Freundschafts-Jubiläum feierte; Jutta von Drigalski kam ab und zu mit ländlichen Gaben von Preetz in Holstein herüber, und mit Bärbel Schröter blieb ich in ständiger ›Obst- und Gemüseverbindung‹ nach Speerenberg in der Mark. Auch von Anneliese Schnurmann hörte ich über Sabine durch Freunde in der Schweiz. Sie selbst schrieb mir nie, um mich nicht zu gefährden. Dafür träumte ich umso mehr von ihr: ›Uhland 1609‹, rief ich immer wieder an, und sie meldete sich nicht oder war gerade wieder abgereist. Oder wir saßen im Café, endlich wieder zusammen, und der Ober brachte den bestellten Kuchen nicht, bis ich vor Hunger auf nassgeweintem Kissen aufwachte. Und bei jeder Wiederholung dieses Traumes hoffte ich: Diesmal ist es wirklich, diesmal kein Traum, diesmal ist sie da – und der ganze Spuk hat ein Ende! Und am Tag erzählte ich dann meinen Jungens von ihr und lehrte sie, Tante Anneliese und die Juden zu lieben.

Hitler schritt seiner Endlösung entgegen. Der selbstgewählte Tod Jochen Kleppers[360] bewegte uns, die wir ihn kannten, sehr. Walter hielt in der Annen-Kirche eine Gedenk- und Trauerfeier für ihn, wobei er aus seinen Gedichten las. Wir waren eigentlich sicher, dass dies Folgen für uns haben würde; doch seltsamerweise geschah nichts – nicht mal eine der vielen Hausdurchsuchungen, an die sich Erna so schwer gewöhnte, die meine Kinder aber für zum Leben dazugehörig hielten. Ebenso selbstverständlich fanden sie es, dass oben in unserem Mansardenzimmer ab und zu Leute wohnten, denen ich Essen raufbrachte oder die ich selbst zu den Mahlzeiten herunterholte. Auch dass sich bei mir Reise-Fleischmarken sammelten, die mir nach den Gottesdiensten zugesteckt wurden, brauchte ich ihnen nicht zu erklären. Wir brachten sie ja gemeinsam zu Doktor Rosenstein (dem alten Dahlemer Arzt und ›Sternträger‹,[361] den seine ›arische‹ Frau schützte), damit er die Marken an seine Patienten weitergebe. Denn wir alle hatten unsere Fleischra-

---

360 Jochen Klapper hatte sich am 11. Dezember 1942 in Berlin gemeinsam mit seiner jüdischen Frau und deren Tochter das Leben genommen, um der drohenden Deportation zu entgehen.
361 D.h. er war Jude und musste seit 1941 einen gelben Stern als Kennzeichen tragen.

tion um fünfzig Gramm erhöht bekommen, aber unseren jüdischen Mitbürgern wurde keine Fleischkarte mehr ausgehändigt. Von solchen Aktionen durften die Jungens ruhig wissen; sie hielten den Mund und wussten, dass ihre Mutter vielleicht verschwand, wenn sie darüber redeten. Zu der alten Näherin, die im Norden von Berlin wohnte und ihren Abholungsbescheid bereits erhalten hatte, habe ich sie natürlich nicht mitgenommen. Die Gute hatte, während ich bei ihr war, so große Angst, dass sie mich kaum hereinlassen wollte: Es könnte doch sein, dass man früher käme und mich dann auch mitnähme. So fuhr ich nach einer Viertelstunde und der Abgabe von etlichen Stärkungsmitteln mit schlechtem Gewissen und sehr bekümmert wieder heim. Wir hörten nichts mehr von ihr. Eine gute Bekannte der Eltern, Fräulein Cohn (Fürsorgerin, Anfang siebzig, die mit ihrer Freundin, einer Kindergärtnerin, lebenslänglich in Freundschaft zusammengelebt hatte), wurde auch abgeholt. Vorher hatten beide meinen Vater um Gift gebeten. Ich weiß nicht, ob er es der Jüdin gegeben hat. Bei meinen Schwestern, die ihn am Ende des Krieges darum baten, hat er es in meiner Gegenwart abgelehnt. »Man nimmt es immer im falschen Moment«, sagte er einfach. Und damit hatte er nicht unrecht. Unser guter Doktor Rosenstein, mit dem wir persönlich befreundet waren, hat die schlimme Zeit jedenfalls überlebt. Einmal musste ich ihn um Hilfe bitten, als ein jüngerer, geistesgestörter Mann aus unserer Gemeinde mir einen morgendlichen Besuch abstattete und zu sterben wünschte. Er hätte Gift genommen. Walter war nicht da. Ich bat Erna darum, Rosenstein zu rufen, obwohl er diesen Patienten eigentlich gar nicht behandeln durfte. Er kam eilends und enthob mich der Verantwortung, indem er ihn nach Hause brachte. Er wäre auch bei mir nicht gestorben – es war kein Gift, sondern Bohnenkaffee!

6.2 Die Verhaftung von Angehörigen der Familie Bonhoeffer

Ich saß mit meinem Frauenkreis unten im Pfarrhaus in der Pacelli-Allee, als Frau Arndt die Bibelarbeit unterbrach und sagte, ich möge sofort bei meinen Eltern anrufen. Ursel war am Apparat und bat mich, umgehend zum Roseneck zu kommen. Ich löste den Kreis auf und rannte hin. Es war etwa Mittagszeit, und ich bat Erna, die Kinder zu versorgen. Jetzt war mir klar, dass die Gewitterschwüle, die wir in letzter Zeit in der Familie erlebt hatten und die wir mit größter Mühe vor ein paar Tagen am 75. Geburtstag meines Vaters aufzuheitern versucht hatten, vorüber war. Es hatte eingeschlagen. Ich traf Ursel mit einem kleinen Köfferchen in der Hand. Dietrich, Hans und Christel waren verhaftet worden. Irgendjemand holte die Dohnanyi-Kinder zu den Großeltern. Wir hatten vor, von Frauengefängnis zu Frauengefängnis zu ziehen, um nach unserer Schwester zu fragen. Das Köfferchen enthielt Waschzeug, Wäsche und ein kleines Kissen. Christel hatte erst vor Kurzem eine Unterleibsoperation durchgemacht und war noch rekonvaleszent. Ich weiß noch, wie sie mir am Krankenbett im Franziskus-Krankenhaus gesagt hatte: »Ich hätte das alles viel leichter haben können – aber vielleicht möchten wir, wenn die Nazis weg sind, doch noch mal Kinder haben.«

Ursel hatte die Adressen von fünf Frauengefängnissen herausgesucht. Wir fuhren mit der BVG[362] und der Stadtbahn von einem zum andern, quer durch Berlin. Wir antichambrierten und sagten dann überall unser Sprüchlein her, dass wir unserer Schwester, die heute hier eingeliefert worden wäre, Waschzeug bringen wollten, falls sie nicht zur Nacht zurückkäme. Immer erfolglos. »Is da oben 'n Eingang, Christine?«, fragte der Moabiter Pförtner am Telefon. Der Nachname ›von Dohnanyi‹ ließ sich für ihn wohl zu schwer aussprechen. Es wurde uns stets mitgeteilt, dass wir am falschen Ort seien. Sehr niedergeschlagen und unglücklich kehrten wir zu den Eltern zurück. Wir wussten ja nicht, dass Christel als ›staatsgefährlich‹ nur unter einer Nummer eingeliefert worden ist. Es war Klaus bei der Suche nach Dietrich und Hans genauso ergangen. Da Hauptsicherheitsamt und Wehrmacht in diesem Fall schlecht zusammenarbeiteten, dauerte es etliche Tage, bis Paul von Hase[363] festgestellt hatte, dass Christel im Polizeigefängnis am Kaiserdamm, Dietrich in Tegel und Hans im Offiziers-Gefängnis Moabit war. Nun galt es, Gesuche einzureichen für die Erlaubnis, Wäsche, Zigaretten, Lesestoff und Lebensmittel zu bringen. Alles gesondert anfordern! Mein Vater setzte das ziemlich schnell durch, sodass kaum eine Woche verging, bis sie die ersten Grüße hatten – bei Christel ging es am schnellsten. Doch eine Besuchs-

---

362 Abkürzung für den öffentlichen Nahverkehr (1928 unter dem Namen Berliner Verkehrs-Aktiengesellschaft gegründet, 1938 in Berliner Verkehrs-Betriebe umbenannt).

363 Ein Cousin von Paula Bonhoeffer, damals Stadtkommandant von Berlin. Er gehörte zur Widerstandsgruppe des 20. Juli und wurde am 8. August 1944 in Berlin-Plötzensee hingerichtet.

erlaubnis gab es erst nach sechs Wochen (das heißt: dann konnte man sie beantragen).

Draußen war ungewöhnlich schönes Wetter. Seit dem April 1943 – dem Zeitpunkt der Verhaftung – liegt für mich ein Schatten auf solchen Frühlingstagen (den meisten ging das erst ab 1945 so). Ich trabte oder radelte mit Büchern (dicken Bänden von meiner Dickens-Ausgabe, damit es recht viel zu lesen gäbe) ins Polizeigefängnis, ging in den obersten Stock und gab dann an einer Barriere die Sachen ab – auch Kaffee, Schokolade und Zigaretten, womit Christel sich Freunde machen sollte. Zu den Eltern ins Haus kam damals eine Frau, die Grüße brachte und sich als Wärterin bezeichnete. Sie wäre bereit, Lebensmittel und auch Geld zu Christel zu bringen. Meine Mutter machte für sie und für Christel gleiche Pakete. Wenige Tage später war sie wieder da und nahm alles mit. Sie erzählte auch, wo Christels Zelle war und dass sie morgen um zwölf Uhr dort aus dem Fenster schauen und winken würde. Ich ging mit meiner Mutter auf der Rückseite des Gefängnisses auf und ab, bis die Zeit herangekommen war. Wir starrten hinauf – nichts. Wir warteten, hofften; ich versuchte, meiner Mutter alle Möglichkeiten zu schildern, warum es nicht geklappt hätte: Vielleicht war Christel zum Verhör abgeholt oder verlegt oder es war jemand mit ihr in der Zelle? Aber meine Mutter wollte nicht heimgehen. Schließlich konnte ich ihr einreden, dass sich an einem Fenster etwas bewegt hätte (ob es das lange Starren in der Sonne war, dass uns die Augen flimmerten?). Als sich das nicht wiederholte, konnte ich sie heimbringen. Auf die richtige Lösung, nämlich dass wir einer brutalen Schwindlerin aufgesessen waren, kamen wir nicht. Als ich kurz darauf wieder Sachen in Gefängnis brachte, wurden sie mir nicht abgenommen, ohne Angabe eines Grundes. Nun machten wir uns Sorgen, dass die illegalen Beziehungen herausgekommen wären. Aber kurz darauf erfuhren wir, dass Christel am Alexanderplatz untergebracht wäre – und ehe wir ihr dort etwas bringen konnten, war sie bereits in Moabit; in ihrem Gepäck immer meine schweren Dickens-Bände mitführend. Zweimal konnte ich sie noch im Moabiter Frauengefängnis (in einer Zweigstelle in Charlottenburg) besuchen, ihr etwas bringen und sie von den Büchern befreien; dann kam ein Anruf von ihr: »Ich komme nach Hause, holt mich am Bahnhof Heerstraße ab.« Vor Freude konnte ich immer leichter weinen als vor Kummer. Drei Wochen blieb sie noch in der Nussbaum-Allee[364] zur Erholung. Mein Vater brachte dort seine Patienten unter. Dann war sie so weit gestärkt, dass sie zu ihren Kindern nach Sacrow[365] konnte. Bald hatte sie auch ihren alten, unverwüstlichen Humor zurück und erzählte von ihrer Gefängniszeit herrliche Geschichten. Trotzdem blieb der dauernde Druck, dass Hans und Dietrich noch inhaftiert waren. Christel war beiden bei ihren Verhören gegenübergestellt worden und konnte nun den Eltern auch davon und von der ruhigen, sicheren Haltung der Gefangenen berichten.

Als Christel nach ihrer Verhaftung eingeliefert worden war (also an dem Nachmittag, als wir nach ihr suchten), hatte sie sich sofort auf die Pritsche gelegt. Kurz darauf war die Tür aufgerissen worden, und eine Wärterin hatte sie angeschrieen: »Aufstehn! Liegen ist erst ab 18 Uhr erlaubt!« – »Machen Sie die Tür zu«, sagte Christel, »ich habe ein ärztliches Attest«, und sie drehte sich zur Wand. Es wurde nie angefordert und war ja auch nicht da. Am Abend öffnete sich die Zellentür wieder, und ein Kanten Brot flog herein. Sie ergriff ihn, warf ihn im selben Moment wieder heraus und rief: »Tür zu!« Am Morgen war man schon vorsichtiger und stellte ihr ein Getränk und ein Stück Brot auf die Erde. Da stand es noch, als der Suppenteller gebracht wurde. Sie stellte ihn dazu. Sie konnte (so wie ich) bei gutem Willen tagelang hungern. Aber man dachte an Hungerstreik, und die Oberwärterin kam, um ihr gut zuzureden. Sie verlangte eine Diät, sie wäre krank – und bekam das auch. Übrigens hatte sich Dietrich im Männergefängnis ebenso durchgesetzt und wurde nun höflich bedient. Am zweiten Tag durfte Christel im Hof eine halbe Stunde alleine im Kreis laufen, unter der Aufsicht eines Polizisten. Der sah sich die wohl etwas ungewöhnliche Gefangene ein Weilchen an und fragte dann: »Na, unvorsichtig gewesen?« – »Ich nicht«, antwortete Christel, »aber Sie jetzt.« Ihre absolute Schlagfertigkeit war ihr also nicht abhanden gekommen. Bei ihren Vernehmungen stellte sie sich ›Mullekin doof‹[366] – »als ob ich immer nur im Kochtopf gerührt

---

364 In der Nussbaum-Allee 38 unterhielt die Berliner Charité eine universitätsmedizinische Klinik für Psychiatrie.
365 Sacrow ist ein Ortsteil von Potsdam und grenzt südwestlich an den Großraum Berlin. In der ersten Hälfte des 20. Jahrhunderts haben sich etliche wohlhabende Berliner Bürger dort niedergelassen. Auch Hans und Christine von Dohnanyi sind gemeinsam mit ihren drei Kindern Barbara, Klaus und Christoph in eine Villa nach Sacrow gezogen.
366 S.o. Anm. 162 (S. 316).

hätte«, sagte sie. Da sie über alles völlig orientiert war, wusste sie auch, worauf man bei ihr hinauswollte und führte den Untersuchungsrichter mit Vergnügen in die Irre. Dabei mimte sie ständig die Schwerkranke. Wurde sie nach Namen gefragt, kannte sie den und jenen aus der Zeitung oder war mit einem kleinen Mädchen dieses Namens ins fünfte Schuljahr gegangen. Das üble Weib, das uns mit den Paketen betrogen hatte, war ihr überhaupt nicht begegnet – aber eine der Wärterinnen, die wohl herausbekommen hatte, wer diese ›Nummer‹ ist, war zwei Tage nach ihrer Einlieferung versetzt worden. Sie muss es wohl gewesen sein. Nachforschen war ja unmöglich. Die letzte Gefängnisvorsteherin war eine Bekannte von Gertrud Staewen[367] und Christel somit wohlgesonnen. Voller Entsetzen hatte sie erzählt, dass dort schon längere Zeit eine Jüdin einsaß, die mit der ihr gelieferten Schreibmaschine Seiten voller Denunziationen derjenigen schrieb, die ihr geholfen hatten. Die Wärterin war machtlos dagegen, da der Hauptsicherheitsdienst dahinter stand. Gift in die Suppe zu schütten – dazu ist der preußische Beamte eben nicht erzogen. Doch wäre es barmherzig gewesen, denn geholfen hat es dieser Gefangenen sicher nichts, nachdem sie ausgequetscht war.

Da mein Bericht über meine Besuche bei Dietrich ja gedruckt vorliegt,[368] brauche ich darüber nicht zu schreiben. In meinem Tagebüchlein steht fast an jedem Freitag ›Tegel‹. Falls die Stadtbahn ging, war mein Weg folgender: mit der Elektrischen bis zum Hohenzollerndamm, umsteigen am Westkreuz Richtung Heerstraße, von dort zu den Eltern, Köfferchen fassen, zurück zur S-Bahn, am Westkreuz umsteigen in den Nordring, im Wedding aussteigen und in die Straßenbahn bis zum Untersuchungsgefängnis. Zurück entweder genauso oder direkt nach Hause und am Nachmittag noch mal zu den Eltern. Luftangriffe bei Tag waren damals noch eine Seltenheit, aber durch die nächtlichen Angriffe waren die Verkehrsverbindungen oft gestört. So bin ich die Strecke meistens

---

367 Gertrud Staewen (1894–1987) war evangelische Fürsorgerin und seit 1936 im Burckhardthaus-Verlag in Berlin-Dahlem tätig. Sie gehörte zur Bekennenden Kirche in der Dahlemer Kirchengemeinde und unterstützte getaufte Juden, die von der Deportation bedroht waren. Nach dem Krieg arbeitete sie als ›Engel der Gefangenen‹ im Männergefängnis Berlin-Tegel und half beim Aufbau der Gesellschaft für christlich-jüdische Zusammenarbeit in Berlin.

368 Susanne Dreß: Begegnungen in Tegel. In: ZIMMERMANN, WOLF-DIETER (Hg.): Begegnungen mit Dietrich Bonhoeffer. Ein Almanach, München ²1965, S. 158–164; ebenso in: BETHGE, EBERHARD/BETHGE, RENATE (Hg.): Letzte Briefe im Widerstand. Aus dem Kreis der Familie Bonhoeffer, München 1984, S. 116–121.

mit meinem geliebten Fahrrad (das ich einmal bei einer Tombola gewonnen hatte) entlang gefahren – über die Heerstraße und Siemensstadt an Kanälen vorbei, durch die Jungfernheide und andere kleine Waldungen bis hin zum Gefängnis. Es ist erstaunlich, was man damals trotz Unterernährung körperlich geschafft hat – unter seelischem Druck und mit der ständigen Angst um die Kinder, falls doch ein Angriff kommt. Da die Familie ja erst drei,[369] dann zwei,[370] dann vier[371] und schließlich sechs Personen[372] im Gefängnis mitzuernähren hatte, wurde der Riemen natürlich noch enger geschnallt, und auch die Kinder verzichteten auf ihre Sonderrationen.

Einmal hatte ich in der Nähe vom Bahnhof Gartenstadt auf freier Strecke neben einem Kanal eine Fahrradpanne. Irgendetwas mit Rücktritt und Freilauf, das Kugellager war wohl zerbrochen. Da versagte meine technische Begabung. Nach Hause schieben auf dem Vorderrad, dem wäre ich kaum gewachsen gewesen – und dummerweise hatte ich keinen Pfennig Geld bei mir. In dieser Situation nahte sich mir ein Arbeiter auf dem Rad. Er sah meine Bemühungen und stieg ab, aber auch er konnte den Schaden nicht beheben. Wo ich denn wohnte? In Dahlem, musste ich leider gestehen. Wie ich denn ausgerechnet hierher käme? Da erzählte ich ihm von meinem Bruder und dass ich diese Tour jede Woche machte. Sofort war eine unwahrscheinliche Brüderlichkeit hergestellt. Er holte seine Geldbörse heraus und gab mir das Fahrgeld für mich und das Rad bis zum Hohenzollerndamm. Dort konnte ich es dann in den nächsten Fahrradladen bringen. Ich bat ihn, mir doch seine Adresse zu geben, damit ich ihm die zwei Mark zurückschicken könne, aber das wies er weit von sich. »Bei Ihrer Situation tut man das doch gerne«, sagte er – und ließ dabei offen, welche Situation gemeint war: die Panne oder der Gefängnisbesuch. Er schleppte mein Rad sogar bis nach Gartenstadt, während ich seines schob.

---

369 Dietrich Bonhoeffer sowie Hans und Christine von Dohnanyi seit ihrer Verhaftung am 5. April 1943.
370 Christine von Dohnanyi wurde nach wenigen Wochen in Haft wieder freigelassen.
371 Nach der Verhaftung von Klaus Bonhoeffer und Rüdiger Schleicher.
372 Zusammen mit Eberhard Bethge und Justus Delbrück, der als enger Freund von Klaus wie ein Bruder betrachtet wurde.

6.3 Luftangriffe auf Berlin

Die Luftangriffe auf Berlin hatten sich verstärkt, sodass wir unseren privaten Luftschutzkeller fast jede Nacht benutzten. Anschließend stiegen wir dann aufs Dach und schauten in Richtung der Eltern und der Gefängnisse, ob da Großfeuer wären. Ich hatte mir angewöhnt, den Kindern, bis sie eingeschlafen waren, harmlose Märchen zu erzählen. Die Flak donnerte laut, und ich war gerade dabei, von der kleinen Biene zu berichten, die in einen Blütenkelch kriecht, als ich das scharfe Pfeifen einer nahen Bombe hörte. Ich werde es nie vergessen, wie ich weitererzählend dachte: Besser geschieht es mit Märchen, als in bloßer Angst! Dann flogen die Wände und Fenster um uns herum, und vor lauter Mörtelstaub konnte man kaum noch atmen. Ich habe die Kinder auf meinen Schoß gerissen, und Andreas begann zu weinen – während Michael jubelte: »Es ist uns ja gar nichts passiert!«

Mit der Luftschutzwart-Frau, mit der ich in den oberen Wohnungen während der Angriffe schon manche Brandbombe gelöscht hatte – die Kinder dem Vater überlassend – stellte ich fest, dass unser Haus noch stand und nirgends Feuer brannte. Die inneren Mauern allerdings waren, soweit sie neu eingezogen wurden und nicht aus dem Jahrgang 1901 stammten, zu Bruch gegangen. Nach der Entwarnung sahen wir, dass das Dach weg war; auch das Mansardenzimmer war zerstört, und von der Küche über Ernas Zimmer bis zum Bad mit WC war nun ›großdeutscher Raum‹ entstanden. Die Küchenschränke mit Geschirr lagen kreuz und quer herum – und doch waren wir guter Stimmung. Der ›Alarm-Pudding‹ im Esszimmer war splitterfrei erhalten geblieben. »Wie gut«, sagte ich zu Erna, »dass wir abends nicht mehr abwaschen. Da haben wir doch Arbeit gespart.« Immerhin galten wir nun als ausgebombt, obwohl es sich in den anderen Zimmern noch leben ließ. Drei kräftige junge Mädchen, Töchter von Frau Schmidt-Dumont, kamen am nächsten Tag und richteten mir mit Lust und Kraft die Küche wieder ein. Die Kinder amüsierten sich beim Sortieren der Dachziegel. Anstelle der eingestürzten Mauern spannten wir große Stoffstücke, und um der Geräusche willen stellten wir Ernas Bett ins Kinderzimmer, damit das Bad besser zu benutzen war. Wir bekamen einen Gutschein für Geschirr. Die Mauern sollten bald wieder hergestellt werden – und siehe da, es erschien tatsächlich ein Fliesenleger für das Bad! Ich führte ihn hinein, und er musste zugeben, dass er verfrüht gerufen worden war. Wesentlich später kamen sogar Maurer. Aber das hat wenig genutzt, denn im Herbst brach bei der nächsten Luftmine alles wieder auseinander und wurde nicht mehr repariert. Wer jetzt noch ein Zimmer zum Bewohnen hatte, musste froh sein, und nur noch Totalschaden konnte angemeldet werden. Die Kacheln kamen also nie wieder. Da ich mich wegen der inhaftierten Familienmitglieder und meinen Eltern nicht aus der Stadt wegbewegen wollte, blieben auch die Kinder vorerst noch in Berlin.

»Mein Jott, mein Jott – im Garten liegt 'ne Bombe«, schrie die alte Frau Teichmann und stürzte auf unsere Terrasse. Ich ging mir die Sache ansehen: Das Geschoss steckte mit dem stumpfen Ende tief in der Erde und ragte mit der blank-silbernen Spitze fast zwei Meter heraus. Ich schickte die Kinder zurück und wartete auf die benachrichtigte Feuerwehr. Irgendein Luftschutz-Beamter erschien auch, näherte sich dem Ungetüm aber nicht und befahl mir, ins Haus zu gehen. Als die Entschärfer-Truppe anrückte und ich ihnen die Bombe zeigte, war ich erstaunt, wie auch sie zurückwichen. Ich konnte mich nicht entschließen, dieses Ding für gefährlich zu halten – trotzdem musste ich so schnell wie möglich die wichtigsten Sachen aus dem zum Garten liegenden Teil auf die andere Seite der Wohnung schaffen. Dann hatten wir unser Zuhause zu räumen. Ich sehe mich noch ein halbes gebratenes Kaninchen aus dem Backofen nehmen und ins Schlafzimmer tragen – mehr taten wir nicht (ich, weil ich nicht glaubte, dass etwas passieren würde; Vater[373] und Erna, weil sie möglichst schnell den Ort zu verlassen wünschten). So bat ich telefonisch Mutter Dohnanyi, die nicht weit von uns am Roseneck wohnte, um Obdach. Natürlich war sie sofort bereit. Für die Kinder war es sehr aufregend, und die gute ›Omo‹, wie ihre Enkel sie nannten, hatte auch gleich alles erdenkliche Spielzeug zusammengesucht. Von den uns ausweisenden Beamten hatten wir Karten für eine Obdachlosen-Speisung in der Franzensbader Straße bekommen. Das wollten wir doch auch miterleben. In einer großen Baracke bekamen wir jeder einen guten Schlag Essen von freundlichen NSV-Damen, die fröhlich an den Endsieg glaubten. Die Gestalten, die um uns herum saßen (zum Teil wirklich obdachlos

---

[373] Gemeint ist der Ehemann Walter Dreß.

und schon mehrmals ausgebombt) schienen uns weniger gewiss. Es wurde erstaunlich viel geschimpft. Für den Abend bekamen wir ein Stullenpaket mit. Mich hat diese bemühte Versorgung trotz meiner Wut auf alles doch irgendwie gerührt. Mutter Dohnanyi hatte für die Kinder bereits Betten zurechtgemacht und für uns Liegen. Es war uns verboten, das bedrohte Gelände zu betreten. Eine große Explosion hätte man sicher gehört. Schließlich ging Walter um 18 Uhr zu unserem Haus. Tapfere Männer hatten festgestellt, dass es sich bei unserer ›Bombe‹ um nichts als die Hülle für einen sogenannten ›Weihnachtsbaum‹ gehandelt hatte, der ja nur zur Ausleuchtung der Gegend diente. So kehrten wir friedlich zurück, und die Kinder konnten das hohle Monstrum bewundern. Am nächsten Tag wurde das wertvolle Metall abgeholt. Mutter Dohnanyi hätte uns gerne noch länger behalten – aber ›eigener Keller‹ war zu dieser Zeit ›Goldes wert‹.[374]

Hans-Walter Schleicher war als Bordfunker eingezogen worden. Er hatte das seiner großen Musikalität zu verdanken. Renate verlobte sich mit Dietrichs Freund Eberhard Bethge (zu Michaels Entsetzen, weil er sie bisher noch als Kind gekannt hatte). Auch Dietrichs Verlobung, die schon eine Weile im Geheimen bestand, wurde nun, da er in Haft war, von der Brautmutter öffentlich gemacht, damit Maria die Erlaubnis bekam, ihn zu besuchen. ›Z.Zt. Untersuchungsgefängnis Tegel‹ war in den Kreisen, zu denen das Brautpaar gehörte, keine Schande mehr. So wie damals, als mein Vater, immer wenn einer seiner Söhne inklusive Schwiegersöhne durch die Nazis amtsgeschädigt wurde, dies zum Anlass nahm, mit demjenigen und der Familie bei Kempinski eine Flasche Sekt zu trinken. Maria von Wedemeyer zog zu den Eltern. Sie wollte wohl in Dietrichs Nähe sein. Aber mit ihren neunzehn Jahren, die sie bisher auf einem ländlichen Gut verbracht hatte, war sie in der städtischen Atmosphäre bei den alten Schwiegereltern und den sehr viel älteren Schwägerinnen überfordert. Meine Eltern wandten sich ihr mit großer Liebe zu, auch wir Geschwister. Ich las neulich bei Bethges einen Brief, den ich Dietrich zu seiner Verlobung ins Gefängnis geschrieben hatte, und der wirklich sehr herzlich gratulierend war.[375]

---

374 Abwandlung des bekannten Sprichworts ›Eigener Herd ist Goldes wert‹.
375 Nicht erhalten.

Aber Maria fühlte sich trotzdem nicht wohl bei uns – jedenfalls hat sie sich später so geäußert. Ich weiß noch, dass in dieser Zeit ihre Großmutter, eine alte, sehr würdige Frau von Kleist, meine Eltern besuchen kam und wir drei Schwestern zum Tee gebeten wurden. Ich dachte, ich sehe nicht recht, als Ursel und Christel tief in die Knie gingen und ihr die Hand küssten. Ich brachte das nicht fertig. Es schien, als läge eine ganze Generation zwischen meinen Schwestern und mir, und ich reichte der alten Dame freundlich die Hand. Maria, fünfzehn Jahre jünger als ich, war diesen Hofknicks mit Handkuss gegenüber der Großmutter durchaus gewohnt. Es lag also nicht nur an der Generation, die eine andere war – wir lebten in verschiedenen Welten. Meine Schwestern fanden es falsch, dass ich den Handkuss weggelassen hatte; doch ich berief mich auf meinen geistlichen Stand und erklärte, dass ich niemandem, den ich nicht kenne, die Hand küsse. Meine Mutter stand mir bei. Zwar habe ich ihr nach 1945 beim Abschied oft die Hand geküsst, aber das hat sie nicht erwartet.

Dietrich hatte darum gebeten, dass Renates Hochzeit nicht aus Rücksicht auf ihn verschoben würde. Christel brachte es noch nicht fertig, zu diesem Fest zu gehen; so vertrat uns Michael, und ich hütete nach dem Gottesdienst zusammen mit Christel im Nebenhaus von Schleichers die kleineren Kinder. Ich mochte Christel nicht alleine lassen. So rückte ich mit den erwachsenen Neffen und Nichten (Klaus von Dohnanyi war Flak-Helfer) doch deutlich in die dritte Generation. Im Jahr darauf war ich dann Großtante.[376]

Nicht aus unserer Gemeinde stammend, aber weil sie gerne in der Annen-Kirche getraut werden wollte, erschien ein ungewöhnlich reizvolles junges Mädchen bei uns, der Walter nichts abschlagen konnte. Herr und Frau H. gehörten nach ihrer Trauung zu den meist gesehenen Gästen bei uns, und ich hatte meine Freude an dem Faible, das Walter für sie hatte. Auch bei ihnen waren wir oft, weit draußen am Griebnitz-See. Nach einem halben Jahr begann sie mir zu klagen: Der Altersunterschied war sehr groß, und er hatte sie schon geliebt, als sie noch ein Kind und er bereits erwachsen war. Nun wollte er keine Kinder haben – die Umstände

---

[376] Die Hochzeit von Eberhard Bethge und Renate Schleicher fand am 15. Mai 1943 statt; Renate war damals 17 Jahre alt. Im folgenden Jahr wurde der Sohn Dietrich Bethge geboren, dessen Großtante Susanne Dreß war.

wären nicht danach. Ich redete ihr gut zu, sie hätte mit ihren zwanzig Jahren ja noch so viel Zeit, dass der Spuk bis dahin vorbei sein könne. Er arbeitete in irgendeinem Ministerium und litt entsetzlich unter den bösen Verhältnissen und seiner Tätigkeit. »Ich kann es mit einem so pessimistischen Menschen nicht mehr aushalten«, sagte sie mir. »Ich weiß ja, dass alles schrecklich ist – aber ich will es nicht hören. Jetzt bin ich jung, und jetzt will ich richtig und glücklich leben.« Ich riet zu einer zeitweisen Trennung, damit die wundgeriebenen Stellen verheilen könnten. Zu ihren Eltern wollte sie nicht zurück, so bot ich ihr unser Mansardenzimmer an. Dort hatte sie sturmfreie Bude mit eigenem Eingang, einem Badezimmer und sogar einem Dachgarten für sich. Wie oft der junge Lyriker, mit dem sie Gedichte ausgetauscht hatte, da hinaufstieg, wusste ich nicht und wollte es auch gar nicht wissen. Wie viel Zeit habe ich mit gut Zureden nach beiden Seiten hin verbracht! Ob er nun zuerst »du Aas« gesagt hatte und sie dann aus der Badewanne mit der harten Körperbürste nach ihm geworfen hatte oder umgekehrt – wie sollte ich das ergründen? Als ich von den kurzen Ferien zurückkam (vierzehn Tage Friedrichsbrunn mit den Kindern und dem Entschluss, sie dort zu lassen), war sie ausgezogen. Die Scheidung lief an, und nun kam jeder von beiden und wollte mich für sich zum Zeugen haben. Ich hatte weiß Gott anderes im Kopf und musste mir unverschämte Briefe von Rechtsanwälten gefallen lassen. Erst als ich durch meinen Rechtsanwalt-Bruder[377] schreiben ließ, ich wolle mit der Geschichte nicht das Geringste zu tun haben, bekam ich Ruhe. Solche Erfahrungen sammelt man eben auch als Pfarrfrau (und ich muss gestehen: In Ehesachen war ich seitdem ein gebranntes Kind und ließ die Leute ihre Betten möglichst allein machen). Nach der Scheidung besuchte uns der Ex-Ehemann noch einmal und entschuldigte sich für seinen Rechtsanwalt. Er würde jetzt bald wieder heiraten. Ich fragte, ob er bereits etwas im Auge hätte. »Ach nein, aber ich gehe am Sonntag ins Olympiastadion und sehe mir mal die Figuren im Badeanzug an.« Ich riet ihm, auch etwas auf den Hinterkopf zu achten, aber das wollte er nicht. Sie schrieb nach dem Krieg aus Süddeutschland, zusammen mit ihrem Lyriker.

---

377 Klaus Bonhoeffer.

6.4 Übersiedlung nach Friedrichsbrunn

Länger als vierzehn Tage hatte ich nicht von Berlin fortbleiben wollen, um der Eltern und der Gefangenen willen. Als wir oben im Friedrichsbrunner Häuschen waren, kamen die schweren Angriffe auf Hamburg, und in Berlin schlossen die Schulen und wurden ausgelagert. So schien es uns das Beste, die Kinder oben zu lassen und Michael in der dortigen Dorfschule anzumelden. Wenige Tage später kam auch meine Schwägerin Grete mit ihren vier Kindern dazu, gemeinsam mit der Großmutter und mit einem Hauslehrer für ihre beiden Gymnasiasten-Söhne. So zogen wir uns in ein Zimmer mit Kammer zurück. Die Küchenbenutzung war gemeinsam, und das störte keinen. Walter und ich fuhren eilig heim, um für die Kinder das Notwendigste für einen längeren Aufenthalt zusammenzupacken. Es war mehr, als man dachte. Da Fracht kaum noch angenommen wurde (alles verließ ja damals Berlin), blieb mir nichts anderes übrig, als Koffer und Bündel mit Fahrkarte aufzugeben und drei Wochen lang im Wechsel mit Erna hin- und herzufahren. Die Holzlastwagen, die leer von Friedrichsbrunn kamen, nahmen das Gepäck mit herauf, und ich lief die acht Kilometer mit einem Rucksack voller Lebensmittel zu Fuß nach oben. Oft kam mir dann Erna mit den Kindern entgegengelaufen. Für sie war das Landleben ja herrlich. Der riesige Garten, der fast ganz aus einer großen Wiese bestand – aber auch das Spielen im Wald und an den Bächen und in halbverfallenen Köhlerhütten! Das schön bemalte Indianer-Zelt hatte ich auch mit hinaufgebracht (Stäbe dafür gab es oben), und so waren meine Söhne mit ihren drei Vettern und der kleinen Base immer vergnügt beschäftigt.

Das Schlimmste war, das erforderliche Holz für die Heizung zusammenzubekommen. Nie kamen wir aus dem Wald zurück, ohne große Zweige hinter uns herzuschleppen. Da unser Häuschen am Waldrand lag, ging das auch ohne Gefahr der Entdeckung durch den Landjäger. Später wurden uns die Stellen zugeteilt, wo man Holz sammeln durfte (natürlich für die Ortsfremden die am weitesten entfernten). Ich ging zum Amt: »Bin ich hier richtig?« (wie ich immer sagte statt ›Heil Hitler‹). Ich bestand darauf, als Ortsansässige behandelt zu werden, da wir in diesem Dorf Eigentum hatten, Steuern zahlten und länger lebten als manche anderen. Ich war den Leuten, die da saßen, ja als Kind bekannt gewesen, und sie hatten an meinen Geburtstagsfeiern teilgenommen. Ich war ziemlich deutlich geworden. So gelang es mir durchzusetzen, alles, was ich ohne Kutschfuhrwerk mit eigener Kraft an dürrem Holz bewegen konnte, ins Haus nehmen zu dürfen. Seitdem ging ich durch den Wald nur noch in der Hoffnung, dürre und trockene Tannen und Buchen zu entdecken. Andreas musste auf dem Weg Schmiere stehen. Michael und ich rüttelten dann den trocknen Baum und zogen ihn wie einen Zahn aus dem Erdreich.

Äpfel gab es im Herbst 1943 reichlich. Die gaben die Bauern gerne gegen viel Geld ab. Ich war ja (nachdem der Umzug beendet war) nur noch jeweils für eine Woche oben im Häuschen bei den Kindern und sonst den ganzen Monat über in Berlin. Um es auch Erna zu erleichtern und keine Topfguck-Küche mit Bonhoeffers Großfamilie anzufangen, holten wir gegen Marken mittags einen Eintopf vom Gasthaus. Das war meist ein Gemisch von Reis, Nudeln, Kartoffeln und Kraut durcheinander – aber man brauchte kaum Marken dafür. Dass es aus Tellerresten bestand, war unwahrscheinlich, denn damals ließ niemand etwas übrig. »Es schmeckt sicher viel besser, als was Onkel Dietrich bekommt«, sagte Andreas. Sein Lieblingsessen war ebenfalls im Gasthaus zu bekommen: Sardelle auf trockenem Brot (bloß gegen Brotkarte). Das habe ich ihm dann öfter spendiert. Außerdem gab es dort ein kaltes ›Heißgetränk‹, was den Kindern gut schmeckte. Einmal war Vater[378] oben, und wir machten Unsinn auf dem Heimweg und behaupteten, das Heißgetränk wäre Rotwein gewesen. Gleich darauf spielte der vierjährige Andreas derartig naturgetreu betrunken, dass wir uns sagten, das könne nur Erfahrung aus dem Dorf sein. »Sieh mal, das Dach da ist ganz schief, das rutscht runter«, grunzte er torkelnd, und auf den Lacherfolg hin steigerte er sich so, dass wir froh waren, ihn von der abendlichen Straße weg und im Bett zu haben.

Es war gut, dass die Fahrt nach Friedrichsbrunn nur drei Stunden dauerte, wenn kein Alarm kam. Wie oft musste ich in Halberstadt den Zug verlassen und in den unappetitlichen Bahnhofs-Bunker (oder – wenn der Zug die südliche Strecke fuhr – in Dessau). Um Zeit zu sparen, fuhr ich meist bei Nacht. Dass die ›Nacht nicht allein zum Schlafen da‹ war,[379] wurde zur Selbstverständlichkeit. Mit

---

378 Walter Dreß.
379 Anspielung auf den Schlager ›Die Nacht ist nicht allein zum Schlafen da‹ aus dem Film ›Tanz auf dem Vulkan‹ aus dem Jahr 1938 mit Gustav Gründgens in der Hauptrolle: »Die Nacht ist nicht allein zum Schlafen da,/ die Nacht ist da, dass was gescheh'./ Ein Schiff ist nicht nur für den Hafen da,/ es muss hinaus, hinaus auf hohe See!«

einem Glas Tee saß ich einmal sechs Stunden im Warteraum Sangershausen, weil der Anschlusszug nicht kam. Rundherum lag man auf Zeitungspapier und schlief. Mir bot man freundlich auch etwas an – aber warum sollte ich mich zwischen nicht gerade wohlriechende Soldatenleiber legen, wo ich sowieso nicht schlafen konnte? Wenn ich nach Friedrichsbrunn fuhr, wusste ich ja, dass ich dort in der nächsten Nacht Schlaf finden würde. Tagsüber kam dann Erna nach Berlin, damit sie Walter (der keine Sirene hörte) wecken und die Woche über versorgen konnte – bis sie sich weigerte, dies weiterhin zu tun. Walter und ich fuhren nie beide zusammen herauf, denn einer von uns sollte ja möglichst übrig bleiben.

Damals habe ich auch mein erstes Testament gemacht mit Bestimmungen für die Kinder. Wenn ich wieder runter nach Berlin fuhr, störte ich die Kinder nicht in ihrem Spiel; es war ihnen und mir lieber, dass wir uns so verabschiedeten, als ob ich nur kurz Milch holen ginge. Von Mal zu Mal wurde das Hin und Her selbstverständlicher und damit leichter.

Weihnachten 1943 wollte ich bei den Kindern verleben. Walter hatte ja an den Feiertagen sehr viel Dienst, und Erna wollte gerne bei ihren Geschwistern sein. Kurz zuvor hatten wir die ganz schweren Angriffe erlebt; in der Innenstadt sah es entsetzlich aus. Das Tiergartenviertel und Moabit wurden innerhalb von zwei Nächten zerstört. Der alte Vater Krückmann hatte, als die Bombe ins Haus fiel, zwar »Herein« gerufen – aber er und Irmgard, die an seinem Bett saß, blieben verschont. An den Türresten fand ich das Schild ›Krückmann jetzt Wannsee‹ und die Adresse der alten Frau Sauerbruch. Schwieriger war es, unser früheres Mädchen, Fräulein Emma, in Moabit aufzufinden, da die Fülle der kleinen Zettel vom Winde verweht war. Dann schrieb sie uns aus Schwerin, wohin sie in ein Altersheim verlegt wurde. Als ich mit Christel am Kleist-Park nach Bekannten von ihr suchte, entdeckten wir unter Trümmern ein unbeschädigtes Schild: ›Werft keine Bananenschalen auf die Erde! Sie gefährden das Leben.‹ Am liebsten hätte ich es mitgenommen und der Schildersammlung in meiner Küche hinzugefügt. Da hingen schon mehrere Plakate: ›Esst Fisch, dann bleibt ihr schlank, gesund und frisch!‹ – ›Esst mehr Obst‹ (wobei Apfelsinen, Bananen und Ananas das Auge erfreuten) – sowie ›An Zucker sparen, grundverkehrt, der Körper braucht ihn, Zucker nährt!‹ Diese Plakate hatte ich mir aus meinem Laden bei Beginn des Krieges erbeten. Ein fettes, hölzernes Schwein hatte ich zur Verlobung bekommen und ebenfalls aufgehängt; darauf stand: ›In der allergrößten Not schmeckt die Wurst auch ohne Brot.‹ Als meine Küche zerbombt war, habe ich diese Plakate geflickt, das Schwein wieder befestigt und mich an dem peinlich berührten Blick des kontrollierenden Luftschutzoberwarts gefreut.

Es war die Zeit, wo man zum Abschied einander sagte: »Bleiben Sie übrig!« Ich muss gestehen, dass ich (im Unterschied zu Walter) gar keine Lust zum Übrigbleiben hatte. Trotzdem fuhr ich am 22. Dezember 1943 mit kleinen Geschenken in einem unsagbar vollen Zug bei eisiger Kälte zu den Kindern. Erna war früh am Morgen mit ihnen nach Suderode gekommen, mit dem Arbeiter-Bus, damit sie gleich weiter nach Berlin fahren könne.

Ich musste mich dann mit ihnen bis zum Nachmittag, als der Bus zurückfuhr, dort aufhalten. Denn die Wege waren stark verschneit und mein Rucksack zu schwer zum Laufen. So setzten wir uns mit großer Selbstverständlichkeit in ein elegantes Kurhotel, sodass keiner uns rauswarf, und verbrachten mit Spielen und Geschichtenerzählen einen vorweihnachtlichen, frohen Tag, den die Kinder sehr genossen. Zusammen mit Friedrichsbrunner Arbeitern schwankten wir dann im Bus den Berg hinauf.

An Heiligabend beschloss mein Bruder Karl-Friedrich, mit seiner gesamten Familie in die Friedrichsbrunner Dorfkirche zur Christvesper zu gehen. Ich war dort nicht mehr gewesen, seitdem ich fünf Jahre zuvor den Gottesdienst unter Protest verlassen hatte, weil ich erfuhr, dass der Pfarrer ein munterer Thüringer Deutscher Christ wäre. Als aber mein kirchenferner Bruder seinen Wunsch äußerte, sagte ich nichts dagegen. »Was kann Heiligabend schon groß passieren?«, dachte ich. So füllten wir eine Bank und sangen Weihnachtslieder und hörten die Weihnachtsgeschichte. Dann ging die Predigt los. Also hat Gott die Welt geliebt. Aber welche Welt? Alle Menschen? Unmöglich, denn es gibt ganz schlechte, zum Beispiel die Engländer. Gott strafe sie! Aber lieben – nein. Etwa die Franzosen, den Erbfeind – wie sollte Gott so etwas tun? Spanien und Italien gingen durch mit leichten Einschränkungen (da sie ja leider katholisch waren); dann kam er zu den Russen. Die kannte Gott nicht einmal, weil sie ihn nicht anbeteten – wie könnte er auf die Idee kommen, so etwas zu lieben? Aber die Deutschen!

Da konnte er endlich mit seinem liebevollem Herzen landen und in die Dunkelheit das Licht, unseren geliebten Führer, senden ... Weiß Gott, ich übertreibe nicht! Den Mut zu einer Protesthandlung hatten wir nicht mehr. Wir waren bekannt und hätten nicht nur unsere Kinder und uns, sondern auch die Brüder im Gefängnis gefährdet. So drückte ich nur verzweifelt Michael das Gesangbuch in die Hand und sagte laut und vernehmbar: »Lies mal die schönen Lieder, da hast du mehr davon.« Wir hielten bis zum Schluss durch, und ich war sehr traurig, dass mein Bruder, wenn er schon mal in die Kirche ging, solchen Unsinn zu hören bekam. Michael hat seinem Vater dann noch einen sehr komischen Brief über diesen Gottesdienst geschrieben (er hatte also nicht eifrig gelesen, wie ich gehofft hatte, sondern die unmögliche Weihnachtspredigt voll und ganz mitbekommen). Er war ja damals schon acht Jahre alt und wusste, dass es auch solche Pfarrer gab. Er hatte übrigens für zu Hause mit den Vettern noch die Weihnachtsgeschichte vorbereitet, wie wir es früher im Kindergottesdienst gemacht hatten. Da ich ja erst kurz vor Weihnachten ankam, sollte es eine Überraschung sein und tröstete uns auch.

Die wunderbare Schneelandschaft, die ich damals miterleben konnte, erhielt die Kinder gesund. Von morgens bis abends waren sie draußen, in von mir fest gestrickten Anzügen aus einer wasserabstoßenden Dochtwolle. Das war die Zeit, wo im Zimmer in dem eisernen Öfchen die Bratäpfel schmorten, wir miteinander sangen und Gedichte lernten, erzählten und vorlasen.

Ja, das Wirtschaften in Friedrichsbrunn war nicht so einfach. Grete mit ihren vier Kindern, der Mutter und dem Hauslehrer hatte es sicher noch schwerer als ich, aber sie und die Kinder waren irgendwie geschickter im Schnorren in den Bauernhäusern. Oft kamen sie mit Eiern, Speck oder Milch zurück. Ich hatte als Kind mit all diesen Selbstversorgern gespielt – und nun erzählten sie mir, dass sie es so viel schlechter hätten als die Fremden mit den Lebensmittelkarten. Da habe ich natürlich nie um etwas gebeten. Die Wurstsuppe, die beim Fleischer oder beim Hausschlachten abfiel, bildete die Grundlage zu den seltsamsten Speisen. Zweimal in der Woche stand man vom Morgengrauen beim Gemüsewagen an und schleppte dann alles, was man bekommen konnte, nach Hause (denn der Bollerwagen war für Gretes Großfamilie). Einmal habe ich 125 Pfund Kartoffeln auf dem Buckel heimgeschleppt, ohne Pause; es war ein Weg von gut fünf Minuten – aber da kam er mir länger vor. Ein andermal hatte ich einen Kopf Rotkohl, konnte aber weder Säure noch Essig dazu bekommen. Grete lachte mich aus, als ich ihn in Zitronensprudel und selbsteingemachtem Himbeersaft kochte, damit es genießbar würde. Im Herbst hatte ich mit viel Mühe eine große Menge Apfelmus gekocht und den Rest in einer runden Wanne mit aufs Zimmer genommen, denn man soll ja niemanden in Versuchung führen. Dinge, die es auf Marken gab, wurden von allen heiliggehalten – aber so schönes, fertiges Apfelmus ... Da bat mich Grete doch lieber, es mit nach oben zu nehmen. Michael trug es für mich die Treppe hinauf; er half mir damals (ebenso wie Andreas) überhaupt mit großer Aufmerksamkeit. Das lachende Geschrei der beiden habe ich aber noch im Ohr, als ich mich ermattet im Dunkeln auf den Platz am Esstisch sinken ließ und das Apfelmus unter mir Wogen schlug. Ziemlich durchfeuchtet konnte ich, Gott sei Dank, mitlachen. Michael hatte eben keinen besseren Platz gefunden, da der Tisch schon gedeckt und sehr klein war und wir, wenn die Wanne auf dem bisschen freien Fußboden gestanden hätte, bestimmt auch hineingestolpert wären. Etwas ließ sich davon noch retten, und wir hatten ja auch schon viel Apfelmus eingemacht.

Größere Sorge machte uns die Feuerung. Ich kochte mit winzigen Stöckchen in der ›Hexe‹[380] oder oben im Zimmer, wenn wir heizten. Die Kohlenzuteilung war sehr gering; da wir aber zu dritt in einem Zimmer wohnten, hatten wir es besser als Gretes Familie. Immerhin war es nie sicher, ob wir in Friedrichsbrunn durchhalten konnten mit den Kindern, ohne dass es zu kalt würde. Erna, die gerne oben war und die Angriffe in Berlin gar nicht leiden konnte, war im Verbrauch sehr sparsam, und kein Stück trockenes Holz im Wald war vor ihr sicher. So hatten es die Kinder im Häuschen trotzdem schön.

6.5 Bombenangriff auf die Wohnung in Berlin

Walter konnte etwas Urlaub nehmen und hatte Sehnsucht nach Friedrichsbrunn. Eine Woche wollten wir mit den Kindern auch mal gemeinsam oben sein; wir hatten ja außer dem Dreibettzim-

---

380 Ein Herd, der mit Brennholz befeuert wird und damals zum Kochen und Heizen verwendet wurde.

mer noch eine Kammer für uns. Aber Erna weigerte sich, alleine in unserer Wohnung in Berlin zu bleiben, und von mir aus hätte sie in dieser Zeit ihre Geschwister besuchen können. Da es hieß, man solle keine Wohnung allein lassen, baten wir Pfarrer M.[381] und seine Frau (die damals, zum dritten Mal ausgebombt, im Niemöller'schen Pfarrhaus lebten), doch für diese Zeit zu uns zu ziehen, was sie auch gerne übernahmen. Ich stand mich mit der Frau sehr nett, und auch die Männer kamen ziemlich gut miteinander aus.

Nun begab es sich aber, dass am 10. Februar 1944 – wir genossen gerade Schneeluft in Friedrichsbrunn – in Berlin die Sirene ging. Später wurde mir davon Folgendes erzählt: Man sammelte sich im allgemeinen, nun leicht abgestützten Luftschutzkeller. Es war auch ein Graben im Garten angelegt worden. Walter hatte ihn einmal benutzt, meinte aber, durch das Flakfeld sei dieser Aufenthaltsort nervtötend. So saß alles – rund zwölf Personen – beisammen, als der Herr Pfarrer[382] die Bibel herauszog (was der vorige[383] immer versäumt hatte) und die Psalmen aufschlug. Näherte sich das Grollen, so sagte er: »Wir lesen Bußpsalmen«; dämpfte sich das Geräusch, blätterte er ein wenig und sprach: »Wir lesen Dankpsalmen.« Der Angriff war lang, aber der Psalter war länger. Keiner der anwesenden ›Normalverbraucher in Sachen Kirche‹ wagte, auch nur ein Wort zu sagen – stand man doch gewissermaßen mit einem Fuß vor Gottes Thron. Auch traute sich keiner (wie ich es sonst immer getan hatte), zwischendurch mal schnell hochzulaufen, um zu sehen, ob etwas brennt. Das Haus war groß, aber alle Türen standen offen. Etliche Male war es uns früher gelungen, einen Phosphor-Kanister zu löschen.

Schließlich kam Vor-Entwarnung, und man hörte noch erleichtert einen Dankpsalm, als es heftig an die Kellertür schlug: »Wollt Ihr Idioten denn hier alle verbrennen?«, riefen Männerstimmen. Das Dachgeschoss war bereits abgebrannt, das Obergeschoss stand in Flammen, und Wassermassen ergossen sich in unsere Wohnung. Aus den Fenstern der Wohnung stürzten unsere Möbel, Bücher und die gesamte Habe. Wie immer kam mein Bruder Klaus auf dem Kinderrad angestrampelt, um Nachricht zu den Eltern zu bringen.

---

381 Pfarrer Herbert Mochalski.
382 Herbert Mochalski.
383 Walter Dreß.

Nun half er erst mal stundenlang löschen und retten. Erna[384] saß in Decken gewickelt und hütete rührenderweise bis zum Morgen unsere Habe. Das Thermometer sank auf fünfzehn Grad unter Null. Das Löschwasser war zehn Zentimeter hoch gefroren. Aber Wände, Decke und Fußboden standen noch. M.s wanderten wieder in ihre Unterkunft in der Pacelli-Allee, und uns ereilte das Funk-Früh-Telegramm: Totalschaden. So schnell wie möglich fuhren wir nach Berlin und übergaben die Kinder an Grete, bis Erna wieder in Friedrichsbrunn wäre. In der Helfferichstraße standen wir in einem Eispalast. Klaus hatte dafür gesorgt, dass die ins Freie geretteten Dinge wieder ins Haus gebracht worden waren. Alles türmte sich dort in der Diele – dem einzigen Raum, der noch überdacht war. Im riesengroßen Arbeitszimmer von Walter war eine spiegelblanke Eisbahn. Dicht neben der Tür war ein Buch eingefroren. Der Titel war noch lesbar: ›Vom Wesen des Menschen‹! Das bewirkte bei uns ein erlösendes Lachen. Heizbar war das Haus nicht mehr; nur die Hausmeisterleute wichen nicht von ihrem Küchenherd. Nun waren wir ohne Bleibe. Schwester Gertrud kam und versprach, sich sofort in der Gemeinde nach Christen umzusehen, die uns aufnehmen würden. »Bloß nicht zu Christen«, sagte Walter. Er hatte wohl Sorge, dass man dann auch von ihm in der Luftschutzgemeinschaft erwartete, dass er Psalmen läse. Wir ließen uns also lieber über das Obdachlosenamt etwas zuweisen. Da Walter ja sein Amt auch zu Hause versah (denn das Gemeindehaus diente als Lazarett), hatten wir sogar Anspruch auf zwei Räume, und es fand sich in der Pücklerstraße, Ecke Am Hirschsprung, eine Möglichkeit mit kleiner Küche und eigenem WC. Das war ein Glückstreffer, und das alte Ehepaar, dem das riesige Haus gehörte, freute sich, ›anständige Leute‹ eingewiesen zu bekommen.

So schnell ging das aber nicht. Tagsüber wirkten wir in der eiskalten Wohnung, und jeden Abend fuhren wir hinaus nach Sacrow. Dort kamen manchmal auch die Eltern hin. Christel hatte mit viel Geschick ihr ganzes Haus für Schlafbedürftige eingerichtet, mit Klappbetten und Luftmatratzen. Die Eltern bekamen ihr Schlafzimmer, sie schlief bei ihrer Tochter Bärbel, Klaus war bei der Flak und Christoph wurde irgendwo verstaut, damit auch die Schleicher-Kin-

---

384 Sie war gemeinsam mit dem Pfarrehepaar Mochalski in der Wohnung von Familie Dreß in der Helfferichstraße geblieben.

der in diesem Haus schlafen konnten. Wir wohnten in Hansens Arbeitszimmer. So saß man an den Abenden oft ganz ruhig im Kreis der Familie beisammen. Selbst wenn die Sirene ging, lief keiner in den Keller. Man versuchte anschließend nur, telefonische Verbindung mit den in der Stadt Verbliebenen zu bekommen. Klaus hatte sogar eine Möglichkeit gefunden (so lange er selbst noch frei war), von Dietrich in Tegel und den Aufenthaltsorten von Hans Bescheid zu bekommen.

Jeden Tag brauchte man vier Stunden Zeit für die Fahrt nach Berlin. Aber das war Walter viel lieber als der Nervenkrieg der Luftangriffe, sodass ich es mitmachte. Ab und zu liefen wir auch durch den Wald an die Havel zur Sacrower Fähre, und das war im beginnenden Frühjahr ein Genuss. Erna blieb ständig bei den Kindern in Friedrichsbrunn, und ich fuhr oft zu ihnen, da Walter ja in Sacrow versorgt war. Jedes Mal schleppte ich irgendetwas aus unserer ausgebombten Berliner Wohnung mit nach Friedrichsbrunn.

Währenddessen hatte meine Mutter wieder ihre Beziehungen spielen lassen und von dem guten Vetter Hase[385] wirklich einen Transportwaggon bekommen, der Möbel und Hausrat nach Friedrichsbrunn brachte (soweit wir sie nicht in der uns zugeteilten teilmöblierten Zwei-Zimmer-Wohnung in der Pücklerstraße brauchten). Diese Bevorzugung war mir fast etwas peinlich. Hätte ich aber abgelehnt, so würde ich heute von meinen Sachen aus der Familie wohl nichts mehr besitzen. Ich entsinne mich allerdings, dass ich manchmal gewünscht habe, es wäre wirklich ein Totalschaden gewesen und alles verbrannt. Einen derartig durcheinandergeworfenen Haushalt so zu sortieren, dass nur das Wichtigste mitging (und manches in den Keller, anderes in die Pücklerstraße zu schaffen) und ihn außerdem transportfähig zu machen, und das alles während der Luftangriffe bei Tag – das war auch für mich etwas zu viel. Denn wenn ich in Dahlem war, lief die Gemeindearbeit wie üblich weiter, und meine Besuche bei Dietrich im Gefängnis in Tegel machte ich jeden Freitag.

Einmal hörte ich nach einem Vormittagsangriff, der sehr nahe gewesen war, Lichterfelde läge in Trümmern. »Da steht kein Haus mehr«, hieß es dann gleich immer. Ich unterbrach meine Tätigkeit –

---

385 S.o. Anm. 363 (S. 568).

von der ich ja nie wusste, ob sie morgen noch einen Sinn haben würde – und wanderte, da mein Rad gerade kaputt war, zur Finkenstein-Allee, wo meine Schwiegermutter wohnte. Dort hielt sich Walter tagsüber meistens auf, wenn ich in der Ruine packte. Es waren deutlich einige ›Teppiche‹ heruntergegangen; die am stärksten betroffenen Straßen waren wegen der Zeitbombengefahr gesperrt. So konnte ich nur über die Wiesenbaude zu meiner Schwiegermutter gelangen. Genau gegenüber ihrer Wohnung lag die SS-Kaserne, und ich nahm an, dass sie das Ziel der Angriffe war. Die ersten Häuser der Finkenstein-Allee waren Schutthaufen – mit dem üblichen Bild der Sucher nach dem ›Glück von Edenhall‹.[386] Aber in einem Vorgarten vor einem völlig zerbombten Haus saßen sich auf zwei Gartenstühlen an einem kleinen Tisch Mann und Frau gegenüber. Zwei Flaschen Wein standen bereit. Jeder hatte ein Glas in der Hand, und sie tranken sich freundlich zu. Ich war beeindruckt von diesem Anblick, während sie auch zu mir prosteten. Das nahm ich als gutes Zeichen und sah wirklich bald das hässliche, alte Backsteinhaus meiner Schwiegermutter völlig unbeschädigt (bis auf die Fenster). Kaum war ich in der Wohnung, kam ein zweiter und mit etwas Abstand ein dritter Angriff. In der Dämmerung, wo eigentlich nie geflogen wurde, machten wir uns endlich auf den Heimweg. Wir standen an der Wiesenbaude und hofften auf ein Verkehrsmittel. Da hielt ein fürstlicher Wagen vor uns. Es war Sauerbruch,[387] der uns aber in der Dämmerung nicht gleich erkannt hatte. Umso höher rechnete ich ihm seine Liebenswürdigkeit an. Es war die Zeit, wo Hans bei ihm lag[388] – trotzdem wagte auch er nicht, vor dem Chauffeur davon zu sprechen.

Immer mehr lichteten sich die Bestände in der Gemeinde. Jugend war überhaupt nicht mehr da, oder nur ganz sporadisch be-

---

386 Vgl. die Ballade ›Das Glück von Edenhall‹ von Ludwig Uhland aus dem Jahr 1834, in deren Schlussversen es heißt: »Er sucht im grausen Trümmerfall/ die Scherben des Glücks von Edenhall. [...] In Splitter fällt der Erdenball/ einst gleich dem Glücke von Edenhall.«

387 Ferdinand Sauerbruch (1875–1951) war einer der bedeutendsten Chirurgen des 20. Jahrhunderts und als Arzt für die Familie Bonhoeffer tätig. Zum Nazi-Regime hatte er ein ambivalentes Verhältnis: Einerseits unterstütze er 1933 das ›Bekenntnis der Professoren an den deutschen Universitäten und Hochschulen zu Adolf Hitler‹. 1937 wurde er in den Reichsforschungsrat berufen, der die berüchtigten Menschenversuche der SS in Konzentrationslagern unterstützte. Als Generalarzt des Heeres bewilligte Sauerbruch 1942 Mittel für Senfgasversuche an Häftlingen. Andererseits hatte er gegen das Euthanasie-Programm protestiert und hielt Kontakt mit einigen der Verschwörer des 20. Juli, weshalb er selbst mehrfach verhört worden war.

388 Hans von Dohnanyi, der Mann von Susannes Schwester Christine, war während seiner Haft zunächst an einer Thrombose im rechten Bein und dann an einer Hirnembolie schwer erkrankt und befand sich zu dieser Zeit bei Doktor Sauerbruch im Reservelazarett der Charité in Behandlung.

suchsweise bei den Eltern. Abendveranstaltungen hatte man ja schon lange nicht mehr durchführen können, wegen der Verdunkelung und der Angriffe. Als es nun aber auch mit Tagangriffen losging, wurde das Zusammenkommen der nicht berufstätigen älteren Frauen fast unmöglich. Viele waren auch zu Verwandten und Freunden aufs Land gezogen. Mit meiner kleinen Zwei-Zimmer-Wohnung hatte ich nicht viel zu tun. Die meisten Hausfrauen verbrachten ihre Zeit mit Anstehen. Mir war das so zuwider, dass ich mich auf die uns zugeteilten Rationen beschränkte – und auf das, was der Garten rund um unsere Ruine hergab. Außerdem wohnten wir fern von jedem Laden, und ich war in Schmargendorf ›eingetragen‹. Meine Karten tauschte ich meistens gleich in Reisemarken um, da ich den Kindern ja nichts wegessen wollte. Klaus hatte irgendwelche Schwarzmarktquellen. Als ich ihn fragte, ob sich das denn lohne bei seiner Gefährdung, sagte er mir: Er brauche das, sonst hielte er dieses Doppelspiel nervlich nicht durch. Emmi war mit ihren Kindern, seit die Schulen geschlossen waren, bei Freunden auf dem Land, jenseits der Elbe. Erst als Klaus verhaftet wurde, kam sie wieder nach Berlin und ließ die Kinder auf dem Land zurück. So sorgte Klaus damals für sich allein und gab mir manchmal Kaffee, Speck und andere Herrlichkeiten ab. In Dahlem schenkte mir gelegentlich Frau Giebler zwei Eier. Das war aber auch alles, was dem Pfarrer je an ›Deputat‹ zukam. Ich war da ziemlich ungeschickt – und wahrscheinlich einfach zu stolz, etwas zu erbitten oder zum Tausch anzubieten.

Was ich aber mit Feuereifer betrieb, wenn ich in den Harz kam, war Beeren und Pilze suchen, auch Holunderbeeren und Kräuter für Tee. Und natürlich Holz sammeln. Im Juni 1944 hatte Walter Ferien genommen. Wir ließen uns nun unser Abholzungsgelände für Flüchtlinge anweisen. Dass wir nicht als Flüchtlinge dort waren, sondern unser eigenes Haus bewohnten, das uns seit 1912 gehörte, dass wir Steuern zahlten (jedenfalls die Eltern) – das war alles kein Grund für den widerlichen Blockwart, uns anständig zu behandeln. Er schikanierte uns, wie er nur konnte. Man wusste natürlich im Dorf von unserer Einstellung. Und uns war bekannt, dass selbiger Blockwart und Gärtner im Jahr 1913 die Rosenstöcke, die er uns 1912 eingepflanzt hatte, wieder ausgegraben und weiterverkauft hatte. Wir verzichteten auf eine Anzeige und holten stattdessen einen Gärtner aus Quedlinburg. Später saß er dann aber wegen

Friedhofsdiebstahl doch im Gefängnis. Da ein Jude ihn angezeigt hatte, galt er als nun ›politisch verfolgt‹ und war als ›Held der Bewegung‹ zum Blockwart avanciert. Mit einem Sprung in die SED hat er sich nach 1945 weiterhin über Wasser gehalten.

Michael hatte mich einmal so sehr gebeten, er wolle für eine Woche nach Berlin kommen. Das war im Herbst 1943, kurz ehe die ganz schweren Novemberangriffe auf Berlin niedergingen. Er wollte die Großeltern sehen und nannte noch viele andere Gründe. Ich nahm ihn also zu mir und ließ Andreas, der oben bleiben wollte, bei Erna zurück. Ich nahm Michael natürlich überallhin mit. Also auch zu Onkel Dietrich in das Tegeler Gefängnis. Wir gaben unsere Sachen dort ab und hofften sehr, dass uns eine Gelegenheit gegeben würde, ihn zu sehen. Als Grund für die Gefangenschaft der Onkel hatte ich den Kindern wahrheitsgemäß gesagt, dass sie alles versucht hätten, damit der Krieg aufhöre, und dass sie auch Juden geholfen hätten, ins Ausland zu gehen. Dass darüber ebenso wenig geredet werden durfte wie über die Besuche der Gestapo in unserem Haus, war ihnen selbstverständlich. Dass man für gute Handlungen unter der Regierung Hitlers ins Gefängnis oder KZ kommen konnte oder auch umgebracht wurde, blieb ihnen und den anderen Kindern in unserer Familie nicht verborgen. Dass man diese Hilfeleistung deshalb trotzdem nicht unterlassen solle und dass es auch für sie Sinn hatte, so zu handeln, wenn sie unter Hitler groß würden, versuchte ich ihnen deutlich zu machen. So empfand ich es auch als durchaus richtig, den Achtjährigen, der mir schon sehr verständig vorkam, das Gefängnis erleben zu lassen. Das Zellenfenster konnte ich ihm zeigen. Dietrich schrieb dann in einem Brief, den ich erst vor einigen Jahren zu sehen bekam:

> »Liebe Eltern! Eben hat, wie mir mitgeteilt wurde, Suse mit dem kleinen Michael Euer Paket hier abgegeben. Ich danke ihr und Euch sehr dafür. Hoffentlich ist dem kleinen Jungen der Eindruck eines Gefängnisses nicht zu stark gewesen. So ein Kind hat eben doch noch gar keine Maßstäbe für das Mögliche und malt sich meinen Zustand vielleicht doch in zu dunklen Farben aus. Es war mir richtig schmerzlich, dass ich ihn nicht vergnügt begrüßen und mich mit ihm unterhalten konnte; das hätte ihn sicher beruhigt. Suse steht ja wohl auf dem Standpunkt, das, was das Leben nun einmal mit

sich bringt, den Kindern nicht absichtlich fernzuhalten, und im Grunde glaube ich, dass das richtig ist; denn es wird eben für diese Generation nicht zufällig und ohne Sinn sein, dass sie sich frühzeitig mit harten Eindrücken abfinden lernt. Aber wie anders werden sie mit achtzehn Jahren sein als wir, hoffentlich nicht zu desillusioniert und bitter, sondern wirklich nur widerstandsfähiger und kräftiger durch alles, was sie erlebt haben. Sagt doch Michael, dass ich ihm für seinen Strauß sehr schön danken lasse!«[389]

Leider ist dieser Dank damals nicht bis zu ihm gelangt. Ein sehr starker Tagangriff ohne Vorwarnung machte Michael unruhig, und so fuhr ich bald wieder mit ihm hinauf nach Friedrichsbrunn. Dort oben ging nun auch eine Sirene – aber nur tagsüber, da die Leute nicht im Schlaf gestört werden wollten.

Die große Bandsäge geschultert, Vater und Mutter je eine Axt in der Hand – so wanderten wir im Sommer 1944 sechs Tage lang jeden Morgen zu unserem Revier in Friedrichsbrunn. Die Dorfgemeinde hatte es sich leicht gemacht und einen alten Schneebruch auf sehr steilem Hang den ›Evakuierten‹ zur Verfügung gestellt. Zehn Meter Holz ordentlich aufgeschichtet am Wegrand wurden dann vom Forstamt überprüft und konnten abgefahren werden. Die Stelle lag eine Stunde zu Fuß vom Dorf entfernt, nach Treseburg zu. Unten im Tal gluckerte der Tiefenbach, der in die Luppbode floss, die bereits Forellen führte. Fast wie bei Hänsel und Gretel ... nur dass die Jungens das Mittagessen im Rucksack bei sich hatten.

Es waren heiße Tage. Die Kinder spielten am Bach, wurden nass und trockneten wieder. Uns umsummten stechende und nervende Insekten. Am zweiten Tag taten wir unsere Arbeit dann dicht vermummt, wie die Waldarbeiter. Mit der höchst gelegenen Fichte fängt man an. Kann sein, wenn sie stark genug ist, dass sie in das Chaos eine Bresche schlägt. Auch möglich, dass sie auf halber Höhe hängenbleibt. Wir lernten es, die Spannung des Holzes auf schrägem Hang auszunutzen, damit der Riese fiel. Dann ging es zuerst daran, mit der Axt die Äste abzuschlagen. Danach begann das Sägen nach dem Metermaß. Wenn es möglich war, den Baum über

---

[389] Dietrich Bonhoeffer: Brief aus dem Gefängnis in Tegel an die Eltern Karl und Paula Bonhoeffer vom 22. Oktober 1943. Veröffentlicht in: Bonhoeffer, Dietrich: Widerstand und Ergebung. Briefe und Aufzeichnungen aus der Haft, Hg. Bethge, Eberhard, Neuausgabe München 1970, S. 138 (DBW 8, S. 174 f.).

einen herausstehenden Stein zu schleifen, ließ sich erfolgreicher sägen. In der Breite von fünf Metern wurden feste Hölzer auf dem Weg eingerammt, mit einem Schild als unser Besitz bezeichnet, und dort wurden die meterlangen Stücke dann aufgebaut. Geschlagenes und nicht aufgemetertes Holz im Wald liegen zu lassen war Unsinn. Denn dann sparten sich andere bloß die erste Mühe. Das Reisig wurde zu großen Bündeln verschnürt oben aufgelegt. Dickere Äste mussten aber zum Meterholz gepackt werden. Ich muss sagen: Trotz des Schweißes und der Schrammen war das eine unvergesslich schöne Woche. So durch das Werk der Hände für den eigenen Nachwuchs Wärme zu schaffen, das machte einfach Freude! Wir fühlten uns sehr wohl – zurückversetzt in die Zeit der Jäger und Sammler (wenn es auch mit der Jagd nichts war). Bis dann ein Gefährt erbettelt war, das unsere Ernte heimholte, bis endlich die Schneidemaschine zu uns auf den Hof kam – das waren alles noch Extra-Kämpfe! Ein einziger Mann bediente die Maschine, und da Walter längst zurück in Berlin war, warf ich die zehn Kubikmeter Holz ab – immer in der Angst, doch einmal durch zu schnelle Arbeit mit der Hand in die Säge zu kommen. Dann ging es ans Holzhacken; die Kinder und Erna stapelten es auf. Gut, dass ich mit so kräftigen Armmuskeln ausgestattet war. Aber bei der unzureichenden Ernährung fühlte ich mich nach diesen Tagen doch sehr elend, wenn auch stolz auf meine Leistung. Grete schlug sich mit der Axt die Daumenspitze ab, suchte sie eilig und wickelte sie wieder an. Und siehe da: Es wuchs zusammen. Grete war in allem noch vielmal so tüchtig wie ich; aber ich habe mich daran gewöhnt.

6.6 Das Attentat auf Hitler vom 20. Juli 1944

Der günstigste Zug nach Berlin ging morgens um vier Uhr von Thale ab, und im Sommer nahm ich immer den. Um zwei Uhr nachts machte ich mich dann auf und lief ruhig durch den stockdunklen Wald, der sich mir ja von Kindheit an mit seinen Wurzeln, Bächen und kleinen Abkürzungen bekannt gemacht hatte. Manchmal begann auch schon eine leise Erhellung über der Ebene, auf die man zulief. Die Welt, in der wir lebten, war so viel gefährlicher als ein nächtlicher Wald! Zum späten Frühstück war man dann schon in Berlin. Man konnte in den leeren Zug steigen und bis Potsdam durchfahren, man behielt also Platz im Eilzug. So kam ich auch am 20. Juli 1944 morgens in Berlin an und fuhr zuerst von der Heerstraße zu den Eltern. Ich fand eine seltsame Stimmung vor: Die Schwestern waren beide da; man wartete, dass es Ernst würde. Das Radio war eingeschaltet. Jeden Augenblick konnte eine Nachricht eintreffen. Wie der Tag verlief, weiß ich nicht mehr – doch dann kam Klaus aus der Bendlerstraße; die Nachricht von Hitlers Tod war von Stauffenberg durchgegeben worden, aber ohne Bestätigung. Klaus war nicht ohne Hoffnung, überall war die Widerstandsaktion angelaufen. »Und wenn er nicht tot ist, sagen wir ihn tot«, rief Klaus, »Hauptsache wir haben endlich den Rundfunk in unserer Hand.« Dann stürzte er wieder los. Doch bald begann im Radio das Gerede von der wunderbaren Vorsehung, die dem deutschen Volk seinen herrlichen Führer erhalten hatte, den ein einzelner Emporkömmling ihm hätte nehmen wollen. Wie wenig einzeln dieser Mann stand und wie große Hoffnungen zerstört worden waren, das wussten wir. Erst als Klaus am Abend wieder ins Elternhaus kam, machte ich mich auf den Heimweg. Ich habe an diesem Tag meinen Bruder Klaus, der immer einen Silberstreifen am Horizont sah und der auch sehr wütend werden konnte, zum ersten Mal weinen sehen. »Aus – jetzt ist alles aus!« Ich blieb noch einige Tage in Berlin, konnte Dietrich in Tegel sprechen und wartete ab, was an Ermordungen und Verhaftungen geschah. Jeder Tag brachte neue bestürzende Nachrichten, und an keinem war man sicher, dass nicht andere Mitglieder der Familie oder auch man selbst denunziert und verhaftet wurde.

Anfang August fuhr ich dann in einem überfüllten Zug wieder nach Halberstadt (diesmal am Tag). Das übliche Gedränge: fünf bis sechs Personen auf einer Sitzbank, dazwischen stehend noch mal acht Leute. Eine behäbige Arbeiterfrau neben mir begann ein Gespräch. »Bei mir großdeutscher Raum, steht keine Wand mehr« – und so weiter. Sie merkte meine Sympathie, und dann ging es immer schärfer drauflos, laut und vernehmbar: »Und dat det da neulich schiefgegangen is in Führerhauptquartier, det is doch wirklich ne Pleite. Ick sach ja immer: der Kopp auf ne Schüssel, und wir wären die janzen Kriegsschulden los, bei zehn Pfennig Eintritt.« Ich erstarrte. War das ein Spitzel extra für mich? Nein, es war nur die damalige Stimme des Volkes!

Ich war kaum ein paar Tage oben, als ich eines Abends ans Telefon zu unseren Nachbarn gerufen wurde. Der ›Heldenklau‹ war mal wieder umgegangen, und Walter sollte am übernächsten Tag nach Freienwalde, um sich zu stellen. Diesmal wollte mich der alte Vater Sanderhoff in der Nacht nicht allein durch den Wald laufen lassen. Von meinen früheren Wanderungen hatte er nichts gewusst. Nun machte er sich um zwei Uhr nachts auf und begleitete mich, mit einem dicken Stock bewaffnet. Nach einer Stunde, als es im Steinbachtal anfing, steil bergab zu gehen, konnte ich ihn endlich bewegen umzukehren. Er schimpfte in seiner nicht immer ganz verständlichen Harzer Mundart derartig laut und intensiv auf den Führer (dessen braunes Hemd er als SA-Mann trug), dass es mein Herz erfreute. Aber in der Nähe menschlicher Behausungen war es mir doch lieber, mit meinem Groll allein zu sein. Als ich übermüdet und erregt zu Hause ankam, sagte Walter ganz ruhig: »War gar nicht nötig, ich muss nicht hin.« Ob nun über Sauerbruch oder eine andere ärztliche Instanz – jedenfalls hatte mein Vater ein Attest beschafft. Walter hatte schon seit längerer Zeit zu diesem Zweck Kreislaufstörungen an den Beinen behandeln lassen. Man hatte im Übrigen auch übersehen, dass er als Pfarrer der Bekennenden Kirche als ›wehrdienstunwürdig‹ erkannt worden war. Das wurde nun auch noch ausgespielt (hätte ihn aber vor der ›Organisation Todt‹[390] nicht bewahrt). Wie viele junge und ältere Pfarrer der Bekennenden Kirche wenn auch unwürdig, so doch verwendungsfähig für den Kriegsdienst waren und dabei gefallen sind, lässt sich kaum zählen. Man hat sogar festgestellt, dass in diesem Berufszweig prozentual die höchsten Verlustziffern lagen. Ich dachte oft, diese Soldaten meinten, wenn sie schon gegen ihr Gewissen zu handeln gezwungen waren, so wollten sie das nicht überleben.

Der Harzwald bei Nacht! Das war schon von Kindheit an der Inbegriff all meiner romantischen Empfindungen. Wild beobachten und sich in den taufeuchten Schneisen lautlos bewegen ist Schauer und Glück zugleich. Besonders in der Zeit der Hirschbrunft. Dieses Vergnügen wollten Grete und ich auch den Kindern gönnen. Warum die Hirsche brüllen, wollte Andreas wissen. »Sie kämpfen um die Frauen«, war nach meiner Ansicht eine verständliche Antwort. Doch als die ersten Hirsche in der Nähe zu hören waren, bekam Andreas so fürchterliches Bauchweh, dass er dringend nach Hause

---

390 S.o. Anm. 356 (S. 558).

wollte. Es tat mir leid, dass er nun die Hirsche nicht zu Gesicht bekam – aber da er im Mondlicht käsebleich aussah und zitterte, eilte ich mit ihm heim und glaubte, er würde schwer krank. Doch im Bett wurde er ruhiger, und als die anderen zurückkamen, war jede Krankheitserscheinung verschwunden. Später hat er gestanden, dass er fürchtete, die Hirsche wollten mich erkämpfen!

Nachdem ich zu Andreas' Geburtstag[391] mit Geschenken wieder nach Friedrichsbrunn gefahren war und wir mit den Dorfkindern gefeiert hatten, begann am 1. September für ihn die Schule. Der sehr nette Dorfschullehrer, dem ich Michael gerne anvertraut hatte und bei dem wir auch gelegentlich zu Besuch waren, kam mit einem Anmeldezettel zu mir ins Haus. Einen Schularzt oder Ähnliches gab es diesmal nicht. »Ich habe mir das so überlegt«, sagte er, »und ich denke, Ihnen wird das sicher am liebsten sein: Die Einschulung ist zwar nun im Herbst; aber als wir noch an Ostern einschulten, habe ich manchmal die ›Häschen-Schule‹[392] von den anderen Kindern aufführen lassen. Ich denke, wir machen das diesmal auch so. Dann brauche ich keine Rede zu halten, und nach der Aufführung können die ›alten Hasen‹ die Schulanfänger gleich in die Klasse führen – das geht dann ohne ›Heil Hitler‹.« So kam der große Tag heran und lief erfreulich ab; sogar für eine Schultüte hatte sich allerhand gefunden. Da es nur einen Lehrer gab, musste er Vor- und Nachmittags-Unterricht geben, denn die vierte und die erste Klasse waren natürlich getrennt.

Michael ging in eine Klasse zusammen mit Martin,[393] der ein rechter Lauser war und gegen den Michael damals als Musterknabe erschien. Natürlich ließ er Martin abschreiben, konnte sich aber einfach nicht entschließen, den Unterricht bei dem gütigen und gesinnungsverwandten Lehrer durch Unsinn zu beleben. Eines Tages stand ich holzhackend auf dem mit Scheiten und Spänen bedeckten Vorplatz, als Martin jubelnd auf mich zustürzte: »Heute muss Michael nachsitzen, heute muss Michael mal nachsitzen!« Ihm war das ja schon öfter geschehen. »Endlich mal!«, rief ich ganz beglückt aus – »was hat er denn ausgefressen?« Mir

---

391 Am 26. August 1944 wurde er sechs Jahre alt.
392 Sixtus, Albert: Die Häschenschule. Ein lustiges Bilderbuch, Leipzig 1924.
393 Martin Bonhoeffer, der Sohn von Karl-Friedrich und Grete Bonhoeffer, war Michaels Cousin.

war es allein schon wegen der Kumpanei der Vettern lieb, dass Michael nicht immer das Vorbild war. Martin schrie und hopste vor Vergnügen, und langsam und betroffen schob sich Michael hinter einem Holzstoß vor und sagte: »Wir wollten dich bloß mal in die Irre führen, hat Martin gesagt.« Nun war ich doch etwas erschrocken über meine Reaktion, aber solange er die Dorfschule besuchte (und auch später noch), blieb er der Erste in der Klasse mit dem denkbar besten Führungszeugnis. Auch Andreas fiel das Lernen, das er ja schon von seinem Bruder her kannte, sehr leicht. Wenn er ein- bis zweimal in der Woche käme, wäre das genug, meinte der Lehrer. Er solle lieber zu Hause etwas Schönschrift üben; lesen und rechnen könne er ja wie von selbst. Um mit ihm Schönschrift zu lernen, war ich wohl fehl am Platz; so überließ ich das Erna. Übrigens fuhr ich bald nach der Einschulung wieder nach Berlin. Michael machte am Klavier unter Leitung von Mutter Dohnanyi unwahrscheinliche Fortschritte. Sie hätte noch nie einen so begabten Schüler gehabt!

6.7 Die Fürsorge für die Gefangenen der Familie Bonhoeffer

Ende September 1944 wurden Klaus und Rüdiger verhaftet;[394] kurz zuvor war unser Schwager Justus Delbrück, der unzertrennliche Freund von Klaus, welcher ebenfalls in der Abwehr gearbeitet hatte, gefangen genommen worden; bald danach wurde Eberhard Bethge in Italien inhaftiert. Alle vier kamen in dasselbe Gefängnis nach Moabit. Dort traf sich die ›beste Gesellschaft‹: die Söhne von Planck und von Harnack, Bischof Lilje und viele andere, die in der nicht-militärischen Widerstandsgruppe gearbeitet hatten und deren Namen durch die Zossener Aktenfunde bekannt geworden waren. Klaus hatte schon lange mit seiner Verhaftung gerechnet.

Es mag ihm wohl besonders schwer geworden sein, da er so ganz Ästhet war und es ihm sogar in der Bahn unerträglich schien, Tuchfühlung mit anderen zu haben und von lauten Stimmen belästigt zu werden. Aber er war ein guter Verlierer – und dass das Spiel verloren war, ist ihm seit dem 20. Juli klar gewesen. Ich kann ihn mir viel weniger als die anderen in einer Zelle denken! Hass und Humor, dachte ich, würden ihn vielleicht aufrechterhalten. Wir wissen

---

394 Tatsächlich fand die Verhaftung am 1. Oktober 1944 statt.

durch die Wäsche, die Emmi jede Woche abholte, dass er gefoltert worden ist. Er muss in dieser Zeit sehr viel näher an die Werte des Christentums herangekommen sein. Silvester 1944 schreibe ich in mein Tagebuch:

> »Es ist ein großer Trost, dass alle fünf oder sechs (denn Justus ist uns ja auch ein Bruder) ihr Schicksal gläubig annehmen und vor Gott und den Menschen ein reines Gewissen haben.«

Die große innere Überlegenheit, mit der er seine Abschiedsbriefe schrieb, zeigt doch, dass diese grausame Zeit ihn nicht gebrochen hat, sondern ihm eher Erfahrungen zuwachsen ließ. Eberhard konnte es durchsetzen, Kalfaktor zu werden. Das heißt, er durfte in die verschiedenen Zellen Essen bringen und die Kübel entleeren. Damit hatte er Zugang zu Verwandten und Freunden und konnte manchen vor der Urteilsvollstreckung noch stärken.

Nach der Hinrichtung von Ernst von Harnack nahm Klaus, dem Harnack schon lange ein Freund war, bei Eberhard das Abendmahl. Mit Brotrestchen und Wasser konnte der Pfarrer-Kalfaktor so in den einzelnen Zellen seinen Dienst tun. Ihm selbst konnte eigentlich nichts anderes als Verwandtschaft vorgeworfen werden. Seine junge Frau, meine Paten-Nichte Renate, war sehr tapfer. Ihr kleiner Junge gedieh, und sie erwartete in dieser Zeit Gabriele. Sie wohnte draußen in Sacrow, und als es dann später zur Geburt kam, musste die Urgroßmutter[395] bei der Entbindung helfen, da weder Arzt noch Hebamme aufzutreiben waren und sie mit ihrer Enkelin und dem Urenkel gerade allein war. Aber sie hatte ja reiche Erfahrung, und alles ging gut.

Auch diesen Gefangenen durften die Frauen wöchentlich Essen bringen. Nun galt es also, sechs Männer im Gefängnis zu ernähren, und das war bei den Rationen ja nicht ganz einfach. Bärbel Schröter aus Sperrenberg in der Mark bei Zossen schickte immer wieder Lebensmittel oder brachte sie vorbei. Als politisch schlecht angeschriebene Pfarrersleute bekamen sie von den Bauern nicht gerade in Hülle und Fülle – aber sie tat, was sie konnte. Ihr Mann war als Soldat in Norwegen, und da sie fertige und ordinierte Pas-

---

[395] Paula Bonhoeffer.

torin war, versorgte sie neben ihren drei kleinen Buben noch ihre und die umliegenden Gemeinden. Sie war durch ihre große Lebhaftigkeit und Herzlichkeit immer sehr aufmunternd, obwohl sie es nicht leicht hatte. Als der dritte Junge geboren war, kam eine Bauersfrau zu Besuch mit dem Stoßseufzer: »Wieder ein Murkel und keine Hilfe!«

Dabei kümmerte sie sich noch um viele ›lahme Enten‹ in Berlin und bat mich dann auch, sie dabei zu unterstützen. Einmal bot sie mir an, mit zu ihrer Schwiegermutter zu fahren und dort zu ›hamstern‹. Der Schwiegervater war Landjäger gewesen, und seine Witwe hatte alles was sie brauchte auf ihrem kleinen Bauerngut, nicht weit von Bärbel. Wir verabredeten einen Tag, an dem wir uns früh morgens in Zossen trafen. Sie hatte mir gesagt, sie müsse allerdings eine Dame mitbringen, die derzeit bei ihr wohne, und die sie nicht mit ihren Kindern allein lassen wolle. Diese Frau eines Juristen kam soeben aus Zuchthaus und Irrenanstalt, war aber sehr munter und vital. Sie hatte zwei große Söhne, die Soldaten waren, und noch zwei Kinder von fünf und drei Jahren. Die hatte sie in einer Anwandlung von Verzweiflung über das Elend der Welt im Bett mit der Axt erschlagen. Nun war sie nach einem halben Jahr entlassen worden, aber der Ehemann, den Bärbel von der Bodenreform her kannte, wünschte sie nicht mehr im Haus zu haben, was ja zu verstehen war. So fühlte sich Bärbel verpflichtet, diese uns an Alter ziemlich überlegene Frau zu sich ins Haus zu nehmen. »Ich bin Tag und Nacht mit den Kindern oder mit ihr zusammen«, tröstete sie mich, »also kann wohl nichts passieren.« Kaum saß ich ihr im Zug gegenüber, beschwerte sie sich, dass ihr Mann während der Zeit, wo sie fort war, so viel von dem Eingemachten gegessen hätte. Sie war nämlich eine fanatische Hausfrau, die ihr Brot selber buk und nur Hausgeschlachtetes aß. Und das mitten in Berlin! Dazu konnten wir uns ausschweigen. Dann fragte sie mich, was ich davon hielte: Sie wollte für die Gräber ihrer getöteten Kinder Eiserne Kreuze beantragen, denn sie wären doch Kriegsopfer! Ohne den Krieg hätte sie das nie getan. Es war Herbst 1944. Ich riet ihr von dem Gesuch ab – man könne doch wohl nicht sagen, dass die Kinder durch ›Feindeinwirkung‹ ums Leben gekommen seien. Die seelsorgerlichen Möglichkeiten von Bärbel bewunderte ich restlos. »Gerade die Einsichtslosigkeit ist ihre Krankheit«, sagte Bärbel und bewahrte die Ruhe.

Bärbels Schwiegermutter – eine kleine, rundliche, ganz schlichte Bauersfrau – hatte in der guten Stube ein herrliches Festessen hergerichtet. Sie war mir besonders zugetan und dankbar, weil durch meine Vermittlung Hans von Dohnanyi (als er noch im Amt war) erwirkt hatte, dass ihr Sohn aus dem Gefängnis entlassen wurde. Schröter hatte gegen die Euthanasie gepredigt und auch im Konfirmandenunterricht darüber gesprochen, dass man die Schwachen tragen und nicht für ›lebensunwert‹ erklären solle. Das war denunziert worden. Ungefähr sechs Wochen hatte er gesessen und war dann ohne Aufwand wieder in sein Dorf entlassen worden, wo er in diesem Sinn weiterpredigte, bis er zur Wehrmacht eingezogen wurde.

Bärbel packte nach Tisch sofort die unvertilgten Reste transportfähig zusammen und bewegte ihre Schwiegermutter zu einer gründlichen Inspektion ihrer Vorratsräume. Da wanderten Speckseiten und Würste, Eier, Mehl und Grütze, Eingemachtes und Honig in meinen Rucksack und die beiden großen Taschen. Meine Gabe war Malzkaffee, den es auch auf Karten gab und der bei uns immer als Tauschobjekt übrig blieb. Den nahm sie gerne, denn sie trank ihn unentwegt. Geld aber weigerte sie sich zu nehmen. Der für uns gebackene Kuchen wurde zwischen Bärbel und mir geteilt. Zum Schluss steckte sie noch eine Ente und ein Huhn in meinen Rucksack. »Du bekommst ein andermal«, sagte sie zu Bärbel. Auf einem Bollerwagen fuhr sie uns noch alles zum Bahnhof.

In Zossen setzte mich Bärbel in den Zug zur Papestraße. Als ich mit meinen Schätzen dann allein im Abteil saß, wurde mir doch etwas bänglich. Andere hamsterten, das wusste ich; ich hatte es aber noch nie gemacht und saß nun mit dem schweren, nahrhaften Zeug in Todesangst, dass ich bei einer Kontrolle geschnappt würde. Seit Kindertagen, wo man mich nicht dazu bewegen konnte, einen Schritt auf den Rasen im Tiergarten zu tun, steckte bei solchen Dingen, die gar nichts Heldenhaftes an sich hatten, immer eine tiefsitzende Furcht vor der Polizei in mir. Der lange Weg an der Papestraße über die Brücke zur Ringbahn war eine Qual für mich. Der Sack war viel schwerer, als ich eigentlich tragen konnte – und dabei sollte es doch wie leichtes Gepäck aussehen. Allerdings wurde ja damals viel geschleppt. Am Bahnhof Hohenzollerndamm konnte ich einfach die Treppen nicht mehr hoch. Da bekam ich freundliche Hilfe von einer anderen jungen Frau, die mich noch in die Straßenbahn setzte. Die

Linie 40 ging bis zum Roseneck. Also umsteigen bis Pücklerstraße und dann die kurze Strecke nach Hause. »Erst mal alles wiegen, was ich da geschleppt habe«, sagte ich mir. Es waren achtzig Pfund. Kein Wunder, wenn einem bei solchen Gelegenheiten die Bandscheiben verärgert wurden. Aber nun hatte ich wochenlang Zutaten, um sie in die Pakete für die Gefangenen zu geben, wodurch der Gesundheitszustand der gesamten Familie gebessert wurde.

Rüdiger Schleicher war eigentlich gar nicht im Kreis der aktiven Verschwörer gewesen. Wohl hasste er Hitler von ganzem Herzen, und es fiel ihm schwer genug, diesen Hass in seinem Amt zu verbergen. »Bringt denn nicht endlich einer diesen Kerle um«, konnte er zu Hause immer wieder auf Schwäbisch sagen – aber er selbst fühlte sich dazu nicht berufen. Seine Jugendjahre hatte er nach einer schweren Beinverletzung (die er schon im August 1914 im Krieg bekommen hatte) mit großer Geduld in Lazaretten ertragen. Eine Sepsis nach der anderen überstand er, und dass sein Bein danach um vierzehn Zentimeter kürzer war, ließ sich durch einen seltsamen Stiefel, den er immer tragen musste, etwas ausgleichen. Immer wieder bekam er plötzlich hohes Fieber, weil einzelne Knochensplitter noch in ihm umherwanderten. Er war ein herzensguter, argloser Mann. Die Kunst der Verstellung und des Doppelspiels blieb ihm verborgen. Auf seiner Stelle als Ministerialrat in der zivilen Luftfahrt hatte er ja auch keine für die Verschwörung wichtige Schlüsselposition. So verschonten die Brüder und Freunde ihn mit Einzelheiten oder Aufträgen, weil ihn das auch psychisch zu sehr belastet hätte. Dass etwas im Gang war, wusste er natürlich. Im Zusammenhang mit dem 20. Juli verhaftete man ihn wohl nur, weil er Klaus' Schwager war, der ja in der Lufthansa als Syndikus tätig war. Beim Verhör gab er an, dass Klaus ihn im Frühjahr einmal gefragt hätte, wer wohl aus seinem Ministerium in der Lage gewesen wäre, nach Hitlers Beseitigung in einer demokratischen Regierung mitzuarbeiten. Dass er seinen Schwager deswegen nicht sofort denunziert hat, genügte zu seinem Todesurteil.

Während seiner Gefangenschaft freundete sich der liebenswerte und bescheidene Mann mit seinem Wärter herzlich an. Der brachte ihm seine Geige in die Zelle, und wenn die Luft rein war (das heißt keine gefährlichen Aufseher im Bau), schloss er ihm die Handfesseln auf und öffnete die Luken an den Zellen. Rüdiger, der ungewöhnlich musikalisch war, erfreute das ganze Gefängnis mit seinem Spiel. Leider war das Cello zu groß, um es Klaus zu bringen. Aber Klaus konnte wunderbar pfeifen, und so musizierten die beiden Schwäger wie einst in der Freiheit so auch hier im Gefängnis zusammen. Der schwer kriegsverletzte Rüdiger hätte Erleichterungen haben können, aber um der Kameradschaft mit den anderen Häftlingen willen verzichtete er darauf. Doch die schweren Depressionen, die seiner Mutter ein Ende bereitet hatten, kamen nun über ihn. Nur der freundliche Wachmann, der mit Ursel in seiner Freizeit engen Kontakt hielt, war ein Trost in seiner Einsamkeit. Es erschien uns (und ihm wohl auch) sehr viel schwerer, für etwas leiden zu müssen, was man nicht getan, sondern nur gewünscht hat, als wenn man das Risiko von vornherein in Kauf nimmt.

»Ob man später mal sagen wird, wir Frauen sind vollkommen wahnsinnig gewesen?« – »Dass wir sogar hier miteinander lachen!« – »Die Situation ist eben derart grotesk, dass man sie nur so bewältigen kann ...«. So unterhielten wir uns im kleinen Esszimmer bei den Eltern: Ursel, Christel, Emmi, Maria von Wedemeyer und ich. Wir hatten angewärmte Suppe vor uns und vier [...][396] Thermosflaschen, in die wir vorsichtig mit einer Pinzette zerteilte, durchfeuchtete Wattebäusche steckten. Typhusbazillen, frisch aus der Zucht. »Diphtherie oder Typhus kann ich überleben«, hatte Klaus geschrieben, »Freisler überlebe ich nicht!« Auch er hatte inzwischen die Möglichkeit zu Kassibern[397] gefunden. Hans hatte aufgrund seiner Diphtherie schon lange Verhandlungsunfähigkeit vortäuschen können. Es kam jetzt alles auf Verzögerung an. Zeit zu gewinnen schien Leben zu bedeuten.

Christel kannte eine Krankenschwester im Seuchen-Lazarett, und dort war Maria hingefahren und hatte wirklich nach langem Warten die Bazillen bekommen. Leider nicht Diphtherie, sondern Typhus – aber in der Not ... Vorsichtig hatte sie die kostbare Fracht in der Thermoskanne heimgetragen, und nun wurde sie gerecht unter die Vier verteilt, die darum gebeten hatten – Klaus, Rüdiger, Hans und Dietrich – und sogleich in die Gefängnisse gebracht. Mit Hans war sogar ein Zeichen verabredet, sodass er wusste, dass er

---

396 An dieser Stelle stehen mehrere unleserlich gemachte Wörter im Manuskript.
397 D.i. eine verschlüsselte schriftliche Mitteilung von Gefangenen untereinander bzw. mit der Außenwelt.

nun Bazillen zu sich nahm. Leider blieb alles erfolglos: Keiner wurde krank. Die Infektion von Hans im vorigen Jahr war von selbst gekommen; auch Emmi hatte kurz zuvor mit schwerem Typhus auf dem Totenbett gelegen. Aber man konnte nichts erzwingen. Es steht zwar anders geschrieben, und selbst Sabine (die ja nicht dabei war und sich leider aus Büchern orientierte) berichtet da falsch.[398] Vielleicht klingt es auch romantischer, wenn die Frau dem Mann das Gift erfolgreich ins Gefängnis schickt. Der Versuch war jedenfalls gemacht; doch wenn wir später davon sprachen, waren wir alle froh, dass keiner von uns Frauen diese Last auf die Seele gelegt war. Wir waren eben wirklich nicht im Regiment.[399]

Als Ursel einmal mit ihrem Essenspaket zur Abgabe im Gefängnis in der Schlange stand (zusammen mit vielen anderen, auch aus ganz anderen Schichten), kam sie ins Gespräch mit einer schlichten Arbeiterfrau. Sie erzählte ihr von dem Todesurteil für Rüdiger, das damals schon gefällt war, und den spärlichen Hoffnungen. Die Frau redete ihr mitfühlend zu und sagte dann ganz vertraulich: »Und beten Sie mal ein bisschen, manchmal hilft's.« – Unter den Gleichgesinnten ging damals das Gedicht von Reinhold Schneider ›Allein den Betern kann es noch gelingen‹[400] handschriftlich um. Ist vielleicht doch etwas gelungen? Oder gar nichts?

»Wenn man das Glück hat, dass der Mann zu Hause ist und dort seinen Beruf ausüben kann, sollte die Familie beisammen bleiben, wenn es irgend geht«, erklärte ich den Eltern meinen Entschluss, die Kinder wieder nach Berlin zu holen. Wenn ich ihnen gesagt hätte,

---

398 Susanne Dreß berichtigt hier die Darstellung ihrer Schwester Sabine, die über dieses Ereignis Folgendes schrieb: »Christel wurden furchtbare Aufgaben gestellt. Ihr Mann erbat sich von ihr in einem Kassiber Diphtherie-Bazillen, die er nehmen wollte, um seine Verhandlung hinauszuschieben; Christel hat sie ihm geschickt. Er hat daraufhin eine schwere Lähmung bekommen und war danach erst nicht mehr fähig zu gehen. Im April 1945 ist Hans von Dohnanyi in Sachsenhausen hingerichtet worden.« LEIBHOLZ-BONHOEFFER, SABINE: Vergangen, erlebt, überwunden. Schicksale der Familie Bonhoeffer, Gütersloh ²1977, S. 50. – Tatsächlich ist Hans von Dohnanyi in der Haft schwer erkrankt, und zwar an einer erblichen Venenerkrankung, die psychosomatisch ausgelöst wurde und schließlich zu einer Thrombose und Hirnembolie führte. Er konnte nicht mehr gehen und musste zur Vollstreckung des Todesurteils durch den Strang auf einer Bahre getragen werden. Vgl. DOHNANYI, HANS VON: ›Mir hat Gott keinen Panzer ums Herz gegeben‹. Briefe aus Militärgefängnis und Gestapo-Haft 1943–1945, Hg. MEYER, WINFRIED, München 2015, S. 9.
399 Eine Anspielung auf das von Susanne Dreß mehrfach zitierte Paul-Gerhardt-Lied ›Befiel du deine Wege‹, wo es in der 7. Strophe heißt: » ... bist du doch nicht Regente,/ der alles führen soll,/ Gott sitzt im Regimente/ und führt alles wohl.«
400 »Allein den Betern kann es noch gelingen/ das Schwert ob unsern Häuptern aufzuhalten/ und diese Welt den richtenden Gewalten/ durch ein geheiligt Leben abzuringen. [...]« Reinhold Schneider (1903–1958) verfasste dieses Gedicht im Jahr 1936, es wurde jedoch erst 1941 veröffentlicht.

dass mich die Sorge um sie einfach nicht mehr von Berlin wegließ und ich deshalb die Kinder dem Endkampf in der Stadt aussetzte, hätten sie sich nur Vorwürfe gemacht. Meiner Mutter ging es sehr schlecht. Sie hatte immer wieder kurze Absenzen; wenn sie wieder klar wurde, hatte sie zunächst alles vergessen, was geschehen ist, und es war für sie und uns qualvoll, wenn sie sich mühsam an alles zu erinnern suchte. Dann kamen langsam die Worte: »Und Klaus auch? Und Rüdiger auch?« Es war auch für meinen Vater wichtig, dass wir Töchter so viel wie möglich um sie waren.

So fuhr ich vor dem ersten Advent 1944 mit den Kindern wieder nach Berlin. Um den Frühzug zu bekommen, übernachteten wir in Thale, nachdem wir am Nachmittag die mit einem Lastwagen heruntergebrachten notwendigsten Sachen nach Berlin aufgegeben hatten. Für die Kinder war diese Hotelübernachtung mit Abendessen ein einmaliges und herrliches Erlebnis. Dass ich sie für immer nach Berlin holte, hatte ich ihnen nicht gesagt. Ganz sicher war ich ja selbst nicht, was kommen würde – jedenfalls war das Friedrichsbrunner Häuschen als Treffpunkt für alle aus Familie und Freundschaft ausgemacht, die vom Kriegswind verweht wurden. Das Ende der Hitlerherrschaft war gewiss; aber wie es kommen würde, blieb völlig unklar. »Ich würde froh sein, im Frieden als Waldarbeiter mit euch hier in der einen Stube mit Kammer mein Leben beschließen zu können«, hatte Walter bei seinem letzten Besuch oben gesagt. Mehr erwartete man nicht – aber auch dies erschien als Illusion.

In der Not-Wohnung, die uns in der Pücklerstraße 24 zugewiesen worden war, hatten wir das Schlafzimmer als Spielzimmer für die Kinder und als Schlafraum für Walter mit den Jungens eingerichtet, während das Esszimmer, das gleichzeitig Amtszimmer war, mir nachts zum Schlafen (oder Wachliegen) diente. Dort stand dann auch der Weihnachtsbaum, und wir waren glücklich darüber, an Weihnachten zusammen zu sein. Von Christels Söhnen war noch eine schöne Ritterburg mit prächtigen Figuren vorhanden, um die Weihnachtsstube zu schmücken. Es blieb merkwürdig ruhig mit Angriffen in dieser Zeit – jedenfalls waren die Kinder gar nicht nervös, besonders da wir einen zwar nicht abgestützten, aber dafür mit übereinanderstehenden Liegebetten versehenen Luftschutzkeller hatten. Zu den Eltern fuhren wir per Rad durch den Bahnhof Grunewald. Ich hatte Andreas noch auf meinem Fahrrad dabei, und

Michael hatte Klausens kleines Rad bekommen, mit dem der Gute immer den Verbindungsmann nach den Angriffen gemacht hatte. Ich war sehr oft mit den Kindern bei meinen Eltern, die große Freude an ihnen hatten.

Ecke Pücklerstraße und Am Hirschsprung, also quer über die Straße, wohnten Schulzes. Er war Leiter der kleinen Berliner Mennoniten-Gemeinde, die es in der Hitlerzeit besonders schwer hatte. Sie lehnten Eid und Kriegsdienst prinzipiell ab. Im Ernstfall wollten sie aber die Gewissen ihrer Mitglieder nicht bis zum Martyrium belasten. Frau Schulz gehörte unserer Gemeinde an, die Töchter waren bei uns getauft, der Sohn wartete bis zu seiner ›Bekehrung‹, um dann bei den Mennoniten einzutreten. In dieser Zeit war er schon bei den Flakhelfern, die ältere Tochter mit der Schule im Sudetenland.

Hier waren nun in der Nachbarschaft Menschen, mit denen man ohne jeden Vorbehalt sprechen konnte. So wurden wir schnell gute Freunde. Jeden Tag, bis zum 23. April 1945[401] hin, ging ich mit Michael zu ihnen hinüber, damit er auf dem Flügel üben konnte.[402] ›Der junge Pianist‹,[403] der noch aus meinen unfruchtbaren Kindheitsversuchen stammte, diente als Übungsbuch. Und die ›Fingerübungen‹ von Czerny,[404] die mir eigentlich immer am meisten Freude gemacht hatten. Michael spielte lieber und sehr gut vom Blatt, aber ich hielt es für meine Pflicht, ihn zu Fingerübungen und Tonleitern zu nötigen. Es hat ihn auch nicht verdrossen, und in diesen vier Monaten hatte er meine Künste weit hinter sich gelassen. Andreas spielte währenddessen mit der jüngsten Schulz-Tochter, die wohl fünf Jahre alt war und zu dem Neunjährigen immer »Herr Michael« sagte. Sie hatte ihr Herz an den musizierenden Älteren verloren, tröstete sich aber mit dem jüngeren Bruder.

Schulzes hatten eine alte Großmutter im Haus, die gelähmt und ziemlich umfangreich war. Außerdem noch uneinsichtig: Sie wollte unter keinen Umständen bei einem Luftalarm alleine oben in der

---

401 An diesem Tag wurde bei der militärischen Eroberung Berlins, der letzten Großoffensive des Zweiten Weltkriegs in Europa, der innere Verteidigungsring der Stadt von der Roten Armee durchbrochen.
402 Michael hatte zu dieser Zeit bereits seine Leidenschaft für das Klavierspielen entdeckt; er wurde später Pianist.
403 S.o. Anm. 126 (S. 278).
404 Carl Czerny (1791–1857) war ein österreichischer Pianist und Klavierpädagoge, dessen umfangreiche Etüdensammlungen bis heute im Klavierunterricht verwendet werden. Sein Werk ›Praktische Fingerübungen‹ in zwei Bänden (Op. 802) ist erstmals 1850 erschienen.

Wohnung bleiben, und die Eltern waren durch Herz- und andere Krankheiten nicht in der Lage, sie in den Keller zu tragen. Die Pflegerin schaffte das natürlich auch nicht alleine; so erbot ich mich zu helfen. Ich sauste also in dem Moment, wo die Sirene ging, so schnell wie möglich rüber und wir trugen zu zweit die auf einen Korbstuhl gesetzte alte Frau außen ums Haus herum in den Keller hinunter. Beim Auf und Ab wurde die Oma schräg gekippt, weil die Treppe zu schmal war. Sie stöhnte und jammerte dabei so sehr, dass wir selbst kaum zum Seufzen kamen. Ich tat es auch nicht um der alten Frau willen, sondern um den Eltern Schulz zu helfen, die mir dafür heute noch dankbar sind.

Im Juli 1945 wurde Michael zehn Jahre alt. Im April hätte er somit in die Reihen der Pimpfe[405] eintreten müssen. Das konnte ich dadurch verhindern, dass ich ihn in Friedrichsbrunn angemeldet ließ und für ihn Reisemarken bekam. So war er weder dort noch hier zur Verteidigung Berlins einsetzbar. Die weitere schulische Ausbildung beider Jungen lag nun ganz in meiner Hand. Ich fand das wunderbar. Sprachen waren ja noch nicht zu lernen. Aber der Umgang mit deutscher Literatur erfreute uns alle drei. Es ergab sich durch die Enge des Raumes, dass Andreas auf diese Weise Michaels Schulbildung mit erwarb. Geschichte, Erdkunde, Naturkunde und Rechnen hatten sogar mir auf der Schule Spaß gemacht; nun lernten die Jungens einfach im Spiel und durch Beobachtung, sich selbstständig für etwas zu interessieren. Neulich hatte ich gerade mal wieder die ›Samensammlung‹ von Andreas in der Hand, die er im Jahr 1945 begonnen hatte. Sie nahm so herrlich wenig Platz in Anspruch! Setzten dann die Sperrstunden ein, und weder Licht noch Gas zum Kochen waren uns vergönnt, dann wurde es erst gemütlich: In einem großen Lehnsessel saßen wir alle drei, auf Licht und den ersten Alarm wartend, die Jungens lernten Gedichte und Kirchenchoräle auswendig, und wir sangen die Fülle der Volksweisen oder die Lieder von den Klassikern, die mir im Elternhaus durch meine Mutter vertraut gemacht wurden – und die ich nun meine Kinder lieben lehrte. Das gesamte Sangesgut der Nazizeit ist (ohne

---

405 ›Pimpf‹ war eine umgangssprachliche Bezeichnung für den jüngsten Jahrgang im ›Deutschen Jungvolk‹ (DJ). Jungen im Alter zwischen 10 und 14 Jahren wurden dorthin eingezogen, bevor sie im Alter von 14 Jahren in die ›Hitler-Jugend‹ (HJ) überwiesen wurden. Ziel beider Jugendorganisationen war es, Kinder frühzeitig mit der nationalsozialistischen Ideologie zu indoktrinieren und vormilitärisch auszubilden.

dass ich es eigentlich bemerkte) an uns vorbeigegangen – sogar ›Lili Marleen‹⁴⁰⁶ blieb mir fremd.

Wenn wir dann im Dunkeln unser Essen verzehrt hatten, begann mit dem Aufflammen des Lichtes die Nacht. Die häufigen Abendalarme waren nicht so lästig wie diejenigen nach Mitternacht. Die Kinder verhielten sich dabei aber wirklich tadellos und nahmen es als selbstverständlich, dass ich zuerst zu Schulzes rüberlief. Bis sich die Kinder nach der Entwarnung mit dem Vater zusammen an den Alarm-Pudding gemacht hatten, hatte ich die Großmutter Schulz auch meist schon wieder hochgehievt. Wenn sie doch bloß dazu zu bewegen gewesen wäre, im Keller zu schlafen!

Außer dem alten Ehepaar W. (das jedes Mal die allerletzte kleine Flasche Cognac oder das allerletzte Restchen Wein trank) waren noch die Hausmeisterleute mit einem Sohn von zwölf Jahren, eine Hausangestellte und zwei untermietende Damen im Keller. Jeder meiner Jungens hatte seinen Rucksack mit eiserner Ration auf den Knien und einen Brustbeutel mit Papieren, Karten und Geld unter dem Hemd. Unten hörte man über Drahtfunk, wo sich die Verbände befanden (›Tomate, Tomate, Kamerun‹⁴⁰⁷ tönte es zwischen den Meldungen). Oft setzte der Strom aus, und eine kleine Taschenlampe war alles, was Orientierung gab.

6.8 Die Todesurteile für Mitglieder der Familie Bonhoeffer

Am 2. Februar 1945 wurden unter Freislers Vorsitz im Volksgerichtshof Klaus und Rüdiger zum Tode verurteilt; im selben Prozess mit ihnen auch Justus Perels, Jurist für die Bekennende Kirche, und der Bruder von Otto John, der ebenfalls bei der Lufthansa gearbeitet hatte. Klaus wies die Farce eines gestellten Rechtsanwalts ab und verteidigte sich selbst – das heißt (wie wir durch seinen Wärter hörten), er griff offen und in der Gewissheit, ohnehin seinen Kopf zu verlieren, nicht nur den NS-Staat, sondern auch Freislers rechtswidriges Verhalten an. Rüdigers Wachmann kam unter Tränen zu Ursel, um ihr die Nachricht von seinem Todesurteil zu überbrin-

---

[406] Der Text dieses Liedes wurde 1915 von Hans Leip geschrieben, die bekannte Melodie 1937 von Norbert Schultze komponiert. In der Interpretation der Sängerin Lale Andersen, die 1939 aufgenommen worden war, wurde dieses Lied zum ersten deutschen Millionen-Seller und zu einem weltweit verbreiteten Soldatenlied.

[407] Dies war das Kennwort des Deutschen Rundfunks zwischen den Ansagen über den An- und Abflug der Bomberverbände.

gen. Rüdiger hatte ihn gebeten, noch am Abend vorbeizugehen und Ursel zum Abschied seinen Konfirmationsspruch zu sagen: »Lobe den Herrn, meine Seele, und vergiss nicht, was er dir Gutes getan hat«![408] Wann das Urteil vollstreckt werden sollte, wusste der Wachmann nicht – es könne in den Morgenstunden sein, sich aber auch noch Tage hinziehen.

Als ich am nächsten Vormittag, nachdem ich die Kinder versorgt hatte, zu den Eltern radeln wollte, wurde ein schwerer Angriff auf Berlin angesagt. So blieb ich noch zuhause und fuhr erst später los. In der Innenstadt hatte es pausenlos Detonationen gegeben. In der Marienburger Allee waren weder die Eltern noch Ursel anzutreffen. Die Eltern waren in die Stadt gefahren, um Dietrich ein Paket zu seinem morgigen Geburtstag zu bringen. Ursel war zu einem ihr von früher bekannten Juristen am Volksgerichtshof gefahren, um ein Gnadengesuch einzureichen oder zu erfahren, was sie unternehmen könne. Als der Angriff begann, verließ sie das Volksgericht und ging in das Institut für Luftrecht, wo ihr Mann Professor gewesen war.

Mit meinem Rad fuhr ich zwischen den Bahnhöfen Westkreuz und Heerstraße hin und her, in der Hoffnung die Eltern oder Ursel zu treffen. Als ich zwischendurch wieder bei Ursel hereinsah, lag sie auf einer Couchette. Ich setzte mich an das Fußende, und sie begann zu erzählen. Nicht nur von der nun restlos zerstörten Innenstadt, sondern auch von ihrem Gespräch: »Als im Volksgerichtshof die Vorwarnung kam, sagte ich, ich wolle nicht mit den Leuten in einem Keller sitzen, die meinen Mann zum Tod verurteilt hätten. Und als ich raus ging, habe ich noch gesagt: ›Sie haben Unschuldige zum Tod verurteilt. Ich sage Ihnen: Gott lässt sich nicht spotten!‹[409] Solches Auftreten ist ja sonst nicht üblich bei uns. Als aber in diesem Moment die Tür aufging, kam Rüdigers Bruder Rolf herein und rief: ›Der Schuft ist tot! Ich habe eben Freislers Totenschein unterschrieben!‹. Da spürte ich doch, dass deutliche Worte manchmal am Platz sein können. Rolf war als Arzt dazugerufen worden, weil er sich im Luftschutzbunker befand. Er hatte sich für seinen Bruder einsetzen wollen und kam gerade, als der Alarm begann.«

Was immer bald danach und auch später über Freislers Tod gesagt wurde – Rolf hatte innere Zerreißung durch eine Luftmine

---

408 Psalm 103, 2.
409 Galater 6, 7.

festgestellt; jedenfalls hat er es uns so berichtet. Mein Vater meinte daraufhin: »Den hat der Teufel geholt.« Aber auch: »Der hat es zu leicht gehabt.« Das ist mir in Erinnerung geblieben, weil ich wohl Zorn, aber nie Hass bei meinem Vater kannte. Wie gerne hätte ich alles geglaubt, was von der Ermordung Freislers durch Offiziere und Ähnliche behauptet wurde. Rolf ist nun tot. Ob er etwas unterschreiben musste, was nicht der Wahrheit entsprach? Jedenfalls ging er mit dem Totenschein sofort zum Justizminister und sagte zu ihm: »Ich bringe Ihnen den Totenschein von dem Mann, der gestern meinen unschuldigen Bruder zum Tod verurteilt hat.« Er ließ sich von dem etwas verängsteten Beamten versprechen, dass die Vollstreckung der Urteile für diese letzte von Freisler verurteilte Gruppe verzögert würde, damit noch Gnadengesuche eingereicht oder Wiederaufnahme-Verfahren eingeleitet werden könnten. Mit dieser hoffnungsvollen Nachricht ging er dann zu Ursel. Christel kam ins Zimmer, und wir erzählten ihr alles – auch was Ursel über den Gott, der sich nicht spotten ließe, gesagt hat. Christels Reaktion war die: »Warum konnten die Amerikaner nicht gestern diesen Angriff machen? Dann wäre es zu keiner Verurteilung gekommen, und vielleicht hätten sie fliehen können!«

Die Eltern waren ebenfalls in diesen schweren Angriff hineingeraten und weite Strecken durch die brennende Stadt gewandert. Völlig rauchgeschwärzt kamen sie zurück. Als mein Vater ins Zimmer kam, hatte er sich wohl gewaschen, aber seine schneeweißen Haare waren schwarz von Ruß. Er sah mein erstauntes Gesicht, und mit einem leisen, herzzerschneidenden Lächeln sagte er zu mir: »Ja, so wird man wieder jung.« Die Würde, die ehrfurchtgebietende Haltung der Eltern war eine Stütze für die ganze Familie – Kinder und Enkel. Meiner Mutter, die mit ihrer Aktivität immer alles in Bewegung gesetzt hatte, um ihren Kindern Unangenehmes zu erleichtern, fiel es unendlich schwer, nun so passiv sein zu müssen. Alle Fäden zu höheren Stellen waren ja seit dem 20. Juli abgerissen. Und Sauerbruch fühlte sich mit Recht selbst gefährdet.[410]

Mit gefesselten Händen schrieb Klaus seine bewegenden Abschiedsbriefe an Eltern, Frau und Kinder.[411] Von Dietrich haben

---

410 S.o. Anm. 387 (S. 587).
411 Vgl. BETHGE, EBERHARD/BETHGE, RENATE (Hg.): Letzte Briefe im Widerstand. Aus dem Kreis der Familie Bonhoeffer, München 1984, S. 46–56; GRABNER, SIGRID/RÖDER, HENDRIK (Hg.): Emmi Bonhoeffer. Bewegende Zeugnisse eines mutigen Lebens, Reinbek 2006, S. 41–46.

wir seit diesem Tag nichts mehr gehört. Auch das Gefängnis in der Prinz-Albrecht-Straße war getroffen worden und die Gefangenen unauffindbar. Maria reiste, soweit es ihr möglich war, von einem KZ zum anderen, um Dietrich zu finden. Alles umsonst. Nun war es Zeit für sie, sich zu ihrer Familie (Mutter, Großmutter und kleine Geschwister) nach dem Westen abzusetzen. Täglich fuhren Ursel und Emmi mit warmem Essen (das die zum Tod Verurteilten bekommen durften) in die Lehrter Straße. Nur einmal im Dezember hatten sie eine Sprecherlaubnis bekommen. Nun war die Spannung jeden Tag unerträglich: Wann werden wir endlich erobert? Wann gehen die Gefängnistüren auf?

6.9 Die letzten Tage im Kampf um Berlin und der Einmarsch der Russen

Der Frühling 1945 war herrlich. Aber man nahm ihn nicht wahr. Die Alarme häuften sich – besonders bei Nacht, wo es nun Pflicht geworden war, hinterher den Garten genau abzusuchen, ob irgendwo ein Zeitzünder oder Blindgänger lag. Ich entsinne mich, dass ich in einer Ecke meines Kopfes dachte: Es ist Wahnsinn, hier mit den Kindern im Dunkeln durchs Gebüsch zu kriechen! Andererseits glaubte man eben nie, dass gerade im eigenen Garten so ein Biest läge, und die Kinder wollten uns nicht alleine gehen lassen – sie hatten selbst an diesem Suchdienst ihr Vergnügen! Dass solche Brocken tatsächlich auch in der Nähe lagen, merkte man an plötzlichen starken Detonationen, die einen fast aus dem Bett warfen. Bald häuften sich die Angriffe so sehr, dass es überhaupt keinen Alarm mehr gab. Dadurch fiel endlich meine Verpflichtung bei Schulzes weg. Die Oma blieb nun im Keller, wie viele andere auch.

Ich ließ die Kinder nicht mehr alleine nach draußen – aber gemeinsam liefen wir noch oft in den Wald hinüber, damit sie so viel wie möglich an der frischen Luft wären. Als die Amerikaner an der Elbe waren, tranken Walter und ich die letzte für diesen Zweck gehütete Flasche Sekt zusammen. Und dann kamen die Kerle nicht hinüber und überließen uns den Russen! Ich wusste durch ›Fremdsender‹ von der geplanten Zoneneinteilung in Deutschland und in Berlin. Bei meinen Eltern befand sich sogar eine Karte, wo Berlin schon straßenweise unter die vier Mächte aufgeteilt war, und ich war beunruhigt, dass wir darauf eine andere Besatzung hatten als die Eltern. Doch dass der russische Sektor so viel schwieriger werden würde als die übrigen, war damals nicht vorauszusehen. Im April war es kaum noch möglich, zu den Eltern zu gelangen, ohne von Tiefffliegern bedroht zu werden. Sie wollten auch absolut nicht mehr, dass wir uns dieser Gefahr aussetzten. Ostern hatten wir noch zusammen verlebt. Als dann auch die Telefonverbindung unterbrochen wurde, war das sehr schmerzlich. »Wenn die Russen oder die Amerikaner kommen, dürfen die Onkels aus dem Gefängnis!« – das war die große Hoffnung der Kinder. In meinem Vorratskeller waren jetzt nur noch leere Weckgläser. Ich füllte sie mit abgekochtem Wasser und verschloss sie. Andreas' Sportwagen hatte ich so montiert, dass ein dicker Koffer darauf Platz fand, worin sich die mühsam aufgesparten Lebensmittel befanden (eine Wurst, Zwieback, Haferflocken und anderes), aber auch etwas Wäsche und Kleidung. Schon einmal hatte ich einen solchen Koffer gepackt, und meine Mutter hatte ihn nach Sacrow[412] geschleppt, zur Sicherheit. Aber die Ratten im Keller hatten sich durch das Lackleder gefressen und darin gebrütet. Als ich ihn öffnen wollte, störte ich ihr Familienleben. Alles war aufgefressen oder zu Nestwolle zerkaut. Nur der Reißverschluss von meinem Muff hatte überlebt!

Man wartete. Der Kampf um Berlin hatte begonnen. Sollte das nun Tage oder nur noch Stunden dauern? Immer unvorsichtiger wurde man gegenüber den Tiefffliegern und den rechts und links aufprallenden Geschossen. Als sich zum Beispiel die Nachricht herumsprach, es gäbe in einem verlassenen Arbeitslager am Waldrand noch Fässer mit Sauerkraut, machten wir uns mit Gefäßen auf den Weg, um diese Nahrung zu holen. Es bestand in diesen letzten Tagen gar keine Möglichkeit mehr, irgendetwas einzukaufen (vorher waren aber an alle ziemlich reichlich Reserve-Rationen verteilt worden). Immerhin – Sauerkraut sollte ja gesund sein. Frau W. mit ihrem Mädchen, die Hausmeisterfrau und ich mit den Jungens rannten also los. »Hinwerfen!«, schrieen uns die deutschen Soldaten zu, die in den Straßen lagen. Aber wir eilten zum Sauerkraut! Mit uns liefen viele, die sich einfach im Grunewald verbergen wollten, um dem Brand Berlins zu entgehen. Das Sauerkraut war weg. Bis

412 S.o. Anm. 365 (S. 570).

wir in einer hintersten Ecke doch noch etwas gefunden und unsere Behälter damit gefüllt hatten, begann ein richtiger Geschützhagel. Wir rasten zurück; die alte Frau W. war am schnellsten, weil sie kein Gepäck hatte. Als ich mit den Kindern vor der Haustür stand, krachte gerade eine Bombe ins Nachbarhaus. »Nun wollen wir aber nichts mehr holen gehen«, meinte Andreas dazu. Gegessen haben wir von dem Zeug nichts mehr. Aber gestunken hat es!

Am Abend kam ein Lastwagen vors Haus gefahren. Deutsche Soldaten, jeder mit seinem Mädchen, nahmen Quartier. Wir schliefen mit den Kindern sowieso im Keller, unsere Räume standen zur Verfügung. Frau W. bemühte sich vergebens, für Ordnung zu sorgen und die Damen von den Herren getrennt unterzubringen. Dass sie schallend ausgelacht wurde und sogar mehrere Pärchen gemeinsam ihr großes Schlafzimmer benutzen wollten, entrüstete sie sehr und ließ auch sie den Glauben an den Sieg der wackeren deutschen Wehrmacht verlieren. »Sie machen ein Bordell aus meinem Haus!« Herr W. ließ sich aber nicht erschüttern und war weiterhin vom Endsieg überzeugt. Bis tief in die Nacht hinein gab es oben ein wüstes Gelage – aber als sie am Morgen abzogen, hatten sie zum Dank viele Konserven aus Heeresbeständen in den Zimmern deponiert, die wir dankbar annahmen. Schlimm war nur eine Szene, die ich den erstaunten Jungens gerne erspart hätte: Eines der Mädchen wurde zurückgelassen. Sie schrie und weinte hysterisch, als sie am Aufspringen gehindert wurde. Ich hatte lange Mühe, sie etwas zu beruhigen und ihr zu versprechen, dass sie von der nächsten Gruppe bestimmt mitgenommen würde. Es kam auch so – aber das waren dann die Russen. Am Tag füllte sich unser Haus mit Angestellten der umliegenden Villen. Die Herrschaften waren nach Westen geeilt und hatten die Mädchen zum Schutz ihres Besitzes aufgefordert. Doch dazu hatten die keine Lust mehr.

Als wir am Mittag dieses letzten Tages vor der Eroberung mit den Kindern rüber in den Wald wollten, stand am Zaun des Hauses ein einsamer Soldat mit Gewehr im Anschlag. Auf unsere Frage, was er hier mache, antwortete er: »Ich mache Schluss mit dem Krieg – ich schieße auf alles, was eine braune Uniform hat.« Er riet uns, nicht zu weit zu gehen; bis die Russen da wären, könne es nicht mehr als zehn Minuten dauern. Sie seien schon in Dahlem, und von welcher Richtung sie nun kämen, wüsste er nicht. So kürzten wir unseren

Frühlingsspaziergang ab und sahen noch mal bei Schulzes rein. Wir waren gerade im Keller, als eine heftige Schießerei begann. Das waren die ersten Maschinengewehre, die ich in unmittelbarer Nähe hörte.

Aber trotz der verängstigten Luftschutzgemeinschaft, die nun im inneren, abgestützten Keller zusammenkam, ließ der Chef des Hauses seine Hoffnung an den Endsieg nicht fahren. Aus irgendeinem Grund musste ich noch mal nach oben in unsere Wohnung (wahrscheinlich, um etwas von den am Morgen gefundenen Konserven zu retten), und Herr W. schloss sich mir – halb als Beschützer, halb aus Neugierde – an. Unser Fenster führte auf die Pücklerstraße, und dort sahen wir einen deutschen Soldaten zwischen zwei Russen entlangmarschieren. »Sehen Sie«, rief W. begeistert, »so sind unsere deutschen Jungs: Da führt doch ein waffenloser Soldat zwei schwerbewaffnete Russen ab!« In diesem Moment wurde mir deutlicher als je zuvor, wie die Propaganda Hitlers sogar auf Menschen wirken konnte, die nicht dumm waren (er war schließlich Mitbegründer und Leiter der Märkischen Elektrizitätswerke). Herr W. war noch nicht mal so gemein, dass er uns schlecht behandelt hätte, weil meine Brüder im Gefängnis waren. Er war nur einfach ängstlich und wollte lieber an die Dinge glauben, bei denen er sich weniger zu fürchten brauchte.

Doch als nach etwa einer halben Stunde heftiges Getrampel im Zimmer über uns losging, begann auch er zu begreifen. Nun wollte er hinauf, um sein Hab und Gut zu verteidigen, und konnte nur mit Mühe von uns festgehalten werden. Als die Stiefel die Treppe herunterkamen, brach er auf seinem Stuhl zusammen. Ich nahm die Jungens an die Hand und ging den Russen entgegen. »Nun ist der Krieg für uns zu Ende«, sagte ich zu ihnen. Ein junger, sehr nett aussehender Offizier, der recht gut deutsch sprach, wurde von den Jungens strahlend begrüßt. »Warum freuen sich die Kinder so?«, fragte er erstaunt. »Jetzt werden meine Onkels frei, die hatte Hitler eingesperrt«, sagte Michael zu ihm. Er setzte sich zu uns in den Keller und nahm Andreas auf seinen Schoß. »Hast du keine Angst vor mir?« Andreas strahlte ihn an. Während die anderen Russen den Keller durchsuchten, blieb er fasziniert von den Kindern bei uns sitzen. Vielleicht hatte er zu Hause selber welche.

›Der Tag, als der Russe kam‹ – soll man ihn wieder aus der Erinnerung hervorholen? Ich persönlich habe in meinem Leben noch schlimmere Tage erlebt, wenn auch die nachfolgenden Typen sehr anders waren als unser erster Freund. Der warnte mich übrigens noch, ich solle dafür sorgen, dass die Kinder nicht allzu vertrauensselig wären. Michael meinte später, dieser Schock, dass die heißersehnten Befreier von der Naziherrschaft ein so übles Debut gaben, sei für ihn die stärkste innere Erschütterung seines Lebens gewesen.

Zahllose Eroberer tobten durchs Haus. Immer wieder tauchte auch unser Freund auf und sah nach, wie es uns ging. Hatten uns gerade Mannschaften die Uhren abgeknöpft, ließ er sie wieder an uns abgeben. War er fort, holten sie sich alles wieder. Meine Armbanduhr hatte ich schon länger nicht mehr getragen, damit man keine Stelle am Arm sah. Sie befand sich in einem mit Grieß gefüllten Schraubglas, und so überstand sie alle Durchsuchungen. Später konnte ich diesen goldenen Schatz gegen zwei Zentner Kartoffeln eintauschen.

Dann hatten sie den W.'schen Weinkeller entdeckt! Nun wurde es furchtbar, denn er war gut gefüllt, und die ›kleinen Restchen‹, von denen sie immer gesprochen hatten, waren natürlich Schwindel gewesen. Die russischen Kerle waren zum Teil fast noch Kinder. Zwei sehe ich vor mir sitzen, trinken und mir anbieten. »Nein, sehr krank.« – »Ich komme ins Zimmer. Das ist die Kreide. Setzt Euch!«[413], begannen sie nun eine deutsche Konversation mit mir, und ich fand die Situation so belustigend, dass ich mit meinen russischen Anfangskenntnissen antwortete: »Dja fradju komnata; woglu stait orjan.« Das hatte ich in Dorpat gelernt und als Einziges behalten; es bedeutete: »Ich komme ins Zimmer, in der Ecke steht die Orgel.« Wir hatten damals nämlich ein altes Harmonium in unserer Wohnung gehabt. Die jungen Soldaten lachten sich krank, und plötzlich merkte ich, dass sie das Fraternisieren missverstanden hatten. So nahm ich Michael auf meinen Schoß, und da blieb er unverrückbar bis zum Morgen. Nur ich und die alte, wirklich sehr leidend aussehende Frau W. blieben damals im Keller verschont. »Mach die Haare mehr mit Strähnen ins Gesicht«, flüsterte mir Michael zu, »sonst siehst du zu jung aus!« Und später: »Was machst du, wenn sie dich holen?« – »Dann komme ich wieder zu dir.« – »Warum tun sie das?« Ich wollte den Hass mildern und sagte: »Sie haben ihre Frauen in Russland, ganz weit weg, und haben solche Sehnsucht nach ihnen,

---

413 Die russischen Soldaten zitieren hier ohne Zusammenhang einfache Sätze aus dem Schulbuch, mit dem sie einst Deutsch gelernt hatten.

dass sie jetzt möchten, die Frauen, die sie hier sehen, seien ihre.« – »Ist es das, wovon man die Kinder bekommt?« – »Ja, aber nicht immer.« – »Ich weiß.«

Dann stehen wir alle in einer Reihe vor Revolvern: »Kontroll: Uri?« Woher noch nehmen? Ich ziehe meinen Ehering ab, aber da schüttelt der Russe entsetzt den Kopf. Zu Walter: »Wieviel Russen du erschossen?« – »Keinen«, antworte ich für ihn, »ist Pope.« Ein Risiko – aber »Pope ist gut, schießt nicht«. Dann sitzen wir wieder im Keller; Andreas ist auf Vaters Arm eingeschlafen.

Am Morgen hieß es dann: »Alle raus! Einen Kilometer zurück!« Was ›zurück‹ bedeutete, war nicht deutlich, aber wir sollten wohl Richtung Dorfkirche gehen. Mir war das recht, die kleine Kirche schien mir eine gute Bleibe. Also Rucksäcke aufsetzen. Ich machte gerade den fahrbaren Reserve-Koffer startbereit, als die Portiersfrau (die unbedingt mit ihrem zurückgekehrten Mann – der sich zwischenzeitlich abgesetzt hatte – und ihrem Jungen im Haus bleiben wollte) mich bat, den Russen verständlich zu machen, dass sie hier nicht zu den Herrschaften gehörte, sondern im Dienstverhältnis stehe. Zu diesem Zweck sollte ich den Soldaten die Wohnung unten zeigen. Warum sie sich von meinem Eingreifen etwas versprach, ahne ich nicht. Ich tat ihr den Gefallen, die Kinder natürlich an meiner Seite. Beim Öffnen der Tür ein greller Schrei – und aus dem Bett erhob sich ein völlig blutbeschmierter Russe unter Zurücklassung des älteren Hausmädchens. Die Kinder schrieen ebenfalls los, und ich machte in Eile kehrt, meine Vorräte auf dem Sportwagen-Gestell zurücklassend. Die Hausmeisterfrau eilte mir nach. Nun bestand sie nicht mehr darauf zu bleiben. Der Russe wurde von demjenigen, der uns begleitet hatte, kolossal geohrfeigt. Ich glaube aber, nicht um der Moral willen, sondern weil er es sich zu bequem gemacht hatte, statt zu erobern. Später erfuhr ich dann, dass unser Entsetzen nur auf heftiges Nasenbluten des einen oder anderen Partners zurückzuführen war. Das teilte mir Frau W. mit, die doch so viel Anstand hatte, ihr Mädchen mit sich zu nehmen, nachdem sie sich gereinigt hatte – ›einen Kilometer zurück‹.

Dass wir uns mitten in der Kampflinie befanden, wurde beim Verlassen des Hauses deutlich. Michael nimmt mir noch heute übel, dass ich die Kinder an der Straßenecke ›mit Vater ganz allein gelassen‹ hätte und zu Schulzes rübergelaufen bin. Es war aber nur ganz kurz – denn ich merkte, dass da die Russen noch übel hausten, und kam gleich zurück. Und nun begann der Weg Am Hirschsprung entlang. Auf dem Feld neben der Arndt-Schule heulte die Stalin-Orgel.[414] Wir stiegen über Tote, Andreas mit seinem Stoffbärchen im Arm. Rechts und links explodierten Granaten. Wir gingen weiter. ›Ein Kilometer‹ ist dann lang. Ich sprach ganz ruhig mit den Kindern. Zum Beten hatte man keine Zeit. Und doch fühlte ich mich seltsam geborgen im Gefühl des Friedens, der höher ist als alle Vernunft.[415] Erst als Andreas ein zerfetztes Pferd auf der Straße liegen sah, fing er herzzerreißend zu weinen an. »Die Pferde können doch nichts dafür. Die wissen doch gar nicht, warum Krieg ist!« Da war wenig zu antworten, und ich ließ ihn weinen. Am Ende der Straße machten wir erst mal Station bei Doktor D., dem Arzt von mir und der Hausmeisterfrau. Ich nähte (wie wir das bei den Eltern längst vorbereitet hatten) auf einen Kissenbezug von beiden Seiten rote Streifen an, und dann wurde die Rotkreuzfahne gehisst. Dadurch hatten wir etwas mehr Schutz, denn die Russen wollen jetzt nur noch Sulfonamide[416] von uns.

So saß man also – wie zur Sprechstunde – im Wartezimmer. Ich bot ringsum von meinen Rucksack-Vorräten an. Immer wieder das Geschrei von Frauen auf der Straße, die verfolgt zu uns hereinstürzten und deren Verfolger zurückprallten, wenn ich ihnen wütend entgegenging und die Mädchen hinten in die Stube schickte. Wie mir das immer wieder gelang, weiß ich nicht – ich muss wohl sehr böse Augen gemacht haben. Ich fühlte mich im Schutz meiner Kinder sicher, während ich um Walter besorgt war. Die Männer hatten es natürlich noch schwerer, denn jeder konnte ja ein kämpfender Feind sein. Auch dieser Tag verging. Die meisten versuchten, im Keller Unterkunft zu finden, aber das erschien mir für die Kinder ungeeignet; so verbrachten wir die zweite Nacht sitzend im Wartezimmer. Die Jungens schliefen ab und zu ein, aber Michael wich nicht von meinem Schoß.

Am nächsten Morgen bot uns Doktor D. ein Mansardenzimmer an, ein Bett, eine Korbbank, einen bequemen Sessel. Wir richteten uns ein. Das Schießen zwischen den Häusern hatte aufgehört, wir waren restlos erobert. Die Stalin-Orgel, die auf dem Feld neben uns brauste, war auf andere Stadtteile gerichtet. Als Erstes gingen wir

---

414 Sowjetischer Mehrfach-Raketenwerfer, auch Garde-Werfer oder russisch ›Katjuscha‹ genannt.
415 Vgl. Philipper 4, 7.
416 D.h. antibiotische Medikamente.

rüber zu Fräulein Kuhlmann (›Kirchen-Kuhlchen‹), um nach ihr zu sehen. Sie kam mir gesund auf der Treppe entgegen, und wir fielen uns in die Arme. Die Hausmeisterleute hatten übrigens im Haus von Doktor D. ein elegantes Doppelbett-Gastzimmer und für den Jungen noch ein extra Zimmer bekommen. Ich dachte zuerst: »Ach so, Angst vor den Kommunisten – der Portier in Daunen, die Pfarrersfamilie unters Dach, mit einem Bett für vier.« Aber es hing noch anders zusammen: In dem großen Sack, den der Hausmeister auf einem Wagen hinter sich hergezogen hatte, war ein erjagtes Wildschwein gewesen. Verblüffend, was damals die Menschen so fertigbrachten! So oder so kam zum Vorschein, was in einem Menschen steckte – und er vielleicht selbst nicht gewusst hatte. Da wurde nun andauernd in der Küche gebrutzelt, und wir bekamen nichts als den Duft davon ab. Sollte ich mich ärgern, dass ich meine Vorräte vom ersten Moment an geteilt hatte? Es war nicht einfach, das nicht zu tun. Aber ich hatte ja schon oft erfahren, dass der Mensch ›nur aus Mensch gemacht‹ ist.

Nun sind es nur noch einzelne Situationen, die mir in Erinnerung geblieben sind, zeitlich nicht mehr einzuordnen. In der Küche steht Herr von Ü., alter Freund und Nazihasser. Seine Uniform hat er gegen Zivil vertauscht – aber: »Was mach' ich mit den Papieren, ich brauch' doch Papiere und den Wehrpass!« – »Den Wehrpass wegzuwerfen ist nicht gut«, sagte ich, »aber geben Sie mal her.« Und schon hatte ich ihn ins Feuer unter unserer Suppe geworfen. Später bekam ich aus Westdeutschland einen herzlichen Dankesbrief von ihm: Er wäre gut durchgekommen und hätte sich an meiner Energie ein Beispiel genommen.

Ein anderes Bild: Ich ziehe mit den Jungens – Michael und ich mit Spaten bewaffnet – durch die Nachbarschaft und schaufele Gräber in den Gärten oder auch auf den unbenutzten Stellen des Friedhofs für die Toten im Haus. In ein Tuch geschlagen werden sie ins Erdreich gelegt – diejenigen, die in den letzten Tagen durch Beschuss, Selbstmord oder auch (wie etliche ältere Herren) an Herzschlag gestorben sind. Dann kommt Walter im Talar dazu und spricht ein paar Worte. Es sind sehr einfache und natürliche Begräbnisse. Auch die Flak-Jungen und andere Soldaten, die in den Straßen liegen, werden von uns begraben. Warum ich eigentlich die Gräber für sie schaufelte? Ich glaube, es war außer mir wirklich nur Kuhlchen, die sich dafür verantwortlich fühlte.

Und etwas Heiteres: »Kommen Sie schnell mit, wir gehen plündern!«, ruft mir Fräulein M. zu. Die Vorratshäuser der Flak dicht bei der Domäne sowie teilweise die Stallungen und Schuppen, aber auch tiefe Mieten sind aufgebrochen und freigelegt worden. Nun aber schnell – wer hat, der hat! Man rafft zusammen und steckt alles in die mitgebrachten Behälter; dann rasch zu Hause auskippen und wieder hin, solange der Russe nichts dagegen sagt. Auch Kartoffeln und Rüben schleppen wir heim. Es ist ein Akt der Gewalt und nicht der Nächstenliebe; aber die Plünderer sind nett zu einander und lassen dem andern auch etwas. Bis der Russe kommt und losschreit, ist fast alles leer.

Jetzt sehe ich uns am ersten Tag nach der Vertreibung mit einem freundlichen, deutschsprechenden Offizier verhandeln. Was ist los in der Pücklerstraße? Dann man dort hin und vielleicht noch etwas holen? Ich denke an meinen Koffer auf dem Kinderwagen und die Weckgläser mit dem abgekochten Wasser. Unter seiner Begleitung dürfen wir gehen. Ich glaube, ich habe meinen Jungens damals viel zu verdanken gehabt, weil sie so zutraulich waren. Ich raffe zusammen: Koffer und Wasser (denn es gab kein Trinkwasser mehr, nur aus Gewässern, die vielleicht verpestet waren). Wo ist Vater?[417] Ich laufe in den Vorgarten; da höre ich seine Stimme, als ich nach ihm rufe. »Komm schnell, der will mich erschießen!« Und da steht Walter – ein gerettetes Meerschweinchen auf dem Arm und vor ihm ein Russe mit Revolver im Anschlag. »Halt, du Schwein!«, schreie ich. »Kommandant, Kommandant zu Hilfe! Kommandant Freund!«, und ich mache die dazugehörige umarmende Geste. Der Kommandant kommt auf das Schreien der Kinder eilends durchs Fenster hinaus, und der Russe rennt, so schnell er kann, durch die Gärten davon. Der Gerechte hatte sich seines Viehs erbarmt[418] und nach Kaninchen und Meerschweinchen gesehen. Dabei war er dem Russen begegnet, als er die Ställe leer und bloß noch das eine Tierchen fand. Der Kommandant war dafür, dass wir uns mit unserem Gepäck wieder eilig ›einen Kilometer zurück‹ begaben.

Es hatte sich herumgesprochen, dass ein Dachboden sicherer als der Keller war. Auch die Rotkreuzfahne bot nicht immer Schutz – besonders wenn die russischen Kerle besoffen waren. Sobald es

---

417 Walter Dreß.
418 Vgl. Sprüche 12, 10.

also draußen oder unten zu poltern begann, stürzten die Frauen, die das Haus bewohnten, nach oben auf den Boden und schlossen sich dort ein. Ich lag mit Michael auf dem kleinen Bett in unserem Zimmer – natürlich in voller Montur und so unattraktiv wie möglich gekleidet. Andreas schlief auf der Korbbank, Vater saß im Stuhl. Gegen Morgen pflegten wir zu tauschen. Trotz der langen Abende war es schon dunkel an diesem Tag. Da stehen zwei junge Kerle im Zimmer. »Kontroll, junge Mädchen?« – »Nein«, sage ich, »nur alte Matschka!« Sie warten ein wenig, wir stellen uns schlafend. Michael klammert sich an mir fest. Dann gehen sie wieder hinaus und kontrollieren weiter. Aber sie fanden nichts, nur leere Betten, und der Dachboden war verschlossen. Also dachten sie ›besser den Spatz in der Hand als die Tauben unter dem Dach‹ und kamen wieder zu uns herein. Erst ganz manierlich, fast schüchtern; dann gingen sie zu Walter und boten ihm Zigaretten an. Ich fuhr hoch: »Nichts annehmen!« Da kamen sie zu meinem Bett hinüber: »Komm, du Frau!« In meinem ganzen Leben habe ich noch nie so losgeflucht wie in diesem Moment der Angst. Das bestätigen mir die damals Anwesenden heute noch gern. Ausdrücke hatte ich parat, von denen ich selbst kaum wusste, dass ich sie kannte. Und die beiden jungen Burschen mussten wohl wirklich glauben, dass ihre eigene zornige, alte Matschka sie beim Stehlen erwischt hatte – so erschraken sie und stolperten eilig die Treppe herunter und zum Haus hinaus. Daraufhin kamen die Frauen wieder vom Dachboden, und wir lachten vergnügt über meine pädagogischen Fähigkeiten. Die Jungens waren sehr stolz auf mich.

Es gab nur noch an ein paar Stellen in Dahlem Brunnen, und da stand man dann mit einem Behältnis in der Schlange – in der Hoffnung, dass er nicht leer gepumpt sei, bis man dran käme. Es waren noch drei oder vier Leute vor mir, als ein russischer Wagen mit Soldaten und vielen Gefäßen vorfuhr, um zu pumpen. Da war für uns keine Hoffnung mehr. Zwei Eimer in der Hand ging ein Russe auf die Pumpe zu, und unsere Reihe wartete. Als er beide gefüllt hatte, schritt ich eilig mit meinen Söhnen auf ihn zu, drückte dem Verblüfften meinen leeren Eimer in die Hand, ergriff dankend die beiden vollen und entschwand. Mit Vergnügen hörte ich noch das Gelächter der anderen Soldaten auf dem Wagen, als der Mann mir dumm nachschaute. Es waren Zeiten, wo Frechheit oder Unverfrorenheit siegte.

Die Kinder wurden oft irgendwo hineingerufen und mit Essen beschenkt – das heißt, es ging immer nur einer rein; der andere stand bei mir Wache, und sie versicherten eisern: »Mutter kommt nicht mit.«

Anfang Mai, noch während des Kampfes um Berlin (der aber nicht mehr im Westen, vielleicht auch nur noch sehr vereinzelt und mehr in Gestalt von Plündereien tobte), machten wir uns auf den Weg zu den Eltern. Walter versuchte an diesem Tag, zu seiner Mutter und Schwester zu gehen. Er traf sie recht übel an.[419] Die Kinder und ich kamen an unserer alten Wohnung in der Helfferichstraße vorbei. Aus diesem Haus war geschossen worden, und deshalb hatte man die Ruine angezündet und das ganze Haus ausgebrannt. Was von uns dort noch zurückgeblieben war, war nun erledigt. Die alten Hausmeisterleute hatten noch ein heiles Küchenstübchen behalten. Sie waren froh, dort hausen zu können. Die Häuser von Emmi und von Ursel, die sie in den letzten Kriegstagen festlich mit Blumen geschmückt hatten, weil sie hofften, jetzt endlich, am 22. April 1945, würden ihre Männer heimkommen, waren beide in der Nacht auf den 23. April durch Bomben schwer zerstört worden. Sie selbst hatten sich zu diesem Zeitpunkt bei den Eltern aufgehalten. In derselben Nacht sind Klaus und Rüdiger (auf den Göbbels-Befehl hin: »Alles Kriminelle laufen lassen, alles Politische umbringen!«) ins Ulap-Gelände geführt und dort erschossen worden.[420] Das wussten wir aber damals noch nicht, und die Eltern hofften gemeinsam mit den Töchtern. Eberhard Bethge[421] und Justus Delbrück[422] waren da, hatten von den zum Tod Verurteilten erzählt und Hoffnung geweckt. Sie selbst waren ja nicht verurteilt worden. Jetzt suchten sie überall im Tiergarten und in der Innenstadt, um Klaus und Rüdiger tot oder lebendig aufzufinden. Es konnte ja sein, dass sie sich irgendwo versteckt hatten, krank waren oder von den Russen festgehalten wurden. Wenige Tage später, nachdem Justus mich noch mal in Dahlem aufgesucht

---

419 D.h. vermutlich, dass sie der russischen Massenvergewaltigung zum Opfer gefallen waren.
420 Klaus Bonhoeffer und Rüdiger Schleicher wurden in den frühen Morgenstunden des 23. April 1945 durch ein Sonderkommando des Reichssicherheitshauptamts aus ihren Zellen im Gefängnis Lehrter Straße geholt und auf einem benachbarten Trümmerfeld durch Genickschuss ermordet.
421 Der Schwiegersohn von Rüdiger Schleicher.
422 Der Schwager von Klaus Bonhoeffer.

hatte, wo er seine Schwester[423] besuchen wollte, wurde er selbst von den Russen verhaftet (also zur Aussage geholt) – und kam nie mehr zurück. Er ist noch im selben Jahr in einem Seuchenlager gestorben. Im Gefängnis war er katholisch geworden.

Den Eltern, Emmi und Ursel und all den jungen Enkeltöchtern war durch die Russen keine Belästigung zugestoßen. Mein Vater begrüßte jeden Soldaten persönlich an der Tür und hat es geschafft, dass nicht mal irgendetwas weggenommen wurde. Nur Tabletten als Mittel gegen Geschlechtskrankheiten gab er bereitwillig ab. Die Eltern hatten, als ich zu ihnen kam, von einem Arzt (einem früheren Schüler meines Vaters) ein Auto zur Verfügung gestellt bekommen, das ihnen aber ohne Chauffeur und Benzin nicht viel nutzte und nach zwei Tagen auch wieder weggeholt wurde. Emmi (deren Kinder in Westdeutschland waren) und Ursel mit ihren Töchtern, bald auch Christel mit Bärbel und Christoph und Renate mit ihrem kleinen Sohn Dietrich wohnten im Haus der Eltern. Ein russischer Offizier mit seinem Bediensteten war auch einquartiert – wohl mehr zum Schutz der Bewohner. Sie hatten sogar Wasser, und der Russe wusch sich im Klobecken und sagte: »Nicht praktisch, immer ziehen, immer ziehen – wutsch weg!«

Vierzehn Tage hatten wir uns in dieser seltsamen Bleibe aufgehalten. Dann kamen die Töchter M.[424] und baten uns, doch als Beistand zu ihnen zu ziehen. Sie würden uns zwei Zimmer frei machen. Darauf gingen wir gerne ein und waren froh, wieder Miete zu zahlen. Als wir unsere Sachen eingeräumt hatten (auch das bisschen, was in der Pücklerstraße noch von uns aufzufinden war), wurden wir mit den näheren Bedingungen des Zusammenlebens vertraut gemacht. Ich sollte nicht in der Küche kochen, sondern im Garten. Das war ich bereits gewohnt, und Ziegelsteine für eine Feuerstelle fand man genug. Am zweiten Tag fing es im Nachbarhaus bei Doktor D.[425] an, nach Wildschwein zu duften, und die Verbindung zwischen dem Doktor und den Wildschweinbesitzern war hergestellt. Ich hätte da nur gestört. Dass es nun um des Holzes willen ebenfalls Streit

---

423 Emmi Bonhoeffer, geborene Delbrück, die Witwe von Klaus Bonhoeffer.
424 Es handelte sich wahrscheinlich um die Töchter von Herbert Mochalski, der ebenso wie Walter Dreß Pfarrer in Berlin-Dahlem war. Diese vorübergehende Bleibe befand sich Am Hirschsprung 13, nicht weit von der vorherigen Unterkunft in der Pücklerstraße entfernt.
425 Vgl. o. S. 614.

gab (sogar in Kollegenkreisen), war verblüffend. Unser Leben dort wurde besonders dadurch erschwert, dass wir weder den Vordereingang des Hauses, noch den vom Garten aus benutzen durften. Denn der hätte durch einen Raum der beiden Schwestern geführt, der als Esszimmer diente. So stiegen wir und unser Besuch also über einen Stuhl drinnen und eine etwas wackelige Bank draußen durch das Fenster. Nun – was nahm man damals nicht alles lächelnd hin, bloß um sich mit niemand zu streiten? Mein Kopf war wirklich woanders, als dass mir diese altjüngferlichen Egoismen zu Herzen gingen. Nur als man uns aufforderte, die Toilette nicht zu benutzen, sondern die gesammelten Exkremente der Familie in einem dazu bereitgestellten Eimer dem Gartenbau zuzuführen, hörte unsere Bereitwilligkeit auf.

Ich kochte also an einer ungenutzten Stelle im Freien und trug Töpfe und Zutaten durch das Fenster raus und rein. Die Kinder immer hinterher – denn noch war Russenzeit, und die Gärten waren keineswegs sicher. Einmal verfinsterte sich das Licht vor meinen Augen, und ich fiel kopfüber dicht neben das Feuer. Unter starken Zuckungen und dem Geschrei der beunruhigten Jungens kam ich wieder zu mir. In vier Tagen machte ich eine schwere Lungen- und Rippenfellentzündung unter der Pflege von Adelheid Fischer und der Dahlemer Ärztin Reverey ab. Danach war ich zwar noch schwach auf den Beinen, aber wieder arbeitsfähig.

Ja, Adelheid – als wir am ersten Sonntag nach der Eroberung trotz der russischen Besatzung einen Gottesdienst in der überfüllten Kirche wagten, war unser Organist zu seiner Familie nach Westdeutschland verschwunden. Ein junges Mädchen erbot sich, die Orgel zu spielen, und sang so schön die Liturgie, dass Michael drauf drang: »Die wollen wir behalten.« Und so kam es auch. Sie bekam ihre Anstellung, brauchte daher keinen Schutt zu schippen und kam tapfer jeden Tag aus Halensee angelaufen. Wir freundeten uns herzlich an und haben diesen raschen Entschluss, sie als Organistin zu gewinnen, nie bereut.

Adelheids Haus im Bachstelzen-Weg war schon lange von anderen Leuten bewohnt, die wir ebenfalls kannten. Eine sehr lebhafte, stattliche Dame mit zwei Töchtern und Freund hauste dort. Sie hatte ihre Mädchen zur Konfirmation zu uns geschickt, und beim zweiten Kind hatte es Ärger gegeben. Sie wollte den Termin bestimmen, was wir ihr gern zugebilligt hätten, wenn sie zu einer Einzelkonfirmation bereit gewesen wäre. Sie wollte aber, dass auch die anderen Kinder sich alle nach ihrer zugereisten Tante richten sollten. Als das abgelehnt wurde, drohte sie, sie würde die Angelegenheit ins ›Schwarze Korps‹[426] bringen (das heißt, sie hielt sie für ›spiegelreif‹).[427] Es war meine Aufgabe, ihr klar zu machen, dass das Schwarze Korps an Konfirmationsterminen sicher nicht interessiert sei. Bei diesem Gespräch wurde der ganze Wirrwarr in ihrem Kopf deutlich. Sie gehörte zur ›Christian Science‹,[428] stand also auf dem Standpunkt, dass es das Übel in der Welt nicht gäbe, und erhielt ihre Familie als Gaurednerin. »Ich habe über mir eine gläserne Glocke – mir geschieht nichts; kommen Sie mit den Ihren nur in meine Wohnung, wenn es zum Kampf um Berlin kommen soll. Ich schütze Sie.« Wir verzichteten gerne darauf, bei einer Gaurednerin Schutz zu suchen, aber die verrückte Person rührte mich doch. Als nun Adelheid in Dahlem Arbeit bekam, erwarb ich ihr nach einigen Kämpfen Wohnrecht in einem kleinen Kämmerchen ihres Elternhauses. Wenige Tage später wurde die Glasglocken-Dame, die sich in der Nachbarschaft sehr unliebenswürdig gezeigt hatte, von den Russen abgeholt. Die Töchter konnten nach Westdeutschland. Da kam mir der Gedanke, dass sich vielleicht Christel, die ja ihr Heim in Sacrow verloren hatte und die aufgrund ihrer politischen Verfolgung überall einen Stein im Brett hatte, in dieses Haus einweisen lassen könnte. Es gelang auch sehr schnell, und Christel hatte auf meine Bitte hin Adelheid als notwendig zur Aufsicht für ihre Kinder angegeben, damit sie das Wohnrecht behielt. Man war etwas skeptisch, weil Adelheid ja die Tochter der Hausbesitzer war und der Erbengemeinschaft angehörte – aber Christel setzte es durch, mit der Begründung, dass sie sehr viel unterwegs sein müsse, um nach einem Lebenszeichen von ihrem Mann zu suchen.[429]

---

426 ›Das schwarze Korps‹ war eine kirchenfeindliche Kampf- und Werbezeitschrift der SS. Sie erschien von März 1935 bis April 1945 wöchentlich im freien Verkauf und erreichte zum Schluss eine Auflagenzahl von ca. 750 000. Jedes SS-Mitglied war verpflichtet, dieses Blatt zu lesen und zu verbreiten.

427 Anspielung auf den investigativen Journalismus der Zeitschrift ›Der Spiegel‹, die allerdings erst seit 1947 erscheint.

428 Diese Sekte wurde 1866 von Mary Baker Eddy (1821–1910) in Boston gegründet. In ihrem Hauptwerk ›Wissenschaft und Gesundheit mit Schlüssel zur Heiligen Schrift‹ legte sie ihre Überzeugungen vom Gesetz des Guten und von einem System geistigen Heilens nieder.

429 Hans von Dohnanyi wurde am 9. April 1945 im KZ Sachsenhausen erhängt (am gleichen Tag, an dem Dietrich Bonhoeffer im KZ Flossenbürg durch den Strang hingerichtet worden ist).

Als Christel später nach München zog, hatten sich die Verhältnisse so weit gebessert, dass die älteste Schwester von Adelheid mit ihren vier Kindern in das Haus einziehen konnte. Sie kam aus Tübingen und wartete (so wie viele) lieber in ihrem Elternhaus auf die Rückkehr ihres Mannes. So ergab sich zu einer der wichtigsten Mitarbeiterinnen in der Gemeinde, unserer Organistin, eine Familienfreundschaft. Mit M.'s[430] war Adelheid verwandt und konnte über die Eigenheiten und ›Sparsamkeit‹ der entfernten Cousinen lachen. Die Kinder liebten sie.

6.10 Die Nachricht vom Tod der Familienmitglieder

Bei glutheißer Sonne machen wir uns gegen elf Uhr auf, um mit den Kindern vom Haus Am Hirschsprung 13 durch die zertrümmerte Stadt zu wandern. Unser Ziel war der Dorotheenstädtische Friedhof. Eberhard und Justus (kurz vor seiner erneuten Verhaftung durch die Russen) konnten mit Sicherheit feststellen, dass dort in einem Massengrab mit ungefähr siebzig anderen Klaus und Rüdiger lagen. Ein Mann hatte sich beim Einsammeln der Leichen über den Schuh gewundert, den Rüdiger trug.[431] Es war eine Gruppe von acht Männern gewesen, die mit Genickschuss auf dem Ulap-Gelände ermordet worden waren. Man hatte sie erst ins Leichenschauhaus gebracht und dann in einen Bombentrichter gelegt, wo man auch noch andere namenlose Tote bettete. Dort sollte nun eine Trauerfeier stattfinden. Auch die Eltern hatten sich auf den weiten Weg gemacht. Es war bereits Anfang Juni, aber Verkehrsmittel gab es noch nicht. Der Weg durch das tote Berlin, den wir immer wieder mit Sitzpausen auf Trümmersteinen unterbrachen, war die rechte Vorbereitung für diese Abschiedsstunde. Den runden Bombentrichter hatte man eingeebnet und mit Blumen bedeckt. Pater Odeloh[432] und Eberhard sprachen für katholische und evangelische Angehörige. Es wurde auch viel gesungen, und ich sehe meine Mutter noch vor mir, wie sie die Lieder mit ihrer schönen, starken Stimme anstimmte und die Verse sicher auswendig sang.

430 Pfarrehepaar Mochalski.
431 Wegen einer schweren Verwundung im Ersten Weltkrieg war das Bein von Rüdiger Schleicher um vierzehn Zentimeter verkürzt, und er musste einen Spezialschuh tragen, um dies auszugleichen.
432 N.i.

Von Dietrich und Hans wussten wir damals noch nichts. Immer wieder erschien jemand bei mir, der meinte, Dietrich irgendwo gesehen und gesprochen zu haben, oder er hätte aus Westdeutschland von ihm gehört. Es meldeten sich sogar einige hysterische späte Mädchen, die mir anvertrauten, sie wären mit Dietrich verlobt gewesen. Sie rechneten wohl nicht mehr mit seinem Überleben. Auch den Eltern wurde oftmals Hoffnung gemacht. Schließlich erfuhren wir von seinem Tod (wenn auch nicht gleich, auf welch grausame Weise) durch einen Trauergottesdienst, den sein Freund George Bell, der Bischof von Chichester, in England für ihn hielt.[433] Er wurde nach Deutschland übertragen und vorher angekündigt. Leute Am Hirschsprung (mir gar nicht weiter bekannt) sagten uns Bescheid und luden uns ein, zu ihnen zu kommen – denn unser Radio war beschlagnahmt. So saß ich mit Mann und Kindern bei Fremden, die nicht zur Gemeinde gehörten, und wir hörten, was in England über Dietrich gesagt wurde. Wir befanden uns damals schon im Umzug Ins Gehege 16. Dort hatten sich die Besitzer (ein altes Ehepaar, das wir kannten) das Leben genommen, und wir hatten sie begraben. Das von den Russen völlig verwüstete Haus wurde uns zugesprochen, und wir begannen mit der Reinigung. Im Übrigen habe ich nicht nur in diesem Haus ›geplündert‹, sondern auch im Falkenried aus einem leeren Haus zwei Kopfkissen gestohlen, die ich für meine Kinder haben wollte. Ich habe sie nie zurückgebracht, weil ich nicht mehr wusste, woher sie stammten.

Als wir am Abend vom Dorotheenstädtischen Friedhof zurückkamen, legte sich Andreas mit hohem Fieber ins Bett. Drei Tage später stand fest, dass es sich um Scharlach handelte. Das war eine Freude für M.'s: Wir waren nun ein ›Seuchenhaus‹ geworden mit Schild an der Tür – und kein Russe wagte sich hinein (und danach, als die Amerikaner kamen, erst recht keiner von denen). So wurde das Haus nicht beschlagnahmt und blieb ohne Einquartierung. Andreas genoss es, so gut wie möglich versorgt zu werden und den ganzen Tag im Bett liegen zu dürfen. Die Kräfte der Kinder waren eben wirklich erschöpft.

---

433 Dieser Gedenkgottesdienst fand am 27. Juli 1945 in der Holy Trinity Church in London statt und wurde durch den BBC ausgestrahlt.

Noch während wir bei M.'s wohnten und Andreas seine Krankheit auskurierte, erschien bei mir Ingeborg Sänger. Sie war als Gemeinde-Helferin bei R.[434] angestellt und fragte, ob wir nicht Verwendung für eine Bekannte von ihr hätten. Wenige Tage vor Kriegsende hatten wir zum 15. April als Ersatz für Fräulein von B. eine fünfzigjährige sehr unattraktive, aber ›tiefgläubige‹ Pfarrgehilfin angestellt. Also zu spät – denn diese war nun schon einige Tage tapfer bei der Arbeit. Da fiel mir ein, dass Walter ja auch das andere Pfarramt verwaltete und dort ebenfalls eine Stelle frei war. Wir ermunterten Ingeborg, das von ihr empfohlene Fräulein Schwarz doch morgen mal zu uns zu schicken. Sie kam und erinnerte sich später, mich zuerst mit rußgeschwärztem Gesicht und schwarzem Kleid am Gartenfeuer gesehen zu haben. Sie hingegen war so blond, dass es schon fast weiß aussah, wogegen sie seit fünfzehn Jahren nichts getan hatte. Walter sah sie mit Erstaunen an und sagte: »Ich hatte Sie mir ganz anders vorgestellt!« Trotzdem war die Anstellung schnell perfekt. Geld gab es ja sowieso noch keines, und mit dem Fahrrad durch die Reihen der Russen bis nach Dahlem zu fahren hatte sie schon geübt: Weil ihr das Schuttschippen von einer Straßenseite auf die andere genug gewesen war, hatte sie sich in unserer Nachbarschaft als Haushaltshilfe verdingt. Man konnte zu dieser Zeit unter dem Beruf der Fürsorgerin auch dieses verstehen. Am 15. Juni 1945 begann sie ihren Dienst – der zuerst darin bestand, mit mir zusammen aus dem ›Russendreck‹ in unserer vorherigen Unterkunft in der Pücklerstraße die Gemeinde-Kartei und etliche andere nützliche Dinge zu holen. Ich merkte sehr schnell, dass sie gut zupacken konnte und dass ich hier auf einen Partner gestoßen war wie noch nie zuvor. Die Kinder liebten sie sofort. Das war mir immer sehr wichtig bei Mitarbeitern. Auf sie hat der im Bett sitzende Andreas aber auch großen Eindruck gemacht, der mit Vergnügen Gesangbuchverse mit vierzehn Strophen auswendig lernte und mit eigener Melodie vor sich hinsang. Drei Tage nach ihrem Arbeitsbeginn sang sie mit Adelheid, Schwester Gertrud und Kuhlchen zum Geburtstag von Walter im Garten einen Choral, stürzte beim Gratulieren rücklings durchs Fenster und musste ein paar Tage fehlen.

---

434 Pfarrer Eberhard Röhricht.

6.11 Hunger in der Nachkriegszeit

Die Ernährungslage war wirklich katastrophal. Jedes bisschen Kraut, was um die Baumstämme aufwuchs, wurde in den Suppentopf getan. Wir zogen lieber in die Schießstände am Rand des Waldes und holten Brennnesseln, Melde und als Delikatesse Vogelmiere zur grünen Suppe. Aus einem Mülleimer brachte Michael strahlend halbfaule Kartoffeln an, die ich so gut wie möglich verwertete. Dann fiel uns ein, dass wir im Keller der Helfferichstraße ja noch zwei Sack Kleie hatten, als Kaninchenfutter. Weiß Gott – sie standen noch in der Waschküche! Als ich den ersten ergriff, sauste eine dicke Ratte heraus. Als ich hineinsah, ließen sich ungefähr zehn junge Ratten zählen. Ich übergab den Sack dem Hausmeister, der ihnen ein Ende bereitete, was mich doch sehr bedenklich stimmte – hatten wir doch immer gesagt: »Sie[435] werden uns vertilgen wie Ratten!« Der andere Sack war unbeschädigt und wurde nach Hause spediert. Diese Kleie hat uns dann monatelang die Ernährungsgrundlage geliefert: Zuerst als Bratlinge – mit Majoran gewürzt und in einer Pfanne gebraten (die mit ›geruchs- und geschmacksfreiem Bohnerwachs‹ eingerieben war), glaubten mir meine drei Männer sogar, dass sie Klößchen bekämen. Leider gestand ich es zu früh und musste dann andere Rezepte erfinden.

Einmal kamen die Jungens strahlend mit einem angebissenen kalten Kotelett zurück. »Das haben wir für Vater aufgehoben. Ein Russe hat es uns direkt von seinem Teller geschenkt.« Merkwürdigerweise hatten die Kinder zu den russischen Soldaten ein besseres Verhältnis als nachher zu den amerikanischen. Die Woche, bevor es den ›Schichtwechsel‹ von den Russen zu den Amerikanern gab, war den Russen zum Plündern freigegeben worden. Jetzt war man besonders froh, dass endlich jemand anderes kam. Doch meine Jungens hatten gesehen, wie sich Amis auf der Königin-Luise-Straße auf einem Kocher etwas gebraten hatten und dann das Fett in den Rinnstein schütteten. Das konnten sie ihnen nie verzeihen. Da standen uns die Russen doch näher, die oft selbst Hunger litten und ihr trocknes Brot mit Wasser anfeuchteten, um es essen zu können. Ob sich die Amerikaner überhaupt einen Begriff davon machen konnten, wie wir hungerten? Sie sahen aber doch die Ber-

---

435 Gemeint sind die Siegermächte im Zweiten Weltkrieg.

liner in ihrem Müll wühlen – ja sogar nach den in den Teltow-Kanal geworfenen Resten tauchen! Im Grunewald traf man oft Leute, die aus den Konservenbergen mühsam das Randfett herauskratzten.

Als endlich die Amerikaner da und die Russen abgezogen waren, konnten wir die Schwestern M. mit gutem Gewissen allein lassen und in unsere neue Wohnung Im Gehege ziehen. In die Mansarde dort nahmen wir noch eine Freundin auf, die Professorin für Wasserkunde und eifrige Kirchgängerin war. Sie half uns auch sehr bei dem gerade ins Leben gerufenen Dahlemer Hilfswerk. Auch meine Schwägerin Hobe[436] zog zeitweilig mit ihren drei Kindern zu uns.

Im Gehege lebten wir anfangs wie untergekrochene Flüchtlinge mit den Möbeln und Gebrauchsgegenständen unserer Vorgänger, deren Kinder und Erben im Westen waren. Das war ein seltsam ungutes Gefühl für mich. Ich packte so viel wie möglich in den Keller und behielt nur das Nötigste. Unser aus der Pücklerstraße gerettetes Geschirr hatte bei M.'s ein jähes Ende gefunden. Während wir bei Tisch saßen, ertönte plötzlich ein riesiger Krach wie von einer Bombe. Ich hatte all unseren Besitz (Geschirr, Töpfe und so weiter) in einen leeren Schrank mit Brettern gepackt, der mir frei gemacht worden war. Und nun war es wohl für das oberste Brett zu schwer geworden, und es war abgestürzt – eins auf das andere. Dieses Möbelstück war, wie wir nun sahen, eigentlich ein Kleiderschrank, und die Bretter lagen nur auf kleinen Nagelstiften. Nun, einiges Essgeschirr stand ja in diesem Moment auf dem Tisch, und was sonst am nötigsten war, bekam man von Leuten geschenkt, denen es auch nicht gehörte.

Aber in einem waren wir fein: Unser Silber hatten wir gerettet (also immer den silbernen Löffel im Mund!).[437] Wir hatten es noch in der Helfferichstraße – bei Nacht und Nebel, ehe wir ausgebombt wurden – sehr tief in der Erde versenkt (viel tiefer als später die Särge), in einer mit Blech ausgeschlagenen Kiste. Und wir haben uns die Stelle so genau gemerkt, dass wir im Juli, nach eifrigem Graben, wirklich darauf stießen und unser Tischsilber wiederhatten. Die Klingen der Messer waren zwar verrostet, aber das ließ sich erst scheuern und später ersetzen. Hätte ich nur all meine Briefe – besonders die vielen von Dietrich und auch einige von Klaus und

---

436 Lene Hobe, geborene Delbrück, war eine Schwester von Emmi Bonhoeffer und Susannes ›Schwipp-Schwägerin‹.
437 Anspielung auf die Redensart ›Der ist mit einem silbernen Löffel im Mund geboren‹ für ein Kind reicher Eltern.

diejenigen von den Eltern – vergraben, statt sie den Russen im brennenden Keller preiszugeben!

Für Michael fand ich ein paar kleine Knobelbecher auf der Straße, und ein alter Mantel seines zwölfjährigen Vetters schützte ihn vor Kälte. Er sah aus wie ›Kamrad Russki‹. Andreas konnte Michaels Sachen tragen. Bis in den Herbst liefen die Kinder sowieso barfuß. Übrigens hatte ja nach einer Weile auch die Schule wieder begonnen. Michael ging jetzt ins vierte Schuljahr und litt unter der Regelmäßigkeit des Besuchs – bis er eine schwere Gelbsucht und seinen zweiten verkappten Scharlach bekam, den ich nun aber gründlich auskurieren ließ. Andreas hatte ich in der ersten Klasse für den Fortgeschrittenen-Zweig angemeldet. Am ersten Tag kam er stolz nach Hause, mit einem Abzeichen von der Winterhilfe gekrönt. Er hatte den besten Satz mit ›W‹ erfunden – denn er hatte geschrieben: »Wer weiß, was wir wissen?«. Das konnte man damals ja wirklich fragen, und es sprach der Lehrerin aus dem Herzen. Doch am zweiten Tag wurde ihm das Antworten verboten, und er war beleidigt. Er hatte die Stunde wohl ziemlich allein bestritten. Am dritten Tag kam er dann mit Fieber heim, und nun hatte Andreas den Scharlach. So kam auch für ihn vor den Ferien kein Schulbesuch mehr infrage.

6.12 Der Wiederaufbau des Gemeindelebens

[Von der Autorin gekürzte Passage.]

Die letzten Insassen des Lazaretts im Gemeindehaus Dahlem, die noch nicht in den Westen verlegt waren, sind ebenso wie die Ärzte und verbliebenen Schwestern von den Russen in den Osten abtransportiert worden. Aber die Betten blieben stehen und wurden schnell wieder belegt. Nun war es meine Aufgabe, dort Seelsorge zu treiben (an Stelle von Walter, denn das Haus war rein weiblich bewohnt). Ich besuchte dort die Mutter von zwei Konfirmandinnen, eine Rechtsanwältin, deren Mann gefallen war und die uns wirklich zur Freundin wurde. Unser Gemeindehaus war zur Sammelstelle für syphilitisch infizierte Frauen aus dem Berliner Westen geworden, die stationäre Behandlung brauchten. Nur in diesen Fällen war ja auch die Unterbrechung einer eventuellen Schwangerschaft erlaubt – und wer war in den ersten Wochen nach dem Einmarsch der Russen davor sicher? ›Haus für gefallene Mädchen‹, so nannte unsere Freundin das Gemeindehaus. Sie selbst hatte sich schützend vor eine junge Frau aus der Hausgemeinschaft gestellt. Ihre eigenen Töchter hatte sie im Westen bei den Großeltern auf dem Land untergebracht, und sie glaubte, nichts mehr zu verlieren zu haben. Ihren Bruder hatte man im KZ umgebracht, daher war die nähere Beziehung zu uns schon in der Nazizeit entstanden. »Und denken Sie sich – einen Tag, nachdem ich mir für sie die Syphilis geholt habe, hat die junge Person, die ich schützen wollte, sich für zwei Zigaretten angeboten!«, empörte sie sich. Später konnte sie dann mit ihren Kindern (die sie bei Normalisierung der Verhältnisse erst mal nach Berlin geholt hatte) in den Westen. Zuvor hatten wir die jüngste Tochter noch eingesegnet. Noch lange Zeit, auch in den Westen hin, verkehrten wir miteinander – wenn sie bei uns zu Besuch war, boten wir ihr die seltsamsten Happen an, die man in dieser Zeit eben seinen Gästen vorsetzte.

Die Schwesternstation im Gemeindehaus hatte den Krieg mit Müh und Not überdauert. Jetzt war statt der alten Schwester Helene die jüngere, bis dahin recht unterdrückte und kurz gehaltene Schwester Gertrud die Ausschlaggebende. Sie war dem Südbezirk zugeteilt und bemühte sich, dort mit R.'s auszukommen,[438] stand aber auch in den anderen Bezirken ›ihren Mann‹. Zuerst gab es ja nur eine Gemeindeschwester; und später kamen und gingen die zweiten Schwestern (teilweise unter schweren Kämpfen und Beschuldigungen) alle paar Monate. Ihr zur Seite stand in den schweren Tagen der Russenzeit und auch danach die Ärztin Reverey, eine Freundin, die mit ihrer unermüdlichen Kraft und guten Laune, mit Humor und herzlicher Einsatzbereitschaft damals wirklich wie ein guter Engel in Dahlem war.

Noch hatte man kaum begriffen, dass der Krieg aus ist, noch rauchten in der Innenstadt die Keller, noch stand man Schlange nach Essbarem und ging in Lumpen – da versammelte sich eines Nachmittags Im Gehege eine Menge, die ausgehungert war nach Kultur,

---

[438] Pfarrer Eberhard Röhricht und seine Familie.

die nicht von Brot allein,[439] vom Schieben und Hamstern und Stehlen und Jammern leben wollte. Erna Berger sang. Ein Flügel stand mitten auf der Straße. Kassiert wurde auf einem Teller, wie beim Wanderzirkus. Ein Stück Schokolade und ein paar Kaffeebohnen (oder gar die ›neue Goldmark‹, die amerikanischen Zigaretten) waren mehr wert als Geld. Was eigentlich gesungen wurde und wer begleitet hat, habe ich vergessen – aber nicht nur mir liefen Tränen des Glücks über die Wangen. Endlich wieder Kunst, endlich wieder etwas Schönes ohne praktischen Nutzwert – beste Vergangenheit ohne das Vorzeichen der NS-Kultur-Phrasen! Später sang dann auch Fischer-Dieskau[440] in unserem Gemeindehaus. Er war damals ein junger, hagerer Mann mit mächtiger Stimme, der dabei vor Hunger umkippte und von mir gelabt und wieder singbereit gemacht wurde. Einer, der ihn vom Studium kannte, meinte, er würde, weil er mit Naturstimme singe, bald verbraucht sein. So kann man sich täuschen. Auch dieser Nachmittag mit dem ungewöhnlich sympathischen Künstler bleibt mir unvergessen.

Aber auch Adelheid Fischer, damals noch nicht ganz mit ihrer Ausbildung fertig und erst 24 Jahre alt, sang in der Kirche zu unserer großen Freude mit einer sehr reinen Stimme. Walter schlug ihr vor, einen Kirchenchor aufzubauen. Zuerst war es mehr eine Art Familien-Unternehmen: Walter und ich mit Michael, Anneliese, dazu Hörnchen und Inge (die von Berlin-Schöneberg angelaufen kamen), Wolfgang Triebsch und noch dazu einige Jugendliche, als sie wieder in Berlin waren. Da der Chor während der Gottesdienste im Altarraum neben dem Harmonium sang, konnte Walter im Talar mitmachen. Die Proben fanden mangels Gemeindehaus bei Illa statt, die auch ihre zum Teil musikalischen Mieter animierte, dabei zu sein. Die kamen allerdings selten zum Einsatz in die Kirche. Solange noch Obst in den Gärten vorhanden war, gab es auch eine gemeinsame Erfrischungspause. Gerade durch den Chor, dessen Existenz Walter stets mit großer Dringlichkeit abkündigte, fanden sich viele, die bald zu unserem Freundeskreis gehörten: Harmsens, Rammelts und manch andere, die im Hilfswerk und in der Jugendarbeit mittaten. Die Restbestände des alten Chors blieben

---

439 Vgl. Matthäus 4, 4.
440 Wahrscheinlich ist der in Berlin geborene Kirchenmusiker Klaus Fischer-Dieskau (1921–1994) gemeint; sein berühmter Bruder Dietrich Fischer-Dieskau (1925–2012) war zur Wehrmacht eingezogen worden und in Italien in amerikanische Kriegsgefangenschaft geraten; er trat erst ab 1947 wieder in Deutschland auf.

fern – ebenso wie der frühere Organist, der sich in den Westen zu seiner sehr jungen Frau abgesetzt hatte. Als er später wiederkam, wollten wir ihn nicht mehr zurücknehmen, und das gab noch etlichen Ärger. Aber der Chor blühte auf und war wirklich ein Teil der Gemeinde geworden.

Wenn ich auch manchmal im Zorn auf mein Leben in der Kirchengemeinde Dahlem zurückblicke – zu den schönsten und unvergänglichsten Erinnerungen gehören doch die ersten Gottesdienste nach der Nazizeit in der Sankt Annen-Kirche! Trotz allem, was jeder an persönlichem schweren Erleben mitbrachte (und vielleicht gerade darum), habe ich nie wieder solch glückliche, dankbare, fromme und lebendige Zusammenkünfte – ja, überhaupt wohl Stunden – erlebt. Weder im Kirchenkampf noch bei irgendwelchen kirchlich umrahmten Familienfeiern!

»Singet dem Herrn ein neues Lied«[441] – das taten wir wirklich am Sonntag Kantate im Mai 1945! Wir vergaßen nicht die alten Weisen, die uns im Kirchenkampf geholfen hatten und fast wie Zauberformeln unser Leben begleiteten – aber nun sangen wir neue Lieder. Texte, die uns vorher nichts angingen und an denen wir vorbeidachten, bekamen einen neuen Sinn. Und die Gemeinde füllte die Kirche. Sie kamen zuhauf[442] – auch gleich in den ersten Tagen, als noch der Russe da war und man uns davor warnte, öffentliche Veranstaltungen zu riskieren. Niemals sind wir von ihnen gestört worden; wenn sie sich auch den Spaß machten, auf dem Feld draußen vor der Kirche gerade um die Zeit des Gottesdienstes zu ballern, so wussten wir doch, es wird nicht scharf geschossen. Zu diesem Zeitpunkt ahnte noch keiner, was mit seinen fernen Lieben ist – Berlin war ja restlos isoliert. Aber gerade die sich schüchtern wieder einstellenden Parteigenossen, die es wagten, ihren Frieden mit Gott zu machen und nicht so sichere Christen waren, wie die aus der nun triumphierenden Bekennenden Kirche, machten den Gottesdienst zu dem, was er immer nur sein kann: zum bescheidenen Hören und gehorsamen sich Bescheiden. »Tröstet, tröstet mein Volk!, spricht euer Gott. Redet mit Jerusalem

---

441 Psalm 149, 1 u.ö.
442 Anspielung auf die erste Strophe des bekannten Kirchenlieds ›Lobe den Herren, den mächtigen König der Ehren‹, worin es heißt: »Kommet zuhauf,/ Psalter und Harfe wacht auf,/ lasset den Lobgesang hören!«

freundlich und predigt ihr, dass ihre Knechtschaft ein Ende hat, dass ihre Schuld vergeben ist«[443] – diese Jesajastelle war der erste Predigttext von Walter. Buße hielt er überhaupt immer für eine recht private Angelegenheit, über die er ungern sprach. Der Neubeginn war wesentlich – denn schon zur Zeit des Jesus von Nazareth war die rechte Predigt nicht nur die des Täufers Johannes: »Tut Buße, denn das Himmelreich ist nahe!«,[444] sondern: »Das Alte ist vergangen; siehe, es ist alles neu geworden.«[445] Auch die Feier des Abendmahls mit Wasser und kleinen, trockenen Brotresten war tröstlich und hilfreich und wurde von sehr vielen besucht. Statt des Kollekten-Groschens brachte bei uns (wie in vielen anderen Gottesdiensten) jeder ein kleines Stück Brot mit – bei der knappen Rationierung war das ein größeres Opfer, als sich Leute, die das damals nicht erlebt haben, heute vorstellen können. Den Ausdruck ›Barmherziger Brotkorb‹ den die Kirchenleitung für diese Aktion geprägt hatte, fanden wir abscheulich. Es ging nicht um Barmherzigkeit, sondern um Dankbarkeit. Schließlich waren wir alle mehr oder weniger noch einmal davongekommen.

Die etwas ältliche Pfarrgehilfin, etwa fünfzigjährig, die schon vor Anneliese Schwarz bei uns angestellt war und ihren Dienst Ende Mai 1945 begonnen hatte, war bei ihrer Erschaffung dem lieben Gott etwas missraten, jedenfalls äußerlich. Sonst war sie lieb und fromm und bemüht, nach unserer Art zu arbeiten – auch wenn es ihr schwerfiel. Ich war sehr freundlich zu ihr, obwohl mich das ebenfalls anstrengte. Sie war gelernte Gemeindehelferin mit langer Praxis in einer wohllöblichen, kleinen Gemeinde, glaube ich. Dahlem lag ihr im Grunde fern; sie hätte besser in einer Gegend mit einfacheren Menschen wirken können. Sie war vom Schicksal zu uns gespült worden und japste nun wie ein Fisch im Trocknen. Ihr völlig unmodernes Aussehen fiel sogar mir auf. Sie trug Schuhe, die aussahen wie bei der ›frommen Helene‹[446] als Büßerin (aber wer fragte damals schon danach?). Sie war sehr, sehr mager und dauernd vom Hunger geplagt. Wenn ich sie mir vor Augen führe, sehe

---

443 Jesaja 40, 1.2.
444 Matthäus 3, 2.
445 2. Korinther 5, 17.
446 S.o. Anm. 160 (S. 309).

ich sie gebückt das spärliche Unkraut um die Bäume am Straßenrand ernten oder auf Schutthalden nach gemüseartiger Nahrung suchen. Wir hatten ja selbst nichts im Magen – aber es machte mir doch großes Vergnügen, ihr wenn irgend möglich etwas zum Kauen oder Schlucken anzubieten, weil ihr immer traurig-frommes Gesicht dann zu leuchten begann. Sie litt wohl lebenslänglich an einer ›Unterernährung aller Sinne‹. Ihre Hässlichkeit war wirklich erschreckend. Allerdings habe ich sie nur in Notzeiten gekannt. Für Jugendarbeit war sie ganz ungeeignet, aber in der Altenfürsorge und für Krankenbesuche war sie durchaus brauchbar. Die Frauenhilfe ließ ich mir natürlich nicht aus der Hand nehmen. Das waren damals Frauen in unserem[447] jetzigen Alter (teilweise jünger), zwischen fünfzig und sechzig Jahren; da kam sie schon nicht mehr an. Schreibarbeiten fielen ihr schwer und gelangen ihr schlecht; sie war gelernte Bibelarbeiterin. Alles, was sie zu können meinte, machten Anneliese oder ich sehr viel schneller, besser und passender. So war es eigentlich eine recht unbefriedigende Arbeit für sie, denn auch im Hilfswerk (wo ja eigentlich jede Unterstützung gebraucht wurde) zeigte sich, dass sie zwei linke Hände hatte. Ich empfand es als meine seelsorgerliche Aufgabe, sie trotzdem nicht mutlos zu machen und ihr Bestätigung zu geben. Deshalb hatte sie auch viel Vertrauen zu mir. Sie war unmusikalisch, und doch wollte sie Choräle mit ihren Alten und später mit den Religionsschülern singen. So kam sie zu mir in die Küche, und wir übten gemeinsam. Danach sang sie allein, und ich sollte nur weiterhelfen, wenn es schiefging. Die Freude meiner Söhne war groß, aus der Küche ein krächzendes ›Lobe den Herren‹ mit vielen Variationen zu hören, wenn sie aus der Schule kamen.

Das gute Fräulein E., eben selbige Pfarrgehilfin, konsultierte mich auch sonst oft – sei es in Fragen ihrer Gesundheit oder bei Schwierigkeiten mit der Untermiete oder auch für ihre Bibelarbeiten. Sie merkte wohl, dass ich es gut mit ihr meinte, und manchmal hörte sie auch auf das, was ich ihr vorschlug. Trotzdem erfasste mich immer ein Schrecken, wenn sie das Haus betrat, weil sie mich so aufhielt und anstrengte und ich die Jungens kaum von Neckereien abhalten konnte. Einmal sollte sie wegen Annelieses Krankheit bei der Jung-

---

447 Hier ist die Adressantin der Lebenserinnerungen angesprochen, Lisa Kirsch (vgl. Einleitung Kapitel 2. Die Entstehung der Aufzeichnungen).

schar einspringen (da ich zu dieser Zeit einen anderen Kreis hatte). Vorher kam sie zu mir, um zu erzählen, was sie außer der biblischen Geschichte noch mit den Kindern spielen wollte. Es war ein Spiel, das ihr aus eigenen Kindertagen wohl als besonders reizvoll in Erinnerung geblieben war. So stand sie in meinem kleinen Arbeitszimmer mit vorgestreckten Armen, ging langsam in die Knie und sang dazu nach eigener Melodie: »Nun gehn wir immer runter, ja runter, runter, runter,/ dann gehn wir wieder peu à peu/ ein bisschen in die Höh!«, wobei sie sich wieder langsam aufrichtete. Ich täuschte vor, mich verschluckt zu haben und enteilte prustend vor Lachen ins Badezimmer. Als ich mich wieder gefasst hatte, musste ich ihr doch von diesem Unternehmen abraten und schlug vor, nach der Bibelarbeit die Kinder ohne ihr Zutun unter Aufsicht eines älteren Mädchens Völkerball spielen zu lassen (was sie dann auch dankbar annahm).

Das Seltsamste aber war Annelieses erste Reaktion auf diese Kollegin. Anneliese hatte begonnen, in der Lans-Schule[448] Religionsunterricht zu geben; außerdem hatten wir ihr sofort die älteren und jüngeren Mädchen anvertraut und auch die Kinderstunde für die Kleinen. Dazu schrieb sie mit besten Handelsschul- und Sekretärinnen-Kenntnissen schnell und gescheit für Vater,[449] was eben anfiel. Sie fertigte Abzüge, schneiderte im Hilfswerk und machte nachmittags Besuche in der Gemeinde. Leider hatte auch sie ewig Hunger, weil sie ihre Tagesration schon beim Herradeln aufaß. Alle Bestätigungen unsererseits und auch ein Schnellkurs im Burckhardthaus[450] ließen sie nicht vergessen, dass sie den Beruf der Pfarrgehilfin nie erlernt hatte (wenn sie auch zehn Jahre lang ›bei Kirchens‹ den Kindergarten in Köpenick auf ihre Art geleitet hatte). So fand ich sie eines Mittags im Juli nach dem Schulunterricht weinend vor der Haustür auf unserem ›Bettler-Bänkchen‹ sitzen. Erst war überhaupt nichts aus ihr herauszubekommen. Und dann kam der Wunsch, sie möchte doch auch eine so richtige Pfarrgehilfin sein wie Fräulein E. – und dazu wäre sie einfach nicht fromm genug. Auslachen half in diesem Fall nicht, das war klar. So gab ich ihr erst einmal einen Schlag von unserer Suppe und machte dann einen Gesprächstermin mit ihr aus.

---

448 Die Volksschule der Gemeinde Dahlem wurde 1905 in der Lans-Straße eröffnet; schon 1908 entwickelte sich daraus ein Gymnasium mit modernem Internat.
449 Walter Dreß.
450 S.o. Anm. 210 (S. 402).

Wer Anneliese erst später kennen gelernt hat, kann sich kaum vorstellen, mit welcher Unsicherheit sie die Arbeit bei uns begann. Es war für sie eben nur eine Notlösung gewesen, durch eine Freundin vermittelt, um dem Irrsinn des Schutt-hin-und-her-Schippens zu entfliehen. Eine göttliche Berufung spürte sie überhaupt nicht. Und nun kam sie sich neben dem herzlich frommen Fräulein E. und unserer selbstverständlichen Bindung an den christlichen Glauben wie eine Heuchlerin vor. Schon als man sie in Köpenick im Gemeinde-Kirchenrat (zwanzig würdige, schwarzgekleidete Männer) nach dem Stand ihres Glaubens und ihrer persönlichen Beziehung zum Erlöser gefragt hatte, konnte sie nur antworten, sie wäre in den Kindergottesdienst gegangen und ihr Vater hätte in der Kirche mitgearbeitet. Das genügte den Herren. Die Arbeitslosigkeit war damals groß, und ein bezahlter Posten war zweimal Kirchgang im Jahr wert. Dass ihr sehr zurückhaltendes Verhältnis zum Glauben nicht Interesselosigkeit war, merkte sie erst, als man sie unter den Nazis im Jahre 1939 zum Kirchenaustritt veranlassen wollte. Da machte sie kehrt und ließ sich lieber in Berlin zum Kriegsdienst verpflichten, bis sie dann den Absprung in die Laufbahn der Fürsorgerin finden konnte.

Ihre Distanz zu allen Dingen des Christentums war verursacht durch einen Schock in ihrer Jungmädchenzeit: Damals gehörte sie zu einem Kreis, wo jeden Tag gemeinschaftlich für die Erweckung der Seele gebetet wurde. Und dann war sie plötzlich ›erweckt‹ und begegnete ihrem Heiland. Halleluja! Aber kaum war sie wieder zu Hause, war es damit vorbei, und sie fühlte sich ernüchtert und betrogen. Seit dieser Zeit machte sie einen Bogen um alle Kirchentüren.

Unsere Art von Christsein (wie sie sowohl in Walters Predigten zum Ausdruck kam, als auch in meiner Art zu leben) erschien ihr möglich und lebenswert, aber ihr fehlte jede sachliche Kenntnis der Materie – das heißt, sie kannte die Bibel kaum, nur aus den spärlichen Kinderbibelgeschichten. Auch ahnte sie nichts vom Kirchenkampf und von anderen geschichtlichen Zusammenhängen; und nun sollte sie anderen davon erzählen. Daher der Stoßseufzer: »Wäre ich doch wie Fräulein E.!« Nun wuchs mir da eine Aufgabe zu, die mir große Freude machte: die Einführung eines erwachsenen und willigen Menschen in das, was für mich selbst das Wesentlichste im Leben war! Und dieser Mensch hatte zu mir Vertrauen, dass ich ihm nichts vormache und selbst glaube, was ich sage – und ihm die Freiheit lasse, es anzunehmen oder nicht.

Es ergab sich nun für mich, dass ich nicht nur theoretisch durch gutes Zureden versuchte, Anneliese bei ihrer neuen Tätigkeit Mut zu machen. Dabei konnte ich sie übrigens damit trösten, dass auch ich auf allen Gebieten ungelernt war. Doch ich musste ihr auch ganz praktisch helfen: So nutzten wir jede freie halbe Stunde zum Bibellesen. Wenn man will, findet man immer ein paar Minuten am Tag. So sehe ich uns in der Waschküche sitzen und eifrig den Römerbrief lesen, während wir den Kessel mit brennbarem Unrat heizten – auf dass er das, was man damals Wäsche nannte, zum Kochen bringen sollte. Oder wir standen an einem glutheißen Julitag zwischen Trümmern und Unkraut auf dem Platz vor dem Berliner Dom, in den Staubwirbeln, die uns von den Ruinen der Innerstadt umwehten, jeder mit seinem Neuen Testament in der Hand und bewusst diese Situation empfindend. Wir unterhielten uns am ganz frühen Morgen, ehe das Haus erwachte und die Kinder zur Schule mussten, oder am späten Abend, wenn die verschiedenen Kreise heimgeschickt worden waren und es für Anneliese zu spät war, noch zu ihrer Mutter nach Tempelhof zu fahren. Sie blieb dann immer häufiger über Nacht bei uns, da es ja auch nicht ungefährlich war, diesen Weg zu so später Stunde zu radeln. Kalorien sparte sie auf diese Art auch, und ihre Essensrationen brachte sie mit. Dadurch ließ es sich etwas besser leben, denn unsere vier Lebensmittelkarten waren für einen ›wissenschaftlichen Schwerarbeiter‹, zwei Kinder und einen Normalverbraucher doch ziemlich knapp. Etwas später gab es dann auch die ›Intellektuellen-Pakete‹ – aber das Abzweigen von dem ›Irrationalen‹, das uns manchmal unter der Hand zukam, war immer schwierig und nur sehr geheim durchzuführen. Die Kinder waren gute Bundesgenossen und daran gewöhnt, für die Onkel auf Zuteilungen zu verzichten – nun taten sie es gerne für Tante Anneliese. Mittags ernährte sie sich zuerst aus einem unwahrscheinlich bescheidenen Suppentopf (eine Speisung, die wohl von irgendeiner städtischen Stelle im Gemeindehaus ausgegeben wurde, und deren Hauptaufgabe darin bestand, den Appetit nicht anzuregen und keine Bauchschmerzen zu verursachen). Aber solange der Magen nicht allzu sehr knurrte oder man einfach schlappmachte, waren unsere gemeinsame Arbeit beim Erfassen der biblischen Texte und die langen und offenen Gespräche darüber so erfreulich, dass wir von

Hungern und Frieren wenig merkten. Nach wenigen Wochen gab Anneliese ihre Schulung im Burckhardthaus wieder auf, denn sie fühlte sich nun sicher, und ihr Minderwertigkeitsgefühl gegenüber Fräulein E. verwandelte sich rasch in Mitleid. Wie Anneliese den Stoff dann im Religionsunterricht und in den Kreisen vorzubringen hatte, das brauchte ich ihr nicht zu sagen. Da halfen ihre natürliche Begabung und ihre Fähigkeit, mit Kindern umzugehen. Genau das war bei Fräulein E. hoffnungslos. Schließlich glaubte Anneliese mir auch, dass sie bei uns am richtigen Platz wäre, selbst wenn sie gewissermaßen durch die Hintertür der Arbeitssuche hereingekommen sei. Später würde ihr ja auch die Stelle einer Fürsorgerin sicher sein, wenn ihr Examen anerkannt war, so meinten wir.

Die Reste der von mir für eine spätere Zeit mit Fleiß bearbeiteten Kartei[451] sammelten Anneliese und ich aus dem übelsten Dreck im Keller der Pücklerstraße zusammen. Jetzt war sie allerdings sowieso nicht mehr viel wert, denn die Bewohnerschaft unserer Gemeinde hatte sich vollkommen gewandelt. Nicht nur, dass die großen Nazis verschwunden waren, die hinter hohen Mauern in prächtigen Häusern mit Gärten und festen, geschmackvoll eingerichteten Bunkern gehaust hatten – auch viele andere Villenbesitzer waren zumindest in den Westen entwichen, wenn nicht noch schnell nach Südamerika.[452] Diese Häuser (soweit sie nicht von Russen, und die besser gehaltenen später von Amerikanern besetzt wurden) standen zunächst gähnend leer, wurden dann aber überflutet von wohnungslos gewordenen Familien aus der Innenstadt, die in den letzten Kampftagen ja besonders verwüstet worden war. Dazu kamen bald die vielen Flüchtlinge, die sich aus der russisch besetzten Zone und rings um Berlin, später auch aus den weiteren polnisch oder sowjetisch gewordenen östlichen Teilen Deutschlands absetzten. Diese Häuser waren teilweise so belegt, dass in den großen Salons mehrere Familien zugleich wohnten; und da keiner sich lange aufzuhalten wünschte, war der letzte Rest von Prunk, der die Kriegszeit überdauert hatte, bald vergangen. Wo aber Seife und Wasser

---

451 In Kapitel 5.9 beschreibt Susanne Dreß, wie sie bei ihrem Umzug nach Berlin-Dahlem zahlreiche Hausbesuche gemacht und dabei eine Liste angefertigt hatte, in der sie am Gemeindeleben Interessierte mit einem roten Strich und alle anderen mit einem blauen Strich markiert hatte (s. S. 542).

452 Südamerika war nach dem Zweiten Weltkrieg ein bevorzugter Ort für die Emigration von Nazi-Anhängern, um sich ihrer Verantwortung zu entziehen.

knapp sind, wo Putzlappen als Raritäten gelten und der Kalk von der Decke rieselt, dort darf man sich nicht wundern, wenn es wie in einem Stall aussieht und auch so riecht. Es war in diesen Häusern ein ständiges Kommen und Gehen, und eigentlich blieben nur diejenigen Gebäude von diesem Schicksal verschont, in denen sich noch ›Hausbesitzer‹ aufhielten (und sei es in Gestalt einer alten, vergrauten Dame mit Kopftuch). Die saßen dann meist zitternd vor Angst in einem winzigen Mansardenstübchen, verdrängt von der robusten Macht uniformfreier Landsknechte mit ihren Familien, und fürchteten sich, ganz auf die Straße gesetzt zu werden, wenn sie einen Mucks machten. Sie warteten auf ihre Söhne oder abgeholten Männer – und hier war nun tatkräftige Hilfe und viel Seelsorge nötig, ganz egal, ob sie noch vor einem halben Jahr auf meiner Kartei mit einem blauem Strich versehen worden waren. Ich gebe zu, dass es mir ein gewisses Vergnügen bereitete, mit meinem gestrengen Auftreten die frechen Rabauken in ihre Schranken zu weisen, die solche armen Teufel schikanierten und als Nazis verdammten. Das Verhalten dieser Kerle sprach dafür, dass sie es bei der SA oder SS gelernt hatten und nun statt »Judensau« eben »Nazisau« sagten, wenn sie deren Marmelade essen wollten. So kamen Anneliese (die da eifrig half) und ich bald in den Ruf, Gerechtigkeitsengel zu sein.

Ich war dankbar, dass es mir trotz des Erlebten gelang, einen Strich unter all das zu machen, was mich nun etwa zu unchristlichem Verhalten gegenüber den Hilflosen hätte bewegen können. Dietrich hatte einmal zu mir gesagt: »Du kannst so wunderbar vergessen.« Und weil das ein Lob sein sollte, glaubte ich, ihm mit meinem jetzigen Verhalten kein Unrecht zu tun. An Silvester 1945 notierte ich:

> »Es ist nun das erste Mal, dass ich in diesem Buch frei heraus schreiben kann, ohne jemanden zu gefährden. Sonst musste man immer mit Hausdurchsuchungen rechnen. Dass dieser Druck von uns genommen wurde, ist fast unglaublich. Der ganze Hass, den man jahrelang (schon längst ehe sie an der Macht waren) gegen diese Verbrecher und Irren trug, den man geschürt hat, wo man konnte – er ist nun gegenstandslos geworden. Jetzt noch zu hassen wäre Leichenschändung. Mitleid zu haben wäre sentimental. Strafe für die Schuldigen; Ausrottung von denen, die noch gefährlich sind, die immer noch nicht begreifen wollen und

aus ihrer bornierten Haltung nicht herausfinden – aber Frieden und Liebe allen, die guten Willen zeigen. Dass die PG-Hetze ebenso unwürdig ist wie alle anderen Verfolgungen, die Menschen anderen Menschen antun, ist die Meinung aller wahren ›Opfer des Faschismus‹ und ›Antifaschisten‹, die ich kenne. Möge das neue Jahr da neue Einsichten bringen.«

So empfanden wir es als grotesk, dass eine offizielle Mitteilung an meine Eltern gesendet wurde, man hätte die wahrscheinlichen SS-Mörder von Klaus oder Dietrich (das weiß ich nicht mehr) gefunden – ob es ihrem Wunsch entspräche, dass diese erschossen würden. Sie schrieben zurück, ihnen stünde nicht der Sinn danach, der Justiz irgendwie vorzugreifen; sie selbst wären an diesen Leuten uninteressiert und wünschten auch keine Konfrontation.

Emmi hatte zuerst bei meinen Eltern gewohnt. Dann war sie bei Nacht und Nebel mit den Kleidern über dem Kopf durch die Elbe geschwommen, weil sie endlich zu ihren Kindern wollte, die noch klein waren und während der Gefangenschaft des Vaters bei Freunden in Norddeutschland gelebt hatten. Emmis Haus war, als der Krieg bereits zuende war, total ausgebrannt. Ihre Sparsamkeit ist sie teuer zu stehen gekommen: Um rote Fahnen für die Russen zu haben, hatten viele Menschen von ihren alten NS-Fahnen die Hakenkreuze auf dem weißen Grund abgetrennt und auf die Straße geworfen. Diese hat Emmi gesammelt, um sie als Putzlappen zu verwenden. Sie hatte sie gewaschen und auf einer Wäscheleine zum Trocknen aufgehängt, die sie durch ihr bombengeschädigtes Haus spannte. Dieser Zimmerschmuck hat die Russen so erbost, dass sie das ganze Gebäude angesteckt und gründlich ausgebrannt haben – mit dem Flügel darin und den schönen Ulmer Möbeln von den Ahnen. Doch meine Schwester Ursel konnte bald in ihr provisorisch eingerichtetes Haus zurückkehren und blieb als Nachbarin der Eltern an ihrer Seite.

[Von der Autorin gekürzte Passage.]

Inge[453] begann, nun gleich Arbeit anzunehmen (schon um der Lebensmittelkarten willen), und zwar auf dem Land. Sie hatte ein

---

453 Die Tochter des früheren Kindermädchens Maria Horn.

Fahrrad und fuhr mit einer Freundin täglich tapfer in der Morgenfrühe südwärts aus Berlin heraus und kam spät abends mit einigen Feldfrüchten als Lohn wieder. Es war damals nicht ungefährlich, aufs Land zu radeln, denn jederzeit konnten Russen einem das Rad wegnehmen (und man musste froh sein, wenn nicht mehr geschah). Dennoch hatten sich bald reichlich Freiwillige für die Landwirtschaft zur Verfügung gestellt. Inge trug eine rote Strickjacke. Eine Gruppe russischer Soldaten hielt sie an; sie musste absteigen. Die Jacke hat ihnen gefallen, also her damit. Aber es war früher Morgen und noch kühl. Um Mitleid zu erregen und das Kleidungsstück wieder zu bekommen, bedeutete ihnen Inge, dass sie fröre. Da zog der Soldat, der ihre Jacke genommen hatte, seine alte, dreckige aus, und die musste Inge nun nehmen. Dann nichts wie rauf auf die kostbaren Räder und schnell weg. Beim Heimradeln nach der Arbeit fühlte Inge etwas Schweres in den Taschen. Am Morgen hatte sie das vor Aufregung nicht bemerkt, und den Tag über hatte sie nichts zum Überziehen gebraucht. Aus beiden Taschen holte sie nun händeweise Uhren hervor! Das war ein rentabler Tausch gewesen; Uhren verkauften sich damals gut. Ich habe meine goldene Uhr damals für zwei Zentner Kartoffeln hergegeben. – Im Herbst konnte Inge dann in einem Schnellkurs das Abitur nachmachen, ehe sie als Küchenhilfe bei den Amerikanern ihr Brot verdiente. Natürlich klauten die deutschen Frauen so unmäßig in den amerikanischen Küchen, dass bald Leibesvisitationen durchgeführt wurden beim Verlassen der Dienststelle. Bis dahin hatte nicht nur Hörnchen, sondern auch unsere ganze Familie immer wieder Leckerbissen (wie Speckränder oder Weißbrotrinden oder fettige Eierkuchen) von Inge bekommen. Immerhin blieb den Hilfen in der Küche die Möglichkeit, sich selbst satt zu essen, und in gewissen Grenzen erhielten sie auch etwas zum Mitnehmen. So hatte Anneliese einmal zu Hörnchen gesagt: »Wenn ich doch bloß ein ganzes Brot zum Aufessen hätte!« – und dann schenkte das gute Hörnchen ihr wirklich zu Weihnachten ein Brot! So etwas vergisst man nicht. Überhaupt bezog Hörnchen Anneliese gleich sehr herzlich in ihre Liebe zu unserer Familie mit ein (ebenso wie auch meine Eltern Anneliese zugetan waren). Das war für mich eine rechte Freude. Zusammen mit Hörnchen und Inge sangen wir im Chor, und jede Woche einmal kam Hörnchen den Tag über zu mir, um beim Nähen zu helfen. Am Abend kam Inge, um sie abzuholen, und brachte uns ländliche (später amerikanische) Stärkungen. Mit meinen Nichten hatte sie[454] weniger Fühlung.

Das bei der Aktion ›Barmherziger Brotkorb‹ gesammelte Essen (und es waren bei dem starken Kirchen-Besuch manchmal zwei Säcke voll) ging zum größten Teil an die Bahnhofsmission – besonders zu Schwester Edith an den Wannsee. Dadurch kamen wir mit ihr in Kontakt, und sie freute sich über die gute Zusammenarbeit, die sich über viele Jahre hinzog. Das zehnjährige Jubiläum unserer Bekanntschaft habe ich Im Gehege im Kreis der Mitarbeiter mit ihr gefeiert. Was im Jahr 1945 los war, klingt in einem Lied, das ich 1955 zu diesem Fest geschrieben habe, nach. Darum gebe ich es hier wieder:

Wisst ihr noch, wie vor zehn Jahren
wir sind mit der Bahn gefahren?
Schwerbepackt und magenschwach,
auf dem Trittbrett, auf dem Dach.

Rücksicht wurde nicht genommen,
froh war jeder mitzukommen,
durch die Fenster statt durchs Pförtchen –
sieben Mann auf einem Örtchen.

Haltestellen gab es viele.
Glaubte man sich schon am Ziele,
spannt der Russe, zappzerapp,
rasch die Lokomotive ab.

Und so wie die Dinge lagen,
gab es keine Speisewagen;
und wo keine Scheiben sind,
bläst uns durch ein kalter Wind.

Stunden steh'n auf freier Strecke,
mittenmang Kartoffelsäcke –
ja das war 'ne böse Zeit,
doch die Hilfe ist nicht weit.

---

454 Gemeint ist Inge.

Mag der Zug auch noch so schleichen,
endlich muss man's Ziel erreichen:
Kinder, kommt, hier gibt's Kaffee –
Bahnhofsmission Wannsee!

Müde Frauen, kranke Männer
kleine Flittchen, alte Penner,
alles findet guten Rat
auf dem Weg zur großen Stadt.

Ja, das woll'n wir nie vergessen:
heißer Tee und warmes Essen
und zur Nacht 'ne Lagerstatt,
wenn man sie sehr nötig hat.

Und wer hat das so gemeistert,
uns zur Mitarbeit begeistert?
Schwester Ediths mut'ge Kraft,
hat das so patent geschafft.

Schwester Edith, eine rundliche, lebhafte und immer fröhliche Blondine, hatte die Leitung dieser Bahnhofsmission in einem verfahrenen Zustand übernommen, da ihre Vorgängerin in die eigene Tasche gewirtschaftet hatte und das Vertrauen nun stark beeinträchtigt wurde. Der Betrug war zwar schnell bemerkt worden, aber doch sehr ärgerlich. Christen nimmt man ja solche Hunger-Reaktionen übler als städtischen Behörden. Bei Edith zeigte sich aber schnell, dass sie das Herz auf dem rechten Fleck hatte, und viele Menschen (bis hin zu den späteren DDR-Flüchtlingen) fühlten sich bei ihr geborgen. Sie sorgte auch dafür, dass ihre Schützlinge sich erfreuen konnten: So waren wir mit unserem Kinderkreis und auch einmal mit dem Chor für ein Märchenspiel bei ihr draußen am Wannsee. Sie selbst hielt in einer Kapelle im Essraum Andachten, ohne irgendeinen Zwang in dieser Richtung auszuüben oder frömmelnd zu sein. Dazu hatte sie gar keine Zeit.

6.13 Das Dahlemer Hilfswerk

Unser ›Dahlemer Hilfswerk‹ (das von uns mit diesem Namen benannt worden war, längst ehe es ein Hilfswerk der Evangelischen Kirche gab), war Anfang Mai 1945 geplant und in den Russentagen in seinen Anfängen bereits im Entstehen gewesen. Es war mir nicht leichtgefallen, mich in der NS-Zeit von jeder praktischen Hilfsarbeit fernzuhalten (nachdem man mich im Winter 1933/34, wo ich von der Kirche aus mittat, in die NSV hatte drängen wollen). Nun war die Bahn frei – und Hilfe nötiger denn je. Der ›große Pott‹ (zum Beispiel die Innere Mission oder auch die Bahnhofsmission) – das war nicht das, was ich wollte. »Nur was einem direkt vor die Hand kommt, soll man anpacken«, so dachte ich schon immer. Nach Aufgaben (am wenigsten solchen organisatorischer Art) hatte ich mich nie gedrängt. Da fehlte es mir einfach an Verantwortungsbereitschaft oder auch an Weitblick. Wenn mir solch leitende Vertrauenspositionen später hier und dort angetragen wurden und ich versäumt hatte, Nein zu sagen, habe ich sie immer möglichst schnell wieder abgeschoben. Aber in der Dahlemer Gemeinde kam mir nun genug ›vor die Hand‹. Bereits in den Russentagen bei M.'s[455] fing es an, dass die Leute uns aufspürten und Hilfe suchten: eine Decke, einen Topf, einen Löffel, ein bisschen Unterkunft, eine Zivil-Jacke, einen Sack oder auch ein Stück Brot. So machte ich eben meine Augen auf, wo so etwas zu finden war, und durchstöberte mit meinen Helfern Trümmerhaufen oder vermittelte Raum gegen Arbeit und Ähnliches. Im Auffinden von eventuell Brauchbarem war Fräulein E. ganz groß, und oft kam sie beladen wie eine Lumpen-Jule[456] an – verdreckt und glücklich über ihre Schätze, sodass man sie richtig lieb haben musste. Sie war selbst so arm, dass sie gewöhnt war, alles auf seinen möglichen Nutzwert zu prüfen. Besonders erwünscht waren bei uns leere Koffer (die manchmal mit zerstörten Schlössern auf der Straße oder in den Gärten lagen), um alle möglichen Dinge darin aufzubewahren. Sie blieben nicht lange dort, denn wenn ich eben keine Hose für einen Heimkehrenden hatte, war er auch mit etwas anderem glücklich zu machen. Es gab (vom

---

455 In der vorübergehenden Unterkunft bei den Töchtern des Pfarr-Ehepaars Mochalski.
456 Dialektaler Ausdruck für eine heruntergekommene Frau.

Stückchen Bindfaden bis zum schwach bezackten Kamm) nichts, was nicht gebraucht wurde.

Es war dann eine große Erleichterung, als wir in das Haus Im Gehege ziehen konnten und dort einen eigenen Raum für das Hilfswerk bekamen. Dazu kam noch die tatkräftige Hilfe von Frau X.,[457] Professorin für Wasserwirtschaft, die als PG ohne Arbeit war. Nun entstand das ›Hilfswerk‹ offiziell, und ich stellte unter diesem Namen munter Leute ein – mit einem Stempel, den ich ergatterte, damit die Mitarbeiter eine Wohnberechtigung und Lebensmittelkarten erhielten. Frau X. wohnte bei uns in der Mansarde.

Die zweite, der ich auf diese Art zu Brot und sinnvoller Tätigkeit verhelfen konnte, war eine Studienrätin für Musik, die ebenfalls PG gewesen war. Sie war mir durch irgendwen geschickt worden und erschien eines Tages todtraurig an der Tür – so voller Widerwillen gegen sich selbst, dass hier eilige Hilfe nottat. Ich kramte also ein kleines Oktavheft aus meinen Beständen hervor, drückte meinen Stempel ›Dahlemer Hilfswerk‹ darauf und schrieb auf die erste Seite: »Frau ... ist berechtigt, für das ›Dahlemer Hilfswerk‹ Spenden einzusammeln. Wir können alles gebrauchen, auch Geld. Bitte tragen Sie in dieses Heft ein, was sie Frau ... mitgeben oder was bei Ihnen abgeholt werden kann. Mit freundlichem Gruß – Susanne Dreß, geborene Bonhoeffer, Dahlem, Sankt Annen-Kirche, Im Gehege 16.« Und die Sache lief an. Nach dem ersten Tag kam sie bepackt und fröhlich zurück; dann ging sie mit der pfarramtlichen Bescheinigung ihre Genehmigungen bei den Behörden holen – und lief seitdem täglich für uns. Und es füllten sich die Scheuern (allerdings vorwiegend mit Westen von besseren Herrenanzügen).

Ich hatte zuerst keine Ahnung, dass man für Sammlungen eine polizeiliche Erlaubnis braucht. Die anderen Gott sei Dank auch nicht. Eine Schubkarre hatten wir im Müll gefunden. Nach einigen Hammerschlägen diente sie den PG-Damen zum Abholen der schwereren Sachen. Jeden Morgen von neun bis zehn Uhr (es wurde meist später) war Ausgabe. Da ließ ich die arme Musiklehrerin manchmal mitmachen, damit sie sähe, was alles gebraucht wurde und welche Freude man mit den unmöglichsten Dingen machen konnte. Die Ausgabe spielte sich bei mir im Esszimmer

---

457 Möglicherweise handelt es sich hier nicht um den Anfangsbuchstaben des Nachnamens (wie an anderen Stellen, wo Susanne Dreß die Namen von Personen, über die Nachteiliges berichtet wird, abkürzt), sondern um eine vollständige Anonymisierung.

ab, das auch gleichzeitig Büro war. Gewartet wurde draußen auf dem ›Bettlerbänkchen‹ und bei uns im Flur – montags und dienstags noch mit einem Stück Brot aus der Kirchensammlung vom vergangenen Sonntag in der Hand. Die Sachen waren oben in einem kleinen Zimmer gelagert und wurden einzeln heruntergeholt, um Gier und Neid nicht zu entfachen. Im Jahr 1945 hatten wir ja noch keinen Raum im Gemeindehaus. Wenn wir von irgendwo her Lebensmittel geschenkt bekamen (auch das gab es – etwa von Amis, in deren Häusern gesammelt wurde), kochte ich ab Mittwoch Suppe und teilte den Wartenden davon aus. Dafür erhielten wir eine Sonder-Gaszuteilung. So nett war man damals bei den Behörden zur Kirche, nachdem klar war, dass Berlin im Westteil nicht kommunistisch würde. Da meine Schwester Christel sehr schnell gute Beziehungen zum amerikanischen Kommandanten entwickelt hatte, trat ich mit meinen Ansprüchen mutig auf und hatte auch überall Glück. Anneliese stand immer mit liebenswürdiger Miene neben mir, wenn ich mit leicht vorwurfsvoller Haltung Forderungen stellte. So gelang es uns auch, ein versiegeltes Haus in der Königin-Luise-Straße nutzen zu dürfen. Denn wir setzten auf dem Amt in Zehlendorf durch, dass das dortige Schild ›Beschlagnahmt‹ umgeändert wurde in ›Beschlagnahmt für das Dahlemer Hilfswerk‹. Wir hatten den Schlüssel und freie Verfügung. In diesem Haus waren französische Kriegsgefangene untergebracht gewesen, die nun wieder der Heimat zugeeilt waren. Vorher hatten sie sich aus den Beständen der Dahlemer Herren eingekleidet – immer unter Zurücklassung der Westen. Ihre eigenen nicht pflegeleichten Sachen waren auf ihren Matratzen liegen geblieben.

Einige alte, zerschlissene Gardinen im Gepäck und die Schubkarre als Transportmittel – so rückten Frau X. (unsere Sammlerin), Fräulein E., Anneliese und ich – das heißt Leitung und Gesamtorganisation des ›Hilfswerks‹ – dort eines Nachmittags im Juni an. Es war unfassbar, dass Menschen diese Kleidung einmal auf der Haut getragen hatten, und sei es auch am Ende des Krieges. Immerhin: Es war Textil, wenn auch reparaturbedürftig und starrend vor Dreck. Immer nur ins Volle hineingreifen, war da die Parole. Um uns her wurde es lebendig, und Ungeziefer sprang uns an – glückselig, nach längerer Hungerpause wieder mit Menschen in Berührung zu kommen. Es krabbelte fröhlich und stinkend an allen Ecken und Enden. Die schäbigen Gardinen hüllten die Beute ein, die wir beherzt auf die Schubkarre luden. Aber zu mir ins Haus hätte diese Menge nicht gepasst, und zuerst musste es im Freien desinfiziert werden. Drei- oder viermal und öfter eilten wir, die Miene verzerrt, mit unserer Schubkarre vom Lager in den Niemöller'schen Pfarrgarten. Kinder wohnten dort nicht mehr, und der Garten war Grünfläche und Wildnis geworden. Der Verlobte unserer zurückgekehrten früheren Gemeindehelferin (der als Halbjude lebend der ›Organisation Todt‹[458] entkommen war), war Chemiker und hatte im Kuckucksweg eine Desinfektionsmittel-Fabrik eingerichtet. Davon holten wir uns geschenkweise einige Flaschen. Ich zog einen Badeanzug an und ergriff den Teppichklopfer – und Anneliese, ähnlich leicht gekleidet, verspritzte das Insektengift, Anzug für Anzug, Wäschestück für Wäschestück. Dann stopften wir die Sachen in dichte Papierbeutel und füllten den Tod aus der Flasche nach. Nach einer Woche war kein Leben mehr in den Kleidern, weder Floh noch Wanze noch Laus. Am Abend des ersten Tages begann ich, meine Insektenstiche zu zählen. Bei hundert hörte ich auf und berechnete die Einstiche nur noch nach Flächenmaß (sicher mehr als fünfhundert). Den anderen ging es ebenso. Gut, dass wir uns keine Krankheit geholt haben.

Das Waschen und Flicken der Sachen spielte sich bei uns Im Gehege ab. Anneliese fand auch eine Stelle, wo man uns die Uniformen auf zivilen Farbton einfärbte. Das dauerte natürlich seine Zeit – aber zu Weihnachten konnten wir vierzig Soldaten mit ›fast neuen‹ Zivilkleidern beglücken (und wie gerne die Leute Hitlers Rock auszogen, kann man sich denken!). Unsere Herrenwäsche-Bestände hatten sich durch den Coup im Lager, aber auch durch die fleißige Mithilfe des Frauenkreises sehr erweitert. Das Sammeln wurde ebenfalls eifrig fortgesetzt, und wir bekamen mehr Sachen, als wir verstauen konnten. Ob nun die Spenden aus dem Nachbarhaus stammten, Eigentum oder Vorgefundenes und Beschlagnahmtes waren – danach fragten wir nicht. Es wurde alles gebraucht und wieder ausgegeben. Mochten die Besitzer im Westen später sehen, wo sie blieben – warum waren sie weggegangen?

Wie froh waren wir, als endlich das Gemeindehaus für uns frei wurde.[459] Eine kleinere Kammer haben wir mit provisorischen Re-

---

458 S.o. Anm. 356 (S. 558).
459 Es war im Krieg beschlagnahmt und als Lazarett benutzt worden und danach eine Weile als provisorische Krankenstation genutzt.

galen vollgestellt, die zweite diente als Sprech- und Ausgabezimmer. Im Konfirmandenraum saß man (später im Winter um einen kleinen Behelfsofen geschart), trank Muckefuck und kaute trockenes Brot, während man wartete, bis Frau B. die Nummer aufrief, die man sich genommen hatte. Frau B. war die dritte PG-Dame, die mir half. Ehrenamtlich natürlich, denn sie besaß ein Haus und hatte Mieter, von denen sie lebte. Sie war schon recht fortgeschrittenen Alters, aber enorm vital. Beginnend nach 1918 mit den Kommunisten, hatte sie wohl in jeder Partei (auch bei den ganz kleinen) mitgearbeitet – immer in der sozialen Branche. Schließlich hatte sie bei der NSV eine ihr gemäße Tätigkeit gefunden, und nun wusch und bügelte sie bei uns als Wiedergutmachung, was wir gefunden hatten oder geschenkt bekamen. Während der vier Vormittage, wo ich im Gemeindehaus Ausgabe hatte, saß sie an der Kartei und notierte neben den Namen, was die Betreffenden erhalten hatten oder wünschten. Sie war sehr freundlich und verständnisvoll und gar nicht Typ ›Fürsorge‹ zu den Leuten. Ich arbeitete gern mit dieser etwas verschrobenen alten Dame. Frau K., die auch regelmäßig half und keinen ›braunen Fleck‹ hatte (ihn mir jedenfalls nicht kundtat), war sehr viel mehr von oben herab bei der Ausgabe und hatte dauernd Angst, wir würden betrogen oder die Leute verkauften die Sachen weiter und rauchten und tränken von diesem Geld. Als ich ihr sagte: »Na, wenn schon – dann haben sie eben, was wir ihnen nicht geben können, und die anderen die Kleidung«, hätte sie fast nicht mehr mitgemacht.

Da erschien ›Frau Geheimrat‹ persönlich bei mir. Ob ich denn nicht wüsste, mit wem ich da zusammenarbeitete? Frau B. wäre doch ganz begeisterte Nationalsozialistin gewesen. Sie hätte immer mit ›Heil Hitler‹ gegrüßt und andere vermahnt, wenn sie das nicht getan hätten. Es war eben Nachbarschaft gewesen, und man kannte sich. Ich fragte, ob sie denunziert hätte, ob irgendjemand durch sie zu Schaden gekommen sei? Das wohl nie – aber die Gesinnung! Die wäre jetzt geändert, sagte ich; sie grüße mich nie mit ›Heil Hitler‹. Frau M. wurde nervös. Ob ich, gerade ich, nach all dem, was in unserer Familie geschehen sei, nicht gewillt wäre, die Zusammenarbeit mit alten Nazis zu meiden? »Wenn sie mir dreckige Hosen aus den Lagern für unsere Flüchtlinge auswaschen, dann nicht«, sagte ich. »Und wer soll schon wagen, sich um diese Leute zu kümmern, wenn nicht ich? Jetzt brauchen sie Unterstützung – wie vorher Juden und

Halbjuden.« Ich bin wohl wirklich ziemlich böse geworden. Jedenfalls drohte sie damit, dass die ganze Gegend mich boykottieren würde und ich der Kirche großen Schaden zufügte, wenn ich mich weiterhin mit Frau B. sehen ließe. Ich antwortete, das hätte ich mir bei meinem Umgang mit Sternträgern[460] auch schon anhören müssen; wenn die Kirche immer noch nicht bereit wäre, solche Schwierigkeiten in Kauf zu nehmen, dann solle sie sich begraben lassen. Sehr unzufrieden mit mir zog sie sich zurück. Aber ich habe außer von dieser Familie keinen Widerstand in der Nachbarschaft erlebt. Nur noch von einigen ›Bekenntnis-Ziegen‹[461] (wie ich sie nannte), die mich schon vorher nicht mochten und ich sie auch nicht.

Dass so viel getan wurde in unserm Flüchtlings-Hilfswerk, habe ich wirklich den enttäuschten und getäuschten Frauen aus der Nazizeit zu danken, die mir nun dankbar waren, dass ich ihnen keine politischen Vorhaltungen machte, sondern sie zur Entlastung ihres Gewissens für andere (die ebenso verraten wurden) schuften ließ. Ich gebe zu, dass ich eine ziemliche Wut auf die Frommen hatte, die schwatzten und nichts taten, die immer gegen Hitler gewesen waren, ohne dass man es gemerkt hat, und die jetzt mit ›Gebetsanliegen‹ beschäftigt waren. Zugegeben kam das Beten wegen der vielen praktischen Arbeit bei uns etwas zu kurz.

Ohne die Mitarbeit der Frauenhilfe hätte das Dahlemer Hilfswerk nicht bestehen können. Da gab es die alten Mitglieder, die noch in der Nazizeit mit mir zusammen gewesen waren (da allerdings nur zur Bibelarbeit und ähnlicher geistlicher Betätigung und nicht im sozialen Dienst, falls es nicht einfach um Nachbarschaftshilfe ging). Und es kamen viele neue, jüngere Frauen, die nun Anschluss suchten in ihrem Alleinsein.[462] Da wurde geflickt und gezaubert, und nach dem Motto ›aus alt mach neu‹ haben wir sogar mit Teppichresten, Schuhen, Transporttaschen oder Matratzen alles Mögliche anfangen können. Jeden Tag saßen etliche bei uns Im Gehege und ließen ihrer Fantasie und ihrem guten Willen freien Lauf. Es war manchmal kaum brauchbar, was da entstand, aber zumindest als Ersatz wurde es dennoch gern mitgenommen. Wir hatten zum Beispiel auch Leihwäsche, Leihanzüge und Leihde-

---

460 S.o. Anm. 361 (S. 566).
461 Mitglieder der Bekennenden Kirche.
462 Weil ihre Männer, Väter und Brüder gefallen, vermisst oder in Kriegsgefangenschaft waren.

cken. Der glückliche Empfänger (meist alleinstehende Soldaten aus Lagern oder Verstecken in Ruinen) entledigte sich auf dem kleinen Klo unten im Haus seiner dreckigen, zerrissenen Sachen, kleidete sich ›auf Leih‹ ein – und kam nach einer Woche wieder, um sein Eigentum gewaschen und ausgebessert zurückzuerhalten. Die Leihgaben waren selten so verlockend, dass sie behalten wurden und der Klient nicht wiederkam. Er hätte sich damit ja auch von allen weiteren Spenden ausgeschlossen. Aber um all diese Arbeit zu tun, brauchte es viele Hände. Seltsam, wie in dieser Zeit stärkster wirtschaftlicher Anspannung und schlechtesten Gesundheitszustands so viele Frauen Zeit fanden, zu helfen. Und wir waren bei dieser unschönen Arbeit – trotz all des Jammers, der auf uns lastete – seltsam vergnügt miteinander und wunderten uns oft selbst über das muntere Gelächter, das die Zimmer erfüllte (oder den Garten, denn es war ja nun doch Frühsommer geworden).

Auch im Gemeindehaus bekamen wir Hilfe. Alle kirchlichen Angestellten taten mit Vergnügen, was sie konnten. Die Schwesternstation sandte uns Klienten – und ›halblahme Enten‹ zur Mitarbeit. Die Frauen, die für die Reinigung der Räume zu sorgen hatten, blieben willig, den durch das Klientel des Hilfswerks vermehrten Dreck zu beseitigen. Sie freuten sich, als ich sie daraufhin bat, nicht nur den Schmutz, sondern auch die Freude des Verschenkens mit uns zu teilen. So halfen sie bald mit – später sogar nicht nur bei der Ausgabe, sondern auch beim Nähen, Flicken und Zurichten. Es war wirklich eine herzerfrischende Zusammenarbeit. Auch der alte Kirchendiener Arndt und seine Frau unterstützten uns, indem sie die Hilfesuchenden freundlich auf die Sprechstunde vertrösteten und sich viel erzählen ließen und zuhörten. An bereitwilligen ehrenamtlichen Helfern hat es nie gefehlt – wenn auch nicht alle gleichermaßen dafür begabt waren.

Mit dem alten Ehepaar Arndt hatte uns schon von Beginn unserer Arbeit in Dahlem an herzliche Freundschaft verbunden. Ein Gottesdienst ohne Vater Arndt war einfach undenkbar: Da stand er vorn im Altarraum und wies den eindringenden Massen mit unnachahmlichen Gesten ihre Plätze. Er winkte heran; er machte durch heftige Aufwärtsbewegungen mit Finger und Kopf auf die Empore aufmerksam; er erspähte jeden freien Platz im Gestühl und ließ durch kurze ruckartige Seitwärtsbewegungen der Hand die Rücksichtslosen, die sich breitmachten, zusammenrücken. Er schleppte Klappstühle, wenn es sonst keinen Platz mehr gab, und verteilte sie auf engstem Raum. Die letzten Besucher brachte er in der Sakristei unter (manchmal auch schwerhörige alte Damen, die dann eben vom Gottesdienst nicht mehr als einen Sitzplatz hatten). Seine weißen Haare leuchteten über dem feierlich schwarzen Anzug, als ob er ein Kirchenfürst wäre. Er wusste alles, kannte jedes Gemeindemitglied, bemerkte auch die Gestapo-Beamten und machte den Pfarrer darauf aufmerksam, ob heute die Scharfen oder die Schläfer da wären (sie waren ja immer zu zweit im Dienst). Am eifrigsten wurde er bei Trauungen – besonders beim Blumenstreuen. Das war damals noch erlaubt, denn Vater Arndt scheute nicht die Arbeit, hinterher alles wieder aufzufegen. Er sorgte auch für Gerechtigkeit bei der Verteilung: Oft waren die Kinder zu klein oder zu schüchtern, um mit den Blumenkörbchen fertigzuwerden. Dann ging Vater Arndt vor ihnen in die Hocke, und so erniedrigt bewegte er sich, Blumen aus den Körbchen zupfend und die Kleinen zu gleichem Tun ermunternd, auf den Altar zu und richtete sich erst dort wieder auf. Dieses Bild, das der steifen Feierlichkeit eines Brauteinzuges doch ein besonderes Gepräge gab, gehört mit zu meinen nettesten kirchlichen Erinnerungen. Frau Arndt versäumte keinen Gottesdienst, und wenn die beiden Alten zum Abendmahl gingen, freute sich die Gemeinde, als ob sie mit den Eltern gemeinsam am Tisch saßen.

Ein schwerer Schmerz war es für die Familie Arndt, als der neunjährige Enkelsohn Dieter im Januar 1945 an Diphtherie starb. Mein Michael hatte oft mit ihm gespielt, wenn ich im Gemeindehaus oder im Dorf zu tun hatte. Er ging gerne dort hin. Die ›jungen Arndts‹ (Oskar war damals noch Bäcker) wohnten im Niemöller'schen Pfarrhaus unten in der Hausmeisterwohnung. Noch am Nachmittag vor Dieters Erkrankung war Michael dort gewesen, und wir waren doch dankbar, dass er sich nicht angesteckt hatte. Obwohl man in dem allgemeinen Sterben ringsum nicht einmal wusste, was man seinen Kindern wünschen sollte ... Immerhin war dieser Tod eindeutig ein Verschulden des Arztes, der nach der Spritze nicht wieder nach dem Kind gesehen hatte.

Wenn Anneliese morgens mit dem Fahrrad aus Tempelhof kam, hatte sie ihre Tagesration an Brot meist schon in der ersten Viertelstunde aufgegessen. Im Gemeindehaus oder Pfarrhaus gab es eine

Art städtischer Volksküchen-Suppe, die in großen Blechkanistern gebracht wurde. Da ließ sie sich zur Mittagszeit ihren Napf füllen, und oft hat ihr die gute alte Frau Arndt, die bessere Beziehungen zur Domäne hatte als wir, noch etwas in die Suppe gegeben. Als die ersten Pakete durch die Eltern an uns kamen, besserte ich ihr dann noch oft das Essen auf. Ich verspürte zwar keinen Hunger, doch manchmal fühlte ich mich schwach und mir wurde schwarz vor Augen, sodass ich irgendetwas zu mir nehmen musste – und seien es die restlos ausgekochten Zuckerrübenreste, die Schwester Gertrud uns großmütig überlassen hatte. Sie waren widerlich und lagen schwer im Magen – beides gut, um sich den Hunger abzugewöhnen. Besser noch als Melde und Brennnessel schmeckte gekochte Vogelmiere. Man gab sich die erstaunlichsten Rezepte weiter – ja, es gab sogar einen gedruckten Haushalts-Brief vom Magistrat Berlin. Da ließ sich Rotkohl ebenso wie Rote Grütze aus roten Rüben kochen. Also für Rote Grütze: 3/4 Liter Wasser, 1/2 Pfund rote Rüben, 50 Gramm Grieß oder Mehl und zum Schluss 2 Esslöffel Zucker ... Welch ein Genuss! Meine Eltern hatten eine gute Ernte im Garten; aus dem Blattgrün wurde Spinat gekocht und aus den Rüben sogar Marmelade! Unser neuer Garten war von den Vorbesitzern nicht urbar gemacht worden. Wir hatten zwar gleich damit begonnen, Grasnarben auszustechen und etwas in den Boden zu säen und zu pflanzen – aber es war doch so spät im Jahr geworden, dass es erst im Herbst etwas zu ernten gab. Nur ein herrlicher Süßkirschenbaum (den ich gegen die Vögel mit einer geopferten Rolle Garn geschützt hatte, das wir um die äußersten Astspitzen spannten) machte uns das Leben leichter. Zeit, um hamstern zu fahren, hatte ich natürlich nicht; dazu nahm mich unser Hilfswerk zu sehr in Anspruch. Und ich war ganz froh darum, denn es wäre mir unangenehm gewesen. Dass meine Beziehungen zur Domäne rein seelsorgerlicher Art waren, war mir oft ärgerlich (während die anderen Pfarrhäuser gut beliefert wurden, obwohl ihre Gärten viel größer waren und durch bezahlte Gärtner besser in Stand gehalten wurden). Ich erzog und belustigte die Buben dort, half auch sonst mit Kleidung und anderem aus – aber keiner der Kätner kam auf die Idee, dass wir Hunger hätten. Nur Frau Giebler brachte mir ab und zu zwei ganz frische Eier (aber mehr im Sinne eines Blumenstraußes). Ob ich mich insgesamt zu stolz und selbstgenügsam gebärdete? Oder ob sie einfach dachten: »Die ist dumm genug, nichts zu erbitten – umso besser!« Na ja, verhungert sind wir nicht, und vom Herbst an wurde uns von Freunden im Ausland ab und zu etwas geschickt.

Es war ein ganz großer Moment für mich, als ich zum ersten Mal wieder auf einem Fahrrad saß. Nicht auf meinem guten alten, das ich einmal gewonnen hatte. Das war zusammen mit den Rädern der Kinder aus der Garage bei W.'s weggekommen. Auf der Straße lagen aber manchmal verschiedene Fahrradteile, die ich immer nach Hause geschleppt und im Keller aufbewahrt habe. Dann fand sich unter den von mir Betreuten einer, der sich damit auskannte. Dem überließ ich das alles zusammen mit meiner Zigaretten-Karte – und siehe da, ein richtiges bewegliches Fahrzeug (allerdings mit zwei verschieden großen Rädern) stand mir eines Abends zur Verfügung! Ein von den Russen wohl wegen schlechter Nutzbarkeit in den Busch im Grunewald geworfenes Kinderrad wurde mir aus Dankbarkeit für irgendetwas auch angeschleppt. Andreas konnte bei mir noch hinten aufsitzen, und so fühlten wir uns sehr glücklich, wieder beweglich zu sein. Auch konnte ich nun mit Anneliese gemeinsam Besuche machen und sie auch hin und wieder ein Stück weit nach Hause begleiten. Unsere Räder waren zwar alt und verrostet, aber ich fand irgendwo bei den Eltern (die ja weder ausgebombt noch geplündert waren) blaue Ölfarbe und wertete sie damit auf. Der Farbe blau bin ich dann bei meinen späteren Fahrradanstrichen treu geblieben. Leider waren die Schläuche doch sehr brüchig, und das Flicken der platten Reifen nahm mehr Zeit in Anspruch als die ganze Fahrerei. Was sollte man nun eher schonen: Schuhsohlen oder Fahrradreifen?

Die Jungens liefen den ganzen Sommer barfuß, was ich gar nicht mochte (wegen der vielen Glassplitter, die ja nach der Bombenzeit überall herumlagen). Aber Holzschuhe mochten sie wiederum nicht gern, weil die Befestigungen am Fußgelenk entweder kniffen oder kaputtgingen. Im Haus war Barfußgehen natürlich Pflicht. Der Sommer war warm, und ich sehe sie eigentlich immer in ihren kleinen schwarzen Turnhosen vor mir, die ja auch für die Wäsche günstig waren. Sie hatten es noch leidlich gut mit ihrer Kleidung, weil sie von den größeren Vettern viel vererbt bekamen und ich die Sachen, die ihnen noch zu groß gewesen waren, in weiser Voraussicht aufbewahrt hatte und nun im Keller der Eltern wohlbehalten wiederfand. Ich selbst trug ein altes, schwarzes, ärmelloses Kleid mit Jäckchen, das ich mir nach dem Tod meiner Großmutter hatte nähen lassen. Ich hatte es den ganzen Sommer über tagaus tagein an; ich wusch es abends und bügelte es am Morgen, wenn es Strom gab. Ich mochte mich einfach nicht bunt anziehen. Alle in unserer Familie gingen in Schwarz – wie überhaupt die meisten Frauen, wenn sie die Möglichkeit dazu hatten. Man trug damals Trauer wie eine zweite Haut.

Inzwischen hatte sich der Kindergottesdienst (der in den letzten Kriegsjahren doch sehr zusammengeschmolzen war, wenn auch nie ganz verschwunden) wieder angefüllt. Ebenso wie die Erwachsenen damals in die Kirche strömten – sei es zwecks Wiedergutmachung oder um wirklich einmal aus dem ganzen Einerlei der ›Leibsorge‹ hinauszukommen – schickten sie auch ihre Kinder hin. Und die kamen gern. Die kleine Kirche reichte kaum aus, um etwas in Gruppen besprechen zu können. Wenn das Wetter schön war, verteilte sich alles über den Friedhof. Neue Mitarbeiter mussten gewonnen werden – möglichst junge Helfer (oder jedenfalls welche mit Schwung). Wir sprachen interessierte Konfirmanden von früher an, Oberschüler – ja, sogar solche, die noch in den Konfirmandenunterricht (im zweiten Jahrgang) gingen und die wegen des Krieges zum Teil schon sehr viel älter waren, als es sonst üblich ist. Aber auch einige eifrige alte Damen waren dabei. Anneliese hatte die schönsten Einfälle für Belustigungen, die wir schon damals an manchem Sonntagnachmittag für die Kinder veranstalteten. Sie waren mit Vergnügungen ja alle zu kurz gekommen in der vergangenen Zeit.

Ich übernahm die Gruppe der Jungens, die in Michaels Alter waren, also die Neun- bis Zehnjährigen. Die meisten von ihnen waren gerade noch darum herumgekommen, Pimpf[463] zu werden; einige hatten schon ihren Eid auf Hitler leisten müssen. Bei kaum einem war der Vater wieder da; ganz wenige konnten zumindest beruhigt sein, dass er in westlicher Gefangenschaft war. Einige Väter waren noch nach Kriegsende als PGs abgeholt worden. Die Mütter waren herzlich dankbar, dass wir versuchten, ihren Kindern eine Freude zu machen und ihnen manches Wesentliche zu sagen, wovon sie

---

463 S.o. Anm. 405 (S. 604).

sich zu reden scheuten. Nach all dem schrecklichen Erleben war es ja auch nicht leicht, davon zu sprechen, wenn man die bereitwilligen Kindergesichter nicht mit Phrasen enttäuschen wollte. Hielt man sich aber einfach an die spannenden und aufregenden Geschichten des Alten Testaments, dann gab es dort ein ähnliches und ebenso gewaltiges Geschehen, wie sie es erfahren hatten – und immer war der Gott der Väter dabei Herr geblieben. Auch die Gleichnisse und die Leidensgeschichte Jesu aus dem Neuen Testament nahmen sie begierig auf – während die Wundergeschichten (wo alles immer gut ausgeht, bis hin zur Totenauferweckung) mehr mit Neid als mit gläubiger Freude beantwortet wurden. Nur die Speisung der vielen Menschen mit sehr wenigen Beständen aus dem Vorrat war ihnen von ihrem täglichen Erleben her einleuchtend. Aus diesem Zulauf im Kindergottesdienst setzten sich dann unsere Kinderkreise zusammen, die von Woche zu Woche anwuchsen ... Alles verpasste Gelegenheiten – oder ist doch etwas geblieben?

BAND 7:
DIE NACHKRIEGSZEIT

7.1 Weihnachten 1945 in der Familie Bonhoeffer

Einzelne besondere Erlebnisse in diesen Sommertagen 1945 zu erinnern ist gar nicht so einfach. Die starken Gemütsbewegungen verdrängten die Wahrnehmung von Fakten, und in der Erinnerung verschwimmt so manches im Allgemeinen. Aber ein bestimmter Moment ist mir doch noch ganz deutlich vor Augen: Ich reinige den Fußboden im Dienst- und Arbeitszimmer, und Walter sitzt am Schreibtisch. »Sieh doch bitte nach der Uhr«, sage ich zu ihm, »ich habe mal wieder so ein starkes Gefühl, dass zur Zeit etwas geschieht. Ich möchte mich nachher davon überzeugen, dass es Unsinn ist und ich nicht so eine Art zweites Gesicht habe. Es ist doch ganz natürlich, dass ich oft an Sabine denke und daran, wie sehr die Eltern auf Nachricht von ihr warten. Also, es ist bestimmt nichts – aber ich komme trotzdem von dem Gedanken nicht los, dass jetzt oder jedenfalls heute eine Nachricht von ihr kommt.« Es war kurz vor vier. Der Tag lief weiter seinen Gang, ausgefüllt wie immer. Telefon gab es noch nicht. Gegen sieben Uhr abends klingelt es an der Tür, und mein Neffe Christoph von Dohnanyi steht aufgeregt und glücklich davor. »Ich war mit dem Rad bei den Großeltern – da kamen zwei englische Offiziere, die haben einen Brief von Tante Sabine und viele Grüße gebracht.« Mir wurde etwas weich in den Knien – teils vor Freude, teils vor Unbehagen. »Wann war denn das, um wieviel Uhr kamen sie denn?« – »So gegen vier«, war die Antwort. Er hat sich wohl gewundert, warum ich das so genau wissen wollte, aber ich habe es ihm nicht gesagt. Ich war auch kaum imstande, Walter diese frohe Kunde mitzuteilen. Was zum Gegenbeweis für einen sechsten Sinn bei mir werden sollte, hat etwas anderes deutlich gemacht. Ich bin von da an sehr vorsichtig gewesen solchen Vorahnungen gegenüber und habe sie meist schnell verdrängt. Man ist sich ja nicht gerne selbst unheimlich. Dass es sich dabei um die ganz einfache Möglichkeit der Gedankenübertragung handelt, war mir klar. Aber gerade diese Möglichkeit – passiv wie aktiv – störte mich bei mir.

Den Herbst über war ich krank in der Klinik gewesen.[464] Nun musste ich mich oft auf die Stufen setzen, wenn ich die Treppen Im Gehege hinaufsteigen wollte. Jeder Handgriff dauerte zehnmal so lange wie früher, und überall sah ich Dinge, die getan sein wollten und vor denen ich die Augen verschließen musste, um wenigstens das Notwendigste schaffen zu können. Es gelang auch, denn der Verstand war mir ja geblieben.

Ich hatte aber auch viel Anlass zur Dankbarkeit. Die Kinder hatten sich charakterlich nicht gewandelt und ebenso wenig in ihren Verhaltensweisen. Das war das Wichtigste. Ebenso wichtig war die Arbeit, die Anneliese inzwischen in der Gemeinde bewältigt hatte. Mit allen vorhandenen Kreisen hatte sie die Adventszeit gefeiert, auch das altbekannte Krippenspiel mit der Weihnachtsgeschichte nach Lukas und Matthäus im Kindergottesdienst eingeübt. Für das Lager in Lichterfelde, das obdachlose Heimkehrer beherbergte, um die wir uns schon seit dem Sommer kümmerten, hatte sie gleichfalls gesorgt. Die besten Kleidungsstücke, die wir aus dem französischen Gefangenenlager geholt hatten, hat sie (desinfiziert und eingefärbt) für die dortige Bescherung aufgehoben. Ich habe hier einen Bericht vor mir, den wir damals auf Wunsch der amerikanischen Spender angefertigt hatten und aus dem ich am besten zitiere:

> *»Am Heiligen Abend 1945 sind in den Räumen des Dahlemer Kindergartens zwanzig wohnungslose Heimkehrer versammelt. Sie haben ein kräftiges Mittagessen erhalten, das aus Spenden der Gemeinde zusammengebracht wurde. Nach der anschließenden Bescherung, die jedem von ihnen entweder einen Mantel, eine warme Jacke, Schuhe oder Unterwäsche brachte, sitzen sie an der Kaffeetafel und sind dabei, sich ihre Zigarren und Zigaretten anzuzünden. Da erhebt sich einer, der Bergmann in Oberschlesien war, und sagt im Namen all seiner Kameraden, was der schönste Lohn unserer Arbeit ist: Sie hätten sich alle an diesem Nachmittag ›wie zu Hause‹ gefühlt. Manchem der Männer kommen dabei die Tränen in die Augen. Was sie besonders heimatlich berührt hat, das sind die alten Weihnachtslieder und eine einfache Darstellung der Weihnachtsgeschichte.«*

---

464 Susanne Dreß hatte im Sommer 1945 eine ungeplante Schwangerschaft festgestellt und war in Folge einer Abtreibung, zu der sie ihr Vater gedrängt hatte, schwer erkrankt, sodass sie monatelang um ihr Überleben kämpfen musste.

Wie lange hatten Kinder- und Jugenderinnerungen, die mit dem christlichen Weihnachtsfest verbunden waren, schweigen müssen – und das Fest war (wie im Dahlemer Lazarett) zum Klamauk geworden! Das Krippenspiel hatte Anneliese übrigens für ihren Köpenicker Kindergarten selber geschrieben, und darum war es genau das Richtige. Die allgemeine Bescherung, die ja immer etwas peinlich war, hatte sie dadurch geschickt gelöst, dass sie eine aufgeklappte Leiter hereinschieben ließ, an der alle Geschenke aufgehängt waren. Leider konnte ich damals noch nicht mit dabei sein, weil mir die Kräfte fehlten.

Es ging aber nun mit großen Schritten aufwärts bei mir, und an Silvester war ich schon wieder so weit, dass ich nicht nur in meinem Silvesterbuch die Jahreseintragung machen konnte, sondern auch Gäste eingeladen hatte. Es war die Familie Hobe – Emmis[465] Schwester (geborene Delbrück) und ihre drei Kinder. Unter den vielen Gräbern, die ich mit Michael in Dahlem geschaufelt hatte (meist in den Gärten, was dann bald verboten wurde), war auch das für ihren Mann gewesen: Georg Hobe, ein älterer, sehr friedfertiger und lieber Kaufmann. Er war noch in den letzten Tagen des Kampfes um Berlin zum Volkssturm[466] ausgehoben worden, aber nicht weiter als bis Zehlendorf gekommen – von seiner Wohnung in Dahlem aus,[467] wo sie seit der Ausbombung des Elternhauses im Grunewald lebten. Er hatte sich in einer Zehlendorfer Villa versteckt und war dort von einem Russen erschossen worden, weil er keine Uhr mehr zu vergeben hatte. Nach einigen Tagen kam ein Bote zu seiner Frau und sagte ihr, dass in wenigen Stunden die Beisetzung in einem Massengrab auf dem Waldfriedhof stattfinden sollte. Lene, die stündlich auf ihren Mann gewartet hatte, organisierte in aller Eile einen Wagen von der Domäne Dahlem und fuhr hin, um den Leichnam zu holen. Der jüngere Sohn (etwas älter als Michael) kam, um uns Bescheid zu sagen und um ein Grab zu bitten. Direkt an der Tür zur Sakristei unserer Kirche, wo die grasbewachsene Böschung sich senkt, begann ich, mit Hilfe der Jungens eifrig zu graben. Wir waren fast fertig, als Lene mit dem Wagen kam. Walter war auch

---

465 Die Witwe von Klaus Bonhoeffer, Susannes Schwägerin.
466 Zum sogenannten ›Volkssturm‹ wurden ab Oktober 1944, als der Sieg der Alliierten bereits deutlich vorhersehbar war, alle waffenfähigen Männer im Alter zwischen 16 und 60 Jahren aufgerufen, sodass in der Endphase des Zweiten Weltkriegs auch Jugendliche und Greise der sinnlosen Gewalt zum Opfer fielen.
467 Der Stadtteil Zehlendorf grenzt unmittelbar südlich an Berlin-Dahlem an.

gekommen und half nun im Talar, den Toten mit uns in die Grube legen. Ich glaube, es war von all den vielen Beerdigungen, die ich mitgemacht habe, die eindrücklichste gewesen. Keine fremde Hand hatte ihm zur letzten Ruhe geholfen. Nach einigen Kämpfen mit der Behörde durfte dieses Grab auch bleiben – und andere schlossen sich noch dort an. Meine schon immer sehr guten Beziehungen zu dieser Schwipp-Schwägerin wurden durch dieses Erlebnis noch herzlicher. Kurze Zeit darauf wurde ihr (wie so vielen Witwen) die Wohnung gekündigt, und da unsere Mieterin im Obergeschoss nach Westdeutschland entwich, luden wir sie ein, bei uns zu wohnen. Es ging vorzüglich miteinander – obwohl wir nur eine Küche hatten. Immerhin gab es drei Klos. Ein Bad kam sowieso nicht infrage (außer in der Waschküche, wenn Heizmaterial da war). Schließlich fanden sie eine Wohnung in der Peter-Lenné-Straße, und wir hielten die freund-verwandtschaftlichen Beziehungen locker und gerne aufrecht. Natürlich half Lene auch voller Eifer im Dahlemer Hilfswerk mit. Ihre Kinder wurden nach und nach bei uns konfirmiert und hielten sich zur Kirche.

7.2 Hungerwinter und Kohlenmangel

Dass ich langsam wieder gesundete, bemerkte ich auch an meinem fatalen Hunger. Früher hatte ich nie darunter gelitten (anders als viele andere). Jetzt ›ging ich umher wie ein brüllender Löwe, der sucht, was er verschlinge‹.[468] Sabine hatte inzwischen begonnen, an die Eltern fleißig Pakete aus England zu schicken, die den Inhalt dann pro Kopf verteilten und den Kindern und Enkeln zukommen ließen. Aber der ›Divisor‹ (wie meine Mutter schon in meiner Kinderzeit sagte) war eben sehr groß. Auch in England gab es ja Lebensmittel-Karten, und man lebte folgsam danach; kein Schwarzhandel konnte bei diesem disziplinierten und gemeinschaftsbewussten Volk aufkommen. Aber es gab doch sehr viel mehr als bei uns. Vieles wurde frei verkauft, und vor allem konnte man ohne Marken auswärts essen. Eine Wohltat – allerdings nur für die Begüterten (wiederum typisch englisch in seiner Harmlosigkeit). Anneliese Schnurmann begann ebenfalls, Pakete zu schicken – eindeutig

468 Vgl. 1. Petrus 5, 8.

Dinge, die ihr wiederum die Schwester aus Amerika zukommen ließ, um sie vor Hunger zu bewahren. Außerdem kamen Pakete von Frau Straus direkt aus den USA an mich und auch an meine Eltern und Geschwister. Das geschah aber noch nicht im Januar 1946, wo ich vor Hunger mein Selbst verlor.

Als nämlich meine Schwester Christel (kurz bevor ich ins Krankenhaus ging) Berlin mit ihren zwei Kindern verließ, um nach München zu ziehen, wo Klaus, ihr älterer Sohn, auf sie wartete – er hatte ja noch Soldat spielen müssen und sich dorthin abgesetzt –, ließ sie mir einige Vorräte da, die sie nicht mit über die Zonengrenze nehmen wollte. Sie fuhr übrigens mit einem amerikanischen Militärzug, also nicht über die grüne Grenze und in kein Lager. Das hatte sie natürlich der Tätigkeit ihres Mannes zu verdanken. Amerikaner waren mit ihr in ihr verwüstetes Haus in Sacrow gefahren, um zu sehen, ob da noch etwas zu retten war. Sie waren auch in Sachsenhausen gewesen, um Nachforschungen anzustellen, denn von Hans hatte man immer noch nichts gehört, obwohl an seinem Tod wohl nicht mehr zu zweifeln war.[469] Jedenfalls kam Christel mit einem Säckchen Erbsen, einer Tüte Reis, sowie Mehl und Grieß. Mir liefen vor Glück die Tränen, denn damit glaubte ich die Kinder über den Winter zu bringen. Sie war über meine Reaktion, die wohl mit meinem damaligen Nervenkostüm zusammenhing, ziemlich erschüttert. Dann gab sie mir noch ein Paket, das ich für sie aufheben sollte – ebenfalls Lebensmittel. Und dieses Paket öffnete ich im Januar 1946: Eipulver, Milchpulver, Zucker! Mit Teelöffel und schlechtem Gewissen habe ich es heimlich radikal-triebhaft aufgefressen! Aber es tat mir gut.

Außer einem recht stabilen Leiterwagen (der uns neben der gefundenen Schubkarre jahrelang große Dienste tat) hatte uns Christel noch allerhand Nützliches und auch Sachen für die Kinder hinterlassen. Dazu drei Zwerghühner, die sie aus ihrer Sacrower Hühnerfarm gerettet hatte und die auch im Bachstelzen-Weg[470] eifrig gelegt hatten. Meine Jungens waren immer sehr gern in Sacrow gewesen, gerade wegen des Federviehs: Puten, Perlhühner und schöne Italienerhühner waren außer den Zwerghühnern in einem

---

469 Hans von Dohnanyi wurde am 9. April 1945 im Konzentrationslager Sachsenhausen erhängt.
470 Im Bachstelzen-Weg in Dahlem befand sich das Elternhaus von Adelheid Fischer. Auf Betreiben von Susanne wurde ihre Schwester Christel dort vorübergehend einquartiert, bevor sie nach München umzog; vgl. o. S. 620–622.

großen Gehege. Die Beziehungen zum widerständigen ostelbischen Landadel wirkten sich da nutzbringend aus. Auch halbe Schweine, Wurst und Speckseiten, Hühnerfutter und Korn aller Art war dort vorhanden, und den Kindern gingen die Augen über bei den Mahlzeiten. Dies war nun fast alles in russische oder nachbarliche Hand übergegangen, und nur die Zwerghühner lebten bei uns in Keller und Garten. Aber nicht ein einziges Ei legten sie mehr, seitdem Christel weg war. Nun, vielleicht pausierten sie eben im Winter. Aber auch im Frühjahr und Sommer 1946 machten sie keinerlei Anstalten dazu. Vielleicht fehlte das rechte Futter – und den ganzen Garten konnte man ihnen ja wegen des Gemüseanbaus nicht lassen. Sie fraßen wohl Abfälle, scharrten und hackten und waren wohlauf, hatten aber ihre weibliche Tätigkeit restlos eingestellt.

Nun muss ich vorgreifen bis Weihnachten 1946. Da war es mir zu dumm geworden, und die Hühner sollten in den Kochtopf. Herr Schmolke, der Vater der jungen Frau Arndt, der bei uns das Heizmaterial zurichtete und sehr schwerhörig war, sollte den Zwerghühnern ein Ende bereiten. An dem Morgen, als ich es ihm mitteilen wollte, war ich stockheiser. Am Abend zuvor hatte ich meine Stimme wohl bei einer Feier für die Heimkehrer überanstrengt, weil ich sehr erkältet war. Ich flüsterte also Herrn Schmolke intensiv an, er möge den drei Hühnern im Keller den Kopf abschlagen. Ich gestikulierte mit Hack-Bewegungen und zeigte nach unten. Ich merkte aber an seiner freundlich-unbewegten Reaktion, dass er nicht begriffen hatte. So wiederholte ich mein Anliegen und schilderte die Eierlosigkeit der Tiere. Er schien ganz einverstanden und antwortete zustimmend: »Ja, ja – erst sägen, dann hacken« und untermalte dies mit der großen Säge, die er bei sich führte. Die Vorstellung, dass er damit den kleinen Hühnern zu Leibe rücken wollte, brachte mich so zum Lachen, dass er erstaunt stehen blieb. Ich eilte die Treppe hinauf und holte Andreas zu Hilfe, der mein Flüstern hörte und dem alten Schmolke meine Mordabsichten ins Ohr brüllte, bis er zur Tat schritt. Unser Weihnachtsessen, altes Zwerghuhn-Frikassee, war gerettet und schmeckte uns allen herzlos gut.

Während der Zeit, die ich im Krankenhaus verbrachte, hatten meine Söhne und mein Mann eine seltsame Freundschaft mit der Blumenfrau an der Domänen-Ecke entwickelt. Durch die Besuche der Kinder war ich davon unterrichtet, konnte mir aber kein rechtes Bild davon machen. Irgendwie war mir die Sache sehr unlieb, aber ich hatte ja nicht die Kraft, vom Bett aus dagegen anzugehen. Wieder heimgekehrt, ließ ich mir nun auch von Walter berichten und war doch ziemlich betroffen: Meine drei Männer wurden seit Wochen von ihr verköstigt und hatten sie zu diesem Zweck fast täglich besucht. Wo die Frau Essen her hatte, das sie verschenken konnte, und warum sie es meinen Leuten gab, war mir unklar. Ich machte mich also auf den Weg und besuchte sie in ihrem kleinen, seltsamen Häuschen, um ihr auf alle Fälle für ihre rührende, wenn auch unerbetene Fürsorge zu danken. In dem Raum herrschte ziemliches Durcheinander, aber sie war von überströmender Herzlichkeit. Von den Jungens, die sie ›du‹ und ›Tante‹ nennen mussten, erzählte sie die unwahrscheinlichsten Geschichten – die alle darauf hinausliefen, dass sie eigentlich die wahre Mutter für diese Kinder sei, die sie über alles in der Welt liebten. Jetzt verstehe ich, was mir damals nicht fassbar war: Sie hatte sich in Michaels Charme verliebt, wenn er auf der Domäne die Milch holte. Sie war seine erste Verehrerin aus der Schar alter und alternder Frauen, mit denen ich später noch reichlich zu tun bekam. Sie sagte zum Beispiel, Michael hätte behauptet, er wolle sie ganz bestimmt heiraten und glaubte, mit ihr verlobt zu sein! Es war ganz unmöglich, dass er mit seinen zehn Jahren solche Dinge verbreitete, die höchstens Dreijährigen einfallen. Entweder hatte sie sich das ausgedacht (wie ich damals glaubte) oder der Bengel hatte gewusst, was er tat, um sie sich warm zu halten (was ich später für möglich hielt). Zwar berichtete sie auch von Andreas und Walter, dass sie so süß und zärtlich und bescheiden wären – aber Michael war doch deutlich der Mittelpunkt ihrer verdrehten Träume. Sie schwärmte unentwegt von ihm. Eigentlich hört man das Lob der eigenen Kinder ja gern, aber hier war es mir irgendwie unheimlich. So sagte ich, dass ich ihr herzlich danke, dass nun aber ihrer Freigebigkeit genug wäre, da ich wieder zu Hause sei. Sie war sichtlich beleidigt. Auch Walter ärgerte sich, dass ich diese Quelle verschüttet hatte. Doch die Jungens waren ganz froh, nicht mehr dorthin zu müssen. Und Walter war getröstet, als ich erfuhr, dass sie den Speisesegen aus den amerikanischen Mülltonnen gesammelt hatte – gut gemeint, aber doch nicht das Richtige für ihn.

7.3 Susanne Dreß als Pfarrfrau: Gruppen und Kreise

Im Januar 1946 begann ich, wieder kräftig im Dahlemer Hilfswerk mitzuarbeiten. Jeden Vormittag war ich im Gemeindehaus. Gut, dass ich zu Hause Hilfen hatte, die mir das Wirtschaften abnahmen. Von ihnen muss ich auch noch berichten – viel Erfreuliches. Da war zuerst Fräulein Plew, genannt ›Plewchen‹, die mit ihrer Mutter bei Illa Knaack im Dachgeschoss wohnte (Flüchtlinge aus Ostpreußen). Plewchen kam jeden Vormittag für wenig Geld und ein Mittagessen – und teilte dieses dann noch mit ihrer Mutter, die mittags erschien, um ihr dabei zu helfen, die Küche wieder aufzuräumen. Attraktiv, jünger als ich und immer tapfer und munter bei der Arbeit, die sie nicht gewöhnt war – sie war einfach eine Perle. Von meinem Hausmädchen Erna war ich ja nicht gerade mit heiterem Temperament und jugendlichem Tatendrang verwöhnt. Plewchen war eigentlich Sekretärin. So konnte sie, wenn Zeit blieb, auch noch für Walter schreiben. Auch mit den Leuten, die ständig zu uns ins Haus kamen, verstand sie freundlich und geduldig umzugehen, wenn keiner von uns zu sprechen war; ebenfalls eine sehr wichtige Eigenschaft. Aufgrund ihrer Arbeit bekam sie eine bessere Lebensmittelkarte, das war für sie die Hauptsache. Ihr Gehalt betrug, glaube ich, dreißig Mark im Monat, was für die Rationen gerade so ausreichte. Aber irgendwie verdiente sie sich woanders bei besser zahlenden Leuten noch etwas dazu und hatte wohl auch im Sparstrumpf einiges aus Ostpreußen gerettet. Man wusste ja sowieso nicht, was aus dem Geld wird, so legte man keinen großen Wert darauf. Wir waren ja leider nicht in der Lage, irgendwelche wertvollen Besitztümer zu verkaufen, weil all unsere besseren Sachen in Friedrichsbrunn lagerten und wir in fremdem Eigentum hausten.

Aber Plewchen und ihre Mutter halfen halb ehrenamtlich und so anerkannt und gerne bei uns, dass ich nie ein schlechtes Gewissen hatte. Ich tat ja auch alles umsonst für die Heimkehrer und Flüchtlinge und hätte ansonsten meinen Haushalt gut allein versorgen können. Wir waren sehr traurig, als die beiden uns eines Tages verließen, um nach Hamburg zu ziehen. Doch wir gönnten Plewchen herzlich die dort geschlossene Ehe mit einem alten Freund aus Ostpreußen, der sie holte, als er sie erhalten konnte. Leider habe ich sie ganz aus den Augen verloren. Zu ihrem Ersatz fanden sich dann zwei andere Frauen ein, Fräulein Riffert und Fräulein Harder aus dem Jagdschloss Grunewald, mit denen sich im Wechsel auch sehr gut arbeiten ließ.

Wie oft wurde ich von Arndts auch außerhalb der Sprechstunde ins Gemeindehaus gerufen, als ab 1946 das Telefon wieder ging! Wie viele Male rief auch ich vom Gemeindehaus zu Hause an und bat Plewchen, wenn die Mittagszeit nahte: »Setzen Sie doch bitte den großen Topf mit Wasser auf; wenn ich komme, werfe ich ein paar Sachen hinein!« Und es fand sich dann immer irgendetwas. So geschah es auch, als ich eines Tages im Februar 1946 außerhalb der Sprechstunde herbeigerufen wurde, weil Frau Arndt zwei Kriegsversehrte nicht wegschicken wollte, die vor Kurzem aus der Innenstadt in das Lager Lichterfelde verlegt worden waren und dort gehört hatten, bei uns käme man aus den alten Militärklamotten heraus. Das Ausgabezimmer war natürlich nicht beheizt und der Umkleideraum auch nicht. Trotzdem saßen wir nach einer Stunde Aussuchen und Anprobieren ganz glücklich mit einer Zigarette beisammen. »Nun sind wir aber fein raus – jetzt fehlt uns nur noch ein Bein zu unserem Glück«, sagte der eine. »Haben Sie denn eine Prothese beantragt?«, frage ich. Daraufhin berichten sie von ihren nutzlosen Wegen von Amt zu Amt, um Geld dafür zu bekommen. Aber sie sind keine Berliner und werden von allen Stellen immer wieder an ihre Heimatbehörden verwiesen. Der eine stammt aus Oberschlesien, der andere aus Ostpreußen. Mir wird ganz flau vor Wut: Sind denn diese Beamten verrückt geworden? Sollen die Männer etwa auf ihrem einen Bein zurücklaufen? »Erhalten tun sie uns ja; aber wir sollen uns das Geld für die Prothesen selbst beschaffen, dann werden sie uns auch im Oskar-Helene-Heim[471] angefertigt.« Eine Prothese kostet drei- bis vierhundert Mark. Wie soll das gehen ohne irgendwelches Einkommen, ohne Arbeit? »Und wer nimmt uns schon ohne Freunde und Verwandte? Wir wissen von keinem, ob sie noch leben. Selbst wenn wir von Tür zu Tür betteln gehen, kommt der Betrag nicht zusammen, ehe wir in die russische Zone abgeschoben werden.« Und nach Betteln sehen die beiden jungen Leute wirklich nicht aus ... Landwirtskinder. Ich weiß, dass ich dreihundert Mark in der Hilfswerk-Kasse habe (da wir ja auch Bargeld bekommen, aber fast keines ausgeben – außer für Waschmittel und

---

[471] S.o. Anm. 359 (S. 562).

BAND 7: Die Nachkriegszeit

Muckefuck und Zigaretten auf unsere Marken). »Wie viel brauchen Sie zur Anzahlung?« – »Fünfzig Mark reichen bestimmt für jeden.« So schreibe ich zwei Zettel mit Stempel, dass sich das Hilfswerk bereit erklärt, die Kosten für die Prothesen zu übernehmen und ich das Oskar-Helene-Heim bitte, je hundertfünfzig Mark Anzahlung zu quittieren. Dann ist meine Kasse leer, und die Jungens ziehen selig ab; so viel Vertrauen treibt ihnen die Tränen in die Augen und spornt sie zur Eile an. Etwas ängstlich über diese spontane Entscheidung gehe ich heim. Nach einer Stunde bringen sie mir die quittierten Zettel Ins Gehege.

Nun hieß es also Geld beschaffen für diese Prothesen, um sie bezahlen zu können, wenn sie fertig sind. Unsere Jugend war sofort begeistert von der Idee, ein Theaterstück aufzuführen und den Erlös der Sammlung (denn für Eintrittskarten hätten Steuern gezahlt werden müssen) für diesen guten Zweck auszugeben. In allen Kreisen wurden Büchsen aufgestellt; Leute mit Geld wurden persönlich angeschrieben; und als Walter das nächste Mal zu predigen hatte, schilderte er die Situation dieser Kriegsversehrten mit verlorener Heimat so eindrücklich, dass die neben der Kollekte herlaufende Sammlung sehr lohnend war und uns anschließend noch Geld ins Haus gebracht wurde. Das war auch nötig, denn nun meldeten sich immer mehr Männer in derselben verzweifelten Lage – auch für Armprothesen, die ja nicht weniger wichtig waren. Alle waren auf ihre Heimatgemeinde verwiesen worden; eine Verordnung, die vor Kriegsende vermutlich ihren Sinn gehabt hatte, jetzt aber grotesk und geradezu boshaft klang. Immer wieder kündigte Walter die Zahl der in Auftrag gegebenen Prothesen ab. Bis zum Ende des Jahres waren fünfzehn Beinprothesen und sechs Armprothesen von uns finanziert worden. Einige warteten noch darauf, denn das Material war sehr knapp geworden, und man musste bis zu drei Monate Geduld haben. Zehn von diesen Männern waren dadurch bereits zu Arbeit und Brot gekommen und hatten das Lager verlassen können. Es wunderte uns eigentlich nicht, dass gerade diese Leute mit solcher Energie wieder ins Arbeitsleben zurückstrebten. Das hatte man schon im Krieg bei den Ausgebombten erlebt: Je schwerer es sie getroffen hatte, umso tapferer und hoffnungsvoller gingen sie an den Wiederaufbau. Andere Lagerinsassen dagegen ließen es sich in den Gemeinschaftsräumen ganz wohl sein. Der Krieg hatte sie unfähig gemacht, alleine in einem Zimmer zu leben. »Dann fällt mir die Decke auf den Kopf«, meinten sie. Andere sehnten sich nach nichts so sehr wie »endlich mal wieder ein eigener Raum«. In den Dahlemer Villen, die meist herrenlos standen, waren für sie oft billige Keller- und Mansardenräume zu finden. Andere waren ausgesprochen arbeitsscheu und hatten von jeder Form des Dienens genug (besonders wenn es zur Regelmäßigkeit werden sollte), sodass sie im Lager bleiben und nur hie und da ein paar Mark mit Gelegenheitsbeschäftigungen verdienen wollten. Einige junge Burschen lebten sehr gut als Gigolos, wie sie mir freimütig erzählten. Zu uns kamen sie nicht, um Sachen zu erbitten (denn sie waren durch liebende Hände aus verlassenen Kleiderschränken gut eingekleidet) – sie spielten Modeberater und trugen den Einbeinern und kranken Kameraden ihre Kleider heim. Natürlich gab es dazwischen auch ein paar Bettler.

Wir waren sehr froh, als uns die Sorge um die Geldbeschaffung für die Prothesen endlich vom Magistrat abgenommen wurde. Die Presse hatte unsere Aktion bemerkt und heftige Anklagen gegen die Stadt erhoben – und so verschwand die überfällige Verfügung, den Heimatort aufzusuchen, auf den städtischen sozialen Hilfsstellen. Wir behielten zu anderen guten Zwecken noch sehr viel mehr übrig, als wir zu Anfang unserer Tätigkeit gehabt hatten. Der Kopfsprung ins Ungewisse hatte sich wieder einmal gelohnt.

Wo wir die vielen Sachen eigentlich her hatten, die wir ›aktenkundig‹ ausgegeben haben in diesen schlimmen Wintern 1946 und 1947, ist mir selbst ein Rätsel. Wie oft waren alle Regale nach der Ausgabe leer, sodass ich für das nächste Mal schon ein Schild anbringen wollte ›Mangels Masse geschlossen‹. Aber förmlich über Nacht füllte sich alles wieder auf. Frauen (die auch zu Hause fleißig nähten) brachten ihre fertiggestellten Sachen; Leute, die nach dem Westen gingen, taten ein letztes gutes Werk an Berlin. Das Wunder, dass wir niemals jemanden ohne irgendetwas wegschicken mussten (außer die ganz Frechen), wiederholte sich so regelmäßig, dass wir den Mut zum Weitermachen nicht verlieren konnten. Vor mir liegt eine Liste, die der Erinnerung wert ist, was wir von Ende November 1945 bis Anfang April 1946 ausgegeben haben. Da steht unter Männerkleidung: 5 Anzüge, 48 Hosen, 45 Jacketts, 11 Mäntel, 70 Oberhemden, 61 Unterhosen, 16 Unterhemden, 39 Schlafanzüge, 4 Nachthemden, 19 Krawatten, 60 Paar Socken, 12 Paar Handschuhe, 4 Hosenträger, 14 Kragen, 7 Leibwärmer, 8 Mützen, 1 Hut. Dinge wie Handschuhe und Leibwärmer waren meist eigene Fabrikation (wie auch Hausschuhe, die hier ebenso wenig angegeben sind wie Schuhe – Sachen, die zwar selten, aber doch manchmal bei uns zu haben waren). Dass es mit Frauenkleidung spärlicher bestellt war, lag nicht nur an der geringeren Nachfrage, sondern auch an dem fehlenden Angebot. Erstens hatten uns ja die Uniformen aus dem französischen Lager geholfen, und zweitens gaben doch viele Frauen, die nicht mehr auf die Heimkehr ihrer Männer und Söhne hoffen konnten, Dinge für die heimgekommenen Kameraden ihres Elends ab. Bei den Frauen steht da: 13 Kleider, 11 Blusen, 6 Pullover, 17 Schürzen, 31 Hemden, 23 Nachthemden, 3 Mäntel, 5 Schlüpfer, 6 Unterröcke. Vieles davon kam aus unserer eigenen Nähstube (etwa Schürzen und Hemden).»30 Kinder und Säuglinge wurden vollständig eingekleidet«, wird außerdem erwähnt. Auch eine Menge Geschirr ist verzeichnet – zum Beispiel 22 Teller, 3 Gabeln und so weiter, außerdem 60 Handtücher, 1 Schirm, 13 Wolldecken, 24 Kissenbezüge, 7 Bezüge, 1 Federkissen, 2 Laken, 73 Handtücher, 3 Waschlappen und andere Kleinigkeiten.

Walter hatte im Herbst zum Semesterbeginn wieder angefangen, an der Universität Kirchengeschichte zu lehren. Spranger hatte das für ihn organisiert. So fuhr er mit viel Mühe jede Woche zwei volle Tage in die Stadt zu der jetzt ›Humboldt-Universität‹ genannten Ruine, in der nur wenige Räume nutzbar waren. Sie lag im russischen Sektor, war aber zunächst ohne Zwischenkontrollen zugänglich. Die Theologische Fakultät zog sich in einige kleine Untergeschossräume des Domes zurück und hielt dort ihre Vorlesungen und Seminare. Es waren eine ganze Menge Studenten da – Kriegsverletzte oder solche, die das Glück hatten, schon aus der Gefangenschaft entlassen zu sein. Die Altersspanne zwischen den Studierenden war sehr groß, denn manche hatten bereits vor dem Krieg begonnen, teilweise auf den illegalen Hochschulen. Von den früheren uns bekannten Studenten waren keine dabei; viele waren gefallen oder vermisst. Bei einigen wussten wir, dass sie in westlicher Gefangenschaft lebten, die versorgten wir mit Büchern und Briefen. Andere waren im Westen geblieben, um dort ihr Studium zu beenden. Aber auch mit den neuen Gesichtern waren wir schnell vertraut, da wir sie oft zu uns baten und sie immer gerne kamen. Als wir dann etwas später die amerikanischen Spenden zur Volksspeisung bekamen, luden wir sie regelmäßig an einem Sonntag im Monat zum Mittagessen bis übers Abendbrot ein. Wer wollte, konnte schon zum Gottesdienst kommen, aber es war keinerlei moralischer Druck dabei (also keine ›Schrippenkirche‹[472]). Einmal machte ich mich auch auf und kam mit Walter ins Kolleg. Ich sehe uns noch um das Öfchen in der Mitte des Raumes sitzen, zu dessen Erwärmung jeder Student ein Stück Kohle oder Holz (und sei es von einer Parkbank im Tiergarten) mitgebracht hatte.

Der Lerneifer dieser geistig ausgehungerten, so erfahrungsreichen Generation – die den Wunsch hatte, in dieser heillosen Welt Pfarrer zu werden – war enorm und machte uns viel Freude. Es waren aber auch prächtige Kerle, die man da vor sich sah, wenn auch ihr Wissen natürlich Stückwerk[473] war. Manche waren weder konfirmiert, noch hatten sie je Religionsunterricht gehabt. Aber die Pfarrerssöhne stellten doch das stärkste Kontingent.

Mein Vater hatte inzwischen begonnen, in der Wittenauer Heilanstalt[474] als beratender Arzt zu arbeiten. Es war uns eine rechte Sorge, dass er mehrmals in der Woche (und manchmal täglich) die lange Fahrt in der überfüllten, eiskalten S-Bahn machen musste. Andererseits – er war zufrieden, wieder in Freiheit arbeiten zu können und mit seinem Wissen zu helfen; außerdem konnte er zu seiner lächerlichen Rente etwas dazuverdienen.

Unsere Kinder hatten eine Menge Freunde auf kirchlicher Basis. Oder umgekehrt: Sie holten ihre Freunde mit unbekümmerter Sicherheit in die Gemeinde-Kreise und den Kindergottesdienst

---

472 Berliner Dialekt-Ausdruck für Gottesdienste, bei denen Brot (›Schrippen‹) und Kaffee für Arbeitslose ausgegeben wurden, wie sie durch den vom Journalisten Constantin Liebich 1882 gegründeten Verein ›Dienst an Arbeitslosen‹ in Berlin ins Leben gerufen worden waren. 1902 errichtete der Verein im Berliner Wedding ein Gebäude mit dem Namen ›Schrippenkirche‹ für Soziale Arbeit mit Männern und Jugendlichen. 1939 wurde der Vereinsname in ›Schrippenkirche‹ abgeändert, weil es im Nationalsozialismus offiziell keine Arbeitslosen gab. Das Gebäude wurde von der HJ und der NSV genutzt und 1940 durch einen Bombenangriff zerstört. 1949 wurde es mit Hilfe der Inneren Mission wiedereröffnet und existiert bis heute unter diesem Namen als Einrichtung des Diakonischen Werkes.
473 Vgl. 1. Korinther 13, 9.
474 Diese psychiatrische Klinik befand sich in der Oranienburger Straße im Ortsteil Wittenau des Bezirks Berlin-Reinickendorf. Sie wurde 1880 eröffnet und galt als älteste und renommierteste Klinik ihrer Art in Berlin. Im Dritten Reich war sie u.a. an Zwangssterilisierungen beteiligt und in die Aktionen ›T4‹ zur Vernichtung ›lebensunwerten Lebens‹ und ›Vernichtung durch Arbeit‹ eingebunden. Ein Teil der Gebäude wurde im Krieg durch eine Brandbombe zerstört, und sowjetische Zwangsarbeiter wurden auf dem Gelände interniert. Nach Kriegsende war die Versorgungslage katastrophal; allein in der zweiten Jahreshälfte 1945 starben mehr als 1600 Patienten der Wittenauer Heilstätten. Als ärztlicher Leiter wurde Fritz Balluff eingesetzt, der im April 1946 Karl Bonhoeffer zum Dirigierenden Arzt ernannte. 1967 wurde die Einrichtung zu seinen Ehren in Karl-Bonhoeffer-Nervenklinik umbenannt und führte diesen Namen bis zum Jahr 2002. Sie wurde 2006 aufgelöst.

hinein. Da waren als nächste Nachbarn die drei Knaack-Buben – ebenso liebenswert und ungewöhnlich wie ihre Mutter. Die beiden älteren, im Alter um Andreas gruppiert, waren entweder zu Besuch oder meine Jungens spielten dort im Garten (meistens aber bei uns). Der älteste war ein schwarzhaariger, dunkeläugiger Träumer, um dessen psychisches Gleichgewicht sich die Mutter wegen seiner Unangepasstheit sorgte. Sie war deshalb mit ihm auch bei meinem Vater, der mir aber nur sagte, dass der Junge gesund sei und dass seine Fähigkeit abzuschalten und einfach nicht hinzuhören, wenn die Mutter etwas wollte, ein gesunder Selbstschutz wäre. Sie überforderte ihre Kinder stark mit schulischem Ehrgeiz, worauf der Älteste einfach mit einer Abneigung gegen das Lernen reagierte. Auch morgens vor der Schule von sechs bis sieben Uhr bei der Mutter im Bett Griechisch zu treiben, förderte die Beziehung und die Lernlust nicht. Der zweite war fügsamer und zarter in seiner Gesundheit und wurde dementsprechend verwöhnt (worauf der Große äußerte: »Ich möchte auch mal zart sein!«). Auch mit Musikunterricht wurden die Kinder reichlich überfüttert. Sie waren wohl recht musikalisch; jedenfalls waren sie da williger. Der zweite trieb es so weit, dass er mit acht Jahren seine Geigenlehrerin in volltrunkenem Zustand zur Geigenstunde aufsuchte. Er hatte vorher in Mutters Zimmer geübt und dort eine Flasche gefunden, die etwas Wohlriechendes enthielt. Er kostete und leerte sie nach und nach aus. Es war ein kostbarer Schatz Tarragona, den die Mutter nun zu verschmerzen hatte. Als wir einmal im Kindergottesdienst alte Briefmarken für Bethel sammelten, brachte er ganz stolz zwei halbe Bogen mit neuen Marken an. Auch diese hatte er dem Schreibtisch der Mutter entnommen. Die Gewohnheit des ›Organisierens‹ war eben noch nicht überwunden. Auch der Jüngste, der mit knapp fünf eingeschult wurde, hatte amüsante Einfälle. Es war die Zeit der Tauschgeschäfte, und man handelte auch in der Schule. Eines Tages vermisste der erwachsene Stiefbruder seinen Rasierapparat. Im Ranzen des Kleinen wurde er entdeckt. Nur die relative Unverkäuflichkeit im ersten Schuljahr hatte den Bruder vor dem Verlust bewahrt. Dieses bildschöne jüngste Kind war sowohl von kleinen Mädchen wie von Amerikanern stark gefragt, ja sollte sogar mit nach Amerika kommen. Die Mutter hielt das alles für harmlos – ich nicht. Erst als sie ein neunjähriges Mädchen aus dem Bett des Sechsjährigen holte und auch über den Amerikaner keine erfreulichen Aussagen kamen, wurde sie zurückhaltender mit ihrem Glück über diese Zuneigung.

Andreas, dem erstmalig das Glück einer Freundin beschieden war, liebte Tini. Ihr Vater war im Krieg gefallen, und sie lebte mit ihrer Mutter und dem jüngeren Bruder mit den streng katholischen Großeltern. Dem Vater aber hatte Frau von M. versprochen, die Kinder evangelisch erziehen zu lassen, und dieses Versprechen hielt sie ein. Sie war noch sehr jung und eben dabei, ihr wieder aufgenommenes Jura-Studium abzuschließen. Dadurch hatte sie natürlich weniger Zeit für die Kinder, als ihr lieb war. So war sie recht froh, dass ihre Tochter bei uns ganz zu Haus war. Tini wohnte in Zehlendorf und war durch irgendeine Freundin in unseren Kinderkreis gekommen. Die katholische Familie ging sonntags in die Kirche; Tini erschien (später auch zusammen mit ihrem kleinen Bruder) jeden Sonntag bei uns zum Kindergottesdienst. Sie begeisterte mich mit dem Ausspruch: »Wenn ich sonntags nicht in die Kirche kann, ist mir der ganze Tag versaut!« Sie war ein ungewöhnlich gescheites und freizügiges Kind und hatte sich Andreas als Freund erwählt, ehe er auf die Idee kam, dass ihm so etwas zustoßen könne. Aber dann ging er auf diese Bevorzugung mit Vergnügen ein und sah weder rechts noch links (wie sein Bruder), sondern verschenkte sein ungeteiltes Herz an Tini. Sie musste bei allem dabei sein, was wir miteinander unternahmen, und gehörte einfach dazu. Beiden lag weniger daran, die Verliebtheit der Großen zu kopieren oder Eifersüchteleien zu pflegen, als einfach unzertrennliche Freunde zu sein. Ihre Unterhaltungen waren denkbar sachlich und ihr Benehmen auch. Sie war nicht kokett und er kein Verehrer; umso vergnügter gestaltete sich diese Freundschaft. Zu Hause bei ihr ging es sehr knapp zu, und sie freute sich über jeden guten Bissen. Als wir einmal mit den Jungens, Itti und ihr das erste Berliner Oktoberfest besuchten und nach intensivem Vergnügen die Kinder noch an einer Bude zu einer Erfrischung einluden, höre ich sie noch sagen: »Ich möchte einen Samenbeißer!« Sie hatte die Angebote durchgelesen und am Ende der Liste das weitaus Teuerste und Verlockendste entdeckt: Sahnebaiser! Nie in ihrem Leben hatte sie von so etwas gehört, und es schmeckte ihr (auch wenn die Sahne etwas künstlich war) ganz ausgezeichnet. Tini war der Star bei unseren Kinderaufführungen – eine begabte Sängerin und Tänzerin und voll kühner, nicht immer erlaubter Einfälle, was Andreas sehr gut tat. So lernte er ›miteinander Pferde stehlen‹.

Aber auch die alten Freunde wurden von mir nicht vergessen. Bärbel Schröters Mann war wieder aus Norwegen heimgekommen. Sie hatte ihn als gelernte Pastorin während seiner Abwesenheit in ihrem Dorf und in der Nachbarschaft hinter Zossen vertreten. Als die Russen kamen, hatte sie unendlich viel durchgemacht und dabei dauernd Beerdigungen und Gottesdienste gehalten. Ihre drei kleinen Jungens wuchsen in ländlicher Freiheit auf. Erst im Winter 1945 war es möglich geworden, durch die Post wieder voneinander zu hören; dann zogen sie bald in eine Pfarrei nach Köpenick – dorthin, wo Anneliese Schwarz über zehn Jahre hinweg ihren Kindergarten geleitet hatte.

Sobald es möglich war, besuchte ich Bärbel dort – von Steglitz aus eineinhalb Stunden Straßenbahnfahrt im überfüllten Wagen sind mir noch deutlich in Erinnerung. Ich hatte mir einen ganzen Tag Zeit dafür genommen; und das war auch nötig, so viel gab es zu berichten. Sie hatte ihr Theologiestudium damals unter Dietrichs Einfluss oder Eindruck begonnen und war ihm (wenngleich mit dem Abstand, den man damals einzuhalten pflegte) doch sehr verbunden gewesen. Ihr Schwager, PG und Bürgermeister von Wurzen, hatte die weiße Fahne gehisst und damit die Stadt kampflos übergeben. Er war von den Amerikanern und später sogar noch von den Russen im Amt belassen worden, wurde dann aber von Deutschen angezeigt und mit seinem halbwüchsigen Sohn abgeholt. Der Sohn kam krank wieder zurück, der Schwager gar nicht mehr. Bärbel und ihr Mann waren nun wieder gemeinsam in der Gemeindearbeit engagiert, denn selbst in dieser braun-roten Gegend war damals der Kirche ja eine Chance gegeben, die sie eifrig nutzten. Ein großer Garten, der bis an die Spree ging, diente den Kindern als Tummelplatz, sodass sie den Unterschied zum ländlichen Idyll gar nicht so bemerkten. Außerdem gab es Gemüse und Obst. Als Schröter auf dem Höhepunkt des Euthanasie-Programms vor seinen Konfirmanden dagegen gesprochen hatte, war er denunziert und verhaftet worden. Hans von Dohnanyi hatte es damals fertiggebracht, ihn wieder herauszuholen. Jetzt war Bärbel mir sehr dankbar für einen anderen Hilfsdienst: Ihr zweiter Sohn (mein Patenkind) bekam Kinderlähmung, und mein Vater sprach mit dem Chefarzt des dortigen Krankenhauses. Es sei ein Wunder gewesen, wie sich das Benehmen der Belegschaft ihr gegenüber sofort geändert hätte: Sie bekam alle erbetenen Auskünfte, und auch der Junge war auf der Station keine ›Nummer‹ mehr. Als dann von dieser Erkrankung nichts zurückblieb, war die Freude natürlich groß. Aus dem anfangs zarten Kind ist bald ein kräftiger Riese geworden. Meine Jungens hatten allerdings zu den sehr berlinernden, fast nur sportlich interessierten Söhnen von Bärbel wenig Kontakt.

Auch Frau Malke stellte sich wieder ein. Sie war eine alte Bekannte aus der Gemeinde in Lichterfelde Ost. Ihr Mann, ein Jude, war nach Italien ausgewandert. Sie hatte die ganze Zeit über tapfer ihre Kinder ernährt, und durch Hans von Dohnanyi konnte ich ihr sogar dazu verhelfen, ihre Stellung als Sekretärin in einem städtischen Betrieb zu behalten, ohne sich von ihrem in der Isolierung recht verzweifelten Mann scheiden lassen zu müssen. Als das Gesetz kam, dass Halbjuden, die nicht getauft wären, als Juden gelten und den Stern zu tragen hätten, entschloss sie sich, die Kinder (denen sie die Entscheidung eigentlich für später vorbehalten wollte) taufen zu lassen. Doch diese galten bereits als Juden, und die Taufe von Juden war verboten. So blieb nichts übrig, als auf dem Taufschein eine kleine Datumsfälschung vorzunehmen. Ich war Taufpatin, zusammen mit einer Tante, die im Rheinland lebte. Während des Krieges hatte der ältere Sohn der Mutter viele Schwierigkeiten gemacht. Er durfte zwar das Gymnasium wegen besonderer Begabung weiter besuchen, aber seine ›defätistischen‹ Bemerkungen im Luftschutzkeller machten sie in der Hausgemeinschaft unmöglich. Im deutschen Siegesbewusstsein weigerte man sich, mit dem ›Judenbengel‹ in einem Keller zu sein und so weiter. Daraufhin wohnte sie dann bei uns, bis die Wogen sich etwas geglättet hatten – zum Beispiel auch während des Frankreichfeldzuges (als wir in dieser Zeit im Harz waren). Nach der Schließung der Schulen war er mit seiner Klasse evakuiert worden und hatte da, bis er nach Hause fand, allerlei Unerfreuliches erlebt. Nun war er sechzehn Jahre alt, spielte Kommunist und hatte eine fünfzehn Jahre ältere Geliebte – seine Etagennachbarin, zu der ihn die Mutter zum Klavierunterricht geschickt hatte. Die Mutter zog daraufhin aus, aber das half wenig; auch nicht, dass sie ihn in den Morgenstunden mit Hilfe eines Schutzmanns aus der Wohnung der Freundin holte. Da kam nun als einzige Hilfe wirklich beratende Seelsorge infrage, denn der Junge war nicht umzukrempeln. Dazu kam noch, dass der Vater sich weigerte, nach Deutschland zurückzukommen, und auch keinen Wert darauf legte, dass die Familie nach Italien zog, denn er hatte nur einen sehr ungesicherten Verdienst als privater Deutschlehrer (und wer wollte zu dieser Zeit schon Deutsch lernen?). So war es die beste Lösung, dass Frau Malke mit ihrem zwölfjährigen Jungen nach Elberfeld zu ihrer Schwester zog und sich dort eine Arbeit suchte, die sie auch fand. Der Große begab sich bald darauf mit einer neuen Freundin (diesmal zehn Jahre älter) nach Ostberlin und wurde dort dank seiner guten Schulbildung schnell Geschichtslehrer. Jedes Jahr erschien er bei uns an Heiligabend und störte. Mit der Mutter blieben wir brieflich im Kontakt.

Am 9. April 1946, ein Jahr nach Dietrichs Tod, hatten wir in der Annen-Kirche eine Gedenkfeier. Dietrich hatte einmal in einem Brief an Eberhard ein paar Wünsche für die Musik bei seiner Beerdigung genannt;[475] die wollten wir nicht unbeachtet lassen. Auch für meine Eltern war es schön, dass Walter das in der Dahlemer Kirche machte; denn es bedeutet für die Angehörigen eben doch einen heilsamen Abschluss nach solch einem Verlust, wenn man des Toten noch einmal gedenkt.

Das Buch ›Widerstand und Ergebung‹ war damals ja noch nicht erschienen,[476] und eigentlich war nicht anzunehmen, dass mehr als die Familienangehörigen kämen – vielleicht noch einige uns besonders verbundene Gemeindeglieder. Aber dann reichte der Platz in der Kirche nicht aus, so viele hatten sich eingefunden; und bei dieser Gelegenheit sah man auch manche wieder, an die man gar nicht mehr gedacht hatte. Es hatte wohl in der Zeitung gestanden und sich dann weiter herumgesprochen. Da waren nun ganz alte Bekannte, noch aus der Kinderzeit im Grunewald, die wir kaum wiedererkannten und die erst mal sagen mussten, wer sie waren. Von den Mitarbeitern im Kirchenkampf kamen viele (auch aus Lichterfelde), von denen man nicht gewusst hatte, ob und wie sie die

---

475 DBW 8, S. 248: »›Übrigens, wenn ich mal begraben werde, dann möchte ich gern, dass das ›Eins bitte ich vom Herren‹ und ›Eile, mich, Gott, zu erretten‹ und ›O bone Jesu‹ gesungen wird.)« Es handelt sich bei allen drei Stücken um Werke des Komponisten Heinrich Schütz (1585–1672): SWV Nr. 294, Nr. 282 und Nr. 285. Diese Bemerkung findet sich in einem ausführlichen Brief an Eberhard Bethge aus dem Untersuchungsgefängnis Tegel, der vom 18. bis zum 22. Dezember 1943 geschrieben wurde – der erste Weihnachtsbrief aus der Haft an diesen Freund und einer der wenigen, die in dieser Zeit an der Zensur vorbeigebracht werden konnten. In diesem Brief setzt sich Dietrich Bonhoeffer u. a. mit den Texten der Weihnachtslieder ›Fröhlich soll mein Herze springen‹ und ›Ich steh an deiner Krippen hier‹ von Paul Gerhardt auseinander, sowie mit dem augustinischen ›O bone Jesu‹ nach einer Melodie von Heinrich Schütz.

476 Bonhoeffer, Dietrich: Widerstand und Ergebung. Briefe und Aufzeichnungen aus der Haft, Hg. Bethge, Eberhard (Dietrich Bonhoeffer Werke, Bd. 8), Gütersloh 2015 [Erstveröffentlichung 1951].

Zeit überlebt hatten. So war der Empfang nach dem sehr schönen Gottesdienst für die Eltern wohl recht anstrengend, aber doch eine Art Bestandsaufnahme übrig gebliebener Freunde. Es war allerdings nicht einfach zu entscheiden, wen von denjenigen, die sich so über das Wiedersehen freuten, man nun zu dem vorgesehenen schmalen Imbiss Ins Gehege mitnehmen sollte. Ich höre noch, wie ein etwas jüngerer Freund und Schüler von Dietrich, den ich seit seiner Studentenzeit nicht mehr gesehen, aber noch ab und zu von ihm gehört hatte, auf Eberhard Bethge zuging, ihn mit treudeutschem Augenaufschlag ansah und sagte: »Wir haben beide um Dietrich Bonhoeffer gerungen, aber Sie haben obsiegt!« Dem armen Eberhard war das sehr peinlich; ich hingegen bin ja in solchen Momenten immer für etwas unfreiwillige Komik zu haben.

Langsam fing nun auch der postalische Verkehr mit dem Westen an, und meine Freundin Jutta von Drigalski meldete sich aus Hamburg, wo sie als Gemeindehelferin mit ihrer Mutter lebte. Auch Irmgard Krückmann schrieb; sie hatte eine Familie gegründet. Ihr Töchterchen wäre jetzt zwei Jahre alt, das nächste Kind würde erwartet; sie praktiziere als Augenärztin und der Mann studiere. Es dauerte aber noch lange, bis man sich wiedersah.

Die neuen freundschaftlich-familiären Beziehungen manifestierten sich im sogenannten ›Lesekreis‹. Wahrscheinlich stand im Hintergrund das Bedürfnis, aus den Gesprächen des subjektiven Erlebens herauszukommen und sich beim Beisammensein sachlich zu orientieren. Es war ja damals bei den Erwachsenen die große Neigung zu einem ›Spiel‹ vorhanden, das Eric Berne ›Meine Missgeschicke sind besser als Deine‹ nennt[477] – obwohl sich jeder Denkende dieses Spiels schämte. Es kam nicht von ungefähr, dass wir im Lesekreis mit dem ›Egmont‹[478] anfingen, zuerst allerdings nur mit weiblichen Teilnehmern. Da waren Adelheid Fischer, Illa Knaack, Frau Harms und noch einige uns verbundene Frauen, die später in den Westen gingen. Adelheid als Klärchen und ich als Egmont waren zwar sehr glaubwürdig und selbst gepackt von der Lektüre; aber wir beschlossen dann doch, die greifbaren Männer mit einzubeziehen,

---

477 BERNE, ERIC: Spiele der Erwachsenen. Psychologie der menschlichen Beziehungen, Reinbek ¹⁸2002 [Erstveröffentlichung 1964, dt. Erstveröffentlichung 1967]. Ein Spiel dieses Namens wird in dem Buch allerdings nicht genannt.

478 Goethe, Johann Wolfgang von: Egmont, Stuttgart 2001 [Erstveröffentlichung 1788].

ebenso wie das Ehepaar Rammelt, Philharmoniker. Die Auswahl der Stücke richtete sich nach den bei uns vorhandenen Texten. Besonders erheiterte uns Karl Rammelts Schülerausgabe, durch die uns keine ›unpassende‹ Stelle entging. Und was galt damals nicht alles als unschicklich oder war nur mit ... bezeichnet! Entweder lachten wir, wenn er etwas ausließ, oder er lachte, wenn wir etwas lasen, das bei ihm nicht stand. Meistens lasen wir Seriöses – aber auch die ›Familie Schöller‹[479] kam dran (und keiner schlief dabei ein). Sonst war es nämlich üblich, dass bei längeren Passagen manche sanft entschlummerten, zumindest in der zweiten Halbzeit. Es wurde weder geweckt noch Rücksicht auf Schlafende genommen. Sie wachten auch meistens kurz vor Schluss von selbst wieder auf – immer mit der Behauptung, nicht geschlafen und alles gehört zu haben (eine Art Luftschutzkeller-Schlaf, in dem wir geübt waren). Schnitten brachte man mit und irgendein Heißgetränk, oder es wurde von Gartenbesitzern ein Obstsaft gereicht. Die Pause war kurz, und die Lesearbeit wurde schnell wieder aufgenommen. Es herrschte wirklich eine Art Heißhunger nach kulturellen Werten, und erst nach dem erledigten Pensum (wenn wir nicht zu müde waren) sprach man noch über das Stück oder tauschte Erinnerungen aus, wann und wo man es bei einer Aufführung gesehen hatte. Der Ort der Leseabende wechselte, und wenn der Raum nicht heizbar war, wickelten wir uns in Decken. Lustig und teilweise albern wurde man erst auf dem nächtlichen Heimweg – immer zu Fuß und manchmal noch mit kleinen Umwegen, um jemanden nach Hause zu bringen. ›Geistlichkeit‹ und ›Gemeinde‹ randalierten dann hie und da bei Nacht.

Auch wenn man sich von des Tages Müh und Last meistens todmüde fühlte, waren ›Abends Gäste‹ doch eine so lang entbehrte Freude, dass man diese alarm-freie Geselligkeit fast übertrieb. Wir tanzten uns mit den Kindern und mit Freunden in diesem kalten Winter warm – im Rückblick eine völlig irrsinnige Vorstellung, nach allem, was hinter uns lag! Wie das psychisch möglich war, ist eigentlich nur aus der Paradoxie der Seele zu erklären. Aber eben auch aus der Kälte in den Zimmern, die durch die spärliche Ernährung besonders fühlbar war. Das kleine aufziehbare Grammophon aus dem Jahr

479 N.i.

1930[480] funktionierte noch, obwohl die Kinder es oft als Puppenkarussell verwendet hatten; und wenn wir auch keine Tanzmusik hatten, so genügte der ›Musketiermarsch‹ und die ›Puppenhochzeit‹ von den ›Comedian Harmonists‹,[481] um uns in Bewegung zu setzen. Der Mangel an Männern förderte den freien Tanz, bei dem man sich rhythmisch und fantasievoll im Zimmer erwärmte. Besonders begabte Solotänzer wurden von weniger talentierten nachgeahmt. Walters Studenten und den Kreis der jungen Mädchen luden wir sogar zu einem Kostümfest ein, und mangels Ausstattung kamen die amüsantesten Gestalten zusammen – die Mädchen allerdings noch reichlich schüchtern. Eine war (wohl wegen der Kälte) von ihrer Mutter in eine Decke eingenäht worden und ging nun als ›Plaidrolle‹ – lang und dürr wie sie war, erschien das sehr passend, aber nun war sie zum Mauerblümchen verurteilt, da sie sich kaum bewegen konnte. Das Thema hatten wir zeitentsprechend gewählt: ›Bahnhof Wartehalle‹. Suppe wurde gereicht, Brot war mitzubringen. Es war für die Mädchen und für die meisten der Jungen das erste Tanzfest – bis nachts um zwölf Uhr, mit nach Hause bringen, aber ganz ohne Alkohol; trotz seiner Dürftigkeit ist es den jungen Menschen noch heute eine wunderbare Erinnerung. Wenn die Platten nicht mehr ausreichten, setzten sich Michael, Walter, Anneliese oder auch einer der Gäste an den Gemming'schen Flügel und spielten. Sogar Quadrille wurde nach einem alten, zerfledderten Heft geübt – und natürlich viele Volkstänze, damit die ganze Meute in Bewegung kam und warm wurde. Aber auch mit den Kinderkreisen wurde viel getanzt, und Michael war damals schon der Star. Längst ehe der *Square-Dance* aufkam und den etwas ins Abseits geratenen Volkstanz ablöste, war die kirchliche Jugend bei uns eine gelernte Tanzgruppe, die jederzeit für Veranstaltungen einsatzbereit war und sich mit Vergnügen sehen ließ (sogar für Geld, das in die Kirchenkasse und bei Sammlungen floss).

Am 1. Mai 1946 lud ich den Lesekreis zum Maien-Tanz ein. Der größte Ast unserer Birke stand in einem festen Weihnachtsbaumfuß mitten im Esszimmer. Waldmeister hatte ich ohne Bedenken

---

480 S.o. Anm. 244 (S. 454).
481 Die Comedian Harmonists waren ein international erfolgreiches Männer-Vokalensemble, das 1927 in Berlin gegründet worden ist. Drei der sechs Mitglieder waren Juden, weshalb die Gruppe 1934 ein Auftrittsverbot erhielt und sich 1935 auflösen musste. 1929 gingen sie bei der Plattenfirma Electrola unter Vertrag und haben dort als erste Produktion die Single mit den beiden Stücken Puppenhochzeit und Musketiermarsch eingespielt.

aus dem recht verwilderten Botanischen Garten entwendet, und irgendwie wurde mit Selterswasser und medizinischem Alkohol und wohl auch Spurenelementen von Wein eine köstliche Maibowle daraus. Jedenfalls waren wir Alten am Abend höchst vergnügt, nachdem sich die Kinder schon am Nachmittag um den Maibaum gedreht hatten. Meine Jungens blieben natürlich bei den Erwachsenen; sie hätten wegen unserer Lautstärke sowieso nicht einschlafen können. Wir tanzten schlingenden Reigen, sangen und schlugen die Laute. »Kommt ohne Instrumente nit«,[482] hatte es geheißen, und nun waren Geigen, Flöten und Cello vertreten, die Knautsche wurde gezogen und die Laute geschlagen. Es war eine warme Mainacht, in der uns die Maibowle zur Lethe wurde – und der mühsame Winter war endlich überstanden. Nie werde ich vergessen, wie Herr Rammelt sein Cello wie eine Laute packte und uns mit seinen langen Armen zupfend zum Singen begleitete.

So war es nur selbstverständlich, als sich die Fastnachtszeit im nächsten Jahr wieder nahte, dass auch der seriöse Lesekreis zur Wiederholung eines solch vergnügten Abends Lust hatte. Auch da ist mir Herr Rammelt ganz besonders in Erinnerung, der in einem gestreiften, geflickten Schlafanzug mit einer Kerze in der Hand durch die Räume irrte, über Tische und andere Möbel stieg und den Schlafwandler spielte. Damals hatten wir uns irgendwelche alten Tanzplatten organisiert, und er sang mit dröhnender Stimme dazu – etwa: ›Du hast mein Weib verführt!‹ Aber immer nur diese eine Zeile Text – mehr war ihm nicht in Erinnerung geblieben. Auch bei solchen Festen war die Beköstigung schlicht: Man brachte möglichst gut belegte Brote mit, die auf einer Platte angeboten wurden (mit der Bitte, nicht mehr zu nehmen, als man mitgebracht hatte). Dazu wurde eine Suppe gereicht und anschließend eine Apfel- oder Rhabarberspeise. Weder das Essen noch das Tanzen waren die Hauptsache, sondern die vergnügten Einfälle und der Griff nach der verpassten, sorglosen Jugendzeit, die für uns alle ja viel zu früh abgebrochen war. Dass dieser Freundeskreis gleichzeitig ›kirchlich‹ war – das heißt zum Gottesdienst ging und sich zu Hilfeleistungen in der Gemeinde bereitfand – war das besonders Reizvolle daran.

---

[482] Der Beginn der zweiten Strophe aus dem Weihnachtslied ›Vom Himmel hoch, o Engel kommt‹ (›Eia Susani‹, um 1622) von Friedrich Spee (1591–1635).

Über die Gesundheitsämter wurde damals von den Amerikanern eine Pflichtuntersuchung der Schulkinder angeordnet. Sie fand in Zehlendorf im UNRRA-Lager[483] statt. Dort befanden sich zu dieser Zeit noch viele DP's (das heißt Leute, die aus ihrer Heimat verschleppt worden waren und entweder nicht zurückkehren wollten oder konnten). Hauptsächlich stammten diese Heimatlosen aus den Ländern, die im Osten besetzt waren. Aus den westlichen Gebieten waren nur diejenigen noch nicht zurückgekehrt, die sich eines unguten Empfangs sicher waren. Es versammelte sich dort eine etwas unheimliche Gesellschaft, auch wenn sicher viele rechtschaffene unglückliche Menschen dabei waren. Aber die Abneigung gegen die Deutschen war sehr groß und schon oft bedrohlich geworden. Ich hörte von Lehrern, Eltern und Schülern, dass die in Klassen dorthin zur Gesundheitsuntersuchung geführten Kinder beschimpft und zum Teil sogar mit Steinen beworfen worden waren. Das glaubte ich meinen Söhnen ersparen zu dürfen. Sie waren also jeweils an dem Tag, wo sie ›in sauberem Zustand‹ zwecks Vorstellung beim Gesundheitsamt in der Schule zu erscheinen hatten, von mir wegen akuter Erkrankung beurlaubt. Da aber ein Befund über diese Untersuchung einzureichen war, ging ich eines Nachmittags mit meinen Kindern zum Familien-Termin. Die Haltung der Lagerinsassen war ruhig, aber unfreundlich, was sich an einigen mir nachgebrüllten unverständlichen Sätzen zeigte. Zuerst wurde ich untersucht und bis auf einige Hungerödeme und leichte Herzstörungen für gesund befunden. Ich bekam daraufhin eine Karten-Sonderzuteilung. Ich hatte das Gefühl, dass die freundlichen Ärzte meine langsam wiederkehrenden Rundungen als Hungerödem ausgaben, um den Amerikanern den allgemein schlechten Gesundheitszustand der Berliner Bevölkerung deutlich zu machen. Denn ich hatte gar nicht so sehr unter Hunger gelitten, jedenfalls nicht subjektiv.

Einen Schrecken bekam ich aber doch, als die Untersuchung von Andreas gar kein Ende nehmen wollte und er mehrmals hinter den Bildschirm musste. Man teilte mir dann mit, dass er eine fortgeschrittene Hylusdrüsen-TBC hätte. Das wäre bei fast 80 Pro-

---

483 Abkürzung für *United Nations Relief and Rehabilitation Administration*. Diese Hilfsorganisation wurde 1943 auf Initiative von USA, Sowjetunion, Großbritannien und China gegründet mit dem Ziel, *Displaced Persons* (DP's) in den Lagern zu betreuen und bei der Rückführung zu unterstützen. Die UNRRA übte ihre Tätigkeit in Europa bis 1946 aus und wurde dann durch die International Refugee Organization (IRO) ersetzt.

zent der Kinder jetzt der Fall. Ich sollte nur versuchen, ihn recht gut zu ernähren, und zu diesem Zweck bekam ich für ihn ebenfalls Sonder-Rationen mit Milch und Butter und allen möglichen guten Dingen, dazu Gutscheine für Bio-Malz. Das machte einen damals so glücklich, dass man die Ursache fast vergaß. Zart und blass war Andreas immer gewesen, aber bei seiner Energie und Munterkeit war ich nie auf die Idee gekommen, dass ihm wirklich etwas fehlte. Auch Michael hatte seinen Schaden weg: Bei ihm wurde eine gestaute Leber diagnostiziert. Seine Gelbsucht im Jahr 1945 hatte sich bei der damaligen Unmöglichkeit, eine Diät zu verabreichen, zu einem Dauerschaden ausgewachsen: Die Versorgung zwischen Galle und Leber war gestört. Ich hatte seine Beschwerden nie sehr ernst genommen und sie mehr aus dem Bedürfnis erklärt, nicht in die Schule zu müssen. Allerdings sah er oft schlecht und etwas gelblich aus, war lustlos und müde. Da er aber frisch und munter war, sobald er ans Klavier konnte und vor seinen Notenblättern saß, glaubte ich mehr an die Laus, die ihm über die Leber kroch, wenn er Schularbeiten machen sollte, als an einen wirklichen Leberschaden. Nun wurden ihm also nicht nur mildernde Umstände zuerkannt, sondern auch eine extra Zuteilung für Weißmehl und Milchprodukte.

Die Schule im Arndt-Gymnasium war ihm zum Gräuel geworden – er hatte aber auch einen sehr ungeeigneten Lehrer als Klassenleiter. Die Abneigung war wohl gegenseitig und wurde auch von mir geteilt. Dieser völlig unmusische Mensch fiel sogar den Jungens durch seine Ungepflegtheit auf. Er erzählte gerne schweinische Witze, um sich beliebt zu machen, was in der Klasse aber nicht recht ankam. Von Michael wurde er einfach verachtet, und das ohne Erbarmen, weil dieser Mensch über ihn eben eine gewisse Gewalt hatte. In Deutsch und Musik hatte Michael zwar immer eine Eins, auch in Zeichnen; in den naturwissenschaftlichen Fächern war er ausreichend bis gut – aber in den alten Sprachen, die dieser Lehrer unterrichtete, versagte er (vielleicht aus Hass) restlos. Außerdem benahm er sich arrogant und ungebührlich und zeigte sein Desinteresse auch in den anderen Fächern (die ihm eigentlich leicht fielen), indem er keine Hausaufgaben machte und sich am Unterricht nicht beteiligte. Sein Notenpapier hatte er immer unter der Schulbank und schrieb dort seine Kompositionen – so wie ich einst meine Gedichte geschrieben hatte. Die machte er übrigens auch. Im Malen war er mir und Andreas, wohl auch dem Vater, sehr weit überlegen.

Als er sein erstes Klavier-Trio fertig hatte, bat er ungeniert Karl Rammelt, den Cellisten der Philharmoniker, und seine Frau, die ihm auch Geigenstunden gab (aber ohne sichtlichen Erfolg), zur Feier eines Besuchs der Großeltern an meinem Geburtstag zu spielen. Sehr stolz war er, als ihm der Großvater hinterher anerkennend sagte: »Sieh mal, da kannst du doch schon mehr als ich!« Da mein Vater nicht einmal Noten lesen konnte, war das ein ehrliches Urteil. Nun kam es eben darauf an, die Notwendigkeiten der Schule trotzdem zu meistern. Weil Michael wirklich mit Freude und Ausdauer Klavier übte, hatte er sich (selbst bei mangelhaftem Unterricht) bald eine gute Technik erworben – jedenfalls spielte er erstaunlich gut vom Blatt und begleitete mich bei den Schubert-, Brahms- und Beethoven-Liedern, die ich einst mit Dietrich gesungen hatte und auf diese Weise nun meinen Kindern vertraut machte.

Einmal hatte Michael bei den Großeltern wieder etwas selbst Komponiertes auf dem Klavier vorgespielt. Er hörte ja nur klassische Musik, und es erstaunte mich immer wieder, dass er trotzdem einen eigenen, recht modern anmutenden Stil hatte. Immerhin: Es hatte den Großeltern gefallen, was sie mir gegenüber auch geäußert haben. Gegen Abend machten wir uns dann zu Fuß wieder auf den Heimweg. Es war damals lange hell, und der Weg durch den Grunewald, am See vorbei über die Hundekehle, war angenehmer und oft schneller als der lange Weg mit S-Bahn und Straßenbahn übers Roseneck. Dabei hatten wir immer Zeit für Unterhaltungen, was die Jungens sehr schätzten. Ich entsinne mich aber auch, dass wir im Winter auf Bahnsteigen wartend miteinander Walzerschritt übten, um warm zu werden; das war sicher belustigend für die anderen Mitreisenden, die wir gar nicht bemerkten. An diesem hellen Sommerabend sagte Michael plötzlich: »Ich glaube, die Großeltern haben mich diesmal nicht so doll gelobt, weil sie Angst haben, dass ich zu eingebildet werde.« Ich gab das zu und fügte weise Reden an, dass es eben darauf ankäme, nicht allzu schnell mit den eigenen Leistungen zufrieden zu sein und dass man an sich arbeiten müsse, gerade wenn man Begabungen habe. Dazu erzählte ich eindringlich das Gleichnis von den anvertrauten Pfunden oder Talenten[484] (obwohl mir klar war, dass es theologisch durchaus bedenklich ist). Aber es wurde verstanden und regte Andreas zu der Bemerkung an:

---

484 Matthäus 25, 14–30; Lukas 19, 11–27.

»Ich glaube, ich habe überhaupt keine Pfunde.« Er konnte weder in der Musik noch in der Malerei mit seinem Bruder konkurrieren – dass er das als Mangel empfand, war offensichtlich. Ich sagte ihm, dass er einen guten Verstand hätte, und das wäre auch ein Pfund. »Kann man damit Pfarrer werden?«, fragte er. Ich versicherte ihm, dass es sogar besonders segensreich wäre, wenn ein Pfarrer über dieses Pfund verfügte; man könnte es aber auch für vieles andere gut verwenden. Er überlegte ein Weilchen und konstatierte dann sachlich: »Dann werde ich besser nicht Pfarrer. Denn es könnte sein, dass ich manchmal ein bisschen frömmer tue, als ich es wirklich bin. Und das nimmt der liebe Gott den Pfarrern bestimmt ganz besonders übel.« Mir verschlug dieser unvergessliche Ausspruch die Sprache.

Aber auch noch über eine andere Begabung verfügte Andreas: Er lernte spielend die längsten Gedichte auswendig. Den Zauberlehrling[485] zum Beispiel, den er besonders liebte und den ich ihm schon in Friedrichsbrunn in der Dämmerstunde aufgesagt hatte, konnte er, ehe er zur Schule ging, bereits aufsagen. Dieses Talent konnte für die Gemeinde genutzt werden. Geld wurde dort immer gebraucht, besonders für das Hilfswerk – aber auch für notwendige Ausgaben bei den Kinder- und Jugendkreisen, um es ihnen nett zu machen. Aufführungen machten die Kinder alle von Herzen gern, aber mit dem Lernen fiel es manchen nicht so leicht. So kam ich auf die Idee, einen zum Sammeln bestimmten Gemeindeabend mit Andreas zu bestreiten. Er sagte mit lauter Stimme Gedichte auf, möglichst lange und muntere, ungeniert den großen Saal füllend, und die anderen Kinder spielten dazu Pantomime. So ist mir noch besonders die Geschichte vom Kaiser und dem Abt[486] in Erinnerung, die ich selbst als Kind so oft gelesen hatte, bis ich sie auswendig konnte. Andreas machte es ebenso. Natürlich wurde er von den dankbaren Gemeindegliedern bewundert, die sich dessen zum Teil noch heute erinnern. Ihm schadete so etwas nicht, und mir tat es wohl. Ich hatte ihn nicht extra herausstellen wollen, aber es war so gut angekommen und hatte wenig Vorbereitung erfordert. Auf ihn konnte man sich verlassen, und Geld kam reichlich herein.

---

485 Eine bekannte Ballade von Johann Wolfgang von Goethe aus dem Jahr 1797.
486 ›Der Kaiser und der Abt‹ ist eine Ballade von Gottfried August Bürger (1747–1794) aus dem Jahr 1784.

Der Jungenkreis, der sich bei dieser Darbietung hervorgetan hatte, war stolz auf das Geld und seinen ›Andi‹. Es war überhaupt eine sehr nette Gesellschaft in dieser Gruppe beisammen – mehr oder weniger alles Freunde meiner Kinder und deren Freunde. Sie waren wirklich hilfsbereit, schleppten Pakete und lieferten mit dem Fahrrad Spenden aus. An Pfingsten 1946 opferten sie am ersten Feiertag ihr Stück Kuchen und brachten es ins Gemeindehaus, wo wir am zweiten Feiertag die Männer aus dem Heimkehrerlager zu Gast hatten. Es war ihr Ehrgeiz, sich für diesen Zweck nicht ein extra Stück Kuchen von der Mutter zu erbitten, sondern es wirklich vom Mund abzusparen.

Dafür unternahmen wir aber auch herrliche Dinge miteinander. Der Jungenkreis dauerte nicht etwa eine Stunde, sondern den ganzen Nachmittag. Wir zogen hinaus in die ›Schießstände‹ – den sandhügeligen, völlig mit jungen Bäumen und Strauchwerk zugewachsenen Übungsplatz des vierten Garderegiments am Beginn des Grunewalds, zehn Minuten von uns entfernt. Dort haben wir Bibelarbeit gemacht, ›Banner‹ und ›Schmuggler‹ gespielt, Wettkämpfe um Preise ausgetragen, die ich irgendwo herzauberte, und auch Stegreif-Freiluft-Theater gespielt.

Das Dahlemer Hilfswerk lief im Sommer 1946 mit Hochdruck weiter. Es hatte sich herumgesprochen: In Dahlem gibt es etwas ohne Eintragung in den Flüchtlingsausweis, und man wird nie mit leeren Händen weggeschickt. Um uns aber vor Ausnutzung zu schützen und dennoch nicht zu sehr ins Organisieren zu kommen, fertigten wir ein Merkblatt an, das jeder ›Kunde‹ in die Hand bekam. Ein Exemplar hat sich erhalten und liegt hier vor mir. Vielleicht lohnt sich, es hier abzutippen, da es schon sehr brüchig und vergilbt ist:

»*Das Dahlemer Hilfswerk, dessen Fürsorge Sie heute in Anspruch nehmen möchten, bittet Sie, Folgendes zu beachten:*

1.) Die Spenden, die uns von Dahlemer Gemeindegliedern oder durch deren Vermittlung aus dem Westen zugekommen sind, versuchen wir möglichst gerecht zu verteilen. Da wir aber niemand ins Herz sehen können, müssen wir Ihre Papiere prüfen.

2.) Wir betreuen folgenden Personenkreis:
a.) Dahlemer Gemeindeglieder, die durch die Pfarrämter oder die Gemeindeschwester empfohlen sind.
b.) Flüchtlinge, die ihren Wohnsitz in Dahlem haben.
c.) Flüchtlinge aus anderen Stadtteilen Berlins, die von ihren eigenen Pfarrämtern eine Bescheinigung bringen, dass die von ihnen erbetenen Dinge dort nicht vorhanden sind.
d.) Bewohner des Ostsektors und der Ostzone, die von ihren Pfarrämtern eine empfehlende Bescheinigung mitbringen. Ausnahmen können nicht gemacht werden!

3.) Die Helfer, die Sie hier betreuen, arbeiten ausnahmslos ehrenamtlich; die gestifteten Kleidungsstücke werden von ihnen so gut wie möglich hergerichtet.

4.) Wir wissen, dass manche Sachen nicht mehr lange halten werden und auch nicht immer jedem Wunsch entsprechen. Bitte nehmen Sie keine Sachen mit, die Sie selbst nicht brauchen können, da der Nächste vielleicht dafür dankbar wäre.

5.) Lebensmittel und Geldspenden sind bei uns nicht erhältlich.

6.) Es ist uns aufgefallen, dass besonders die jungen Flüchtlingsfrauen oft weder fähig noch willens sind, kleine Änderungen an den von uns erhaltenen Kleidungsstücken vorzunehmen. Sie haben Gelegenheit, donnerstagnachmittags von 15.30 bis 17.30 Uhr in unserer Nähstube Ihre nicht passende Kleidung unter fachlicher Leitung zu ändern. Nähmaschinen stehen zur Verfügung und Zeit haben Sie dafür genug!

Das Dahlemer Hilfswerk, von dem Sie hier betreut werden, ist ein freiwilliger Zusammenschluss von Frauen der Evangelischen Kirchengemeinde Dahlem. Wenn Sie sich den Anordnungen der Helferinnen verständnisvoll fügen, erleichtern Sie deren leider oft unerfreuliche Arbeit!

Wir bitten, diesen Zettel nach Durchsicht wieder abzugeben.«

Und so sieht er jetzt auch aus!

Zu den neu gewonnenen Freunden, ohne die ich mir die Zeit nach dem Krieg nicht denken kann und die sowohl unserem privaten Kreis als auch der Gemeinde, erst recht aber dem Dahlemer Hilfswerk so viel Hilfestellung zukommen ließen, gehörten Bodensieks. Er war lutherischer Professor in Amerika, aber mit entfernter deutscher Verwandtschaft, und arbeitete in Berlin als Vertreter des Lutherischen Weltbundes. Er sprach tadellos deutsch, ebenso wie seine sehr gebildete, warmherzige Frau. Sie wohnten in Dahlem; so kamen sie eines Tages zu uns in den Gottesdienst und sprachen uns an. Sie luden uns ein, weil sie angenehm überrascht waren, in der ›Evangelischen Kirche der altpreußischen Union‹ einen so lutherisch geprägten Pfarrer zu finden – und in mir eine Schwester Dietrich Bonhoeffers, der durch seine ökumenische Arbeit ja zuerst in Amerika Beachtung gefunden hatte und dessen Märtyrertod man dort betrauerte. Wir genierten uns nicht, sie frischweg zum Besten einzuladen, was unsere Lebensmittel-Karten bieten konnten, und sie fanden es schön bei uns und freuten sich auch an den Kindern. Sie waren bereits Großeltern; vier erwachsene Kinder lebten in Amerika. Vielleicht kennzeichnet einer seiner Sätze die Haltung und Güte dieses Theologen: »Es ist immer beschämend, wenn man Sieger ist.«

Man brauchte bei Bodensieks nicht zu bitten. Sie sahen oder merkten, wo es fehlte, und boten Hilfe an. Sie waren selbst dankbar, helfen zu können und unsere gemeindlichen Aktivitäten zu unterstützen. Packen und Ballen mit Textilien und Schuhen, aber auch Lebensmittel und Zigaretten in Stangen (die damalige Goldwährung) bekamen wir durch sie. Die Zigaretten bekamen natürlich die heimgekehrten Soldaten in den Lagern und Sammelunterkünften. Es gibt ein nettes, kleines Foto, wo Walter und ich einen Leiterwagen voller Kleiderspenden ziehen. Bodensiek hatte diesen Schnappschuss gemacht, ohne dass wir es merkten, als wir wieder einmal dankbar aufgeladen hatten und vor seinem Haus aufbrachen. Er wollte das Foto zur Ermutigung für seine Helfer in Amerika haben und hat es uns später gegeben. Viele Jahre blieben Bodensieks in Dahlem, und wir hatten getreue Freunde an beiden. Seine besondere Sorge und Unterstützung galt dem Osten. Noch ein kluges Wort von ihm will ich nicht vergessen: »Wenn ein Amerikaner eine Woche in Deutschland ist, kann er ein Buch darüber schreiben; ist er einen Monat da, wird es nur noch eine Broschüre; nach einem Jahr mit Bangen ein Artikel in einer Zeitschrift. Ich bin jetzt fünf

Jahre hier und wage überhaupt nichts mehr darüber zu schreiben.«
Zur tatkräftigen Unterstützung muss er seine Lutherische Kirche
aber doch angeregt haben.

Es war ja damals wirklich nicht leicht für die Kirche der altpreußischen Union! Lutheraner, Methodisten, Baptisten, Zeugen Jehovas, Quäker und Mennoniten – sie alle hatten ›Glaubensbrüder‹ in Amerika, die sofort mit ihnen in Verbindung traten und Hilfe leisteten, ›allermeist aber an des Glaubens Genossen‹.[487] Aber wer war in Amerika schon ›altpreußischer Unionist‹? Diese landesherrlich erschaffene Kirche (um einer Erbschaft willen, weil das Hohenzollernhaus reformiert wurde und man so den Bruch zwischen Landesfürst und Kirchenoberhaupt überdecken wollte), war außerhalb der deutschen Grenzen gar nicht vorhanden. Es gab damals etliche Übertritte in Freikirchen und Sekten, weil man (ganz offen zugestanden) dort bessere Angebote an Lebertran und Kleidung fand. Diesen Menschen trauerten wir nicht nach. Leid tat es uns aber um die Kinder, die mit geknicktem Gewissen wegblieben, weil sie bei Baptisten und Adventisten und bei plötzlich anwachsenden Mormonen große Geschenke bekamen, wenn sie die dort abgehaltenen Kinderstunden und den Kindergottesdienst besuchten: Puppen und sogar ganze Puppenstuben, Schokolade und CARE-Paket-Zuweisungen.[488] Ohne dem Konkurrenz machen zu können oder zu wollen, waren wir doch für die Unterstützung der Lutheraner sehr dankbar. Ganz rührend wurde unsere Gemeinde von ihnen versorgt, aber auch durch die Leiter der Mennoniten – das Ehepaar Schulz aus unserer früheren Nachbarschaft Am Hirschsprung, deren alte Mutter ich bei Bombenalarm in den Keller gewuchtet hatte. Sie bekamen durch die Mennonitische Gemeinschaft in Amerika mehr Kleiderballen, als sie in der kleinen Berliner Gemeinde und auch im Osten bei ihren Schäfchen unterbringen konnten. Trotzdem war es ein großer Dienst, uns unbesehen immer wieder ganze Wagenladungen ins Gemeindehaus zu schaffen (denn

---

[487] Vgl. Galater 6, 10.
[488] CARE bedeutet im Englischen Zuwendung und Fürsorge und ist die Abkürzung für ›Cooperative for American Remittances to Europe‹. Diese Initiative wurde im November 1945 von zahlreichen amerikanischen Wohlfahrtsverbänden mit Unterstützung der US-Armee gegründet, um ihre Hilfsaktionen für Europa zu koordinieren und die Menschen mit dringend benötigter Nahrung, Kleidung und mit Medikamenten zu versorgen. Insgesamt wurden etwa 100 Millionen CARE-Pakte mit Nahrungsmitteln verteilt, etwa 10 Millionen gingen bis 1960 nach Westdeutschland, 3 Millionen davon nach Westberlin. Die ersten Pakte wurden von Privatpersonen oder aus Armee-Beständen zusammengestellt; ab 1947 stellte die Organisation CARE die Pakte einheitlich zusammen (die Standard-Ausstattung hatte dabei einen Nährwert von etwa. 40.000 Kilokalorien).

sie hatten Transportmöglichkeiten, was uns die Arbeit sehr erleichterte). Da lag dann der Konfirmanden- und Jugendraum im Keller voll mit fest verpackten See-Säcken, und aus ihnen entquollen Mengen von liebevoll verpackten Textilien. Von den Mennoniten kamen nie verdreckte und zerrissene Sachen, wie wir sie manchmal über andere Stellen erhielten. Uns muteten die bunten Gewänder ja oft etwas seltsam an (mehr wie fürs Kostümfest) – aber man gewöhnte sich daran, und bald konnte es den Konsumenten nicht farbig genug sein. Besonders glücklich waren wir über Herrenkleidung; doch manchmal mussten wir Säcke ungeöffnet aufbewahren, weil kein Platz zum Unterbringen war. Aber damit greife ich vor, denn im Sommer 1946 waren wir über jedes Stück herzlich froh, und nach jeder Ausgabe war Ebbe in den Schränken.

Ich möchte hier noch einmal zitieren – aus einen Hilfswerk-Bericht, wie ihn Herr Bodensiek immer wieder von uns für seine Heimatgemeinden erbat. »Sommer 1946« steht darüber. Es ist gewiss ein vierter Durchschlag mit verbrauchtem Blaupapier und bald gar nicht mehr lesbar. Also:

»Der Flüchtlingsstrom aus dem Osten ist abgeebbt. Die unsere Sprechstunden aufsuchenden Flüchtlinge sind in Lagern untergebracht oder haben das Glück gehabt, ihre Einweisung in Berlin (und damit eine, wenn auch meist sehr unzureichende, Unterkunft und Lebensmittelkarten) zu erhalten. Sie bitten uns um Haushaltsgegenstände, Betten und so weiter. Der Wunsch nach Bettwäsche ist fast immer unerfüllbar, da schon viele Berliner in unbezogenen Betten schlafen. Wir beschränken uns möglichst darauf, die in Dahlem eingewiesenen Flüchtlinge gründlich zu betreuen. Familien, die in die Westzonen ziehen oder die wegen Beschlagnahmung ihre Wohnung verlassen müssen, stellen uns den von ihren Nachfolgern nicht begehrten Hausrat zur Verfügung, der sonst im Grunewald auf Schutthaufen landen würde. Für abgebrochene Kochlöffel, henkellose Tassen, wackelige Stühle und so weiter, die unseren Flüchtlingen als Eigentum übergeben werden können und die sie nun nicht mehr von Nachbarn borgen müssen, sind sie rührend dankbar. Auch Dinge, die zur Verschönerung der armseligen Einrichtung dienen, wie alte Blumenvasen, kleine Deckchen und so weiter, sind sehr begehrt.«

Dann berichte ich von den gemeinsamen Festen für Lagerinsassen und Gemeinde: Wie wir an Ostern dreißig Flüchtlingskinder im Hof des Gemeindehauses Eier und Päckchen suchen ließen; von der Kuchenspende der Jungens zu Pfingsten; vom Erntedankfest, an dem die Gemeinde Gartenfrüchte und andere Gaben in die Kirche brachte und die eingeladenen Lagerinsassen (sechzig Mann im kleinen Saal) nach dem Essen der Suppe die Lebensmittel aus der Kirche holen und mit nach Hause nehmen durften.

Mit der Überschrift »November 1946« wird es wieder bedrückender:

»Der zweite Winter nach Kriegsende hat begonnen. Unsere Sprechstunden sind überfüllt. Auf dem kleinen Behelfsofen kocht ein Kaffeetopf. Rund herum sitzen die hilfesuchenden Männer und Frauen und halten in den klammen Fingern die Becher mit dem warmen Getränk und trockene, von der Gemeinde gestiftete Brotscheiben. Einer nach dem andern erzählt uns vor der Ausgabe seine Wünsche – alle bescheiden, mancher alte Kunde voll Vertrauen und Selbstverständlichkeit. Neue dagegen voll Scheu und Hemmung und mit großem Erstaunen, wenn ihnen geholfen werden kann. Nach solcher Vorbesprechung fängt dann die Einzelbedienung an.«

Der Bericht fährt fort:

»Ein Schuhmachermeister erhält statt seiner abgewetzten Militäruniform eine zivile Herrenjacke, die eine Witwe gerade vor der Sprechstunde gebracht hatte. An den Füßen trägt er Holzpantinen. Immer wieder spricht er selig über das ›neue Stück‹ und streichelt es. Schließlich sagt er: ›Nun ist der Krieg wirklich aus.‹ Ein Cellist, der vor einer Woche in völlig zerrissener Kleidung bei uns auftauchte (er stammt aus dem Memelgebiet), kann heute einen dunklen Anzug bekommen und ist nun wieder in der Lage, seinen Beruf auszuüben – jedenfalls in Cafés und zum Tanz zu spielen. Sein übergroßes Glück kann er kaum in Worte fassen. Ein Gärtner und Hausmeister aus Dahlem, der nach seiner Entlassung aus der Gefangenschaft in das leere, zerbombte Haus zurückkehrte und dort auf dem nackten Fußboden schläft, zieht selig mit ein paar Matratzenteilen und einer Wolldecke ab. ›Hier ist die einzige Stelle, wo einem wirklich geholfen wird; ich bin von

Amt zu Amt gelaufen, aber überall hieß es nur, ich soll morgen wiederkommen!‹ Dann werden Babysachen gefragt. Das ist immer erfreulich, denn die haben wir aus Dahlemer Beständen und aus Paketen reichlich. Eine Mutter weint, als wir ihr für ihre achtjährige Tochter eine Trainingshose mit Jacke geben können. Zwanzig bis fünfundzwanzig Leuten können wir auf irgendeine Weise eine Freude machen – wenn auch selten grundlegend helfen. Zum Schluss kommt einer und zieht schweigend seine zerfetzte Jacke aus; sein alter Strickpullover darunter ist kaputt. Auch er wird neu eingekleidet, und beides wird uns zum Waschen und Flicken vertrauensvoll in die Hand gedrückt. Aber die Hose hat es genauso nötig. Was nun? Eine Leihhose hilft dem Übelstand ab. Der Wechsel findet in einem kleinen Nebenraum statt, der unsere Reserven enthält. Auch der Oberkörper wird wieder bedeckt. November! In vierzehn Tagen bekommt er sein Eigentum gewaschen und geflickt wieder zurück. Noch einer: Er braucht eine Kopfbedeckung. Auch das ist ein schwieriger Fall. Aber unsere helfenden Frauen schaffen das. Sie haben gelernt, Herrenhosen, Jacken und Mäntel aus alten Wolldecken zu schneidern – warum nicht auch Herrenmützen, wenn sie benötigt werden? Zwei- bis dreimal in der Woche wird genäht; manche nehmen die Arbeit mit nach Hause. Wenn auch am Freitag nach den Sprechstunden in den Schränken gähnende Leere herrscht und wir mit großer Besorgnis dem nächsten Tag entgegensehen, so füllen sie sich doch immer wieder, und kein Hilfesuchender geht völlig leer aus. Uns, die wir hinter den Kulissen der Arbeit stehen, ist es ein Wunder und das größte Erlebnis dieser Tage. Es macht Mut, unseren Teil zu der Linderung der unendlichen Not beizutragen.«

In dieser Zeit kam noch eine Aufgabe auf mich zu: Die Klagen von Müttern und Töchtern über den Religionsunterricht, den unsere ältliche Gemeindehelferin Fräulein E. in der Gertrauden-Schule gab, häuften sich. Es gab in diesen Jahren viele ungeeignete Lehrkräfte, besonders im Religionsunterricht, den die Kirche nach 1945 wieder aufzubauen versuchte. Jeder Pfarrer und viele kirchliche Mitarbeiter wurden verpflichtet, in der Schule Unterricht zu geben – ob sie es konnten oder nicht. Fräulein E. lag es jedenfalls gar nicht, und das wusste sie selbst. Bei aller Liebe und Mühe war es ihr einfach nicht möglich, mit den Jugendlichen in Kontakt zu kommen. Sie wurde verlacht, geärgert und bestenfalls gemieden. Die Religionsstunde wurde zum Spott. Es gab nur die Möglichkeit, die Klassen, die sie unterrichtete, ohne Unterweisung zu lassen, oder jemand anderes damit zu beauftragen. Fräulein E. war sehr dankbar, als ich ihr anbot, sie bis auf Weiteres zu vertreten. Es handelte sich um eine siebente Klasse, die noch vor dem Konfirmandenunterricht stand, sowie um eine Ober- und eine Unterprima. In den höheren Klassen befanden sich einige Mädels aus unseren Jugendkreisen, die besonders dringend um Abhilfe gebeten hatten. Der Unterricht fand damals im Schichtwechsel und zuerst in der Biologischen Reichsanstalt, später im Gebäude der Königin-Luise-Stiftung statt, da die Gertrauden-Schule noch von den Amerikanern genutzt wurde. Später hatte ich es dann bequemer und brauchte bloß über die Straße zu gehen. Dass ich mir als ›Lehrerin‹ in der Schule ziemlich komisch vorkam, ist verständlich. Disziplin-Schwierigkeiten hatte ich nicht. Ich hatte ein lebendiges Erinnerungsvermögen an meine eigene Zeit hinter der Schulbank, sehr gute Augen und Ohren und mitlaufende Aufmerksamkeit für die Reaktionen in der Klasse. Es machte mir von der ersten Stunde an Spaß, die Kinder zu begeistern für das, was ich zu sagen hatte. Um den vorhandenen Lehrplan kümmerte ich mich natürlich nicht. Nach dem Schwund der Teilnehmer in den beiden Oberklassen auf je zwei (die zur Erhaltung der Freistunde für die anderen jeweils zu Fräulein E. abgesandt wurden und dort ungestört ihre Schularbeiten machten), hatte ich nach der ersten Stunde die Freude, dass man mit stärkerer Vertretung und Interesse kam, denn die Mädels aus dem Kreis hatten Werbung gemacht.

Ich hatte von da an die uneingeschränkte Zahl der Primanerinnen bei mir – sogar die Konfessionslosen und die Katholiken. Bei den Kleinen (die ja von den Eltern nun wieder eifrig geschickt wurden, um das von ihnen in der Nazizeit Versäumte nachzuholen) war es etwas anstrengender, denn sie kamen ja nicht aus eigenem Antrieb. Aber auch sie begannen zu schwärmen, und das erleichterte die Sache. Bei den Zwölf- bis Dreizehnjährigen holte ich als Erstes das in der NS-Zeit verdrängte Alte Testament nach und erzählte Kurzfassungen der spannenden Geschichten bis in die Apokryphen hinein – Dinge, wo ihnen Mund und Ohren offen standen und die sie noch nie gehört hatten! Als ich dann, wo ich ihrer Aufmerksamkeit gewiss war, zu den bekannteren Geschichten des Neuen Testaments überging, zuerst einmal zu den Gleichnissen Jesu, begegnete mir daraufhin öfter der Seufzer: »Das kennen wir schon!« Ich sagte dann: »Ich auch. Aber erzähl mal, wie du es kennst.« Dann trug die Klasse zusammen, was vom Kindergottesdienst oder von zu Hause haften geblieben ist, und war kritisch und lebhaft beteiligt. Oder ich erzählte diese Geschichten übertragen in unsere Zeit hinein – manchmal auch von hinten, sodass sie keineswegs gleich erkennbar waren. »Wer zuerst merkt, welche Geschichte ich meine, bringt mir einen Zettel her, mit seinem Namen und der Bezeichnung der Erzählung.« Das war natürlich ein wunderbares Ratespiel. Dass man solche Stunden nicht mit Gebet beginnen konnte, versteht sich von selbst. Immerhin gab ich auch ein wenig Hausaufgaben auf: einen Liedvers aus dem Gesangbuch (den zweiten oder dritten) oder einen kurzen eingängigen Spruch zum Auswendiglernen, und das wurde auch ohne Missstimmung hingenommen.

Irgendwann in einer der folgenden Stunden wurde das dann im Zusammenhang mit dem Unterrichtsgespräch abgefragt, sodass sich das Schulmäßige beim Hersagen etwas verlor. Ich hatte das Glück, dass man mich prima fand – besonders weil ich die beiden anerkannt Frechen, die klug und bestimmend waren und in der Klasse etwas galten, für mich eingenommen hatte. Das eine war der Klassenclown, ›Hampelmann‹ genannt: ein hübsches, großgewachsenes, blondes Mädchen, das zu gerne albern war, was ich ja gut verstehen konnte. Ich fing ihre Witze auf (und damit ab). Ich bat sie, ihre absichtlich störenden Fragen aufzuschreiben, damit ich darüber nachdenken könne, denn was sie da redete wäre so klug, dass ich nicht recht mitkäme. Das wirkte bereits nach zweimal so prompt, dass sie von da an mitarbeitete. Wenn ich merkte, dass ihr Sitzfleisch nicht mehr ausreichte, rief ich sie nach vorne und bat sie, vor der Klasse ein paar Faxen zu machen – was dann natürlich nicht gelang und sie eilends auf ihren Platz zurückführte. Da die Schüler nie genau wussten, was ernst und was ironisch gemeint war, kam es auch nicht zu Auflehnung.

Ich habe mir aber auch viel Mühe gegeben bei der Unterrichtsvorbereitung. Ein alter Kalender, der vor mir liegt, hat einige Stichworte aufbewahrt, mit denen ich in der Unterprima ›Religionskunde‹ gab. Da stehen gegeneinandergestellt ohne Kommentar diese Begriffe:

»Schulunterricht – Staatserziehung oder Persönlichkeitsbildung?
Religionsunterricht – Christenlehre?
Ziel:
1.) Wissen um Inhalt und Form.
2.) Unterscheidung und Entscheidung. Möglich nur bei Mitarbeit in Freiheit und Freude.

Zu 1.) Bibelkunde, Kirchengeschichte, Kirchenkunde.
Zu 2.) Allgemeine Religionskunde und Sektenkunde.

Die Christenheit lehrt: Gott sucht den Menschen, wie er ist. Alle anderen Religionen: Nur der Gerechte darf sich der Gottheit nahen und reinigt sich selbst durch Opfer.«

Und dann geht es durch viele Stunden weiter mit Stichworten über den Buddhismus, Konfuzianismus, Shintoismus, Laotse, Zarathustra, Animismus und Natur-Religionen – bis hin zum Islam mit Suren aus dem Koran. Das Ganze noch im wahrsten Sinne ›untermalt‹ durch eingängige Zeichnungen mit Farbkreiden an der Tafel. Und zu jeder dieser Religionen nahm ich ähnliche oder gegensätzliche Bibelstellen hinzu, womit ich die Gemeinsamkeiten und Unterschiede zu dem, was wir christliches Gedankengut nennen, aufzeigen wollte. Wenn mir die Sache nicht selbst solchen Spaß gemacht hätte, wäre den Kindern vielleicht langweilig geworden – aber so waren sie voll dabei (und nach jeder Stunde entweder begeisterte Buddhisten oder Shintoisten ...). In der Oberprima ging ich mehr auf das Wesentliche ein und setzte sie einfach vor das Johannes-Evangelium. Ich hatte aus Amerika kleine Einzelausgaben besorgt, wo der deutsche und englische Text nebeneinanderstanden, was für die Mädchen ein besonderer Anreiz war. Ich gab offen zu, dass meine englischen Kenntnisse den ihren sicher weit unterlegen wären und besonders meine Aussprache sehr altmodisch sei; so bat ich sie, den englischen Teil zu lesen. Wir brauchten das ganze Schuljahr dafür, bis kurz vor dem Abitur (wo ich den Unterricht von mir aus einstellte, um ihnen mehr Zeit fürs Lernen zu geben und sie nicht in Gewissenkonflikte zu bringen). Auch dafür waren sie dankbar. Da im Klassenraum eine völlig ungezwungene Atmosphäre herrschte und jeder von mir aus mit seinem Unglauben so viel kokettieren durfte, wie es die Klassenkameraden vertrugen, verliefen die Diskussionen lebhaft. Oft musste ich mein Rad heimschieben, weil mich nach der Schule ein ganzer Schwung begleiten wollte, der noch nicht genug zu Wort gekommen war. Dass eines dieser Mädchen Theologin wurde – nein, sogar zwei! – habe ich erst später mit Genugtuung erfahren.

Der andere Brocken, den ich in dieser Klasse hatte, war das sogenannte ›Peußchen‹. Sie hatte vom ersten Tag an die Angewohnheit, sich in die letzte Bank zu setzen und so zu tun, als ob sie mitschreibe. Ihr kesses Gesicht dabei und die deutliche Bewunderung der anderen machten mir klar, dass sie Schularbeiten oder etwas ganz anderes machte. Auch daran erinnerte ich mich aus meiner eigenen Schulzeit und ließ sie erst einmal gewähren. Sie hielt auch bei den spannendsten Geschichten durch, wenn alle fasziniert auf mich schauten und sie ganz unbeobachtet blieb. Als ich sie dann bat, doch den Verlauf der erzählten Handlung zu wiederholen, erhob sie sich lässig und gab meine Worte genau wieder. Ein Phänomen! Ich probierte es nochmals in der nächsten Stunde und erlebte das Gleiche. »Sag mal«, meinte ich zu ihr, während ich mich ihrem Platz näherte, »machst du auch keine Fehler in deinen Mathematik-Aufgaben, wenn ich hier rede und du mir so gut zuhörst?« – »Ich kann das beides gleichzeitig«, antwortete sie schlicht. »Nun, dann behalte das bei«, sagte ich ihr – und zur Klasse: »Napoleon konnte sogar fünf Dinge auf einmal richtig tun. Das spart viel Zeit.« Nach und nach gab Peußchen aber ihre Schreiberei doch auf und beteiligte sich aktiv.

Tadellos in ihrer Führung, aber voll kritischer und aufgeregter Fragen über Gott und die unvollkommene Welt war Dinah Hinz, die ebenfalls in diese Klasse ging. Ihr gelang eine deutliche Einflussnahme unter den Mitschülerinnen. So führten wir bald heftige Diskussionen – und dass ich sie mit ihren Fragen ernst nahm, freute sie sehr. Weil die Unterrichtsstunden immer zu kurz waren, lud ich diejenigen, die sich interessierten und Lust dazu hatten, eines Nachmittags zu mir nach Hause ein. Und sie kamen alle! Sie wollten regelmäßig dabei sein, und mit einem Schlag war nun auch der Freitagnachmittag für mich besetzt – der »kleine Freitagskreis« (bestehend aus fast dreißig Mädchen) war als Sturzgeburt auf die Welt gekommen. Nun wurde es aber Zeit, mit den Müttern Fühlung zu nehmen! Ich setzte einen Brief auf: »Liebe Frau ...! Aus eigener Erfahrung kann ich mir vorstellen, dass es Sie interessieren könnte, von wem ihre Tochter Religionsunterricht erhält. Wollen Sie mir die

Freude machen, am Dienstagabend um 20 Uhr zu mir Ins Gehege 16 zu kommen, damit wir uns kennen lernen? Ihre S. D.« Es kamen fast alle, und ich ließ meine ›Liebenswürdigkeit‹ und ›Natürlichkeit‹ spielen. Ein Teil der Mütter wünschte sich ein regelmäßiges Treffen. So ergab sich eben eine Aufgabe aus der anderen. Der ›Pädagogische Arbeitskreis‹ entstand. Ganz locker und erziehungsberatend war ich schon mit verschiedenen Müttern (denen vom Lesekreis und einigen von unserer älteren Jugend) zusammengekommen – besonders, um den unmöglichen Erziehungsmethoden von Illa Knaack etwas entgegenzusetzen. Da fast alle Mütter allein dastanden, suchten sie gegenseitig Aussprache und Rat. Nun nahm diese Arbeit feste Formen an. Es meldeten sich so viele in kurzer Zeit, dass wir uns teilten, um den Kreis nicht zu groß werden zu lassen, und an den Dienstagen abwechselnd zusammen kamen. Die Teilung der Gruppe war nicht einfach durchzuführen; so überließ ich es dem Zufall (nur durfte keiner zweimal kommen). Herrliche Zeiten des Andrangs! Als ich später mit dem Religionsunterricht wieder aufhörte, ließ der Zustrom etwas nach – bald genügten zwei Dienstage im Monat, später nur noch einer. In der ersten Zeit hatten wir außer den ›Schulmüttern‹ ungefähr ein Drittel Frauen aus der Domäne dabei. Langsam kamen auch die Männer wieder aus dem Krieg zurück, und die Mütter wollten am Abend nicht mehr alleine weggehen. Einen Ehepaarkreis wollte ich aber wegen der vielen wartenden und verwitweten Frauen nicht daraus machen. Noch fehlten bei etwa 70 Prozent unserer Jugend die Väter! Es gab Zeiten, wo ich neunzig Frauen auf der Liste des Pädagogischen Arbeitskreises hatte, der dann bald einfach zum ›Mütterkreis‹ wurde. Ein großer Teil von ihnen wanderte in den Westen ab; andere verzogen innerhalb Berlins auf nimmer Wiedersehen (es war ja damals noch lange schwierig mit den Verkehrsmitteln). Manchen mag aber auch unser freier Stil nicht gepasst haben – besonders denen, die aus fromm geprägten Kreisen im Osten kamen und mich mit meinem schnoddrigen Mundwerk eher für ein Kind des Teufels hielten als für eine geistliche Autorität. Andere haben von Anfang an durchgehalten und sind uns bis heute freundschaftlich verbunden.

Den Religionsunterricht gab ich nach ungefähr zwei Jahren wieder auf. Man verlangte damals von ›Ungelernten‹ (zu denen ich ja gehörte), dass sie an Schulungskursen teilzunehmen hätten. Auch ich bekam eine solche Benachrichtigung und teilte daraufhin mit, dass ich diese Arbeit ehrenamtlich und als Ersatz für eine ungeeignete Gemeindehelferin täte. Trotzdem! Dreimal in der Woche! Ich – zur Schulung? Und von wem überhaupt? Dann lieber nicht. Macht euch euren ...! Meine Unterprima stand nun bereits vor dem Abitur, und die ›Kleinen‹ waren zusammen mit der Parallelklasse (die ich statt der Oberprima übernommen hatte) fast geschlossen bei uns im Konfirmandenunterricht. Die meisten waren in Kreisen der Gemeinde – das genügte. Mehr konnte ich gar nicht verkraften. Endlich ein Amt weniger!

Später vertrat ich dann noch einmal meinen Mann beim Unterricht im Arndt-Gymnasium. Da ich ja mehr mit Jungens als mit Mädchen umzugehen gewöhnt war, begab ich mich ohne jede Scheu dorthin und ließ mir sagen, wo ich die Klasse fände. Es waren dreizehn- bis vierzehnjährige Burschen, mit denen ich zu tun bekam. Ich hatte Walter gar nicht gefragt, wie sich der Unterricht bei ihm anließ. Schon auf dem Gang hörte ich lautes, munteres Treiben, als ob man eine Freistunde erwarte. Ich trat ein – und da ging es nun wirklich über Tisch und Bänke, ohne dass die Herren gewillt schienen, irgendwie von mir Notiz zu nehmen. Ich sah mir das ein paar Sekunden verblüfft an; dann schmiss ich die Tür hinter mir mit einem solchen Krach zu, dass die Wände wackelten, und ging, ohne die Jungens anzusehen, nach vorne zum Pult. Als ich angekommen war und die Klasse betrachtete, saßen alle mit verblüfften Gesichtern auf ihren Plätzen. Sie hatten wohl gemeint, die Bomben fielen noch. Jedenfalls war diese wortlose Demonstration des autoritären Prinzips erstaunlich wirkungsvoll – es kam aber nun darauf an, die Position zu halten. Bloß keine Diskussion, keine Fragen oder Gespräch, sondern einfach fesseln.[489] Ich erzählte sehr anschaulich aus der Apostelgeschichte von der großen Göttin Diana aus Ephesus und von dem Aufstand im Zirkus, der von den Andenkenverkäufern angefacht wurde.[490] Dann begann ich noch mit einem anderen

---

[489] Hier zeigt sich eine deutliche Ähnlichkeit zu dem Bericht über Dietrich Bonhoeffers Umgang mit einer verwahrlosten Gruppe von Konfirmanden im Berliner Wedding, die er 1931 in Vertretung für den überforderten Pfarrer Johannes Müller übernommen hatte und in einem Brief an seine Freund Erwin Sutz so beschreibt: »Was mich gegenwärtig viel mehr beschäftigt, ist die Konfirmandenstunde, die ich 50 Jungens im Norden von Berlin gebe. Das ist so ungefähr die tollste Gegend von Berlin; mit den schwierigsten sozialen und politischen Verhältnissen. Anfangs benahmen sich die Jungen wie verrückt, sodass ich zum ersten Mal in meinem Leben wirkliche Disziplinschwierigkeiten hatte. Aber auch hier half eines, nämlich dass ich den Jungen ganz einfach biblischen Stoff erzählte, in aller Massivität«. DBW 11, S. 50. Vgl. auch BETHGE, EBERHARD: Dietrich Bonhoeffer. Theologe – Christ – Zeitgenosse. Eine Biographie, Gütersloh ⁹2005, S. 272–275.

[490] Vgl. Apostelgeschichte 19, 8–40.

Reißer, sodass beim Klingeln ein allgemeines »Ooooch« ertönte. In den acht bis zehn Stunden, die ich vertrat, machte ich es so wie bei den Erzählungen aus Tausend und einer Nacht[491] und sorgte immer dafür, dass die Spannung auf das Ende der Geschichte bis zur nächsten Stunde erhalten blieb. Die herrlichen Abenteuer aus der Bibel mit Seereise und Schiffbruch kannte keiner. Dass es aber nicht Tausend und eine Stunde war, die ich halten musste, war mir doch sehr lieb – denn es war schon recht anstrengend, bei dieser Meute am Ende des Schultags den Löwenbändiger zu spielen und sie ohne ein lautes Wort, nur mit den Augen, in Schach zu halten.

Es fand sich dann irgendeine andere Vertretung (denn Walter gab den Unterricht an der Schule ganz ab). Er hatte mit Universität und Predigten und Amtshandlungen genug zu tun. Eine Weile unterrichtete er auch bei den evangelischen Kindergärtnerinnen – mit etwas mehr Vergnügen, aber wohl doch zu wissenschaftlich genau. Als das Oberlin-Seminar[492] aus Dahlem wegzog, verließ er es ebenfalls. Auch der Konfirmandenunterricht fiel ihm nicht leicht; es waren immer nur wenige wirklich Interessierte, zu denen er ein Verhältnis gewann (das aber dann oft lange bestehen blieb). Die meisten Pubertierenden waren ihm wesensfremd und unverständlich, sowohl in ihrer Albernheit wie mit ihren kritischen Fragen und Gedankengängen.

Ein Kreis, der Walter Freude machte und den er alleinverantwortlich leitete (wo ich und Anneliese nur passive Teilnehmer waren, die allenfalls Einladungen schrieben oder Listen führten), war der sogenannte ›Ökumenische Kreis‹. Einmal im Monat kam er zusammen – bestehend aus kulturbeflissenen, gebildeten Herren und Damen jeder Altersstufe und jeden Bekenntnisses. Zuerst versammelte man sich bei uns Im Gehege, doch die Anzahl wuchs, und wir mussten uns im Gemeindehaus (manchmal sogar in der Kirche) treffen. Als Redner

---

491 S.o. Anm. 215 (S. 410).
492 Benannt nach dem elsässischen Pfarrer und Sozialreformer Johann Friedrich Oberlin (1740–1826) wurde 1871 in Berlin der Oberlin-Verein gegründet, um die Betreuung und Bildung von Kleinkindern zu fördern. 1874 eröffnete der Verein in Potsdam-Babelsberg eine Kleinkinderschule mit einem angeschlossenen Seminar zur Ausbildung von Kleinkinder-Schullehrerinnen (Kindergärtnerinnen), das sich bald zu einem Diakonissen-Mutterhaus mit vielfältigen diakonischen Aufgaben entwickelte. Nach dem Zweiten Weltkrieg wurde die Trägerschaft von der Inneren Mission (später vom Diakonischen Werk der Evangelischen Kirche) übernommen, und das Oberlin-Seminar wurde in Berlin-Dahlem neu eröffnet. Bis 1950 befand es sich in der Königin-Luise-Straße 88, danach an wechselnden Standorten u.a. in Grunewald, Steglitz und Lichterfelde, wo das Oberlin-Seminar als Evangelisches Schulzentrum mit Fachschule, Fachoberschule und Berufsfachschule bis heute existiert.

wechselten Vertreter der verschiedenen Kirchen: Methodisten, Baptisten, Mennoniten – alles, was auch beim Weltgebetstag auftrat, nur in männlicher Ausführung. Sie kamen aus verschiedenen Ländern und Konfessionen: Amerikaner, Engländer, Schweden, Franzosen, Holländer – Reformierte, Katholiken und Orthodoxe. Sogar der Leiter der jüdischen Gemeinde war einmal zu Gast (von der liberalen Richtung, denn die orthodoxen Juden lehnten es als einzige der Angefragten damals noch ab, vor unserem Kreis zu sprechen). Die Zuhörer kamen nicht nur aus Dahlem, sondern aus der ganzen Stadt (auch aus dem Ostsektor), und jeder Vortragende brachte aus seiner Gefolgschaft noch etliche mit. Es war eine ausgesprochen lohnende Arbeit, und damals waren die Menschen ja noch begierig nach solchen Angeboten. Als die Treffen aufhörten, bedauerten das viele noch lange und fragten immer wieder an, ob so etwas nicht wieder fortgesetzt werden könne. Aber Walter hatte, nachdem er alle Bereiche der Konfessions- und Religionskunde abgedeckt hatte (sogar jemand von den Buddhisten aus Frohnau[493] und Hellmut Vermehren von der Christengemeinschaft[494] waren da gewesen), zu Wiederholungen keine Lust. Stattdessen bot er eine ›Theologische Arbeitsgemeinschaft‹ an, wo die Referenten meist Professoren waren, die mit der neueren Theologie vertraut zu machen suchten – aber das war doch etwas zu hochgestochen für die Teilnehmer. Ich entsinne mich noch der Verzweiflung der guten Leute nach einem Vortrag über die Entmythologisierung Bultmanns,[495] wo alle sagten: »Kein Wort verstanden«, und mich baten, ihnen die Sache für Laien zu erklären (was ja, wenn man nicht ganz ins Banale ausrutschen will, keineswegs einfach ist). Nach ein paar solchen Abenden mit ›fortlaufendem‹ Erfolg gaben

---

493 Das Buddhistische Haus in Berlin-Frohnau ist die älteste buddhistische Tempelanlage in Europa. Sie wurde von ab 1923 von dem Berliner Arzt und Schriftsteller Paul Dahlke (1865–1928) erbaut, der den Buddhismus auf seinen Asienreisen kennen gelernt hatte und 1900 zum Buddhismus übertrat. 1957 erwarb die ›German Dharmaduta Society‹ den Besitz von Dahlkes Erben und gestaltete ihn zu einem buddhistischen Kloster um, in das Mönche aus Sri Lanka und anderen Ländern entsandt werden.

494 Die Christengemeinschaft ist eine religiöse Gruppierung, die sich auf die anthroposophischen Lehren von Rudolf Steiner (1861–1925) beruft. Sie wurde 1922 gegründet und existierte seit diesem Jahr auch in Berlin. Zwischen 1941–1945 war sie verboten und überlebte im Untergrund. Hellmut Vermehren wirkte in der Christengemeinde in Berlin-Wilmersdorf und gehörte zu den Gründern der ›Arbeitsgemeinschaft der Kirchen und Religionsgemeinschaften‹ (AKR) in Berlin.

495 Rudolf Bultmann (1884–1976) war Professor für Neues Testament an der Universität in Marburg und wurde bekannt für seine Forderung nach einer ›Entmythologisierung‹ des Neuen Testaments, d.h. der Loslösung der wesentlichen Botschaft vom mythologischen Weltbild der damaligen Zeit mit dem Ziel einer existentialen Interpretation im Horizont des heutigen naturwissenschaftlichen Weltbilds. Rudolf Bultman und Karl Barth galten lange Zeit als Gegenspieler in der akademischen Theologie; ein weitblickender Denker wie Dietrich Bonhoeffer war jedoch bemüht, sich mit den Anliegen von beiden zugleich zu beschäftigen.

wir das wieder auf. Aufhören können, solange es den Leuten noch leid tat, war immer mein Anliegen – und Walter war auch froh, sich den wachsenden Verpflichtungen an der Fakultät nicht entziehen zu müssen. Hier konnten wir ihm ja die Verantwortung und Arbeit nicht abnehmen.

Weshalb ich eigentlich neben dem Hilfswerk mit Nähstube, der Frauenhilfe, dem Pädagogischen Arbeitskreis und den Bibelstunden für die ›Junge Gemeinde‹ (die Jugendlichen) und die ›Dienende Gemeinde‹ (die ehrenamtlichen Helfer), neben dem Kindergottesdienst und der Arbeit für die Schuljugend mit Religionsunterricht und Freitagskreis, neben dem Chor, den Sammlungen und den Gemeindefesten auch noch für den evangelischen Kindergarten Verantwortung übernehmen musste, ist wirklich nicht einzusehen. Aber es hatte sich bereits vor 1945 so eingefahren, denn die Leiterin und ihre Helferin waren tapfere PGs, noch von Niemöller eingestellt. So ging ich eben einmal in der Woche hin und erzählte den Hort-Kindern (und vorher den Kleinen) biblische Geschichten – jedenfalls so lange, wie meine Kinder noch in Berlin waren. Nach 1945 gab es im Kindergarten in unserem Gemeindehaus erhebliche Missstände. Die Kinder ›besserer Leute‹ (die ›Herrschaftskinder‹) gingen zu Fräulein Flöter in die Gertrauden-Schule, privat. Unter Fräulein X.,[496] die schon vor 1945 tätig war, langweilten sich wenige hungrige Kleinkinder und Hortkinder, deren Mütter arbeiten mussten und die nirgends unterkommen konnten. Das Spielmaterial war knapp, die Beheizung schlecht. Oft traf ich, wenn ich kam, die ›Gärtnerinnen‹ kauend und heißen Tee trinkend dicht um das Behelfsöfchen geschart an, während ihre ›Blümchen‹ still und frierend an der Mauer saßen. Schließlich wurde es durch Beschwerden der Mütter bei Arndts ruchbar, dass die den Kindern zustehende Schulspeisung nicht ausreichend an sie gelangte. Sie diente den Erzieherinnen nicht nur während der Arbeit, sondern wurde auch noch in Töpfen von ihnen heimgetragen. Durch ernstes Ermahnen wurde diesem Übelstand abgeholfen – ich vertrat dabei Walter, der zwar Kurator war, dem so etwas aber gar nicht lag. Ich hatte auch alle möglichen Vorschläge zur wärmenden Beschäftigung der Kinder gemacht, die aber wegen der Lethargie der Mitarbeiterinnen keinen Anklang fanden. Dann stellte sich noch heraus, dass

---

496 S.o. Anm. 457 (S. 643).

jedenfalls Fräulein X. nachweislich den Kindern die mitgebrachten Brote und Äpfel wegaß. Das gab nun den ersehnten Grund zur Kündigung, und wir hatten bald einen sehr viel besseren, integeren Ersatz, der den Kindern wohltat und dieser verkommenen kirchlichen Einrichtung aufhalf. Ich ging aber weiterhin mindestens einmal in der Woche mit einer Bilderbibel zum Geschichtenerzählen hin, was der Leiterin lieb war und mir und den Kindern Spaß machte. Auch Anneliese fand jetzt wieder Kontakt zu ihrem früheren Berufszweig. Trotzdem lag dort noch vieles im Argen.

Es war wirklich allerhand los bei uns. Es mangelte weder an Einfällen, noch an der Ausführung von manchem, was eigentlich unmöglich schien. Ich schrieb damals: »Die Leute staunen alle, wie ich so viel schaffe; ich bin ja sehr fix, aber vielleicht liegt es auch daran, dass ich nichts richtig mache.« Umso überraschter war ich, als ich einen seltsamen Brief unseres damaligen Generalsuperintendenten Otto Dibelius[497] bekam. Er war nicht an mich, sondern an Walter gerichtet. Ich dachte, es könnte etwas Eiliges sein, und Walter war gerade mit seinen Studenten bei einer Freizeit in Lobetal.[498] So öffnete ich ihn – und las, ohne recht zu begreifen, eine Fülle von Vorwürfen: dass unsere Gemeinde ohne jede Initiative sei, gewissermaßen tot statt lebendig, kein Einsatz der Laien und völliges Desinteresse der Mitarbeiter, aber speziell des Pfarrers.[499] Und dann kamen Drohun-

---

497 Otto Dibelius (1880–1967) war evangelischer Pfarrer und seit 1925 Generalsuperintendent in der Kirche der altpreußischen Union. 1933 trat er wegen Konflikten mit den Nationalsozialisten zurück und engagierte sich seitdem in der Bekennenden Kirche. 1945 wurde er zum Bischof der Evangelischen Kirche in Berlin-Brandenburg ernannt; von 1949 bis 1961 war er zudem Ratsvorsitzender der Evangelische Kirche in Deutschland.

498 Lobetal ist ein Ortsteil der Stadt Bernau in Brandenburg, nordöstlich von Berlin gelegen. Der kleine Ort wurde ebenso wie das benachbarte Hoffnungstal 1905 von dem evangelischen Pfarrer Friedrich von Bodelschwingh (1831–1910) auf einem gepachteten Gut als Arbeiterkolonie unter dem Motto ›Arbeit statt Almosen‹ gegründet, um dem Elend der Arbeitslosen in Berlin abzuhelfen. Heute befindet sich hier die ›Hoffnungstaler Stiftung Lobetal‹, die vom Diakonischen Werk der Evangelischen Kirche getragen wird, mit Einrichtungen u.a. für Behinderte, Senioren und Suchtkranke sowie den historischen Gebäuden des Begegnungszentrums. – Ganz in der Nähe, in Biesenthal, hatte Dietrich Bonhoeffer in den Jahren 1932 und 1933 als Privatdozent an der Theologischen Fakultät in Berlin seine Studenten zu privaten Einkehrzeiten eingeladen.

499 Um diesen Vorgang zu verstehen, muss man bedenken, dass nach Susanne Dreß' eigener Darstellung fast die gesamte Gemeindearbeit von ihr selbst und ehrenamtlichen Helfern in die Hand genommen worden ist. Kurz zuvor hat sie aufgezählt, was sie alles leistete – sogar den Konflikt im Gemeinde-Kindergarten hatte sie anstelle ihres Mannes gelöst, der als Amtsträger zweifellos dafür zuständig war, »dem so etwas aber gar nicht lag« (S. 695). Den Schulunterricht hatte Walter Dreß aufgegeben, die Tätigkeit im Oberlin-Seminar ebenfalls. Die Konfirmandenarbeit bereitete ihm Schwierigkeiten. Die ›Theologische Arbeitsgemeinschaft‹ war für die Gemeinde zu akademisch. Einzig der ›Ökumenische Kreis‹ fand guten Zuspruch – und wurde dennoch von Walter Dreß gegen den Willen der Teilnehmenden beendet, als er selbst das Interesse daran verloren hatte. Es bleibt die Frage, inwieweit diese Darstellungen von Susanne Dreß den Tatsachen entsprechen. Immerhin ist es bezeichnend, dass sie sogar den Brief des vorgesetzten Bischofs Martin Dibelius öffnet, dem Stelleninhaber dessen Inhalt verheimlicht und den Konflikt auf ihre eigene Art für ihn löst.

gen: Wenn das nicht anders würde, besonders mehr Spenden in den Sammlungen einkämen, sähe sich der Herr Generalsuperintendent genötigt, uns in die russische Zone aufs Land zu versetzen. – Was tun? Wenn ich Walter diesen Schrieb gegeben hätte, so hätte er in einem Wutanfall die Sache vielleicht wirklich hingeschmissen, und das wäre mir leid gewesen, weil ich an der Aufbauarbeit in Dahlem doch sehr hing. Ich konnte mir auch gar nicht recht denken, wie Dibelius überhaupt dazu kam, so etwas zu schreiben. Da musste doch irgendeine amtsbrüderliche Intrige dahinterstecken, vielleicht aus Neid. Dass wir allerdings nicht so viel Geld aus unseren Gemeindegliedern herauspressten wie andere Pfarrämter (jedenfalls nicht für ›kirchliche Zwecke‹ sammelten, sondern für uns bekannte andere Nöte wie unsere ›Einbeiner‹), entsprach den Tatsachen. »Weide sollt ihr sie, nit scherre!« – dieses Wort eines schwäbischen Pfarrers schien uns eine gute Richtschnur zu sein.

So setzte ich mich also hin und schrieb einen herzlichen Brief an Dibelius, worin ich ihm mitteilte, dass ich sein Schreiben als Erste gelesen hätte und seine Behauptungen mir unbegreiflich wären; dass ich meinen Mann gut genug kannte, um zu wissen, dass er auf Drohungen überhaupt nicht reagiere, wie er bei den Nazis bewiesen hätte; dass er eher den Kirchendienst überhaupt quittieren würde, als solche Vorhaltungen hinzunehmen, und ich es deshalb für richtig hielte, ihm gar nichts davon zu sagen, um ihm die Arbeitsfreude nicht zu nehmen. Ein Bericht über die monatlichen Angebote in unserer Gemeinde und darüber hinaus die Veranstaltungen des letzten halbes Jahres lag bei. Und siehe da – drei Tage später kam die Antwort von Dibelius: Ich möchte seinen Brief vernichten und als nicht geschrieben betrachten. Er wäre falsch informiert worden!

Walter erfuhr also nichts davon. Erst viele Jahre später habe ich es ihm erzählt – zum Lob des Bischofs, der sogar in der Lage war zuzugeben, dass er sich getäuscht hatte. Aber als ich mir für den Antwortbrief an Dibelius bewusst gemacht hatte, was ich alles tat, hatte ich doch das Gefühl, ein paar Tage Pause könnten dem Betrieb nur guttun. Verreisen (zum Vergnügen und zur Erholung) – das tat man damals noch nicht. Aber auch Anneliese hatte ja Anspruch auf Urlaub, den sie zu Hause in Tempelhof verbrachte. Da hatten wir den Einfall, dass ich im August in den letzten drei Tagen zu ihr kommen sollte. Die Mutter würde uns bekochen, und wir konnten tun und lassen, was wir wollten – radeln, ins Kino gehen oder in die Stadt fahren. Ich bereitete also bei meinen verschiedenen Helfern alles gut vor und instruierte sie auch, wie sie sich bei schwiegermütterlichen Eingriffen zu verhalten hätten (denn das war nicht auszuschließen). Die Kinder brachte ich umschichtig bei Harmsens und Illa unter, damit sie es auch nett hätten; und dann fuhren wir stolz und glücklich mit dem Fahrrad in die ›Ferien‹ nach Tempelhof. Noch war die Wohnung dort nur notdürftig repariert, doch ein Ziehharmonikabett genügte den jüngeren Knochen damals vollkommen. Jedenfalls waren es sehr gemütliche drei Tage mit Spaziergängen in mir fremde Gegenden am Teltow-Kanal. Bodensieks hatten uns mit Leckerbissen wie Erdnussbutter und kleinen Konservendosen versehen, was wir und Annelieses Mutter sehr genossen. Wir ließen uns viel Zeit zum gemeinsamem Bibellesen – und konnten doch das geplante völlige Abschalten von der Gemeindearbeit nicht durchführen! Immer wieder waren wir am Pläneschmieden oder überlegten, wie man jemandem helfen könne und wie man diese oder jene ›lahme Ente‹ entweder loswerden oder flügge machen könne. Aber es war schön, solche Dinge wenigstens einmal zu Ende zu besprechen und uns darauf vorzubereiten, den Karren im kommenden Winter gemeinsam weiterzuziehen. Ja, wenn man nicht im August anfängt mit den Plänen für die Gemeindefeiern und Geschenke zu Weihnachten, dann wird man nicht mehr damit fertig![500] Oft war es so, dass wir beide schon reichlich genug davon hatten, wenn sich das Fest endlich näherte und die Adventszeit begann. Aber darauf kam es ja nicht an – sondern eher, dass in diesen Wochen keine zu große Hetze entstand und die Gemeinde, die sich zu uns hielt, in ihren Erwartungen von unseren Künsten nicht enttäuscht wurde. Ob es ein wirkliches Christfest für sie wurde, blieb fraglich und stand nicht in unserer Hand.

7.4 Rückkehr nach Friedrichsbrunn

Wir schmiedeten in diesen drei Tagen aber auch noch einen anderen Plan: Wenn ich mich, sogar während Anneliese nicht da war, vertreten lassen konnte durch das getreue Plewchen – warum dann

---

[500] Hier setzt Susanne Dreß eine familiäre Tradition auf ihre Weise fort – vgl. die Schilderung der aufwendigen Weihnachtsvorbereitungen ihrer Mutter Paula in Kapitel 2.3 Die Weihnachtszeit in der Familie Bonhoeffer.

nicht mal kurz nach Friedrichsbrunn rauffahren und von den dort aufbewahrten Schätzen etwas für den Winter nach Berlin holen? Reisen war damals wirklich kein Vergnügen, und es erschien ratsam, so bald wie möglich zu fahren (noch ehe es richtig kalt wurde). Dass unser Haus in Friedrichsbrunn mit vielen Flüchtlingsfamilien belegt war, wussten wir; aber Erna wohnte ja noch dort und verfügte über ein Zimmer und zwei Kammern. In einem zweiten großen Zimmer standen unsere Möbel gestapelt.

Ende September richteten Anneliese und ich uns also auf eine Woche ein. Ich fuhr mit sehr gemischten Gefühlen los, denn sicher war das mir so vertraute Haus nicht wiederzuerkennen – und die Rolle des zurückkehrenden Hausbesitzers behagte mir gar nicht. Meine Eltern hatten Erna beauftragt, so gut es ging nach dem Rechten zu sehen; dafür konnte sie dort wohnen, solange sie wollte. Ihr Dienstverhältnis zu mir wurde mit Kriegsende beendet, und sie hatte im dortigen Kurhaus einen Posten angenommen. Ihr altes SPD-Parteibuch hatte ihr dabei gute Dienste geleistet. In Friedrichsbrunn hatte sie die Vorratskammer unter sich. Das von uns im Jahr 1944 gefällte, gesägte und gehackte Holz stand ihr zur Verfügung – ebenso mein Geschirr, Bettwäsche, Eingemachtes und so weiter. So konnte sie dort recht gut leben. Es war sicher das Beste gewesen, dass sie oben geblieben ist – aber ich habe doch nicht ganz verstanden, dass dieses alleinstehende späte Mädchen solche Angst vor den Bomben hatte, dass sie ihre zwei Schwestern und einen sehr geliebten Bruder ebenso wie uns und die Kinder nach sieben Jahren Gemeinsamkeit allein ließ.

Die Fahrt in den Harz war entsetzlich. Zunächst einmal der Kampf um die Reisegenehmigung und die Fahrkarte. Dann saßen wir vom letzten S-Bahn-Zug an bis zum Morgengrauen bei der Bahnhofsmission in Wannsee, um dort den Frühzug zu bekommen. Schwester Edith schob uns in ein geschlossenes Abteil, das sich aber nach und nach bis zum Überlaufen füllte. Es sollte ein durchgehender Personenzug bis Thale sein. Die Fenster fehlten, auf dem Sitzplatz im WC saß man zu zweit, der übrige Raum war mit Stehplätzen belegt. Immer wieder hielt der Zug auf freier Strecke lange an. Nie war man sicher, ob uns die Lokomotive blieb, ob wir abgehängt würden, ob neue Kontrollen kamen. Damals hörten wir für eine Frau, die dringend das WC benötigte, das Trostwort: »Ach watt, hochziehn und ausspucken!« Da sich das aber kaum durchführen ließ, eilten die Insassen bei jedem Halt auf die Bahndämme und entleerten sich dort ungeniert.

Es war wie ein Wunder, dass wir nach vierzehn Stunden Fahrt in Suderode noch den Arbeiterbus nach Friedrichsbrunn bekamen – aber es kostete auch meine ganze Energie zu beweisen, dass ich da oben in Friedrichsbrunn Einheimische war. Und dann erreichten wir schließlich meine geliebte alte Ferienheimat! Erna hatte für uns in der vollgestopften Durchgangskammer zwei Betten freigemacht; sie selbst bewohnte das Zimmer, wo ich während des Krieges mit den Kindern gelebt hatte, mit meinen Polstersesseln und so weiter. Na schön – wir waren ja nur kurz da, und sie sollte es gemütlich haben. Die Möbel waren zwar durch Bügeleisen und Wasserränder und Küchengebrauch in der Politur restlos erledigt, aber deswegen sollte keine Feindschaft aufkommen. Wir sanken todmüde ins Bett und freuten uns am nächsten Morgen an dem herrlichen Herbsttag. Erna war bereits auf der Arbeit, ehe wir uns zeigten, aber sie hatte Kaffee warm gestellt. Fett und Brot haben wir uns selbst mitgebracht; im Übrigen konnte man sich um diese Zeit im Harz von Pilzen und Beeren ernähren. Meine alten Kindheitsfreundschaften wurden nun wieder mutig erneuert, weil es ja nicht mehr gefährlich war, mit jemand befreundet zu sein, der kein Nazi war. So brachte man uns aus manchem Nachbarhaus plötzlich ungefragt Eier, Obst und Gemüse und sogar Speck und Wurst. Reich waren die Bauern dort ja nie gewesen. Körbeweise sammelten wir auf unseren Spaziergängen Pilze und trockneten sie zum Mitnehmen. Anneliese genoss die herrliche Bergwald-Landschaft – und ich mit leiser Wehmut mit ihr. Als etwas ganz Besonderes zu unserer Stärkung hatte ich eine Büchse mit einer Mischung von fein gemahlenem Bohnenkaffee, Milchpulver, Zucker und Kakao dabei (alles von Bodensieks Gnaden). Das wurde löffelweise bei Ausflügen oder wenn die Pack- und Sichtungsarbeiten uns ermüdeten verbraucht. Aber nie mehr als zwei Teelöffel für jede von uns, weil der ungewohnte Genuss sonst zu sehr aufs Herz ging! Wir suchen warme Sachen zusammen: unsere alten Pelze, Wollsachen, Bettwäsche. Alles, was wir 1943 mühsam heraufgeschleppt hatten und woraus die Kinder noch nicht herausgewachsen waren, versuchen wir nun eng zusammenzuschnüren. Auch besonders beliebte Spielsachen und Bücher sollen wieder zurück ... Aber so viel lässt sich ja gar nicht transportieren! Da wird uns ein Angebot gemacht: Ein Lastwagen fährt von Friedrichsbrunn nach Berlin (beziehungsweise nach Potsdam), wo irgendwelche Güter abgeholt werden sollen. Also ist er auf der Hinfahrt leer und nimmt Mitfahrer gegen gute Zigaretten und schlechtes Geld mit. Das löst unsere Probleme; nach vielem Verhandeln, Startpanne und stundenlangem Warten heißt es ›Aufladen‹. Es ist schon später Abend. Außer uns fahren noch zehn bis zwölf unbekannte Personen mit. Wir richten uns ein.

Auf weichen Ballen gebettet und mit dicken Steppdecken umwickelt geht es ins Tal und durchs flache Land. Man versucht zu schlafen; ab und zu kreist eine Schnapsflasche, die gut wärmt. Beim Morgengrauen sind wir in Magdeburg. Die Stadt ist nicht wiederzuerkennen – schlimmer als Berlin in seiner Trostlosigkeit. Dann Kontrollen und immer wieder der Schreck, wenn russische Soldaten den Laster anhalten und unsere Papiere und Warenlisten fordern. Doch es geht immer gut. Burg und Brandenburg; ich weiß Gott sei Dank nicht, dass es das letzte Mal ist, dass ich durch diese mir lieb gewordenen Städte fahre. Dann hören die Rübenfelder auf, der sehr gelichtete Kiefernwald beginnt, und gegen Mittag halten wir am Bahnhof in Potsdam. Wir schleppen alle Koffer zur Gepäck-Aufbewahrung. Die gilt aber nur für zwei Tage. So nehmen wir mit, was wir tragen können – bis zum Bahnhof Grunewald, wo wir mit dem Leiterwagen abgeholt werden. Am nächsten Tag haben wir reichlich freundliche Helfer (auch unter Walters Studenten), die von der Friedrichstraße nach Potsdam durchfahren, um unseren Winterhorst auszupolstern. Nach Beendigung der Aktion wird gemeinsam eine kräftige Suppe mit viel guten Pilzen gegessen – und dazu Friedrichsbrunner Äpfel aus dem Garten, die besonders guten. Es war das letzte Mal, dass ich von diesen Paradies-Früchten aß.

Gut, dass wir nun unsere eigenen Decken und nötigen Gebrauchsgegenstände wiederhatten, denn plötzlich tauchten die Töchter der Vormieter Im Gehege auf, die in Bayern lebten und nun das Erbe antreten wollten. Wir hatten einen großen Keller voll verschlossener Kisten – alles Sachen, die ihnen gehörten, aber auch manches, was andere bei uns eingestellt hatten. Nun musste ich erst mal die untergestellten Sachen absichern. Was im Haus an beweglicher Habe war, wurde von den Töchtern umzugssicher verpackt, bis hin zu den Lampen und Gardinen. Und im Spätherbst erschien dann, oh

Wunder, ein richtiger Möbelwagen und lud auf. Die Töchter waren wieder dabei und schlechter Laune, weil sie meinten, manches hätte gefehlt. Im Mai 1945 war das Haus zwei Wochen lang der Plünderung preisgegeben gewesen. Aber bis nach München hatte es sich wohl noch nicht herumgesprochen, dass dabei hie und da etwas wegkommen kann. Ich kam wirklich nicht auf die Idee, dass man uns verdächtigte. Dies wurde mir dann später liebevoll zugetragen. Und wenn schon! Nun war das Haus leer, sogar der Flügel war weg. Das war auch kein Schade, denn man konnte endlich einmal gründlich sauber machen – ehe die Zeit der ›befreundeten Möbel‹ begann, wie ich es nannte. Denn jetzt wurde uns aus vielen Nachbarhäusern mit entbehrlichem Mobiliar ausgeholfen, vom Bett bis zum Bücherregal und altem Klavier.

Was hat man bloß in diesen Jahren alles geschleppt! Möbel rauf und runter durch das enge Treppenhaus. Ohne den festen Transportgurt, den wir noch aus Kriegszeiten hatten, wäre es noch schlimmer gewesen. Ich hatte mir eine gute Technik angewöhnt und unterwies darin unkundige Helfer. Auch der ererbte Leiterwagen und die gefundene Schubkarre gehörten zu unseren unentbehrlichen Ausstattungsstücken. Denn nun kamen öfter Benachrichtigungen aus Amerika (von Freunden, die ausgewandert waren, besonders von Frau Straus, aber auch über Bodensieks), dass ein CARE-Paket[501] abzuholen wäre. Die Ausgabe war in Lichtenrade oder Marienfelde. So zuckelten wir mit dem Leiterwagen dorthin und luden manchmal drei Stück auf einmal auf. Um den Neid nicht zu fördern, wurden sie mit Decken und Kissen verhüllt – denn wer wusste schon, dass wir einen genauen Unterschied machten zwischen dem, was gemeindlich und privat kam. Mit dem ›Gemeindlichen‹ bestritten wir unsere kirchlichen Feste, besonders was Kaffee, Mehl und Zucker betraf; die Konserven wurden an Leute weitergegeben, die ganz ›schlechte Karten‹ hatten, wie Künstler, Alte und andere ›Normal-Verbraucher‹.

Eines Tages gewannen wir bei all diesen Diensten eine große Hilfe hinzu (sodass wir nur noch die nicht allzu zahlreichen privaten CARE-Pakete selbst abholen mussten). Das war Herr Ewert. Er war mir in der Menge der entlassenen Soldaten aus dem Lager schon

---

501 S.o. Anm. 488 (S. 683).

ein paar Wochen lang als besonders munter und hilfsbereit aufgefallen. Als ich mir einmal zwei Mann zum Möbeltransport erbat (gegen Real-Währung), meldete er sich mit einem Freund. Beide waren aus Danzig. Er erfüllte das Treppenhaus Im Gehege mit seinen urkomischen Bemerkungen und steigerte sich dankbar durch unser Gelächter. Das war der Richtige für unser Arbeitsklima! Er war zwar nicht ›der Mann, der alles kann‹[502] – aber derjenige, der alles versuchte und immer bereit war einzuspringen. Wenn nun ›Not am Mann‹ war, kam Herr Ewert. Bis er mir eines Tages erklärte, er würde wohl bald weggehen müssen: Das Lager würde umgestellt, und wenn er keine Arbeit fände, feste Arbeit, bekäme er keine Aufenthaltserlaubnis; aber eben ohne Aufenthaltserlaubnis keine Arbeit. Er solle in die russische Zone, aber das täte er nicht. Da musste geholfen werden, und es gelang, ihn für ein geringes Gehalt halbtags bei der Kirchengemeinde als Boten anzustellen und ihm ein Kellerzimmer Im Gehege zu verschaffen, wo er Hausmeister wurde. Auch sein Freund, der Handwerker war, konnte in Dahlem ein Zimmer finden, und so war die Dankbarkeit groß.

7.5 Feierlichkeiten in der Nachkriegszeit

Wie stolz waren wir doch, was man schon wieder alles hatte im Winter 1946! Und wie jämmerlich erscheint das alles, wenn man die Briefe, Küchenzettel und Berichte aus dieser Zeit liest ... Strom- und Gassperren, miserable Verkehrsverhältnisse und keine Sohlen an den Schuhen, rauchende Behelfsöfchen – und dauernd flickte man an dem selbstgebastelten Fahrrad herum. Aber all das trat doch in den Hintergrund in Anbetracht der Freude, die der Gemeindeaufbau machte, und der Dankbarkeit für alles, was gelang. Zum Beispiel 450 Menschen am ersten Advent im großen und kleinen Saal und in den Konfirmandenräumen zu ›echtem Tee‹ einzuladen (amerikanische Spende) – und dann dicht gedrängt im großen Saal die Aufführung der von uns für die Bühne bearbeiteten ›Schneekönigin‹ von Andersen[503] mit sechzig Mitspielern zu sehen. Annelieses Mädchenkreis,

---

502 Titel eines Liedes von Kurt Walter (1892–1963), evangelischer Pfarrer und Mitglied der Bekennenden Kirche, der von 1942–1945 im sogenannten ›Pfarrerblock‹ des Konzentrationslagers Dachau inhaftiert war.
503 Andersen, Hans Christian: Die Schneekönigin, Frankfurt/M. 2007 [Erstveröffentlichung 1844].

meine Schulmädchen und etliche aus den Kindergruppen waren dabei. Es ist ein richtiges ›Ausstattungsstück‹ geworden, und die gesteckten Kostüme aus Gardinen und Hilfswerkschätzen wirkten enorm. Es war natürlich eine Erleichterung, dass wir in Dahlem immer von 8 bis 22 Uhr Licht hatten. Kerzen für die Kirche kamen uns übrigens auch mit amerikanischer Hilfe zu. Die Adventszeit selbst war ausgefüllt mit Besuchen in Altersheimen, Krankenhäusern und bei einzelnen Alten, denen wir von den Kindern gebundene Tannensträuße mit irgendeiner kleinen Süßigkeit brachten und dazu Weihnachtslieder sangen. Zur Belohnung bekam dann jede unserer fünf Jugend- und Kindergruppen eine Feier bei uns zu Hause mit Vesper. Wir hatten dafür Milchpulver, Kakao, Zucker und für jeden zwei ›Donuts‹ von amerikanischen Freunden gestiftet bekommen. Leider wurde einigen Kindern übel von der ungewohnten, eilig verschlungenen Mahlzeit. Beim zweiten Mal warnten wir davor, zu schnell zu essen, und es ging besser.

Ich habe immer eine Abneigung gegen ›Bescherungen‹ gehabt. Allerdings hatten wir für etliche der bedürftigen Kinder und für die immer zum Helfen bereiten Jugendlichen schon das ganze Jahr über einige besonders nett aussehende Sachen für Weihnachten zurückgelegt. Wertgegenstände waren das natürlich nicht – aber damals doch echte Geschenke. Die brachten wir am Tag vor Heiligabend selbst in die Häuser oder bestellten uns weiter weg wohnende Kinder zu verschiedenen Zeiten zum Abholen. Bei den Feiern durften sich die Kinder per Julklapp oder Grabbelsack untereinander etwas schenken (allerdings nur Selbstgemachtes, alles andere war verpönt).

Es war gut, dass meine Heiserkeit so schnell verschwand, wie sie gekommen war, denn am 30. Dezember 1946 wurde meine Mutter siebzig Jahre alt. Wenige Tage nach dem 75. Geburtstag meines Vaters im März 1943 waren Christel und Hans von Dohnanyi und Dietrich verhaftet worden. Wie sollten wir nun ein Familienfest gestalten und feiern? Sollte man es ganz ausfallen lassen? Wir (mein Vater und Karl-Friedrich und Ursel mit Kindern) meinten, es solle gefeiert werden. Das wäre im Sinne der Toten – und meine Mutter war ein für alle Freuden so dankbarer Mensch. Sie feierte gern und ließ sich auch gerne feiern. Sie hatte die große, gnadenvolle Gabe, ganz im Augenblick leben zu können, ohne dabei zu verdrängen oder zu vergessen. Das Leben war so, dass hell und dunkel nebeneinanderstanden, und sie konnte beides mit offenem Herzen bewältigen. Und dass sie in diesen siebzig Jahren viel Grund zur Dankbarkeit gehabt hatte, ist ihr doch deutlich gewesen.

Also feiern – aber wie? Keinem der Geschwister fiel dazu etwas ein. Jede Form von Rückblick war wohl doch zu gewagt, wenn sie in heiterer Form gebracht werden sollte. Karl-Friedrich und mein Vater sprachen bei Tisch, Schleichers sorgten unter Eberhard Bethges Leitung für die Musik. So begann in aller Morgenfrühe ein Familienchor, zu dem auch Anneliese eingeladen war, mit dem Psalm ›Ich hebe meine Augen auf zu den Bergen, von welchen mir Hilfe kommt‹,[504] vielstimmig und mit Instrumenten gesungen. Da auch alle Enkelkinder sangesfreudig waren, bildete sich ein stattlicher Chor. Nur die Großeltern und Andreas hörten zu; Hörnchen und Inge gehörten natürlich mit zum Chor. Dann kamen Gabentisch und Frühstück und anschließend die Besuchs-Empfangsstunde. Zum Mittagessen stand ein Gänsebraten auf dem Tisch: eine riesige, gefüllte Gans, die Eberhard Bethge aus England von Freunden mitgebracht hatte, da er kurz vorher dort hatte hinfahren können! Aber ein ›runder‹ Geburtstag ohne ›Mittelstück‹ (das heißt irgendeine Aufführung) wäre doch für meine Mutter nichts gewesen. So hatte ich, als die bereits wieder an die Gestaltung von Festen Gewöhnte, mit meinen Nichten die ›Gouvernante‹ von Körner[505] auswendig gelernt (die meine Mutter Jahrzehnte zuvor mit Ursel und Christel für Hörnchens Geburtstag selbst einmal aufgeführt hatte). Vom damaligen Zuhören beim Üben war sie mir noch gut im Ohr, und ich musste gar nicht so viel lernen. Das Einstudieren mit den Nichten machte viel Freude. Da meine Mutter ja selbst einmal Lehrerin gewesen war, wenn auch kurz, war ein Zusammenhang herstellbar. Es klappte tadellos und machte meiner Mutter große Freude. Mein Vater war glücklich und bewegt, als er mir dankte. So war dieses erste große Familienfest nach 1945 gut gelungen und überstanden.

»Da ich in diesem Jahr eifrig Rundbriefe geschrieben habe«, lese ich in meinem Silvesterbuch, »kann man alle Einzelheiten aus

---

504 Psalm 121, 1 (Luther-Übersetzung 1912).
505 S.o. Anm. 95 (S. 265).

dem Jahr 1946 ja dort, auf den hier eingelegten Durchschlägen, nachlesen.« Aber da liegen keine Rundbriefe mehr, und ich finde, der Bericht über dieses Jahr ist schon ziemlich lang geworden, sodass noch mehr Einzelheiten auch nicht nötig sind. – Woher kommt es, frage ich mich manchmal, dass ich beim Schreiben dieser zwanzig Jahre meines Lebens von 1929 bis 1949 so viel chronologischer vorgehe als in den ersten beiden Jahrzehnten? Ließ sich das schlichte und dem Jahresdatum nach geordnete Erinnern der Kinder- und Jugendzeit in diesen bewegten, zeitgeschichtlich so bedeutenden Jahren nicht durchführen, ohne verwirrend zu wirken? Oder bin ich bloß langweiliger geworden? Denn die Ereignisse so hintereinander zu beschreiben wie in Biographien üblich, ist sicher nicht so interessant zu lesen. Ich schreibe ja auch (durch meine Krankheit unterbrochen) viel länger an dieser Zeit – während ich zum ersten Teil größeren Abstand hatte. Und kein Silvesterbuch zur Hand! So werde ich mich bemühen, die nächsten Jahre doch wieder etwas mehr unter bestimmten Gesichtspunkten zusammenzufassen. Aber weil du[506] doch gerne möchtest, dass man erkennt, wann was gewesen ist, werde ich versuchsweise das Datum einzelner Geschehnisse angeben.

Nach diesen einleitenden Worten nun zum Silvestertag 1946: Zum ersten Mal machten wir einen Silvester-Spaziergang in den Grunewald. Meine Brüder, die über diese Feiertage oft zum Skifahren in Friedrichsbrunn gewesen waren, hatten mir erzählt, dass sie in der Nacht mit Kerzen in den Wald gegangen waren, sich dort eine hübsche, kleine Tanne gesucht hätten und so noch mal einen Christbaum – sogar im Freien – geschmückt hätten. Ein Förster war um diese Zeit wohl nicht im Wald unterwegs, und sie hatten keinen Ärger bekommen. Daran erinnerte ich mich, und wir beschlossen, mit unserer Jugend (und eventuell deren Eltern und den Mitarbeitern) in den Wald zu ziehen – allerdings schon am Nachmittag, um diesen ›Frevel‹ in der Dämmerung begehen zu können. Der Vorschlag wurde mit Vergnügen angenommen. Eine große Schar hatte sich zusammengefunden, und trotz der großen Kälte machten wir einen weiten Weg bis über den Grunewald-See, ehe wir die vorherbestimmte junge Kiefer umstanden. Kerzenstümpfchen wurden befestigt, Walter las

---

506 Hier wird die Adressatin der Lebenserinnerungen angesprochen, Susannes Freundin Lisa Kirsch (vgl. Einleitung, Abschnitt 2. Die Entstehung der Aufzeichnungen).

den 90. Psalm, und wir ›sangen das alte Jahr aus‹. Von da an blieb dieser Spaziergang zu den verschiedensten ›Baumheiligtümern‹ von Jahr zu Jahr eine der festen Traditionen bei uns.

Was war es kalt in diesen Nachkriegswintern! Wer zwei geheizte (oder besser leicht angewärmte) Zimmer in der Wohnung hatte, war fein raus. Bei uns mussten ja schon wegen der verschiedenen Kreise, der Sprechstunde und den Amtspflichten zwei Räume geheizt werden. Auch in der Küche brannte nach Möglichkeit ein Feuer im Herd, um wenigstens etwas warmes Wasser zu haben. Eigener Herd (besonders ein Kohlenherd) war wirklich Goldes wert[507] – wenn er auch nicht mit Kohlen, sondern mit altem Zeitungspapier, Pappen und Grude-Koks[508] gefüllt wurde. Und mit Kienäppeln,[509] die man den ganzen Sommer über eifrig gesammelt hatte. Alle übrigen Räume waren eiskalt, und am Abend hieß es: »Nun wollen wir uns warm anziehen und schlafen gehen.« Das Thermometer neben meinem Bett zeigte oft 12 Grad unter Null. Das Wasser in der oberen Etage war abgestellt, damit es nicht einfror; aber auch unten zeigte die Toilette dauernd Neigung dazu und musste durch milde Warmwassergaben und heuumwickelte Rohre davon abgehalten werden. Jeden Morgen überlegte ich mir ernstlich, ob ich die Kinder aus den warm gewordenen, dick eingepackten Betten holen sollte, um sie zur Schule zu schicken – tat es dann aber doch. Waschen war nur in der Küche möglich. Dabei hatten wir es durch ein Sonderkontingent von Gas und Strom noch etwas besser als andere. Walter kam von seinen langen S-Bahn-Fahrten in die Universität auch immer völlig durchgefroren heim. Dabei schleppte er (für sein dort verdientes weniges Ostgeld) noch allerhand Lebensmittel und Gebrauchsgegenstände heim. Damit Anneliese nach den oft späten Dienstabenden in Erwachsenenkreisen und im Kirchenchor nicht den weiten, eiskalten Weg bis zum damals schlecht erreichbaren Tempelhof machen musste, hatte ich ihr im Büro – dem kleinen Zimmer über dem Flur, das mit Akten vollgestopft war – eine Übernachtungsmöglichkeit eingerichtet. Wie gut war es, dass wir we-

---

507 S.o. Anm. 374 (S. 575).
508 Grude sind Koks-Rückstände, die bei der Braunkohle-Erzeugung zurückbleiben und eine gleichmäßige, milde Wärme abgeben. Grude-Koks war früher ein preiswertes Brennmaterial, weil es keine anderen Verwendungsmöglichkeiten dafür gab.
509 D.h. Kiefernzapfen.

nigstens unsere warmen Sachen aus Friedrichsbrunn geholt hatten! Schäbig sahen damals alle Leute aus. Aber trotz der Kälte ließen wir nichts aus von unserem geplanten Programm. »Wenn man anfängt nachzugeben, ist man aufgegeben«, dachte ich – und die Leute kamen wie gewohnt. Wenn sie eintraten, sagten sie: »Schön warm« und merkten erst nach einer Stunde Stillsitzen, dass es damit nicht weit her war. Aber die Heizung reichte, dass die frostbeuligen Hände der Frauen nähten, die Münder sangen und die Ohren zuhören konnten. Mit den Kindern trieben wir vor allem Bewegungsspiele in unserem dazu geeigneten, ziemlich leeren Haus.

»Lasst alle Hoffnung fahren!«,[510] stand in großen Buchstaben über dem eingefrorenen WC, als wir in solch einem kalten Winter eines unserer großen Studenten-Kostümfeste feierten unter dem Motto ›Wiedersehen im Hades‹.[511] Unten aber im Kellergeschoss stand an einer schlichten Holztür zu lesen: »Hier bin ich Mensch, hier darf ich's sein.«[512] Denn in der Tiefe flossen noch die Quellen (jedenfalls flossen sie ab). Walter hatte diese schönen Schilder angebracht und auch die nach unten weisenden Hände. Ein anderes Schild, im kleinen Flur vor der Küche über einem Stuhl mit Tablett, trug die Aufschrift »Brotablage«. Dort legten die Gäste die mitgebrachten, eingewickelten Schnitten hin, die dann ausgepackt, aufgeklappt und (soweit wie möglich mit kleinen Zutaten aufgewertet) zu der dicken Suppe gereicht wurden, die es gegen zehn Uhr gab. Bei diesem Fest thronte Walter als Pluto[513] auf einem hohen Stuhl, der mit Girlanden aus Inflationsgeldscheinen geschmückt war; ich labte als Proserpina[514] die eintreffenden Gäste mit Lethe[515] (das heißt mit einem Tässchen echten Bohnenkaffees); dazu gab es einen Pfannkuchen (amerikanische Spende). Zerberus,[516] der Höllenhund, wurde von Andreas mit einem großen Hundekopf verkörpert, Michael war

---

510 Zitat aus Dante Alighieris Hauptwerk ›Die Göttliche Komödie‹, Inferno 3, 9 (›Das Höllentor‹): »Die ihr eintretet, lasst alle Hoffnung fahren!«
511 Bezeichnung für die Unterwelt bzw. das Totenreich in der griechischen Mythologie.
512 Zitat aus Johann Wolfgang von Goethes Gedicht ›Osterspaziergang‹ in der Tragödie Faust, Teil 1 (›Vor dem Tor‹): »Zufrieden jauchzet groß und klein:/ Hier bin ich Mensch, hier darf ich's sein!«
513 Gott der Unterwelt in der römischen Mythologie.
514 Gattin des Pluto, Göttin der Unterwelt in der römischen Mythologie.
515 Einer der Flüsse der Unterwelt in der griechischen Mythologie. Der Name bedeutet ›Vergessen‹, denn im antiken Griechenland glaubte man, dass die Verstorbenen vor dem Eingang in das Totenreich vom Wasser der Lethe trinken müssen, um die Erinnerung an ihr vergangenes Lebens zu verlieren und wiedergeboren zu werden.
516 Höllenhund in der griechischen Mythologie, der den Eingang zum Totenreich bewacht, damit kein Lebender hinein- und kein Toter hinausgelangt.

ein mittelalterlicher Teufel, und Anneliese beförderte als Charon[517] jeden Gast in einem Pappkahn in den Raum. Mit solchen kleinen Tricks haben wir immer die peinliche Anfangssituation bei Kostüm- und Maskenfesten überbrückt (wo man plötzlich gar nicht mehr weiß, warum man sich so komisch verkleidet hat), weil jeder gleich ins Spiel hineingezogen wurde. Das hatte ich noch von zu Hause gelernt.[518] ›Hades‹ hatten wir auch aus dem Grund gewählt, weil mit Laken und Tischtüchern eine schnelle Kostümierung herzustellen war und unsere Oststudenten sich damit notfalls bei uns eindecken konnten – und Antike ist immer gut. Die meisten freuten sich schon seit Weihnachten auf dieses Fest und dachten sich die amüsantesten Rollen aus.

So war es auch, als im Jahr 1948 das Thema lautete ›Der bestirnte Himmel über mir‹.[519] Wir hatten die Decken mit goldenen und silbernen Sternengirlanden bespannt. Unten wurde in beiden Räumen getanzt, in den großen darüberliegenden Zimmern haben wir gegessen; der restliche Platz diente als Massenlager für diejenigen, die um drei Uhr nachts, wenn wir eisern Schluss machten, nicht mehr nach Hause durften oder konnten. Ich kam im langen schwarzen Kleid als ›moralisches Gesetz‹ daher – was zuerst durch Miene und Zeigefinger, im Laufe des Abends aber nur noch durch die aufgemalten Paragraphen-Zeichen sichtbar wurde. Es war eine höchst belustigende Rolle für mich. Walter schaute von einer Leiter als Wallenstein[520] in die Sterne und hielt von dort aus eine vorzügliche Tischrede.

Natürlich wurde bei diesen Festen nicht nur getanzt (auch wenn das wegen der Kälte eifrig betrieben wurde). Außer den Tanzspielen, die alle zusammenführten, wurde viel aufgeführt und ›geboten‹. Besonders besinne ich mich auf einen Song mit zeitgenössischen Texten nach den Melodien von Abendliedern (von ›Schlösser, die im Monde liegen‹ bis ›Guter Mond, du gehst

---

517 Fährmann in der griechischen und römischen Mythologie, der die Toten mit seinem Boot ans andere Ufer des Flusses bringt, der das Totenreich begrenzt.

518 Mit dieser Art von Geselligkeit knüpft Susanne Dreß an Familientraditionen aus der Zeit vor dem Krieg und aus ihrer Kindheit an; vgl. Kapitel 3.5 Feste und Feiern.

519 Vgl. Kant, Immanuel: Kritik der praktischen Vernunft, Stuttgart 1995 [Erstveröffentlichung 1788]. Der Anfang von Kapitel 34 (›Beschluss‹) lautet: »Zwei Dinge erfüllen das Gemüt mit immer neuer Bewunderung und Ehrfurcht, je öfter und anhaltender sich das Nachdenken damit beschäftigt: Der bestirnte Himmel über mir und das moralische Gesetz in mir.«

520 Der böhmische Feldherr Wallenstein (1583–1634) ist die Hauptfigur in der gleichnamigen Dramen-Trilogie von Friedrich Schiller.

so stille‹), den einige Studenten mit ihren Dahlemer Freundinnen aus unserer Gemeinde vorsangen. Wir hatten unter anderem das schöne Spiel mit dem Refrain ›Es ist, um auf dem Kopf zu stehn‹ dazu benutzt, nicht nur unsere Gäste auf die Schippe zu nehmen, sondern besonders unsere tugendsamen Gemeinde-Tanten. Es ist uns nämlich im Jahr zuvor zu Ohren gekommen (und dann in der Zeit nach Weihnachten durch entrüstete anonyme Briefe bestätigt worden), dass man schwer schockiert war, dass im Pfarrhaus getanzt würde! Besonders ›Tante Gretchen‹, eine entfernte Tante von Adelheid Fischer, die unsere Kirche andauernd kritisch beäugte, schnaubte vor Zorn. Das war für uns natürlich erheiternd. Wir fanden in alten Predigten eine herrliche Stelle über ›die Sündhaftigkeit des Tanzens‹, die uns viel Freude machte und oft verlesen wurde. Es hieß darin: Wohl wäre auch der König David in seiner Freude vor der Bundeslade einhergehüpft[521] und Mirjam, Moses Schwester, hätte Becken schlagend nach dem Siege fröhliche Tanzsprünge gemacht.[522] Dies wäre also Gott genehm und nicht schandbar, sondern biblisch. Auch dürften wohl Jünglinge und Jungfrauen jeweils für sich in Jugendlust den Reigen schlingen – da würde, wenn es nicht häufig geschehe, sondern nur bei besonderen, freudigen Anlässen, der Herrgott ein Auge zudrücken. Schamlos aber und gesundheitlich außerordentlich gefährlich wäre das Treiben auf Tanzböden und deshalb allen echten Christen ein Gräuel.

Neben diesen alten Predigten waren aber auch entrüstete Zeitgenossen gegen das sich wieder anbahnende Fastnachtstreiben im Rheinland und anderswo laut geworden (wo es wohl auch oft unerfreulich zuging). Die rührende Harmlosigkeit unserer Feste, wo selbst eine Kuss-Polonaise schon weit aus dem Rahmen fiel und möglichst abgebogen wurde, wo aber die Jugend wirklich zur ›Trunkenheit ohne Alkohol‹ animiert wurde und lernen konnte, dass man sich auch mit beherrschtem Sex und ohne Suff stundenlang bestens amüsieren konnte – das erschien uns nicht nur erlaubt, sondern wirklich wichtig. Noch jetzt sprechen mich manchmal weißhaarige Herren darauf an, wie schön es damals bei unseren Nachkriegsfesten war.

---

521 Vgl. 2. Samuel 6, 4.5.14–16.20–23.
522 Vgl. Exodus 15, 20.

Das große Studentenfest mit neunzig Personen, das wir im Jahr vor dem ›bestirnten Himmel‹ im Januar 1947 bei uns im leergeräumten Haus gefeiert haben, war die Einladung in ein ›Zauberschloss‹. Hier wurde der Fantasie keine Schranke gesetzt – und den Kostümen ebenso wenig. Erst recht nicht der Dekoration, zu der die unglaublichsten Ruinen- und Straßenfunde dienten. Wir hatten uns mit der Vorbereitung viel Mühe gegeben: Aufführungen von Scharaden; Märchen, in denen Schlösser vorkamen; Lieder von Burgherren; natürlich ein gestiefelter Kater, von Andreas gespielt – und sogar eine ›Geisterwanderung‹ durch alle Räume mit vielen Überraschungen, weil es uns an einer Geisterbahn gebrach. Ich als Hexe, die Speisen aus dem Papp-Knusperhaus reichte, Walter als Zauberer ... Es hat uns jedenfalls bestimmt mehr Spaß als Mühe gemacht. Und gerade dieses Fest hatte den Sturm der Entrüstung unter den ›gefestigten, ernsten Christen, die wussten, worauf es nun ankam‹, erzeugt. Dass sie alle schon aus dem Alter heraus waren, wo man gerne tanzt, ist selbstverständlich. Und bei einigen war es offensichtlich so wie bei Dornröschen und der dreizehnten Fee: Ihre Tochter war nicht mit eingeladen, weil sie nicht zu unserer Jugend gehörte und sich zum anderen Pfarramt hielt. Wir waren darum sehr froh, als man im Jahr darauf auch in diesen Gemeindeteilen anfing, die Jugend tanzen zu lassen.

War das Haus Im Gehege erst für ein solches Fest eingerichtet, lohnte es sich doch nicht für nur einmal! Dann kamen der Lesekreis, der Kirchenchor und der Kreis der ›Mitarbeiter‹ auch noch dran (amtliche in Auswahl, ehrenamtliche alle) – und so ging es manchmal vierzehn Tage lang bei uns heiter zu. Denn auch die Nachmittagskreise (von den nähenden älteren Damen bis zu den Kleinsten) wollten in der Fastnachtszeit ihren Spaß bei uns haben. Und natürlich die Konfirmanden. Sogar die aus dem Heim für Schwererziehbare in der Schweinfurth-Straße kamen mit ihren Erziehern, und jede Gruppe wurde von uns nach ihrer Art und Aufnahmefähigkeit belustigt. Dass es dann bald so kam wie in der Weihnachtszeit und die Veranstalter all dieser Gemeinschaftspflege froh waren, wenn es schließlich vorbei war, konnte man verstehen. Am Aschermittwoch haben wir schon aus diesem Grund radikal Schluss gemacht. Die anderen erlebten es ja nur ein- oder höchstens zweimal; aber für uns war das häufige ›juhu, ich bin lustig‹ fast noch schwerer zu ertragen als zwanzigmal ›Macht hoch die Tür‹. Nun, wir sagten uns, dass wir eben in der ›Vergnügungsbranche‹ tätig waren und stets bis zum Schluss, ohne unsere Ermüdung zu zeigen, durchhalten mussten. Und das gelang auch!

Ein sehr vergnügtes Kinderfest, das wir damals in der Fastnachtszeit im ›Zauberschloss‹ gefeiert hatten, brachte mir die Erinnerung an meine Kindertanzstunde so lebhaft in Erinnerung, dass ich beschloss: Das machen wir auch! So wurden nach beendeter Passionszeit zehn Jungen und zwölf Mädchen eingeladen, bei uns daran teilzunehmen. Kostenlos – weil es uns selbst nicht mehr kostete als das Bohnerwachs am Tag danach. Denn den Unterricht bestritten Anneliese Schwarz und ich, und die Musik machte Adelheid Fischer – und ab und zu Michael, den wir besonders fürs Walzerspielen einsetzten (denn es war unmöglich, den Kindern Walzer beizubringen, wenn unsere Organistin diesen Tanz in Bach'scher Manier auf dem Klavier ertönen ließ). Anneliese, die in Walzertakten schwelgte, musste bei der Unterweisung der Schritte mittun. Andreas war weitaus der Jüngste der ›Herren‹, die meisten anderen waren drei oder vier Jahre älter als er. Natürlich waren die drei Jungens von Harmsens mit ihren beiden Schwestern Itti und Tini dabei, und auch die Tochter unserer Kaufmannsfrau Gisela Bendik, in die sich Annelieses Neffe Reinhard Schwarz verliebte. Die Knaack-Jungens wurden als noch zu klein befunden und machten erst später bei der Tanzstunde mit, die sich um Andreas gruppierte. In zwei Zimmern wurde geübt. Für Walter war inzwischen oben ein Arbeitszimmer eingerichtet worden. Die Kinder lernten außer Volkstanz auch Foxtrott, Walzer, Polka, Quadrille und mit größtem Vergnügen Polonaise. Sogar Menuett und Française tanzten sie gern – und auch für den ganz freien Tanz, nur nach dem Rhythmus der Musik, ließen wir Raum (darin waren Michael und Itti ausgesprochene Meister). Die Eltern durften zum Zuschauen kommen und taten das auch öfter. Wir genierten uns nicht, selbst mit den Kindern herumzuhüpfen. Zum Schluss durften alle Erwachsenen mit ihren Kindern tanzen; das war für viele eine Anregung, auch zu Hause ungehemmter miteinander umzugehen.

Besonders schön war es, wenn eine meiner amerikanischen Damen aufkreuzte, denen ich von meiner neuen ›Hilfsaktion‹ erzählt hatte. Denn die pflegten nicht mit leeren Händen zu kommen, sondern brachten große Bonbontüten und Schmalzgebackenes mit – oder sogar Schokolade. Sonst wurde zwischendurch nur dünner Saft gereicht (durch ein Gemisch aus Süßstoff und Zucker angereichert und mit Zitronensäure belebt). Es ging uns ja ums Tanzenlernen und das Vergnügen, nicht ums Futtern. Trotzdem war die Spannung, ob eine ›Ami-Frau‹ käme, immer groß.

Diese Dahlemer amerikanischen Damen hatte ich durch den Weltgebetstag der Frauen[523] kennen gelernt. Bereits im Jahr 1946 hatten sich einige Amerikanerinnen zusammengetan, um den bei ihnen schon in der Zeit vor dem Zweiten Weltkrieg eingeführten ›Gebetstag der Frauen für den Frieden‹ zu feiern. Zuerst noch in ganz kleinem Kreis (nur die Amerikaner unter sich). Dann wurden im Jahr 1947 die anderen westlichen Besatzungsmächte hinzugezogen: Engländerinnen und evangelische Französinnen und auch Mitglieder der deutschen Kirchen – das heißt eine von den Methodisten, eine Baptistin, eine Mennonitin, eine von der evangelischen Gemeinschaft und eine von der ›Landeskirche‹ (also von dem seltsamen Gebilde der ›Evangelischen Kirche der altpreußischen Union‹). Diese vertrat ich, auf Bitten von Frau Bodensiek, als Repräsentantin des ›Lutherischen Weltbundes‹. Worum einen damals die Amerikaner baten, die immer hilfsbereit und freundlich waren, das tat man. So wanderte ich bereits im Herbst 1946 zur Vorbereitung in ein amerikanisch besetztes Haus Im Dol. Leider konnte Frau Bodensiek selbst nicht dabei sein, und mein Englisch war zu dieser Zeit noch sehr dürftig. So war ich froh, dort eine mir bekannte Quäkerin zu treffen, sowie Frau Scholz, die Frau des Methodisten-Superintendenten. Dort sprach man selbstverständlich englisch. Auch war die Liturgie nur auf Englisch vorhanden und sollte nun mit der vorläufigen deutschen Übersetzung verglichen werden. Aber zuerst wurde lange und frei gebetet und dann noch laut gesungen. Zu meinem Schrecken begann nach dem Singen das Beten von Neuem, und ich bemerkte, dass es im Kreis herumging und von jedem erwartet wurde, dass er offen und herzlich zum

---

523 Verschiedene Gebetstage wurden von Frauenhilfswerken in den USA und Kanada ab 1887 ins Leben gerufen. Als interkonfessioneller und internationaler Weltgebetstag der Frauen wird er seit 1927 am ersten Freitag in der Passionszeit begangen. Auch in Deutschland wurde er ab 1927 von Methodistinnen durchgeführt. Nach dem Zweiten Weltkrieg wurde er 1947 in Berlin auf Initiative der Methodistin Luise Scholz erstmals wieder begangen.

Herrn um das Gelingen des Vorhabens flehte. Mich rührte das ebenso, wie es mich verstörte. »Sie können auf Deutsch beten«, flüsterte mir Frau Scholz zu, die neben mir saß. Auf Englisch hätte ich nur »God, save my soul« sagen können – aber auch auf Deutsch mit schönen Worten vorzubeten lag mir gar nicht. Und als die Reihe an mich kam und man mir gespannt und ermunternd zunickte, half mir nur mein gutes Gedächtnis für Kirchenlieder. So sagte ich mit Anstand und betontem Ernst alle Verse von ›Herr Jesu Christ, dich zu uns wend‹[524] auf und kam so über die Runden. Dabei fiel mir plötzlich der Witz von dem Leutnant ein, der einem Militär-Pfarrer zugeprostet hatte: »Herr Jesu Christ dich zu uns wend – es lebe der Herr Generalsuperintendent!« Er erhielt zur Antwort: »Den Glauben mehr, stärk den Verstand – es lebe der Herr Leutnant!« So ist das immer bei mir gewesen: In jeder feierlichen Situation wurde ich durch unpassende Erinnerungen oder durch Situationskomik an echter Würde gehindert.

Am ersten Freitag in der Passionszeit 1947 fand dann nach vielen weiteren Vorbesprechungen der Weltgebetstag in der Ernst-Moritz-Arndt-Kirche[525] in Berlin statt. Solch ein ökumenischer Gottesdienst, der nur von Frauen gestaltet und besucht wurde, war für die Berlinerinnen ein ganz neues Erlebnis. Zusammenzukommen, um für den Frieden zu beten und am selben Tag rund um die Welt die gleichen Bitten zu sprechen, in all den verschiedenen evangelischen Gemeinden, die sonst durch Sprache, Entfernung und Dogma getrennt waren – das war schon eine sehr eindrückliche Sache, und wer davon gehört hatte und sich an diesem Vormittag frei machen konnte war dabei. Natürlich kamen doch vor allem Amerikanerinnen und Engländerinnen, denn die Frauen der Franzosen waren katholisch und beteiligten sich nicht. Die deutschen Frauen waren am Vormittag schwer beschäftigt (außer in den älteren Jahrgängen). Darum wechselten wir im nächsten Jahr auf den Nachmittag. Trotzdem war die Kirche gut gefüllt. Wir Liturginnen versammelten uns vorher – und wieder ging es los mit dem freien Beten. Aber Frau Bodensiek als Lutheranerin

---

524 Evangelisches Kirchenlied zum Gottesdienst-Eingang aus dem Jahr 1648. Die beiden Zitate stammen aus der ersten und zweiten Strophe dieses Liedes.

525 Evangelische Kirchengemeinde in Berlin-Zehlendorf, errichtet 1934, benannt nach dem deutschen Schriftsteller und Freiheitskämpfer Ernst Moritz Arndt (1769–1860). Diese für eine Kirche ungewöhnliche Namensgebung sollte ein Signal gegen die Nationalsozialisten sein und deutlich machen, dass man als Christ zugleich Patriot sein kann.

hielt sich zurück und ich somit auch; die Zeit war knapp, und es war dankenswert, wenn wir das Beten den Freikirchlerinnen überließen, die Übung darin hatten. Mich verwirrte damals das mir völlig deplatziert erscheinende, auffällige ›Make up‹ der Beterinnen. Da schwankten außerdem ganze Blumenbeete auf den farbigen Hüten, Krallen und Maul bluteten lackrot, Duft und Puder stäubten, und die Kleider sahen mehr nach Fastnacht als nach Passionszeit aus. Es dauerte eine Weile, bis ich mir sagen konnte: »Nun, warum nicht – jeder macht sich eben für seine Kirche so schön, wie er kann.« Nur die deutschen Teilnehmerinnen und Frau Bodensiek waren schlicht, ungeschmückt und unbehütet. Man ließ uns gewähren; warum sollten wir den anderen nicht ihren Stil lassen? Eine gewisse Sonderstellung war mir unter den Besatzungs-Damen aufgrund meiner Familienzugehörigkeit von vornherein sicher. Außerdem hatte ich auch noch eine persönliche Leistung vollbracht: Man hatte ein englisches Gedicht sehr schlecht ins Deutsche übersetzt, und ich hatte während einer Zusammenkunft eine andere dichterische Form für den Inhalt gefunden, die sofort neidlos angenommen wurde. Ich hatte eigentlich nicht aus dem englischen, sondern aus dem deutschen Text übersetzt, aber man bewunderte meine Sprachkenntnisse. Dieser Kreis kirchlicher amerikanischer Damen lud mich nun weiterhin ein – und brachte Bonbons in die Kindertanzstunde.

Es gab plötzlich keine Kartoffeln mehr. Gründe dafür wurden die verschiedensten angegeben: Dass sie in den Mieten oder auf dem Transport erfroren wären (was ja vorstellbar war – aber man hätte sich nicht gescheut, erfrorene Kartoffeln zu verkaufen; wir bekamen sie oft so). Die Ernte sei schlecht gewesen. Die ›Zone‹ beliefere Westberlin nicht. Oder in aggressiverer Form: Man hätte alle zu Schnaps gebrannt oder verkaufte sie nicht, bis die Preise dafür stiegen – und Ähnliches. Je mehr Begründungen genannt wurden, umso weniger glaubte man eine davon. Nur dass man auf Karten keine mehr bekam und für jedes Pfund Schlange stehen musste, falls mal welche auf den Markt gelangten – dass war zwar unglaubhaft, aber Tatsache. Unter der Hand waren sie allerdings zu haben. Ich kaufte einfach mangels Geld nichts auf dem Schwarzmarkt; und für Tauschgeschäfte hatte ich gar keine Zeit und wäre dabei auch bestimmt übers Ohr gehauen worden. Aber

Kartoffeln waren eben doch die Grundlage für die Ernährung meiner drei Männer, sodass ich mich darum kümmern musste. Und irgendwer fand sich auch, der mir zwei Zentner Kartoffeln ins Haus schleppte für meine gute goldene Uhr. Es war ja ein Wunder, dass ich sie noch besaß! Sie hatte die Russentage in einem großen Schraubglas überstanden, das mit Grieß gefüllt war – so wie auch mein Schmuck in Mehl, Mondamin und Nudeltüten unangetastet geblieben war. Von diesen Dingen (entweder Familienschmuck oder liebe Geschenke) wollte ich nichts verkaufen. Übermäßig Wertvolles hatte ich ohnehin nicht dabei; außerdem war das Angebot groß und der Gewinn klein. Diese Uhr hatte ich zur Hochzeit bekommen, hatte aber keine rechte Beziehung zu ihr, da ich meist vergaß, sie aufzuziehen; aber an sich war sie gut und teuer. Zwei Zentner Kartoffeln boten Sicherheit vor dem Verhungern oder jedenfalls vor quälendem Hunger der Angehörigen, und so war ich über diesen Tausch sehr glücklich. Vor der neuen Ernte war auch nicht viel zu erwarten. Deshalb mussten wir trotzdem sparsam mit unserem Vorrat umgehen.

An Ostern wurden alle Enkel zu den Großeltern zum ›Kartoffeln-Suchen‹ eingeladen. Meine Mutter hatte wohl auf dem Schwarzmarkt sehr schöne Stücke erworben. Jede Einzelne war mit bunten Seidenbändchen über Kreuz umwickelt und wurde liebevoll im Garten versteckt. Ich ließ um der Gerechtigkeit willen gelten, dass die fast erwachsenen Enkel mehr fanden als meine Jungens. Die Großen hatten sicher noch mehr Hunger. Aber auch meine Kinder hatten eine ganze Menge Kartoffeln zusammengesucht und zogen stolz mit der selbst erjagten Beute heim. Dieser zeitgemäße, für meine Mutter typische Einfall gab dem Osterfest 1947 seine besondere Prägung.

Zu den mitsuchenden Enkeln gehörten nun auch die vier Kinder von Karl-Friedrich,[526] der inzwischen wieder nach Berlin gezogen war. Leipzig war russisch besetzt und für ihn nicht ganz ungefährlich, denn er hätte plötzlich nach Russland verschleppt werden können. Angefragt hatte man ihn bereits, aber er konnte erst einmal glaubhaft machen, dass das, woran er arbeitete, für die dortige Regierung völlig uninteressant sei. Seine Wasserstoffatom-Spal-

---

526 S.o. Anm. 320 (S. 524).

tungen, durch die er Ende der Zwanzigerjahre bekannt wurde, hatte er in dem Moment, als die Nazis an die Macht kamen, nicht weiterverfolgt und war in die damals kriegsunwichtig erscheinende Biophysik übergewechselt. Nun waren aber gegen Ende des Krieges auch Biophysik und Biochemie als grauenvolle Kriegswaffen erkannt worden, und er hatte sich in immer weniger gefragte Bereiche zurückgezogen. Trotzdem wurde ihm (besonders von Heisenberg) dringend geraten, den Ruf an das Max-Planck-Institut nach Westberlin anzunehmen.[527] Dazu kam auch, dass er seine Söhne nicht in der Zone aufwachsen lassen wollte und gerne bei den alten Eltern in der Nähe war. Es war für mich eine ganz große Freude, dass dieser letzte, älteste und so sehr geliebte, gütige Bruder nach Berlin kam.

Viel Zeit fanden wir beide allerdings nicht füreinander. In der langen Zeit seit 1930, als er von Berlin weg war (erst in Frankfurt, dann in Leipzig), hatten wir uns wirklich zu wenig gesehen. Sehr schön waren die gemeinsamen Tage mit den evakuierten Familien im Harz gewesen, wenn auch nie ohne Schatten. Der Tod seiner jüngeren Brüder und dass er alle drei überlebt hatte, lag bis an sein Ende wie ein Schatten auf seinem so heiteren Temperament. Seinen liebenswürdigen Humor hatte er aber behalten, und großer Ernst lag ihm gar nicht. Als er wieder einmal aus Leipzig zu den Eltern nach Berlin gekommen war (was er trotz der schlechten Verbindungen oft unternahm), besuchte er mich wie meist in Dahlem. Ich war gerade mit Anneliese im Gemeindehaus, wo er uns zwischen Kleiderbergen aufspürte. Wir hatten ein sehr nettes gemütliches Stündchen zusammen, und Anneliese verstand sofort, dass all meine Freundinnen ihn geliebt hatten – von ferne. Als ich ihn fragte, wie er und die Familie denn mit den Rationen auskämen, sagte er lächelnd: »Na ja, auch wir leben jetzt mehr vom Irrationalen!« Als ich mich später einmal nach seinem Sohn Martin erkundigte, der sich in der Pubertät befand und ziemlich schulfaul war, was er so mache und vorhabe, sagte er mit traurigem Blick: »Hauptsächlich kratzt

---

527 Karl-Friedrich Bonhoeffer hatte zuvor als Professor in Leipzig gelehrt. Er wurde 1947 an die Universität Berlin berufen und zugleich Direktor des Instituts für physikalische Chemie und Elektrochemie der Kaiser-Wilhelm-Gesellschaft zur Förderung der Wissenschaften in Berlin-Dahlem (die ihren Sitz zunächst in Berlin und dann in Göttingen hatte und aus der 1948 die Max-Planck-Gesellschaft hervorgegangen ist). 1949 wurde Karl-Friedrich Bonhoeffer als erster Direktor des neu gegründeten Instituts für physikalische Chemie der Max-Planck-Gesellschaft nach Göttingen berufen. Diese Einrichtung trägt ihm zu Ehren heute den Namen ›Karl-Friedrich-Bonhoeffer-Institut‹.

er seine Pickel.« Er war ein rührend besorgter Vater und Ehemann und völlig altruistisch.

Karl-Friedrich hatte sich mit seiner Familie in Nikolas-See bei der Rehwiese niedergelassen. Nicht als Flüchtlinge waren sie gekommen, sondern mit all dem schönen Hausrat, den sie besaßen. Da sie nie einen Bombenschaden erlitten hatten, wirkte die von Grete mit den schönsten, museumsartigen Möbelstücken eingerichtete Wohnung wie in Friedenszeiten – ganz anders als unser und auch Ursels Haushalt (die ja ebenfalls schwer ausgebombt worden war). Die Kinder, die von Friedrichsbrunn her miteinander vertraut waren und sich mochten (besonders die kleineren, die jeweils nur ein viertel Jahr älter waren als meine), kamen trotz des weiten Weges oft bei uns vorbei. Martin und Katrinchen, die Jüngsten, machten auch bei der Kindertanzstunde mit. Martin glich sein mangelndes Interesse an Wissenschaften jeder Art durch seine gesellige Begabung aus und verfügte über ein ungeheures Repertoire an Schlagertexten. Für die braven Harms-Buben und die anderen ›Herren‹ der Tanzstunde, ebenso wie für meine eigenen Jungs, war es doch etwas verblüffend, wenn er in den Pausen schmetterte: »In der Nacht ist der Mensch nicht gern alleine,/ denn die Liebe im hellen Mondenscheine/ ist das Schönste – Sie wissen, was ich meine ...!«[528] und »Der Mann, der vor dir war – ja, der war wunderbar ...«[529] oder auch die Lieder aus der Dreigroschenoper. Auch ich hatte als kleines Mädchen viele Schlagertexte aufgeschnappt und mich bemüht, diese von Dorfjugend und Klassengenossen erworbenen Kenntnisse zu Hause nicht laut werden zu lassen. Nur auf den Waldwegen im Harz, wenn ich allein zu meiner Freundin ins Sanatorium lief, trällerte ich: »... einen neuen Kinderwagen hab ich mir bestellt, und alles wegen dir, und alles wegen dir.«[530] Dessen entsann ich mich und ließ Martin singen, was er mochte. Besser nichts verdrängen! Bei mir war das Interesse dann auf Kirchenlieder umgeschwenkt. Vielleicht würde ihm sein Gedächtnis auch noch mal nützlich sein. Katrinchen spielte die Kokette, unseren kleinen Dahlemer Kindergottesdienst-Mädchen weit Überlegene. Sie tanzte so ausgezeichnet

---

528 Refrain aus dem Schlager von Marika Rökk aus dem Jahr 1944 in dem Film ›Die Frau meiner Träume‹.
529 Refrain aus dem gleichnamigen Schlager von Will Höhne, der im Jahr 1958 bei Polydor aufgenommen worden ist.
530 N.i.

(ein Erbstück von Mutter und Vater), dass sie neben Brigitte Bils der Star war. Martin war ein rechter Lauser, der gar zu gern Übles tat – zum Beispiel die S-Bahn-Türen so verschloss, dass sie nicht mehr aufgingen und keiner aussteigen konnte. Von ihm lernten meine Jungens den Spaß, während der Sperrstunden Streichhölzer in die Klingelknöpfe zu stecken – sodass, wenn um 18 Uhr der Strom wieder einsetzte, in allen Türen der Nachbarschaft die Klingeln zu läuten begannen, bis die Stifte entfernt waren. Bei uns natürlich auch!

Es könnte so aussehen, als ob wir nur getanzt hätten und zur Abwechslung wohltätig gewesen wären. Oh nein – wir waren auch geistig rege! Mitten in der märzlichen Eiseskälte des Jahres 1947 versammelten sich bei uns junge und ältere Gemeindeglieder zu einer dreitägigen Arbeitsgemeinschaft. Die Berufstätigen hatten sich Urlaub genommen, die Hausfrauen für Vertretung gesorgt. Auch etliche Studenten waren dabei, und Adelheid Fischer warb noch ein paar Organisten an. Wir waren so zwischen dreißig und vierzig Personen, und es ging um die Lutherischen Bekenntnisschriften (die Augsburger Konfession, die Schmalkaldischen Artikel, den Großen Katechismus) und um andere Schriften Luthers – so zum Beispiel die an seinen Barbier ›Ob Kriegsleute in seligem Stande sein können‹. Walter leitete die Gespräche mit Lebhaftigkeit und Vergnügen. So etwas lag ihm eben, und die Teilnehmer genossen es. Die Diskussion war lebhaft, die Themen wurden zur Vorbereitung verteilt, sodass wirklich etwas dabei herauskam an zunehmendem Verständnis. Irgendwie hatte Anneliese es organisiert, dass wir gegen Abgabe von Marken und ohne viel zu bezahlen in dem eleganten Parkhotel (das später ein Hospiz für Zuckerkranke wurde) zum Mittagessen unterkommen konnten, wo wir einen recht ordentlichen Eintopf bekamen. So wanderte die ganze Korona um zwölf Uhr, nach drei Stunden eifriger Arbeit, den Weg vom Gehege zur Peter-Lenné-Straße hin und ließ sich den Frost in die Nasen beißen. Das machte aber frisch und zur Weiterarbeit gewillt. Tee und Kaffee haben wir gereicht und Zubrot zur Vesper wurde mitgebracht. Nach dem Abendessen übernahm Adelheid die Leitung und übte mit uns Luther-Lieder; und anschließend erwärmten wir uns das Herz mit Frühlingsmelodien. Dies war der Urbeginn unserer Drei-Tages-Freizeiten.

Am ersten Mittag sah mich eine Bekannte von Adelheid immerzu fasziniert an. Dann gestand sie: »Ich bin ganz verwirrt – Sie sehen einer Dame, die bei uns um die Ecke wohnt, so ähnlich. Und plötzlich erinnern Sie mich wieder an eine andere Frau, die ganz anders aussieht als die erste, nämlich blond. Mit einer von beiden müssten Sie eigentlich verwandt sein.« – »Wo wohnt denn die Blondine?«, fragte ich. »Jetzt habe ich sie schon lange nicht mehr gesehen, aber vor dem Krieg in der Kurland-Allee.« – »Und die andere hat ein Haus in der Marienburger Allee?« – »Woher wissen Sie das?« – »Sind Sie nie auf die Idee gekommen, dass diese beiden Schwestern sind?« – »Nein, denn sie ähneln sich nicht – aber Sie dafür allen beiden.« – »Kein Wunder«, klärte ich auf, »es sind beides meine Schwestern!«

Die Sankt Annen-Kirche wurde endlich von innen gestrichen. An Geld mangelte es nicht vor der Währungsreform – aber die Zigaretten für die Handwerker waren ein Problem, das nur durch amerikanische Hilfe gelöst werden konnte. In den letzten Kriegstagen hatte die kleine Kirche einen ›Dachschaden‹ bekommen, und es regnete heftig hinein. Es waren auch Ziegel fürs Dach beschafft worden und lagen plötzlich aufgestapelt um die Kirche herum. Walter, der damals die Geschäftsführung innehatte, war in diesen organisatorischen Fragen gar nicht so ungeschickt und setzte vereint mit Anneliese vieles durch (die nicht so schnell nachgab, wenn sie etwas wollte). Dachdecker und Zimmerleute fanden sich schließlich auch. Und für die Beförderung der Ziegel aufs Dach stellte sich die Gemeinde Abend für Abend zur Eimerkette auf. Walter hatte von der Kanzel aus dafür geworben – und es war erstaunlich, wie viele sich meldeten. Es waren allerdings zumeist diejenigen, von denen man wusste, dass sie mit Arbeit ohnehin schon überlastet waren. So wie Frau H., die aber ihre drei ältesten Jungens mitbrachte, oder Frau G., Mutter von sechs heranwachsenden Kindern und mit einem sehr schwierigen Mann verheiratet, die, um das Geld für die Familie zu beschaffen, Tag und Nacht Wäsche für Amerikaner wusch und bügelte. Der Kindeserzeuger war begeisterter PG gewesen und hatte nun seine Beamtenstellung verloren – und damit wohl auch seinen Verstand. Aber sie holte sich ihre einzige ruhige Stunde regelmäßig am Sonntag in der Kirche und schickte auch ihre Kinder (wie bereits vor 1945) gegen den Willen ihres Mannes zum Kindergottesdienst.

Sie schaffte es, dass ihre begabte, sehr reizende älteste Tochter Abitur machen konnte und nach dem Krieg anfing zu studieren. So traten manche als ganze Familie zum Ziegelschleppen an; außerdem waren die noch arbeitsfähigen Damen des Frauenkreises und eigentlich die ganze Schar der sich bei mir sammelnden Mütter dabei. Es war ein sehr vergnügtes, sommerliches Beisammensein: In langen Reihen vom Friedhof bis unters Kirchendach, alle mit alten, dicken Handschuhen angetan – bester Laune, sodass die alten Kirchengemäuer sich über das fröhliche Gelächter wunderten. Das muss bereits im Sommer 1946 gewesen sein, denn im Frühjahr 1947 konnte man bei fertigem Dach daran gehen, die Kirche endlich wieder von innen herzustellen. Später wurde dann noch oft an der Kirche gebaut, aber es war doch ein großer Moment, als die Ziegelschutzwand von den alten Fresken gelöst wurde, und die Spannung war groß, wie sie sich wohl erhalten hatten. Und es war besser, als man dachte.[531]

Anschließend wurden die aus dem 15. Jahrhundert stammenden, nach der Reformationszeit übermalten und Ende des 19. Jahrhunderts wiederentdeckten Bilder der früheren Wallfahrtskirche (in der es damals, wie man an den gemalten Krücken erkannte, auch Heilungen gegeben hatte) wieder staub- und farbsicher abgedeckt. Dann wurde ein Gerüst aufgebaut, um die Wände abzuwaschen. Natürlich fand der Gottesdienst in dieser Zeit im Gemeindehaus statt; wir hofften aber, dass das zu den Feiertagen der Osterzeit wieder vorüber sei. Aber dann ging es bereits auf Pfingsten zu, und der Kirchenraum sah noch völlig unbenutzbar aus. Dicker, weißer Dreck lagerte auf den Bänken, die nur unzureichend geschützt gewesen waren. Die Wascharbeiten waren zwar vorbei, aber es dauerte eben doch sehr lange, die großen Gewölbe zu streichen. Ich fand es traurig, wenn die Konfirmanden, die 1945 mit dem Unterricht angefangen hatten, nun nicht in ihrer Kirche, sondern in dem wenig schönen großen Saal eingesegnet werden sollten. Es war eine große Zahl von Kindern, denn durch

---

531 Die Sankt Annen-Kirche ist das älteste erhaltene Gebäude des ehemaligen Dorfes Dahlem. Der Holzbau geht auf das Jahr 1215 zurück, um 1300 wurde das erste Gebäude aus Stein errichtet, das in den folgenden Jahrhunderten erweitert wurde und im Dreißigjährigen Krieg niedergebrannt ist. Bei der Wiedereinweihung 1679 erhielt die Kirche ihre heutige Gestalt. Die vorreformatorischen Wandfresken wurden damals übertüncht. Als die Bevölkerungszahl in Dahlem zu Beginn des 20. Jahrhunderts rasch anstieg, wurde die Kirche 1905 modernisiert und umgestaltet. Die Renovierungsarbeiten, die aufgrund der schweren Beschädigungen im Zweiten Weltkrieg notwendig wurden, konnten 1953 abgeschlossen werden.

die Verschickungen⁵³² waren viele nicht zum Unterricht gegangen (und überhaupt war die Konfirmation in der Nazi-Zeit ja weniger gefragt). Wir überlegten, ob wir in die Jesus-Christus-Kirche[533] gehen sollten, aber die Eltern und Kinder bettelten um die Annen-Kirche. Es ist ja meist so, dass diejenigen, die weniger um den Inhalt des Evangeliums besorgt sind, sich mehr um die Erhaltung der ihnen gewohnten Formen bemühen. So wurde ich dauernd gefragt: Können wir denn nicht in der Annen-Kirche feiern, auch wenn das Gerüst noch steht? Schließlich sagte ich zu; ich würde dafür sorgen, dass die Einsegnung in mehreren Gruppen stattfinden könnte – aber nur, wenn mir die Konfirmanden vorher selbst oder durch einen Vertreter beim Scheuern der Kirche helfen würden. Das Putzen begann mehrere Tage zuvor, denn Malerdreck haftet, und wir hatten ja nur kaltes Wasser vom Friedhof. Aber die Stimmung war gut und die Beteiligung rege. Da ich selbst und auch Anneliese kräftig und belustigt mitmachten, entschlossen sich auch die ›besseren‹ kirchlichen Angestellten, zu helfen – und ohne dass man das damals so nannte, war ein gutes ›Team‹ von Laien und Hauptamtlichen beisammen und schaffte es, die Kirche ›sitzsauber‹ zu bekommen. Der Schnitz-Altar war noch in den Kellern der Börse eingelagert (die Figuren sowie das Patronats- und Pfarrgestühl waren während der Einlagerung durch Bomben zerstört worden); das Schnitzwerk des Altarbildes war in Mecklenburg in Sicherheit gebracht worden. Die dazu gehörigen Figuren wurden gerettet – bis auf eine, die gestohlen worden ist, wahrscheinlich vom Konservator persönlich. Drei der Figuren holte man jedenfalls aus seinem privaten Möbelwagen, der nach Westdeutschland abgehen sollte. Sie hatten Schilder um, dass sie in die Annen-Kirche gehörten.

Die Schießstände standen damals in jungem, leuchtendem Grün. Das war das Domizil für die ›Bannerspiele‹ unserer Jugend und der mittägliche Rückzugsort für Anneliese und mich (wenn wir mal nicht durch Gemeindeglieder gestört etwas planen oder unsere damals noch täglich durchgeführte Bibelarbeit machen wollten). Eine

---

532 Gemeint ist die ›Kinder-Land-Verschickung‹ (KLV), bei der Kinder seit Oktober 1940 aus den durch die Luftangriffe besonders gefährdeten Großstädten evakuiert und auf dem Land untergebracht wurden, oft in KLV-Lagern ohne ihre Eltern.
533 Dies ist das zweite Kirchengebäude in der evangelischen Gemeinde Berlin-Dahlem, das im Jahr 1932 eingeweiht wurde und zum südlich gelegenen Pfarrbezirk gehört.

Wildnis von abgestuften Farben zwischen gelb, goldrot, hell- und dunkelgrün. Schon in den vorhergehenden Jahren hatten wir dem Altarschmuck, wenn gerade nichts anderes aus den Gärten zu haben war, mit diesen wildwuchernden Zweigen aufgeholfen. Nun galt es, die Kirche für die Konfirmation zu schmücken. Es war üblich, dass die Konfirmanden aus ihren Gärten selbst für den Blumenschmuck sorgten. Aber das unschöne Gerüst machte alle Festlichkeit zunichte, und trotz des Scheuerns war die Annen-Kirche nicht das, was die Eltern sich für ihre Lieblinge erträumt hatten.

So mussten wir eben das Gerüst schmücken. Wir schnitten Unmengen von Zweigen ab, packten sie hinten auf die Räder und stellten sie in großen Wannen in der Kirche auf. Immer wieder fuhren Anneliese und ich am Sonnabend vor den Konfirmationen (die vom frühen Morgen bis zum Nachmittag am laufenden Band stattfinden sollten) mit dem Rad hin und her. Und dann am Sonntag in der Morgenfrühe: »Alles in die Gerüste!« Unsere männliche und weibliche Jugend war mit Hammer, Nägeln und Schnur ausgestattet und schmückte alles, um für die Konfirmanden eine Überraschung zu haben. Auch blühende Zweige aus den Büschen in den Gärten wurden mitgebracht und befestigt. Zum Schluss noch schnell fegen und die Blätter von den Bänken entfernen – dann konnte es losgehen. Der Erfolg war die Mühe wert: Eltern und Kinder waren ganz gerührt über »die viele Arbeit«; aber es sah wirklich nicht nur ungewöhnlich aus (wie beim jüdischen Laubhüttenfest), sondern einfach schön. Später wurde oft gesagt, so wunderbar wäre es in der Annen-Kirche noch nie gewesen, und diese Konfirmation sei einfach unvergesslich. Trotzdem konnten wir in den kommenden Jahren deshalb nicht wieder ein Gerüst aufbauen – aber die Freude an einer liebevoll hergerichteten Kirche war der Gemeinde so anzumerken, dass wir uns immer wieder um solch ›geschmückte Gottesdienste‹ bemühten und dem heidnischen Bedürfnis, Gott mit allen Sinnen zu loben (mit Augenweide und Ohrenschmaus, mit Stimmen und Wohlgerüchen), mit bestem Gewissen nachkamen – selbst wenn es bei den mehr pietistischen Gemeindegliedern, die es so schrecklich ernst meinten, deshalb Verstimmungen gab.

»Mutter, darf ich eine junge Katze haben? Einer aus meiner Klasse verschenkt welche!«, fragte Michael bei Tisch. Weiße Mäuse hatten die Kinder schon bald nach Kriegsende in einem kleinen Laden von ihrem Taschengeld erstanden und waren strahlend über den so billigen Einkauf mit einer Pappschachtel heimgekommen. Da ich mich an meine Liebe zu weißen Mäusen als Kind noch gut erinnerte und ja auch in den ersten Ehejahren noch welche hielt, an denen ich viel Freude hatte, konnte ich nichts dagegen sagen (solange die Ernährung der Familie dadurch nicht wesentlich erschwert wurde). Die kleinen Tiere waren zeitgemäß bescheiden und ernährten sich von Vogelfutter, Kleie und wirklich unverwertbaren Abfällen. Sie vermehrten sich auch rege und wurden im Freundeskreis verschenkt. Man bemühte sich allgemein, den Kindern Freude zu gönnen – und der Wunsch nach lebendem Getier ist bei ihnen ja sehr gesund und für ihre Entwicklung förderlich. Größere Tiere zu halten (außer solche, die man schlachten konnte), also etwa Hunde und Katzen, war aufgrund der Ernährungslage den wenigsten Müttern möglich. Weiße Mäuse aber durften noch durchgehen als Geschenk. Als alle Abnehmer versorgt waren, wurde der jugendliche Überschuss an Mäusen zum Händler gebracht und für wenige Pfennige verkauft. So viel Liebe wie ich früher investierten meine Jungens aber wohl nicht in das Stammelternpaar, sodass sie nicht so zahm wie meine wurden. Langsam nahm das Interesse ab, was sich am zunehmenden Geruch bemerkbar machte, bis wir schließlich gemeinsam beschlossen, diesen Bereich der Tierzucht aufzugeben. Inzwischen waren auch Guppys im Aquarium eingezogen, die lebendige Junge bekamen. Um die kümmerten sich Vater und Söhne gemeinsam (während mir Fische wohl immer zu kaltblütig waren). Kaum hatte sich in der Gemeinde herumgesprochen, dass es im Pfarrhaus Abnehmer dafür gab, wurden wir mit alten Aquarien und Terrarien überschüttet (die allerdings teilweise tropften und neu verkittet werden mussten) – Aquarien mit und ohne Inhalt an Fischen und Wasserpflanzen, die aber alle aufgestellt wurden. Als wir aus unserer Wohnung Im Gehege auszogen, waren über zwanzig Exemplare jeder Sorte in Betrieb. Für die Lurche und Echsen, die im Lauf der Zeit die Terrarien füllten, hatte ich schon mehr Gefühle, und die Augen von Kröten bezauberten mich. In einem Stall im Freien (von Walter persönlich gezimmert) lebten wieder Kaninchen und Meerschweinchen; außerdem bevölkerten zwei Schildkröten den Garten.

Warum also nicht auch noch eine Katze, meinte Michael. Ich nannte viele Gründe, warum eine Katze im Pfarrhaus untragbar sei – die aber alle nicht recht ankamen, auch nicht beim Vater. Wo doch nun keine weißen Mäuse mehr da sind ...! Ich gebe zu, dass ich Katzen auch gerne mag, und es kann sein, dass ich meine endgültige Ablehnung darum in die missverständlichen Worte hüllte: »Wenn du eine Katze mitbringst, hole ich mir einen Löwen aus dem Zoo!« Am nächsten Tag stellte Michael einen Pappkarton auf den Esstisch. »Sie ist die Allerniedlichste«, sagte er – und es war wirklich ein ganz reizendes, winziges Kätzchen (gerade so weit, dass es allein trinken konnte), das da erstaunt und etwas verängstigt in der Ecke saß und sich dann schnell ins Helle auf den Esstisch begab.

Michael hatte gesiegt, das Kätzchen blieb erst mal auf Probe. Schließlich hätten es ja bei uns auch noch mehr Kinder sein können, und dann hätte es eben für alle reichen müssen. Die Katze bekam ihren Platz und ihr Körbchen, natürlich im Jungenszimmer. Die waren inzwischen groß genug, um der Kleinen durch ihr wildes Spiel keinen Schaden zu tun. Am Vormittag, wenn sie in der Schule waren, holte Walter sie nach Möglichkeit in sein Zimmer – und da saß das Kätzchen dann schnurrend auf seinem Schoß oder unter seiner Jacke, während er schrieb. Wurde ihr das zu langweilig und wünschte sie zu spielen, so setzte sie sich kurzerhand auf das Buch oder Papier, sodass die Arbeit unterbrochen wurde. Ähnlich trieb sie es auch am Nachmittag oben im Jungenszimmer, was Michaels Schularbeiten natürlich nicht dienlich war. Er schleppte die Katze überall mit sich herum, hatte am Fahrrad ein geschlossenes Körbchen für sie und war kaum zu bewegen, sie nicht mit in die Schule zu nehmen. Zu seinem Leidwesen war sie nicht musikalisch und verließ gekränkt den Raum, wenn Michael am Klavier saß. Da vermisste er sie aber auch am wenigsten, und Andreas durfte sie dann in ihrem Verhalten beobachten; denn das war seine Form des Umgangs mit ihr. Ich war als Nahrungsspender bei ihr durchaus beliebt, aber im Ganzen zu wenig sesshaft für sie. Trotzdem hatte auch ich meine Freude an ihr und verzichtete gern auf den Löwen, mit dem ich noch oft geneckt wurde. Es war mir auch ganz lieb, dass das Interesse der Jungens durch die Katze von den Kaninchen abgezogen wurde (die doch als Festschmaus dienen sollten); die für dieses Ablenkungs-Manöver gehaltenen Meerschweinchen, die unnütz Kaninchenfutter fraßen, konnten wir dann mit Erlaubnis der Söhne und des Vaters verschenken.

Im August 1947 kam endlich Familie Leibholz nach Berlin. Sie gingen zwar noch nicht für immer nach Deutschland, aber sie wollten die Eltern und uns Geschwister besuchen und sich in Göttingen nach ihrem Haus und nach Arbeitsmöglichkeiten umsehen. Gert hatte ja in Oxford eine Art Professur, aber die wurde immer von Semester zu Semester verlängert und auch nur in der Semesterzeit bezahlt. Da seine englischen Sprachkenntnisse nicht überwältigend waren und sein eigentliches Fach deutsches Staatsrecht war, wollte er doch lieber wieder in Deutschland lehren. Für uns alle war es natürlich eine ganz große Freude, sie wiederzusehen. Die Töchter hatten das Längenwachstum ihres Vaters und wirkten ungewöhnlich groß. Alle vier waren uns aber keineswegs fremd geworden – auch wenn sie im Gespräch untereinander ins Englische wechselten und sich wunderten, dass wir (zum Beispiel bei den lauten Geräuschen in der U-Bahn) nicht verstanden, was sie uns eifrig auf Englisch erzählten. Es war ihnen ganz einfach in Fleisch und Blut übergegangen, dass man in öffentlichen Verkehrsmitteln (und überhaupt außer Haus) nicht Deutsch sprach. Wie das in kinderreichen Familien so geht – man sah sich meistens nur im großen Kreis, und wir ließen uns mehr von England erzählen, als dass von den Erlebnissen in Berlin berichtet wurde. Sabine wagte auch nicht viel zu fragen, wie sie mir später sagte. Sie war sehr dankbar, dass ich ihr (als Gert und sie das zweite Mal zu Besuch waren und im Harnack-Gästehaus[534] wohnten) mehr mitteilte und auf ihre Fragen antworten konnte. Da sie dann in meiner Nähe wohnte, konnten wir uns auch viel öfter allein in Ruhe sprechen. Beim ersten Besuch war Eberhard gerade dabei, die Manuskripte der ›Ethik‹ von Dietrich zu entziffern, und Sabine half ihm dabei, denn sie hatte ja Zeit dazu. Gert unternahm viele Behördengänge, und die Mädchen waren mit ihren Cousinen zusammen. Die Kapitel der Ethik, die Dietrich noch fertiggestellt hatte, waren bei Schleichers unter

---

534 Das Harnack-Haus wurde 1929 als Gäste- und Tagungshaus der Kaiser-Wilhelm-Gesellschaft errichtet, aus der nach dem Krieg die Max-Planck-Gesellschaft hervorgegangen ist. Es wurde benannt nach Adolf von Harnack (1851–1930), der als Professor für evangelische Theologie an der Berliner Universität lehrte und sich als Wissenschaftsorganisator im preußischen Staat profilierte. Er war der erste Präsident der Kaiser-Wilhelm-Gesellschaft und stand ihr bis zu seinem Tod vor. Er wohnte in der Berliner Gelehrten-Kolonie im Grunewald und war ein Nachbar und Freund der Familie Bonhoeffer. Das Harnack-Haus war ein gesellschaftlicher Treffpunkt der Hauptstadt, wo prominente Gäste aus aller Welt zusammenkamen; es befindet sich auf dem Wissenschaftscampus in Berlin-Dahlem in der Ihnestraße 16–20. Das Gebäude blieb im Krieg unbeschädigt und diente danach der amerikanischen Besatzungsmacht als Offiziersclub, bis es 1994 an die Max-Planck-Gesellschaft zurückgegeben wurde, die es wieder als internationales Gästehaus für Wissenschaftler nutzt.

dem Dachgebälk versteckt gewesen oder auch in Blechbüchsen im Garten vergraben. So hatten sie die Zeit überdauert – ja sogar die Bombe, die Schleichers Obergeschoss zerstörte, denn die war gerade auf die andere Ecke des Hauses gefallen und hatte den Winkel mit den Manuskripten verschont. Als das Gebäude mit einem Flachdach versehen wurde, damit Ursel wieder einziehen konnte (als »Opfer des Faschismus« kam sie ziemlich schnell zu Baugeld und Handwerkern), wurden die verborgenen Papiere weitgehend unbeschädigt entdeckt.

Einmal während dieser ersten Besuchszeit meiner Schwester wollte ich doch die Familie bei mir zu Tisch haben. Die Eltern sollten natürlich auch dabei sein. So eine private Einladung war damals noch nicht einfach (da ja keine für die Gemeinde gestifteten Vorräte der Amerikaner benutzt werden konnten – ich musste da wirklich ganz genau und kleinlich sein, um bei dieser Verlockung nicht ins Schludern zu kommen). Auch wegen unseres ewigen Geldmangels, denn die Kirche zahlte noch sehr schlecht und unregelmäßig. Anderen Gästen sagte man einfach, dass sie Brote mitbringen sollten, und am Mittag lud man höchstens zu einem Teller Suppe ein. Wenn Hörnchen tagsüber da war, um mir nähen zu helfen, brachte sie immer mehr Essen mit, als sie selbst brauchte, denn Inge arbeitete ja bei den Amerikanern.

Nun sollte aber ein Festessen entstehen! Kartoffeln hatte ich im Garten selbst gesetzt und erntete die ersten davon voller Stolz. Irgendwie kam ich zu Blumenkohl – reichlich Blumenkohl, und das bestimmte unser Menü. Natürlich gab es vorher zur Magenfüllung irgendeine grüne Mehlsuppe. Und dann hatte ich zu Blumenkohl und Kartoffeln eine himmlische Soße gezaubert: aus weißem Mehl und Milchpulver und ganz klein geschnittenen Schinkenscheiben, die darin freundlich rosa leuchteten und auch den Geschmack abgaben. Und als Krönung des Ganzen war die Soße mit vier Eiern abgezogen worden ... Also richtig friedensmäßig! Es war von allem reichlich da, und es schmeckte den elf Leuten ausgezeichnet. Anneliese hatte ich auch dazu eingeladen, damit sie meine Schwester und ihre Familie kennen lerne und mir helfen könne. Meine Eltern mochten sie ausgesprochen gern und waren über diese Freundschaft sehr glücklich, weil sie merkten, wie froh ich darüber war – und weil sie wohl manchmal das Gefühl hatten, dass ich menschlich etwas darbte. Trotz der Menge wurden alle Schüsseln leergegessen.

Ich ging dann herum und räumte die Teller ab, denn es sollte noch Grießpudding mit Kompott von unserem Kirschbaum im Garten geben. Meine Unterhaltung mit den Gästen ging dabei ungehindert weiter, und als ich an Gerts Teller kam, der für mein unterbewusstes Dauer-Hungergefühl sündhaft schlecht abgegessen war, kratzte ich die Reste zusammen und schob sie ihm in Gedanken und im Redefluss einfach in den Mund, wie bei einem Kleinkind. Erst durch Sabines Lachen und Gerts erstauntes Gesicht merkte ich, was ich getan hatte und lachte erheitert mit. Sabine meinte, das hätte sie schon längst einmal tun wollen, denn Gert äße seinen Teller nie ordentlich leer (übrigens eine speziell jüdische Sitte, um zu zeigen, dass es reichlich war und man wirklich satt ist).

Walter sah ein, dass Anneliese und ich ihm viel abnahmen und wir ihn von manchem verschonten, zum Beispiel durch die Schlepperei, die ich mit ihr bewältigte. So war er recht froh, dass sie sich wieder bereit fand, mit mir nach Friedrichsbrunn zu fahren, um unsere dort vorhandenen Besitztümer transportfertig zu verpacken. Er verhandelte mit einem Spediteur, der zusagte, den Um- oder besser Rückzug unserer Sachen zu übernehmen. Wir beide freuten uns ganz unsagbar auf diese gemeinsame Reise, die Anfang Juni 1947 beginnen sollte. Dazu bedurfte es wieder vieler Ämtergänge: Ausweise und Anträge mussten ausgefüllt werden – und endlich war es soweit, dass wir die Papiere abholen konnten. Ich sehe uns noch denkbar vergnügt zwischen all den müden Leuten, die auf ihre Reisepapiere warteten. Als uns der Beamte den Inter-Zonenpass, die Reise- und Aufenthaltsgenehmigung und den Erlaubnisschein für Reisemarken aushändigte, bedankten wir uns so herzlich und glücklich, dass er sagte: »Ich komme mir hier ja vor wie auf dem Standesamt für Freundschaften!« Er meinte es sicher ebenso harmlos, wie wir es aufnahmen.

Diesmal wollten wir aber unsere Reise klüger einrichten als das letzte Mal. Schwester Edith war immer noch als Reiseberater für uns zuständig. Wieder empfahl sie uns, nach einer auf der Bahnhofsmission zugebrachten Nacht den Frühzug nach Dessau zu besteigen und von dort aus südlich über Aschersleben nach Quedlinburg-Suderode zu fahren. Wir lagerten also vom letzten Zug nach Wannsee an eine halbe Nacht und wurden dann von ihr in den Zug gesetzt. Die Morgenstunde im Juni hatte zwar Gold im Mund,[535] der Zug aber wohl Sand im Getriebe, denn er zuckelte denkbar langsam mit vielen Wartestunden durchs Gelände. Und gegen Nachmittag waren wir statt in Aschersleben – in Halle an der Saale! Nun aber bloß raus. Ein Zug Richtung Harz ging nicht mehr ab. Also in Halle übernachten. Anneliese hatte kurz vor dem Krieg ganz in der Nähe im Mütterwerk[536] gearbeitet und kannte eine frühere Mitarbeiterin und Freundin, die dort wohnte. Zuerst samt unserem Gepäck mit der Straßenbahn hinfahren. Nicht zu Hause. Deshalb zu der Wohnung der Eltern. Auch die nicht in Halle erreichbar; doch der Sohn hat die Schlüssel zur Wohnung. Ich blieb mit dem Gepäck auf der Treppe, Anneliese holte die Schlüssel, und wir bezogen die leere Wohnung, um uns auf irgendeinem Sofa bis zum nächsten Frühzug von der langen Fahrt auszuruhen.

Den langen Juni-Abend nutzten wir, um noch etwas ›an der Saale hellem Strande‹[537] spazieren zu gehen. Leider war Anneliese von irgendeinem Insekt ins Bein gebissen worden und bekam nun ziemliche Schmerzen, sodass wir eilig umkehrten. Der Knöchel war dick geschwollen und sah recht übel aus. Jetzt hier mit einer Blutvergiftung festgehalten zu werden – das war nicht gerade, was wir uns erträumt hatten. Medikamente waren nicht greifbar; da blieb mir nichts anderes übrig, als die bei mir bewährte Zucker-Heilkraft anzuwenden: Wir packten unseren zugeteilten Zucker aus und machten süße kleine Umschläge auf den Einstich. Siehe da, es hatte Erfolg, schwoll erstaunlich schnell ab und war am nächsten Morgen geheilt. Seitdem glaubte nun auch Anneliese an diesen Zucker-Zauber. Dass ich ihr schnell und gründlich den Schluckauf wegzaubern konnte – und nicht nur ihr, sondern allen Kindern (nur Andreas nicht) – hatte sie bereits mehrfach erfahren. Nun wuchs ihr Vertrauen ins Grenzenlose.

Mit dem selbst gewählten, richtigen Zug kamen wir ohne weitere Komplikationen zu guter Letzt nach einigem Umsteigen in Friedrichsbrunn an. Erna hatte uns schon am Vortag erwartet und wieder dieselbe Zimmeranordnung getroffen beim letzten Mal. Sie war etwas verärgert, dass ich nun gewissermaßen die Gemütlich-

---

535 Anspielung auf das Sprichwort ›Morgenstund' hat Gold im Mund‹.
536 Vermutlich ist das Mütterwerk als Teil des Evangelischen Frauenwerks gemeint, eine Einrichtung der evangelischen Frauenhilfe, die 1923 auf Initiative von Magdalene von Tiling gegründet worden ist und im Dritten Reich vom nationalsozialistischen Deutschen Frauenwerk gleichgeschaltet worden ist.
537 Erste Zeile eines Volksliedes, das Franz Kugler im Jahr 1826 gedichtet hat.

keit störte, ihr die Sessel unter dem Gesäß wegzog und nur die Friedrichsbrunner Rohr- und Korbstühle da ließ. Sie hatte sich mit meinen Sachen ein schönes Heim schaffen wollen und fühlte sich nun bedroht. Sehr komisch waren die Unterhaltungen mit ihr, denn sie war nun in die SED eingetreten – was für sie als altes SPD-Mitglied wohl nicht zu umgehen war, wenn sie ihre Stelle in der Lagerverwaltung erhalten wollte. Und das wollte sie, denn Bruder und Schwägerin in Berlin sollten auch davon leben. Nebenbei erzählte sie, als wir sie nach den Zielen und Aufgaben in der SED fragten: »Na, zuallererst mal die Erhaltung des Privateigentums!« Dass sie damit immer nur das ihre meinte, wurde deutlich. Es machte mich ziemlich böse, dass eine Menge von unseren schönsten Kinderbüchern verschwunden war. Sie waren wohl zu Tauschobjekten geworden. Wir hatten natürlich eifrig zu arbeiten: Kisten beschaffen und einpacken; alle Möbel, die mit sollten, in einem Raum stapeln und zum Teil mit Transportschutz versehen; Listen schreiben und so weiter. Aber wir haben auch herrliche Wanderungen unternommen. Die Tage waren ja so lang – und dieses letzte Mal, wo ich das Haus meiner Kindersehnsucht sah, war trotz allem schön.

Der Frühzug um vier Uhr morgens von Thale bis nach Potsdam fuhr wieder, wurde uns erzählt. Die Verhältnisse hatten sich so weit wieder geordnet, dass gegen Zigaretten ein Pferdewagen zu mieten war, sogar nachts um zwei. Der Vollmond stand über dem Haus; so habe ich es zuletzt in Erinnerung – »unser Häuschen, unser Häuschen!«, wie wir ›drei Kleinen‹ immer schrien, wenn wir von 1913 an ein paarmal im Jahr hierherkamen und es, von der Thaler Fahrstraße kommend, über die Schützenwiese hin erblickten. Und nun nie wieder. Das war mir aber damals noch nicht klar, und wir freuten uns schon auf das nächste Jahr und vielleicht auch das Aufladen der Möbel, als wir abfuhren. Das Haus war zwar von Flüchtlingen besetzt, von denen wir keinen Pfennig Miete bekamen, aber es war nicht enteignet. Es ›gehört‹ uns noch heute.[538] Und es war sogar mit Rücksicht auf die ›Opfer des Faschismus‹ in unserer Familie ein Zimmer zum Bewohnen freigegeben worden (dasjenige, wo meine Möbel jetzt standen). Also

---

538 Zum weiteren Geschick des Bonhoeffer-Hauses in Friedrichsbrunn vgl. Einleitung, Abschnitt 7. Die Wiederherstellung des Dokuments.

gab es noch immer die Möglichkeit, wieder einmal oben Ferien machen zu können.

Anneliese und ich waren nun auf den Geschmack gekommen. Wir hatten gemerkt, dass wir uns selbst bei anstrengender Arbeit ein paar Tage erholen konnten – frei von der Beanspruchung in Dahlem und den häuslichen Spannungen. Warum nicht öfter einmal? So machten wir von da an ungefähr jedes Vierteljahr, wenn wir mal wieder reichlich genug hatten, einfach einen oder auch zwei Tage ›blau‹. Später nahmen wir uns sogar in der Nähe von Berlin oder in einem der Vororte eine bescheidene Bleibe – zuerst aber ging es einfach nur in Tempelhof zu Anneliese nach Hause.

Die alte Mutter freute sich und sorgte morgens für ein gutes Frühstück. Wenn es regnete, blieben wir zu Hause und redeten mal ›zu Ende‹, wie wir das nannten – oder planten ungestört schon wieder neues Treiben. Oder wir fuhren (wie im September 1947) mit den Rädern am Kanal entlang bis an den Müggelsee. Oh Jugendzeit! Dort stürzte ich mich in die Fluten, während sich Anneliese am Ufer zwischen den russischen Badegästen seltsam ausnahm. Eine junge Frau mit gewaltigen Formen ist mir besonders erinnerlich, die in einen gelben Strandanzug gehüllt mit weiten Zimmermannshosen aus den zwanziger Jahren stolz und sicher in den See schritt und losschwamm; nach einer geziemenden Weile gab sie sich dann von feuchten Stoffen umhüllt dem Strandleben hin. Viele niedliche russische Kinder sprangen umher, und die Stimmung war herzlich.

Mit den Erinnerungen an vergangene Geschehnisse tauchen aus dem Vergessen viele Personen auf – manche uns nah verbundene und eifrige Gemeindeglieder. Da waren etliche, mit denen konnte man ›Pferde stehlen gehen‹. Andere zeichneten sich durch stetiges Erledigen von Kleinigkeiten wie Sammeln und Adressenschreiben aus; andere (und derer gab es reichlich) waren ›lahme Enten‹. Bei den Letzteren beanspruchten diejenigen am meisten Zeit, die nicht ganz bei Verstand waren. Da kam zum Beispiel eine alleinstehende, elende Mutter eines sechzehnjährigen Jungen – und ich bin sicher, sie hatten wirklich Hunger. Der Junge wartete immer in einer fernen Ecke Im Gehege, wenn die Mutter klingelte. Sie kamen von der Schmargendorfer Gegend anmarschiert. Zuerst war es immer sehr zeitraubend, bis sie klarmachen konnte, was sie wollte. Sie begann fast immer, von ihren Großeltern zu erzählen oder der schwierigen Geburt des Knaben oder auch wuterfüllt von bösen Leuten, die sie verfolgten und vergiften wollten. Mit einem Päckchen Lebensmittel zog sie dann ab, und der Junge gesellte sich wieder zu ihr. Er wusste sicher, dass seine Mutter verrückt war und schämte sich, kümmerte sich aber doch fürsorglich um sie. Doch mit der Zeit wurde sie immer unverschämter, und der Junge blieb weg. Jetzt kam sie meist am Vormittag. Zwischen Vorschlägen zur Reform der Kirche bat sie um ein halbes Pfund Kaffee oder ähnlich Unerreichbares. Dafür wollte sie mir dann eine 5-Gramm-Fett-Marke oder eine Mehl-Marke geben und fand das einen annehmbaren Tausch. Dann erschien sie eines Morgens, hielt mir ein Paket mit übelriechendem Fisch vor, den sie gestern auf Fleischmarken bekommen hätte und den sie nicht essen könne. Ich gab zu, dass der Fisch ungenießbar sei – da forderte sie von mir dafür ein Pfund Fleisch-Marken. Als ich dieses Ansinnen energisch ablehnte und sie ersuchte, sich mit dem Stinkefisch zu entfernen, bekam sie einen Wutausbruch und schrie: »Wozu ist denn die ganze Kirche da, wenn ich meinen Fisch nicht umgetauscht bekomme! Ihr könnt euren Laden zumachen, ihr Heuchler!« Nun, ich verkniff mir das Lachen und versicherte ihr, dass sie ganz recht habe und ich ab sofort meinen Laden zumachen würde und sie ja nicht noch einmal auf die Idee kommen solle, hier etwas ›tauschen‹ zu wollen. Das muss doch deutlich genug gewesen sein, denn sie blieb fort.

Wenig Erfolg hatten bei mir auch Bettler, die vor dem angereichten Teller Suppe in Gebetshaltung verfielen. Untersagen konnte ich es nicht – aber intensiv wegsehen, dazwischenreden und sie fortan unter die Schwindler rechnen. Es war nicht immer leicht, zwischen Unverschämten, Verschämten, Betrügern und Gestörten zu unterscheiden, aber im Ganzen war mein Instinkt dafür gut. Und wenn ich reingefallen war, dachte ich nach solchem Erlebnis an Dietrichs Wort (noch aus der Zeit im Elternhaus): »Wer soll sich schon betrügen lassen, wenn nicht wir Christen?«

Aber es waren keineswegs alle ›lahmen Enten‹ geistesgestört. Da war Frau W., deren Töchter bei mir in der Religionsklasse waren. Beide kamen zum Mädchen-Kreis, die Mutter zum Pädagogischen Arbeitskreis. Ihr Mann hatte sie sitzen gelassen, als der Jüngste geboren wurde; als wir uns kennen lernten, war er noch nicht schulpflichtig. Der älteste Sohn stand kurz vor dem Abitur.

Der Vater war wieder verheiratet, Rechtsanwalt und sehr gerissen; er ließ seine Familie in Berlin ohne Unterhalt und von der Wohlfahrt ernähren. Das war nun wirklich denkbar kümmerlich und zum Verhungern. Dabei war das Sozialamt so kleinlich, dass jedes Geschenk (auch was sie von uns bekam) angegeben werden musste und von den paar Mark abgezogen wurde. Natürlich vermied sie, so etwas anzugeben, war aber denunziert worden, weil die Kinder einmal mit einer Tafel Schokolade gesehen worden waren – und sie in der Stadt bei einer Tasse Kaffee. Daraufhin bekam sie Nachfragen und Ärger mit den Behörden, weshalb sie verzweifelt zu mir kam. Das Schlimmste war, dass sie immer ihre mehrbändige Scheidungsakte mitbrachte und kaum daran zu hindern war, mir seitenweise daraus vorzulesen. Aber über dieses kleinkarierte Amt unter sozialistischer Leitung wurde ich so böse, dass ich mich bei der Leiterin Frau G. anmelden ließ. Als ich hinkam und die Wartenden sah, wurde mir ganz schlecht: So müssen die Menschen ausgesehen haben, von denen im Evangelium gesagt wird: »Es jammerte ihn des Volks.«[539] So saßen sie dicht an dicht todtraurig auf den Bänken und standen Schlange, um ihr bisschen Leben zu erhalten. Ich schritt ›angemeldet‹ an ihnen vorbei und ging durch das leere, saubere Vorzimmer bis zu dem Schreibtisch der Allgewaltigen, den eine große Schale mit Enzian schmückte. Ich legte ihr den Fall vor, und sie meinte, Frau W. wäre dadurch aufgefallen, dass sie sich außerhalb des Sozialamtes noch andere Ernährungsquellen suche, die sie nicht angebe; das wäre sogar strafbar. Ich sagte ihr auf den Kopf zu, wie viel die Familie vom Sozialamt im Ganzen bekäme; es handele sich hier nur um die Wahl zwischen den beiden ›Strafbarkeiten‹, entweder das Sozialamt zu beschwindeln oder die Familie verhungern zu lassen. Welche Wahl sie, Frau G., wohl treffen würde, falls sie sich in die Lage einer Mutter versetzen könne? Ich redete mit Menschen- und mit Engelszungen,[540] und sie verstummte. Schließlich erreichte ich, dass Geschenke nicht gemeldet werden müssten (auch nicht kleine Geldgeschenke an die Kinder), sondern nur die Einnahmen der Frau, falls sie welche hätte. Außerdem machte ich sie noch scharf, den Herrn Rechtsanwalt zu belangen. Es wurde auch erreicht, dass er für hundert

---

539 Freies Zitat nach Matthäus 9, 36.
540 Vgl. 1. Korinther 13, 1.

Mark im Monat zusätzliche Lebensmittel nach seiner Wahl senden musste – und nun schickte der Schuft nur das, von dem er wusste, dass seine Frau es nicht leiden konnte: Sauerkrautfässer und eingelegte Salzheringe!

Behördengänge sind für mich eine Anfechtung. Trotzdem musste ich mich noch einmal für Frau W. aufmachen und auf das Jugendamt gehen. Dort war ich bei der sehr verständigen und bereitwilligen Dahlemer Jugendfürsorgerin angemeldet, mit der wir gut zusammenarbeiteten. Frau W. wohnte aber nicht in Dahlem, sonst hätte ein Gespräch bei ihr genügt. Um zu etwas mehr Geld zu kommen und das kleine Haus, in dem sie mit ihren Kindern wohnte, trotz aller Ausgaben weiter erhalten zu können, hatte Frau W. ihre Kinder noch enger zusammengebettet. Außer den beiden großen Mädchen, die in meine Klasse gingen (damals gerade konfirmiert), waren es Jungens. Nun hatte sie in den beiden Mansardenzimmern zwei der Behörde bekannte Ami-Liebchen aufgenommen und ihnen den Herrenbesuch nicht untersagt. Die Mädchen waren so nett und hilfsbereit, wie das schon im Neuen Testament deutlich wird.[541] Wenn sie morgens nach dem ›Nachtdienst‹ spät aufstanden, halfen sie dankbar Frau W. bei der Wäsche, im Garten und beim Putzen. Außerdem wurde die Ernährungslage der Familie dadurch sehr verbessert. Frau W. konnte sich also kaum angenehmere Mieter denken, besonders da der Dienst der Damen erst begann, wenn die Kinder alle im Bett waren – denn den Abend verbrachten sie mit ihren jeweiligen, nicht täglich wechselnden Freunden auswärts in Lokalen. Nun aber schritt das Jugendamt ein. Wenn die Mutter auch das Sorgerecht hatte, so unterstand sie doch als geschiedene Frau der Aufsichtspflicht dieser Behörde. Wenn Frau W. Briefe oder Besuch des Jugendamts bekam, sah sie rot – zwangsläufig, schon um der Einmischung willen. Ich habe es nie erlebt, dass eine Mutter die Hilfestellung des Jugendamts dankbar annahm (und wir hatten noch mehr solche Fälle). Zuerst kam sie nun zu mir, um sich Rat zu holen, ob wirklich eine direkte Gefährdung ihrer Kinder vorläge. Nach dem Gespräch (das ergab, dass sie wesentlich mehr ›Sündengeld‹ bekam, als die Miete offiziell ausmachte) kündigte sie den Damen mit meiner Billigung nicht. Aber das Jugendamt blieb hart und moralisch, die Amis weiter-

---

541 Möglicherweise eine Anspielung auf die Geschichte von Jesu Salbung durch eine Sünderin (Lukas 7,36-50).

hin leise. So machte ich mich auf und gönnte mir den Spaß, die leitende Fürsorgerin mit meiner unüblichen Pfarrfrauen-Moral zu erschüttern. Ich versicherte ihr, dass die Töchter keine Anlage zum liegenden Gewerbe hätten und Frau W. auch nicht die Absicht habe, ihre Töchter zu Prostituierten zu machen. Die Söhne fielen mangels Bargeld keiner Versuchung anheim. Anders lag es schon bei einer Mutter in gleicher Lage, alleinstehende Drogistin, die im Mütter-Kreis verkündet hatte: »Meine beiden Töchter sollen sich später mal nicht so billig verkaufen wie die Mädels, die bei mir wohnen!«

Viel Freude hatten wir auch an Frau von M., der Ehefrau eines Bekannten, die über einen sehr gemischten, großen Nachwuchskreis verfügte. »Bei uns kann kein Außenstehender begreifen, wie die Familie zusammenhängt«, sagte der Älteste, als er kam, um sich zum Konfirmandenunterricht anzumelden. »Die nach meinem Vater heißen, sind nicht von ihm – und die außerehelichen, die von ihm stammen, haben einen anderen Namen.« Ob diese Lösung des Problems nun stimmte oder nicht, jedenfalls gab ich die Familienforschung von da an auf und brachte sie einfach auf einen Nenner. Trotzdem erbat ich zur Anmeldung des Sohnes, der wohl aus erster Ehe war, einen Besuch der Frau von M. Sie erschien auch und hatte sich (wohl um den Pfarrer zu schockieren) einer mühsamen Prozedur unterzogen: Jeder Finger war mit einer anderen Farbe lackiert! Walter war aber nach dem Gespräch denkbar erheitert und keineswegs brüskiert. Komplexe hatte sie aber eine Menge: Einige Tage später erschien sie bei mir (ohne Lack) und nötigte mich, ihre Papiere, besonders ihren Trauschein, zu lesen, denn die bösen Nachbarn behaupteten ihrer Ansicht nach, dass sie mit von M. überhaupt nicht verheiratet wäre. So viel lag einem damals noch an Bürgerlichkeit! Dass mich das gar nicht besonders interessierte, wenn sie sich nur der Mühe der Erziehung der sechs Kinder unterzog, verstand sie nicht einmal. Danach erschien sie dann des Öfteren brav zur Sprechstundenzeit. Einmal mit der Frage: »Was soll ich nur machen? Meine Kinder sind so frech! Gestern haben sie die alten Damen im Haus beschimpft.« Die waren beide eifrig in meiner Frauenhilfe tätig. Als die Kleinen im Garten unreife Stachelbeeren abrissen und aßen, hatten sie das aus dem Fenster gesehen und gerufen: »Lasst das lieber bleiben, sonst bekommt ihr Bauchweh.« Da hat die Fünfjährige geantwortet: »Das geht dich gar nichts an, du dämliche Graszicke!« – »Und von wem haben sie diese Ausdrücke? Doch nur von mir!« Bei so viel Selbsterkenntnis war pädagogische Seelsorge eigentlich überflüssig. Auch zum Mütterkreis lud ich sie nicht ein, aber die Kinder in die Kindergruppen. Da stand dann ein wirklich goldiges, fein herausgeputztes kleines Mädchen bei uns im Flur, vielleicht drei Jahre alt, die ich fragte, wie sie hieße: »Ivonne von M.« – »Und wie alt bist du?« Jetzt klang die Antwort nicht mehr so süß, sondern tönte im Bass: »Det weeß ick doch nich!« Dann tauchte die fünfjährige Schwester aus unserem Klo auf (sie hatten einen Weg von einer Minute von Haus zu Haus, aber vielleicht war bei der großen Familie des Öfteren kein Zutritt) und erklärte, die Schwester wäre zwei Jahre. Eigentlich zu klein für diesen Kreis, aber ein ausgesprochener Frühentwickler.

BAND 8:
DIE ZEIT DES WIEDERAUFBAUS

8.1 Die Blockade in Berlin

Eines Tages stand ein armseliger, älterer Mann vor meiner Tür, der mich in wohlanständiger Form um etwas zu essen bat. Irgendetwas an ihm veranlasste mich, ihn in unser Esszimmer hineinzuführen, anstatt ihn auf dem ›Bettlerbänkchen‹ im Flur zu versorgen. Michael hatte wie üblich seine Noten auf dem Klavier stehen. Der Besucher warf einen interessierten Blick darauf. Keinerlei Überschrift war erkennbar, aber er stellte fest: »Das ist ja die soundsovielte von Schumann.« Ich war perplex; es stimmte tatsächlich – und nun ergab sich ein Gespräch, wie es auch bei uns nicht üblich war. Erst allerdings wurde mit einer Suppe der Hunger gestillt. Dann bekam ich eine Lebensbeichte zu hören, die mit den nötigen Ausweisen und Bescheinigungen untermauert wurde. Seit einiger Zeit in eine Kellerstube in Dahlem eingewiesen, hatte Herr B. durch Nachbarn gehört, dass bei uns etwas zu holen wäre. Er war es aber auch gewohnt, von Haus zu Haus zu gehen. Früher war er Bankbeamter gewesen – mit Abitur, gutem Elternhaus und einem arrivierten Bruder, der nichts mehr von ihm wissen wollte, denn er hatte sich kurz vor dem Krieg einen Griff in die Kasse zu schulden kommen lassen. Er war auch damals schon kein junger Mann mehr; dass er plötzlich mit seinem Geld nicht mehr ausgekommen war, hing wohl mit der Hoffnung zusammen, doch noch als später Junggeselle eine Frau finden zu können. Aber es war nicht gelungen – im Gegenteil: Er saß einige Jahre im Gefängnis ein und war bei seiner Entlassung im Renten-Alter. Ein sonderbarer Kauz war er wohl immer schon; er lebte nur in der Musik und war sehr ungern Bankangestellter gewesen. Aber in seinem Elternhaus war Musik unerwünscht, und so hatte er lebenslang den unerfüllten Traum des Künstlerdaseins gehegt. Er spielte übrigens wirklich sehr schön, wenn auch seine Technik etwas eingerostet war, da er lange nicht mehr am Klavier gesessen hatte. Ich lud ihn nun ein, am Vormittag bei uns zum Üben zu kommen, wenn er wollte. Er hat das auch öfters getan – bis ich ihm ganz in der Nähe seiner Wohnung eine bessere Übungsmöglichkeit vermitteln konnte. Von nun an erschien er jeden Sonntag in der Kirche. Er nahm auch an allen Veranstaltungen teil, die für ihn infrage kamen. Das allerdings erst, als ich ihm eine etwas weniger geflickte ›kirchenfeine‹ Jacke und Hose besorgt hatte. Ich bin nie daraus schlau geworden, ob es einfach Dankbarkeit gegen uns war, oder ob er von unseren Angeboten wirklich etwas hatte. Er ging jedenfalls auch zu Denstaedt.[542] In die Ausgabe des Hilfswerks kam er nie; mich überraschte er aber mit seinem Kommen oft mehrmals in der Woche.

Herr B. war in seinem Wunsch, irgendetwas für uns zu tun, kaum zu bremsen. Er schrieb mit gestochener Schrift Karteikarten und Listen ab und entwickelte sich zur Bürohilfe. Etwas lästig war er schon (wie so oft bei den ›lahmen Enten‹, denen man dadurch helfen soll, dass man sie helfen lässt). Schließlich fanden wir eine Tätigkeit für ihn, der er außerhalb unserer Räume nachgehen konnte, und die von der Gemeinde sogar ein wenig bezahlt wurde. Im Religionsunterricht wurde damals gerade die schreckliche Einrichtung abgeschafft, dass die Kinder den Unterrichtenden (gegen eine kleine, fromm bedruckte Klebemarke) jeden Monat einen Beitrag zu zahlen hatten. Stattdessen wurden nun Gemeindeglieder gebeten, gegen ein kleines Entgelt diese Beiträge bei den Eltern einzusammeln. Harmlos überließen wir B. die Listen unseres Bezirks, und er machte sich an die Arbeit. Die Abrechnung übernahm der Erziehungs-Ausschuss. Wir bekamen ein Dankschreiben für diese Vermittlung. Dann gab es eine Hilfswerk-Sammlung, die wir unter unseren Helfern zum Hausbesuch verteilten. Natürlich baten wir auch B. – der uns bald mitteilte, seine Liste wäre voll, ob er eine zweite haben könne. Wie herrlich! Und während er damit herumzog, rief uns jemand vom Erziehungs-Ausschuss an, ob wir wohl noch Kontakt mit Herrn B. hätten; er hätte seit einigen Monaten die kassierten Beiträge nicht mehr abgeliefert. Ich bat ihn, mit seinen Listen zu kommen und das Geld abzuliefern, wir müssten vorzeitig abrechnen. Er erschien mit der Hilfswerk-Liste; leider könne er die vom Religionsunterricht nicht mehr finden, aber hier wäre das Geld. Und es war eine ganze Menge Geld – mehr als die Sammler üblicherweise einzubekommen pflegten. Diese zweite Liste war halbvoll und

---

542 Karl-Albrecht Denstaedt war damals Pfarrer in der Kirchengemeinde Dahlem und zuständig für den südlichen Pfarrbezirk Berlin-Zehlendorf.

auf den ersten Blick ordnungsgemäß abgerechnet. Dann fragte ich ihn nach dem Geld vom Religionsunterricht. Während er stockend allerhand zusammenflunkerte, besah ich mir seine Unterlagen genau. Da war bei den Zahlen radiert und verbessert – sehr geschickt, aber doch unverkennbar. Ich unterbrach seinen Redeschwall und sagte, jetzt müsse ich doch mal bei X. anrufen, die wir gut kannten, warum sie diesmal nur eine Mark gegeben hätte (vor der Währungsreform, wo das Geld noch locker saß). Da bekannte er dann unter Tränen, dass er das Geld vom Erziehungs-Ausschuss veruntreut hätte; er habe gehofft, er könne bei der Hilfswerk-Sammlung genug Schwarzgeld einnehmen, um es wieder zu erstatten. Also ein Rückfall – durch unsere Schuld. Wir regelten die Sache für ihn; die fehlende Liste holte er aus seinem Papierkorb. Es ging ab, ohne dass er belangt wurde. Nur versicherten wir ihm, dass er bei uns nie wieder mit Geldangelegenheiten zu tun bekommen würde. »Darf ich aber noch in die Kirche kommen?«, fragte er. »Jetzt erst recht«, sagte ich.

Um die Geschichte dieses merkwürdigen Gemeindehelfers zu beenden, muss ich über die Zeit hinausgreifen, die ich mir hier zu schildern vorgenommen hatte. Er war Mitglied der sogenannten ›dienenden Gemeinde‹ – eine Einrichtung, die damals erfunden wurde und deren Gründung allen Gemeinden als Pflicht auferlegt war (ebenso wie der ›Opfergroschen‹ – beides Wortbildungen, die wir entsetzlich fanden). Jahrelang hatte Herr B. am Gemeindeleben regen Anteil genommen. Die Währungsreform und die Blockade waren vorüber, die Renten verbesserten sich langsam, und auch Herrn B. reichte die seine wohl so mehr oder weniger aus (wenn es zuerst natürlich auch schwierig für einen alleinstehenden, unbeholfenen Mann war, mit dem neuen Westgeld umzugehen). Immerhin kam er nicht mehr so ausgehungert zu uns. Da sah ich ihn zu meinem Erstaunen eines Tages nach dem Abendmahl mit dem Kollektenteller am Ausgang stehen. Regelmäßig am Abendmahl teilzunehmen war schon lange seine Gewohnheit. Ich erkundigte mich, wer ihm das Amt des Geldeinsammelns übergeben hätte. Er hatte sich dazu bei den Gottesdiensten von Pfarrer Denstaedt erboten, die er ja auch besuchte. Mir war die Sache unbehaglich, aber ich wollte unseren Kirchendiener nicht unnötig misstrauisch gegen B. machen. Nur sorgte ich dafür, dass er nach unseren Gottesdiensten keinen solchen Dienst tat (jedenfalls nicht mit dem Teller allein blieb). Frau Huhn, eine Freundin unserer Organistin und ebenfalls ›dienendes‹ Gemeindeglied, zählte nach Schluss des Gottesdienstes die Kollekten. Ihr berichtete ich von B.s Schwächen und Fehlgriffen und bat sie, besonders auf ihn zu achten. Irgendwie fühlte sie ihr eigenes Misstrauen bestätigt – jedenfalls machte sie eine Probe. Sie bat jemanden, ein 5-Mark-Stück auf den Teller zu legen, und nahm ihm den Teller selbst ab, nachdem der Letzte die Kirche verlassen hatte und die Kinder zum Kindergottesdienst hereinströmten. Die Münze fehlte. Sie sagte ihm nun auf den Kopf zu, dass auf dem Teller eben noch ein 5-Mark-Stück gelegen hätte. Dann müsse es heruntergefallen sein, meinte Herr B. Beide begannen zu suchen. Frau Huhn wurde immer energischer und deutlicher, bis B. plötzlich im Aufschlag seiner Hose die Münze entdeckte. Großes Verwundern! Dann war B. verschwunden und ward nicht mehr gesehen. Eine Woche, ein Gottesdienst verging; er blieb weg. Ab und zu dachte ich, ich solle ihn aufsuchen. Dann schrieb ich ihm, ob er nicht etwas mit mir zu besprechen hätte und mal vorbeikommen wolle. Postwendend stand er vor der Tür. Wirklich ein armer Teufel – nicht nur wegen der kleinen Rente, sondern weil er trotz besseren Wissens einfach nicht gegen sich ankam. Immerhin öffnete das Gespräch ihm wieder die Kirchentür; er verpflichtete sich aber, bei uns nie wieder Geld anzufassen, nicht mal Briefmarken zu kleben. Als er nach wenigen Jahren starb, war ich dankbar, für uns und für ihn.

In diesen ersten Notzeiten in der Gemeinde gab es natürlich auch viele tätige und zuverlässige Helfer. Da schrieb die zierliche Frau des Schulleiters vom Arndt-Gymnasium (die auch zum Frauenhilfs-Kreis gehörte, der aber Näharbeiten weniger vertraut waren) Unmengen von Adressen für uns. Ich sehe sie noch – fast unsichtbar – hinter zwei riesigen Körben mit Äpfeln, die sie selbst aus ihrem Garten für die ›Pfarrfamilie‹ herangeschleppt hatte. Diese gute Frau Kappus und ihr ebenso klein geratener Mann (ein Sprachgenie und früherer Hohenzollern-Prinzen-Erzieher) hatten selbst keine Kinder. Sie haben einen Sohn angenommen, der Theologe wurde und im Krieg gefallen ist. Durch den Kondolenz-Besuch waren Beziehungen entstanden, die noch dadurch verstärkt wurden, dass Herr Kappus früher der sehr geschätzte Lehrer von Dietrich und meiner Schwester Christel auf dem Grunewald-Gymnasium gewesen war und er sich an beide noch deutlich und gerne erinnerte. Überhaupt setzten sich viele mir damals sehr betagt vorkommende Damen (die wohl kaum älter waren als ich heute) tatkräftig ein. Da war Frau B., deren Mann im Gemeinde-Kirchenrat und Kirchmeister war, die mir ihre Tochter ganz besonders ans Herz legte. Rosi war frisch geschieden mit zwei Söhnen ins Elternhaus heimgekehrt. Sie war bereit, überall mitzuhelfen, bis sie eine Arbeit fand, und tat das auch sehr gut – als Helferin im Kindergottesdienst, im Hilfswerk, beim Sammeln und Besuche machen. Mutter B. war ›Bezirksfrau‹ am Breitenbach-Platz, wo sie wohnte. Es gab kaum eine harmlosere Seele als sie. Ihr Erkenntnisdrang war gering, ihre Warmherzigkeit groß, und die Tochter verzweifelte manchmal etwas an ihr. Als ich einmal im Frauenkreis versucht hatte, überhebliche Rassenvorstellungen abzubauen und das damit zu erklären versuchte, dass die Gottesebenbildlichkeit nicht äußerlich gemeint wäre, sondern in der Möglichkeit läge, zu lieben und schöpferisch zu wirken, fragte sie nach Beendigung meiner lichtvollen Ausführungen ganz ängstlich: »Aber schwarz ist doch der liebe Gott nicht?!?« Dies ist nur einer von vielen erheiternden Aussprüchen von ihr. Aber der gescheiten Frau Kappus waren solch törichte Gemüter eine arge Anfechtung, und sie lernte nur mühsam, ihren Unwillen über so viel Unverständnis zu zügeln. Mir war es angenehm, mich auf dem Niveau von Frau Kappus zu bewegen – und ich war immer ganz gerührt, mit welcher Treue und Zuverlässigkeit die anderen kamen und einfach zuhörten, auch wenn es über ihre alten und müden Köpfe hinwegging. Schön war für mich auch, dass unter den oft einsamen Frauen durch dieses regelmäßige Zusammenkommen Freundschaften entstanden, die bis zum Tod oder bis zum Umzug in den Westen anhielten. Wenn sie innerhalb von Berlin umgezogen waren, kamen viele aus den entlegensten Vororten weiterhin dazu.

Plötzlich bekam Andreas Post aus der Schweiz. Aus einem kleinen Ort bei Basel von einem sehr frommen, älteren Herrn. Die Gemeinschaft, der dieser Mann angehörte, war irgendeine pietistische Sekte (von denen es in der Schweiz seit der Reformation ja viele gibt). Er war entschlossen, Berliner Kinder zu unterstützen, und hatte sich wohl die Listen der ›Hylusdrüsen-Kinder‹ geben lassen. Jedenfalls war der freundliche Onkel über die ›Lungenerkrankung‹

von Andreas orientiert und versprach in einem Brief, ihm etwas Essbares zu schicken sowie wärmende Kleidung. Die Hauptsache sei aber, dass er sich ganz in Gottes Hand gebe, seinen Geboten gehorsam folge und so weiter. Andreas war etwas erstaunt über diesen plötzlichen neuen Paten, aber guten Willens, ihn für nett zu halten. Wenige Tage später kam eine dicke Drucksache an ihn, die zur Stärkung nur fromme Traktätchen enthielt – teilweise von so primitiver Geistesverfassung, dass ich schon dachte, ich müsse sie dem Spott der Jungens durch Beschlagnahmung entziehen. Aber Andreas las sie sowieso nicht. Er war nun schon Sextaner und stark naturwissenschaftlich interessiert. Das hinderte ihn bei uns allerdings nicht an der Möglichkeit, sich als Christ zu verstehen; er nahm mir ab, was ich ihm zur Erklärung der wunderlichen biblischen Geschichten sagen konnte. Aber diese Holzhammer-Frömmigkeit hätte ihn nur bockig gemacht. So übernahm ich weitgehend den Briefwechsel mit dem Paten und ließ Andreas lediglich kleine Zettel in den jeweiligen Sendungen beilegen. Nur ein einziges Mal kam eine andere als geistliche Hilfe für den ›Lungenkranken‹: Das war ein gebrauchter, geringelter Baumwoll-Sweater, den Andreas dann mit Stolz trug, sowie eine Tafel Schokolade, ein paar Kekse und eine Tube mit süßer Kondensmilch. Andreas wollte so gerne zufrieden sein; also erklärte er daraufhin Kondensmilch für seine Lieblingsspeise und behielt diese Geschmacksrichtung jahrelang bei. Ob der Pate selbst in ärmlichen Verhältnissen lebte oder nur einer der vielen sparsamen Schweizer war, ahnte ich nicht. Wir dankten ihm, ohne Gefahr zu laufen, damit weitere Sendungen (außer Drucksachen) heraufzubeschwören. Es war nur wichtig, diesen Mann nicht zu verärgern, denn vielleicht hätte er sonst in seinem Kreis von der Unhöflichkeit der Berliner berichtet – und es konnte ja sein, dass andere Schweizer bessere Pakete schickten. Niemand kann für seine Helfer und deren Handlungsweise einstehen, auch die frommste Sekte nicht; und gerade die Eifrigsten sind oft am wunderlichsten. Das hatte ich an Herrn B. gelernt und auch an den Kindern, die mit der Büchse sammelten – ansonsten brave Mädchen, die jedoch eine große Fertigkeit darin entwickelten, die Groschen wieder herauszubekommen.

Andreas reagierte fast beunruhigend gutwillig auf meine pädagogischen Bemühungen um ihn, während Michael schon anfing, sich wesentlich weniger angepasst zu verhalten. In der Schule hatte er jede Tugend abgelegt und erheiterte bei schlechten Leistungen die Klasse durch Frechheiten und Überheblichkeit gegenüber der Lehrerschaft. So traute man Andreas, als er ins Arndt-Gymnasium kam, zuerst nicht recht; aber dann wurde er bald seinem Bruder zum Vorbild hingehalten, worüber beide zu meiner Freude lachten. Gerade lag mal wieder ein Beschwerde-Brief über Michaels Verhalten auf meinem Schreibtisch, von einem Lehrer, der mich in seine Sprechstunde bat – da kam Andreas mit Zornesstränen in den Augen mitten am Vormittag angelaufen. Seine Wange glühte rot. Entrüstet berichtete er: Sein Klassenlehrer hatte ihm einen sogenannten ›Umlauf‹ in die Hand gedrückt, mit dem er in alle Klassen gehen sollte, um die Lehrer zu bitten, ›Kenntnis zu nehmen‹ und zu unterschreiben. Warum er gerade den Kleinsten und Jüngsten dazu auserwählte hatte, weiß ich nicht. Vielleicht weil er so brav war und die versäumte Stunde ihm nicht schaden würde. Er zog nun los von Raum zu Raum und erledigte freundlich diese Aufgabe. Dann klopfte er an eine Tür, und es wurde kein ›Herein‹ gerufen. Er klopfte lauter – Stille. Da klopfte er zum dritten Mal (schon in dem Gefühl, dass keiner im Raum wäre) heftig an, um seiner Pflicht zu genügen, als ein ihm fremder Lehrer die Tür aufriss und ihm wortlos eine schallende Ohrfeige gab. Andreas ergriff die Flucht in seine Klasse, legte seinem Lehrer das Papier aufs Pult und schrie: »Ich mach' das nicht mehr!« – dann eilte er schnurstracks heim. Nun ging ich mit ihm zu Kappus. »Jetzt kann ich zwei Fliegen mit einer Klappe schlagen«, dachte ich. Im Direktorenhaus zeigte ich dem Schulleiter die rote Backe. Andreas berichtete und wurde dann nach Hause geschickt. Schläge waren ja offiziell verboten; Kappus redete davon, dass die Nerven bei den Herren durchgehen. Ich fand das sehr bedauerlich für Leute im Schuldienst. Es stellte sich übrigens heraus, dass in der Klasse eine Arbeit geschrieben worden war und der Lehrer meinte, die Konzentration der Kinder besser zu erhalten, wenn er auf das Klopfen nicht reagierte – und dann hatte er sich wohl wie zu Hause gefühlt. Nun rückte ich mit dem Brief über Michael heraus, der darauf abzielte, ihn von der Schule zu entfernen. Kappus verstand meine Zug-um-Zug-Taktik und wollte die Sache noch einmal überdenken – wir hörten jedenfalls nichts mehr davon. Den Jungens war natürlich klar, dass die ungerechte Ohrfeige, die Andreas bezogen hatte, Michaels Sünden gesühnt hatte. Hier hatte es wohl eines Mittlers bedurft.[543] Andreas hat von mir nur einmal im Leben einen Schlag bekommen – und den hält er noch heute für ungerecht (weiß aber auch nicht mehr den Grund).

Ich befand mich mitten in der Ausgabe im Gemeindehaus, und die Sprechstunde war voll, als mich ein Telefonanruf aufschreckte. Andreas war von einem anderen Jungen nach Hause gebracht worden. Auf der Treppe im Arndt-Gymnasium hatte der aufsichtsführende Lehrer zu Beginn der Pause die Kinder zur Eile angetrieben, damit sie rascher auf den Hof kämen, und hatte dabei Andreas von hinten so geschubst, dass er die Treppe heruntergefallen war. Er konnte den Arm vor Schmerzen nicht mehr bewegen und sollte nun schnell ins Oskar-Helene-Heim[544] gebracht werden. Ich telefonierte in der Schwesternstation, und Schwester Gertrud erbot sich sofort, mit ihm hinzufahren. Mir erschien Schwesterntracht dafür geeignet, denn als gewöhnlicher Sterblicher konnte man dort sonst stundenlang warten. Ich sprach mit Andreas; es war ihm recht, und so machte ich mit angstvollem und neuerdings schulverärgertem Herzen bei der Ausgabe weiter und ging dann, so schnell ich konnte, nach Hause. Nach zwei Stunden erschien Schwester Gertrud. Andreas war der Arm nur leicht an den Körper angebunden worden. Man hatte ihn geröntgt, und Schwester Gertrud musste mir nun mitteilen, dass hier kein gewöhnlicher Armbruch vorläge, wie ich das ja von meiner eigenen Kindheit her gut kannte, sondern die Sache sehr kompliziert sei. Eine größere Operation wäre nötig, da der Knochen an der gebrochenen Stelle von einer Zyste schon auf Nussschalendicke ausgehöhlt sei. Man solle das so schnell wie möglich durchführen. Zuerst rief ich natürlich meinen Vater an, der sich bei dem Chirurgen des Oskar-Helene-Heims noch mal genau erkundigte. Daraufhin sprach er noch mit unserem Onkel Schöne, der ebenfalls Chirurg war, und beide hielten die Operation für dringend erforderlich. Es schien ihnen auch wichtig zu erfahren, was den Knochen so ausgehöhlt hätte; da gab es ja allerlei Möglichkeiten zur Auswahl – von einer einfachen, einmaligen Zyste über eine

---

543 Anspielung auf die lutherische Rechtfertigungslehre – so z.B. in Martin Luthers Auslegung des Galaterbriefs aus dem Jahr 1519 zu Gal 3, 20: »Gott hat für sich selbst keines Mittlers bedurft. [...] Wir bedürfens aber, ob ers gleichwohl nicht bedarf.« Dr. Martin Luthers Werke. In einer das Bedürfniß der Zeit berücksichtigenden Auswahl, Hg. Vent, Hans, 9 Bde., Bd. 9, Hamburg 1826, S. 388.

544 S.o. Anm. 359 (S. 562).

Veranlagung dazu auch an anderen Knochen bis hin zu Tuberkulose und Karzinom. Wenige Tage später wurden wir dann von meinen Eltern abgeholt und fuhren zur Operation. Mein Vater und Schöne wollten zu meiner Beruhigung bei der Operation dabei sein, meine Mutter mir während der Wartezeit Beistand leisten. Die Operation dauerte drei Stunden. Dann kam mein Vater und berichtete, dass alles gut überstanden wäre. Man hätte den Hohlraum mit Lebertransalbe ausgefüllt und die Splitter sorgfältig zusammenflickt. »Du kannst dem Lehrer für seinen Schubs dankbar sein«, sagte er, »es ist gut, dass durch diesen Bruch die Schwachstelle offenbar wurde, ehe der Knochen ganz weg war.« Lebertransalbe wunderte mich sehr, hat sich aber doch bewährt. Eine Probe von dem erkrankten Gewebe wurde zur Untersuchung eingeschickt.

Ich blieb am Bett von Andreas sitzen, bis er am späten Nachmittag aus der Narkose erwachte. Den Schwestern war das sehr lieb. Erstens konnte man in diesem Fall sagen: »Wohl dir, dass du ein Enkel bist!«,[545] und zweitens hatte ich den Schwestern erzählt, dass ich vor meiner Eheschließung Kinderkrankenschwester gelernt hätte. Ein bisschen stimmte es ja – wenn es sich auch um gesunde Säuglinge gehandelt hatte. Aber durch ein lebenslanges Interesse an Medizin war ich doch recht gut orientiert. In dem Raum, wo Andreas' Bett stand, lagen noch sieben andere Kinder. Um dieses Zimmer brauchten sich die Schwestern an diesem Nachmittag keine Gedanken zu machen, denn solange Andreas schlief, erzählte ich Geschichten – und alle hörten gespannt zu. Als er aufwachte, war er sehr glücklich, dass ich neben ihm saß. Er gab sich große Mühe, tapfer zu sein, und sah mit ängstlichem Befremden auf das riesige, dreieckige Drahtgestell, auf dem sein Arm befestigt war. Dass nach einer Operation Schmerzen auszuhalten wären, hatte ich ihm vorausgesagt und darauf war er eingestellt; aber von solch einem Gestell habe ich ihm nichts gesagt, weil ich selbst nicht damit gerechnet und so etwas noch nie gesehen hatte. Dieses Gestell benötigte er dann Tag und Nacht für ein Vierteljahr – und noch einmal so lange musste er es tagsüber tragen. Am Abend dieses Tages be-

---

545 Anspielung auf die Unterstützung durch Andreas' Großvater Karl Bonhoeffer und auf Johann Wolfgang von Goethes Tragödie Faust, Teil 1, Kapitel 7, wo Mephistopheles im Dialog mit einem Schüler die Rechtswissenschaft folgendermaßen kritisiert: »Ich weiß, wie es um diese Lehre steht./ Es erben sich Gesetz und Rechte/ wie eine ewge Krankheit fort;/ sie schleppen von Geschlecht sich zum Geschlechte/ und rücken sacht von Ort zu Ort./ Vernunft wird Unsinn, Wohltat Plage;/ weh dir, dass Du ein Enkel bist!/ Vom Rechte, das mit uns geboren ist,/ von dem ist, leider!, nie die Frage.«

kam er noch eine Beruhigungsspritze zum Schlafen, denn nach der langen Operation war ihm recht übel (was er aber bereits wusste, dass so etwas nach Operationen dazugehört). Als er schlief, fuhr ich heim, berichtete von ihm und begab mich dann schnell zu Bett, damit mir nicht doch noch die Nerven versagten. Die Schwestern waren sehr erfreut, als ich mich am nächsten Morgen gegen acht Uhr wieder zu Andreas setzte und ihnen auch bei den anderen Kindern die Versorgung weitgehend abnahm. Von allen gemeindlichen Dingen hatte ich mich bis auf Weiteres beurlaubt. Ich glaubte, ein Recht darauf zu haben, dass mir jetzt mein eigenes Kind wichtiger war. Als nach einigen Tagen die ärgsten Schmerzen nachließen und nur noch die Unbequemlichkeit des Gestells ihn ärgerte, genoss er den ungewohnten Zustand, mich den ganzen Tag für sich allein zu haben – und er war auch stolz darauf, dass ich für die ganze Gesellschaft so unterhaltende ›Bettspiele‹ wusste. Ich schleppte Bücher und Geduldsspiele an, und wenn die anderen dann ruhig beschäftigt waren, unterhielten wir beide uns über Gott und die Welt (mit so viel Zeit, als ob die früheren ›Sperrstunden‹ wieder eingeführt wären). Als er nach einer Weile wieder geröntgt wurde, sagte man mir, der Heilungsprozess wäre auf dem besten Weg. Ich fragte natürlich immer wieder nach dem Befund der Gewebeuntersuchung, aber man vertröstete mich: Der käme bald.

Die ärztliche Betreuung war gut. Doch die Schwestern wechselten ständig und waren unmöglich. Ganz besonders entsetzte mich folgende Begebenheit, die leider kein Einzelfall war: Ein kleines, zweijähriges Mädchen lag etwas isoliert zwischen zwei Türen in einer Ecke. Ein deutlicher Todeskandidat – schwere Knochen-Tuberkulose. Aus freundlichen, großen, erstaunten Augen schaute es alle an und war Andreas' besonderer Liebling. Die Eltern besuchten das Kind regelmäßig und brachten immer kleine Geschenke mit, die es dann selig umklammerte mit seinen geschwächten Fingerchen. Eines Tages lag ein rotleuchtender, glänzender Apfel zwischen seinen Händchen auf dem Bett, als die Schwester nach der Besuchszeit wieder ins Zimmer kam. Beim Hinausgehen nahm sie der Kleinen den Apfel weg und biss hinein. Ich sprang spontan in die Höhe und rief: »Nanu, der war doch für das Kind mitgebracht!« – »Kann sie ja doch nicht essen – und ist schade, wenn sie ihn im Bett rumkullert«, antwortete diese munter kauend – und verschwand. Die Kinder hatten meinen Zorn gespürt und wagten sich nun mit ihren Klagen über die Schwestern hervor. Es war ja noch eine hungrige Zeit, und wenn das Essen auch ganz ordentlich war (Andreas fand es jedenfalls immer sehr schön, und ich beim Zusehen auch), brachten doch alle Eltern den Kindern kleine abgesparte Leckerbissen wie Obst und Zucker und Marmelade mit, die im Koffer unter dem Bett verstaut wurden. Nun hatten immer wieder Dinge gefehlt, und die Kinder verdächtigten diejenigen, die sich aus dem Bett bewegen konnten – bis sie merkten, dass die Nachtschwester, wenn sie dachte, alles schliefe fest, auf den Knien von Bett zu Bett kroch und die kleinen Vorräte klaute. Nebenbei – dass die Sauberkeit darunter litt, dass es für die Kinder keine andere Möglichkeit gab, als ihre Sachen unter dem Bett zu verstauen, ist klar. Die Reinemachfrauen hatten gar nicht die Zeit, erst alle Koffer wegzuräumen. Gegen den ›Nachtmarder‹, wie die Kinder diese Schwester nannten, hatten sie sich dann am Ende von Andreas' Krankheitszeit eine wirksame Falle ausgedacht: Um die Beine der Betten spannten sie dünne Fäden auf die Weise, dass bei der leisesten Berührung Krücken mit Gepolter umfallen mussten. Was dann auch geschah – woraufhin die Kinder in Gejubel ausbrachen: »Ein Dieb, ein Dieb!« und die Nachtschwester enteilte. Am Morgen ließ die Missetäterin sich nicht mehr blicken, und die erste Schwester, die hereinkam, hat über dumme Streiche gesprochen und alle Fäden entfernt. Als ich daraufhin mit der Oberschwester sprach, bekam ich zur Antwort: »Ich weiß, ich weiß – aber sie sind alle so und klauen wie die Raben. Es ist eine Schande, aber ich bin machtlos.« So blieb es dabei, dass die Patienten zur Selbsthilfe greifen mussten.

Nicht nur anständige Schwestern fehlten – auch geeignetes Material. Neben Andreas lag eine Zwölfjährige, die für ein Bein einen Streckverband nötig hatte. Sie hatte es schlimmer als Andreas mit seinem Gestell, denn sie musste in einer Gipsschale auf dem Rücken liegen. Die meisten der Kinder hatten Gipsschalen, welche durch die Nachlässigkeit der Schwestern bestialisch stanken und in denen sie sich wund lagen. Schon am zweiten Tag meines Aufenthalts hörte ich plötzlich einen Krach hinter mir; das Mädchen schrie auf, und ich sah, dass die Schnur, die ihr Bein hielt, durchgerissen war. Ich rief entsetzt nach der Schwester (denn so weit war ich ja in meiner ›Lehrzeit‹ noch nicht gekommen, dass ich gewagt hätte, das Bein wieder zu richten). Die Kinder versicherten mir jedoch, das wäre schon oft passiert und sei kein Grund, meine Geschichte zu unterbrechen.

Doch ich war anderer Ansicht. Die Stationsschwester kam, zerrte am Bein, bis es wieder oben war und befestigte es erneut. Nach zwei Tagen geschah dasselbe. Nun wurde es mir zu dumm, und ich fragte den jungen Arzt, dem seine Militärzeit noch stark anhaftete, ob das nicht schade. Zumindest sollte man um der vermehrten Schmerzen willen, die das Kind dadurch litt, Abhilfe schaffen. »Da können wir leider nichts machen; wir haben nur Papierstrippen, und bei schwereren erwachsenen Patienten reißt es noch viel öfter. Die Kleine soll nur ganz still liegen, dann hält es länger.« Auch wenn man Enkel oder sogar Tochter ist[546] – für den täglichen Bedarf ist man doch von den Ärzten im Krankenhaus abhängig. So schwieg ich erst mal. Als ich abends heimkam, telefonierte ich mit Bodensiek, berichtete von meinem Erlebnis und bat um feste Bindfäden, denn ich wusste, dass sie so etwas für ihre Paketsendungen in die Ostzone hatten. Am nächsten Morgen begab ich mich mit der haltbaren Strippe zum Stationsarzt – mit einem schönen Gruß vom amerikanisch-lutherischen Pfarramt, in Dahlem sesshaft. »Tja, mit Beziehungen ...«, sagte der einfallslose Herr. Es dauerte noch ein paar Tage, bis alle Streckverbände im Haus von der Papierschnur befreit waren. Als Andreas aufstehen durfte, wanderten wir bei sehr mildem Sonnenschein im oktoberbunten Wäldchen hinter dem Heim und freuten uns an den farbigen Blättern und der frischen Luft. Am Tag vor seiner Entlassung gestand mir der Oberarzt, dass das Präparat von Andreas' Arm leider verloren gegangen sei. Ich glaubte ihm nicht und fürchtete Schonung; aber als mein Vater den Chef anrief, erfuhr er dasselbe. So blieb die Ungewissheit bestehen und trübte die Freude der Heimkehr. Vom Röntgen des ganzen Knochengerüstes riet man uns sehr ab. Nun, es ist ja alles gut gegangen.

[Von der Autorin gekürzte Passage.]

In diese Zeit fiel die Goldene Hochzeit meiner Eltern am 5. März und der achtzigste Geburtstag meines Vaters am 31. März 1948. Früher hatten sie immer gesagt, dass sie an diesen Tagen unbedingt verreisen wollten. Doch dazu gab es wegen der Zonengrenzen nun keine Möglichkeit. So versuchten wir erst mal, die Goldene Hochzeit festlich zu begehen. Es lebte ja immer noch ein zahlreicher

---

546 Nämlich von Karl Bonhoeffer, einem berühmten und einflussreichen Arzt an der Charité in Berlin.

Familien-, Verwandten- und Freundeskreis in Berlin. Natürlich lag die Sorge, wie all die Gäste schmackhaft zu sättigen seien, schwer auf meiner Mutter. Immer wieder saß ich lange bei ihr, und zusammen mit Hörnchen gestalteten, verwarfen und gestalten wir aufs Neue möglichst festliche Küchenzettel. Natürlich wurde der Schwarzmarkt, zu dem über Bekannte schon immer lose Beziehungen bestanden, kräftig miteinbezogen. Das Haus war voll und die Schüsseln auf den Tischen auch, als wir uns einfanden. Bis zum Nachmittag, so hatten wir beschlossen, sollten die Eltern für sich allein sein dürfen. Zur Vesper kam dann die ganze Gesellschaft und blieb bis übers Abendessen. Und danach geschah etwas, was sich seit vielen, vielen Jahren in meinem Elternhaus nicht mehr zugetragen hatte – und doch früher so oft ... Wohl zur Freude der reichlich anwesenden Jugend (erwachsene Enkelkinder und deren Vertraute, die ja immer dazu gehörten) wurde getanzt! Die Teppiche im Herrenzimmer und im großen Wohnzimmer wurden zusammengerollt, Tische und Stühle an die Seite geschoben. Natürlich gab es weniger Platz als in der Wangenheimstraße, denn die Eltern hatten ihr Altenteil zwar auf viel Besuch, nicht aber auf solche Feste eingerichtet. Der Plattenspieler ließ einen Walzer ertönen – mein Vater erhob sich und verbeugte sich vor meiner Mutter, und sie begannen zu tanzen. Die Enkel strahlten, die uralt gewordenen Gesichter meiner Eltern lächelten sich an, und ihre sehr schmalen, aufrechten Körper bewegten sich beschwingt und würdig. Wir hatten uns alle spontan erhoben, wie bei einer heiligen Handlung. Da schlug sich ein Bogen über fünfzig Jahre eines mit Glück und Unglück gesegneten Lebens der Gemeinsamkeit. Ich hielt mit Mühe die Tränen zurück. Dann ließen sie sich los, und mein Vater ging zu Ursel, meine Mutter zu Karl-Friedrich, dem auch die Tränen kamen, und sie tanzten mit ihren ältesten Kindern eine Runde, ehe sie sich wieder auf ihre festlich geschmückten Stühle setzten und der Tanz allgemein wurde. Dann sahen die Großeltern glücklich zu, wie die Jugend sich vergnügte (und damals ging das ja noch nicht so lautstark zu).

Der achtzigste Geburtstag meines Vaters war wesentlich offizieller gehalten. Am Vormittag fand der unvermeidliche Empfang statt. Mein Vater stand ja trotz seines Alters noch oder wieder voll im Amt: vormittags Klinik in Wittenau,[547] nachmittags Sprechstun-

---

547 S.o. Anm. 474 (S. 666).

den im Haus. Kollegen, Behörden, die beiden Bürgermeister von Charlottenburg[548] und Reinickendorf,[549] Humboldt-Universität, Kirchenvertreter – man konnte nur sagen: »Kommet zuhauf.«[550] Es war nur gut, dass wir meiner Mutter die traditionelle Idee eines kalten Büfetts für den Vormittag hatten ausreden können und sie einsah, dass kleines Gebäck und Sekt völlig ausreichten. Mein Vater wirkte erstaunlich frisch und antwortete auf die vielen Reden und Komplimente über seine Jugendlichkeit sehr liebenswürdig und leicht belustigt. Ehrenurkunden und Auszeichnungen wurden überreicht. Das netteste war aber der Besuch der alten Angestellten aus der Charité, die den Krieg überlebt hatten (Pfleger, Hausmeister, Sekretärin, Schwestern) und die gegen Ende gemeinsam auftauchten. Ich glaube, auch meinen Vater hat diese Anhänglichkeit besonders gerührt. Hinterher sah das Haus aus wie ein blühender Frühlingsgarten. Meine Jungens nahmen das alles mit Stolz und Staunen in sich auf und meinten, ihr Großvater müsse der beste und berühmteste Arzt der Welt sein. Sie hatten ihm gegenüber überhaupt die Haltung des ›Fürchtens, Liebens und Vertrauens‹.[551] Was Großpapa sagte, war die Wahrheit an sich, seine Autorität war unantastbar. Seine beruhigende Heilkraft hatten sie selbst schon oft erfahren, wenn sie bettlägerig waren und er sie besuchte. Er verwöhnte sie zwar nicht mit Geschenken und spielte auch nicht mit ihnen, aber er brachte ihnen zu Geburtstagen und bei Krankheiten schöne Dinge mit. Besonders beliebt war auch die kleine Nachtigall in seinem durch einen Wintergarten geheimnisvoll verdunkelten Arbeitszimmer, die er jedes Mal im Geheimen aufzog und singen ließ. Wenn sie in ihrem goldenen Käfig Schnäbelchen und Schwanz im Takt bewegte, wurde die Stimmung himmlisch verzaubert.

Der inoffizielle Teil begann erst gegen Spätnachmittag, damit die Eltern nach dem Mittagessen (wo nur wir Kinder zugegen waren und die Jugend nebenan bei Schleichers verköstigt wurde) eine Ruhepause hatten. Nun kamen Freunde und Familie zusammen –

---

548 In diesem Stadtteil von Berlin befand sich das Wohnhaus von Karl und Paula Bonhoeffer, das sie 1935 als Altersruhesitz bezogen hatten.
549 In diesem Bezirk befanden sich die Wittenauer Heilanstalten, wo Karl Bonhoeffer 1946 wieder als Arzt berufstätig wurde.
550 S.o. Anm. 442 (S. 630).
551 Vgl. Martin Luthers Kleiner Katechismus, Erstes Hauptstück, die Zehn Gebote, das erste Gebot: »Wir sollen Gott über alle Dinge fürchten, lieben und vertrauen.« Die Auslegung zu allen folgenden Geboten beginnt mit den Worten: »Wir sollen Gott fürchten und lieben, dass wir ...«.

mit viel Musik und Bildern aus alten Zeiten. Allzu spät durfte ja bei den Eltern nie Schluss gemacht werden; so trennte man sich nach einem erlesenen Abendbüfett mit der festen Hoffnung, dass uns der Vater noch lange so frisch im Gemüt erhalten bliebe.

Einen Tag nach dem Geburtstag meines Vaters saßen wir Geschwister am Nachmittag bei meinen Eltern beim Tee, um noch etwas ruhig beisammen zu sein, ehe Christel wieder nach München abreiste. Es war ein warmer, freundlicher Frühlingstag. Die Feier war den Eltern gut bekommen, und wir fühlten uns alle vom Verlauf der märzlichen großen Festtage befriedigt. Da wurde Herr P. gemeldet, und er kam mit einem großen Blumenstrauß strahlend und laut herein. Man hatte sich jahrelang nicht mehr gesehen. Er war ein Hüne mit einer großen Schar Kinder und hatte sich in der Fakultät dadurch ausgezeichnet, dass er sehr schnell Hitlers Loblied sang. Einer der ›deutschen Professoren‹!

Nun saß er zwischen uns und begann, von seinen Erlebnissen nach dem Krieg zu berichten. Wir trauten unseren Ohren kaum. Er war, das wussten wir, kurze Zeit in einem amerikanischen Prominenten-Nazi-Lager gewesen. Was er da alles für wunderbare Menschen getroffen hätte und was sie alles vom Führer und seinen vorzüglichen Eigenschaften zu berichten wussten! Es fehlte nur, dass er vom ›geliebten Führer‹ sprach! Besonders hatte es ihm Leni Riefenstahl[552] angetan. So dröhnte er durchs Zimmer, und als er im Überschwang seiner Erzählfreude begann, von ›unserem‹ Führer zu sprechen (am 1. April 1948!), hielt ich mich für fehl am Platz und verließ das Zimmer. Gleichzeitig mit mir kam Karl-Friedrich hinaus in den Garten, und wir ergingen uns da ziemlich erregt. Wenige Minuten später erschienen Ursel und Christel, die es auch nicht mehr aushalten konnten. Und schließlich sogar meine Mutter! Ich hatte ein etwas schlechtes Gewissen, meinen Vater mit diesem peinlichen Wortschwall allein zu lassen – aber Mutter meinte, er nähme ihn als Patienten. Als mein Vater ihn dann glücklich draußen hatte und wir nun lachend auf ihn zukamen, sagte er: »Ein ganz lieber, törichter Mensch, der nichts von sich weiß. Ein bisschen manisch war er

---

552 Leni Riefenstahl (1902–2003) war eine deutsche Filmregisseurin, Produzentin und Schauspielerin, die im Dritten Reich mit ihren Werken breitenwirksam für das Nazi-Regime Propaganda machte. Nach dem Krieg wurde ihre Karriere unterbrochen; seit den sechziger Jahren betätigte sie sich als Fotografin und veröffentlichte Reportagen u.a. über das afrikanische Volk der Nuba im Sudan. Mit über siebzig machte sie eine Taucherausbildung und wendete sich der Unterwasserfotografie zu; im Alter von hundert Jahren schuf sie ihren letzten Dokumentarfilm.

schon immer.« Ich dachte: Von anderen weiß er noch weniger, dieser gute P. Jedenfalls hatte er eine unwahrscheinliche Art zu negieren, was bei uns geschehen war.

Es wurde nun Zeit, dass Michael in den Konfirmandenunterricht ging. An und für sich hätten wir es für gut gehalten, wenn er seinen Unterricht bei einem anderen Pfarrer bekäme (wie das in Pfarrfamilien ja vielfach gemacht wird); aber in dieser Situation war das unmöglich.[553] So nebenbei hatte er doch schon allerhand miterlebt und wusste in der Bibel und in theologischen Fragen natürlich besser Bescheid als die anderen Konfirmanden. Er hat auch regelmäßig und mit Vergnügen am Kindergottesdienst teilgenommen, einfach weil ich auch jedes Mal dabei war, und er war mit vielen Fragen und echtem Interesse bei der Sache. Aber als er in die sogenannte Vorkonfirmanden-Gruppe kam, fühlte er sich zu erwachsen, um noch in den Kindergottesdienst zu gehen. Dort waren fast immer die Ahnungslosesten, weil ja nur ein kleiner Prozentsatz in die Kirche ging und bei den anderen zu Hause Ebbe war. So fasste ich den kühnen Entschluss, ihn schon im ersten Konfirmandenjahr zum Kindergottesdienst-Helfer zu machen, denn ich war überzeugt, dass er dieser Aufgabe gewachsen war. Wir konnten bei ihm ja keine Ausnahme machen, wenn wir es den anderen Vorkonfirmanden in dieser Zeit als Pflicht auferlegten, im Kindergottesdienst zu erscheinen. Walter war einverstanden; die anderen waren etwas irritiert, als er zum ersten Mal im Helferkreis zur Vorbesprechung erschien. Wenn auch der für die Predigt zuständige Pfarrer meist den Kindergottesdienst hielt (jedenfalls die Liturgie – die Gesamtbesprechung machten wir älteren Mitarbeiter umschichtig), so leitete Walter doch das Vorbereitungstreffen bei uns im Haus, und das waren alle vierzehn Tage wirklich sehr lohnende und lebhafte Diskussionsabende. Michael erzählte bald von seiner ersten Gruppenbesprechung, wo es um die wunderbare Speisung der Israeliten in der Wüste ging. Die kleinen sieben- bis achtjährigen Jungens hätten auszusetzen gehabt, dass das Manna ja ganz sandig geworden wäre, wenn Gott es einfach auf den Wüstenboden hätte fallen lassen. Er hatte da keine rechte Antwort gewusst (ist

---

553 Susanne Dreß bezieht sich hier auf die starken Spannungen innerhalb der Pfarrerschaft und Kirchengemeinde in Berlin-Dahlem, von denen sie u.a. in der oben gekürzten Passage berichtet.

ja auch schwierig) und von der Fleischration, den Wachteln, lieber gleich erzählt, dass sie auf kleinen Papptellern heruntergekommen wären. Ich fand das herrlich! Dieses freie Schalten und Walten mit dem Text, anstatt am Buchstaben zu kleben – das war echt lutherisch und notwendig, wenn der Inhalt der Wundergeschichte damit den heutigen Menschen deutlich wird: eben dass Gott hilfreich sein kann, über unser Verstehen hinweg. Drei Jahre lang war Michael Kindergottesdienst-Helfer mit einer großen Gruppe, und er überließ selbst an seinem Konfirmationstag dieses Amt keinem anderen.

In der großen Politik (und besonders in Berlin) gab es so viele Probleme und Unruhe, dass wir mit unseren Angelegenheiten im Sommer 1948 kein interessanter Gesprächs- und Klatschstoff für die Gemeinde mehr waren. Die Währungsreform[554] mit anschließender Blockade[555] hatte uns ereilt. Sehr aktiv konnte man bei diesen Schwierigkeiten ja nicht werden; es galt nun wieder einmal, sich anzupassen und die Nerven nicht zu verlieren. Diesmal aber alle gemeinsam – und das war dann doch eine schöne und wertvolle Zeit, als das Gebrause der Flieger (auch während der Gottesdienste) Minute um Minute über uns hinwegging. Das Kochen mit der angelieferten Trockenkost machte mir keine Schwierigkeiten. Nur die Beschaffung des Geldes zum Erwerb dieser Nahrungsmittel war sehr mühsam, denn die Kirchenbehörde zahlte die Gehälter nur in homöopathischen Dosen aus, und man wusste nie, ob und was man in der nächsten Woche bekam. Das machte Walter so unruhig, dass er kaum gewillt war, etwas von dem kostbaren Geld zwecks Haushaltung aus der Hand zu geben –

---

554 Die Währungsreform trat am 20. Juni 1948 in der Trizone (den drei westlichen Besatzungszonen Deutschlands) in Kraft und löste die Reichsmark durch die Deutsche Mark als gesetzliches Zahlungsmittel ab. Die Reichsmark wurde zwangsumgetauscht und in ihrem Nennwert herabgesetzt; auf diese Weise sollte die Inflation gestoppt und der Aufbau einer funktionierenden Marktwirtschaft ermöglicht werden. Die Währungsreform wurde ohne Einwilligung der sowjetischen Besatzungsmacht durchgeführt und löste als Reaktion die Blockade Westberlins aus.

555 Die Blockade von Westberlin dauerte vom 24. Juni 1948 bis zum 12. Mai 1949. Während dieser Zeit versperrte die russische Besatzungsmacht die Zufahrtswege zu Wasser und Land für Westberlin, das als Enklave in der russischen Besatzungszone lag. Die Westalliierten reagierten darauf mit einer Gegen-Blockade und mit der Luftbrücke, wobei die Bevölkerung Westberlins durch Flugzeuge vor allem von Amerikaner und Briten versorgt wurde (die sogenannten ›Rosinenbomber‹), die u.a. auf dem Flughafen Berlin-Tempelhof im Drei-Minuten-Takt landeten. Als Begründung für die Belagerung nannten die Sowjets die wenige Tage zuvor im Westsektor eingeführte Währungsreform. Die Berliner Blockade kann als ›erste Schlacht des Kalten Krieges‹ bezeichnet werden; die Westmächte gingen insgesamt gestärkt daraus hervor: Aus Besatzern wurden Schutzmächte, und die Teilung Berlins und Deutschlands wurde besiegelt.

während mir der Zustand der Wüstenspeisung, wo das Manna eben nur für den heutigen Tag ausreicht, eher geläufig war. Nun wurden die ›Intelligenz-Pakete‹, die Walter im Osten bekam, sehr wesentlich für unsere Ernährung. Er durfte für sein Gehalt drüben mit Ostgeld einkaufen, und so schleppte er soviel wie möglich an, um unser neues Westgeld zu schonen. Ich holte ihn dann oft mit dem Rad an der U-Bahn ab und karrte die Sachen heim. Am liebsten hätte er auch unsere Karten mit dem Westgeld selbst abgekauft, damit nur kein Pfennig unnötig ausgegeben werde. Das gefiel mir aber gar nicht, denn oft hatte ich nicht einmal das Geld für eine Briefmarke. Er war allerdings bereit, meine Post im Osten einzuwerfen. Es gab kleine Reibereien, bei denen das gesäte Misstrauen in meine etwas zu gastfreie und geschenkfreudige Wirtschaftsführung deutlich wurde. Nach den gemeinsam durchgestandenen Monaten[556] fand ich das ziemlich ungerecht und war froh, an Anneliese jemand zu haben, der meinen Zorn verstand (aber immer zum Guten redete). Zu Hause ließ ich davon natürlich keinen Ton verlauten; meine Eltern verschonten wir Überlebenden möglichst mit solchen Dingen.

Um die ganze Geldumtauscherei brauchte ich mich aber nicht zu kümmern, und das war auch eine Hilfe. Anneliese und ich waren gerade vollauf damit beschäftigt, für unsere Kindergruppen und den großen Mädchenkreis Freizeiten vorzubereiten, sodass wir dafür gar keine Zeit gehabt hätten. Wir hatten das den Kindern schon im Vorjahr versprochen, und wir wollten sie um keinen Preis enttäuschen.

Da es ja wegen der Blockade nicht mehr möglich war, mit der Jugend in die Umgebung von Berlin zu fahren (und mit unseren Mitteln erst recht nicht in den Westen), hatten wir uns rechtzeitig um eine Möglichkeit zum Zelten im Grunewald bemüht. Den Platz hatten wir bekommen, Zelte waren uns fest versprochen – doch dann erhielten wir kurzfristig eine Absage. Die Zelte, die für Dahlem bestimmt waren, hätten an Pfarrer Denstaedt zu gehen, der gleichzeitig eine Freizeit abhalten wolle, und da er der offizielle Jugendpfarrer wäre, ständen sie ihm zuerst zu. Dass wir sie vorher bestellt hätten, spielte keine Rolle. Ich nehme an, beim verteilenden evangelischen Jugendamt standen noch unbenutzte Zelte herum –

---

556 Dies bezieht sich auf das gerade zurückliegende Entnazifizierungs-Verfahren für Walter Dreß, von dem in der vorausgehenden gekürzten Passage berichtet wird.

aber gegen solche Intrigen war ich wehrlos, nahm sie auch offiziell nie zur Kenntnis und hatte keine Lust, meine Zeit und Kraft zu vergeuden, um mich dagegen durchzusetzen. Ich wandte mich noch ans evangelische Hilfswerk, um wenigstens die bestellten zusätzlichen Lebensmittel zu bekommen, aber auch das wurde mir versagt. Ich habe nur ein einziges Mal etwas von diesem großen Hilfswerk zum Verteilen in unserem Gemeindebezirk erhalten: Das war viel später, und es handelte sich um einen halben Zentner Butter, der uns bei starker Hitze am Himmelfahrtstag während des Gottesdienstes ins Haus geliefert worden war; es machte sehr viel Mühe, alles schnell und gerecht zu verteilen. Wenn man wirklich Hilfe brauchte, hieß es: »Nein, zurzeit leider nicht.« So blieb uns auch diesmal nichts anderes übrig als ein Hilfeschrei an Bodensieks, die gerade bei der Abreise nach Amerika waren. Da klappte es ja immer, aber wir nutzten es nur im Notfall aus. Und es kam wieder rührende Hilfe. Für die Freizeit der großen Mädchen, die eine Woche lang dauerte, wurde uns der Dachboden im Mittelhof in Nikolas-See mit amerikanischen Zeltbetten bestückt, und auch für unsere Lebenshaltung, die wir selbst bestreiten mussten, wurde die Speisekammer gefüllt. Für die zweite Freizeit-Woche wurde dann der Kreis der Konfirmanden-Mädchen auf dem Mittelhof-Boden installiert. Michael und Andreas wohnten in dieser Zeit bei meinem Bruder[557] im Kirchweg in Nikolas-See, also ganz in der Nähe. Das heißt, sie schliefen nur dort – tagsüber machten sie bei uns mit, denn besonders Michael war bereit, die Freizeit mit seinem Charme und wechselnden Zuneigungen ungemein zu beleben. Mit den siebzehn- bis zwanzigjährigen Mädchen lasen wir sehr ernsthaft Luthers Schrift ›Von der Freiheit eines Christenmenschen‹.[558] Das gab tiefgehende Diskussionen und mancherlei Erhellung in den ungeübten Köpfen. Der Dauerregen prasselte aufs Dach, und wir hockten auf unseren Zeltbetten, die wir im Kreis aufgebaut hatten, unter dem hellsten Glasfenster, jede mit einem Exemplar der (auch von den amerikanischen Lutheranern zur Verfügung gestellten) Freiheitsschrift in der Hand.

In der Hauptsache sollte diese Freizeit den großen Mädchen zur Erholung, Entspannung und Erheiterung dienen, denn sie waren

---

[557] Karl-Friedrich Bonhoeffer.
[558] Luther, Martin: Von der Freiheit eines Christenmenschen, Stuttgart 2011 [Erstveröffentlichung 1520].

fast alle durch das Kriegsende schwer betroffen worden. So verbrachten wir die Abende mit Spiel und Tanz. Anneliese hatte ihre Knautsche[559] dabei, und wir sangen viele Volkslieder aus der ›Mottenkiste‹ (wie sie sagten), die sie als Mädchen bei den Pimpfen[560] nicht gelernt hatten und die sie sich nun mit Vergnügen aneigneten. Wir hatten erst Sorge gehabt, ob der Kreis, der ja ganz auf Anneliese eingestellt war, unsere Doppelleitung annehmen würde; aber es ging wesentlich reibungsloser, als wir vorher dachten – auch zwischen uns beiden Leitern (wessen wir auch nicht ganz sicher gewesen waren). Die wirtschaftliche und theologische Versorgung entsprach meinen Stärken; Anneliese übernahm die Unterhaltung. Ganz allein eine solche Freizeit mit immerhin zwanzig Mädels durchzuführen, wäre für sie auch zu viel gewesen. Wir schliefen mit den Mädchen in Zeltbetten auf dem Dachboden und hatten nichts dagegen, dass die Nachtruhe sehr spät anfing, weil natürlich (wie im Mädchen-Pensionat) lange gealbert und geschwatzt wurde. Trotz des schlechten Wetters sind wir auch gewandert und gerudert und haben auf der Havel die pausenlos ankommenden Wasserflugzeuge beobachtet, die uns Trockenkartoffeln und anderes Blockade-Futter brachten.

Mit der zweiten Gruppe, den Konfirmandinnen, hatten wir mehr Glück mit dem Wetter und konnten viel Freizeit draußen verbringen. Hier war die Doppelleitung gar kein Problem, denn ein Teil gehörte zum ›kleinen Freitagskreis‹, den ich versorgte und der aus meinen ehemaligen Religionsschülerinnen bestand; die anderen kamen aus Annelieses ›großem Dienstagskreis‹, soweit sie schon zu den Älteren gehörten. Ursel, eines der großen Mädchen, blieb uns zur Hilfe dabei. Sie hatte eine große Schwärmerei für Anneliese, welche die Mutter beunruhigte, statt sie bei diesem schwierigen Kind glücklich zu machen. Ich musste mich seelsorgerlich einschalten, damit ihr die Verlängerung des Zusammenseins mit uns erlaubt wurde. Dafür schwärmte bald ein Teil der Gruppe für Ursel – soweit sie nicht an Anneliese hingen oder Michael liebten! Es war ein belustigendes, geheimnisvolles Treiben mit Briefchen und Blumen und Verstecken von Dingen (wie das damals so sein musste

---

559 Umgangssprachlich für Ziehharmonika.
560 S.o. Anm. 405 (S. 604). Bei den Pimpfen wurden keine Mädchen, sondern nur Jungen ab dem Alter von zehn Jahren eingezogen.

und wohl leider gar nicht mehr modern ist). Ich wurde als Idol von Mädchen immer ausgespart. Nur kleine Jungen reagierten so auf mich, und das war ihrer Entwicklung sicher nicht abträglich. Trotz aller Neckereien und Vergnügungen wurde auch in dieser Freizeit ernstlich gearbeitet.

Ich sehe uns noch, mit der ganzen Gruppe irgendwo im Freien auf Treppenstufen und Mäuerchen hockend, mit dem Neuen Testament in der Hand eifrig diskutieren. Besonders Ingrid Peuß (Peußchen genannt und eifrig von Michael Besitz ergreifend) sowie Dinah Hinz[561] (die Tochter des Schauspielers, damals noch Eleonora genannt) waren immer voll kritischer Einwände. Meistens – und so auch auf dieser Treppe – endeten alle Fragen in der einen, warum es das Böse in der Welt gäbe ... jener Frage, die Michael mir schon mit drei Jahren gestellt hatte. Sie blieb offen und ist wohl auch noch nie ehrlich beantwortet worden. Trotzdem redeten sich die Mädels die Köpfe heiß mit den alten, billigen Auskünften, dass dies und jenes zur Bewährung diene oder man eben Versuchungen widerstehen müsse. Bis schließlich Michael zu Wort kam und trotz Stimmbruch verkündete: »Ich weiß ganz genau, warum es den Teufel gibt: Sonst wäre es nämlich viel zu langweilig auf der Welt!«

Das Schlusskabarett, von den Mädels selbst gestaltet, beschäftigte beide Gruppen vom zweiten Tag an. Es erforderte viele Geheim-Besprechungen (die uns Betreuerinnen auch mal eine Pause verschafften) und wurde jeweils sehr amüsant und erfreulich – wesentlich besser, als wir es den sehr gemischten Kreisen zugetraut hätten.

Nach diesen vierzehn Tagen gab es für uns zu Haus keine freie Minute mehr. Für 22 Mädchen (den ›kleinen Dienstagskreis‹, also Acht- bis Zwölfjährige), mussten Matratzenlager gerichtet werden, in den beiden großen Zimmern des oberen Stockwerks unserer Wohnung. Noch hatten wir ja unsere Möbel nicht im Haus und deshalb reichlich Platz. Walter wurde zum Schlafen in sein Arbeitszimmer verbannt; im Esszimmer standen Tische, schmal und wackelig,

---

561 Dinah Eleonora Hinz (geboren 1943). Sie ist eine Tochter der Schauspielerin Ehmi Bessel aus einer Verbindung mit Ernst Udet. Die Mutter heiratete kurz vor ihrer Geburt den Schauspieler Werner Hinz. Dinah wuchs in Berlin und Hamburg auf und wurde ebenso wie ihre beiden jüngeren Halbbrüder Michael und Knut Hinz Schauspielerin. Sie wurde bereits im Alter von 15 Jahren für die Bühne entdeckt und zog 1950 nach München, wo sie am Residenztheater und an den Kammerspielen Engagements hatte.

für die Mahlzeiten; die Waschküche war allgemeine Sanitäreinrichtung (denn auf ein Badezimmer wollten wir nach vierzehn Tagen Katzenwäsche nicht gleich wieder verzichten, und Walter auf seines auch nicht). Wir hatten reichlich Zukost von Bodensieks bekommen, die von der Idee berührt waren, die Kinderfreizeiten mangels Zelten bei uns im Haus durchzuführen. Da waren Riesenbüchsen mit Erdnussaufstrich, Milch- und Würstchenkonserven, Maisflocken und Klumpen von Schmalz und Butter ins Haus gekommen, während wir weg gewesen waren. Unsere kleine Kochnische wurde zur Volksküche, in der unser Plewchen und Frau Behrends ständig wirkten und wirklich gutes Essen zubereiteten. Und mit welchem Vergnügen wurde gefuttert! Statt Markenabgabe hatte ich die Eltern um die ihnen auf Karten zustehenden Naturalien gebeten (und diejenigen, die es konnten, um einen Unkostenbeitrag für Extras). Da brachte dann jeder außer dem Schlafsack sein Päckchen Lebensmittel mit.

Auch bei dieser Freizeit machten meine Jungens wieder voll und ganz mit – waren doch ihre beiden Auserwählten, Itti und Tini, mit dabei. Jetzt hatten wir Gluthitze und gingen jeden Vormittag zum Baden an den Grunewald-See. Anneliese hütete die Nichtschwimmer am Ufer, und ich tummelte mich mit allen Schwimmern fröhlich (wenn auch in steter Besorgnis) in den Fluten. Am Nachmittag wurde dann im Gemeindehaus das Märchen vom ›Bettel-Ei‹[562] als Stegreifspiel probiert. Die Kostüme wurden aus der großen Verkleidungskiste bereitgestellt, und unter den Bäumen, Im Gehege und bei uns im Garten wurde gespielt, so weit es der Raum zuließ. Vor zehn Uhr nachts konnten wir die Kinder nicht in die Betten treiben, denn die Hitze war unerträglich. Dann waren immer erst Nacht-Schrecken zu überwinden (mit zugenähten Nachthemden, Bürsten unter den Laken und Ähnlichem), bis es zur ruhigen Gutenacht-Geschichte mit Lied und Gebet kam. Die Kleinen waren oft schon währenddessen eingeschlafen, denn am Morgen wurde die Herde durch die früh munteren Leithammel zeitig wieder aufgeweckt. Die Tage waren einfach zu schön, um sie zu verschlafen! Die anschließende Jungensfreizeit bot ebensolches Sommerwetter, was die Sache im Ganzen doch einfacher machte. Was diese Kerle in der Lage waren zu futtern (trotz der Hitze),

---

562 Kunstmärchen der Schriftstellerin Eugenie Rosenberger (1838–1931).

war unfassbar. Aus eigener Erinnerung an die Ferienzeit im Harz war mir noch der Reiz des Essens im Freien vertraut. So fuhren uns Plewchen und Ewert mit einem Leiterwagen, der mit großen Töpfen und Essnäpfen beladen war, in den Grunewald zum vorherbestimmten Rastplatz, und der Appetit verdoppelte sich dabei noch. Besonders war immer wieder die Erdnussbutter und alles, was mit dem gestifteten Kakao hergestellt wurde, ein Genuss, der Jubel auslöste. Auch unsere Bibelarbeit machten wir im Freien. In der Badehose saß dann das kleine Volk höchst andächtig um mich herum im Kreis und lauschte gespannt auf die wilden Geschichten des Alten Testaments. Dann gab es dadurch angeregt tolle Geländespiele und Kurzdarstellungen der jeweiligen Geschichte. Die Mädchenfreizeit hatte mit einem Blumenkorso geendet: Im geschmückten Leiterwagen zogen meine beiden Jungens und die größeren Mädchen verkleidet durch Dahlem. Ich habe mich nie mit Kindern geniert. Mit den Jungens übten wir ein Theaterstück ein, um es im Winter im großen Saal gegen Eintritt aufzuführen. Sie boten außerdem am letzten Nachmittag einen Zirkus mit allerlei Künsten und aßen sich noch einmal so richtig satt, damit ja nichts übrig blieb! Karsten Harms brachte es auf vierzehn Teller Suppe – ohne gleich zu platzen oder später Schaden zu nehmen. Alle Eltern waren sehr dankbar.

Noch vor Beendigung der Jungensfreizeit begann Anneliese ihren Urlaub – mit Ingeborg Sänger, einer Freundin aus der Zeit der Fürsorgerinnen-Ausbildung. Aber Plewchen und Frau Behrends hielten tapfer durch. Danach mussten auch Plewchen und Fräulein Riffert, die zweimal in der Woche zum Saubermachen kam, ihren Urlaub haben. Bis dann nach dieser Belagerung alles wieder einigermaßen ins Reine gebracht war, kam ich nicht zum Verschnaufen. Ernas Urlaub hatte ich früher immer genossen – aber nun wurde es mir nach den anstrengenden Wochen und den vorausgegangenen belastenden Monaten[563] doch etwas zu viel.

Die Nöte der Blockade hatte man zu Anfang wohl überschätzt. Alle Berliner Kinder sollten die Möglichkeit haben, mit den auswärts fliegenden Maschinen in den Westen gebracht zu werden. Die Eltern mussten sich aber verpflichten, die Kinder nicht wieder zu-

---

563 S.o. Anm. 556 (S. 754).

rückzufordern, ehe die Lage geklärt wäre. Das kam natürlich nicht infrage – denn wer wusste, wie lange Zeit sie dann wegbleiben würden? Dazu hatte ich sie nicht im Jahr 1945 den Kampf um Berlin miterleben lassen! Aber für Andreas war über Bekannte eine Einladung in die Schweiz an uns gelangt (nicht von dem frommen Paten). Die Schweiz war seit ›Heidi‹[564] und ›Tell‹[565] sein Traumland – eine große Karte von ihr hing in seinem Zimmer. Die Geschichte von Wilhelm Tell hatte er eifrig in Vaters Büchern gelesen; Berge und Städte waren ihm eher ein Begriff als mir, die ich ja noch nie dort gewesen war. Aber der Papierkrieg um die Erlaubnis wurde von den Sorgen um die Blockade eingeholt, und nun war es ja unmöglich, ihn mit einem Kindertransport hinzuschicken, ohne die geforderte Erklärung abzugeben. Doch da sprang der gute Onkel Karl-Friedrich ein! Er war zu Beginn der Blockade gerade zu Vorträgen in den USA gewesen und hatte von seinem Entgelt für sämtliche in Berlin wohnhaften Familienangehörigen amerikanische Flugscheine von Berlin nach Frankfurt erworben. Für alle Fälle ... Den ersten dieser Flugscheine bekam nun Andreas geschenkt (die anderen wurden wohl nie gebraucht und hoffentlich zurückerstattet).[566] Endlich kamen wir aus dem Schwebezustand heraus – fährt er, oder fährt er nicht? Wenige Tage nach seinem zehnten Geburtstag ging es los. Er war selig. Ich dagegen hatte ein etwas mulmiges Gefühl. Er war ja ein recht zarter, kleiner Kerl. Sicher tat ihm die Schweiz gut – aber ich kannte die Leute, zu denen er kam, nur aus der Schilderung eines Bekannten, der sie auch nie gesehen hatte. Und die weite Reise ganz allein! Das war doch etwas beunruhigend. Aber ich ließ mir nichts anmerken, sodass Walter mich schon für herzlos hielt. Ich wollte den Jungen nicht unsicher machen.

Mit seinem Rucksack auf dem Rücken (viel Kleidung sollte man nicht mitgeben, das bekäme er alles dort) zog er mit unbewegtem Gesicht neben der Stewardess ab, uns lässig zuwinkend. In Frankfurt sollten ihn Freunde von Karl-Friedrich abholen, bei denen er übernachten konnte und die eine Flugkarte bis Zürich für ihn hat-

---

564 Spyri, Johanna: Heidi. Vollständige Ausgabe. Erster und zweiter Teil, Köln 2013 [Erstveröffentlichung 1880/1881].
565 Schiller, Friedrich: Wilhelm Tell, Stuttgart 2000 [Erstveröffentlichung 1804].
566 Kinder wurden aufgrund der schwierigen Lebensmittelversorgung während der Blockade kostenlos aus Berlin ausgeflogen, sofern die erwähnte Erklärung abgegeben wurde. Andreas dagegen reiste mit einem regulären Linienflug nach Frankfurt, den ihm sein Onkel Karl-Friedrich finanziert hatte.

ten. Das klappte auch alles sehr gut; er durfte sogar noch den Frankfurter Zoo sehen und wurde am nächsten Tag zum Flugzeug nach Zürich gebracht. Dort holte ihn am Flughafen ein Theologie-Professor ab, den Walter kannte und den er um diesen Dienst gebeten hatte. Auch das gelang, und Andreas bekam, ehe er in den Zug nach Chur gesetzt wurde, noch die erste Banane seines Lebens und eine Tafel Schweizer Schokolade. In Landquart hatte er auszusteigen, und er verpasste das nicht. Aber dann stand er mit seinem Rucksack da, einsam und verlassen, und die Verständigung mit dem Bahnhofsvorsteher war aus sprachlichen Gründen schwierig. Endlich erschien ein junger Mann mit einem Motorrad und ließ Andreas hinten aufsteigen. Das war ihm völlig neu und nicht ganz geheuer. Und dann ging es in dem berggewohnten Tempo steil hinauf nach Mastrils, dem Dorf, wo die Geschwister Sutter lebten, die Andreas eingeladen hatten.

Beides waren noch junge Leute. Die Eltern waren vor Kurzem gestorben; die Schwester führte den Haushalt und versorgte die Bauernwirtschaft, der Bruder hatte wohl noch irgendeine Tätigkeit in Chur. Sie sorgte ganz rührend für Andreas, päppelte und kleidete ihn, bestrickte ihn im wahrsten Sinne des Wortes, und fest bestiefelt machte er mit ihnen herrliche Wanderungen. Über das Rheintal hinweg lag die Gegend, in der ›Heidi‹ spielte – das war natürlich besonders aufregend; aber auch nach Liechtenstein hinüber fuhren sie mit ihm, und jeden Sonntag machten die beiden Sutters große Unternehmungen, wie das die rechten Schweizer ja gerne tun. Es kamen in ziemlich kurzen Abständen begeisterte und anschauliche Briefe von ihm, die mich beruhigten und erfreuten. Ich schrieb auch sehr ausführlich zurück und legte an Sutters ›dankbare Zeilen‹ bei. Trotz der täglichen Arbeit und der Blockade atmete ich auf, dass sich alle Sorgen nun gelöst hatten und das anstrengende Jahr (das ja neben den Belastungen auch viele Freuden gebracht hatte, gerade bei den Freizeiten und Familienfesten) glücklich und zufrieden zu Ende zu gehen schien. Wie lange Andreas bleiben sollte, war nicht ausgemacht. Bis Dezember hatte ich ihn von der Schule befreien lassen (ebenso wie im Vorjahr, als er mit seinem Armbruch zu tun hatte – auch damals hatte das Fehlen ihn schulmäßig nicht zurückgeworfen).

Warum plötzlich die Nachrichten von Andreas ausblieben, ist bis heute nicht geklärt. Auf keinen noch so dringenden Brief kam eine Antwort. Auch von Sutters nicht eine einzige Zeile, sodass es reichlich nervenaufreibend für mich war. Walter hatte die Möglichkeit ergriffen, Anfang Oktober kurz zu verreisen, zu einer Tagung innerhalb der Zone. Als er zurückkam und ich noch immer keine Nachricht hatte, war auch er beunruhigt und alarmierte den vermittelnden Herrn, der inzwischen nach Westdeutschland gezogen war. Post konnte natürlich verloren gehen. Aber so viel und immer wieder? In mein Buch schrieb ich damals:

> »Auch hier war es wohl wieder diese ruhige Gewissheit (von der ich immer nicht weiß: ist das Gnade oder Fantasielosigkeit?), die mich ganz getrost hielt. Nur angesprochen wurde ich ungern, und Mitleid machte mich nervös. Irgendwie kam ich mir sogar als Rabenmutter vor, dass ich nicht jeden Abend unter Tränen einschlief.«

Schließlich wandten wir uns an das deutsche Konsulat in Zürich und bekamen nach einigem Warten den Bescheid, dass es Andreas gut ginge und er gerne dort wäre; falls wir ihn aber zurückhaben wollten, sollten wir uns ans Rote Kreuz wenden. Wir wollten und wendeten uns. Es würde vielleicht noch vor Weihnachten ein Transport mit Berliner Kindern aus der Schweiz zurückgebracht werden, aber Gewissheit könne man erst kurz zuvor haben. Drei Tage vor Weihnachten bekamen wir dann nach mehrfachen Anfragen die Nachricht, dass in zwei Stunden ein Kindertransport aus der Schweiz zurückkäme; wir sollten zum Bahnhof Zoo kommen und sehen, ob Andreas dabei wäre. Und er war es! Hinter den zwei riesigen Koffern, die zu ihm gehörten, verschwand er fast. Die Freude war so groß über diesen verlorenen kleinen Sohn,[567] dass wir ihn nicht einmal ausfragten, warum er nicht geschrieben habe. Später meinte er dann, er hätte sich doch immer wieder gemeldet, aber es wäre eben so viel los gewesen. Heimweh hatte er wohl gehabt; aber er erzählte begeistert von Sutters, und als wir die Koffer auspackten, war ich wirklich gerührt. Selbst für mich hatte die Gute Jacke und Tücher und Handschuhe gestrickt! Dass sie mir mit einem Brief mehr Freude gemacht hätte, war ihr wohl nicht klar. Andreas sprach nun Schweizer Rachentöne und manche fremden Wörter aus. Alles sei herrlich gewesen – nur der Rücktransport war scheußlich. Halb

---

567 Anspielung auf das ›Gleichnis vom verlorenen Sohn‹, Lukas 15, 11–32.

verhungert kamen die Kinder in Berlin an. Unterwegs hatten sie am Abend nur heißes Wasser von Büchsenwürstchen bekommen. Die Würstchen aßen die Begleitpersonen auf mit der Begründung: »Ihr habt euch ja in der Schweiz satt gegessen und habt bestimmt noch Schokolade bei euch!« Natürlich wollten alle Kinder ihre Schätze mit nach Hause bringen, und so lebten sie vierzehn Stunden von nichts als etwas Proviant, denn Verpflegung im Zug war zugesagt worden.

Michael bot Anlass zu anderen Sorgen. Als Walter weg war, kam ein blauer Brief, worin die Versetzung zu Ostern für unmöglich erklärt und ihm empfohlen wurde, sogleich eine Klasse zurückzugehen. So etwas raten Lehrer ja gern, aber für Michael wäre es sinnlos gewesen. Sein Versagen lag ja nicht an Denk- oder Lernunfähigkeit, sondern an einem tiefen Unwillen gegen den ganzen Betrieb, der ihn so viel wertvolle Zeit kostete. Dadurch wurde er mit Menschen in einen Raum gezwungen, die er nicht mochte, und vor Schulmeister gestellt, von denen er sagte, dass er sie nicht bei uns an den Tisch setzen würde. Er war zwar oft krank gewesen und hatte wegen seiner Galle-Leber-Störung (die ihm seit der Gelbsucht anhaftete) oft gefehlt. Manchmal saß er morgens auf der obersten Treppenstufe und schrie: »Ich geh da nicht hin! Ich kann da nicht hingehn – es ist zu ekelhaft!« Das lag nicht an ungemachten Hausaufgaben oder Angst vor Klassenarbeiten (wie ich aus eigener Erfahrung erst vermutet hatte), sondern der Kindheit ganzer Jammer packte ihn an. Es ist mir aber immer gelungen, ihn dann doch auf den Weg zu bringen, denn einreißen durften solche hysterischen Anfälle nicht. Einmal, nachdem er etliche Zeit krank gewesen war, bat ich seinen Klassenlehrer, doch nach der Schule bei uns vorbeizukommen, damit er sich Michaels Arbeiten ansehen könne, die er inzwischen angefertigt hatte. Er kam (denn er sollte bei uns zu Mittag essen, und Essen wurde damals noch ganz groß geschrieben). Michael hatte mir schon Sagenhaftes von der Ungepflegtheit dieses Mannes erzählt, was ich kaum glauben konnte (etwa dass er mit herunterhängenden Hosenträgern zum Unterricht käme, und Schlimmeres). So war ich auf einiges gefasst – aber doch nicht darauf, dass er mir an der Haustür eine sehr schwarze Hand reichte und sagte: »Entschuldigen Sie, wenn ich schmutzig bin; ich habe gestern im Garten gearbeitet.« So saß er dann bei Tisch (Gott sei Dank auch bei uns im Garten). Anneliese hatte sich vorgenommen, ihn zu bezirzen, um Michael Hilfestellung zu geben. Es muss Ende Juni gewesen sein, und ich hatte als Nachtisch Kirschen gepflückt. Wie sehr Annelieses Bemühungen Erfolg hatten, musste sie entsetzt erleben, als er ihr mit seinen Pfoten eine besonders schöne Kirsche scherzend in den Mund schob. Und obwohl sie lächelnd schluckte und er alles Gute versprach, kam doch der blaue Brief. Daraufhin ließ ich Michael (mit Attest) einen längeren Schulurlaub nehmen, denn zu Hause hatte er alles Versäumte immer schnellstens nachgeholt. Und es hatte Erfolg: Als er nach Weihnachten wieder hinging, hatte er den Anschluss an die Klasse schnell wiedergefunden (obwohl er dadurch noch mehr von der Sinnlosigkeit des Schulunterrichts überzeugt worden ist).

Ganz ohne Nachhilfe-Stunden war das allerdings nicht gegangen. Auch wenn er die allgemeinen Kulturfächer alleine oder mit mir zusammen gut bewältigte und an Belesenheit und Orientierung in der ihn umgebenden Natur und Welt (ebenso wie in Geschichte) den anderen weit voraus war – die schwierigen Fächer Latein und Griechisch waren für mich inzwischen völlig unkontrollierbar, ebenso wie Physik und Chemie. Mathematik beherrschte er gut (sonst konnte Andreas ihm helfen, wenn er etwas nicht verstand). In Deutsch hatten beide Söhne (wie ihre Eltern) immer eine Eins gehabt. Nun musste der Vater doch in den knappen Westgeld-Beutel greifen, und dreimal in der Woche fuhr Michael zu einem sehr netten alten Professor, der in der theologischen Fakultät die Studenten aufs Latinum und Graecum vorbereitet hatte und nun pensioniert war. Das machte Michael sogar Spaß, und er kam über seine Lernhemmung hinweg. In den Fächern Chemie und Physik lehnte er es allerdings ab, etwas zu lernen – das könne er sich doch nicht merken; da müsse er sich eben aufs Abschreiben verlegen oder sich kurzfristig Unterstützung von Andreas erbitten. Später fand sich dann in Dahlem unter den Gemeindegliedern ein junger Musiker, der auf Theologie umgeschwenkt war und im Kindergottesdienst mithalf. Es ging ihm finanziell sehr schlecht, und er war glücklich, Privatstunden zu bekommen (das heißt geben zu können). So brauchte Michael mit seiner schlechten Kleidung und durchgelaufenem Schuhwerk nicht mehr den weiten Weg zu machen, sondern Herr M. kam zu uns ins Haus – und nahm außer dem kleinen Entgelt immer noch etwas Essbares für Frau und Kind mit. Nach Weihnachten half er dann auch Andreas mit den Sprachen etwas auf die Sprünge, denn der hatte aufgrund seiner Fehlzeiten in den ersten beiden Gymnasiums-Jahren sowohl die Anfangsgründe des Lateinischen wie auch des Griechischen verpasst. Walter, der unseren Söhnen bei den alten Sprachen ja auch hätte Hilfestellung geben können, hatte bei seinem Doppel-Beruf keine Zeit und auch keine Neigung, sich damit zu belasten. Es wäre bei dem nicht immer ganz reibungslosen Verhältnis zu Michael wohl auch nicht gut gewesen. Michael hatte es ihm mit Recht übel genommen, dass mit Ausbleiben des Westgeldes seine Klavierstunden gestrichen worden waren und auch nach der Sanierung nicht wieder aufgenommen wurden. »Mach du lieber Schularbeiten!« Aus diesem Notstand ergaben sich später noch viele Schwierigkeiten – aber erst einmal die, dass Michael nun mit solch unermüdlicher Energie auf dem Klavier zu üben begann, dass er zwar sehr schnell weiterkam, dann aber bald mit einer doppelseitigen Sehnenscheiden-Entzündung lahmgelegt war und auch nicht mehr schreiben durfte. Das führte wiederum zur Schulbefreiung. Nun las er zum Vergnügen Noten!

Vielleicht konnte ich diese kleinen Schul- und Krankheitsnöte (und sogar die Ungewissheit, als Andreas aus der Schweiz nicht mehr schrieb) nicht so wichtig nehmen, weil ich im Hilfswerk ja noch dauernd mit der blanken Not konfrontiert war. Dadurch, dass Bodensiek für seine Kleidersammlungen in den USA immer wieder um Beispiele bat (die natürlich den Tatsachen entsprechen mussten), schrieb ich mir nach der Sprechstunde manchmal die verschiedenen Fälle kurz auf. Alle paar Monate formulierten wir dann für ihn einen Bericht. Solch ein Text aus dem Jahr 1948 (der letzte, den ich aus dieser Zeit habe, obwohl ich wahrscheinlich noch mehr davon schrieb) liegt hier vor mir – und ich denke, eine ›Live-Schaltung‹ einzublenden kann die Zeit doch plastischer machen als die Erinnerung nach 22 Jahren. Mir selbst stehen die Gestalten beim Lesen wieder ganz deutlich vor Augen:

> »Bericht über eine Sprechstunde im Dahlemer Hilfswerk für Heimkehrer und Flüchtlinge im Sommer 1948:
>
> In einem kleinen Zimmer im Gemeindehaus stehen drei Schränke, ein Regal, ein Tisch und einige Stühle. An der Wand hängt ein gesprungener Spiegel, eine Stange dient zur Aufnahme der für

die Ausgabe gestifteten Kleider und Mäntel. Einer der Schränke enthält Wirtschaftsdinge, Geschirr und so weiter, in den anderen sind Textilien und Schuhwerk aufbewahrt. Unsere Fächer leeren sich immer wieder erschreckend schnell. Doch nie ist seit dem Sommer 1945 unsere Ausgabestelle völlig ohne Mittel zum Helfen gewesen. Auf einer langen Bank im Flur des Gemeindehauses wartet die ›Kundschaft‹. Als Erste kommt eine abgehärmte, durch Hungerausschlag verunstaltete Frau – Mutter von vier Kindern, Heimat verloren, der Mann gefallen. Sie ernährt die Familie durch Adressen schreiben fürs Rote Kreuz. Das reicht nicht einmal zum Einkauf der Rationen. Die Karteikarte zeigt, was sie bisher von uns bekommen hat: Strümpfe, etwas Unterwäsche und ein paar alte Schuhe für sie selbst. Heute müssen wir sie wieder enttäuschen – Kinderschuhe sind nicht da; aber es ist ja noch Sommer und barfuß gehen möglich. Der Arzt will ihr Spritzen gegen den Ausschlag geben, aber die Kasse kann das nicht übernehmen. Frau R. ist früher kirchliche Gemeindehelferin gewesen und wurde uns sehr empfohlen. So können wir ihr wenigstens mit gutem Gewissen das Geld für die Medikamente geben. – Als Nächster ein Herr in Russland-Heimkehrer-Kluft. Er ist mir bereits von seiner Tante, die in unserer Gemeinde lebt, angekündigt worden. Früher war er Assessor. Seine Frau ist während des Krieges in die Irrenanstalt gekommen. Ob sie noch lebt? Fünf Kinder sind bei Verwandten verteilt. Nun sollen wir ihm dabei helfen, eine neue Existenz aufzubauen – und darum zuerst ein Anzug! Die Einweisung nach Berlin hat er.«

Nur auszugsweise kann ich diesen in engen Zeilen auf vier Blättern getippten Bericht abschreiben, sonst würde er hier bestimmt viele Seiten füllen. Wie unendlich schwer es war, mit so geringen Mitteln zu helfen; wie entmutigend auch für uns, immer wieder »leider Nein« sagen zu müssen – das geht neben der Freude, hier und da helfen zu können, deutlich aus dem Text hervor. Dem Assessor konnten wir nach acht Tagen einen passenden Anzug geben; erst einmal gaben wir ihm Kindersachen mit, über die er auch glücklich war. Vollständige Hilfe erwartet ja keiner. Die Zeit muss mithelfen. Er ist nicht PG gewesen und wird bald Arbeit finden; dann wird er in seiner Zwei-Zimmer-Wohnung mit Unterstützung durch eine Verwandte hausen, und wir können ihm die Betten und den Hausrat vermitteln. Aber das wissen wir noch nicht, als er das erste Mal vor uns steht. Eine Frau aus der Zone, die uns um einen weißen Kittel bat, damit ihr heimgekehrter Mann wieder als Apotheker arbeiten kann, kommt aus Fürstenwalde angefahren und holt glücklich diese Existenz-Grundlage ab, nachdem wir sie vom Eintreffen benachrichtigt hatten. Dann eine Frau aus Steglitz, Mutter mit vierzehnjähriger Tochter, vor einem viertel Jahr aus Sibirien zurückgekehrt, nach der Gefangenschaft wieder die Einweisung in Berlin bekommen, wohnhaft in einem möblierten Zimmer. Von ihrem Mann weiß sie nichts. Sie bittet um ein Kleid; Rock und Bluse hat sie an (wenn man das noch so bezeichnen kann). Was sie trägt, wirkt wie ein mühsam geflickter Kartoffelsack. »Ich habe hier auf Bezugsscheine nichts bekommen können«, sagt sie. Wir kennen das und glauben ihr. Für die Tochter hat sie etwas erhalten, und die sieht ganz ordentlich aus. Wir suchen ein Kleid für die kleine, magere Frau heraus. Sie streift es über ihr Sackgewand, wo es nicht recht sitzen will. »Entschuldigen Sie«, sagt sie, »meine Wäsche trägt etwas auf.« Sie entfernt die Bluse, unter der aber keinerlei Wäsche sichtbar wird, und den Rockverschluss öffnet sie auch. Unter ihm befindet sich eine mit Strippe zusammengehaltene kurze Soldaten-Unterhose, die sie mühsam glatt zu ziehen versucht. Sie lächelt etwas verschämt. »Elegant ist es nicht, aber das hat mir ein Heimkehrer auf dem Transport geschenkt. Ich bin sehr froh, dass ich die habe; ich besitze sonst nur noch einen Schlüpfer aus altem Sack.« Wir sind sehr froh, Mutter und Tochter (die unter ihrer Kleidung ähnlich aussieht) je eine Wäschegarnitur mitgeben zu können. Wir hatten schon einmal ein junges Mädchen ausstatten und mit Nachtwäsche versorgen können, das aus Sibirien entlassen war und das der Vater herbeitrug, denn es wog mit 22 Jahren nur 60 Pfund. Im Krankenhaus wurde sie dann wieder aufgepäppelt.

Manchmal gelangen uns aber auch Volltreffer. Schon im März hatten wir von der U-Bahn aus einen sehr ärmlichen, mühsam beflickten Jungen direkt in die Ausgabe mitgenommen und mit den eben angekommenen Sachen aus den USA ausgestattet. Er wohnte in Tempelhof. Wir gaben ihm einen Zettel mit, er solle mit seiner Mutter wiederkommen. Der Vater ist in Russland vermisst; die siebzehnjährige Schwester verdient für alle; die Mutter quält sich mit dem Haushalt, sechs Kinder sind es. Bei der nächsten Ausgabe erscheint er mit Mutter und zwei kleineren Geschwistern – erst zaghaft, aber dann strahlender Held, Beschützer und Gönner seiner Familie, denn wir sind seine ›Entdeckung‹. Aus der Fülle, die wir gerade in den Schränken hatten, konnten wir sie beschenken, und die Mutter zog fassungslos über das unerwartete Glück ab.

»Heute kommt sie nun noch einmal fragen, ob Sommerkleidchen da sind und etwas Stopfgarn. Mit beidem können wir ihr helfen. Blass und abgearbeitet sieht sie aus, und man wünscht ihr, dass sie mal eine Woche ausruhen und sich satt essen könne. Aber sie klagt nie. – Jetzt kommen zwei kleine Buben herein. Kinder, die allein und ungerufen kommen, werden weggeschickt, um sie nicht ans Betteln zu gewöhnen. Diese beiden gehören aber unserem Jungenkreis und dem Kindergottesdienst an. Ihre völlig zermürbten Höschen haben uns veranlasst, sie herzubestellen. Die Mutter plagt sich seit Jahren mit Kinderlähmung; der Mann ist Chauffeur und versorgt gemeinsam mit den Jungens sie und den Haushalt. – Eine große, schwarzgekleidete Dame kennen wir schon gut; der Mann war Stadtbaurat, wurde von den Nazis abgesetzt und ist in Russland vermisst. Sie lebt mit ihrer achtzigjährigen Mutter und ernährt sie mit Heimarbeit. Aus dem möblierten Zimmer haben die Wohnungsinhaber beim Umzug nach Westen sämtliche Einrichtung entfernt; nun haben wir ihr in Eile Betten, Decken und Hausrat (teils leihweise) aus der Gemeinde beschafft. Heute strahlt sie: Ihr Sohn ist heimgekehrt, und mit einem mottenlöchrigen Damenmantel zieht sie ab, um ihm daraus eine Ziviljacke zu machen. – Die nächste Dame im grauen Kostüm braucht Wäsche zum Wechseln. So wie sie war, ohne Gepäck, ist sie aus der Hintertür in den Westen geflohen, als man ihren Mann, einen Journalisten, verhaftete. Auch um ein Waschkleid oder eine Schürze bittet sie; sie will Aufwartungen machen. ›Wenn ich meine Arbeit zu Hause gemacht habe, kann ich auch woanders Schmutzarbeit tun. Schlimm ist nur, dass ich durch Phosphor[568] fast blind bin.‹ Wir können ihr helfen – allerdings

---

568 Phosphor wurde im Zweiten Weltkrieg in Brandbomben (›Phosphorbomben‹) eingesetzt, die sowohl von den deutschen als auch von britischen und amerikanischen Streitkräften eingesetzt worden sind. Phosphor entzündet sich durch Kontakt mit dem Luftsauerstoff selbst und wird dabei über 1300 Grad heiß, wobei es sich immer wieder neu entflammt. Außerdem entstehen bei der Verbrennung starke Dämpfe, die hochgiftig sind und bei den Opfern zu einem langsamen und qualvollen Tod führen.

macht sie einen so verstörten Eindruck und ist so ängstlich mit ihren Papieren, dass man denken könnte, sie schwindelt. Aber alles ist überprüfbar und stimmt. Es ist der Schreck, der ihr in die Glieder gefahren war, und die Angst, ihrem Mann von hier aus zu schaden.«

8.2 Der Tod des Vaters Karl Bonhoeffer

Kurz vor Totensonntag 1948 wurde mein Vater schwer krank. Er war aus dem anstrengenden Dienst in Wittenau[569] in der immer überfüllten S-Bahn heimgekommen und hatte sich hingelegt, ohne Mittag zu essen, weil ihm nicht wohl war. Dann wurde er bewusstlos. Sauerbruch[570] kam und verordnete alles, was man bei einer Gehirnblutung tun konnte (denn er vermutete, dass es sich darum handele). Wir wurden sofort benachrichtigt. Aber als ich kam, war mein Vater wieder bei Besinnung und meinte, es würde rasch wieder gut sein; er gehorchte aber Sauerbruchs Befehl, liegen zu bleiben. Ein kleiner Schlaganfall, dachten wir. Er sollte nun bald mit der Arbeit aufhören; jetzt würde es ja vielleicht Pensionen in Westgeld geben. Ein paar Tage blieb er liegen; dann versuchte er aufzustehen. »Alte Leute sollen nicht lange fest liegen«, sagte er. Aber die Gehirnblutung wiederholte sich, und nun verbrachte er eine Woche in tiefer Bewusstlosigkeit. Christel kam aus München. Wir wechselten uns so ab, dass immer zwei von uns am Krankenbett saßen (außer meiner Mutter, die ständig da war und nur selten – von Müdigkeit übermannt – auf ihr Bett sank). Auch Michael hielt eine Nacht lang mit mir Wache. Sauerbruch und Schöne[571] waren fast immer da, und ich sehe Sauerbruch noch ganz zusammengekauert neben dem schrecklichen Sauerstoff-Gerät sitzen, das er verordnet hatte und das wohl doch nur eine Verlängerung der Qualen bedeutete; die Tränen rannen ihm über die Wangen. »Ich habe mich meinem Vater nie so nahe gefühlt, wie in seiner Hilflosigkeit«, schreibe ich einen Monat später in mein Silvesterbuch – und weiter:

---

569 S. o. Anm. 474 (S. 666).
570 S. o. Anm. 387 (S. 587).
571 Susannes ›Onkel‹ Georg Schöne war Chirurg und lebte in Berlin-Grunewald im Nachbarhaus der Familie Bonhoeffer. Er war verheiratet mit Helene Schöne, die eine Cousine von Susannes Großvater mütterlicherseits, Karl von Hase, war.

»Dass mein Vater für mich der Inbegriff alles Guten, Freien, Zucht- und Liebevollen gewesen ist, wusste ich immer. Es hat mir nie etwas wohler getan, als wenn ich seine Anerkennung spürte. Dass er bis an sein Ende der Gleiche bleiben durfte, das kann uns schon sehr dankbar machen. Ich wünschte nur, meine Söhne hätten sein Erbe in sich.«

Während seiner Krankheit war es die große Sorge von uns Geschwistern, dass bei all den Anstrengungen, die man für sein Leben unternahm – und die meine Mutter auch geschehen ließ in einem letzten Funken von Hoffnung –, wohl sein vegetatives Leben erhalten werden könne, er aber womöglich doch eine Hirnschädigung behielte.

»Am 4. Dezember gleich nach Mitternacht schlief er ein. Eine Lungenentzündung hatte zuletzt seine Atmung so erschwert, dass das Stillewerden eine Wohltat war. Er selbst blieb bis zum Schluss völlig bewusstlos und hat nichts von alldem gemerkt.«

So hofft man ja wohl immer – doch ich konnte, als ich das schrieb, mir dessen natürlich nicht sicher sein. Dass er die Liebe, die ihn umgab (auch die der Ärzte), gespürt hat, war man eher geneigt, für möglich zu halten. Es fällt mir leichter, in den damals formulierten Sätzen darüber zu berichten, als mit neuen Worten diese Ereignisse wieder nahezubringen. So zitiere ich weiter:

»Mama war damals – wie immer in Zeiten schwerer Anforderungen – uns allen an menschlicher Haltung ein Vorbild. Ohne sie hätten wir nicht so viel Dank für dieses Leben und Sterben schon an seinem Totenbett empfinden können.«

Nachdem sie ihm die Augen zugedrückt hatte, faltete sie erst seine, dann ihre Hände und sprach mit sicherer Stimme das Vaterunser – und wir mit ihr. Seitdem ich das erlebt habe, ist es mir noch an jedem Sterbebett gelungen, dasselbe zu tun: bei meiner Mutter, bei meiner Schwiegermutter, bei Hörnchen und auch in der Gemeinde. Es ist ein Dienst, den man nicht dem Toten, aber den Umstehenden leisten kann und der immer hilfreich ist. Als ich dann mit meiner Mutter im kleinen Nebenzimmer saß, konnte ich ihr als einzigen

Trost, den sie brauchen konnte, sagen, dass auch sie wohl nicht mehr allzu lange warten müsse, bis sie ihm nachfolgen könne. Sie sagte: »Ich habe mir ja immer gewünscht, dass ihm der Schmerz der Trennung erspart bliebe; muss ich da nicht dankbar sein?« In dem kleinen Warteraum neben seinem Arbeitszimmer wurde er am nächsten Morgen aufgebahrt. Nahe Freunde des Hauses und die Enkel kamen. Andreas hatte ihn nun nicht mehr gesehen.[572] Wir ließen Vater dort nur in den Nachtstunden allein. Einer von uns saß eigentlich immer bei ihm – aber jeder am liebsten still für sich. Es war ja die Zeit der Sperrstunden,[573] und die dunklen Tage der Krankheit und nun des Totenbetts waren vom Abend an nur mit dem Licht von Kerzen zu erhellen. Ich hatte aber das Gefühl, als müsse es so sein. Am 10. Dezember 1948 begruben wir ihn auf dem Friedhof an der Heerstraße. Da die Kapelle dort noch zerstört war, gingen wir gleich zum Grab. Der Dahlemer Kirchenchor, mit dessen Mitgliedern ich ja durchweg freundschaftlich verbunden war, trug dort etwas vor. Bei den Chorälen sang meine Mutter mit ihrer schönen Stimme so kräftig und sicher mit, dass Michael dies noch als einen seiner stärksten Eindrücke in Erinnerung hat. Aber auch, dass diese wunderbare Großmutter ihn einen Tag vor ihrem Tod fragte: »Hast du schon mal Sekt getrunken?« – »Nein.« – »Ich habe eine Flasche geschenkt bekommen – ich will doch noch mal mit meinem Enkel anstoßen!« Und so genoss er sein erstes Glas Sekt am Sterbebett seiner Großmutter. Das war zwei Jahre später. Zur Beerdigung meines Vaters hatten wir strahlenden Sonnenschein. Die Trauerfeier, bei der Walter sprach sowie etliche Kollegen und Amtsträger, fand in der Kirche statt, zu der wir anschließend hinüberwanderten.

Anneliese hat alle Ansprachen mitstenographiert und abgetippt und sie dann meiner Mutter gegeben, die darüber sehr froh war. Sie hatte für meine beiden Eltern eine große Verehrung und freute sich, auch irgendwie mitbeteiligt zu sein an unserem Schmerz. Auch bei den Veränderungen im Haus, die nun nötig erschienen, half sie tatkräftig mit. Meine Mutter vermietete die obere Etage an nette Leute und beschränkte sich auf die untere. Die Bibliothek meines

---

[572] Er befand sich damals für längere Zeit zur Erholung in der Schweiz und kehrte erst kurz vor Weihnachten 1948 nach Hause zurück.

[573] Um die Versorgungsengpässe bei der Elektrizitätszufuhr während der Zeit der Blockade zu bewältigen, wurde die Stromversorgung abends und nachts eingeschränkt.

Vaters – jedenfalls seine vielen wissenschaftlichen Bücher und die langen Reihen gebundener Zeitschriften – wurde verkauft, und das ermöglichte meiner Mutter, dass sie nicht auf ihren Lebensstandard verzichten musste. Die neunzig Mark Rente, die ihr statt einer Pension zustanden, bekam Lotte als Lohn – jetzt das einzig verbleibende Mädchen (die zu uns in Haus gekommen war, als sie achtzehn und ich zwölf Jahre alt war). Hörnchen kümmerte sich zu unserer großen Beruhigung ebenfalls ständig um meine Mutter (und ließ ihre Tochter deshalb viel allein). Aber meine Mutter brauchte sie wohl noch mehr, und Hörnchens reine Seele hielt Eifersucht für unmöglich. Inge begann allerdings, einen versteckten Zorn auf unsere Familie zu entwickeln, was ja verständlich war. Meine Mutter versuchte, auch Inge zu verwöhnen, sie wie ein Enkelkind in ihr Herz zu schließen und ins Haus zu ziehen. Aber die suchte sich lieber ihre eigenen Freundschaften.

»Wenn nur bald die Tage länger würden«, schreibe ich in mein Silvesterbuch auf der letzten Seite, »dass man mehr Zeit hätte und wieder mit dem Fahrrad fahren könnte. Ich bin zurzeit ohne Migräne und sehr glücklich, viel zu schaffen.« Ich wollte zu meiner Mutter radeln, und kräftemäßig fühlte ich mich gerade recht gut.

»Ich habe meinen Seelenfrieden dadurch gewonnen, dass ich gar nicht mehr überlege, wann ich mal ausspannen könnte. Ist es eine Art Mikox,[574] dass ich Beweise meiner Tüchtigkeit zu sehen wünsche? Oder ob mit Arbeit und Freude erfüllte Zeit für mich eben Zufriedenheit und Entspannung bedeutet? Ich weiß, dass ich viele mit meiner Aktivität nervös mache. Aber mich selbst stört nur meine Schlappheit – und dann sind die anderen auch nicht froh. Na, wollen wir's mal wieder mit guten Vorsätzen beginnen, das Jahr 1949, in dem ich vierzig Jahre alt werde.«

Dieser Zweifel an der Richtigkeit meines fortgesetzten Arbeits-Lebenswandels kam nicht nur durch Walters intensive Behäbigkeit, sondern besonders durch Annelieses Mattheit. Sie litt damals unter einer üblen Furunkulose[575] und fühlte sich oft so schlecht, dass all

---

574 Scherzhafte Abkürzung für ›Minderwertigkeits-Komplex‹, die früher umgangssprachlich verbreitet war.
575 D.i. das schubweise bzw. gehäufte Auftreten von Furunkeln (Entzündungen des Haarbalgs unter der Haut).

meine neuen Ideen zur Verbesserung des Betriebes sie nur ängstigten, da sich meine Arbeitsfreude als nicht übertragbar herausstellte. Sie hatte sich wohl in der Zeit vor Weihnachten übernommen, weil ich da durch den Tod meines Vaters ziemlich ausfiel.

Wir hatten nämlich schon zu Anfang des Jahres 1948 begonnen, mit unseren Kinder- und Jugendkreisen für einen großen Weihnachtsmarkt zu arbeiten. Ich plante ja immer gerne übers Jahr voraus. Dass durch die Währungsreform[576] nicht mehr allein Sachwerte galten und es wieder wichtig wurde, zu Geld zu kommen, hatte ich natürlich nicht voraussehen können. Nun war es umso besser, dass wir bereits am Vorbereiten waren. Auch die während der Sommer-Freizeiten eingeübten Theaterstücke sollten den Markt beleben. Gebastelt wurde, was Kinder aus wertlosem Material herstellen können – vom aufgeschmückten Kleiderbügel bis zu Hyazinthen-Hüten. Der Frauenkreis arbeitete verbissen an Flickendecken nach amerikanischem Muster. Flicken gab es genug in unserer Änderungsschneiderei. Aber auch von den besten Sachen aus Amerika hatten wir zurückgelegt, was nicht gerade dringend benötigt wurde – zum Beispiel Hüte, Zierschürzchen, Badeanzüge, Schuhe mit hohen Absätzen und so weiter. Aus lustigen Stoffresten hatten wir Kinderschürzen und Kissenbezüge genäht – jedenfalls war Anfang November so viel vorhanden, dass wir kaum mehr wussten, wohin damit. Dazu kamen dann die Kleinigkeiten für den Grabbelsack und die Gewinnspiele (meist gestiftete Spielsachen und Selbstgebasteltes). Aber auch jedes leidlich erhaltene oder reparable Stück Hausrat, das entbehrt werden konnte, wurde von den für die Sache begeisterten Kindern angeschleppt. Die viele Arbeit, die das alles machte, war mir nur recht, denn auf diese Art wurde ich am besten von meinen Sorgen um Andreas abgelenkt.[577] Als dann Ende November mein Vater krank wurde, war ich kaum mehr zu Hause – und es kam doch nun darauf an, die Preise zu bestimmen und anzuheften; gerade das war für Anneliese bedrückend verantwortungsvoll. Die Helfer, die wir natürlich längst für den Tag des Verkaufs angeworben hatten, waren rührend bereit, ihr beizustehen. Wenn ich mal kurz herein schaute, fand ich immer etliche beschäftigt. Besonders eine sehr liebe alte Dame, Frau Schmidt, die

---

576 S.o. Anm. 554 (S. 753).
577 Er befand sich damals in der Schweiz, und der Briefkontakt mit ihm war abgerissen.

mit ihrer Tochter Im Gehege wohnte, war unermüdlich. Einmal, als ich gegen Mitternacht zurückkehrte, saß sie noch mit Anneliese bei Kerzenlicht und packte Dinge für den Grabbelsack ein. Es erschwerte die Arbeit doch sehr (die ja neben dem üblichen Dienst in der Gemeinde herlief), dass es abends so früh dunkel wurde. Wir hatten in Dahlem zwar bessere Stromversorgung als bei den Eltern, weil die Amerikaner in unserer Nachbarschaft wohnten – aber es war schwierig genug. Immerhin konnten wir in der Gemeinde Veranstaltungen planen, weil es bis zehn Uhr abends Licht gab.[578]

Ich hätte in dieser Zeit ja die Kreise ausfallen lassen können; aber wir brauchten die Gruppen zur Mithilfe, sodass Anneliese das jetzt noch zusätzlich übernehmen musste. Die Einladungen waren schon lange ergangen. Da wir wussten, dass der Andrang auf Großveranstaltungen bei uns immer stark war, hatten wir Karten ausgegeben – nicht verkauft (sonst hätten wir mit dem Finanzamt zu tun bekommen), sondern verschenkt. Dabei haben wir um eine Gegengabe in bar gebeten, zur Deckung der entstehenden Unkosten (die allerdings denkbar gering waren). 500 Karten hatten wir angefertigt und gestempelt, und alle waren schon eine Woche vorher verteilt. Mehr als 300 durften in den großen Saal gar nicht hinein, wegen Brandgefahr. Aber sie werden ja nicht alle gleichzeitig kommen, dachten wir. Vorgeplant war wirklich alles aufs Beste: die Aufstellung der Tische für den Verkauf, der Gewinnbuden mit Würfeln oder Glücksrad, der Stände zum Dosenwerfen oder (besonders beliebt) zum Strippenziehen, der Bücherwagen und der Stand mit dem Advents- und Weihnachtsschmuck – und sogar einer mit späten Blumen, Ablegern, Topfpflanzen und Sträußen aus Nadelgehölz. Im kleinen Saal war der Verkauf von Kuchen, Salaten und Getränken geplant, mit Sitzgelegenheiten. Die mussten wir dann kurz zuvor wieder entfernen, denn uns schien, dass es wegen der vielen gestifteten Sachen zum Essen doch zu eng würde – also Stehimbiss! Um das Aufbauen habe ich mich gar nicht kümmern können; das hat Anneliese mit den Helfern auch ohne mich glänzend bewältigt. Alle Angestellten im Gemeindehaus waren mit Begeisterung voll im Einsatz. Es ist ja ganz nützlich, wenn man merkt, dass es auch ohne einen geht. Doch ich hatte immer nur den einen Wunsch, dass mein Vater nicht gerade an diesem Tag sterben möge – dann

---

578 S.o. Anm. 573 (S. 771).

hätte ich nicht gewusst, was ich tun sollte. Dass ich an diesem Tag beziehungsweise Nachmittag unbedingt dabei sein müsse und man den 500 Leuten nicht erklären mochte, warum ich nicht käme, war klar. Es hätte auch den Helfern sehr auf die Stimmung geschlagen, denn bisher hatten wir niemandem gesagt, wie ernst es um ihn stand. Ich hatte Angst vor weisen Ratschlägen, man solle den Weihnachtsmarkt absagen oder verschieben. Bei solch einer Riesenorganisation, die auf Opferbereitschaft aufbaut, ist das eine schlechte Sache und macht die Menschen für das nächste Mal unwillig. Ab dem 1. Dezember blieb ich bei den Eltern; am 4. sollte der Weihnachtsmarkt stattfinden; am 4. Dezember kurz nach Mitternacht starb mein Vater. Zwölf Stunden später stand ich im großen Saal, sagte aber nur Anneliese und Walter Bescheid.

Von der Fülle der aufgebauten Dinge war ich doch überwältigt. Welch ungeheure Arbeit war da geleistet worden, und wie viel guten Willen hatte die Gemeinde gezeigt! Und unsere amerikanischen Freunde ... Da waren noch so viele Süßigkeiten gekommen, dass zusätzlich zu den Gewinnen eine Zuckerbude zum Verkauf eingerichtet wurde. Die Schätze, die sich im kleinen Saal befanden, waren zumeist von den ›Weltgebetstags-Damen‹ gebacken und zubereitet worden. Dort war man solche Basare in den Gemeinden gewöhnt, und sie freuten sich wohl, dass so etwas auch hier stattfand. Frau Triebsch und Frau Arndt beherrschten das Büfett (mit Unterstützung ihrer Verwandtschaft), und Schwester Gertrud sorgte mit einer Schar von Helfern für kostbaren Bohnenkaffee und Kakao. Und das alles mitten im dunklen Blockade-Winter! Es war nur gut, dass zu Beginn (das heißt beim Einlass der sich vor dem Gemeindehaus stauenden Massen) der kleine Saal abgeschlossen war und niemand wusste, was sich darin verbarg. Wir hatten Mühe, unseren Helfern Durchlass zu verschaffen. Es war wirklich nötig, dass ich mit meiner Lautstärke und Autorität da war. Unglaublich schnell waren die Buden leergekauft, und die Kassen füllten sich. Walter hatte die Aufgabe (außer freundlich vorhanden zu sein), immer wieder in einer großen Aktenmappe die Einnahmen zu verwahren, denn die Verkäufer waren froh, wenn sie das Geld vom Ladentisch hatten. Auch die Glücksspiele rollten munter ab, und Tombola-Lose wurden zahlreich verkauft – aber die Ziehung sollte erst am Schluss sein, und der Grabbelsack wurde ebenfalls noch aufgespart. Zuerst kam das Theaterspiel der Mädchen, und wer Platz fand, setzte sich in der Mitte des Saals auf die Stühle. Da die Buden leer waren, konnte nun auch getrost das Licht gelöscht werden (sonst war man selbst bei einer kirchlichen Veranstaltung vor Diebstahl nicht ganz sicher). Ich hatte mich auf der Bühne hinter dem Vorhang aufgehalten, nachdem ich sah, dass alles glatt lief. Im Anschluss an die Kaffee-Pause sollte das Stück der Jungens kommen, und dann hatte ich wieder oben mit den Kindern zu tun, was mir lieb war. Am Anfang musste ich aber doch noch vor den Vorhang treten: begrüßen, bedanken und die Leute darauf hinweisen, dass im kleinen Saal Erfrischungen zu haben wären. Daraufhin drängte zu meinem Entsetzen das ganze Volk so stark nach nebenan, dass man fürchten musste, sie zerquetschten sich. Nur der Geistesgegenwart und Tapferkeit der Herren Ewert, Arndt und Triebsch war es zu danken, dass das Büfett nicht einfach gestürmt wurde. Sie hielten die Türen von innen gewaltsam und unter Beschimpfungen der Menge zu. So konnten diejenigen, die bereits drinnen waren, bezahlen und ihr Stück Kuchen bekommen.

Wie dieser Sturm auf das Büfett abgewehrt und gestillt wurde, habe ich mir nur erzählen lassen können, denn es war unmöglich für mich, bis dorthin vorzustoßen. Außerdem kamen meine Jungens gerade auf die Bühne, die von uns für das Stück ›Zwerg Nase‹ umgebaut werden musste. So drangen nur die Geräusche der Brandung vom Kleinen Saal zu mir hinüber – und ab und zu Ewerts kommandierende Stimme. Beim Ausschank in der Garderobe hatte man sich ziemlich geordnet angestellt, und nach dem ersten Schreck über den Andrang walteten dann auch die Damen vom kalten Büfett gefestigt ihres Amtes. Die anwesenden Amerikaner sollen von dem Gedränge etwas betroffen gewesen sein. Wir mussten uns mit dem Verkleiden und Bühnenaufbau sehr beeilen, denn dass die Imbiss-Pause so schnell bewältigt wäre, hatten wir nicht erwartet. Der große Saal füllte sich wieder, aber wir waren bereit: Der orientalische Wochenmarkt mit Kräuterhexe und Zwerg Nase (noch ohne Nase) war aufgebaut, die Mutter hinter dem Stand, die Fülle der anderen Jungen, die ihrem Auftritt entgegenfieberten, in den Bühnenkammern verteilt – und ich ging zum Lichtkasten, um den Saal zu verdunkeln und die Soffitten[579] aufleuchten zu lassen, ehe der Vorhang sich öffnete. Dabei stolperte ich in dem engen Gang über

---

579 Eine Soffitte ist eine Deckenkulisse im Theater, die meist aus mehreren Stoffbahnen besteht.

einen seltsamen Aufbau, der kurz zuvor noch nicht dort gewesen und mir unerklärlich war. Da stand eine umgekehrte Holzkiste und darauf Töpfe und Rührlöffel und Kellen und Siebe und sonstiges etwas schadhaftes Küchenzubehör. »Was soll denn das?«, rief ich entsetzt, »das brauchen wir doch gar nicht, die Küche tritt ja nicht auf!« Aber da kam ich schlecht an. »Das brauchen wir«, riefen der Koch, die Bediensteten und Zwerg Nase, »wir müssen doch das Essen irgendwo kochen, bevor wir es an die Tafel bringen!« Das musste ich natürlich einsehen. Und das tat ich auch, gerührt und froh – denn wenn so viel Spieleifer da war und sich die Kinder derart mit ihren Rollen identifizierten, musste das Stegreifspiel ja gelingen. Ob vor oder hinter den Kulissen war den Jungens gleich: Es war ihr Spiel – und wenn es um Tafelfreuden ging, musste eben eine Küche da sein. Wenn schon freies, schöpferisches Stegreifspiel, warum dann nicht auch die Bühnengestaltung aus dem Stegreif – selbst wenn sie unsichtbar blieb! So ließ ich diese Durchgangs-Behinderung stehen und passte mich an. Und wer am Büfett nichts mehr erwischt hatte, konnte sich nun an den mit Hingabe spielenden Jungens satt sehen. Zum Schluss wurde natürlich von den Schauspielern gesammelt. Zwerg Nase war nicht bereit, dazu seine Nase wieder aufzusetzen: »Ich bin doch nun vom Zauber erlöst«, meinte er. Der Reingewinn des Marktes wurde mit den Helfern nach Schluss gezählt. Wir waren sehr stolz – 3200 Mark, das war damals eine enorme Summe, und es war redlich verdientes Geld.

In unserem Wohn- und Walters Arbeitszimmer stand ein grüner Kachelofen – unser bestes Stück. Alles andere waren Behelfsöfchen. Dieser Kachelofen strahlte milde, gleichmäßige Wärme aus, die besonders gut zum Trocknen von feuchtem Holz geeignet war. Außerdem erfüllte sich der Raum dabei mit weihrauchartigen Wohlgerüchen. Als ich eines Mittags aus dem Gemeindehaus nach Hause kam, stand die Feuerwehr vor unserer Tür. Mein erster Gedanke war: Michael hat mal wieder gekokelt! Diesmal aber war es der Vater gewesen. Als er nach einer nicht allzu langen Abwesenheit in sein Zimmer getreten war, brannte der Ofen in der Ecke lebhaft von außen. Die Flammen erfüllten bereits den Raum: Decke und Wände, Bücher und Papiere (Gardinen und Teppiche hatten wir noch nicht) – alles war rauchgeschwärzt. Die Dielen brannten ebenfalls; so rief er schnell die Feuerwehr, die den Brand auch löschen konnte. Was war geschehen? Um recht schön trockenes Holz zu gewinnen, hatte Walter den gut durchgeheizten Ofen nicht nur dicht mit Holzscheiten umgeben, sondern er hatte auch oben darauf Holz aufgetürmt, wo eine eiserne Wärmeplatte war, auf der man notfalls kochen konnte. Das hatte sich so erwärmt, dass es erst ins Schwelen und Rauchen gekommen war, dann ins Glühen und Brennen. Der lockere Aufbau war wohl ins Rutschen geraten und abgestürzt; er hatte die unten liegenden, gut angewärmten Scheite angesengt und zum Brennen gebracht. So jedenfalls erklärte es sich und uns die Feuerwehr – nachdem sie eingesehen hatte, dass Brandstiftung nicht sehr wahrscheinlich war. Wir konnten sogar einen Schadenersatz von unserer Feuerversicherung bekommen, da es nicht für grob fahrlässig gehalten wurde, nasses Holz auf dem Ofen trocknen zu wollen. Aber leider war der Ersatz nur in Bargeld und nicht in trockenem Holz. Und wie sah das Zimmer nun aus! So war es unbewohnbar. Es war ja noch nicht viel möbliert; so räumten wir es schnell aus, und Ewert, Anneliese und ich griffen zum Farbtopf. Die Decke waschen und weißen, darin war Ewert ein Könner. Wir wischten währenddessen laufend den Fußboden auf. Wände streichen in hellem Ton, das schafften wir Frauen auch – und dann kam, oh Wunder, der Abschluss! Ein zusammengefalteter Lappen, in etwas dunklere Farbe getaucht und ausgewrungen, dann von oben nach unten über die Wände gerollt, eine nach der anderen. Das Zimmer erstrahlte nach dem Brand in ungewöhnlicher Pracht. Für den Fußboden organisierte ich ein Stück Stragula,[580] so sah man nichts mehr von dem Schaden. Aber es war viel Arbeit, die Bücher abzurußen.

In jeder Beziehung mit dem Feuer zu spielen, das war Michaels Vergnügen von Kindertagen an. Die großen Brände von Berlin, die wir nach den Bombenangriffen von unserem Dachgarten aus beobachten konnten, verschreckten ihn zwar – aber wenn es in der Nähe brannte, wollte er immer gerne mit und war fasziniert. Nun ist das ja ein allgemein bekanntes kindliches Verhalten, doch er richtete reichlich viel Schaden mit Streichhölzern und Kerzen an. Es war in dieser Zeit ebenso unmöglich, Kindern den Zugang zu diesen Gebrauchsgegenständen zu verwehren, wie es jetzt nicht anginge,

---

580 D.i. eine Art Linoleum aus mit Teer imprägnierter Pappe, die meist mit Mustern aus verschiedenfarbigen Ölfarben bedruckt ist.

ihnen die Benutzung von Lichtschaltern zu verbieten. Besonders dadurch, dass er Kerzen unter niedrigen Tischen und Stühlen oder sonstigem Brennbaren aufstellte, gab es viel Ärger (außer dem Gestank im Haus). Er war eben ein ausgesprochener Zündler. Als er aber eines Nachts beinahe seinen Bruder im Bett verbrannte, ging meine Geduld doch zu Ende, und ich war sehr böse mit ihm. Mitten in der Nacht wurde ich von unterdrücktem Ächzen und Stöhnen geweckt, das aus dem nebenan liegenden Jungenszimmer kam. Ich lauschte, dann hörte ich Michael »Mutter!« brüllen. Ich raste hinüber, und als ich die Tür aufriss, die Laterne in der Hand, sah ich nichts als dicke Rauchschwaden, die mir den Atem nahmen. Dann entdeckte ich am Ende von Andreas' Bett glühende Funken. Ich riss ihn in meine Arme und stieß die Tür ins Freie auf, die von einem kleinen Gitter geschützt war. Im Moment des Luftzuges züngelten Flammen auf. Andreas war schlaftrunken oder betäubt – jedenfalls legte ich ihn in mein Bett. Während ich sein Federbett in die Badewanne trug, sah ich, dass das Inlett an einer Stelle verkohlt war und die Federn gerade zu glühen begannen. Ich drehte den Wasserhahn auf und konnte das schnell löschen. Andreas schlief auf einer Liege. Die war von unten nach oben angebrannt, und es hätte nur noch Minuten gedauert, so wäre alles in Flammen aufgegangen. Alles Begießen mit Wasser half nichts. Walter kam hinzu; ich glaube, auch Michael half mit großen, entsetzten Augen, dieses Möbelstück über das Geländer auf die Terrasse zu werfen, mitten in der Nacht. Sollte es da zu Ende brennen! Michael beließ ich zur Strafe in dem eiskalten, verräucherten Zimmer in seinem Bett, denn er war schuld an dem Ganzen. Seine Katze hatte er mit der Kerze unter den Betten gesucht und dabei das Seegras in Andreas' Liege in Brand gesteckt. Andreas sah im Halbschlaf zwar glühende Punkte, hielt sie aber für Katzenaugen; dann hat er vor lauter Rauch nicht mehr rufen, sondern nur noch stöhnen können.

8.3 Die Gottesdienste in der Gemeinde

Von Jahr zu Jahr war die Beteiligung am Weltgebetstag stärker geworden; immer mehr Gemeinden waren interessiert, doch es gab bei uns Veranstaltern heftige Meinungsverschiedenheiten: Die einen wollten an zwei oder drei Orten in den beiden Teilen Berlins große, repräsentative Veranstaltungen durchführen. Andere (zu denen auch ich gehörte) waren für Dezentralisierung an verschiedenen Versammlungsstätten, damit sie von möglichst vielen Menschen bequem erreicht werden konnten. Ich fand demonstratives Beten abstoßend, und diese Ansicht setzte sich dann auch durch. Wahrscheinlich nahm ich das Ganze zu ernst, denn die Propaganda hatte sich die Sache zu eigen gemacht und sah richtig, dass Menschen (vor allem Frauen, und noch dazu am Abend) gern unter vielen Gleichgesinnten sind, auch wenn sie dafür lange fahren müssen. Immerhin sollte jeder Kirchenkreis seine eigene Feier haben – die für Zehlendorf in der Jesus-Christus-Kirche. Es war nicht ganz einfach, die Pfarrfrau[581] dabei auszuschalten, und so musste ich etwas hintenherum organisieren, damit der Gottesdienst in ›Onkel Tom‹[582] stattfand, zusammen mit der amerikanischen Kolonie. Nun gingen die Vorbereitungs-Verhandlungen im Zehlendorfer Kreis los. Ich glaube, die Liturgie stammte damals aus Indien, und man strengte sich gewaltig an, irgendjemand aus diesem Land dafür zu gewinnen – jedenfalls war eine Liturgin mit brauner Hautfarbe erwünscht. Die waren damals noch knapp in Berlin, aber man verzichtete doch so ungern auf einen wirkungsvollen Sari.[583] Da kam eine auf den Gedanken, man könne doch ein junges Mädchen aus dem Burckhardthaus[584] verkleiden und auf Englisch beten lassen. Herrlich! Und noch besser: Man schlug vor, gleich mehrere Bibelschülerinnen zu erwählen und sie in den verschiedensten Trachten beten zu lassen (natürlich nur seriöse Bekleidung, nicht etwa von den Fidschi-Inseln). Das zeige doch das weltweite Christentum ... Ich meldete mich zu Wort und erklärte, in unserer Gemeinde versuchten wir darauf zu achten, dass mit Fastnachtsdienstag der Karneval ein Ende hätte – und der Weltgebetstag der Frauen läge doch am Freitag nach Aschermittwoch. Ob es wirklich nötig wäre, sich dafür zu kostümieren? Ich würde dann jedenfalls nicht mehr mitmachen. Die Damen waren verstört und verärgert. Frau Scholz von den Methodisten löste das Problem, indem sie sagte, man könne den schönen Gedanken ja

---

581 Die Frau des für den Pfarrbezirk Berlin-Zehlendorf mit der dortigen Jesus-Christus-Kirche zuständigen Pfarrers Karl-Albrecht Denstaedt, mit dem Walter Dreß Konflikte hatte.
582 S.o. Anm. 239 (S. 443).
583 Traditionelle Bekleidung der indischen Frauen, die aus einem bis zu fünf Meter langen farbigen Tuch besteht, das um Hüften und Schulter gewickelt wird.
584 S.o. Anm.210 (S. 402).

für ein andermal nutzen; diesmal sei es für die Organisation schon zu spät. Ich fühlte mich aber ziemlich isoliert und machte in den nächsten Jahren beim Weltgebetstag nicht mehr mit.

Beide Söhne hatten sich in der Schule wieder leidlich angepasst, aber sie freuten sich natürlich über jede durch die Kohlenferien[585] versäumte Stunde, weil sie die Stetigkeit des Unterrichts überhaupt nicht schätzten. Da ich dem Direktor (der übrigens neu im Amt und der Großvater meines Patenkindes Christiane war) und auch den beiden Klassenlehrern Dank schuldete, dass sie die Jungens trotz ihrer langen Fehlzeiten nicht daran hinderten, den Anschluss zu finden, ging ich einmal zur Elternversammlung von Andreas' Klasse. Der Lehrer bat die Eltern, auf ihre Kinder Einfluss zu nehmen, dass die Jüngsten nicht immer gehänselt und verprügelt würden. Ich dachte: »Nanu, davon hat mir Andreas gar nichts erzählt« – und während ich noch mit diesem Gedanken beschäftigt war, hatte man mich schnell zum Elternvertreter gewählt. Ich hatte keine Ahnung, wie das gekommen war, und war entsetzt – denn erstens hatte ich für mein Empfinden schon genügend Aufgaben, und zweitens war ich (bei meiner legeren Art, Schulprobleme zu behandeln) dafür wenig geeignet. Aber wegen Michael (und nun auch um des gefährdet erscheinenden Andreas' willen) erschien es mir ungut, dieses Amt abzulehnen. So war ich also nun Elternvertreter und kam mir dabei reichlich komisch vor. Anschließend fragte ich den Klassenlehrer dann privat, warum man Andreas eigentlich ärgere. Er sah mich höchst erstaunt an: »Aber den Andreas doch nicht, dem tut keiner was!« Ich meinte verstanden zu haben, es handele sich um den Jüngsten – und besonders wehrtüchtig sei Andreas ja nicht. »Der hat überhaupt keine Reibereien und auch kaum Kontakte; er geht in Gedanken versunken so unberührt durch alles hindurch, als ob wir gar nicht da wären.« Bei dem betroffenen Jungen handelte es sich aber um den einzigen Freund, den Andreas in der Schule hatte, das ›Häschen‹. Fast ebenso jung wie Andreas, aber stärker und ausgesprochen aggressiv, dabei tollpatschig. Es war mehr eine von den Erwachsenen hergestellte Freundschaft, da die Trauung der Eltern Walters erste Amtshandlung in Dahlem gewesen war. Dann kam die

---

[585] In Zeiten der Kohlenknappheit wurde der Schulunterricht teilweise ausgesetzt, weil die Räume nicht ausreichend beheizt werden konnten.

Taufe des Jungen, und kurz darauf fiel der Vater im Krieg, nachdem noch ein Töchterchen geboren war. Als die Mutter später wieder nach Dahlem kam, bat sie uns, auf den Kleinen doch ein Auge zu haben, da sie als Ärztin berufstätig sein musste. So hatten wir ihn oft den Tag über bei uns, und sie sorgte dafür, dass er in Andreas' Klasse kam. Ich hatte den Jungen – der es mit sich und der Mutter reichlich schwer hatte – besonders gern, und ich konnte ihn um den Finger wickeln, während er sonst oft bockte. Auch für Andreas blieb er über die ganze Schulzeit hinweg ein Kamerad.

Zum Ernstnehmen der Passionszeit gehörte bei uns seit einigen Jahren die Darstellung der von Rudolf Mirbt[586] nach alten Mustern nachgedichteten Passionsgeschichte. Erstmalig habe ich dieses Spiel in Dietrichs Londoner Gemeinde gesehen,[587] wo er es mit jungen Deutschen eingeübt hatte, und es hat mich sehr beeindruckt. Wir selbst haben es dann noch einmal in Lichterfelde Ost vor die Gemeinde gebracht, in der Zeit, als Walter dort eine Vertretungspfarrstelle hatte. Ich färbte damals mit großer Mühe Nesselstoff in verschiedenen Tönen, um farblich gut aufeinander abgestimmte Gewänder daraus zu nähen. Ich hatte mir dafür einen Universalschnitt ausgedacht, der für alle Größen passte. Seit 1946 wurde dieses Passionsspiel jedes Jahr in der Annen-Kirche aufgeführt – für mich selbst immer eine Art von Gedächtnisfeier für Dietrich. Wolfgang Triebsch gab dabei einen schwarzen, finsteren Judas ab, Walter sprach die Texte, und der Jesussprecher war meist einer seiner fähigen Studenten. Die wenigen Zeilen, die der auferstandene Lazarus zu sagen hatte, wurden dem jungen und sehr schwach aussehenden Peter Schneider auferlegt – trotz des Protestes seiner Mutter, der diese Elendsgestalt auf die Nerven ging. Bis einige Jahre später Brigitte Bils soweit herangewachsen war, dass wir ihre ungewöhnlich anpassungsfähige Sprechstimme nutzen konnten, behauptete die Tochter von Frau Schm. eisern die Rolle der Maria. Sie hatte sich dafür angeboten und sich nicht mit einem der Engel oder Martha zufriedengeben wollen, weil sie so gut auswendig lernen könne. Es war auch tat-

---

[586] Rudolf Mirbt (1896–1974) war Schriftsteller und förderte insbesondere das Laienspiel an deutschen Schulen und in der Jugendbewegung.

[587] Vgl. o. S. 495.

sächlich viel Text zu lernen, und sie tat es gut und willig. Nur stieß sie leider mit der Zunge an, und ihr Lispeln war bei aller Ausdrucksfähigkeit doch unerträglich. Da machte die Mutter kurzen Prozess – denn schon der Anfangssatz: »Ach, du mein herzallerliebstes Kind, du weißt ja, dass mein Herze brinnt ...« hatte bei der ersten Probe das Gekicher der Mitspieler zur Folge gehabt. Sie, die Mutter, vollbrachte eine Meisterleistung, indem sie den Text der Maria umdichtete und jeden Buchstaben ›S‹ dabei weitgehend aussparte. Inhaltlich blieb es das Gleiche, nur einige Stichworte mussten verändert werden – aber die Rolle war auf Jahre hinaus für die Tochter gerettet. Einmal sagte im letzten Moment der Jesus-Sprecher wegen Krankheit ab, und ich war glücklich, Vater Rammelt dafür zu gewinnen, den Text wenigstens zu lesen. Dass er das konnte, war ja von unserem Lesekreis her klar. Gern tat er es nicht unter den jungen Leuten; aber er fiel in seiner Blondheit kaum als älter auf und machte es ganz besonders gut.

1949 hatten wir außer der Passionsgeschichte noch ein Osterspiel mit dem etwas jüngeren gemischten Jugendkreis eingeübt, zu dem die Konfirmierten gehörten. Wir hatten vor, dieses Stück auf dem Friedhof aufzuführen, und hofften auf schönes Wetter. Die Gestalten des Evangeliums wurden im Nachempfinden den Kindern doch sehr deutlich, verständlich und lieb, während wir miteinander übten – und wirklich, die Darstellung im Freien gelang. Durch die Zwei-Minuten-Abstände der Blockade-Flieger war es allerdings nicht einfach für die Sprecher, denn sie mussten ständig Pausen einschalten und mit sinnvollen Bewegungen füllen, damit nicht alles vom Text verloren ging. Man hatte sich an den Krach ja schon gewöhnt – aber für eine Freilichtbühne war es eben schwierig. Am ersten Feiertag führten wir es dann im Kindergottesdienst für die Verwandten und Bekannten der Mitspieler auf, am zweiten Feiertag (wo Walter den Gottesdienst hielt) wurde es in der Kirche während der Einleitungsliturgie dargeboten. Nun war es sehr viel besser zu verstehen, und es gewann durch den Raum an Wirkung, was am Tag zuvor durch die Umgebung ausgeglichen worden war. Im Jahr darauf haben wir es ohne Blockade-Geräuschkulisse dann noch einmal im Freien darstellen können, mit denselben Schauspielern. Aber es war uns doch nicht so lieb wie das Passionsspiel geworden und blieb nicht in unserem Repertoire.

Den Osterfrühgottesdienst bei Sonnenaufgang hatten wir wohl im Jahr 1946 zum ersten Mal auf dem Friedhof gehalten. Walter und ich hatten das einst als Brautpaar bei der Brüdergemeine mitgemacht und sehr schön gefunden. Nach dem vielen Sterben der vergangenen Jahre und den zahlreichen neuen Gräbern hatten wir einfach das Bedürfnis nach einer solcher Feier. Walter hielt dabei keine Ansprache (das kam nachher in der Predigt), sondern las die schönen Hymnen der Ostkirche, die uns im Osterjubel ja weit überlegen ist. Dazwischen wurde unter Adelheid Fischers Führung tapfer und viel à cappella gesungen. Wir standen draußen zwischen dem Eingang zur Sakristei und dem Haupteingang der Kirche mit Blick auf die aufgehende Sonne. Wir freuten uns an Vogelstimmen, am grünen Schimmer der Bäume, an der frühmorgendlichen Gemeinschaft – und schämten uns der Tränen nicht. Meist schien uns die Sonne; nur zwei Mal in all den Jahren mussten wir in der Kirche bleiben. Schweigend hatte man sich versammelt, doch nach dem Gottesdienst gab es ein fröhliches Begrüßen. Freunde von uns und unseren Söhnen kamen mit ins Pfarrhaus, um an dem damals recht schlicht gehaltenen Osterfrühstück teilzunehmen. Danach lief die Jugend in den Wald.

Wie sehr hatte man sich doch an den völlig abnormalen Zustand der Blockade gewöhnt und wie schnell an die veränderte Ernährung! Wir waren ja auch vorher schon schlecht dran gewesen – nun fiel wenigstens der Zorn auf die Mülleimer der Amerikaner weg. Jetzt halfen sie uns. Sie hörten endlich damit auf, ihre begehrenswerten Abfälle ungenießbar zu machen, in den Teltow-Kanal zu werfen und sich zu amüsieren, wenn Hungrige hinterhersprangen, um Fettstücke und andere Kostbarkeiten zu bergen. Wie bedrückend war es doch immer gewesen, wenn man am Grunewald-See spazieren ging (mit Familie oder Kinderkreisen und Jugend), und auf dem amerikanischen Müllplatz hinter der Kaserne die Elendsgestalten wie Ratten alte Büchsen und Schachteln durchsuchten und auskratzten. Mochte es das immer noch geben – es machte einen nicht mehr so böse, denn schließlich bekam jeder nur noch das Nötigste zum Essen (im Trockenzustand und mit künstlichen Vitaminen angereichert). Jetzt war ein Garten wirklich Gold wert, und das dankbare Gefühl des Erntens – und sei es Petersilie oder Salat im Balkonkasten oder auf dem Friedhofsgrab – verband alle

Bürger stark mit den natürlichen Gegebenheiten. Die Westberliner trugen die auferlegte Beschränkung damals wirklich mit bescheidenem Stolz – ich jedenfalls viel williger und hoffnungsfroher als zu Hitlers Zeiten. Natürlich, der Blick nach Westdeutschland (wo damals alles schon wieder in friedensmäßige Verhältnisse kam) war verlockend. Aber ›blicken‹ konnten wir ja gar nicht – höchstens Briefe lesen. »Ob das wohl ewig so weitergeht?«, seufzten wir – und konnten uns doch nicht vorstellen, wie, wann und wodurch ein Ende der Situation herbeigeführt würde. Es lief damals ein sehr guter Film über Berlin, in dem der junge, schmale, verängstete Gert Fröbe den ›Otto Normalverbraucher‹ spielte.[588] Er befand sich nach seiner mühsamen Heimkehr und den misslungenen Aufbaujahren mitten in der Blockade und endete trotz aller Trostlosigkeit mit der hoffnungsvollen Frage, ob der Mensch nicht vielleicht doch einmal zum Verstand und die Welt zum Frieden käme? Uns aber blieb zunächst nur, von Tag zu Tag weiterzumachen: zu wirtschaften mit dem, was sich bot; zu helfen, wo man konnte; und die Nerven durch gelassene Heiterkeit zu bewahren. Provisorisch zu leben hatte man ja inzwischen gelernt – es kam darauf an, dass man tat, was möglich war, Tag für Tag. Planen musste man trotzdem, ob es nun in Erfüllung ging oder nicht. So bereiteten wir bereits im Winter wieder Sommerfreizeiten für die Kinder Im Gehege vor, sowie Themen, Beschäftigungen und Feste für unsere Kreise; und auch Pausen waren vorgesehen.

»Arbeit ist ja durchaus etwas Beglückendes«, schreibe ich 1949. »Aber ich merke doch immer mehr, dass das wirkliche Leben in der Muße liegt.« Und obwohl es nach außen hin oft so aussah, als ob bei mir die Ruhe kleingeschrieben würde und ich emsig oder gar gehetzt erschien – ich habe mir mein Leben lang doch immer einen Teil an Freizeit erobert, auch in der Zeit starker Belastungen. Manchmal war es vielleicht auch bloß das Glück, wenig Schlaf zu brauchen, das mir wache Nachtstunden verschaffte. Selbst kleinste Pausen (wie das Warten auf die Bahn oder beim Arzt) lernte ich in knappen Zeiten wertzuschätzen und zu nutzen. Kurze Erholungszeiten in Tempelhof hatten Anneliese und ich uns ja schon manchmal gegönnt (denn die Zeit, wo wir zusammen unsere Sachen in

---

588 ›Berliner Ballade‹, Deutschland 1948, Regie: Robert Stemmle, Hauptrolle: Gert Fröbe.

Friedrichsbrunn gepackt haben, bot höchstens einzelne Momente zum Innehalten). Im Mai 1949 machten wir dann unseren ersten richtigen Urlaub miteinander.

Die ›weite‹ Reise ging, der Blockade entsprechend, bis nach Paulsborn.[589] In der Winterzeit hatten wir bei einem morgendlichen Ausflug dort Leute in einem kleinen, warm geheizten Zimmer hotelmäßig frühstücken sehen. Das weckte unser Erstaunen und längst versunkene Feriengefühle. Anneliese erkundigte sich und erfuhr, dass man seit einiger Zeit wieder Zimmer zum Vermieten hätte. Die Nachfrage war sehr groß, da Berlin ja bereits zur Insel geworden war und Ferien im Grünen natürlich begehrt waren. Obwohl der Preis unerschwinglich schien, lockte uns diese Möglichkeit so sehr, dass wir unsere Gedanken nicht davon losreißen konnten. Es dauerte aber lange, bis wir uns wirklich dazu entschlossen hatten und erst mal versuchten, fünf Tage dafür freizukämpfen. Im Mai ließ sich das ermöglichen. Wie wir die finanzielle Frage lösten, weiß ich nicht mehr genau. Man hatte ja damals noch die Möglichkeit, mit Ostgeld zu zahlen (wenn auch zu hohem Kurs getauscht); auch meine Mutter half wohl aus, und unsere Raucherkarten – nebst einer Zigarettenspende von Bodensieks für diesen Zweck – füllten die Lücke. Ende April trat plötzlich noch mal eine besondere Knappheit an Lebensmitteln auf: Ohne Marken oder Bezugsscheine gab es überhaupt nichts mehr. Das war letztlich ein gutes Vorzeichen, denn die Spürnasen der Kaufleute hielten alles zurück, um bei Beendigung der Blockade[590] mehr Geld in die Hand zu bekommen. Mir war aber die Vorstellung unangenehm, meine drei Männer in den fünf Tagen dem Mangel preiszugeben. Ich konnte einfach nicht so gut vorsorgen, wie ich wollte – doch daran durfte der Plan nicht scheitern.

Natürlich hatten wir versucht, in Paulsborn das billigste Zimmer zu bekommen. Wir fanden es dennoch das schönste: ganz hoch oben im Turm, nur durch eine Wendeltreppe zu erreichen und ohne Komfort. Das WC befand sich drei Treppen tiefer. Aber der Blick über das junge Grün und den Grunewald-See war zauberhaft. Heizbar war das Zimmer natürlich nicht – aber wer kam

---

589 Das Forthaus Paulsborn wurde 1871 erbaut und wird bis heute als Restaurant und Hotel genutzt. Es liegt am Grunewald-See, in ummittelbarer Nähe von Susannes Wohnort in Dahlem.

590 Die Blockade Berlins endete am 12. Mai 1949.

damals schon auf die Idee, im Mai zu heizen (und wenn es noch so kalt gewesen wäre)? Der Winter war vergangen! In den fünf Tagen hatten wir wirklich ganz herrliches Wetter, und in ›des Maien Schein‹[591] merkte man erst, wie müde man des schweren Blockade-Winters geworden ist. Für mich persönlich war durch den Tod meines Vaters und die Sorge um unsere Mutter die Blockade kaum bedeutend gewesen – so wie in der Zeit der Gefangenschaft der Brüder die Luftangriffe und Bombardierungen wenig Beachtung fanden. Der stärkere Schmerz verdrängt ja immer den geringeren; doch mit der Zeit machen sich auch zunächst nicht wahrgenommene Nöte bemerkbar. So waren Anneliese und ich glücklich darüber, diese Zeit (die uns zunächst sehr lang erschien) ganz für uns zu haben. Keiner kam und wollte etwas von uns – kein Telefon, kein Klingeln an der Haustür, kein Ärger; einfach nur tun, wozu wir Lust hatten. Die Verpflegung war gut, und es war ein schon fast vergessener Genuss, sich an einen gedeckten Tisch setzen zu können und nicht vorher überlegen zu müssen, wie man bloß diesmal wieder etwas Essbares zusammenzaubert. Wir hatten Vollpension; anders ging es ja gar nicht – und es schadete nichts, mittags wieder im Haus zu sein, da die nahe Umgebung so schön war und der Gasthausbetrieb bei den Essenzeiten Spielraum ließ. Die Sorge, dass man die Portionen nicht schaffen würde, war zu dieser Zeit noch unbegründet. Herrlich waren auch die weiten Wanderungen nach dem Abendessen bis zum späten Einbruch der Dunkelheit. Ich besinne mich noch, wie wir die Anhöhe zum Kaiser-Wilhelm-Turm[592] in wildem Laufschritt erklommen, um von dort oben noch einen Blick auf die prächtig sinkende Sonne zu werfen. Anneliese, die ja etwas schüchterner ist als ich, war froh, dass sie neben mir keine Angstgefühle entwickelte (auch nicht bei Nacht im Wald und auf den einsamen Wegen, die es im Grunewald gibt). Ich machte mir nur Sorgen, dass wir jemand treffen könnten, der daran Freude hätte, uns in Paulsborn zu besuchen. Niemand aus der Gemeinde wusste, wo wir waren. Mit Köfferchen auf dem Rad waren wir weggefahren, und das geschah ja oft. Der Vater und die Söhne kamen am vorletzten Tag zur Ves-

---

591 Zitat aus der ersten Zeile des Volkslieds ›Der Winter ist vergangen‹ aus dem Jahr 1537.
592 Ein 55 Meter hoher Aussichtsturm aus rotem Backstein auf dem Karlsberg im Grunewald, der als Ehrenmal für Kaiser Wilhelm I. errichtet wurde und 1899 eingeweiht worden ist. Er wurde 2011 nach einer umfassenden Sanierung wieder eröffnet.

per und wollten gerne unser Turmzimmer sehen. Mehr dankbar als betrübt kehrten wir wieder heim an die Arbeit.

8.4 Die Währungsreform

Und dann geschah das Wunder: Die Blockade wurde noch im Mai aufgehoben. Schlagartig waren alle Läden bis zum Überlaufen mit Waren gefüllt. Die ich weiß nicht wievielte Währungsreform wurde durchgeführt,[593] wodurch das Ostgeld im Westen untauglich wurde. Strenge Durchsuchungen in den Bahnen und auf den Straßen sorgten dafür, dass kein Westberliner ohne Berechtigung im Osten einkaufte. Das war den Verantwortlichen für Handel und Gewerbe in beiden Teilen der Stadt gleichermaßen unlieb. Deshalb gab es oft doppelte Kontrollen, doppelte Wartezeit und doppelten Ärger. Walter, der sein Geld ja zum Teil im Osten verdiente und sich dort mit seiner ›Intelligenzler‹-Karte ganz gut stand, kaufte für sein Ostgeld drüben natürlich weiterhin ein, was er konnte. Das war auch erlaubt, wenn es sich um Waren für den täglichen Gebrauch handelte. Ihm wurde schließlich nicht wie anderen Ostverdienern von seinem Verdienst eins zu eins umgetauscht, weil er als Pfarrer ja genug Westgeld bekam. Es war eine Wissenschaft für sich zu erfahren, was man vom Osten ausführen und was man in den Westen einführen durfte. Ein Westzöllner, der sich an Walters Bettvorlegern und theologischen Büchern ärgerte, bestand darauf, dass nur ›Dinge des täglichen Bedarfs‹ (also nicht zum Dauergebrauch) eingeführt werden dürfen. Als Walter fragte, was außer Essen seiner Meinung nach ›täglicher Gebrauch‹ wäre, antwortete er überheblich: »Na klar – zum Beispiel Kämme!« Ob nun bei ihm ständig ein neuer Kamm benötigt wurde? Jedenfalls war es immer etwas aufregend, nach dem Einkauf drüben mit der U-Bahn zurückzufahren, und man entwickelte eine gewisse Harmlosigkeits-Maske (obwohl wir ja eigentlich nichts zu verbergen hatten). Nicht aufzufallen war zeitsparend.

---

[593] Nach Beendigung der Blockade gab es keine erneute Währungsreform, jedoch wurde am 20. März 1949 von den Alliierten die Westmark zum allein gesetzlichen Zahlungsmittel im Westteil der Stadt erklärt, nachdem die sowjetische Seite ihre Forderung aufgegeben hatte, dass es in Deutschland eine einzige gemeinsame Währung geben müsse. Bis zu diesem Zeitpunkt hatte man in Westberlin auch mit Ostmark bezahlen können.

Jetzt hatten wir in Westberlin endlich die ersehnten Zeiten, auf die man so lange gehofft hatte – wenn der Verkäufer fragen würde: »Darf's für zwanzig Pfennig mehr sein?« Solche Beträge wurden immer unwesentlicher. Es war zuerst wie ein Taumel; kaum zu fassen, was man nun alles frei kaufen konnte! Ich schreibe noch Silvester 1949 begeistert davon:

> »Fisch, Gemüse, Obst, Eier, Speck, Kuchen, Schokolade! Kochen und Essen wurden zum Erlebnis, und zum Schluss (nein, leider noch vor dem Schluss des Monats!) war das Geld alle. Das Gehalt kam nur stückweise. Aber schließlich kam es, wenn auch gekürzt. Jedenfalls lebten wir viel, viel besser als vor der ›Wirtschaftskrise‹. Und man gewöhnte sich so schnell wieder daran, einfach im Laden einkaufen zu können. Für die Kinder, die das ja gar nicht gekannt hatten, war es ebenso ein Wunder, wie die Straßenbeleuchtung nach dem Krieg!«

Mit einem Schlag war die Zigarettenwährung erledigt, der blühende Schwarzmarkt zerstört. Das wäre ja erfreulich gewesen – wenn nicht plötzlich viele Existenzen von braven Familienvätern, die bis dahin (als ehemalige PGs arbeitslos oder unterbezahlt beschäftigt) ihre Familie mit Schwarzhandel ernährt hatten, vor dem Nichts gestanden hätten. Es war aus diesem Grund eine ganz neue Art von Kundschaft, die mich in den Hilfswerk-Sprechstunden aufsuchte. Bei den Jüngeren war das nur eine kurze Übergangszeit, da sie bald in den normalen Arbeitsprozess eingegliedert werden konnten. Schwierig war es bei älteren Leuten, die nichts anderes mehr fanden und schwere Arbeit nicht mehr leisten konnten. Und auch bei den ganz jungen, die durch die leichten Gewinnmöglichkeiten des Schwarzmarkthandels für jede rechte Arbeit verdorben waren. Eine ganze Menge von ihnen verlegte sich aufs Klauen (besonders auf Ladendiebstähle bis hin zu Einbrüchen) – und verzweifelte Mütter von früheren Konfirmanden kamen hilfesuchend zu uns, wenn ihre Söhne geschnappt worden waren. Sicher waren die Mütter mit schuld daran, weil sie sich so gern den guten Verdienst ihrer ehemaligen Flak-Jungen hatten gefallen lassen; aber hier war es nun zu spät zum Richten (oft auch zum Aufrichten). Diese Begleiterscheinungen der ›besseren Zeiten‹ waren recht bedrückend.

In dieser ersten Westgeld-Zeit erschien eines Tages bei Frau K. ein Bote mit einem riesigen Paket. Es enthielt nichts als Ladenhüter (billige Spielwaren und Geschenkartikel, wie von einer Tombola) und stammte aus einem kleinen ›Gelegenheitslädchen‹ Im Gehege. Das Erstaunen war groß – bis ihr jüngster, knapp achtjähriger Sohn Uli sich als Besitzer dieser Schätze zu erkennen gab. Mit ihm und dem Paket eilte Frau K. in den nahegelegenen Laden. Dort war eine Stunde zuvor Uli mit einem 50-Mark-Schein ›echt West‹ erschienen und hatte sich darüber gefreut, wie viele begehrenswerte Dinge er dafür kaufen konnte. Die geschäftstüchtige Besitzerin hatte dem Kleinen immer mehr von dem wertlosen Plunder aufgeschwatzt, den sie irgendwo billig erworben hatte und nun nach der Währungsreform nicht mehr loswerden konnte. Auch solche kleinen, mühsam und mutig aufgebauten Existenzen gingen jetzt kaputt. Sie hätte den Jungen gewiss heimgeschickt, wenn ihr die 50 Mark Westgeld nicht so verlockend erschienen wären. Sie nahm dann auch ohne Weiteres alles zurück und gab das Geld wieder heraus (wozu sie ja auch juristisch verpflichtet war). Ich versuchte daraufhin (so kurz es den Laden noch gab), irgendetwas zu kaufen – aber es gab dort wirklich fast nichts, was man brauchen konnte. »Ich möchte mal so viel Geld haben, dass ich solchen Leuten etwas abnehmen kann«, sagte Andreas mit feuchten Augen.

Unser geliebtes Fräulein Kuhlmann, das ›Kirchen-Kuhlchen‹, hatte ihrem Leben ganz plötzlich ein Ende gemacht. Auch sie war ein Opfer der Währungsreform. Zwar waren ihre Kraft und Nerven durch die Zeit, wo sie in der Wohnung von Pfarrer R.[594] als Sekretärin gearbeitet hatte, fast aufgebraucht. Wie viele Weinkrämpfe hat sie in meinem Zimmer bekommen, wenn sie mir ihr Herz ausschüttete und über die unglaublichen Verhältnisse und Anforderungen dort berichtete! Schließlich war es gelungen, ihr ein Büro im Gemeindehaus einzurichten, aber da R. zu dieser Zeit die Geschäftsführung hatte, musste sie doch sehr viel bei ihm sein. Nun waren die Abrechnungen für den Währungsumtausch der gesamten Kirchenkasse gekommen, wo es um sehr große Summen ging – und der immer tadellos buchführenden, zarten, kleinen Frau fehlten plötzlich 1000 Mark West. Eine unvorstellbare Summe! Zwei Nächte lang rechnete sie, ohne irgendjemand etwas davon zu sagen (auch nicht ihrer Schwes-

---

[594] Eberhard Röhricht.

ter, die Mathematik-Lehrerin war und sich besonders für Andreas interessierte). Sie hieß das ›Schul-Kuhlchen‹ – und die älteste, hüftlahme Schwester, die mich einmal in schwerer Krankheit gepflegt hatte und immer gern einsprang, war das ›Hinke-Kuhlchen‹. In den frühen Morgenstunden der zweiten durchrechneten Nacht stürzte unser Kuhlchen sich aus dem Fenster eines Dachzimmers und war sofort tot. Aus demselben Fenster hatte sich vor Jahren übrigens ein halbjüdischer Theologie-Student gestürzt und ebenfalls den Tod gefunden. Wir standen fassungslos vor diesem Zusammenbruch, und Walter hielt ihr eine sehr herzliche Trauerrede. Der Sarg stand in der Kirche, und die Gemeinde war in so großen Scharen gekommen, dass nicht alle in das Gebäude hineinpassten. Von denen, die zum Grab traten, weinten viele, und Walter behielt nur mit Mühe die Fassung. Am Nachmittag dieses Tages schrieb ich Verse, die ich hier wiedergeben will:

> »Wir sind nur müde gewesen; wir wollten nicht undankbar sein.
> Wir sind nur müde gewesen und sehr allein.
> Der Werktag, der ewige Werktag, der hat uns so müde gemacht,
> und unsere bitterste Feindin, das war die Nacht.
> Wo die Stunden so langsam verrinnen, die gehetzte Seele sich quält.
> Wir wussten nicht mehr, ob der Herrgott noch Tränen zählt.
> Was unser Leben zerstört hat, war nicht die lastende Schuld.
> Nur müde sind wir gewesen und ohne Geduld.
> Die Dunkelheit wollt' uns umfangen,
> in die Dunkelheit wollten wir flieh'n
> und haben im Morgendämmern um Licht geschrien.
> Lasst euer Fragen und Forschen, warum es Gott so will.
> Es ist so laut gewesen. Nun ist es still.«

Unser eiliges Kuhlchen, das man in den Straßen eigentlich nur laufen sah, war ihrem Gott und Heiland, an den sie sich immer gehalten hat (auch in den einsam durchwachten Nächten bei Fliegeralarm), einfach in Angst entgegengerannt.

Nach dieser Währungsreform wurde der Unterschied zwischen den Verhältnissen in Ost- und Westberlin immer deutlicher. Zwar betraf das besonders den materiellen Lebensstandard – aber auch unter Druck und Einengung litten unsere Studenten und viele andere

Menschen drüben. Umso mehr versuchte man, den Kontakt zu halten. Noch studierten ja auch die jungen Theologen aus Westberlin an der Humboldt-Universität, weil sie zur Brandenburgischen Kirche gehörten. An der Kirchlichen Hochschule[595] wurden nur die ersten vier Semester angerechnet. Außerdem gab es ein der Kirchlichen Hochschule angegliedertes Sprachenkonvikt[596] in Ostberlin, das auch heute noch existiert. Es ist das eigentliche kirchliche Ausbildungsinstitut für den Osten geworden, da die dortige Universität langsam von ›politisch einwandfreien‹ Dozenten besetzt wurde. Wir hatten hauptsächlich Kontakt mit den Studenten aus der Universität, weil Walter dort lehrte, und die meisten von ihnen kamen aus der Zone. Für diese jungen Leute hatten wir die ›Offenen Sonntage‹ eingerichtet: Einmal in jedem Monat durfte teilnehmen, wer wollte, wenn er sich vorher auf einem Zettel angemeldet hatte, den ein Vertrauensstudent führte. Auch von unserer ›Jungen Gemeinde‹ in Dahlem, die sich ja wöchentlich traf, durfte sich jeder dazugesellen. Man war eingeladen, bereits um zehn Uhr morgens in die Kirche zu kommen – aber das war keineswegs ein Muss. Während des Kindergottesdienstes übernahm einer der älteren Studenten die Predigt-Besprechung (aus der aber meist nicht viel wurde). So spielte es sich bald ein, dass entweder jemand von uns mit dabeiblieb oder wir die Horde in den Wald, in die Domäne oder in den Botanischen Garten schickten – bis um 12.45 Uhr, wo es Essen gab. Gedeckt und gekocht war natürlich schon vorher. Immer gab es einige unserer Dahlemer, die vergessen hatten, sich anzumelden, aber dann doch gerne gesehen waren, denn sie hatten zu zahlen (während es für die Oststudenten kostenlos war). Es kamen fast immer vierzig bis sechzig Personen, also ein ganz stattlicher Mittagstisch. Natürlich nur irgendein Eintopf oder ein Auflaufgericht – und hinterher eine Nachspeise. Ich kochte viel und gut, und es wurde auch reichlich gegessen. Nach der Zigarettenpause wurde von vielen Händen vergnügt abgewaschen; andere deckten den Kaffeetisch, schnitten Kuchen oder erfreuten sich des Nichtstuns (dies aber im Wechsel). Dann gab es geistreiche Wettspiele in Gruppen oder Preisausschreiben oder Schnitzeljagd oder Lesen mit verteilten Rollen – jedenfalls

---

595 S.o. Anm. 306 (S. 516).
596 Das Sprachenkonvikt befindet sich in der Borsigstraße 5 im Stadtteil Berlin-Mitte, der früher im Ostteil Berlins lag. Es besteht bis heute unter dem Namen ›Theologisches Konvikt‹ als internationales Studentenwohnheim und Zentrum der Evangelischen Studierendengemeinde.

immer irgendetwas, das keine Müdigkeit aufkommen ließ. Nach der Vesper kam meist jemand zu einem Vortrag, und anschließend wurde diskutiert.

Walter hatte ein großes Geschick, sich interessante Leute für diese Studenten-Tage zu holen: Dichter, Schauspieler, Politiker, Maler, Kabarettisten, Journalisten – eine Fülle bekannter Namen könnte ich aufzählen. Alle kamen gerne zu dieser Ost-West-Veranstaltung und fanden es einen ›ungewöhnlichen und guten Gedanken‹, die Jugend so zusammenzuführen. Es waren auch wirklich wundervolle junge Leute: mal ernsthaft, mal ausgelassen (wie es sich ergab), voller Fragen und doch mit viel Erfahrung hinter sich. Das machte die Begegnung mit ihnen so wahrhaft erfreulich, dass mir die Arbeit, die dabei anfiel, nie zu viel wurde. Jeder Offene Sonntag hatte ein bestimmtes Thema, auf das sich alles ausrichtete – bis hin zum Küchenzettel. Gleichzeitig lernten unsere jungen Theologen dabei, wie man ein solches Gemeinde-Beisammensein ›mal ganz anders‹ gestaltet. Wir hatten zum Beispiel einmal als Thema ›Die Verwaltung in den vier Sektoren‹. Da reichten wir als Gebäck zur Vesper russisches Brot, englischen Kuchen, ›Amerikaner‹ (extra für uns gebacken) und ›Franz-Brot‹! Als ein Regisseur zum Vortrag kam, wurde vorher im Preisausschreiben eine Regieanweisung für das Drama ›Erlkönig‹[597] verlangt. So etwas machte allen Spaß, und in der Harmlosigkeit, in der wir solche Dinge anboten, wurden sie auch vergnügt mitgemacht. Das wundert mich eigentlich erst jetzt.

Nach einem Abendessen aus stabilen Salaten mit Brot und Resten vom Mittag (falls etwas übrig geblieben war) hatten wir meist noch einen Abendgesang mit Lesung in der Kirche. Wie konnten diese Jungen singen! Und unsere Dahlemer Mädchen machten auch tüchtig mit. Nach dem Essen schickten wir die Westbewohner heim – und dann ging es mit den Oststudenten noch mal ins Gemeindehaus Im Gehege. Dort war dann große Modenschau: Alles besonders gut Erhaltene, das auch für junge Leute hübsch war, wurde angeboten und verteilt (und es kam doch immer wieder ziemlich viel zusammen). Dann zogen sie mit etwas Herzklopfen und Riesenpaketen zur U-Bahn und schleppten ihre Schätze über die Zonen-

---

[597] S.o. Anm. 108 (S. 269). Der Erlkönig von Goethe ist kein Drama, sondern eine Ballade, die aber neben lyrischen und epischen auch einige dramatische Elemente enthält.

grenze. Beim Erntedankfest und zu Weihnachten gab es außerdem noch reichlich Esswaren, die ebenso begehrt waren. Es blieb aber bei all der Freude an Speise und Kleidung dabei, dass dies für die Studenten nicht die Hauptsache darstellte, sondern dass sie sich einfach glücklich fühlten, einmal ganz frei und unbeschwert sein zu können. Manchmal hatten wir Sorge, es könne ein Spitzel dazwischen sein, wenn die Jungen so frei heraus redeten. Aber es ist immer gut gegangen, und auch alle Sachen sind problemlos über die Zonengrenze gekommen.

»Das war bestimmt die schönste Nacht meines Lebens!«, rief ein junger Student begeistert, als wir uns am Morgen nach der Johannisnacht[598] am Grunewald-See trennten. »Hoffentlich nicht«, entfuhr es mir – aber er verstand das gar nicht. Unsere Studenten und Studentinnen (und auch unsere Dahlemer Jugendlichen) waren wirklich begeistert von den Johannisfesten, die immer größeren Zulauf fanden. Schon vom Jahr 1947 an hatten wir nach dem Gottesdienst im großen Saal des Gemeindehauses ein sommerliches Spiel aufgeführt, dargestellt von dem Kreis der großen Mädchen und hauptsächlich von Anneliese eingeübt. Es ging damals um ein Märchen aus den ›Träumereien an französischen Kaminen‹ von Volkmann-Leander:[599] eine höchst romantische Geschichte vom Traumjörg und dem unsichtbaren Königreich. Danach hatten wir Rammelts und zwei andere Philharmoniker dafür gewonnen, uns im Freien die ›Kleine Nachtmusik‹[600] zu spielen. Das war eine frühe Erinnerung von Walter und mir: Im Garten unseres Hauses im Grunewald spielten im Jahre 1926 bei einem Sommerfest meine Geschwister die Kleine Nachtmusik, und Walter und ich saßen dabei frisch verliebt in der Laube – wenn auch denkbar sittsam, so doch unvergesslich. Seitdem war uns dieses Stück immer besonders lieb. 21 Jahre später war die Terrasse des Gemeindehauses mit Windlichtern und Lampions erhellt, und viele frohe Menschen aller Altersstufen hörten zu. Dann kam das große Feuer, geschürt und bewacht

---

598 Die Nacht vor dem Johannistag, dem Hochfest der Geburt von Johannes dem Täufer am 24. Juni. Da dieser Termin kurz nach der Sommer-Sonnenwende liegt, wo die Nacht am kürzesten ist, steht dieses ursprünglich katholische Fest mit zahlreichen volkstümlichen Bräuchen in Verbindung, wie z.B. dem Anzünden des Johannisfeuers, dem Johannisbad u.a.m.

599 S.o. Anm. 30 (S. 63).

600 Wolfgang Amadeus Mozart: Eine kleine Nachtmusik, Serenade Nr. 13 für Streicher in G-Dur (KV 525) aus dem Jahr 1787.

von starken Männern und vorher von der Polizei genehmigt. Dabei wurde von der versammelten Gemeinde ein Volkslied nach dem anderen gesungen, und gegen zwölf Uhr Mitternacht trug ein Vorsänger mit Chor das Lied ›Hört, ihr Herrn, und lasst euch sagen‹ vor.[601] 1947 waren wir zum Weiterfeiern zu uns Ins Gehege gegangen, um das Gemeindehaus zur Ruhe kommen zu lassen und mit der Jungen Gemeinde die Nacht noch mit Tanz und Spiel ausklingen zu lassen. Beim ersten Mal fiel der für Tagesanbruch geplante Weg zum Grunewald-See wegen Regen aus; trotzdem musste (um der Oststudenten willen) bis zum ersten S-Bahnzug durchgefeiert werden. Gegen zwei Uhr früh wurde immer eine ordentliche Suppe gereicht, später dann ein kleiner Imbiss. Das Feuer konnte ausbrennen, Rosen waren auch genug da – obwohl das manchmal bis zum letzten Moment ungewiss blieb und mich dann etwas nervös machte. Ab 1948 beendeten wir die Johannisnacht mit einer Morgenfeier am See. Wir fielen dann todmüde ins Bett, während die Jugend oftmals noch badete.

Wir hatten den Kindern bei den Freizeiten im Blockade-Sommer versprochen: nächstes Jahr wieder! Nun gab es zwar keine Blockade mehr, aber wir stellten fest, dass trotzdem fast keines der Kinder in den Ferien verreisen konnte. So blieb (wenigstens für die kleineren Mädchen und Jungen) unser Angebot bestehen, bei uns Im Gehege noch einmal jeweils für eine Woche ein Ferienlager einzurichten. Bei den Älteren begnügten wir uns damit, miteinander Tagesausflüge zu machen oder bei schlechtem Wetter im Gemeindehaus beisammen zu sein. Das waren Kreise, die inzwischen auch nicht mehr strikt nach Jungens und Mädels getrennt waren, sondern sie bildeten zusammen die Junge Gemeinde (wie man das zu nennen anfing).

Aber für die Kinder bis zum Alter des Konfirmandenunterrichts bestand kein Anreiz zur ›Koedukation‹. Die meisten der Jungen (abgesehen von meinen) behaupteten, dass Mädchen doof wären – und umgekehrt. Es war auch wirklich sehr viel einfacher für uns, jede Gruppe für sich zu beschäftigen, damit sie es ›prima‹ fänden. So hatten wir im Juli 1949 also wieder zwei voll belegte Freizeiten

---

601 Ein volkstümlich überliefertes Nachtwächter-Lied, dessen Melodie auf einem Choral aus dem Jahr 1603 und einem Volkslied von 1821 beruht.

im Haus. Das Wirtschaften war diesmal natürlich einfacher – aber finanziell gestaltete es sich dafür erheblich schwieriger, denn die amerikanischen Spenden gingen für diesen Zweck nicht mehr so reichlich ein, und mehrere Eltern teilten in einem Briefchen mit (das die Kinder dabei hatten, als sie mit ihren Köfferchen anrückten), dass es leider im Moment unmöglich wäre, die erbetenen Unkosten zu entrichten, da ihre eigene Gehaltszahlung noch nicht da sei oder ihr Geschäft derzeit darnieder läge. Zurückschicken konnten wir keines von den Kindern, die sich seit dem vorigen Jahr auf diese Freizeit gefreut hatten. Um recht viel draußen sein zu können und nicht schon den ganzen Vormittag über jemanden für die Küche zu benötigen, hatten wir mit dem am Waldeingang gelegenen Restaurant ausgemacht, dass wir dort für wenig Geld ein Mittagessen bekommen würden. Abends gab es dann zu Hause noch mal etwas Warmes – so bekam man die Meute am billigsten satt. Aus welchen Kassen wir die Lücken gefüllt haben, weiß ich nicht mehr; aber es ging dann doch, und später zahlten die meisten alles zurück. Wir hatten wieder sehr schönes Wetter und machten im Wald eifrig unsere Bibelarbeit und Geländespiele. Bei dem sehr beliebten ›Banner‹-Spiel war uns immer etwas bange um die Mädchen, weil allerhand finstere Gestalten im Grunewald umhergingen; aber man mochte die Kinder nicht unnötig verängstigen und ihnen die Freude am Versteckspiel nehmen. Jedenfalls war man immer froh, sie am Ende der Woche heil nach Haus schicken zu können.

Schon während der Blockade hatte sich die ›Kundschaft‹ im Dahlemer Hilfswerk ziemlich gewandelt. Aus dem Osten fuhr man nicht mehr nach Westberlin, denn man nahm ja an, dass wir am Hungertuch nagten. So fiel ein Teil der Laufkundschaft weg, die durch Weitersagen gekommen war. Trotzdem gelangten aber weiterhin Kleiderballen aus Amerika zu uns, und für unsere Helfer war in der Nähstube und beim Sortieren Arbeit genug. Die Ausgabezeiten konnten wir nun auf zweimal in der Woche beschränken, was für mich doch ein großer Zeitgewinn war.

An diesen zwei Vormittagen war die Sprechstunde von Menschen aus Westberlin reichlich gefüllt, die jetzt allerdings auf andere Sachen aus waren als früher. Man musste sich eben auf die jeweiligen Anforderungen einstellen können und die Angebote bei den Spendern dementsprechend hervorlocken. So waren wir plötzlich zur Tauschzentrale geworden – nicht mehr für Secondhand-Kleidung, sondern für Hausrat und Möbel. Wer sich nach dem Westen absetzte und seine Sachen hier zu Geld machte, brachte uns das Unverkäufliche, damit wir es ihm abnahmen (und manches Brauchbare, wenn es auch nicht erste Wahl war). Diese Dinge waren durchaus gefragt bei denen, die sich in Berlin heimisch zu machen versuchten. Zu diesem Zweck musste ich erst einmal darangehen, im Gemeindehaus Platz zu schaffen. Schwester Gertrud hütete hier verschlossene Keller mit irgendwelchen Schätzen, die sie teilweise noch von ihrer Vorgängerin her aufbewahrte. Nun erwirkte ich mir über den Gemeinde-Kirchenrat die Aufforderung an sie, diese Dinge mit mir durchzusehen, wegzugeben oder in Gebrauch zu nehmen (besonders die Räume selbst). Dass ich mir damit ihren Zorn zuzog, war klar – aber ich hatte sie schon oft genug vergeblich darum gebeten. Besonders erfreulich war, dass bei dieser Gelegenheit Kisten voller Geschirr zu Tage traten. Für alle Veranstaltungen in der Gemeinde hatte ich meinen eigenen Hausrat hin- und hergetragen. Für Großveranstaltungen hatten wir uns die Gerätschaften vom Dorfkrug geliehen, was auch nicht umsonst war. Nun füllten sich die leeren Küchenschränke im Gemeindehaus mit dem hübschen blauen Porzellan – auch Kochtöpfe, Bestecke, Gläser, Tischdecken, alles kam zum Vorschein. Wie viel von meinen Sachen war in der Zeit nach dem Krieg schon im Gemeindehaus kaputt- oder verlorengegangen! Jetzt war ich mit Recht zornig, dass sie diese Dinge immer verborgen gehalten hatte. Ab jetzt sammelten sich Matratzenteile, Decken, Stühle, Schränke und Bettgestelle dort im Keller, um nach kurzem Aufenthalt abgeholt und benutzt zu werden.

Der im Keller aufgestapelte Hausrat wurde vor allem von den Leuten gebraucht, die das lange Lagerleben satt hatten und denen es gelungen war (mit oder ohne Einweisung), in Berlin eine eigene Behausung zu finden. Unter tatkräftiger Selbsthilfe der Flüchtlinge gelang auch eine Organisation, die sich leerstehende Häuser (von denen es bei uns in Dahlem ja eine ganze Menge gab) zuweisen ließ. Dann wurden die Zimmer unter die sich bewerbenden Familien aufgeteilt. Kinderreiche wurden bevorzugt. Es war ein sehr unterschiedliches Volk, das sich da unter einem Dach zu vertragen hatte – und das Vertragen war wohl das größte Problem. Selbst vorher bestehende Freundschaften wurden dabei zu Feindschaften. Immer wieder waren auch wirklich Kriminelle darunter; wenn man aber glaubte, was sie voneinander erzählten, waren alle kriminell. So hörte man sich am besten gar nichts an (oder zeigte jedenfalls Desinteresse) und sorgte nur dafür, dass jeder seinen eigenen Kochtopf hatte und möglichst auch seinen eigenen Herd. Die Zimmer waren ja groß und sowieso nur mit Behelfsofen zu beheizen. Aber auch ein Bügeleisen, Besen und Wischtuch waren seelsorgerliche Gaben. Es gab eine ganze Menge solcher Wohn-Notgemeinschaften, die jede ihren eigenen Stil hatte. Eine ganz besonders nette Gesellschaft hatte sich Im Dol zusammengefunden (von wo die Kinder auch zu uns in die Kirche und die Frauen in den Mütterkreis kamen). Dort konnte man sehen, was eine tapfere, gescheite und liebevolle Frau schaffen kann, denn durch Frau J. (mit der wir heute noch freundschaftlich verbunden sind), war der Ton hier friedfertig gestimmt. Sie waren Flüchtlinge aus Thüringen, und ihr persönliches Schicksal war eigentlich schon schwer genug. Aber es gelang ihr trotzdem – wenn auch manchmal unter Tränen –, den Geist des Hauses positiv zu beeinflussen. Übel sah es dagegen in einem Haus in der Podbielski-Allee aus. Dort tat Hilfe besonders Not – aber recht vorsichtige Hilfe, weil jeder jedem alles missgönnte. Und ganz gerecht konnte man einfach nicht sein, weil man ja nicht für alle dasselbe Sofakissen hatte. Wie viel Kramschubladen-Inhalt wurde uns in dieser Zeit vermacht, wie viele durcheinander geworfene Nähkörbchen und Apothekerkästchen, die ich dann sorgfältig ordnete, damit sie wieder in Gebrauch zu nehmen waren! Von der Zahnbürste, die zum Schuhe putzen Verwendung finden konnte, bis zur Hausorgel, die das zurückgelassene Klavier ersetzte, wurde alles angeliefert und verlangt. Noch war man nicht verwöhnt, und nichts wurde weggeworfen. Die Läden waren zwar voll, aber das Geld war erbärmlich knapp.

Von Herzen gerne war ich bereit, eine Aufgabe als erledigt anzusehen, wenn ich nicht mehr dringend gebraucht wurde. So war es mir mit dem Schulunterricht ergangen – sollten das jetzt andere machen, die dafür ausgebildet waren! Doch ein bisschen Schadenfreude, dass es nicht recht klappte und die Kinder kaum noch hingehen mochten, verspürte ich doch in meinem Innern. Aber bloß nichts aufdrängen. Immer gefragt bleiben war mein Motto bei der ehrenamtlichen Arbeit. Ein letzter Versuch, den Kreis der größer gewordenen Jungens endlich in männliche Hände abzugeben, scheiterte wiederum; da war ich ehrlich traurig, denn ich kam mir dort fehl am Platz vor. Wir lösten das Problem, indem wir einen gemischten Kreis von Jungens und Mädels eröffneten, der von einem jungen Theologen sowie Anneliese und mir geleitet wurde. Dort haben wir in verteilten Rollen gelesen und Theater aufgeführt, getanzt und Völkerball gespielt – aber auch Probleme gewälzt und Themen anhand der Bibel besprochen. Der Theologie-Student zeichnete hauptsächlich für Völkerball verantwortlich und überließ die übrige Führung uns. Auch bei der Hilfswerk-Ausgabe ließ ich mich nun öfter mal vertreten, um das Team, das sich dort gebildet hatte, möglichst selbstständig zu machen. Ich hatte mir aber auch zu Herzen genommen, was mir jemand mal gesagt hatte, als er von meinem Einsatz für die Gemeinde hörte (ich glaube, es war unser guter Superintendent[602] gewesen): »Was hilft es Ihnen, wenn bald auf Ihrem Grabstein steht: Alles für die Firma«? So versuchte ich, immer mehr aus der Hand zu geben – besonders das, was gut eingespielt war und wo ich mich entbehrlich machen konnte. Dazu kam, dass ich mich gesundheitlich ziemlich schlecht fühlte und mit meinem Herzen auf Kriegsfuß stand. Ab und zu verfärbte sich mein Gesicht, zum Entsetzen meiner Umwelt. Dann musste ich mich schnell der Länge nach auf den Boden legen, um nicht hinzufallen. Daran hatte sich meine Familie aber schon gewöhnt, und ich kam auch immer wieder schnell auf die Beine. Immerhin bemühte ich mich, mir den Tag nicht allzu voll zu packen – wenn auch fast jeder Abend besetzt war. Ich schockierte die Leute immer gerne damit, dass ich sagte: »Wer wie wir in der Vergnügungsbranche arbeitet, hat eben abends und am Wochenende Dienst.« Und es stimmte ja: Wir mussten unser Angebot den Möglichkeiten der Berufstätigen anpassen. Nur, dass bei uns die übrigen Stunden ebenfalls ausgefüllt waren. Aber auch das ist ja bei vielen aus der Vergnügungsbranche der Fall.

»Hast du Zeit – können wir heute feiern?«, fragte mich Andreas, und dann rief er die anderen zur verabredeten Stunde zusammen. Wehe, wenn dann noch jemand kam und etwas wollte oder das

---

602 Otto Dibelius; s.o. Anm. 497 (S. 696).

Telefon klingelte. Solchen Leuten verzieh Andreas nicht. Vielleicht, weil ich so wenig Ruhe für meine Jungens hatte und auch mit meinen Gedanken oft sehr weit von ihnen weg war, ›feierten‹ wir das Beisammensein wirklich intensiv und so oft es irgend ging. »Hast du heute irgendwann frei?«, war schon beim Frühstück die Frage, denn sie wollten sich nicht gerade dann etwas außer Haus vornehmen, wenn ich daheim wäre, und beide Söhne richteten sich mit ihren Verabredungen nach meiner Freizeit. Natürlich waren Itti und Tini dabei immer gerne gesehen, auch von Walter (während Jungens-Freunde aus Schule und Nachbarschaft ihn in sein Zimmer vertrieben).

Noch waren unsere Bücher in Friedrichsbrunn kistenweise gestapelt (obwohl ein Teil damals keinen Platz gefunden hatte und mit etlichen anderen Sachen in der Wohnung in der Helfferichstraße verbrannt war). Einiges Arbeitsmaterial hatte sich Walter auch zu W.[603] mitgenommen, und trotz der knappen Zeiten hatte er auch schon wieder allerhand zusammengekauft. Alte Bücher gab es ja ziemlich billig – und oft sehr gute Sachen, da viele aufs Verkaufen angewiesen waren. Aber ich muss zugeben, dass ich trotzdem nicht glücklich war, wenn er immer neue Buchpakete anschleppte, auch aus Ostberlin. Ich sehnte mich ebenfalls nach meinen verpackten Büchern und ließ mich ab und zu verleiten, welche zu kaufen – aber nie etwas, von dem ich wusste, dass ich es noch im Harz besaß. Walter hatte auf seine Art nachher drei vollständige Ausgaben von Brehms Tierleben![604] So saß er bald wieder wie ›Hieronymus im Gehäus‹[605] (wenn ich auch damals hin und wieder noch riskierte, bei ihm aufzuräumen). Die Aquarien füllten sich, Axolotl[606] machten im Bad große Augen, Topfpflanzen wucherten, und Material aller Art zur eventuellen Verwendung füllte bereits alle freien Stellen, noch ehe unsere Sachen aus Friedrichsbrunn zurückkamen. Dazwischen auch noch die für die Gemeindearbeit notwendigen Akten zu lagern, war kaum möglich. So ruhten sie

---

603 N.i.

604 ›Brehms Tierleben‹ ist ein weithin bekanntes zoologisches Nachschlagewerk, das von Alfred Edmund Brehm (1829–1884) begründet worden ist. Die zweite Auflage in zehn Bänden erschien ab 1876 im Bibliographischen Institut in Hildburghausen und erlebte zahlreiche Nachdrucke und Neuauflagen.

605 Anspielung auf den berühmten Kupferstich von Albrecht Dürer aus dem Jahr 1514, auf dem der lateinische Kirchenvater Hieronymus (347–420), der Übersetzer der Vulgata, in der Einsamkeit seiner Studierstube dargestellt ist.

606 D.i. ein mexikanischer Schwanzlurch, der im Wasser lebt.

auf provisorischen Regalen im Esszimmer. Die Idee, Bücher und Papiere auf Brettern, die durch Ziegelsteine gehalten wurden, aufzubewahren, hatte ich von Karl-Friedrich übernommen, und ich muss sagen, es sah apart und wohnlich aus. Ziegelsteine fand man in Ruinen; Holz war schon schwieriger zu erstehen. Ich entdeckte aber eine ungenutzte Verschalung auf dem Dachboden, die dafür sehr zweckdienlich war.

Ich betrachtete die Zeit einer Reise von Walter als Erholung. Ich war wirklich urlaubsreif, und meine Herzprobleme machten sich bemerkbar. So erledigte ich alles mit leichter Hand, ließ mich nicht viel sehen und hie und da verleugnen (denn wenn ich hätte verreisen können, wäre ich ja auch nicht da gewesen). Ob meine verstärkte Müdigkeit und Lustlosigkeit zur Arbeit einfach vom besseren Essen und dem Dickerwerden kam? Jedenfalls wurde mir wohler, als ich in Eile wieder ein paar Pfund abgeworfen hatte (wie ich das ja immer konnte). Meine Umgebung war zwar von meinem Fasten entsetzt, aber ich befand mich nach zwei, drei Tagen in einem euphorischen und produktiven Zustand, der sicher noch verstärkt wurde durch die Freude, tun und lassen zu können, was ich wollte. In solchen Zeiten plante es sich besonders gut. Vielleicht war nachher nicht alles durchführbar – aber wenn ich mich matt oder gehetzt fühlte, war mir das Vorplanen unmöglich. So fingen Anneliese und ich damals wieder an, für das ganze kommende Jahr die Themen der Zusammenkünfte zu bedenken, und in solch ruhigen Zeiten fiel uns das leicht. Sonst hatten wir uns ab und zu in ein Café oder auch in mein Elternhaus begeben müssen, um dort unsere Ideen für die Bühne oder zur Belustigung und Belehrung der Kreise zu besprechen.

Als meine Mutter sich auf die untere Etage ihres Hauses zurückgezogen hatte, vererbte sie mir das alte, verehrte und geliebte Rotkäppchen-Theater, mit dem sie uns als Kinder (und später dann die Enkel) entzückt hatte. Jetzt hatten wir uns vorgenommen, die Frauenhilfe mit einer Aufführung des alten Tieck'schen Märchenspiels[607] für die fleißige Näharbeit zu belohnen. Als ich meiner Mutter das erzählte, schlug sie vor, dass sie selbst kommen würde, um es noch einmal aufzuführen. Dass sie sich dazu entschließen konnte, war mir natürlich eine ganz große Freude. Zwar war ich etwas besorgt,

---

607 S.o. Anm. 74 (S. 189).

ob es nicht zu viel werden würde – aber es schien auch nicht gut, ihr das auszureden, wenn sie meinte, sie würde es schaffen. So bauten wir zwischen den Türen der beiden großen Zimmer unten Im Gehege die Bühne auf. Das Führen der Figuren überließ sie mir, und sie griff bloß ein, wenn mehrere Hände gebraucht wurden. Schade, dass man damals keine Aufnahmen auf Band machte! Noch immer konnte sie das Ganze vollständig auswendig (was ich nie gelernt habe – jedenfalls nicht so sicher, dass ich so wie sie kein Buch benötigte). Lange sprach man im Kreis der Frauenhilfe davon, wie wunderbar sie es gemacht hatte. Es war wirklich erstaunlich, was in dieser uralt gewordenen, abgemagerten Frau noch für stimmliche Möglichkeiten steckten.

8.5 Der Tod der Mutter Paula Bonhoeffer

Im August hatten wir die große Freude, dass Leibholzens für vierzehn Tage von Oxford nach Berlin kommen konnten. Marianne war allerdings in England geblieben, weil sie sich gerade auf ein Examen vorbereitete, und sie wollte auch nicht mehr dauerhaft in Deutschland leben. Es waren für sie in prägenden Jahren doch zu schwere Eindrücke gewesen, und sie fühlte sich hier unsicher und zurückgesetzt. Ihren sehr lebhaften und guten Freundeskreis hatte sie drüben gewonnen. Aber Gert hatte sich entschlossen, als Staatsrechtler wieder nach Göttingen zu gehen und war zum Zweck der Vorbesprechungen nach Deutschland gekommen. Auch mein Bruder Karl-Friedrich entschied um diese Zeit, nach Göttingen zu ziehen und dort einen Ruf ans Max-Planck-Institut anzunehmen.[608] Fürs Erste waren das noch Zukunftspläne, die aber die Familiengespräche ausfüllten. Meine Mutter freute sich sehr, Sabine und ihre Familie wieder in der Nähe haben zu können – wenn sie auch nicht sicher war, dass der Antisemitismus überwunden sei.[609] Durch recht ungeschickte Gesetze und Verhaltensweisen war er in diesen Jahren sogar schon wieder am Zunehmen. Beides hat meine Mutter dann nicht mehr erlebt: weder die Übersiedlung Sabines nach Deutschland, noch den Wegzug Karl-Friedrichs von Berlin nach Göttingen.

608 S.o. Anm. 320 (S. 524) und Anm. 527 (S. 717).
609 Gert Leibholz war jüdischer Abstammung; deshalb war die Familie 1938 nach England emigriert.

So oft ich irgend konnte, war ich im Jahr nach dem Tod meines Vaters bei ihr gewesen. Gut, dass außer mir noch so viele andere Menschen kamen, die sie besuchten und bei ihr saßen, denn sonst hätte meine Arbeit in der Gemeinde stark zurücktreten müssen. Sie blieb ungern allein, da auf die Klarheit ihres Kopfes nicht immer Verlass war und sie das auch wusste. Man konnte immer noch sehr durchdachte Gespräche mit ihr führen; sie nahm an allem teil und wollte über vieles orientiert werden und (soweit es in ihrer Macht stand) helfend eingreifen. Aber dann kam plötzlich ein Moment, wo sie eine sogenannte ›Absence‹ hatte – manchmal mehrmals am Tag, manchmal eine ganze Woche lang nicht. Das war schon in den letzten Jahren zu Lebzeiten meines Vaters so gewesen und nun noch schlimmer geworden. Wenn sie dann wieder klar wurde, hatte sie einen Angstzustand durchzumachen, und dabei durfte sie nicht allein sein. Hörnchen und unser altes Mädchen Lotte waren um sie und wohnten bei ihr im Haus; bis Lotte ganz plötzlich an Krebs verstarb. Nebenan wohnte Ursel mit ihren Töchtern und Familie Bethge. Ganz rührend und regelmäßig kümmerten sich Eberhard und Renate Bethge um sie (die älteste Enkeltochter, der sie damals in Sacrow bei der Entbindung ihres Kindes geholfen hatte). Jeden Abend kamen sie herüber und saßen bei ihr, bis sie schlafen ging. Es war für das junge Paar sicher schön, von der weisen alten Frau noch viel über vergangene Zeiten zu hören. Es geschah wohl auch als Vermächtnis an Dietrich. Meine Mutter liebte Eberhard wie einen Sohn.

Im Ganzen ließen die Kräfte meiner Mutter nun sehr stark nach, weil sie so wenig essen konnte. Starke Schmerzen in der Magengegend hinderten sie; ab und zu auch Übelkeit, die mit ihrer Herzschwäche zusammenhing (wobei man nie recht wusste, was wovon die Ursache war). Sauerbruch sah oft nach ihr, auch ihr Vetter Georg Schöne.[610] Sie hatte diese Zustände schon ziemlich lange, aber mein Vater hatte ihr nie zugeredet, sich röntgen zu lassen oder in Behandlung zu begeben. Vielleicht waren sie sich klar und einig. »Wenn ich ein Krebsle habe, dann lasst mir mein Krebsle«, pflegte sie zu sagen, wenn jemand – durch ihr Aussehen beunruhigt – ihr vorschlug, zum Arzt zu gehen. Wenn ich zu ihr kam, bat sie mich

---

610 Diese beiden Ärzte hatten bereits zwei Jahre zuvor Karl Bonhoeffer auf dem Sterbebett begleitet (vgl. o. S. 769).

meist, mit ihr den Friedhof zu besuchen, eine Viertelstunde Fußweg entfernt. Allein ging sie nicht gern auf die Straße. Sie hatte noch immer einen sehr jugendlichen, aufrechten Gang, wirkte aber doch zerbrechlich und ließ sich lieber am Arm führen.

Das gute Hörnchen war ihr eine unentbehrliche Stütze geworden. Sie blieb Tag und Nacht bei ihr und hatte ihre Wohnung ganz der Tochter und deren sonderbarer Freundin überlassen. Meine Mutter wusste, was es für ein Opfer war, das sie da für sie brachte – war sich aber wohl auch darüber im Klaren, dass es nicht mehr allzu lange dauern würde. Für Hörnchen, die immer in Hoffnung und Sorge um ihren Mann lebte, war diese Aufgabe vielleicht ganz segensreich; jedenfalls wäre das Leben zu dritt bei ihr daheim auch nicht angenehm gewesen (wie sich später erwies). Weil meine Mutter Hörnchen sehr dankbar war, ertrug sie auch eine schwere Last: Das war der kalbsgroße Hund von Hörnchen, von ihr heiß geliebt und eigentlich bei Inge[611] in der Rubensstraße wohnhaft. Aber weil dieses Tier, wenn es allein gelassen wurde, so laut bellte, dass es durch das ganze große Mietshaus schallte und die Nachbarn sich beschwerten, konnte er nie allein bleiben. Dafür war es ja gut, dass Inges Freundin mit Glücksspielen beschäftigt untätig zu Hause saß. Wollten die beiden aber mal zusammen weg, wurde Lux vorher bei meiner Mutter in der Marienburger Allee abgegeben. Hörnchen war selig, ihr Monstrum ›Luxel‹ bei sich zu haben. »Er kann doch nichts dafür, dass er so groß geworden ist«, bemerkte sie treffend; »als wir ihn zu uns holten, war er noch ganz klein!« So etwas entwaffnet ja einfach. Also, Luxel saß dann im Zimmer meines Vaters, das meine Mutter sich eingerichtet hatte, auf den schönen Teppichen. Er war es aber auch gewohnt, beim Essen mit dabei zu bleiben. Er war wohl gut erzogen, bettelte nie und versteckte seinen massigen Körper unter irgendeinem Möbel. Doch trotzdem stieß man dauernd an irgendein herausragendes Körperteil von ihm (und sei es der Schwanz). Verließ Hörnchen den Raum, begann er zu bellen, dass die Wände wackelten, und musste darum überall mit. Vor Einbruch der Nacht wurde er immer wieder abgeholt. Meine Mutter hatte nie Tiere im Haus gemocht, und Hunde waren nach dem Schmeil[612] ›Aas- und Kotfresser‹ und

---

611 Hörnchens Tochter.
612 Vgl. oben Anm. 86 (S. 250).

ihr ein unappetitliches Gräuel. Außerdem machte ihre ›hündisch ergebene Art‹ sie einfach traurig. Es war wirklich rührend zu beobachten, wie sie sich diesem ›Kalb‹ (wie sie Luxel nannte) freundlich erweisen wollte durch Ansprechen und Zunicken. Berührt hat sie ihn nie, und wenn er sich näherte, zuckte sie entsetzt zurück. In den Garten ließ sie den Hund allerdings nicht. Die Vorstellung, dass er da irgendwo sein Geschäft machen könne, war ihr grässlich. Aber hinter dem Haus war damals noch Wald, wo er freien Auslauf hatte; und saß man im Garten, so musste er eben an der Leine auf dem Kies bleiben.

Wenn ich bei meiner Mutter saß (ob nun allein oder – wie meist – mit irgendjemand zusammen), dann bat sie immer wieder: »Erzähl doch mal, wie damals ...«. Es waren Ereignisse aus der Familie, in denen die Toten ihr wieder lebendig wurden. Geschichten, die sie alle selbst gut hätte erzählen können – heitere Begebenheiten, die sie aber immer wieder von mir hören wollte. Es gab so viele schöne Erlebnisse, und sie lachte so gerne darüber! Ich habe ja immer ein gutes Gedächtnis für solche Schwänke gehabt, und meine Art zu erzählen machte ihr einfach Spaß – wohl weil sie der ihren sehr ähnlich war. Selbst zu reden strengte sie doch zu sehr an. Da freute sie sich über die Telefonstreiche, die Klaus früher mit Meisterschaft gespielt hatte; über vergangene und wieder auflebende Situationskomiken (wie zum Beispiel Dietrich, der mit heller Stimme singend am Glasschrank lehnte und bei dem Lied ›Ich schnitt es gern in alle Rinden ein‹[613] rücklings einbrach), oder wie Walter mich als kleines Mädchen auf den Schrank setzte, wenn er Kugeln goss und mit den Geschwistern Soldaten spielte! Und die schönen Erinnerungen an die vielen, vielen Feste, die wir feierten, und an Friedrichsbrunn – und immer wieder von meinem gemeinsamen Erleben mit Dietrich, und wie uns allen auch in den schwersten Zeiten der Humor geblieben war. Auch wenn in meinen Erzählungen deutlich wurde, wie sehr wir unseren Vater geliebt hatten, machte sie das nicht wehmütig, sondern glücklich. »Jetzt müsste ich den Papa fragen können«, hörte sie gern, wenn ich ihr von irgendeinem schwierigen Fall aus der Gemeinde erzählte. Dann versuchte sie selbst zu raten oder stellte telefonische Verbindung zu irgendeinem Schüler mei-

---

613 Die erste Zeile des Gedichts ›Ungeduld‹ von Wilhelm Müller aus dem Jahr 1821; vertont von Franz Schubert in seinem Liederzyklus ›Die schöne Müllerin‹ (Op. 25).

nes Vaters her, oder sie rief ihr getreues Fräulein B.[614] an, die ich auch sonst manchmal ungeniert konsultierte. Vielleicht sind mir die Ereignisse, die diese Blätter füllen, so gegenwärtig gewesen, weil ich sie ihr in den Jahren von 1945 an bis zu ihrem Tod im Februar 1951 oft habe erzählen müssen; denn die Freude an der Erinnerung kam ihr als Trost schon bald nach der ersten fassungslosen Zeit, in der ich ja auch schwer krank war.[615] 1958 begann ich dann mit dem Aufschreiben vieler dieser Geschichten.

Es waren immer sehr geruhsame Stunden mit meiner Mutter, und ich bin dankbar, dass ich in dieser Zeit in Berlin sein konnte (und nicht wie Christel und Sabine abseits blieb[616]) – obwohl es nicht leicht war, das Schwinden ihrer Kräfte mit anzusehen. Aber je schwächer sie wurde, umso gütiger wurde sie auch: Sie versuchte, allen Freude zu machen, zu schenken, zu sorgen, sich zu kümmern und zu helfen.

Ihre Fürsorge, die in den letzten Jahren ganz meinem Vater gegolten hatte (hinter dem alles andere für meine Mutter zurücktrat), galt nun nach seinem Tod auch ihren ferneren Verwandten. Beide Schwestern – die man ja nur dann zu ›ferneren Verwandten‹ rechnen kann, wenn die Familie so groß wie unsere ist – waren im Krieg gestorben: Hanna von der Goltz, die mit ihrem Mann dicht benachbart in der Kurland-Allee lebte, war tapfer, langsam und qualvoll an Krebs gestorben. Elisabeth, die unverheiratete und uns allen sehr verbundene Tante, fand ihr Ende beim Angriff auf Dresden, wohin sie aus ihrer Heimat Breslau auf dem Weg in den Westen geflohen war. Die beiden Brüder meiner Mutter lebten noch. Hans, der ältere von ihnen, war mit seiner Frau aus Frankfurt an der Oder weggezogen. Immerhin hatte er die Siebzig schon weit überschritten und hat die Superintendentur nur noch weiter verwaltet, weil die Pastoren so knapp waren. Er selbst hatte im Kirchenkampf auch mal kurz im Gefängnis gesessen, und seine Konfirmanden hatten vor seiner Zelle ›Die Gedanken sind frei‹[617] gesungen – aber im Grunde blieb er ein braver Nationalist, und seine Besuche waren in der Hitler-

---

614 N.i.
615 S.o. Anm. 464 (S. 655).
616 Christine von Dohnanyi wohnte in dieser Zeit in München; Sabine Leibholz war noch im Exil in Oxford.
617 Deutsches Volkslied, dessen Text um 1780 entstand, mit einer Melodie aus den Jahren 1810 bis 1820. Die heute bekannte Version stammt von dem Dichter Hoffmann von Fallersleben und wurde von ihm in seiner Liedersammlung ›Schlesische Volkslieder‹ 1842 veröffentlicht.

zeit für die Familie recht anstrengend gewesen. Für ihn bestand das Verkehrte an Hitler darin, dass er die Kirche schikanierte. Das mit den Juden war unfein, aber na ja ... Und seine Frau, meine einst sehr geliebte Tante Adda, mit der man Pferde hatte stehlen können und die nur den Tick hatte, überall Bazillen zu entdecken und Nadelspitzen zu suchen, war Frauenschaftsleiterin geworden und ließ sich zum Glück in unserem Haus gar nicht mehr sehen. Hans-Christoph, Vetter und Freund, der intensiv in der Bekennenden Kirche mittat, war als Feldgeistlicher draußen gewesen und ziemlich heil wieder zurückgekommen. Die Kusinen hatten sich im Dritten Reich mehr oder weniger wohlgefühlt, und die Kontakte zu ihnen waren gestört. Ich war mit der zweitältesten besonders gerne zusammen gewesen – aber sie hatte einen Maler geheiratet, der voll Begeisterung nur noch ›Deutsches Weib in Ernte‹ darstellte (wozu seine Frau allerdings als Modell wie geschaffen war). Acht Kinder schenkten sie ihrem Führer in treuer Ergebenheit. Die jüngeren Schwestern waren wesentlich weniger anfällig für die Nazi-Parolen und zum Teil sogar entschiedene Gegner; ganz bewusst waren sie nicht im Elternhaus geblieben. Dieser Pfarrer-Onkel Hans bekam nun von der Kirche keine Altersversorgung, weil er mit seiner Frau ohne Erlaubnis von Frankfurt an der Oder zu seiner Tochter nach Marburg geflohen war. Dort war eine andere Kirchenbehörde zuständig, und gegenüber PGs war es leicht, so penibel zu sein. So lebten sie vom Sozialamt – und von der Tochter, die ihre fünf Kinder dadurch erhielt, dass sie ganz reizende Kinderportraits malen konnte. Ihr Mann, ein Kinderarzt, blieb lange in Gefangenschaft. Nun versuchte meine Mutter, durch Pakete und Beziehungen zu helfen – und tatsächlich setzte sie es durch, dass die Kirche Hans unterstütze.

Die größte Sorge für meine Mutter war aber ihr jüngster Bruder mit seiner Familie. Er hatte seit seiner Eheschließung in Warmbrunn gelebt, weil seine Frau dort eine Werkstatt für Weberei und Frauenkleidung betrieb. Im Dritten Reich war es ihnen erheblich besser ergangen als zuvor. Denn solch kleine Unternehmungen, die deutsches Eigenkleid auf handgearbeiteter Grundlage schufen, galten ja als unterstützungswürdig. Und da sie vorher schlecht dran waren, fiel es nicht ganz leicht, einen klaren Kopf zu behalten. Immerhin hatte sich bei ihnen die Zustimmung für Hitler in Grenzen gehalten, denn meine Tante gehörte ja zu dem ›minderwertigen‹

Volk der Tschechen, und ihr Stammbaum war somit nicht so zum Protzen, wie es der Hase'sche war. Sehr viel mehr als briefliche Kontakte waren aber in der ganzen Nazizeit nicht gepflegt worden. Benedikt kam ganz selten mal nach Berlin – und dann meist in einer meine Eltern bestürzenden Aufmachung: in eigenwilligem Kunstgewerbe-Stil, buntfarbig gewebt mit Fantasie-Hut und kittellangen Westen. Heute würde er damit nicht mehr auffallen, und mir gefiel dieser Durchbruch damals schon. Er war auch nicht so sehr ›deutscher Held‹ als vielmehr Balkanese.

Nun war Warmbrunn polnisch geworden, und Tante Pine ernährte Mann und Tochter schlichtweg durch Nähen und Änderungsschneiderei für polnische Damen. Ihre Tochter machte bei ihr eine Lehre und legte die Gesellenprüfung ab, aber die Lage war sehr bedrückend und kümmerlich. Alle Webstühle standen mangels Aufträgen still. Benedikt hatte in den guten Zeiten seine Zeit damit ausgefüllt, Muster für die Weberei zu entwerfen, den Lehrmädchen vorzulesen und im Freien kleine Aquarelle zu malen. Diese Tätigkeit hatte ihn in seiner großen Harmlosigkeit glücklich gemacht. Er war da wie seine älteste Schwester: Er verzichtete auf Komfort und materielle Güter (solange es einigermaßen genug zum Leben gab), wenn er das mit dem Vermeiden ungern getaner Arbeit ausgleichen konnte. Jetzt blieben ihm nur noch die Aquarelle (denn seine Frau verabscheute Terpentingeruch, wodurch sie ihn am Malen mit Ölfarben hinderte, was ihm mehr gelegen hatte). Er machte sich bescheiden im Haus nützlich. Seine geschickten Hände halfen ihm dabei, sich durch Reparaturen auch in der Nachbarschaft und bei den Polen beliebt zu machen. Sein Sohn, der noch zur Flak eingezogen worden war und wegen seines hohen Wuchses von dort zur SS geholt wurde, hatte sich aus englischer Gefangenschaft bei meinen Eltern gemeldet; diese gute Nachricht konnte nur mit Mühe nach Warmbrunn übermittelt werden. Noch saß er aber drüben fest bis Anfang 1950.

In Warmbrunn hatte Benedikt schließlich ein Amt bekommen, das ihm viel Freude bereitete: Er war zum ›Pfarr-Stellvertreter‹ geworden. Ausgerechnet er, der immer das schwarze Schaf in der Familie gewesen war! Aber meiner Mutter war das jetzt eine ganz große Freude. Die Deutschen waren ja aus Schlesien weitgehend abgewandert. Dementsprechend auch die deutschsprachigen evangelischen Pastoren. Nur noch wenige kümmerten sich um die verstreuten Gemeinden. Nun hieß es: ›Laien an die Front‹! Benedikt besann sich auf das Erbe seiner Väter und meldete sich. Er hatte zur Seelsorge eine ganz ausgesprochene Begabung, und da er gern und viel las, konnte er damit ein Theologie-Studium fast ersetzen. Es kam ja auch mehr auf die einfache Verkündigung der frohen Botschaft an als auf theologische Erkenntnisse. Die Wahrheit dieser Botschaft musste vorausgesetzt werden – und nicht mühsam zu begründen und zu verteidigen sein. Seine Hauptaufgabe waren zu dieser Zeit Beerdigungen, und das machte er in den Augen der Angehörigen so richtig und gut, dass man gar keinen Pfarrer mehr wollte, sondern alte Leute schon ihre ›Vorbestellungen‹ bei Herrn von Hase machten. Taufen gab es wenige, und die überließ er pflichtgemäß dem selten aufkreuzenden Pfarrer. Aber Gottesdienste und Abendmahlsfeiern durfte er bei Bedarf halten (wobei er sich anfangs an Lesepredigten hielt). Jedenfalls war die Gemeinde mit ihm zufrieden, und für ihn war es in trüben Zeiten eine schöne Bestätigung, sich doch irgendwo sinnvoll betätigen zu können. Trotzdem wollten sie gerne nach Deutschland kommen (wenn auch mit geteiltem Herzen, da sie sehr an ihrer schlesischen Heimat hingen).

Es gab damals eine Möglichkeit der Familienzusammenführung, die meine Mutter nutzte, um ihren Bruder aus Polen herauszuholen. Die Bedingungen dafür waren, dass man Wohnraum zur Verfügung stellte und versicherte, dass dem Sozialamt durch den Zuzug keinerlei Unkosten entstehen würden. Die Frage nach Lebensmittel-Karten war ja seit dem Ende der Blockade nicht mehr wichtig. Da Pine und die Tochter Christel schneidern konnten, war es nicht schwer, sich damit über Wasser zu halten. Um den Wohnraum zu beschaffen, wurde die kleine Eineinhalb-Zimmer-Wohnung mit Bad und Küche im ersten Stock des Hauses nicht mehr vermietet, sondern für Hases eingerichtet. Da meine Mutter nur ›möblierte‹ Mieter hatte, ging das auch recht unkompliziert. Über die Finanzierung ihrer Pläne machte sie sich nie Gedanken und lehnte es auch ab, solch untergeordnete Dinge beachten zu müssen.

Während im Familienkreis die verschiedensten Umzugs-Projekte durchgeführt wurden, stand ich auf der Leiter und renovierte unsere Wohnung. Walter hatte im Harz endlich einen Spediteur gefunden, der bereit war, uns für sein Ostgeld in absehbarer Zeit die Möbel aus Friedrichsbrunn zu bringen. Wir hatten versucht, über die Kirchenbehörde Hilfe zur Renovierung unserer völlig verwohnten Unterkunft Im Gehege zu bekommen. Da dieses Haus aber nicht Kircheneigentum war, wurde das kühl abgelehnt. Man möge den Hauswirt bemühen. Das war aber eine Wohngesellschaft, die sich völlig uninteressiert zeigte und so kurz nach der Währungsreform wohl auch kein Geld hatte. Da eine Renovierung aber nötig war, bevor die Möbel kamen, griffen wir zur Selbsthilfe. Herr Ewert wurde mir von der Gemeinde zur Verfügung gestellt; alles Übrige mussten wir selbst leisten. Also ging es an die Arbeit. Das Herrenzimmer war ja nach dem Brand von uns schon wunderschön hergerichtet worden; nun kam ein Raum nach dem anderen dran. In der oberen Etage war es erheblich schwieriger als unten, denn da war durch Erschütterungen vielfach der Putz von den Wänden gekommen. Ich löste das Problem zu Ewerts Begeisterung ganz unfachmännisch, indem ich kleine Nägel einschlug, etwas länger als die Putzdicke, nachdem ich mit dünnem Kleister durch die Risse hindurch Wand und Putz verbindungswillig gemacht hatte. ›Frau Meisterin‹ nannte mich Ewert anerkennend nach dieser gemeinsam bewältigten handwerklichen Schwerarbeit in unserem Haus. Wo der Putz allerdings in gefährlich großen Stücken von der Decke fiel, da verzichteten wir auf diese Maßnahme und spannten stattdessen von Balken zu Balken große Streifen aus alten Papiersäcken, die uns irgendwie zugekommen waren. Das sah sogar recht hübsch aus. Dass man überhaupt Farbe zu kaufen bekam, sogar Ölfarbe (wenn auch nicht gute), und Nägel und Tapeten, um die Risse zu überkleben, damit man die Ungleichheiten nicht sah – das wäre noch vor einem Jahr unmöglich gewesen. Ewert arbeitete vergnügt und mit so viel Eifer, dass sein etwas mangelndes Geschick ausgeglichen wurde. Ich freute mich über jede Stunde, wo ich von der Gemeindearbeit frei war, um handwerklich tätig zu sein. Die größte Schwierigkeit bereiteten übrigens Putzlappen zum Saubermachen, denn die waren Mangelware. Überhaupt fehlten ja all die Annehmlichkeiten, die wir heute kennen, zum Beispiel Reinigungsmittel und andere Erfindungen wie Tesafilm und guter Klebstoff. Aber Ende November war alles geschafft – und nun brannte die Frage: Kommen die Möbel noch vor Weihnachten?

In der letzten Woche des Kirchenjahres[618] kam das verabredete Telegramm aus Friedrichsbrunn, dass unsere Möbel gerade aufgeladen würden. Es wurde also tatsächlich wahr! Nun benachrichtigten wir eilig unsern Fuhrmann, der immer gerne half, wenn es nötig wurde, um die von uns geliehenen Möbel wieder ihren Besitzern zuzustellen. In den letzten Monaten der Renovierung hatten wir schon viel Entbehrliches wieder zurückgebracht oder, falls es unerwünscht war, zum Weiterschenken ins Gemeindehaus gegeben. So leerte sich unsere Wohnung (bis auf die provisorischen Bücherregale, da unsere ja größtenteils verbrannt waren, und einige Schränke, die wir später bestimmt brauchen konnten und die von ihren Besitzern nicht mehr gefragt waren). Jeden Tag wurde das Warten spannender – besonders für die Kinder, die nun nach fünf Jahren ihre Bücher und Spielsachen wiederzusehen hofften. Sie freuten sich darauf, obwohl klar war, dass das meiste nun nicht mehr so attraktiv für sie sein würde wie damals.

Und schließlich, mitten in der Adventszeit, wo wir durch Arbeit und Feiern sowieso reichlich angespannt waren, kamen sie! Ein richtiger Möbelwagen aus Quedlinburg hielt vor unserer Tür, und die Aufregung war groß. Die Müdigkeit war wie weggeblasen – auch bei den Möbelträgern aus dem Harz, nachdem sie mit Bohnenkaffee, Zigaretten und Schokolade gestärkt worden waren. Hier zeigte sich mal wieder, dass genaues Vorplanen doch sinnvoll ist: Ich hatte von meinem ersten Umzug an die genauen Maße aller Möbel auf Millimeterpapier gezeichnet; die später hinzugekommenen Sachen habe ich für unseren letzten Umzug nach Dahlem ausgemessen und ausgeschnitten. Auf diese Weise konnte ich auf dem Papier das Haus Im Gehege ganz genau einrichten. Das hat mir viel Spaß gemacht und lohnte sich jetzt. Denn die Treppen waren sehr schmal, und es wäre lästig gewesen, die Möbel hin- und herzuschleppen. Deshalb hatte ich die für den Treppenaufgang zu großen Stücke für die untere Etage eingeplant. So lief alles wie am Schnürchen. Das Treppenhaus hatten wir noch nicht renoviert, und das war auch gut so, denn es gab doch allerhand Ecken, die sich hart im Raume stießen.[619] Die Träger waren froh, als ich immer wieder versicherte,

---

618 D.h. Ende November 1949.
619 Anspielung auf Friedrich Schillers Drama ›Wallenstein‹, Teil 3: Wallensteins Tod, 2. Akt, 2. Auftritt, wo es heißt: »Leicht beieinander wohnen die Gedanken, doch hart im Raume stoßen sich die Sachen.«

dass das kein Schade sei. Es war doch bewegend für mich, die Möbel meiner Vorfahren nun wieder um mich zu haben. Jetzt schien sich alle Mühe darum gelohnt zu haben. Dass sie vom Transport, von Feuer- und Wasserschäden und vom Lagern in eiskalten Räumen nicht gerade besser geworden waren, ist ja kein Wunder. Aber das ließ sich reparieren.

»Wir wohnen wieder«, schreibe ich im Jahr 1949 in mein Silvesterbuch, »und hier ziehe ich nicht mehr weg!« Ich hatte endlich das Gefühl, dass meine Existenz sozusagen weniger provisorisch geworden war. Dass es keineswegs eine Selbstverständlichkeit ist, in eigenen Sachen zu leben, war den Menschen unserer Tage ja deutlich geworden. Nun empfand ich wirklich Dankbarkeit für unsere Wohnung – mit genügend Platz in Haus und Garten. Jeder der Söhne konnte jetzt sein eigenes Zimmer bekommen, was bei der Verschiedenheit der Interessen sehr hilfreich war. Unten hatten wir Wohn- und Esszimmer (die allerdings nach wie vor auch der Gemeinde zur Verfügung standen: Das Wohnzimmer diente als Warte- oder auch Sprechzimmer, und im Esszimmer befand sich Annelieses Büro mit Schreibtisch und Schreibmaschine; mein Geschirrschrank wurde als Aktenablage genutzt). Walter hatte oben im ersten Stock ein eigenes Arbeitszimmer, wo er anfangs noch in der Lage war, Besuch zu empfangen. Später, als seine Sitzgelegenheiten zunehmend durch Druckereierzeugnisse belegt waren, konnte man Leute aus der Gemeinde nicht mehr dorthin führen. Aber wenigstens eilten seine Verwandten eilig die Treppe herauf und saßen dort oben. Das zweite große Zimmer zum Garten hin wurde unser Schlafzimmer – das heißt eigentlich ›Schlaf-Bibliothek‹. Die Wände waren so voll mit Bücherregalen gestellt, dass der Kleiderschrank kaum darin Platz fand, und die Betten standen nicht nebeneinander, sondern mitten im Zimmer Kopf an Kopf. In den beiden kleineren Zimmern waren die Jungens untergebracht, im großen Mansardenzimmer wurde ein Gastzimmer eingerichtet (das hauptsächlich von Anneliese bewohnt wurde, die ja fast gar nicht mehr in Tempelhof übernachtete, weil jetzt die alte Tante Grete bei ihrer Mutter wohnte und sie versorgte). Für drei Personen war die kleine Zwei-Zimmer-Wohnung dort doch etwas eng – und bei uns wurde es ja fast täglich spät (nicht nur durch die Kreise, sondern auch durch die Vorbereitungsarbeit, ab und zu auch durch den wachsenden Kulturbetrieb mit Theater und Konzerten oder durch Einladungen in der Gemeinde; das hielt sich allerdings noch sehr in Grenzen, weil die freien Abende gezählt waren).

Ich habe später noch öfter Umräumarbeiten in unserem Haus vorgenommen: Zum Beispiel habe ich die Jungens in die beiden Mansardenzimmer umquartiert, als sie älter wurden, und mir und Anneliese wurden die beiden kleineren Zimmer im ersten Stock eingerichtet, sodass ich dann endlich ein eigenes Zimmer hatte, was ich sehr genoss. Das Schlafen zwischen den immer mehr anwachsenden und einstaubenden Bücherregalen im Schlafzimmer war mir sehr unlieb geworden.[620]

Die hübschen Mappen mit den von Anneliese sorgfältig eingeordneten gemeindlichen Veranstaltungen dieser Zeit, die sie Walter Jahr für Jahr überreichte, sind seit dem Umzug hierher[621] nicht mehr auffindbar. Vorhanden müssen sie irgendwo sein, und es ist möglich, dass mir viele Einzelheiten wieder besser gegenwärtig würden, wenn ich da hineinschauen könnte. So weiß ich vom Jahr 1949 gar nicht mehr recht, was wir da eigentlich in der Advents- und Weihnachtszeit ›geboten‹ haben. Es wird allerlei los gewesen sein – aber ich habe in meinen Aufzeichnungen nichts gefunden und wohl bei dem ganzen Trubel mit Hausrenovierung und Möblierung auch keine Zeit gehabt, mich mit Aufschreiben zu beschäftigen. Der Jahresbericht ist auch denkbar kurz gefasst und der letzte, den ich überhaupt verfasst habe. Ich habe mit ihm zwar ein neues Silvesterbuch angefangen – aber es ist bis auf diese Eintragung leer geblieben. Dass wir aber in diesem Jahr in der Kirche das ›Offene Singen‹ hatten (wie man das damals nannte), vielleicht zum ersten Mal, weiß ich genau. Das war eine sehr beliebte Adventsveranstaltung, die mir fast keine Mühe bereitete, weil deren Gelingen von Adelheid Fischer und dem Chor abhing. Meine Aufgabe bestand hauptsächlich darin, das musikalische Niveau zu drücken, damit die Gemeinde wirklich mitsingen konnte. Solche Veranstaltungen

---

620 Durch Susannes Auszug aus dem gemeinsamen Schlafzimmer und den Einzug ihrer engsten Freundin und Mitarbeiterin Anneliese Schwarz kommt die schon lange währende Entfremdung zwischen den Eheleuten zu einem gewissen Abschluss; gleichzeitig wird ein neues Gleichgewicht hergestellt, indem sich jeder von beiden in seinem eigenen Bereich einrichtet: Walter zog sich zum einen in die Wissenschaft und zum andern in die Welt seiner Tiere und Pflanzen zurück, während Susanne Dreß ihren Lebensmittelpunkt im Familien- und Freundeskreis und der Gemeindearbeit hatte.

621 Gemeint ist das ehemalige Pfarrhaus von Martin Niemöller in der Pacelli-Allee 61, wohin Susanne und Walter Dreß 1958 umgezogen sind; im gleichen Jahr begann Susanne mit der Niederschrift ihrer Lebenserinnerungen.

hatten wir von 1946 an zu Pfingsten oder am Sonntag Kantate im Freien angeboten – mit guter Beteiligung und viel Vergnügen. Mit Hilfe des Chors und vervielfältigten Handzetteln wurden nun auch weniger bekannte Weihnachtschoräle eingeübt und dazwischen viele der vertrauten Lieder in bunter Folge gesungen. Ein oder zwei kurze Erzählungen las Walter vor, manchmal durfte auch eines der Kinder etwas aufsagen; aber im Ganzen vermieden wir derartige Einzeldarbietungen in der Kirche. Der Kinderchor (damals ein Knabenchor) war eifrig dabei, ebenso wie nachher am Heiligen Abend beim Quempas-Singen.[622] Diesen Chor hatte ich auf etwas unkonventionelle Weise aus meinen Jungensgruppen auf die Beine gestellt: Sie erhielten, wenn sie regelmäßig kamen, ein kleines monatliches Taschengeld. Das wurde zwar von manchen für sehr unmoralisch gehalten; die Kinder hätten allein zu Gottes Ehre singen sollen, und der Gemeinde-Kirchenrat war dagegen (obwohl ihn die Gelder, die mir ja aus Spenden zukamen, nichts angingen). Aber so florierte der Chor wirklich ausgezeichnet – genau so lange, bis die finanzielle Anerkennung für die Sänger beendet wurde, weil Adelheid keinen Ärger haben wollte. Die Älteren kamen damals sowieso in den Stimmbruch, und nun wurde ein gemischter Kinderchor aufgebaut – kleine Mädchen singen umsonst!

Eine weitere von uns eingeführte Feier, die zur ständigen Einrichtung wurde, war die »Mitternachtsmesse« zur Christnacht. Es gab das (außer in der katholischen Kirche) schon in einigen stramm lutherischen Gemeinden, zu denen sich Walter – mit wachsender Abneigung gegen die etablierte, sieghafte Bekenntniskirche – hingezogen fühlte. Ich konnte mit diesen Leuten nicht recht warm werden, obwohl Pfarrer Perels (dessen Bruder Justus mit Klaus zusammen umgebracht worden war und dessen Vater als Jude in Flossenbürg ermordet wurde) in Berlin die Leitung hatte. Wenn Walter von den Zusammenkünften dieser Gruppe zurückkam, brachte er oft für unser – das heißt für Anneliese und mein – Gefühl Vorschläge mit, die das Gemeindeleben belasteten. Ich fühlte mich dann verpflichtet, ihm das wieder auszureden – zum Beispiel das viele Auswendiglernen von Luthers Katechismus in Konfirmandenunterricht und Schule oder Zumutungen für mehr »Kirchenzucht«. Anderes, womit ich nicht so

---

622 Dieser Ausdruck bezieht sich auf das sogenannte »Quempas-Heft«, eine Sammlung bekannter Weihnachtslieder aus dem Bärenreiter-Verlag, benannt nach dem Beginn der lateinischen Liedstrophe *Quem pastores laudavere* (»Er, den die Hirten lobten«).

viel zu tun hatte, ließ ich ihn gerne ausprobieren. So zum Beispiel die »Vesper« am Samstagabend um sechs, bei der Gemeinde und Liturg psalmodierend im Wechsel sangen – ohne Ansprache, nur mit Schriftlesung. Anfangs kamen jene Leute, welche die Sonnabend-Gottesdienste und Musikveranstaltungen gewöhnt waren, ganz folgsam (und etliche andere, die einfach mal sehen wollten, was das war). Ein Siebzehnjähriger äußerte sich nachher bei mir recht verstimmt: »Wieso denn ›Vesper‹? Es hat doch weder zu essen noch zu trinken gegeben!« Die Leute blieben trotz aller Bemühungen von Adelheid Fischer und meiner regelmäßigen Teilnahme bald weg, sodass die Sache wieder aufgegeben wurde. Anders bei der ›Christnacht‹! Die wäre vielleicht auch wieder eingeschlafen, wenn wir sie (wie von Walter gewünscht) am 25. Dezember um fünf Uhr früh eingeführt hätten. Doch ich konnte Walter davon überzeugen, dass ein solcher Gottesdienst nur in Gegenden möglich sei, wo der Heilige Abend nicht als Mittelpunkt des Festes begangen wurde. Bei einer morgendlichen Bescherung, wie das bei Katholiken üblich ist, mag das ja gehen. Aber von »wohl zu der halben Nacht«[623] hielten wir uns eben an die erste Hälfte. Immerhin setzten wir die Uhrzeit auf 24 Uhr fest, denn dieser Gottesdienst sollte unbedingt am richtigen Weihnachtstag, also am 25. Dezember, gefeiert werden (die Vorverlegung auf 23 Uhr kam erst viel später). Ich glaube, dass die Gepflogenheit, die Kirche dabei mit Kerzen zu erleuchten, während des Blockade-Winters entstanden war, wo es um Mitternacht selbst im Stadtteil Dahlem kein Licht gab – denn ich entsinne mich, dass jeder gebeten wurde, einen Kerzenstummel mitzubringen. Zuerst waren wir eine kleine, sehr bewusste Gemeinschaft; später füllte sich die Kirche mit ›Nikodemussen‹[624] (wie ich sie nannte): Dahlemer und andere Herren, die sich bei Tag nicht zu kommen trauten, um nicht fromm auszusehen.

Unsere private Weihnachtsfeier begann ja immer erst in letzter Minute, wichtig zu werden. Allerdings verwendete ich zuvor immer ein paar Nächte, um zu backen (sowohl Stollen als auch Kleingebäck und Pfefferkuchen). Am Vormittag des 24. Dezember waren die Jungens vollauf mit dem Austragen von Paketen beschäftigt. Oft zogen Adelheid, Anneliese und ich noch mit Kin-

---

623 Zitat aus der ersten Strophe des Weihnachtslieds »Es ist ein Ros' entsprungen«.
624 Anspielung auf den einflussreichen Pharisäer Nikodemus, der ein Nachfolger Jesu war, sich jedoch aus Furcht vor Anfeindungen nur im Schutz der Dunkelheit zu ihm wagte (vgl. Johannes 3, 12; 19, 39).

dergruppen zu Hausbesuchen bei Kranken, denen wir ein paar Lieder sangen und ihnen Zweige und Päckchen brachten. Den Schmuck der Zweige hatten die Kinder natürlich vorher selbst gebastelt. In Krankenhäusern und Altersheimen hatten wir schon in den Tagen zuvor die Runde gemacht – manchmal auch mit einem kurzen Krippenspiel. Die ›Weihnachts-Saite‹ war dann zwischen Christvesper und Christnacht-Gottesdienst schon so gespannt, dass man Mühe hatte, aus der Weihnachtsstimmung keine Verstimmung werden zu lassen. Es tat mir leid, auch in diesem Jahr an Heiligabend meine Mutter nicht aufsuchen zu können – aber sie war ja von Familie Schleicher mit Kindern, Enkeln und Urenkeln liebevoll umgeben, und wir gingen am ersten Feiertag hin. Dann fand auch der Gabenaustausch statt. Durch die Kosten des Umzugs und auch durch die knappen Westmark-Verhältnisse hielten sich an diesem Weihnachtsfest die Geschenke bei uns sehr in Grenzen. Immerhin stand erstmalig wieder ein bildschönes Pfefferkuchenhaus unter dem Baum (von mir und Anneliese in stillen, späten Nachtstunden gefertigt), und an Kerzen und Heringssalat wurde nicht gespart. Mein Hauptgeschenk an die Familienmitglieder war aber doch, dass ich es geschafft hatte, jedem sein eigenes Zimmer und auch die gemeinsamen Räume fertigzustellen und gemütlich einzurichten. Nur in der Schlaf-Bibliothek standen die Bücher noch in hochgetürmten Kisten umher und warteten auf die Hand des Hausherrn. »Aber das macht mich nicht nervös. Bloß nicht hetzen«, schreibe ich möglichst gelassen in mein Buch. Bis die Bücher dann einigermaßen standen, wurde es Ostern, und so lange ließ sich das Schlafzimmer nie gründlich reinigen. Dass es aber an diesem Heiligen Abend zwischen den eigenen Bildern, Büchern und Möbeln besonders schön für uns war, habe ich ebenfalls notiert. Dazu trug auch das heimgekehrte Bechstein-Klavier bei, das allerdings in Friedrichsbrunn auf der unbeheizten Außenveranda seit 1945 ziemlich gelitten hatte. Der Resonanzboden hatte Risse, und die Stimmung bedurfte der Korrektur; es wurde aber bis zum Fest gut überholt, denn Klavierstimmer waren recht billig und suchten Arbeit, weil sie zu dieser Zeit nicht sehr gefragt waren. Da Michael das Klavier versuchsweise zum Beispiel mit Reißzwecken bestückte, war eine Gesamterneuerung sinnlos.

Wie meine Mutter es schaffte, das große Weihnachtsmahl der Rest-Familie am ersten Feiertag durchzuhalten, weiß ich nicht.

Aktien waren ja (unter Preis) inzwischen wieder verkäuflich und ließen sich zu Geld machen – jedenfalls war es für unser Gefühl an diesem Tag wieder fast ›so wie früher‹. Was auch immer sie an Geschenken für jeden hatte, neu gekauft oder aus altem Besitz, war bewundernswert. Auch der Stil wurde so gut wie möglich gepflegt; nur musizierten jetzt am Nachmittag statt der Kinder die Enkel. Es gab auch gemeinsames Spiel in Gesellschaft, wo die Kleinen mitmachen konnten. Von den steten ›Fest-Tanten‹ meiner Jugendzeit lebte nur noch Toni Volkmann, die im eiskalten Winter 1946 in ihrem winzigen Häuschen fast erfroren aufgefunden wurde und mit Erfolg wiederbelebt worden war. Sie wohnte in einem Altersheim in Lichterfelde. Und weil die Tanten nicht mehr dominierend waren, war sie auch von allen gern gesehen. Ein unverwüstlicher Humor zeichnete sie aus, bis in ihre letzten Lebenstage. Meine Mutter genoss dieses Familienbeisammensein sichtlich. Wie sehr sie sich aber darum gesorgt hat, dass für alle genug zu essen da war, wurde uns erst deutlich, als sie auf dem Sterbebett lag. Wenn die Haustürklingel ging und sie davon erwachte, rief sie angstvoll aus: »Jetzt kommen sie alle, alle!« 1949 war das letzte Weihnachtsfest, das sie für ihre Familie ausrichten konnte; im Jahr darauf lag sie schon fest im Bett, und man rechnete täglich mit ihrem Tod.

Am zweiten Feiertag waren wir dann immer bei meiner Schwiegermutter zu Besuch, die ihre Gaben zwar Heiligabend bekam, aber die Geschenke für uns bei sich unter den Baum legen wollte. Das war dann noch mal eine richtige Weihnachtsfeier – mit Singen im Nebenraum, Einzug ins Weihnachtszimmer und nochmaligem Gesang vor dem Christbaum. Bei meiner Mutter wurde uns das erspart, weil sie schon an Heiligabend mit den anderen in dieser Art gefeiert hatte. Die Jungens machten das bei Omama aber lieb und willig mit. Sie hat sich auch wirklich immer sehr bemüht mit Geschenken und Essen. Das für mich Erstaunliche war jedoch, dass man nach Tisch zur Sonntagszeitung griff, während ich mich notgedrungen mit den Jungens in die neuen Bücher vertiefte. Nun, mir war das nicht unlieb. Ich hätte Ilse gerne in der Küche geholfen, aber Omama verbot mir den Zutritt. Michael setzte sich über solche Verbote erfolgreich hinweg und hatte überhaupt eine sehr geschickte und komische Art, mit seiner Omama zu verkehren, die ihr sogar herzlich gefiel. Weder mir noch Andreas war dieser Ton, sie einfach liebevoll auf die Schippe zu nehmen, je geglückt.

»Andreas freut sich, dass Tini von Matthiesen sich auch für Elektronen interessiert«, schreibe ich auf. Diese sehr sachliche und doch glückliche Freundschaft war für ihn mehr als nur Schwestern-Ersatz. Ihr gegenüber war er ganz Kavalier und beschützender Held, und über seine Bedeutung als erster Liebhaber war er sich völlig klar. Tini hatte wohl Freundinnen und Freunde in großer Zahl, aber sie ließ alle links liegen, wenn Andreas anrief, um etwas zu verabreden. So erzählte es mir jedenfalls ihre Mutter recht erfreut. In der Schule hatte er die zwei verlorenen Vierteljahre wieder gut aufgeholt, nachdem ihm Herr Wachsmuth Junior in einigen Stunden die Freude am Erlernen der alten Sprachen vermittelt hatte. Ja, Andreas war frech genug, für wenig Geld Anfängern Nachhilfestunden in Latein zu geben, weil er meinte, so lerne er das damals Versäumte am schnellsten. Seitdem er seinen kleinkarierten Rechenlehrer losgeworden war (der im Unterricht hauptsächlich darauf Wert legte, dass die Sieben ohne Strich geschrieben würde) und ein guter Mathematiklehrer durch sein Können beeindruckt worden war (ebenso wie einige andere Lehrer in den Fächern, die ihm zufielen), tat er immer weniger für die Schule – und auch das nur bei fortwährender Radiomusik. Er bekam sogar in Musik eine Eins, obwohl sein Singen unmöglich war (was er wusste) und ihm die Blockflöte als Instrument bald auch keinen Spaß mehr machte. »Die Lehrer denken eben, wenn ich bei ihnen nicht ›sehr gut‹ habe, dann ist das ihre Schuld, weil ich es bei den meisten anderen bekomme; darum geben sie mir einfach auch eine Eins«, entschuldigte Andreas sein übergutes Zeugnis, das bis auf die Sprachen wirklich nur mit Einsern bestückt war – sogar in Kunsterziehung (oder wie es wohl damals noch hieß: Zeichnen). Das Fach, wo er eine Fünf hätte haben müssen, nämlich Turnen, fiel seit seiner Armoperation zu seiner großen Freude für ihn aus. So saß er mit viel Zeit und Energie am Mikroskop und spielte mit seinem Chemiekasten (wobei ich immer etwas Sorge hatte, er könne sich Schaden tun, weil ich so gar nichts davon verstehe). Auch las er Klassiker und Romantiker und viel Naturwissenschaftliches, das damals unter Buchtiteln wie ›Du und die Natur‹ erschien[625] – aber auch die von mir aus meiner Kinderzeit aufbewahrten Bücher wie ›Die Welt der

---

625 Karlson, Paul: Du und die Natur. Eine moderne Physik für Jedermann, Berlin 1934.

Pflanze‹ von Francé.[626] Für all das bemühte er sich erfolgreich, Tini zu interessieren; ebenso wie für seine begeistert gepflegte Steinsammlung, die in ihren Urbeständen noch von meinen Brüdern stammte. Für all diese Sachen war es natürlich wichtig, ein eigenes Zimmer zu haben, das er auch recht ordentlich hielt und mit wechselnden schönen Abbildungen schmückte. Mir war bloß manchmal unheimlich, dass er sich eher wie ein Zwanzigjähriger verhielt als seinen elf Jahren entsprechend.

Michael hingegen verhielt sich altersgemäß und durchlebte sein vierzehntes Lebensjahr intensiv: Er war ein williger Konfirmand, aber sonst denkbar ungeordnet und umgetrieben. Seine Freundin Itti[627] liebte er mit der ganzen Stärke der erste Liebe (und verschmähte nicht, ihr durch Übergriffe in Vaters Tasche beträchtliche Geschenke zu machen). Fast täglich sangen beide an dem gut klingenden, aber defekten Klavier – entweder Michaels eigene Kompositionen oder die Lieder von Brahms und Schubert, die er durch mich kannte. Brigitte freute sich an dem einzigartigen ›deutschen Lied‹ (wie diese Musikrichtung ja im Ausland genannt wird). In der Schule hatte Michael mit leichtem ›Hinken‹ den Anschluss behalten (obwohl er so viel fehlte, wie es irgend einzurichten war). Ihn rissen immer seine Einsen in Deutsch und Musik und Zeichnen heraus. Hätten wir damals genug Geld gehabt, um ihn in ein musisches Gymnasium oder auf eine gute Internatsschule zu schicken, so wäre sein Überdruss vielleicht nicht so groß geworden und er hätte sein Abitur schaffen können. Aber rückblickend kann man ja leicht denken: »Hättest du doch ...«. Jeder Eingriff in seine Selbstbestimmung war schon in diesem Alter so gut wie unmöglich gewesen.

Seine Beziehungen zur Natur waren lebendiger Art. Er hatte Tiere immer sehr gern gehabt und auch gut dafür gesorgt. Besonders liebte er aber seine Katze Anka (nun die zweite Katze in unserem Haus), die auch keine Gelegenheit ausließ, Junge zu bekommen. Das pflegte in meiner Küche zu geschehen, weil das der ruhigste Ort bei uns war (alle anderen Räume waren belebter, denn das Kochen dauerte bei mir nie lange). Ich war aber doch immer froh, wenn die Wochenstube wieder leer war; obwohl wir ihr nie mehr als eines ließen – es sei denn, es gehörten zwei zu der

---

626 Francé, Raoul: Die Welt der Pflanze. Eine volkstümliche Botanik, Berlin 1912.
627 Brigitte Bils.

begehrten schwarz-weißen Sorte. Als nun das einbehaltene Junge gerade so weit war, dass es selbstständig essen konnte und somit reif zum Verschenken war, sah ich plötzlich zu meinem Entsetzen ein ganz kleines, blindes Kätzchen im Korb liegen, von Anka zärtlich beleckt. Ein Wunder der Natur! Es klärte sich aber auf, als Anka eilig zur Gartentür und in den Wirtschaftsgang lief und wenige Minuten später mit einem zweiten Katzenbaby zurückkam. Als auch das beleckt war, enteilte sie wieder – und ich ihr hinterher. Da lagen in einem Schuhkarton neben dem Mülleimer noch zwei weinende, blinde Kätzchen – von irgendeinem ›Tierfreund‹ dort ausgesetzt und zu qualvollem Ende verurteilt, weil er nicht den Mut hatte, sie zu töten. Gerührt ließ ich unsere Katze alle vier hereinholen und aufziehen, obwohl es ihr eigentlich über die Kräfte ging, und brachte die Findelkinder alle gut unter (auch wenn sie mir vulgärer erschienen als Ankas Nachkommen). Ihr eigenes Junges biss sie seitdem weg, und ich musste es schnell außer Haus geben.

Bei meinen Söhnen hatte ich immer das Gefühl, dass ihre vielfachen Nebenbeschäftigungen die ihnen auferlegte Hauptaufgabe – Schule und Schularbeiten – ganz in den Hintergrund drängten. Aber sie waren in dieser Richtung ja erblich belastet. Und auch durch mein Vorbild – denn wenn ich als die mir verordnete Hauptbeschäftigung das (damals noch nicht so leicht gemachte) Haushaltführen betrachte, so kam das natürlich sehr kurz weg. Für Walter war es ebenfalls ganz selbstverständlich, dass das Außerordentliche stets den Vorzug vor der täglichen Arbeit genoss. Er war natürlich glücklich, endlich wieder Schreibtisch und Bücher zu haben und ein richtiges Arbeitszimmer dazu; aber die Tier- und Pflanzenzucht (besonders als Anzucht für ausgefallene Gartenpflanzen in Töpfchen auf den Fensterbrettern, weshalb man den Raum nicht mehr lüften konnte) behielt ihren Wert für ihn. Ob nun die Humboldt-Universität oder die Gemeinde Dahlem eigentlich sein Hauptberuf war, darüber waren wir nie ganz einig. Den Lebensunterhalt zahlte uns eindeutig die Kirche und nicht der Ost-Staat – aber das hielt er für einen gebührenden Ausgleich für seine Amtsschädigung in der Nazizeit und investierte seine Kraft unbeirrt in Vorlesungen und Seminare. Seine Zeit war dadurch und durch seine Leidenschaft für Tiere und Pflanzen sowie das ständige Lesen mehrerer Tageszeitungen stark in Anspruch genommen. Was ihn an der Gemeindearbeit freute, waren eigene Versuche auf neuen Wegen: sei es mit den Konfirmanden oder im Kreis seiner Studenten, wenn sie nach Dahlem kamen; außerdem der Ökumenische Kreis und andere Vortragsveranstaltungen, für die er immer interessante Leute heranholte. »In seiner Arbeit ist er zurzeit recht befriedigt«, schreibe ich in mein Buch – und das war nach den vergangenen mühsamen Jahren für die gesamte Familie erleichternd. Die Theologen hatten es an der Humboldt-Universität damals nicht besonders schwer. Sie bekamen dieselben Vergünstigungen wie andere ›Kulturschaffende‹ auch. Man hielt sie wohl für hoffnungslose Narren, die ohnehin bald aussterben oder aufgeben würden. So lohnte der Kampf um sie nicht; man verschonte sie mit Schulungen und achtete kaum darauf, dass sie bei Feierlichkeiten erschienen (wie das die Nazis früher getan hatten). Auch gegen sie wurde nicht gekämpft – mit genügend Geduld würde man diese seltsamen Fantasten am einfachsten loswerden. An den Studenten konnte man nur Freude haben. Wir hatten zwar manchmal auch Angst vor Spitzeln; aber wie gesagt: Es gab da Narrenfreiheit. So hatte es jeder der drei mir anvertrauten Männer nach zwanzig Jahren Eheführung recht gut und erfreulich.

Auch Anneliese hatte sich in ihrem Mansardenzimmer bald eingelebt, obwohl sie es zuerst wie eine Verbannung und als zu großen Abstand zur Familie empfand. Den Arbeitstag über war sie ja in den anderen Räumen mit uns dabei – und es war doch angenehm, da oben einen ruhigen Bereich für sich zu haben, zur Vorbereitung der Kreise und des Unterrichts. Außerdem war sie ungestört bei seelsorgerlichen Besuchen und hatte Platz, um ihre Unterlagen liegen zu lassen (was ja bei uns im Esszimmer schlecht möglich war). Viel Zeit für ›Nebenbeschäftigungen‹ hatte sie nicht, denn alles, was ich in meiner Gemeindearbeit als Hobby aufzufassen hatte (da ich dafür ja nichts bezahlt bekam), war für sie hauptamtliche Tätigkeit. So pflegte ich zu scherzen, dass ich die Helferin der Gemeindehelferin sei – fühlte mich aber ganz wohl mit dieser Arbeitsteilung. Es fehlte uns nicht an freiwilligen Mitarbeitern; aber auch nicht an immer neuen Einfällen, die Aufgaben mit sich brachten, zu denen man wieder viele Helfer brauchte. Außerdem wurde uns damals deutlich, dass man Gemeindeaufbau nur mit aktiver Beteiligung der Gemeindeglieder betreiben kann. Jeder Mitläufer ohne Selbstverpflichtung war eine Gefahr für das Ganze. Dabei ging es nicht um eine Art von Arbeitstherapie, sondern eher um eine biologische Erkenntnis: das Abschneiden der Reben, die nicht Frucht bringen[628] und die Durchblutung des gesamten Körpers.[629] Es gab so viele verschiedene Möglichkeiten, dass jeder den ihm gemäßen Platz in der Gemeinde fand und sich sicher sein konnte, in irgendeiner Art für andere da zu sein. Natürlich verlangte solch ein Organismus einiges an Organisation, und das war wohl meine Hauptaufgabe – dem diente das meiste, was ich für meinen Beitrag zum Leben hielt. Es ging nicht darum, andere zu beschäftigen, sondern um die Kunst, wachsam zu sein für alles Notwendige, das vor der Hand Liegende zu sehen und um Abhilfe bitten zu können. Dass ich trotz guten Willens manches übersah, weil ich nicht durch Mauern sehen konnte und oft meine Augen woanders hatte, ließ sich nicht ändern – nur immer wieder feststellen, wenn es zu spät war. Es gab ebenso viel Geschafftes, das uns froh machte, wie es Versäumtes gab, worüber wir unglücklich waren. Ich merkte das daran, dass mir immer geradezu physisch schlecht wurde, wenn ich mit einem Verkehrsmittel durch unseren Bezirk fuhr und dabei Häuser sah, von denen ich nichts wusste. Aus dem schlechten Gewissen kam ich bei allen Lobeshymnen, die ich hörte, nie heraus.

Die letzten Sätze, die ich je an einem Silvesterabend (oder auch am Neujahrsmorgen) in mein Silvesterbuch schrieb, habe ich an der Jahreswende 1949/50 eingetragen; sie lauten:

> »In der Gemeinde gab es mit R.[630] viel Ärger, und der Bruch ist unheilbar. Hingegen ist mit D.[631] Frieden eingetreten, was schon ein großer Vorteil ist. Wenn das neue Jahr so weitergeht, wie das alte begonnen hat, so könnte man denken, die schwarzen Jahre liegen hinter uns.«

Der Frieden (jedenfalls Burgfrieden), der mit D. geschlossen war, hatte seinen tieferen Grund darin, dass auch er von R. stark verärgert war und außerdem irgendwelche Zurechtweisungen von dem

---

628 Vgl. Johannes 15, 1–7.
629 Vgl. 1. Korinther 12, 12–30.
630 Pfarrer Eberhard Röhricht.
631 Pfarrer Karl-Albrecht Denstaedt.

ewig reinredenden Niemöller bekommen hatte, der in Bezug auf Dahlem immer noch nicht den U-Boot-Kommandanten[632] ablegen konnte. Im Ganzen war diese friedliche Zeit für die Gemeinde eine Erleichterung – aber es gab auch verstörte Seelen, die gelernt hatten, in uns den ›schwarzen Mann‹ zu sehen und nun wie die braven Nazis nach Hitlers Vertrag mit Stalin reagierten.[633] Sehr viel länger hat auch das ›Dahlemer Bündnis‹ nicht gedauert; zwar kam es danach nicht zu einem Krieg, aber doch bald zu der Erkenntnis, dass an ein wirkliches Miteinander der Pastoren nicht zu denken war.

Dazu waren die Charaktere zu verschieden. Unter den ehrenamtlichen Mitarbeitern gab es aber von da an doch freundschaftlich-hilfsbereite Beziehungen, und dem Kirchenchor und den Angestellten bekam es gut, dass das Verbot von ›Kaiser Niemöller‹, die Gottesdienste und Veranstaltungen im Nordbezirk[634] zu besuchen, nicht mehr ernst genommen wurde. Man ging sich nicht mehr prinzipiell aus dem Weg und sah sich in den Läden nicht mehr um, ob auch keiner von uns darin war, um andernfalls schnell umzukehren. Nein, man kam sogar bei besonderen Veranstaltungen dazu (wie Silvesterausflug, Offenes Singen oder Johannisnacht) – wenn auch leider kaum in die Gottesdienste. Da ich mich (bei anfangs gutem Willen) in den sehr gut besuchten Gottesdiensten von D. oft über seine Art und seine Theologie geärgert hatte, war auch ich inzwischen nur vierzehntägiger Kirchgänger – und konnte mich über diejenigen, die es auf der anderen Seite ebenso machten, nicht beschweren. In der ersten Freude über den Waffenstillstand luden wir uns sogar gegenseitig ein paarmal zu Hause ein und besuchten uns an Geburtstagen mit Blumenstrauß – sodass diejenigen erleichtert waren, die wirklich unter der Spaltung litten (und nicht nur froh waren zu erzählen, wie entsetzlich es doch sei, dass die

---

632 Anspielung auf das Buch von Martin Niemöller ›Vom U-Boot zur Kanzel‹, Berlin 1934 (vgl. Einleitung Anm. 74).

633 Der sogenannte ›Hitler-Stalin-Pakt‹ wurde am 24. August 1939 zwischen dem Deutschen Reich und der Sowjetunion geschlossen und garantierte dem Nazi-Regime russische Neutralität bei einer kriegerischen Auseinandersetzung mit Polen und den Westmächten. In einem ›Geheimen Zusatzprotokoll‹ wurde der Sowjetunion zugestanden, im Ersten Weltkrieg verlorene Territorien des Russischen Kaiserreichs zurückzugewinnen. Trotz des Nichtangriffspakts und einem zusätzlichen Freundschaftsvertrag überfiel die Wehrmacht am 22. Juni 1941 Russland und eröffnete so den deutsch-sowjetischen Krieg. Die Vernichtung des Bolschewismus war bereits 1925 in Hitlers programmatischer Schrift ›Mein Kampf‹ als erklärtes Ziel des Nationalsozialismus bezeichnet worden; deshalb war der Vertrag zwischen Hitler und Stalin für viele Nazi-Anhänger nicht nachvollziehbar.

634 Die Kirchengemeinde war in den nördlichen Pfarrbezirk Dahlem mit der Sankt Annen-Kirche (für den Walter Dreß zuständig war) und den südlichen Pfarrbezirk Zehlendorf mit der Jesus-Christus-Kirche aufgeteilt.

Pfarrer sich nicht vertrügen). Dazu gehörten in erster Linie der Kirchendiener[635] und die Organistin,[636] die sich in der Zeit davor anständig und mühsam durchgeschlagen hatten.

Und nun das endgültig letzte Blatt der ›365 Tage‹,[637] die (wegen vieler Unterbrechungen durch Krankheit und die Langsamkeit des Alters) sehr viel länger gedauert haben, als ich wollte. Gut zwanzig Jahre – die eigentlichen Schaffensjahre meines Lebens – habe ich deutlich zu machen versucht. Farbige Flecken (zum Teil wohl auch Blüten) auf schwarzem Grund: So war meine Vorstellung von dem, was ich auf diesen Seiten ehrlich niederschreiben wollte. Ob es gelungen ist, werde ich wohl erst merken, wenn ich die in Etappen fertiggestellten Teile einmal im Zusammenhang durchlese. Davor will ich aber etwas Pause machen. Die Schwierigkeiten sind sicher deutlich geworden. Warum hörte ich auf zu schreiben – gerade mit den Worten »die schwarzen Jahre liegen hinter uns«?[638] Ich hatte das erst gelesen, nachdem ich hier den Satz vom ›schwarzen Grund‹ geschrieben habe. Lohnte sich für mich die spätere Zeit ›in Grau‹ wegen ihrer Bedeutungslosigkeit nicht mehr? Wohl kaum; denn wenn es einem auch wirklich manchmal zu bunt werden konnte (und anderen gewiss geworden wäre): Lohnend waren die nächsten zwei Jahrzehnte, über die ich hier schweige, doch sehr.

Ob ich es noch schaffen werde (was ich mir eigentlich vorgenommen habe), von jetzt an doch wieder – solange Kopf und Hand mitmachen – weitere Notizen zu machen? Die ersten Aufzeichnungen aus meinem Elternhaus hatte ich ja für meine Kinder begonnen. Jetzt vielleicht für die Enkel? Die Zeit hat sich so sehr gewandelt, dass sie nie in meinem Silvesterbuch lesen werden – denn es ist in jener alt-deutschen Handschrift geschrieben, die sie nicht beherrschen. Soll ich etwa eine Schreibmaschine benutzen? Aber am besten schreibe ich gar nichts mehr. Vielleicht verlernen sie sogar, mein Deutsch zu sprechen. Die schwarzen Jahre schienen mir vorbei zu sein – die bunten sind es nun auch. Was für eine Farbe bleibt? Wir

---

635 ›Vater‹ Arndt.
636 Adelheid Fischer.
637 Das bedeutet wohl, dass Susanne Dreß ursprünglich nur ein Jahr an ihrem Manuskript schreiben wollte (tatsächlich hat sich diese Arbeit dann über mehr als zwei Jahrzehnte hingezogen).
638 Die letzten Worte in dem von Susanne Dreß über viele Jahre hinweg geführten Silvesterbuch, aus dem sie im Verlauf ihrer Lebenserinnerungen immer wieder zitiert (s.o. S. 822).

wollen es mit dem Grün der Hoffnung, dem Rot der Liebe und dem Blau der Treue halten.[639] Das genügt für den Rest; mehr braucht es nicht, damit es aufleuchtet.

Der direkte Anlass dafür, an Silvester 1950 nichts mehr in mein Buch zu schreiben, war die schwere Krankheit zum Tode, die meine Mutter von uns holte. Der Dezember und Januar standen ganz unter diesem bewussten Abschiednehmen. Dass die Ärzte Sauerbruch und Schöne[640] ihr die Schmerzen ersparten und sie viel schlafen ließen, machte sie in den Stunden des Wachseins friedlich und froh, sodass ich an dieses Sterbebett sehr dankbar zurückdenke. Aber schreiben konnte ich damals nicht. Ich wollte es im nächsten Jahr nachholen. Doch dann kam es aus anderen Gründen wiederum nicht dazu, und dabei blieb es. Und das ist auch kein Schade!

---

639 Vgl. 1. Korinther 13, 13: »Nun bleiben Glaube, Hoffnung, Liebe, diese drei; aber die Liebe ist die größte unter ihnen.«
640 S.o. Anm. 610 (S. 803).

Danksagung

Das Zustandekommen dieses Buches verdankt sich vielfältiger Unterstützung. Zunächst einmal sei der Internationalen Bonhoeffer-Gesellschaft gedankt, die sich ihrer Satzung gemäß der »Förderung der theologischen Wissenschaft [...] auf dem Gebiet der Dietrich-Bonhoeffer-Forschung« verpflichtet weiß. Die Mitglieder der Deutschen Sektion kommen auf einer Jahrestagung zusammen, die traditionell im Haus Hainstein in Eisenach stattfindet. Im Jahr 2015 durfte ich dort FERDINAND SCHLINGENSIEPEN kennen lernen (neben EBERHARD BETHGE einen der Altmeister der Bonhoeffer-Forschung), der dort einen inspirierenden Vortrag über das Thema ›Bonhoeffer als Vorbild?‹ gehalten hat. Als ich von dieser Tagung nach Hause fuhr, habe ich mir seine unbedingt lesenswerte Bonhoeffer-Biographie[1] besorgt. Darin sind gleich auf den ersten Seiten Hinweise auf die Lebenserinnerungen von SUSANNE DREß zu finden[2] – und es wird die Überzeugung ausgesprochen, »dass man sie unbedingt veröffentlichen sollte«[3]. Dies hat mein Interesse geweckt, und ich wandte mich per E-Mail an FERDINAND SCHLINGENSIEPEN mit der Bitte um Auskunft zu diesem Manuskript. Es hat weniger als eine Stunde gedauert, da hatte ich bereits eine instruktive Antwort von ihm erhalten – und der Kontakt zu GÜNTER EBBRECHT war hergestellt. Dieser wiederum schickte mir noch am gleichen Abend ausführliche Informationen, welche die Veröffentlichung dieser Lebenserinnerungen auf den Weg gebracht haben.

Von allen Menschen, die zu diesem Projekt beigetragen haben, ist die Unterstützung von GÜNTER EBBRECHT, Vorstand im Trägerverein des Bonhoeffer-Hauses in Friedrichsbrunn, schlechthin entscheidend gewesen. Ohne seine Hilfe hätte dieses Vorhaben nicht verwirklicht werden können, und so sei ihm an dieser Stelle ganz herzlich dafür gedankt. Mehr als ein Jahr lang hat er immer wieder meine Fragen sachkundig beantwortet und alle Bitten freundlich erfüllt. In selbstloser Weise hat er sich auf den Weg gemacht und das

---

1 SCHLINGENSIEPEN, FERDINAND: Dietrich Bonhoeffer 1906–1945. Eine Biographie, München ³2013.
2 Ebd., S. 24 und 25 f.
3 Ebd., S. 394; vgl. auch S. 399.

Textmaterial für diese Veröffentlichung zusammengesucht: In seinen eigenen Unterlagen, im Bonhoeffer-Haus in Friedrichsbrunn, im Archiv der Staatsbibliothek in Berlin und im Büro von FERDINAND SCHLINGENSIEPEN wurde er schließlich fündig – nicht ohne zuvor intensiv korrespondiert und recherchiert zu haben. GÜNTER EBBRECHT ist es zu verdanken, dass die Lebenserinnerungen von SUSANNE DREß, die schon fast zerstreut und in Vergessenheit geraten waren, wieder hergestellt und für die Nachwelt erhalten werden konnten. Das von ihm rekonstruierte Material hat er mir ohne Vorbehalt überlassen und außerdem wertvolle Kontakte hergestellt – allen voran denjenigen zu ANDREAS DREß.

ANDREAS DREß ist der jüngere der beiden Söhne von SUSANNE DREß und besitzt als Erbe die Rechte an ihrem Text. Wie in der Einleitung zu diesem Buch dokumentiert,[4] hatte er sich bereits vor mehr als dreißig Jahren mit der Veröffentlichung der Lebenserinnerungen seiner Mutter beschäftigt, ohne dass es zu einer Einigung gekommen ist. Seitdem waren zahlreiche Bemühungen, mit ihm in Verbindung zu treten, erfolglos geblieben. Doch als ich im Juni 2016 erstmals mit ihm telefonieren konnte, war sofort ein grundsätzliches Einvernehmen spürbar, und er zeigte sich offen für das Vorhaben einer Publikation – da wir beide überzeugt waren, dass es keine inhaltliche Zensur geben dürfe. Nur eine Bitte lag ihm am Herzen: Er wollte nicht als »Sehr geehrter Herr Professor« angeredet werden, sondern bot mir das ›Du‹ an. ANDREAS DREß hat dieses Buchprojekt tatkräftig unterstützt: Lange (wenn auch erfolglos) hat er nach dem Original des Typoskripts gesucht; bei meinem Besuch in seinem Zuhause in Bielefeld im Februar 2017 hat er mir wertvolle Dokumente leihweise überlassen und in einem ausführlichen Gespräch viele Fragen zur Lebensgeschichte und Persönlichkeit seiner Mutter beantwortet; anschließend hat er immer wieder per E-Mail und am Telefon bereitwillig Auskunft gegeben – und schließlich hat er dieses Buch durch sein Geleitwort bereichert.

Ein weiterer Glücksfall auf dem Weg von der Idee bis zum Buch war der Kontakt zum Gütersloher Verlagshaus. Weil dieser Verlag im deutschsprachigen Raum die einschlägige Adresse für Publika-

---

4 S.o. S. XXVI–XXVIII.

Danksagung

tionen zu DIETRICH BONHOEFFER und dessen Umfeld ist, habe ich mich mit dem Projektentwurf an diese Stelle gewandt. Gleich bei meinem ersten Anruf im November 2016 wurde ich zu DIEDRICH STEEN weitergeleitet, der dort als Programmleiter Sachbuch tätig ist. Wie groß war meine Überraschung und Freude, als er mir bei diesem Telefonat mitteilte, dass er ›zufällig‹ gerade am vorhergehenden Abend mit jemandem darüber gesprochen hätte, dass es doch endlich an der Zeit sei, die Lebenserinnerungen von SUSANNE DREß zu veröffentlichen! Hier gab es also einen *kairos*, der genutzt werden sollte – und wir haben sogleich einen Termin für unser Zusammentreffen vereinbart. DIEDRICH STEEN hat dieses Projekt stets gefördert und auf hervorragende Weise begleitet – ebenso wie seine Assistentin GUDRUN KRIEGER, die zu jeder Zeit mit großer Freundlichkeit und Geduld, Kompetenz und Engagement daran mitgewirkt hat.

Ich danke außerdem dem Schreibbüro von KARIN SCHMID, die sich der mühevollen Aufgabe unterzogen hat, die maschinenschriftlichen Manuskriptseiten sorgfältig abzutippen, um sie zu digitalisieren. JOCHEN DREß, dem Sohn von ANDREAS DREß, danke ich dafür, dass er den ersten Kontakt zu seinem Vater vermittelt hat und dass er eine mehrstündige Fahrt zum Ferienhaus der Familie in dem kleinen Ort Polier auf sich nahm, um dort nach dem Original-Manuskript sowie nach Fotos und Erinnerungsstücken zu suchen. ULRICH KABITZ, dem inzwischen hochbetagten ehemaligen Cheflektor des Christian-Kaiser-Verlags, danke ich für unser freundliches Telefonat und für die Überlassung der bei ihm noch vorhandenen Korrespondenz mit SUSANNE DREß. RAINER SANDVOß von der ›Gedenkstätte Deutscher Widerstand‹ in Berlin danke ich für hilfreiche Auskünfte. RALF BRESLAU hat mir Zugang zu dem in der Staatsbibliothek vorhandenen Archivmaterial verschafft. HARTMUT BICK aus dem Vorstand des Bonhoeffer-Hauses in Friedrichsbrunn danke ich für unser ausführliches Gespräch, bei dem er mir wichtige Informationen über die Geschichte dieses Hauses vermittelt und wertvolle Dokumente überlassen hat. WOLFGANG SOMMER, ehemaliger Assistent von WALTER DREß an der Kirchlichen Hochschule in Berlin, sei schließlich dafür gedankt, dass er dem Verlag Fotografien aus dem persönlichen Umfeld von SUSANNE DREß zur Verfügung stellte.

Zu guter Letzt möchte ich meiner Familie danken für die Geduld, die sie in den Jahren der intensiven Arbeit an diesem Buch aufgebracht hat. Über einen längeren Zeitraum hinweg hatte ich das Empfinden, dass ich mich in der Welt von SUSANNE DREß besser auskenne als in meiner eigenen – ja, dass mein Leben in den Hintergrund gerückt ist, um das ihre zur Geltung zu bringen. Das hat bestimmt auch etwas damit zu tun, dass sie in einer Familie aufgewachsen ist, wie ich sie selbst gerne gehabt hätte – und dass ich mich ihr in gewisser Weise seelenverwandt fühle. Das gilt bis in Kleinigkeiten und Äußerlichkeiten hinein (etwa ihre unkonventionellen Ideen zur Schulreform[5] oder ihre Angewohnheit, die Nacht zum Tag zu machen[6]). So bin ich froh und dankbar dafür, dass die Lebenserinnerungen von SUSANNE DREß nun in Buchform erscheinen können: Möge ihr Mut und ihre Tatkraft die LeserInnen inspirieren und zur Nachahmung herausfordern.

---

5   Vgl. S. 224–226.
6   Vgl. z.B. S. 785 u.ö.

ANHANG

›WIDERSTAND AUS VERANTWORTUNG‹
Ein Vortrag von Susanne Dreß
im Gedenken an ihre Brüder Klaus und Dietrich
aus dem Jahr 1966

Als der Theologe Dietrich Bonhoeffer sich zu Beginn des Krieges der politischen Widerstandsbewegung anschloss, erklärte er uns diesen Schritt mit den Worten: »Wenn ein Wahnsinniger mit seinem Auto auf dem Kurfürstendamm rechts und links in die Passanten hineinfährt, dann ist es nicht nur meine Aufgabe, die Verletzten zu verbinden und die Sterbenden zu trösten. Meine Aufgabe ist es dann, zu versuchen, ihm das Steuer zu entreißen, selbst unter Einsatz meines Lebens.« Unser Bruder Klaus Bonhoeffer schreibt in seinem Abschiedsbrief nach dem Todesurteil an die Eltern: »Bei diesem Ritt zwischen Tod und Teufel ist der Tod ja ein edler Genosse.«[1] Diese Worte sagen in Kürze aus, wo die Motive liegen, die eine Verschwörung, einen Aufstand gegen die totale Macht auszulösen vermögen.

Wie kam es zum Widerstand gegen Hitler? Wie kam es, dass Männer und Frauen Freiheit und Leben gegen den Terror und die Versklavung des Menschen aufs Spiel setzten? Dem Wahnsinnigen das Steuer zu entreißen, das sahen sie klar als ihre Aufgabe.[2] Es ist ihnen nicht gelungen. Sie haben nicht Geschichte gemacht, sie sind von der Geschichte fortgerissen worden. Doch dass wir ihrer heute noch gedenken, ist ein Zeichen dafür, dass die Werte, die sie vertraten, nicht mit ihnen gestorben sind. »Es ist unwichtig, ob wir zuerst gehenkt werden. Wesentlich ist nur, dass die anderen auch einmal drankommen« – so sagte mein Schwager Hans von Dohnanyi, ein

---

1 Brief von Klaus Bonhoeffer an Karl und Paula Bonhoeffer vom 31. März 1945. In: Bethge, Eberhard und Renate (Hg.): Letzte Briefe im Widerstand. Aus dem Kreis der Familie Bonhoeffer, München 1984, S. 51.
2 Anspielung auf einen Vergleich von Dietrich Bonhoeffer, den Otto Dudzus (Vikar im Predigerseminar Finkenwalde) überliefert: »Bei einem Rundgang im Gefängnishof Tegel wurde Dietrich Bonhoeffer von einem Mitgefangenen gefragt, wie er es als Christ und Theologe verantworten könne, am aktiven Widerstand gegen Hitler teilzunehmen. In der Kürze der Zeit und unter den Augen der Aufseher antwortete er mit einem Bild: Wenn ein betrunkener Autofahrer mit hoher Geschwindigkeit den Kurfürstendamm herunterrase, könne es nicht seine, des Pfarrers, einzige oder vornehmliche Aufgabe sein, die Opfer des Wahnsinnigen zu beerdigen und deren Angehörige zu trösten; wichtiger sei es, dem Betrunkenen das Steuerrad zu entreißen.« Dudzus, Otto: Dem Rad in die Speichen fallen. In: Zimmermann, Wolf-Dieter (Hg.): Begegnungen mit Dietrich Bonhoeffer. Ein Almanach, München ²1965, S. 66-75; hier: S. 66. – Bereits 1933 hatte sich Dietrich Bonhoeffer mit seinem Aufsatz ›Die Kirche vor der Judenfrage‹ in ähnlichem Sinn geäußert und von der möglichen Forderung gesprochen, »nicht nur die Opfer unter dem Rad zu verbinden, sondern dem Rad selbst in die Speichen zu fallen.« (DBW 12, S. 353).

enger Mitarbeiter von Admiral Canaris und leidenschaftlicher Feind Hitlers, im Februar 1943 kurz vor seiner Verhaftung. Im April 1945 wurde er ebenso wie mein Schwager Rüdiger Schleicher, der Mann meiner ältesten Schwester, und meine beiden Brüder Klaus und Dietrich hingerichtet.

Wenige Männer des Widerstands sahen den Erfolg ihres Lebenseinsatzes, aber sie verloren nicht die Hoffnung, dass die Zukunft ihnen gehöre, wenn sie selbst nicht aufgaben. Was waren es für Menschen, die sich hier zusammenfanden, die sich auf Tod und Leben zusammenschlossen, um miteinander zu denken und zu handeln? Sie standen in verschiedenen Aufgabenkreisen, sie hatten verschiedene Weltanschauungen, sie kamen aus verschiedenen Traditionen, sie hatten verschiedene Lebensgewohnheiten. Aber all das wurde überbrückt durch das gemeinsame Wissen um die Gefahr, die äußere und innere, in der sich das siegessichere Deutschland befand. Sie kamen als unbedingte Gegner Hitlers zusammen, und über alles, was nicht recht zusammenstimmen wollte, wurde die große Brücke geschlagen, deren Pfeiler der gemeinsame Entschluss war, dieser Gefahr zu trotzen. Sie kamen aus den Gewerkschaften, und dass man sie als ›Arbeiter der Faust‹ hofierte, imponierte ihnen nicht. Sie kamen aus der Landbevölkerung, und kein Erbhof, kein Mutterkreuz, kein ›Blut und Boden‹-Gefasel konnte sie irremachen. Sie kamen aus der Wissenschaft, und die Anerkennung, mit der man sie einzufangen gedachte, da man sie brauchte, machte sie nicht gefügig. Sie kamen aus der Beamtenschaft, und keine Aufstiegsmöglichkeiten, kein aufgezwungenes Parteiabzeichen konnte sie auf Dauer verdummen. Sie kamen auch aus der Wehrmacht und hatten die Augen offen gehalten trotz aller Beförderungen und Ritterkreuze, die auf sie warteten. Sie kamen vor allem aus bewusst christlichen Kreisen, und das sogenannte ›positive Christentum‹, das in Hitlers Parteiprogramm stand, ließ sie unbeeindruckt. Es waren nicht die Unterdrückten, die Diffamierten, die Bedrohten, die sich gegen Hitler zur Wehr setzten. Deren Schritte wurden so bewacht, dass ihre Mitarbeit den Erfolg des Widerstands nur gefährdet hätte. Es waren Männer, die ihr gutes Auskommen hatten, die sichere und oft wesentliche Stellungen bekleideten. Keine unruhigen Fanatiker, denen Aufruhr und Gefahr Lebensbedürfnis ist, sondern Familienväter und Söhne alter bodenständiger Geschlechter, die ihr Leben riskierten. Wie oft bin ich gefragt worden: »Warum hat sich gerade Ihre Familie so exponiert? Es ging ihnen doch gut; ein bisschen weniger Kritik, ein kleines Zugeständnis, und sie hätten überleben können. Warum setzten sie sich Gefängnis, Folter, Ehrverlust und Tod aus? Warum schonten sie nicht ihre Frauen und Kinder und Eltern?« Und ich musste antworten: »Weil sie so beschaffen und erzogen waren, dass es ihnen nicht lohnte, mit einem gebrochenen Gewissen, mit einem gebeugten Rückgrat zu leben. Weil sie sich vor Frau und Kindern geschämt hätten, tatenlos zusehen zu wollen.« Sie waren bereit zu dulden, was ihnen an Leid bestimmt war in ihrem Kampf. Aber sie waren nicht bereit hinzunehmen, was anderen an Unrecht geschah – denen, die zu schwach waren, sich zu wehren.

Konnten sie als bewusste Christen es wagen, ihr Gewissen mit der Vorbereitung zum Mord zu belasten? Wo fanden sich Anhaltspunkte für ihre Entscheidung? War das Beseitigen der tödlichen Gefahr ihre Sache? Kam es nicht vielmehr darauf an, dass jeder Einzelne so wenig wie möglich gegen die heiligen Gebote Gottes verstieß? Musste sich dann nicht alles von selbst bessern und regeln? Viele dachten so. Aber es ging den Männern und Frauen des Widerstands nicht so sehr darum, ein unbeflecktes Gewissen, eine weiße Weste, eine private Tugendhaftigkeit zu bewahren. Es ging ihnen darum, den Wahnsinnigen vom Steuer zu reißen, weil sie sahen, dass das Unheil millionenfach über die Versklavten hereinbrach. Das durch Hitler entfachte Massensterben beschränkte sich nicht nur auf die zum Tod Verurteilten, es weitete sich grauenvoll auch auf die Überlebenden aus. Denn zu leben lohnt nur dann, wenn dem Menschen Würde und Freiheit gegeben sind. Es lohnte nicht mehr, Mensch zu sein mit der gleichgeschalteten Seele, mit den verlogenen Idealen, für die man auch noch sterben sollte. Gut und recht ist, hieß es, was dem Volke nutzt. Und dieses Volk waren nun einmal nicht die Menschen, die mit und neben uns lebten – das ›Volk‹ in diesem Sinn war eine sogenannte ›rassisch wertvolle Auslese‹, es waren die Organisierten in der Partei und ihren Gliederungen. Wo aber die Organisation zu Zwang und Selbstzweck wird, stirbt der Mensch, wenn es auch so aussieht, als ob er noch lebe.

Der daheim zu Tode Organisierte und der auf den weiten Schlachtfeldern und in den Lagern dem Tode Geweihte sollte gerettet werden. Das war die Aufgabe. Die Widerstandskämpfer mussten dafür nicht nur ihr Leben, sie mussten auch ihren Verstand einsetzen. Sie waren bereit, nicht nur Gefängnis auf sich zu nehmen, sondern ihr Gewissen zu belasten mit Tarnung, Verstellung, Lüge und Gewalttat. Waren sie dazu nicht bereit, wünschten sie nur den Tod Hitlers und hofften, andere würden das für sie erledigen und sie könnten ihr Gewissen rein halten, so betrogen sie sich selbst. Denn es ist keineswegs edler und dem geschärften Gewissen erträglicher, die blutige Arbeit, die man für notwendig hält, anderen zu überlassen. Wollte man ein totalitäres Machtsystem stürzen, dann reichte es nicht aus, nur passiven Widerstand zu leisten, dann musste man sich entschließen, Gewalt anzuwenden – und dazu vorsichtig sein, um nicht in blindem Heroismus das Ganze zu gefährden.

Natürlich waren die Aufgaben verteilt. Wer keine Waffen hatte, konnte nicht schießen. Mein Bruder Dietrich – bis 1939 Leiter eines illegalen Predigerseminares der Bekennenden Kirche – arbeitete als Kurier im Amt Canaris, der Spionageabwehrabteilung, wo sich das Zentrum des geheimen Widerstands befand. Er wurde in geheimen Friedensverhandlungen mit England eingesetzt, da er in das neutrale Ausland einreisen konnte, weil man ihn dort aus seiner früheren Arbeit im Weltbund der Kirchen kannte. Mein Bruder Klaus war Jurist und Syndikus bei der Lufthansa und hatte dadurch internationale Verbindungen. Er arbeitete speziell in einer Gruppe, die es sich zur Aufgabe gemachte hatte, bei der Beseitigung der NS-Führer einen Bürgerkrieg zu vermeiden. Hans von Dohnanyi wurde der ›Kopf des Unternehmens‹ im Amt Canaris genannt. Er hielt Kontakt zu den Waffenträgern. Die Wahrscheinlichkeit, zum Erfolg zu gelangen, war nach menschlichem Ermessen dann am größten, wenn das Militär zur freien und befreienden Tat zu gewinnen war. Weite Kreise der Wehrmacht setzten sich dafür ein und übernahmen die Ausführung. Und doch blieb der Erfolg aus – das Attentat am 20. Juli 1944 misslang. Massenmord und Chaos verstärkten sich von Monat zu Monat. Der Widerstand wurde radikal gebrochen, ausgerottet. Es ging dem bitteren Ende entgegen.

Dennoch gedenken wir immer noch dieser Widerstandskämpfer. Vielleicht sollten wir nicht so viel nach dem Erfolg fragen. Erfolge sind nichts Bleibendes in der Geschichte. Aber Früchte bleiben. Waren die Erhängten und Erschossenen nicht vielleicht der Samen, aus dessen Ersterben neues, echtes, wertvolles Leben gewachsen ist?[3] Ein fruchtbares Sterben ist es dann gewesen, wenn die junge Generation begreift, was damals geschah, wenn sie heute für sich dieselben Rechte fordert wie die Männer des Widerstands: das Recht der freien Verantwortung für den anderen; das Recht, Verstand und Herz freizuhalten von den Massenparolen; das Recht, sein Leben einzusetzen für das als richtig Erkannte. Ein missglückter Militärputsch ginge die heutige Jugend wohl kaum etwas an. Aber das Gedenken an die Tragödie des Widerstands und an all die Kräfte, die sich unter schwersten Bedingungen zu entfalten suchten zum Wohl anderer, das Gedenken an dieses Opfer, das so sinnlos aussah und doch angenommen wurde – wenn es recht begriffen wird, sollte es Kräfte freimachen zum echten, menschenwürdigen, verantwortlichen Leben für andere.

---

[3] Anspielung auf das berühmte Zitat des Kirchenvaters Tertullian (um 160 – um 220): »Das Blut der Märtyrer ist der Same der Kirche.« Damit ergreift Susanne Dreß indirekt Partei in der bis in die siebziger Jahre hinein kontrovers geführten Diskussion, ob Dietrich Bonhoeffer und andere, die als politische Widerstandskämpfer ermordet worden sind, als Märtyrer für den christlichen Glauben anerkannt werden können.

FAKSIMILES AUS DEM TYPOSKRIPT

1)

Das Fundament

An der Wand im Treppenhaus hängt auf Leinen gemalt, riesengroß, oben und unten mit einer runden Holzstange versehen, ein großer brauner Eichbaum. Er hat einen dicken Stamm mit vielen Zweigen, wenig kleinen grünen Eichblättern, aber nach oben hin immer dichter werdenden, grauen schildförmigen Blättern, die mit Namen und Zahlen beschrieben sind. Unten an der Wurzel ist ein goldener Löwe auf blauem Schild, der in den Pfoten eine Bohnenranke hält und dessen Schwanz in einem Bohnenblatt endet. Das ist der S t a m m b a u m der Bonhoeffers. Ganz oben, so hoch, daß ich es kaum mehr sehen kann, geschweige denn lesen, sondern nur zählen, sind wir acht Kinder. Auch auf dem Stamm in der Mitte sind bis oben hin Namensschilder mit Zahlen. Bei dem Untersten steht 1300? Das ist eben schon so lange her, daß man das Geburtsjahr dieses ersten Ahnen nicht mehr genau weiß. Aber man weiß, daß er in Nymwegen in Holland gewohnt hat und gar nicht Bonhöffer hieß, sondern van den Bönhof. Erst als sie 1480 nach Schwäbisch Hall auswandern, nennen sie sich Bonhöffer, und sie sprechen sich dort später nach schwäbischer Art, vorn mit Nasallaut aus und ziehen das ö in die Länge. Das oe kommt erst in h feineren Jahrhunderten.

Sie sind Goldschmiede und Stadtschreiber; das war in der freien Reichsstadt Hall so was wie Kanzler, lerne ich. Oder sie waren auch Archediakonus, das ist so eine Art Oberpfarrer dort an der Michaels-Kirche. Hallmeister sind sie auch, d.h. sie verdienen durch den Salzhandel viel Geld und bauen sich große, vielstöckige, wappengeschmückte Familienhäuser am Markt und in der Stadt. Sie sind freie Bürger, und das 'van den' war auch gar nicht adlig, sagen mir die großen Geschwister voll Bürgerstolz, sondern hieß nur, daß sie von dem Bohnenhof kamen. Mein Vater sagt, daß es ihm eigentlich leid sei, daß er der Erste aus der Familie ist, der keine Haller Bürgerrechte hat, weil er sich dort nicht rechtzeitig genug Grundbesitz erworben habe. Die "Schöne Bonhoefferin", eine Ahnfrau aus der Zeit um 1700, die als Kopie bei uns im Eßzimmer hängt, und die ich eigentlich gar nicht so sehr schön finde, hängt mit anderen Ahnen dort in der Kirche. Mir kommt das sehr komisch vor, weil ich mir unsere Grunewaldkirche nicht mit Familienbildern geschmückt denken kann. Aber ich bin doch recht stolz darauf. Leider dürfen wir drei Jüngsten noch nicht mit, als mein Vater mit den Großen die Spuren der Ahnen in Schwäbisch Hall aufsucht. Komisch ist ch, daß meine Großmutter von Bonhoeffer heißt. Aber das ist persönlicher Adel, lerne ich, weil mein Großvater Präsident von irgend was war. Und Adel ist überhaupt Quatsch, sagt Karl-Friedrich, mein ältester Bruder, der den Stammbaum gemalt hat.

Meine Großeltern waren wohl sehr verschieden, wenn auch ihre stark vergrößerten Fotografien einig in einem Doppelrahmen im Zimmer meines Vaters hingen. G r o ß v a t e r B o n h o e f f e r war ebenso groß und kräftig, wie seine Frau klein und zierlich war; er ebenso ruhig und bedächtig, wie sie lebhaft und schnell in der Reaktion war. Er war besinnlich, sie war zupackend. Ihm war Anerkennung, Karriere und Geld völlig Nebensache, sie hatte Pläne und Ehrgeize, war gern geehrt und litt unter der Geldknappheit des zur Repräsentation verpflichteten und doch vermögenslosen hohen Beamten. Mein Großvater war Pfarrerssohn und hatte mehrere ältere Schwestern. Seine Mutter war Witwe und die Schwestern wohl größtenteils unverheiratet. Das machte der sehr jungen Frau den Start in die Ehe bitter. Jedenfalls warnte sie uns immer vor den einzigen Söhnen von Witwen. Erfolglos!

Mein Großvater lebte nicht für seinen Beruf, er lebte im Freien. Besser wäre er Landmann oder Förster geworden. Jeden Tag machte er lange Spaziergänge. Nie kam er, und sei es auch in Schnee und Eis, ohne etwas Hübsches, das er draußen gefunden hatte, zurück. Meine Blumenkenntnis habe ich von ihm, ohne ihn je gekannt zu haben, denn ich habe sie von meinem Vater, der all die Blumen kannte, die er nun wieder von seinem Vater genannt bekommen hatte.

47) [handwritten note, partially illegible] Sie haben [...] auch an einigen Stellen Strichcharakter, [...] Dieser Abschnitt muss ausführlicher besprochen werden.

Dienende Geister.

"Gnä' Frau möchte zum Abschmecken runterkommen". Das war kurz vor dem Essen, seit ich denken kann, die Pflicht meiner Mutter. Außerdem saß sie jeden Montag Morgen mit der Köchin zu einer Besprechung in ihrem Esszimmer. Da wurde der Küchenzettel für die Woche gemacht und aufgeschrieben, der sich nur durch hinzukommende Gäste manchmal verschob; und es wurde abgerechnet. Keineswegs war der Küchenzettel für alle derselbe, jedenfalls nicht in meinen Kindertagen. Da wurde ein Unterschied zwischen der Kost für die Erwachsenen, für die Kinder und für das Personal gemacht. Dass die körperlich arbeitenden Mädchen dasselbe aßen wie mein Vater, war keineswegs selbstverständlich. Aber sie fühlten sich trotzdem immer sehr gut ernährt. Es lag meiner Mutter nur daran, jeden nach seiner Fasson glücklich zu machen; und da es ja immer sehr viele waren, die in der Küche aßen, lohnte sich das schon.

Auguste hieß die erste Köchin, auf die ich mich besinne. Sie war eine mächtige Erscheinung, sang gerne, und ich besuchte sie häufig in der Küche. Sie war jung, hatte einen Schatz im Krieg und manchmal Soldaten in der Küche, was meine Mutter nicht mochte, besonders abends nicht. Sie verließ uns noch im Krieg, um Straßenbahnschaffnerin zu werden. Dann kam Anna. Anna war schon alt und ganz weit/aus einem unaussprechlichen Dorf in Westpreußen, her. Sie war ihr Leben lang in Stellung gewesen. Sie kochte vorzüglich, wenn sie wollte. Aber wenn meine Mutter aus irgend einem Grund nicht in die Küche gegangen war vor dem Essen, so konnte es vorkommen, daß etwas Unmögliches auf den Tisch kam. "Sie denkt, die fressen's auch so", pflegte mein Vater zu sagen. Aber meine Mutter ließ es einfach wieder zurückgehen, und wir bekamen es nach kurzer Zeit gebessert oder etwas Anderes. Schlecht gekochtes Essen war Sünde wider die Bitte ums tägliche Brot; darum spielte die Köchin eine fast priesterliche Rolle bei uns.

Zehn Jahre war Anna sicher bei uns, bis ihre Kräfte so nachließen, daß sie nicht mehr sehen konnte, was sie kochte, und auch ihre Beine die sehr rundliche Masse ihres Körpers nicht mehr tragen konnten. "Mit die Schuhe von Herrn Doktor laufe ich wie'ne Biene", strahlte sie, als Karl-Friedrichs alte Schuhe bekam. Die Art zu reden, beglückte uns oft. [struck-through lines, illegible] "Unser Herr Doktor ißt nur Ausländisches", meinte sie, während sie als eine philosophische Erkenntnis ein Wort meiner Mutter weitergab: "Unsere gnä' Frau sagt immer, Büchse ist Büchse und frisch ist frisch!" Anna verbrachte ihren Lebensabend in Friedrichsbrunn, bis sie ins Altersheim mußte.

Fräulein Emma kam kurz nach Anna zu uns und war auch schon vorgerückten Alters. Riesengroß und füllig, mit starken Brillengläsern und dem Anspruch, etwas Besseres zu sein, waren Anna und Fräulein Emma sich feind. Anna hatte zahllose Geschwister, von denen sie nichts mehr wußte, von keinem eine Adresse, nicht einmal, wieviel noch lebten. Emma war aus geordnetem Haus, hatte eine Schwägerin und einen geliebten Neffen. Emma war "Jungfer in feinen Häusern" gewesen, konnte Spitzen waschen und bügeln und war natürlich nicht zu bewegen, abzuwaschen oder in der Küche zu helfen, außer das Abendbrot zu richten, wenn Anna Ausgang hatte. Ein Küchenmädchen war sowieso immer da. Emma servierte und konnte auch Wein einschenken.

Mein Eigenbau

Inhaltsübersicht Band 1:

Seite 1: Hoch über dem Lietzensee
" 15: Baltikum
" 47: Zwischenspiel in Kunst
" 51: Kinderlose Einhunde-Ehe in Lichterfelde
" 59: Kirchenkampf in Lichterfelde 1.Teil
" 69: Gemeinsame Ferien
" 85: Kirchenkampf in Lichterfelde 2.Teil
" 90: Willkommen Michael!
" 117: Dahlem in Aussicht
" 123: Willkommen Andreas!
" 141: Warten auf den Krieg
" 147: Krieg in Anfängen
" 165: Erste Alarme
" 173: Bekennende Kirche (BK) in Dahlem

HOCH ÜBER DEM LIETZENSEE!

1.

Liegt es am Zeitgeschehen oder an der Lebensführung, daß so rein Erfreuliches zum Erinnern gar nicht recht auftauchen will? Alles was an Heiterem oder Genußreichen, an Freudigen oder Froh-bewältigten mir in den Sinn und vor die Augen kommt, ist wie eine weiße oder farbige Kreidezeichnung auf einer schwarzen Tafel. Der schwarze Hintergrund kann aber doch, wenn er nur Hintergrund bleibt, Farben zum Leuchten bringen. Mit dem Goldgrund, der alle Kindheitskümmernisse untermalte, war es vorbei als ich das Elternhaus verließ. Farbig blieb es trotzdem in meinem Leben, und diese Farben fleckig, kantig, ungeordnet, aber deutlich und fröhlich aufleuchten zu lassen, wie auf manchem Bild unserer Zeitgenossen, das will ich jetzt versuchen.

Vorerst ist es die besorgte Güte meiner Mutter, die mir gerade in den ersten Jahren meiner Ehezeit wiederum mit goldenen Buchstaben als aufschreibwürdig erscheint. Da war, als wir vor der Hochzeitsreise zurückkamen in unsere Wohnung eine

KIRCHENKAMPF IN LICHTERFELDE II.

55.

"Bitte gehen Sie morgen so früh wie möglich in die alte Jakobstr.,Hinterhof 3 Treppen, in das Büro "Evangelium und Kirche". Sie werden da gebraucht." Unterschrift:Prätorius.In der Berliner Innenstadt fühlte ich mich fremd, aber als ich den Ort, den ich suchte,gefunden hatte, nicht mehr. Ich kannte zwar niemand,aber schon an der Tür hätte man mich nicht hereingelassen, hätte ich nicht meinen Dienstbefehl vorgezeigt. Plugblätter für die Wahl wurden gedruckt. Ohne Erlaubnis für Vervielfältigung. Mit einem Handabroll-Apparat. Einer schob die Bogen unter, einer drehte die Orgel und einer zog die fertigen Bogen raus und breitete sie zum trocknen aus, der letzte sammelte sie wieder ein und legte sie zehn.erweis zusammen. "Evangelium und Kirche" mußte es jetzt heißen. - die ersten Abzüge mußten alle umgestempelt werden; Unser geliebter Führer hatte verboten, daß sich die Gegenpartei zu den "Deutschen Christen" schlichtweg "Evangelische Kirche" nannte hatte. Dies war also direkt verboten, während die Herstellung von Plugblättern an sich nur nicht erlaubt war. Dabei hatter wir uns noch recht brav zurückgehalten in der Klarstellung der Verhältnisse. Immerhin druckten wir mit dem unbehaglichen Gefühl vielleicht sehr bald aus-

an die Teke kamen, standen da so kräftige Ganoven, daß wir uns deplaciert fühlten und wo anders Unterkunft suchen wollten. Aber da der Wirt sagte, auch wenn wir wie wir sagten,zu Freunden ziehen könnten, das Zimmer müsse für die Nacht gezahlt werden. Das ging aber mit unserer Reisekasse nicht zwei Zimmer zu bezahlen,so hofften wir auf Säuberung und durchwanderter die Stadt und die malerischen Hafenviertel.Die kleinen Stege neben den dunklen Kanälen, die die Straßen durchziehen, waren romantisch aber beängstigend.Wer uns hier einer beraubte und ins Wasser schmisse? Eine üble Gegend,nur Mutter, Zuhälter und Verbrecher konnten hier wohnen.Da leuchtete dämmrig zwischen Häusern, aus deren Fenstern die naktbusigen Schönen auslagen, ein Schild:Hotel Central.Dies war das unsere, auf der unbürgerliche Eingang. Also hatten wir in einer Absteige gemietet. Die Gesellschaft die wir vorfanden,als wir endlich notgedrungen hineingingen, war auch dem entsprechend.Auf den Betten in unseren Mänteln liegend, unter dem Kopf je einen Unterrock von mir, verbrachten wir unmutig die Nacht.Die Wände werden sich gewundert haben. Vom Frühstück nahmen wir nur die hartgekochten Eier mit und ließen Aufschnitt und Käse und Kaffe stehen. Dann durchwanderten wir etwas matt, aber begeistert das Museum.Es war der 1.Mai, die Läden geschlossen,man trug rote Nelken im Knopfloch. Ein billigster Imbiß vor der Fahrt, dann hatten wir die lange Nachtreise sitzend vor uns.Im Dunkel durch Nijmwegen,woher die van-Bönhofs nach Schwäbisch Hall kamen.Schließlich die deutsche Grenze, Geld war nicht mehr vorhanden das letzte hatten wir für einen Fliederstrauss ausgegeben, am Bahnhof.Und als wir in Berlin ankamen blühte dort schon seit Tagen der Flieder!

ZEITTAFEL
zum Leben von Susanne Dreß

22. 8. 1909:
Geboren in Breslau als achtes Kind von Karl und Paula Bonhoeffer in ihrem Elternhaus im Birkenwäldchen 7

1912:
Umzug der Familie nach Berlin-Mitte in eine Wohnung in der Brückenallee 5

1915–1918:
Häuslicher Schulunterricht bei der Mutter

1916:
Umzug der Familie nach Berlin-Grunewald in ein Haus in der Wangenheimstraße 14

1918–1920:
Besuch der Privatschule für höhere Töchter bei Adelheid Mommsen

1920–1922:
Besuch der Privatschule Wellmann

Ostern 1922:
Besuch der öffentlichen Studienanstalt in der Bismarck-Allee

Herbst 1922:
Wechsel an das öffentliche Lyzeum in der Bismarck-Allee

1923–1925:
Rückkehr an die Privatschule Wellmann; Abschluss nach der zehnten Klasse mit der Mittleren Reife

20.3.1924:
Bekehrungserlebnis

1925–1926:
Einjährige Haushaltsschule im Pestalozzi-Fröbel-Haus in Berlin; Abschluss mit städtischem Examen

1926–1927:
Haustochter bei den Eltern

23.8.1927:
Heimliche Verlobung mit Walter Dreß

1928:
Säuglingspflege-Helferin im städtischen Krankenhaus in Frankfurt an der Oder

1929:
Kurse in Schönschrift, Schreibmaschinenschreiben und Weißnähen in Berlin

14.11.1929:
Eheschließung mit Walter Dreß; Tätigkeit von Walter Dreß als Privatdozent an der Friedrich-Wilhelms-Universität in Berlin und als stellvertretender Hilfsprediger an der Auenkirche in Wilmersdorf; Bezug der ersten Wohung in Berlin-Charlottenburg in der Dernburgstraße 50

Herbst 1930:
Fehlgeburt nach dem sechsten Monat; in den ersten Ehejahren mehrere Fehlgeburten und längere Zeiten von Krankheit und Depression

2/1931–4/1932:
Dozentur für Kirchengeschichte von Walter Dreß an der Luther-Akademie in Dorpat (Estland); Wohnung in der Mönchsgasse 9

5/1932:
Rückkehr nach Berlin; Wiederaufnahme der Tätigkeit von Walter Dreß als Privatdozent an der Friedrich-Wilhelms-Universität

11/1932:
Umzug nach Berlin-Lichterfelde in den Prettauer Pfad 8; Beginn der dortigen ehrenamtlichen Gemeindearbeit von Susanne Dreß

1935:
Entzug des Stipendiums von Walter Dreß wegen seiner Unterstützung der Bekennenden Kirche; Übernahme einer Vertretungspfarrstelle von Walter Dreß in Berlin-Lichterfelde

9.7.1935:
Geburt des Sohnes Michael

1935:
Umzug der Eltern nach Berlin-Charlottenburg in das neu erbaute Haus in der Marienburger Allee 43

1936:
Entzug der *venia legendi* von Walter Dreß unter dem Vorwand des Kommunisten-Paragraphen wegen seiner Lehrtätigkeit für die Bekennende Kirche

1.8.1938:
Umzug nach Berlin-Dahlem in eine Wohnung in der Helfferichstraße 18, heute Bernadottestraße (am Roseneck); Übernahme einer Vertretungspfarrstelle von Walter Dreß in Berlin-Dahlem in der Gemeinde des inhaftierten Martin Niemöller

26.8.1938:
Geburt des Sohnes Andreas

Sommer 1943:
Schwere Beschädigungen an der Wohnung von Familie Dreß durch einen Bombenangriff

Sommer 1943:
Evakuierung der beiden Söhne im Ferienhaus der Familie Bonhoeffer in Friedrichsbrunn im Harz

10.2.1944:
Totalschaden an der Wohnung von Familie Dreß durch einen Bombenangriff; vorübergehende Unterkunft im Haus der Schwester Christine von Dohnanyi in Sacrow bei Potsdam

November 1944:
Rückkehr der beiden Söhne nach Berlin-Dahlem; Einzug in zwei zugewiesene Zimmer in der Pücklerstraße 24

Mai 1945:
Nach dem Einmarsch der Russen vorübergehende Unterkunft Am Hirschsprung 13

Mai 1945:
Aufbau des ›Dahlemer Hilfswerks‹ zur Versorgung von Kriegsopfern, Flüchtlingen und Heimkehrern in der Evangelischen Kirchengemeinde Berlin-Dahlem

August 1945:
Umzug in Berlin-Dahlem in das Haus Im Gehege 16

Herbst 1945:
Ungeplante Schwangerschaft, erzwungene Abtreibung und schwere Erkrankung von Susanne Dreß

ab 1946:
Lehrauftrag für Kirchengeschichte von Walter Dreß an der Humboldt-Universität in Berlin-Ost

4.12.1948:
Tod des Vaters Karl Bonhoeffer

1.2.1951:
Tod der Mutter Paula Bonhoeffer

1958:
Umzug in Berlin-Dahlem in das ehemalige Pfarrhaus von Martin Niemöller in der Pacelli-Allee 61

seit 1958:
Beginn der Niederschrift der Lebenserinnerungen von Susanne Dreß

seit 1959:
Zunehmende Vortragstätigkeit über den politischen Widerstand von Dietrich Bonhoeffer und weiterer Mitglieder der Familie

1961:
Nach dem Mauerbau 1961 Professur von Walter Dreß an der Kirchlichen Hochschule in Berlin

1965:
Umzug nach Berlin-Steglitz in die Wohnung Am Asternplatz 4

1975:
Tod des Sohnes Michael Dreß in London

6.2.1979:
Tod des Ehemannes Walter Dreß

1980:
Übersiedlung in Berlin-Steglitz in das Altenheim Lutherstift in der Lutherstraße 7

seit 1980:
Fortsetzung der Niederschrift der Lebenserinnerungen

15.1.1991:
Gestorben in Berlin im Altenheim Lutherstift; Beerdigung auf dem Wald-Friedhof in Berlin-Zehlendorf; das für sie und ihren Mann vorgesehene Grab auf dem Friedhof der Sankt Annen-Kirche in Dahlem hatte sie für Rudi Dutschke freigegeben

STAMMBAUM DER FAMILIE BONHOEFFER

Sophonias Franz Bonhöffer	Luise Haspel	Christian Friedrich August Tafel	Karoline Friederike Oswald
* 29.5.1797 Schwäbisch Hall	* 10.11.1800 Schwäbisch Hall	* 27.5.1798 Sulzbach	* 12.5.1805 Cannstatt
† 17.10.1872 Schwäbisch Hall	† 17.1.1863 Wildentierbach	† 24.9.1856 Oehringen	† 4.8.1889 Stuttgart

Friedrich Bonhoeffer	Julie Tafel
* 16.7.1828 Oberstetten	* 21.8.1842 Oehringen
† 11.1.1907 Tübingen	† 13.1.1936 Berlin

Karl Bonhoeffer
* 31.3.1868 Neresheim
† 4.12.1948 Berlin

Karl-Friedrich	Walter	Klaus	Ursula
* 13.1.1899 Breslau	* 10.12.1899 Breslau	* 5.1.1901 Breslau	* 21.5.1902 Breslau
† 15.5.1957 Göttingen	† 28.4.1918 Franconcourt	† 23.4.1945 Moabit	† 7.10.1983 Hamburg

Margarete von Dohnanyi		Emmi Delbrück	Rüdiger Schleicher
* 7.3.1903 Budapest		* 13.5.1905 Berlin	* 14.1.1895 Stutgart
† 6.9.1992 Deisenhofen		† 12.3.1991 Düsseldorf	† 23.4.1945 Moabit

Stammbaum der Familie Bonhoeffer

Karl August von Hase	Pauline Härtel	Stanislaus Graf von Kalckreuth	Anna Eleonore Cauer
* 25.8.1800 Niedersteinbach	* 12.4.1809 Leipzig	* 25.12.1820 Kozmin	5.7.1829 Bonn
† 3.1.1890 Jena	† 20.3.1885 Jena	† 25.11.1894 München	† 1.12.1881 Köln

Karl Alfred von Hase	Clara Gräfin von Kalckreuth
* 12.7.1842 Jena	* 17.10.1851 Düsseldorf
† 1.1.1914 Breslau	† 2.12.1903 Breslau

Paula von Hase
* 30.12.1876 Königsberg
† 1.2.1951 Berlin

Christine	Dietrich	Sabine	Susanne
* 26.10.1903 Königsberg	* 4.2.1906 Breslau	* 4.2.1906 Breslau	* 22.8.1909 Breslau
† 2.2.1965 Kassel	† 9.4.1945 Flossenbürg	† 7.7.1999 Göttingen	† 15.1.1991 Berlin
	verlobt mit		
Hans von Dohnanyi	Maria von Wedemeyer	Gerhard Leibholz	Walter Dreß
* 1.1.1902 Wien	* 23.4.1924 Pätzig	* 15.11.1901 Berlin	* 18.6.1904 Berlin
† 9.4.1945 Sachsenhausen	† 16.11.1977 Boston	† 19.2.1982 Göttingen	† 6.2.1979 Berlin

ABKÜRZUNGSVERZEICHNIS

BK	Bekennende Kirche
DC	Deutsche Christen
d.i.	das ist
DP	*Displaced Person*
Gestapo	Geheime Staats-Polizei
GKR	Gemeinde-Kirchenrat
HJ	Hitler-Jugend
KaDeWe	›Kaufhaus des Westens‹ in Berlin (eröffnet 1907)
KZ	Konzentrationslager
N.i.	nicht identifiziert
NSDAP	Nationalsozialistische Deutsche Arbeiterpartei
NSV	Nationalsozialistische Volkswohlfahrt
PG	Parteigenosse in der NSDAP
SA	Sturmabteilung der NSDAP
SS	Schutzstaffel der NSDAP
UNRRA	*United Nations Relief and Rehabilitation Administration*

Literatur:

DBW	Dietrich Bonhoeffer Werke, Hg. BETHGE, EBERHARD u.a., 17 Bde., Gütersloh 2015

PERSONENREGISTER

Personen werden hier möglichst mit Vor- und Nachname aufgeführt (in Klammern gegebenenfalls der Spitzname oder ein erläuternder Zusatz). Wird im Manuskript nur der Vor- oder Nachname genannt, so erfolgt der Eintrag in entsprechender Weise. Namen, die von der Autorin abgekürzt worden sind, werden separat verzeichnet. Es werden hier alle Namen aus dem persönlichen Umfeld von Susanne Dreß berücksichtigt, nicht jedoch Personen des öffentlichen Lebens wie z.B. Autoren, Maler oder Komponisten, deren Werke sie erwähnt.

Abgekürzte Namen:

Fräulein von B. (Pfarrgehilfin)   558f., 624

Fräulein B.   806

Frau B.   646f., 741

Herr B.   737-740

Doktor C. (Ehemann von Hörnchen)   19f., 325

Doktor D.   614f., 619

Fräulein E. (Pfarrgehilfin)   632-634, 636, 642, 644, 686f.

Frau G.   720, 733

Fräulein G. (Pfarrgehilfin)   543, 556f.

Frau H.   720

Fräulein H.   542

Herr und Frau H.   576

Frau J.   798

Käthe P. (Klassenkameradin im Pestalozzi-Fröbel-Haus)   231, 237

Frau K.   646, 790

Fräulein M.   616

Frau von M.   668, 735

Herr M.   764

M. (Pfarrer Herbert Mochalski)   584f., 622-624, 626, 642

Herr und Frau Ma.   507

Frau N.   557

Professor P.   751 f.

R. (Pfarrer Eberhard Röhricht)   518f., 552, 624, 628, 790, 822

Frau R.   518, 552, 565, 766

Ruth H. (Klassenkameradin in der Studienanstalt und im Pestalozzi-Fröbel-Haus)   120, 228, 230f., 233f., 338f.

Herr und Frau Sch. (Begleitung bei der Wanderung auf den Brocken)   121 f.

E. S. (Erich Seeberg)   506, 517

Frau Schm.   782

Fräulein T. (Pfarrgehilfin)   557

Herr von Ü.   615

Frau W.   732-735

Herr und Frau W.   609-613

Fräulein X.   695f.

Frau X.   626, 643f.

....

Alexander   364, 366

Anna   23, 35, 160, 172f., 206-209, 308, 329

Anschütz, Franz   65, 293, 321, 373, 375, 377

Anschütz, Hans   375-377

Arndt (Kirchendiener-Ehepaar)   567, 648-650, 659, 662, 695, 775f., 824

Arndt (junge Frau Arndt = Tochter des Kirchendiener-Ehepaars)   659

Arndt, Dieter   649

Arndt, Oskar   649

Asmussen, Hans   516, 518-520, 532

Auguste   149, 206

Authenrieth   350-352

Personenregister

›Bebo‹: s. Bredow
Behrends 758f.
Bendik, Gisela 712
Berger, Erna 629
Bethge, Eberhard 527, 572, 575f., 595f., 618, 622, 671f., 705, 726, 803
Bertram 104
Bils, Brigitte (›Itti‹) 668, 712, 719, 758, 782, 800, 819
von Block 553
Bodensiek 682, 684, 698, 700, 702, 713, 715, 748, 755, 758, 765, 786
Bonhoeffer, Christel (verh. von Dohnanyi) 22, 26, 29f., 39f., 100, 102, 136, 158, 173, 195, 204f., 252, 268, 283, 286f., 291, 304, 309, 331, 343, 345, 394, 397, 411, 435, 555, 568f., 570f., 576, 580, 585, 600, 602, 607, 619, 621f., 644, 658f., 704f., 740, 751, 769, 806, 851
Bonhoeffer, Dietrich 13, 20, 22f., 29, 31-35, 41, 57, 67f., 72f., 75, 88, 100, 102f., 113f., 119, 123, 128-130, 144, 147, 154, 162, 168, 170, 177, 179, 181, 183f., 194, 197, 202, 249, 254f., 259, 263, 265f., 268f., 278-280, 284, 288f., 295, 298f., 301, 311, 314-316, 318-320, 323f., 332, 340, 344, 356f., 370, 377, 381f., 385, 388f., 392, 394, 398-401, 406, 410, 419, 422f., 425-428, 430f., 437, 440f., 446, 450f., 474, 492, 494-498, 506, 508, 512, 515-517, 527, 542, 555, 564, 568, 570-572, 575f., 579, 586, 589f., 592, 600, 606-608, 621, 623, 626, 637f., 669, 671f., 678, 682, 692, 694, 696, 704, 726, 732, 740, 782, 803, 805, 827, 829, 833f., 836f., 849, 851
Bonhoeffer, Emmi (geb. Delbrück) 33, 283, 287, 332, 450, 535f., 588, 596, 600f., 608, 618f., 626, 638, 656, 850
Bonhoeffer, Grete (geb. von Dohnanyi) 33, 36, 114-118, 141, 147, 195, 204f., 220, 296-298, 300-304, 317, 330, 332, 339, 342-346, 358, 397f., 404, 415, 423-426, 450, 578, 582f., 585, 591, 593f., 718, 850
Bonhoeffer, Hedwig 50
Bonhoeffer, Julie (geb. Tafel) 4-10, 15, 46-48, 76, 92, 127, 171, 177, 188, 251, 258, 264, 269, 277, 310, 334, 337, 353, 387, 405, 421, 429, 435, 440, 442, 459, 461, 515, 652, 850
Bonhoeffer, Karl 3f., 6, 8f., 13-17, 29, 32, 35, 41, 44f., 47-49, 52f., 57f., 63-65, 67, 70, 72-74, 77f., 80-83, 93, 95, 100, 106, 108, 110f., 123, 132f., 135f., 141, 156, 163-165, 171, 175-177, 179-186, 189f., 195, 197, 202f., 206-208, 210f., 215, 220, 223, 227f.,

234, 238, 242, 252f., 257-259, 261, 264f., 269, 275, 277, 279-281, 283f., 287, 304-306, 309, 311-313, 315-318, 323, 326, 330, 342, 355f., 358, 367-370, 376, 378-380, 388, 391, 397f., 420f., 429, 431, 433f., 436, 440f., 468, 475f., 505, 508, 535, 542, 564, 567f., 570, 575, 593, 602, 606f., 619, 655, 666f., 669, 678, 704f., 744f., 748-751, 769-775, 787, 803-806, 845, 848, 850

Bonhoeffer, Karl-Friedrich   4, 11, 20, 22-26, 28, 36, 68, 76, 79f., 84, 86, 118, 168, 200, 203, 206, 229, 255, 278, 281, 284f., 287, 291, 297, 309, 318, 344f., 370, 381, 429, 450, 474, 495, 515, 524, 581, 594, 704f., 716-718, 749, 751, 755, 760, 801f., 850

Bonhoeffer, Klaus   11, 19, 22f., 25-28, 30, 33, 40f., 48, 53, 76, 79f., 84, 103, 158, 170f., 176, 195, 202, 206, 222, 258, 268f., 274f., 278f., 283, 285-288, 309, 316, 323, 349, 405, 407, 413, 429, 440f., 450, 474, 555, 568, 572, 577, 584-586, 588, 592, 595f., 599f., 602f., 605, 607, 618f., 622, 626, 638, 656, 805, 814, 833f., 836, 850

Bonhoeffer, Otto   15, 49f.

Bonhoeffer, Paula (geb. von Hase)   7f., 10-12, 14-18, 20-22, 25, 28, 30-32, 36f., 46-48, 50-52, 54-56, 58f., 64f., 67-70, 73-78, 82f., 87f., 92, 94, 100, 102, 105, 108-110, 123, 126, 128, 130, 136, 139-141, 159, 161-163, 165, 167, 170-173, 175-178, 181-183, 185-187, 189-191, 195-197, 202, 205-212, 219, 222, 226, 238, 242-244, 246, 250-252, 257, 259, 264f., 267, 271, 277-279, 289, 294f., 305-308, 310, 312, 321-324, 326-331, 345, 351, 353, 355f., 358, 368f., 371-373, 376f., 391, 397-399, 407, 411, 421f., 433-437, 440-443, 445f., 449-453, 467, 481, 491, 505, 509, 513, 515, 522-525, 528, 538f., 555, 562, 568f., 576, 586, 590, 596, 598, 602, 604, 607, 609, 622, 657, 698, 704f., 716, 745, 749-751, 769-772, 786f., 801-809, 816f., 825, 833, 843, 848, 851

Bonhoeffer, Sabine (verh. Leibholz)   22, 31-34, 38, 41f., 52, 61, 66, 72f., 78, 115, 123, 125, 129, 131, 139f., 142, 173, 180, 183, 194-196, 213, 226, 249f., 258, 264, 266, 269, 278, 283, 285, 287, 298, 304-306, 321, 328, 332, 336f., 342f., 345, 356, 394, 411, 423, 435, 440, 474, 516, 520f., 527, 555, 566, 601, 654, 657, 726, 728, 802, 806, 851

Bonhöffer, Sophonias Franz   850

Bonhoeffer, Ursula (verh. Schleicher)   11, 20, 22, 28f., 35-37, 42, 57, 68-71, 83, 87, 168, 200, 203-205, 210, 252, 285f., 310, 326f.,

329-331, 348, 385, 393, 397f., 411, 421, 434, 474, 484, 521, 567f., 576, 600f., 605-608, 618f., 638, 704f., 718, 726f., 749-751, 803, 816, 850

Bonhoeffer, Walter   22, 24-26, 45, 61, 67f., 71, 73, 76-78, 84, 101f., 111, 130, 159, 168, 182, 195, 278f., 285, 300, 326, 357, 373, 419, 437, 805, 850

Brand, Irene   285

Brand, Klaus   285f., 329

›Bubi‹: s. Wolfgang

Bredow (›Bebo‹)   487, 509f., 512-515, 518, 522f., 528

Bultmann, Peter   564

Bumm, Rudi   25, 285, 309

Cauer, Ede   51

Cauer, Hanna   51, 475

Cauer, Ludwig   51, 475

Fräulein Cohn   567

Damaschke, Bärbel   90, 119-122, 215, 296, 303, 338-341, 393

Damblée   422

Delbrück, Emmi: s. Bonhoeffer, Emmi

Delbrück, Justus   27, 287f., 429f., 450, 454, 572, 595f., 618, 622

Delbrück, Lene (verh. Hobe)   287, 309, 626, 656f.

Delbrück, Max   287

Denstaedt   739f., 754, 780, 822

Dibelius, Otto   696f., 799

von Dohnanyi, Bärbel   40, 585, 619

von Dohnanyi, Christel: s. Bonhoeffer, Christel

von Dohnanyi, Grete: s. Bonhoeffer, Grete

von Dohnanyi, Hans   30, 39f., 283, 291, 488, 568, 570, 572, 587, 598, 601, 621, 658, 669f., 704, 831, 834, 851

Dreß, Walter 243, 246f., 276, 312, 314f., 317, 421-433, 437-440, 444, 446, 453, 455f., 464, 467f., 470, 473f., 476-479, 485, 489f., 492, 498, 505-508, 510-513, 516-523, 525f., 528, 533, 535f., 539, 545f., 549f., 552, 554-558, 560, 562, 564, 566f., 574-576, 578-581, 583-588, 591, 593, 602, 608, 613-618, 624, 627, 629, 631, 633f., 654, 656, 660f., 663, 665f., 671, 674, 682, 692-697, 701, 706-709, 711f., 719f., 724f., 728, 735, 752-754, 757f., 760-763, 765, 771f., 775, 777-782, 784, 788, 791-794, 800f., 809, 812-815, 820, 823, 829, 846-849, 851

Dreß, Ilse 315, 317, 423f., 427, 433, 437, 439, 442, 476, 555, 562, 618, 817

Dreß [Margarethe] 433, 437, 439, 442, 450, 490, 539, 544, 555, 562, 587, 618, 698, 770, 817

von Drigalski, Jutta 85, 147, 395f., 420, 488, 504, 517, 523, 564, 566, 672

Schwester Edith 640f., 699, 728

Eicken 316

Elsi 517f.

Emma 197, 207-209, 277, 319, 324, 331, 351, 440f., 509, 580

Engel 503, 505f., 523, 529

Fräulein Engelhard 309

Fräulein Erna 528, 530f., 533, 535f., 539, 544-546, 549, 556f., 562, 566f., 573f., 578-581, 583-586, 589, 591, 595, 661, 699f., 729, 759

Erzberger, Matthias 84

Evelin 541

Ewert 702f., 759, 776, 778, 810

Fischer, Adelheid 620-622, 624, 629, 658, 672, 710, 712, 719f., 784, 813-815, 824

Fischer-Dieskau 629

Forel, Auguste 378-381

Forel, Inez   381
Forel, Mietti   381
Fräulein Flöter   695

Schwester Gertrud   532, 557, 561, 585, 624, 628, 650, 744, 775, 797
Geßler, Otto   369
Giebler   588, 650
Gollwitzer, Helmut   518-520, 532, 552
von der Goltz, Rudi   54
von der Goltz, Rüdiger   54, 78
von der Goltz, Hanna   54f., 806
de Gonzenbach   379
Gradenwitz, Otto   375f.
Gretchen   710
Großmann, Maja   223
Grunow   219f., 227
Fräulein Grußendorf   278
Gürtler   542

von Haake   313
Haeften, Dirk   555
Haeften, Elisabeth   555
Haeften, Hans   555f.
Haeften, Peter   555
Fräulein Harder   662
Harms   629, 672, 698, 712, 718
Harms, Karsten   759
Hartmann   524f.
Härtel, Pauline   11, 847
von Harnack, Adolf   68f.

von Harnack, Axel   69, 196

von Harnack, Ernst   596

Harteck   285

von Hase, Karl-August   5

Hase, Adda   62, 244, 283, 807

Hase, Benedikt (›Bene‹, auch ›Onkel Bubi‹ genannt)   56f., 78, 80, 251f., 276, 298, 331f., 536, 808f.

Hase, Christel   535f., 809

von Hase, Clara (geb. von Kalckreuth)   327

Hase, Clärchen   60

Hase, Dörte   60

Hase, Elisabeth   55-57

Hase, Hans   58-61, 238, 331, 446, 513, 806f.

Hase, Hans-Christoph   147, 807

von Hase, Paul   568, 586

von Hase, Paula: s. Bonhoeffer, Paula

Hase, Pine   331, 536, 808f.

Hase, Renate   61, 199f.

Hase, Walter   61

Heisenberg, Werner   717

Schwester Helene   532, 628

Heuß   313

Hildebrandt, Bärbel   286

Hildebrandt, Franz   512-514, 519f.

Hildebrandt, Ursel   286

Hinz, Dinah   690, 757

Hobe, Georg   656

Hobe, Lene: s. Delbrück, Lene

Holzinger   195

Horn, Käthe   18, 72

Horn, Maria (›Hörnchen‹)   13, 17-22, 34, 69-72, 79, 83, 91-94, 102f., 133, 136, 142, 156f., 159f., 169-171, 175, 177f., 181, 188, 192, 208f., 253f., 265, 270f., 278, 285, 291, 304, 308, 314, 325, 330,

356f., 382-384, 390, 392, 398, 406f., 413, 415f., 523, 528, 629, 639, 705, 727, 749, 770, 772, 803f.
›Hörnchen‹: s. Horn, Maria
Hossenfelder 485
Huhn 740
Huwaldt 284f.
Hyrthle, Rudi 373

Inge (Tochter von Maria Horn) 21, 629, 638-640, 705, 727, 772, 804
Inge (Konfirmandin) 544
›Itti‹: s. Bils, Brigitte

Jehle 495f.
John, Otto 605

Kadersch 104
von Kalckreuth, Clara: s. von Hase, Clara
Kammrad 141f.
Kappus 740f., 743
Kaufmann 527
Kausch, Bärbel 362-365
Kausch, Hans 362-366
›Kirchen-Maggi‹ 513f.
von Kleist 576
Klepper, Jochen 566
Knaack, Illa 629, 661, 672, 691. 698
Koch 501
Kopsch 310
›von Kords‹ 348

Körting 550f.
Künstermann, Ester 65f.
Künstermann, Inge 65f.
Künstermann, Leni 65f.
Künstermann, Marlene 65f.
Küster, Otto 350-354
von Kuhlwein, Esther 222
Kuschinski, Hanni 86

Lange, Erika 229, 348
Lange, Hans 147, 155, 313f., 317, 348-350, 373
Lange, Illi 348
Lederer 475
Leibholz, Gert 40-42, 283, 291, 336, 442, 516, 520f., 527, 726, 728, 802, 851
Leibholz, Marianne 42, 484, 521, 527, 802
Leibholz, Sabine: s. Bonhoeffer, Sabine
Libberts, Käthe 222
Liddy 209f.
Liesel 360f.
Fräulein Lochstädt 69f.
Lotte 23, 208f., 772, 803
Ludloff, Hanfried 284
Luischen 361f.

Malke 670f.
Mämi 286
Mämicke 107
Mann, Erika 370
Mann, Klaus 370
Mann, Thomas 9, 369f.

Personenregister

Manuel 316f.
von Matthiesen, Tini 668, 712, 758, 800, 818f.
Meyer, Babette 12-14
Milli 359
Möllenhof 526
Mommsen, Adelheid 30, 73, 78, 199, 212f., 223, 273, 309, 337, 382
Müller, August 370, 372
Müller, Fritz 519, 521
Müller, Leonie 480

Neugebauer 308
Neugebauer, Hansi 542
Niemöller, Else 532, 556f.
Niemöller, Martin 499, 512f., 516, 519f., 552, 556-558, 565, 695, 823

Odeloh 622
von Olfers, Marie 13
Orlik 476

Perels, Justus 605
Perels (Pfarrer) 814
Peuß, Ingrid (›Peußchen‹) 690, 757
›Peußchen‹: s. Peuß, Ingrid
Picasso, Pablo 28
Pine: s. Hase, Pine
Fräulein Plew (›Plewchen‹) 661f., 698, 758f.
›Plewchen‹: s. Fräulein Plew
Pollak 210
Praetorius, Willy 480, 483, 499, 502, 512, 518

Rachner 485

Rammelt, Karl 629, 673, 675, 678, 783, 794

Rathenau, Walter 84

Reißer 379f.

Reverey 620, 628

Richter, Thea 507

Fräulein Riffert 662, 759

Rosi 741

Fräulein Roth 248

Ruth 120, 228, 230f., 233f., 338f.

Sanderhoff 109-111, 546, 593

Sänger, Ingeborg 624, 759

Sauerbruch 580, 587, 593, 607, 769, 803, 825

Schleicher, Hans-Walter 36-39, 179, 204f., 210, 515, 521, 575

Schleicher, Jörg 348

Schleicher, Renate (verh. Bethge) 38f., 575f., 596, 619, 803

Schleicher, Rüdiger 35-37, 39, 42, 179, 279, 291, 348, 421, 484, 572, 595, 599-602, 605f., 618, 622, 831, 834, 850

Schleicher, Ursula: s. Bonhoeffer, Ursula

von Schliefen, Waltraud 224

Schlosser, Julie 214

Schmidt 773

Schmidt-Dumont 573

Schmolke 659

Schnapper 350-352

Schneider, Peter 782

Schnurmann, Anneliese 84f., 185, 215, 234-237, 272-275, 283, 288, 296f., 312f., 315-317, 332-334, 338f., 420, 453f., 486, 488, 566, 657

Scholz 713f., 780

Schöne, Georg 562, 744f., 769, 803, 825

Schöne, Helene   20, 67f., 446, 769
Schöne, Wolfgang   68
Schröter, Bärbel   488, 566, 596, 598, 669
Schulz   603-605, 608, 610, 613, 683
Schwarz, Anneliese   629, 631-637, 639, 644f., 649, 651f., 655f., 669, 674, 693, 696-700, 703, 705, 707, 709, 712, 717, 719f., 722f., 727-729, 731, 754, 756, 758f., 763f., 771-775, 778, 786f., 794, 799, 801, 812-816, 821
Schwarz, Reinhard   712
Staewen, Gertrud   571
Steiner, Rudolf   52f., 694
Stinde   53
Straus   273f., 316, 333f., 445f., 454, 658, 702
Strokorb, Ursel   104f., 108
Sutter   761f.

Tafel, Julie: s. Bonhoeffer, Julie
Tarlau   485f., 488
Fräulein Urlaub   44
Teichmann   550, 574
Triebsch, Wolfgang   629, 776, 782

Uckeley   467
Ursel   756

Volkmann, Toni   63f., 146f., 314, 427f., 817

Wachsmuth   818
Wedell   532
von Wedemeyer, Maria   575f., 600, 608, 851
Weigert, Günther   79, 81, 122, 129f., 134, 145, 198, 289f., 308, 335-337, 408f., 413
Weigert, Maria   289f., 336
Fräulein Wellmann   214
Fräulein Wißmann   210
Wolfgang (›Bubi‹)   79, 81, 122, 129f., 134, 158f., 198, 285, 290, 307f., 334-336, 408

York, Hans   51, 190
York, Helene   51, 190

von Zahn-Harnack, Agnes   88
Zinn, Elisabeth   67
Zinn, Ernst   67
Zwek   430f.

Für alle Lebensliebhaber bietet das Gütersloher Verlagshaus Durchblick, Sinn und Zuversicht. Wir verbinden die Freude am Leben mit der Vision einer neuen Welt.

UNSERE VISION EINER NEUEN WELT

Die Welt, in der wir leben, verstehen.

Wir sehen Menschlichkeit als Basis des Miteinanders: Mitgefühl, Fürsorge und Beteiligung lassen niemanden verloren gehen. Wir stehen für gelingende Gemeinschaft statt individueller Glücksmaximierung auf Kosten anderer.

Wir leben in einer neugierigen Welt: Sie sucht ehrgeizig und mitfühlend Lösungen für die Fragen unseres Lebens und unserer Zukunft. Wir fragen nach neuem Wissen und drücken uns nicht vor unbequemen Wahrheiten – auch wenn sie uns etwas kosten.

Wir leben in einer Gesellschaft der offenen Arme: Toleranz und Vielfalt bereichern unser Leben. Wir wissen, wer wir sind und wofür wir stehen. Deshalb haben wir keine Angst vor unterschiedlichen Weltanschauungen.

Das Warum und Wofür unseres Lebens finden.

Wir helfen einander, uns selber besser zu verstehen:
Viele Menschen werden sich erst dann in ihrem Leben zuhause fühlen, wenn sie den eigenen Wesenskern entdecken – und Sinn in ihrem Leben finden.

Wir ermutigen Menschen, zu ihrer Lebensgeschichte zu stehen:
In den Stürmen des Alltags geben wir Halt und Orientierung. So können sich Menschen mit ihren Grenzen aussöhnen und zuversichtlich ihr Leben gestalten.

Wir haben den Mut, Vertrautes hinter uns zu lassen:
Neugierde ist die Triebfeder eines gelingenden Lebens. Wir wagen Neues, um reich an Erfahrung zu werden.

Erfahren, was uns im Leben trägt und erfreut.

Wir glauben an die Vision des Christentums:
Die Seligpreisungen der Bergpredigt lassen uns nach einer neuen Welt streben, in der Vereinsamte Zuwendung, Vertriebene Zuflucht, Trauernde Trost finden – und Gerechtigkeit, Barmherzigkeit und Frieden herrschen.

Wir geben Menschen die Möglichkeit, den Glauben (neu) zu entdecken:
Persönliche Spiritualität gibt Kraft, spendet Trost und fördert die Achtung vor der Schöpfung sowie die Freude am Leben.

Wir stehen mit Respekt vor der Glaubenserfahrung anderer:
Wissen fördert Dialog und Verständnis, schützt vor Fundamentalismus und Hass. Wir wollen die Schätze anderer Religionen kennenlernen, verstehen und respektieren.

GÜTERSLOHER VERLAGSHAUS
DIE VISION EINER NEUEN WELT

Bibliografische Information der Deutschen Nationalbibliothek
Die Deutsche Nationalbibliothek verzeichnet diese Publikation
in der Deutschen Nationalbibliografie; detaillierte bibliografische
Daten sind im Internet über https://portal.dnb.de abrufbar.

climate-id.com/12559-1708-1001

Verlagsgruppe Random House FSC® N001967

1. Auflage
Copyright © 2018 Gütersloher Verlagshaus, Gütersloh,
in der Verlagsgruppe Random House GmbH,
Neumarkter Str. 28, 81673 München

Sollte diese Publikation Links auf Webseiten Dritter enthalten, so übernehmen wir
für deren Inhalte keine Haftung, da wir uns diese nicht zu eigen machen, sondern
lediglich auf deren Stand zum Zeitpunkt der Erstveröffentlichung verweisen.

Umschlaggestaltung: Gute Botschafter GmbH, Haltern am See
Umschlagmotiv: Paula Bonhoeffer mit ihren acht Kindern, 1910,
© Gütersloher Verlagshaus, Verlagsgruppe Random House GmbH;
Hintergrundmotiv: © LiliGrraphie / shutterstock.com
Druck und Bindung: GGP Media GmbH, Pößneck
Printed in Germany
ISBN 978-3-579-07152-7

www.gtvh.de